CYCL

2025

Les Marchés mondiaux

« Le piétinement sourd des légions en marche »

Sous la direction de Philippe CHALMIN

et Yves JÉGOUREL

ECONOMICA
49, rue Héricart, 75015 Paris

CyclOpe et la « littérature »

Depuis 2007, nous avons choisi de donner un sous-titre au rapport CyclOpe publié chaque année au printemps. Cédant à une forme de coquetterie, celui-ci est en général une paraphrase littéraire empruntée à un grand auteur ou au moins au titre d'une de ses œuvres. Nous avons donc eu :

2007
Le temps du monde fini commence
(Paul Valéry)

2008
Stupeur et tremblements
(Amélie Nothomb)

2009
Vertiges et déboires
(Paul Bairoch)

2010
La renaissance du Palais d'été
(Pierre-Jean Rémy)

2011
Le printemps des peuples et la malédiction des matières premières

2012
En la forêt de grande instabilité
(Charles d'Orléans)

2013
Crises et châtiments
(Fiodor Mikhaïlovitch Dostoïevski)

2014
Dans le rêve du pavillon rouge
(Ts'ao Hsueh-ch'in)

2015
Pour qui sonne le glas ?
(Ernest Hemingway)

2016
À la recherche des sommets perdus
(Marcel Proust)

2017
Vent d'Est, Vent d'Ouest
(Pearl Buck)

2018
Der Himmel lacht! Die Erde jubilieret
(Jean-Sébastien Bach)

2019
Les illusions perdues
(Honoré de Balzac)

2020
Allegoria ed effetti del Cattivo Governo
(Ambrogio Lorenzetti)

2021
« Cette obscure clarté qui tombe des étoiles »
(Corneille – *Le Cid*)

2022
Le monde d'hier
(Stefan Zweig)

2023
Les Cavaliers de l'Apocalypse
(Apocalypse de Jean)

2024
« Attendre et espérer »
(Alexandre Dumas – *Le comte de Monte Cristo*)

... et donc en 2025
« Le piétinement sourd des légions en marche »
(José-Maria de Heredia)

Sommaire

PAPREC
Photo©Edouard Mezare
LES QUALITÉS DES MATIÈRES RECYCLÉES PAPREC
SONT RECONNUES DANS 65 PAYS
PAPREC
RECYCLAGE

Avant-propos

Le monde vit un temps de rupture géopolitique majeure avec des changements d'alliance qui promettent de redessiner une scène qui avait au fond peu changé depuis la fin de la Seconde Guerre mondiale. De l'Ukraine à Gaza, de la mer de Chine au Soudan, les conflits plus ou moins ouverts illustrent cette montée de tensions, de fractures nouvelles souvent fluctuantes au gré d'alliances improbables. Une certitude s'impose pourtant en ce début de 2025 : à la complexité d'un ensemble de situations géographiques tendues vient maintenant s'ajouter l'imprévisibilité émanant de Washington tant sur le plan géographique que commercial. En ce moment, le monde quelque peu angoissé écoute « le piétinement sourd des légions en marche ».

C'est là le dernier vers de l'un des sonnets les plus célèbres de José-Maria de Heredia, publié en 1893 dans son recueil *Les Trophées*. « La Trebbia » est un sonnet qui relate la célèbre bataille en 218 av. J.-C. durant laquelle les troupes carthaginoises d'Hannibal écrasèrent les légions romaines. Le premier vers « L'aube d'un jour sinistre a blanchi les hauteurs » est tout aussi prémonitoire. Deux ans plus tard, ce sera le désastre de Cannes qui fera trembler Rome.

Mais, aujourd'hui, c'est ce piétinement sourd que l'on entend sur des marchés mondiaux qui reflètent toutes nos incertitudes.

Il y a cinq ans déjà, l'épidémie de covid nous avait contraints à repousser de quelques semaines la publication du rapport CyclOpe. Cette année, c'est l'incertitude trumpienne qui pèse sur nos écrits : des décisions spectaculaires peuvent se trouver inversées quelques jours seulement après la signature de l'un des nombreux *executive orders* dont Donald Trump semble faire son quotidien. Nous avons fait le choix d'arrêter la rédaction de CyclOpe 2025 à la mi-mars alors que tant d'interrogations demeurent, en nous efforçant autant que possible d'offrir des clefs de lecture pour les semaines et les mois qui suivront.

Les matières premières, qu'il s'agisse des terres rares ukrainiennes, du cobalt congolais, du pétrole et du gaz russe, et même, cette année, du cacao africain, restent le fondement de maintes dynamiques économiques, et, reprenant même le titre d'un ouvrage paru à Londres en 1938 : *Raw Materials, War Materials*, de convoitises stratégiques. Plus que jamais, c'est vers elles que marchent les « légions ».

Depuis maintenant près de quarante ans, l'équipe de CyclOpe scrute la dynamique de ces marchés des plus médiatiques aux plus confidentiels. Nous sommes plus de soixante-dix à partager cette passion et, cette année, Alain Bauer, titulaire de la chaire de criminologie au Conservatoire national des arts et métiers, nous a rejoints pour traiter des « matières illicites » qui forment une part de cette économie grise, si prospère en temps de guerre.

Mais CyclOpe n'existe aussi que par le soutien fidèle d'une quarantaine d'entreprises et d'institutions et, cette année, il nous est agréable de souligner le soutien pour la première fois de Kpler, de l'Alliance des Producteurs de Lin, d'Aéroports de Paris, d'InfraVia, de Brioche Pasquier ainsi que de notre ami Oliver Abela.

Yves Jégourel et l'auteur de ces lignes tiennent à remercier les uns et les autres pour avoir rendu possible une fois encore cette merveilleuse aventure cyclopéenne !

Philippe Chalmin
Avril 2025

Post-scriptum ultime !

Rarement, un rapport CyclOpe aura été « bouclé » dans un contexte d'agitation géopolitique aussi intense. La première quinzaine d'avril 2025 a été, en effet, marquée par une valse sans précédent de décisions émanant du bureau ovale de la Maison-Blanche modifiées souvent quelques heures à peine avant leur mise en application et qui ont plongé les marchés mondiaux dans un état d'incertitude confinant à l'hébétude.

Plus que jamais, CyclOpe s'avère être l'outil indispensable pour comprendre les conséquences de cette nouvelle donne qui s'ébauche d'heure en heure sous nos yeux. Quant à en apprécier l'impact à terme sur l'économie et les marchés mondiaux, il nous faudra attendre le quarantième rapport CyclOpe, CyclOpe 2026 ! Pour l'instant, c'est bien « l'aube d'un jour sinistre qui blanchit les hauteurs *».*

(15 avril 2025)

Les collaborateurs de CyclOpe 2025

Philippe CHALMIN	Président-fondateur de CyclOpe Professeur émérite d'histoire économique à l'université Paris-Dauphine-PSL	Coordination générale « Le piétinement sourd », Agriculture, Marchés dérivés, Art…
Yves JÉGOUREL	Codirecteur de CyclOpe Professeur du Conservatoire national des arts et métiers (Paris), titulaire de la chaire d'économie des matières premières et des transitions durables	Coordination minerais et métaux, Métaux, Engrais, Vanille

----

Sébastien ABIS	Directeur du Club DEMETER et chercheur associé à l'Institut de relations internationales et stratégiques (IRIS)	Méditerranée- Moyen-Orient
Patrick AIGRAIN	Chef du service évaluation, prospective et analyses transversales de FranceAgriMer, Coordinateur du comité de pilotage statistique de l'Organisation internationale de la vigne et du vin (OIV)	Vin
Alain BAUER	Professeur, titulaire de la chaire de criminologie du Conservatoire national des arts et métiers (Paris)	Matières illicites
Jean-Joseph BOILLOT	Chercheur associé à l'IRIS, Coprésident du Euro-India Economic & Business Group (EIEBG)	Inde
Pascal BONIFACE	Directeur de l'Institut de relations internationales et stratégiques (IRIS)	Géopolitique mondiale
BRGM (Bureau de recherches géologiques et minières)		Petits métaux, Métaux « électriques »
Claire ANDRÉ LUQUET	Analyste en intelligence minérale	
Théo ARNAUD	Analyste en intelligence minérale	
Mamadou Bobo BALDE	Ingénieur données	
Marie BOUVET	Analyste en intelligence minérale	
Victoire COLLIGNON	Analyste en intelligence minérale	
Gaétan LEFEBVRE	Analyste en intelligence minérale	
Mathieu LEGUÉRINEL	Analyste en intelligence minérale	
Paul NOTOM	Analyste en intelligence minérale	
Maxime PICAULT	Géologue métallogéniste	
Anthony POCHON	Géologue métallogéniste	
Éric PUJOL	Analyste en intelligence minérale	
Aurélien REYS	Analyste en intelligence minérale	

Benoît de CARBONNIÈRES	Consultant projets miniers Afrique Expert financier Énergie et Mines auprès de la Commission européenne - Luxembourg	Cuivre, Diamants, Platinoïdes
Jean-Yves CARFANTAN	Consultant associé société Celeres, Uberlândia Brésil et gérant du site IstoéBrésil (São Paulo)	Amérique du Sud
Éric CHAMPARNAUD	Associé C-Ways	Automobile
Alfredo COELHO	Professeur à Bordeaux Sciences Agro, Chercheur associé Unité mixte de recherche Marchés, organisations, institutions et stratégies d'acteurs (UMR Moisa, Montpellier)	Vin
Sylvie CORNOT-GANDOLPHE	Présidente SCG Consulting	Charbon vapeur, Charbon à coke
Jean-Benoît DELORON	Consulting Manager – S&P Global Agribusiness Consulting (Washington)	Biocarburants
Jean-François Di MEGLIO	Président d'Asia Centre, Centre d'expertise et d'études sur l'Asie	Chine
Damien DURAND	Directeur Économie, Alliance du lin et du chanvre européens	Lin
Gérald ESTUR	Consultant	Coton
Damien FAGGION	Directeur des achats, Famille Michaud Apiculteurs	Miel
Patrice GEOFFRON	Professeur à l'université Paris-Dauphine-PSL, Directeur du Centre de géopolitique de l'énergie et des matières premières (CGEMP)	Énergie
Romain GIRARD	Chargé de mission, Observatoire de la Formation des prix et des marges, FranceAgriMer	Thé
Alessandro GIRAUDO	Professeur de « Géopolitique des matières premières et gestion des risques » à l'INSEEC-PARIS et « visiting professor » au Politecnico de Turin	Changes et taux
Étienne GOETZ	Journaliste, *Les Échos*	Or
Carole GOMEZ	Assistante diplomée en sociologie du sport à l'Institut des sciences du sport de l'université de Lausanne	Sport
Emmanuel GROUTEL	Économiste de la filière forêt et bois, Président de Wood & Logistics Expert (WALE), Membre de la Société des Experts Bois	Bois tempérés
Anne GUILLAUME-GENTIL	Directrice associée de Commodafrica	Afrique
Gérard HORNY	Chroniqueur sur slate.fr	Marchés boursiers
Amandine HOURT	Cheffe de l'unité Élevage, Direction Marchés, études et prospective, FranceAgriMer	Sisal et fibres dures

Ralph ICHTER	Président Euroconsultants, (Washington, États-Unis)	Politique agricole et commerciale américaine
Dominique JACOMET	Professeur à l'Institut français de la mode (IFM)	Textiles
Helga JOSUPEIT	Chercheur, marché des produits de la mer (Rome, Italie)	Produits aquatiques
Félix KANE	Chargé de mission technique et réglementaire, Institut national de l'origine et de la qualité (INAO)	Fruits et légumes tempérés, Pommes de terre, Fruits secs
Alain KARSENTY	Économiste au Centre de coopération internationale en recherche agronomique pour le développement (Cirad)	Bois tropicaux
Élisabeth LACOSTE	Directeur de la Confédération internationale des betteraviers européens, CIBE (Bruxelles, Belgique)	Sucre, Éthanol
Jean-Paul LEHMANN	Membre de la Société française d'énergie nucléaire (SFEN)	Uranium
Aurélien LEROY	Maître de conférences à l'université de Bordeaux	Caoutchouc, poivre, acier
Denis LOEILLET	Responsable de l'Observatoire des marchés du Centre de coopération internationale en recherche agronomique pour le développement (Cirad-Persyst UR 26) et rédacteur en chef de la revue *FruiTrop* (Montpellier)	Agrumes, Bananes, Ananas, Fruits tropicaux
Bernard LOMBARD	*Trade & Industrial Policy Director Confederation of European Paper Industries* (Cepi) (Bruxelles)	Pâtes et papiers, Papiers et cartons à recycler
François LUGUENOT	Analyste de marchés de matières premières agricoles, Directeur de FL Consultant	Céréales
Patricio MENDEZ DEL VILLAR	Économiste au Centre de coopération internationale en recherche agronomique (Cirad), Éditeur de l'Observatoire Osiriz/InfoArroz (Montpellier)	Riz
Gildas MINVIELLE	Directeur de l'Observatoire économique, Institut français de la mode (IFM)	Textiles
Étienne MONTAIGNE	Professeur émérite d'économie, Institut Agro - Montpellier SupAgro, coéditeur des ouvrages Bacchus	Vin
Marc NICOLLE	Journaliste pigiste	Pommes et concentrés de jus de pommes
Clément NOUAIL	Docteur en économie, université de Bordeaux	Ferrailles
Évariste NYOUKI	Responsable recherche économique de ENGIE Global Markets	Gaz naturel
Soriya PALETOU	Chargée d'études économiques, FranceAgriMer	Laine
Olivia PARODI	Chargée d'études économiques, FranceAgriMer	Lait et produits laitiers
Guillaume PERRET	Directeur, Perret Associates (Londres, Royaume-Uni)	Dérivés de charbon, Minerai de fer et acier, Certificats CO_2, Fret

Francis PERRIN	*Senior Fellow* au *Policy Center for the New South* (Rabat) et directeur de recherche à l'Institut de relations internationales et stratégiques (IRIS)	Pétrole, Produits pétroliers
Christian de PERTHUIS	Professeur émérite d'économie à l'université Paris-Dauphine-PSL, Fondateur de la chaire Économie du climat	Changement climatique
Simon QUEMIN	Ingénieur-chercheur à EDF R&D, Chercheur associé au Grantham Research Institute (*London School of Economics*), au *Potsdam Institute for Climate Impact Research* et à la Chaire Économie du climat (université Paris-Dauphine)	Marché du carbone
François ROCHE	Directeur des Ateliers de la Volga et du Don, Conseiller éditorial de *La Tribune*, Auteur, éditeur	Russie
Juliette ROUESSARD	Journaliste	Jute, café, cacao, épices
Manon SAILLEY	Responsable des études économiques, Avril	Oléoprotéagineux
Jean-Paul SIMIER	Économiste, spécialiste des marchés agricoles et agroalimentaires, Crédit Agricole	Viandes
Marie-Christine SIMONET	Journaliste indépendante	Fret maritime
Boris SOLIER	Maître de conférences à l'université de Montpellier, Directeur du Master économie de l'énergie	Électricité, Nucléaire
Raphaël TROTIGNON	Économiste au Pôle Énergie Climat de Rexecode	Marché du carbone
François VELLAS	Professeur à l'université de Toulouse, Président de l'AIUTA et du WSTC *World Senior Tourism Congress*	Transport aérien, Tourisme
Tancrède VOITURIEZ	Chercheur au Centre de coopération internationale en recherche agronomique pour le développement (Cirad)	Produits tropicaux, Huile de palme

----

Et toute l'équipe qui permet à CyclOpe de paraître en temps et en heure !

Béatrice BEYER	Mise en page des versions française et anglaise
Catherine HERSENT	Relecture
Karine POUPON	Relecture et coordination
Dominique DALLE-MOLLE	Graphiques
Geoffrey FINCH	Coordination de la version anglaise
Martine GRANGÉ	Coordination et adaptation
Nadège GRANGÉ	Adaptation
Claire MABILLE	Couverture
Isabelle TANGUY	Secrétariat et presse
Et toute l'équipe d'Economica	

Les entreprises et institutions qui ont soutenu CyclOpe 2025

Aéroports de Paris (ADP)
AGL
Alliance for European Flax-Linen and Hemp
BIC-BRED
BIR
BRGM
Brioche Pasquier
BRS
CGB
CIS
Crédit Agricole-CIB
Crédit Agricole-SA
Cristalco
EDF
ENGIE Global Markets
Eramet
Exergon
Filhet-Allard Maritime
Fives
Groupe Avril
Haropa Port
InfraVia Capital Partners
Kpler
Lambert Commodities
Les Échos
Mambo
OCP
Paprec
Rexecode
Société Générale
S&P Global
Sucres et Denrées
Tereos
TotalEnergies
Touton
Trade Data Monitor
Trafigura
Transamine
Unigrains
Union InVivo
Veolia
Vivescia
et Oliver Abela

Première partie

« Le piétinement sourd des légions en marche »

I

Le piétinement sourd des légions en marche

2024 ne restera un grand millésime ni en termes de croissance économique, ni surtout si on la mesure à l'aune des victimes des guerres qui ont ensanglanté la planète. Ce fut pourtant une grande année d'élections, plus ou moins ouvertes, la plus marquante ayant été celle qui a ramené Donald Trump au pouvoir. L'empreinte de ce dernier n'ayant commencé à se faire sentir que le 20 janvier 2025, on peut estimer que c'est là l'héritage majeur de 2024 que le monde va devoir affronter en 2025.
Le rêve de la « fin de l'histoire » entretenu au début du siècle est bien oublié. Jamais depuis presque la création de CyclOpe, il y a près de quarante ans, les tensions géopolitiques n'auront été aussi fortes, les conflits ouverts aussi nombreux et leurs bilans humains aussi sombres. Et malheureusement, les mois à venir ne s'annoncent guère plus favorables, à l'image du premier vers du sonnet de José-Maria de Heredia : « L'aube d'un jour sinistre a blanchi les hauteurs ».

Que dire de 2024, sinon que ce fut une année de records ! Un record de température d'abord à 1,6 °C au-dessus de la moyenne de la période préindustrielle ; un record « démocratique » aussi, avec 73 pays qui ont tenu des élections avec des résultats souvent défavorables aux « sortants » dans les grandes démocraties (Royaume-Uni, France, États-Unis), mais aussi dans les pays émergents et en développements (Sénégal, par exemple) ; un record malheureusement aussi de conflits et de morts dans des guerres dont aucune n'a trouvé en 2024 de solutions, bien au contraire : plus de mille jours de guerre en Ukraine ont probablement fait quelque 200 000 morts (et 300 000 blessés pour le seul côté russe) ; le bilan à Gaza et plus récemment au Liban est proche de 50 000 morts ; au Soudan, la guerre civile a fait 150 000 victimes depuis août 2023 ; et au Sahel, il y aurait quelque 8 000 morts pour le seul premier semestre 2024. À ce sinistre bilan, il faut ajouter tous les disparus sur les chemins des

Une lecture subjective de quelques événements marquants de 2024

Janvier

- Élargissement des BRICS
- Début du blocage de la mer Rouge
- Le Burkina, le Niger et le Mali quittent la CEDEAO

Février

- Mort d'Alexi Navalny en Russie
- Entrée de la Suède dans l'OTAN

Mars

- Réélection à 87 % de Vladimir Poutine
- Élection de Bassirou Diawaye Faye au Sénégal

Avril

- Attaque de l'Iran sur Israël
- Manifestations propalestiniennes de Columbia à Sciences Po Paris

Mai

- Vladimir Poutine en Chine
- L'ANC perd sa majorité en Afrique du Sud et le BJP perd la sienne en Inde

Juin

- Élections européennes et dissolution en France
- Nvidia, première capitalisation mondiale à $ 3 335 milliards
- Vladimir Poutine en Corée du Nord

Juillet

- « Chambre introuvable » en France
- Victoire du Labour aux élections britanniques
- Retrait de Joe Biden de la campagne présidentielle aux États-Unis
- JO de Paris

Août

- Sheika Hasina renversée au Bangladesh
- Tensions Chine/Philippines

Septembre

- Présentation du rapport Draghi sur l'Europe
- Nouvelle Commission européenne dominée par Ursula von der Leyen
- Un président « marxiste » au Sri Lanka
- Offensive israélienne au Liban

Octobre

- Réussite du retour du Starship par Space X
- Le PLD perd sa majorité au Japon

Novembre

- Élection de Donald Trump
- Crise politique en Allemagne
- COP29 à Bakou

Décembre

- Accord UE-Mercosur
- Chute du régime Assad en Syrie
- Crises politiques en France, en Corée du Sud

migrations vers l'Europe (et les Canaries en particulier) et les États-Unis. Quelques conflits se sont mieux terminés avec le renversement de régimes plus ou moins dictatoriaux au Bangladesh et en Syrie, tandis que d'autres ont maintenu leur emprise avec des « élections » manipulées du Venezuela à l'Algérie, de la Russie au Rwanda ou à la Géorgie (le cas de l'Iran est un peu plus discutable avec un président considéré comme « réformateur »).

Au fil de tous ces événements, les fractures du monde se sont approfondies. Si, au G7 tenu à Bari, on a pu noter la présence de l'Argentin Javier Milei (et du pape François...), quelques semaines plus tard, le sommet des BRICS à Kazan réunit 36 pays au-delà, donc des neuf membres officiels (la position de l'Arabie saoudite demeurant ambiguë) avec des « observateurs », comme l'Algérie, le Venezuela, Cuba, le Nigeria ou le Pakistan. Auparavant, la Chine avait réuni à Astana l'organisation de coopération de Shanghai avec pour invités l'Iran, la Biélorussie et l'Inde. Pour faire bon poids, Xi Jinping s'est rendu au sommet de l'APEC à Lima (ce qui lui a permis d'inaugurer un nouveau port destiné à être la tête de pont de la Chine sur la côte Pacifique de l'Amérique latine). En réalité, la fracture la plus apparente (G7 *versus* BRICS) est moins claire qu'il n'y paraît avec la présence de plusieurs « électrons libres » à l'image de l'Inde et de la Turquie, d'alliances plus improbables, comme celles de l'Arabie saoudite écartelée entre la Russie (et l'OPEP+) et les États-Unis. L'élection de Donald Trump pourrait d'ailleurs compliquer un peu plus les choses, celui-ci ayant l'originalité de s'attaquer à ses amis et à ses alliés (Canada, Europe) tout en restant fasciné par ses adversaires, surtout lorsqu'ils ont des tendances dictatoriales (Poutine, Xi).

La multiplication des réunions internationales a été au fond le symbole – un peu par l'absurde – de cette mondialisation qui s'effiloche. Le plus bel exemple de cette vacuité n'est-il pas la devise choisie pour la réunion du G20 à Rio de Janeiro en novembre 2024 : « *Construire un monde juste et une planète durable* ». Voilà un slogan qui rappellera aux plus anciens les sommets altermondialistes qui se tinrent au début du siècle à Porto Alegre (devenu à l'époque l'anti-Davos) à l'invitation du Parti des Travailleurs déjà dirigé par Lula, un Lula qui a bien changé en termes de dépendance vis-à-vis de la Chine. Mais que dire donc de ce slogan à l'aune de l'échec des différentes COP qui se sont tenues en 2024 : du climat à Bakou (il est vrai que le choix de l'Azerbaïdjan, une dictature pétrolière en conflit ouvert avec son voisin arménien, était presque de la provocation), à la biodiversité à Cali en Colombie, aux plastiques à Busan en Corée ! De son côté, l'OMC est en état de « mort clinique » tandis que, un peu plus haut sur la colline des Nations unies à Genève, l'OMS risque de ne pas se remettre de l'annonce du retrait des États-Unis.

Pour reprendre la devise de Rio, en 2024, le monde n'a pas été juste et la planète est moins durable que jamais. Le sous-titre choisi pour CyclOpe 2024, « Attendre et espérer » reste bien d'actualité, même si, pour 2025, ce sont les « piétinements sourds des légions en marche » qu'il faut se préparer à affronter.

L'année 2024 a été aussi marquante d'un autre point de vue : celui de l'avènement – au moins médiatique – de l'intelligence artificielle. Dans la fuite en avant du monde vers des abîmes ignorés, l'intelligence artificielle apparaît comme une sorte de promesse messianique qui permettra de corriger d'abord, puis d'anticiper toutes les faiblesses humaines. Au passage, c'est aussi une nouvelle heure de gloire pour la Silicon Valley dans sa version la plus libertarienne et même transhumaniste. Dans le sillage d'Open AI (dont le sulfureux Sam Altman a désormais le contrôle, appuyé par Microsoft, mais en butte à l'ire et même à une OPA d'Elon Musk), tous les grands – et quelques jeunes pousses – se sont lancés vers ce nouvel eldorado. Les *Magnificent Seven* ont surfé sur la vague boursière à l'image de Nvidia, le nouveau roi des semi-conducteurs. L'apparition, début janvier 2025, d'un concurrent chinois *low cost*, Deep Seek, a quelque peu douché les enthousiasmes au moment même où Donald Trump donnait son feu vert au programme Stargate de construction des *data centers* nécessaires au développement de l'intelligence artificielle. Il reste à voir ce que seront les impacts de l'« IA » sur les dynamiques économiques mondiales. La tenue, début février 2025 à Paris, d'un « sommet » de l'IA coprésidé par Emmanuel Macron et Narendra Modi a été l'illustration de ce nouveau terrain d'affrontements, avec le refus des États-Unis et du Royaume-Uni

Corrigés des prévisions macroéconomiques de CyclOpe pour 2024 (en %)

Économies avancées	**Prévisions de CyclOpe Janvier 2024**	**Estimations de janvier 2025**
États-Unis	1,5	2,8
Eurolande	0,5	0,7
Allemagne	0	– 0,2
Espagne	1	3,2
France	1	1,1
Italie	0,5	0,5
Royaume-Uni	0	0,9
Japon	1	– 0,3
Économies émergentes		
Chine	4	5
Inde	7	7,1
Brésil	2	2,5
Le monde	**2,5**	**3,2**
Taux de change		
Taux de change effectif du $ (en %)	**+ 2**	**+ 2,5**
$/euro	**1,05**	**1,08**

La principale « erreur » de la prévision de CyclOpe pour 2024 concerne les États-Unis avec la sous-estimation de la croissance beaucoup plus forte qu'anticipée (ce qui n'a pas pour autant porté bonheur à Joe Biden). Par ailleurs, la récession japonaise n'a pas été bien mesurée. Pour l'Europe, les prévisions sont correctes à la notoire exception de l'Espagne. Les évolutions des pays émergents sont conformes aux prévisions d'autant plus que la tendance récente en Chine est plus proche de 4 %. Il en est de même pour l'évolution du dollar qui se renforce un peu plus en fin d'année après l'élection de Donald Trump, un événement que très franchement nous n'avions pas intégré dans nos prévisions !

d'en signer la déclaration finale. Voilà une autre enceinte du « grand jeu » sur lequel les légions sont en marche.

Et pourtant, elle tourne...

En 2024, la croissance économique mondiale a dépassé les 3 %. Plus encore qu'à l'habitude, la différence est grande entre les pays avancés (1,7 % pour les pays de l'OCDE) et le reste du monde (4,5 %). Et à l'intérieur des pays « riches » quel contraste entre les États-Unis (2,8 %) et les autres, le bonnet d'âne étant cette année partagé par deux pays qui longtemps furent considérés comme des modèles, le Japon (– 0,3 %) et l'Allemagne (– 0,2 %). Mais les chiffres de croissance des pays émergents ne doivent pas faire illusion. Les 5 % « officiels » de la Chine ne doivent pas tromper et la réalité, à l'aune chinoise, est plus proche de la croissance zéro. La palme de la croissance économique reste dans le panier indien (7,1 %) malgré un léger ralentissement en fin d'année. Et paradoxalement, la deuxième place, hors Chine, parmi les BRICS revient à la Russie (3,6 %), malgré ou peut-être à cause de l'économie de guerre qu'elle s'impose (l'Ukraine, largement aidée par l'Occident, enregistre la même croissance).

Une fois de plus la progression des échanges mondiaux (2,7 % d'après l'OMC mais 3,7 % d'après les calculs de la CNUCED pour un total de $ 33 000 milliards) a été inférieure à celle de la croissance économique. Il est vrai que les obstacles se sont multipliés, qu'ils soient liés à des problèmes climatiques (canal de Panama), géopolitiques (mer Rouge, mer Noire) ou tarifaires sans oublier les sanctions pesant sur nombre de flux. Ceci étant, on ne peut qu'être frappé de la capacité de résilience des circuits économiques et commerciaux aux tensions qui affectent la planète. De nouvelles routes apparaissent fréquentées par des navires plus ou moins « gris » (mais plus rien aujourd'hui n'échappe à l'œil des réseaux de satellites), à partir de nouvelles places moins regardantes à l'image de Dubaï.

À l'échelle de la planète, les États-Unis ont retrouvé leur place de principal moteur économique. Mais ils ont aussi dominé l'actualité et tenu le monde en haleine avec un feuilleton électoral haletant dont le résultat final a stupéfié le monde (on se souvient que l'empereur Frédéric II fut surnommé « Stupor Mundi »).

Les États-Unis en majesté

Avant même de parler de l'élection de Donald Trump, il faut donner à Joe Biden le crédit d'une croissance record de l'économie américaine, à l'opposé de toutes les prévisions faites en début d'année qui n'excluaient pas un risque de récession. En fait, la croissance américaine a été de 2,8 % et il semble même qu'elle ait atteint 3 % au dernier trimestre de l'année. L'inflation a été maîtrisée pour atteindre 2,9 % en fin d'année, ce qui a permis à la Fed de commencer à assouplir sa politique monétaire. Les créations d'emploi se sont maintenues à des niveaux soutenus avec un taux de chômage à faire rêver en Europe (4 %). Ceci se retrouve dans la dynamique de la consommation soutenue par l'euphorie boursière qui a joué aussi sur l'optimisme des chefs d'entreprise. La mise en œuvre rapide de l'IRA a eu aussi un impact déterminant sur la dynamique économique américaine, au prix, il faut le rappeler, d'une augmentation continue des « déficits jumeaux » : celui de la balance commerciale ($ 918 milliards en hausse de 17 %) et celui des comptes publics (7,2 %, mais en réalité plus proche de 10 %).

Et pourtant, toutes ces bonnes nouvelles économiques n'ont pas servi le camp démocrate. La perception de l'inflation, alimentaire en particulier, est restée prégnante dans l'électorat. Ajoutons à cela les maladresses de Joe Biden, sa désastreuse prestation télévisée face à Donald Trump, puis son retrait trop tardif. Si le choix de Kamala Harris était pertinent, elle a souffert d'une campagne trop courte, privée des primaires, et d'une image peut-être trop élitiste là où Donald Trump jouait la carte du populisme et parvenait à gagner du terrain auprès d'un électorat traditionnellement démocrate comme celui des noirs et des Hispaniques. À cela, il faut ajouter la trahison des élites du « techno-féodalisme » (l'expression est de Steve Bannon, l'un des idéologues du trumpisme historique) d'Elon Musk à Peter Thiel en passant par Jeff Bezos. On ne peut nier aussi à Trump son charisme et sa résilience dont le symbole restera son poing levé quelques instants après un attentat qui aurait pu lui coûter la vie.

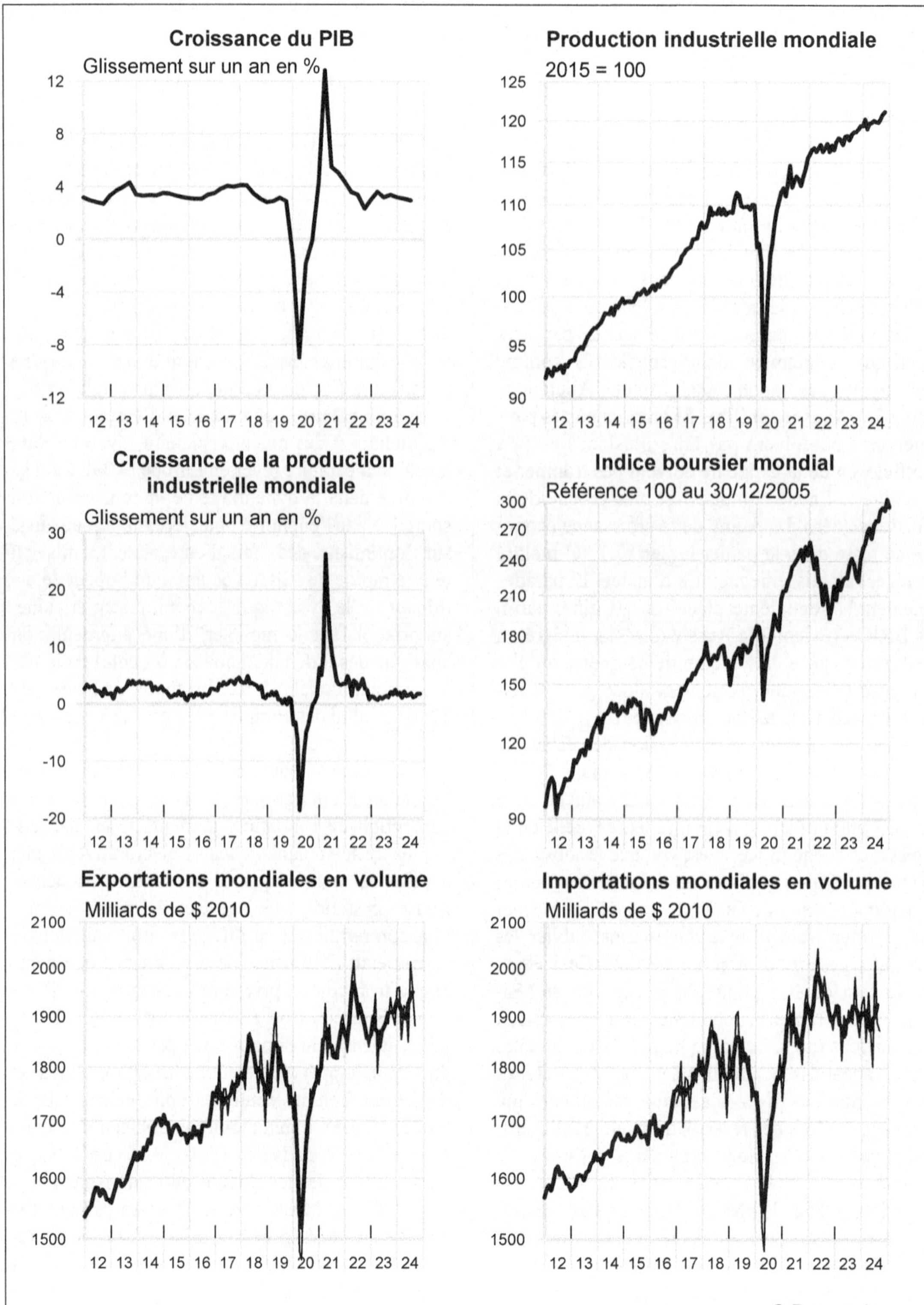
Croissance du PIB
Glissement sur un an en %
Production industrielle mondiale
2015 = 100
Croissance de la production industrielle mondiale
Glissement sur un an en %
Indice boursier mondial
Référence 100 au 30/12/2005
Exportations mondiales en volume
Milliards de $ 2010
Importations mondiales en volume
Milliards de $ 2010
12 13 14 15 16 17 18 19 20 21 22 23 24
© Rexecode

Un texte prémonitoire de Ralph Ichter en date du 2 novembre 2024

Pour les élites démocrates, l'économie se porte bien : l'inflation est maîtrisée, les taux d'intérêt sont en baisse (en réalité, les taux à 10 ans remontent, bien que la FED ait baissé les taux à court terme, c'est le *Trump Trade*).
Madame Harris refuse de reconnaître que les années Biden ont été difficiles pour les classes moyennes. Pour l'Amérique d'en bas, la perception est différente : les prix alimentaires ont explosé, les loyers ne cessent d'augmenter, sans même parler des assurances de toute nature. Ce n'est pas pour rien que les dockers de New York ont demandé et obtenu des hausses de salaire de plus de 50 % et que les ouvriers de Boeing sont en grève et demandent des hausses équivalentes.
L'Amérique d'en bas a clairement le sentiment que les élites démocrates se moquent des « déplorables », comme disait madame Clinton, sentiment que Trump a su admirablement exploiter et canaliser auprès de sa base, mais aussi d'une part des indépendants.
Madame Harris et les démocrates veulent protéger la démocratie et les institutions contre les assauts de l'autocrate Trump-Hitler.
Mais, si la moitié des Américains soutiennent le fasciste Trump, cela signifie probablement qu'ils sont prêts à accepter quelques accommodements avec la démocratie, en contrepartie d'une amélioration de leur condition, de la maîtrise de l'immigration, de la lutte contre la criminalité, et du respect de leurs valeurs traditionnelles, comme le port d'armes ou l'absence de toilettes pour les transgenres.
Quand on fait deux boulots pour faire manger sa famille, le verdissement de l'énergie et des transports, la culture woke ou la démocratie, on s'en fout. *It's the economy stupid* !

Un dernier mot sur la présidence Biden. Il aura été un excellent président pour les États-Unis et sa gestion du covid a été presque exemplaire à l'aune de ce que l'on a connu en Europe et surtout en Chine. La mise en œuvre de l'IRA a été rapide et commençait d'ailleurs à se concrétiser en termes de transition durable. Au plan international, après le fiasco de l'abandon de Kaboul (en réalité un héritage de Trump), il a été un des plus fermes soutiens de l'Ukraine jusque même dans les derniers jours de son mandat. Par contre, il a maintenu une bonne partie de l'arsenal tarifaire mis en place par son prédécesseur, le renforçant même vis-à-vis de la Chine. Entre deux périodes de tempête, il a assuré une transition équilibrée. Ceci étant, il a incontestablement souffert du fait que, durant son mandat, ce que l'on appelle le « wokisme » a commencé à dégénérer. Ce lointain héritage de la pensée française de la fin du XXe siècle (Foucault, Bourdieu…) avait historiquement trouvé un terreau fertile sur les campus américains. Au confluent de « Black lives Matter » et de #Metoo, ce mouvement a pris de l'ampleur et a généré nombre d'excès dont les propagandistes républicains ont fait leurs choux gras. Au total, Biden n'a pas obtenu de réponse positive au célèbre « Test de Reagan » qui remonte à un débat télévisé de 1980 avec Jimmy Carter. Reagan avait posé la question : « Êtes-vous mieux qu'il y a quatre ans ? ». La réponse des sondages de l'université du Michigan était franchement négative pour Joe Biden.

Donald Trump a donc gagné et de manière plus large que prévu, emportant notamment tous les *swing states* et, au passage, même le contrôle du Congrès (Sénat et Chambre avec toutefois des marges assez faibles). Pour la première fois depuis pratiquement les années Reagan, les trois pouvoirs (exécutif, législatif et judiciaire) se trouvent sous la même influence.

À la différence de 2016, lorsque la victoire de Donald Trump, quelque peu inattendue, avait été une surprise et avait trouvé l'intéressé et ses équipes peu préparés, le président élu dans son « palais » de Mar-a-Lago en Floride a commencé très tôt à composer son gouvernement en pri-

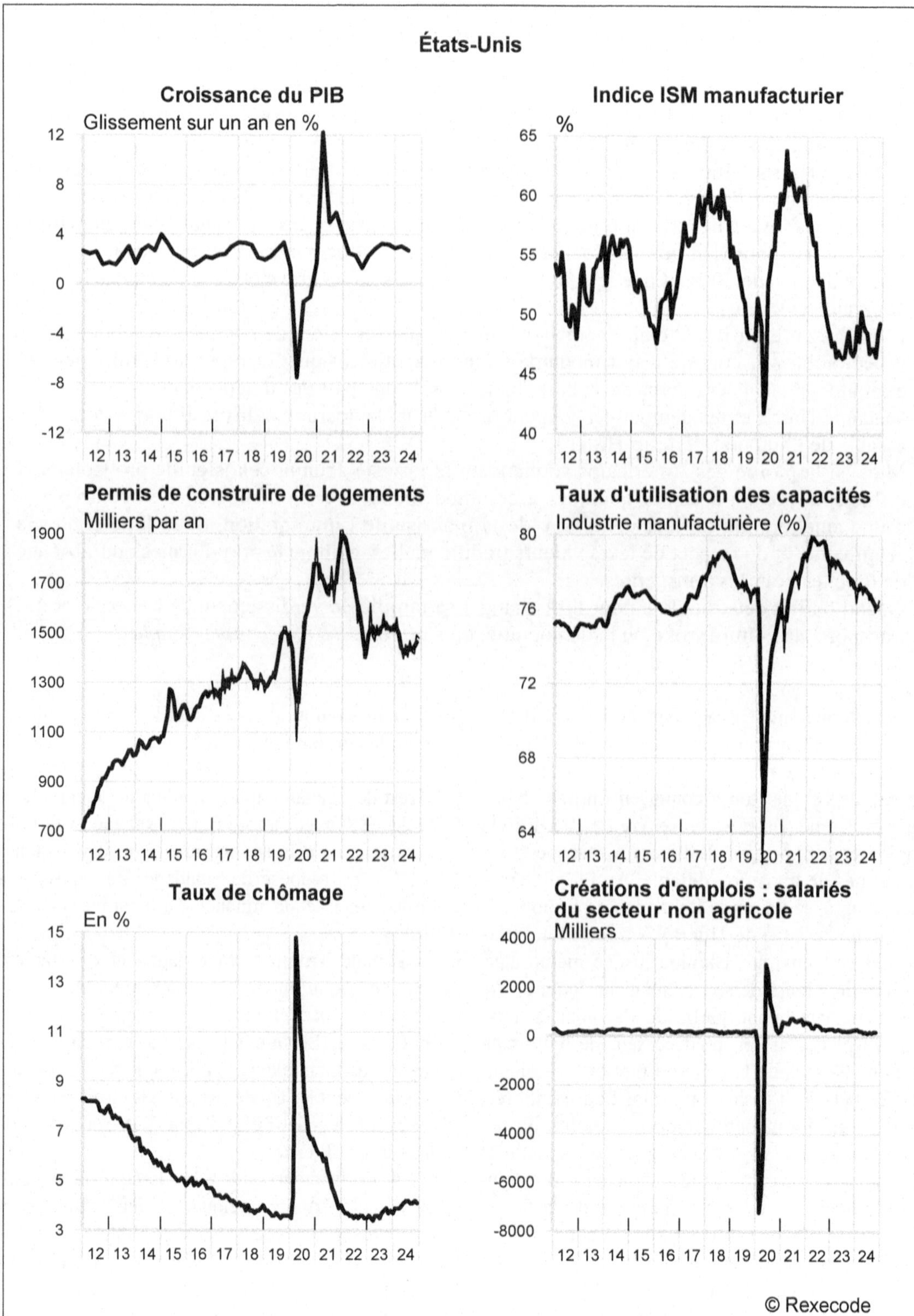
États-Unis
Croissance du PIB
Glissement sur un an en %
12
8
4
0
-4
-8
-12
12 13 14 15 16 17 18 19 20 21 22 23 24
Indice ISM manufacturier
%
65
60
55
50
45
40
12 13 14 15 16 17 18 19 20 21 22 23 24
Permis de construire de logements
Milliers par an
1900
1700
1500
1300
1100
900
700
12 13 14 15 16 17 18 19 20 21 22 23 24
Taux d'utilisation des capacités
Industrie manufacturière (%)
80
76
72
68
64
12 13 14 15 16 17 18 19 20 21 22 23 24
Taux de chômage
En %
15
13
11
9
7
5
3
12 13 14 15 16 17 18 19 20 21 22 23 24
Créations d'emplois : salariés du secteur non agricole
Milliers
4000
2000
0
-2000
-4000
-6000
-8000
12 13 14 15 16 17 18 19 20 21 22 23 24
© Rexecode

vilégiant avant tout la fidélité et la loyauté (et en promettant d'ailleurs de se venger de tous ceux qui l'avaient « trahi » ou accusé au lendemain des événements du Capitole). La vieille garde républicaine a disparu et Trump s'est entouré de personnages souvent sans expérience et parfois manifestement à contre-emploi. Il a surtout donné une place exceptionnelle à Elon Musk, l'homme le plus riche du monde, tout auréolé des succès de Tesla et de Space X, dont le soutien – et celui de son réseau X (ex-Twitter) – a été essentiel dans la victoire de Trump. Musk est rapidement devenu incontournable à Mar-a-Lago, puis à Washington. Doanld Trump l'a nommé à la tête d'un nouveau département de l'efficacité gouvernementale (le DOGE) qui, dans les premiers jours ayant suivi l'investiture, a commencé à semer la pagaille la plus noire dans l'administration fédérale et à contribuer à fermer de nombreuses agences, la plus emblématique étant l'USAID. Mais Musk s'est aussi mêlé de politique étrangère tout en affichant son soutien aux partis populistes européens avec un intérêt tout particulier pour l'Afd allemande. Beaucoup d'observateurs s'interrogent quant à l'avenir des

Un curieux mélange de milliardaires et de libertaires

Elon Musk	Le doge ! : US DOGE Service
Marco Rubio	Sénateur de Floride : département d'État
Doug Burgum	Gouverneur du Dakota du Nord : intérieur
Peter Hegseth	Journaliste de Fox News : la défense
Kristi Noem	Gouverneur du Dakota du Sud : sécurité intérieure
Steven Witkoff	Promoteur immobilier : envoyé spécial au Moyen-Orient
Mike Huekabee	Ex-gouverneur de l'Arkansas : ambassadeur en Israël
Vivek Ramaswany	« Milliardaire » : copatron du DOGE (s'est retiré début janvier)
Robert F. Kennedy	« L'antivax » : la santé
Scott Bessent	Une des stars de Wall Street : le Trésor
Pam Bondi	Attorney général de Floride : justice
Brooke Rollins	Animatrice de l'America First Policy Institute : agriculture
Howard Lutnick	« Milliardaire » de Wall Street : commerce
Lori Chavez-De Remer	Représentante de l'Oregon assez proche des syndicats : travail
Linda McMahon	Impresario de catch : éducation
Chris Wright	CEO de Liberty Energy, climatosceptique : énergie (surnommé « Trump's fracker in chief »)
Sean Duffy	Présentateur Fox Business : transports
Lee Zeldin	Ancien représentant climatosceptique : agence de protection de l'environnement
Tulsi Gabbard	Représentante, soutien de Poutine et Assad : national intelligence
Jamieson Greer	Ancien chef de cabinet de Robert Lighthizer : commerce extérieur
Peter Navarro	« Économiste » : trade advisor
Russell Vought	Coauteur du « Projet 2025 » de l'Heritage Foundation : directeur de l'Office of Management and Budget
Paul Atkins	Partisan des cryptomonnaies : président de la SEC
Kash Patel	Avocat, proche de QAnon : directeur du FBI
Dan Bongino	« Podcaster » : deputy director du FBI
Stephen Miran	Stratégiste de hedge fund : président du CEA
Kevin Hassett	« Économiste » : directeur du National Economic Council
Jared Isaacman	Homme d'affaires et pilote : administrateur de la NASA

Elon Musk est né en Afrique du Sud en 1971, naturalisé Américain (ce qui lui enlève théoriquement la possibilité de candidater à la présidence après Trump). Il lit Nietzsche et Schopenhauer à 14 ans, puis se passionne pour la science-fiction (Asimov, Adams). Il fait sa première fortune avec PayPal (associé avec un autre transhumaniste, Peter Thiel), puis lance Tesla, Space X, rachète Twitter (devenu X)… Père de 12 enfants de nombreuses femmes (l'un d'eux est transgenre), il est un curieux mélange de libertarien et de conservateur.
Entre janvier 2023 et la fin de janvier 2025, il a publié 41 665 tweets sur X, s'attaquant à tous ceux qui peuvent le gêner et s'immisçant de plus en plus dans la politique américaine et mondiale. Dans un premier temps, Trump semble lui avoir donné toute liberté d'action à la tête du DOGE au point de lui avoir valu le surnom de FBOTUS (First Buddy of The United States). Depuis, nombre d'observateurs s'interrogent sur la solidité dans le temps de sa proximité avec Trump. Sa dépendance économique à la Chine pourrait en être un test face à nombre de faucons anti-chinois comme Rubio et Navarro. À suivre donc la position des États-Unis vis-à-vis de Taïwan…

relations entre Trump et Musk et c'est, même si cela peut paraître anecdotique, l'une des grandes questions qui agitera la planète en 2025 et 2026.

À côté de Musk, la plupart des techno-oligarques de la Silicon Valley ont entrepris le pèlerinage de Mar-a-Lago pour faire allégeance à l'image de Jeff Bezos (Amazon), de Mark Zuckerberg (Meta), de Tim Cook (Apple), de Sam Altman (Open AI)… L'un des « idéologues » du trumpisme, Steve Bannon, a d'ailleurs fustigé la montée en puissance de ce qu'il qualifie de « techno-féodalisme ».

Le 20 janvier 2025, l'investiture de Donald Trump fut une véritable « cérémonie impériale » au Capitole d'abord, puis dans une « arène » où le nouveau président signa ses premiers décrets, ceux notamment qui graciaient les émeutiers de la prise du Capitole. Rien ne manquait, y compris la main de Dieu dont Donald était l'élu « to make America great again ». Il y avait là cinq des dix hommes les plus riches de la planète (quatre techno-oligarques et Bernard Arnault) et quelques autres, comme Mukesh Ambani (Inde), Zhou Zi Chew (Tiktok Chine) et puis parmi les politiques Javier Milei (Argentine), Giorgia Meloni (Italie) et le ban et l'arrière-ban du populisme européen de Nigel Farage à Éric Zemmour. Ce même jour, Donald Trump signa une bonne centaine de décrets exécutifs. Depuis, son activité a été débordante, parfois brouillonne, avec la difficulté de faire la part entre le discours et les actes, entre les envolées lyriques et les décisions concrètes au risque que celles-ci soient annulées ou modifiées quelques jours plus tard. Globalement, la marque de Trump est avant tout celle du *deal* : toute position est négociable, y compris au-delà des délais qu'il aura lui-même fixés. Il est difficile de lui trouver une colonne vertébrale idéologique, si ce n'est son mépris pour les bureaucraties, sa fascination pour les dictatures, son ego démesuré aussi. Durant ses premières semaines de mandat (arrêtées à la fin mars 2025 au moment du bouclage de CyclOpe), plusieurs axes de politiques se sont dégagés :

– Sur le plan de la **politique étrangère**, il a commencé par s'attaquer au Groenland (en proposant son rachat au Danemark), au Panama (en voulant reprendre le canal) et même au Canada (« *Our cherished Fifty First State* »). L'affaire du Panama est probablement à prendre au sérieux

Dans le délire qui semble avoir pris le dessus à Washington, l'une des perles émane du Département d'État qui a envoyé à toutes les agences de l'ONU un questionnaire contenant entre autres la question suivante :
« Pouvez-vous confirmer que votre organisation ne travaille pas avec des entités associées au communisme, au socialisme, au totalitarisme, ou à n'importe quelle autre entité qui épouse des croyances anti-américaines ? » Les mânes de Joseph McCarthy doivent en frétiller !

d'autant plus que l'influence de la Chine y est bien réelle. Dans un premier temps, le magnat de Hong Kong, Li Ka Shing, avait accepté de vendre sa société, Hutchison, qui, entre autres, possède les deux ports de Panama, à Blackrock associé à MSC. Mais cette transaction annoncée en grande pompe se heurte – semble-t-il – à un veto du gouvernement chinois. Le magnat de Hong Kong, Li Ka Shing, a bien compris le message et a vendu les deux ports que sa société, Hutchinson, possédait à Panama à Blackrock. La vision du bilatéralisme exclut toute approche multilatérale : les États-Unis sont donc sortis de l'Accord de Paris sur le climat (et donc des COP?), de l'OMS, de l'Accord fiscal de l'OCDE. La suppression de l'USAID qui finançait nombre de structures multilatérales va dans le même sens. Ainsi, en Afrique, les principaux bénéficiaires de l'aide américaine étaient l'Éthiopie ($ 1,2 milliard en 2024), la RDC, la Somalie, le Sud-Soudan… Sur les deux conflits majeurs du moment, Gaza et l'Ukraine, il entretient son rêve du prix Nobel de la Paix. À Gaza, il a obtenu un cessez-le-feu précaire, puis a lancé une proposition de prise en charge par les États-Unis de la reconstruction si les pays arabes acceptaient d'accueillir les habitants : difficile à imaginer, mais dans son esprit, tout est négociable.

Le dossier ukrainien est bien plus complexe. Donald Trump reste fasciné par Vladimir Poutine et ne cache pas son mépris pour Volodymyr Zelensky. Après l'avoir traité de « dictateur », le « guet-apens » du 28 février a été orchestré avec le concours actif du vice-président J.D. Vance qui est l'un des caractères les plus dangereux de l'entourage de Trump. Alors qu'un « accord » quelque peu factice sur l'exploitation des métaux ukrainiens devait être signé, il n'en a rien été et les États-Unis ont annoncé une « pause » dans leur aide militaire et de renseignement à l'Ukraine. Revenu à la table de négociations en Arabie saoudite, Zelensky a accepté le principe d'un cessez-le-feu que Poutine a négligé à un moment où les troupes russes semblaient prendre le dessus, en particulier du côté de Koursk. Trump, par la suite, a évoqué avec Poutine le principe d'un cessez-le-feu minimal limité aux installations énergétiques. il a même imaginé que la centrale nucléaire de Zaporijia puisse être placée sous le contrôle des États-Unis. La suite reste difficile à anticiper.

Et puis, l'activisme américain donne des idées. Confronté à une situation au fond assez identique à celle de l'Ukraine, l'invasion de l'est du pays par des rebelles (le M23) ouvertement soutenus par le Rwanda et la prise de deux villes importantes, Goma et Bukavu, le gouvernement de la RDC s'est tourné vers les États-Unis en leur proposant un « pacte minier » en échange de l'intervention de forces américaines afin de garantir un éventuel cessez-le-feu. Et la RDC a des réserves de métaux stratégiques autrement plus importantes que l'Ukraine !

Une chose est claire en tout cas, tant dans les discours de Trump que de Vance à la conférence de Munich en février ; les États-Unis abandonnent l'Europe et estiment – parfois à juste raison – qu'ils n'ont plus à garantir la sécurité de pays dont les efforts en matière de dépenses militaires sont pour le moins limités. On est là loin même de Yalta et plus proche des lendemains du traité de Versailles que le Congrès refusa de ratifier et avec lui la garantie des frontières de la France qu'avait négocié Clemenceau. L'OTAN va devoir se réinventer et ce sera peut-être là une étape majeure dans la « re » construction de l'Europe.

Bien d'autres sujets internationaux restent encore flous, qu'il s'agisse du Venezuela, de l'Iran (avec le renforcement des sanctions sur les exportations de pétrole y compris à l'encontre de raffineurs chinois) et, bien sûr, de Taïwan et au-delà de la Chine (dont le nouveau secrétaire d'État Marco Rubio est un opposant marqué).

– Politique étrangère et **politique douanière** sont bien sûr intimement liées dans l'esprit de Donald Trump. Ses premières mesures ont d'ailleurs concerné la mise en place des tarifs de 25 % sur le Canada et le Mexique, de 10 % sur la Chine. Deux jours plus tard, après des « conversations » avec Justin Trudeau et Claudia Scheinbaum, les tarifs vis-à-vis du Canada et du Mexique étaient « ajournés d'un mois », tandis que les 10 % vis-à-vis de la Chine étaient maintenus, ce qui a entraîné des mesures de rétorsion chinoises. Un peu plus tard, ce fut l'imposition de droits de 25 % sur les importations d'acier et d'aluminium à compter de

Les premiers jours de Donald Trump

5 novembre : • « America votes as poll show dead heat » (FT)
6 novembre : • « America decides » (FT)
7 novembre : • « Trump is back » (les unes du *Financial Times*)
11 novembre : • Elon Musk nommé à la tête d'un ministère de l'Efficacité gouvernementale (le DOGE)
• Premières nominations :
– Peter Hegseth (ex-Fox News) à la défense
– Robert Kennedy à la santé
– Matt Gaetz, attorney general (devra se retirer)
• Les républicains contrôlent Sénat et Chambre
25 novembre : • Menaces de tarifs de 25 % sur Canada, Mexique et Chine
7 décembre : • Trump et Musk à l'office de réouverture de Notre-Dame de Paris
9 décembre : • Donald Trump invite Xi Jinping à son investiture
• Mark Zuckerberg donne $ 1 million pour la cérémonie d'investiture…
16 décembre : • Malgré les instructions de Trump, le vote du Congrès évite un *shutdown*
30 décembre : • Réélection de Mike Johnson comme *speaker* de la Chambre : « un homme bon, travailleur et religieux » (D. Trump)
6 janvier : • Meta supprime le *fact checking*
• Incendies à Los Angeles
13 janvier : • Accord de cessez-le-feu à Gaza
• Dans son dernier discours, Joe Biden fustige « une oligarchie d'extrême richesse, de pouvoir et d'influence »
• Lancement du memecoin $ TRUMP
20 janvier : • Investiture en présence de 5 des 10 hommes les plus riches de la planète
• Signature d'une centaine d'*executive orders* :
– État d'urgence à la frontière du Mexique
– État d'urgence énergie
– Sortie de l'Accord de Paris, de l'OMS, de l'Accord fiscal OCDE
• Menaces Groenland, Panama…
• Lancement « Stargate » ($ 500 milliards)
27 janvier : • Annonce de droits de 25 % sur le Canada et le Mexique et de 10 % sur la Chine
• Deux jours plus tard, le Canada et le Mexique obtiennent un délai d'un mois
• Utilisation de l'International Emergency Economic Powers Act de 1977
• Projet de nettoyage (*clean out*) de Gaza
• Fermeture de l'USAID
• Le DOGE entre en jeu : Elon Musk « le grand inquisiteur »
3 février : • B. Netanyahou, premier dirigeant étranger reçu à la Maison-Blanche
• Déplacement de Marco Rubio au Panama
• Proposition d'annexion et de « reconstruction » de Gaza
10 février : • Annonce de hausses des tarifs de 25 % sur l'acier et l'aluminium (au 12 mars)
• Suppression du Foreign Corrupt Practices Act
• Discours « menaçant » de J.D. Vance à Munich
• Entretien téléphonique de Trump avec Poutine
• Lancement de l'idée de « droits de douane réciproques », à l'étude pour avril

17 février : • Réunion États-Unis/Russie à Ryadh
• Trump qualifie Zelinsky de « dictateur »

24 février : • Annonce de taxes de 25 % sur les produits européens, de 10 % de plus sur la Chine
• Relance de l'oléoduc Keystone abandonné depuis 2021
• Préparation d'un accord sur les métaux stratégiques avec l'Ukraine
• Vote d'une résolution américaine au Conseil de sécurité de l'ONU sur la paix en Ukraine sans mention de l'agression russe. La résolution est soutenue par la Russie et la Chine ; abstention du Royaume-Uni et de la France
• Libération par la Roumanie des frères Tate (la manosphère proche de Trump)
• Annonce d'une *gold card* à $ 5 millions
• Premier *cabinet meeting* avec une prière et la présence d'Elon Musk

28 février : • Clash à la Maison-Blanche avec Zelinsky

3 mars : • Suspension de l'aide militaire à l'Ukraine puis de l'appui au renseignement
• Entrée en vigueur des 25 % des droits sur le Mexique et le Canada (avec des exceptions comme la potasse et des délais partiels)
• Blackrock prend le contrôle des ports chinois du canal de Panama
• Clash entre Elon Musk et la Pologne sur l'accès de l'Ukraine à Starlink

10 mars : • Entrée en vigueur des taxes sur l'acier et l'aluminium
• Réactions avec des taxes sur $ 26 milliards de produits américains pour l'UE, sur $ 30 milliards pour le Canada
• Menaces de 25 % supplémentaires sur l'aluminium canadien à la suite de menaces du Premier ministre de l'Ontario de taxer les exportations d'électricité vers les Etats-Unis
• Menaces de 200 % sur les vins et alcools européens à la suite de l'inclusion du bourbon dans les taxes européennes
• Vers la suppression du Department of Education (créé seulement en 1979 par Jimmy Carter)
• Projet d'accord de cessez-le-feu en Ukraine ; Poutine refuse de s'engager
• Forte chute de Wall Street
• Taxes chinoises notamment sur les produits agricoles et interdiction d'importation de bois américain pour des raisons « sanitaires »
• Les sénateurs démocrates renoncent à l'arme du *Shutdown* et votent une « loi de réconciliation » qui prolonge le budget jusqu'en septembre (mais sur la base du budget de l'administration Biden)

17 mars : • Entretien téléphonique Trump-Poutine : cessez-le-feu limité aux installations énergétiques ?
• Annulation de 5 200 contrats (soit 83 % du total) de l'USAID
• Création de l'US National Energy Dominance Council (énergie et métaux)
• Menaces de taxes sur les navires fabriqués en Chine et desservant des ports américains
• Nouveau projet d'accord minier avec l'Ukraine

24 mars : • Droits de 25 % sur les automobiles
• *Signalgate*
• J.D. Vance au Groënland

2 avril : • *Liberation day* (Tarifs réciproques)

la mi-mars. Mais ce n'étaient là que des « amuse-bouches » pour un président dont la référence est son prédécesseur McKinley ainsi d'ailleurs que les présidents républicains des années vingt.

La grande ambition qui pourrait être mise en œuvre courant avril est celle de droits « réciproques ». Il ne s'agirait plus d'imposer des hausses de droits à l'aveugle, mais de cibler, ligne par ligne et pays par pays, en revenant au passage sur le principe fondateur du GATT, celui de la nation la plus favorisée. Cela promet une infinie complexité au cas par cas et une marge pour ces *deals* que Donald Trump aime tant. L'UE risque d'être particulièrement affectée si – et c'est probable – la TVA est intégrée dans les calculs.

Entre-temps, courant mars, les hostilités étaient ouvertes avec le Canada, la Chine et l'UE avec des menaces sur les exportations canadiennes d'électricité de l'Ontario et pourquoi pas une « guerre du bourbon » avec l'UE. Remarquons que le Royaume-Uni est resté sur la réserve, espérant peut-être sauvegarder une illusoire relation privilégiée. Des pays comme le Japon et la Corée du Sud sont aussi restés dans l'attentisme.

Mais, avec l'UE, le véritable conflit touchera les nouvelles technologies et l'impact des directives européennes. Alors que l'administration Biden partageait largement l'approche européenne sur la protection des données et la nécessité de réguler la « tech », toute autre sera la position de Trump en ces domaines. L'agriculture (et les vins et spiritueux) ne sera qu'un prétexte et les vrais conflits seront technologiques.

– Sur le front **énergie et environnement**, les choix sont clairs : sortie de l'Accord de Paris, remise en cause de l'IRA et de toutes les mesures privilégiant la transition énergétique et, par exemple, les véhicules électriques, ouverture à l'exploration de l'Alaska et des rivages des États-Unis et décret d'un état d'urgence énergétique. Ceci étant, les États-Unis produisant déjà au maximum de leurs capacités avec des prix en baisse (et que Donald Trump souhaite faire baisser), il n'est pas sûr que le slogan *drill, baby drill* aie beaucoup d'influence en termes de production. Les États-Unis vont en tout cas se « refossiliser ».

Mais l'objectif affiché de $ 50 le baril est quelque peu contradictoire avec ces ambitions productives. En 2025, le *breakeven* pour le pétrole de schiste est de $ 45 et ceci risque d'augmenter avec les hausses de prix à anticiper de l'acier et de l'aluminium. Lors de sa campagne, Donald Trump avait évoqué le prix de l'essence à $ 1,87 le gallon de mai 2020. Mais cela correspondait à $ 20 le baril !

En matière d'environnement, le nouveau patron de l'EPA, Lee Zeldin, a déjà annoncé l'annulation de l'obligation faite aux centrales à charbon de capturer le carbone et celle de limiter les émissions des automobiles.

– L'**administration fédérale** est aussi visée dans une vision minimaliste avec un peu de vengeance aussi (Washington a voté à plus de 80 % pour Kamala Harris…). Elon Musk et le DOGE se sont mis à l'œuvre. La première victime a été l'USAID gérée, aux dires de Trump, par « *a bunch of radical lunatics* » (mais qui pesait pour $ 40 milliards de *soft power* américain), ainsi que le Consumer Financial Protection Bureau créé au lendemain de la crise financière de 2008, tandis qu'était supprimé le Financial Corrupt Practices Act qui visait les pratiques de corruption des entreprises américaines (et autres) à l'étranger. Le ministère de l'Éducation et nombre d'agences fédérales sont aussi dans le collimateur d'un Musk devenu en quelque sorte « le grand inquisiteur » qui fait rouler les têtes en éclatant de rire.

– La **lutte contre l'immigration** est aussi bien sûr en première ligne avec la proclamation de l'état d'urgence à la frontière mexicaine et de premières expulsions musclées avec au passage un bras de fer remporté assez facilement avec le président colombien. Mais, là, on a pu sentir quelques tensions, les barons de la Silicon Valley réclamant un assouplissement des règles pour les « travailleurs de la tech ». Donald Trump a même proposé une *gold card* à $ 5 millions !

– Bien sûr, l'accent est aussi mis sur les technologies nouvelles et sur l'**intelligence artificielle**, avec notamment le projet de $ 500 milliards de datacenters de Stargate (avec Open AI et Oracle, mais pas Musk…).

– Sur le **plan économique**, l'heure est aussi à la dérégulation avec la nomination d'hommes favorables, par exemple aux cryptomonnaies (la veille de l'investiture ont d'ailleurs été lancés des *memecoins* de Donald et Melania). Le nouveau secrétaire au Trésor, Scott Bessent, parle de son objectif des « 3 fois 3 » : 3 % de croissance, 3 %

Les États-Unis en 2050 !

Le prix Nobel d'économie 2024, Daron Acemoglu, a publié le 8 février 2025 dans le *Financial Times* un texte remarquable, une uchronie de 2050 analysant les raisons du déclin américain intervenant après les présidences Biden et Trump. Au-delà du *crash* de la bulle de l'IA de 2030 (identique à la bulle internet trente ans plus tôt), la cause en est pour lui l'implosion des institutions démocratiques américaines, l'érosion de la confiance dans la démocratie : « l'élection de Donald Trump était un symptôme de la crise, mais elle en est devenue une cause supplémentaire en remettant en question toutes les barrières démocratiques ». Et Acemoglu de conclure : « *Looking back from 2050, however, one thing is clear. This was all avoidable. there were many points at which institutions could have been bolstered, compromises reached and extremists kept at bay. American politicians and activists failed. Perhaps Americans got the politicians and the activists they deserved. At the very least, they did nothing to prove that they deserved better* ».

de déficit public et 3 mbj de production de pétrole supplémentaire. Aucun de ces 3 ne paraît raisonnable. Si le président de la SEC a décidé de démissionner, tel n'est pas le cas de celui de la Fed Jerôme Powell, en poste jusqu'en février 2026, et pourtant nommé à l'origine par Donald Trump, représente l'un des seuls bastions d'indépendance qui demeure sans oublier quand même une bonne partie de la justice fédérale qui risque d'ailleurs de faire obstacle à nombre de décrets dont l'assise juridique est souvent assez faible. Le président de la Cour suprême (*Chief Justice*) a tenu à rappeler le principe de l'indépendance des juges que le pouvoir exécutif ne peut démettre (*impeach*), alors que Trump venait de traiter de « radical left lunatic » le juge qui avait tenté de s'opposer à l'expulsion de 200 Vénézuéliens vers les prisons du Salvador.

En matière monétaire, on parle beaucoup aussi d'un « Mar-a-Lago Accord » (clin d'œil aux accords du Louvre et du Plaza) qui viserait à faire baisser le dollar et donc à améliorer la compétitivité américaine. Mais à la différence des accords du Plaza de 1985, négociés alors par Ronald Reagan, Donald Trump s'est mis à dos l'essentiel de ses partenaires potentiels.

L'impact de toutes ces décisions et de bien des revirements s'est en tout cas fait sentir sur la conjoncture américaine. Au-delà de la chute des bourses, on a assisté ces dernières semaines à un incontestable ralentissement économique avec une croissance au premier trimestre qui ne dépasserait pas 1 %. Plus avant, il est probable que les prévisions faites en début d'année (2,5 %) soient déjà trop optimistes. Une banque comme Wells Fargo tablait début mars sur 1,9 % en intégrant pour 2025 et 2026 des droits de douane moyens de 20 % pour la Chine, de 10 % pour l'UE et de 5 % pour le Canada et le Mexique (en tenant compte de l'USMCA). Début mars, un sondage réalisé par le *Financial Times* auprès d'économistes prévoyait une croissance de 1,6 % en 2025 contre une prévision de 2,3 % faite en décembre. Quant à la Fed, elle tablait sur 1,7 % avec une inflation de 2,7 % et parlait même de « stagflation ». En mars, la Fed d'Atlanta donnait une estimation instantanée du PIB américain autour de – 2 % !

Il y a en tout cas peu de voix critiques dans le milieu économique. Des hommes d'influence comme David Salomon (Goldman Sachs) ou Stephen Schwarzman (Blackstone) continuent à soutenir Trump.

Il est difficile de dire ce que sera le bilan des « cent jours » de Donald Trump que l'on pourrait comparer – en les opposant – aux « cent jours » de Roosevelt d'avril à juin 1933 (à cette époque l'investiture avait lieu à la fin mars). Trump 2 a démarré en tout cas sur les chapeaux de roue avec une concentration inusitée du pouvoir : le Congrès a validé toutes les nominations de Trump, y compris des climatosceptiques et des « antivax », comme Robert Kennedy à la Santé. L'opposition démocrate est paralysée. Trump s'attaque aux fondements mêmes de la démocratie américaine comme nul autre président ne l'avait fait jusque-là. Les comparaisons avec Orban, Erdogan et quelques autres ne sont pas de pure exagération. C'est une

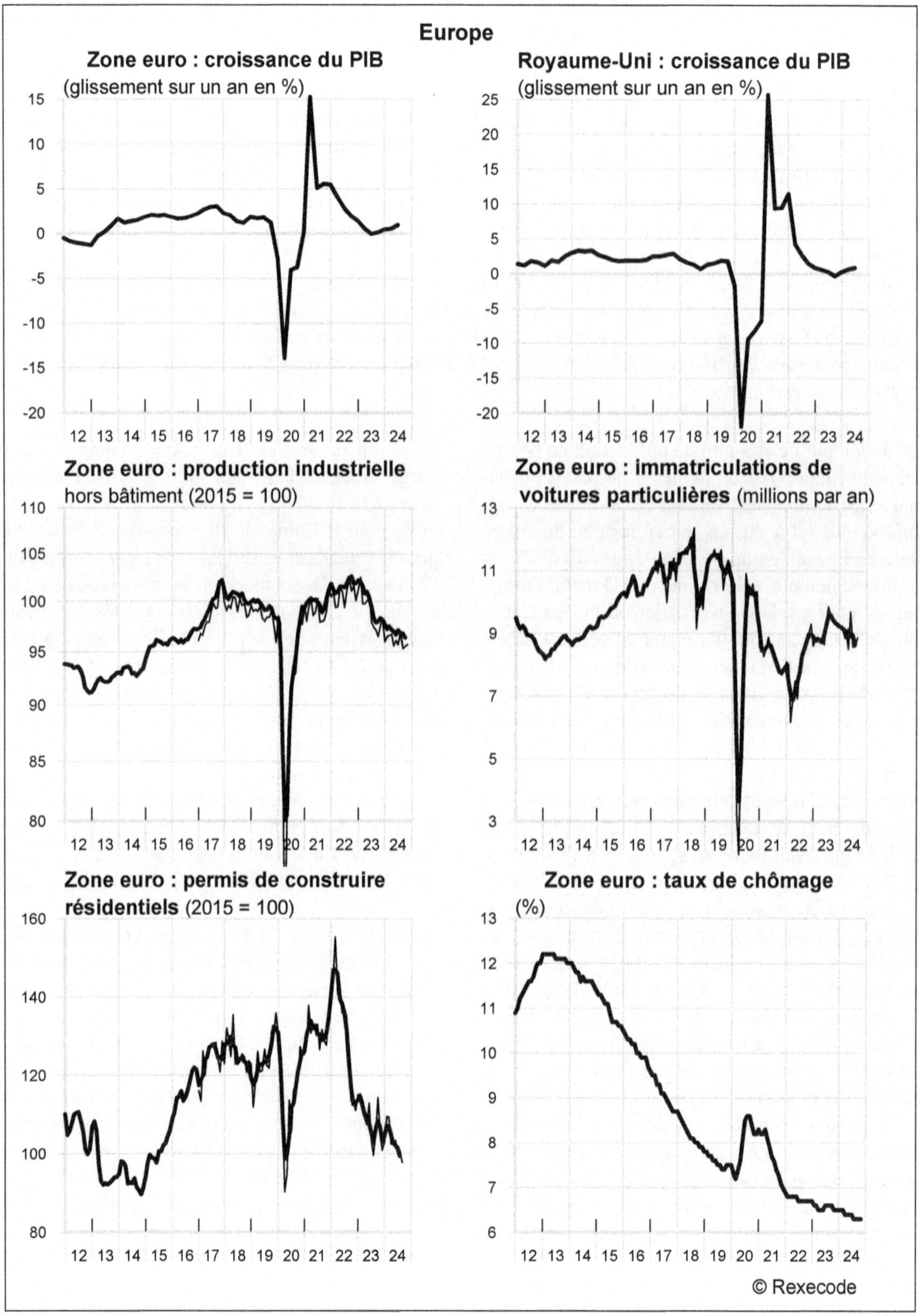
Europe
Zone euro : croissance du PIB
(glissement sur un an en %)
Royaume-Uni : croissance du PIB
(glissement sur un an en %)
Zone euro : production industrielle
hors bâtiment (2015 = 100)
Zone euro : immatriculations de
voitures particulières (millions par an)
Zone euro : permis de construire
résidentiels (2015 = 100)
Zone euro : taux de chômage
(%)
12 13 14 15 16 17 18 19 20 21 22 23 24
© Rexecode

véritable tornade qui souffle ainsi sur Washington et il faut saluer le courage d'une femme, l'évêque épiscopalienne de Washington, qui, lors du service national de prière le 22 janvier, a interpellé Donald Trump pour lui demander « d'avoir pitié des gens de notre pays qui ont peur en ce moment ». Il n'est pas sûr que Donald Trump ait compris...

L'Europe en berne

2024 a été aussi une année d'élections en Europe. Si les élections européennes n'ont pas bouleversé les grands équilibres politiques au sein du Parlement européen, tel n'a pas été le cas dans nombre de pays de l'UE. Certes Ursula von der Leyen a conservé la présidence de la Commission et elle a même renforcé sa main mise sur l'exécutif européen en profitant de la faiblesse politique de pays comme l'Allemagne, la France ou l'Italie, de la marginalisation de la Hongrie (dont la présidence de l'UE au second semestre n'a pas été franchement marquante à l'exception d'un voyage intempestif à Moscou). « Kaiserin Ursula » a pu ainsi éliminer quelques poids lourds de la Commission précédente qui commençaient à lui faire de l'ombre à l'image du Français Thierry Breton, fervent défenseur de l'indépendance digitale européenne. D'une rare complexité l'organigramme de la Commission (avec six vice-présidences *executives* et des responsabilités croisées) concentre un peu plus le pouvoir de la présidence, mais aussi de la bureaucratie bruxelloise dont on connaît les goûts réglementaires (même si on se livre régulièrement à des exercices de « simplification »).

Au lendemain d'élections européennes qui avaient consacré l'avancée de la « droite nationale », la dissolution de l'Assemblée nationale a plongé la France dans la paralysie politique qui se prolonge encore en 2025. Celle-ci a perdu beaucoup de son influence à Bruxelles alors qu'au même moment, l'Allemagne conjuguait récession économique et crise politique avec l'éclatement de la coalition improbable au pouvoir. Si la situation politique est plus stable en Italie, Giorgia Meloni reste handicapée dans les instances européennes par son appartenance aux réseaux de ce que l'on qualifie toujours « d'extrême droite » (ce qui, dans le cas italien, reste plus subtil à analyser). Le traditionnel axe franco-allemand n'a jamais été aussi affaibli, ce qui a un peu renforcé le poids politique de l'Europe du Nord et des pays baltes dont on connaît la fermeté sur le dossier ukrainien.

On comprendra que ce n'était pas là le meilleur moment pour prendre en compte les principales conclusions du rapport qui avait été confié à l'ancien président de la BCE, considéré désormais comme l'ultime « sage » européen, Mario Draghi. Le rapport Draghi s'inscrit dans la longue lignée des réflexions intelligentes sur l'Europe qui se heurtent aux tristes réalités politiques tant européennes que nationales. Les plus anciens se souviendront ainsi du rapport Mansholt (Sicco Mansholt qui fut président de la Commission) qui proposait dans les années soixante une réforme de la Politique agricole commune, la première d'une longue histoire ! Tous les discours des dirigeants politiques européens font désormais référence au « rapport Draghi », quitte à mieux l'enterrer, comme ce fut le cas en son temps du célèbre « agenda de Lisbonne ».

2025 verra donc le retour au pouvoir en Allemagne des démocrates-chrétiens de Friedrich Merz, dont le discours s'est durci au profit, là aussi, de sa droite (l'Afd) dont les cousins ont été proches du pouvoir en Autriche. Ceci étant, Friedrich Merz devra composer une « grande » coalition tant le résultat électoral de la CDU a été médiocre. Avant même d'y être parvenu, il a obtenu du parlement sortant un vote historique mettant fin au plafonnement de l'endettement public allemand et ouvrant donc la voie au plan de relance dont l'économie allemande a tant besoin. Remarquons, par ailleurs, l'irruption intempestive d'Elon Musk sur la scène politique allemande en soutien de l'Afd, comme il le fait aussi au Royaume-Uni.

À la différence de la France et même de l'Allemagne, le Royaume-Uni a connu une transition brutale et sans équivoque. Les élections ont eu lieu un jeudi de juillet. Les conservateurs ont lourdement perdu et, dès le vendredi après-midi, Sir Keith Starmer occupait Downing Street. Malgré son écrasante majorité, ses premiers pas, marqués par un budget d'austérité, ont été difficiles alors que le Royaume-Uni, post Brexit, s'efforce de renouer quelques liens avec le continent sans pour autant rompre avec les États-Unis, un exercice dont Starmer s'acquitte avec une incontestable maladresse.

Japon

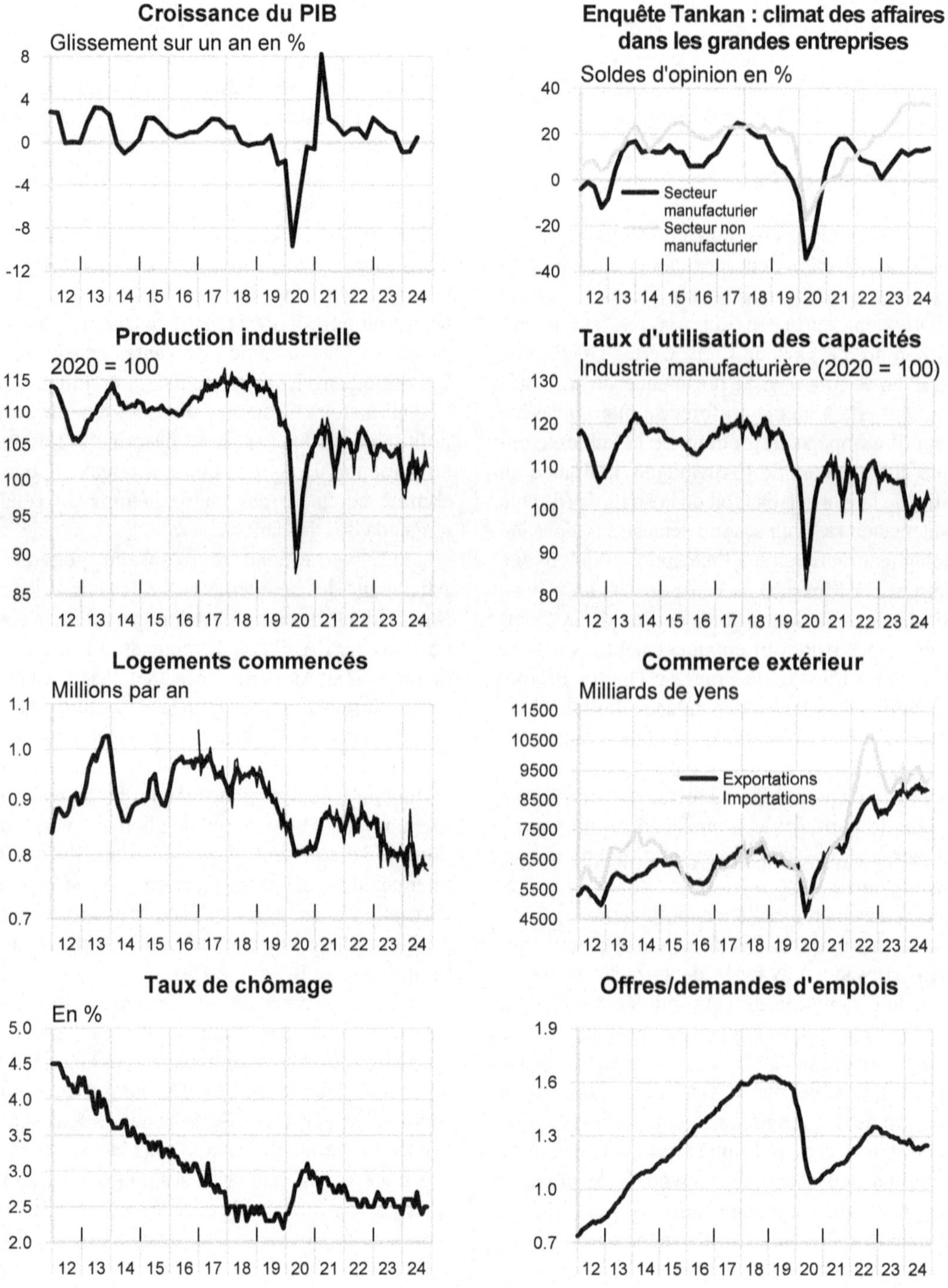

© Rexecode

2024 aura été au fond en Europe une année « sans », marquée par la vacance des pouvoirs politiques avec une fin de mandature à Bruxelles, par le délitement des exécutifs en France et en Allemagne, par la montée aussi, dans la plupart des pays, de discours populistes (de droite, mais aussi de gauche), tout cela au moment où l'économie européenne tendait inexorablement vers la croissance zéro.

En 2024, en effet, la croissance d'Eurolande (la zone euro) n'a été que de 0,7 %, mais, en réalité, elle n'a cessé de diminuer pour afficher un zéro pointé au dernier trimestre de l'année. Le principal coupable est l'Allemagne qui, pour la deuxième année consécutive, a enregistré une croissance négative (– 0,2 %) avec la poursuite de son déclin industriel. On assiste là à la remise en cause d'un modèle allemand longtemps célébré, mais beaucoup plus fragile qu'imaginé, fondé sur l'énergie à bas coût (le gaz russe pour la chimie) et les délocalisations limitrophes (pour l'automobile). Malgré d'incontestables marges de manœuvre budgétaires (mais des réticences non négligeables à les utiliser), le gouvernement du bien peu charismatique Olaf Scholz s'est révélé incapable de renverser la tendance et 2025 s'annonce encore comme une année de croissance nulle. Dans sa dérive, l'Allemagne a entraîné l'Autriche (– 0,6 %), et dans une moindre mesure le Benelux et les PECO. La France a fait un peu mieux (+ 1,1 %) en profitant d'un incontestable effet Jeux olympiques malgré le chaos politique dans lequel la dissolution malencontreuse du 9 juin l'a précipitée. Et encore, cette modeste croissance n'a été rendue possible que par la dérive des finances publiques et un déficit budgétaire historique et record en Europe de plus de 6 % (la France est ainsi le seul pays européen à dégager un déficit primaire). La poursuite de la vacuité politique avec des gouvernements à la merci de la moindre censure dans une ambiance de fin de règne et de paralysie politique ne permet d'imaginer aucun sursaut en 2025 et donc une croissance qui resterait atone (de l'ordre de 0,5 %).

Paradoxalement, c'est au sud que le soleil brille un peu, dans les pays du « Club Med » si souvent brocardés à Francfort. Des grands pays européens, c'est l'Espagne qui a eu la palme de la croissance en 2024 (3,2 %), profitant certes des recettes du tourisme, mais surtout d'un incontestable dynamisme économique et d'une relative stabilité politique (le gouvernement de Pedro Sanchez ne survit que grâce au soutien des Basques et des Catalans). Mais la Grèce, autrefois au cœur des soucis européens et sous l'emprise de la Troïka (FMI, UE, BCE), affiche aujourd'hui une santé presque insolente (2,1 %). Tout ceci ne peut bien sûr compenser le marasme germanique, et ce d'autant plus que l'Italie, elle aussi, peine à convaincre (0,5 %). Pour la petite histoire, la plus forte croissance européenne en 2024 a été enregistrée par Malte (+ 5 %) entre tourisme et paradis fiscal.

Les perspectives européennes en 2025 sont malheureusement médiocres d'autant plus que le calendrier électoral est chargé (Allemagne, Pologne) sans oublier la poursuite de la paralysie française. La croissance sera probablement inférieure à 1 %. Mais c'est surtout la faiblesse politique de l'Europe qui doit inquiéter au moment où Donald Trump se livre à un assaut frontal sur nombre de dossiers qu'il s'agisse de l'Ukraine et de l'OTAN, des tarifs douaniers ou de la fiscalité des multinationales américaines. Dans la grande fracture géopolitique de la planète, l'Europe est plus que jamais un ventre mou et le moindre des mérites de Donald Trump n'est pas d'en avoir cruellement mis les faiblesses en évidence. Au fond, il y a déjà bien des années, le Japon avait connu ces tourments.

De la rente japonaise

La croissance a été négative au Japon en 2024. Mais, au fond, cela n'a guère d'importance, puisque cela fait plus de trente ans que le Japon tourne autour de la croissance zéro, parfois au-dessus, souvent comme en 2024 en dessous. Mais cela ne remet pas en cause une certaine forme d'« harmonie » japonaise : un pays vieillissant en plein déclin démographique dont le principal souci est celui de l'emploi, tant la main-d'œuvre s'y fait rare (le taux d'emploi de la population en âge de travailler est proche de 80 %), ce qui explique d'ailleurs la forte hausse du salaire minimum (+ 5,1 % en 2024). L'activité industrielle y est en recul et, même si Toyota reste le premier constructeur automobile mondial (10,16 millions de véhicules, mais seulement 1,44 million au Japon), l'échec du rapprochement entre Nissan et Honda est une illustration des difficultés du secteur automobile face à la concurrence chinoise. Mais si le Japon, malgré la faiblesse du yen, est déficitaire tant sur les biens que sur les services, sa balance courante est largement excédentaire (de l'ordre de 5 %) grâce aux revenus des investissements à l'étranger. Le Japon est devenu une économie rentière où le capital se substitue au travail, le tout dans un consensus social que les aléas politiques n'ont pas entamé. Au pouvoir presque sans interruption depuis 1955, le PLD (parti libéral démocrate) a été affaibli ces dernières années par des affaires de corruption et par les liens entretenus avec la secte Moon (une des raisons de l'assassinat de l'ancien Premier ministre

Prévisions macroéconomiques de CyclOpe de janvier 2025 (en % de croissance de PIB en 2025)

Économies avancées		
	États-Unis	2,5
	Japon	1
	Eurolande	0,8
	Allemagne	0
	France	0,5
	Italie	0,5
	Espagne	2
	Royaume-Uni	1,3

Économies émergentes		
	Chine	4,5
	Inde	6
	Brésil	2

Le monde		**3**

Taux de change		
	Taux de change effectif du $ (%)	**+ 3**
	$/euro	**1,02**

– Ces prévisions ont déjà presque une valeur « historique » puisqu'elles sont les dernières de « l'avant-Trump ». Comme on le sait, les prévisions faites à la mi-mars 2025 pour les États-Unis sont plus proches de 1,5 % !

Shinzo Abe en 2022). Après le retrait du pâle Premier ministre Fumio Kishida, son successeur, Shigeru Ishiba, a décidé d'élections anticipées en octobre 2024, marquées par un net recul du PLD qui perd sa majorité de coalition à la chambre. Ishiba a réussi néanmoins à rester au pouvoir, mais c'est un exécutif affaibli qui va devoir affronter Donald Trump (et à la différence de Shinzo Abe qui pratiquait la diplomatie du golf durant le premier mandat de Trump, Ishiba ne joue pas au golf…).

Mais comme on peut le voir, ces péripéties politiques sont presque secondaires (tout comme d'ailleurs celles – plus violentes – qui ont affecté la Corée du Sud).

Au fond, à l'heure où Donald Trump met les États-Unis en ordre de bataille, ses alliés traditionnels (Europe, Japon, Canada) sont en situation de faiblesse tant économique que politique. Nul ne conteste le *leadership* américain sur une scène internationale plus fragmentée que ne le laisse croire la « façade » des BRICS.

La grande hétérogénéité des pays émergents

C'est il y a une trentaine d'années qu'est apparu le terme de pays émergents. Après les dragons puis les tigres, on entrait dans le domaine du « lourd » avec la Chine et l'Inde, mais aussi en Amérique latine avec le Brésil et puis même on se prêtait à rêver de la Russie postsoviétique. On se souvient que c'est en 2001 qu'un économiste de Goldman Sachs, Jim O'Neill (devenu par la suite Lord O'Neill), forgea l'acronyme BRIC dont on pouvait déjà interroger la pertinence, tant la Russie et en partie le Brésil n'étaient au fond que des exportateurs de matières premières au péril de leur célèbre « malédiction ». Le concept s'est depuis élargi et dilué, de BRIC en BRICS+. Il a objectivement perdu toute signification économique et représente avant tout un forum politique au sein duquel l'influence chinoise est certes importante, mais pas dominante du fait de la présence de l'Inde. Il n'y a, en effet, rien de commun entre un pays mature et presque vieillissant (la Chine), des exportateurs de matières premières (la Russie, l'Iran, les Émirats), des pays dont le décollage économique peut laisser dubitatif (Afrique du Sud, Égypte et même Éthiopie) et quand même un vrai pays émergent (l'Inde). Quant à l'Argentine, admise dans le club, mais refusant d'y siéger, elle fut émergente certes, mais… à la fin du XIXe siècle !

À vrai dire, la conjoncture n'a pas été très favorable pour les pays émergents en 2024. C'est toujours l'Asie qui mène le bal avec l'Inde au-delà de 7 % de croissance, même si, en fin d'année, un léger ralentissement était perceptible, suivie des pays de l'Asie du Sud-Est et notamment de l'Indonésie (+ 5 %) dont la politique de transformation des matières premières (nickel) commence à porter ses fruits. Mais on ne peut parler d'émergence ni en Amérique latine (2,5 % au Brésil, 2,2 % au Chili, le cas de l'Argentine étant particulier avec la politique de Javier Milei) ni surtout en Afrique (1,1 % en Afrique du Sud) avec la déstabilisation de pans entiers du continent du Sahel à la RDC et aux Grands Lacs.

« Le piétinement sourd des légions en marche »

Rarement, l'exercice de prévision tant géopolitique qu'économique aura été aussi aléatoire. Le « joker » Trump peut transformer toutes les donnes et, déjà, dans les premiers jours de sa présidence, il a été capable de remettre en cause sa propre signature au bas d'un *executive order* en quelques jours. Et que dire de ses déclarations à l'emporte-pièce au milieu desquelles ses collaborateurs s'efforcent de faire le tri (le terme choisi pour cet exercice est celui de *sane washing*) ?

Le calendrier électoral de 2025 sera beaucoup moins chargé qu'en 2024. En Europe, après l'Allemagne, il y aura peut-être la France (à partir de juin…) et puis la présidentielle en Pologne et des élections en Norvège et en République tchèque. Des pays du G7, seul le Canada devrait connaître un changement majeur après la chute de Justin Trudeau, remplacé dans un premier temps par Mark Carney, l'ancien gouverneur de la Banque du Canada et… de la Banque d'Angleterre. En Amérique du Sud, il y aura le Chili et puis aussi des élections législatives en Argentine qui seront un test pour Javier Milei. En Afrique, ce sera le tour du Cameroun et de la Côte d'Ivoire avec leurs (très) vieux présidents qui n'excluent pas de se représenter tandis qu'aux Philippines la situation promet d'être tendue. Et puis il y aura une exposition universelle à Osaka !

Quant aux conflits ? C'est là que le « piétinement sourd » sera le plus marqué, et cela sur tous les fronts avec le problème majeur du renouveau des guerres commerciales.

Dans ce contexte, la croissance mondiale devrait rester de l'ordre de 3 %. Parmi les pays avancés, la certitude d'une croissance médiocre (autour de 1 % au mieux) pour l'Europe et le Japon s'impose. Logiquement, les États-Unis devraient quelque peu ralentir, mais il est difficile de mesurer l'impact de mesures trumpiennes que l'on ne connaît pas encore. Parmi les pays émergents, la principale interrogation concerne la Chine, que certains n'hésitent pas à comparer au Japon des années quatre-vingt-dix. Un net rebond de la croissance chinoise n'est pas le scénario le plus probable et la Chine devrait demeurer entre 4 % et 5 %, peut-être plus vers la partie basse de cette fourchette. Mais, répétons-le, il y a tant d'incertitudes…

Pour conclure avec Heredia, comment ne pas songer au sonnet qui suit, celui de La Trebbia, Après Cannes, qui se termine ainsi :

« Et chaque soir, la foule allait
aux aqueducs
…
Tous anxieux de voir surgir, au dos vermeil
Des monts Sabins où luit l'œil sanglant
du soleil
Le chef borgne monté sur l'éléphant Gétule »

Donald Trump et Elon Musk en quelque sorte !

Les dernières nouvelles sur le front « trumpien »

Alors que la fin des « cent jours » approche, Donald Trump a singulièrement accéléré le rythme de ses *executive orders* pratiquement dans tous les domaines. Voici quelle est la situation arrêtée au début avril 2025 :

• Politique douanière

Le 2 avril, le *Liberation Day*, a été présentée l'architecture des nouveaux tarifs douaniers qui seront effectifs à compter du 5 et du 9 avril :

– un droit uniforme (droit socle) de 10 % pour tous les pays quelle que soit la situation de leur déficit ou de leur excédent vis-à-vis des États-Unis.

– des droits spécifiques non seulement pour les *Dirty 15*, mais aussi pour les *60 worst offenders* réciproques. Les services de l'USTR ont calculé sur des bases obscures (incluant des taxes intérieures comme la TVA, mais aussi d'autres considérations), le niveau des tarifs que subissent les produits américains. Cela va de 90 % pour le Vietnam, à 67 % pour la Chine, 64 % pour Taïwan, 61 % pour la Suisse… 39 % pour l'UE… À partir de là, Donald Trump a annoncé des *discounted US rates* : de 49 % pour le Cambodge, 46 % pour le Vietnam, 34 % pour la Chine, 20 % pour l'UE… Ces chiffres ont laissé stupéfaits nombre d'économistes qui peinent à en comprendre la rationalité. Il semblerait que la formule choisie soit d'une confondante simplicité : le déficit commercial américain en pourcentage des importations divisé par deux ! Paul Krugman a réagi sur les chiffres présentés par Donald Trump : « *he's gone full-on crazy.* »

– le Mexique et le Canada, déjà touchés par 25 % de droits (effectifs le 3 avril) ne sont pas mentionnés. Par contre, les 34 % chinois s'ajouteraient aux 20 % déjà annoncés pour donner 54 % !

– enfin, il faut ajouter les droits antérieurs hérités de l'OMC (MFN). Les taxes déjà annoncées sur l'automobile (entrées en vigueur le 3 avril), l'acier et l'aluminium ne s'ajoutent quand même pas. Par contre l'énergie, les produits pharmaceutiques et les semi-conducteurs sont exclus pour le moment ainsi que – semble-t-il – le bois d'œuvre, l'or et des métaux critiques, comme le cuivre.

Au total, les tarifs douaniers américains moyens passeraient à 18 % d'après Goldman Sachs et 22,5 % d'après le Yale Budget Lab. En tout état de cause on est au-dessus du niveau du *Smoot Hawley Tariff Act* de 1930.

Les États-Unis tournent le dos au principe même de leur politique commerciale depuis le premier accord du GATT en 1947 ! Bien entendu, la porte est ouverte aux négociations bilatérales… Mais Peter Navarro, le conseiller de Trump, parle toujours de $ 600 milliards de recettes douanières potentielles pour équilibrer le budget !
Dans un premier temps les marchés ont violemment réagi à la baisse, qu'il s'agisse des bourses, du dollar ou du pétrole. Certains prévisionnistes anticipent un recul de la croissance américaine à 1 % en 2025. Mais Donald Trump semble ne pas en tenir compte :

> « *for years, we have been ripped off by virtually every country in the world both friend and foe. But those days are over. America first !!!* »

• Politique étrangère

La situation en Ukraine a peu évolué et Vladimir Poutine fait la sourde oreille. Un nouveau projet de pacte minier avec l'Ukraine circule, que certains ont qualifié de véritable « racket ». Par contre, Trump a menacé la Russie de taxer les exportations vers les États-Unis des pays qui achètent du pétrole russe (l'Inde et la Chine en l'occurrence).
C'est ce qu'il vient de faire pour le Venezuela : à la fin mai, Chevron n'aura plus de licence d'exportation vers les États-Unis et le principal autre importateur – la Chine – devrait être touché par 10 % de droits de douane supplémentaires (en sus des 54 % ?). Des raffineurs chinois ont été aussi placés sur la liste rouge pour avoir importé du pétrole iranien.
Globalement la relation à la Russie reste ambivalente. À l'annonce des mesures douanières à l'encontre de l'UE, Dimitri Medvedev, l'ancien numéro deux de Poutine, a déclaré que la Russie « n'avait qu'à attendre au fil de l'eau voir passer le cadavre décomposé de l'économie européenne ».
Un sujet enfin a pris une importance presque disproportionnée : il s'agit du Groenland qui a même eu le privilège d'une visite du vice-président J.D. Vance et dont Donald Trump semble de plus en plus sérieusement envisager la conquête. Comme l'a montré la diffusion d'une messagerie interne (on a parlé du *Signalgate*), J.D. Vance occupe une place de plus en plus importante et se signale par un anti-européanisme forcené. Trump a d'ailleurs qualifié l'UE de « pathétique » !

• Politique intérieure

L'épuration des administrations se poursuit sous la houlette du DOGE. Le couperet est tombé sur les dotations de nombre d'universités parmi les plus prestigieuses de Princeton à Columbia. Les cabinets d'avocats qui avaient soutenu des causes anti-trumpiennes ont été aussi visés et les plus prestigieux d'entre eux, à l'image de Paul Weiss, ont préféré transiger avec l'administration. Les menaces se sont étendues aux entreprises et, déjà, nombre d'entre elles ont remis en cause les politiques de diversité et d'inclusion qui faisaient encore leur fierté il y a quelques mois. Ceci étant, la position d'Elon Musk commencerait à être contestée, surtout depuis la défaite de son candidat à un poste à la Cour suprême du Wisconsin (une campagne qui aura mobilisé $ 100 millions !). Mais les démocrates qui ont reculé devant un éventuel *shutdown* des administrations ont laissé les mains libres à la Maison-Blanche en matière budgétaire.
Enfin, sur les questions d'énergie et d'environnement, on assiste à la poursuite de la remise en cause de toutes les orientations de la présidence Biden ainsi qu'à l'ouverture de nouvelles zones à l'exploitation minière et énergétique, même si la baisse des prix du pétrole (à $ 60 le baril pour le WTI) douche quelque peu les enthousiasmes texans.
Indice suprême de toutes ces incertitudes, l'or ne cesse de battre de nouveaux records à plus de $ 3 200 l'once.

(achevé de rédiger le 5 avril 2025)

II

La révolution Trump 2

L'élection présidentielle de novembre était depuis longtemps identifiée comme le moment géopolitique le plus important de l'année 2024. Les États-Unis restent la première puissance mondiale et il y avait entre le président américain qui cherchait sa réélection et le candidat républicain plus qu'une différence de style, une approche totalement différente de la gestion des affaires internationales.

Trump 1 & Trump 2

L'affaiblissement de Joe Biden parut évident et les alliés des États-Unis étaient rassurés de le voir renoncer, fût-ce tardivement, pour céder la place à sa vice-présidente Kamala Harris. Celle-ci n'allait pas faire longtemps illusion et, le 5 novembre 2024, Donald Trump l'emportait largement. Cette victoire plongeait dans la consternation les alliés des États-Unis, et la majorité des pays du « Sud global ». Elle réjouissait Benjamin Netanyahou, se félicitant d'être dispensé des remontrances (pourtant purement verbales) de Joe Biden ; Vladimir Poutine, qui comptait sur la promesse de mettre fin à la guerre en Ukraine en 24 heures par cessation de l'aide américaine à Kiev ; et Xi Jinping pour qui, certes, la rhétorique de Donald Trump était aussi antichinoise que celle de Joe Biden, mais le *leader* chinois misait sur le caractère répulsif du républicain pour limiter les entraves à la montée en puissance de la Chine dans le « Sud global » et empêcher la mise en place d'une coalition occidentale antiPékin.

Les alliés européens comme asiatiques des États-Unis tentaient de se rassurer en se disant qu'ils avaient déjà expérimenté Donald Trump entre 2016 et 2020 et que chacun s'en était sorti sans trop de dommages. Le problème est que Trump 2 est bien différent de Trump 1.

Trump 1 était un trouble majeur, Trump 2 est un revanchard survitaminé

En 2016, Donald Trump avait pris par effraction le parti républicain et gagné par surprise (y compris la sienne) l'élection présidentielle. Il était entouré de *leaders* traditionnels du parti, « the adults in the room », censés limiter ses foucades. Donald Trump 2024 est à la tête d'un parti MAGA (*Make America Great Again*), entouré de personnes qui ont plus une loyauté personnelle à son égard qu'une loyauté institutionnelle à l'égard de la Constitution. Ceux qui avaient émis des réserves ou des critiques sur l'assaut du Capitole le 6 janvier 2021 ont été écartés. S'il ne réintégrait pas la Maison-Blanche, Donald Trump risquait de terminer en prison. L'attentat manqué contre lui lui fait dire que Dieu l'a protégé pour sauver les États-Unis. Il a gagné non seulement le vote des grands électeurs, mais également le vote populaire (Kamala Harris a perdu 10 millions de voix par rapport à Joe Biden en 2020.) Il a une majorité dans les deux chambres du Congrès et une Cour suprême à sa main. Les milliardaires de la tech, qui s'opposaient à lui et le méprisaient ouvertement il y a peu, sont devenus ses alliés. L'homme le plus riche du monde, Elon Musk, s'est mis à son service. Bref, il peut légitimement penser qu'il n'y a aucune limite à sa volonté, ce qui est déjà sa pente psychologique naturelle.

Tout président américain, démocrate ou républicain, qui entre en fonction depuis 1945, se demande comment il va gérer le système international. Pas Donald Trump. Celui-ci ne voit pas pourquoi il devrait perdre du temps à s'en occuper, puisqu'il doit n'avoir qu'un agenda national qu'il va imposer aux autres. Le slogan de Donald Trump est *Make America Great Again*. Mais il estime que les États-Unis sont en fait toujours assez puissants pour imposer leur volonté unilatérale à tous les autres acteurs de la scène internationale. Pour Donald Trump, même s'il ne le formule pas ainsi, le monde est unilatéral et il n'y a pas d'obstacle à la mise en œuvre des décisions de Washington. Il ne veut pas s'imposer par la force militaire, car il sait que les Américains sont las des interventions extérieures qui ont tant coûté aux États-Unis, à la fois sur les plans réputationnel et économique. Les théories de l'hégémonie libérale en vogue parmi les élites de Washington sont rejetées par la majorité des électeurs. Donald Trump compte sur le poids économique des États-Unis pour exercer des pressions qui doivent conduire les autres pays à faire des concessions, conduisant à renforcer la suprématie américaine. Il n'a sans doute pas lu Sun Tzu, mais il applique ses principes, gagner des guerres sans livrer la bataille.

Trump, prix Nobel de la paix ?

Donald Trump avait déclaré que son élection allait produire des effets avant même sa prise de pouvoir. Ce fut le cas. Benjamin Netanyahou a accepté un échange d'otages israéliens contre des prisonniers palestiniens ainsi qu'un cessez-le-feu dont les termes reprenaient celui qu'il avait refusé qui avait été proposé par Joe Biden en mai 2024.

Côté ukrainien, Volodymyr Zelensky, qui avait toujours déclaré qu'il ne négocierait pas avec Vladimir Poutine, et que la guerre ne serait terminée que lorsque l'Ukraine aurait récupéré tous les territoires perdus non seulement depuis 2022, mais depuis 2014, annonçait fin novembre 2024 qu'il était prêt à négocier avec la Russie et à accepter des concessions territoriales, présentées comme temporaires, en attendant qu'une négociation lui permette de les reprendre (en réalité, cela n'arrivera jamais, mais cela permet de sauver la face). Chacun avait compris qu'à sa manière, il acceptait un deal, la paix contre les territoires. Donald Trump avait promis de mettre fin à la guerre en Ukraine en 24 heures. Le délai serait plus long, mais on en voyait les grands axes. Sans aide américaine, l'Ukraine ne pouvait continuer le conflit. S'il prenait fin sur la ligne de front, la Russie pouvait donc gagner les territoires acquis par la force et en violation du droit international. Mais l'Ukraine cessait de s'épuiser dans une guerre qui, de toute façon, du fait d'un rapport démographique très défavorable – désormais 30 millions d'Ukrainiens contre 140 millions de Russes – rendait impossible la réalisation des buts de guerre de Volodymyr Zelensky. Les Russes étaient las de la guerre. Les Ukrainiens étaient épuisés et les désertions de plus en plus nombreuses. Chaque jour qui passait voyait les forces russes grignoter un peu plus de terrain ukrainien et le coût de la reconstruction de l'Ukraine s'alourdir.

Une musique montait, faisant initialement sourire : Donald Trump se rêvait en prix Nobel de la paix. Il n'y avait aucune raison qu'Obama ait pu le recevoir et non lui. Mais il fallait sauver les apparences et ne pas donner le sentiment d'une capitulation par rapport à Moscou. Début février 2025, Donald Trump a fait une proposition à l'Ukraine. L'aide américaine pourrait être maintenue à condition d'avoir accès aux ressources minières dont le pays est riche. C'est en fait une proposition de Volodymyr Zelensky dont il faudra vérifier la possibilité de la mise en œuvre puisque la plupart des gisements sont situés à proximité de la ligne de front ou dans le Donbass. Mais il faudra voir si le jury du prix Nobel n'est pas heurté par la politique impériale, fût-elle non armée, de Donald Trump.

Le message que Donald Trump envoie au monde est assez simple. Pour lui, il n'y a pas d'alliés, d'amis ou de rivaux. Il n'y a que des intérêts nationaux derrière lesquels tout doit s'effacer. Il pousse au paroxysme le principe de Lord Palmerston disant au XIXe siècle, « l'Angleterre n'a ni d'ennemi permanent ni d'ami permanent. Elle n'a que des intérêts permanents ». Le tout est de savoir si, à long terme, l'approche qu'a choisie le président américain est payante ou non. Est-ce que les États-Unis sont suffisamment puissants et menaçants pour imposer leur volonté ou ne vont-ils pas créer une défiance, une perte de crédibilité, qui pourrait miner leurs positions internationales à terme ?

Donald Trump fait un pari sur la peur qu'il peut inspirer, reste à voir si ce sera payant. Il a, dès le début de son mandat, multiplié les annonces chocs.

Tout d'abord, en affirmant que le Canada devait devenir le cinquante et unième État des États-Unis, qu'il allait reprendre le contrôle du canal de Panama et également celui du Groenland, car il y avait des minerais stratégiques pour les États-Unis. Déclarations qui, en d'autres temps, auraient été considérées comme surréalistes en s'attaquant à deux pays fondateurs de l'OTAN, le Canada et le Danemark, et en revenant sur les accords Torrijos-Carter de 1979 sur la restitution du canal de Panama par les États-Unis, comme s'il rétablissait une nouvelle doctrine Monroe.

Vers la guerre commerciale ?

Mais c'est la grande force de Donald Trump, il est pris immédiatement au sérieux. Personne ne songe à écarter d'un revers de la main ses déclarations les plus improbables. Le réflexe est plutôt de chercher à s'en sortir le moins mal possible.

Peu après, il déclarait une guerre commerciale en proposant de taxer à hauteur de 25 % les importations du Canada et du Mexique, et à hauteur de 10 % celles de la Chine.

À eux seuls, ces trois pays représentent 50 % des importations des États-Unis. 80 % des exportations du Canada et du Mexique sont destinées aux États-Unis et Pékin a depuis très longtemps un excédent commercial entre $ 300 et $ 400 milliards avec Washington.

Face à de telles annonces, certains économistes mettent en avant les risques de susciter une inflation aux États-Unis, et de rendre moins compétitifs les producteurs américains ayant besoin de composants venant notamment de Chine pour abaisser leurs coûts de production. Mais, surtout, ces pays ont pris des contre-mesures taxant les produits américains. Cela a amené Donald Trump à céder et à mettre un moratoire sur son programme.

Les pays européens sont les premiers ébranlés par le retour de Donald Trump. Il y a une très forte contradiction dans la relation transatlantique. L'Europe et les États-Unis sont des alliés stratégiques au sein de l'OTAN. Mais Donald Trump a désigné à de multiples reprises l'Union européenne comme un ennemi du fait de l'important déficit commercial américain face à l'Europe. Il avait, au cours de la campagne, déclaré que, si les Européens ne remplissaient pas leurs obligations en termes de défense, les États-Unis cesseraient de les protéger. Il était même allé jusqu'à dire qu'il encouragerait la Russie à les attaquer. Provocation, mais message fort. Il demande aux pays européens d'augmenter leurs dépenses militaires jusqu'à 5 % du PIB alors qu'ils ont déjà du mal à atteindre les 2 %.

Mais c'est une fois de plus l'art du deal : il veut que les Européens achètent plus d'équipement militaire aux États-Unis – alors même que, depuis le début de la guerre en Ukraine, les acquisitions d'armes des pays européens, en dehors de leur marché national, se font pour 63 % en direction des États-Unis – et plus de gaz. Lors du premier mandat de Donald Trump, un front commun européen s'était au fur et à mesure mis en place. Même les pays réticents à l'idée d'autonomie stratégique européenne avaient réalisé qu'il était temps de mettre en œuvre un plan B par rapport au fait de tout miser sur les États-Unis. Mais, là aussi, il y a une très grande différence entre Trump 1 et Trump 2.

En 2017, Donald Trump se trouvait face à une chancelière allemande solide sur ses bases et à la tête d'un pays florissant, un jeune président français qui allait être intronisé au mois de mai et incarner une ambition européenne au point que l'hebdomadaire *The Economist* le représentait marchant sur l'eau. Huit ans plus tard, Angela Merkel n'est plus là, il n'y a plus de *leadership* politique en Allemagne, et le modèle économique allemand d'exportations volumineuses grâce au gaz bon marché n'existe plus. Le président français est affaibli par les turbulences politiques internes, par les problèmes budgétaires et économiques du pays et une diplomatie moins lisible. Ursula von der Leyen, qui avait annoncé en 2019 une commission géopolitique, est rentrée dans le rang et les deux principaux postes de la Commission européenne sur ces sujets sont occupés pour ce qui est des relations extérieures par l'Estonienne Kaja Kallas et pour le commissaire en charge de la Défense par le Lituanien Andrius Kubilius, les deux privilégiant l'OTAN et la protection américaine à toute idée d'autonomie européenne. Mais, surtout, la guerre en Ukraine a suscité une peur au sein des pays européens qui fait qu'une grande partie d'entre eux est tout à fait prête à céder aux injonctions américaines pour conserver le parapluie protecteur sécuritaire.

Par ailleurs, Donald Trump n'est pas le seul à voir dans l'Union européenne une ennemie. Elon Musk est encore plus déterminé. Il y voit une atteinte à ses conceptions politiques et à ses intérêts patrimoniaux. La régulation des grandes entreprises du numérique et celle des réseaux sociaux décidés par la Commission européenne sous l'impulsion de Thierry Breton sont inacceptables pour le propriétaire de X. Il compte se servir de Donald Trump comme d'un levier pour faire plier l'Union européenne. La capacité de résistance de cette dernière sera un enjeu majeur. Elon Musk voulait ne pas respecter la réglementation brésilienne. Le Brésil a banni X de son espace national. Elon Musk a cédé et a même payé une amende. Si le Brésil peut résister à Elon Musk, on peut seulement penser qu'un ensemble de 450 millions de consommateurs plutôt riches pourrait encore plus le faire. Il faudra voir dans ce contexte la différence entre capacité et volonté.

Dans une scène surréaliste à la Maison-Blanche, Donald Trump a annoncé en direct à Zelenski, qu'il ne fallait plus compter sur l'aide américaine.

Les pays européens ont compris alors, que l'OTAN, tel qu'il existait depuis 1949, était devenue une coquille vide et que l'on se retrouvait avec une alliance russo-américaine contre les Européens.

Le choc est rude, mais il oblige les pays européens à comprendre que le temps de l'autonomie stratégique européenne est venu. Le fait que le futur chancelier allemand, le chrétien-démocrate Merz, annonce que le temps de l'indépendance vis-à-vis des États-Unis est arrivé, montre l'ampleur de la révolution stratégique à venir.

À l'assaut du droit international

Mais le monde n'était pas au bout de ses surprises. Le 5 février 2025, sans que l'on sache qui parlait entre le promoteur immobilier et le président des États-Unis, Donald Trump annonçait un plan phénoménal pour la bande de Gaza lors du déplacement de Benyamin Netanyahou, premier chef d'État à être reçu à Washington. Jouant sur la fibre humanitaire par rapport à la désolation de la bande de Gaza, Donald Trump annonçait que les États-Unis allaient en faire une nouvelle « Riviera » en la reconstruisant de façon formidable. Le problème c'est qu'il fallait pour cela déloger les 2 millions de Gazaouis toujours présents. En clair, procéder à un nettoyage ethnique massif de surcroît. Donald Trump précisera par la suite que, selon lui, c'est un départ sans retour. Égypte et Jordanie, censées recevoir les Palestiniens, sont vent debout contre cette hypothèse dont ils connaissent les effets déstabilisateurs. Mais, surtout, il y a un élément de différenciation entre Trump 1 et Trump 2, et cette fois-ci en défaveur du président des États-Unis. L'Arabie saoudite, très désireuse de se rapprocher d'Israël lors du premier mandat puisque l'Iran apparaissait comme une menace existentielle pour Tel-Aviv comme pour Riyad, n'est plus en cette disposition. Tout d'abord, elle a rétabli ses relations diplomatiques avec Téhéran, sous l'égide de la Chine, et les bombardements massifs d'Israël sur la bande de Gaza rendent impossible tout rapprochement avec Israël sans perspective de création d'un État palestinien. Les accords d'Abraham, qui avaient fait l'impasse sur la question palestinienne, montrent leurs limites.

Donald Trump a signé le 6 février 2025 un décret présidentiel à l'encontre de la Cour pénale internationale (CPI), une véritable déclaration de guerre au droit international. On sait que Washington a toujours eu une attitude ambivalente sur ce sujet. Les institutions internationales existantes ont été créées à leur initiative après 1945, mais les États-Unis ont souvent été les premiers à vouloir s'exonérer de leurs obligations. « Multilatéralistes, si nous pouvons, unilatéralistes si nous devons », proclamait déjà Bill Clinton, pourtant considéré comme un président très multilatéraliste. La puissance aime rarement être contrainte, et les États-Unis sont la première puissance mondiale depuis 1945. Mais ils estimaient qu'un cadre juridique international était gage de stabilité, de relations plus pacifiques et régulées, et donc dans leur intérêt.

Le décret de Donald Trump prévoit l'interdiction d'entrer aux États-Unis pour les dirigeants, employés et agents de la Cour pénale internationale ainsi que pour leurs proches, le gel de leurs avoir détenus aux États-Unis et l'extension des sanctions à toute personne considérée comme ayant apporté son aide aux travaux d'enquête de la CPI, ce qui peut concerner des citoyens américains.

La motivation est claire, la CPI est accusée d'avoir engagé des actions illégales et sans fondements contre les États-Unis et leur proche allié Israël. Le mandat d'arrêt émis à l'encontre de Benyamin Netanyahou et les enquêtes concernant les crimes de guerre présumés commis par des soldats américains en Afghanistan sont la cause de cette décision.

Lorsque la CPI avait ouvert une enquête sur les agissements américains en Afghanistan, Barack Obama avait protesté. Et lorsque Donald Trump était arrivé au pouvoir en 2017, il avait décrété des sanctions contre la CPI. Ces sanctions avaient été levées par Joe Biden. Les États-Unis avaient par ailleurs approuvé le mandat d'arrêt émis à l'encontre de Vladimir Poutine concernant les crimes commis par la Russie dans le contexte de la guerre en Ukraine : une attitude problématique de la part des États-Unis, puisqu'elle souligne un double standard ; Washington peut soutenir la CPI lorsqu'elle inculpe Vladimir Poutine ou des dirigeants africains, mais la sanctionner si elle inculpe Benyamin Netanyahou.

Pour les pays européens, qui se disent attachés au droit international et à la CPI, cette décision de rétablir des sanctions à l'encontre de la Cour représente un défi important. Ils sont partagés entre leur soutien à l'Israël, leur alliance avec les États-Unis et leurs déclarations d'attachement au droit international et aux valeurs universelles.

Sûr de son bon droit, ou plutôt de sa force, car le droit n'a rien à voir avec cela, Donald Trump considère même comme illégale une mesure qui s'oppose aux intérêts américains. C'est une négation du droit international qui est par principe le même pour tous. Donald Trump veut s'en exonérer, car il considère que le droit est une entrave à la souveraineté des États-Unis et à l'expression de leur puissance. Modestement, mais régulièrement, le droit avait commencé à encadrer la vie internationale, réduisant le niveau de violence et les atteintes aux droits humains. Donald Trump veut revenir à une sorte d'état de nature dans lequel chacun fait ce qu'il veut et donc où les plus puissants sont libres d'agir sans contrainte et sans réserve, et où les plus faibles n'ont d'autre choix que de subir ce que les grandes puissances leur imposent. Bref, revenir à un état sauvage de la planète, une sorte de Far West planétaire, où le mieux armé a raison.

Si les États-Unis s'exonèrent du respect du droit international, de la charte des Nations Unies, pourquoi les autres pays s'en embarrasseraient-ils ? Pourquoi la Chine ne récupérerait-elle pas, y compris par la force, Taïwan ? Et toutes les autres puissances, moyennes ou petites, pourront également se sentir les mains libres, profitant de l'inattention générale de la communauté internationale.

Faut-il ajouter à l'ensemble de ces gestes disruptifs la mort programmée de l'USAID, créée par J.F Kennedy en 1961, avec pour objectif la promotion de la politique étrangère américaine et la lutte d'influence contre l'Union soviétique ? Si les États-Unis ne consacrent à l'aide publique au développement que 0,24 % de leur PIB, ils sont, avec $ 42 milliards, le premier donateur. Pour Elon Musk, l'USAID est un « nid de vipères, de marxistes radicaux de gauche qui détestent l'Amérique ».

Mais la suppression de l'aide a non seulement des effets immédiats sur de nombreux programmes humanitaires, mais tout comme le retrait des États-Unis de l'OMS, cela n'est pas vu sans déplaisir par la Chine. C'est peut-être la limite de la « méthode Trump » : à agir toujours en force sans se soucier des appréciations que cela peut susciter, il risque de porter durablement atteinte au *soft power* américain. Dans la grande lutte d'influence pour la suprématie mondiale face à la Chine, il n'est pas certain que les coups de menton de Donald Trump soient les plus efficaces. Ils peuvent satisfaire une opinion publique américaine qui a le sentiment qu'elle entretient le reste du monde. Il n'est pas certain que cela permette d'empêcher la montée en puissance de la Chine, bien au contraire : une Chine qui réussit l'exploit de se présenter comme la puissance voulant protéger l'ordre mondial mis en place par les vainqueurs de la Seconde Guerre mondiale (dont le régime chinois actuel ne faisait pas partie) contre la puissance américaine qui s'efforce de la dynamiter.

Dans les premiers jours d'avril 2025, Donald Trump a tenu la planète en haleine. Confronté à un véritable coup de grisou sur les marchés boursiers et surtout obligataires, il a finalement annoncé un délai de 90 jours supplémentaires pour la mise en œuvre des droits réciproques afin de laisser du temps à la « négociation ».
Par contre, face aux mesures de rétorsion chinoises, il a fait monter les enchères à 145 % pour les produits chinois (la Chine étant passée à 125 % de son côté) en en excluant toutefois les produits de l'électronique et les panneaux solaires, entre autres. À suivre…

Trafigura
Trafigura est l'une des principales sociétés indépendantes de négoce de matières premières et de logistique au monde.
Nous opérons au cœur de l'approvisionnement mondial et organisons la rencontre des producteurs et consommateurs des matières premières essentielles à l'activité et au développement humain. A l'écoute quotidienne des besoins de la société, nous utilisons notre connaissance approfondie du marché des matières premières et participons à rendre l'approvisionnement de ces matériaux essentiels à la fois plus efficace, plus sûr et plus stable.
Notre accès inégalé aux infrastructures et services logistiques, notre capacité de financement et notre présence mondiale permettent de connecter producteurs et consommateurs, et vous rapprochent de tous les marchés.
www.trafigura.com

III

Les tourments du monde

- Chine et Asie en 2024 : promesses compromises, certitudes ébranlées, rééquilibrage confirmé
- Inde et sous-continent indien : les dividendes de la *self-reliance*
- Amérique du Sud : le neuf et le vieux
- Russie : les dividendes de la paix ?
- Afrique du Nord et Moyen-Orient : un choc de temporalités
- Afrique subsaharienne : un optimisme prudent

Chine

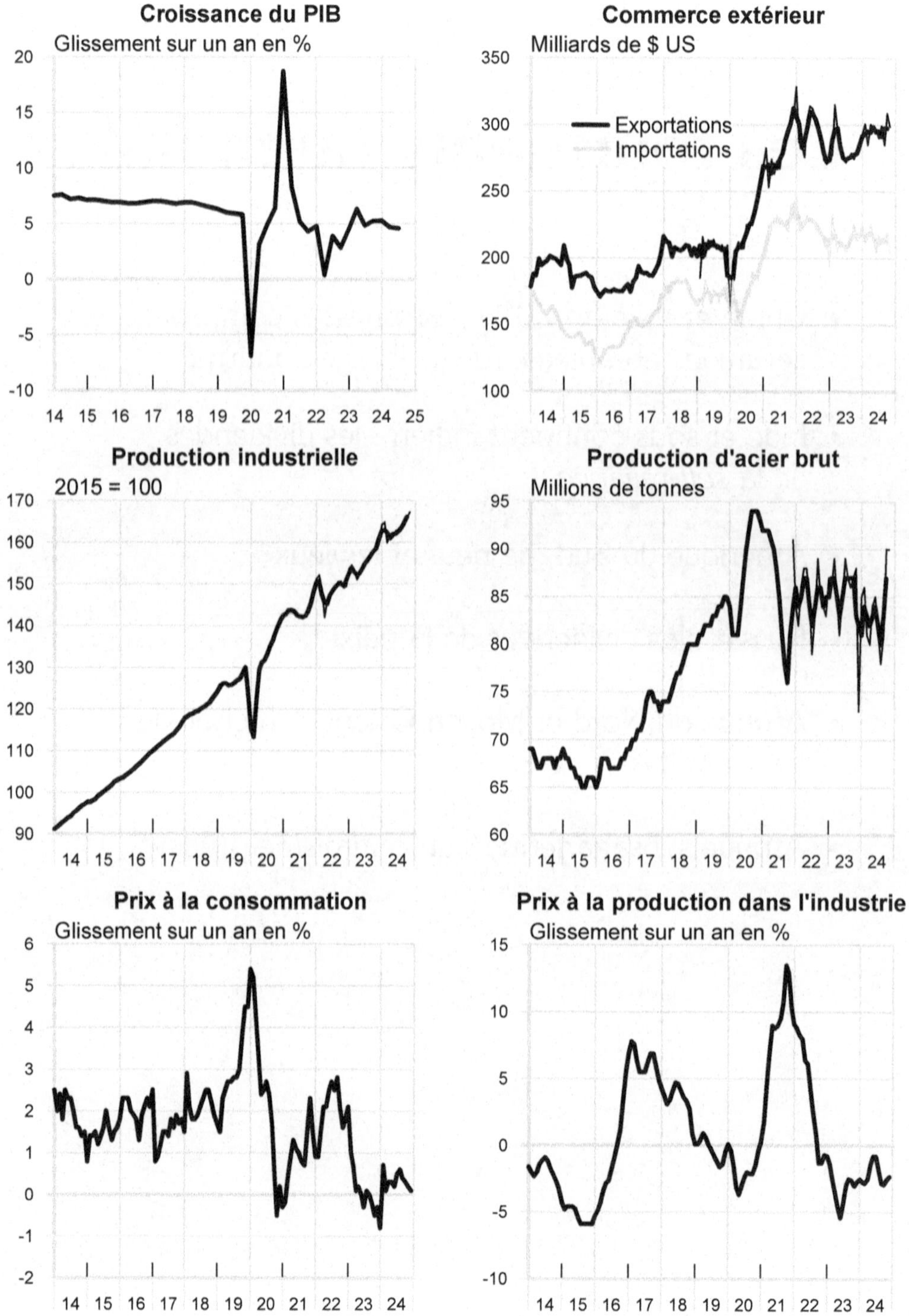

(Sources : NBS, China Customs)

Chine et Asie en 2024 :
promesses compromises, certitudes ébranlées, rééquilibrage confirmé

Ce n'est peut-être pas seulement le « Dragon de bois » qui s'en est allé avec la fin du mois de janvier 2025, à l'occasion de l'arrivée du « serpent » dans le calendrier lunaire et animalier de la tradition asiatique. Comme le reptile emblématique, l'Asie est-elle en train de « changer de peau » ? Ces changements sont-ils de pure surface ou plus profonds ?

L'inexorable basculement des centres de gravité économique et diplomatique vers l'est ne s'est assurément pas interrompu ces derniers mois. La Chine continue de justifier l'attention qui lui est portée de partout, pour des raisons géopolitiques autant qu'économiques. À l'autre extrémité du spectre politique régional, les démocraties coréenne et japonaise peuvent s'interroger sur le modèle qui a pu assurer leur prospérité d'après-guerre…

Il ne s'agit pas là de remises en question de l'*Asian century* si souvent célébré par Kishore Mahbubani[1]. Mais l'entrée dans le deuxième quart de ce siècle rend nécessaires quelques révisions, de la part des instances dirigeantes politiques et économiques de cet ensemble, et aussi de la part de ceux qui, comme nous, les observent.

La relance chinoise : une si longue attente

Finalement, la croissance chinoise aura bien atteint 5 %.

Dans la science chinoise des nombres, c'est le « huit » qui a des vertus exceptionnelles, sinon « magiques ». Sachant que les trois premiers trimestres de 2024 indiquaient un ralentissement constant, ce sursaut a conduit, « magiquement », au chiffre annoncé depuis plusieurs mois, malgré trois premiers trimestres en retrait par rapport à cet espoir. Cela tient peut-être de l'« art statistique chinois », mais :

– ce chiffre peut être expliqué,

– il présente l'avantage de repousser l'urgence d'un « plan de relance » massif,

1 Kishore Mahbubani est un universitaire (*National University of Singapore*) et diplomate singapourien d'origine indienne chantre du « Sud global » dont la victoire sur les vieux pays d'un Occident en déclin est régulièrement annoncée dans des ouvrages comme *Le siècle asiatique* (*Living the Asian century, an undiplomatic memoir*, Springer, 2022).

Chine

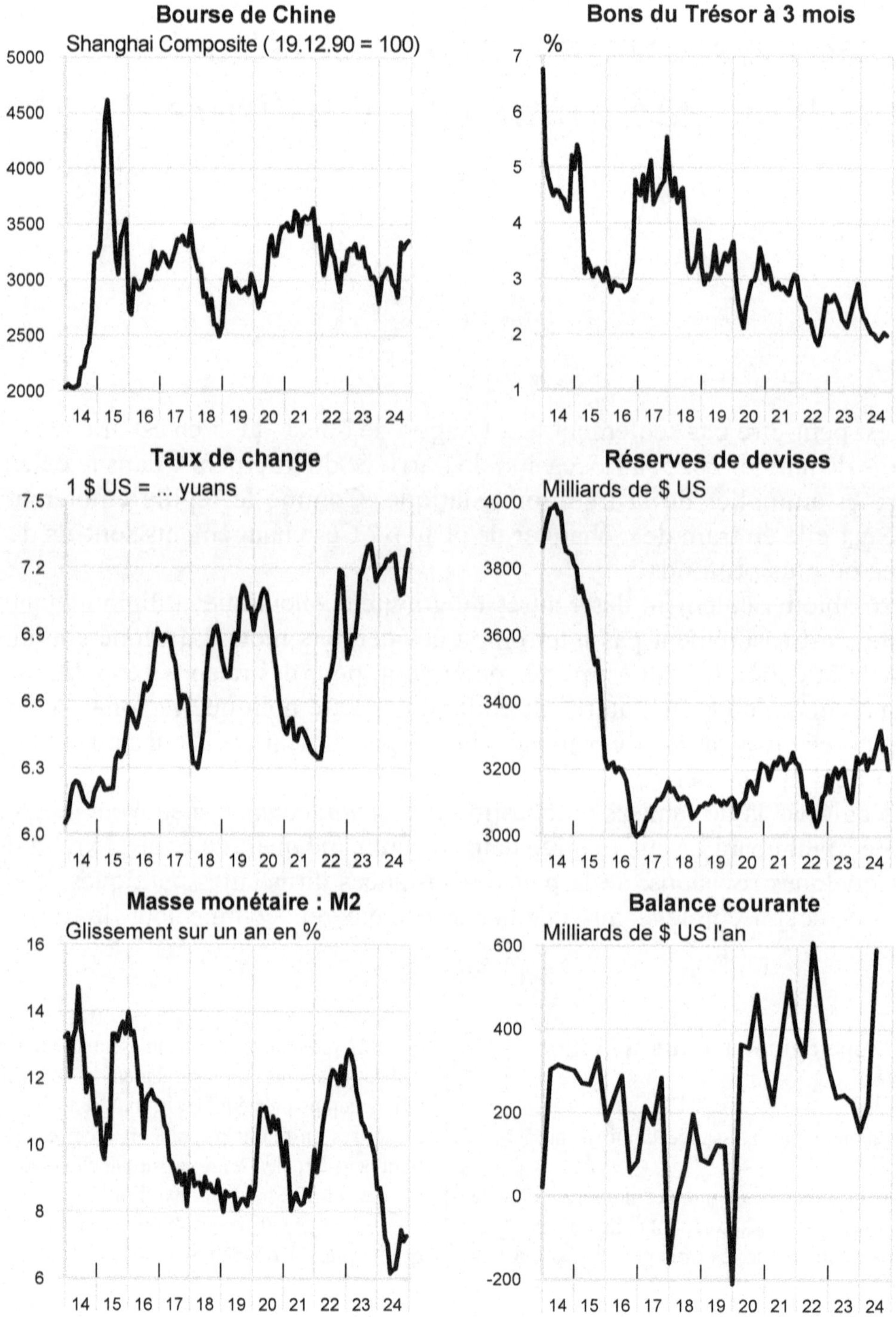

(Sources : NBS, CHINA CUSTOMS, Bank of China)

Chine
Croissance du PIB et contributions

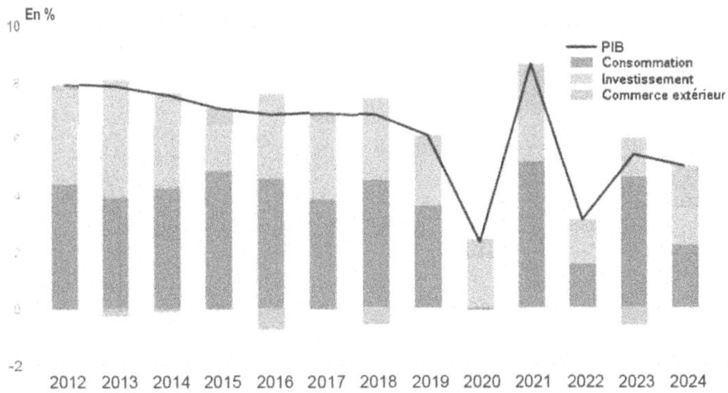

(Sources : NBS, Rexecode)

– il recèle d'importantes disparités dans les secteurs, sinon des déséquilibres,

– il annonce peut-être aussi un retournement de situation.

1) L'explication du sursaut est à la fois « classique » et conjoncturelle. Lorsque le « Nouvel An chinois » se situe en tout début d'année, comme en 2025, la machine industrielle et les exportations doivent « pousser les feux » en fin d'année pour pallier le quasi-arrêt de trois semaines lié aux festivités. Par ailleurs, et c'est la dimension conjoncturelle, la crainte d'une envolée des droits de douane consécutive à l'entrée en fonction de l'administration Trump a joué. Le phénomène a d'ailleurs été observé aussi en direction de l'Europe, du fait de l'annonce de taxes pénalisant les véhicules électriques chinois. Dans les deux cas, les exportations, même parfois vers des débouchés improbables et des ports de stockage sans que les acheteurs aient confirmé leurs intentions, ont « enflé ».

2) Le rebond a un avantage « optique », justifiant les possibles manipulations possibles opérées par le Bureau national de la statistique chinois. Cette remontée de la croissance à un moment où s'approchait à grands pas la nécessité d'un « plan de relance » est pour le moins opportune. Aucun plan de relance de l'ampleur de celui de 2008, qui avait représenté en deux ans 10 % du PIB au moment où la croissance avait plongé vers… 6 %, n'est envisagé ni probablement envisageable.

3) Il est assurément trop tôt encore pour affirmer avec certitude que l'objectif d'un certain rééquilibrage de l'économie est atteint. Derrière ce phénomène hypothétique et encore un peu opaque se profile peut-être l'émergence d'une « nouvelle Chine », sans doute plus vieille et moins dynamique, mais susceptible de créer bien des surprises. Alors que la consommation croît encore moins vite que l'économie tout entière, quand c'est elle qui devrait tirer vers le haut la croissance chinoise, les secteurs « de pointe » augmentent leur contribution à la croissance, en accélérant parfois jusqu'à 40 % pour certains pans de l'économie digitale.

4) Comme on le verra plus bas, le scénario du passage d'une dépendance (celle qui rend la croissance esclave des exportations) à une autre, celle qui conditionnerait l'avenir à la consommation in-

Chine
Population

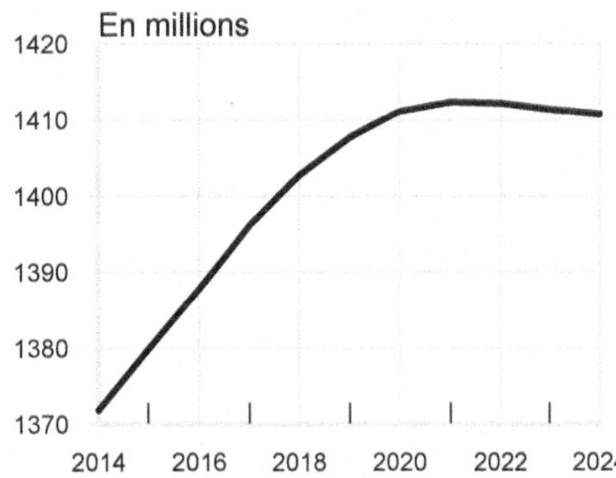

(Source : Banque mondiale)

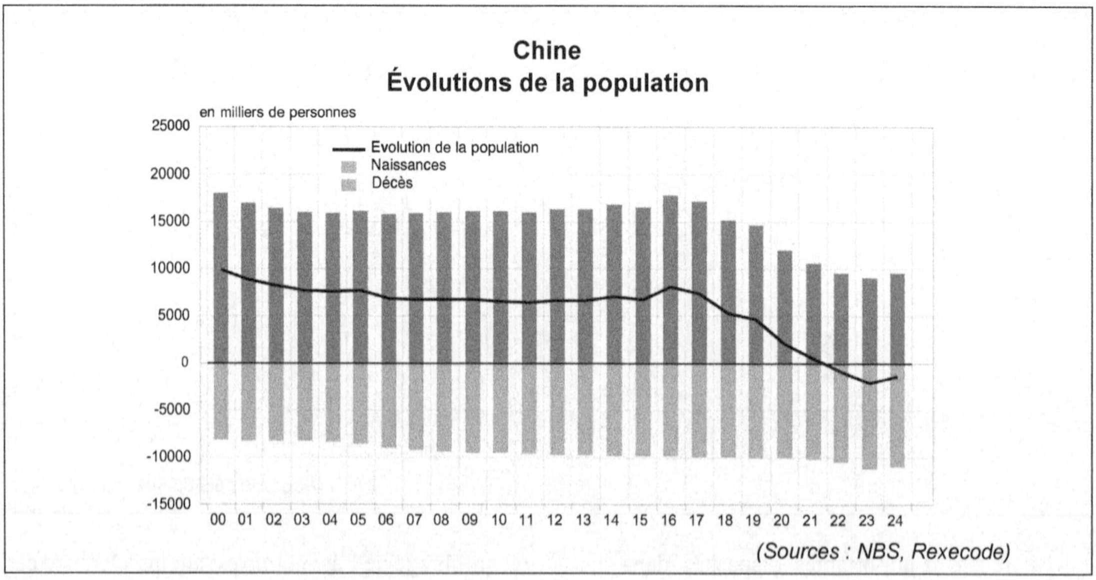

térieure n'est peut-être pas le bon. Le bilan de cette fin 2024 nous livre peut-être une vérité : l'objectif chinois, c'est bien une nouvelle « autonomie stratégique » fondée sur l'innovation, au moment où le vieillissement inexorable qu'indiquent implicitement les réalités démographiques, doit conduire à toujours plus de productivité, à terme du moins.

C'est d'autant plus vrai que la « rente » supposée d'un enrichissement constant procuré aux Chinois vieillissants grâce à leurs investissements passés dans l'immobilier est compromise, et que rien ne remplace cet outil de placement désormais menacé. Face aux surcapacités immobilières, l'enfermement structurel dans un sous-développement des marchés financiers a inhibé toute alternative aux placements « dans la pierre ». Celui-ci s'est effondré !

L'accumulation de ces éléments a suffi pour favoriser le retour à de vieux dogmes dirigistes

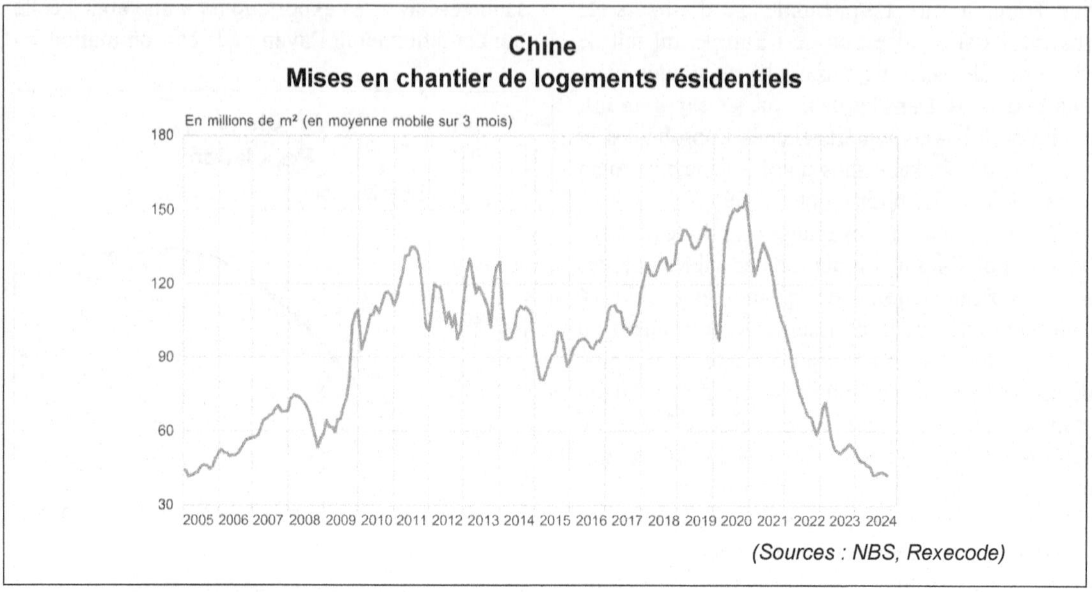

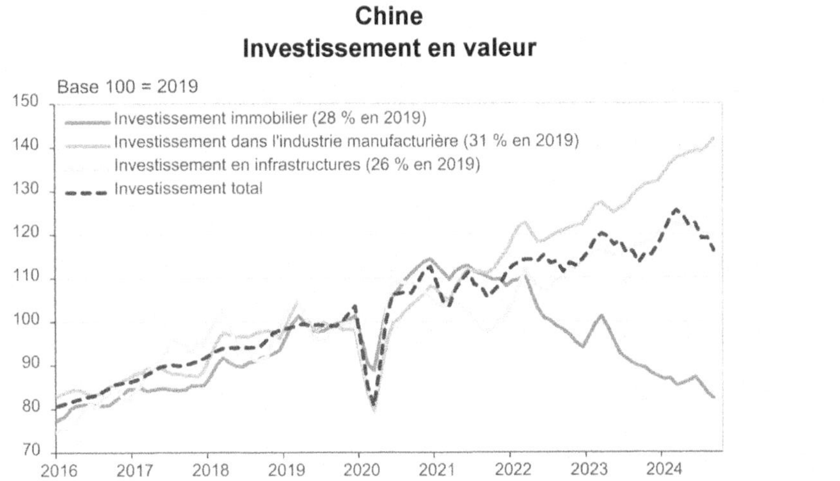

(Sources : NBS, Rexecode)

et « développementalistes » comme recettes possibles du rebond. Assurément en recul, l'investissement total est resté une composante importante de la croissance, mais sans doute mieux « dirigé ». Cette redirection reflète un pilotage *top down* de l'économie. La planification n'a pas été effacée par l'émergence du secteur privé, et l'investissement, privé ou public, obéit aux objectifs nationaux prioritaires.

Le nouveau dogmatisme chinois, au service du plan 2025

Dans une Chine où dominent la lutte contre la corruption et le retour officiel d'un discours et de valeurs exaltant l'orthodoxie, aucune voix, malgré l'existence probable de frictions, sinon de dissensions au plus haut niveau, n'a plus osé prôner haut et fort l'adaptation aux circonstances et le pragmatisme. Le plan « China 2025 », axé sur la montée en gamme et l'acquisition en propre de technologies différenciantes, a démontré sa validité, à défaut d'être totalement réalisé encore. L'opportunisme n'y a pas sa place, c'est le volontarisme qui l'anime.

Le « moment Spoutnik » chinois qu'aura été la révélation de l'existence d'une intelligence artificielle « indigène » très frugale et poussant même l'« audace » jusqu'à fonctionner en architecture ouverte (*open source*) éclaire d'une certaine façon et *a posteriori* la supposée « atonie » de l'économie chinoise, car il y a finalement deux façons d'interpréter le ralentissement, sans qu'elles soient en contradiction totale l'une avec l'autre :

– L'interprétation classique met, sans doute avec de bonnes raisons, l'accent sur la difficulté qu'a le consommateur chinois à regagner confiance et à sortir de l'obsession de l'épargne et les risques que fait courir à l'économie la dépendance à l'exportation, jusqu'ici tournée principalement vers les pays développés. L'excédent commercial chinois a certes atteint presque $ 1 000 milliards en 2024, tous partenaires confondus. Cependant, la Chine commerce désormais plus avec les pays de l'ASEAN qu'avec ses autres clients traditionnels : les importations venues de ces pays constituent des flux qui, ajoutés aux exportations, en font le premier partenaire de la Chine.

– L'interprétation traditionnelle de la fragilité sous-jacente d'une économie chinoise dépendante d'un moteur exogène (les exportations) et encore trop peu alimentée par le « moteur endogène » de la consommation peut cependant être nuancée à mesure que pointe une « deuxième interprétation » des chiffres de croissance, celle qui identifie les sources de la croissance future, encore relativement « sourdes » pour l'instant, mais prometteuses de possibles redémarrages et surtout d'une éventuelle « victoire » contre les restrictions américaines.

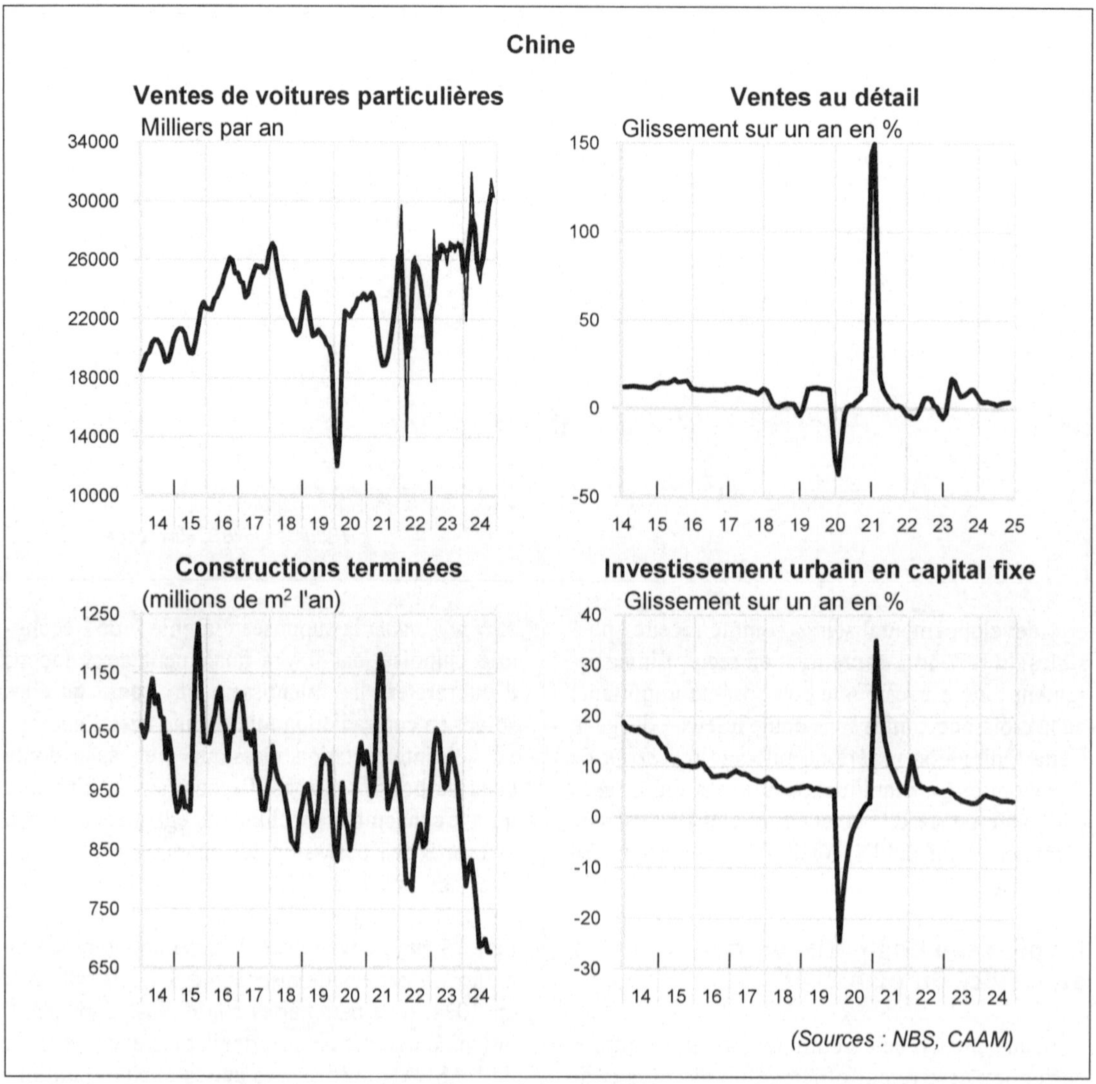

Là est sans doute la réponse à la question cruciale posée par le face-à-face désormais très clivant entre les « deux Grands ».

Les réserves de change ont longtemps crû de façon ininterrompue, jusqu'à atteindre $ 4 000 milliards d'équivalent en 2015. Depuis, elles sont redescendues à $ 3 000 milliards, c'est-à-dire une proportion (20 %) colossale du PIB. Cette accumulation unique au monde n'a jusqu'ici pas encore été totalement justifiée, en particulier dans un contexte où ce stock, producteur de revenus financiers marginaux, coexiste avec une relative faiblesse du taux de change. Elle participe sans doute d'une vision construite depuis longtemps de la nécessaire « autonomie stratégique » permettant, avec la détention de réserves de change, de « survivre » à des disruptions des échanges commerciaux et financiers. Quoi qu'il en soit, et sachant que les excédents commerciaux devaient continuer d'alimenter la croissance de ces réserves, selon le système chinois, c'est la mise en place d'un nouveau paradigme qu'il convient sans doute de mettre en évidence. Ce paradigme justifie aussi l'accumulation passée de réserves, qui, d'ores et déjà, ne croissent plus, et pourraient un jour commencer de « fondre », sans même qu'un désordre géopolitique s'installe.

Asie
PIB en volume

(Sources : Instituts nationaux, OCDE, Refinitiv, Rexecode)

C'est que, face à l'excédent commercial générateur de réserves, une compensation se fait par la dégradation du compte de capital. Aussi vertueuse qu'elle puisse être si les investissements de délocalisation chinoise réussissent, cette dégradation est par ailleurs accentuée par le « Chine + 1 » : il est désormais crucial pour les entreprises chinoises, comme pour les étrangers menacés dans l'« Empire du Milieu » par des règles objectivement ou implicitement hostiles, de produire en dehors de Chine ; optimisation des coûts de production et protection contre les risques de sanctions motivent principalement ces sorties, de même que la diversification des IDE occidentaux se dirigeant vers l'Asie.

Croissance du PIB en Asie
(glissement sur un an en %)

	2015	2016	2017	2018	2019	2020	2021	2022	2023	2024	2025	2026
Chine	7.0	6.9	6.9	6.8	6.0	2.2	8.5	3.0	5.2	5.0	4.5	4.0
Inde	8.0	8.3	6.8	6.5	3.9	-5.8	9.0	7.2	6.7	7.1	6.6	6.5
Indonésie	4.9	5.0	5.1	5.2	5.0	-2.1	3.7	5.3	5.0	5.0	5.0	4.9
Taïwan	1.5	2.2	3.3	2.8	3.1	3.4	6.6	3.3	-0.1	3.9	2.2	2.7
Thailande	3.1	3.4	4.2	4.2	2.1	-6.1	1.5	2.6	2.7	2.6	3.0	2.7
Philippines	6.3	7.1	6.9	6.3	6.1	-9.5	5.7	7.6	5.3	5.6	5.9	5.8
Japon	1.6	0.8	1.7	0.6	-0.4	-4.2	2.2	1.0	1.7	-0.3	1.2	0.8
Corée du Sud	2.8	2.9	3.2	2.9	2.2	-0.7	4.3	2.6	1.5	2.3	1.7	1.8
Malaisie	5.0	4.4	5.8	4.8	4.4	-5.5	3.3	8.7	4.0	5.4	4.2	4.7
Vietnam	7.0	6.7	6.9	7.5	7.4	2.9	2.6	8.0	4.7	5.0	7.0	8.0
Hong Kong	2.4	2.2	3.8	2.8	-1.7	-6.5	6.4	-3.5	4.4	2.7	2.5	2.3
Singapour	3.0	3.7	4.5	3.6	1.3	-3.9	8.9	3.6	1.0	3.6	2.5	2.8

(Souces : comptes nationaux, prévisions Rexecode)

Japon
Croissance du PIB en volume

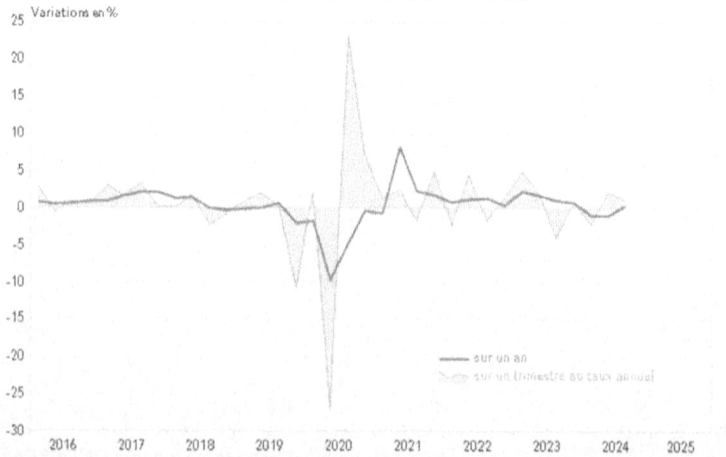

(Sources : Japan Cabinet Office, Rexecode)

L'inversion du vol en « oies sauvages »

Là est sans doute l'une des explications de la croissance du « reste de l'Asie ». Mais là où, il y a quarante ans, le Japon et les « deux petits Japons », Corée et Taïwan, entraînaient les autres oies sauvages, ce sont désormais les plus petits « tigres » forts de leur démographie, et aptes à capter des investissements étrangers, y compris chinois, qui sont les plus prometteurs. Ils bénéficient d'ailleurs de l'effet « Chine + 1 » pratiqué par les entreprises chinoises aussi bien qu'occidentales ou japonaises.

Une nouvelle configuration se met en place. Les « oies sauvages », qui suivaient autrefois le Japon et imitaient son modèle d'industrialisation

Corée du Sud
Croissance du PIB en volume

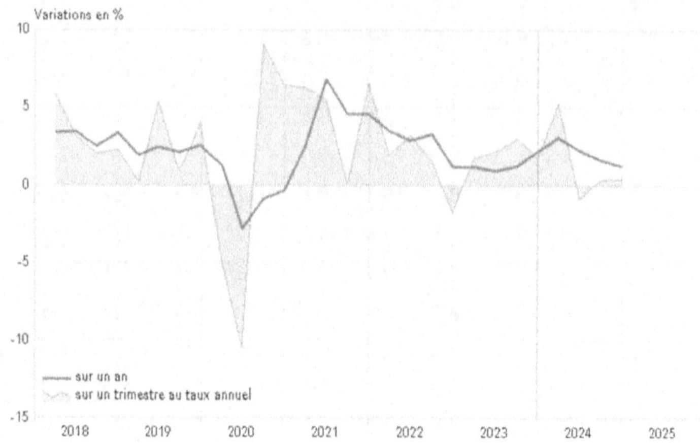

(Sources : Bank of Korea, Rexecode)

Croissance des exportations

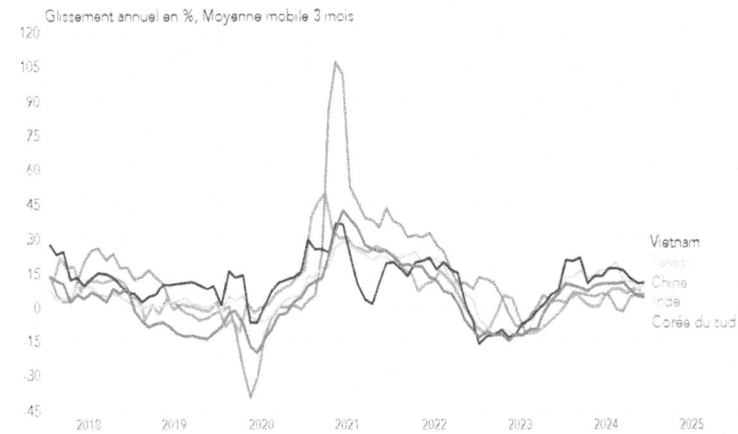

(Sources : Douanes nationales, Rexecode)

fondée sur les exportations, ont désormais adopté d'autres relais de croissance. La démographie aidant, et même si l'Inde accuse en ce début de 2025 un léger « coup de mou », l'élan vient désormais de pays qui avaient été occultés depuis 1997 (ou parfois même antérieurement) par la fascination occidentale pour la Chine et par les opportunités, réelles ou promises grâce à l'entrée de la Chine dans l'OMC, et le supposé accès à son marché. Dans cette Asie reconfigurée, le Japon souffre et les chaos politiques de la deuxième moitié de l'année 2024 se font sentir dans les résultats économiques et la Corée connaît des maux similaires, aggravés par l'instabilité et l'incertitude au plus haut niveau de l'État depuis la destitution du président Yoon. Dans une moindre mesure Taïwan,

Asie émergente
Taux de change face au dollar

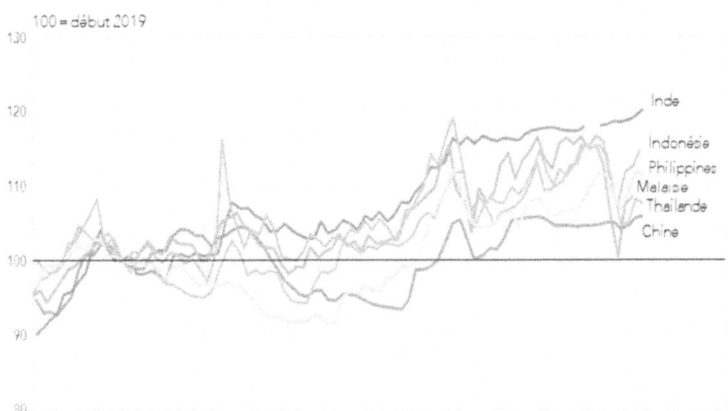

(Sources : Banques centrales nationales, Rexecode)

encore protégée par la force de son industrie des composants de très haute capacité, est confrontée à un autre type de risques : la situation géopolitique jette de plus en plus son ombre, mais ne compromet pas encore totalement la confiance des investisseurs. C'est plutôt la même situation démographique, révélatrice d'une perte de confiance domestique aussi, qui menace le plus l'île, encore plus que la Corée du Sud. Une nouvelle Asie se dessine ainsi.

Elle ne se distingue plus simplement par sa capacité à profiter de faibles coûts permettant de suivre le modèle exportateur du Japon, première « oie sauvage » : c'est désormais un renforcement des économies grâce à une intégration plus poussée de la région, illustrée par la force du commerce intra-asiatique, qui donne aussi de la vigueur aux devises, elles-mêmes moins dépendantes d'un affaiblissement « compétitif » par rapport au dollar américain, dans la mesure où la région fonctionne de façon de plus en plus complémentaire, sans doute aussi l'un des effets précoces du « RCEP », la préfiguration d'un marché commun asiatique d'où l'Inde est pour l'instant exclue, mais qui regroupe quinze pays de ce que l'on appelait autrefois l'« Asie-Pacifique », et donc pas l'Indo-Pacifique, concept plus opérationnel du point de vue stratégique, sinon même « polémique » que réellement géopolitique.

Cette « Asie qui vient » n'est globalement pas moins prometteuse en termes de compétitivité, de croissance et d'opportunités que celle qui, dans les années 1980, faisait prendre conscience en Occident d'un nouvel horizon d'industrialisation et d'innovation ou celle qui se résumait, pendant tout le premier quart du XXIe siècle, à l'« aspirateur chinois ». Cette Asie, où le *Regional Cooperation Economic Partnership* démontre progressivement sa légitimité, est plus intégrée et contribue à la nouvelle « fragmentation du monde ». Si la course à la prospérité de cette région ne s'interrompt assurément pas, elle est désormais traversée de plus de tensions que jamais. Les partenariats tissés même avec l'Occident s'affirment dans certains cas de plus en plus, comme entre les États-Unis, la Corée du Sud et le Japon, mais, même là, ils ne sauraient échapper aux cahots et aux aléas de parcours politiques encore incertains.

Le *sabre-rattling* chinois dans l'espace maritime régional et les perspectives immédiates

La Chine est désormais à la tête de la première marine du monde en stricts termes de nombre de navires. Ses dirigeants rappellent sans cesse depuis quelques années aux voisins et à ceux qui les protègent ou s'allient avec eux sa volonté de ne pas perdre le contrôle des espaces maritimes situés à sa proximité immédiate. Cette volonté cache mal le souhait chinois de se saisir de points stratégiques pour la sécurité ainsi que des ambitions futures, quelle que soit l'évaluation qui peut être faite de la légitimité de ces revendications. Naturellement, l'île de Taïwan, ainsi que ce qui lui reste de possessions insulaires, y compris près du continent, représente le premier objectif des actes d'intimidation opérés par la marine et par l'aviation chinoise. Au gré des périodes officiellement annoncées comme « temps de manœuvres » (comme celles qui ont été menées deux fois sous l'appellation *Joint Sword* en 2024), des opérations lancées spécifiquement en fonction des visites officieuses ou officielles de représentants étrangers à Taïwan ou du calendrier électoral démocratique de la République de Chine (l'installation du nouveau président en mai, et la célébration de la fête nationale en octobre), le rythme s'intensifie ou se relâche, mais ne cesse d'être plus pressant au fil des années. En 2024, ce sont plus de 4 000 incursions d'aéronefs à proximité de l'île qui ont pu être dénombrées, certaines dans la « zone d'identification aérienne » implicitement reconnue bilatéralement, mais délibérément violée lors de ces événements. Des blocus partiels ont ainsi été momentanément simulés lors des manœuvres de 2024 dans des configurations topographiques différentes, l'ensemble donnant clairement l'idée de ce que « pourrait être » un déclenchement par la Chine d'hostilités visant la reddition ou la conquête de Taïwan.

Taïwan a de moins en moins le privilège de ces gestes agressifs, l'agitation militaire chinoise, par l'intermédiaire de pseudo-bateaux de pêche ou de garde-côtes s'étant intensifiée de nouveau autour de zones maritimes contestées avec le Japon et les Philippines. Le statut des îles Senkaku-Diaoyutai avait été délibérément laissé en suspens lors du « traité de paix et d'amitié » de 1978 scellant la fin des hostilités entre la Chine et le Japon. Le renouveau amorcé en 2024 de perspectives d'alliances renforcées entre la Corée du Sud, le Japon et les États-Unis a donné prétexte à une reprise des harcèlements en mer de Chine de l'Est, la Chine reprochant au Japon d'avoir laissé ses bateaux de pêche « pénétrer illégalement dans les eaux chinoises des îles [concernées] ». Quant aux contestations momentanément (ou, selon la Chine, pour des raisons cosmétiques) mises en sourdine par l'arrêt de la cour de La Haye et portant sur les îlots ou récifs situés dans la mer de Chine du Sud, elles ont repris. Même si le bon droit des Philippines a été établi par la juridiction internationale, les actions quasi conflictuelles de la Chine les ont ravivées : en juin 2024, lorsque des affrontements entre « bateaux de pêche » chinois, associés à des garde-côtes, sont venus contrarier le ravitaillement régulier d'un poste philippin situé sur le « Sierra Madre » échoué sur le « deuxième atoll Thomas ». Même légère, la blessure (perte d'un pouce) d'un marin philippin a failli remettre en question la cohabitation tendue, mais non violente des forces en présence, marine américaine incluse.

Les frontières maritimes belligènes en mer de Chine méridionale

Que conclure de la montée de ces tensions ? Indéniablement une volonté d'affirmation chinoise dans la région, sinon d'ambition hégémonique. Mais aussi la démonstration des limites contre lesquelles bute Pékin : le verrouillage efficace jusqu'ici des « lignes rouges » par une forme de dissuasion américaine et le risque d'un aventurisme inconsidéré, dans un contexte où ni la réussite d'une posture plus agressive ne peut être garantie ni la situation intérieure chinoise ne peut assurer Pékin des ressources matérielles et psychologiques propices à un conflit ouvert.

L'initiative « BRI », que l'on désigne encore en français sous l'expression « nouvelles routes de la soie », commence à souffrir aussi des mêmes difficultés et bute sur la difficulté de surmonter les obstacles structurels posés par la situation des pays concernés du fait des propres limites touchées désormais par la « force de financement » chinoise.

Inde

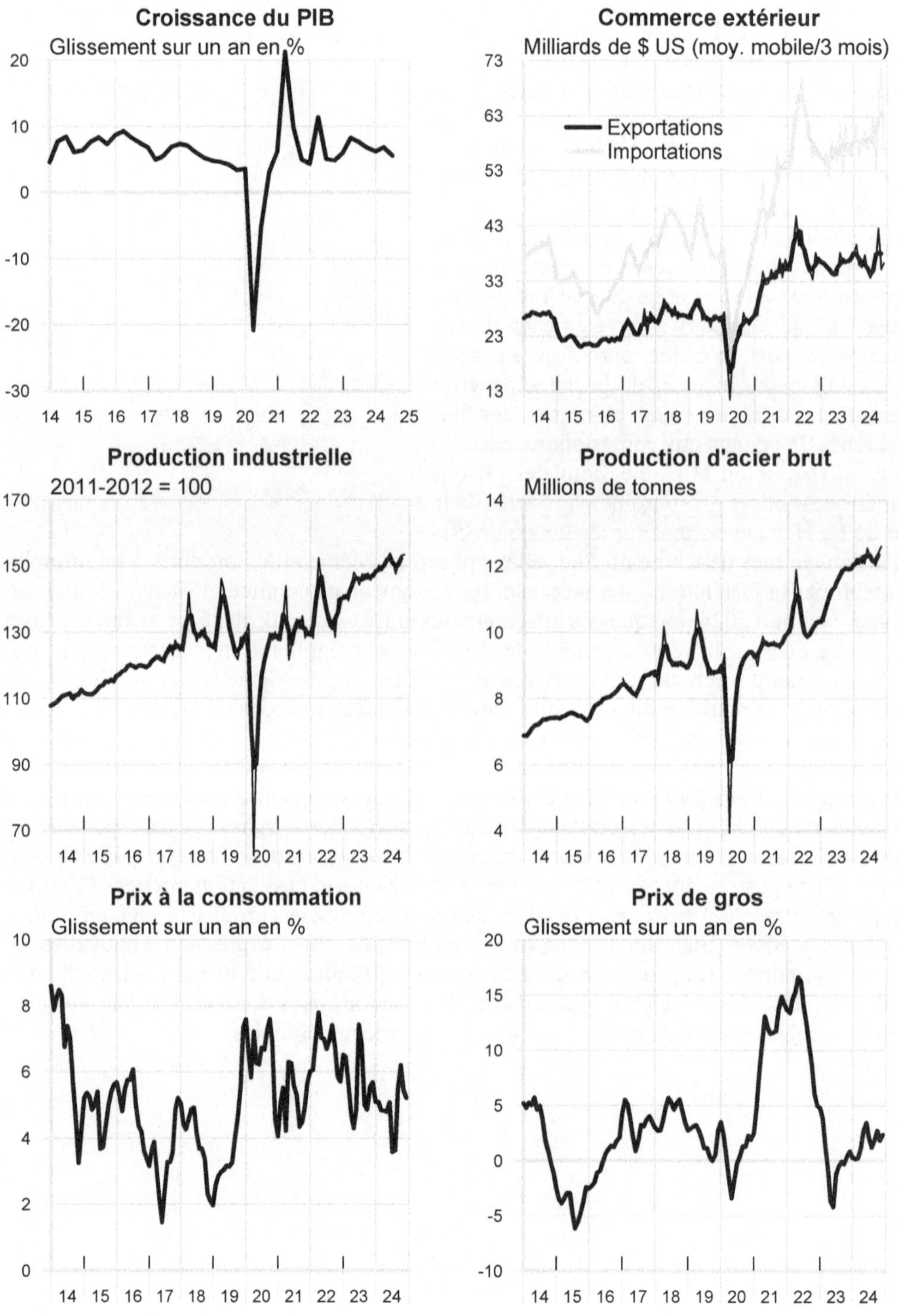

© Rexecode

Inde et sous-continent indien :

les dividendes de la self-reliance

Apne ghar billî bhî sher hai.
(À la maison le chat est aussi un lion.)
Proverbe indien

L'Inde continue de s'affirmer comme le champion de la croissance dans le monde et notamment parmi les grandes économies émergentes avec un taux annuel de croissance de 6 à 7 %, alors que celui de la Chine, par exemple, est tombé en dessous de 5 % et que son potentiel est désormais estimé à 4 %. Une des raisons, paradoxalement, est la relative insularité de l'économie indienne qui ne lui a pas permis de connaître les pics à deux chiffres de sa rivale chinoise au cours de son rattrapage post-maoïste, mais qui a renforcé inversement le poids des moteurs internes avec une croissance assez équilibrée entre consommation et investissement, et entre impulsion privée et impulsion publique.

Sa gestion opportuniste et prudente de l'ouverture extérieure lui a permis toutefois de bénéficier des avantages d'une bonne spécialisation, comme dans les services informatiques dont l'Inde est clairement le bureau du monde, doublée d'un bon équilibre géoéconomique, qui la rend peu sensible à des chocs extérieurs. Tel devrait être le cas avec la guerre commerciale qui se profile au détour de l'arrivée de Donald Trump à la Maison-Blanche, tandis que New Delhi s'adapte progressivement à des chocs plus structurels, comme le changement climatique.

2024 : fin de la phase de reprise post-covid sur fond de cycle électoral

La reprise post-covid de 2022-2023

L'Inde avait été très touchée par l'épidémie de covid avec une chute du PIB de l'ordre de six points en 2020, soit une amplitude de 12 à 15 points par rapport à sa trajectoire de croissance. Mais, comme le dit un proverbe indien : « La liane résiste au poids de la calebasse ». L'effet rebond avait joué dès 2021 avec une croissance finalement arrêtée à + 9,4 %, suivi d'une moyenne de + 7,1 % pour les années 2022 et 2023 moins tirées par la consommation privée que par l'investissement, et notamment un investissement public volontariste qui n'était pas sans rapport avec la tenue des élections générales de 2024. À la différence du modèle chinois, les deux moteurs internes sont relativement équilibrés dans le cas indien, avec une progression de 6,9 % de la consommation privée et de 7,9 % de l'investissement entre 2012 et 2020, par exemple. Le choc épidémique sévère sur la population s'est toutefois nettement ressenti sur la consommation privée qui n'est repartie que lentement aux alentours de + 4 %. Inversement, les deux leviers de la politique économique ont joué parfaitement leur rôle contracyclique. Le déficit budgétaire était reparti au-delà de 6 % du PIB avec surtout une augmentation des dépenses d'infrastructures et notamment les routes, autoroutes, aéroports et œuvres d'art, comme l'Atal Bihari Vajpayee Sewri-Nhava Sheva Atal Setu ou plus simplement Mumbai Trans Harbour Link. Inauguré en janvier 2024 par le Premier ministre Narendra Modi, c'est désormais le plus long pont en mer (21,8 km, dont 16,5 sur la mer d'Oman) reliant la presqu'île de la capitale économique Bombay au continent, et ce, pour la bagatelle de € 2,5 milliards.

La politique monétaire ensuite a joué la détente rapide des taux d'intérêt grâce à une inflation tombée au plus bas en 2022 et une fourchette assez large de cible d'inflation de la banque centrale : 2-6 % contre 3 % en Chine. Le résultat a été une reprise assez rapide de l'investissement privé et tout particulièrement du marché immobilier et de la construction. Après son pic de 2016, le ratio ventes/stock immobilier n'avait cessé de chuter pour atteindre un point extrêmement bas de 1,4 %. La reprise de l'investissement dans ce secteur a ainsi été de + 9 % en moyenne en 2022 et 2023 en parallèle d'une reprise des crédits immobiliers au rythme de + 15 % et des prix qui remontaient vers leur niveau historique. Enfin, la banque centrale avait pu laisser filer un peu le taux de change de la roupie grâce à la détente des prix mondiaux de l'énergie qui est le principal vecteur de transmission de l'inflation importée en Inde, et à l'acceptation d'un déficit extérieur accru aux alentours de 2,4 % du PIB pour le compte courant non totalement couvert par l'excédent du compte en capital traditionnellement de 1,5 % du PIB. Au total, la politique de relèvement post-covid a été plutôt réussie en Inde, même si l'orientation très capitalistique et socialement inégalitaire de la croissance

Inde : commerce extérieur

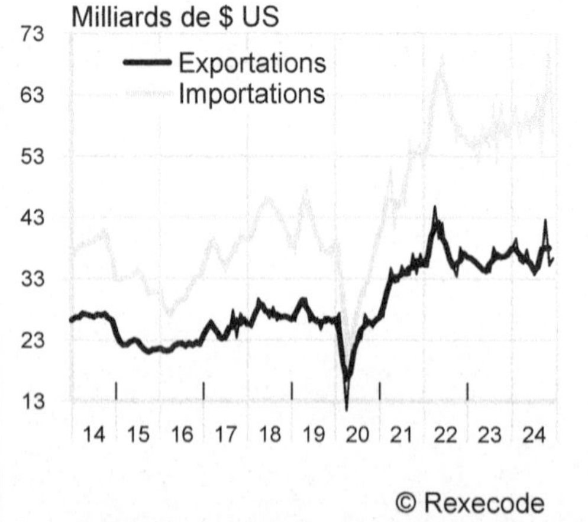

s'est traduite par une reprise dualiste « en k » qui a du reste bien marqué le cycle électoral de 2024 *via* notamment l'inflation alimentaire et le sous-emploi assez massif des jeunes.

2024 : un cycle électoral en demi-teinte

Bien que l'Inde soit en mode électoral quasi permanent en raison de sa structure fédérale (28 États et 8 Territoires administrés par le centre) et des pouvoirs très étendus des États régionaux, les élections générales tous les cinq ans et certaines élections régionales d'États clés, donnant *de facto* la majorité au parlement fédéral, impriment leur marque sur le cycle économique indien. Tel fut le cas en 2024, troisième test électoral pour le régime nationaliste hindouiste du Premier ministre Narendra Modi et son parti BJP, ainsi que quatre élections régionales, dont celles des deux capitales politiques (New Delhi) et économique (Bombay et le Maharashtra).

En amont, le ralentissement des dépenses publiques qui avait joué un rôle clé dans la reprise post-covid a été assez marqué avec une pause dans les grands travaux d'infrastructures qui ont chuté de 35 % au premier semestre 2024. Il faut dire que les élections ont dû être étalées sur près de deux mois pour faire voter les 968 millions d'électeurs inscrits que compte désormais l'Inde, avec son million de bureaux de vote lié à la loi électorale qui limite à 2 km à pied la distance à parcourir

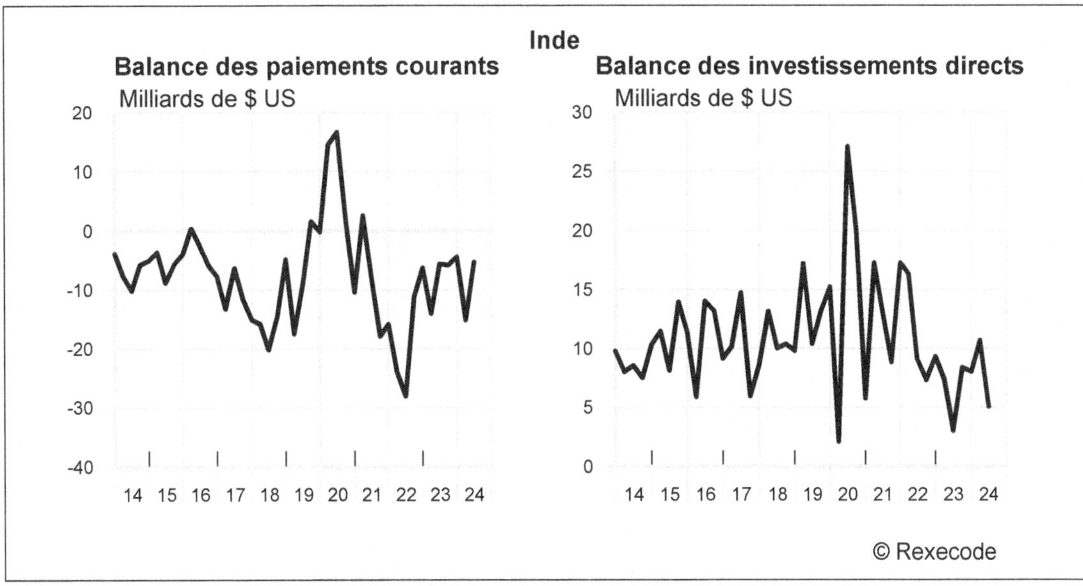

pour un électeur. Il a fallu pour cela mobiliser 15 millions d'agents électoraux, et on estime que les 18e élections générales auront coûté $ 13 milliards, deux fois plus qu'en 2019, bénéficiant *de facto* plus à la consommation qu'à l'investissement. D'autant que la banque centrale RBI, relativement autonome en Inde et obnubilée par la crédibilité du pays sur les marchés, a aussitôt resserré sa politique monétaire pour éviter tout dérapage de l'inflation et pour éviter que le pouvoir central ne soit tenté d'augmenter le déficit budgétaire dont elle en assure directement ou indirectement l'essentiel du financement.

Sur le plan politique, les résultats électoraux ont plutôt été une surprise avec la reconduction du Premier ministre en place et de sa coalition, mais pour la première fois en situation de majorité seulement relative et avec des partenaires, plutôt exi-

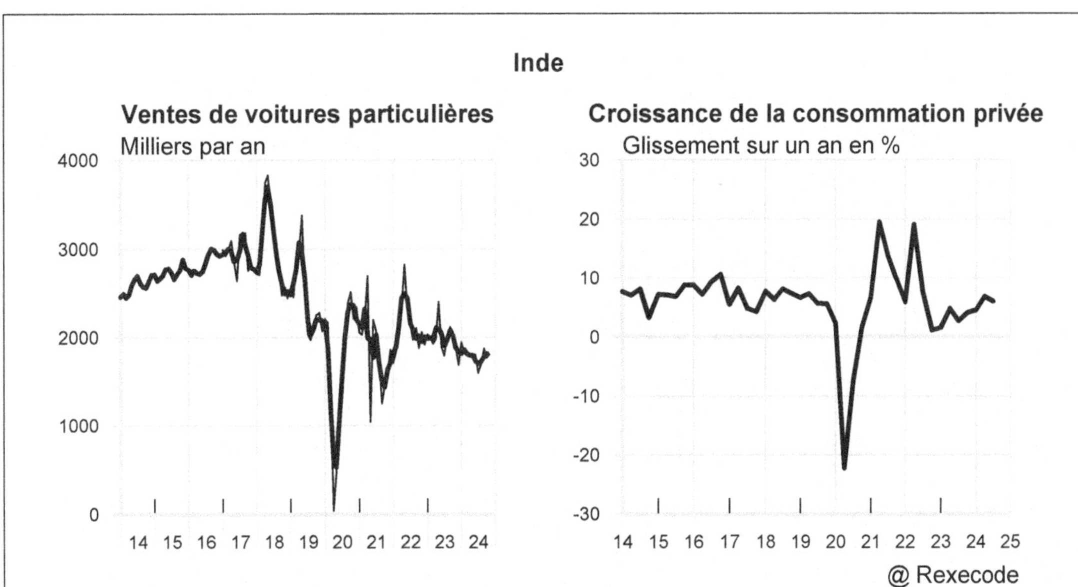

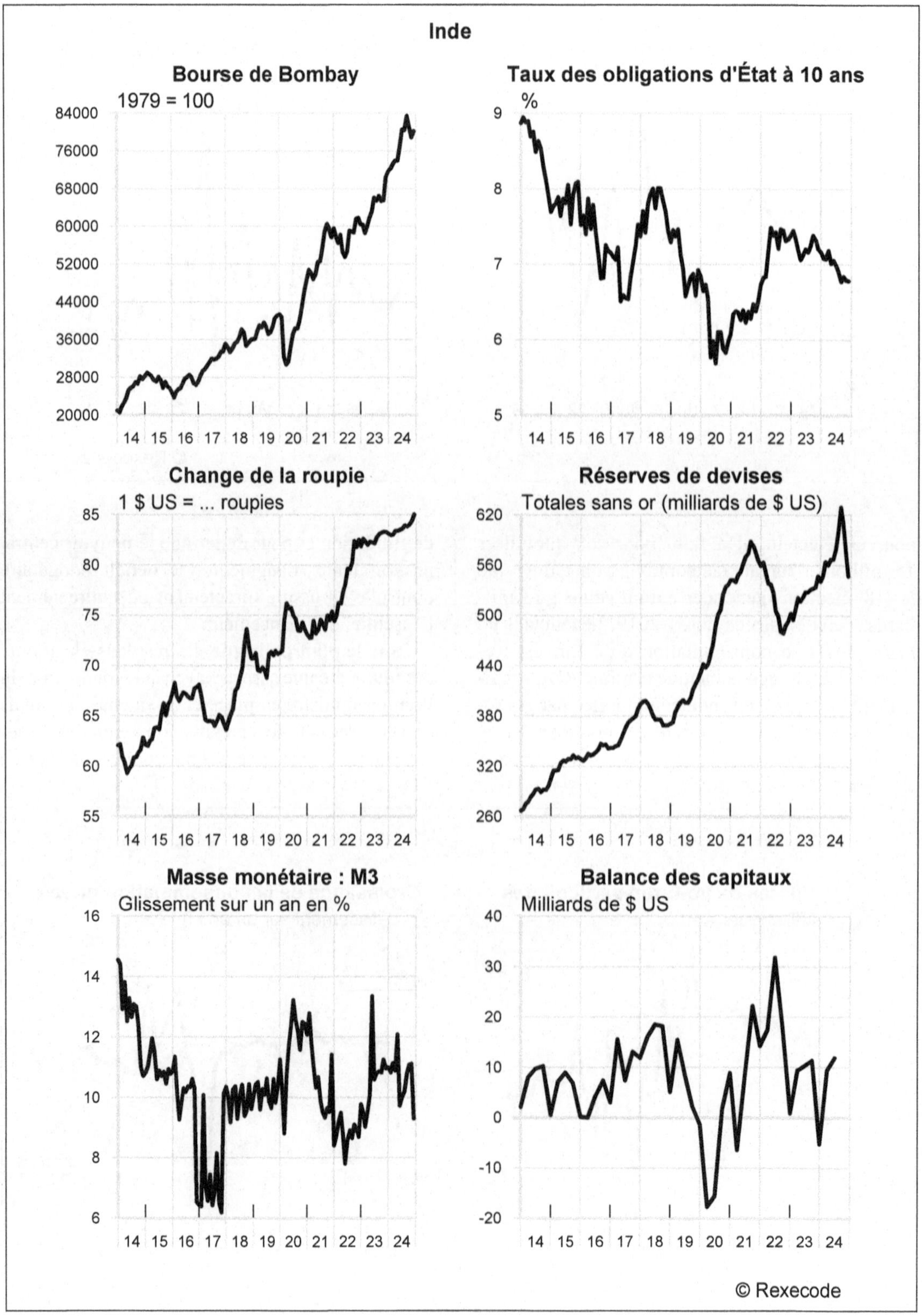
Inde
Bourse de Bombay
1979 = 100
84000
76000
68000
60000
52000
44000
36000
28000
20000
14 15 16 17 18 19 20 21 22 23 24
Taux des obligations d'État à 10 ans
%
9
8
7
6
5
14 15 16 17 18 19 20 21 22 23 24
Change de la roupie
1 $ US = ... roupies
85
80
75
70
65
60
55
14 15 16 17 18 19 20 21 22 23 24
Réserves de devises
Totales sans or (milliards de $ US)
620
560
500
440
380
320
260
14 15 16 17 18 19 20 21 22 23 24
Masse monétaire : M3
Glissement sur un an en %
16
14
12
10
8
6
14 15 16 17 18 19 20 21 22 23 24
Balance des capitaux
Milliards de $ US
40
30
20
10
0
-10
-20
14 15 16 17 18 19 20 21 22 23 24
© Rexecode

geants, et dont on ne peut écarter les changements d'alliance comme c'est régulièrement dans le cas en Inde. En termes de voix, le parti du Premier ministre Modi a obtenu 235 millions de voix contre 137 à son principal concurrent, Rahul Gandhi, *leader* du parti du Congrès (36,6 *versus* 21 %), mais même avec 246 sièges contre 99 pour son opposition, le BJP était loin de la barre des 272 sièges de la majorité absolue au parlement fédéral. Il a alors fallu négocier un élargissement de l'alliance initiale NDA à d'autres partis, dont le Telugu Desam du nouvel État, l'Andhra Pradesh, au centre du pays, et surtout le Janata Dal (JD-U) de l'énorme État du Bihar au nord qui avait changé brusquement d'alliance en 2021 pour rejoindre la coalition d'opposition INDIA conduite par le Congrès.

Clairement, malgré une popularité toujours marquée du *leader* nationaliste Modi, la stratégie hindouiste fondamentaliste et anti-minorités religieuses, notamment islamophobes, mais aussi christianophobes, commence à fatiguer les Indiens. Non seulement la gestion de la crise covid a été douloureusement vécue par une population qui n'a pas beaucoup été protégée, mais les orientations économiques du régime en faveur de quelques très grands groupes capitalistiques (India Inc.) et des classes moyennes supérieures urbaines se sont avérées peu favorables à l'emploi de la masse des jeunes qui arrivent chaque année sur le marché du travail (plus de 10 millions). Le sous-emploi de masse a probablement été le thème majeur de ces élections sans compter les inégalités de revenu et surtout de patrimoine de plus en plus criantes au point que l'Inde semble être passée devant la Chine pour le coefficient de Gini, selon les travaux des économistes Piketty et Chancel.

Sur le plan économique, les résultats de 2024 ont donc été plutôt en demi-teinte avec un point bas de 5,4 % de croissance au deuxième trimestre de l'année correspondant aux élections de mai-juin. En revanche, les objectifs de la banque centrale ont plutôt été respectés avec une inflation qui n'aura pas dépassé 5 %, soit juste en dessous du plafond de sa cible monétaire, grâce, il faut le dire, à une bonne mousson et donc des prix alimentaires sous contrôle avec en toile de fond des prix pétroliers plus que raisonnables. D'autant que, depuis le déclenchement de la guerre en Ukraine, l'Inde importe de plus en plus de pétrole russe à discount et qu'elle règle en roupie sur un compte bilatéral. À ces deux facteurs s'est ajoutée la déflation chinoise qui se transmet par le canal des importations, dont la Chine est désormais le premier fournisseur. Compte tenu d'une tenue exceptionnelle des exportations de services (informatiques pour l'essentiel) qui atteignent désormais le niveau des exportations de marchandises, la balance courante s'est donc très peu détériorée en 2024 (– 1,1 % du PIB) et a été largement financée par l'excédent de la balance en capital (1,6 % du PIB), alimentée pour moitié par des entrées d'investissement direct ou de portefeuille, et pour moitié à des placements d'épargne de sa diaspora (NRI) qui dispose d'avantages fiscaux et de taux.

Le tableau s'est un peu éclairci en fin d'année avec une victoire électorale écrasante du parti nationaliste BJP (Maha Win) au Maharashtra, 130 millions d'habitants et cœur de l'économie indienne, avec sa capitale Bombay (ou Mumbai) que le BJP a arrachée tant aux partis régionaux d'extrême droite qu'à la coalition INDIA dirigée par le Congrès et dont le *leader* Rahul Gandhi ne semble plus en mesure d'inverser l'érosion en dépit du succès relatif de sa longue marche à travers toute l'Inde en 2023-2024. L'indice boursier Sensex qui s'était tassé en cours d'année a alors connu un fort rebond à partir d'octobre pour terminer l'année proche de son record de 80 000 points malgré le risque Trump : + 10 % pour l'année, c'est à la hauteur de l'appréciation du couple risque-opportunité de l'économie indienne sur les marchés.

Multialignement et Self-reliance *: 2025 devrait confirmer les facteurs de résistance de l'économie indienne à des chocs extérieurs*

Si on se cale sur un scénario de guerre commerciale sino-américaine avec l'ère Trump et l'affaiblissement de l'Europe, les perspectives géopolitiques indiennes apparaissent les plus favorables relativement en Asie, mais aussi parmi les grandes économies émergentes dont l'Inde apparaît désormais comme une locomotive. C'est là un paradoxe compte tenu de sa caractéristique principale : une relative insularité vis-à-vis de l'économie mondiale, position qui porte en fait le nom de *self-reliance* en Inde depuis 75 ans, c'est-à-dire depuis l'indépendance et le modèle socialiste de Nehru ; démocratie politique plus économie mixte, mais planifiée auxquelles il faut ajouter son troisième pilier : une diplomatie non alignée. Ceci permet de comprendre la différence entre l'autarcie, puis inversement l'ouverture béante de la Chine entre 1950 et nos jours, alors que l'Inde a toujours suivi un chemin de crête entre une introversion de son modèle économique et un engagement diplomatique certain lui permettant de fixer relativement librement les paramètres de son indépendance économique. Bien que le régime nationaliste hindouiste ait décidé de sanskritiser le terme sous l'appellation Atmanirbhar Bharat ou l'Inde autonome, il s'agit clairement d'une référence à la notion de self-reliance avec le sentiment que se ferme la parenthèse de l'ouverture libérale à la globalisation décidée par l'ancien Premier ministre Manmohan Singh décédé symboliquement début 2025. Mais plus qu'un retour au modèle initial de l'ère Nehru, il s'agit plutôt d'une adaptation pragmatique à la nouvelle configuration mondiale de dé-globalisation bien mise en lumière par les travaux récents de la Cnuced : une combinaison de facteurs géopolitiques allant dans le sens de la fragmentation du monde, avec cependant des transformations profondes des chaînes de valeur globales qui maintiennent une interdépendance évidente, le tout dans un contexte de quatrième Révolution industrielle dont aucun pays ne peut faire l'économie. Encore moins lorsqu'il a des prétentions à un statut de grande puissance à l'ère du retour des empires.

La diplomatie du « Dvaidibhava »

Sur le plan géopolitique, la diplomatie opportuniste du « double Jeu » (*Dvaidibhava* en sanskrit) se traduit par un multialignement du géant indien plutôt qu'un non-alignement traditionnel (ni-ni), en gros une tentative de se concilier à la fois le nord, le sud, l'est et l'ouest. Cela se traduit par exemple par d'excellentes relations avec la Russie de Poutine. La dernière visite à Moscou fin 2024 du ministre des Affaires étrangères Jaishankar a concrétisé des accords importants sur des matériels militaires dont la Russie équipe encore l'armée indienne pour près de 40 %, mais aussi un contrat pétrolier record entre Rosneft et le géant indien Reliance pour la livraison de 500 000 barils/jour sur 10 ans pour une valeur d'environ $ 13 milliards par an : pétrole payé par la revente de produits raffinés et notamment aux pays occidentaux, puisque c'est devenu par exemple le premier poste d'exportation vers la France ou vers les États-Unis… jusqu'à l'annonce en janvier 2025 d'une nouvelle série de sanctions américaines touchant cette fois les réexportations de produits russes avec comme cible prioritaire le pétrole précisément et l'Inde comme objectif premier.

Face aux limites permanentes du double jeu, l'Inde tente d'échapper à la pression américaine par des concessions non négligeables sur les grands dossiers internationaux, comme la Chine, l'Ukraine ou Israël, où New Delhi est clairement plus proche de Washington que de Moscou, et sur le plan économique en évitant de laisser croître son excédent commercial avec les États-Unis. Il n'était ainsi que d'une quarantaine de milliards de dollars en 2024 contre $ 361 milliards pour la Chine, 240 pour le Mexique et le Canada, et même une centaine pour le Vietnam. L'Inde joue surtout la carte de sa diaspora puissante aux États-Unis avec des personnages clés dans l'entourage de Trump, dont Kash Patel à la tête du FBI, Jay Battachay à celle de l'Institut national de santé (NIH), ou encore Vivek Ramaswamy comme codirecteur du nouveau département d'État à l'efficacité gouvernementale aux côtés d'Elon Musk donc numéro un *de facto* de cette nouvelle entité centrale de la politique trumpiste, sans compter enfin Usha Vance comme deuxième *Lady*.

Pour se prémunir de tout risque de la part d'un président Trump *unpredictable*, l'Inde continue surtout de maintenir une diplomatie active tous azimuts. Avec l'Europe, les négociations pour avancer à défaut d'aboutir à un accord de libre-échange ont été annoncées pour le printemps 2025. Avec la Chine, l'Inde est parvenue – contre toute attente – à débloquer la crise des frontières himalayennes grâce à un accord passé lors du Sommet des BRICS en octobre 2024 à Kazan en Russie (grâce aux Russes manifestement). Celui-ci prévoit la reprise d'échanges diplomatiques réguliers pour avancer sur des questions frontalières complexes, puisqu'il n'y a jamais eu d'accord de paix entre les deux géants asiatiques et que les portions de territoire concernées sont grandes comme la Belgique. Ce n'est paradoxalement qu'avec ses voisins immédiats en Asie du Sud que les relations sont détestables. Traditionnellement avec le Pakistan, mais aussi avec le Bangladesh, dont les relations se sont tendues à l'extrême depuis le renversement populaire en août 2024 de sa grande alliée Sheikh Hasina du parti BNP, et dont l'extradition a été officiellement réclamée par Dakha début 2025 au grand dam de New Delhi. Ou encore avec les Maldives et le Sri Lanka à l'occasion de bouleversements importants à la tête des deux pays. New Delhi est toutefois parvenue à calmer les relations par des changements de ton évidents et en jouant sur la volonté de ses voisins de ne pas trop dépendre de la Chine extrêmement active dans la région avec ce qu'on appelle le « Collier de perles » tout le long des côtes de l'océan Indien, dont Delhi aimerait garder un contrôle exclusif.

Au total donc, malgré les confusions et revers toujours possibles, la nouvelle stratégie de multialignement porte en partie ses fruits. Il faut y ajouter le Moyen-Orient, clé pour l'approvisionnement en hydrocarbures de l'Inde qui en est totalement dépourvue, ou l'Afrique dont elle est bien consciente du défi d'une Chine largement plus présente à tous les niveaux : diplomatique, militaire, économique et financière. C'est par exemple une des raisons de la visite du Premier ministre Modi, à l'occasion de son voyage à l'Assemblée générale de l'ONU fin 2024, au Nigeria, deuxième puissance africaine et très courtisée désormais par les entreprises indiennes.

Les dividendes de la nouvelle self-reliance

Sur le plan économique, cette posture devrait favoriser la stabilisation de l'économie indienne en 2025 avec des perspectives de croissance de l'ordre de 6,3-6,5 % grâce à un desserrement de la politique monétaire rendu possible par une petite réduction du déficit budgétaire, lui-même rendu possible par une reprise des facteurs endogènes de croissance, dont la consommation et notamment celle du monde agricole qui reste le lieu de vie de la moitié des Indiens et la pièce stratégique de l'autonomie alimentaire, et donc de l'autonomie tout court de l'Inde. L'agriculture reste la priorité politique et économique de la deuxième puissance asiatique, comme le montre son inflexibilité à l'OMC ou dans la négociation de l'accord de libre-échange avec Bruxelles.

Deuxième facteur endogène, l'investissement, et notamment ses quatre composantes : celle du secteur public, dont les grands travaux d'infrastructures devraient reprendre assez rapidement après la pause de 2024 ; celle du grand secteur privé, les fameux conglomérats indiens connus dans le monde entier désormais (Tata, Reliance...), dont l'attentisme vis-à-vis des orientations du trumpisme concernant l'Inde a plutôt été une question de quelques semaines début 2025, mais finalement sans annonces radicales négatives à l'exception des exportations de produits pétroliers ; et puis l'investissement dans les secteurs innovants dont l'Inde apparaît désormais comme un centre mondial avec, par exemple, un troisième rang pour les start-up. En témoigne le lancement d'une *Initial Purchase Offering* de $ 36 milliards prévue en 2025 pour Flipkart, le géant indien de la vente par internet et grand concurrent d'Amazon. Racheté à ses fondateurs indiens par l'américain Walmart en 2018 pour $ 16 milliards et 77 % du capital, il s'agit cette fois de transférer sa cotation de Singapour à Bombay dans l'optique d'une société qui pourrait peser plus de $ 200 milliards d'ici dix ans. Les secteurs de la biotech ou des technologies de l'information connaissent également dans ce pays un écosystème particulièrement favorable, avec en outre une fenêtre directe sur le marché américain où plus de la moitié des dirigeants du secteur IT, par exemple, sont d'origine indienne ; dernière composante, et non des moindres pour un pays qui a besoin d'emporter avec lui les centaines de millions d'exclus de la croissance, l'investissement du petit secteur privé qui est totalement corrélé à la reprise de la consommation et aussi à celle du logement dont on ne voit pas ce qui empêcherait la reprise post-covid de se poursuivre compte tenu des tensions extrêmes pour trouver à se loger dans un pays où on considère que près de la moitié de la population vit dans un taudis (*slum*) dont 41 % dans les zones urbaines selon la Banque mondiale elle-même.

Au-delà, et sur le moyen terme, la plupart des experts s'accordent sur six atouts indiens pour les années à venir, justifiant des perspectives de croissance de l'ordre de 6 % par an : poursuite du bonus démographique pendant une bonne décennie encore ; une gouvernance stable et qui a montré sa résistance dans la tourmente du courant fondamentaliste hindou arrivé au pouvoir en 2014 ; une relative autonomie par rapport aux chocs extérieurs qu'ils soient géopolitiques ou économiques ; une position d'équilibre extérieur toujours tendue, mais gérée de façon assez magistrale par la banque centrale sur le plan du taux de change et de l'inflation ; un géant agricole indéniable et qui gère ses adaptations complexes, y compris son adaptation progressive au changement climatique ; enfin, des politiques économiques prudentes, voire conservatrices, et jouant de façon très pragmatique sur la symbiose entre les intérêts publics et privés, très différemment par exemple du nouveau tournant chinois au profit de l'État central et au détriment des géants privés chinois qui étaient apparus au moment de l'ère Deng Xiaoping.

Les « petits » voisins de l'Inde de moins en moins invisibles

La taille continentale de l'Inde, son statut de première population mondiale et de troisième rang mondial pour le PIB en parité de pouvoir d'achat écrasent ses voisins qui sont fortement invisibilisés à l'échelle mondiale, alors qu'ils le méritent de moins en moins pour les géants démographiques que sont le Pakistan (250 millions d'habitants) ou le Bangladesh (170 M) par exemple, secondairement pour le Népal qui jouit cependant d'une position géostratégique comme du reste le Sri Lanka ou les Maldives. La Chine ne s'y est pas trompée en établissant depuis une vingtaine d'années des relations politiques et économiques très fortes avec chacun des voisins de l'Inde au point qu'on a pu parler du « collier de perles » chinois autour de l'Inde à la grande fureur de New Delhi. La diplomatie indienne tente désormais de desserrer l'étau, mais avec une arrogance naturelle qui condamne à la paralysie le grand projet d'intégration régionale de la SAARC (Association sud-asiatique pour la coopération régionale).

De façon symbolique, cette association régionale fut initiée par le président bangladais de l'époque, Ziaur Rahman, plutôt favorable à Delhi qui aida puissamment l'ancien Pakistan oriental à se séparer de l'aile occidentale et à accéder à l'indépendance en 1971. L'association fut lancée le 2 août 1983 à New Delhi et établie par une charte signée le 8 décembre 1985. Malgré les projets ambitieux des années 1980, notamment une zone de libre-échange dans la foulée de la vague de globalisation économique et de moindres tensions avec le Pakistan sous l'ère du parti du Congrès, l'intégration régionale est en panne depuis le retournement de la mondialisation et l'arrivée au pouvoir à Delhi des fondamentalistes hindous hargneux vis-à-vis des autres religions, et notamment de l'Islam. Or, il s'agit de la deuxième religion du sous-continent avec près d'un habitant sur quatre de la région, mais archidominante dans trois des pays les plus peuplés après l'Inde : l'Afghanistan, le Pakistan et le Bangladesh. L'Asie du Sud est ainsi la première zone de concentration des musulmans dans le monde. Bien au-delà de la religion, c'est en réalité la nature explosive de l'héritage de l'Empire britannique qui est l'épine structurelle de l'Asie du Sud, un peu comme l'héritage des frontières coloniales en Afrique. Le cas du Kashmir entre l'Inde, le Pakistan et la Chine en est un bon exemple.

Il reste qu'au-delà de l'Inde, l'Asie du Sud forme une des plus grandes régions démographique et économique du monde. Une bonne façon de mesurer l'importance de ces « voisins » est de faire la soustraction entre ce qu'on appelle « l'Asie du Sud » et l'Inde proprement dite qui en forme effectivement le cœur, mais guère plus des deux tiers en termes de superficie et aux alentours des trois quarts en termes démographiques et économiques, mais en déclin avéré. Les projections des Nations unies à l'horizon 2050-2100 montrent un retournement relatif indien déjà engagé par rapport à son voisin pakistanais, mais même en absolu après un pic possible de 1 670 millions d'habitants en 2050. On peut en effet penser que le scénario médian est assez optimiste en raison de l'impact évident de l'épidémie du covid sur les comportements de fécondité partout dans le monde, mais en Inde tout particulièrement (comme en Chine), sans compter l'impact du changement climatique, très sévère en Asie du Sud. De ce fait, la population indienne pourrait en réalité décroître dès 2040-2050 et tomber à moins d'un milliard d'habitants avec une contraction de 410 millions de personnes dans ce scénario bas. Ce serait moins le cas sur son flanc oriental (Pakistan et Afghanistan).

L'avenir des rapports de force dans le sous-continent dépendra donc de plus en plus des facteurs économiques et stratégiques, deux domaines dans lesquels l'Inde semble avantagée. Mais ce n'est pas si simple, comme l'a montré la stratégie chinoise d'appui aux voisins de l'Inde désireux de s'émanciper d'une tutelle un peu lourde. Sans compter des dynamiques économiques contrastées qui ont par exemple permis au Sri Lanka et au Pakistan de distancer nettement l'Inde dans les années soixante post-indépendance avant de tomber dans un cycle de crises politiques qui dure depuis quatre décennies. Inversement, le Bangladesh a pris le relais dans les années quatre-vingt pour rattraper puis dépasser l'Inde grâce au succès de sa stratégie d'ouverture commerciale et de priorité à la satisfaction des besoins de base de la population. Ceci lui a permis de dépasser sa grande voisine dans les derniers classements internationaux, comme la malnutrition ou l'Indice du développement humain.

Géants démographiques, mais nains économiques

Tout le paradoxe est donc là : d'un côté l'Inde se comporte avec ses voisins comme s'ils étaient des vassaux naturels, mais à l'échelle mondiale, ces derniers apparaissent (et se pensent) pour certains comme de véritables géants. Ainsi, la population pakistanaise pourrait être proche de 400 millions en 2050, supérieure à 200 millions au Bangladesh, ou encore proche de 40 millions pour le Népal. Le fait est que l'Asie du Sud avec ses 2 milliards d'habitants est devenue la première zone démographique du monde et ne peut plus laisser indifférente. Malgré les indices d'un décollage économique indien qui pourrait la rapprocher à terme de la puissance chinoise (2075 selon les économistes de Goldman Sachs), le point commun au sous-continent pour l'instant reste cependant plutôt une concentration de la pauvreté, même si elle n'est plus aussi marquée que dans le fameux ouvrage du prix Nobel d'économie Gunnar Myrdal dans son opus *Asian Drama* (1968). Sur tous les indices de pauvreté, malnutrition ou développement humain, les huit pays d'Asie du Sud figurent la plupart du temps dans le dernier quart des classements (comme pour la corruption). Ce n'est donc pas une surprise si on les retrouve parmi les premiers pays d'origine des migrants dans le monde, Inde comprise d'ailleurs avec le 1er rang (18 millions), Bangladesh et Pakistan au 5e et 6e rang respectivement (7,3 et 6,1 millions) sans compter le Sri Lanka, mais de plus petite taille.

Comme le montre l'Inde aujourd'hui, mais aussi le Bangladesh depuis une dizaine d'années, et plus tôt encore le Pakistan ou le Sri Lanka, qui avaient été classés un moment dans les nouveaux pays industrialisés, les potentiels sont là. D'autant qu'à la différence de l'Afrique, l'Asie du Sud a peu de chances de tomber dans la malédiction des matières premières compte tenu de sa pauvreté moyenne en ressources naturelles, tandis que sa forte densité humaine joue en faveur des effets d'agglomération et des économies d'échelle, comme le montre la taille de ses centres urbains. L'obstacle principal reste toutefois de nature politique et géopolitique, à la fois interne et externe, comme le montre le bilan mitigé de la croissance moyenne depuis les années qutre-vingt : de l'ordre de + 5 % pour le sous-continent, mais extrêmement volatil comme l'illustre d'ailleurs encore 2024.

L'année a encore été marquée par le nième soubresaut d'une crise politique structurelle au **Pakistan**, dont le pouvoir politique apparaît comme une véritable marionnette aux mains des forces militaires qui gouvernent *de facto* depuis l'indépendance et qui ne voient aucune raison d'améliorer leurs relations avec l'Inde et vice versa. Avec le principal *leader* de l'opposition, Imran Khan, jeté en prison après avoir été Premier ministre de 2018 à 2022, et alors que cet ancien joueur de cricket est le héros d'une jeunesse pléthorique et frustrée, les élections de février 2024 lui avaient encore donné une victoire qui lui a été confisquée, mettant le pays dans une situation de violence politique permanente. L'économie pakistanaise continue donc sur sa trajectoire chaotique d'une croissance nettement inférieure à son potentiel et sous surveillance constante du FMI. Avec + 2,4 % seulement en 2024 pour une population qui croît encore de près de 2 %, on mesure le gâchis du potentiel considérable du pays, humain comme ressources naturelles, notamment agricoles. On ne voit pas bien hélas ce qui pourrait stabiliser à moyen terme un pays otage en outre de la rivalité sino-américaine.

De l'autre côté, au **Bangladesh** surpeuplé (1 286 h/km^2), 2024 aura vu se produire une révolution inattendue chassant du pouvoir la *leader* historique de la ligue Awami, Sheikh Hasina, parti supposé de gauche et séculaire, comme il le fut en partie en termes de stratégie économique, et avec succès, mais corrompu après 15 ans de pouvoir de plus en plus autoritaire. Impulsée par les étudiants en révolte contre un nouveau système de quotas pour les emplois publics, et en lien étroit avec une nouvelle classe ouvrière issue de l'essor mondial du textile-habillement bangladais, ce qu'on appelle la révolution de Juillet a vu arriver au pouvoir le prix Nobel de la Paix 2006, Mohamed Yunus, 83 ans, fondateur de tout le mouvement de microfinance Grameen et de sa galaxie largement responsable de la relève économique du pays depuis une vingtaine d'années. Compte tenu d'une réserve constitutionnelle claire de l'armée, qui écarte à ce jour tout coup d'État, il faudra attendre le résultat des nouvelles élections générales après celles de janvier 2024 boycottées par toute l'opposition et marquées par l'emprisonnement de M. Yunus, avant de savoir comment le pays va se stabiliser, ou tomber dans les affres de l'affrontement séculaire entre les deux partis historiques, dont le BNP islamiste, dirigé par la veuve d'un autre *leader* historique, Ziaur Rahman, assassiné en 1981. Le tout sur fond de tension croissante avec l'Inde fondamentaliste et antimusulmane qui fait donc le jeu des radicaux islamistes très actifs dans cette région.

Autre révolution (Aragayala en cinghalais) en 2024, cette fois au **Sri Lanka**, qui avait déjà renversé un dictateur archicorrompu, Mahendra Rajapaksa en juillet 2022 au beau milieu d'une crise de la dette liée à un clan bien prodigue avec les deniers publics (et les prêts chinois) depuis la fin de la guerre civile en 2009. Alors que la crise du covid voit s'effondrer la première richesse du pays, le tourisme, elle révèle aussi l'insoutenabilité d'une dette extérieure de $ 56 milliards pour un PIB nominal tombé à moins de $ 70 milliards après un pic de $ 94 milliards en 2018. Face à une crise économique qui n'en finit pas, l'arrivée au pouvoir d'un président marxiste, Anura Kumara Dissanayake, en septembre 2024 marque un tournant que va confirmer la victoire électorale de sa coalition de vingt-huit partis et associations de gauche aux élections législatives de décembre. Elle dira si le Sri Lanka basculera définitivement vers un régime stable qui pourrait relancer un pays au fort potentiel agricole, touristique, mais aussi logistique sur le premier rail commercial du monde (Malacca). Rien n'est hélas moins sûr compte tenu d'un radicalisme bouddhiste né ces dernières années et de la rivalité sino-indienne à la pointe du sous-continent.

Asie du Sud : quelques données de base

	Superficie *(km²)*	Population *(milliers)*		Densité *(km²)*	PIB ppa *(milliards de dollars)*	Croissance annuelle moyenne		Espérance de vie		Pauvreté *(moins de 1,9 $/j)*	Global Hunger Index (2021)	
Pays		**2024**	**2050**	**hab/km²**	**2022**	**1980-2020**	**2022-2025 p**	**2019**	**Rang mondial**	**%**	**%**	**Rang mondial**
Afghanistan	652 864	42 240	74 075	62	81	6.1	-1.8	63.2	(160ᵉ)	54.5% *(2016)*	28.3	(103ᵉ)
Bangladesh	148 460	172 954	203 905	1 301	1 346	5.1	5.7	74.3	(82ᵉ)	24.3% *(2016)*	19.1	(76ᵉ)
Bhoutan	38 394	787	874	20	10			73.1	(99ᵉ)	8.2% *(2017)*	ND	
Inde	3 287 263	1 428 628	1 670 491	473	11 665	5.8	7.2	70.8	(117ᵉ)	21.9% *(2011)*	27.5	(101ᵉ)
Maldives	298	521	570	1 738	12	6.3	6.8	79.6	(33ᵉ)	8.2% *(2016)*	ND	
Népal	147 181	30 897	37 401	204	141	4.4	3.9	70.9	(116ᵉ)	25.2% *(2010)*	19.1	(76ᵉ)
Pakistan	881 913	240 486	367 808	300	1 512	4.7	2.9	69.3	(144ᵉ)	24.3% *(2015)*	24.7	(94ᵉ)
Sri Lanka	65 610	21 894	21 815	347	319	4.9	-7.3	76.9	(54ᵉ)	4.1% *(2016)*	16	(65ᵉ)
Asie du Sud	**5 221 093**	**1 938 407**	**2 376 939**	**378**	**15 005**	**5.3**	**2.5**					

(Sources : Banque mondiale, FMI et ONU)

Amérique du Sud :
le neuf et le vieux

De loin, le paysage politique et économique de la région paraît figé : sociétés très polarisées, instabilité institutionnelle, insécurité croissante, déficits et dettes publics limitant la croissance. De près, l'image est moins statique. Le sous-continent affronte le protectionnisme de Trump et sa politique migratoire. Les Sud-Américains qui ne peuvent plus entrer aux États-Unis (ou en sont expulsés) rejoignent les millions d'exilés vénézuéliens, cubains ou haïtiens que la Colombie, le Pérou ou le Chili reçoivent depuis dix ans sans pouvoir les intégrer. Le neuf, c'est aussi le divorce profond entre le Brésil et l'Argentine. Avec Lula, le premier pays reste accroché au vieux modèle de dopage de la croissance par accroissement de la dépense publique. Les marchés perdent confiance. L'horizon 2025 est problématique. De son côté, l'iconoclaste Milei surprend. Il tranche dans les dépenses et réduit l'inflation. Après la récession attendue de 2024, l'Argentine sort du marasme et devrait contribuer cette année à l'amélioration de la croissance sur l'ensemble de la région (moyenne de 2,4 % contre 1,5 % en 2024).

De Caracas à Lima, la menace Trump

Washington inquiète d'abord le Venezuela chaviste, ruiné après des années de spoliation des entreprises privées, de cleptocratie autoritaire, de gabegie pétrolière. Depuis l'arrivée de Maduro au pouvoir (2013) jusqu'en 2022, le PIB a chuté de 70 %. La production de pétrole s'est effondrée (de 2,86 millions à 660 000 barils/jour – bpj – entre 2015 et 2020), mais reste le poumon de l'économie (les exportations d'or noir génèrent encore 87 % des recettes de l'État). Une longue période d'hyperinflation, des pénuries récurrentes (aliments de base, eau, électricité), la pauvreté grandissante, une délinquance vertigineuse et la répression d'un régime devenu dictatorial ont poussé 8 millions d'habitants à quitter le pays. L'impact des sanctions occidentales a été limité. Elles ont contribué à la baisse de la production d'or noir, mais ont peu à peu été contournées. Avec l'appui de l'Iran et de négociants-fantômes, la Chine est devenue le premier débouché à l'exportation de PDVSA, la compagnie pétrolière vénézuélienne. Pékin a aussi épongé les dettes du régime chaviste tandis que Moscou fournissait un soutien militaire.

En 2022, le Venezuela a renoué avec la croissance. Maduro applique alors des politiques orthodoxes : freinage du crédit et des dépenses publiques, libéralisation des importations pour réduire les pénuries, dollarisation informelle et adoption d'un régime d'ancrage du taux de change dollar/bolivar afin de limiter la dépréciation de la monnaie officielle et freiner l'inflation. Entre 2022 et 2023, les sanctions américaines sont assouplies puis levées pour inciter le gouvernement Maduro à organiser des élections présidentielles libres et équitables en 2024. Les exploitants pétroliers occidentaux peuvent reprendre leurs partenariats avec PDVSA et livrer sur le marché américain. La production passe de 730 000 à 900 000 bpj de 2022 à fin 2024. En 2025, si les majors occidentales restent au Venezuela, la production atteindra au maximum 910 000 bpj, un plafond difficilement dépassable sans mise en exploitation de nouveaux gisements et investissements logistiques massifs. La croissance fragile observée depuis 2022 ne « ruisselle » guère. Elle profite aux soutiens du régime (militaires, bureaucratie d'État, grands commerçants) qui se partagent la rente pétrolière, les bénéfices de nombreux trafics illicites (drogues, métaux et pierres précieuses) et contrôlent les rares industries. Le taux de pauvreté reste supérieur à 50 %.

L'élection présidentielle de juillet 2024 a été une sinistre farce. Le pouvoir chaviste a falsifié les résultats d'un scrutin qu'il a perdu. Washington a réagi timidement en restreignant les autorisations Bas du formulaire d'exploitation au Venezuela fournies aux majors américaines. Maduro a maté l'opposition et entamé en janvier 2025 un troisième mandat. La situation économique s'est à nouveau dégradée. En octobre 2024, pour tenter de doper la croissance, le régime a abandonné le dispositif d'ancrage de la monnaie nationale, autorisé son flottement puis accepté la dévaluation. La forte chute du bolivar par rapport au dollar a relancé l'inflation (85 % en 2024). La croissance devrait atteindre 2,4 % en 2025 et l'instabilité des prix s'aggraver. Si Trump durcit les sanctions, la production pétrolière chutera. La néo-bourgeoisie chaviste compensera la baisse de la rente pétrolière par le développement de nouvelles activités criminelles. Washington peut aussi choisir de ménager la dictature chaviste si Maduro accepte deux conditions. D'abord le rapatriement forcé de milliers de Vénézuéliens exilés aux États-Unis et l'interdiction de sortie pour

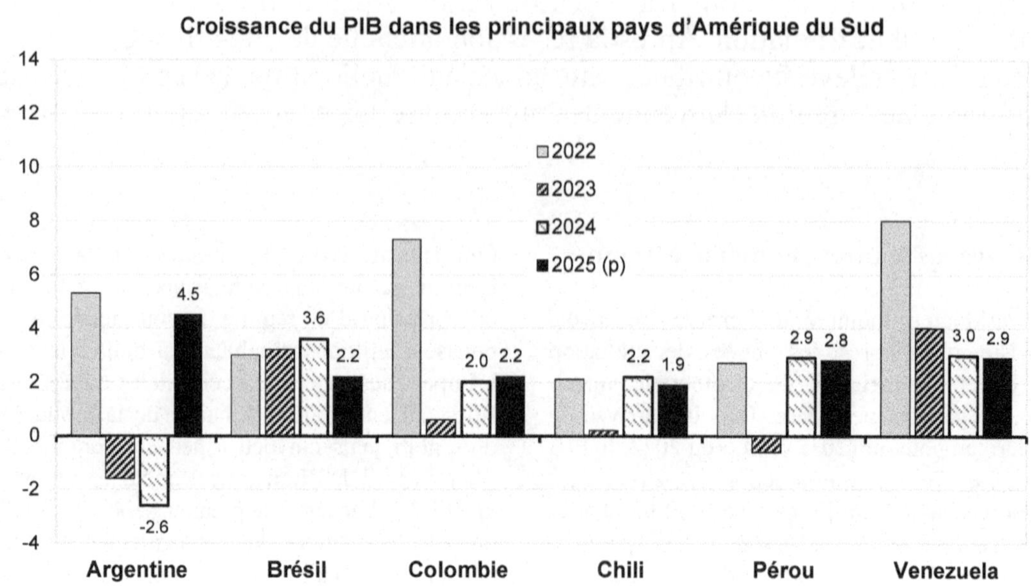

(Source : Banco Itau São Paulo)

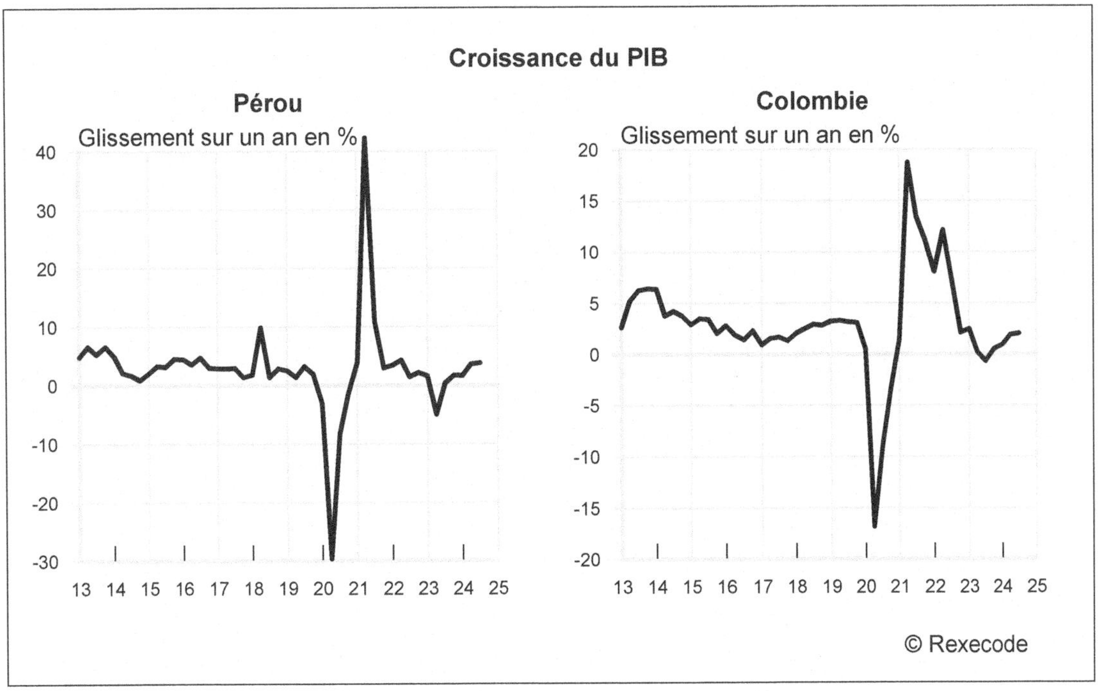

les millions d'autres qui envisagent désormais de fuir le régime chaviste. Ensuite l'octroi d'un accès privilégié au pétrole vénézuélien aux majors américaines, afin de prendre la Chine et la Russie de vitesse et de reconstituer les réserves stratégiques des États-Unis. Quel que soit le choix de Washington, la cleptocratie qui tient le Venezuela continuera à le détruire et à désespérer la majorité des habitants.

Trump inquiète aussi la Colombie où, dès son investiture (août 2022), le premier président élu de gauche a promis de réduire les inégalités et la pauvreté. Depuis, les réformes sociales (amélioration des retraites, universalisation du système de santé, augmentation des salaires) promises par G. Petro sont au point mort. Le Congrès où l'opposition est majoritaire critique encore une gestion chaotique des finances de l'État du gouvernement Petro. Les déficits persistent et la dette (61,3 % du PIB en 2024) génère des charges financières supérieures aux crédits publics d'investissement. Cette opposition refuse aussi le projet gouvernemental d'abandon total des énergies fossiles dans un pays où les ressources identifiées en gaz naturel augmentent. Les investisseurs sont inquiets et méfiants. En 2024, le peso s'est déprécié de plus de 10 % par rapport au dollar. Pour éviter une ruée vers le billet vert, l'autorité monétaire reste prudente. La croissance n'a pas dépassé 2 % en 2024 et devrait atteindre 2,2 % sur 2025.

À l'approche des scrutins présidentiel et législatif de 2026, une autre donnée affaiblit la popularité de Petro, ancien guérillero. La paix civile qu'il disait pouvoir instaurer dès 2022 reste un vœu pieux. Les factions armées sont encore puissantes et très violentes au sud du pays. À l'approche des scrutins présidentiel et législatif de 2026, le président cherche en vain à se présenter comme un rempart face aux menées agressives de Maduro (qui a fermé la frontière entre les deux pays en janvier 2025). Il ne convainc pas. L'opposition a le vent en poupe. Elle exploite l'enjeu de l'insécurité, préoccupation n° 1 de la population et souvent associée à l'afflux de réfugiés en provenance du Venezuela. La Colombie a déjà reçu 3 millions d'exilés fuyant l'enfer chaviste et mal intégrés au pays d'accueil. La pression migratoire sera encore plus forte en 2025 et au-delà si Trump choisit de s'entendre avec le dictateur de Caracas.

Au Chili, la présidence de Gabriel Boric (élu en 2022) s'achève. Le bilan est mitigé. Sur le plan économique, après une croissance atone en 2023

(0,2 %), le PIB a crû de 2,2 % en 2024, un rebond porté par les bonnes performances du secteur minier et l'essor des exportations de cuivre et de lithium. Le ralentissement de l'inflation et l'assouplissement monétaire ont soutenu la demande intérieure. Après avoir augmenté en 2023, le déficit public a été stabilisé à 2,3 % du PIB en 2024, grâce à la hausse des recettes liées à la nouvelle redevance minière créée par le gouvernement Boric. Une politique de dépenses prudente permet cependant au Chili d'afficher une dette publique soutenable (44 % du PIB fin 2024) qui ne pourra plus croître : une nouvelle loi adoptée en 2024 fixe de façon formelle son plafond à 45 % du PIB. Les parlementaires ont aussi voté un texte qui rend l'imposition plus juste et permet d'accroître les rentrées fiscales. Objectif : financer sans élever le déficit des mesures sociales envisagées par l'exécutif, notamment la réforme des retraites discutée au congrès (où le gouvernement fait face à une opposition vigoureuse) depuis 2022 qui prévoit une augmentation graduelle du montant de la pension de base. Les parlementaires paralysent aussi le plan de stratégie nationale du lithium lancé en 2023, destiné à développer l'exploitation du métal après 40 ans de quasi-immobilisme. Enjeu : la

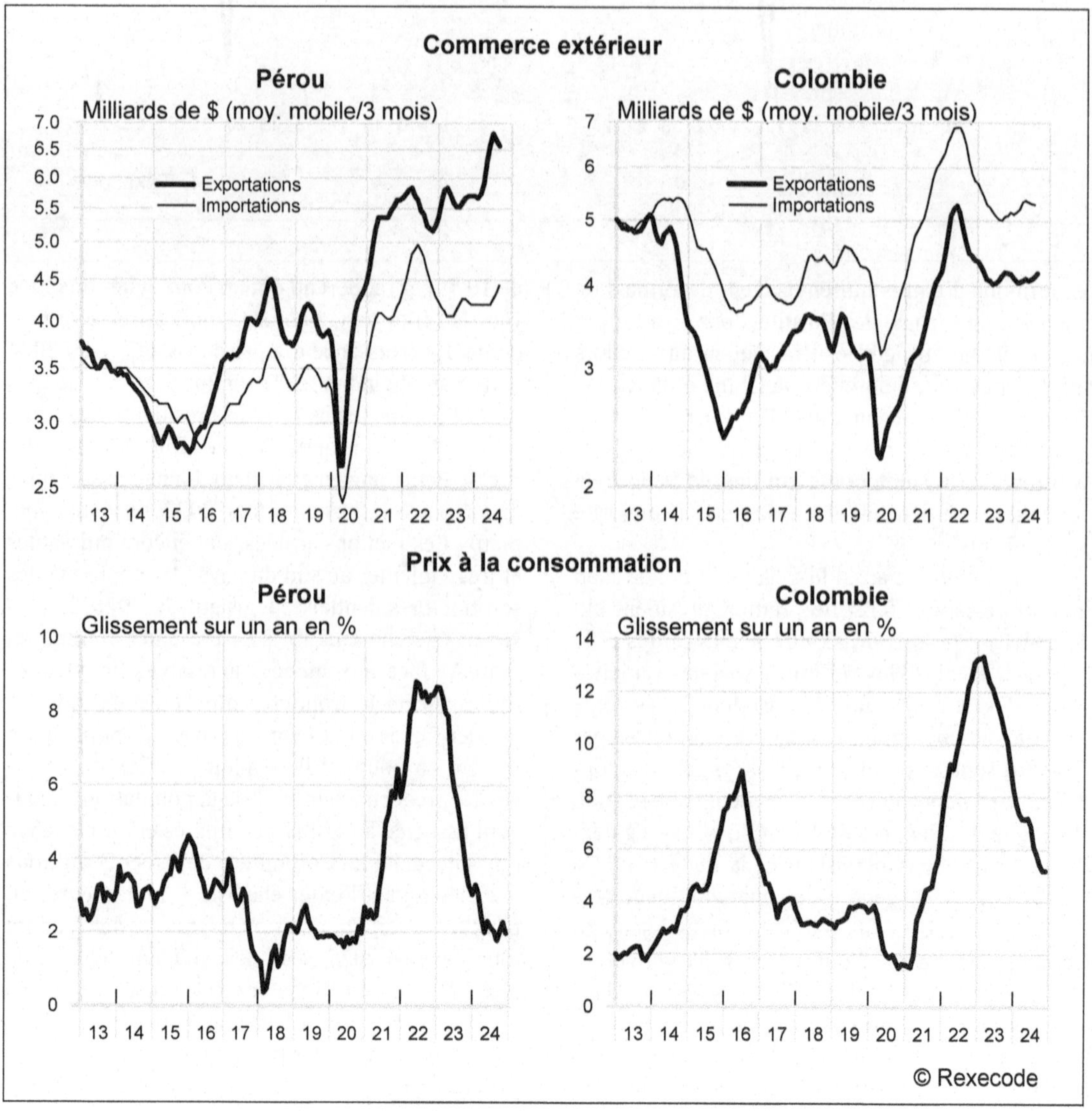

place et le poids des investissements chinois dans le secteur.

Les marges de manœuvre dont dispose le gouvernement pour mettre en place ses réformes avant les prochaines élections nationales de novembre 2025 sont réduites, notamment depuis les scrutins locaux d'octobre 2024 gagnés par la coalition d'opposition. Boric (qui ne peut pas se représenter) a déçu les Chiliens. Il n'a pas affronté les défis majeurs de la décennie : l'immigration illégale (provenant du Venezuela et, plus récemment, de Bolivie, où l'économie fondée sur la rente gazière s'effondre) et la criminalité croissante liée au narcotrafic animé par des gangs étrangers. Jugé radical pour les investisseurs nationaux et étrangers, il n'a pas réussi à diminuer la double dépendance de l'économie aux matières premières (les exportations de commodités représentent encore plus de 50 % du total) et à la Chine (débouché principal des exportations et acteur majeur dans le secteur du lithium). Le prochain président chilien sera probablement issu de la droite ou du centre.

Les questions sécuritaires et la dépendance vis-à-vis de la Chine animent aussi le débat public au Pérou voisin. L'économie avait souffert en 2023, à la suite des graves perturbations politiques (violentes manifestations réprimées dans le sang) et météorologiques. L'amélioration de la situation climatique et l'accroissement significatif des exportations de minerais (mise en route de nouveaux sites d'exploitation) ont entraîné une reprise en 2024, mouvement qui devrait se maintenir en 2025. Désormais, le Pérou est confronté à trois défis majeurs. L'instabilité politique chronique d'abord : en 2024, le pays a connu une nouvelle crise, la présidente (sixième personne à occuper le poste depuis 2018) étant suspectée d'enrichissement illicite. Ensuite, la dépendance croissante de l'économie minière et de la logistique par rapport à la Chine. Inauguré en novembre 2024, le port géant de Chancay construit par la Chine près de Lima est une étape majeure dans la stratégie d'influence de Pékin en Amérique du Sud. Cosco (un des premiers opérateurs de transport maritime du monde) investit $ 3,5 milliards sur le site. Pour Lima, grâce au port demain relié à tous les pays voisins, Chancay sera une nouvelle Singapour. Les Chinois créent un site capable de recevoir aussi des bâtiments militaires. Le Pérou sera donc demain un élément de la géopolitique chinoise sur le Pacifique. Le troisième défi est l'afflux de Vénézuéliens. Le pays accueille déjà 1,5 million de réfugiés peu ou pas intégrés. Ici encore, les migrants marginalisés versent dans la délinquance ou rejoignent les rangs du crime organisé. L'insécurité et tous les trafics (armes, drogues, etc.) croissent plus vite que l'économie officielle.

Surprise argentine

Milei, nouveau président depuis décembre 2023, tient ses promesses. Il veut mettre fin au péronisme, un système fondé sur un compromis entre un État pilote de l'économie (protections commerciales, nombreuses entreprises publiques, crédit subventionné aux firmes privées nationales) et des syndicats corporatistes représentant les salariés de l'économie formelle. Organisation clientéliste, le péronisme a favorisé pendant des décennies une minorité d'insiders socialement protégés et bien rémunérés et pénalisé les millions d'outsiders survivant dans l'informalité. Pour financer l'augmentation régulière des dépenses publiques et les déficits successifs (liés surtout à la progression des transferts sociaux en faveur de la minorité), l'élévation de la pression fiscale et l'endettement de l'État (155,4 % du PIB en 2023) n'ont pas suffi. Il a fallu constamment utiliser la planche à billets. D'où une inflation galopante qui a pénalisé aussi de nombreux insiders qui ont fini par rejeter le modèle dont ils avaient jadis profité. Milei a hérité d'un pays épuisé par l'instabilité des prix, où la croissance a été longtemps artificiellement soutenue par l'émission monétaire, où les entreprises comme les ménages dépendaient de subventions, où enfin la pauvreté progressait.

Le président libertarien a appliqué d'emblée la thérapie de choc annoncée : réduction du périmètre de l'État, retour à l'équilibre budgétaire et baisse du rythme de l'inflation. Pas question ici d'accroître les recettes fiscales. L'équilibre des comptes publics a été atteint dès 2024 grâce à une réduction des dépenses, la plus forte jamais vue dans l'histoire du pays. La tronçonneuse utilisée comme symbole pendant la campagne n'a pas été remisée ensuite. Habile négociateur, le chef de l'État est parvenu à faire voter l'essentiel de son programme d'ajustement en 2024 alors que la coa-

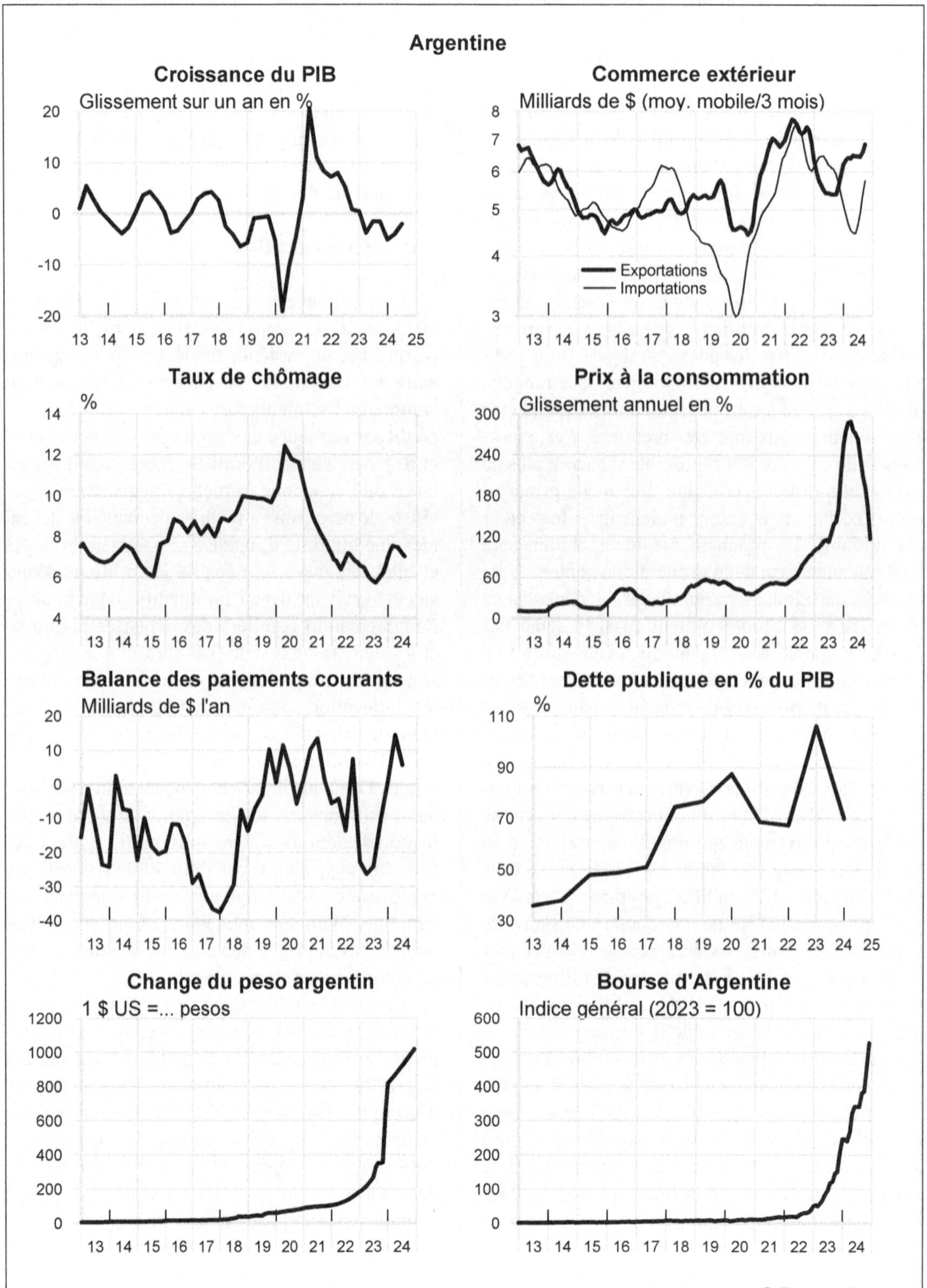
Argentine
Croissance du PIB
Glissement sur un an en %
Commerce extérieur
Milliards de $ (moy. mobile/3 mois)
Exportations
Importations
Taux de chômage
%
Prix à la consommation
Glissement annuel en %
Balance des paiements courants
Milliards de $ l'an
Dette publique en % du PIB
%
Change du peso argentin
1 $ US =... pesos
Bourse d'Argentine
Indice général (2023 = 100)
© Rexecode

lition qui le soutient est minoritaire au Congrès. La structure de l'État fédéral a été allégée (dix ministères, 33 secrétariats et des agences supprimés), plus de 32 000 fonctionnaires ont été licenciés. Le gouvernement a même réduit les crédits attribués à des domaines sensibles comme l'éducation, la santé ou la recherche. Il a supprimé les subventions qui allégeaient le coût des transports publics, du chauffage et du panier de courses, bloqué retraites et pensions, suspendu les investissements publics. Au total, les dépenses de l'État fédéral ont été réduites d'un tiers en 2024. Le financement du déficit budgétaire par émission monétaire est désormais interdit. Le contrôle des prix a disparu. Les règles rigides du code du Travail ont été assouplies.

Dès l'investiture, Milei avait prévenu que la situation économique s'aggraverait avant de s'améliorer. L'austérité budgétaire a provoqué la récession (contraction du PIB de 3,2 %). Le taux de chômage a augmenté. Fin 2023, quatre Argentins sur dix vivaient sous le seuil de pauvreté. Ils étaient près de 53 % dans cette situation dès juillet 2024. La consommation a chuté de plus de 20 % sur les neuf premiers mois de l'année et l'investissement a plongé. Autant de difficultés attendues. La diète imposée aux administrations publiques a permis de dégager un excédent primaire (1,76 % du PIB) contre un déficit en 2023 (2,81 % du PIB). D'un rythme annuel d'inflation de 211 % en 2023, l'Argentine est passée à une hausse de 120 % en 2024 et pourrait descendre à 45 % en 2025. Le risque d'hyperinflation est désormais écarté, en dépit d'une forte dévaluation du peso par rapport au dollar (– 54 %) dès décembre 2023 puis de l'instauration d'un système de parité glissante avec annonce préalable. La banque centrale a pu relâcher les rênes. Son taux directeur a été amené de 133%/an à l'investiture du nouveau chef de l'État à 32%/an en décembre 2024.

La sortie de récession et le redressement des indicateurs sociaux dégradés à la suite du plan d'ajustement budgétaire doivent impérativement constituer la seconde phase du processus de rupture avec le péronisme. Depuis la fin 2024, à la récession succède une timide reprise marquée par la croissance de nouveaux emplois formels. Le salaire moyen dans le secteur privé a commencé à augmenter en termes réels. Le risque du pays s'est amélioré de manière significative et le marché boursier a montré des signes d'optimisme. Signe de confiance de la population : la valeur du dollar en peso sur le marché parallèle (qu'utilisent les Argentins pour épargner) s'est rapprochée du taux de change sur le marché officiel (où les transactions sont limitées et contrôlées). L'offre de crédit a augmenté. Les conditions d'une relance de l'investissement sont réunies. Le PIB devrait croître de 4,5 % en 2025. Plus important encore, le taux de pauvreté sur le second semestre 2024 amorçait une baisse liée au ralentissement de l'inflation.

L'enjeu en 2025 est la relance de la production industrielle et de la construction (pilier majeur de l'économie, le secteur agricole emploie peu de salariés). Cette relance dépend de l'augmentation du pouvoir d'achat de la population pour stimuler la consommation. Il faut aussi baisser le coût de l'énergie et améliorer les infrastructures. Dans ces deux secteurs, Milei a déjà annoncé des incitations fiscales et un assouplissement réglementaire pour attirer les investissements. À la fin 2024, il a souligné que la tronçonneuse allait encore servir. Le libertarien veut débureaucratiser un État peu efficace, privatiser de nombreuses entreprises publiques et réduire la pression fiscale. Pour que les premiers résultats obtenus en 2024 débouchent sur une croissance durable, Milei doit relever désormais deux défis principaux.

Le premier est la levée des contrôles stricts des capitaux et des devises, qui fixent le taux de change officiel et empêchent entreprises et particuliers de sortir librement de l'argent du pays. Le FMI, premier créancier du pays, presse le gouvernement pour qu'il franchisse le pas et encourage ainsi le retour des investisseurs étrangers : étape très risquée tant que la banque centrale n'a pas reconstitué ses réserves de change (réduites à néant fin 2023). L'institut d'émission doit disposer de munitions pour parer à un éventuel affaiblissement marqué du peso (et donc à un regain d'inflation) suite à une éventuelle ruée sur le dollar. Le programme de soutien du FMI obtenu en 2018 ($ 44,5 milliards) est arrivé à échéance fin 2024. Début 2025, l'Argentine négociait un nouveau plan avec le Fonds qui devrait débloquer une aide de $ 11 milliards. Le soutien enthousiaste apporté par Trump à Milei pourrait encourager le FMI à fournir cet oxygène avant même la levée du contrôle des changes. C'est aussi ce soutien qui conduit Milei à envisager la signature d'un accord de libre-échange avec les États-Unis, un accord qui permettrait à l'Argentine de prendre ses distances avec le Mercosur.

Le second défi est plus politique. Milei a fait sur la première année de sa présidence ce qu'il avait annoncé. Il n'a jamais caché que la rupture avec le péronisme serait douloureuse. Au début 2025, il était donc encore soutenu par une majorité d'Argentins. Il doit désormais transformer ses premiers résultats économiques en succès électoral. Le scrutin législatif d'octobre 2025 sera décisif (élection de la moitié des membres du Congrès et d'un tiers de ceux du Sénat). Le parti du président doit impérativement accroître son poids dans les deux chambres pour faire avaliser d'autres réformes. S'il parvient à ses fins, il pourra faire entrer l'Argentine dans une nouvelle ère et montrer qu'il y a une alternative au chemin que persiste à suivre son grand voisin.

Brésil : croissance morne, ou pire

En janvier 2023, lorsque Lula revient à la tête du pays, la croissance (3 %/an) est supérieure à son potentiel. Le chômage baisse et l'inflation recule lentement. Fidèle à ses promesses électorales, le président va augmenter les transferts sociaux en faveur des plus modestes. Avec le soutien du Congrès (qui a voté la suppression de la règle de plafonnement des dépenses et autorisé des largesses pour 2023), Lula engage la plus forte hausse des dépenses publiques observée depuis 20 ans (équivalente à 2 % du PIB), à l'exception de celle (temporaire) pratiquée pendant la crise du covid. Les recettes ne suivent pas. Le déficit total (intérêts de la dette inclus) de l'ensemble de l'État passe de 4,6 % fin 2022 à 8,9 % du PIB à l'issue de 2023. Il atteint encore 7,9 % du PIB en 2024. La dette publique grimpe de 71,7 % à 78,8 % du PIB en deux ans.

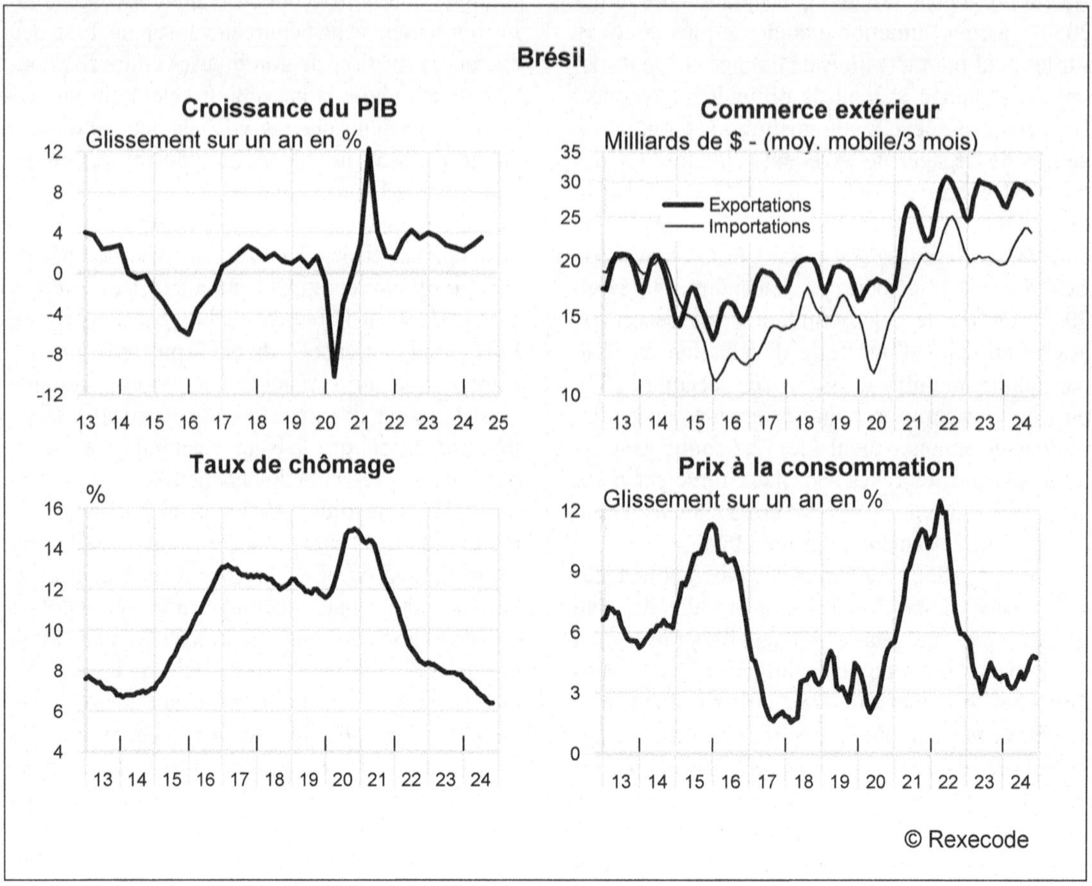

Jusqu'à la mi-2024, les investisseurs institutionnels nationaux (souscripteurs quasi exclusifs des titres émis par le Trésor brésilien) ont parié que Lula reviendrait à la sagesse budgétaire après avoir respecté des promesses électorales hasardeuses. Ils ont cru que la nouvelle norme de discipline des dépenses adoptée par le Congrès en août 2023 allait être efficace. Les recettes attendues avec la croissance dopée (3,2 % en 2023 et 3,6 % en 2024) devaient éviter un déséquilibre excessif. Ce ne fut pas le cas. Bientôt les marchés allaient comprendre que cette croissance bien supérieure au potentiel n'était pas soutenable. L'expansion a été tirée principalement par la consommation, elle-même dynamisée par le relèvement des transferts sociaux dont bénéficient les Brésiliens plus modestes. Elle a d'abord profité aux services, des activités intensives en main-d'œuvre. D'où le plein emploi et la progression des salaires. La dynamique de l'investissement a été irrégulière et insuffisante. Le taux d'investissement (17,6 % du PIB fin 2024) reste très inférieur au niveau de 25 %, un seuil à partir duquel serait garantie une croissance robuste et durable. Le taux de chômage a fortement diminué au cours de ces deux années (de 9,3 % en 2022 à 6 % fin 2024), mais l'inflation s'est accélérée (+ 4,9 % en 2024, soit un rythme supérieur à la cible de 3 % de la banque centrale).

L'autorité monétaire a donc relevé progressivement son taux directeur (de 10,75 %/an à 12,25 %/an sur le dernier trimestre de 2024). Elle va continuer en 2025 (le taux de base pourrait atteindre 15 %/an en fin d'année). Ni la banque centrale ni les marchés ne croient au plan modeste d'économies budgétaires adopté dans la précipitation par le Congrès à la fin de 2024. Ils n'imaginent plus un retour à un excédent primaire du budget en 2025, retour qui inverserait la trajectoire de hausse suivie par la dette publique. Le ratio dette/PIB devrait atteindre 88,6 % en 2026, un niveau supérieur à celui atteint pendant la crise du covid-19 (86,9 % en 2020).

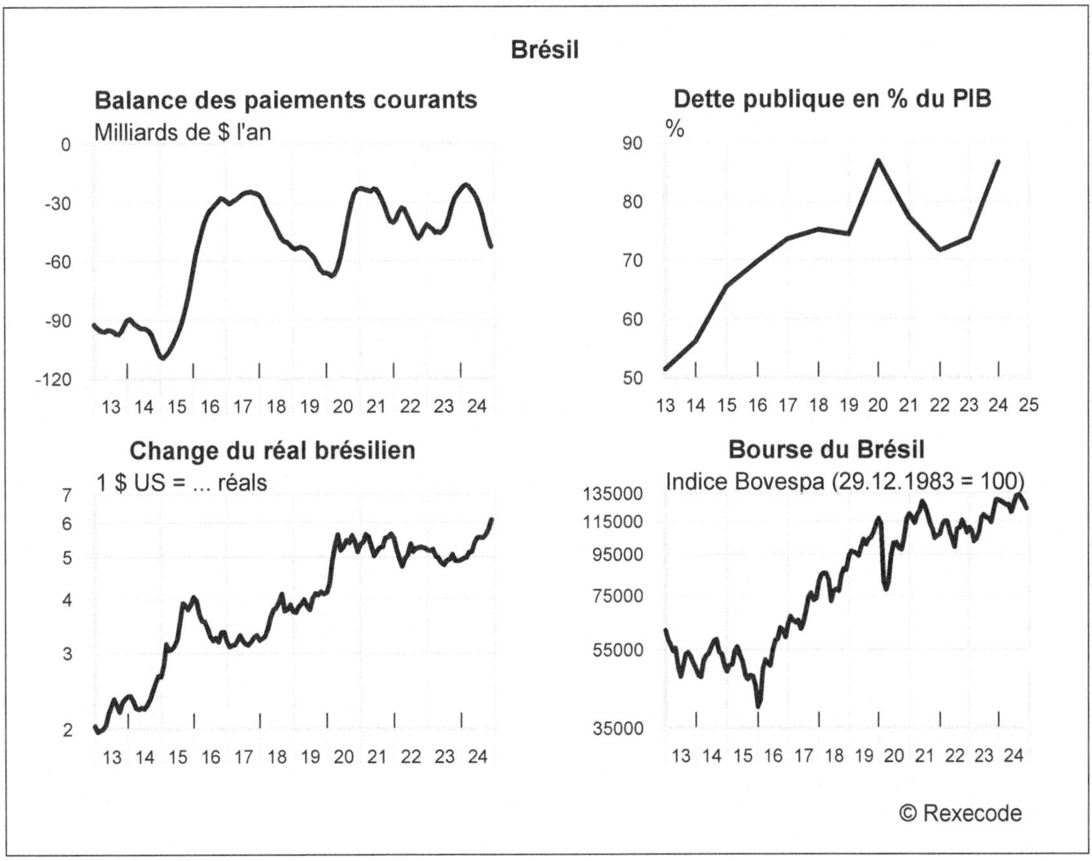

Pour inverser cette trajectoire et restaurer la confiance des investisseurs, le gouvernement fédéral devrait s'attaquer à la progression des dépenses obligatoires qui représentent 92 % des crédits budgétaires. À cette fin, il faudrait abandonner des règles d'indexation des dépenses sociales sur le SMIC, revoir les régimes de retraite spéciaux et casser les autres privilèges de la haute fonction publique, privatiser. Ces réformes permettraient de retrouver des excédents primaires du budget et de réduire dans le temps le coût du financement de la dette publique. Il faudrait encore que l'exécutif montre clairement et sur la durée qu'il contribue à ancrer les anticipations d'inflation au lieu de dénoncer en permanence le soi-disant complot forgé par la banque centrale qui fait son métier et resserre la politique monétaire quand cela est nécessaire… C'est le contraire qui a été fait depuis janvier 2023.

La défiance est d'abord venue des investisseurs étrangers. Elle s'est traduite par une véritable saignée sur le marché des changes entre octobre et décembre 2024. Le réal a ainsi dégringolé (à plus de 6 réals par dollar), battant ainsi des records nominaux successifs depuis l'adoption de cette nouvelle monnaie en 1994. Les interventions réalisées par la banque centrale pour stopper l'hémorragie ont été les plus importantes depuis l'instauration des changes flottants en 1999 et n'ont eu d'effet qu'au bout de longues semaines. La défiance se manifeste aussi sur le marché financier brésilien. Les investisseurs institutionnels ont exigé des primes de plus en plus élevées pour souscrire au volume d'obligations publiques que le Trésor plaçait pour financer les déficits budgétaires récurrents et refinancer la dette publique croissante. Fin 2024, la courbe des taux d'intérêt nominaux était supérieure à 15 % (soit une courbe des taux réels supérieure à 7 %).

Le dollar devrait se maintenir autour de 6 réals pendant l'année 2025. L'appauvrissement relatif induit du pays pourrait s'accentuer dans les prochains mois si le réal connaît de nouvelles faiblesses. La forte dépréciation déjà enregistrée impacte et va impacter les prix intérieurs de nombreux produits importés (carburants, combustibles, etc.) et exportés (denrées agricoles, etc.). Elle réduit donc le pouvoir d'achat, notamment celui des familles les plus pauvres. Elle accroît le passif des entreprises endettées en devises, déstabilise leurs trésoreries et précipite parfois des faillites. La montée des taux d'intérêt va réduire l'investissement productif. Aucun projet ne permet aux entreprises de dégager une rentabilité supérieure à 7 % par an. Pour celles qui sont endettées, les charges financières à assumer finissent par être asphyxiantes. Des intérêts plus élevés, ce sont aussi des ménages qui consomment moins. Pour 2025, le scénario le plus optimiste est fondé sur l'hypothèse d'un retour à la prudence budgétaire, d'un freinage de la dérive inflationniste, d'un assouplissement monétaire et d'une stabilisation du taux de change. La croissance serait alors de 2,2 %/an pour l'avant-dernière année du mandat de Lula et de 2 % en 2026.

Il y a un scénario plus sombre. Le gouvernement ne renoncera sans doute pas au laxisme budgétaire. Il sera suivi par un Congrès où les partisans d'un ajustement sont rares. La gauche au pouvoir est persuadée que cette politique garantit la réélection de Lula en 2026. Elle répète que les résultats obtenus en 2023 et 2024 (croissance en hausse, recul du chômage et de la pauvreté) seraient encore meilleurs si la banque centrale ne venait pas torpiller la politique sociale généreuse conduite avec courage par Lula en imposant des taux d'intérêt élevés. *Quid* de l'effondrement du réal et des tensions inflationnistes ? Ce seraient là une fois encore les résultats d'un complot des marchés financiers… En réalité, si la prodigalité de l'État ne cesse pas, le ratio de la dette publique par rapport au PIB va continuer à augmenter (la facture des intérêts sera plus élevée et le déficit à financer plus important) et les primes de risque exigées par les investisseurs aussi. Au ralentissement de l'activité ainsi généré, le gouvernement répondra par plus de prodigalité en matière de dépenses. On ne peut ainsi exclure qu'avant 2026 l'exécutif n'envisage un nouveau relèvement des transferts sociaux destiné à renflouer un temps les budgets des ménages les plus modestes, à pousser ainsi artificiellement la croissance.

Tant qu'elle le pourra, l'autorité monétaire fera tout pour freiner la progression de la demande alors que l'État fédéral sera mobilisé pour atteindre l'objectif opposé. Le Brésil pourrait alors se retrouver dans un scénario de dominance budgétaire, lorsque l'autorité monétaire perd le contrôle de la trajectoire de l'inflation en raison de la persistante et forte expansion des dépenses publiques. Si un tel scénario s'imposait, les initiatives vertueuses de la banque centrale finiraient par avoir des effets négatifs. L'élévation du taux directeur serait ainsi suivie d'une nouvelle dépréciation du réal par rapport au billet vert, d'une détérioration des anticipations d'inflation, d'une nouvelle augmentation de la perception du risque. Une récession pourrait apparaître avant 2026. Lula connaîtrait alors une sévère défaite électorale pour avoir mis en péril la stabilité économique, c'est-à-dire l'acquis le plus cher à la société brésilienne depuis trente ans. Les millions de pauvres brésiliens n'auraient alors qu'une seule consolation : la déroute électorale et l'affaiblissement politique durable de ceux qui prétendent depuis des décennies les représenter et les défendre.

Russie : *les dividendes de la paix ?*

La Russie est en guerre ! Certes, les probabilités d'un cessez-le-feu en 2025 se renforcent. Celles d'une paix durable restent encore plus éloignées. Il est prématuré de penser déjà l'après-guerre. Pour l'instant, on doit convenir que, grâce au soutien de la Chine, la Russie n'a pas été coupée du reste du monde, profitant de toutes les zones « grises » qui prolifèrent sur la planète.

À l'heure où la rédaction de cette édition de Cyclope était en phase terminale, rien n'indiquait que la guerre en Ukraine était sur le point de cesser. On en évaluait encore les probabilités, alimentées par les négociations entre l'administration américaine et Volodymyr Zelensky, les rencontres au sommet entre les chefs d'État de l'Union européenne et du Royaume-Uni et les réponses encore dilatoires de la Russie. Mais par rapport à la même période de 2024, lorsque nous décrivions une Russie en plein « keynésianisme de guerre » avec une économie dopée par les dépenses militaires, un certain nombre d'indications semblaient montrer que, pour la Russie aussi, une cessation des hostilités serait la bienvenue, sans que l'on sache vraiment si Vladimir Poutine a en tête une simple trêve ou un cessez-le-feu un peu plus durable, un véritable accord de paix entre l'Ukraine et la Russie semblant encore bien improbable.

Contrairement à ce que l'on pouvait anticiper, l'effondrement de l'économie russe ne s'est pas produit. En trois ans de guerre, la Russie n'a pas été détruite par les sanctions économiques et financières américaines et européennes. C'est une nouvelle démonstration du fait que les sanctions économiques ne fonctionnent que lorsqu'elles sont imposées à des pays faibles par des pays forts. Dans le cas de la Russie, ces conditions n'ont jamais été réunies, de nombreux pays forts, comme la Chine ou la Turquie ne se sont pas associés aux sanctions. Pour les contrer, la Russie a su mettre en place des réseaux financiers et commerciaux parallèles, comme l'a montré le *Center for Analysis and Strategies in Europe* (CASE) fondé à Chypre par l'ancien député de la Douma Dmitry Gudkov et l'économiste Dmitry Nekrasov dans une étude sur les sanctions qui écrit notamment : « Un système de transactions alternatif a été mis en place pour faciliter les opérations de commerce international de la Russie qui implique une multitude d'opérateurs et qui s'est adapté aux mesures prises par les autorités régulatrices occidentales. Et malgré les tentatives de ces dernières pour démanteler ce système, force est de constater qu'en dépit de perturbations momentanées, l'infrastructure et les institutions hors du champ de contrôle des autorités occidentales et du système bancaire international se sont révélées de plus en plus robustes et de moins en moins transparentes. » Selon cette étude, la Chine est l'architecte central de ce système : entre juin et octobre 2024,

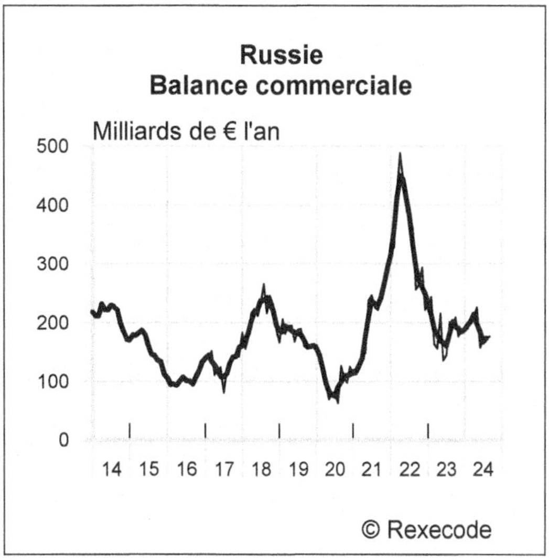

les transactions avec la Chine ont représenté 34,6 % de l'ensemble du commerce extérieur russe et 95 % de ces transactions ont été réalisées en roubles et en yuans. Au total plus d'un tiers des transactions commerciales de la Russie seraient conduites dans ces deux devises et mobilisent de nombreux systèmes bancaires, y compris aux États-Unis et en Europe, mais aussi dans des pays comme Singapour, Hong Kong, l'Afrique du Sud, la Turquie ou les Émirats arabes unis. Un système de « comptes miroirs » entre banques russes et chinoises, gérant les flux de roubles et de yuans, permet à ces transactions d'être largement invisibles des régulateurs occidentaux.

Mais, en dépit de cette ingéniosité, l'économie russe souffre de graves déséquilibres. Il n'est pas utile de revenir sur le poids écrasant des dépenses militaires qui atteindront (sans compter les dépenses de sécurité) $ 137 milliards en 2025. Au total, environ 8 % du PIB sera consacré cette année à la défense et à la sécurité nationale. Les usines militaires tournent à plein régime pour remplacer les matériels perdus sur le champ de bataille. Selon une étude du *think tank* britannique *International Institute for Strategic Studies* (IISS), la Russie aurait perdu 4 000 tanks depuis le début du conflit et 1 400 pour la seule année 2024 et serait

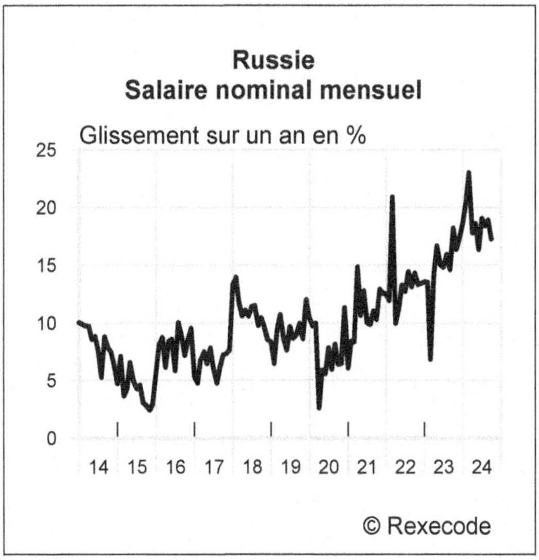

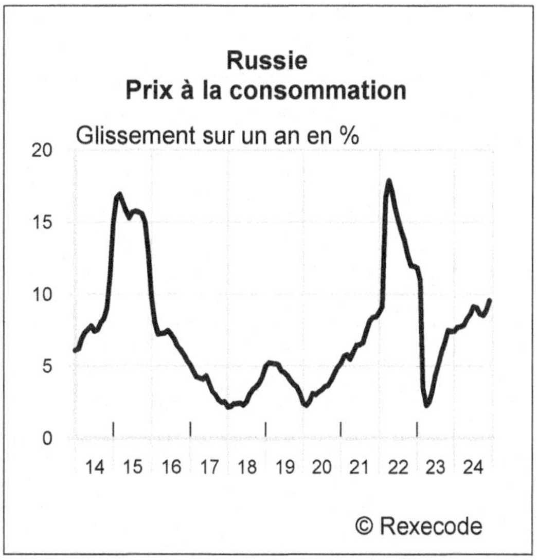

dans l'incapacité de reconstituer cette force avant le début 2026. Le prix à payer pour cette économie de guerre est une forte inflation (entre 9 et 10 % selon les chiffres officiels) mais surtout des taux d'intérêt de la banque centrale à 21 %, portant les taux du financement des entreprises ou d'achats immobiliers à 30 % et plus. Difficile de gérer cette situation sur le moyen terme. Les entreprises du secteur de la défense ont été fortement incitées à s'endetter massivement à ces taux pour financer l'augmentation de leurs capacités de production. La dette des entreprises atteindrait début 2025 plus de $ 400 milliards, dont $ 200 à $ 250 milliards d'emprunts « obligatoires » d'entreprises du secteur de la défense. À fin novembre 2024, la banque centrale évaluait à $ 852 milliards le montant total de la dette des entreprises, en hausse de 65 % par rapport à février 2022.

Cette situation inquiète les chefs d'entreprise au point que certains d'entre eux s'en émeuvent publiquement, quoique de façon mesurée. Tous craignent un essoufflement de l'activité économique, ce que semblent confirmer les analyses du FMI qui note que le taux de croissance du PIB, après s'être affiché à 5,4 % au premier trimestre de 2024, ne serait plus que de 1,3 % pour 2025. Le risque de défaillances d'entreprise est pris au sérieux compte tenu du coût du financement. Les oligarques russes, même s'il ne s'agit pas d'une communauté unie ou solidaire, ne pourraient qu'accueillir avec soulagement un arrêt des hostilités en Ukraine à condition qu'il soit assorti d'un calendrier de levée des sanctions suffisamment motivant pour la partie russe, y compris les sanctions personnelles qui frappent certains d'entre eux et qui les privent de l'accès à des actifs détenus aux États-Unis ou en Europe.

Un autre élément pourrait entrer en ligne de compte : la libéralisation des exportations de pétrole et de gaz, même si les premières continuent d'être significatives ($ 113,2 milliards en 2024 contre $ 590 milliards en 2022). Les exportations de gaz vers l'Europe pourraient-elles reprendre en cas d'accord de cessez-le-feu ? Depuis les premiers jours de janvier 2025, les livraisons russes en Europe *via* l'Ukraine sont définitivement stoppées. Or, ces livraisons représentaient environ un tiers des exportations totales de gaz russe en Europe, qui atteignaient encore 38 milliards de mètres cubes par an, soit 19 % des importations de gaz de l'Union européenne, dont les deux tiers restants sont acheminés *via* la Turquie ou par des livraisons de GNL. À l'heure où nous écrivions ces lignes, la Commission européenne se refusait à faire de lien entre la reprise des livraisons de gaz russe et la conclusion d'un cessez-le-feu en Ukraine et maintenait son objectif de faire tomber à zéro les livraisons de gaz russe à l'Europe en 2027. Pour la Russie, il s'agit donc d'un dossier stratégique. En 2022, les exportations de gaz représentaient 13 % des recettes du budget fédéral, contre 8 % seulement aujourd'hui.

Encore ne sont-ce là que des considérations rationnelles et objectives, dans un contexte général qui n'est ni l'un ni l'autre. Ce n'est pas parce que la Russie aurait objectivement tout à gagner des dividendes de la paix qu'elle serait disposée à les encaisser. Mais la pression est plus forte que jamais pour que ce conflit qui aurait fait plusieurs centaines de milliers de victimes cesse enfin et que la raison ou ce qu'il en reste s'impose.

Le grand retour des entreprises occidentales ?

Si la fin des hostilités intervenait, la question du retour des entreprises occidentales en Russie se poserait. Encore faut-il relativiser l'ampleur de leur départ. Selon l'Institut de l'École d'économie de Kiev (KSE), qui tient sur ce sujet une comptabilité scrupuleuse depuis le début du conflit, plus de 2 220 entreprises étrangères continuaient d'opérer en Russie au 1er janvier 2025, soit environ 55 % des entreprises internationales présentes sur le marché russe en 2022. Parmi les entreprises les plus importantes encore présentes, citons Philip Morris, Japan Tobacco International, PepsiCo, Raiffeisen Bank, Mars, Nestlé, Metro, Mondelez et Coca-Cola. Un peu plus de 400 ont cessé toutes leurs opérations (Société Générale, Renault, Chanel, Ikea…), d'autres y ont suspendu leurs activités de leur propre initiative ou sous la contrainte, d'autres encore ont été « nationalisées » ou acquises sous contrainte par des investisseurs locaux à l'image de Carlsberg ou encore de Danone (7 000 salariés, 13 usines), placé sous le contrôle de Yakub Yakriev, un homme d'affaires de trente-trois ans, neveu de Ramzan Kadirov à qui la firme française a fini par vendre à un prix inférieur à sa valeur… En outre, 544 entreprises ont réduit leurs activités ou suspendu de nouveaux investissements, mais continuent de maintenir une présence en Russie.

Pour autant, opérer en Russie est loin d'être simple. Le gouvernement a pris une série de dispositions permettant notamment à l'Agence fédérale pour la gestion de la propriété de l'État (Rosimuszczestvo) de disposer des actions détenues dans des entités russes par des sociétés de « pays inamicaux ». En outre la cession par les entreprises étrangères de leurs activités en Russie est assortie de conditions draconiennes, comme l'autorisation de transférer leurs actions hors de Russie, sous l'autorité directe de Vladimir Poutine dans des secteurs stratégiques, comme la banque ou le pétrole. Une étude réalisée par l'Institut polonais des affaires internationales (PISM) montre que les différents régimes de sanctions auxquelles est soumise la Russie limitent singulièrement le nombre d'acquéreurs russes possibles pour les entreprises étrangères, qui ne souhaitent pas non plus traiter avec des entreprises chinoises, turques ou indiennes. En outre les entreprises étrangères qui souhaitent vendre veulent obtenir des acquéreurs un droit de préemption sur le rachat de leur participation en cas d'arrêt de la guerre, ce qui n'est pas toujours simple.

Tout retour des entreprises des pays « inamicaux » en Russie serait donc soumis à un certain nombre de conditions. La première serait naturellement la levée des sanctions, notamment en matière de transactions financières internationales, afin de libérer les mouvements de capitaux. La deuxième condition serait que la Russie lève tout ou partie de l'arsenal juridique et fiscal mis en place depuis deux ans, limitant la marge de manœuvre des entreprises à capitaux étrangers. La troisième serait, pour celles qui ont été contraintes de vendre ou dont les actions ont été confisquées, d'obtenir la rétrocession ou le rachat de leurs actions de préférence à leur prix de vente…

Quels que soient les termes d'un accord de cessez-le-feu, il est peu probable que toutes ces conditions soient remplies dans un délai rapide et il est fort probable que les entreprises étrangères soient appelées à payer le prix fort pour leur retour sur le marché russe, en tout cas pour celles qui sont aujourd'hui entièrement ou partiellement dans les

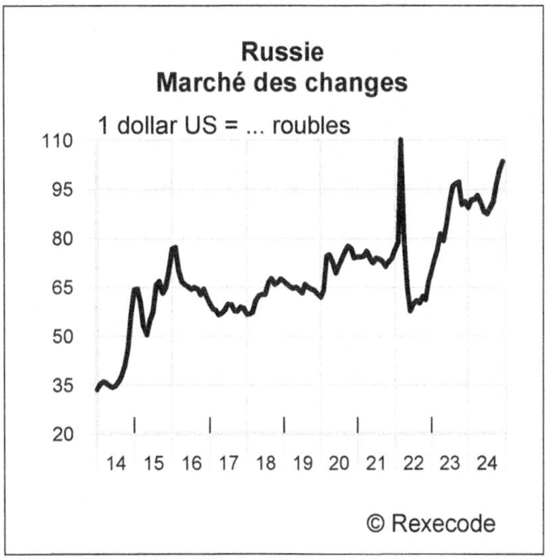

mains d'oligarques privés ou étatiques qui ont saisi l'opportunité de la guerre pour accroître leurs actifs. Ainsi, par exemple, à quelles conditions des entreprises comme Renault ou Société Générale pourraient-elles revenir en Russie si elles le souhaitaient ? Il ne faut pas oublier que, selon l'Institut polonais déjà cité, les pertes des entreprises étrangères qui ont quitté d'une manière ou d'une autre le marché russe après février 2022 se montaient à environ $ 107 milliards à fin mars 2024.

Pour les entreprises européennes, une autre question se pose, celle de la concurrence des entreprises américaines, notamment dans des secteurs comme l'énergie, la finance ou l'électronique. Les sanctions ont privé un certain nombre d'entités russes d'équipements technologiques qu'elles ont remplacés partiellement par des fournisseurs chinois ou des intermédiaires opérant en Turquie, en Inde ou dans des pays d'Asie centrale. Dans le cadre d'une négociation entre les États-Unis et la Russie, il est probable que le gouvernement russe fasse de la levée des sanctions américaines une condition essentielle de tout accord de cessez-le-feu. Des ouvertures en ce sens avaient déjà été faites dès le début du processus de discussion, notamment dans le domaine énergétique, mais aussi en ce qui concerne la levée des contraintes sur les liaisons aériennes avec les États-Unis. Si cela se concrétisait, ce serait une prime donnée aux entreprises américaines pour réinvestir le marché russe, tandis que les entreprises européennes resteraient probablement empêchées.

Afrique du Nord et Moyen-Orient :

un choc de temporalités

L'évolution récente du contexte géopolitique et économique mondial met de nouveau en lumière le caractère si spécifique de la région Afrique du Nord et Moyen-Orient, où rien n'est jamais figé, mais dans laquelle des chocs de temporalités s'observent aisément. La grande diversité des situations socioéconomiques entre les pays de cette zone s'accentue au fil des années. Tous n'ont donc pas la même capacité de penser au temps, entre urgences du quotidien pour les uns, visions du futur pour d'autres, et toboggan dans l'inconnu aussi, hélas, pour beaucoup.
Faute de pouvoir aborder tous les sujets dans toute leur nuance, car l'exercice ici est nécessairement synthétique, prenons donc trois axes pour composer notre réflexion prospective : l'attraction saoudienne, le fracas proche-oriental et la défiance maghrébine.

La tendance saoudienne

C'est incontestablement le pays du moment, pour des raisons de transformations internes, d'activisme sans frontières et de projets mobilisés pour le futur. L'Arabie saoudite est le pays arabe le plus riche avec un PIB d'environ $ 1 100 milliards, soit 50 % de celui de la France, mais qui lui vaut d'être membre du G20. Avec une population s'élevant désormais à 32 millions d'habitants, soit une multiplication par huit au cours des cinquante dernières années, et une projection à 50 millions en 2050, le prince héritier Mohammed Ben Salman sait qu'il doit penser au temps long par nécessité. 70 % des Saoudiens ont moins de trente ans et aspirent à se développer, consommer et voyager. L'homme fort du Royaume, dont le pouvoir ne cesse de se renforcer depuis 2016, n'a lui-même que quarante ans. S'il monte sur le trône, ce qui devrait être très probable, et, quand bien même sa santé ne serait pas des meilleures, il pourra sans doute se projeter sur trois à quatre décennies. C'est donc l'après 2050 qui fixe son agenda. D'où sa volonté d'y travailler dès à présent. Voir loin, c'est voir tôt !

Depuis près d'une décennie, l'Arabie saoudite change. Et en écho à ces mouvements domestiques, sa politique extérieure elle aussi évolue. Riyad est ambitieuse. D'autant qu'elle peut compter sur une force dont l'obsolescence n'est pas encore programmée : le roi pétrole, ressource dont les records d'usage sont systématiquement battus année après année. Et les chiffres saoudiens restent édifiants : 11 % de la production mondiale, 12 millions de barils par jour de capacité de production, et les premières réserves connues de la planète (du moins les plus faciles à exploiter). Le pétrole demeure encore à l'origine de 90 % des exportations et d'un quart du PIB saoudien, avec l'entreprise phare, Aramco, qui continue à générer des profits annuels oscillant entre $ 120 et $ 140 milliards. C'est près de dix fois ce que réalise le champion français de l'énergie. Bien que le drapeau national soit vert, montre une épée blanche horizontale avec au-dessus la chahada, la profession de foi musulmane (« Il n'y a de dieu que Dieu, Mohammed est le messager de Dieu »), un baril et la couleur noire seraient tout à fait à même de représenter le pays.

Néanmoins, l'Arabie saoudite cherche à diminuer cette dépendance. Notons que le pétrole pesait pour 40 à 50 % du PIB jusqu'au début de la décennie 2010. Et que le pays n'en a jamais autant vendu que ces dernières années. Dit autrement, ce sont bien les recettes tirées de la manne pétrolière qui lui offrent la possibilité de diversifier son économie et d'investir massivement dans d'autres secteurs, y compris dans les énergies renouvelables. Quand des pays achètent l'or noir saoudien, ils financent la transition économique et écologique du Royaume. Mohammed Ben Salmane, souvent appelé MBS pour peut-être en adoucir les traits, en a fait sa vision et celle du pays tout entier, pour 2030, mais le cap dépasse largement cette échéance. Rappelons ici la date symbole de 2032, dans le viseur, car ce sera le centenaire de l'indépendance. Et depuis 1932, l'Arabie saoudite est le seul pays au monde qui porte le nom d'une famille régnante : un trait distinctif à ne jamais sous-estimer, à l'heure où la géopolitique est considérée par certains responsables de puissances contemporaines comme une affaire d'empereurs.

Riyad, capitale choyée par MBS, a donc lancé les grands travaux. Les pétro-yuans (car c'est la Chine, le premier acheteur, et le commerce s'est dédollarisé) servent à conquérir de nouveaux domaines, aussi éclectiques que stratégiques : sciences, tourismes, productions de biens de consommation, services de divertissement. Cela s'incarne par le pari de l'intelligence artificielle et de la recherche appliquée, dont l'université de KAUST au bord de la mer Rouge, au nord de Djeddah, se fait l'étendard. Cela se traduit par la monétisation croissante des lieux saints de l'Islam, avec des pèlerinages à La Mecque et Médine qu'il convient aussi de bonifier en revenus commerciaux. Les objectifs touristiques du Royaume ne s'arrêtent pas là, puisque des sites de civilisations anciennes font l'objet d'une réhabilitation et d'une valorisation massive, à l'instar d'Al-Ula au nord du pays. Les 70 millions de visiteurs de l'Arabie saoudite sont appelés à franchir la barre des 100 après 2030. D'où également le tropisme marqué pour accueillir et organiser de grands événements internationaux : exposition universelle à Riyad en 2030 ou encore coupe du monde de football en 2034.

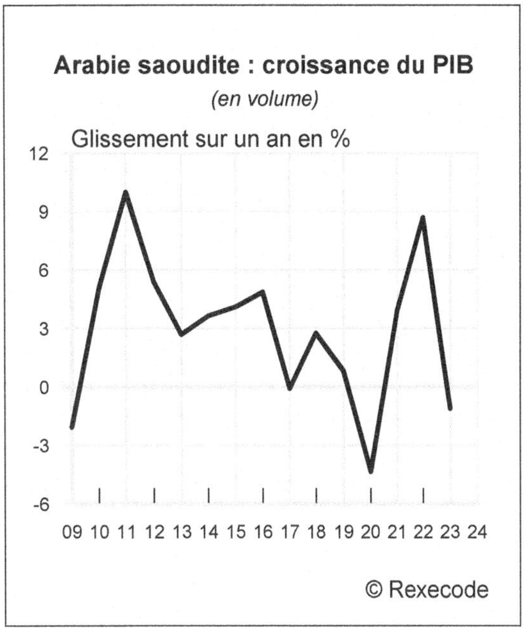

Côté productif, la Vision saoudienne mise sur des installations solaires et la désalinisation de la mer pour apporter énergie et eau à ses habitants, voire à ses voisins. L'agriculture n'est pas en reste, malgré le stress hydrique et foncier si marqué. Le recours aux technologies de pointe ou aux écoserres doit favoriser une offre locale en fruits et légumes, dans un pays où surpoids et obésité touchent deux tiers de la population. L'aquaculture est en plein boom. C'est bien une diminution des importations qui est ciblée, puisque 75 % de la nourriture consommée dans le Royaume provient de l'extérieur. Or, 30 % des dépenses moyennes des ménages se positionnent encore sur l'alimentaire. Mettre des labels *Saudi Food* sur les produits vendus en supermarchés et qui orneront les placards et tables des maisons, c'est donc aussi contribuer au nationalisme des états d'esprit. Les grands projets d'infrastructures, bien que souvent revus à la baisse une fois les opérations lancées, expriment d'autres volontés du pays à se moderniser et à impressionner à l'étranger. Neom fait figure de proue de cette projection urbanistique d'avenir. Et puis le sport, pour occuper les jeunes, y compris par la voie digitale, car l'Arabie saoudite entend être l'un des *leaders* mondiaux dans les compétitions d'eSport en pleine effervescence. Là encore, le raisonnement est national, mais comporte une bonne dose de stratégie globale pour attirer ou rayonner.

En somme, MBS dé-risque la rente et fait passer la nation avant la religion. C'est là le point de bascule dominant si l'on schématise l'évolution de ces dernières années. Il sait que l'après-pétrole n'est pas pour demain, mais se rapproche. Le prince héritier souhaite aussi saoudiser l'économie et l'emploi, et donc mettre les nationaux au travail, car 40 % de la population présente dans le Royaume est étrangère, mais constitue 85 % des actifs… Symbole de cette volonté, l'émancipation des femmes, qui désormais ont non seulement la possibilité de conduire un véhicule de manière autonome, mais également de rejoindre bureaux, commerces et autres métiers. Autre devise savamment orchestrée : faire venir des talents sur le sol saoudien, que ce soit dans la recherche et l'innovation, l'architecture et la logistique ou le sport. Pour toutes ces dynamiques, le *Public Investment Fund* (PIF), devenu l'un des plus importants fonds souverains de la planète, sort le carnet de chèques ou des cryptomonnaies.

L'Arabie saoudite manifeste ses ambitions par ailleurs sur une scène internationale aux recompositions profondes. Avec la Chine, la relation n'est pas uniquement pétrolière. Pékin a joué un rôle déterminant dans l'atténuation des tensions entre Riyad et Téhéran. Les produits chinois, montés en gamme significativement, comme panneaux photovoltaïques, batteries électriques, drones militaires ou solutions d'IA génératives, sont prisés par les décideurs politiques et économiques du Royaume. Avec l'Inde, les rapports sont cultivés à dessein, car il ne faut pas insulter l'avenir et cette puissance est appelée à grandir. Un emblème pourrait en être ce corridor terrestre et maritime reliant l'In-

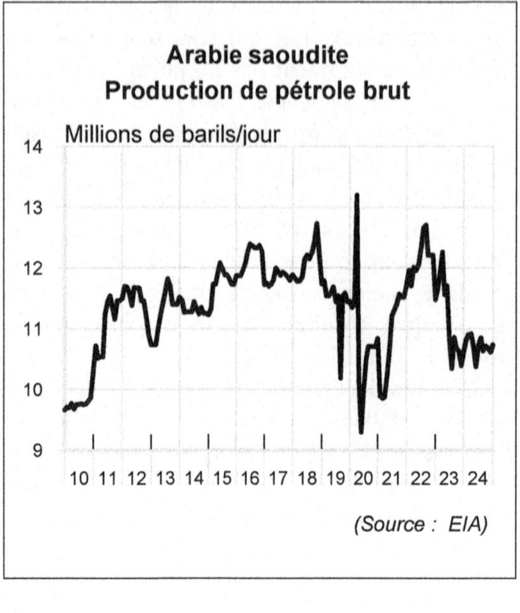

(Source : EIA)

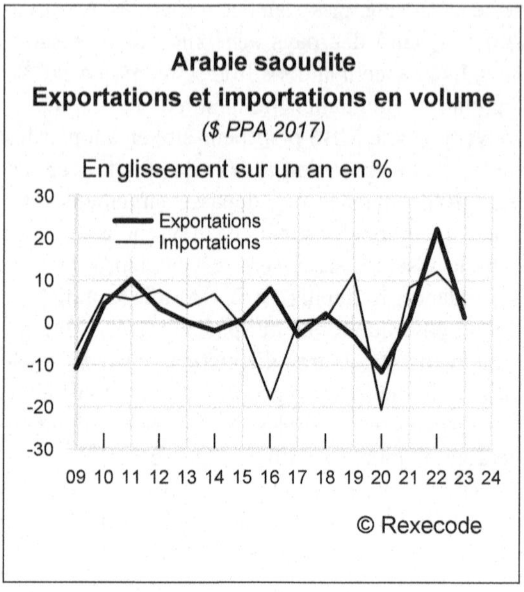

© Rexecode

de à l'Europe en passant par le Moyen-Orient et l'Arabie saoudite : l'IMEC est un projet cher à la France, car, pour Paris, il crée un arc avec Riyad et New Dehli, deux partenaires de choix de l'actuel président de la République. MBS entend aussi rétablir des liens de confiance avec certains voisins, comme le Qatar ou la Turquie. Après avoir participé à l'atomisation et à la destruction du pays, il veut stabiliser le Yémen. À ce titre, il est intéressant de suivre le développement de Jezan, ville située à la frontière yéménite et sur la rive occidentale de l'Arabie saoudite, dont MBS veut faire un vaste hub géoéconomique pour les échanges entre la péninsule du Golfe et la corne de l'Afrique. Là encore, les affaires sont l'objectif, là où pendant longtemps l'action saoudienne sur ce continent se concentrait prioritairement sur l'extension du wahhabisme, courant de l'Islam dont elle est moteur. Cela ne veut pas dire qu'elle ne le fait plus, mais qu'elle complète et diversifie fortement son approche. Plus largement, Riyad multipolarise sa diplomatie et son commerce, ne rejoignant pas pleinement le groupe des BRICS, à la différence des Émirats arabes unis qui, eux, ont sauté le pas, mais intégrant l'Organisation de coopération de Shanghai (OCS) comme pour mieux signifier qu'elle porte son regard vers l'Asie et ses marchés. Un pragmatisme pour agir dans les relations internationales en devenir, que d'aucuns appellent multialignement pour rester courtois, alors qu'il s'agit d'une polygamie stratégique parfaitement assumée où les valeurs comptent bien moins que les intérêts.

Et puis, bien entendu, pour l'Arabie saoudite, il y a le Grand Jeu. Et actuellement, Donald Trump est revenu dans la partie. Lors de son premier mandat (2017-2020), le président des États-Unis entretenait d'excellentes relations avec la famille royale saoudienne. Pour lui qui réfléchit en gros chiffres, comme MBS, le dialogue en était facilité. Depuis 1945 et le fameux pacte du Quincy, navire sur lequel une entente avait été scellée pour permettre aux États-Unis d'être les premiers servis par l'or noir saoudien, les liens entre Washington et Riyad structurent pour beaucoup la politique déployée au Moyen-Orient par les deux pays. Depuis la fin de la décennie 2000, avec l'indépendance énergétique acquise par les États-Unis, il a fallu réinventer des choses sans gaspiller des décennies de complicité. C'est bien ici l'intérêt du moment. Donald Trump s'appuie sur la solidité financière et politique de l'Arabie saoudite pour conduire son agenda géoéconomique. À la tête du PIF, véhicule doté de plus de $ 900 milliards, Yasser Al-Rumayyan, très proche du prince héritier, sait séduire les loups de Wall Street et les membres du clan Trump. Pour sa part, MBS articule sa Vision 2030 et organise l'expression internationale de son pays sans aucunement délaisser les États-Unis. De part et d'autre, des générosités très calculées, comme toujours, mais avec des sujets inédits, comme le dossier ukrainien, qui offre la possibilité à Riyad de proposer de jouer aux *missi dominici* entre la Maison-Blanche et le Kremlin. En s'activant ici, cela atténue l'embarras sur le dossier de Gaza, car MBS sait que sa population comme l'écrasante majorité des sociétés régionales n'acceptent pas la vision mercantiliste et totalement hors-sol proposée par Donald Trump et son entourage. Il conviendra donc de suivre avec attention cette dialectique, car le président des États-Unis reviendra à la charge pour convaincre l'Arabie saoudite de normaliser sa relation avec Israël, dans le prolongement des Accords d'Abraham dont il avait fait un succès, à ses yeux, lors de son premier passage dans le bureau ovale. L'Arabie saoudite aspire aussi à devenir un médiateur du conflit russo-ukrainien, car la jalousie persiste avec la monarchie qatarie qui s'est faite spécialiste du genre, et d'ailleurs encore récemment sur ce dossier israélo-palestinien où c'est bien Doha qui centralise les discussions. Ne perdons pas de vue les rivalités entre puissances golfiques… bien tenaces. Un exemple ? Depuis 2024, l'Arabie saoudite oblige les entreprises internationales à baser leurs sièges régionaux sur son territoire sous peine de perdre l'accès aux contrats publics. Bon nombre de sociétés regardent cela de près, car le marché saoudien est le plus vaste et le plus lucratif en tendances. Week-end à Dubaï, mais les affaires sont à la fête en terres saintes.

Au Proche-Orient déchiré

Dans l'après 7 octobre 2023, la liste est longue des atrocités, blocages et ruptures à répertorier. Aux 1 200 victimes israéliennes des attaques ce jour-là ont suivi 48 0 000 morts dans la bande de Gaza jusqu'à la fin 2024, selon les chiffres les plus robustes à disposition. Plusieurs mois de conflit intense, sur des fronts différents, et l'espoir d'une accalmie survenu en janvier 2025 avec l'accord de cessez-le-feu, la libération de prisonniers du Hamas et le retour dans l'État hébreu des otages encore vivants : un montage précaire, où aucun signe de paix durable n'apparaît, tant le problème de fond, historique, persiste, avec l'absence d'État pour les Palestiniens d'un côté, et de l'autre une politique de colonisation spatiale qui continue à progresser de la part de la droite dure et du Premier ministre Netanyahou. Et donc, avec le temps, celui des fissures : au sein d'une démocratie israélienne où la société se divise et s'interroge sur la vision à moyen-long terme du pays, car la géographie, bien que sans cesse remodelée et parfois instrumentalisée, persistera à dicter sa loi dans ses grandes dimensions ; au sein des mouvements palestiniens, composites et antagonistes où Mahmoud Abbas semble définitivement mis à l'ombre ; dans les territoires avec notamment cette Cisjordanie découpée en peau de léopard et dans laquelle les violences gagnent chaque jour du terrain. Les incertitudes sont légion, tant pour les équilibres internes en Israël que pour cette cause palestinienne, ranimée avec les tragédies humanitaires à Gaza, mais dont le sort politique paraît embarrasser tous les acteurs, locaux, régionaux et internationaux.

Dans ce Proche-Orient enflammé, ce qui pourrait devenir un oxymore à force de l'être sans arrêt, l'actualité récente nous emmène dans une série de labyrinthes aux issues douteuses. Le Liban, plongé dans un chaos institutionnel, social et économique chronique depuis plusieurs années, a vu l'une de ses principales forces collectives être décapitée (assassinat par Tsahal d'Hassan Nasrallah en plein cœur de Beyrouth) et se trouver bien mutilée à l'été 2024. Pour autant, le Hezbollah n'est pas mort et ses moyens encore conséquents. Conscient du danger des bippers électroniques, il fait profil bas pour sans doute mieux resurgir. Il faut dire que l'automne 2024 a vu la Syrie se révulser une nouvelle fois. Ou plutôt, se morceler encore un peu plus. Si la chute du régime de Bachar El-Assad, ou de ce qu'il en restait, n'a pas fait l'objet de vifs regrets au sein de la population assignée à résidence dans ce pays malgré la guerre et les misères, il n'en demeure pas moins que l'arrivée à Damas d'Abou Mohammed Al-Joulani et de son groupe, Hayat Tahrir al-Cham (HTC), reste scrutée de tous, en Syrie comme à l'étranger. Le nouvel homme fort de la Syrie dispose d'un passé lourd de djihadiste membre d'Al-Qaeda. Les hommes qui l'entourent également. Il a développé un discours réconciliateur et non belliqueux depuis que Bachar a pris ses valises de billets et de lingots d'or pour Moscou. Mais quel scénario attend la Syrie désormais ? Une hypothèse, dans la continuité de la révolution de 2011, celle de l'approfondissement d'une fragmentation communautaire et territoriale, déjà perceptible sur une carte, et qui se ressent en traversant un pays ravagé où Turcs, Kurdes, Russes, Iraniens, Irakiens se livrent bataille, avec ou à côté d'innombrables milices qui chacune cherche à accaparer les fonctions de l'État, de manière autoritaire, pour ainsi asseoir un pouvoir sur des individus et des espaces en y contrôlant mœurs, faits et ressources. La Syrie peut-elle fédérer ces milices au nom de l'Islam, et, dans ce cas, prendre le chemin de la démocratie ou celui plus probable de la dictature ? Dans toute la région, comme en Europe, en Turquie et en Russie, la crainte est de voir de nouvelles vagues migratoires se déployer si la crise syrienne repart de plus belle. Car l'économie la plus florissante actuellement au Proche-Orient, c'est celle du trafic d'armes et de drogues de synthèse. Nous conviendrons que ceci n'est pas des plus favorables au développement de la stabilité politique et du progrès social. Ajoutons à ce paysage d'États fragiles ou faillis les réalités de perturbations climatiques, de pénuries hydriques et parfois de surpeuplement de certaines villes. Comment croire que ce Proche-Orient, point chaud du globe, puisse se projeter loin en avant ?

C'est ici qu'il faut introduire la variable encore plus problématique de la séquence, avec un Iran dont les positions en Syrie sont ébranlées avec le départ du clan Assad et dont les trois bombes H de la résistance ont été sévèrement endommagées ces derniers mois : Hezbollah au Liban, Hamas à Gaza, Houthis au Yémen. L'Iran est apparemment le grand perdant des bouleversements de la région. Le devenir de la mollahcratie demeure cependant l'insatiable sujet géopolitique quand les regards se tournent vers le Proche et le Moyen-Orient. Sur le plan intérieur, l'inflation précarise les classes moyennes. Les jeunes et les femmes signent des coups d'éclat pour contester occasionnellement les autorités religieuses et provoquer les Gardiens de la révolution. Mais il serait présomptueux de penser que le régime puisse s'effondrer sous la pression de ces seules dynamiques sociales intérieures, quand bien même les Iraniens seraient les premiers à se réjouir d'un nouveau chapitre à écrire. Le nationalisme iranien demeure cependant réel et le pays dispose de cartes malgré son affaiblissement stratégique certain depuis 2020, quand Qassem Soleimani fut liquidé par un missile américain quelques jours avant la fin du premier mandat de Donald Trump. Depuis, l'Iran est acculé. L'État hébreu le frappe, d'autant que Téhéran s'évertue à proposer des jours inédits d'attaques aériennes sur Israël, comme pour lui indiquer qu'il est encore dangereux, mais sans aller trop loin non plus, afin d'éviter une riposte foudroyante. En matière nucléaire, l'asymétrie est encore abyssale. La république iranienne veut-elle surtout et avant tout impressionner sa population et ses voisins, alors que ses proxys déclinent et qu'elle voit les monarchies du Golfe cheminer bien davantage vers l'avenir? Nous ne saurions que trop insister, encore une fois dans ces pages, sur la ligne de clivage qui distingue monarchies et républiques dans cette région du monde. La démocratie s'absente, d'autant plus que, en Israël, elle se trouve mise à l'épreuve.

L'Afrique du Nord, cette bande rivale

Du Maroc à l'Égypte, 215 millions d'habitants ; soit 75 millions de plus par rapport au début de ce siècle, et l'équivalent de 45 % de la population de l'Union européenne. L'Afrique du Nord est très densément peuplée, puisque la majorité des superficies s'avère être du désert pour les cinq pays qui la composent. Et les évolutions environnementales n'amènent pas beaucoup d'optimisme. Pour autant, sur ces terres arides, on tente des coups : pour produire en agriculture, sans grande sagesse écologique, comme en Égypte et en Algérie, qui n'ont pas beaucoup de choix ; et en comptant alors sur l'afflux d'investissements étrangers, comme ceux à surveiller du Qatar, qui, après avoir créé un champion national dans le secteur du lait, avec l'entreprise Baladna, née à l'époque de l'embargo saoudien sur l'émirat et sa presqu'île, construit de gigantesques fermes

Afrique du Nord : croissance du PIB
(en volume)

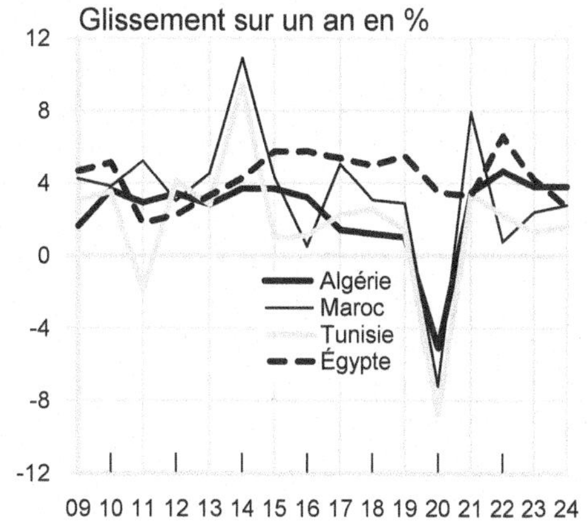

© Rexecode

d'élevage et d'industries alimentaires à l'étranger comme en Égypte et sous peu en Algérie. Avec du gaz, faites-moi donc du lait. Dans le désert, on s'active aussi pour envisager des routes et un désenclavement spatial par la logistique. C'est ici le pari du Maroc avec le lancement de son initiative Atlantique pour le Sahel et qui veut faire de Dakhla, au sud du Royaume, le futur grand centre de cette façade maritime dont sont privés plusieurs États africains de ladite bande sahélo-saharienne.

En Afrique du Nord, au-delà de ces équations de géographie humaine, il convient de constater que les États entre eux aspirent de moins en moins à coopérer. L'Égypte, ces derniers temps, est davantage préoccupée à retrouver une croissance économique amputée par la diminution des revenus du canal de Suez (trafic maritime chahuté en mer Rouge par les tirs des Houthis depuis plus d'un an) et à contenir les risques inhérents à la frontière avec Gaza. L'Algérie et la Tunisie entretiennent des relations sans passion, très erratiques, tant les dirigeants souffrent déjà d'un manque de vision patent pour la destinée de leur propre pays. Observons tout de même à quel point l'expérience tunisienne, hélas, a valeur d'enseignement : une démocratie sans économie n'est jamais durable. Quant au Maroc, il trace sa route, en solitaire, vers l'Afrique, sans omettre son ouverture sur l'océan Atlantique et donc les Amériques, sans oublier l'Inde, la Chine ou les monarchies du Golfe dans la démultiplication de ses échanges commerciaux, et sans se désarrimer non plus de l'Europe. D'ailleurs, l'année 2024 a été marquée par un réchauffement avec la France après plusieurs années difficiles, ce qui a mécaniquement intensifié la méfiance de l'Algérie, pays qui semble désormais prêt à faire payer le prix à Paris de ce retour chez son voisin. En cascade, une diagonale de plus en plus tissée entre Moscou et Alger dans de nombreux secteurs d'activité économiques. Un dernier mot sur la Libye, dont plus personne ou presque ne parle vu du nord de la Méditerranée, pour dire très simplement que la guerre des milices et des tribus se poursuit dans une indifférence internationale qui questionne le long terme.

Autres fronts, autres histoires

Pour ne pas terminer cette fresque prospective par trop schématique, car allant à l'essentiel, nous devons mentionner les inconnues soudanaises qui ne manqueront pas de rejaillir sur l'espace nord-africain. Peu médiatisée, la crise ouverte et considérable depuis le printemps 2023 provoque, outre des morts et des blessés par centaines de milliers, l'une des pires situations humanitaires de la planète, avec 10 millions d'individus déplacés, la faim pour la moitié des 50 millions d'habitants et des problèmes sanitaires à profusion. C'est une catastrophe oubliée, une bombe géopolitique à retardement, qui concerne aussi les puissances du Golfe, tant celles-ci s'ingèrent depuis des années dans les coulisses du pouvoir ou les sous-sols du Soudan.

Quelques attentions enfin à avoir à propos des Émiratis, entre les investissements colossaux déployés en Afrique de l'Est ou au Brésil, et les manœuvres financières à l'œuvre pour faciliter les tractations économiques entre opérateurs du monde entier et la Russie. Pour contourner les sanctions, faites escale à Abu Dhabi et à Dubaï, un endroit devenu incontournable qui, par ailleurs, développe l'IA, le tourisme, le sport et l'alimentation du futur… Cela vous rappelle-t-il quelqu'un ? Et là encore, malgré la rareté de l'eau, on poldérise la mer, importe des montagnes de sable et érige des tours vers le ciel, grâce à l'argent du pétrole. Si ce dernier n'est plus le seul roi dans la région, il serait prématuré d'en décréter la fin. Et la géopolitique, comme l'or noir, poursuit l'histoire.

Afrique subsaharienne :

un optimisme prudent

Après une année de consolidation, les perspectives économiques de l'Afrique subsaharienne sont favorables en 2025, le taux de croissance estimé à 4,1 % retrouvant son niveau d'avant la pandémie : une croissance toutefois sujette à bien des risques et aux perspectives mondiales liées elles-mêmes à la géopolitique et à la stratégie *America First*. Si l'Afrique ne se trouve pas en tête de l'agenda de Donald Trump, elle sera indirectement touchée tant les premières semaines de la présidence américaine ont changé et recomposé le monde.

L'Afrique subsaharienne (ASS) a commencé en 2024 à absorber les chocs multiples encaissés depuis le début de la décennie 2020. Ainsi, les déséquilibres intérieurs et extérieurs se sont-ils stabilisés. L'inflation confirme son ralentissement. Elle demeure toutefois à deux chiffres dans certains grands pays, comme l'Angola, l'Éthiopie ou le Nigeria, en partie en raison de la dépréciation des monnaies, à l'instar de l'Éthiopie, qui, depuis juillet, laisse flotter sa monnaie. Le birr a ainsi perdu près de la moitié de sa valeur. Mais cette mesure a permis de débloquer un prêt de $ 3,4 milliards du FMI et d'avancer sur la restructuration de sa dette dans le cadre de l'initiative du G20.

La croissance de l'ASS s'est légèrement appréciée, atteignant 3,2 % contre 2,9 % en 2023. Elle aurait été plus élevée sans la chute vertigineuse de 20 % en 2023 et de 15 % en 2024 de l'activité économique du Soudan, ravagé par la guerre. Une fois de plus, les économies les plus diversifiées et les moins pourvues en ressources naturelles s'en sont mieux sorties, en particulier le Bénin, la Côte d'Ivoire, l'Éthiopie, l'Ouganda ou le Rwanda, avec des taux de croissance supérieurs à 6 %. Globalement, observe la Banque mondiale, près de 40 % des pays enregistrent une croissance par

Afrique : croissance du PIB

(en volume)

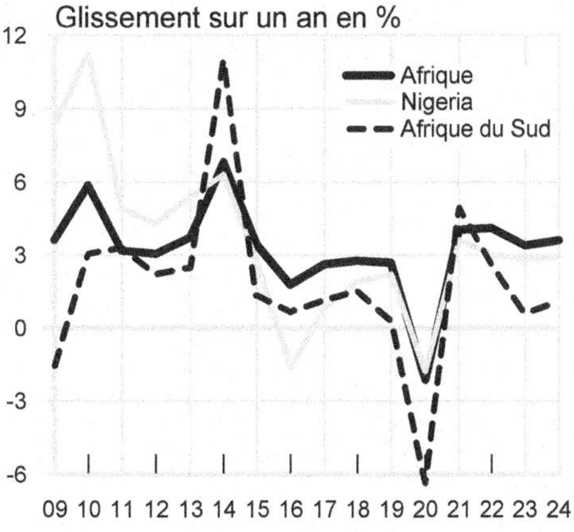

© Rexecode

Croissance en Afrique subsaharienne

(variation annuelle en pourcentage)

	2022	2023	2024 (e)	2025 (p)
Afrique du Sud	1.9	0.7	0.8	1.9
Angola	3.0	1.0	3.2	2.9
Bénin	6.3	6.4	6.3	6.4
Bostwana	5.6	2.7	1.0	5.3
Burkina Faso	1.5	3.0	3.7	3.9
Burundi	1.8	2.7	2.2	3.5
Cap Vert	17.4	5.1	5.2	4.9
Cameroun	3.6	3.3	3.7	4.0
Comores	2.8	3.0	3.5	4.0
Côte d'Ivoire	6.2	6.2	6.5	6.4
Érythrée	2.5	2.6	2.8	3.0
Eswatini	0.5	4.8	4.6	3.5
Éthiopie*	6.4	7.2	6.1	6.5
Gabon	3.1	2.4	3.1	2.4
Gambie	4.9	5.3	5.6	5.8
Ghana	3.8	2.9	4.0	4.2
Guinée	4.0	6.7	5.3	6.0
Guinée Bissau	4.2	5.2	5.0	5.0
Guinée équatoriale	3.7	-5.7	4.7	-4.4
Kenya	4.9	5.6	4.7	5.0
Lesotho	1.3	0.9	2.5	2.3
Liberia	4.8	4.7	5.3	5.7
Madagascar	4.0	3.8	4.5	4.6
Malawi	0.9	1.6	1.8	4.2
Mali	3.5	3.5	3.7	4.0
Maurice	8.9	7.0	5.6	4.4
Mauritanie	6.8	6.5	6.5	7.8
Mozambique	4.4	5.4	4.0	4.0
Namibie	5.3	4.2	3.1	3.7
Niger	11.5	2.3	5.7	8.5
Nigeria	3.3	2.9	3.3	3.5
Ouganda*	4.7	5.3	6.0	6.2
République centrafricaine	0.5	0.7	0.7	1.1
République du Congo	1.5	1.9	2.1	3.5
République démocratique du Congo	8.9	8.4	4.9	5.0
Rwanda	8.2	8.2	7.6	7.8
Sao Tome et Principe	0.2	0.4	1.1	3.3
Sénégal	3.8	4.6	6.1	9.7
Seychelles	14.9	3.2	3.7	4.1
Sierra Leone	5.3	5.7	4.3	4.7
Somalie	2.7	4.2	4.4	4.5
Soudan	-1.0	-20.1	-15.1	1.3
Soudan du Sud*	-2.3	-1.3	-7.8	-11.4
Tanzanie	4.6	5.1	5.4	5.8
Tchad	2.8	3.0	3.0	2.1
Togo	5.8	6.4	5.3	5.4
Zambie	5.2	5.4	1.3	6.2
Zimbabwe	6.1	5.3	2.0	6.2
Afrique subsaharienne	**3.8**	**2.9**	**3.2**	**4.1**
Monde	**3.2**	**2.7**	**2.7**	**2.7**

(e) estimation, (p) prévision * Se rapporte à l'exercice budgétaire

(Source : Banque mondiale Global Economic Prospects Janvier 2025)

habitant positive entre 2016-2019 et 2022-2025. Les plus performants sont le Bénin, le Kenya, la Mauritanie, l'île Maurice et le Rwanda.

Les pays riches en métaux, comme la RD Congo, la Sierra Leone ou la Zambie, ont vu leur croissance ralentir en 2024 avec la chute des cours de nombreux minerais. De même, la sécheresse historique qui a frappé l'Afrique australe en 2024 a endommagé les récoltes et décimé le bétail du Lesotho, du Malawi, de la Namibie, de la Zambie et du Zimbabwe, créant une crise alimentaire aiguë. La production d'énergie hydroélectrique a été aussi fortement touchée. Jamais, en 2024, le continent n'avait connu une telle série de catastrophes naturelles, de la sécheresse aux ouragans dans l'océan Indien en passant par les inondations en Afrique de l'Ouest et centrale.

Rebond des deux grandes économies

À la traîne depuis de nombreuses années, les deux locomotives de l'ASS, l'Afrique du Sud et le Nigeria, retrouvent une certaine dynamique en 2024 qui devrait se poursuivre en 2025. C'est particulièrement vrai pour le Nigeria avec une croissance de 3,3 % en 2024, fruit d'une hausse de la production pétrolière, ainsi que de la poursuite de réformes économiques, audacieuses, mais douloureuses pour la population, engagée avec volontarisme par le nouveau président du Nigeria, Bola Tinubu, dès son arrivée au pouvoir en 2023.

En Afrique du Sud, encore timide, la reprise s'appuie notamment sur une amélioration de la disponibilité énergétique, nœud gordien de l'économie sud-africaine, et une relance de la consommation. La croissance devrait s'accélérer en 2025 et se situer autour de 2 %. La formation en juillet d'un gouvernement d'union nationale, mais en l'absence des partis populistes serait un des facteurs de l'accélération de la croissance. Cette nouvelle coalition, composée de dix partis dont l'Alliance démocratique, favorable aux entreprises, insuffle un regain de confiance chez les investisseurs qui tablent sur une accélération des réformes dans les secteurs clés que sont l'électricité ou les transports. Pour la première fois depuis son arrivée au pouvoir en 1994, le Congrès national africain (ANC) a perdu la majorité parlementaire lors des élections de mai 2024.

D'autres pays ont connu l'alternance en 2024. Le plus emblématique est le Sénégal. Après une intense crise politique, Bassirou Diomaye Faye des Patriotes africains du Sénégal pour le travail, l'éthique et la fraternité (Pastef), qui a remplacé au pied levé Ousmane Sonko, empêché de se présenter à l'élection, a remporté l'élection présidentielle dès le premier tour : une victoire qui souligne que l'alternance peut être le résultat d'un vote dans une région marquée par les coups d'État. L'al-

Croissance du PIB en fonction des zones

(en %)

	2022	2023	2024 (e)	2025 (p)
Afrique subsaharienne (ASS)	3.8	2.9	3.2	4.1
ASS hors Afrique du Sud, Angola et Nigeria	4.8	3.7	4.0	4.2
Afrique de l'Est et australe	3.8	2.5	2.6	4.1
Afrique de l'Ouest et centrale	3.8	3.3	4.0	4.2
Pays exportateurs de pétrole	3.2	2.5	3.4	3.7
Pays de la Zone Franc	4.6	3.9	4.9	5.1
- CEMAC	3.1	1.9	3.4	2.4
- UEMOA	5.4	5.0	5.7	6.6

(e) estimation, (p) prévision

(Source : Perspectives économiques mondiales de la Banque mondiale, janvier 2025)

AGL
AFRICA GLOBAL LOGISTICS
Au cœur des transformations
de l'Afrique
OPÉRATEUR LOGISTIQUE MULTIMODAL
AGL est l'opérateur logistique de confiance en Afrique, offrant des solutions logistiques, portuaires, maritimes et ferroviaires. Avec 23 000 collaborateurs présents dans 50 pays, AGL s'appuie sur son expertise développée pour fournir des services sur mesure et innovants à ses clients africains et internationaux.
L'ambition d'AGL est de contribuer durablement à la transformation de l'Afrique. AGL est également présent en Haïti, au Timor oriental et en Indonésie.
www.aglgroup.com

ternance a aussi été exemplaire au Ghana avec le retour au pouvoir de l'ancien président John Mahama et au Botswana, où l'élection, très disputée, a été remportée par l'opposition, Umbrella for Democratic Change, actant la défaite du parti au pouvoir depuis l'indépendance du pays en 1966. L'effondrement du cours du diamant sur le marché mondial a fait chuter la croissance économique à 1 % en 2024, provoquant une hausse du chômage à 28 %. Tout en préservant le secteur diamantifère, le nouveau président Duman Boko mise sur la diversification de l'économie.

En revanche, au Mozambique l'élection de Daniel Chapo du parti au pouvoir depuis l'indépendance, le Frelimo, a été vivement contestée avec des manifestations meurtrières. En Namibie, pour la première fois, une femme, Netumbo Nandi-Ndaitwah, issue du parti au pouvoir, a été élue : une élection toutefois marquée par une grande désorganisation et contestée par l'opposition.

Dette publique des pays d'Afrique subsaharienne

(en % du PIB)

	2011-2019	2022	2023	2024	2025
Afrique subsaharienne	**37.1**	**56.4**	**59.8**	**59.7**	**59.3**
Médiane	39.4	56.4	57.8	57.4	55.9
Hors Afrique du Sud et Nigeria	41.6	58.3	59.6	56.1	54.8
Pays exportateurs de pétrole	**29.4**	**44.7**	**52.8**	**53.3**	**50.7**
- hors Nigeria	44.7	53.8	62.9	54.9	51.2
- Angola	52.9	56.1	73.1	59.3	52.6
- Congo	59.7	92.5	99.0	93.3	89.0
- Gabon	44.5	65.6	72.1	73.3	80.0
- Ghana	49.6	92.7	82.9	82.5	79.5
- Nigeria	21.7	39.7	46.4	51.3	50.0
Pays pauvres en ressources naturelles	**43.5**	**60.7**	**59.1**	**58.6**	**61.0**
Pays à revenu intermédiaire	**36.7**	**58.6**	**64.7**	**676.6**	**65.8**
Pays à faible revenu	**39.0**	**50.3**	**48.7**	**45.6**	**45.5**
Autres pays					
- Afrique du Sud	44.9	70.8	73.4	75.0	77.4
- Bostwana	17.6	18.1	20.1	22.6	22.1
- Côte d'Ivoire	32.4	56.6	58.1	59.3	55.9
- Cap Vert	102.1	124.0	114.0	111.0	107.2
- Éthiopie	49.2	46.9	38.7	33.6	41.8
- Guinée Bissau	55.0	80.8	79.4	77.0	74.3
- Kenya	46.7	67.8	73.1	69.9	72.4
- Maurice	61.8	81.2	78.6	80.1	80.9
- Mozambique	78.0	100.3	93.9	96.0	96.5
- RD Congo	18.0	14.3	14.4	11.5	6.0
- Rwanda	33.0	60.6	64.5	71.4	73.3
- Sénégal	47.2	76.0	81.2	84.3	80.5
- Tanzanie	36.4	44.9	46.9	47.3	46.3
- Togo	48.5	67.4	68.0	69.7	68.4

(Source : Perspectives économiques régionales Afrique subsaharienne, FMI, octobre 2024)

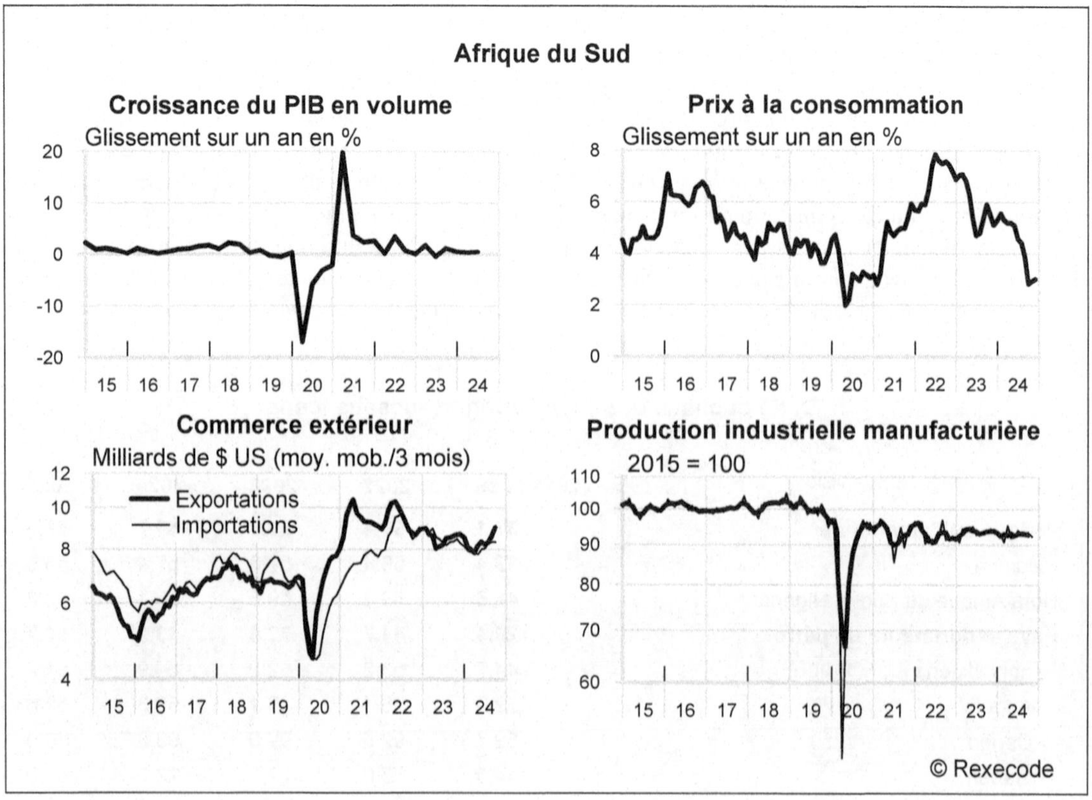

Sans surprise, le président du Rwanda, Paul Kagame a été réélu avec 99,18 % des voix pour un quatrième mandat. De même, Mahamat Idriss Déby, au pouvoir après la mort de son père en 2021, a été élu « officiellement » avec 61 % des voix lors d'un scrutin boycotté par l'opposition.

Au Togo, une nouvelle constitution a été promulguée en mai 2024, faisant basculer le pays d'un régime présidentiel à parlementaire. La Ve République est contestée par l'opposition et une partie de la société civile.

La jeunesse dans la rue

D'importants mouvements de contestation populaires se sont déroulés au Kenya, en Ouganda, au Nigeria et au Mozambique : des manifestations souvent menées par les jeunes et alimentées par les frustrations suscitées par le coût élevé de la vie, le chômage, la mauvaise gouvernance et la corruption des élites. Au Kenya, la mobilisation des jeunes à l'aide des réseaux sociaux en juin et juillet a contraint le président William Ruto à faire marche arrière. Il a abrogé le projet de loi de finances décrié, qui prévoyait des hausses d'impôt, limogé des ministres et a promis une série de mesures pour réduire le gaspillage des fonds publics.

Plusieurs conflits font toujours rage. Certains s'amplifient, faisant craindre un embrasement régional et au-delà. C'est le cas du conflit dans la région du Kivu à l'est de la République démocratique du Congo (RD Congo). En février 2025, les rebelles du Mouvement du 23 mars (M23), soutenus par le Rwanda, ont pris le contrôle de Bukavu au bord du lac Kivu après avoir conquis Goma deux semaines auparavant. C'est la plus importante avancée des rebelles depuis plus d'une décennie. Ils contrôlent désormais les deux plus grandes villes de la région et menacent de déstabiliser les gouvernements de Kinshasa et Bujumbura. La guerre civile au Soudan, débutée en avril 2023, s'aggrave aussi, engendrant des millions de déplacés, créant une crise alimentaire aiguë et menaçant de se propager.

Les groupes djihadistes continuent de frapper durement le Sahel. La région est devenue l'épi-

Principales données sur l'Afrique subsaharienne
(variatation annuelle en pourcentage sauf indication contraire)

	2022	2023	2024 (e)	2025 (p)
PIB	**3.8**	**2.9**	**3.2**	**4.1**
PIB par habitant (US dollars)	1.2	0.4	0.7	1.6
Consommation privée	3.6	2.7	2.9	3.8
Consommation publique	2.3	-0.2	2.3	2.3
Investissement fixe	10.2	5.3	5.9	6.4
Exportations	11.0	3.3	5.0	6.1
Importations	15.3	3.7	4.4	5.6
Exportations nettes, contribution à la croissance	-1.8	-0.3	-0.1	-0.2

(e) estimation, (p) prévision

(Source : Perspectives économiques mondiales de la Banque mondiale, janvier 2025)

centre du terrorisme mondial en 2024 avec plus de la moitié des décès enregistrés (3 885 sur 7 555), selon le dernier Indice mondial du terrorisme établi par l'*Institute for Economics and Peace*. Les trois pays les plus touchés sont le Burkina Faso, le Mali et le Niger. Regroupés depuis septembre 2023 dans l'Alliance des États du Sahel (AES) et dirigés par des juntes militaires, ils ont rompu avec les forces occidentales et régionales, la Cedeao, se tournant vers la Russie.

L'aspiration à la souveraineté

Un vent de souveraineté souffle en Afrique. Il n'est pas complètement nouveau, mais le discours politique est de plus en plus affirmé et soutenu par la jeunesse.

Par exemple, au Sénégal, le président Bassirou Diomaye Faye et son Premier ministre Ousmane Sonko actent une rupture avec une affirmation forte de la souveraineté du pays sur tous les plans.

Afrique : exportations et importations en volume ($ PPA 2017)
(en glissement sur un an en %)

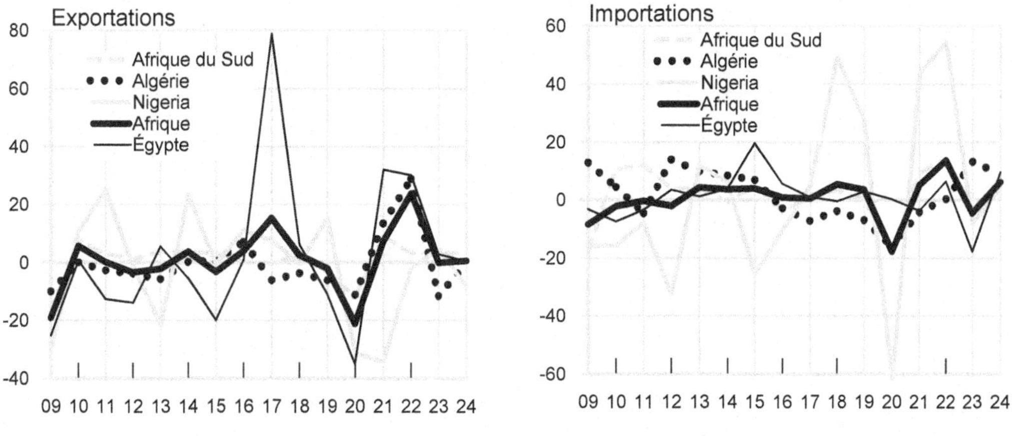

© Rexecode

L'Afrique fragilisée par le retour de Donald Trump au pouvoir ?

Difficile d'y voir clair en ce début d'année 2025 sur la politique américaine vis-à-vis de l'Afrique. Lors de son premier mandat, Donald Trump n'avait marqué aucun intérêt pour l'Afrique, mais l'engagement des États-Unis avait été maintenu avec, notamment sur le plan économique, le lancement du *Prosper Africa Program*, ou encore la création de l'*US International Development Finance Corporation*.

Dès son arrivée en janvier à la Maison-Blanche, Donald Trump a décidé du gel pour 90 jours de l'aide internationale afin d'examiner sa conformité avec les intérêts américains. Rappelons que les États-Unis sont le premier donateur mondial avec près de $ 65 milliards accordés en 2023. L'Afrique est le deuxième bénéficiaire après l'Europe. En parallèle, l'agence chargée du développement économique et de l'aide humanitaire, l'USAID, est démantelée. Comme lors de son premier mandat, Donald Trump a décidé du retrait des États-Unis des accords de Paris sur le climat et de l'Organisation mondiale de la santé (OMS). Hostile au multilatéralisme, d'autres retraits sont envisageables, y compris dans les banques de développement, comme le groupe de la Banque mondiale ou la Banque africaine de développement, dont les États-Unis sont un actionnaire non négligeable. Ils pourraient aussi exiger une remise en cause des financements climatiques ou autres.

Sur un plan commercial, la grande incertitude sera le renouvellement à la fin de l'année de l'*African Growth and Opportunity Act* (AGOA), qui exonère 1 800 produits issus de 32 pays du continent africain. En cas de sortie, les pays les plus touchés seraient l'Afrique du Sud, en particulier son secteur automobile, et le Nigeria, dont les exportations vers les États-Unis sont supérieures à $ 3 milliards, puis, dans une moindre mesure, le Ghana, le Kenya, Madagascar et l'Angola.

Si l'Ukraine et le Groenland semblent être la cible de Donald Trump pour la fourniture de métaux critiques, il pourrait privilégier certains pays africains. La RDC s'est placée sur les rangs en proposant un partenariat minier un peu identique à celui évoqué avec l'Ukraine. De même, les États-Unis, qui prônent le *Drill baby drill*, pourraient être intéressés à investir en Afrique dans les secteurs pétrolier ou gazier.

Plus indirectement, la guerre commerciale lancée avec la mise en place de droits de douane sur ses trois principaux partenaires commerciaux – Canada, Chine, Mexique – pourrait alimenter l'inflation et *de facto* pousser les taux d'intérêt à la hausse et ainsi alourdir le service de la dette des pays africains, ce qui renchérirait le coût du financement. L'incertitude et l'imprévisibilité vont peser sur la croissance mondiale et les investissements, ce qui nuira aussi aux pays africains.

L'Afrique du Sud en ligne de mire

L'administration américaine s'est immiscée directement dans la politique intérieure sud-africaine en condamnant la loi sur l'expropriation des terres signée fin janvier 2025 et en menaçant de suspendre l'aide à l'Afrique du Sud en contrepartie. Ce n'est pas le seul grief envers l'Afrique du Sud, premier partenaire commercial des États-Unis en Afrique. La politique étrangère de Prétoria heurte les États-Unis avec la plainte pour génocide contre Israël déposée auprès de la cour internationale de justice, mais aussi du fait de sa proximité avec la Chine et la Russie, et plus généralement son investissement dans les BRICS+. Les États-Unis, au-delà de la suspension de l'aide, comptent mettre des bâtons dans les roues dans la présidence sud-africaine du G20 et contrarier les ambitions du président Cyril Ramaphosa. C'est la première fois qu'un pays africain assure la présidence du G20. En février, les réunions des ministres des Affaires étrangères, puis ceux des Finances du G20 en Afrique du Sud se sont déroulées en l'absence des ministres américains.

Sans couper les ponts avec Paris, le président a demandé dès novembre la restitution des bases françaises dans le pays, ce qui est en cours : un désengagement des troupes françaises en Afrique, qui s'est accéléré en 2024-2025 avec le départ également annoncé de la Côte d'Ivoire et du Tchad. Ne subsistent que des bases militaires au Gabon et surtout à Djibouti, où le contingent français est fort de 1 500 hommes : le traité de coopération en matière de défense a été reconduit en juillet 2024 à Paris pour au moins dix années : un succès dans un tel contexte africain. Toujours au Sénégal, l'accord de partenariat dans le domaine de la pêche durable (APP) avec l'Union européenne n'a pas été reconduit. Dakar évoque un choix souverain, mais l'Union européenne met en avant l'échec de la lutte contre la pêche illégale. Annoncer la renégociation des contrats pétrolier et gazier n'est pas encore sur la table.

Dans plusieurs autres pays d'Afrique s'exprime la volonté de tirer plus de bénéfices de l'extraction de leurs ressources naturelles, en particulier minières. Après les Américains, les Chinois, qui ont une longueur d'avance, les pays arabes, la Turquie, la Corée du Sud… cherchent à prendre pied dans ce secteur riche et surtout encore peu exploité par rapport à d'autres régions.

Les gouvernements africains ne ménagent pas leurs efforts pour maximiser leur part de profit, qui a été jusqu'à présent surtout concentré entre les mains des entreprises internationales. Cela passe par la renégociation des contrats miniers, en exerçant un plus grand contrôle sur la vente des métaux, en s'impliquant davantage dans le commerce, en ne se contentant plus uniquement du versement de dividendes sur les bénéfices, mais aussi sur les ventes.

C'est le début d'un changement de paradigme qui semble notamment se dessiner en RD Congo et en Zambie, les deux grands producteurs africains de cuivre : un changement qui s'opère parfois avec force. Le cas peut-être le plus emblématique est le bras de fer entre le Mali et le deuxième producteur mondial d'or, le canadien Barrick Gold, à la suite de la promulgation du nouveau code minier en septembre 2023. Enfermé plusieurs mois dans un conflit concernant le partage des bénéfices du complexe de Loulo-Gounkoto, le plus grand site minier du pays avec 683 000 onces d'or produites en 2023, le canadien a déposé mi-décembre une demande d'arbitrage au Centre international pour le règlement des différends relatifs aux investissements (CIRDI). En novembre, un différend fiscal avec la société australienne Resolute Mining avait aussi conduit à l'arrestation d'employés et du PDG, mais ils ont été libérés en versant $ 160 millions. Le Niger, pays aussi dirigé par une junte, a retiré les permis d'exploitation de la société canadienne

Afrique : production de pétrole brut

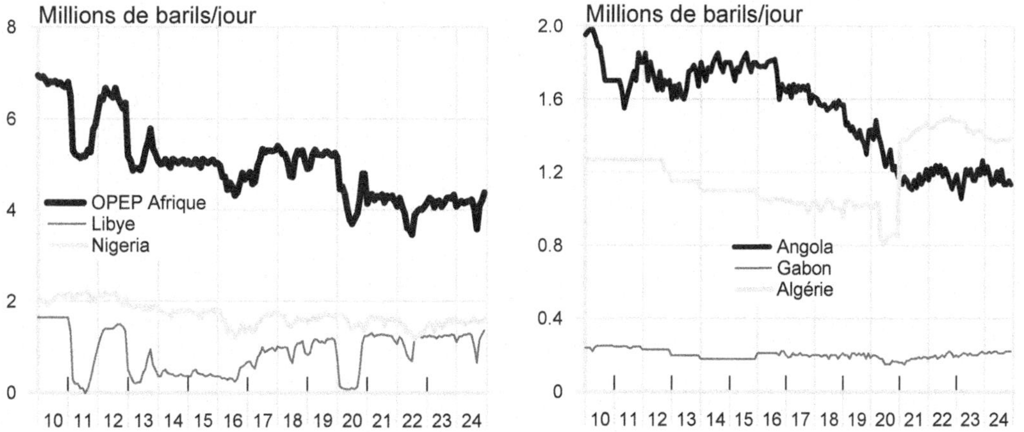

(Source : EIA)

Inflation

	2022	2023	2024	2025
Afrique subsaharienne	**15.2**	**17.6**	**18.1**	**12.3**
Pays riches en ressources naturelles	15.7	19.5	21.6	13.5
Pays pauvres en ressources naturelles	13.9	12.7	9.5	9.0
Pays à revenu intermédiaire	13.4	14.5	16.1	12.7
Pays à faible revenu	19.9	25.7	23.0	11.2
Pays dans une situation fragile	21.3	28.4	31.2	19.3
Dix pays à plus fort taux (2024)				
- Angola	21.4	13.6	28.4	21.3
- Burundi	18.9	278.0	20.0	25.0
- Éthiopie	33.9	30.2	23.9	23.3
- Ghana	31.9	39.2	19.5	11.5
- Malawi	20.8	28.8	30.6	15.3
- Nigeria	18.8	24.7	32.5	25.0
- RDC	9.3	19.9	17.8	9.2
- Sierra Leone	27.2	47.7	36.6	18.0
- Soudan du Sud	-3.2	40.2	120.6	79.3
- Zimbabwe	193.4	667.4	635.3	23.6

(Source : Perspectives économiques régionales Afrique subsaharienne, FMI, octobre 2024)

GoviEx Uranium et pris le contrôle de la mine d'uranium de Somair de la société française Orano après lui avoir retiré également son permis d'exploitation d'Imounaren. Les deux entreprises ont engagé une procédure d'arbitrage international contre le Niger.

La RD Congo cherche à tirer parti de sa domination sur les approvisionnements mondiaux de cobalt pour augmenter les prix du métal qui sont au plus bas. Elle a décidé en février 2025 de suspendre les exportations pour quatre mois et envisage d'introduire des quotas d'exportation de cobalt : des mesures qui soulignent la volonté du premier producteur mondial de cobalt de reprendre le contrôle du marché.

Au Gabon, la souveraineté est aussi le cheval de bataille du général Brice Clotaire Oligui Nguema, affirmant la mainmise de l'État sur les deux secteurs stratégiques du pétrole et du bois. La Gabon Oil Company (GOC) a racheté le producteur indépendant Assala Energy tandis que l'État a racheté 63 % des parts de la Société nationale des bois du Gabon (SNBG) à Arise Integrated Industrial Plaforms (Arise IIP).

Créer plus de valeur en remontant la chaîne des matières premières commence aussi à émerger. À la faveur de la mise en exploitation de la mégaraffinerie de Dangote en Afrique, les importations d'essence du Nigeria sont au plus bas depuis huit ans, ce qui renforce l'indépendance énergétique du pays. Le Bénin réalise aussi ses premières exportations de vêtements *made in Bénin* sur le marché international depuis la Zone industrielle de Glo-Djigbé (GDIZ), fruit d'un partenariat entre l'État béninois et l'ARISE IIP et de la volonté de transformer le coton jusqu'à présent exporté brut. La Côte d'Ivoire, premier exportateur de noix de cajou brute, s'est hissée au deuxième rang mondial pour l'exportation d'amandes de cajou, devançant le Brésil et l'Inde, mais encore très loin du Vietnam.

Sous le sceau de l'incertitude

Bien que fragiles, les perspectives économiques en ASS seraient plus favorables avec un rebond de la croissance de la zone à 4,1 % en 2025 selon la Banque mondiale (4,2 % pour le FMI). L'assouplissement monétaire – avec depuis septembre 2024 une baisse des taux d'intérêt américains – et le recul de l'inflation soutiennent la consommation et l'investissement. Il est attendu aussi une reprise des pays exportateurs de matières premières, tandis que les pays diversifiés devraient poursuivre leur trajectoire de croissance.

Mais les risques sont nombreux. Déjà perceptibles, il y a ceux consécutifs à la guerre commerciale lancée par les États-Unis. De même, la baisse de l'aide publique internationale (APD), dont l'ASS était la première bénéficiaire en 2023 avec près de $ 50 milliards, suite au retrait spectaculaire américain, mais aussi européen.

Toutefois, la Chine, premier partenaire commercial, a renouvelé son soutien économique à un parterre de dirigeants africains réunis à Pékin en septembre 2024 avec des promesses de financement de près $ 51 milliards sur trois ans. Pékin pourrait aussi s'engouffrer dans la brèche ouverte par le désengagement de Donald Trump de plusieurs instances internationales et de l'APD. La Corée du Sud, qui a organisé son premier sommet Afrique-Corée du Sud en juin, s'est engagée à doubler son APD à destination de l'Afrique pour la porter à $ 10 milliards d'ici à 2030. En 2023, elle avait décidé de fournir $ 6 milliards de financements sur deux ans dans des domaines variés. L'Arabie saoudite s'affirme sur le plan économique avec la cession totale d'Olam Agri, filiale du géant singapourien Olam, à Saudi Agriculture and Livestock Investment (Salic), bras armé du fonds saoudien Public Investment Fund (PIF). Olam Agri est présente dans une dizaine de pays africains, dont le Cameroun, la Côte d'Ivoire, le Gabon, le Nigeria, dans l'agro-industrie, l'alimentation pour le bétail, le coton, l'hévéa, la noix de cajou, etc. La Russie, l'Inde, la Turquie, les pays du Golfe affirment leur présence. Pour une grande partie, ces partenaires font partie des BRICS+, qui ont intégré comme membre l'Égypte et l'Éthiopie et comme membre partenaire l'Ouganda et le Nigeria.

L'Afrique n'a pas été épargnée par la fièvre du *Liberation Day* trumpien. Un petit pays – le Lesotho – remporte même la palme avec 50 % de droits réciproques vers les États-Unis : il est vrai qu'en quelques années, il était devenu la « capitale du jean en Afrique » avec des marques comme Levi's, Wrangler ou Timberland, exportant pour l'essentiel vers les États-Unis ($ 235 millions d'excédent commercial...) et employant quelque 30 000 personnes. Madagascar (47 %), Maurice (40 %), le Botswana (37 %), l'Afrique du Sud (30 %), la Côte d'Ivoire (21 %) ont été aussi visés. C'est une remise en cause de l'*African Growth and Opportunity Act* (AGOA) de 2000 qui avait ouvert le marché américain. Mais, comme l'a dit Donald Trump devant le Congrès : « *Lesotho which nobody has ever heard of* ». La tâche sera rude pour son nouveau conseiller Afrique, Massad Boulos, héritier d'une dynastie libanaise, installée au Nigeria.

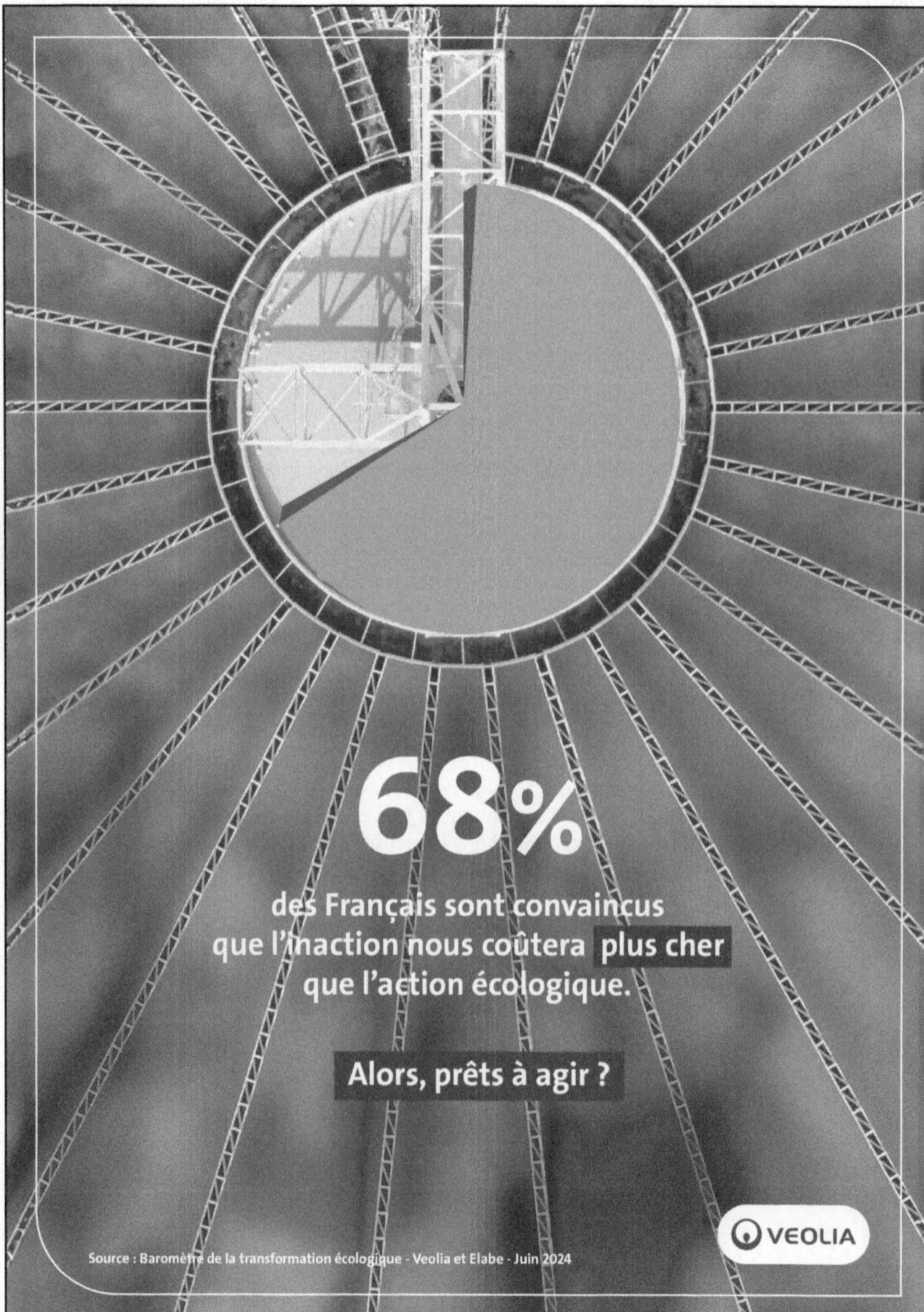
68%
des Français sont convaincus
que l'inaction nous coûtera plus cher
que l'action écologique.
Alors, prêts à agir ?
VEOLIA
Source : Baromètre de la transformation écologique - Veolia et Elabe - Juin 2024

IV

Les tous petits pas de la gouvernance mondiale

- La fin de la diplomatie commerciale internationale
- Changements climatiques : le thermomètre au-dessus de + 1,5 °C

La fin de la diplomatie commerciale internationale

Longtemps, un chapitre important de CyclOpe fut consacré aux négociations commerciales internationales du GATT puis de l'OMC. C'était le temps de l'Uruguay Round puis du cycle de Doha. Mais, aujourd'hui, l'OMC est moribonde. L'époque – dans le meilleur des cas – est aux accords bilatéraux de libre-échange lorsque ceux-ci ne sont pas foulés au pied par les États-Unis qui « brûlent tout ce qu'ils ont adoré ».

Fin novembre 2024, l'OMC a tenu sa conférence à Genève. Autrefois, celle-ci aurait attiré l'attention des médias et puis aussi tous les contestataires de la « mondialisation libérale ». Mais, là, les rues de Genève sont restées bien calmes et l'événement est presque passé inaperçu. Le mandat de la directrice générale, l'ancienne ministre nigériane Ngozi Okonjo Iweala, a été renouvelé, mais celui-ci s'annonce plus difficile que jamais avec l'arrivée de Donald Trump à la Maison-Blanche. Au cœur de l'OMC, l'Organisme de règlement des différends (ORD) reste paralysé faute de juges, puisque les États-Unis ont continué, de Trump à Biden, de refuser la nomination de nouveaux juges. Un pays peut toujours porter plainte contre un autre devant l'OMC, le dossier sera instruit, mais aucun jugement ne peut être prononcé (du moins au niveau de l'appel).

De toute manière, l'heure n'est plus au multilatéralisme : plus personne ne parle du « Cycle de Doha » (le Doha Development Round) lancé en 2001, il y a déjà presque un quart de siècle. Ceci étant, le 13 février 2025, Donald Trump a franchi un seuil supplémentaire avec son programme de « commerce et de droits de douane réciproques » (après le décret exécutif du 29 janvier « America First Trade Policy »). En voulant traiter leurs partenaires au cas par cas, les États-Unis remettent en cause l'un des piliers du GATT, son article premier consacré à la clause de la nation la plus favorisée. *De facto*, on peut considérer qu'en ce début 2025, les États-Unis ont quitté l'OMC même s'ils continuent à siéger dans ses instances (le montant de la « cotisation » est négligeable quand on la compare à celle de l'OMS, par exemple…). Le chantier dans lequel s'engagent les États-Unis est considérable, puisqu'il s'agit de passer au crible 17 000 codes de produits pour les 186 pays qui bénéficient du statut de la nation la plus favorisée avec les États-Unis. Il est vrai que les États-Unis sont un des pays qui se protège le moins : 3,1 % en moyenne pour les biens manufacturés contre 4,1 % pour l'UE, 8,1 % pour le Vietnam et 13,5 % pour l'Inde (chiffres OMC pour 2023). À son habitude, Donald Trump n'a pu s'empêcher de prendre quelques exemples : les automobiles taxées à 2,5 % aux États-Unis, à 15 % par la Chine, l'éthanol à 18 % par le Brésil, les pommes à 17 % par le Japon, les motos à 100 % par l'Inde !

Pour pallier la paralysie de l'organe d'appel de l'OMC, l'Union européenne a proposé la mise en place d'un système arbitral qui semble fonctionner tant bien que mal malgré l'absence des États-Unis et de l'Inde. En tout état de cause, il faudra un miracle pour sortir l'OMC de sa léthargie.

L'heure reste plus que jamais aux accords bilatéraux à l'image du partenariat transpacifique qui semble prospérer malgré l'absence des États-Unis (de ce point de vue Biden n'avait guère été plus positif que Trump). Du côté européen, la grande affaire a été la signature de l'accord UE-Mercosur pour laquelle Ursula von der Leyen a profité de la faiblesse politique d'Emmanuel Macron et de la France. Il reste, bien entendu, à le ratifier du côté européen, à éviter aussi les tensions au sein du Mercosur, en particulier entre Brésil et Argentine (Javier Milei a, en effet, menacé de quitter le Mercosur). L'UE négocie aussi un accord avec l'Inde qui pourrait être finalisé en 2025. L'Inde en a signé un avec l'AELE, c'est-à-dire pour l'essentiel avec… la Suisse.

Mais, soulignons-le, avant même l'arrivée de Donald Trump, il n'y avait pratiquement jamais eu autant dans le monde de barrières – formelles et informelles – aux échanges. Qu'il était loin le temps du « doux commerce » !

Le *Liberation Day* a dû être un jour de deuil à Genève, sur les bords du lac Léman, au siège de l'OMC. Quelques jours plus tôt, les États-Unis avaient annoncé une « pause » dans le financement de l'OMC qu'ils ont pourtant portée sur les fonts baptismaux en 1947 avec le premier accord du GATT. Il est vrai qu'à l'époque, le Congrès avait refusé de ratifier la Charte de La Havane qui prévoyait déjà la création d'une Organisation internationale du commerce. Mais on était au début de la guerre froide.
Les tarifs réciproques enterrent la clause de la nation la plus favorisée (MFN) et on ne sait combien de temps elle restera d'actualité pour les autres membres de l'OMC.

30 ans de négociation climatique

1990

Publication du premier rapport d'évaluation du GIEC.

1992

Adoption de la Convention Cadre des Nations unies sur les Changements climatiques (CCNUCC), entrée en vigueur en mars 1994 et ratifiée depuis par 196 parties.

1997

Adoption du Protocole de Kyoto, lors de la troisième conférence annuelle des parties (COP3).

2001

Retrait des États-Unis du Protocole de Kyoto.

2005

– Démarrage du système européen d'échange de quotas de CO_2 (EU ETS)

– Entrée en vigueur du Protocole de Kyoto à la suite de la ratification de la Russie.

2009

Conférence de Copenhague (COP15), marquant un passage à une logique *bottom-up*.

2010

Conférence de Cancún (COP16) durant laquelle les principaux éléments de l'accord de Copenhague sont intégrés dans les textes de négociation liés à la Convention Climat.

2014

Publication du cinquième rapport d'évaluation du GIEC.

2015

Adoption de l'« Accord de Paris » (COP21).

2016

– 6/11 : entrée en vigueur de l'Accord de Paris

– 8/11 : élection de Donald Trump.

2017

Annonce du retrait des États-Unis de l'Accord de Paris (1/07).

2018

COP24 à Katowice. Adoption du *rule book*, ensemble des règles de mise en œuvre de l'Accord de Paris. Échec de la négociation sur le prix international du carbone.

2022

– Publication du sixième rapport d'évaluation du GIEC (Groupes de travail 2 et 3)

– Adoption d'un instrument financier à la COP27 dédié aux pertes et dommages dans les pays pauvres.

2023

La COP28 valide l'objectif de désinvestissement (*Transition away*) des trois énergies fossiles : charbon, pétrole, gaz.

2024

– 5 novembre : élection de Donald Trump

– COP29 (12-22 novembre) : nouvel objectif de financements climatiques de $ 300 milliards par an.

Changements climatiques :
le thermomètre au-dessus de + 1,5 °C

En 2024, la température mondiale a excédé d'un peu plus de 1,5 °C le niveau de l'ère préindustrielle. On ne peut pas en déduire que la cible de l'Accord de Paris a été dépassée, même si on s'en approche dangereusement. Il faudrait que le thermomètre affiche un dépassement sur une période plus longue pour l'affirmer. Pour autant, examiner les causes de ce pic de température nous en apprend beaucoup sur les moyens d'action à mettre en œuvre face au réchauffement planétaire : non seulement accélérer les baisses d'émission de CO_2, mais aussi agir vite et fort sur celles de méthane et protéger les puits de carbone. Le bilan de 2024 révèle aussi l'écart béant qui se creuse entre l'urgence climatique et le délitement des COP successives, sans oublier le déni climatique outrageusement affiché par les dirigeants de la première puissance économique mondiale.

Quand la planète étouffe

D'après l'Organisation météorologique mondiale (OMM), l'année 2024 a été la plus chaude jamais observée, effaçant le précédent record de 2023. Le thermomètre a affiché une hausse moyenne de 1,55 °C relativement à l'ère préindustrielle.

L'année climatique a été coupée en deux. Jusqu'en juin, le thermomètre a constamment affiché des hausses supérieures à celles enregistrées en 2023 sous l'influence d'un phénomène *El Niño*. Sur la deuxième partie de l'année, l'épisode *El Niño* s'est dissipé et les températures moyennes se sont repliées en dessous de celles de 2023.

À l'exception de l'Australie et de la Nouvelle-Zélande, toutes les zones continentales ont battu leur record de température en 2024. Les continents nord-américain et européen ont été les plus sévèrement affectés. Dans le nord du Canada, la hausse du thermomètre a atteint 3 °C relativement à la période de référence des trois dernières décennies.

La température moyenne observée sur les océans a également affiché un record absolu, mais avec des variations importantes suivant les latitudes. Le réchauffement a atteint son niveau maximal dans les mers tropicales (situées entre les parallèles 20° N et S), ce qui est habituel lors des épisodes *El Niño*. Son intensité a graduellement diminué à mesure qu'on s'approchait des pôles.

Pour 2025, les centres de recherches climatiques anticipent un repli relativement modéré de la température mondiale. L'épisode *La Niña* qui traditionnellement succède à *El Niño* en refroidissant temporairement la planète devrait être de courte durée et de faible intensité.

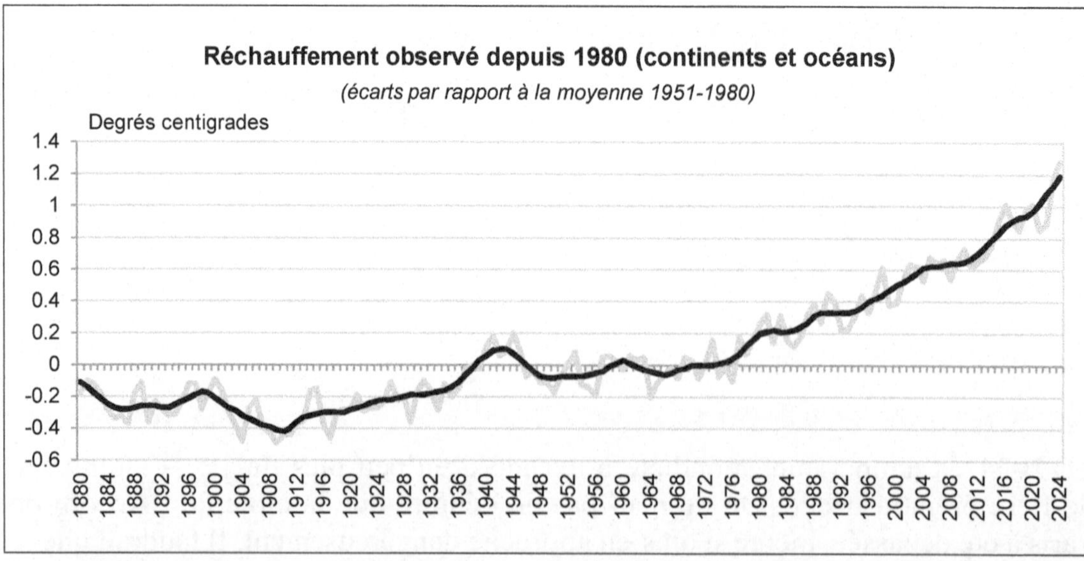

Le coût des dommages climatiques au plus haut

D'après les premières estimations du réassureur Swiss Re, le coût des catastrophes naturelles a augmenté de 6 % en 2024 pour atteindre $ 320 milliards. Ce nouveau record mondial résulte de la conjonction de deux facteurs : l'intensification des événements extrêmes provoquée par le changement climatique ; la concentration croissante de richesses et de populations dans nombre de zones côtières très vulnérables.

La note a été particulièrement salée aux États-Unis en raison des ravages des deux cyclones *Milton* et *Helen* à l'automne et du grand nombre de tornades et de tempêtes sur l'ensemble de l'année. En Asie, les coûts du typhon *Yagi* ayant affecté le Vietnam et le sud de la Chine ont reflété son intensité exceptionnelle. En décembre, l'archipel de Mayotte a subi des vents pouvant dépasser

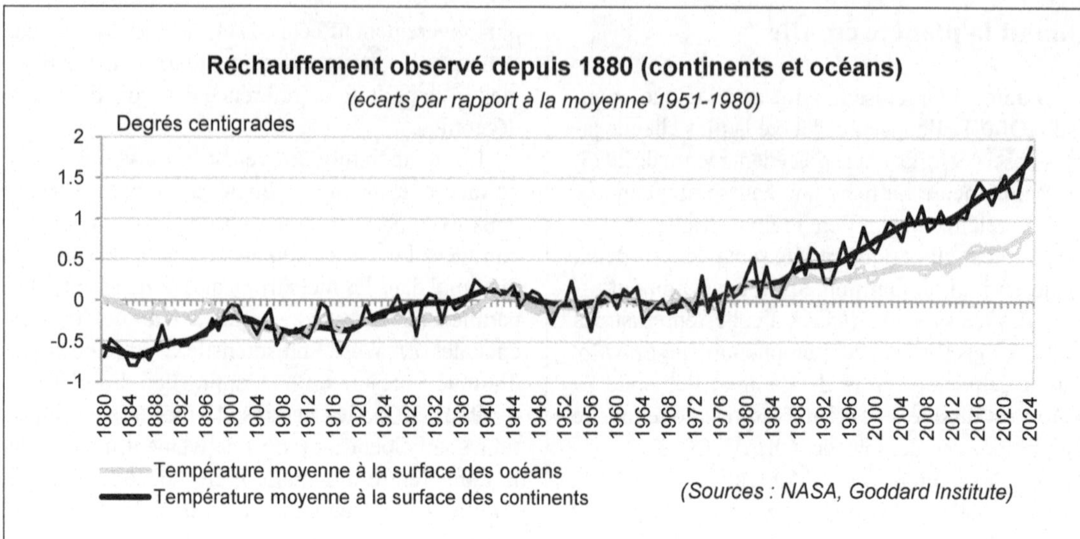

La hausse moyenne des températures sur les continents est nettement plus rapide qu'à la surface des océans

Comment mesure-t-on le réchauffement planétaire ?

Pour évaluer le réchauffement planétaire, l'Organisation météorologique mondiale (OMM), une agence des Nations unies basée à Genève, utilise les informations issues de six organisations disposant de systèmes d'observations et de bases de données historiques sur les températures mondiales.

– Trois sont basées aux États-Unis : l'agence publique NOOA en charge de l'observation des océans et de l'atmosphère, le GISS qui dépend de la NASA et le Berkeley Earth, une association de scientifiques à but non lucratif.

– Au Japon, la base de données JRA-55 est gérée depuis le service de la Météorologie nationale, comme l'est la base de données HadCRUT5 du Hadley Center au Royaume-Uni.

– Enfin, le programme européen Copernicus gère la base de données ERA5.

Sur la période la plus récente, la dispersion des estimations de la température moyenne dans le monde est très faible, mais elle augmente à mesure que l'on remonte dans le temps. Sur les périodes passées, on disposait en effet de beaucoup moins d'observations, qui n'avaient ni la précision ni la fiabilité de celles fournies aujourd'hui par les satellites.

Cela pose la question de la référence historique à prendre en compte pour calculer le réchauffement relativement à l'ère préindustrielle. Face à ce problème, le GIEC préconise de considérer la période 1850-1900 comme « proxy » pour représenter la période préindustrielle.

En 2024, tous les instituts ont observé un réchauffement supérieur à 1,5 °C relativement à cette période de référence. L'estimation de l'OMM donnant le chiffre de 1,55 °C a été obtenue en consolidant les données des différents instituts.

200 km/h et d'importantes précipitations lors du passage du cyclone *Chido*, avec des destructions considérables pour ce type d'épisode.

Des pluies torrentielles se sont abattues en juin et juillet 2024 en Chine, provoquant de multiples dégâts et déplacements de population. L'Europe a également payé un lourd tribut aux inondations en Allemagne et en Europe centrale durant l'été. En octobre, la région de Valence a été dévastée par un épisode particulièrement violent de pluies diluviennes de type méditerranéen. Les Émirats arabes unis et Oman ont reçu en une journée d'avril l'équivalent de pratiquement deux années de pluviométrie moyenne, ce qui a pris de court la population et généré d'importants dégâts matériels et humains.

Au Brésil, l'année 2024 aura été celle du cumul des dommages provoqués par les inondations et par les sécheresses. L'État du Rio Grande do Sul a reçu sur les premiers mois de l'année trois fois plus de pluies que les normes saisonnières. Plus de 600 000 personnes ont dû être déplacées et plusieurs centaines ont péri. À peu près simultanément, le Pantanal, la plus grande zone tropicale humide du monde, a subi sécheresses, chaleurs et incendies de grande ampleur aux confins des frontières du Paraguay et de la Bolivie.

Les coûts du changement climatique commencent à être évalués dans la sphère économique et financière. Leurs montants pèsent de façon croissante sur les rentabilités. Pour les grandes entreprises cotées, une étude du World Economic Forum estime qu'ils pourraient atteindre $ 610 milliards en 2035, contre $ 400 milliards aujourd'hui, en l'absence de mise en place de stratégies d'adaptation.

Face à cette envolée des coûts du changement climatique qui frappe bien plus durement les pays pauvres que les pays riches, la communauté internationale met-elle en place des moyens suffisants ? C'était l'enjeu central de la COP29, tenue à Bakou en fin d'année.

COP de Bakou : le compte est bon ?

Obtenu à l'arraché, l'accord de Bakou vise à porter les financements climatiques internationaux à $ 300 milliards par an à partir de 2025. C'est une multiplication par trois relativement à l'objectif précédent datant de la COP de Copenhague de 2009. Malgré la marche d'escalier franchie, ce compromis laisse beaucoup d'insatisfactions et encore plus d'incertitudes.

L'objectif principal des pays développés était d'intégrer au groupe des donateurs certains émergents, en particulier la Chine, la Corée du Sud ou Singapour, disposant d'une réelle force de frappe économique et financière. Cet objectif n'a pas été atteint. La Chine contribue déjà aux financements climatiques internationaux, essentiellement pour faciliter les exportations de biens d'équipement de la transition énergétique vers les pays du Sud. Mais elle a refusé de prendre tout engagement en la matière. La liste des pays concernés par la décision de Bakou reste celle, aujourd'hui bien obsolète, des pays qui appartenaient à l'OCDE en 1990. Autrement dit, le monde occidental plus le Japon : les « développés d'hier » !

Du côté des pays du Sud, l'objectif affiché était de multiplier par dix les $ 100 milliards par an promis à Copenhague. Cette revendication, soutenue par les ONG, était étayée par un rapport économique réévaluant le coût des investissements d'adaptation requis pour faire face au durcissement des conditions climatiques. On en est resté très loin, d'où leur acrimonie. Derrière la bataille de chiffres, se dessine surtout une divergence plus fondamentale. Pour les pays du Sud, les financements climatiques sont un dû, le paiement de la dette climatique que les pays d'industrialisation ancienne ont accumulée à leur égard par leurs émissions historiques de gaz à effet de serre. Dans cette vision, les approches coopératives sont subordonnées au règlement de cette dette climatique par les pays du Nord.

L'acrimonie du Sud est d'autant plus forte qu'une grande incertitude pèse sur la mise en application de la décision de Bakou en raison du contexte géopolitique global. Les logiques coopératives refluent à grande allure dans un monde où l'influence de l'ONU se délite et où la guerre, sous ses formes commerciales, hybrides ou militaires, semble redevenir la norme. Quelques jours avant l'ouverture de la conférence de Bakou, Donald Trump était élu sur la promesse de relancer l'exploitation du gaz et du pétrole et de sortir au plus vite de l'Accord de Paris. Dans la rhétorique du *Make America Great Again*, il n'y a aucune place pour l'accroissement des engagements financiers au titre du climat. Il faut au contraire s'attendre à un reflux de la contribution américaine, la première en importance. D'autres acteurs seraient-ils susceptibles de prendre le relais ? Il faudrait pour cela un axe stratégique bien improbable entre la Chine et l'Union européenne.

L'écart béant entre les besoins de financement, les promesses de Bakou et la réalité géopolitique est d'autant plus préoccupant que le monde s'approche à grande allure des cibles climatiques définies par l'Accord de Paris.

Comment juger le 1,55 °C au regard de l'Accord de Paris ?

À son article 2, l'Accord de Paris engage la communauté internationale à limiter le réchauffement relativement à l'ère préindustrielle « nettement en dessous de 2 °C » et à « poursuivre l'action » pour atteindre la cible de 1,5 °C. Pour autant, il n'indique pas quel indicateur utiliser pour se situer par rapport aux objectifs.

Pour juger si la cible de 1,5 °C a été franchie, le GIEC recommande d'utiliser des moyennes décennales plutôt que des données annuelles et de prendre les années 1850-1900 comme référence pour la période préindustrielle. Par exemple, dans son sixième rapport d'évaluation, il estimait à 1,1 °C la montée des températures entre 1850-1900 et la décennie 2010. Ce chiffre a été depuis actualisé à 1,2 °C pour la décennie 2014-2023. Il serait donc abusif de conclure que la cible de 1,5 °C a été atteinte sur la base de la seule observation de l'année 2024.

Une façon de suivre la recommandation du GIEC d'utiliser des moyennes décennales serait d'attendre de connaître les températures de la décennie 2024-2033 pour interpréter, *a posteriori*, le résultat de l'année 2024. C'est une méthode sans risque, mais pas très utile pour guider l'action climatique.

Une autre voie consiste à repérer les facteurs structurels qui conditionnent l'évolution tendancielle des températures, au-delà de leurs oscillations de court terme. Pour y parvenir, l'OMM recommande, de coupler les travaux des scientifiques utilisant les modèles climatiques permettant d'identifier les facteurs anthropiques du réchauffement avec l'approche statistique. Commençons par cette dernière.

Sur quelle tendance sommes-nous ?

L'approche statistique consiste à identifier, à partir des données historiques de température, des tendances qui gomment les effets de la variabilité du climat à court terme. En utilisant un modèle linéaire, cette tendance prend la forme d'une droite, autour de laquelle vont osciller les observations annuelles.

Au cours du XXe siècle, la hausse de la température moyenne n'a pas été continue. Du fait de ces discontinuités, les tendances qu'on peut calculer sur le très long terme ne sont pas statistiquement significatives. En revanche, la méthode statistique s'avère plus robuste pour la période démarrant en 1950. Nous l'avons appliquée à quatre sous-périodes démarrant respectivement en 1950, 1970, 1990 et 2005.

L'ajustement statistiquement le plus significatif concerne la période de 1970 à 2024. Sur cette période, le réchauffement s'accroît de 0,2 °C par décennie. Si la tendance se poursuit, la cible de 1,5 °C sera atteinte en 2034. Le pic de température de 2024 se situe donc nettement au-dessus du réchauffement tendanciel, qui n'est que de 1,3 °C en 2024.

Mais cette interprétation doit être confrontée à un autre résultat intrigant de la méthode statistique : la tendance du réchauffement semble s'accélérer à mesure que le temps s'écoule. En appliquant la même méthode statistique à la période 1990 à 2024, la tendance du réchauffement passe de 0,2 °C à 0,23 °C par décennie et même à 0,29 °C sur les vingt dernières années. Si cette tendance de 0,29 °C se poursuivait, la limite de 1,5 °C serait alors atteinte dès 2029. Autrement dit : demain !

Au total, la méthode statistique écarte l'idée que l'on serait déjà entré dans un climat où le réchauffement excède 1,5 °C, malgré le pic de températures observé en 2024. Elle nous alerte en revanche sur la proximité de cette limite qui risque d'être désormais atteinte en moins d'une décennie.

Températures moyennes dans le monde
(écart par rapport à 1850-1900)

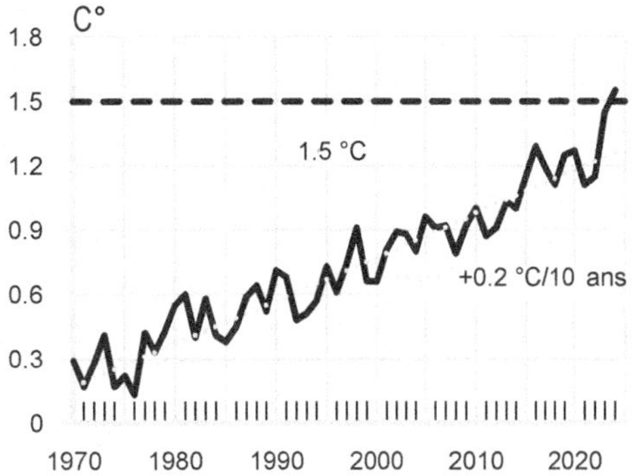

(Source : Hadley Center)

Les observations historiques laissent enfin un doute sur la tendance récente du réchauffement, qui pourrait être en phase d'accélération. Est-ce vraiment le cas ? Pour y voir plus clair, il convient, à l'instar de ce que préconise l'OMM, de compléter la méthode statistique par l'analyse des facteurs à l'origine de l'envolée du thermomètre.

Cherchez le coupable

L'un des principaux facteurs de variabilité du climat à court terme est le mécanisme de « l'oscillation australe » qui voit se succéder des épisodes dits *El Niño* qui accentuent le réchauffement et des épisodes *La Niña* qui jouent en sens inverse.

Ce mécanisme a joué en 2023 et 2024. Un épisode *El Niño* est apparu au printemps 2023, pour s'atténuer progressivement à partir de la fin de l'hiver 2024. D'une intensité moindre que celui ayant contribué au record de température de 2016, cet épisode ne permet pas, à lui seul, d'expliquer le pic des températures des deux dernières années, d'après l'analyse des climatologues. Il faut donc chercher d'autres explications.

Les émissions de CO_2 sont la première cause anthropique du réchauffement. Pourraient-elles avoir contribué à l'accélération du réchauffement des deux dernières années ?

La gouvernance du système des Nations unies en matière de changement climatique

La Convention Cadre des Nations unies sur les Changements Climatiques, signée en décembre 1992 au sommet de la Terre de Rio, est entrée en vigueur en mars 1994. Ce traité a depuis été ratifié par 195 pays et l'Union européenne qui constituent les « parties » à la Convention. L'organe suprême de la Convention climat est la Conférence des Parties (COP) qui réunit les représentants de tous les États ayant ratifié la convention. Ses procédures donnent à tout pays, petit ou grand, une voix équivalente conformément aux principes des Nations unies. Avec 196 parties, on imagine la complexité de la prise de décision et les risques induits de blocage.

La COP doit statutairement se réunir une fois par an. C'est chaque année la conférence annuelle sur le climat qui se tient habituellement la première quinzaine de décembre. Certaines COP n'ont pas laissé de grands souvenirs. D'autres ont marqué l'histoire de l'action collective face au changement climatique. C'est le cas de la troisième COP qui s'est réunie en 1997 à Kyoto : le fameux protocole du même nom y a été adopté en séance plénière. La conférence de Paris était la COP21. Les 196 parties y ont adopté l'« Accord de Paris » qui vise à instituer un nouveau régime climatique à partir de 2020.

La COP est dotée d'un secrétariat opérationnel basé en Allemagne à Bonn. Ce secrétariat met en application les décisions qui sont prises. Le secrétariat abrite les deux organismes en charge de la supervision des mécanismes de projet introduits par le protocole de Kyoto : le Mécanisme pour un développement propre et la Mise en œuvre conjointe. Il assure également la collecte des informations que chaque partie à la Conférence s'est engagée à fournir. Ce travail technique ne doit pas être sous-estimé. Il permet d'assurer de multiples échanges d'informations entre pays sur les émissions de gaz à effet de serre.

La Convention climat de 1992 a établi deux organes subsidiaires permanents : l'Organe Subsidiaire de Conseil Scientifique et Technologique (SBSTA en anglais) et l'Organe Subsidiaire pour la mise en application (SBI en anglais). La tâche du SBSTA est d'alimenter la COP en informations sur les questions scientifiques, technologiques et méthodologiques. Celle du SBI est de conseiller la COP sur toutes les questions relatives à la mise en œuvre de la Convention. Ces organes sont ouverts à la participation de toutes les Parties, les gouvernements pouvant envoyer des représentants experts. Le SBSTA et le SBI se réunissent traditionnellement en parallèle de la COP, deux fois par an.

D'après les premières estimations, les émissions mondiales de CO_2 d'origine énergétique (y compris process industriels) ont augmenté de 0,8 % en 2024, après la hausse de 1,4 % en 2023. Sur la dernière décennie, leur rythme de croissance a été divisé par quatre relativement à la décennie précédente. Cela a principalement été obtenu par le ralentissement des émissions chinoises, encore en légère augmentation en 2024, et par le recul des émissions en Europe de l'Ouest, aux États-Unis et dans la majorité des autres pays industrialisés.

Les émissions liées aux changements d'usage des terres ont de leur côté diminué de 28 % durant la dernière décennie (2013-2023), si bien que les émissions totales de CO_2 sont sur un plateau depuis une dizaine d'années. Il n'y a là rien qui puisse expliquer la remontée récente du thermomètre. Il nous faut donc élargir la recherche du ou des coupables.

Moins de pollutions, plus de rétroactions

Un premier facteur d'accélération identifié concerne les rejets de dioxyde de soufre (SO_2) s'échappant dans l'atmosphère lors de la combustion de charbon, de gazole ou de fioul. Une fois dans l'atmosphère, le SO_2 se décompose chimiquement en produisant des aérosols qui constituent un voile déviant une partie des rayons solaires et refroidissant la planète. Les rejets de SO_2, par leur impact sur la formation des aérosols, ont donc atténué le réchauffement climatique résultant des émissions de CO_2.

Mais les aérosols soufrés sont très nocifs pour la santé et l'environnement (phénomène des puits acides). C'est pourquoi la réduction des rejets de SO_2, mieux leur élimination, est un objectif récurrent des luttes antipollution. En particulier, la réglementation des rejets de SO_2 a été fortement durcie depuis 2020, principalement dans le transport maritime et pour le fonctionnement des centrales thermiques en Chine.

Comme les normes sur le SO_2 ont été plus sévères que celles sur le CO_2, les armateurs et les opérateurs chinois ont investi dans des procédés éliminant les rejets de dioxyde de soufre sans réduire l'usage de l'énergie fossile et les émissions de CO_2. Le recul des rejets de SO_2 a donc contribué au réchauffement à court terme, dans des proportions qui font l'objet de discussions intenses parmi les scientifiques.

Un autre facteur explicatif est à chercher du côté des rétroactions climatiques. Dans son analyse d'octobre 2024, l'OMM souligne que le stock atmosphérique de CO_2 continue de progresser à

Le nouvel agenda ouvert par l'Accord de Paris

Avril 2016

Ouverture à la signature de l'Accord au secrétariat des Nations unies à New York. 55 signatures représentant au minimum 55 % des émissions mondiales sont requises pour l'entrée en vigueur de l'Accord en 2020.

Mai 2016

Première réunion de l'APA (*Ad hoc Working Group on the Paris Agreement*), organe chargé de la mise en œuvre de l'Accord de Paris.

Novembre 2016

– Entrée en vigueur de l'Accord de Paris (4 novembre).
– COP22 à Marrakech.

2018

– Publication du rapport spécial du GIEC sur les trajectoires d'émission associées aux objectifs de limitation du réchauffement à 1,5 °C.
– Dialogue de facilitation pour accroître l'ambition des contributions nationales dès l'entrée en vigueur de l'Accord de Paris.

2021

– Publication du sixième rapport d'évaluation du GIEC.
– Premier cycle quinquennal de soumission des Contributions nationales (*Nationally Determined Contributions : NDC*).

2023

Premier bilan mondial évaluant la réalisation des objectifs de l'Accord (*Global stocktake*).

2025

Mise en œuvre du nouvel objectif de financement.

2026

Second cycle quinquennal de soumission des Contributions nationales (*NDC*).

2028

Second bilan mondial évaluant la réalisation des objectifs de l'Accord (*Global stocktake*).

un rythme inchangé alors que ses émissions ralentissent. Elle impute cette discordance à l'affaiblissement des puits de carbone provoqué par le réchauffement : sécheresses, augmentation des maladies et de la mortalité des arbres, extension des feux de forêt…

Des rétroactions climatiques sont également à craindre du côté du méthane. Du fait de l'accroissement très rapide de son stock atmosphérique, la contribution du méthane au réchauffement a augmenté sur la période récente, nous rappelle l'OMM. Or, l'augmentation de son stock ne peut s'expliquer par les seules émissions anthropiques. Elle est amplifiée par le réchauffement qui accentue la production de méthane dans les zones humides et risque d'accélérer celle provoquée par la fonte du permafrost.

Un facteur additionnel pour le méthane est la réduction des rejets d'oxydes d'azote, un polluant dangereux pour la santé, mais qui, une fois dans l'atmosphère, accélère la destruction du méthane et donc atténue le réchauffement.

Si le pic de température de 2024 ne nous a pas fait dépasser la cible de 1,5 °C, l'analyse de ses causes est utile pour renforcer l'action face au réchauffement planétaire. L'accélération des réductions d'émissions de CO_2 reste la première priorité. Mais elle ne suffira pas. Il faut également agir vite et fort sur le méthane et faire face aux rétroactions climatiques.

Émissions de CO_2 : faire face aux vents contraires

Le coup de frein des émissions mondiales de CO_2 d'origine énergétique a été obtenu durant la dernière décennie grâce au déploiement bien plus rapide qu'anticipé des énergies solaires et éoliennes. Ce déploiement va se poursuivre, y compris aux États-Unis, car ces énergies de flux resteront compétitives face aux énergies fossiles. Mais il ne suffira pas à lui seul à faire baisser les émissions de CO_2 au rythme requis pour limiter le réchauffement en dessous de 2 °C.

Ce qui fait baisser les émissions de CO_2, ce n'est pas d'ajouter des renouvelables dans le système énergétique. C'est d'enlever les sources fossiles, autrement dit de désinvestir en supprimant ou reconvertissant les actifs économiques utilisés pour produire et consommer l'énergie fossile.

La transition énergétique est entrée dans cette phase dure où il faut retirer vite du capital brun pour y substituer du vert. Cela heurte de front les intérêts des producteurs et utilisateurs d'énergie fossile, ainsi que toutes les habitudes des consommateurs addictes aux fossiles. D'où les vents contraires qui visent à retarder ce désinvestissement et à s'opposer à tout ce qui pourrait ressembler de près ou de loin à de la sobriété énergétique.

En 2024, ces vents ont soufflé de plus en plus fort. Les investissements dans les industries pé-

Les émissions de CO_2 d'origines fossile et industrielle depuis 1960
(en milliards de tonnes)

	Chine	États-Unis	Inde	UE-27	Russie	Japon	Monde
1960	0.8	2.9	0.1	2.1	0.9	0.2	**9.4**
1970	0.8	4.3	0.2	3.3	1.5	0.8	**14.9**
1980	1.5	4.7	0.3	4.1	2.1	1.00	**19.5**
1990	2.4	5.1	0.6	3.9	2.6	1.2	**22.8**
2000	3.6	6.0	1.0	3.6	1.5	1.3	**25.5**
2010	9.0	5.7	1.7	3.4	1.7	1.2	**33.3**
2020	10.9	4.7	2.4	2.6	1.6	1.0	**34.8**
2023	12.0	4.9	3.1	2.5	1.8	1.0	**37.6**
2024(e)	12.0	4.9	3.2	2.4			**37.9**

(e) estimation

(Source : Global Carbon Budget (2024))

trogazières sont repartis à la hausse. Le désinvestissement des centrales à charbon se fait attendre en Chine et plus encore en Inde. À la suite de l'élection de juin 2024 au Parlement européen, les majorités requises pour mettre en œuvre le Pacte vert seront bien plus difficiles à trouver. Enfin, les États-Unis, devenus le premier producteur mondial de pétrole et de gaz, ont élu en novembre un président dont l'un des slogans favoris de campagne était : *Drill baby drill.*

Il y a donc urgence à accélérer la transition énergétique, ce qui demanderait des moyens bien plus puissants pour accélérer la sortie du système économique mondial de sa dépendance aux énergies fossiles. La voie réglementaire consistant à imposer une réduction massive des permis d'exploration et d'exploitation semble peu réaliste. Celle d'une taxation mondiale du CO_2, prioritairement redistribuée vers les pays moins avancés, devrait d'urgence être remise à l'étude. Elle pourrait être examinée à la COP30 qui, sous présidence brésilienne, doit en 2025 se pencher sur les ressources additionnelles susceptibles de démultiplier les financements climatiques.

Méthane et aérosols

Comme l'a illustré le pic de température de 2023 et 2024, réduire les rejets de SO_2 et d'oxydes d'azote est une priorité sanitaire, mais cela contribue aussi à… réchauffer à court terme la planète. Les stratégies d'atténuation doivent mieux prendre en compte l'ensemble des rejets atmosphériques et leurs interactions complexes, notamment celles avec le méthane.

En premier lieu, le durcissement des normes sanitaires devrait être mieux coordonné avec celui des normes climatiques. Cela n'a pas été fait dans le cas du transport maritime où les normes sont plus contraignantes pour le SO_2 que pour le CO_2. Ce type de distorsion provoque l'effet de réchauffement maximal puisque les navires « dépollués » continuent généralement d'envoyer la même quantité de CO_2 dans l'atmosphère en équipant leurs navires de filtres limitant les seuls rejets de SO_2.

Quand on réduit l'usage de combustibles comme le charbon, le fioul ou le gazole qui émettent à la fois du CO_2 et du SO_2, l'effet sur les stocks atmosphériques d'aérosols est rapide, mais n'apparaît qu'à long terme sur le CO_2. Autrement dit, l'effet de réchauffement provoqué par la baisse du polluant contrecarre à court et moyen terme le bénéfice climatique obtenu grâce à la baisse des rejets de CO_2.

Pour atténuer cet effet de réchauffement, l'une des voies les plus sûres est d'agir sur les émissions de méthane, dont la baisse impacte plus rapidement le climat que celle du CO_2. Cela est, du reste, écrit en toutes lettres dans le « Résumé pour décideurs » du sixième rapport du GIEC : « Des réductions fortes, rapides et durables des émissions de CH_4 limiteraient également l'effet de réchauffement résultant de la diminution de la pollution par les aérosols. »

D'une façon générale, plus l'urgence climatique s'accroît avec le rapprochement des cibles de l'Accord de Paris, plus la réduction des émissions de méthane s'impose comme une composante déterminante des stratégies climatiques. Il faut donc s'attaquer vite et fort aux émissions de méthane.

Dans le secteur énergétique, les démarches volontaires, y compris celles labellisées dans les COP, n'ont guère d'impact sur les émissions. L'élimination des rejets atmosphériques de méthane est une opération qui ne présente pourtant aucune difficulté technique pour les opérateurs énergétiques et son coût n'est pas astronomique. Il y a là un levier qui devrait être actionné à grande échelle.

Dans le secteur de l'agriculture et de l'élevage, première source d'émission de méthane, les stratégies de baisse sont plus complexes, notamment en raison des enjeux alimentaires et des rétroactions climatiques susceptibles de s'ajouter aux émissions directement anthropiques.

Protéger les puits de carbone

Pour expliquer les hausses récentes de température, il faut désormais prendre en compte les rétroactions climatiques. En effet, le réchauffement freine l'action des puits de carbone naturels et peut même les transformer en sources d'émissions supplémentaires (par exemple *via* les feux de forêt ou le dépérissement des arbres). Il intensifie également les rejets de méthane par les milieux naturels.

La protection des puits de carbone concerne aussi bien l'océan que la biosphère terrestre. C'est un enjeu primordial, car si ces puits se transforment en source d'émission sous l'effet du réchauffement, l'impact sur le climat pourrait être massif. On estime en effet que l'ensemble de la biosphère terrestre stocke l'équivalent de quatre fois la quantité de CO_2 présente dans l'atmosphère. Pour l'océan, c'est plus de quarante fois !

La prise en compte de ces rétroactions climatiques rend quelque peu caduque la distinction traditionnelle entre atténuation et adaptation au changement climatique. La protection des puits de carbone naturels implique ainsi d'adapter les systèmes agricoles et forestiers au réchauffement pour renforcer leur résilience et simultanément accroître leur capacité à absorber le carbone de l'atmosphère et à le stocker de façon durable dans les sols.

Sans de telles adaptations des activités reposant sur l'utilisation du « carbone vivant », les seules réductions des émissions de « carbone fossile » ne suffiront pas à nous remettre sur les rails de scénarios en phase avec les objectifs d'atténuation de l'Accord de Paris.

Deuxième partie

Les marchés

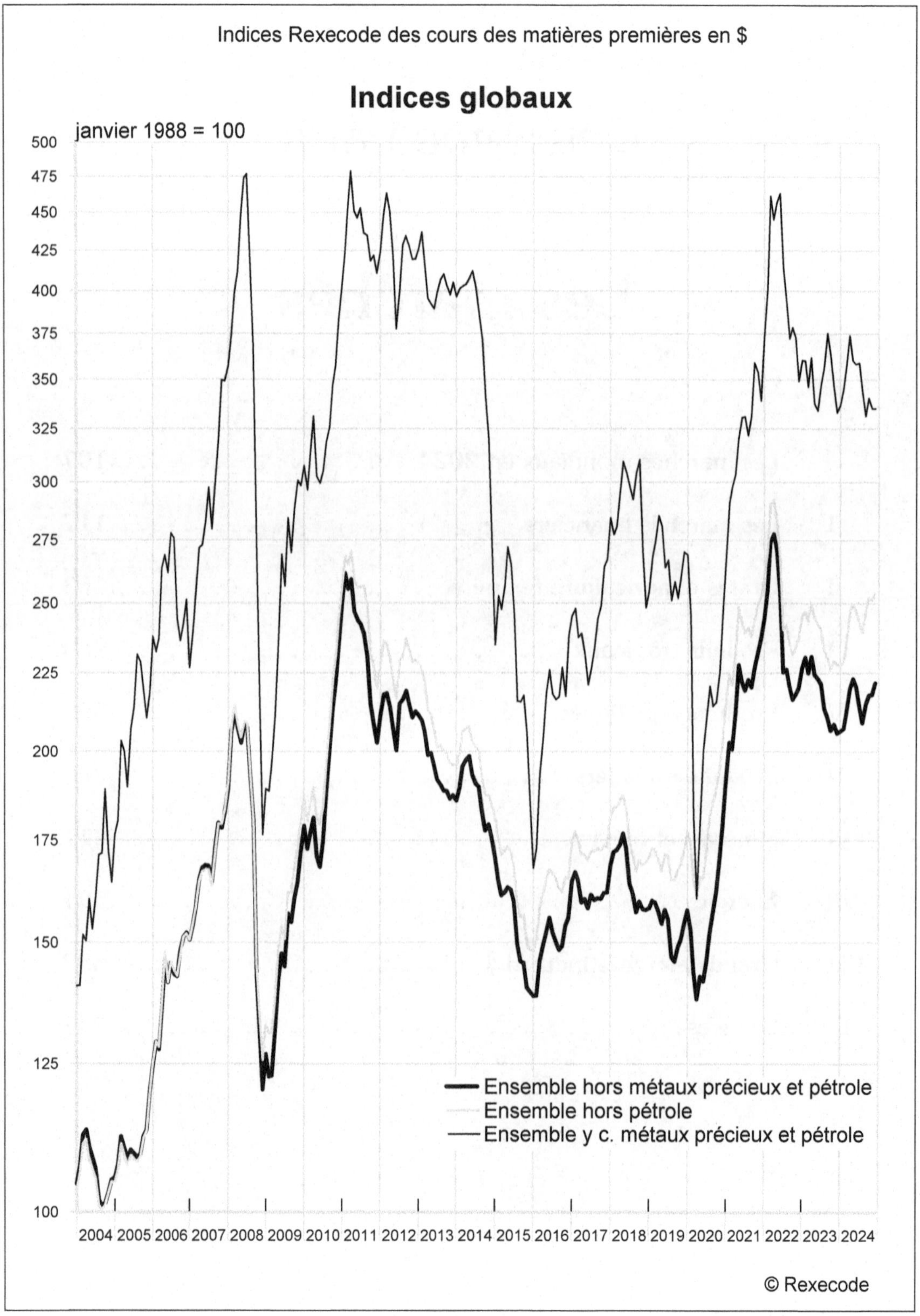
Indices Rexecode des cours des matières premières en $
Indices globaux
janvier 1988 = 100
500
475
450
425
400
375
350
325
300
275
250
225
200
175
150
125
100
2004 2005 2006 2007 2008 2009 2010 2011 2012 2013 2014 2015 2016 2017 2018 2019 2020 2021 2022 2023 2024
Ensemble hors métaux précieux et pétrole
Ensemble hors pétrole
Ensemble y c. métaux précieux et pétrole
© Rexecode

Les marchés mondiaux en 2024

Malgré le tumulte qui a saisi maintes régions du monde, de l'Ukraine au Moyen-Orient sans oublier l'Afrique, malgré les incertitudes politiques qui ont caractérisé nombre de pays en Europe et en Asie sans oublier, bien sûr, les conséquences de l'élection américaine, les marchés mondiaux de matières premières ont connu en 2024 une année presque « ordinaire » : certes, quelques flambées spectaculaires affectant notamment la table du petit déjeuner (café, cacao, jus d'orange) et des valeurs refuges plus ou moins traditionnelles, de l'or au bitcoin, mais des replis marqués pour nombre de métaux et aussi pour les céréales et dans une moindre mesure pour le pétrole.

Au total, les hausses des uns, compensant les baisses des autres, l'indice CyclOpe exprimé en dollars (qui ne couvre que les principaux produits « mondialisés ») s'est replié de 1 % en 2024, de 2 % si l'on exclut l'énergie et les métaux précieux.

À la hausse, le record de l'année est incontestablement celui du cacao (+ 126 %) qui n'avait jamais été, au fil de sa longue histoire, à pareille fête. Il est suivi par le café et par quelques métaux devenus stratégiques au fil des tensions géopolitiques. À la baisse, le record, peut-être un peu paradoxal pour les observateurs non avertis, est celui du lithium (– 70 %).

Avec l'arrivée au pouvoir de Donald Trump, les perspectives pour 2025 sont particulièrement floues. Si les marchés se nourrissent des conflits qui assombrissent la planète, l'imprévisible tarifaire peut bouleverser toutes les anticipations s'appuyant sur l'analyse « rationnelle » des seuls fondamentaux.

En 2024, l'économie mondiale a progressé d'un peu plus de 3 % avec un pôle majeur de croissance parmi les pays avancés, les États-Unis, alors que deux moteurs historiques des Trente Glorieuses, l'Allemagne et le Japon, s'affichaient en négatif. Parmi les grands pays émergents, l'heure a été au ralentissement tant pour la Chine que pour l'Inde (qui conserve toutefois le « ruban bleu » de la croissance la plus forte en 2024). Mais, pour les marchés de matières premières, la Chine a été la principale interrogation de l'année. Malgré les promesses de croissance affichées par les autorités, la réalité a été toute autre (4,6 % de croissance « officielle » au troisième trimestre). La crise du

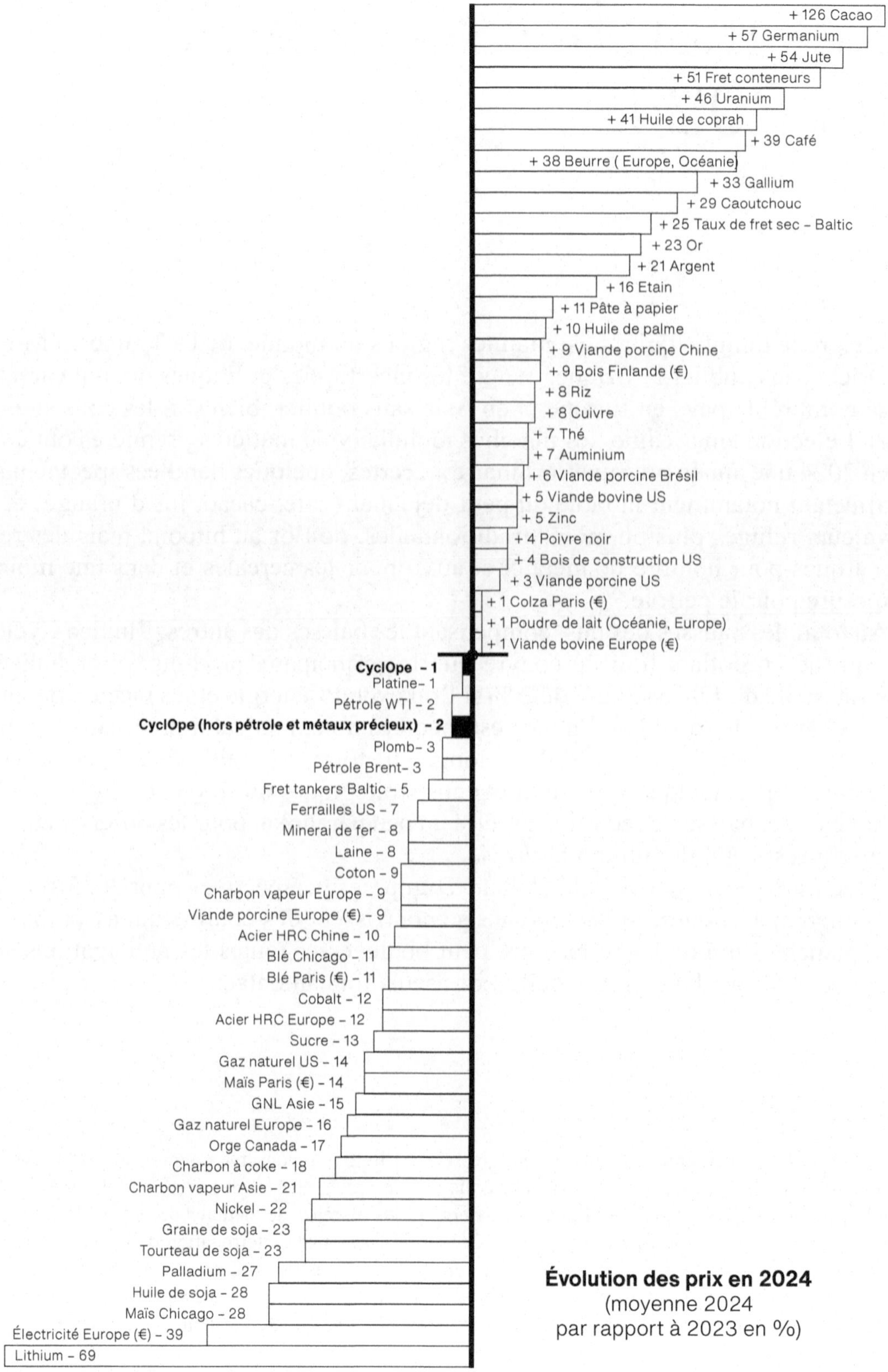

Évolution des prix en 2024
(moyenne 2024
par rapport à 2023 en %)

secteur de la construction n'a pas été résolue et les plans de relance annoncés ont déçu. Pourtant, les importations chinoises de matières premières sont restées soutenues à la notable exception du pétrole (mais là, il s'agit déjà du *peak oil* au moins pour l'essence et le diesel). La situation du minerai de fer, devenu un véritable indicateur de la santé de l'économie chinoise, peut apparaître paradoxale avec une hausse de près de 5 % des importations alors que la production d'acier diminuait de 3 %. Pour le fer comme pour d'autres produits, les importateurs ont manifestement maintenu leurs achats en profitant de la baisse des cours pour reconstituer leurs stocks. En tout état de cause, la Chine n'a pas été le moteur attendu de la demande mondiale.

Un autre facteur a influencé les marchés : il s'agit du raffermissement du dollar. Moins marquée qu'autrefois puisque les États-Unis sont presque devenus un « émirat » énergétique, la corrélation inverse entre dollar et prix des matières premières a été encore d'actualité en 2024.

Du point de vue géopolitique, l'influence des conflits en cours a été mesurée. Les marchés ont appris à vivre avec la guerre en Ukraine : les céréales sont sorties presque sans problème de la mer Noire qui reste le premier bassin mondial d'exportation notamment pour le blé. Le pétrole russe a vu ses primes négatives se réduire et la flotte des tan-

Indices Rexecode
des cours des matières premières en $
Matières premières industrielles

© Rexecode

Les principales importations de matières premières de la Chine en 2024
(en millions de tonnes)

		Évolution sur 2023 (%) Volume	Valeur
Ensemble produits agricoles	–	–	– 7,9
Grains	157	– 2,3	– 15,6
dont soja	105	+ 6,5	– 10,9
Huiles végétales	7	– 26,8	– 28,7
Minerai de fer	1 236	+ 4,9	– 2,5
Minerai de cuivre et concentrés	28	+ 2,1	+ 13,1
Charbon	542	+ 14,4	– 1,8
Pétrole brut	553	– 1,9	– 3,9
Gaz naturel	131	+ 9,9	+ 1,2
Produits pétroliers	48	+ 1	+ 4,6
Caoutchouc (naturel et synthétique)	7	– 8,2	+ 10
Bois (grumes et sciages)	62	– 4,4	– 1,5
Pâte à papier	34	– 6,3	– 5,6
Et quelques exportations :			
Acier	110	+ 22,7	– 1,1
Aluminium	6	+ 17,4	+ 15,2

(*Source : Trade Data Monitor)*

Correction des prévisions de CyclOpe pour 2024

	Prévision CyclOpe Janvier 2024	Variation effective 2024-2023
Indice CyclOpe global	- 6	- 1
Indice CyclOpe global hors pétrole et métaux précieux	- 1	- 2
Cacao	+ 23	+ 126
Gaz naturel US	+ 10	- 14
Blé Chicago	+ 8	- 11
Cuivre	+ 6	+ 8
Blé Paris (€)	+ 3	- 11
Or	+ 3	+ 23
Caoutchouc	+ 3	+ 29
Aluminium	+ 2	+ 7
Tourteau de soja	+ 1	- 23
Etain	+ 1	+ 16
Platine	- 1	- 1
Zinc	- 2	+ 5
Café	- 3	+ 39
Argent	- 5	+ 21
Plomb	- 6	- 3
Graines de soja	- 6	- 23
Pétrole WTI	- 6	- 2
Riz	- 7	+ 8
Minerai de fer	- 8	- 8
Gaz naturel Europe	- 8	- 16
Gaz naturel Asie (GNL)	- 8	- 15
Pétrole Brent	- 9	- 3
Maïs	- 10	- 28
Sucre	- 10	- 13
Laine	- 14	- 8
Coton	- 16	- 9
Huile de palme	- 18	+ 10
Huile de soja	- 19	- 28
Nickel	- 21	- 22
Charbon vapeur Europe	- 21	- 9
Charbon vapeur Asie	- 22	- 21
Palladium	- 25	- 27
Charbon à coke	- 26	- 18

Corrigé des prévisions 2024 de CyclOpe

Le résultat des prévisions 2024 de CylOpe est moyen même s'il peut faire illusion. Les évolutions des indices CyclOpe ont en effet été bien anticipées, mais les moyennes comme toujours masquent de profondes disparités. Sur l'énergie, la plupart de nos prévisions ont été correctes (à l'exception – marginale au plan international – du gaz naturel aux États-Unis) même si notre pessimisme relatif pour le pétrole ne s'est pas vérifié avec une baisse du prix du baril moins forte qu'anticipée. Pour les métaux, nos prévisions ont été en général excellentes et même « parfaites » pour le nickel, le fer, les platinoïdes et le cuivre. Par contre, nous n'avons pas anticipé la hausse de l'or et de l'argent, peut-être par prévention contre les « reliques barbares ». Mais c'est dans le domaine agricole que l'on trouve nos principales « erreurs » : les flambées du café et surtout du cacao nous ont surpris (tout comme l'ensemble des acteurs de ces marchés, mais ce n'est pas une excuse) en particulier en ce qui concerne le deuxième souffle des hausses de la fin d'année. Nous étions, par contre, trop optimistes pour le blé dont le marché est resté bien approvisionné. Enfin, si les baisses du maïs et du soja ont été bien anticipées, le comportement de l'huile de palme nous a pris à contrepied avec les décisions de l'Indonésie d'augmentation de l'incorporation dans les carburants. Et parmi les matières premières agricoles, nous avons aussi sous-estimé la hausse des prix du caoutchouc..

kers « gris » circuler presque librement vers l'Inde et la Chine.

L'Europe continue à importer du GNL russe et les gazoducs ont approvisionné encore, *via* l'Ukraine, une partie de l'Europe centrale. Les tensions au Moyen-Orient ont certes affecté la mer Rouge, mais le golfe Persique reste ouvert malgré quelques menaces iraniennes. La détérioration des relations entre la Chine et les États-Unis s'est traduite par des restrictions aux échanges qui ont affecté certains métaux critiques comme l'antimoine et le germanium qui affichent des hausses de prix parmi les plus marquées de 2024. En fin d'année, nombre d'achats de précaution ont probablement anticipé les guerres commerciales trumpiennes de 2025. Mais, au fond, de manière générale pendant les guerres, les marchés ont continué leurs affaires, celles-ci se déportant quelque peu, au moins en ce qui concerne le négoce et le *shipping* de Genève à Dubaï…

Le climat a aussi prélevé son tribut. L'année 2024 a été la plus chaude depuis le début de l'ère industrielle (+ 1,6 °C). Ceci étant, on n'a parlé ni du *Niño*, ni de sa petite sœur la *Niña* et les récoltes ont été plutôt abondantes (l'Europe occidentale et surtout la France en étant de notoires exceptions). La mousson a été bonne en Inde et a permis de lever en partie les mesures de restriction des exportations décidées pour des raisons… électorales. Le Vietnam a, par contre, souffert de sécheresse ce qui a affecté la production de Robusta, tout comme l'alternance de pluies et de sécheresse a handicapé celle de cacao en Afrique de l'Ouest et celle d'Arabica au Brésil.

Mais, au-delà, plus que jamais en 2024, chaque marché a eu sa propre histoire…

Des marchés de l'énergie assagis

Le pétrole n'a pas profité des tensions géopolitiques et il a terminé l'année dans la partie basse de la fourchette à $ 70/$ 80 le baril, malgré tous les efforts consentis par les producteurs de l'OPEP+. C'est que le marché, malgré les quelque cinq millions de barils/jour (mbj) retenus par le cartel, est devenu excédentaire. La demande mondiale n'a augmenté que de 936 000 barils/jour là où l'offre tirée par les non-OPEP+ augmentait d'au moins 1,5 million de barils par jour. La Chine qui depuis trente ans représentait près de la moitié de la croissance de la demande mondiale n'a augmenté sa consommation en 2024 que de 108 000 barils par jour (sur les trente dernières années, la Chine avait représenté 41 % de la croissance de la demande mondiale !). Pour le gaz naturel, la situation est différente. Si les prix sont restés plutôt déprimés aux États-Unis, tel n'est pas le cas en Europe ni sur le marché mondial du GNL. Confrontée aux aléas du vent – et donc de la production d'énergie éolienne – et aux incertitudes à propos de ce qu'il reste des arrivages de gaz russe, l'Europe a augmenté ses achats de GNL américain alors que la demande asiatique était forte. Le résultat en a été une forte hausse des prix à l'automne à près de € 50 le MWh, de $ 15 le Mbtu pour le GNL. En fin d'année, le gaz naturel valait dix fois plus cher en Europe qu'aux États-Unis ! Ceci a entraîné en Europe une très forte instabilité des prix de l'électricité avec un nombre record d'heures à prix négatifs et de très fortes tensions aux moments de pointe de la demande. Les énergies renouvelables, dont l'Europe dépend de plus en plus, sont par essence intermittentes en fonction du vent et du soleil. Néanmoins, le prix de l'électricité en Europe est revenu « en moyenne » à des niveaux plus… normaux.

Les métaux dans l'attente

Nombre de marchés de métaux sont suspendus au développement de la transition énergétique, mais pour l'instant, malgré des promesses, l'heure reste aux excédents dans l'attente d'un rebond de la demande. C'est le cas du cuivre qui, malgré d'excellentes perspectives à moyen terme, n'a pu franchir durablement le seuil symbolique des $ 10 000 la tonne. Mais, pour les autres métaux « électriques », c'est presque la « Bérézina » qu'il s'agisse du lithium, du cobalt et surtout du nickel. Pour ce dernier, le principal responsable en est l'Indonésie qui produit désormais plus de la moitié d'une offre mondiale structurellement excédentaire (au grand dam de la Nouvelle-Calédonie). Parmi les « grands » métaux, c'est l'étain qui affiche la meilleure performance certes grâce à la demande de l'industrie des semi-conducteurs, mais aussi aux aléas de la production dans l'État Wa, aux confins insoumis de la Birmanie, le principal fournisseur en concentrés de la Chine et dont les livraisons ont baissé de moitié en 2024. Et puis l'or a fait encore des folies, piétinant sous les $ 2 000 l'once avant que de prendre son élan au son des canons et de marquer un temps d'arrêt au lendemain de l'élection de Donald Trump qui manifestement lui préfère le bitcoin.

Contrastes agricoles

2024 restera donc l'année du cacao et plus largement celle du « petit déjeuner ». Cacao, café, oranges ont été victimes du climat et aussi de maladies cryptogamiques aux noms certes poétiques (le balai de sorcières, le dragon bleu, le *swollen-shoot*, mais dont les conséquences risquent de

Indices Rexecode des cours des matières premières et taux de change effectif du dollar

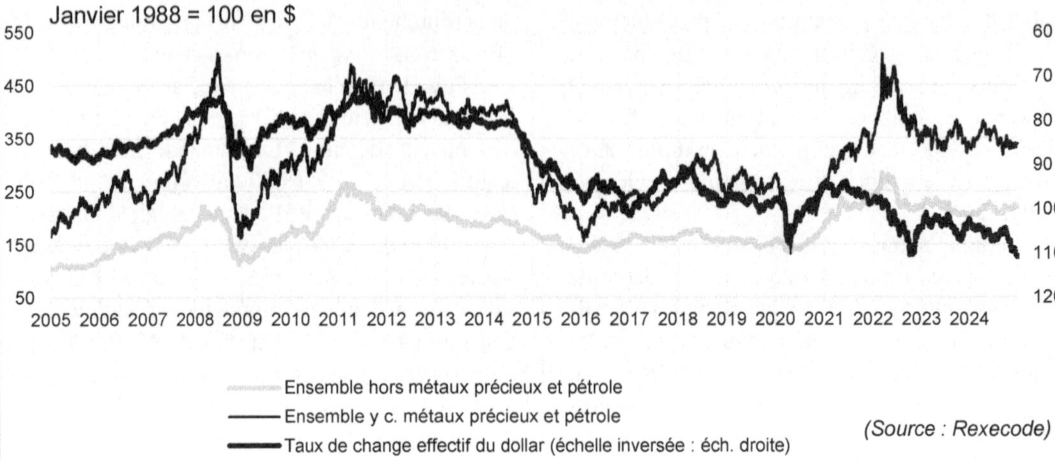

(Source : Rexecode)

modifier durablement la géographie mondiale des productions.

Le contraste est grand avec l'abondance qui a été la règle sur les marchés des grains avec d'excellentes récoltes aux États-Unis, au Brésil, en Chine, bientôt en Australie, et dans une moindre mesure, autour de la mer Noire. Le marché est devenu un marché d'acheteurs ce qui a permis à la Chine de snober les États-Unis pour le soja et le maïs, à l'Algérie d'ignorer la France pour le blé.

Quelques produits agricoles ont aussi profité de leurs débouchés énergétiques. Le sucre s'est ainsi maintenu à des niveaux soutenus grâce à la décision indienne d'augmenter l'incorporation d'éthanol issu de la canne dans l'essence, éliminant de ce fait l'Inde de la liste des exportateurs de sucre. De même, en décidant d'augmenter le niveau d'incorporation de l'huile de palme dans le diesel, le gouvernement indonésien a provoqué une forte hausse des prix qui commençait en fin d'année à se propager aux autres huiles végétales.

La moitié de la population mondiale ayant été appelée à voter (Union européenne, États-Unis, Inde, Japon…), 2024 a été une année de pause pour les grandes politiques agricoles : le Farm bill américain tout comme la réforme de la PAC ont été renvoyés aux prochaines législatures tandis qu'en Inde le gouvernement de Narendra Modi surveillait tant les prix agricoles que ceux des aliments de base (y compris les pois chiches !). En matière de réglementations, l'Europe s'est aussi distinguée avec le débat sur l'application de la directive de déforestation dont la mise en œuvre a été finalement repoussée d'un an.

Art en baisse, fret en hausse

Il y a, bien sûr, bien d'autres commodités que l'on pourrait évoquer même si elles sont parfois un peu anecdotiques : le marché de l'art s'est ainsi inscrit en net recul (de l'ordre de 20 à 25 %) tout comme celui des vins fins et probablement aussi celui de la partie monétisée du sport (le football en particulier). Quel contraste avec la folie des cryptomonnaies avec le bitcoin à $ 100 00 !

Enfin, dans le domaine des « services », 2024 a été marquée par le rebond du fret maritime des conteneurs. La quasi-fermeture de la mer Rouge et l'obligation de passer par le cap de Bonne-Espérance ont provoqué un rebond des taux de fret qui ont plus que doublé dans le courant de 2024 (mais qui restent à moins de la moitié de leur record de 2022).

Penser 2025 !

Y aura-t-il un avant et un après 20 janvier ? La question restera d'actualité au moins pendant les premiers mois de cette année. Mais, avant de s'interroger sur les conséquences possibles et difficiles à mesurer des décisions que prendront Donald Trump et son équipe (Elon Musk n'est pas un passionné de ces marchés, mais qui sait !), que peut-on attendre de l'évolution économique et géopolitique du monde ?

La croissance mondiale devrait être à peu près la même qu'en 2024, c'est-à-dire autour de 3 % avec à peu près la même configuration et la même interrogation majeure : les États-Unis en tête profitant même d'un « effet Trump » (sauf politique tarifaire excessive), l'Europe toujours aussi mal en point (mais plus au nord qu'au sud) et puis donc l'interrogation chinoise. La Chine ne renouvellera pas l'excédent commercial monstrueux (près de $ 1 000 milliards) qu'elle a dégagé en 2024. Mais cet excès même va probablement entraîner des réactions de ses principaux partenaires commerciaux. Et manifestement, la consommation domestique n'est pas prête à prendre le relais. La prévision de 4 % pour 2025 correspond en réalité pour la Chine à une vraie stagnation et il y a peu de chances pour que la Chine ait un impact positif sur la demande mondiale de matières premières.

Sur le plan géopolitique, si la situation au Moyen-Orient a peu de chances d'évoluer avec le risque que peut représenter un Iran isolé et affaibli, on ne peut exclure l'hypothèse d'un arrêt du conflit ukrainien et donc d'un assouplissement voire d'une annulation des sanctions qui pèsent sur la Russie : les conséquences en seraient considérables sur les marchés de l'énergie et de l'agriculture. Mais on touche là les conséquences possibles de la mise en œuvre totale ou partielle des déclarations de Donald Trump.

100 %, 60 %, 25 %, 10 %… pour l'homme qui estime que le mot *tariff* est le plus beau de la langue anglaise, les chiffres de taxes douanières varient de manière vertigineuse et on ne sait ce qui

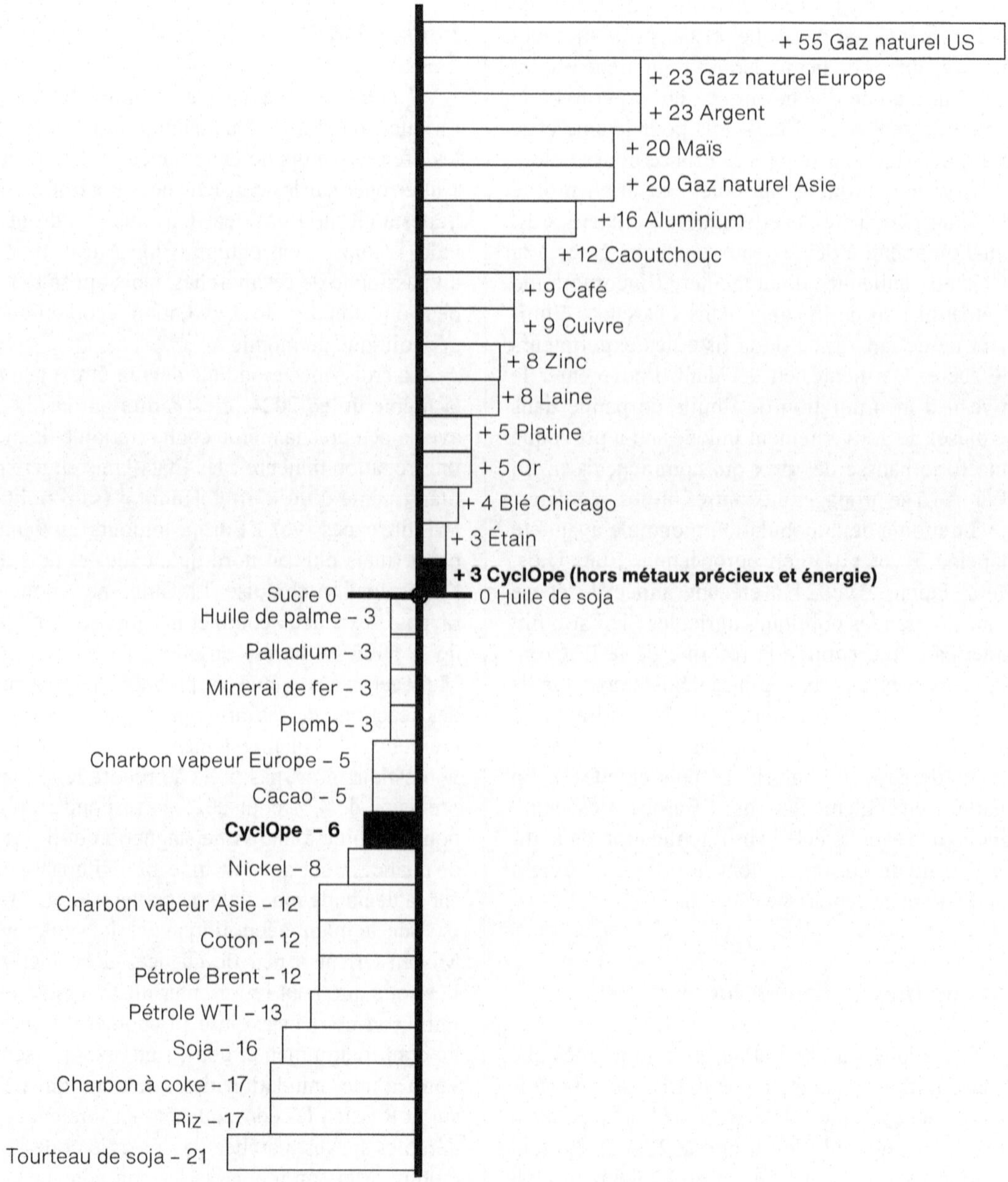

Les prévisions de CyclOpe pour 2025
(moyenne de 2025 par rapport à 2024)
Prévisions réalisées en janvier 2025 avant l'arrivée de Donald Trump à la Maison-Blanche

sera vraiment appliqué ou qui servira de base aux marchandages que Donald Trump affectionne. Il est fort probable qu'acier, métaux et produits agricoles seront aux premières loges. Pour l'énergie, ce devrait être du *Drill, baby, drill* et des facilités accrues à l'exportation pour le GNL.

Dans ce contexte, il paraît évident que le marché du pétrole restera excédentaire et, sauf imprévu géopolitique majeur, le baril de Brent devrait rester autour de $ 70 en moyenne annuelle ce qui veut dire qu'il pourrait terminer l'année plus proche de $ 60. Pour le gaz naturel, en dehors du cas atypique du marché américain qui part de très bas et qui restera très loin des prix européen et asiatique, la reprise de la demande de GNL maintiendra les prix à des niveaux relativement élevés. En Europe, il faudra vivre sans les gazoducs russes (qui représentaient encore 5 % de l'approvisionnement européen en 2024), sauf, bien entendu, évolution majeure de la situation en Ukraine.

En ce qui concerne les métaux, on peut estimer que la purge des métaux électriques est à peu près terminée et peut-être même le calvaire du lithium prendra-t-il fin. Il y a malheureusement peu de chances qu'il en soit de même pour le nickel. À l'inverse, le cuivre devrait durablement s'installer au-dessus des $ 10 000 la tonne. Le minerai de fer devrait rester orienté à la baisse d'autant plus que les exportations chinoises d'acier seront bridées par des mesures de défense tarifaire aux États-Unis et en Europe.

Sauf aléas climatiques, les marchés agricoles resteront bien approvisionnés et la concurrence sera rude entre le Brésil et les États-Unis pour le maïs et le soja, entre l'Europe, l'Australie et la mer Noire pour le blé. Pour les produits tropicaux, il paraît évident que, pour le cacao et le café, les cours de la fin de 2024 ne sont pas tenables en termes d'élasticité de la consommation. Une correction à la baisse est donc probable même si, dans le cas du cacao, la menace du *swollen-shoot disease* en Afrique de l'Ouest ne doit pas être sous-estimée.

On touche là à l'impondérable inhérent à tout exercice de prévisions. Les menaces qui pèsent sur les marchés mondiaux sont, en 2025, plus prégnantes que jamais. Au presque classique inventaire des tensions géopolitiques, il faut ajouter le « joker » Trump, un joker, qui comme sur une table de poker, peut changer la face du jeu : le jeu, oui, puisque nous assistons un peu au retour du « grand jeu ».

DONNÉES OFFICIELLES D'IMPORTATION ET D'EXPORTATION POUR TOUS LES CODES SH
120+ PAYS DÉCLARANTS
24.78
07.28
Flexible
Orienté client
Base de données performante
Solutions personnalisées pour vos besoins en données sur le commerce mondial.
48.900
[+24.90]
TDM®
Trade Data Monitor
Geneva@TradeDataMonitor.com

- I –

Les marchés financiers

- Les taux et les devises :
  - *quand les banques centrales brûlent la planche à billets…*
  - *la guerre des monnaies continue*
- Les marchés boursiers :
  - *la Bourse américaine plus dominatrice que jamais*
- Les marchés dérivés :
  - *des temps plus difficiles pour le négoce international*

BIC - BRED (Suisse) S.A
Commodity Trade Finance & Corporate Banking
Financez vos matières premières avec un support sur mesure
BIC-BRED (Switzerland) SA
Geneva
+41 22 312 30 70
BIC-BRED (Switzerland) SA - DIFC Branch
Al Fattan,
Tower 2,
DIFC,
T. +971
www.bic-bred.com
GROUPE BRED

Les taux et les devises :
quand les banques centrales brûlent la planche à billets...

Une période en demi-teinte pour les politiques monétaires des principales banques centrales. La phase de l'inflation semble passée, les économies ralentissent. Il est temps de baisser les taux, mais la prudence est de mise en particulier aux États-Unis, où la Fed est confrontée à l'inconnue Trump. En Europe, la BCE agit lentement (peut-être trop...). *A contrario*, au Japon, l'heure est en fin à une – modeste – hausse des taux.

En novembre 1789 en France, l'Assemblée constituante vota la confiscation des biens du clergé, qui seront vendus aux enchères pour renflouer les caisses de l'État. On décida de créer des billets assignés (gagés) sur les biens nationaux ; ils furent appelés « assignats ». En 1793, la non-acceptation des assignats comme moyen de paiement était passible de la peine de mort. Le Directoire fit imprimer un volume important d'assignats ; les Anglais imprimèrent de faux assignats (17 ateliers employant 400 faussaires) pour lutter contre la France... et le ministre des Finances de l'époque, Étienne Clavière, imprima des assignats pour payer ses « galipettes avec des jeunes femmes ». En 1796, il y avait quarante-cinq milliards de livres en circulation, alors que le montant des assignats n'aurait jamais dû dépasser trois milliards ; l'inflation explosa et déstabilisa l'économie et le pouvoir politique du Directoire. Celui-ci décide de brûler en public sur la place Vendôme (le 19 février 1796, le 30 pluviôse an IV, un jour au cours duquel il plut abondamment) la planche à billets. Au cours de l'année 2023, beaucoup de banques centrales ont réalisé la même opération (hausse des taux) et, en 2024, observant la décrue de l'inflation, elles ont baissé leurs taux et réduit ou abandonné leurs achats de bons du Trésor. En effet, l'exposition au système économique des bilans des banques centrales a subi une nette réduction, comme le démontrent les analyses de Ed Yardeni. L'exposition des trois banques centrales (FED, BCE, BoJ) est passée d'environ $ 26 trillions en 2022 à $ 18,1 à la fin de 2024.

Quantitative tightening et lutte contre l'inflation

La manœuvre qui figure dans tous les manuels de politique monétaire pour lutter contre l'inflation est très classique : hausse des taux qui

Taux d'intérêt des principales banques centrales

Pays	Fin 2023	Fin 2024	Pays	Fin 2023	Fin 2024
Japon	- 0.1	0.25	Nouvelle-Zélande	5.50	4.25
Suisse	1.75	0.50	Pologne	5.75	5.75
Chine	3.45	3.10	Arabie saoudite	6.00	5.00
Corée du Sud	3.50	3.00	Inde	6.50	6.50
Danemark	3.75	2.75	Tchéquie	6.75	4.00
Suède	4.00	2.50	Chili	8.25	5.00
Australie	4.35	4.35	Afrique du Sud	8.25	7.75
Eurozone	4.50	3.15	Hongrie	10.75	6.50
Israël	4.50	4.50	Mexique	11.25	10.00
Norvège	4.50	4.50	Brésil	11.75	12.25
Canada	5.00	3.25	Russie	16.00	21.00
Royaume-Uni	5.25	4.75	Turquie	42.50	47.00
États-Unis	5.50	4.50			

(Sources : différentes banques centrales - Janvier 2025)

financent l'économie et réduction musclée de l'exposition des banques centrales au système économique. L'effet sur l'économie globale est évident : ralentissement général avec risques de récession dans les économies les plus faibles. L'opération a été réalisée en 2023, avec des effets enregistrés en 2024… au cours d'une année « électorale » exceptionnelle : 4,2 milliards de personnes (68,2 % du PIB mondial) ont voté au niveau national ou régional, contre « seulement » 1,5 milliard de personnes qui vont voter au cours de 2025. Et bien, la spirale de l'inflation a été cassée, mais avec un coût relativement élevé, car la croissance mondiale a subi un ralentissement, avec une faiblesse prononcée en Chine et en Europe, même si les deux régions sont en train de vivre une crise structurelle plutôt que conjoncturelle. Mais on peut penser que l'impact des politiques monétaires n'a pas été si lourd, en tenant compte des autres composantes de la politique économique (fiscale et budgétaire) qui ont continué de soutenir le cycle… À ce propos on peut observer l'évolution de la dette des États qui ont financé leurs déficits publics par les bons du Trésor. La dette publique a encore augmenté sensiblement en 2024 : elle est estimée à plus de cent trillions de dollars. Elle représente au moins 93 % du PIB mondial, selon les estimations du FMI (fin octobre 2024) et elle est fortement concentrée dans les pays développés. La dette mondiale, aussi, continue sa chevauchée : elle a touché le niveau de $ 313 trillions à la fin de 2024.

Évolution du bilan des trois grandes banques centrales (FED, BCE, BoJ)
(en trillions de dollars)

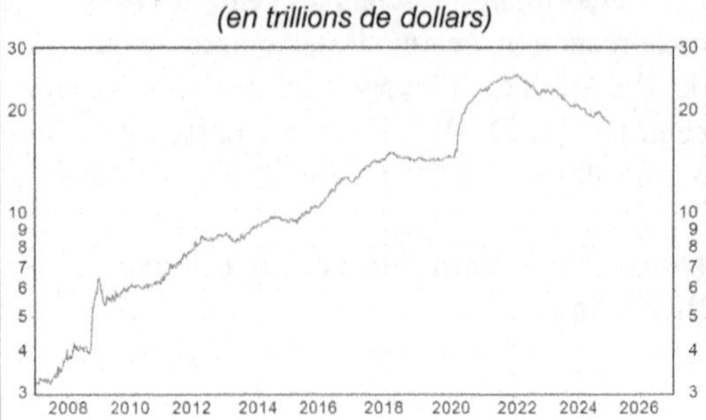

(Source : ED YARDENI, Janvier 2025)

Pertes importantes dans les bilans de banques centrales

La politique monétaire restrictive a fait baisser la valeur des actifs dans les bilans des banques centrales. Certaines banques centrales ont annoncé des pertes potentielles ; d'autres valorisent leur actif aux prix d'achat : il n'y a donc pas de pertes potentielles. La banque suisse Baer a publié des estimations sur les pertes, mais le résultat final dépend de la possibilité de porter ces positions *in fine* ; donc – sauf des cas d'insolvabilité – le capital sera récupéré… mais dans le temps !

Bilans et pertes potentielles des banques centrales

Banques centrales	Exposition du bilan	Profit de 2024 (pertes potentielles)
États-Unis (Fed)	USD 8.6 trillion	USD 58.8 billion, (USD -1.2 trillion)
Europe (ECB)	EUR 698.9 billion	EUR 0, (EUR -758 billion)
Japon	JPY 685.8 trillion	JPY 1'592 billion, (USD -71 billion)
Suisse (SNB)	CHF 881 billion	CHF -132.5 billion
Suède	SEK 1.5 trillion	SEK -80.7 billion

(Source : Mbaer - Zurich)

En tout cas, la baisse des taux de 2024 a favorisé une revalorisation des portefeuilles et donc une réduction des pertes potentielles. Les gestionnaires des portefeuilles obligataires ont, aussi, bénéficié de cette hausse des prix des actifs obligataires et ont engrangé des profits substantiels.

Banques centrales indépendantes ou dépendantes ? *Mezzo-mezzo* !

Formellement, presque toutes les banques centrales sont indépendantes du pouvoir politique… mais leurs dirigeants, déjà, sont choisis par les gouvernements et confirmés par les parlements ou des commissions spéciales ! Et, surtout, à partir de la grave crise de 2008, toutes les banques centrales travaillent « main dans la main » avec les responsables des gouvernements pour stabiliser les économies qui sont de plus en plus interdépendantes et imbriquées. Les banques centrales ont presque toutes agi dans le même sens face à la pandémie, à la guerre en Ukraine, aux tensions commerciales, à la transformation structurelle de la globalisation, à la révolution énergétique verte. Dans les moments délicats, les banques centrales ont – en pratique – monétisé la dette publique, ouvert les cordons de la bourse et baissé fortement les taux d'intérêt. *Nihil novi sub sole* !

Taux des banques centrales

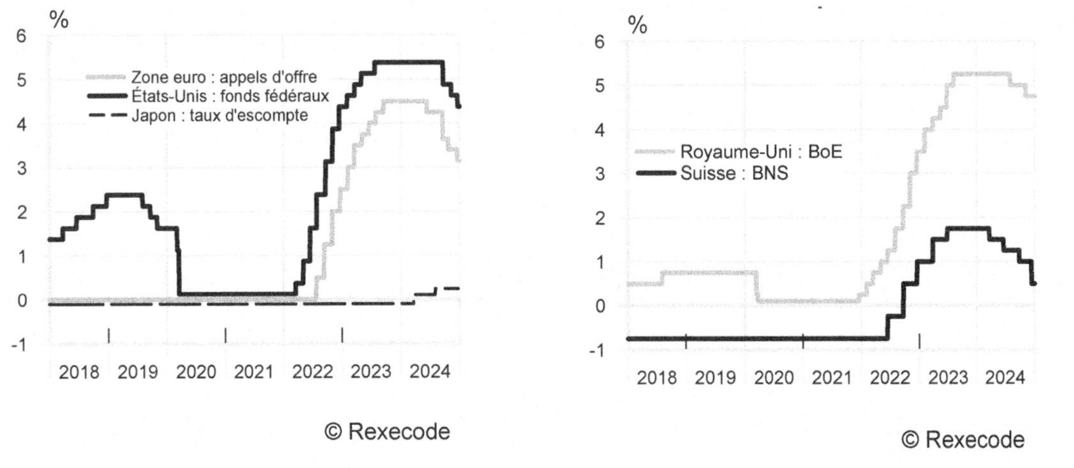

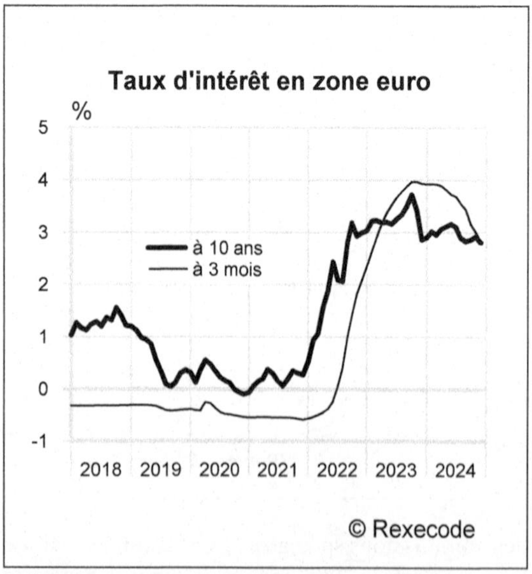

Défis importants pour les banques centrales au cours de 2025

L'arrivée du président Trump et les risques de l'explosion d'un lourd conflit commercial et douanier dans le monde entier représentent un défi majeur pour toutes les banques centrales (même pour la Fed) avec la possibilité d'une reprise de l'inflation, un ralentissement de la croissance globale et des difficultés dans le développement du commerce mondial. Les vibrations de ces éléments sont sur tous les radars des responsables des banques centrales qui font un monitoring très attentif de la réalité et consultent les responsables des autres banques centrales pour étudier des contre-mesures en cas de dérapage de la situation. De plus, ces incertitudes se greffent sur une situation qui semble particulièrement délicate avec des forces et des vecteurs qui vont dans tous les sens. Les doutes lancinants sur l'évolution du climat se chevauchent avec le changement de braquet de la croissance chinoise, les interrogations sur le futur de l'Europe, les risques de conflits pour l'approvisionnement de matières premières, les nouvelles orientations du climat politique dans de nombreux pays, la révolution permanente et très rapide dans la technologie… le tout dans un environnement qui n'a plus la confiance dans la globalisation « heureuse ».

BCE et évolution des *spreads*

« Le processus de désinflation est en bonne voie », lit-on dans le dernier communiqué de la BCE du mois de décembre 2024. Les gouverneurs ont été très prudents dans la manœuvre des taux vers le bas tout en laissant anticiper des coupes prochaines des taux, orientation confirmée au cours de la première réunion de 2025 (avec une coupe de 25 pb [pour points de base – *basis points* en anglais]). Par contre, au cours de la réunion de décembre, ils ont signalé que « le Conseil des Gouverneurs ne s'engage pas à l'avance sur une trajectoire des taux particulière ». En revanche, la BCE est très claire sur les opérations de réinvestissement des remboursements au titre de principal des titres arrivant à échéance. La BCE, dans le cadre du programme APP (*Asset Purchase Programme*), ne réinvestit plus la totalité des remboursements ; en revanche, dans le cadre PEPP (*Pandemic Emergency Purchase Programme* = plan de soutien de l'économie à la suite du covid), la BCE ne réinvestissait pas la totalité des remboursements et a réduit, ainsi, le portefeuille de € 7,5 milliards par mois en moyenne ; en 2025 il n'y aura plus de réinvestissements. Cette décision peut créer des difficultés pour les trésors publics de certains États qui ont des problèmes dans le financement de leur dette.

C'est le cas de la France qui semble avoir traversé la frontière séparant les États fourmis des États cigales. Le montant de la dette publique française dépasse les € 3 300 milliards à la fin de 2024 (plus de 115 % du PIB) et au cours de 2025, elle devra emprunter plus de € 300 milliards. Le *spread* entre le taux de la dette publique française et allemande a presque doublé et certains investisseurs étrangers (japonais et *hedge funds*, en particulier) ont quitté le marché de la dette française qui était détenue pour plus de la moitié par les étrangers. Le spread a dépassé la barrière des 85 pb pour retourner vers 70 pb, dès que le gouvernement a obtenu l'accord du parlement pour le budget 2025. En revanche, le *spread* Italie/Allemagne a continué de baisser : de 252 pb en juin 2022 à 123 pb en janvier 2025, même si la dette italienne a dépassé les € 3 000 milliards à la fin de l'année 2024 ; mais le pays enregistre un surplus primaire (la France un déficit). À signaler certaines émissions du trésor italien spécialement destinées aux petits épargnants avec des conditions très favorables. 2025 sera riche d'inconnues politiques et, pleine de défis pour les trésors européens...

États-Unis : économie solide avec risques d'inflation

Les taux d'intervention de la FED ont baissé de cent pb en un an, mais le FOMC de la FED a signalé (réunion de janvier) qu'elle ne prend pas d'engagements pour des baisses supplémentaires et, au cours de la présentation de son rapport, le *Manager du System Open Market Account*, l'Italien Roberto Perli, qui gère le portefeuille de la FED, a signalé la dichotomie des taux d'intérêt entre les taux américains et ceux des autres banques centrales, essentiellement due aux divergences de croissance des diverses économies et aux risques différents d'inflation ; cela explique la hausse du flux des capitaux attirés par le marché des capitaux américain qui soutient le dollar. Et en effet, le taux sur le Note à dix ans était à 4,63 % au début de janvier 2024 et a terminé l'année au même niveau (janvier 2025), tout en étant passé par un maximum de 4,70 % (avril) et un minimum de 3,10 % (septembre). Par ailleurs, la FED a réduit son bilan : de presque $ 10 trillions (en 2022) à $ 6,8 trillions (en janvier 2025). À ce propos, il faut rappeler que le marché des *US Bonds* reste le plus important et le plus profond du monde ; il offre une liquidité énorme et permet 24 heures sur 24 au cours de cinq jours par semaine d'entrer et de sortir avec une friction minime. Les dirigeants de la FED restent très vigilants sur les décisions économiques (et pas seulement) du président Trump.

La BoJ décide la première hausse des taux en dix-sept ans

La majorité des gouverneurs de la BoJ (7 en faveur et 2 contre) a décidé à la fin du mois de mars d'abandonner la politique des taux négatifs pour

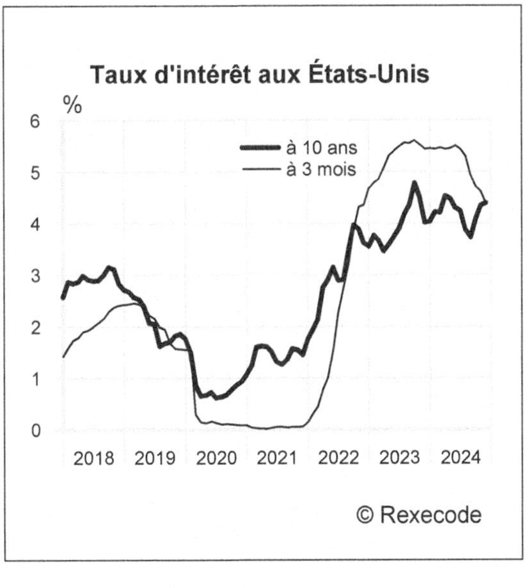

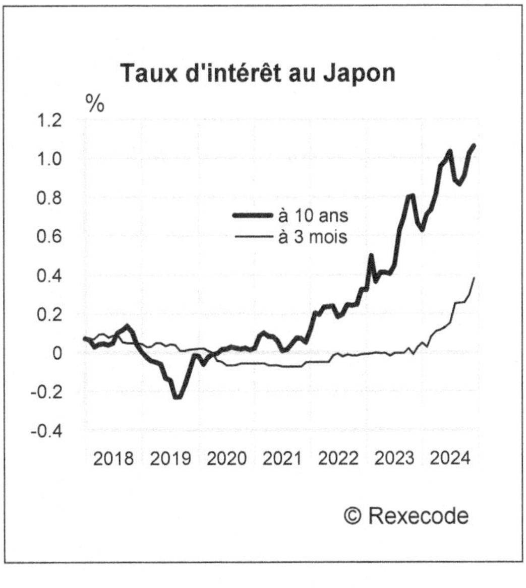

soutenir l'économie et pour combattre la déflation. La BCE avait été la première dans le monde à appliquer des taux négatifs, mais la BoJ a été la banque qui les a gardés pour la période la plus longue. Cette importante décision a été motivée par une reprise modérée de la croissance et des signaux positifs sur une légère hausse de l'inflation, avec des frémissements sur le marché du travail, après les négociations du printemps (*shunto*) avec la JTUC-RENGO, une très importante confédération syndicale. Les neuf membres du CPM de la banque indiquent qu'ils sont très attentifs à l'évolution de l'économie chinoise et mondiale pour orienter leur politique monétaire qu'ils estiment toujours orientée à soutenir le cycle, même si au cours de la réunion du mois de janvier ils ont monté les taux à 0,50 %.

La PBoC reste très active pour soutenir le cycle

La banque chinoise est fortement mobilisée par le gouvernement pour participer à l'effort nécessaire pour sortir l'économie de l'impasse actuelle, caractérisée par une faiblesse prononcée de l'économie et par les graves difficultés du secteur immobilier. La BoC dispose de plusieurs instruments, mais elle dose ses interventions avec le tandem taux d'intérêt et taux des réserves. Au cours du mois de septembre, la banque a pris des mesures très importantes pour soutenir l'économie.

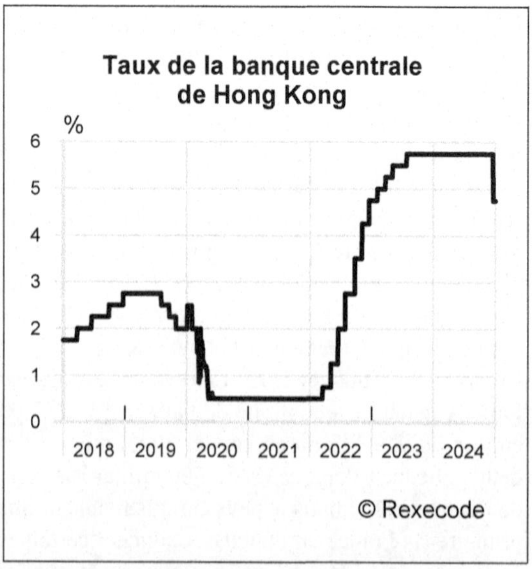

Et au cours de la première réunion de 2025, la PBoC a confirmé le choix d'une politique souple pour accompagner l'effort du gouvernement qui veut stabiliser l'économie et la soutenir.

Les marchés anticipent une politique très musclée de soutien de l'économie, surtout si les menaces d'une guerre tarifaire et commerciale avec les États-Unis se concrétisent. La courroie de transmission entre *Sanlihe South Cross Street* (siège du ministère de l'Économie) et *Chenfang Street* (siège de la PBoC) à Pékin fonctionne tou-

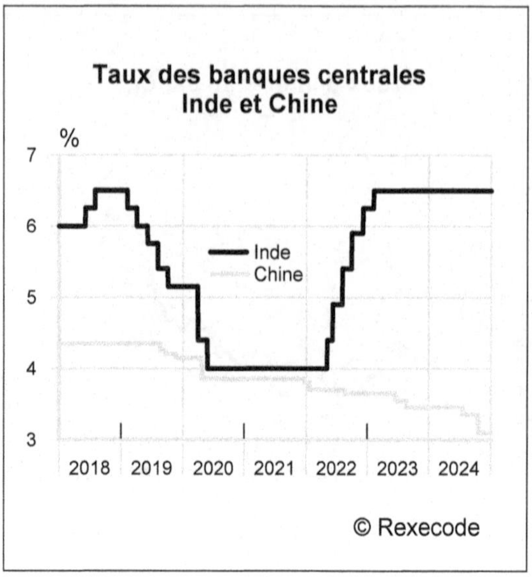

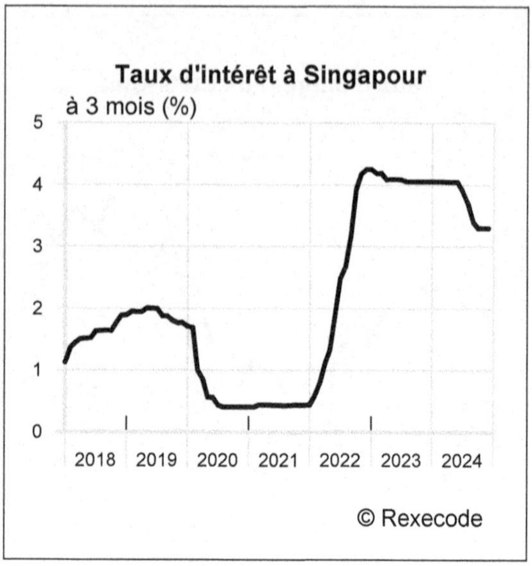

jours très bien et cette année devrait être encore plus huilée que d'habitude...

La *Old Lady* garde des taux élevés

Le cycle de hausse des taux (de 0,1 % en décembre 2021 à 5,25 % en août 2023) a été interrompu avec deux baisses de 25 pb en 2024 grâce à une amélioration des perspectives de l'inflation, comme les neuf membres du MPC l'ont signalé. Mais l'objectif de 2 % d'inflation n'est pas encore atteint et les taux restent élevés par rapport à ceux des autres banques centrales en Europe. Par ailleurs, la BoE a réduit son exposition face à l'économie ; le total du bilan de la banque est passé d'un plus haut à £ 895 milliards à £ 655 milliards à fin 2024 et ce montant devrait être réduit d'une centaine de milliards de livres au cours de l'année 2025.

Les trois banques centrales du nord de l'Europe suivent la BCE

Les taux de la banque centrale danoise sont passés de moins 0,60 % en juin 2021 à 3,60 % en septembre 2023 et ont commencé à baisser à partir de juin 2024 pour terminer l'année à 2,60 %. La politique de la banque est de garder un *spread* entre ses taux et ceux de la BCE pour protéger la krone. Les taux de la Riksbank sont passés de zéro en mars 2022 à 4 % en septembre 2023 et sont redescendus à 2,35 % au cours du mois de janvier 2025. Les responsables du MPC ont motivé ces décisions par une évolution favorable de l'inflation (mesurée par le CPIF, le CPI calculé avec un taux d'intérêt fixe) et une évolution faible de l'économie. La Sveriges a aussi procédé à des coupes de taux à partir du mois d'avril 2024 : de 4 % elle est passée à 2,25 % au cours du mois de janvier 2025. Par contre, la Norges Bank qui avait monté les taux de 0,50 % (février 2022) jusqu'à 4,5 % (décembre 2023) ne les a pas modifiés au cours de 2024. Ils pourraient baisser en mars 2025, mais la banque estime que les risques d'inflation restent importants. Il faut observer que la structure des trois économies n'est pas la même : le secteur des services représentent 75 % au Danemark, 65 % en Suède et seulement 42 % en Norvège.

Important mouvement des taux de la SNB suisse

Les taux de la SNB ont enregistré un mouvement important passant de – 0,75 % (de juin 2015 à mai 2022) à 1,75 % (juin 2023) et à 0,50 % (décembre 2024). La banque gère son taux en fonction de l'évolution du SARON qui a remplacé le LIBOR, depuis juin 2019. La baisse de décembre a surpris les marchés qui attendaient seulement 25 pb : elle est la plus forte depuis celle de janvier

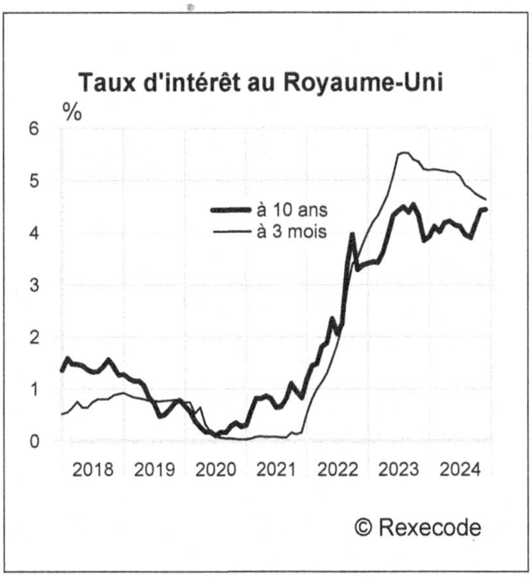

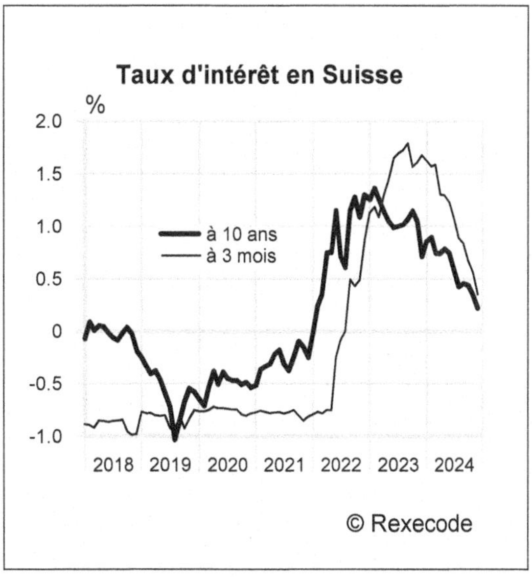

2015. Les trois membres du PMC ont motivé la décision par l'évolution favorable de l'inflation et par la volonté de garder sous une vigilance très attentive l'évolution du franc suisse. En Suisse, le secteur des services représente environ 74 % du PIB, l'industrie près de 25 % et l'agriculture moins de 1 % ; et le solde de la balance commerciale reste systématiquement positif.

Politiques monétaires différentes des pays producteurs de matières premières

Ces pays doivent gérer un tandem de problèmes contradictoires : la cherté des prix de certaines matières premières favorise la croissance et le financement de leurs budgets, mais elle alimente l'inflation interne et pénalise la croissance des pays clients. Les membres des comités monétaires doivent jongler avec ces problèmes.

La banque centrale du Canada a pratiqué une politique très musclée sur ses taux, passant de 0,25 % (janvier 2022) à 5 % (juillet 2023) et à 3,25 % (décembre 2024, avec une baisse de 50 pb). La banque a une certaine liberté par rapport à la politique monétaire de la FED ; entre mars 1980 et février 1996, la banque fixait ses taux à 25 pb de prime par rapport à la moyenne des taux pratiqués sur les *Treasury Bills* américains. La banque n'a pas donné d'indications sur ses décisions prochaines, car elle est préoccupée par les risques d'une reprise de l'inflation. En Australie, la RBA qui avait des taux à 0,1 % en avril 2022, les a fait monter en novembre 2023 à 4,35 % et les garde à ce niveau. Les membres du MPC signalent des tensions sur l'inflation dans le secteur des services et des incertitudes sur l'économie des principaux partenaires commerciaux... L'Australie est un gros fournisseur de matières premières de la Chine et progressivement de l'Inde. Le pays a un solde de balance commerciale systématiquement positif ; mais l'endettement des familles figure parmi les plus élevés des pays développés.

La banque centrale du Brésil jongle avec l'arme des taux pour stabiliser et protéger l'économie. Le SELIC (*systema especial de Liquidação e de Custódia*) était à 2 % en août 2020. Il a été porté à 13,75 % en août 2022, il a été baissé en août 2024 à 10,50 % et remonté à 12,25 % en décembre de la même année avec une hausse surprise de 100 pb. L'évolution de l'inflation reste toujours une forte préoccupation pour les dirigeants de la banque et l'économie est en train de vivre une crise structurelle difficile à maîtriser. Les six gouverneurs de la banque centrale de l'Afrique du Sud (SARB) ont monté les taux de 3,50 % (juillet 2022) à 8,25 % (mai 2023) pour les baisser à 7,50 % (janvier 2025). Les gouverneurs signalent une amélioration des perspectives de l'inflation pour le court terme, mais expriment des craintes concernant le long terme et l'évolution des prix des matières premières (métaux surtout), dont le pays est un grand producteur-exportateur.

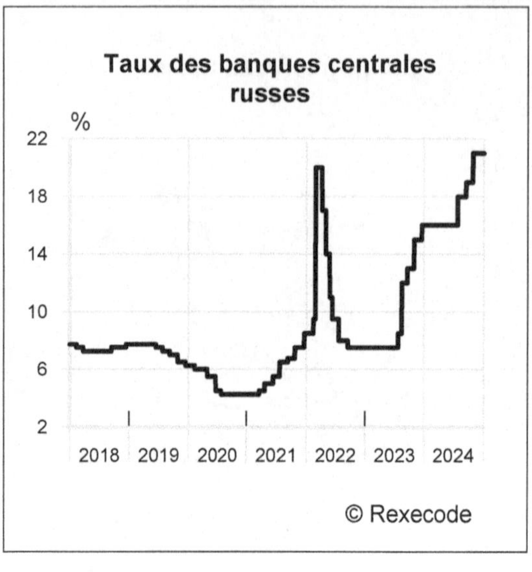

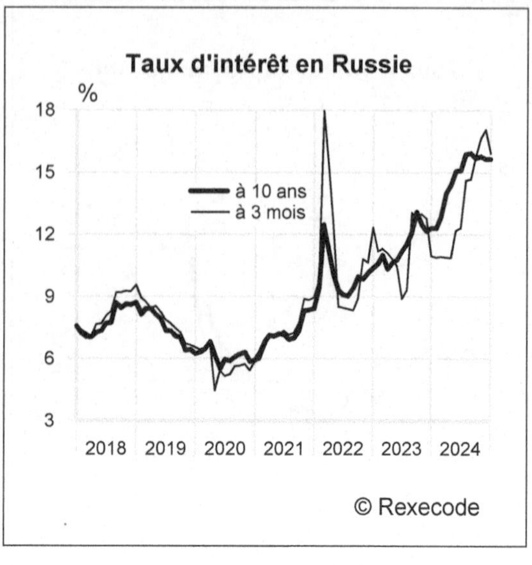

Taux des banques centrales supérieurs à 20 %

Pays	Taux en %	Pays	Taux en %
Argentine	32.90	Malawi	26
RD Congo	25	Nigeria	27.50
Égypte	27.25	Russie	21
Ghana	27	Sierra Leone	24.75
Iran	23	Turquie	47.50
Liban	20	Zimbabwe	35

(Sources : différentes banques centrales - décembre 2024)

Les galipettes des taux de la banque centrale de Russie

La banque centrale russe a organisé des feux d'artifice pour ses taux et on peut parler de montagnes russes... Après avoir grimpé à 20 % le 28 février 2022, les taux sont retombés à 7,50 % entre septembre 2022 et juin 2023 ; ils sont repartis à la hausse pour terminer l'année à 21 %, quand le marché attendait une hausse de 200 pb ! Elvira Nabiullina (gouverneur de la banque) n'a pas touché les taux après une conversation avec le président Poutine et le monde des affaires militait pour la stabilité des taux, même si l'inflation mord l'économie russe et si la banque anticipe encore une forte résistance de l'inflation, car la demande dépasse l'offre. La guerre modifie radicalement les équilibres de l'économie russe qui vit un moment de surchauffe plein de déséquilibres.

Stratégies différentes d'autres banques centrales

Les taux de la banque centrale de la Turquie sont passés de 8,50 % (mai 2023) à 50 % (mars 2024) pour lutter contre l'inflation et pour protéger la devise en chute libre. La banque a coupé le taux de 250 pb en décembre, car les anticipations sur l'inflation semblaient s'améliorer. Mais un des cas plus emblématiques de la gestion des taux par la banque centrale est celui de l'Argentine. Les taux ont dansé un tango *muy caliente*. Le taux de dépôt a enregistré un plus haut historique à 1 646,90 % (juin 1989) et un plus bas à 2,20 % (avril 2004). Actuellement, le taux est à 32,90 % (décembre 2024) ; la banque doit compenser les effets de la politique super-libérale du président Milei.

Débouclement des *Trump's trades* et doutes lancinants

Avant les élections américaines et surtout après la victoire de Trump, beaucoup d'investisseurs et de spéculateurs avaient monté des opérations appelées *Trump's trades* articulées sur l'achat d'actions américaines (surtout de la technologie), du dollar, du bitcoin, des obligations du trésor américain. Au cours du mois de mars 2025, beaucoup de ces opérations ont été débouclées (avec des profits) et certains spéculateurs ont même renversé à 180° leurs positions. Les nouvelles qui ont fait la une des journaux sont principalement : la baisse des bourses américaines et du *green back*, avec un gouverneur d'une banque centrale qui a affirmé en privé « le dollar mais aussi toutes les autres *fiat-monnaies* ne valent pas un kopeck et j'achète de l'or ! ». À ce propos il faut rappeler une fameuse phrase du banquier J. P. Morgan au cours de son témoignage au Congrès en 1912 : « la vraie monnaie est l'or, tout le reste est du crédit » – à ce propos, rappelons l'étymologie du mot crédit qui provient du mot grec *cardia* (cœur) –, le créditeur prête de l'argent au débiteur qui est dans son cœur... Les investisseurs et les spéculateurs se posent beaucoup de questions sur l'évolution des marchés en fonction des événements géopolitiques et des décisions économiques (mais aussi politiques) de l'Administration américaine et du changement historique de la *Weltanchauung* économique en Allemagne, sans oublier l'éventualité d'un « accord de Mar-a-Lago » pour faire baisser le dollar.

La guerre des monnaies continue

L'année a été marquée par la poursuite du renforcement du dollar face à pratiquement toutes les monnaies de la planète. Alors que certains parlent de « dédollarisation », force est de constater qu'il reste la devise clé des échanges internationaux. Et malgré la bénédiction de Donald Trump, les cryptomonnaies sont encore loin de pouvoir le remplacer.

Le 19 mars, la Banque du Japon (BoJ) a fait passer les taux du terrain négatif (choix de 2016) au terrain positif. Cela a eu un impact très important sur la stratégie des *carry trades* (financement des achats d'actifs dans le monde entier par l'emprunt de yen changé immédiatement dans la monnaie de l'actif). Cela a renforcé le yen, car beaucoup d'opérateurs ont dû racheter les positions vendues à découvert et ils ont surtout réduit les volumes de yen empruntés et vendus immédiatement pour financer des investissements dans d'autres actifs. D'autre part, la décision de la banque (31 juillet) de monter encore les taux à 0,25 % a alimenté une autre vague de débouclements de *carry trades* avec une forte pression sur tous les actifs qui ont été liquidés au cours du mois d'août (le demi-crash de Wall Street avec des pertes pour les *Magnificent Seven* – les sept entreprises de la technologie – qui ont perdu un trillion de dollars de capitalisation). Mais, au cours du mois de septembre, la Fed a décidé de couper les taux de 50 pb (première baisse après un cycle de hausses musclées) avec un impact négatif sur la valeur du dollar. Ensuite, les

Les devises qui ont baissé le plus contre le dollar en 2024

(en %)

Livre sterling	1.7
Peso mexicain	2.0
Yuan chinois	2.8
Roupie indienne	2.8
Rand sud-africain	3.7
Euro	6.2
Franc suisse	7.3
Dollar canadien	7.9
Dollar australien	9.1
Yen japonais	10.3
Dollar NZ	11.4
Won de la Corée du Sud	12.4
Rouble russe	18.6
Réal brésilien	21.6

(Source : Virtual Capitalist – Janvier 2025)

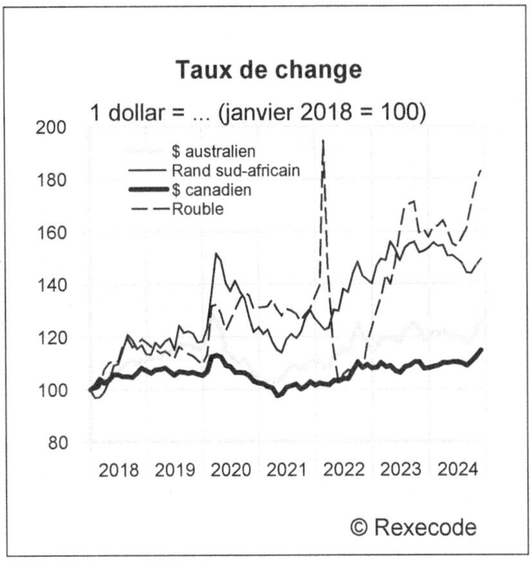

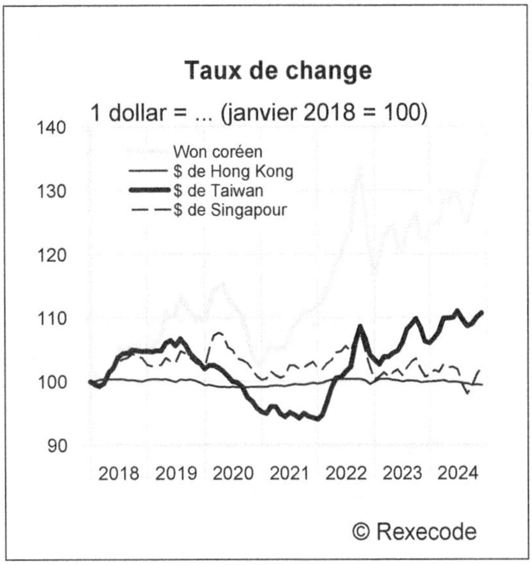

résultats des élections présidentielles américaines ont relancé l'espoir d'une politique fiscale budgétaire fortement favorable au cycle économique et au dollar. Les marchés ont parié sur le *Trump trade* (dollar fort, actions américaines en hausse, baisses limitées des taux de la Fed, possible conflit Trump-Fed, faiblesse des exportations étrangères vers les États-Unis à cause de la hausse des tarifs douaniers)

Le « roi-dollar », le « prince-euro » et les autres membres de la cour

D'après une étude de la Saxo Bank, publiée à la fin de 2024, quatre sont des couples de devise les plus traités sur les marchés dans le monde. Il s'agit du dollar/euro, de la livre sterling/dollar, du dollar/yen et du dollar/franc suisse. Ce quartette est suivi par les transactions sur l'euro/dollar canadien, l'euro/dollar australien, l'euro/yen, l'euro/franc suisse, l'euro/livre sterling, la livre sterling/yen, la livre sterling/dollar canadien. Enfin, il y a des transactions sur des couples « exotiques » : euro/lire turque, US dollar/dollar de HK, dollar néo-zélandais/dollar de Singapour. Mais les volumes des transactions sur le dollar représentent 88 %, sur l'euro 31 % et sur le yen 17 % : ces statistiques ne donnent pas 100 %, car il y a des doublons. Londres reste la place principale des transactions mondiales, mais en baisse, car elle représente seulement 37 % du volume total ; New York pèse pour 17 % et Tokyo pour 13 %. Le Brexit a pénalisé la place de Londres et la guerre en Ukraine a fait transférer des volumes importants de transactions, surtout commerciales, vers Dubaï.

En analysant la composition des réserves officielles des banques centrales, on observe une hausse pour les principales devises ; en revanche, le poids du franc suisse reste très faible et baisse et celui du yuan se stabilise.

Le dollar américain confirme son poids dans les réserves des banques centrales, dans la facturation du commerce mondial et dans le négoce des matières premières. Mais il y a des doutes quant à la possibilité de continuer de garder cette position. Les BRICS élargis (BRICS+) représentent une menace importante pour cette position du dollar, mais, pour l'instant, la force des BRICS+ reste modérée, même si la pression monte contre la position dominante du dollar, en tenant compte des déficits jumeaux qui se creusent encore. Les dépenses promises par Trump sont énormes et le déficit du budget, surtout à cause de l'explosion des dépenses militaires, devrait se creuser encore. Le déficit commercial, même si le pays est maintenant un exportateur net d'énergie et reste un grand exportateur de services, reste toujours dans le rouge écarlate. Mais, paradoxalement, c'est le déficit commercial américain qui permet de financer le commerce mondial et d'alimenter la liqui-

Composition des réserves des banques centrales
(en milliards de devises)

Devises	2020	2021	2022	2023	2024
Dollar américain	6,496.52	6,690.48	6,773.36	6,674.65	6,796.98
Euro	2,146.83	2,284.33	2,252.13	2,263.50	2,370.60
Yuan chinois	260.61	262.17	246.98	245.00	257.17
Yen	601.30	651.68	654.66	641.22	689.20
Livre sterling	527.92	557.13	562.24	565.60	588.53
Dollar australien	222.54	245.53	248.37	256.40	268.72
Dollar canadien	275.40	296.47	295.58	306.78	324.44
Franc suisse	19.79	22.27	21.91	22.42	19.82
Autres	426.30	442.92	437.32	484.60	527.79

(Source : FMI, Janvier 2025)

dité internationale. Le paradoxe de Rueff-Triffin est toujours valable. La confiance dans le dollar, même si sa performance en 2024 a été confirmée, n'est pas garantie et un budget-cigale des États-Unis alimente des doutes, même parmi les banques centrales et chez certains investisseurs institutionnels qui, surtout en 2024, ont procédé à des achats d'or, car ils n'ont plus entière confiance dans toutes les monnaies, surtout le dollar. Trump a clairement menacé les BRICS+ (dix pays) de décider d'appliquer des hausses importantes des tarifs douaniers s'ils continuent sur la route de la dédollarisation.

Taux de change : dollar/euro

© Rexecode

L'euro pénalisé par les taux et par les « limbes » européens

L'euro a perdu beaucoup de terrain par rapport au dollar, surtout vers la fin de l'année. La monnaie qui a fêté ses vingt-cinq ans vit toujours son paradoxe existentiel : il est la monnaie de la deuxième puissance économique mondiale, mais il n'a pas de pays, pas de politique fiscale, budgétaire, militaire commune… seulement une politique monétaire ! L'économie reste peu dynamique, la population vieillit, l'Europe dépend de l'énergie et des matières premières importées, l'orientation politique est collégiale, mais elle est le fruit d'équilibres basés sur un cocktail d'idées politiques avec des ingrédients très différents. Clairement l'arrivée de Trump peut donner un coup de pied dans la fourmilière avec une secousse salutaire ou mettre à nu le roi avec toutes ses contradictions !

« Le dollar est notre monnaie, mais c'est votre problème »

Cette déclaration de John Connally, secrétaire du Trésor de Richard Nixon, reste une épitaphe toujours à la mode. Le dollar est un labyrinthe de contradictions ! Le déficit abyssal du budget et celui de la balance commerciale sont couverts par des ventes d'actions, d'obligations et d'actifs financiers que tout le monde veut acheter pour se reposer dans la sérénité entre Time Square, Wall Street, la Statue de la Liberté, la Maison-Blanche,

Dette fédérale américaine
Les plus gros détenteurs
(en $ milliards)

Japon	1 098.8
Chine	768.6
Royaume-Uni	765.6
Luxembourg	434.5
Îles Caïmans	397
Canada	374.4
Belgique	361.3
Irlande	338.1
France	332.5

(Source : US Treasury – TIPS – Washington, janvier 2025)

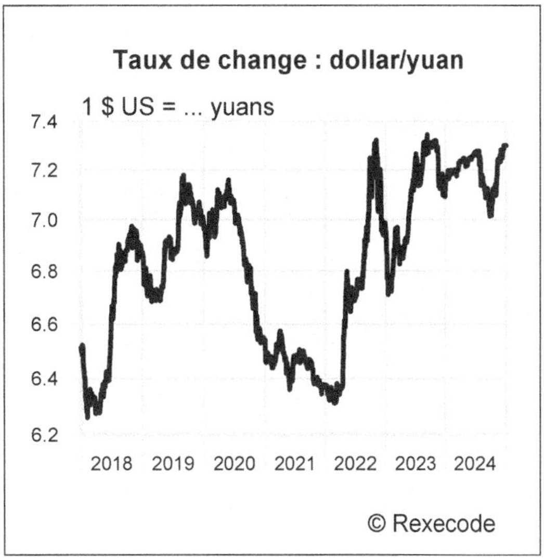

la K street de Washington, la *windy* City, les derricks du Texas, la Silicon Valley, les deux miles qui séparent Harvard du MIT… et les sept flottes de la US Navy. Un programme sanguin et volontariste de Trump, les différentiels de taux entre les bonds américains (très liquides) et ceux du monde entier, la dynamique économique (dopée, mais efficace) attirent les capitaux du monde entier et la recherche de dollars demeure constante. Mais cette sérénité est menacée par les achats d'or des investisseurs institutionnels, des banques centrales et de millions d'Indiens et de Chinois qui veulent couvrir leurs risques personnels (retraite, santé, chômage).

Le yuan : un instrument essentiel de la politique économique de la Chine

La « monnaie du peuple » représente un important élément de la politique économique de Pékin. Face aux difficultés économiques du pays, depuis 2022, le gouvernement a laissé « filer » le yuan pour soutenir la conjoncture. Tous les jours, la PBoC indique un taux de change de la monnaie contre le dollar ; la devise donc fluctue, mais elle est fortement contrôlée par la Banque qui pratique une politique de gestion des liquidités à travers des opérations d'injection ou de drainage : il s'agit des opérations sur l'*open market*. La PBoC a donc permis une lente « dévaluation « de la devise qui est passée de 6,29 pour un dollar (février 2022) à 7,34 à la fin de 2024, avec une légère récupération au début de 2025. Le gouvernement a clairement indiqué qu'il est prêt à procéder à une manœuvre importante sur la devise si l'administration Trump se lance dans une guerre des tarifs douaniers. Évidemment, les autres pays de la région asiatique restent fortement préoccupés par cette stratégie qui pourrait les obliger à pratiquer le même choix pour garder un certain niveau de compétitivité.

Reprise de la livre sterling, yo-yo du franc suisse

En douze mois (entre septembre 2023 et septembre 2024), la livre est passée de 1,10 pour un dollar à 1,34 et après à 1,25 au début de l'année 2025. Le choix plutôt *hawkish* de la Banque d'Angleterre a favorisé la devise qui a aussi bénéficié d'une reprise de l'économie après le choc du Brexit et de l'impact de la crise politique allemande et française qui ont favorisé le retour de certains capitaux anglais à Londres.

La SNB intervient souvent pour contrôler les mouvements du franc suisse, surtout quand il se renchérit. Et le franc a enregistré deux pics (1,18) au début de l'année 2024 et en septembre, et deux moments de faiblesse contre le dollar au cours du mois de mai et à la fin de 2024 (respectivement à 1,09 et à 1,10). Il faut signaler que le franc suisse a perdu un peu de son charme de devise-refuge dans les moments de tensions internationales géopolitiques et

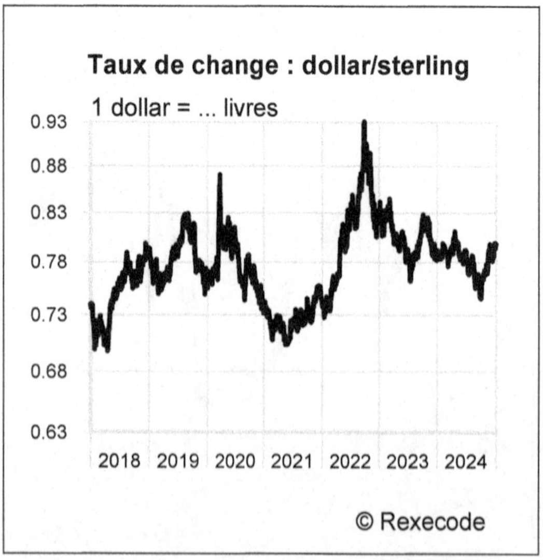

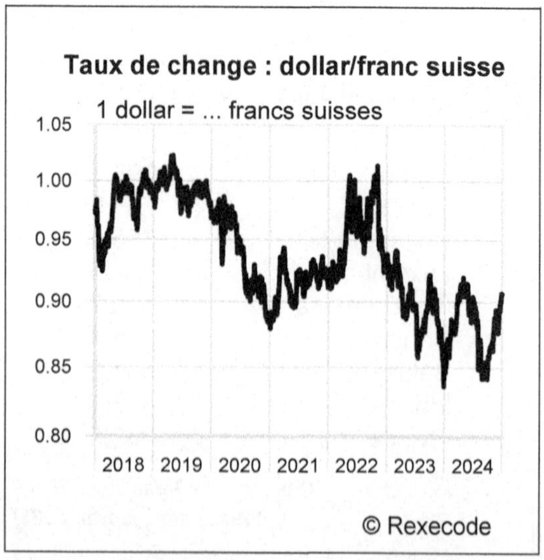

que certaines activités de trading des matières premières ont été transférées du triangle Genève-Zurich-Zug vers d'autres centres, comme Dubaï.

Le *bortsch index* et la faiblesse du rouble

Pendant neuf mois, le rouble a fluctué dans une bande 85-95 contre le dollar. Ensuite, avec les sanctions contre la Gazprombank accompagnées par d'autres mesures, la devise a enregistré une chute dangereuse (jusqu'à 113 en novembre) que la Banque de Russie a enrayée par une hausse furieuse des taux. La devise souffre aussi de la hausse de l'inflation et le *bortsch index* (qui tient compte des prix des quatre composants de cette soupe très populaire) est en hausse de 20 % sur douze mois.

La hryvnia ukrainienne a encore perdu du terrain tout au long de l'année, passant de ₴ 37 à ₴ 42 (c'est le symbole de la devise) pour un dollar. La balance commerciale se dégrade toujours et le déficit du budget est couvert en large mesure par les aides des pays occidentaux, européens en particulier.

Japon : la BoJ soutient le yen

Les décisions de la BoJ d'abandonner une politique monétaire très expansionniste et de remonter les taux ont fait passer la devise d'un minimum de 160 yens/$ (mois de juillet) à 140 au mois de septembre avec des rachats de positions vendues à découvert dans le cadre des opérations de *carry trade*. Mais les différentiels des taux entre le yen et les autres monnaies, le déficit de la balance commerciale et la faiblesse de l'économie ont encore pesé sur la valeur de la devise qui a terminé l'année vers 157. La hausse des taux de la fin du mois de janvier 2025 a permis à la devise de récupérer un peu de terrain, mais elle a clairement perdu sa fonction de valeur refuge qui l'a protégée pendant un certain temps. La BoJ reste confiante que les négociations salariales du printemps peuvent favoriser une légère reprise de l'inflation lui permettant de monter encore les taux.

Les tristes aventures de la livre libanaise

Après la dévaluation du mois de janvier 2023 de 90 %, la livre libanaise s'échangeait (taux officiel) à 15 000 LBP contre un dollar en janvier 2024. Au cours du mois de février, le gouvernement a décidé de dévaluer la monnaie : 89 500 LBP pour un dollar. La devise a même chuté jusqu'à 92 273 LBP pour un dollar en mai pour se reprendre légèrement. Mais la grave corruption dans le pays, les opérations militaires israéliennes et les difficultés économiques pèsent lourdement sur la monnaie. Paradoxalement le pays utilise très peu la LBP, car l'économie s'est dollarisée et les banques ont même ouvert des comptes en « lollars », c'est-à-dire en dollars : le client dépose des dollars et peut retirer des LBP au taux officiel moins une prime, tandis que la devise libanaise se négocie sur le marché noir à des taux bien supérieurs au taux officiel.

La crise de la livre turque rappelle celle de l'akçe, après la bataille de Lépante

Après la catastrophique défaite de Lépante en 1571, l'akçe (la monnaie d'argent ottomane) avait commencé à perdre beaucoup de valeur et avait marqué le début de la décadence et du déclin de l'empire… En octobre 2021, avec un dollar, on obtenait dix lires turques : en janvier 2025, avec un dollar, on achetait 35,50 lires et le mouvement vers le bas de la devise a été régulier, sans aucune correction. Le mouvement progressif vers la baisse a commencé en 2016, quand, avec trois lires on achetait un dollar… c'est en juillet de la même année qu'un coup d'État raté permit au président Erdogan d'assumer pleinement les pouvoirs après le référendum de 2017. Sa politique économique a un fort impact sur le pays et sur la valeur de la monnaie.

Le forint hongrois a suivi la même route, mais il était passé par un dollar qui coûtait 449,85 HUF (plus bas historique du mois d'octobre 2022). Au cours de 2024, la devise hongroise a régulièrement baissé ; au début de l'année, il fallait 334,5 HUF pour acheter un dollar et 406 à la fin de l'année. La monnaie est née en 1946 et avait remplacé le pengö, victime d'une inflation astronomique : le taux de change du forint avait été fixé à 400 quintillions de pengö !

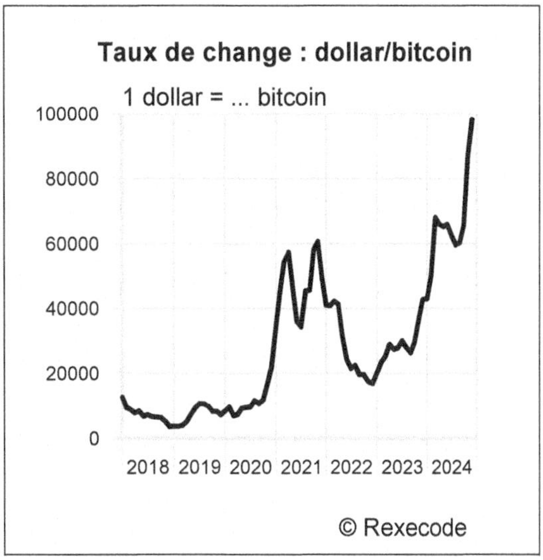

En Argentine le peso, dévalué par Xavier Milei en décembre 2023 de plus de 50 %, a continué sa descente aux enfers. Il fallait 810 ARS pour un dollar au début de 2024 et, à la fin de l'année, 1 015 pesos étaient nécessaires… Le pays subit l'impact de la politique économique de Milei ; il figurait parmi les dix premières puissances économiques mondiales à la fin du XIXe siècle ; il est classé maintenant par le FMI parmi les pays qui souffrent d'une instabilité économique chronique !

Bitcoin, « Trump-coin » ou « tulip-coin » ?

Vers mi-août 2020, le bitcoin valait $ 10 000 : en janvier 2025, il a marqué un nouveau record à plus de $ 109 000 grâce aux déclarations très favorables du nouveau président Trump et à la décision de l'*acting Chair Mark Uyeda* de la SEC d'ouvrir un *desk* spécial pour observer cette cryptomonnaie.

Trump a affirmé vouloir faire des États-Unis « la capitale mondiale du bitcoin et des cryptomonnaies »… Il a même proposé de « créer une réserve stratégique de bitcoins ». D'après les calculs de Coingekco qui suit 16 581 cryptomonnaies en janvier 2025, la contre-valeur de ces cryptos était proche de $ 4,8 milliards… !

Évidemment, les services fiscaux des différents pays commencent à introduire une fiscalité sur les profits réalisés sur ce marché : les impôts

Capitalisation de 16 581 cryptomonnaies
(en $ milliards)

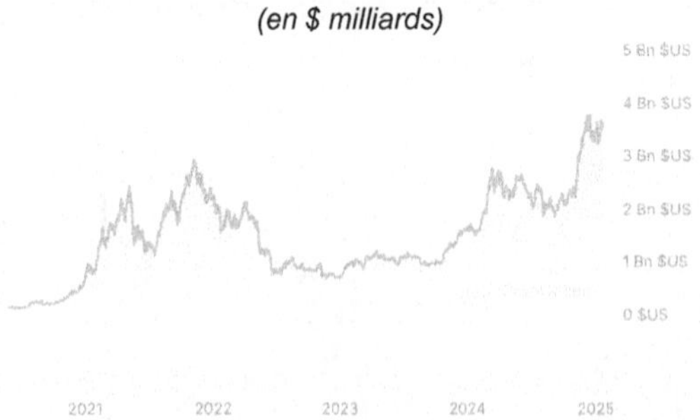

(Source : Coingekco, janvier 2025)

seront, donc, payés en devise locale ou en cryptomonnaie ? Des économistes sceptiques sur ces « actifs financiers » parlent de *tulip-coin* en rappelant la spéculation sur les bulbes de tulipes en Hollande et l'éclatement de la bulle en 1637 qui avait pénalisé l'économie flamande jusqu'à la fin de la guerre de Trente Ans (1648)…

Les marchés boursiers : *la Bourse américaine plus dominatrice que jamais*

Les investisseurs boursiers n'ont pas attendu l'entrée en fonction de Donald Trump en janvier 2025 pour *make America great again*. Jamais les grandes sociétés cotées américaines n'avaient pesé d'un tel poids sur un marché mondial des actions globalement en hausse.

En 2023, l'indice MSCI ACWI des marchés des pays développés et émergents (environ 85 % des marchés mondiaux en valeur), calculé en dollars, avait progressé de 19,8 %. Serait-il possible de monter encore à un rythme rapide en 2024 ? Beaucoup d'investisseurs étaient tentés de le croire.

Certes, aux États-Unis, les grandes valeurs qui avaient le plus contribué à la hausse des indices atteignaient des niveaux déjà élevés et la moindre déception les concernant pouvait entraîner un recul des cours. Par ailleurs, l'activité restait soutenue et l'inflation sous-jacente se maintenait à un niveau que la banque centrale jugeait trop élevé pour amorcer une baisse de ses taux directeurs. Le scénario d'un atterrissage en douceur et d'une politique monétaire plus accommodante gardait pourtant de nombreux défenseurs. En Europe, la baisse des taux d'intérêt allait sans doute se poursuivre. Tous les espoirs étaient donc permis.

Mais, de part et d'autre de l'Atlantique, de nombreux records avaient été battus en décembre et les marchés avaient besoin de reprendre leur souffle. Les premiers jours de l'année 2024 ont été difficiles. Aux États-Unis, dans les minutes de la dernière réunion de 2023 du conseil de politique monétaire de la Réserve fédérale, les analystes ont pu lire que la majorité de ses membres avait jugé approprié de maintenir les taux directeurs à un niveau élevé tant que l'inflation n'était pas revenue à un niveau suffisamment proche de l'objectif de 2 % par an. La publication d'un nombre plus élevé que prévu de créations d'emplois en décembre 2023 a renforcé les craintes du maintien d'une politique monétaire restrictive plusieurs mois encore ; le rendement des emprunts à dix ans s'est rapproché de 4 % et les tensions sur les taux ont gagné les autres marchés.

Les médiocres perspectives de l'activité en Chine ont fait chuter le cours des entreprises du luxe, notamment celles qui sont cotées à Paris, et contribué à assombrir l'humeur des investisseurs. Dans cette ambiance morose, la Bourse japonaise a fait figure d'exception. La deuxième semaine de

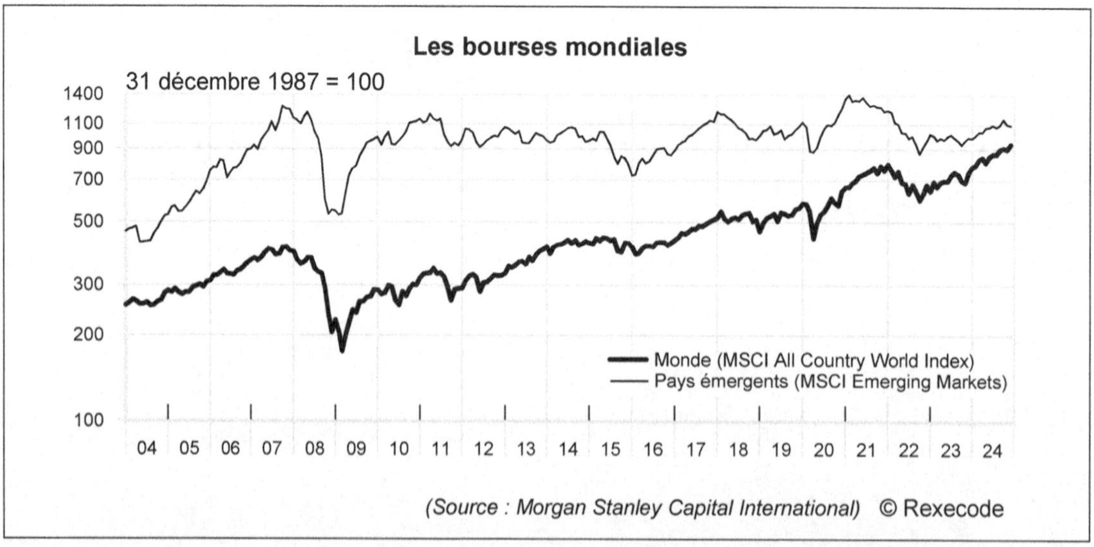

janvier s'est terminée sur une hausse de plus de 6 % du Nikkei 225. À Tokyo, on se félicitait de prix en hausse : ils montraient que le pays était bien parti pour sortir durablement d'une longue période de déflation et la faiblesse du yen face au dollar favorisait les valeurs exportatrices, majoritaires dans l'indice Nikkei.

À l'opposé, les valeurs chinoises enregistraient un très mauvais début d'année. L'indice Hang Seng de la Bourse de Hong Kong continuait une glissade déjà longue de plusieurs années et se retrouvait à un plus bas de dix-neuf ans, à près de 50 % en dessous de son pic de février 2021. L'indice CSI 300 des Bourses de Shanghai et de Shenzhen se retrouvait en repli de 44 % par rapport à son point haut de la même période, les investisseurs locaux et plus encore les investisseurs internationaux désespérant de voir l'économie sortir du marasme provoqué par la crise de l'immobilier.

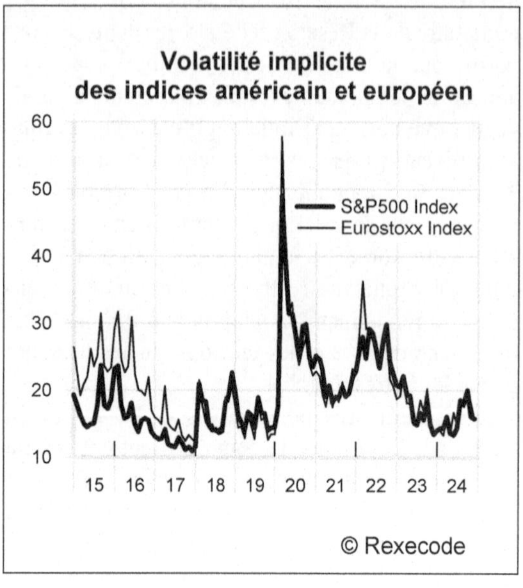

Très vite les premiers records

Mais il n'a pas fallu attendre la fin de la troisième semaine de l'année pour que les grandes valeurs technologiques américaines repartent de l'avant et permettent au S&P 500 et au Nasdaq 100 de battre des records le vendredi 19 janvier. Le mardi 23, l'indice Dow Jones se hissait à plus de 38 000 points pour la première fois de sa longue histoire et, le lendemain, la capitalisation boursière de Microsoft franchissait la barre des $ 3 000 milliards que seule Apple avait déjà été en mesure de passer l'année précédente. Ce regain d'optimisme se retrouvait de l'autre côté de l'Atlantique, où le groupe LVMH annonçait un bénéfice historiquement élevé ; la hausse de son cours conduisait le CAC 40 à un nouveau record.

Une ombre était toutefois à remarquer dans ce tableau : à contre-courant des autres valeurs technologiques, le cours de Tesla enregistrait à ce moment une perte de plus de 25 % depuis le début de l'année et se retrouvait à près de la moitié de son record de l'automne 2021. Cette contre-per-

Les dix premières capitalisations mondiales... et les premières en dehors des États-Unis au 31 janvier 2025
(en $ milliards)

1 Apple	États-Unis	3550	9 Broadcom	États-Unis	1040
2 Microsoft	États-Unis	3090	10 Berkshire Hathaway	États-Unis	1010
3 Nvidia	États-Unis	2940	11 TSCM	Taïwan	894
4 Alphabet	États-Unis	2500	20 Tencent	Chine	468
5 Amazon	États-Unis	2500	25 Novo Nordisk	Danemark	372
6 Saudi Arabian Oil	Arabie saoudite	1790	26 LVMH	France	371
7 Meta	États-Unis	1740	30 SAP	Allemagne	325
8 Tesla	États-Unis	1300			

formance n'était pas un cas isolé. À Wall Street, les autres constructeurs de véhicules électriques n'étaient guère en meilleure forme : Lucid et Nikola avaient chuté encore plus brutalement et Rivian faisait juste un peu moins mal. En Europe, Renault renonçait à introduire en Bourse la nouvelle société Ampère consacrée aux voitures électriques. Non seulement la demande n'était pas au rendez-vous, mais aucun constructeur occidental ne semblait en mesure de résister aux prix imbattables des constructeurs chinois. L'un de ces constructeurs se trouvait tout de même dans une situation délicate : Evergrande NEV, dont la cotation était suspendue le 29 janvier en même temps que celle de sa maison mère Evergrande, promoteur immobilier lourdement endetté dont un tribunal de Hong Kong avait ordonné la liquidation.

Le mois de février se présentait mal : le président de la Réserve fédérale écartait nettement l'hypothèse d'une baisse des taux directeurs lors de la prochaine réunion du comité de politique monétaire à la mi-mars. Mais le marché mondial n'en a pas vraiment souffert. L'indice MSCI World des marchés des pays développés a établi un nouveau record, à près de 25 % au-dessus de son niveau du début de 2023. Les six grandes valeurs technologiques américaines (les « Sept Magnifiques » moins Tesla) ont vu leurs valeurs boursières réunies passer le cap des $ 12000 milliards dès le début du mois. En Europe, un événement insolite attirait l'attention des milieux financiers : l'introduction en Bourse d'Athens International Airport était un franc succès. Cette introduction réussie, la plus importante que la Bourse d'Athènes ait connue depuis plus de vingt ans, confirmait le rétablissement de l'économie grecque et la fin d'une crise qui avait secoué toute l'Europe au cours de la décennie précédente. De nouveaux records étaient établis sur l'indice européen Stoxx 600 ainsi qu'à Paris sur le CAC 40 et à Francfort sur le DAX ; en Italie, la Bourse de Milan retrouvait des niveaux qu'elle n'avait plus atteints depuis juin 2008.

Les cinq marchés qui ont enregistré les plus fortes hausses en 2024
(en %)

Argentine	Merval	+ 172,3
Venezuela	Venezuela SM	+ 104,8
Macédoine du Nord	MBI 10	+ 66,8
Chypre	CSE Chypre General	+ 58
Ghana	GSE Composite	+ 56,2

Les cinq marchés qui ont enregistré les plus fortes baisses en 2024
(en %)

Lettonie	OMX Riga	– 35
Luxembourg	Lux X	– 14,5
Corée du Sud	Kospi	– 9,6
Brésil	iBovespa	– 9,5
Danemark	OMX Copenhagen 20	– 7,9

En Asie, le contraste se renforçait entre les deux pays les plus peuplés. Le marché indien continuait de progresser et représentait alors 18 % de l'indice MSCI Marchés émergents contre 8 % quatre ans plus tôt, tandis que le marché chinois voyait sa part ramenée de 36 % à 25 %. À la fin du mois, avec une capitalisation de plus de $ 4600 milliards, il devenait le quatrième marché boursier mondial, derrière le Nyse, le Nasdaq et le Tokyo Stock Exchange. Pendant tout ce mois de février, les annonces se succédaient à Pékin sur des mesures destinées à soutenir le marché, avec, disait-on, une implication personnelle du président Xi Jinping. Avec un succès limité au début, ces mesures ont fini par atteindre leur objectif : stabiliser le marché. Les ventes à découvert ont été strictement encadrées, les activités des investisseurs institutionnels nationaux sévèrement contrôlées, avec une limitation des ventes et de fortes incitations à acheter des titres, surtout ceux des entreprises à capitaux publics.

Tokyo enfin au-dessus de son point haut de 1989

À Tokyo, le marché japonais vivait un moment historique : le 22 février, le Nikkei 225 arrivait enfin à battre le niveau record de 38915 points qu'il avait établi le 29 décembre 1989 avant de sombrer à moins de 8000 points en 2003 et encore en 2009. Et dès les premiers jours de mars, le seuil des 40000 points a été franchi. Sur les deux premiers mois de l'année, la Bourse de Tokyo a enregistré une performance supérieure à celle de tous les grands marchés mondiaux, y compris le marché américain.

Et pourtant, celui-ci a continué sa progression en février : alors que la grande majorité des entreprises annonçaient des résultats supérieurs aux prévisions, le S&P 500 passait le cap des 5000 points, le Nasdaq et le Dow Jones atteignaient eux aussi de nouveaux sommets (le plus vieil indice de la Bourse américaine s'est d'ailleurs rajeuni en invitant Amazon à entrer dans son club de 30 valeurs à la place de la chaîne de pharmacies Walgreens). Les mouvements étaient particulièrement spectaculaires sur les entreprises portées par la vague de l'intelligence artificielle. Nvidia, le spécialiste des puces graphiques, voyait sa capitalisation boursière passer le seuil des $ 2000 milliards et arriver au quatrième rang des valeurs américaines devant Amazon, puis au troisième devant Alphabet. Quant à la société britannique ARM, elle aussi cotée à Wall Street, son cours était multiplié par deux en cinq jours !

Et ce n'était pas fini. Dans un climat d'euphorie générale, les records continuaient à tomber. À Paris, le CAC 40 franchissait le 7 mars la barre des 8000 points, après avoir franchi celle des 6000 en 2000 et attendu novembre 2021 pour franchir

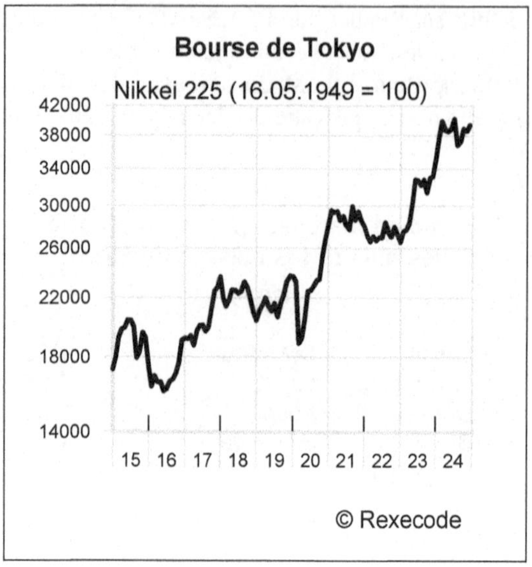

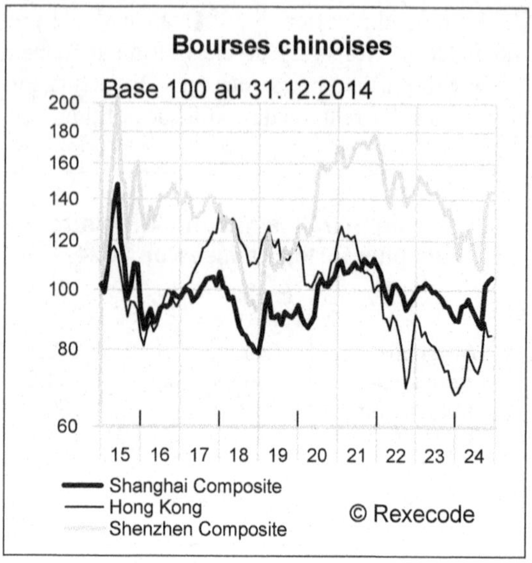

celle des 7000 ; à la fin du mois de mars, il avait battu son vingtième record de l'année. Il faut dire que les bonnes nouvelles n'arrêtaient pas de tomber. Tandis que le dynamisme de l'économie américaine continuait de surprendre, mais avec une hausse des salaires un peu ralentie qui pourrait autoriser un assouplissement de la politique monétaire dans le courant de l'année, la Banque centrale européenne révisait à la baisse ses prévisions de croissance et d'inflation pour la zone euro et laissait entendre qu'elle pourrait amorcer une baisse de ses taux directeurs dès le mois de juin. Les entreprises du CAC 40 annonçaient des bénéfices qui avaient dépassé en 2023 tous les chiffres antérieurs, ce qui laissait présager un niveau record de dividendes et un niveau encore élevé des rachats d'actions. Et cette tendance n'était pas isolée. Au niveau mondial, les études annuelles faisaient état d'un nouveau record du montant des dividendes versés en 2023 et d'une probable progression en 2024. Dans cette ambiance surchauffée, quelques nouvelles ponctuelles faisaient encore monter la température. C'était la compagnie pétrolière Saudi Aramco qui indiquait avoir versé près de $ 100 milliards de dividendes en 2023 et se préparer à en verser au moins $ 120 milliards en 2024. C'était le groupe Meta qui annonçait avoir rallongé de $ 50 milliards le montant de l'enveloppe destinée au rachat de ses actions. C'était le danois Novo Nordisk qui faisait miroiter devant les investisseurs l'énorme potentiel de ses produits coupe-faim.

De nouveaux sommets de part et d'autre de l'Atlantique

Le DAX allemand franchissait le seuil des 18000 points, l'Euro Stoxx 50 celui des 5000 points, le Stoxx 600 continuait de progresser, le S&P 500 atteignait de nouveaux sommets et s'établissait, le 21 mars, lui aussi son vingtième record de l'année. Et les bonnes nouvelles continuaient de tomber. Après leur réunion du 20 mars, les dirigeants de la Réserve fédérale montraient qu'ils restaient confiants dans la poursuite du mouvement de désinflation et qu'ils anticipaient toujours trois baisses de taux avant la fin de l'année. Quant à la Banque nationale suisse, elle créait la surprise en donnant le signal de départ de la

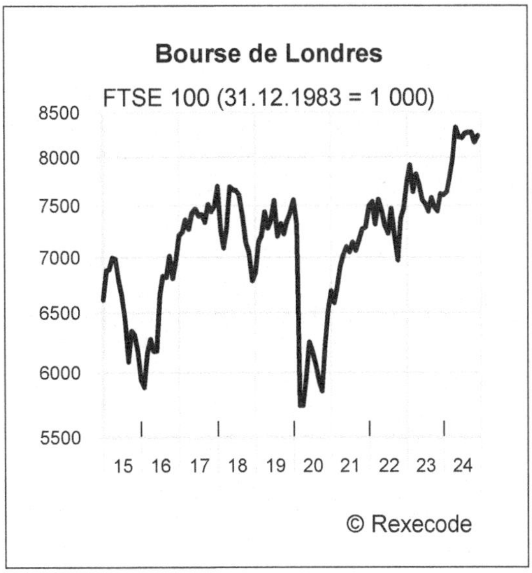

baisse des taux en abaissant son principal taux directeur de 25 points de base le 21 mars.

Dans ce contexte, on enregistrait un regain d'intérêt pour les introductions en Bourse après deux années très calmes en ce domaine. Le mouvement était particulièrement marqué aux États-Unis, où l'on a remarqué notamment l'entrée sur le Nyse du réseau social Reddit, connu pour ses forums de discussion et notamment WallStreetBets, qui avait joué un grand rôle en 2020 pendant la pandémie et encore au début de 2021 en faisant mordre la poussière à des gérants de Wall Street vendeurs à découvert de valeurs soutenues par les investisseurs individuels abonnés à ce site. Ces derniers contestaient d'ailleurs vivement l'entrée en Bourse de leur réseau social, en soulignant qu'il n'avait jamais dégagé le moindre bénéfice en dix-neuf ans d'existence, ce qui n'a pas empêché le cours de Reddit d'être multiplié par deux en quelques jours…

Après un premier trimestre aussi exceptionnel, le marché devenait vulnérable. La publication des chiffres de l'emploi aux États-Unis, avec un nombre de créations de postes beaucoup plus élevé que prévu, et l'accélération de la hausse des prix ont fait douter d'une prochaine baisse des taux de la Réserve fédérale, la montée de la tension entre Israël et l'Iran a fait craindre des risques d'approvisionnement sur le marché du pétrole et fait monter le cours du brut. Heureusement, il y avait toujours l'engouement pour l'intelligence artificielle, qui permettait à Alphabet, maison mère de Google, d'être la quatrième société américaine à enregistrer, au moins momentanément, une capitalisation boursière supérieure à $ 2 000 milliards, après Apple, Microsoft et Nvidia. Mais cela n'a pas suffi à empêcher un recul du S&P 500 et une montée de la volatilité mesurée par le Vix, l'indice de la peur à Wall Street, après les frappes iraniennes sur Israël. Finalement, même les grandes valeurs technologiques ont été touchées. En une semaine, la capitalisation boursière des « Sept Magnifiques » a reculé de plus de $ 900 milliards et l'indice S&P 500 est retombé sous les 5 000 points pour la première fois depuis février.

Certains investisseurs se retournant alors vers la « vieille économie », la place de Londres a échappé au repli en ce mois d'avril, grâce notamment à ses valeurs minières et pétrolières : le FT 100 est passé à plus de 8 000 points le 22 avril, battant ainsi son précédent record datant du 20 février 2023. À Paris, les records successifs enregistrés par TotalEnergies ont permis de limiter le recul mensuel du CAC 40 à 2,69 % et la confirmation d'une probable baisse des taux directeurs de la BCE a permis à l'ensemble des marchés de la zone euro de résister aux vents contraires.

À contre-courant des autres places mondiales, les marchés chinois continuaient cependant de progresser, avec des hausses très fortes sur certaines valeurs, comme Tencent ou l'entreprise de vente en ligne Meituan qui gagnait 90 % en trois mois. Signe d'un regain de confiance, les investisseurs étrangers commençaient à revenir tandis que les autorités chinoises s'engageaient à renforcer les liens entre les Bourses de Shenzhen et Shanghai d'une part et Hong Kong de l'autre, de façon à préserver le statut de place financière internationale de cette dernière.

Mais la morosité s'est dissipée assez rapidement sur les marchés occidentaux, l'espoir d'une baisse générale des taux d'intérêt l'emportant de nouveau sur les tensions géopolitiques. Dès le 10 mai, le CAC 40 recommençait à battre des records et les indices revenaient vers les sommets à Francfort et à Londres comme à New York. Après avoir été multiplié par deux depuis son point bas de mars 2020, le Dow Jones franchissait la barre des 40 000 points en séance le 16 mai, tandis que le S&P 500 et le Nasdaq établissaient de nouveaux records. Quelques jours plus tard, le cours de l'action Nvidia passait à plus de $ 1 000, au terme d'une hausse de plus de 238 % en un an, ce qui justifiait une division du nominal du titre par 10. Face à un optimisme jugé excessif, quelques responsables de la Réserve fédérale jugeaient alors opportun de rappeler que le niveau encore trop élevé de l'inflation ne permettait pas une baisse prochaine des taux. Si une nouvelle hausse de Nvidia a permis au Nasdaq composite de passer temporairement à plus de 17 000 points, le jeu s'est ensuite nettement calmé.

À Paris, instabilité politique et recul du CAC 40

Le mois de juin a bien commencé en Europe : conformément aux attentes des investisseurs, la Banque centrale européenne a amorcé la détente des taux d'intérêt par une première baisse d'un quart de point de ses taux directeurs. Mais, à Paris, la situation s'est gâtée très vite : le président de la République a dissous l'Assemblée nationale et convoqué des élections législatives pour le 30 juin et le 7 juillet. Le CAC 40 a chuté et, en une semaine, les gains qu'il avait accumulés depuis le début de l'année ont été effacés. L'instabilité politique française est apparue alors comme une menace pour le reste de l'Europe. La France, deuxième économie de la zone euro, a toujours joué un rôle moteur dans la construction européenne ; si elle n'était plus en mesure de jouer ce rôle, l'ensemble du continent pouvait en être affecté. De fait, si la Bourse française est celle qui a enregistré ensuite les plus mauvaises performances, cet épisode a marqué le début d'un découplage entre les marchés financiers des deux côtés de l'Atlantique.

Pendant ce temps, Nvidia poursuivait sa folle course en avant, passant devant Apple puis Microsoft pour arriver au premier rang mondial avec une capitalisation supérieure à $ 3 300 milliards. L'ascension avait été trop rapide, une correction a suivi : à la fin du mois de juin, la valeur est revenue au troisième rang mondial et a vu sa capitalisation perdre $ 430 milliards en trois séances.

En Inde, la Bourse s'est repliée fortement après des élections législatives qui ont fait perdre au Premier ministre Narendra Modi sa majorité

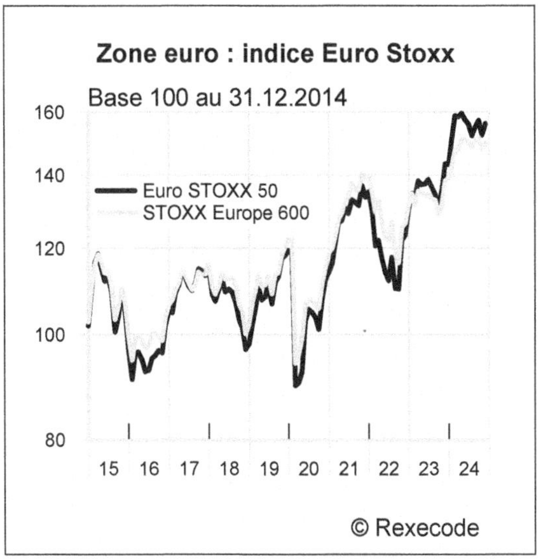

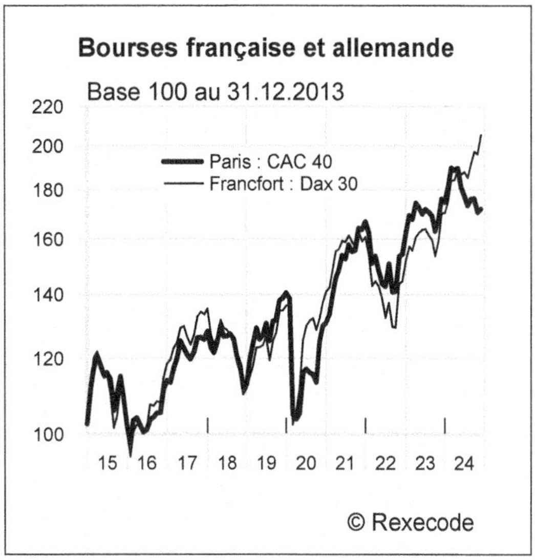

absolue. Mais il ne lui a fallu guère plus de trois semaines pour regagner le terrain perdu et établir de nouveaux records. Ainsi s'est terminé un premier semestre qui lui a permis de terminer dans le premier cercle des meilleures performances enregistrées au niveau mondial. Mais la palme revient incontestablement aux valeurs technologiques américaines qui ont permis au Nasdaq 100 et au S&P 500 de progresser respectivement de plus de 17 % et 14,50 % au cours de ce semestre. L'Europe a peiné à suivre, avec une hausse de 8,2 % de l'Euro Stoxx 50 et de 5,6 % du FT100.

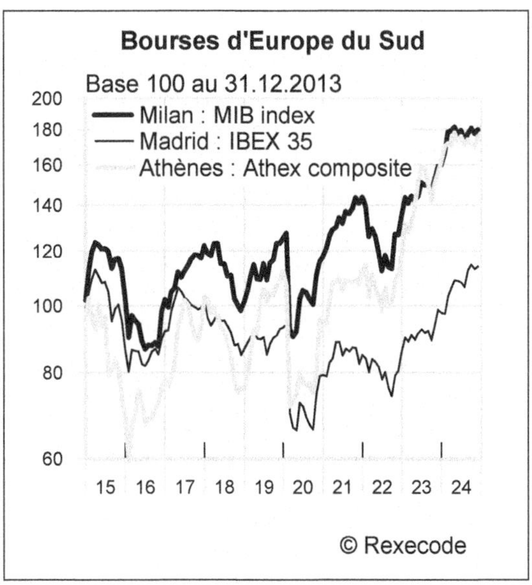

Mais on peut remarquer la belle performance de l'indice néerlandais en hausse de 17,42 % grâce à ses entreprises bien placées dans l'industrie des semi-conducteurs ASML et ASM International, et celle de l'OMX Copenhagen 20 danois, qui a gagné 26,56 % grâce à l'envolée de la pharmaceutique Novo Nordisk. Au Japon, le Nikkei 225 a enregistré une progression de 18,28 % supérieure à celle du Nasdaq. À Paris, le CAC 40 a été l'un des rares grands indices à reculer, de 0,68 %.

Dès la troisième séance du second semestre, le S&P 500 a battu un record pour la trente-deuxième fois de l'année. De l'autre côté de l'Atlantique, l'ambiance était aussi assez festive : la victoire des travaillistes aux élections britanniques satisfaisait les investisseurs, qui avaient eu quelques déceptions avec les gouvernements conservateurs et étaient plutôt rassurés par le programme très modéré du futur Premier ministre, Keir Starmer, notamment en matière fiscale. En France, malgré une Assemblée nationale sans majorité, on se réjouissait d'avoir échappé à une victoire des extrémistes de l'un ou l'autre bord aux élections législatives. Mais, à Paris, les soucis sont revenus très vite : les agences de notation ont émis des craintes sur la situation budgétaire du pays et, du côté des entreprises, les avertissements sur résultats se sont multipliés. Puis une panne informatique provoquée par la mise à jour d'un logiciel antivirus installé sur les systèmes Windows a provoqué des perturbations dans de nombreux secteurs d'activi-

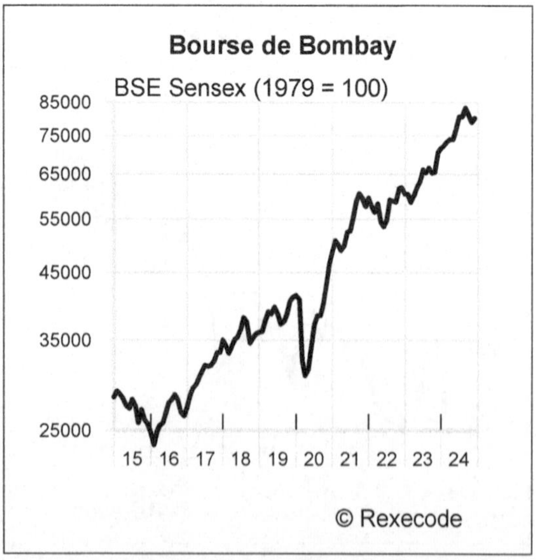

Bourse de Bombay

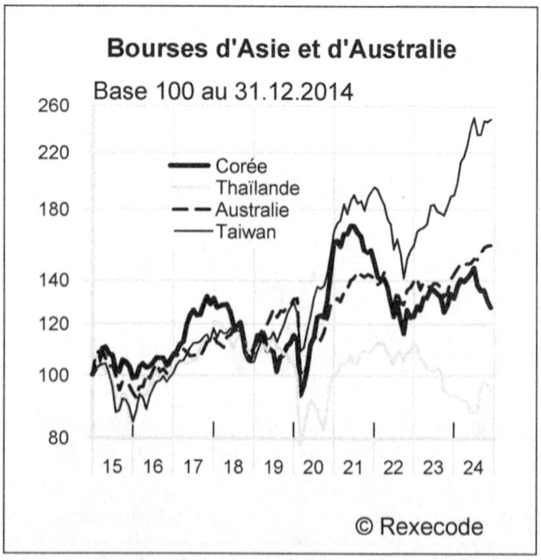

Bourses d'Asie et d'Australie

té et affecté plusieurs marchés, la faiblesse de l'activité en Chine et les avertissements sur résultats de Burberry et Hugo Boss ont inquiété les secteurs de la mode et du luxe, tandis qu'à New York on a commencé à se poser des questions sur le niveau atteint par la valorisation des entreprises de haute technologie. Tesla, qui s'était envolée au début de juin à l'annonce de meilleurs chiffres de vente au deuxième trimestre, a brutalement chuté après la publication de ses résultats financiers, faisant apparaître un recul de 45 % de son bénéfice. Seule l'accalmie sur les prix à la consommation aux États-Unis est venue soutenir les cours.

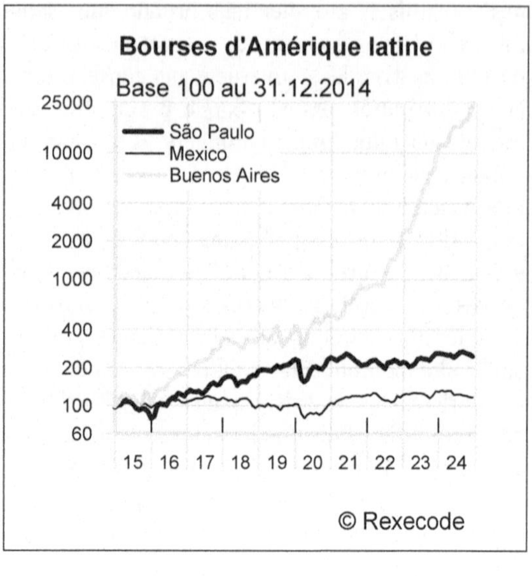

Bourses d'Amérique latine

Vent de panique en août

Le début du mois d'août a été très chahuté sur toutes les places. Des nouvelles favorables étaient tombées le premier jour du mois : la Banque d'Angleterre, à son tour, amorçait une détente des taux d'intérêt et, si la Réserve fédérale gardait ses taux inchangés, son président laissait la porte ouverte à une baisse pour le mois de septembre. Mais, la veille, la Banque du Japon, qui avait une politique monétaire en complet décalage avec les autres grandes banques centrales, avait annoncé une remontée de son taux directeur et, le lendemain, une hausse inattendue du chômage aux États-Unis avait renforcé les craintes d'une chute brutale de l'activité. Face à la remontée du yen, les investisseurs ont anticipé des jours difficiles pour les entreprises exportatrices japonaises ; le lundi 5, l'indice Nikkei a chuté de 12,4 % et tous les grands marchés ont reculé, tandis que l'indice Vix est remonté à un niveau qu'il n'avait plus atteint depuis quatre ans. Des chiffres rassurants publiés aux États-Unis et l'assurance donnée par les dirigeants de la Banque du Japon qu'il n'y aurait plus de hausse des taux tant que les marchés ne seraient pas stabilisés ont progressivement ramené le calme. Puis, à la fin du mois, lors du symposium des banquiers centraux de Jackson Hole, le président de la Réserve fédérale a tenu les propos que tous les investisseurs attendaient : « le moment est venu pour la politique monétaire de s'ajuster ». La remontée des cours s'est accélérée, le Dax allemand et le Stoxx Europe 600 ont établi de nouveaux records ; il en a été de même pour le Dow Jones à New York, où l'indice Vix est retombé de 65 à 15, et à Bombay, où l'indice Sensex était au plus haut. Même à Paris, où pourtant le contexte politique continuait à inquiéter, le mois d'août s'est terminé par une hausse du CAC 40.

Les craintes sur la croissance américaine ont encore pesé sur les marchés dans les premiers jours de septembre, puis les banques centrales sont venues redonner un nouvel élan. Sans surprise, la BCE a procédé le 12 à une deuxième baisse d'un quart de point de ses taux directeurs et, à la grande satisfaction des investisseurs, pour sa première baisse de taux, la semaine suivante, la Réserve fédérale a opté pour un geste fort d'un demi-point. Enfin, la banque centrale chinoise a annoncé un ensemble de mesures allant de la baisse des taux directeurs à la baisse du taux de réserves obligatoires des banques et à celle du taux du crédit hypothécaire. Ainsi, ce mois de septembre s'est terminé sur une note soutenue sur tous les grands marchés, à l'exception notable de celui du Japon, très inquiet à l'annonce de l'arrivée d'un nouveau Premier ministre favorable à la poursuite de la hausse des taux d'intérêt et à un yen plus fort.

En octobre, l'extension du conflit au Moyen-Orient de Gaza au Liban a assombri l'atmosphère et les investisseurs chinois, qui s'attendaient après les annonces de septembre à de fortes mesures de relance, ont été déçus par la publication d'un plan d'investissement très modeste. Malgré ces déceptions, les investisseurs étrangers ont toutefois recommencé à regarder le marché chinois, jugé peu cher, à la différence du marché indien qui commençait à donner des signes d'essoufflement. Pour la troisième fois de l'année, la BCE a baissé ses taux directeurs d'un quart de point, mais cette information, largement anticipée, n'a pas apporté de réel soutien au marché européen. Quant au marché américain, il a très vite surmonté les doutes liés à la dégradation du climat géopolitique. Le S&P 500 et le Dow Jones sont repartis à l'assaut de nouveaux sommets ; Nvidia, la valeur vedette du moment, a été désignée pour prendre la place de son concurrent malheureux Intel dans ce dernier indice.

Euphorie à Wall Street

Malgré le bon niveau atteint dans les sondages par la candidate démocrate à l'élection présidentielle, Wall Street a continué à miser sur une victoire de Donald Trump et ses baisses d'impôt. La victoire très nette du candidat républicain et de son camp le 5 novembre a été saluée dans les jours suivants par de nouveaux records. En Europe, dans les heures qui ont suivi l'annonce des résultats, les indices ont monté, la clarté du score écartant toute incertitude. Mais la tendance s'est très vite retournée, face au risque d'une hausse des droits de douane américains et d'une montée des taux d'intérêt se propageant au marché européen. Aux États-Unis, l'euphorie a duré une semaine, puis le marché a corrigé en partie les excès qui venaient d'être commis : les ratios cours sur bénéfice de beaucoup de valeurs commençaient à devenir très élevés, le dollar était au plus haut et on craignait un arrêt de la baisse des taux de la Réserve fédérale, après celle d'un quart de point intervenue deux jours après les élections.

Pendant tout ce mois de novembre, les investisseurs n'ont eu d'yeux que pour les États-Unis. Les marchés européens ont réussi à progresser légèrement, mais le marché français est retombé

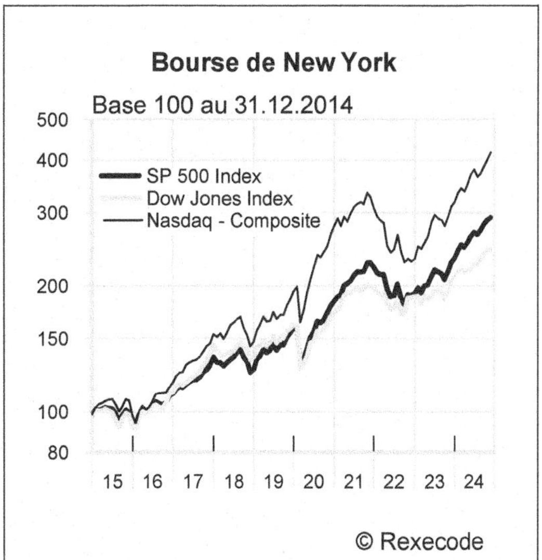

très près de ses plus bas niveaux du mois d'août après six semaines de baisse consécutive ; en Asie-Pacifique, la Bourse australienne a enregistré record sur record et le mouvement s'est poursuivi jusqu'au 3 décembre.

Le dernier mois de l'année s'est inscrit dans le prolongement des précédents pour la Bourse américaine. Le 11 décembre, porté par la hausse de valeurs comme Nvidia, Broadcom et Tesla, qui a battu son précédent record datant de 2021, le Nasdaq composite a passé pour la première fois le seuil de 20 000 points et, le lendemain, le président élu Trump était chaudement applaudi lorsqu'il est allé sonner la cloche à l'ouverture de Wall Street. Une semaine après, la Réserve fédérale procédait à la troisième baisse de ses taux, d'un quart de point, mais en déclarant que, ensuite, la trajectoire des taux dépendrait uniquement des progrès réalisés en matière d'inflation, son président a nettement refroidi les ardeurs. En France, malgré la chute du gouvernement Barnier et une année qui s'est terminée sans budget pour l'année suivante, le CAC 40, qui était tombé très bas, a réussi à regagner 2,01 % sur le mois.

Au total, sur l'ensemble de l'année, le principal indice de la place de Paris a reculé de 2,2 %. Le marché parisien fait partie des quelques grands marchés qui ont baissé en 2024. En Europe, cela a aussi été le cas au Portugal, avec un léger repli de 0,3 % du PSI 20, et surtout du Danemark, avec une baisse très forte de l'OMX Copenhagen 20 de 7,9 %, après un record en juin ; la chute qui a suivi est en grande partie due à la dégringolade du cours des entreprises engagées dans les énergies renouvelables Orsted et Vestas dès que le risque d'un retour de Donald Trump à la Maison-Blanche s'est précisé et surtout à celle en fin d'année du laboratoire Novo Nordisk, première capitalisation européenne. Parmi les autres marchés en recul on notera le Brésil (– 9,4 %), où la politique économique du président Lula suscite beaucoup de réserves, la Corée du Sud (– 9,6 %), où les secousses politiques ont accentué la décote dont souffrait déjà le marché par rapport aux autres places asiatiques, et le Mexique (– 13,1 %), dont le principal indice a atteint un sommet en février, mais où les inquiétudes étaient très fortes du fait du retour de Donald Trump et de la forte dépendance de l'économie aux échanges avec les États-Unis.

Une concentration exceptionnelle des performances boursières

L'année 2024 s'est caractérisée par la forte hausse du marché américain, qui a entraîné les autres places dans son sillage (très souvent à une large distance) et a fait monter les indices mondiaux. Les chiffres sont éloquents : 30,7 % pour le Nasdaq, 24 % pour le S&P 500, 12,8 % pour le Dow Jones, le moins impacté par les nouvelles technologies et l'intelligence artificielle. Jamais on n'avait vu une telle concentration des performances boursières, à la fois dans les indices mondiaux et dans les indices américains. En 2024 l'indice MSCI World des pays développés a grimpé de 19,19 % ; dans cet indice, les États-Unis pèsent pour 73,94 %, devant le Japon (5,36 %), le Royaume-Uni (3,43 %), le Canada (3 %) et la France (2,56 %) ; les dix premières capitalisations américaines représentent 26,30 % de l'indice. Cette concentration des performances se retrouve dans d'autres pays, notamment l'Allemagne : alors que ce pays a connu sa deuxième année consécutive de recul du PIB, le Dax a progressé de 18,8 % grâce en bonne partie à la hausse de près de 70 % de sa valeur vedette, l'éditeur de logiciels SAP. Les secteurs qui contribuent généralement au succès de l'industrie allemande ont été mis à rude épreuve, comme en témoignent les cours dans le secteur automobile : recul de 13,9 % pour Mercedes-Benz, de 21,6 % pour BMW, de 20,3 % pour Volkswagen et 26,8 % pour Porsche. Il est vrai qu'à la Bourse de Paris, Stellantis a chuté encore plus durement, de 40 %. Seuls deux constructeurs européens ont réussi à tirer leur épingle du jeu : Renault (+ 27 %) et Ferrari (+ 35 %).

D'autres succès sont à signaler : la progression de 19,2 % du Nikkei 225 et le retour en territoire positif des marchés chinois, avec une hausse de 14,6 % du CSI 300 des grandes valeurs cotées à Shanghai et Shenzhen et de 17,6 % de l'indice Hang Seng de Hong Kong. Grâce aux succès de ses entreprises dans les semi-conducteurs, dont TSCM est le symbole, la Bourse de Taïwan a bondi de 45,4 % et celle de Singapour, toujours jugée attrayante par les investisseurs internationaux, de 36,1 %. Après un beau parcours jusqu'à la fin septembre, en Inde l'indice Sensex 30 n'a finalement progressé que de 8,1 %.

En Europe, outre la performance du DAX allemand, on remarque la hausse de 15 % du BEL 20 en Belgique, de 14,8 % de l'IBEX 35 en Espagne, de 13,4 % de l'ASE en Grèce, de 12,6 % du FTSE MIB en Italie et de 11,6 % de l'AEX aux Pays-Bas. À Londres, le FTSE 100 n'a progressé que de 5,7 %, les valeurs pétrolières, minières (qui ont d'ailleurs été nombreuses au cours des dernières années à lui préférer les Bourses de Sydney, Londres ou Toronto) et bancaires n'ayant pas enregistré des gains comparables à ceux des valeurs de haute technologie qui manquent à La City. Notons les reculs de 15,6 % de BP, de 19,1 % de Rio Tinto, de 25 % de Glencore.

La Bourse de Londres a assoupli profondément sa réglementation pour attirer de jeunes pousses sur son marché. Paris a procédé aussi à un changement important en autorisant les droits de vote multiples. En fait, toutes les places européennes ou d'autres continents ont manifesté leur inquiétude face à l'attrait exercé sur les candidats à la cotation par la place de New York, où le marché est plus profond et les entreprises mieux valorisées. En France, la décision de TotalEnergies de se faire coter en parallèle à New York a soulevé un certain émoi. Malgré une hausse globale des indices, 2024 n'a pas été une grande année pour les introductions en Bourse, sauf aux États-Unis, en Inde et à un moindre degré en Europe. Si l'on excepte l'Inde, elles n'ont pas été très nombreuses dans la zone Asie-Pacifique, même si l'on a pu enregistrer au Japon avec Tokyo Metro la plus grosse introduction depuis six ans.

Les miracles de la Bourse américaine ne doivent pas toutefois être surestimés. Toutes les valeurs cotées à New York ne sont pas inondées par une pluie de dollars. Les « Sept Magnifiques » (Apple, Nvidia, Microsoft, Amazon, Alphabet, Meta et Tesla) expliquent à elles seules la moitié des gains du S&P 500, qui lui-même ne reflète pas le sort réservé aux petites et moyennes valeurs cotées. L'indice Russell 2000 des petites capitalisations a progressé, lui, de seulement 10 % sur l'année, malgré un très net rebond juste après l'élection de Donald Trump, dans l'espoir que la hausse des droits de douane profite aux petits producteurs américains. Cet écart entre petites et grandes valeurs se retrouve sur pratiquement tous les marchés avec en France un recul de 8 % du CAC Small.

Des valorisations très élevées

À en juger par les ratios cours-bénéfices, les grandes valeurs américaines ont terminé 2024 à un niveau de valorisation élevé. Pour le S&P 500, on est arrivé à un PER (*price earning ratio*) de plus de 27, ce qui est historiquement élevé, avec une moyenne de 24 sur les cinq dernières années (à titre de comparaison, ce même ratio s'établissait à 15,1 à la fin 2024 pour le Stoxx Europe 600). C'est encore loin des PER qui avaient été enregistrés au début de 2000, car il y a une grande différence entre les deux périodes : au moment de la bulle Internet, on accordait souvent une valorisation élevée à des entreprises qui n'avaient jamais fait de bénéfices ou en réalisaient très peu. Les grandes valeurs technologiques aujourd'hui se caractérisent par des bénéfices élevés, qui leur permettent à la fois d'investir massivement et de lancer de vastes plans de rachat d'actions, à l'instar d'Apple qui a annoncé début mai 2024 un plan de $ 110 milliards, chiffre qui n'avait encore jamais été atteint. Il n'en demeure pas moins que ces ratios élevés limitent les perspectives pour 2025.

Les plus optimistes parient sur le fait que la politique économique voulue par le président Trump va soutenir l'activité et que la baisse des impôts annoncée aura un effet positif sur les résultats des entreprises. Les analystes plus prudents craignent que cette politique ne soit inflationniste et n'incite la Réserve fédérale à mettre un terme à la baisse des taux d'intérêt. Au contraire, pour les marchés européens, beaucoup estiment que la baisse des taux va se poursuivre (la BCE a d'ailleurs encore abaissé ses taux directeurs d'un quart de point le 30 janvier, alors que la Réserve fédérale avait opté la veille pour le maintien du statu quo) et que d'une façon générale ces marchés un peu délaissés en 2024 vont de nouveau intéresser les investisseurs. De même, certains entrevoient un regain d'intérêt pour les valeurs moyennes. Mais il faut rappeler que ce mouvement a déjà été annoncé à plusieurs reprises et n'a pas réussi à se concrétiser.

Incertitude plus grande qu'à l'accoutumée

Chacun s'accorde à penser que l'incertitude est plus grande encore pour 2025 qu'elle ne l'est habituellement à chaque début d'année, compte tenu des changements à attendre dans la politique américaine et de la façon dont les autres pays réagiront aux initiatives du président Trump. Au cours du mois de janvier, un élément d'incertitude nouveau est venu de la Chine : les progrès étonnants réalisés en matière d'intelligence artificielle par DeepSeek, avec des puces moins performantes que celles que produit maintenant Nvidia et avec un budget très modeste (pour autant que l'on puisse se fier aux chiffres annoncés). Le choc a été brutal : en une seule journée, Nvidia a vu sa capitalisation boursière fondre de $ 590 milliards ; un tel recul ne s'était jamais vu en valeur absolue. En tenant compte de la chute des autres valeurs technologiques, ce sont plus de $ 1 000 milliards qui se sont évaporés ce jour-là. Certes, un rebond a eu lieu les jours suivants, mais l'avertissement doit être pris au sérieux.

Du fait de ces remous, en janvier, le Nasdaq composite n'a progressé que de 1,6 %, alors que le S&P 500 a gagné 2,7 % et le Dow Jones 4,7 %. Les marchés européens ont bien tiré leur épingle du jeu, sauf celui du Danemark qui a reculé de 1,7 % ; le CAC 40 a progressé de 7,7 % et le DAX de plus de 9 %. Le tableau est plus nuancé en Asie-Pacifique : l'Australie a progressé de plus de 4 % et la Corée du Sud de plus de 5,6 %. En revanche l'indice Nikkei 225 a légèrement reculé et l'indice CSI 300 des deux Bourses de Shanghai et Shenzhen a cédé 3 %, tandis que Hong Kong enregistrait une modeste hausse de 0,8 %.

Une tendance devrait en tout cas se confirmer ; celle du succès des ETF, ces fonds dont les performances reflètent les performances d'indices boursiers ; on estime qu'ils représentent maintenant environ 70 % du marché américain et les jeunes investisseurs préfèrent majoritairement les utiliser plutôt que d'acheter des actions en direct.

Les premiers jours d'avril, après le *Liberation Day*, ont été marqués par une volatilité extrême sur les marchés bousiers de la planète et en particulier aux États-Unis : des chutes vertigineuses suivies de rebonds spectaculaires à l'annonce du report de la mise en place des droits réciproques. Les valeurs de la technologie ont été les plus touchées avec des variations de plusieurs centaines de milliards de dollars de capitalisation d'entreprises comme Apple ou Nvidia ; le tout mesuré dans un dollar qui, lui aussi, s'est fortement affaibli.

Les marchés dérivés : *des temps plus difficiles pour le négoce international*

2024 n'aura pas été un grand millésime pour les activités du négoce international. La corrélation entre les cours des matières premières et la profitabilité des entreprises de négoce s'est encore vérifiée en 2024 puisque, d'après de premières estimations, leurs résultats ont diminué d'un tiers, en particulier dans les domaines de l'énergie et de l'agriculture.

En 2023, d'après les estimations tant de McKinsey et de S&P Global que d'Oliver Wyman, le bénéfice avant impôt et intérêts (ebit) du négoce international au sens le plus large avait dépassé les $ 100 milliards. En 2024, d'après les estimations de McKinsey, il aurait diminué de 30 % à $ 72 milliards. Suivant les activités, la baisse est plus marquée pour le pétrole, le gaz et l'électricité (– 38 %) que pour l'agriculture (– 24 %) et le GNL (– 23 %). Seul le segment des minerais et métaux améliore de 18 % sa profitabilité. C'est au fond une image assez réaliste du comportement des marchés en 2024 et de l'intérêt suscité en temps de guerre par les métaux, stratégiques ou non. Pour Oliver Wyman, la marge brute (*trading gross margin*) aurait été en 2024 de l'ordre de $ 95 milliards (– 20 %), mais en progression nette (plus du double) par rapport aux années 2010.

Les résultats à notre disposition confirment cette tendance. Ainsi, le résultat net de Trafigura (pour un exercice s'arrêtant en septembre) est passé de $ 7,4 milliards en 2023 (un chiffre exceptionnel) à $ 2,8 milliards. L'ebit de Bunge est passé de $ 3 à $ 2 milliards (mais en partie pour des raisons liées à des diversifications industrielles hasardeuses). Quant à Glencore, si son ebitda est passé de $ 17 à $ 14 milliards, du fait de provisions nécessaires dans le domaine minier, son résultat s'inscrit en négatif de $ 1,6 milliard (contre un bénéfice de $ 4,2 milliards en 2023). Il y a de fortes chances que les résultats à venir des autres grands négociants subissent la même évolution. Cargill a ainsi annoncé son intention de réduire de 5 % ses effectifs au niveau mondial.

La hiérarchie du monde du négoce a peu évolué avec les cinq « grands », principalement centrés sur l'énergie : Vitol, Trafigura, Glencore, Mercuria, Gunvor. En 2024, certains se sont renforcés dans l'aval, qu'il s'agisse de raffineries (Vitol en Sardaigne, Trafigura en France à Fos), de biocar-

Crédit Agricole CIB
votre partenaire de confiance
pour le financement des
matières premières
Prévention de la fraude
Réseau international
Opérations transactionnelles & structurées
UNE EXPERTISE MONDIALE
Transition énergétique
Solutions innovantes
Services reconnus
Crédit Agricole Corporate and Investment Bank
vous apporte son savoir-faire et son réseau international
pour vous accompagner dans vos activités.
www.ca-cib.com
CRÉDIT AGRICOLE
CORPORATE & INVESTMENT BANK

Quelques résultats de firmes de négoce
(en $ milliards)

	2023	2024
Estimations globales		
• McKinsey (*trading ebit*)	104	72
• Oliver Wyman	105	95
(*Gross margin*)		
• Vitol		
CA	400	
Résultat net	13	8,5
• Glencore		
Ebitda	17	14,36
Résultat	4,28	– 1,6
Marge négoce	3,5	
• Trafigura (à sept.)		
CA		243
Résultat net	7,4	2,8
• Mercuria		
Résultat net	2,7	
• Gunvor		
Résultat net	1,25	0,73
• Cargill (à mai)		
CA		160
Résultat		2,48
• Bunge		
Adj. ebit	3	2

burants (Gunvor à Rotterdam). Mais la plupart ont élargi leurs activités au monde des métaux, à l'image de Vitol, de Mercuria, de Gunvor et même de Total (ToTsa) qui s'intéresse au cuivre. Les compagnies pétrolières ont d'ailleurs développé leurs activités à l'image de TotalEnergies et de Shell (qui réalise 17 % du trading mondial de GNL) et maintenant même de Saudi Aramco.

Pour nombre de raisons fiscales et réglementaires, une partie du monde du négoce international s'est déplacée de Suisse vers les lieux encore plus cléments de Dubaï. Ils sont soutenus en cela par l'intérêt des fonds des pays du Golfe pour le négoce. Abu Dhabi est déjà un actionnaire minoritaire de Louis Dreyfus. Début 2025, Olam Agri, filiale de négoce du groupe Olam que détient le fonds souverain de Singapour, Temasek, est passé à 80 % sous le contrôle de Salic qui appartient au fonds souverain saoudien. Des sociétés semi-publiques d'Abu Dhabi et d'Oman se sont aussi lancées dans le trading de métaux.

Mais les nouveaux acteurs parmi les plus actifs sont chinois. Cofco International est désormais l'équivalent des ABCD et domine en particulier les exportations du Brésil vers la Chine. Mais Cofco a aussi fait l'acquisition de deux silos aux États-Unis. Le troisième négociant mondial en métaux, la société suisse IXM (l'ancienne branche métaux de Louis Dreyfus), est une filiale du groupe minier public chinois CMOC.

Ceci étant, le monde du négoce n'est pas exempt de problèmes. Il y a celui – récurrent – de l'arbitrage entre le trading et les activités industrielles ou minières. C'est le cas bien sûr de Glencore, dont les activités de négoce ne représentent que 20 % de l'ebit. Glencore est en fait une compagnie minière : contrairement à ses engagements (Glencore, cotée à Londres et à Hong Kong, se doit de quelques engagements « durables »...), Glencore ne s'est pas séparé de ses activités dans le charbon (et au contraire a récupéré le charbon à coke du canadien Teck Resources). Par contre, Glencore s'est dégagé du nickel de Nouvelle-Calédonie ($ 4 milliards investis depuis 2013), tout comme d'ailleurs Trafigura (mais l'investissement était beaucoup plus faible). Et puis, début 2025, on parlait aussi d'un désengagement de Glencore de la RDC (cobalt et cuivre) et du Kazakhstan (zinc). Comme nombre d'autres sociétés de négoce, Glencore a aussi maille à partir avec la justice pour des affaires de corruption remontant en général au début du siècle : outre Glencore (Nigeria et Cameroun), citons Gunvor (Congo et États-Unis), Trafigura (Angola et États-Unis), Totsa (États-Unis)... Trafigura a dû aussi provisionner des sommes importantes pour des malversations dont elle a été victime en Mongolie et sur le marché du nickel.

Enfin, un peu à part du négoce proprement dit, les célèbres sociétés de commerce japonaises, les *sogos shoshas* (Mitsubishi, Mitsui, Marubeni, Sumitomo) continuent à susciter l'intérêt de l'investisseur le plus célèbre de la planète. Warren Buffett a décidé de passer le niveau des 10 % dans leur capital.

McKinsey anticipe, pour 2030, un ebit du négoce de $ 115 milliards. Dans un monde aussi incertain, ce genre de projection n'a aucun sens et montre, à la limite, la parfaite incompréhension que les cabinets de conseil peuvent avoir de cet univers original et incontournable au cœur de tous les conflits.

Lambert Commodities

Jean-François Lambert
Consultant en Finance Internationale

Au travers de diverses fonctions occupées ces 40 dernières années au sein de grandes institutions bancaires, JF a acquis une compréhension approfondie de la dynamique financière internationale et des flux commerciaux. Cette connaissance fine des mécanismes et des comportements, alliée à une capacité d'anticiper les tendances de marché, lui permet d'apporter une perspective unique sur les affaires internationales.

Dans ses fonctions de conseil, JF met à profit son expérience et sa réflexion stratégique pour :

• Conseiller les banques sur leur stratégie internationale et notamment leur positionnement sur le marché du financement du commerce international, des matières premières et des financements structurés ; promouvoir les meilleures pratiques en matière d'analyse de risque et de crédit, ainsi que de l'organisation et de la gouvernance.

• Aider les fonds et les investisseurs à définir une stratégie d'investissement adaptée, à identifier et à gérer des actifs liés aux matières premières et au commerce international, à optimiser la gestion de leurs risques, et à conduire des missions d'audit et de revue de leurs portefeuilles.

• Aider les négociants et les producteurs de matières premières à développer leur stratégie de financement, à bâtir et à optimiser les relations de qualité avec les prêteurs et à mettre à niveau leur gouvernance et leur organisation interne.

Marchés dérivés : quelques problèmes russes

La géographie mondiale des marchés dérivés a peu évolué en 2024. Elle reste toujours dominée par les deux acteurs américains (CME et ICE), par les bourses chinoises qui peinent à s'internationaliser, et par des bourses plus « régionales » (Euronext, Singapour) ainsi que par la véritable exception culturelle que reste le LME, propriété de la bourse des valeurs de Hong Kong (et donc indirectement des grandes banques publiques chinoises). Le LME a d'ailleurs retrouvé ses niveaux d'activité d'avant la crise du nickel de 2022 avec une progression de 18 % de ses volumes en 2024 (665 000 lots traités par jour). Par contre, le LME a perdu la partie en termes de représentativité face au CME sur les contrats du cobalt et de l'oxyde de lithium. Il sera intéressant de suivre l'impact des taxes trumpiennes sur l'aluminium et peut-être le cuivre sur les volumes traités au CME. Déjà, le LME et le CME ont eu à gérer l'épineux problème des métaux russes, en particulier aluminium et nickel. Sur le LME, il n'y a plus que sept *ring-dealing members* après le retrait de la Société Générale (il reste par contre Sucden). Dans l'affaire du nickel en 2022, le LME n'a eu finalement qu'une amende de £ 9,2 millions de la part de FCA, le régulateur du marché financier britannique. C'est bien peu !

Alors qu'Euronext et le CME ont lancé conjointement des contrats de *spreads* sur le blé entre Chicago et l'Europe (y compris la mer Noire), personne n'a vraiment pris au sérieux l'annonce faite au sommet des BRICS de la création d'un *Grains Exchange* qui serait dominé par la Russie et qui donnerait des cotations échappant au dollar et même à l'euro. Cela a peu de chance d'aboutir !

- II -

Grains et agriculture tempérée

- Quelles politiques agricoles au XXIe siècle ?
- Céréales
- Riz
- Oléoprotéagineux
- Viandes
- Lait et produits laitiers
- Pommes de terre
- Fruits et légumes tempérés
- Concentré de jus de pommes
- Fruits secs à coque
- Miel
- Vin
- Coton
- Laine
- Lin

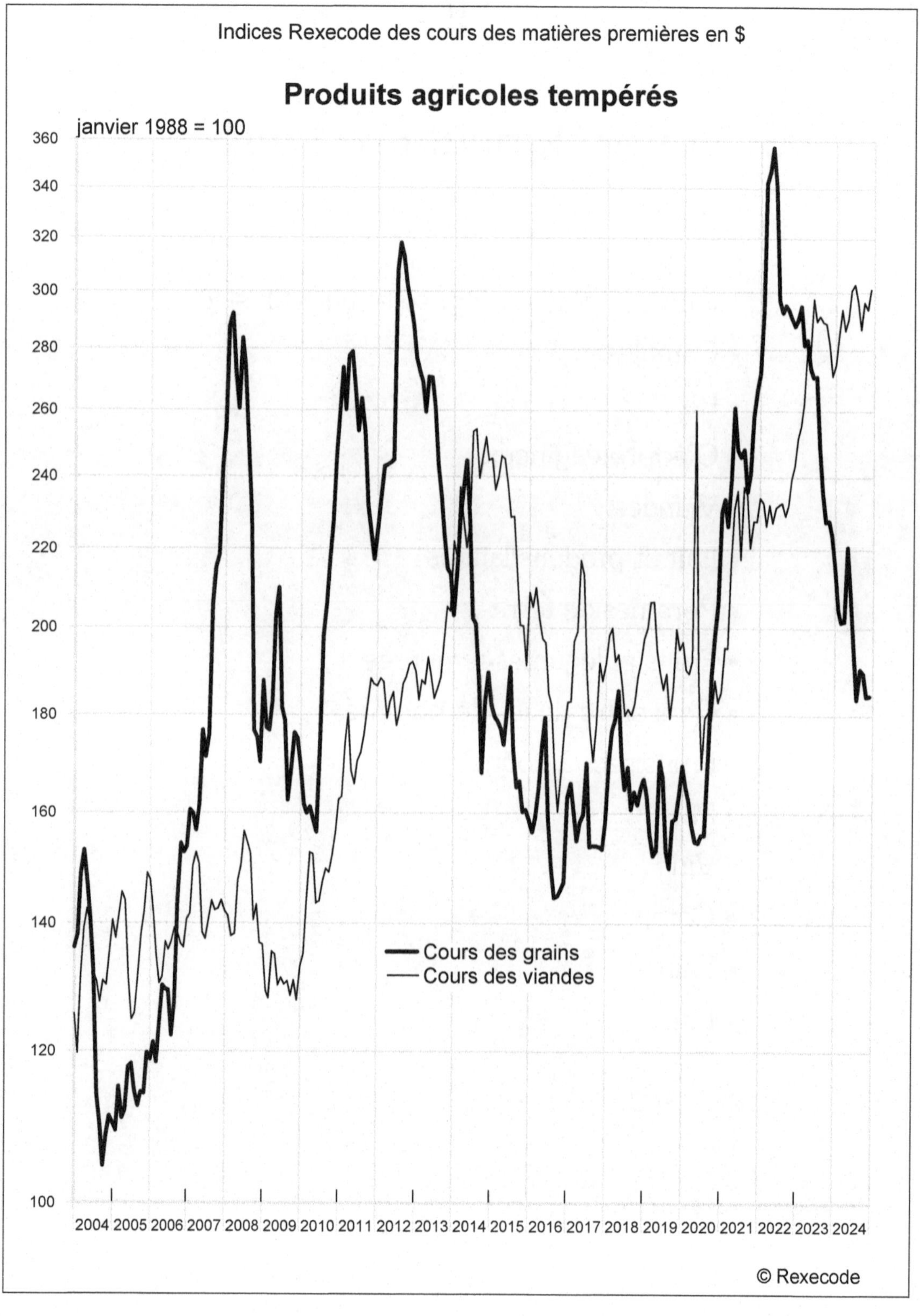

Indices Rexecode des cours des matières premières en $
Produits agricoles tempérés
janvier 1988 = 100
360
340
320
300
280
260
240
220
200
180
160
140
120
100
Cours des grains
Cours des viandes
2004 2005 2006 2007 2008 2009 2010 2011 2012 2013 2014 2015 2016 2017 2018 2019 2020 2021 2022 2023 2024
© Rexecode

Quelles politiques agricoles au XXIe siècle ?

2024 a été une année de retour à la normale sur les marchés agricoles mondiaux. Malgré les conflits en cours, des conditions climatiques presque partout satisfaisantes ont contribué à « stabiliser » les marchés à quelques exceptions notables près – en dehors du café et du cacao – comme l'huile de palme et le beurre. L'indicateur global de la FAO s'est apprécié de 6,2 % au fil de l'année, mais restait, en janvier 2025, 22 % au-dessous de son pic de mars 2022.
Année d'élections tant aux États-Unis qu'en Europe ou en Inde, 2024 a été une année de pause en matière de politiques agricoles. Il est vrai que, malgré de nombreux mouvements de protestation et autres manifestations agricoles, l'agriculture a rarement été un sujet déterminant les choix politiques.

2024 a été une année contrastée sur les marchés agricoles mondiaux : des cours déprimés pour les céréales, les viandes et le coton, plus soutenus pour le sucre et de véritables tensions pour les huiles végétales (à l'exception du soja) ainsi que pour les produits laitiers. Dans une certaine mesure, les marchés se sont « normalisés » avec un trafic maritime peu perturbé en provenance de la mer Noire et un net déplacement des achats chinois du nord vers le sud des Amériques et en particulier vers le Brésil qui fournit par exemple les trois quarts des importations chinoises de soja.

Faute d'accident climatique majeur, malgré quelques prémisses de *La Niña* (et de très mauvaises récoltes en France), les marchés ont été plutôt dominés par la dynamique de la demande alimentaire, par les avatars des politiques agricoles en périodes électorales un peu partout dans le monde et par les menaces pesant sur les échanges internationaux, les produits agricoles étant souvent en première ligne dans les conflits commerciaux.

Au grand vent des élections

Il y avait en Europe, le 9 juin, des élections au Parlement européen. Les premiers mois de l'année, c'est-à-dire ceux de la fin de la législature, furent consacrés à essayer de traiter tous les textes et projets en retard. Soyons honnêtes, l'agriculture ne faisait pas partie des priorités, malgré la montée en puissance des manifestations agricoles, notamment en Italie, en Espagne, en Pologne, en Allemagne et en France. Les principales raisons de ce « ras le bol » agricole étaient à peu près partout les mêmes : l'ouverture des marchés européens liée aux négociations de l'accord UE-Mercosur et surtout aux flux en provenance

À propos de la révolution verte

On l'a un peu oublié, mais l'agriculture a largement répondu au défi alimentaire provoqué par le choc démographique de la fin du XXe siècle. Ainsi, entre 1961 et 2022, la production des six végétaux les plus importants à l'échelle de la planète (blé, maïs, riz, mil, manioc, soja) est passée de 850 millions de tonnes à 3,8 milliards de tonnes. Ramenés en nombre de calories journalières par habitant de la planète (en tenant donc compte de la croissance de la population mondiale), on passe de 2 350 calories à 4 130 calories. Bien entendu, il faut tenir compte de l'augmentation de la consommation de produits animaux et de la perte calorique qui lui est liée ainsi que de certains usages industriels et énergétiques. Mais le résultat est impressionnant. Il reste bien sûr à prévoir l'avenir alors que les rendements semblent plafonner, que le changement climatique menace, que les contraintes environnementales et sanitaires se font plus restrictives… Mais les chiffres méritent quand même d'être appréciés :

Quelques productions agricoles mondiales
(en millions de tonnes)

	1961	**2022**
Blé	245	891
Maïs	230	1 293
Mil	28	34
Riz	237	855
Manioc	78	364
Soja	29	384

(Source : AEI, janvier 2025)

d'Ukraine, la complexité des réglementations européennes (et nationales en France) et puis surtout l'impression que l'agriculture est devenue la variable d'ajustement des politiques européennes (et ce d'autant plus que ce qui reste de la PAC représente quand même un tiers du budget européen, ce qui continue à attirer les convoitises). La grande affaire de la mandature qui se terminait avait été le *Green Deal* poussé par le puissant commissaire néerlandais Frans Timmermans et par le parlementaire français Pascal Canfin. Deux de ses textes emblématiques, l'un sur les pesticides, l'autre sur le « retour à la nature » s'étant soldés par des échecs législatifs, le *Green Deal* s'est trouvé pratiquement enterré. Poussée par l'urgence et puis par la proximité des élections, Ursula von der Leyen décida en septembre 2023 de lancer un « Dialogue stratégique sur l'agriculture », théoriquement plus ouvert que le mécanisme rigide des directives pilotées par les services de la Commission. Ce « dialogue » regroupa une trentaine de représentants européens couvrant l'ensemble du complexe agroalimentaire (ainsi que les ONG vertes) sous la présidence de l'Allemand Peter Strohschneider, un universitaire proche d'Ursula von der Leyen qui avait déjà réalisé un travail un peu identique en Allemagne et qui avait présidé la Fondation allemande pour la Recherche (il est un spécialiste de littérature médiévale…). Le « rapport Strohschneider » a été finalisé en août 2024 : il contient nombre de bonnes idées plutôt dans l'air du temps ; on en retiendra surtout la nécessité de mieux cibler les aides agricoles allant au fond dans le sens de la vieille idée du contrat entre l'agriculteur et la société. Il reste à voir ce qui sortira de ce document de bonne facture, comme nombre de ses prédécesseurs désormais oubliés au fond des placards bruxellois. Comme toujours, la dimension financière risque de prendre le pas sur toute autre considération : le « Fonds temporaire pour une transition juste » pourra-t-il voir le jour ?

Entre-temps, il y a eu les élections européennes. Force est de constater que la représentation agricole (ou des spécialistes des questions agricoles) s'est encore réduite : l'exemple de la France est de ce point de vue symptomatique, la constitution des listes aux européennes ayant systématiquement, à droite comme à gauche, relégué les sensibilités agricoles en position non éligibles. Dans l'architecture complexe de la nouvelle Commission, c'est le Luxembourgeois Christophe Hansen qui a hérité du portefeuille de l'agriculture (élargi pour la première fois à l'alimentation) sous l'autorité théorique de l'un des vice-présidents exécutifs, l'Italien Raffaele Fitto (de Fratelli d'Italia) en charge de la « cohésion et des réformes ». Début février 2025, la Commission a présenté sa « feuille de route » avec quelques avancées sur la « cohésion des normes » entre les contraintes européennes et celles s'appliquant aux produits importés, sur les biopesticides, sur les pratiques commerciales déloyales... L'heure est à la simplification et cela devrait s'appliquer à la prochaine PAC à l'horizon 2027. En tout cas, une des premières initiatives de Christophe Hansen a été la création de l'EBAF (*European Board on Agriculture and Food*) qui pérennise, en l'élargissant, le groupe du Dialogue stratégique.

À plus court terme, il reste le problème de l'ouverture du marché européen. Début décembre, malgré les réticences françaises, la Commission a signé l'accord de libre-échange UE-Mercosur qu'il reste à ratifier par les parlements nationaux. Il prévoit des tonnages supplémentaires d'importation de sucre, de viande bovine et de volailles en particulier. La France espère toujours réunir une minorité de blocage (quatre États représentant 35 % de la population de l'UE). La Pologne s'y joindra probablement, car des problèmes identiques se posent avec l'Ukraine : on a assisté à une forte augmentation des arrivées en provenance d'Ukraine de sucre, mais surtout de produits avicoles (œufs et volailles) ainsi que de céréales au moins dans les pays limitrophes (Pologne, Roumanie). Si la situation sucrière a été en partie réglée par le retour à des quotas, tel n'est pas le cas des autres productions. Cela augure de toutes les difficultés que rencontreront dans le domaine agricole les négociations d'adhésion de l'Ukraine à l'UE. L'Ukraine a hérité des grandes exploitations de l'époque soviétique qui se sont encore consolidées sous la houlette de quelques combinats agro-industriels aux actionnaires parfois... obscurs.

Il y a enfin de fortes chances que des produits agricoles européens se retrouvent en première ligne dans l'hypothèse de plus en plus probable d'une guerre tarifaire avec les États-Unis : les vins et spiritueux, bien sûr, mais aussi les fromages, les pâtes... Il suffira de reprendre les listes de produits remontant à la première administration Trump.

L'Europe a aussi ses propres barrières et l'une d'entre elles aurait dû entrer en vigueur le 1er janvier 2025 : la directive « déforestation » concernait en effet certes des produits tropicaux, mais aussi le soja et la viande bovine. Elle a finalement été repoussée d'un an, mais ne manquera pas de susciter maintes tensions, dans ces cas précis, avec le Brésil.

En attendant le *Farm Bill*

Aux États-Unis aussi, il y avait des élections ! Le vote agricole n'était pas un enjeu crucial tant l'Amérique agricole et rurale était acquise à Donald Trump, les seules réticences portant sur la main-d'œuvre immigrée, très souvent en situation illégale, indispensable dans de très nombreuses exploitations.

La dernière loi agricole (le *Farm Bill* 2018) remontait à la première administration Trump. Une autre loi aurait dû entrer en vigueur en octobre 2023, mais l'administration Biden avait laissé traîner le dossier ne tenant surtout pas à ouvrir la

En ce qui concerne la production de sucre, la concentration des terres en Ukraine est spectaculaire : la quasi-totalité de la production de betterave provient d'exploitations de plus de 100 000 hectares (qui détiennent 12 % de la SAU ukrainienne). Le plus important de ces *agro-holdings* sucriers, Astarta (coté à la bourse de Varsovie), cultive 220 000 hectares. Les autres groupes cultivent 108 000 ha, 100 000 ha... On retrouve l'équivalent dans le domaine de la volaille.

boîte de Pandore des aides alimentaires (les *food stamps*) qui représentent la part la plus importante du budget agricole et font l'objet de contestations des républicains non pas tant sur le principe que sur leur répartition parmi les bénéficiaires. Le *Farm Bill* avait donc été prolongé d'un an en 2023 et il venait à expiration le 30 septembre 2024, un peu plus d'un mois avant les élections ! Finalement, c'est fin décembre que le *lame-duck Congress* a à nouveau prolongé le *Farm Bill* de 2018 pour une nouvelle année, jusqu'au 30 septembre 2025. En effet, la non-reconduction du *Farm Bill* aurait entraîné le retour automatique à la loi agricole permanente de 1933 (celle du *New Deal* de Roosevelt). Ainsi, faute de reconduction, l'USDA aurait dû, à compter du 1er janvier 2025, garantir les prix des produits laitiers au niveau de la parité des années trente, ce qui aurait entraîné une multiplication par deux ou trois des prix d'intervention actuels (ce que l'on appelle le *dairy cliff*).

Épuration à l'USDA

La ministre de l'Agriculture, Brooke Rollins, est originaire du Texas, où elle dirigeait un *Think Tank* conservateur, avant de rejoindre la première administration Trump où elle a occupé des fonctions importantes au sein du conseil politique économique domestique.

Elle a ensuite dirigé le *Think Tank* de Trump à Washington (*America First Policy Institute*), avant d'être nommée à l'agriculture et aisément confirmée par le Sénat.

Son premier acte officiel a été de mettre fin à 78 contrats pour $ 32 millions, essentiellement tous les contrats de communication de l'USDA, tous les consultants et formateurs DEI (*Diversity, Equity and Inclusion*), assimilés à la culture woke qui prévalait sous Biden. Toutes les initiatives et programmes DEI (ou favorisant des minorités en général) ont été supprimés dans toutes les administrations et les grandes sociétés s'empressent d'emboîter le pas.

Rollins a ouvert les portes de l'USDA à l'équipe d'épuration de Musk (le DOGE) qui, sous couvert de recherche de fraudes, met en œuvre une épuration systématique dans tous les ministères.

Ella a déclaré que le DOGE poursuivait à l'USDA un plan agressif d'optimisation de la force de travail en éliminant les postes superflus. Cela signifie des milliers de suppressions d'emplois (sur un nombre d'employés de l'ordre de 100 000), la fin du travail à domicile, et le déplacement hors de Washington de services entiers de l'USDA. Les fonctionnaires de carrière auront le choix entre la démission ou Kansas City... Les services déconcentrés, qui administrent les aides, sont également touchés.

Paradoxalement, alors que l'épisode des feux de Californie a mis l'accent sur la nécessité d'entretenir mieux les forêts, c'est le service des Forêts de l'USDA qui a subi de plein fouet la première vague de licenciement avec 3 400 personnes qui ont perdu leur emploi. Le Foreign Ag service (FAS) est également ciblé pour des licenciements importants, ainsi que le développement rural.

Le DOGE vient d'ouvrir une page USDA sur Twitter (X) qui invite le public à dénoncer les fraudes et abus relatifs au fonctionnement de l'USDA.

L'agence USAID, qui est en voie de démantèlement, coadministrait avec l'USDA le programme *Food for Peace* dont l'avenir est incertain.

USAID achetait bon an mal an environ pour $ 2 milliards de commodités agricoles américaines ; le devenir de ces $ 2 milliards inquiète beaucoup les agriculteurs américains.

Les mesures de gel des engagements de dépenses frappent aussi directement les agriculteurs : par exemple, l'ensemble des contrats conclus par l'USDA avec des maîtres d'ouvrage privés ou associatifs pour la lutte contre le réchauffement au titre de l'*Inflation Reduction Act* de Biden sont gelés ; les maîtres d'ouvrage ne peuvent plus être payés et donc tous ces programmes sont à l'arrêt et les agriculteurs ne perçoivent plus les aides, contrepartie des engagements pris.

Les exportations agricoles américaines

	Moyenne 2022-2024 en $ milliards	dont % de commodités en vrac
Mexique	30	34
Canada	29	5
Chine	25,7	69
UE	12,4	30
Japon	11,7	39
Monde	174,4	32

(Source : USDA)

Mais, pour faire bonne mesure, le Congrès a rajouté $ 31 milliards de crédit exceptionnel : $ 21 milliards pour les aides aux calamités agricoles qui sont aux États-Unis une notion à la conception large qui inclut les pertes de production liées à toutes formes d'intempéries même parfois les plus anodines ; $ 10 milliards d'aide d'urgence pour les grandes cultures représentant à peu près $ 80 par hectare pour le blé, $ 108 pour le maïs, $ 78 pour le soja. La loi a ajouté $ 2,5 milliards pour le fonctionnement de l'USDA et des programmes environnementaux. Sur ce dernier point, c'était avant l'arrivée de Donald Trump !

Dans la nouvelle administration Trump, le portefeuille de l'agriculture a été donné à Brooke Rollins qui a été confirmée sans problème au Sénat. Originaire du Texas et liée au milieu pétrolier (avec un diplôme de développement agricole de Texas AM), c'est une trumpienne historique qui avait travaillé à la Maison-Blanche durant Trump 1 puis qui avait fondé l'*America First Policy Institute*. C'est elle qui aura la charge de préparer le *Farm Bill* 2025 tout en s'efforçant de préserver les programmes agricoles de la furie muskienne. Dès son premier jour à l'USDA, Brooke Rollins a annulé tous les programmes DEI (*diversity, equity, inclusion*) et a annoncé qu'elle allait s'attaquer au SNAP (les *food stamps*). Il reste à voir ce que sera sa position sur la question cruciale pour l'agriculture américaine de l'immigration illégale. Enfin, l'agriculture américaine risque d'être une victime collatérale d'une éventuelle guerre commerciale. Rappelons qu'en 2018, $ 30 milliards d'exportations agricoles avaient été touchées par des mesures de rétorsion des partenaires commerciaux des États-Unis. Ceci avait donné lieu à de généreuses compensations ($ 23 milliards au titre du *Market Facilitation Programm* entre 2018 et 2020). Mais, d'autre part, nombre d'achats de produits agricoles par des agences comme la CCC ou l'USAID pour des programmes d'aide alimentaire tant domestiques qu'internationaux risquent d'être remis en cause, alors que règne à l'USDA, comme dans toutes les administrations fédérales, une ambiance d'épuration.

Dans son discours au Congrès du 4 mars, Donald Trump a rappelé « I love the farmers » et qu'il allait les protéger contre « dirty and disgusting foreign goods that are flooding the US market, harming American agriculture ». Voilà qui promet !

Pénuries au Japon

Autrefois, dans les négociations du GATT, le Japon restait silencieux, faisant front avec un groupe de pays plutôt importateurs de produits agricoles et se refusant à toute modification de leur politique de soutien à l'agriculture (outre le Japon, on y trouvait la Suisse, la Norvège, la Corée du Sud…). En général, on les laissait en paix dans la mesure où ils ne perturbaient pas les échanges mondiaux.

Au Japon, qui consomme à peu près 7 Mt de riz, cette céréale est non seulement une des bases de l'alimentation (les sushis !), mais elle revêt une dimension sacrée : seul le riz japonais peut être consommé dans l'archipel et les importations sont strictement limitées. Malgré des prix intérieurs totalement déconnectés des prix mondiaux (deux fois plus élevés au stade de la production), le renouvellement des générations agricoles se fait peu et mal au Japon et les rizières reculent. Les mauvaises récoltes de 2023 ont provoqué une hausse spectaculaire des prix intérieurs qui s'est poursuivie en 2024 et début 2025 au point que les autorités ont dû se résoudre à puiser dans les réserves stratégiques et à débloquer 210 000 tonnes : entre janvier 2024 et janvier 2025, les prix de détail ont augmenté de 82 % !

Comme bien d'autres pays avancés (en Europe en particulier), le problème majeur de l'agriculture japonaise est celui du vieillissement des populations agricoles.

On en revient au fond à l'éternel dilemme de la coexistence des politiques agricoles destinées à protéger les agriculteurs, à faciliter le renouvellement des générations pour à la fois produire et entretenir des espaces ruraux qui sont un bien commun pour les communautés, et des politiques alimentaires destinées à garantir aux populations de plus en plus urbaines un approvisionnement répondant à des normes sanitaires de plus en plus strictes et à des prix permettant aux plus pauvres d'avoir accès aux denrées de base. Ce sera en partie le débat du *Farm Bill* américain de 2025, celui de la PAC européenne de 2027, mais aussi celui de l'Inde « post-Modi » et celui permanent de la plupart des pays en développement confrontés par ailleurs à leurs problèmes budgétaires : une équation malheureusement insolvable pour nombre d'entre eux !

Le *Liberation Day* ne manquera pas d'avoir un impact sur les marchés agricoles. Nombre d'importations américaines sont touchées, à commencer par le café, le cacao (21 % de tarif réciproque pour la Côte d'Ivoire, par exemple), la vanille de Madagascar (47 %), les avocats du Mexique… Mais il faut s'attendre à des mesures de rétorsion. La Chine a ouvert le feu avec 10 % sur le soja et les viandes, 15 % sur les céréales et le coton, entre autres, avant d'enfoncer un peu plus le clou à 125 %. Les États-Unis risquent de voir leurs parts de marché dans les exportations mondiales diminuer un peu plus : elles ne sont déjà plus que de 11 % pour le blé (44 % dans les années soixante-dix), de 27 % pour le soja, de 31 % pour le maïs (80 % dans ces deux cas). Les « farmers » qui ont massivement voté pour Trump risquent de s'en mordre les doigts.

La victoire, ça se cultive.
invivo-group.com

Céréales : *moroses !*

La morose campagne 2023-2024 avait vu s'installer des prix déprimés, un marché du blé dominé par la Russie qui écrasait la concurrence. On s'interrogeait sur une potentielle hausse à venir : elle ne s'est pas encore produite. Jusqu'ici, la campagne 2024-2025 évolue dans le sillage de la précédente : les hausses de prix sont fugaces et vite annulées. La catastrophique moisson de blé en France n'a bien sûr eu aucun impact sur les marchés mondiaux, et, double punition, les exportations de cette origine sont au point mort. Fait notable : la Chine réduit très significativement ses achats. À cinq mois de la fin de la campagne, l'incertitude domine : sommes-nous à la veille d'un épisode *La Niña* qui pourrait conduire à de nouveaux soubresauts météorologiques ? Quant aux taxes à l'importation décrétée par Donald Trump, leur effet laisse dubitatif ; pour l'heure, elles font à nouveau plonger les prix.

Les campagnes céréalières se suivent et, jusqu'à maintenant tout au moins, se ressemblent beaucoup : des prix bas, un marché globalement peu animé et dominé par la mer Noire en blé et les États-Unis en maïs.

En février 2024, la morosité en place depuis l'été 2023 ne se démentait guère. La demande internationale restait atone et la baisse de l'euro par rapport au dollar ne produisait aucun effet sur les prix européens. Les brèves velléités de hausse, souvent purement techniques, étaient vite entravées par l'agressivité des exportations russes. Le rapport de l'USDA annonçait une baisse des stocks mondiaux de blé et de maïs par rapport au mois précédent, mais une hausse aux États-Unis. Le 8 puis le 14 février, on atteignait des nouveaux plus bas sur Euronext, proches de € 205/t en blé et de € 175/t en maïs – malgré une prévision de production de maïs en baisse au Brésil. L'activité vendeuse des fonds d'investissement contribuait à alimenter la spirale. Le 15 février, les € 200/t étaient atteints pour le blé tendre, le plus bas prix depuis juillet 2021 ! À Chicago, le maïs plongeait à son plus bas niveau depuis trois ans. Les estimations de surface de céréales d'hiver en France confirmaient une baisse substantielle, liée aux conditions météorologiques de l'automne 2023, qui se combinait avec un médiocre état des cultures ; la pluie handicapait également les semis de printemps. Dans le même temps, on chargeait très activement du blé tendre français vers le Maroc et la Chine. Les exportations ukrainiennes et russes battaient des records. À la fin du mois, le blé français passait sous la barre des € 200/t.

Le mois de mars n'allait d'abord pas marquer de rupture, le prix du blé continuant de plonger. La Chine se faisait remarquer par l'annulation successive de plusieurs achats de blé américain. En Allemagne, on commençait à annoncer une production 2024 en baisse de 6,5 % en blé : elle atteindra 12,5 % ! Vers le 15 mars, un regain de tension à Odessa ainsi que le temps sec et chaud dans le sud de la Russie produisaient une légère remontée des prix en Europe et outre-Atlantique. Une semaine plus tard, ce regain de fermeté se confirmait, sur des rumeurs de blocage d'un exportateur par la Russie. Les fonds se mettaient à racheter leurs positions vendeuses. À la fin du mois, l'Union européenne proposait de bloquer partiellement l'importation de produits agricoles ukrainiens, accusés de désorganiser les marchés domestiques. Le rapport de l'USDA de fin de mois annonçait une baisse des surfaces américaines de blé et de maïs. En France, si les semis avaient tout de même bien progressé, l'état du blé se dégradait et était considéré comme le plus mauvais depuis 2020.

Avril démarrait sur une note de fermeté. En Europe, les pays du nord souffraient de l'excès d'eau, ceux du sud de la sécheresse. En Argentine, une attaque de spiroplasma – une bactérie – affectait le maïs avant la récolte et certains auguraient d'une perte de plusieurs millions de tonnes : on parlait même d'à peine 50 Mt de production, mais la baisse sera plus réduite, à 54 Mt, contre 58 en 2023. Un accord était trouvé sur la limitation des importations de maïs ukrainien dans l'Union

Céréales

(en millions de tonnes)

	2019-20	2020-21	2021-22	2022-23	2023-24 (e)	2024-25 (p)
Production mondiale	**2 192.6**	**2 227.1**	**2 293.6**	**2 268.8**	**2 309.1**	**2 304.6**
États-Unis	412.6	422.9	441.5	401.8	452.4	444.9
Chine	403.5	404.3	419.4	424.3	434.7	444.8
UE à 28 puis à 27 en 2020-21	318.4	282.5	291.9	268.0	268.4	259.0
Inde	151.3	159.3	161.0	164.5	167.7	171.9
Russie	114.7	127.2	114.2	140.6	134.0	116.1
Canada	61.2	65.0	47.5	65.3	60.4	62.4
Ukraine	75.9	65.2	86.7	61.6	68.7	59.5
Argentine	84.6	86.2	90.3	60.8	81.8	81.8
Australie	26.6	50.7	55.6	59.5	40.5	47.4
Échanges mondiaux	**396.7**	**426.8**	**429.3**	**429.4**	**458.6**	**419.9**
Principaux exportateurs						
États-Unis	73.2	104.2	93.7	68.2	78.5	92.8
UE à 28 puis à 27 en 2020-21	50.4	39.1	44.2	43.5	48.6	36.2
Ukraine	56.6	44.4	48.5	49.3	50.9	42.2
Canada	27.7	35.2	20.4	32.9	31.5	31.7
Australie	13.4	27.7	36.4	43.5	33.1	34.9
Argentine	60.3	50.3	67.8	37.8	46.4	51.7
Russie	42.8	49.0	40.5	57.2	67.7	49.1
Principaux importateurs						
Japon	23.7	23.1	21.6	21.9	22.1	22.0
Égypte	23.5	21.9	21.5	20.2	20.5	20.1
Mexique	23.0	22.1	23.5	25.1	28.7	30.2
Chine	22.5	60.8	53.2	46.3	63.6	38.0
Corée du Sud	15.3	15.5	16.0	14.3	14.9	15.7
Stock de clôture	**616.5**	**601.9**	**600.1**	**614.6**	**604.0**	**573.2**

(e) estimations (p) prévisions

(Source : IGC, Grain Market Report)

Estimations de l'offre et de la demande mondiales de céréales

	2021-22	2022-23	2023-24 (e)	2024-25 (p)
Toutes céréales				
Production	2 810	2 813	2 857	2 841
Échanges	485	479	507	484
Consommation	3 644	3 668	3 730	3 721
Stocks	855	873	881	874
Blé				
Production	781	807	789	789
Échanges	198	202	210	198
Consommation	1 070	1 100	1 112	1 105
Stocks	293	323	317	310
Céréales secondaires				
Production	1 503	1 481	1 533	1 513
Échanges	230	225	244	230
Consommation	1 853	1 848	1 889	1 878
Stocks	367	356	365	360

(e) estimations (p) prévisions *(Source : FAO)*

européenne, le blé et l'orge restant sous surveillance. En Russie, l'augmentation des surfaces de blé d'hiver au détriment de celles de printemps conduisait à évoquer une production de 92 Mt – ce sera finalement dix millions de tonnes de moins. La baisse de l'euro vis-à-vis du dollar ne parvenait pas à soutenir les prix européens. Le rapport de l'USDA prévoyait une hausse significative des stocks de blé dans l'Union européenne et aux États-Unis et projetait 52 Mt d'exportations russes, qui, *in fine*, frôleront les 56 Mt. Les statistiques et estimations de production, tant en France qu'en Allemagne, se faisaient de plus en plus pessimistes et au milieu du mois, le Conseil international des céréales (CIC ou IGC) prévoyait une baisse de la production et des stocks de blé en

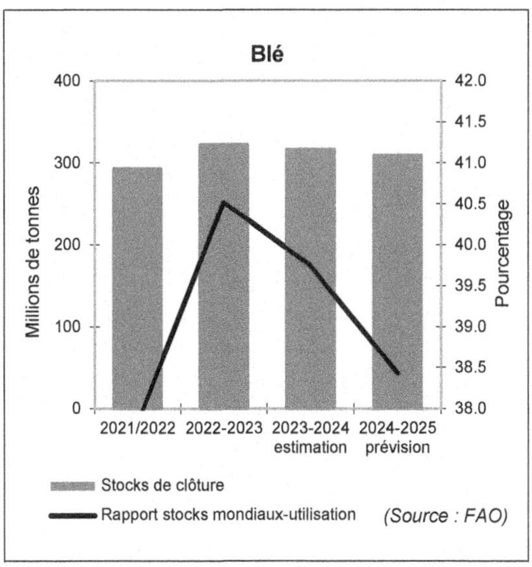

(Source : FAO)

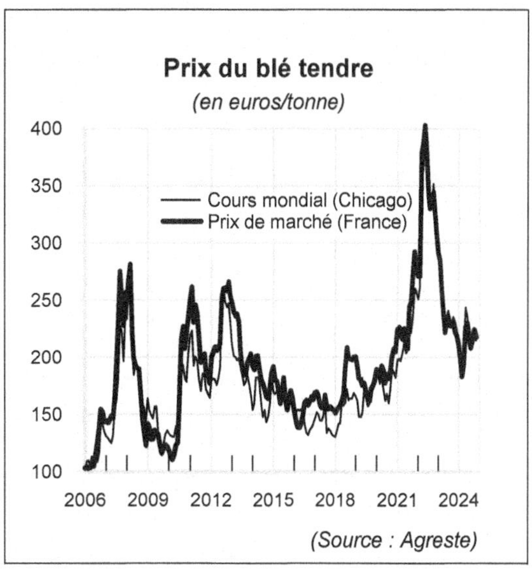

(Source : Agreste)

Blé
(en millions de tonnes)

	2019-20	2020-21	2021-22	2022-23	2023-24 (e)	2024-25 (p)
Production mondiale	**760.7**	**773.7**	**779.8**	**803.4**	**795.3**	**796.3**
UE à 28 puis à 27 en 2020-21	155.0	125.7	137.5	133.3	133.1	119.5
Chine	133.6	134.3	136.9	137.7	136.6	140.1
Inde	103.6	107.9	109.6	107.7	110.6	113.3
États-Unis	52.6	49.8	44.8	44.9	49.1	53.7
Russie	73.6	85.4	75.0	95.4	91.0	81.3
Australie	14.5	31.9	36.2	40.5	26.0	31.9
Canada	32.7	35.4	22.4	34.8	32.9	35.0
Ukraine	29.2	25.4	33.0	26.8	28.4	25.4
Turquie	19.0	19.5	17.7	19.8	22.0	20.8
Argentine	19.8	17.6	22.1	12.6	15.9	18.1
Échanges mondiaux	**185.5**	**190.6**	**197.6**	**208.3**	**215.0**	**197.7**
Principaux exportateurs						
États-Unis	26.2	26.5	21.3	20.2	19.4	22.3
UE à 28 puis à 27 en 2020-21	37.1	28.1	30.3	33.1	36.9	26.3
Canada	23.0	27.5	15.0	25.4	25.6	26.0
Australie	10.1	19.7	26.1	32.3	22.5	24.2
Russie	34.0	38.2	33.0	48.1	55.5	43.5
Ukraine	21.0	16.8	18.9	17.1	19.0	17.4
Kazakhstan	6.7	8.1	8.4	9.8	8.4	10.2
Argentine	14.8	10.1	18.7	4.9	7.9	12.2
Principaux importateurs						
Égypte	12.7	12.2	12.0	12.9	12.8	12.3
Brésil	7.3	6.3	6.9	4.8	6.0	6.2
Indonésie	10.5	10.6	10.5	9.6	13.0	11.4
Algérie	7.2	7.7	8.4	8.6	8.8	8.8
Chine	6.6	10.8	9.7	13.4	14.0	9.0
Japon	5.5	5.1	5.2	5.4	5.2	5.1
Corée du Sud	3.8	3.8	5.1	4.5	4.5	4.6
UE à 28 puis à 27 en 2020-21	5.0	6.1	5.2	12.4	13.7	11.0
Stock de clôture	**275.9**	**277.0**	**273.0**	**284.8**	**273.6**	**265.3**

(e) estimations (p) prévisions

(Source : USDA)

2024-2025. Cela, associé à des gelées de la France à la Pologne, au temps sec au sud des Grandes Plaines américaines et aux chaleurs dans le sud de la Russie entretenait un mouvement haussier des prix, surtout sur la nouvelle campagne – les prix de celle en cours restant plombés par les prévisions de stocks excessifs. Ainsi, l'échéance de décembre 2024 en blé sur Euronext marquait un plus haut depuis décembre 2023 ! Cette grande fermeté continuait d'être entretenue pas le temps sec dans l'ouest de l'Australie – l'USDA prévoyait une production de blé de 26 Mt – et ce sera… 32 – et des estimations très divergentes sur la production de maïs en Amérique du Sud.

Le mois de mai confirmait d'abord ces tendances. En Russie, l'état d'urgence était déclaré dans trois districts du centre, à cause du gel cette fois. Le rapport de l'USDA confirmait de probables baisses de production de blé dans l'Union européenne, en Russie et en Ukraine plus que compensées par une augmentation en Argentine, en Australie, au Canada et aux États-Unis. La pro-

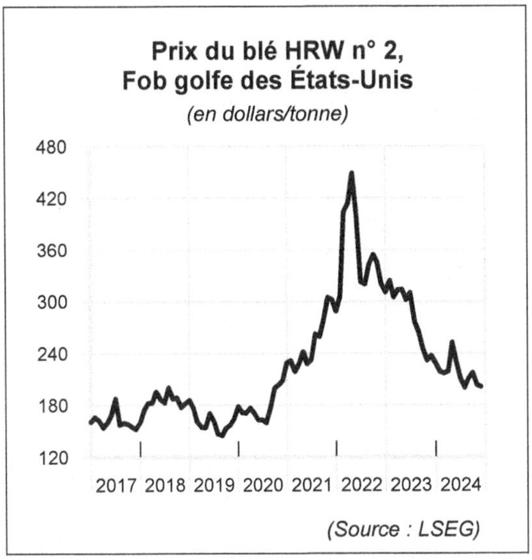

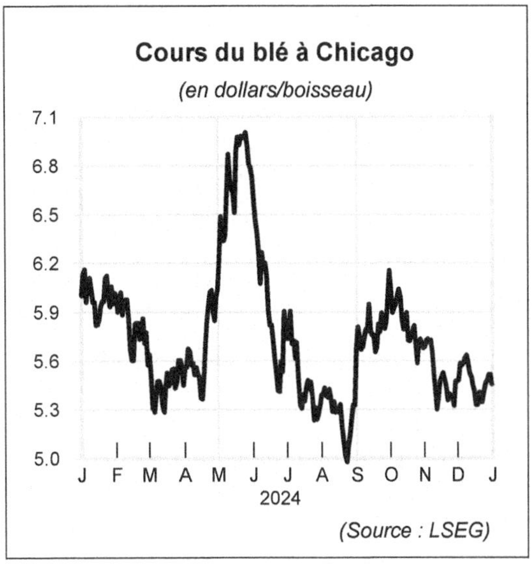

duction mondiale de maïs ainsi que les stocks finaux étaient annoncés en baisse, toutes choses qui se confirmeront en tendance. Les prix se raffermissaient, le blé tendre atteignant un plus haut depuis août 2023 sur Euronext. Dès le 14 mai, une sévère correction annulait la plupart de ces hausses. La Conab brésilienne tablait sur une production de maïs de 112 Mt, quand l'USDA projetait 122 Mt, ce qui est beaucoup plus proche de la production finale. À la mi-mai, de nouvelles régions russes déclaraient l'état d'urgence à cause du gel, la volatilité sur le blé se faisait plus vive, les marchés étaient très nerveux sans contredire la tendance baissière. Tandis que le temps sec et chaud sévissait à l'est de l'Europe, la France souffrait d'un grave excès d'eau, ce qui retardait beaucoup les semis de printemps. La fin du mois était marquée par un regain de fermeté des deux côtés de l'Atlantique, l'échéance de septembre 2024 sur Euronext marquant un plus haut depuis février 2023 en blé. Si quelques pluies étaient annoncées en Russie, elles ne compensaient pas une température supérieure à 30 °C. En France, on craignait une moisson du type de celle de 2016, à moins de 30 Mt, et ce sera bien pire à 25,5 Mt. Et les ventes estivales en dégagement ne trouvaient pas d'acheteurs.

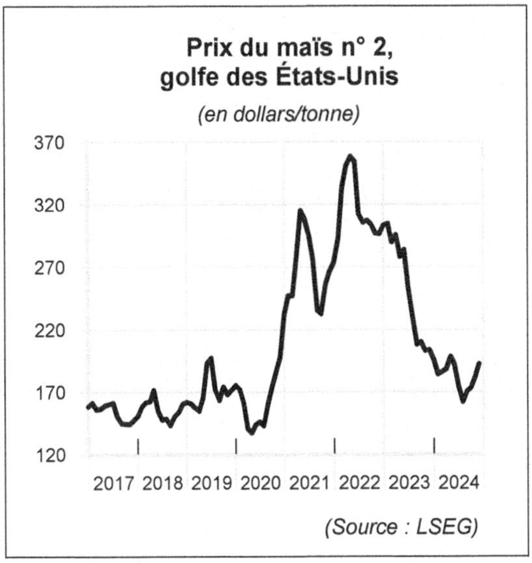

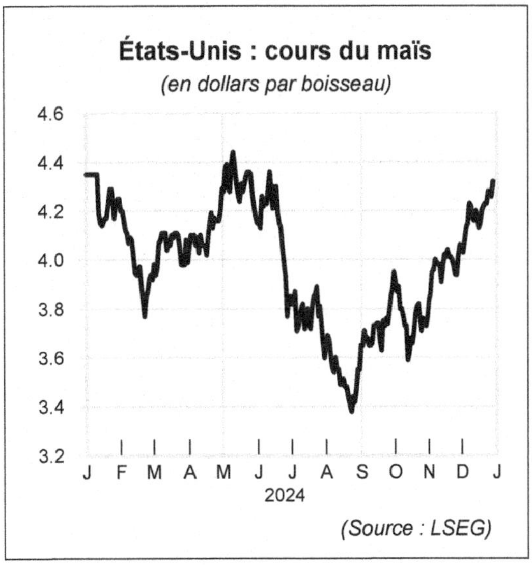

Maïs
(en millions de tonnes)

	2019-20	2020-21	2021-22	2022-23 (e)	2023-24 (p)	2024-25 (p)
Production mondiale	**1 131.9**	**1 136.2**	**1 222.4**	**1 165.5**	**1 231.3**	**1 *218.7***
États-Unis	346.0	358.4	381.5	346.7	389.7	377.6
Chine	260.8	260.7	272.6	277.2	288.8	294.9
Brésil	102.5	87.1	113.1	131.9	115.9	124.6
UE à 28 puis à 27 en 2020-21	68.1	68.0	71.2	53.1	61.0	60.0
Ukraine	35.9	30.3	42.1	27.0	32.5	26.5
Argentine	58.5	60.5	59.0	41.4	57.5	54.0
Inde	28.8	31.7	33.7	38.1	37.7	39.0
Mexique	26.7	27.4	26.5	28.1	23.5	23.7
Échanges mondiaux	**175.1**	**188.2**	**183.4**	**181.2**	**198.8**	**181.6**
Principaux exportateurs						
États-Unis	42.0	69.9	64.7	45.3	52.9	65.1
Brésil	37.7	35.1	23.0	48.6	52.6	38.1
Ukraine	30.4	23.1	23.6	29.3	29.4	22.5
Argentine	41.9	35.7	42.7	28.9	33.8	35.1
Inde	1.7	2.7	2.7	2.7	2.7	3.7
UE à 28 puis à 27 en 2020-21	5.0	3.4	6.2	3.8	4.6	2.8
Afrique du Sud	1.9	2.6	3.9	3.6	3.0	2.6
Principaux importateurs						
Japon	16.3	16.5	14.7	15.0	15.5	15.4
Mexique	16.6	16.9	17.3	18.9	22.8	24.0
Corée du Sud	11.4	11.6	10.9	9.6	10.3	11.0
Égypte	10.6	9.7	9.5	7.1	7.5	7.7
Chine	6.7	29.0	22.6	19.8	24.9	10.0
Taïwan	4.6	4.7	4.7	4.1	4.5	4.6
UE à 28 puis à 27 en 2020-21		15.4	16.9	25.9	20.4	20.5
Stock de clôture	**298.0**	**279.0**	**286.5**	**287.2**	**292.2**	**271.9**

(e) estimations (p) prévisions *(Source : USDA)*

Le mois de juin n'apportait guère de répits. L'état des cultures ne cessait de se dégrader dans l'ouest de l'Europe. En Australie, en revanche, Abares relevait sa prévision de production de blé à 29 Mt. Le début du mois était marqué par le retour des importateurs. L'Égypte achetait même 120 000 tonnes de blé français. Cinq mois de suite, l'Ukraine était parvenue à exporter plus de 5 Mt à partir d'Odessa ! Les prix dégringolaient tant en Europe qu'aux États-Unis, tendance appuyée par l'attitude des fonds. Pourtant, les dégâts de la sécheresse et du gel en Russie se faisaient de plus en plus clairs, l'USDA réduisait encore ses prévisions de production dans l'Union européenne, en Russie et en Ukraine – exagérément dans ce dernier pays. À la mi-juin, tant le blé que le maïs souffraient d'une sévère déprime en Europe, effaçant bientôt toutes les hausses de mai. Les États-Unis n'étaient pas en reste.

La nouvelle campagne débutait dans l'inquiétude sur les productions en Europe et autour de la mer Noire. La moisson française débutait lentement et dans le chaos – mais la pluie profitait au maïs. Comme en 2023, les prix européens étaient sous pression de ceux de la mer Noire, accusant une prime de quelque $ 15/t… Agreste annonçait bientôt une production de blé de 30 Mt en France, ce qui était encore trop optimiste. Néanmoins la baisse des prix s'accentuait et de plus en plus rapidement tant en Europe qu'à Chicago. La Russie exportait peu, en particulier à cause des embargos

Prix à terme de l'orge au Canada

(en dollars/tonne)

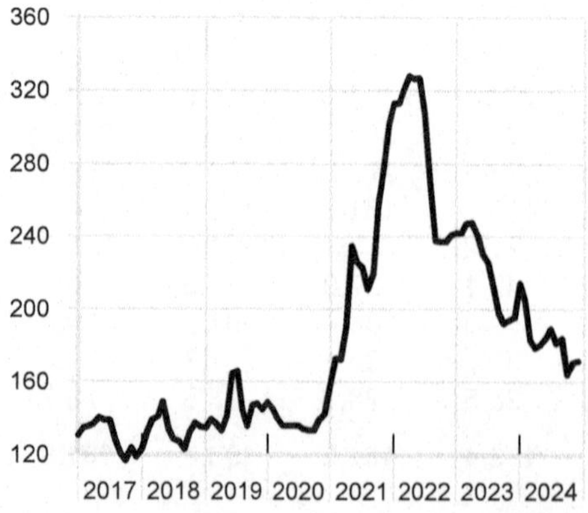

(Source : LSEG)

à l'importation en Turquie et au Pakistan : de gros volumes étaient donc disponibles à la vente. Le Gasc égyptien en profitait pour effectuer de substantiels achats. Autour de la mer Noire, le potentiel de production de maïs fondait à vue d'œil à cause de la météorologie. Vers le 20 juillet, la nette déception en France soutenait temporairement le cours du blé, le maïs étant soutenu par les mauvaises perspectives en Europe de l'Est et en Ukraine. Aux États-Unis et au Canada, le temps sec sur le blé de printemps soutenait aussi les cours. Quelques jours plus tard, de bonnes nouvelles sur les blés de printemps américains poussaient les prix à la baisse, tant aux États-Unis qu'en Europe. La pluie retardait incessamment la moisson dans l'ouest de l'Europe – seulement 67 % du blé était moissonné en France à la fin du mois – mais les prix reprenaient leur tendance baissière.

Orge

(en millions de tonnes)

	2019-20	2020-21	2021-22	2022-23	2023-24 (e)	2024-25 (p)
Production mondiale	**157.6**	**160.5**	**146.8**	**152.9**	**144.6**	**143.2**
UE à 28 puis à 27 en 2020-21	63.4	54.0	51.9	51.5	47.0	49.4
Russie	19.9	20.6	17.6	22.1	20.5	16.7
Canada	10.4	10.7	7.0	10.0	8.9	8.1
Australie	10.1	14.6	14.4	14.1	10.8	11.7
Ukraine	9.5	7.9	10.0	6.6	6.7	6.5
Turquie	7.6	8.3	5.8	8.5	9.2	8.2
Argentine	3.8	4.0	5.3	4.6	5.1	5.1
États-Unis	3.8	3.7	2.6	3.8	4.1	3.1
Échanges mondiaux	**27.1**	**34.9**	**32.5**	**29.6**	**32.0**	**28.5**
Principaux exportateurs						
Australie	3.0	6.8	7.9	7.7	8.3	8.1
UE à 28 puis à 27 en 2020-21	7.9	7.3	7.3	6.4	6.7	6.8
Argentine	3.0	3.2	4.0	2.9	3.3	3.0
Russie	4.5	6.3	3.6	4.1	6.1	3.3
Ukraine	5.0	4.2	5.7	2.7	2.5	2.2
Canada	2.2	4.0	2.0	3.2	2.3	2.2
Principaux importateurs						
Arabie saoudite	6.7	7.0	3.9	4.4	2.6	2.2
Chine	5.5	12.0	9.6	7.3	15.8	10.8
Japon	1.2	1.1	1.3	1.3	1.3	1.2

(e) estimations (p) prévisions

(Source : USDA)

Le mois d'août n'apportait pas de répit. En Ukraine on commençait à craindre une production de maïs de 23 Mt, soit 10 Mt de moins qu'en 2023 – ce sera moins grave, à 27 Mt. En France, on évoquait désormais une production de blé de 25 Mt, au plus bas depuis 1983, avec des rendements certes légèrement supérieurs à ceux de 2016, mais des surfaces plus faibles. Après les mauvaises statistiques américaines du 5 août, bourses et matières premières plongeaient : les fonds rachetaient massivement, soutenant les cours avant qu'ils ne baissent derechef. Vers la mi-août, la moisson française était quasiment achevée ; le blé se raffermissait, mais le maïs poursuivait sa glissade. Le raffermissement de l'euro par rapport au dollar, au-delà de 1,1 contribuait à la baisse des cours européens. Il s'avérait aussi que les exportations de blé tendre de l'Union européenne vers les pays tiers avaient baissé de 22 % par rapport à la même période de 2023, celles d'orge de 33 %, tandis que les importations de maïs étaient en hausse de 27 % ! Vers la fin du mois, le blé européen plongeait à nouveau sous les € 200/t. Les prix américains suivaient la même pente, atteignant un plus bas depuis quatre

Prix du sorgho, États-Unis n° 2 jaune fob Louisiana
(en dollars/Hundredweight)

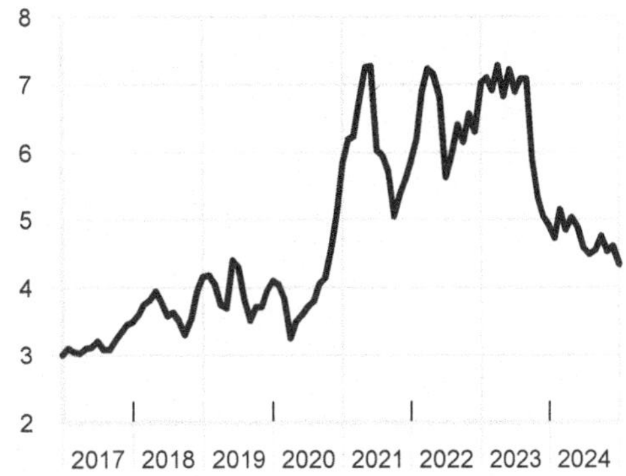

(Source : LSEG)

Sorgho
(en millions de tonnes)

	2019-20	2020-21	2021-22	2022-23	2023-24 (e)	2024-25 (p)
Production mondiale	**57.2**	**62.7**	**61.4**	**57.5**	**58.5**	**63.1**
États-Unis	8.7	9.5	11.4	4.8	8.1	8.7
Mexique	4.4	4.3	4.8	4.9	4.5	4.5
Nigeria	6.7	6.6	6.7	6.8	6.4	7.2
Inde	4.8	4.8	4.2	3.8	4.7	4.4
Argentine	1.8	3.3	2.9	1.6	2.5	3.8
Soudan	4.4	5.9	4.1	6.0	3.7	5.3
Éthiopie	5.3	5.1	4.5	4.1	4.0	4.1
Chine	3.1	3.0	3.4	3.1	3.1	3.2
Brésil	2.5	2.1	3.1	4.8	4.4	4.6
Australie	0.4	1.6	2.6	2.6	2.2	2.1
Échanges mondiaux	**6.0**	**9.7**	**12.4**	**6.9**	**9.5**	**9.1**
Principaux exportateurs						
États-Unis	4.8	7.4	7.5	2.7	5.9	5.2
Argentine	0.7	1.3	2.4	1.1	1.4	1.4
Australie	0.1	0.7	2.0	2.8	1.9	2.2
Principaux importateurs						
Chine	3.6	8.6	10.8	5.3	8.5	7.7
Japon	0.5	0.3	0.3	0.2	0.2	0.2
Mexique	0.7	0.0	0.3	0.3	0.1	0.1

(e) estimations (p) prévisions

(Source : USDA)

brioche
Pasquier
Notre histoire est aussi la vôtre
Le groupe Brioche Pasquier compte 5 pôles d'activités : Brioches, Biscottes, Pâtisseries, International et AGRI.
En 1974, issu d'une famille de parents boulanger, les 5 frères Pasquier créent l'entreprise Brioche Pasquier. La première activité de l'entreprise a été le développement de la Brioche sur le territoire français. La volonté a été dès la fin des années 70 de travailler directement avec la grande distribution sans intermédiaire et fabriquer et vendre sur plusieurs sites afin de respecter la fraîcheur du produit.
1974
À partir de la boulangerie familiale, création des sociétés Brioche Pasquier et Agri Pasquier.
PASQUIER
1977
Développement de l'activité Brioche avec la construction de 5 usines : Les Cerqueux (1977), Charancieu (1986), Étoile (1989), Châtelet (1992) et Aubigny (2000).
Pasquier
1986
Création du produit et de la marque Pitch.
PITCH
1991
Création de l'activité Pâtisserie avec la construction de 4 usines en France et l'acquisition de Symphonie (2006) : Les Cerqueux (1991), Vron (1992), Étoile (1999) et Saint-Valéry (2006).
Symphonie
1998
Création de filiales commerciales en Europe.
2001
Acquisition de Productos Recondo, en Espagne.
2006
Création de l'activité Biscotte avec l'acquisition de 3 sociétés en France et la construction de 2 usines (France et Espagne). Acquisition de la marque Les Grillettines.
Les Grillettines
2007
Création de l'activité : International.
2012
L'activité International s'élargit avec l'acquisition de Galaxy Desserts en Californie (USA).
GALAXY
2014
Création d'une nouvelle usine à Milton Keynes et démarrage de la première ligne de pain au lait en 2016 pour Brioche Pasquier UK.
2016
1er film institutionnel de la marque Brioche Pasquier qui raconte l'histoire de l'entreprise.
2017
Prise de participation dans la société SHS, société de distribution coréenne basée à Séoul.
2019
Lancement de la démarche Naturalité Brioche Pasquier : « De la Nature et du Temps ».
2021
Création d'une nouvelle signature réservée aux professionnels de la restauration : Symphonie Pasquier.
SYMPHONIE PASQUIER
2024
50 ANS
50ème anniversaire du groupe.

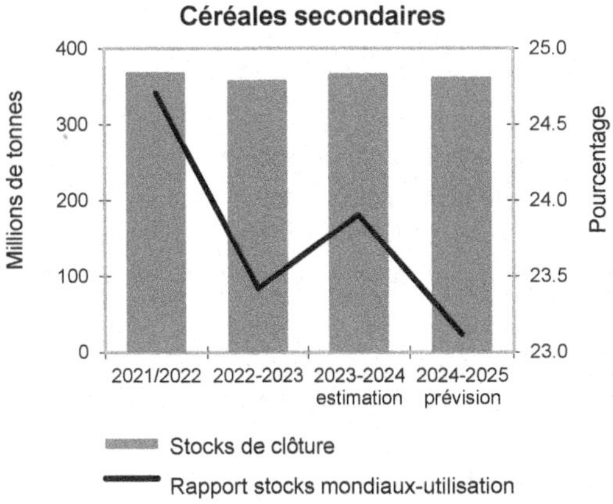

(Source : FAO)

ans en blé tendre. Un rebond intervenait *in extremis*, porté par le retour d'acheteurs internationaux.

Le mois de septembre commençait sur la même pente ascendante, tant en Europe qu'en Amérique. En Australie, Abares révisait encore sa prévision de production de blé à la hausse, à 32 Mt, et celle d'orge à 12 Mt, chiffres qui ne changeront plus. Las ! dès le 5 septembre, la hausse s'essoufflait, accentuée par les prises de profits. L'estimation de la récolte russe tendait à diminuer, à cause de déceptions en blé de printemps. À la mi-septembre, un bref rebond était très vite effacé, d'autant que les origines de la mer Noire maintenaient leur pression. On projetait déjà une baisse des exportations françaises de blé vers les pays tiers de plus de 60 % par rapport à 2023, à quelque 4 Mt. La moisson du maïs aux États-Unis révélait des rendements excellents, qui pesaient sur les prix. Et déjà les semis d'hiver en Russie s'annonçaient en retard à cause de la sécheresse. En revanche, l'Union européenne souffrait à nouveau d'excès de précipitations. À la fin du mois, la Russie augmentait ses taxes à l'exportation de maïs tandis qu'il se confirmait que la production ukrainienne était en net recul.

Octobre s'ouvrait sur des hausses de prix. En Russie, la région de Voronezh déclenchait une urgence à cause de la sécheresse. Un regain de tension affectait les ports ukrainiens. Une fois de plus, des prises de profit stoppaient le mouvement dès le 4 octobre. En France, faute d'exportation, les ports étaient engorgés. Les violentes pluies en France retardaient beaucoup la moisson du maïs ainsi que les semis d'hiver : le 20 du mois, 13 % seulement du maïs était coupé, contre 67 % à la même date en 2023 ! Et, à cause de dissensions diplomatiques avec la France, l'Oaic algérien excluait cette origine de ses appels d'offres. Si le rapport de l'USDA actait une nouvelle réduction de la production mondiale de blé et de maïs, les prix ne décollaient pas pour autant. À la mi-octobre, la parité euro/dollar tombait au plus bas depuis le mois d'août, suscitant une hausse des prix européens aussi timide que fugace : la baisse s'installait de nouveau, dopée par le manque de compétitivité vis-à-vis des origines russe et ukrainienne. En Russie, l'Union des exportateurs déclarait ne plus traiter désormais avec les intermédiaires étrangers. Et l'Ukraine continuait d'exporter, et davantage qu'un an auparavant ! Vers la fin du mois, le maïs américain était porté par des ventes exceptionnelles : 3,6 Mt en une seule semaine !

En novembre, la situation ne s'éclaircissait pas d'autant que les élections présidentielles américaines et le chaos politique en Allemagne ajoutaient de la confusion. En France, la moisson de maïs traînait toujours tandis qu'aux États-Unis, les ventes record de cette céréale se poursuivaient. Les tensions croissantes en Ukraine produisaient peu d'effet sur les marchés, les prix alternaient légères hausses et baisses. Après le soutien des ventes exceptionnelles à l'exportation, le prix du maïs américain décrochait vers la fin du mois après les mesures annoncées par Donald Trump envers le Mexique, gros importateur de cette céréale. À la fin du mois, la Russie annonçait un quota d'exportation de blé de 11 Mt entre le 15 février et le 30 juin 2025 – le pays avait exporté 29 Mt sur la même période en 2024.

Décembre s'ouvrait sur un regain de fermeté en blé. En Australie, la pluie retardait la moisson dans l'est du pays. Le Canada confirmait une bonne récolte de blé à 35 Mt. Les marchés allaient rester plutôt indécis jusqu'au rapport de l'USDA qui, réduisant la prévision de stocks mondiaux de maïs, poussait le prix de cette céréale à la hausse, entraînant celui du blé. Dès le 12 décembre, les prix corrigeaient des deux côtés de l'Atlantique. La Russie augmentait les taxes à l'exportation et l'Arabie saoudite achetait d'un coup 800 000 tonnes de blé ! En France, malgré une moisson difficile, la production de maïs s'avé-

L'Égypte reste le premier importateur mondial de blé avec 14,7 Mt en 2024 (à 75 % en provenance de Russie). Toutefois, un changement majeur vient d'intervenir dans les achats égyptiens. Jusque-là, ceux-ci étaient réalisés par une agence publique, le GASC (*General Agency for the Supply of Commodities*), qui procédait par un système d'appel d'offres relativement transparent. Depuis 2024, le Mostakbal Misr a remplacé pour l'essentiel le GASC. Il s'agit d'une nouvelle structure dépendant de l'armée de l'air égyptienne. On peut imaginer qu'il y a eu un arbitrage au sein des forces armées qui contrôlent une grande partie de l'économie égyptienne. Alors que le GASC achetait le blé cf port égyptien, le Mostakbal Misr procède par des achats directs Fob, sans appels d'offres, auprès des exportateurs russes en particulier. Les marchés n'y gagnent pas en transparence…

rait abondante à près de 15 Mt, portée par une augmentation des surfaces. Les premières estimations de surfaces d'hiver auguraient d'une forte augmentation de celle de blé tendre, après une année 2023 difficile ; l'Allemagne annonçait des tendances similaires. Les conditions météorologiques favorables en Argentine et au Brésil pesaient sur le prix du maïs nord-américain qui se redressait le lendemain, tandis que le blé tendre plongeait… La fin du mois illustrait une fois de plus les mouvements de yoyo des prix.

Janvier 2025 voyait se poursuivre la baisse de l'euro vis-à-vis du dollar, marquant un plus bas depuis deux ans dès le 2 janvier, sans que cela raffermisse le prix des céréales, cependant très volatil. L'Argentine était frappée par la canicule, peut-être produite par un épisode *La Niña*. En France les sols étaient gorgés d'eau après un automne très humide. En rabotant la production américaine de maïs de 7 Mt par rapport au mois précédent, le rapport de l'USDA poussait vivement le prix de cette céréale à la hausse tant à Chicago qu'en Europe. L'euro se raffermissait à partir du milieu du mois, les exportations européennes stagnaient gravement, les chargements portuaires étant souvent à l'arrêt. Les prix fluctuaient au gré des craintes de futures guerres commerciales déclenchées par les États-Unis et du retour de la pluie en Argentine. À Chicago, le maïs restait très ferme, entraînant le blé dans son sillage. L'Argentine évoquait puis confirmait la baisse de ses taxes à l'exportation. Vers la fin janvier, la demande internationale se réveillant, les prix se reprenaient… avant de replonger tout début février à la suite des annonces d'augmentation des droits de douane par les États-Unis.

À deux semaines du début du quota d'exportations russes, alors que les déclarations du président américain se succèdent, c'est l'incertitude qui domine sur le marché des céréales. Les bilans mondiaux s'annoncent plus tendus qu'en juin 2024, les conditions météorologiques sont souvent délicates, la situation géopolitique est tout sauf sereine et limpide – mais les prix ne décollent pas, au contraire. Quelques faits méritent néanmoins d'être soulignés. On oublie facilement la Chine, qui était devenue le premier importateur de céréales de la planète, avec près de 64 Mt en 2023-2024 et dont les achats pourraient baisser de 40 % en 2024-2025, ce qui n'est pas de nature à soutenir les prix. Depuis que la Russie a tenté d'envahir son voisin, beaucoup annoncent chaque année que la prochaine sera désastreuse pour l'Ukraine ; or l'agilité et la résilience de ses habitants déjouent chaque fois les noirs pronostics. Cette année encore, nous pourrions avoir quelques surprises. Un nouvel épisode *La Niña* est-il en cours ? Alors que les indices océaniques laissent planer le doute, la circulation atmosphérique semble aller plus clairement dans le sens d'une situation *La Niña* : une incertitude de plus, normale dans un contexte de réchauffement climatique. *Last but not least*, quel sera à moyen terme l'effet de la politique commerciale de Donald Trump ?

Riz : *le retour de l'Inde*

2024 a été une année « politique » sur le marché mondial du riz. L'Inde, premier exportateur mondial, a été en partie absente du fait de l'embargo décrété par le gouvernement Modi dans la perspective des élections générales. L'embargo n'a été finalement levé qu'en septembre et dans un contexte de production abondante, les prix se sont orientés à la baisse de $ 100 à $ 150 la tonne. La Thaïlande et le Vietnam, qui avaient profité du retrait indien, devraient voir leurs exportations reculer en 2025.

Durant une bonne partie de l'année 2024, le marché a retenu son souffle, les yeux rivés vers l'Inde en attendant la fin des restrictions à l'exportation. Or, l'annonce n'est intervenue que fin septembre 2024, alors que la plupart des observateurs s'attendaient à une levée plus rapide des restrictions, dans la foulée des élections générales indiennes dont les résultats ont été connus fin mai/début juin. Ces mesures imposées par le gouvernement indien en juillet 2023 ont eu un effet d'aubaine pour les exportateurs asiatiques dont les ventes ont fortement progressé depuis 2023, suite aux premières restrictions indiennes fin 2022. Les exportations thaïlandaises et vietnamiennes ont ainsi augmenté de 25 % entre 2023 et 2024. Le Pakistan, pour sa part, a vu ses ventes externes faire un bond de 45 % en 2024. Ces exportateurs se sont tout de même livrés à une rude concurrence afin d'occuper l'espace laissé provisoirement par l'Inde. À cela se sont ajoutées la pénurie de bateaux et l'augmentation du coût du fret maritime, obligeant les exportateurs à abaisser leurs offres de prix. De leur côté, les importateurs qui misaient aussi sur un retour imminent de l'Inde, et anticipaient des baisses substantielles des prix, ont ralenti leurs demandes d'importation entre avril et septembre, se limitant généralement à des contrats sur des faibles quantités. En toute logique, les prix mondiaux se sont orientés à la baisse tout au long de l'année, cédant en moyenne 25 % entre janvier 2024 et janvier 2025. L'abondance de l'offre d'exportation, grâce aux bonnes récoltes asiatiques, a contribué à la baisse des prix, d'autant que l'Inde n'a pas été complètement absente du marché. L'Inde a poursuivi ses exportations de riz étuvé, malgré une taxe à l'exportation de 20 %. Elles ont représenté près de la moitié des exportations indiennes. En outre, l'Inde a accordé des exemptions à l'interdiction d'exporter du riz blanc non-basmati et du riz brisures à des pays dont la sécurité alimentaire dépendait très fortement du riz indien, en particulier des pays africains et du sud-est asiatique, jouant ainsi la carte de la diplomatie du riz avec des pays du Sud global. Ces exemptions ont représenté plus de 3 millions de tonnes (Mt) de riz blanc indien non-basmati sur un total de 17,4 Mt exportées par l'Inde en 2024, dont près de 6 Mt durant le dernier trimestre de l'année, après la suppression des mesures restrictives. Le retour de l'Inde aura finalement dynamisé le commerce mondial qui a progressé sensiblement de 10 % pour se hisser à un niveau

Riz

(en millions de tonnes)

	2020	2021	2022	2023(e)	2024(p)	2025(p)
Riz paddy						
Production mondiale	**780.0**	**792.5**	**791.6**	**805.4**	**812.4**	
Chine	211.9	212.8	208.5	206.6	207.4	
Inde	184.5	194.2	203.6	206.7	209.7	
Bangladesh	55.9	56.8	57.8	60.6	60.2	
Indonésie	54.6	54.4	54.0	52.5	52.5	
Vietnam	42.7	43.9	42.7	43.5	43.2	
Thaïlande	30.3	33.0	33.9	33.0	33.4	
Birmanie	25.1	24.9	24.7	28.7	27.2	
Brésil	11.2	11.8	10.8	10.0	10.6	
Japon	10.5	10.6	10.4	10.1	10.2	
Riz décortiqué				**(e)**	**(p)**	**(p)**
Exportations mondiales	**45.9**	**51.9**	**56.3**	**52.9**	**58.4**	**59.1**
Inde	14.5	21.4	22.5	17.9	17.4	22.5
Thaïlande	5.7	6.1	7.7	8.8	10.0	7.5
Vietnam	6.3	6.5	7.2	8.3	9.1	7.5
Pakistan	4.0	3.9	4.6	4.5	6.5	5.3
États-Unis	3.1	2.9	2.2	2.4	3.3	3.1
Chine	2.5	2.4	2.2	2.0	1.2	1.0
Autres	9.9	8.7	9.9	9.0	11.0	12.2
Importations mondiales		**(e)**	**(p)**	**(p)**		
Philippines	2.5	3.0	3.9	3.7	3.8	
Chine	3.6	5.1	6.6	2.7	2.0	
Nigeria	2.0	2.0	2.4	2.1	2.2	
Union européenne	2.0	1.9	2.5	2.3	2.4	
Arabie saoudite	1.5	1.2	1.3	1.4	1.4	
Iran	1.0	0.9	1.3	0.8	1.2	
Indonésie	0.5	0.6	0.5	3.5	3.0	
Brésil	0.9	0.7	0.8	0.9	0.9	
Japon	0.7	0.7	0.7	0.7	0.7	
Russie	0.2	0.2	0.2	0.2	0.3	
			(e)	(p)	(p)	
Afrique	16.2	17.7	18.7	16.9	16.2	
Asie orientale	12.3	17.2	19.3	18.1	18.0	
Proche et Moyen-Orient	7.0	7.7	7.6	7.1	6.5	
Amérique latine	4.8	4.1	4.2	4.4	4.8	
Pays industriels (hors Japon)	5.6	5.3	6.3	6.2	6.1	
Stocks de clôture	**187.5**	**193.8**	**194.6**	**194.3**	**200.0**	**204.0**

(e) estimations (p) prévisions

(Sources : FAO & USDA, 2025)

record de 58,5 Mt en 2024. En 2025, on prévoit une nouvelle augmentation des échanges mondiaux à 59 Mt, stimulés par la tendance baissière des cours mondiaux. L'Inde verrait ses exportations faire un bond de 30 % et avoisiner son record historique de 2022 à 22,5 Mt. Pour la Thaïlande et le Vietnam, le retour du *leader* du marché marque la fin de l'année en or et ils seront les grands perdants de la nouvelle recomposition du commerce mondial en 2025 avec des exportations prévues en baisse de 15 à 20 %.

Nouvelle progression de la production mondiale

En 2024, la production mondiale a atteint un niveau record s'établissant à 818 Mt de riz paddy (soit 543 Mt en équivalent riz blanc), en progression de 1,6 % par rapport à 2023. Cette amélioration reflète les bonnes récoltes asiatiques, surtout en Inde, en hausse de 4,5 % et qui est en passe de devenir le premier producteur mondial de riz, devant la Chine, dont les récoltes ont été moins bonnes que prévu en raison des inondations qui ont affecté une partie du pays. En Thaïlande et au Vietnam, les récoltes ont légèrement reculé du fait d'un déficit hydrique. En revanche, la production pakistanaise a une nouvelle fois progressé, retrouvant son niveau de 2021. Aux États-Unis aussi, la production s'est améliorée pour la deuxième année consécutive grâce à un accroissement des surfaces ensemencées. Dans le Mercosur, les conditions climatiques ont été nettement plus favorables et la production a progressé de 10 % par rapport à 2023. En Europe, les récoltes de 2023 se sont légèrement améliorées, mais restent encore en dessous de la moyenne quinquennale. En Afrique subsaharienne, la production rizicole a progressé de 4 % grâce à une bonne pluviométrie dans l'ensemble. Les perspectives de la production mondiale en 2025 s'annoncent plutôt favorables, grâce à des conditions climatiques normales, et en progression pour la troisième année consécutive.

Des stocks mondiaux à des niveaux records

Selon la FAO, les stocks se finissant en 2024 ont progressé de 3 % et atteignent le seuil historique de 200 Mt contre 194,0 Mt en 2023. Ils représentent 38 % des besoins mondiaux et se situent à 4 % au-dessus de la moyenne triennale 2022-2024. Cette amélioration des réserves mondiales tient principalement à l'augmentation des stocks indiens de 8 %, due pour l'essentiel à la limitation des exportations entre 2023 et 2024. Ils compensent largement la stagnation des stocks chinois, mais qui restent très importants, l'équivalent de 70 % de la consommation annuelle domestique et de 50 % des stocks mondiaux. Dans les principaux pays exportateurs, les réserves ont légèrement progressé à 65 Mt, correspondant à un tiers des stocks mondiaux.

En 2025, les réserves mondiales pourraient augmenter de 3 % à 264 Mt grâce à une amélioration prévue de la production mondiale. Fin 2024, l'utilisation totale de riz 2024-2025 était estimée à 537,3 Mt (en équivalent blanchi) en hausse de 2 % par rapport à la campagne précédente. Ce niveau d'utilisation serait d'environ 4 Mt inférieurs à la production mondiale. La consommation humaine devrait légèrement progresser à 434 Mt correspondant à la croissance démographique. L'alimentation animale et les utilisations industrielles du riz pourraient progresser de 4 %.

Baisse tendancielle des prix mondiaux

En 2024, les cours mondiaux ont démarré l'année à 35 % au-dessus des prix de l'année précédente ; leur plus haut niveau depuis la crise de 2008. Aussi, en moyenne annuelle, et malgré la baisse tendancielle tout au long de l'année, les prix mondiaux ont affiché une augmentation moyenne de 8,5 % par rapport à 2023, due pour l'essentiel à la hausse du riz indien étuvé (+ 18 %) confronté à une très forte demande. En revanche, les riz thaïlandais et vietnamien ont connu des hausses annuelles plus limitées, de 5 à 6 %. Or, depuis le premier trimestre 2024, les prix mondiaux du riz ont amorcé une baisse lente, mais constante, reflétant les perspectives d'abondance des stocks mondiaux et des offres d'exportation. Cette tendance baissière a été renforcée en milieu d'année par les signaux selon lesquels l'Inde mettrait fin à sa politique de limitation à l'exportation de riz, grâce à l'augmentation des approvisionnements disponibles et une fois passées les élections générales. Aussi, même en absence relative, l'Inde a

Le riz et l'Afrique
(en millions de tonnes)

	2020	2021	2022	2023(e)	2024(p)	2025(p)
Riz paddy						
Production mondiale	**780.0**	**792.5**	**791.6**	**805.4**	**812.4**	
Afrique	39.2	39.2	38.3	42.4	44.0	
Afrique subsaharienne	32.6	32.6	32.9	36.5	38.1	
Afrique du Nord	6.3	6.6	5.4	5.9	5.9	
- Égypte	6.5	6.5	5.3	5.8	6.1	
Afrique de l'Ouest	20.8	20.8	22.1	24.4	24.8	
- Côte d'Ivoire	1.9	1.8	1.8	1.8	1.8	
- Guinée	2.3	2.3	2.4	2.4	2.4	
- Ghana	1.0	1.0	1.3	1.5	1.4	
- Mali	3.0	3.0	2.9	3.0	2.8	
- Nigeria	8.2	8.2	8.6	8.9	9.1	
- Sénégal	0.9	1.0	1.0	1.0	1.0	
- Sierra Leone	1.4	1.4	1.4	1.4	1.4	
Afrique centrale	1.5	1.5	1.7	1.9	2.0	
- Cameroun	0.3	0.3	0.3	0.4	0.4	
Afrique de l'Est	5.4	5.4	3.9	4.8	5.8	
- Tanzanie	4.5	4.5	4.1	3.6	4.5	
Afrique australe	4.9	4.9	5.2	5.4	5.5	
- Madagascar	4.2	4.2	4.6	4.8	5.0	
- Mozambique	0.5	0.5	0.4	0.4	0.4	
Riz décortiqué			**(e)**	**(p)**		
Exportations mondiales	**45.9**	**51.9**	**56.3**	**52.9**	**58.4**	**59.1**
Afrique	0.4	0.4	0.6	0.3	0.4	0.1
Importations mondiales	**45.9**	**51.9**	**56.3**	**52.9**	**58.4**	**59.1**
Afrique	16.2	17.7	18.7	16.9	16.2	
			(e)	(p)		
- Côte d'Ivoire	1.3	1.8	2.0	1.7	1.8	
- Nigeria	2.0	2.0	2.4	2.1	2.2	
- Sénégal	1.1	1.3	1.9	1.4	1.4	
- Afrique du Sud	1.0	0.9	0.9	1.2	1.0	
Stocks de clôture	**4.4**	**5.3**	**5.9**	**6.1**	**5.4**	

(e) estimations (p) prévisions *(Sources : FAO & USDA, 2025)*

pesé de manière cruciale sur l'évolution des prix mondiaux du riz. Son retour était une évidence pour tous les opérateurs du marché. La seule inconnue était… quand ? La fin des restrictions annoncée le 28 septembre 2024 illustre la volonté du gouvernement indien de conserver la maîtrise de sa politique commerciale et il a attendu le dernier moment pour libérer les exportations, c'est-à-dire au moment où le nouveau riz de la récolte principale (Kharif) commençait à arriver et qu'il fallait faire de la place en mettant le vieux riz sur le marché externe. La chute des prix mondiaux fut brutale, cédant entre $ 30 et $ 40/t en l'espace de quelques jours. À la mi-mars 2025, ils avaient reculé de $ 130/t en moyenne par rapport à fin septembre 2024, soit une baisse de 25 %, et de 30 %

sur un an. En 2025, avec une offre d'exportation excédentaire et une demande d'importation plutôt limitée, les cours mondiaux devraient se maintenir à des niveaux les plus bas depuis fin 2021.

En Inde, le prix du riz étuvé a marqué une moyenne de $ 518/t Fob contre $ 439 en 2023. Quant aux riz indiens 5 % et 25 % de brisures non-basmati, les cotations ont été suspendues entre juillet 2023 et septembre 2024. À la mi-mars 2025, les cours des riz indiens avaient cédé entre $ 100 et $ 110/t par rapport à octobre 2024.

En Thaïlande, le prix du riz Thaï 100B (moins de 5 % de brisures) a progressé de 6 %, marquant une moyenne annuelle de $ 586/t Fob contre $ 553 en 2023. Le Thaï 25 % a connu une hausse de 4 % à $ 525 contre $ 504 en 2023. La brisure Thaï A1 Super est restée relativement stable à $ 453 contre $ 451 en 2023. À la mi-mars 2025, tous les prix thaïlandais étaient orientés à la baisse, cédant entre $ 125 et $ 135/t depuis octobre 2024.

Au Vietnam, le prix du riz Viet 5 % a augmenté de 4,5 % à $ 572/t Fob contre $ 448 en 2023. Le riz Viet 25 % a progressé de 3 % à $ 544 contre $ 530 en 2023. À la mi-mars 2025, les prix vietnamiens avaient fortement reculé entre $ 160 et $ 165/t par rapport à octobre 2024.

Aux États-Unis, le prix nominal du riz Long Grain n° 2 4 % brisures a connu une hausse moyenne annuelle de 6 % à $ 780/t Fob contre $ 734 en 2023. À la mi-mars 2025, le LG 2/4 avait cédé $ 100/t par rapport à octobre 2024 à $ 680.

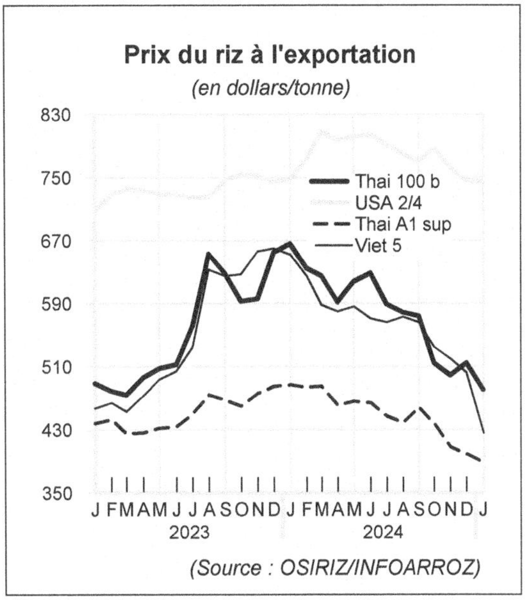

Hausse des échanges internationaux du riz

En 2024, on s'attendait à une baisse du commerce global du riz, compte tenu des prix mondiaux au plus haut depuis la crise de 2008. Entre avril et septembre, le marché a été marqué par un net ralentissement de la demande d'importation. Mais la fin des restrictions indiennes à l'exportation et la baisse des prix mondiaux ont contribué à relancer les échanges durant le dernier trimestre. Le commerce mondial aurait ainsi connu une hausse sensible de 10 % à 59 Mt. La demande d'importation du sud-est asiatique a été particulièrement forte, notamment des Philippines, premier importateur mondial, et de l'Indonésie, dont les besoins d'importation ont été une nouvelle fois très importants en 2024. La Thaïlande et le Vietnam ont été les principaux bénéficiaires de la demande d'importation philippine et indonésienne. La Chine, pour sa part, a encore réduit ses importations, grâce à ses stocks très abondants et à une réduction de la consommation de riz. D'autres pays importateurs, en particulier d'Afrique subsaharienne, ont préféré différer leurs achats durant la première partie de l'année, dans l'attente de contrats gouvernementaux avec l'Inde à des prix plus avantageux.

Dans l'hémisphère occidental, on a assisté à une nouvelle augmentation des exportations des États-Unis, mais encore en dessous de leur niveau d'exportation des années 2015-2017. Dans le Mercosur, malgré la reprise de la production en 2023-2024, les exportations n'ont guère progressé en 2024 à cause de la concurrence des États-Unis sur les marchés d'Amérique centrale et des Caraïbes.

L'Inde reste le premier exportateur mondial malgré les restrictions d'exportation

En 2024, les exportations indiennes ont atteint 17,4 Mt, en légère baisse par rapport à 2023. Malgré les mesures restrictives à l'exportation durant les trois quarts de l'année, l'Inde reste le premier exportateur mondial devant la Thaïlande et le Vietnam. Les exportations de riz étuvé, soumises à une taxe de 20 %, ont représenté près de 7 Mt, tandis que les ventes de riz basmati se sont élevées à 5,5 Mt. Les exportations de riz blanc non-basmati, bien qu'interdit à l'exportation, ont atteint 3 Mt, grâce aux exemptions accordées à des pays africains et du sud-est asiatique. En outre, un tiers des exportations indiennes ont été réalisées durant le dernier trimestre de l'année, suite à l'arrêt des mesures de limitations des exportations. Au total, les ventes indiennes ont représenté 30 % des échanges mondiaux. En 2025, l'Inde prévoit d'exporter 22,5 Mt, soit 37 % du commerce mondial. Cet accroissement très significatif est dû aux réserves accumulées et à l'amélioration de la production 2024-2025.

La Thaïlande conserve son deuxième rang mondial

La Thaïlande maintient son rang de deuxième exportateur mondial de riz, mais talonnée de très près par le Vietnam, son principal concurrent. La Thaïlande a bénéficié du retrait partiel de l'Inde pour récupérer des parts de marché en Asie du Sud-Est et en Afrique subsaharienne. Ses exportations ont ainsi progressé de 25 % à 10 Mt en 2024, leur plus haut niveau depuis 2018. L'Indonésie a été son principal client avec 13 % des exportations, suivi par l'Irak (10 %) et les États-Unis (9 %). L'Afrique a été la principale région destinataire avec 34 % des exportations thaïlandaises. En 2025, avec le retour de l'Inde et la réduction des importations indonésiennes, les exportations thaïlandaises pourraient reculer de 24 % et atteindre 7,5 Mt. Les excédents d'exportations resteront cependant abondants, compte tenu de l'accroissement de la production grâce à l'expansion des surfaces rizicoles et à l'amélioration des rendements.

Des exportations vietnamiennes records en 2024

Le Vietnam a aussi bénéficié des restrictions indiennes, ce qui lui a permis d'exporter, pour la première fois, plus de 9 Mt contre 8,3 Mt en 2023. Le Vietnam réalise plus de 75 % de ses ventes externes sur les marchés asiatiques, avec les Philippines comme principal client (47 % des exportations) suivies par l'Indonésie (14 %) et la Malaisie (8 %). En Afrique, le Vietnam a maintenu ses débouchés autour de 15 % de ses exportations. En 2025, les ventes vietnamiennes devraient se resserrer en raison de la baisse des importations indonésiennes et la rude concurrence annoncée avec la Thaïlande et l'Inde.

Les États-Unis marquent une reprise de leurs exportations

En 2024, les États-Unis ont confirmé leur retour sur le marché du riz avec une augmentation significative des exportations de 33 % à 3,2 Mt contre 2,4 Mt auparavant. Le niveau élevé des cours mondiaux, durant la première moitié de l'année, a contribué à améliorer la compétitivité du riz nord-américain, et notamment sur le marché régional d'Amérique centrale et des Caraïbes, leur principal débouché avec près de 70 % des exportations totales. Le Mexique a été le principal client avec 25 % des exportations, suivi par Haïti (11 %) et le Japon (10 %). En 2025, les perspectives d'exportations nord-américaines sont plutôt bonnes. Mais, compte tenu des éventuelles taxes d'importation compensatoires par le Mexique et le Canada vis-à-vis des riz américains, des alternatives d'achats pourraient s'ouvrir auprès des fournisseurs asiatiques et du Mercosur, au détriment des Etats-Unis.

Le commerce mondial du riz devrait encore progresser en 2025

En 2025, les premières projections indiquaient une légère progression du commerce mondial à 59 Mt, représentant ainsi, pour la première fois, 11 % de la production mondiale de riz. L'Inde, suite à son retour sur le marché d'exportation, devrait consolider son *leadership* avec des ventes supérieures à 22,5 Mt, soit une augmentation de 5 Mt par rapport à 2024. Du côté des importateurs, l'Indonésie et la Chine réduiront significativement leur demande d'importation, grâce à une reprise attendue de leur production. Les excédents mondiaux de riz devraient exercer une nouvelle pression à la baisse des prix mondiaux et la concurrence entre exportateurs pourrait être encore plus féroce qu'en 2024.

Oléoprotéagineux :
des tendances divergentes

Les prix des oléagineux ont évolué en ordre dispersé en 2024 en lien avec des fondamentaux divergents d'une commodité à l'autre. Le palme, le colza et le tournesol ont renoué avec la hausse des prix face à des bilans offre/demande en tension, tandis que le nouveau record de récolte mondiale de soja, dépassant pour la première fois le seuil symbolique des 400 Mt, a poussé les prix de cette graine et de son tourteau à la baisse. Mais le nouveau mandat de Trump relancera-t-il un épisode de « géopolitique du soja » ?
Après deux années de folie sur les prix de l'huile d'olive, la récolte satisfaisante en Espagne a amorcé une détente des cours en fin d'année 2024.

Après une année 2022 de tous les records, suivie d'un retour à la normale en 2023, l'année 2024 a été une année bien plus calme pour les prix des composantes du complexe oléagineux. Bien que certaines productions – à l'image du colza et du tournesol sur le continent européen – aient enregistré des baisses de récolte non négligeables en 2024, la volatilité des prix a été contenue. Il faut dire qu'après les fluctuations exceptionnelles observées en 2022, tout paraît plus mesuré.

Au global, les surfaces mondiales cultivées en oléagineux (7 principales graines et palmier à huile) ont connu une croissance de près de 2 % en 2024, dépassant pour la première fois de l'histoire les 300 millions d'hectares. La production mondiale d'oléagineux a quant à elle augmenté de presque 4 % pour atteindre 760 Mt pour la campagne 2024-2025 selon l'USDA (estimations de janvier 2025), principalement tirée par les bons rendements en soja prévus en Amérique du Sud. Ainsi, la production mondiale des neuf principales huiles végétales consommées dans le monde a augmenté de 2,5 % (à 227 Mt) et celle des tourteaux (constitué à 70 % de tourteau de soja) de + 3,3 % (à 385 Mt).

Dictés par des fondamentaux différents d'une production à l'autre, les prix ont évolué en ordre dispersé en fonction des cultures et des produits.

Palme : la tension sur le marché porte les prix à la hausse

Première huile végétale produite et consommée dans le monde (un tiers de la production mondiale d'huile), l'orientation des cours du palme continue d'être un sous-jacent majeur pour l'ensemble des prix des huiles.

En 2024, la production mondiale d'huile de palme a reculé de 2,2 Mt par rapport à 2023 (– 3 %) pour s'établir à 79,4 Mt selon le cabi-

Acteur industriel et financier
Convaincu du potentiel des huiles et des protéines végétales, dans les transitions agricole, alimentaire et environnementale, Avril développe des solutions innovantes et durables pour nourrir la planète et contribuer à sa décarbonation.
Avril
SERVIR LA TERRE
www.avril.com

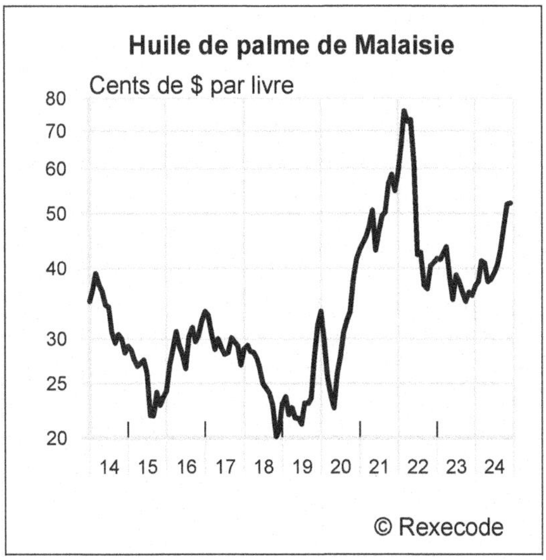

net d'analyse spécialisé OilWorld. La hausse de la production en Malaisie (+ 0,9 Mt) n'a pas compensé les pertes en Amérique centrale (– 0,5 Mt) et en Indonésie (– 2,8 Mt), premier producteur mondial. De fortes précipitations ont causé des inondations en Asie du Sud en fin d'année. Cela a entraîné des perturbations additionnelles pour la production, dégradant un peu le potentiel en Malaisie notamment. En parallèle, la demande a été dynamique. Mais les grands importateurs mondiaux, Inde et Chine en tête, ont été contraints de rationner leurs achats face à une capacité d'exportation en repli chez les grands pays producteurs. L'Indonésie et la Malaisie représentent à elles deux près de 90 % des exportations mondiales d'huile de palme. Mais, depuis plusieurs années, la demande in-

Huile de palme

	2020-2021	2021-2022	2022-2023	2023-2024	2024-2025
Surfaces récoltées	**24.8**	**25.4**	**26.5**	**26.8**	**27.4**
Indonésie	12.2	12.5	14	13.5	14.0
Malaisie	5.4	5.5	5.5	5.6	5.6
Stocks de report	**15.9**	**14.9**	**16.6**	**16.6**	**16.2**
Production	**73.3**	**73.0**	**76.6**	**76.3**	**79.6**
Indonésie	44	42	45.0	43.0	46.5
Malaisie	17.9	18.2	18.4	19.7	19
Consommation	**72.6**	**69.5**	**74.4**	**75.3**	**78.5**
Indonésie	15.7	17.4	19.1	21.1	22.3
Inde	9.2	8.2	8.9	9.0	10.2
Consommation alimentaire	**48.3**	**46.0**	**48.3**	**48.5**	**50.8**
Consommation industrielle	**23.5**	**22.9**	**25.4**	**26.2**	**27.2**
Exportations	**48.5**	**44.0**	**49.5**	**44.6**	**46.6**
Indonésie	27.3	22.3	28.1	22.3	24.2
Malaisie	15.9	15.5	15.4	16.5	15.9
Importations	**46.9**	**41.7**	**47.2**	**43.2**	**44.6**
Inde	8.4	8.0	10.0	8.9	9.4
UE à 28 puis UE à 27	6.0	5.0	4.6	3.8	4.0
Chine	6.8	4.4	6.2	4.4	5.2
Stocks de fin	**14.9**	**16.1**	**16.6**	**16.2**	**15.4**
Ratio stocks/utilisation	**20.6 %**	**23.2 %**	**22.3 %**	**21.5 %**	**19.6 %**

(Source : USDA, janvier 2025)

térieure croît nettement au sein de ces pays. Le gouvernement indonésien poursuit sa stratégie énergétique en faveur des biocarburants à base de palme en affichant une volonté de passer du B35 (35 % de biodiesel dans le diesel) au B40 (40 % de biodiesel) dès le début de l'année 2025. À titre d'exemple, le carburant disponible à la pompe en France est encore du B7 (7 % de biodiesel).

L'ensemble de ces éléments a conduit à une hausse des prix de l'huile de palme au cours de l'année 2024, avec une accélération dans la seconde partie de l'année. Le prix moyen annuel enregistre une hausse de plus de 12 % par rapport à 2023. Fait rare, en décembre, le palme était même l'huile la plus chère sur le marché européen cotant plus de 1 240 €/t dans les grands ports d'importation du nord de l'UE.

Tournesol : la météo difficile sur le continent européen impacte les récoltes

Après un très bon cru en 2023, le tournesol a subi des aléas météorologiques en 2024 conduisant à une baisse de la production mondiale d'environ 9 % (– 4 Mt à 51 Mt selon l'USDA).

L'est du continent européen, centre névralgique de la production mondiale, a été frappé par des conditions estivales extrêmes (sécheresse, température très élevée). La production ukrainienne a ainsi baissé de près de 17 %, principalement sous l'effet de la perte de rendements, pour s'établir en dessous de 13 Mt. Selon certaines estimations, cela équivaut à une récolte de l'Ukraine en 2024 inférieure à celle de 2022, pourtant l'année du choc du déclenchement de la guerre. Cela impacte à la baisse le niveau de trituration du pays, et donc ses disponibilités exportables d'huile et de tourteau de tournesol. La Russie a quant à elle connu des conditions climatiques similaires, mais moins intenses, engendrant un repli de la production de tournesol de seulement 3 % (à 16,6 Mt selon l'USDA) malgré une petite hausse des surfaces de 1 %.

Enfin, une baisse de production a également été enregistrée en 2024 dans l'Union européenne (– 13 %) à 8,8 Mt, soit la moins bonne récolte européenne de tournesol depuis 2015. L'est de l'UE (Roumanie, Bulgarie, Hongrie) a été frappé par la sécheresse tandis que l'Europe de l'Ouest (France) a connu un été humide et peu ensoleillé qui a entaché le rendement et la qualité des graines. La pro-

Graines de tournesol

	2020-2021	2021-2022	2022-2023	2023-2024	2024-2025
Surfaces récoltées	**26.7**	**28.5**	**28.3**	**27.9**	**27.9**
Russie	8.3	9.6	9.1	9.3	9.4
Ukraine	7.0	7.1	5.7	6.4	6.2
UE à 28 puis UE à 27	4.4	4.4	5.0	4.8	4.9
Stocks de report	**2.9**	**2.5**	**7.8**	**4.1**	**3.3**
Production	**48.8**	**56.9**	**52.8**	**56.0**	**50.7**
Ukraine	14.1	17.5	12.2	15.5	12.9
Russie	13.3	15.6	16.3	17.1	16.6
UE à 28 puis UE à 27	8.9	10.3	9.4	10.1	8.8
Consommation	**49.1**	**51.2**	**56.2**	**56.7**	**51.5**
Trituration	45.0	46.6	51.4	52.4	47.5
Exportations	**2.9**	**4.0**	**4.0**	**2.8**	**2.3**
Stocks de fin	**2.5**	**8.0**	**4.1**	**3.3**	**2.4**
Ratio stocks/utilisation	**5.0 %**	**15.6 %**	**7.4 %**	**5.8 %**	**4.6 %**

(Source : USDA, janvier 2025)

Huiles végétales*

	2020-2021	2021-2022	2022-2023	2023-2024	2024-2025
Stocks de report	**30.8**	**29.8**	**30.1**	**31.2**	**30.8**
Production	**208.0**	**208.6**	**217.3**	**221.7**	**227.2**
Palme	73.3	73.0	76.6	76.3	79.6
Palmiste	8.4	8.4	8.7	8.7	9.1
Colza	29.4	29.2	33.2	34.5	34.1
Soja	59.3	59.3	59.7	62.8	66.2
Tournesol	19.0	19.6	21.7	22.1	20.0
Consommation	**204.6**	**203.0**	**211.1**	**217.6**	**224.8**
Palme	72.6	69.5	74.4	75.3	78.5
Palmiste	8.3	8.2	8.5	8.2	8.8
Colza	28.7	29.9	32.6	34.5	34.8
Soja	58.5	59.2	58.9	61.2	65.7
Tournesol	18.2	17.6	19.6	21.1	19.2
Usage alimentaire	**151.2**	**149.6**	**152.9**	**156.3**	**160.7**
Usage industriel (dont biodiesel)	**52.4**	**52.5**	**57.3**	**60.5**	**63.3**
Exportations	**85.8**	**79.7**	**88.9**	**85.9**	**86.4**
Palme	48.5	44.0	49.5	44.6	46.6
Palmiste	3.2	2.8	3.0	3.1	3.1
Colza	6.4	5.3	6.5	7.4	7.7
Soja	12.6	12.3	11.8	11.9	12.9
Tournesol	11.3	11.1	14.3	15.1	12.4
Stocks de fin	**29.8**	**30.1**	**31.2**	**30.8**	**28.3**
Ratio stocks/utilisation	**14.5 %**	**14.8 %**	**14.8 %**	**14.2 %**	**12.6 %**

*9 principales huiles végétales : palme, palmiste, soja, colza, tournesol, coton, olive, arachide, coco

(Source : USDA, janvier 2025)

duction roumaine a ainsi chuté de 38 % (1,2 Mt contre 2 Mt en 2023) et la production française de – 30 % (1,5 Mt contre 2,1 Mt en 2023).

Cette baisse de production, couplée à une tension sur le marché du palme et à un repli de la production de colza, a entraîné une augmentation des prix de l'huile et de la graine de tournesol durant la seconde moitié de l'année 2024. La graine de tournesol française valait ainsi 552 €/t en décembre 2024 contre 433 €/t un an plus tôt (+ 28 %).

À noter que, parmi les grands pays producteurs, la Russie est le pays pour lequel la trituration de tournesol devrait le moins baisser au cours de la campagne 2024-2025. L'huile et le tourteau de tournesol russes sont en grande partie destinés à l'exportation. La Russie devrait donc continuer de tirer son épingle du jeu sur le marché mondial du tournesol. En 2024, les exportations russes d'huile de tournesol ont enregistré un record de 5,7 Mt (+ 1,3 Mt *vs* 2023). Les flux vers l'Inde – premier importateur mondial d'huiles végétales – ont plus que doublé représentant près de 40 % des exportations russes d'huile de tournesol : un exemple de partenariat commercial qui contribue à illustrer le renforcement stratégique des liens économiques entre pays des BRICS.

Huile d'olive : le regain de récolte permet la détente des prix

Une détente des prix de l'huile d'olive s'est amorcée à la toute fin de l'année 2024, après plus de deux ans de prix stratosphériques expliqués par deux très mauvaises récoltes consécutives en 2022 et 2023.

Le retour à la normale de la récolte espagnole fin 2024 justifie cette baisse récente des prix. L'Espagne étant le premier pays producteur et exportateur d'huile d'olive au monde, le niveau de sa production donne le « la » du marché. Après deux années fortement impactées par la sécheresse en 2022 (660 000 t) et 2023 (845 000 t), la météo plus clémente en 2024 a permis un cru espagnol autour de 1,3 Mt, soit un niveau proche de la récolte 2020.

Ainsi, le regain de production en Espagne permet à la production européenne de 2024-2025 d'atteindre son niveau historique d'environ 2 Mt, en hausse de 30 % par rapport à 2023-2024. Les deux années antérieures difficiles laissent toutefois des stocks bas en début de campagne, ce qui expliquait le niveau encore conséquent des prix début 2025.

Hors des frontières de l'Union européenne, on peut noter que la Turquie se positionne au fil des années comme un acteur de plus en plus important sur le marché de l'huile d'olive. Avec une récolte record en 2024-2025 (450 000 t), la Turquie devient le deuxième producteur mondial devant la Tunisie, l'Italie et la Grèce. Une dynamique à suivre, même si cette culture reste fortement dépendante des conditions météo, qui deviennent de plus en plus fluctuantes avec le changement du climat.

Face à ce contexte, le prix de l'huile d'olive extra-vierge cotait autour de 4 900 €/t en décembre 2024 contre un pic à 9 000 €/t en janvier de la même année. En moyenne annuelle, ce nouvel or vert a valu 7 500 €/t en 2024, soit 12 % de plus d'en 2023 (6 700 €/t) et le double du prix moyen de 2022 (3 850 €/t). Rappelons toutefois que le prix de fin 2024 reste sur un palier bien supérieur à ceux d'il y a encore quelques années (2 550 €/t en moyenne entre 2019 et 2021), renforçant le positionnement de l'huile d'olive comme une denrée haut de gamme. La répercussion de la baisse des prix du marché de gros sur les prix de bouteille en rayon s'opérera certainement avec un peu plus d'inertie, le temps que les stocks contractualisés au prix fort soient vendus.

Production mondiale huile d'olive
(en milliers de tonnes)

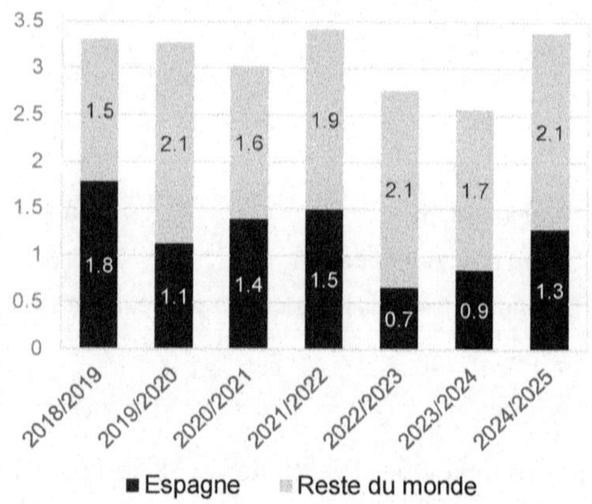

(Source : Avril d'après Conseil oléicole international)

Colza : baisse de la production mondiale

À l'image du tournesol, la récolte de colza a connu un repli sur le continent européen en 2024, entraînant la baisse de la production mondiale (– 4 Mt soit – 5 %).

La production de l'Union européenne a enregistré une baisse globale de 14 %, selon l'observatoire de la Commission européenne, pour s'établir autour de 17 Mt contre environ 19,7 Mt en 2023. La baisse des récoltes a concerné la totalité des grands pays producteurs de l'UE avec – 9 % en France (3,9 Mt), –14 % en Allemagne (3,6 Mt), – 11 % en Pologne (3,3 Mt) et – 31 % en Roumanie (1,2 Mt).

Face à la sécheresse, l'Ukraine a également fait face à une baisse de sa production de colza

Graines de colza/canola

	2020-2021	2021-2022	2022-2023	2023-2024	2024-2025
Surfaces récoltées	**35.3**	**38.5**	**42.5**	**42.9**	**42.2**
Canada	8.3	8.9	8.6	8.9	8.9
Union européenne	5.3	5.4	5.9	6.2	5.7
Russie + Ukraine	2.6	2.7	3.5	3.7	4.0
Stocks de report	**8.3**	**7.6**	**6.6**	**10.4**	**10.9**
Production	**75.4**	**76.6**	**89.7**	**89.3**	**85.2**
Canada	19.5	14.2	18.9	19.2	18.8
Union européenne	16.7	17.4	19.6	19.9	17.2
Russie + Ukraine	5.3	5.8	7.8	9.0	8.4
Consommation	**74.8**	**76.0**	**86.4**	**89.0**	**88.1**
Trituration	72.1	72.1	82.1	84.8	84.1
Exportations	**18.0**	**15.3**	**19.5**	**18.2**	**16.9**
Canada	10.5	5.2	8.0	6.7	7.3
Ukraine	2.4	2.7	3.4	3.7	3.2
Importations	**16.7**	**13.8**	**20.0**	**18.3**	**16.6**
UE à 28 puis UE à 27	5.8	5.4	6.8	5.5	6.9
Chine	2.8	1.7	5.3	5.5	3.0
Stocks de fin	**7.6**	**6.6**	**10.4**	**10.9**	**7.6**
Ratio stocks/utilisation	**10 %**	**9 %**	**12 %**	**12 %**	**9 %**

(Source : USDA, janvier 2025)

en 2024 (– 23 %), pour revenir à un niveau de production proche de la récolte 2022 (3,6 Mt). En Australie – autre grand pays exportateur et fournisseur de l'UE –, la récolte 2024 a atteint 5,4 Mt (– 13 %). Il s'agit d'un bon cru par rapport à l'historique de long terme de la production australienne (soumise à de fortes variations météo interannuelles), mais un niveau moindre que les trois années précédentes, pour lesquelles les conditions météo avaient été exceptionnellement favorables aux cultures.

Comme pour le tournesol, la Russie est ainsi le seul grand pays producteur de colza à tirer son épingle du jeu en 2024. La récolte a connu une augmentation des volumes de 4 à plus de 5 Mt (+ 26 %) grâce à une hausse de la sole consacrée au colza (+ 10 %) et aussi grâce à de bons rendements.

Du côté de l'Amérique du Nord, la production canadienne de 2024 s'est affichée sur un niveau légèrement en deçà de l'année précédente (18,8 Mt). C'est avant tout le second mandat de Trump qui pourrait causer de la volatilité et des incertitudes sur le marché mondial du colza/canola. En effet, le Canada – premier producteur et exportateur de cette graine – a récemment développé son industrie de trituration pour répondre à la demande américaine accrue en huile de canola pour le débouché biocarburant, notamment pour la décarbonation du transport aérien. La très grande majorité de l'huile et du tourteau de canola produits au Canada (environ 90 %) est destinée à l'exportation vers les États-Unis. Si elle venait à se concrétiser, la menace de mise en place de tarifs douaniers sur les flux en provenance du Canada pourrait donc avoir un impact majeur sur l'industrie canadienne

Oléoprotéagineux*

	2020-2021	2021-2022	2022-2023	2023-2024	2024-2025
Surfaces récoltées (1000 ha)	**277**	**286**	**295**	**298**	**303**
Stocks de report	**129**	**131**	**131**	**139**	**149**
Production	**683**	**685**	**715**	**733**	**760**
Consommation	**677**	**679**	**702**	**721**	**743**
Trituration	510	510	526	546	560
Exportations	**241**	**223**	**251**	**250**	**254**
Stocks de fin	**131**	**134**	**139**	**149**	**160**
Ratio stocks/utilisation	**19 %**	**20 %**	**20 %**	**21 %**	**21%**

*7 principales graines (soja, colza, tournesol, coton, palmiste, arachide, copra) + huile de palme

(Source : USDA, janvier 2024)

de la trituration et, par ricochet, sur les flux mondiaux de canola.

En conséquence du repli global de la production de colza en 2024, conjointe à une production de tournesol décevante et une tension sur le marché de l'huile de palme, les prix ont évolué en hausse en cours d'année 2024. Le prix de l'huile de colza sur le marché européen cotait 1 090 €/t en décembre 2024, soit une hausse de 23 % sur un an. La graine s'est quant à elle appréciée de 21 % sur l'année pour finir aux alentours de 530 €/t en décembre 2024, renouant ainsi avec les niveaux observés début 2023.

Soja : retour du soja sur le devant de la scène géopolitique ?

Chaque année ou presque, la récolte mondiale de soja bat son propre record, dépassant le niveau de l'année précédente. La campagne 2024-2025 ne fait pas exception avec, cette fois-ci, un nouveau seuil symbolique franchi. Selon l'USDA, la production mondiale devrait atteindre les 424 Mt dépassant ainsi les 400 Mt de graines pour la première fois. Il s'agit d'une augmentation de 7,5 % par rapport à la campagne 2023-2034 qui avait totalisé une production de 395 Mt. De bonnes – voire

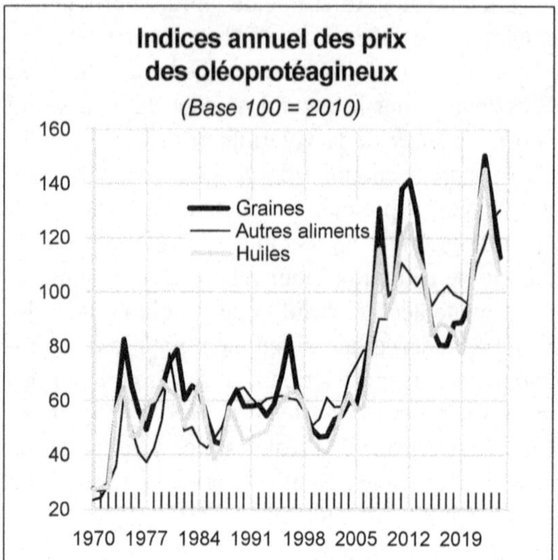

(Source : Banque mondiale)

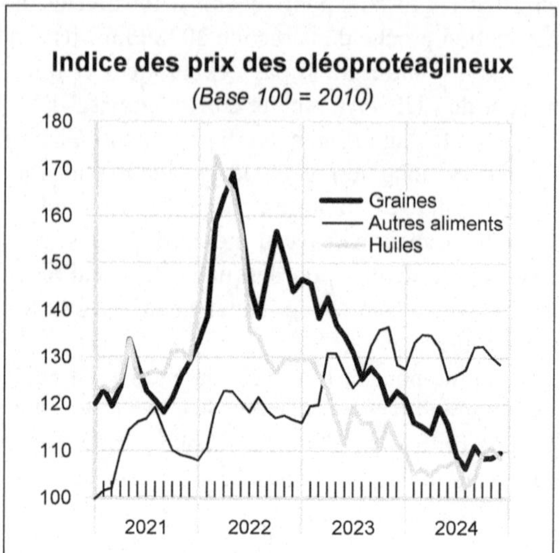

(Source : Banque mondiale)

très bonnes – récoltes pour l'ensemble des grands pays producteurs ont permis ce niveau élevé de production, notamment en Amérique du Sud.

À l'heure de rédaction de ces lignes (janvier 2025), la récolte sud-américaine n'a pas encore eu lieu, mais se fait imminente. Le potentiel est très élevé, car les surfaces ont augmenté et les conditions météo ont été globalement favorables sur la majeure partie du cycle. La production brésilienne devrait ainsi avoisiner les 170 Mt (+ 10 %) en lien avec une nouvelle augmentation des surfaces (+ 3 %) et de très bons rendements. Il s'agit d'un nouveau record pour ce géant du soja qui représente désormais 40 % de la production mondiale.

En Argentine, la production est attendue au-dessus de 50 Mt, soit une hausse de près de 8 % par rapport à l'année précédente et dans la fourchette haute de l'historique récent. Un épisode de sec (en cours à l'heure de rédaction) pourrait un peu ternir les chiffres finaux. En réaction, le gouvernement Milei – qui n'a pas tenu sa promesse de campagne de lever les taxes à l'export des produits agricoles – a décidé de faire un geste auprès des agriculteurs en annonçant fin janvier une baisse temporaire des taxes. Entre fin janvier 2025 et juillet, les taxes à l'export pour la graine de soja devraient passer de 33 % à 26 % tandis que celle sur l'huile et le tourteau de soja devraient s'établir à 24,5 % contre 31 %. Une mesure qui incitera peut-être les fermiers argentins à vendre plus rapidement leur récolte plutôt qu'à faire de

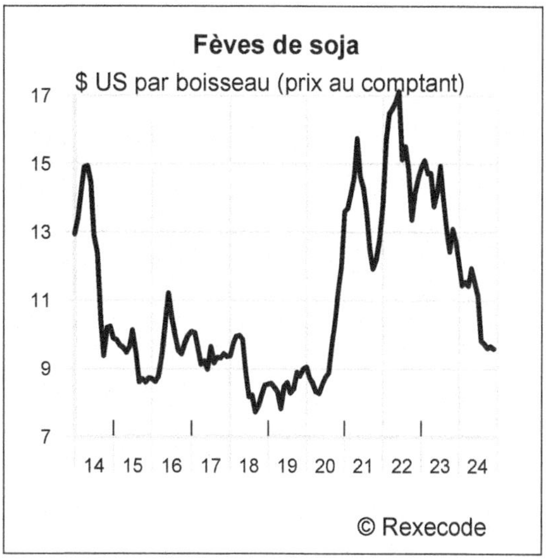

la rétention, pratique courante en Argentine, mais pénalisante pour les recettes fiscales de cet État toujours en grande difficulté.

Aux États-Unis, la récolte 2024 a été satisfaisante à 119 Mt (+ 5 %). Cette année, l'arbitrage des agriculteurs américains entre le maïs et le soja lors des semis de printemps a tourné en faveur du soja qui a enregistré une croissance de sa sole de presque 5 % par rapport à 2023.

Face aux bonnes récoltes à travers le monde, les prix moyens de la graine de soja et du tourteau de soja à Chicago ont enregistré une baisse de 22 % en 2024, comparativement au prix moyen

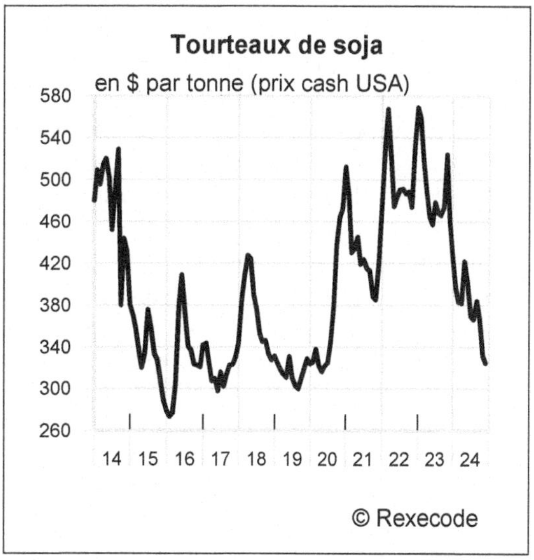

Graines de soja

	2020-2021	2021-2022	2022-2023	2023-2024	2024-2025
Surfaces récoltées	**129.7**	**131.4**	**137.3**	**140.5**	**146.3**
États-Unis	33.4	34.9	34.9	33.3	34.8
Brésil	39.5	41.6	44.6	46.1	47.3
Argentine	16.5	15.9	14.4	16.4	17.3
Stocks de report	**95.5**	**100.3**	**92.9**	**101.2**	**112.4**
Production	**369.2**	**360.4**	**378.2**	**395.0**	**424.3**
Brésil	139.5	130.5	162.0	153.0	169.0
États-Unis	114.7	121.5	116.2	113.3	118.8
Argentine	46.2	43.9	25.0	48.2	52.0
Consommation	**364.8**	**363.9**	**366.7**	**384.3**	**405.5**
Trituration	316.0	314.5	315.6	331.2	349.3
Exportations	**165.2**	**154.2**	**171.8**	**177.6**	**182.0**
Brésil	81.7	79.1	95.5	104.2	106
États-Unis	61.7	59	53.9	46.1	49.7
Importations	**165.5**	**155.5**	**168.6**	**178.1**	**179.2**
Chine	99.7	90.5	104.5	112.0	109.0
UE à 28 puis UE à 27	14.8	14.5	13.1	13.5	14.6
Stocks de fin	**100.3**	**98.0**	**101.2**	**112.4**	**128.4**
Ratio stocks/utilisation	**27 %**	**27 %**	**28 %**	**29 %**	**32 %**

(Source : USDA, janvier 2025)

de 2023. En fin d'année, les prix de la graine américaine étaient à leur plus bas niveau depuis la fin 2020.

Par ailleurs, la géopolitique du soja pourrait faire son grand retour en 2025. La seconde mandature de Trump pourrait bien relancer la volatilité sur ce marché. Rappelons-nous que le premier mandat avait été marqué par la guerre commerciale avec la Chine – premier importateur mondial de soja – et chaque prise de parole hostile impactait en direct les cours mondiaux. En riposte, la Chine avait imposé des droits de douane sur le soja américain et largement réorienté ses achats vers l'origine brésilienne. Cette fois-ci, dès son investiture début 2025, Trump a annoncé des mesures « très favorables » au soja américain, sans plus de détail à ce stade. *Wait and see.*

Sur le continent européen, le soja figure également au cœur de l'agenda politique. Le règlement contre la déforestation (RDUE) qui devait entrer en vigueur au 1er janvier 2025 a été reporté au 1er janvier 2026. Ce vote a figuré parmi l'un des premiers du nouveau Parlement européen, renouvelé suite aux élections de juin 2024. À noter que, pour la première fois de l'histoire, la droite européenne a brisé son alliance avec le centre pour faire passer ce report, s'alliant ainsi avec l'extrême droite européenne sur ce vote. Quoi qu'il en soit, les opérateurs européens auront un an de plus pour se préparer à l'application de ce règlement qui implique une traçabilité très rigoureuse pour prouver le caractère non déforestant de l'approvisionnement. Le soja produit en Europe doit se conformer aux mêmes exigences que les matières premières importées, suscitant des défis techniques et organisationnels non négligeables pour la filière. L'avènement du soja non-déforestant comme le nouveau standard de marché en Europe pourrait venir reléguer au second plan la différenciation non-OGM du soja produit en Europe et constituer

Tourteaux*

	2020-2021	2021-2022	2022-2023	2023-2024	2024-2025
Stocks de report	**20.8**	**19.8**	**20.2**	**17.5**	**18.9**
Production	**351.0**	**350.5**	**358.1**	**372.6**	**385.0**
Palmiste	10.0	9.7	10.3	10.1	10.7
Colza	41.6	41.9	47.8	49.3	48.8
Soja	249.8	248.2	247.9	260.1	274.1
Tournesol	20.3	21.2	23.1	23.3	21.1
Consommation	**347.4**	**347.7**	**356.3**	**366.2**	**378.6**
Palmiste	9.4	9.3	10.0	10.0	10.2
Colza	41.8	41.6	47.6	49.0	48.7
Soja	245.8	245.9	247.3	254.3	268.0
Tournesol	20.5	20.9	21.8	22.7	21.1
Exportations	**97.5**	**96.5**	**97.7**	**106.3**	**107.4**
Palmiste	7.6	7.9	8.1	7.3	8.0
Colza	8.2	7.8	9.8	10.2	10.4
Soja	69.4	68.8	67.1	74.5	75.7
Tournesol	8.2	7.8	9.2	10.3	9.1
Stocks de fin	**19.8**	**20.2**	**17.5**	**18.9**	**21.1**
Ratio stocks/utilisation	**5.7 %**	**5.8 %**	**4.9 %**	**5.2 %**	**5.6 %**

*8 principaux tourteaux : soja, colza, tournesol, palmiste, coton, copra, arachide, farines de poisson

(Source : USDA, janvier 2025)

un risque pour la culture de cette légumineuse sur notre sol.

Face au changement de réglementation initialement prévu pour le 1er janvier 2025, des anticipations d'achats de la part des importateurs européens ont été observées. Cela s'est traduit par des importations conséquentes au cours du second semestre de l'année 2024, avec une augmentation des volumes de tourteau de soja importés de 30 % par rapport à la même période en 2023 (et + 15 % de volume pour la graine de soja). Cette tendance a également été amplifiée par des prix attractifs du tourteau de soja par rapport aux tourteaux concurrents (colza, tournesol).

Biodiesel : la croissance du marché mondial s'est poursuivie en 2024

Le marché mondial du biodiesel continue sa croissance d'année en année et 2024 n'a pas fait exception. Le besoin de décarbonation du secteur des transports continue d'accroître la demande en biocarburants issus de corps gras (huiles, graisses), qui affiche des réductions de gaz à effet de serre de – 50 à – 90 % par rapport à des carburants fossiles (en fonction de la matière première utilisée). Deux procédés différents co-existent : l'estérification (production d'esters) correspondant au procédé historique, ou l'hydrogénation (procédé plus récent qui connaît actuellement un fort développement) générant des huiles végétales hydrotraitées (HVO). Ce débouché en croissance est un facteur important de la formation des prix mondiaux des huiles végétales. Après une croissance de la production de 5 % en 2023, le cabinet spécialisé OilWorld estime que la production mondiale de biodiesel et HVO a augmenté de presque 8 % en 2024 (+ 5 Mt) pour avoisiner les 64 Mt.

Pour la première fois de l'histoire, les États-Unis ont dépassé l'Union européenne en volumes de biodiesel/HVO produits et deviennent ainsi le premier producteur mondial avec 16 Mt (+ 17 % en un an) contre environ 15 Mt dans l'UE (stable depuis environ 5 ans).

En Europe, les pétroliers doivent depuis longtemps respecter un mandat d'incorporation de biocarburant dans le carburant fossile défini par les États en cohérence avec les ambitions européennes de décarbonation des transports sous peine de pénalités fiscales. Le secteur de l'aérien est désormais aussi concerné avec un mandat progressif d'incorporation de carburants d'aviation durables (CAD) fixé à 2 % en 2025 avec un objectif d'atteindre graduellement 70 % à l'horizon 2050.

Aux États-Unis, la dynamique est beaucoup plus récente avec une très forte accélération ces dernières années en lien avec les engagements volontaires des compagnies aériennes pour décarboner leurs activités, des politiques ambitieuses dans certains États (Californie notamment) et plus récemment un élan fédéral impulsé par l'administration Biden, en partie *via* l'*Inflation Reduction Act* contribuant au déploiement de nouvelles usines de production de HVO.

Les États-Unis se confrontent toutefois aux mêmes écueils que l'Europe, avec notamment des effets d'aubaines de la part de pays asiatiques conduisant à des importations importantes (et parfois frauduleuses) qui déstabilisent les marchés. En effet, certains feedstocks affichent de très bons scores de réductions de gaz à effet de serre par rapport aux carburants fossiles. C'est le cas, entre autres, des huiles de cuisine usagées (*Used Cooking Oil* = UCO). Mais cette course aux *feedstocks* les plus bas-carbone possibles entraîne des dérives, notamment de fraude avec des huiles faussement usagées, dénoncées depuis plusieurs années par la France auprès des régulateurs européens. Cette concurrence déloyale déstabilise les filières européennes bas-GES développées pour valoriser les pratiques culturales vertueuses des agriculteurs (semis direct, diminutions des intrants…) permettant la production de colza à faible niveau d'émissions. Les États-Unis en ont aussi fait l'expérience avec un flux important des UCO en prévenance d'Asie, grignotant la part de marché de l'huile de soja américaine pour leur production de biocarburant.

Au niveau mondial, les UCO représentaient ainsi 14 % des *feedstocks* utilisés pour la production de biodiesel/HVO en 2024 selon le cabinet OilWorld, contre 23 % pour l'huile de soja et 14 % pour l'huile de colza/canola. Le colza reste toutefois prépondérant dans les *feedstocks* utilisés pour la production européenne de biodiesel/HVO (env. 45 %). À noter que, contrairement aux autres bassins de production et de consommation, la liste des matières premières autorisées par les autorités européennes pour la fabrication de biocarburants d'aviation en Europe est beaucoup plus restreinte, puisqu'elle exclut les huiles végétales possiblement alimentaires (palme, soja, colza, tournesol…).

En parallèle, d'autres pays ayant des ressources importantes en huile végétale, à l'image du Brésil (huile de soja) et de l'Indonésie (huile de palme), continuent d'accroître leur production de biocarburants. Ainsi, l'Indonésie s'apprête à passer du B35 (35 % de biodiesel dans le diesel) au B40 (40 % de biodiesel) dès le début de l'année 2025. La production de biodiesel du pays connaît déjà une croissance importante ces dernières années. La production de 2024 atteint 11,7 Mt en 2024 (+ 7 % sur un an). Le Brésil profite de son côté de son importante ressource en huile de soja pour développer son industrie des biocarburants. Sa production de biodiesel/HVO a augmenté de 20 % en 2024 pour atteindre près de 8 Mt, ce qui en fait le quatrième producteur mondial de biodiesel derrière les États-Unis, l'Union européenne et l'Indonésie.

En 2025, les perspectives pourraient être un peu différentes. La croissance de la production mondiale de biodiesel/HVO pourrait temporairement marquer le pas sous l'influence de facteurs conjoncturels et structurels. La disponibilité des feedstocks est en effet un limitant structurel de la croissance de la production mondiale, et la tension actuelle sur le marché des huiles végétales pourrait contraindre la production de certains pays. En parallèle, l'incertitude sur la position de Trump sur le développement des énergies renouvelables aux États-Unis devrait conduire à un attentisme des acteurs sur une partie de l'année 2025. Dès son investiture, la nouvelle administration a gelé les subventions octroyées par son prédécesseur aux énergies nouvelles pour une période limitée le temps d'instruire les dossiers. À suivre.

Viandes :
la panne de l'offre

Les prix de la viande en 2024 ont augmenté de 3 %, avec une plus forte demande des pays importateurs, dans un contexte de ralentissement de la production. Désormais, c'est plus l'offre qui fait le prix que la demande. On ne manque pas de viandes, mais les disponibilités sont plus réduites. Cela est particulièrement emblématique pour l'un des premiers pays de la viande, les États-Unis, qui importent plus faute de production intérieure. Les prix de la viande continuent à augmenter dans un contexte pourtant baissier des prix alimentaires de – 2 % selon la FAO, et – 9 % pour les céréales. Les prix des viandes se rapprochent de nouveau du pic de 2022, un record depuis 1990, et sont ainsi supérieurs de 65 % au niveau des années 2000. Et ils sont moins volatils que ceux d'autres produits agricoles (céréales, sucre, produits laitiers).
Le prix de la viande bovine a augmenté fortement en 2024 (+ 13 %), notamment aux États-Unis et en Europe, du fait du manque d'offre. Le prix de la volaille a augmenté de 8 %, du fait d'une demande croissante sur l'ensemble de la planète, alors que la production reste entravée par les épidémies de grippe aviaire. Le prix de la viande ovine progresse aussi fortement (+ 14 %), faute d'offre. Seule la viande porcine diverge en augmentant seulement de 1 %, avec la forte baisse des importations chinoises.

Le prix des grains, ingrédients essentiels pour l'élevage, après la flambée de 2022, ont baissé pour la seconde année consécutive (– 4 % pour le blé et – 10 % pour le soja), ce qui réduit le coût de l'alimentation animale (– 6 % après – 12 % en 2023). Mais le coût alimentaire est encore supérieur à celui des années 2020 (+ 18 %). Les producteurs des bassins de production faiblement dotés en grains (Europe, Asie) restent moins bien placés que ceux situés dans les zones céréalières : Amérique du Nord, Brésil et Rio de la Plata, plaines d'Ukraine et de Russie.

La production mondiale de viandes a seulement augmenté de 1 % en 2024, à 373 Mt. C'est la volaille qui tire la croissance globale, essentiellement en Asie et

Les maladies animales affectant le commerce des viandes en 2025

– La peste porcine africaine en Chine et dans 7 autres pays asiatiques : Cambodge, Hong Kong, Philippines, Singapour, Népal, Pakistan, Vietnam. En Europe, elle apparaît en Géorgie en 2008 et se propage de l'Est européen vers l'Ouest : Russie, Ukraine, Moldavie, Pologne, Hongrie, Roumanie, République tchèque, Serbie. Elle touche la Belgique en 2018 et l'Allemagne en septembre 2020, l'Italie en janvier 2022, et menace toujours la France. En 2024, elle reste prégnante en Allemagne, en Croatie, en Bosnie-Herzégovine, en Pologne, en Roumanie, en Moldavie et en Ukraine. Au total 29 pays dans trois continents sont touchés : Asie, Europe (21 pays), Afrique. Océanie et Amérique du Nord sont pour l'instant indemnes.

– La grippe aviaire ou plus exactement « *Influenza* Aviaire Hautement Pathogène » ou IAHP de type H5N1. En répit après la flambée de 2022, mais encore 40 pays touchés en 2024 sur quatre continents : Europe (28 pays, dont 15 dans l'UE à 27), Asie, Amérique et pour la première fois en Océanie (Australie). Europe du Nord (Danemark, Allemagne) et centrale (Pologne, Hongrie) sont toujours touchés en 2024, mais accalmie en France. Le virus est devenu endémique sur les oiseaux sauvages en Europe. Le passage aux mammifères se renforce, avec les vaches laitières touchées dans 15 États des États-Unis.

– La fièvre aphteuse qui revient en Europe (Allemagne en janvier 2025), alors que toute l'Europe de l'Ouest et notamment l'UE à 27 était considérée comme « indemne de fièvre aphteuse sans vaccination » depuis des années. Recule en Asie, mais toujours sporadique en Afrique du Sud, en Tunisie, en Libye….

– La fièvre catarrhale du mouton (FCO) ou maladie de la « langue bleue », originaire des zones subtropicales ; après plus de 20 pays européens atteints, elle est arrivée en Europe du Nord (Allemagne, Autriche, Pays-Bas, Belgique, Royaume-Uni, France…)

– La MHE ou maladie hémorragique Épizootique qui affecte fortement les bovins du sud-ouest de la France depuis 2023

– La peste des petits ruminants (ovins et caprins en Afrique du Nord), virus du *West Nile* désormais en Europe (Allemagne, France…), clavelée (caprins et ovins, en Grèce, en Turquie, en Afrique…)

– La fièvre de la vallée du Rift en Mauritanie et au Burundi…, tuberculose bovine, grippe équine, rage, tremblante du mouton ou « scrapie », SDRP en Espagne pour le porc

– La maladie de *Newcastle* qui affecte les volailles, au Brésil, en Russie, au Maroc…

– L'encéphalopathie spongiforme bovine ou ESB, en extinction, tant en Amérique du Nord (États-Unis et Canada) qu'en Europe.

L'Organisation mondiale de la santé animale, OMSA, et ex-OIE, Office international des épizooties, basée à Paris, recense 116 maladies animales faisant l'objet d'un suivi international (maladies ayant des conséquences sanitaires et socio-économiques graves). L'OMSA estime que le monde est face aujourd'hui à un impact et une extension des zoonoses, sans précédent dans l'histoire de l'humanité. La mondialisation et le transport plus rapide d'un nombre croissant de marchandises et de passagers accompagnent la propagation des maladies à travers le monde. La pandémie mondiale du covid, après l'alerte de la grippe aviaire H5N1 en 2003, illustre une fois de plus les liens possibles entre santé humaine et animale.

(Source : OMSA Paris 2024)

malgré la grippe aviaire. Le bœuf progresse également et notamment au Brésil, très compétitif à l'exportation. En revanche, le porc recule sous l'effet des difficultés chinoises (manque de consommation, prix bas, maladies persistantes) et des mesures gouvernementales pour réduire le cheptel et rééquilibrer le marché.
Avec 42 Mt, le commerce international de viandes représente 11 % de la production mondiale. Il a retrouvé de la vigueur en 2024 (+ 3 %), sous l'effet d'une forte demande de bœuf de la part des États-Unis, dont la production est en recul et la levée de plusieurs embargos sanitaires (grippe aviaire, peste porcine…).
Les pays émergents animent le marché depuis plusieurs années. À moyen terme, la véritable « faim » de viandes des pays émergents (à l'image des Philippines, de l'Indonésie, du Vietnam, du Ghana, du Mexique…), du fait de leur croissance économique et de l'urbanisation, se maintiendra à un rythme de croissance plus ou moins élevé selon la dynamique de l'économie mondiale. Les viandes blanches (porc et surtout volaille) progressent le plus, du fait de leur compétitivité-prix et de leur relative facilité de production (industrialisation croissante), face aux viandes rouges (bœuf et mouton). Mais les viandes rouges connaissent aussi un regain d'intérêt, malgré leurs prix plus élevés, auprès des « nouveaux riches » des pays émergents.
En 2024, le commerce international des viandes totalisait $ 198 milliards, devant les produits de la mer, les produits laitiers, les huiles et oléagineux, et derrière les céréales et les fruits et légumes.

La Chine est en panne. Le ralentissement de son économie plombe sa consommation de viandes qui a baissé en 2024. Ses importations de viandes avaient explosé depuis 2017, pour compenser la chute de sa production porcine, avec la

Évolution du prix des viandes dans le monde

(en dollars/tonne)

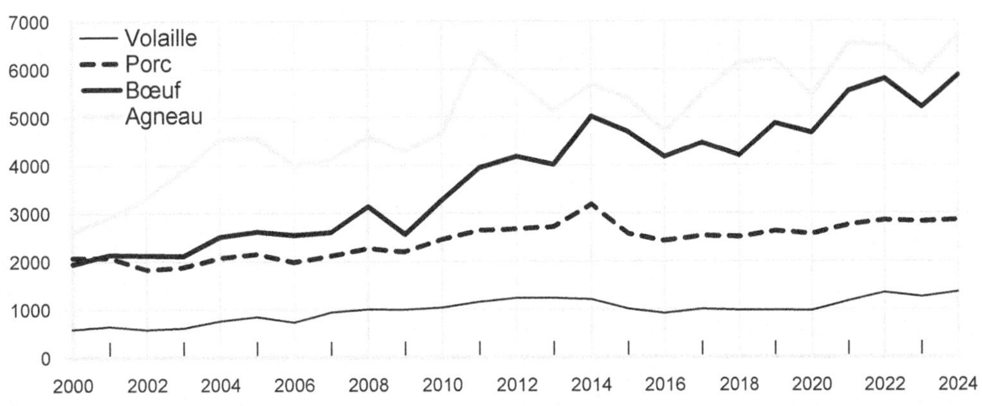

(Source : FAO)

Palmarès mondial des viandes en 2025

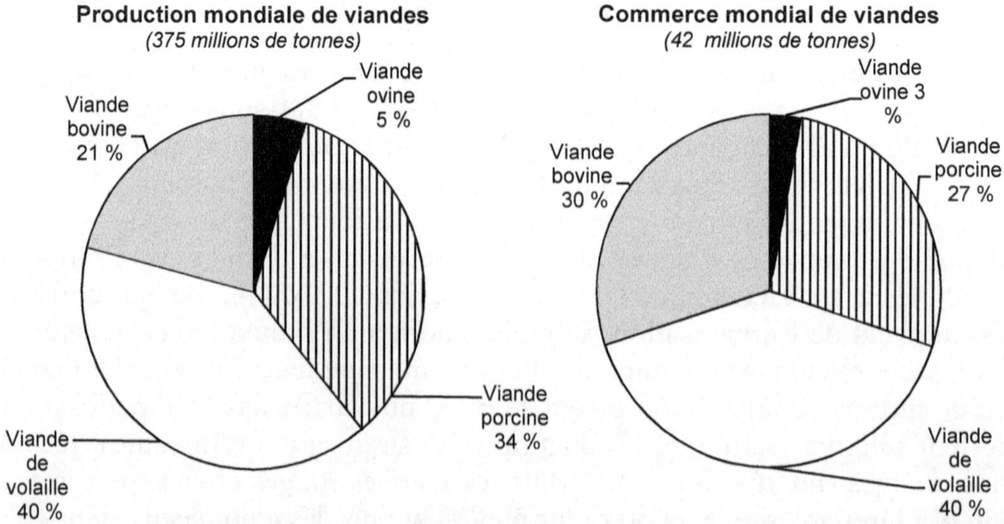

(Source : FAO)

La viande de volaille domine désormais largement la production mondiale de viandes, après avoir dépassé la viande porcine en 2016 (+ 26 millions de tonnes). Avec l'épidémie de peste porcine en Asie, l'écart s'est accentué. Et encore en 2024, sous l'effet de la Chine dont la production a reculé d'un million de tonnes handicapée par un défaut de rentabilité des élevages et une persistance de la peste porcine.

Les échanges mondiaux de viandes sont réduits puisqu'ils ne représentent que 11 % de la production mondiale de viandes (hors intra-européene). La volaille est en tête des échanges, mais la viande bovine reste la plus internationalisée, avec 17 % de sa production qui passent les frontières (seulement 8 % pour le porc, 11 % pour les volailles et 8 % pour les ovins). La Chine est désormais le moteur du commerce mondial de viande avec 19 % des importations mondiales de viande. Même si en 2024 , ses achats ont de nouveau baissé, tout en restant bien supérieurs à ceux de 2017 avant l'épidémie de peste porcine (+ 2 millions de tonnes). Sa consommation progresse plus vite que sa production handicapée par des maladies animales chroniques (grippe aviaire, peste porcine).

peste porcine éradiquant le tiers de son cheptel et de sa production, l'année 2024 marque de nouveau un recul de ses importations (– 9 %), surtout de porc et de volaille. Ainsi, le marché international a perdu un moteur important. Ce retrait se fait surtout sentir sur le marché du porc européen, dont les prix ont reculé de 21 % au second semestre 2024, avec un recul des ventes de l'Union européenne vers la Chine de – 6 % en 2024 (et au total de – 70 % depuis 2020, soit 2 Mt, l'équivalent de la production française). Mais la Chine reste le premier importateur mondial de viandes et pèse 19 % des importations mondiales en 2024 (soit 7 Mt contre 3 Mt avant le début de l'épidémie de peste porcine en 2018, et 10 Mt lors du pic d'achat de 2020).
Aujourd'hui c'est le bœuf qui est la première viande importée en Chine (4 Mt devant le porc avec 2 Mt et la volaille 1 Mt), compte tenu de son image de distinc-

Chine : ses importations alimentaires, et notamment de viande, deviennent un levier diplomatique

La Chine est le premier importateur mondial de produits agricoles et alimentaires : soja, blé, riz, fruits, produits laitiers, viandes… Depuis une décennie elle oriente de plus en plus les prix internationaux de ces produits. L'explosion des importations chinoises de viande porcine (multipliées par 5 entre 2017 et 2020), mais aussi de viande bovine, a dopé leurs prix mondiaux. Avec le 14e plan quinquennal chinois (2021-2025) qui a inscrit l'agriculture comme une des grandes priorités, le gouvernement chinois essaie de contrôler davantage ses importations alimentaires, pour renforcer sa production domestique et sa sécurité alimentaire. Leur possible interruption devient aussi un levier de diplomatie commerciale. En 2018, l'Australie a vu ses importations d'orge et de viande bovine en Chine suspendues suite à un différend autour de la firme Huawei. En octobre 2024, la Chine a mis en place des taxes de + 35 % sur les importations de cognac et armagnac français, en rétorsion aux taxes européennes sur les voitures électriques chinoises. Depuis l'été 2024, produits laitiers et viande porcine européens font respectivement l'objet d'une enquête antisubventions et d'une enquête antidumping des autorités chinoises, qui pourraient déboucher sur des taxes à l'importation. Le bœuf brésilien n'est pas en reste, avec une enquête chinoise qui le vise depuis décembre 2024, après l'instauration de taxes brésiliennes sur l'acier chinois.
Et la Chine a annoncé une taxe de 25% sur la viande de porc du Canada à compter du 20 mars 2025, en représailles aux taxes d'Ottawa sur les véhicules électriques et métaux chinois.

tion sociale auprès des nouvelles classes supérieures chinoises, enrichies avec le développement économique. Et ses achats ont encore progressé en 2024, stimulés par la frange aisée de la population.
La Chine est désormais au centre du marché mondial de la viande, en volume, mais aussi en faisant et « défaisant » les prix, alors qu'elle existait marginalement sur ce marché au début des années 2010. Avec une consommation de 105 Mt, soit 28 % du monde, malgré le rebond de sa production porcine, elle reste déficitaire de 6 Mt (8 % ou un mois de consommation). Et cela malgré une production de viandes supérieure de 15 Mt à celle de 2017, avant l'épidémie de peste porcine.
La Chine est désormais le premier importateur mondial de viandes, et pour toutes les viandes. Elle est le premier producteur mondial de viande, notamment en porc et en volaille (devant les États-Unis).
En 2025, les importations chinoises ne devraient guère progresser, faute d'une consommation peu dynamique et malgré les difficultés récurrentes de sa filière porcine.

Le Japon est le deuxième importateur mondial de viandes, surtout de porc et de volaille, et dans une moindre mesure de bœuf. C'est un marché à haute valeur ajoutée, très convoité. Quatre accords de libre-échange ouvrent son marché : avec les pays du Pacifique (CPTTP, 2017), l'Union européenne (2019), les États-Unis (2020) et le Royaume-Uni (2021).

Le Brésil est le premier exportateur mondial et désormais nettement devant les États-Unis. Il est le premier exportateur mondial de bœuf et de volaille, et le troisième exportateur de viande porcine, devançant le Canada. Ses ventes ont nettement progressé en 2024 (+ 8 %), grâce à de faibles coûts de production et un réal qui continue à se dévaluer. Il est toujours indemne de grippe aviaire dans les élevages commerciaux et profite donc du retrait américain et européen. Depuis 2014, il bénéficie de l'embargo russe vis-à-vis de ses concurrents (Europe, États-Unis, Canada et Australie). Il progresse malgré des ennuis sanitaires réguliers. Sa monnaie est dévaluée (– 30 % vis-à-vis de l'euro depuis 2018). Avec des surfaces immenses (surface non cultivée équivalente à celle de la France et pouvant être mise en production immédiatement), ce pays a un potentiel de production de viande gigantesque. Il sera demain le grand *leader* mondial de la viande. Et si l'accord de libre-échange entre l'Union européenne et le Mercosur est ratifié, il en sera le premier bénéficiaire.

Guerre commerciale de Trump : *quid* du marché mondial des viandes ?

La mise en place unilatérale de droits de douane par les États-Unis risque d'entraîner une escalade protectionniste, dont les effets récessifs ont été maintes fois modélisés par les économistes. Ainsi, la Chine devrait surtaxer ses importations de soja et de viandes américaines, poussant les marchandises vers d'autres destinations (Asie, Europe…), concurrençant les exportateurs traditionnels (Mercosur, Australie…) et faisant baisser les prix. Et la Chine, faute de soja américain et de viandes américaines dont elle a besoin, pourrait alors se tourner vers d'autres partenaires plus fiables : Brésil, Russie… Ce qu'elle fait déjà depuis le premier mandat Trump, suite aux hausses de droits de douane en 2018, avec une forte baisse des achats de soja et dans une moindre mesure de viandes en provenance des États-Unis. Entre 2021 et 2024, les ventes agroalimentaires américaines vers la Chine ont reculé de $ 33 à $ 26 milliards (– 21 %).

En matière de flux de viandes vers les États-Unis, ce sont surtout les exportations australiennes de viande bovine et ovine qui sont importantes, ainsi que les ventes canadiennes de porc et de bœuf ou encore les ventes mexicaines de bovins vivants. L'Europe exporte peu de viande vers les États-Unis, sauf des produits particuliers : foie gras, génétique animale…, qui seront néanmoins impactés par des droits de douane supplémentaires.

Premiers exercices pratiques, avant rebondissement, voire retour en arrière…

Le 3 mars 2025, la Chine subit immédiatement des droits de douane supplémentaires de 20 % sur l'ensemble de ses produits. En réponse, la Chine appliquera des droits de douane supplémentaires de 15 % sur le blé, le maïs, le coton et le poulet américain. D'autres produits plus importés par la Chine seront seulement taxés à hauteur de + 10 % : sorgho, soja, fruits et légumes, produits de la mer, porc et bœuf. Les viandes occupent une place de choix.

Le 4 mars 2025, Trump confirme ses menaces vers ses voisins : droits de douane de + 25 % contre le Canada et le Mexique. Le bœuf et le porc canadien sont très concernés, ainsi que le bétail maigre arrivant du Mexique pour remplir les *feedlots* américains. Le Canada envisage des rétorsions sur 1 200 lignes douanières.

Les États-Unis ne sont plus le premier exportateur mondial. Leurs ventes ont même reculé en 2024 (– 2 %), surtout du fait de la volaille, moins demandée en Chine. Après plusieurs années de croissance, leurs ventes de viandes vers l'Asie reculent, et notamment vers la Chine, mais moins que pour les Européens. Malgré une tension diplomatique croissante, la Chine est le troisième marché agroalimentaire des États-Unis ($ 26 milliards en 2024, surtout avec du soja, mais aussi des viandes, dont les ventes ont fortement progressé depuis dix ans). Les ventes augmentent très fortement vers leur proche voisin, le Mexique. Et plus surprenant, faute de production domestique suffisante, surtout en bœuf, les États-Unis ont fortement développé leurs achats en 2024 (+ 14 %).
Avec la guerre en Ukraine déclenchée le 24 février 2022, la Russie est coupée du monde occidental. Dès 2014, avec le début du différend ukrainien, elle avait décrété un embargo sanitaire en janvier 2014 contre la viande porcine européenne, puis déclenché un second embargo agroalimentaire général le 7 août 2014, vis-à-vis de l'Union européenne, de la Norvège, des États-Unis, du Canada et de l'Australie, en réaction aux sanctions économiques occidentales. En revanche cet embargo ne vise pas le Brésil et encore moins la Chine ou l'Inde. La Russie maintient toujours son embargo qui dure ainsi depuis plus de dix ans.
Ses achats de viandes ont diminué de 80 % entre 2013 et 2024, soit – 1,9 Mt, et surtout de viande porcine en provenance d'Europe (– 800 000 tonnes, un quart des ventes européennes de 2013). Cet embargo a causé un fort préjudice économique aux filières animales européennes (viandes et aussi lait). Le Brésil en a largement profité. Et sans concurrence, portée par les agro-*holdings*, la production russe de viandes s'est fortement développée (+ 40 % entre 2013 et 2024, + 3 Mt). Et la Chine se rapproche de son voisin russe, pour importer des céréales et des viandes.

L'Union européenne connaît depuis plusieurs années une stagnation de sa production et de sa consommation de viande. En France, la consommation de viande par habitant a reculé de 12 % depuis 1998, point culminant (soit 83 kg/an/habitant en 2023 contre 94 en 1998). Seule la volaille progresse sans compenser le recul des autres viandes. Sur le front de la production, la situation sanitaire s'est un peu améliorée en 2024 : recul de la grippe aviaire et de la peste porcine, mais développement de la MHE (maladie hémorragique épizootique) et de la FCO (fièvre catarrhale ovine) pour les ruminants. Ainsi, la production de volaille et de porc a légèrement progressé. Mais, à long terme, l'élevage européen continuera à reculer sous l'effet d'une démographie déclinante des éleveurs et d'une accélération de la décapitalisation des cheptels. Avec une meilleure production, les exportations européennes ont rebondi en 2024 (+ 1 %), essentiellement grâce à la volaille ; alors que les ventes de porc stagnent, notamment vers la Chine (premier marché). La Chine qui avait été une véritable « bouée de sauvetage » du marché européen de la viande porcine, depuis la perte du débouché russe en 2014, est beaucoup

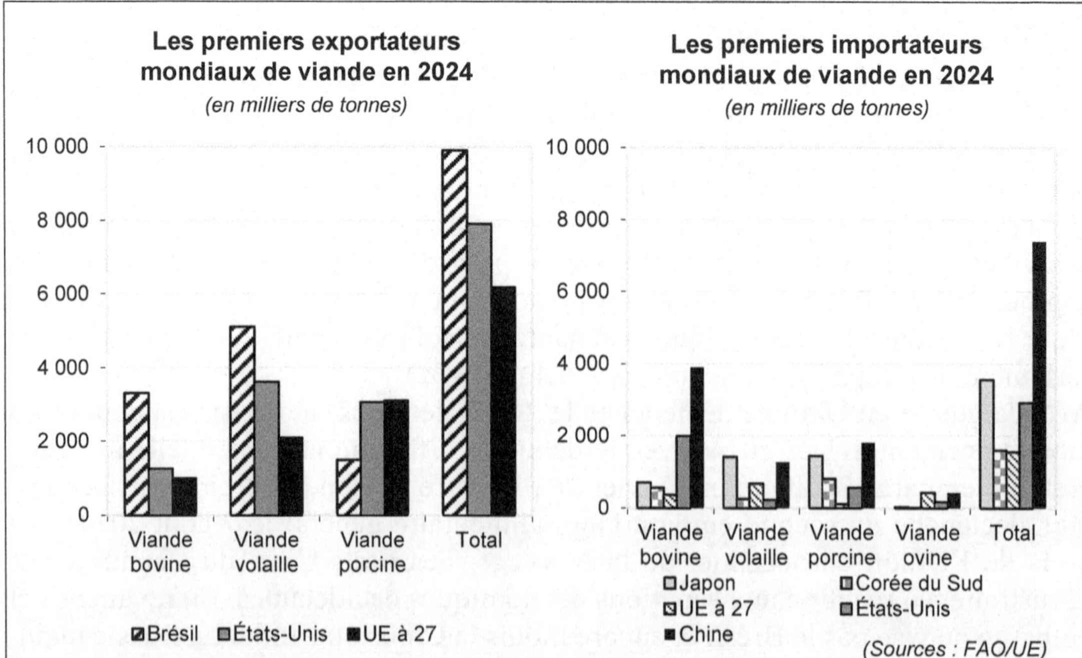

(Sources : FAO/UE)

moins présente à l'achat : – 2,2 Mt achetées depuis le pic de 2020, ce qui correspond à la chute de production européenne.

En février 2025, à l'heure où nous écrivons ces lignes, nous faisons l'hypothèse que sept variables essentielles pèseront sur le marché des viandes en 2025 et 2026 :

– une croissance économique mondiale ralentie et peu favorable à la consommation carnée,

– un prix des grains pour l'alimentation animale, en baisse et plus favorable à la production,

– une dynamique toujours imprévisible et surprenante des maladies animales (peste porcine africaine en Chine et en Europe, grippe aviaire aux États-Unis et en Europe…),

– les stratégies d'internationalisation des grandes firmes, américaines, brésiliennes et désormais chinoises ou thaïlandaises, qui s'implantent sur les cinq continents,

– les politiques interventionnistes des États pour faire face à la volatilité des cours (embargos commerciaux et sanitaires, stockage public de grains, taxation des exportations de céréales ou de viandes, subventions à l'élevage, contrôle sanitaire et douanier…), à contre-courant de la doctrine de l'OMC, tout en multipliant des accords de libre-échange bilatéraux (Union européenne-Nouvelle-Zélande, Union européenne-Mexique, Royaume-Uni et CPTPP transpacifique…),

– la montée des tensions diplomatiques (États-Unis–Chine…), l'issue de la guerre en Ukraine et le risque de guerre commerciale initiée par les États-Unis (droits de douane),

– et les éternelles fluctuations monétaires des principaux acheteurs et vendeurs de viandes (euro, dollar, réal, peso argentin, yen, rouble, yuan chinois…).

En 2025, c'est toujours le manque d'offre de viandes qui fera le marché. Après des décennies où la demande était déterminante, la production stagne sous l'effet d'un cumul de facteurs : décapitalisation des cheptels, maladies animales et le climat qui devient une variable de plus en plus structurante.
Ainsi, les prix resteront élevés, surtout faute d'offre.
Mais, à court terme, l'économie des viandes sera toujours soumise au comportement de la Chine, qui ne devrait pas augmenter ses achats en 2025. Ce pays-continent qui représente désormais plus du quart de la consommation mondiale de viandes est déterminant dans les équilibres du marché mondial des viandes.
La permanence des maladies animales (peste porcine, grippe aviaire) semble se confirmer et devrait durablement structurer le marché.
Évidemment les bouleversements géopolitiques du monde qui s'accélèrent avec le retour de Donald Trump seront déterminants pour les échanges mondiaux. Il faudra particulièrement surveiller le risque de guerre commerciale qui pourrait s'enclencher à la suite des hausses de droits de douane des États-Unis, pays structurant du marché des viandes.

Viande bovine

(en milliers de tonnes, équivalent poids carcasse)

	2019	2020	2021	2022	2023	2024(e)
Production mondiale	**72 800**	**71 600**	**74 500**	**75 800**	**76 300**	**78 100**
États-Unis	12 340	12 360	12 700	12 900	12 300	12 300
Brésil	10 200	10 070	9 700	10 350	10 900	11 900
Chine	6 700	6 700	7 000	7 200	7 500	7 800
UE à 27	6 950	6 900	6 900	6 700	6 500	6 430
Inde	4 300	4 000	4 300	4 400	4 470	4 570
Argentine	3 140	3 170	3 020	3 100	3 300	3 100
Australie	2 430	2 130	1 900	1 900	2 200	2 500
Russie	1 630	1 630	1 670	1 610	1 660	1 700
Canada	1 270	1 340	1 280	1 400	1 350	1 340

Exportations de viande de bœuf et de veau

(en milliers de tonnes, équivalent poids carcasse)

	2019	2020	2021	2022	2023	2024(e)
Brésil	2 100	2 280	2 500	2 330	2 730	3 300
Australie	1 560	1 670	1 410	1 240	1 500	1 800
Inde	1 660	1 430	1 230	1 340	1 480	1 500
États-Unis	1 430	1 460	1 490	1 630	1 300	1 250
UE à 27	1 188	1 141	1 139	1 031	960	990
Argentine	510	770	830	750	900	950
Nouvelle-Zélande	630	600	610	650	670	660
Canada	500	520	500	590	550	560
Uruguay	470	420	390	470	470	480

Importations de viande de bœuf et de veau

(en milliers de tonnes, équivalent poids carcasse)

	2019	2020	2021	2022	2023	2024(e)
Chine	1 500	2 300	3 360	3 500	3 760	3 900
États-Unis	1 360	1 330	1 440	1 460	1 600	1 980
Japon	865	860	830	810	670	690
Corée du Sud	580	560	560	600	580	550
Royaume-Uni			508	481	350	370
UE à 27	340	330	230	220	350	360
Chili	300	340	330	370	350	360
Russie	500	410	370	320	340	330
Vietnam	650	220	230	240	310	350
Canada	250	230	270	240	220	240

(e) estimations

(Sources : FAO, UE, USDA)

Viande bovine : *manque de bœuf aux États-Unis, au bénéfice de l'Australie*

L'année 2024 enregistre de nouveau une forte augmentation des prix : + 13 % et ainsi + 25 % depuis 2021, début de la hausse. Elle est essentiellement due à une demande soutenue, face à des disponibilités limitées, notamment aux États-Unis. Les prix sont toujours contrastés. Et, contrairement à la tendance de long terme, début 2025, les prix américains sont supérieurs aux Européens : € 6,70/kg aux États-Unis contre € 5,60 en Europe. Mais ils sont toujours beaucoup plus bas au Brésil (€ 3,20) ou en Australie (€ 3,60).
La production repart depuis la chute de 2020, pour atteindre 78 Mt. Et les échanges progressent de nouveau à 13 Mt (17 % de la production mondiale).
La Chine, premier acheteur mondial depuis 2018, loin devant les États-Unis et le Japon, achète encore plus malgré la remontée de sa production porcine domestique. La Chine a presque quadruplé ses achats depuis 2018 (soit 3,9 Mt en 2024 ou un tiers des importations mondiales). Elle « assèche » les disponibilités mondiales. Le Brésil, surtout, et plus largement le Mercosur, accroît sa domination sur le marché mondial (un quart des exportations).

Le marché du Pacifique

Les États-Unis dominent toujours le marché mondial de la viande bovine : premier producteur mondial, troisième exportateur et deuxième importateur, ils consomment ainsi le sixième de la production planétaire. Mais leur position dominante s'érode. La sécheresse frappe de plus en plus durement et fréquemment les États-Unis, surtout l'Ouest, ainsi que les grandes plaines du Centre qui concentrent le cheptel bovin naisseur (Texas, Oklahoma, Nebraska, Dakota). Près de 60 % du cheptel bovin se trouve dans une zone de sécheresse potentielle. Faute de fourrage, les éleveurs réduisent leur cheptel et décapitalisent. Le cheptel bovin américain totalise 87 millions de têtes en 2024, contre 95 en 2015 (– 8 %). Le nombre de vaches allaitantes pour la viande est de 28 millions, contre 45 millions en 1975 (– 38 %). En 2024, la production s'est stabilisée du fait d'un alourdissement qui a compensé le recul des abattages. Mais, faute de production, les prix ont flambé, notamment pour le bétail vif destiné aux *feed-lots* (+ 50 % depuis janvier 2023). Et, fin novembre 2024, les importations de bétail vivant du Mexique ont été interdites du fait de la découverte d'un bovin infecté par la larve de « Lucilie bouchère » ou *New World Screwworm*, ou littéralement « ver bouchère du Nouveau Monde » ! Les *feed-lots* des principaux États producteurs (Texas, Kansas, Nebraska) n'ont pas été remplis. Mais depuis février 2025, pour éviter d'accroître la chute de production, les autorités sanitaires autorisent de nouveau progressivement les importations de bétail maigre mexicain.

Faute de production et avec un dollar plus fort, les exportations 2024 ont encore reculé (– 4 %), surtout vers l'Asie (– 7 % vers la Chine et la Corée du Sud). La Chine reste la troisième destination des ventes américaines, derrière le Japon et la Corée du Sud, et devant le Mexique et le Canada. Malgré les tensions diplomatiques, les exportations vers la Chine ont quadruplé depuis 2020. Pourtant, les États-Unis ne représentent que 5 % des achats chinois, face aux principaux fournisseurs : Brésil, Argentine, Australie, Uruguay…

Les importations américaines ont explosé de 24 % en 2024, surtout en provenance d'Australie qui redevient le premier fournisseur, devant le Canada, le Brésil et le Mexique. Australie et Brésil progressent. L'Australie a ainsi réussi à remplir presque totalement son contingent d'accès à droits réduits (96 % des 375 000 tonnes) et vend au-delà à un tarif de 28 %. Depuis 2023, les États-Unis sont déficitaires (– 5 %), avec des achats supérieurs aux ventes. Les viandes importées sont surtout des viandes de fabrication (viande d'herbe, viande « minerai » congelée pour l'industrie de transformation [haché]), à la différence des viandes américaines finies aux grains (*grain-fed* par opposition au *grass-fed* d'Océanie ou d'Amérique du Sud).

Production et vente du Canada ont encore stagné en 2024. La filière bovine canadienne, fragilisée, est devenue très dépendante des États-Unis, qui lui achètent 80 % de sa viande exportée. L'accord commercial du CETA avec l'Union européenne (Accord économique et commercial global ou AECG) est entré en application provisoire en septembre 2017, mais la France, comme neuf autres États de l'Union européenne, ne l'a toujours pas ratifié en 2024. Les ventes vers l'Union européenne sont réduites et reculent (1 000 tonnes seulement en 2024, – 34 %), et sont loin d'atteindre le contingent autorisé totalement ouvert (50 000 tonnes). Les envois vers l'Union européenne butent notamment sur les enjeux sanitaires : pas assez de viande sans hormone, divergence sur le lavage des carcasses, et le manque d'entrain des grands industriels (JBS, Cargill).

En Australie, après les années de sécheresse et les méga-incendies de 2019-2020, la production

Prix de la viande de bœuf congelée, sans os, toutes provenances ports américains

(2000 = 100 - US cents/lb)

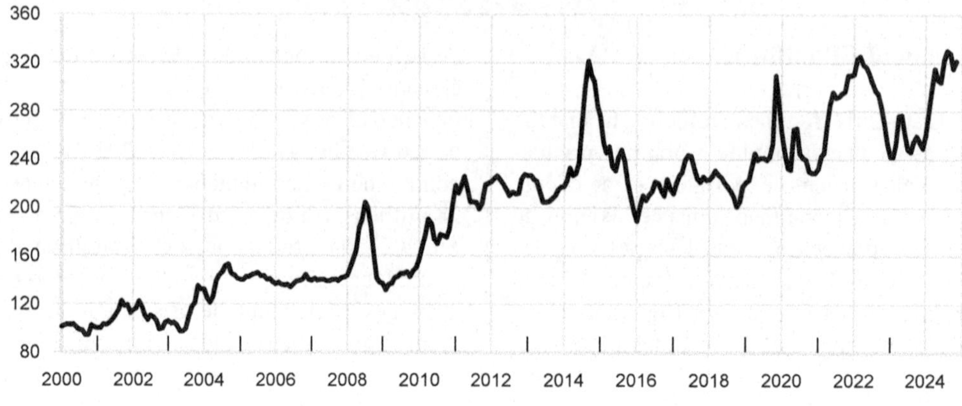

(Source : Cnuced)

repart avec le retour des pluies, sous l'effet de *La Niña*, même si 2024 a été plus sèche que 2023, et notamment dans les États d'élevage bovin à l'est (Queensland, New South Wales, Victoria). Les exportations sont ainsi à la hausse, notamment vers les États-Unis en manque de viande, et favorisées par un dollar australien compétitif. Ainsi, les prix payés aux éleveurs ont progressé de + 28 % en 2024. Depuis décembre 2024, la Chine a levé ses dernières restrictions commerciales vis-à-vis de la viande bovine australienne, à la suite d'un différend commercial de 2018 sur la présence de la firme de télécom Huawei en Australie.

En Nouvelle-Zélande, la production et donc les ventes stagnent, sous l'effet de la décapitalisation laitière et de l'aggravation des sécheresses. L'industrie de la viande est dépendante de la production laitière, puisque quatre vaches sur cinq sont laitières, avec l'expansion des marchés laitiers mondiaux. En 2024, la production n'a pas progressé et les ventes, principalement vers la Chine et les États-Unis, ont seulement progressé en valeur.

Le Japon est l'un des premiers importateurs mondiaux de viande. La production de viande bovine est en déclin et ne représente plus que 43 % de la consommation nationale, même si la race locale Wagyu connaît un regain d'intérêt. Les importations proviennent à 50 % d'Australie et à 40 % des États-Unis. Dans le cadre d'un accord commercial américano-japonais, depuis juin 2020, les viandes américaines ont vu leurs droits de douane baisser à 26,6 %, contre 38,5 % précédemment, s'alignant ainsi sur les conditions jusqu'alors réservées au Canada, à l'Australie et à la Nouvelle-Zélande. L'accord de libre-échange avec l'Union européenne, en vigueur depuis février 2019, favorise les viandes européennes, mais, faute de production, elles ont fortement reculé (15 000 tonnes en 2024 contre 20 000 tonnes en 2022), même si 2024 marque un sursaut : + 21 % par rapport à 2023.

Les marchés asiatiques représentent désormais 60 % des importations mondiales de viande bovine. La demande croît malgré l'augmentation des prix, car le bœuf est considéré comme une viande socialement distinctive.

En plus des majors (Chine, Japon, Corée du Sud), d'autres pays plus modestes développent leurs achats du fait du développement d'une classe

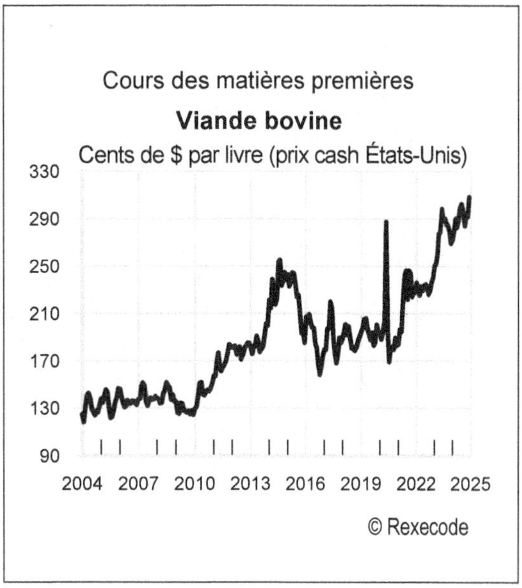

moyenne avec des revenus croissants : Malaisie, Indonésie, Philippines, Vietnam.

Le marché de l'Atlantique

Le Brésil est le deuxième producteur mondial juste derrière les États-Unis et le premier exportateur, devant les États-Unis. En 2024, sa production a fortement crû en réalisant la moitié de la progression mondiale. Et il peut encore croître avec de nouveaux pâturages et une monnaie dévaluée. L'élevage brésilien se tourne de plus en plus vers l'exportation (28 % de la production), avec notamment le développement de *feedlots* ayant une durée d'engraissement très rapide (cent dix jours maximum). Ses exportations ont encore fortement augmenté en 2024 (+ 21 % et + 57 % depuis 2018), malgré une concurrence accrue de l'Australie. Les ventes vers la Chine progressent encore, même si leur part est descendue de 60 % en 2023 à 51 % en 2024, du fait d'une diversification réussie vers d'autres pays.

En Argentine, le bœuf recule devant les cultures de soja transgénique (désormais 50 % des terres cultivées !), mais aussi avec les sécheresses (depuis 2023, *La Niña* est la pire sécheresse en soixante-dix ans). Dans un pays en crise économique depuis 2001 (dévaluation de la monnaie et inflation qui pèsent sur le pouvoir d'achat), la consommation domestique de bœuf ne cesse de décroître (47 kg/an/habitant en 2024 contre 55 kg en 2017). Les marchés internationaux sont plus rémunérateurs que le marché intérieur (contingents Hilton beef de viande de qualité, Panel Hormones et GATT, vers l'Union européenne). Avec la demande chinoise et la dévaluation du peso, les exportations ont presque quadruplé depuis 2017 (950 000 tonnes en 2024 contre 270 000 tonnes en 2017). Le marché chinois domine : 75 % des exportations et 22 % de la production argentine. L'élection de Javier Milei fin novembre 2023 a entraîné la mise en place d'une politique économique peu orthodoxe et brutale basée sur deux piliers : diminution drastique des dépenses publiques et dévaluation du peso de 50 %. Sur le marché du bœuf, cela a ainsi entraîné une division par deux des cours du bouvillon en dollars américains. De plus, les taxes à l'exportation sur les grains et la viande bovine mises en place en 2021 afin de limiter la hausse des prix intérieurs sont progressivement levées (9 % sur le bœuf). Cela favorise encore les exportations, toujours plus tournées vers la Chine.

Les trois pays du Mercosur, Brésil, Argentine et Uruguay, fournissent les deux tiers des achats chinois de viande bovine, ou la moitié de leurs ventes. Depuis 2011, ces ventes ont été multipliées par quatorze, signe de la forte dépendance des économies de la zone au marché chinois.

La Chine conforte sa place de premier importateur de viande bovine (un tiers des achats mondiaux), essentiellement en provenance du Mercosur (Brésil, Argentine, Uruguay : 2,5 Mt). L'Australie est le deuxième fournisseur (320 000 tonnes), puis la Nouvelle-Zélande (260 000 tonnes) et les États-Unis moins présents (210 000 tonnes), et nettement devant l'Europe (7 000 tonnes), dont la France (450 tonnes seulement). La production chinoise a augmenté en 2024 du fait de la liquidation d'une partie du cheptel faute de rentabilité avec des coûts alimentaires trop importants. Et, comme la consommation a stagné sous l'effet du ralentissement économique, les importations ont moins progressé.

La Russie ne peut endiguer le déclin de sa production de viande bovine : – 50 % depuis la fin des années 1990. Et l'embargo politique du 6 août 2014 a brutalement interrompu les flux d'achat en provenance des États-Unis, du Canada, d'Australie et d'Europe. Depuis, ses achats ont reculé de 60 %, malgré une présence accrue du Brésil et du Paraguay, non frappés par l'embargo. Ainsi, après avoir été pendant longtemps le premier importateur mondial de viande bovine, la Russie n'en est plus en 2024 que le huitième. Avec la guerre en Ukraine, les flux stagnent, même si la Russie tente un pivotement vers l'Amérique du Sud.

L'Inde est le troisième exportateur mondial de viande bovine, avec le premier cheptel de bovidés (bovins, zébus et buffles), essentiellement développé pour le lait. Elle fut même, en 2014, le premier exportateur avant l'interdiction par la Chine des flux « gris » transitant par le Vietnam. La viande exportée est surtout du Carabeef indien ou viande de buffle, qui n'est pas sacrée à l'inverse du zébu ou de la vache, et beaucoup moins soumise aux règles religieuses hindoues. C'est une viande recherchée essentiellement dans les pays émergents du fait de son prix très compétitif (soit $ 2,70 Fob et – 40 % par rapport à celle du Brésil, pourtant peu chère et deux fois moins chère que celle des États-Unis). Les ventes ont continué à progresser en 2024, d'abord vers le Vietnam, puis la Malaisie, l'Égypte, l'Irak et l'Indonésie (certification halal pour les pays musulmans). La Chine refuse toujours la viande indienne, notamment pour cause de fièvre aphteuse. Le BJP, parti nationaliste hindouiste au pouvoir depuis 2014, continue à faire pression contre la filière bovine, majoritairement gérée par la population musulmane. Mais, dans le même temps, l'État fédéral développe des programmes de soutien pour développer une activité exportatrice pourvoyeuse de devises.

En 2024, la production de l'Union européenne a encore reculé (– 1 %), sous l'effet d'une décapitalisation qui s'est accélérée depuis la période covid en 2020, tant pour le cheptel allaitant que pour le cheptel laitier, soit – 1 million de vaches entre 2019 et 2023 (– 4 %), et ainsi moins de veaux produits et engraissés. Faute de production, les prix moyens européens ont augmenté de 60 % entre 2020 et 2025, en passant de € 3,50/kg de carcasse à € 5,60. En 2025, les prix continuent à grimper faute d'offre, et malgré une consommation atone.

En 2024, après plusieurs années de recul, les exportations de viande bovine de l'Union européenne ont rebondi de + 3 % (mais encore – 17 % depuis 2018). Les principales destinations sont le Royaume-Uni (35 % du tonnage), la Turquie, la Bosnie, Israël, le Ghana, l'Algérie. Deux pays ont particulièrement progressé en 2024 : la Turquie qui importe plus de viande polonaise, et l'Algérie qui a assoupli ses règles douanières et sanitaires.

La diversification des ventes européennes compense ainsi la perte du débouché russe depuis 2014. Cinq pays européens sont déjà admis sur le marché des États-Unis : les Pays-Bas (3 500 tonnes), l'Irlande (1 500 tonnes), la France (1 000 tonnes), la Pologne et la Lituanie. Seulement 7 000 tonnes ont été exportées par l'Union européenne vers les États-Unis en 2024, contre 16 000 tonnes importées par l'Union européenne des États-Unis (notamment *via* un quota de bœuf de « haute qualité », de 35 000 tonnes, acté en 2019 pour clore le conflit sur les hormones). Le marché japonais est ouvert depuis l'application du JEFTA (accord de libre-échange Union européenne-Japon), le 1er février 2019. L'Europe y a exporté 15 000 tonnes en 2024 (+ 21 %).

Les animaux vivants représentent un cinquième des exportations européennes de viande bovine, notamment vers la Méditerranée (Israël, Maghreb, Turquie, Balkans, Liban). Environ un demi-million d'animaux vivants ont été exportés en 2024, accusant une baisse de – 23 %. Nombre de pays préfèrent importer des animaux moins chers, même si plus lointains, comme Israël en provenance d'Australie, ou l'Algérie en provenance du Brésil (bovins pour le ramadan, pour la première fois en 2023). En revanche, après plusieurs années d'absence pour cause de politique protectionniste, la Turquie revient aux achats. Depuis sa réélection en mai 2023, le président Erdogan a de nouveau autorisé les achats de viande et d'animaux vivants, essentiellement en provenance de la Pologne (viande), du Brésil et d'Uruguay (broutards peu chers). Malgré les difficultés et les craintes, la balance commerciale de l'Union européenne est largement positive (+ 500 000 tonnes et + € 1,7 milliard en 2024). Ainsi, les achats au Mercosur stagnent, ces pays s'orientant plutôt vers l'Asie et les États-Unis (197 000 tonnes importées du Mercosur en 2024, soit 3 % de la consommation européenne). Et même les contingents GATT ne sont pas remplis.

En 2025, la production mondiale progressera peu, avec un déclin qui se poursuivra dans les vieux pays producteurs : États-Unis et Europe. L'Australie augmentera sa production, notamment pour répondre au retour de la demande américaine. L'Argentine devrait également être plus dynamique avec une incitation à produire découlant de la réduction des taxes à l'exportation. Le Brésil devrait poursuivre son expansion. Mais la variable climatique, et notamment l'accentuation des sécheresses, pourraient enrayer ce scénario.

Les exportations évolueront peu. Les deux *leaders* à l'exportation, Brésil et Australie, progresseront en compensant le recul des États-Unis et de l'Europe. L'Inde, acteur récent du marché mondial, devrait encore progresser. Et du côté de la demande, c'est toujours l'Asie qui sera le moteur, la Chine, mais aussi Taiwan et la Corée du Sud.

Faute d'offre suffisante, les prix devraient se maintenir à un niveau élevé, voire encore augmenter.

Mais il faudra suivre de près la situation sanitaire, qui se dégrade pour les cheptels bovins : alerte à la fièvre aphteuse en Allemagne, FCO et MHE en Europe, grippe aviaire sur les vaches américaines… Plus que jamais, les frontières sanitaires pourraient modifier la dynamique du marché.

Accord de libre-échange Union européenne-Mercosur : de fortes conséquences sur les viandes européennes

Le projet d'accord entre l'Union européenne et le Mercosur a déclenché, en 2024, une série de manifestations agricoles en France, mais aussi dans d'autres pays européens (Belgique, Pologne, Irlande). Malgré cela et notamment l'opposition du gouvernement français, la présidente de la Commission européenne a signé l'accord de libre-échange entre l'Union européenne et le Mercosur (Brésil, Argentine, Uruguay et Paraguay), le 6 décembre 2024 à Montevideo, au bout de vingt-cinq ans de négociation. Il reste désormais à le faire ratifier par le Conseil et le Parlement européen, mais aussi par les États membres. Sachant que la Commission n'a pas encore tranché sur le processus de signature : accord global ou accord scindé en deux ; séparation entre accord global et pilier commercial, ce qui supprimerait le droit de veto (quatre États au minimum comptant pour 65 % de la population européenne).
C'est un accord global qui mélange concessions commerciales réciproques dans le secteur industriel, des services et de l'agriculture. Il supprimerait les droits de douane sur 91 % des produits importés dans l'Union européenne et celle-ci exempterait 95 % des droits de douane sur les produits importés du Mercosur. L'Union européenne est offensive sur l'industrie et les services, et défensive sur l'agriculture (sauf les vins et spiritueux, et les produits laitiers). Huit filières agricoles européennes ont ainsi été classées en « produits sensibles », c'est-à-dire exemptes totalement ou partiellement de la libéralisation : sucre, éthanol, maïs doux, miel, riz, produits laitiers, porc, volaille et viande bovine.
Mais les viandes européennes concèdent des ouvertures non négligeables, avec des contingents d'accès à droits réduits : porc (25 000 tonnes), volaille (180 000 tonnes), viande bovine (99 000 tonnes et passage du droit Hilton de 20 % à 0 %). Ces volumes sont limités : respectivement 1,4 % et 1,6 % de la consommation européenne de viande de volaille et bovine. Mais ils s'ajoutent à ceux qui rentrent déjà dans l'Union européenne en provenance du Mercosur : volaille (280 000 tonnes en 2024, soit 2,2 % de la consommation), bœuf (197 000 tonnes, soit 3 % de la consommation). De plus, il est probable que ces volumes seront concentrés sur les morceaux à forte valeur ajoutée, comme l'aloyau (faux-filet, rumsteck, bavette…) pour le bœuf ou le filet pour le poulet. Ainsi, 90 000 tonnes d'aloyau de bœuf importé représenteraient 8 % de la production actuelle d'aloyau européen (1 120 000 tonnes). Enfin, cet accord valide surtout le principe d'importation en Europe de produits agricoles et alimentaires fabriqués selon des conditions environnementales (pesticides, déforestation…), et sanitaires (antibiotiques, bien-être animal, traçabilité…) totalement dégradées par rapport aux standards européens croissants. Et la dernière version du texte reste très floue sur les « clauses-miroirs » (n'importer que des produits de qualité équivalente) sur les antibiotiques et la déforestation importée (équivalent entre 620 000 ha et 1,3 million d'ha supplémentaires).
L'accord n'est toujours pas ratifié et donc effectif. Mais la nouvelle stratégie agressive de l'administration Trump en matière commerciale pourrait inciter nombre d'États européens à chercher rapidement de nouvelles alliances, tant avec le Mercosur, le Canada (renforcement du CETA ?), le Mexique (accord conclu en janvier 2025), le Chili (accord renouvelé en février 2025), la Malaisie, la Thaïlande, l'Inde… (négociation en cours).
L'agriculture et l'élevage européens sont dans une négociation globale, où des intérêts géopolitiques globaux pèsent de plus en plus.

Viande ovine : *prix record faute de viande*

La viande ovine ne représente plus que 5 % de la production mondiale et 3 % des échanges mondiaux de produits carnés, après avoir été longtemps la première viande internationalisée, notamment entre Océanie et Europe. La production mondiale ovine ne pèse guère plus que la seule production de volaille brésilienne. Le commerce de viande ovine est concentré entre un nombre limité de pays. Les grands exportateurs d'Océanie, Nouvelle-Zélande et Australie, représentent 80 % des ventes mondiales. L'Union européenne, les États-Unis et les pays pétroliers du golfe Persique et du Maghreb sont les acheteurs traditionnels. Mais depuis 2014 la Chine est le premier acheteur mondial (un tiers des achats et de la consommation mondiale).

En 2024 la production mondiale a stagné. Malgré cela, le commerce international a progressé de + 5 %, avec notamment une demande en hausse des États-Unis.

La viande ovine est beaucoup plus chère que les autres viandes (cinq fois le prix de la volaille, soit $ 6 700 la tonne contre $ 1 300). Les prix mondiaux en 2024 ont progressé de + 14 % et surtout en Océanie (+ 20 %) et ils continuent à augmenter en Europe, faute de production.

L'Océanie exporte deux types de viande ovine : mouton et agneau. Deux tiers de la production sont exportés. L'Australie et la Nouvelle-Zélande pèsent respectivement 50 % et 30 % des ventes mondiales de viande ovine. L'Australie vend les deux tiers de la viande de mouton échangée, vers les pays arabes et l'Asie du Sud-Est. La Nouvelle-Zélande fournit 70 % de la viande d'agneau échangée dans le monde, essentiellement vers la Chine et l'Europe. La grande nouveauté du marché depuis 2014 est l'irruption de la Chine comme premier acheteur mondial (32 % des achats mondiaux).

L'Australie a connu une sécheresse historique en 2019-2020. L'équivalent du Portugal a brûlé. Entre 1990 et 2024, l'Australie a perdu presque la moitié de son cheptel ovin, en passant de 120 millions de têtes à 69 millions. En 2024, la pluie est revenue avec le phénomène *La Niña* favorisant le pâturage, mais de façon contrastée dans les zones d'élevage ovin : abondante en Nouvelles-Galles du Sud et en Victoria du Sud, mais plus rares en Victoria du Nord et en Australie occidentale. Ainsi, le climat continue à dicter successivement des phases de décapitalisation et recapitalisation. En

2024 la production a augmenté de + 8 %, stimulée par les prix à l'exportation et de meilleures conditions climatiques. L'agneau représente 70 % du tonnage et les races sont de plus en plus tournées vers la viande au détriment du Mérinos axé sur la laine. Les exportations ont augmenté de + 12 %, avec la forte demande des États-Unis pour l'agneau et du Moyen-Orient pour le mouton. La Chine reste la première destination (30 %) même si sa demande a faibli récemment, suivie par les États-Unis et le Moyen-Orient.

Après plusieurs années de recul, les exportations de moutons vivants vers le Moyen-Orient rebondissent (+ 20 % en 2024). L'Australie est le premier exportateur de moutons vivants, vers le Moyen-Orient. Environ 630 000 animaux partent chaque année (contre plus de 5 millions dans les années 2000), essentiellement des ports de l'Ouest, vers le Koweït, Qatar, Bahreïn, la Jordanie. Il s'agit essentiellement de mâles Mérinos, qui, après avoir été élevés pour leur laine, sont expédiés vivants vers les abattoirs du Moyen-Orient.

En Nouvelle-Zélande, sous l'effet des sécheresses, la production recule. La production ovine cède aussi du terrain à une production laitière bovine nettement plus rentable. Et elle recule aussi face à la sylviculture encouragée par l'État, afin de lutter contre le changement climatique en compensant les émissions de méthane de l'important cheptel ruminant (6 millions de vaches et 26 millions de moutons). Le cheptel ovin est en recul structurel : 26 millions de têtes en 2024 contre 58 millions en 1990. Mais la Nouvelle-Zélande a encore du potentiel : alourdissement des carcasses, forte productivité des élevages et de l'industrie qui permet des coûts de production trois à quatre fois inférieurs aux Européens.

Les viandes d'agneau représentent 79 % de la viande ovine néo-zélandaise exportée (308 000 tonnes), dont 37 % vers la Chine, première destination, devant l'Europe (25 %, 76 000 tonnes). Le *mutton* viande d'ovins adultes (plus de douze mois) pèse les 21 % restants. La Chine absorbe 77 % des exportations néo-zélandaises de mouton

Viande ovine

(en milliers de tonnes, équivalent poids carcasse)

	2019	2020	2021	2022	2023	2024(e)
Production mondiale	**16 000**	**16 200**	**16 300**	**16 700**	**17 000**	**17 000**
Chine	4 880	4 940	5 140	5 250	5 310	5 240
UE à 27	590	570	580	580	540	510
Australie	710	650	660	700	845	910
Nouvelle-Zélande	450	460	440	440	440	430
Russie	230	220	215	210	207	207
Afrique du Sud	163	170	170	160	155	150
Brésil	130	136	142	141	148	148
États-Unis	80	74	74	70	70	72
Principaux importateurs						
Chine	420	390	439	380	460	420
États-Unis	130	130	140	165	120	160
UE à 27	160	150	150	140	140	150
Arabie saoudite	23	20	20	30	30	40
Principaux exportateurs						
Australie	510	430	453	480	540	605
Nouvelle-Zélande	390	400	395	375	400	390
Royaume-Uni	70	60	70	75	86	80

(e) estimations

(Sources : FAO, UE, USDA)

Maroc : le roi demande de ne pas sacrifier d'animaux pour l'Aïd-ed-Adha, en juin 2025

Depuis sept ans, le Maroc subit une sécheresse historique et les troupeaux sont amputés des deux tiers. Par manque d'offre, le prix de la viande a bondi de 20 % entre 2019 et 2023. L'appel de Mohammed VI vise à faciliter la reconstitution des troupeaux, mais aussi à autoriser les Marocains à préserver leur pouvoir d'achat, l'alimentation représentant 45 % de leurs dépenses.

(viande traditionnelle en Chine) et 37 % de celle d'agneau (viande de luxe). Moindre disponibilité et forte demande chinoise rendent l'Europe moins attractive. Globalement, la Chine pèse 43 % des ventes néo-zélandaises, même si, en 2024, ses achats ont reculé du fait du ralentissement économique. Et les ventes néo-zélandaises y ont aussi reculé au profit de la viande australienne, plus abondante et moins chère.

Après la flambée des prix à l'exportation en 2022 sous l'effet de la demande chinoise, les prix se sont calmés depuis, mais restent élevés : prix pour les éleveurs de l'agneau à $ 7/kg et du mouton à $ 2. Et les prix Fob à l'exportation demeurent élevés sous l'effet d'une forte demande : $ 10/kg pour l'agneau et $ 5 pour le mouton.

L'Union européenne avec le Brexit a perdu son premier pays producteur : le Royaume-Uni pesait 32 % du total de la production ovine de l'UE à 28. L'Union européenne, réduite à 27 pays, a encore enregistré un net recul de sa production en 2024 (– 6 %). Tous les pays sauf le Portugal sont en baisse, et notamment les plus importants : l'Espagne fortement atteinte par la sécheresse (– 8 %), la Roumanie, la France (– 6 %) et l'Irlande. Faute d'offre, les prix ont augmenté de 20 % depuis un an et atteignent des records : € 10/kg en France fin 2024 et début 2025, contre € 6 en 2020 (€ 9,50 en Espagne). Outre-Manche, les prix pulvérisent également des records : € 9/kg début 2025, au Royaume-Uni et en Irlande, pour le *hogget*, agneau de fin de saison, proche de douze mois.

Faute de production, les importations de l'Union européenne continuent à se développer (+ 7 % en 2024), surtout de Nouvelle-Zélande (+ 7 %), mais en baisse d'Australie, plus attirée par la Chine. Néanmoins le contingent néo-zélandais d'exportation à droits réduits vers l'Europe (90 % du contingent global et diminué de moitié depuis le Brexit à hauteur de 114 184 tonnes) n'est rempli

Accord de libre-échange entre l'Union européenne et la Nouvelle-Zélande : une ouverture supplémentaire sur la viande d'agneau

Cet accord est appliqué depuis le 1er mai 2024. Il élimine tous les droits de douane sur les exportations de l'Union européenne vers la Nouvelle-Zélande et facilite l'accès des entreprises européennes aux marchés publics néo-zélandais. C'est le premier accord commercial qui intègre le développement durable (accord de « nouvelle génération »). En matière agricole, la Nouvelle-Zélande annule ses droits de douane sur la viande porcine, les produits laitiers, dont les fromages, le vin… Elle reconnaît les indications géographiques européennes pour les vins et les fromages. En contrepartie, l'Union européenne ouvre ses frontières agricoles, mais a défini des « produits sensibles » exempts d'une libéralisation complète et donc sous contingent maximum d'importation à tarif réduit : 38 000 tonnes de viande ovine à droit zéro contre plus de 40 % sinon, 10 000 tonnes de bœuf avec un droit de 7,5 %, 15 000 tonnes de poudre de lait, 21 000 tonnes de beurre, 25 000 tonnes de fromage… Le nouveau contingent de viande ovine s'ajoute à l'ouverture déjà existante, soit 114 000 tonnes d'agneau néo-zélandais. Cela pèsera au total 152 000 tonnes ou 24 % de la consommation européenne de viande ovine et sera de plus concentré sur les morceaux à forte valeur (gigot d'agneau, épaule et carré).

qu'à hauteur de 60 %, contre plus de 90 % dans les années 2000. La Nouvelle-Zélande et d'autres exportateurs (Chili, Argentine) se détournent de l'Europe pour vendre aux États-Unis et surtout en Chine. Dans un contexte de baisse structurelle de sa consommation, l'Union européenne n'assure plus que 89 % de ses besoins intérieurs en viande ovine (et la France seulement 52 %). À noter que, depuis octobre 2024, le Maroc, en proie à une sécheresse sévère depuis plusieurs années, autorise l'importation de viandes rouges en provenance de l'Union européenne. L'Espagne y voit une carte à jouer.

Globalement, les prix en Europe atteignent des niveaux record (€ 9/kg pour l'agneau), et en Chine (€ 10), mais sont plus modérés en Océanie (€ 7 pour l'agneau néo-zélandais et € 4 pour le mouton australien).

En 2025, la production mondiale sera atone sous l'effet d'une diminution en Océanie et en Europe. L'Australie ralentira nettement, après avoir été le principal pôle de croissance. Mais tout dépendra des conditions climatiques. Si les pluies sont au rendez-vous, les éleveurs d'Océanie recapitaliseront et à court terme la production diminuera, avant une remontée en 2026. En revanche, de nouvelles sécheresses inciteront aux ventes d'ovins. La croissance devrait également être faible en Chine qui détient le tiers du cheptel mondial. Quant à l'Europe, une inéluctable décroissance semble enclenchée.

Les achats chinois, moteur du marché ces dernières années, seront plus faibles. Les importations pourront se maintenir si l'offre est suffisante. Car aujourd'hui, de façon inédite, c'est la rareté de l'offre qui fait le marché. Dans ce contexte, les prix devraient se maintenir à un niveau élevé.

Viande porcine : *la Chine en retrait*

**Contrairement aux autres viandes, la production mondiale de viande porcine a légèrement reculé en 2024 (– 0,3 %), essentiellement du fait de la Chine, qui pèse la moitié de la production et de la consommation mondiale. Le commerce a légèrement progressé malgré un fort recul des achats chinois.
Les prix moyens mondiaux du porc ont modestement crû (+ 1 %), vigoureux en début d'année, mais en recul au second semestre, sous l'effet d'une baisse notable en Europe. Les évolutions sont toujours contrastées selon les zones. Après deux années de forte hausse, le prix moyen européen a reculé de – 7 %, à € 2,10/kg carcasse (et € 1,89/kg en France, soit – 11 %, mais encore + 42 % sur trois ans). En revanche, aux États-Unis, les prix ont progressé de + 3 % en 2024, pour s'établir en moyenne à € 1,90/kg contre € 2,02 en 2022. On retrouve la hiérarchie de longue période, avec des prix américains inférieurs aux prix Union européenne. Les prix domestiques sont désormais plus volatils, moins soumis au fameux « cycle du porc », et surtout plus sensibles aux variations rapides des marchés internationaux. Le prix américain a ainsi varié entre $ 1,50 et $ 2,10 en 2024.
Après la flambée du coût de l'alimentation animale en 2022 (+ 36 %), sous l'effet de la hausse du prix des grains avec la guerre en Ukraine, celle-ci a reculé de 18 %, tout en restant à un niveau plus élevé que la moyenne de long terme. L'alimentation animale représente 65 % du coût de production d'un kg de porc.**

En 2024, la production mondiale de viande porcine totalise 124 millions de tonnes (Mt) contre 110 Mt en 2020, avec l'effondrement de la production à la suite de l'épidémie de peste porcine africaine (PPA) dans le nord-est de la Chine, en août 2018. Ce rebond est essentiellement dû à la Chine.

En Chine avec la PPA, la production s'était écroulée de 31 % entre 2018 et 2020, à 38 Mt (soit – 17 Mt ou plus que la production, huit fois la production française !). La part de la Chine avait reculé de 47 % à 39 % de la production mondiale. Du fait de la maladie, environ 102 millions de porcs avaient disparu à la fin 2020 (cheptel de 340 millions de têtes contre 442 millions fin 2017, et contre 148 millions en Europe).

Entre 2020 et 2024, la production chinoise est remontée de 38 à 58 Mt (+ 56 % et de nouveau 47 % de la production mondiale). L'essentiel de la progression est dû à la reconstitution du cheptel, et notamment à la croissance très rapide dans les mégas-élevages encouragés par le gouvernement au détriment des élevages paysans qui régressent. Contrairement aux prévisions initiales chinoises, qui annonçaient un retour à la normale et à la croissance de la production, après l'épidémie de peste porcine, entre 2018 et 2020, la situation semble plus complexe. Après plusieurs années de rétablissement de la production, 2024 enregistre un recul de la production chinoise à 57 Mt (– 2 %). Prix bas du fait d'une consommation atone et recrudescence des maladies animales poussent les éleveurs à réduire leur cheptel : baisse de production également encouragée par le gouvernement, pour stabiliser le marché et rétablir la rentabilité des élevages, notamment en réduisant le cheptel reproducteur de 41 à 39 millions de truies.

En 2019 et 2020 du fait de l'écroulement de la production, les prix avaient flambé (multipliés par trois, pour atteindre 35 yuans, € 5/kg de carcasse fin 2020, à comparer aux € 1,25 du marché du porc breton). Depuis, sous l'effet de la reprise rapide de la production, les prix ont perdu 60 % pour tomber à 16 yuans/kg vif ou € 3/kg de carcasse en février 2025 (plus bas niveau depuis six ans).

Certains grands élevages de porcs sont en difficulté et accumulent les pertes financières. Des faillites sont à craindre. Et l'État continue à intervenir en retirant de la viande du marché, pour tenter de stabiliser les cours et reconstituer les stocks d'État. À ce contexte déprimé s'ajoutent des inquiétudes sur une résurgence de la PPA et d'autres maladies.

La situation du marché du porc en Chine est très difficile à apprécier, avec des informations souvent contradictoires. Toutes les prévisions restent très incertaines (niveau de production, stocks, prix intérieurs chinois et surtout importations). Qu'en est-il vraiment de la reconstitution du cheptel, de l'éradication de la PPA, du vaccin recherché, des stocks de grains nécessaires à l'élevage, de la santé financière et de la production réelle des élevages géants… ? Selon l'USDA, la production reculera de nouveau en 2025 : – 2 %. Et, selon beaucoup de vétérinaires européens connaisseurs de l'élevage chinois, l'épidémie de peste porcine semble toujours difficilement sous contrôle et la biosécurité est défaillante… À long terme, le gouvernement chinois encourage le développement d'élevages géants, super-technologiques et biosécurisés, *via* un plan de relance, en remplacement de l'élevage paysan, qui représente encore aujourd'hui 60 % de la production, mais qui sont considérés comme plus risqués sur le plan sanitaire.

Dans les autres pays d'Asie, la maladie de la PPA est plus ou moins maîtrisée. La production progresse de nouveau dans des pays importants pour le porc : Vietnam, Corée du Sud, Philippines. Ainsi au Vietnam, sixième producteur mondial, la production augmente avec des investissements importants et une meilleure situation sanitaire.

Dans l'Union européenne, après deux années de fort recul (– 12 % ou – 3 Mt, soit plus que la production française, la troisième d'Europe avec 2 Mt), la production a rebondi de + 2 % en 2024. La baisse du prix de l'aliment a favorisé cette petite reprise, mais pas suffisamment pour contrebalancer la démographie vieillissante des éleveurs, confrontés à des normes et coûts croissants.

La peste porcine africaine est toujours active en Europe depuis 2018, surtout dans l'Est : en Roumanie, en Bulgarie, en Pologne, aux Pays baltes, aux Balkans…, mais aussi dans une moindre mesure en Allemagne et en Italie. En

Chine : dans un gratte-ciel, la plus grande porcherie du monde

À Ezhou, dans le Hubei, une ferme de vingt-six étages est opérationnelle depuis la fin 2022. Deux bâtiments de 390 000 m² chacun abriteront à terme 600 000 porcs et en produiront 1,2 million par an. Les bâtiments sont bourrés de caméras, de capteurs…, et considérés comme la plus grande porcherie « intelligente » du monde. C'est un investissement de € 512 millions, réalisé par un industriel cimentier devenu éleveur. La Chine compterait déjà plus de deux cents porcheries à étage.

revanche, l'Espagne et la France, deux grands producteurs, restent pour l'instant indemnes. La PPA est endémique parmi la faune sauvage de sangliers. La découverte d'un premier cas en Allemagne, sur un sanglier, le 10 septembre 2020, dans la région du Brandebourg à 15 km de la frontière polonaise a fortement impacté le marché européen ; et cela malgré la pose d'une frontière électrique de plus de 120 km, destinée à arrêter les sangliers. La Chine a immédiatement fermé son marché à l'Allemagne, deuxième exportateur européen, derrière l'Espagne (700 000 tonnes vers la Chine). Le Japon, la Corée du Sud, les Philippines se sont également fermés. La viande allemande sans débouché pèse désormais sur le marché européen. Au second semestre 2024, 4 207 cas sur la faune sauvage et cinq cent quatorze domestiques ont été relevés dans quatorze pays de l'Union européenne et six pays non Union européenne (Serbie, Bosnie-Herzégovine, Ukraine…). La prévalence semble moindre qu'en 2023. Mais, début 2025, l'alerte est toujours de mise en Italie du Nord, à quelques kilomètres de la France.

En Allemagne, deuxième producteur européen dépassé par l'Espagne, la production rebondit à + 2 % en 2024, après un recul de – 15 % les deux années précédentes. La production allemande a ainsi perdu 1,2 Mt depuis 2018 (– 21 %). Cela explique l'essentiel du recul européen. L'augmentation des coûts de l'alimentation animale s'est ajoutée aux effets de la PPA et de l'épidémie de covid en 2020 (manque de main-d'œuvre dans les abattoirs), et aux effets décroissants des nouvelles normes environnementales et de bien-être animal. Depuis dix ans, le cheptel a reculé de – 25 % (– 7 millions de porcs) et les élevages de – 42 % (– 12 000).

En 2025, la production devrait être plus stable, malgré le manque de personnel dans les abattoirs.

La production remonte également au Danemark : + 2 % en 2024, mais continue à baisser aux Pays-Bas : – 4 %, et cette tendance devrait se poursuivre sous l'effet d'un programme gouvernemental de fermeture d'élevages visant à réduire la production animale pour cause de pollution. Ce pays continue aussi à développer l'exportation de porcelets vers l'Allemagne, l'Espagne et la Belgique (près de 6 millions au total). L'Espagne qui a connu une croissance forte depuis dix ans enregistre une stagnation de sa production, sous l'effet d'une mortalité des porcelets avec une résurgence de la maladie du SDRP (syndrome dysgénésique et respiratoire du porc). Pour compenser, l'Espagne importe annuellement plus de 2 millions de porcelets des Pays-Bas (+ 17 % en 2024 et un record de 2,4 millions).

La France reste menacée par la PPA, mais sa production résiste mieux (+ 1 % en 2024), forte d'une ressource en céréales et d'une moindre dépendance à l'exportation.

Aux États-Unis, la production progresse de 4 %, favorisée par la baisse des coûts de l'alimentation animale, qui permet une reconstitution des marges des éleveurs, malgré la contraction du cheptel de Smithfield (première firme d'élevage aux États-Unis, avec 800 000 truies soit l'équivalent du troupeau français).

En Russie, malgré la guerre, la production continue à augmenter avec le développement de grands élevages intégrés, soutenu par le gouvernement (subventions à l'investissement et à l'alimentation animale), et stimulé par l'ouverture du marché chinois. L'embargo décrété le 6 août 2014 vis-à-vis de ses principaux fournisseurs (Union européenne et Canada qui pesaient deux tiers des achats russes), toujours effectif en 2025, favorise aussi la production intérieure. Au Brésil, la pro-

Chine : Tönnies, première firme allemande de la viande, investit en Chine

Le *leader* allemand de l'abattage Tönnies (dont le chiffre d'affaires s'élève à € 7 milliards) a construit un abattoir en Chine, en s'associant à une entreprise chinoise. Son activité a démarré en octobre 2024. Face au déclin de la production allemande engagé depuis dix ans, et pour s'affranchir des barrières sanitaires à l'exportation (embargo chinois suite à la peste porcine), Tönnies a décidé d'investir directement dans le premier pays consommateur de viande du monde.

Viande porcine
(en milliers de tonnes, équivalent poids carcasse)

	2019	2 020	2021	2022	2023	2024(e)
Production mondiale	**109 800**	**109 900**	**122 400**	**122 800**	**124 600**	**124 200**
Chine	42 600	38 000	47 500	56 400	58 800	57 600
UE à 27	23 000	23 220	23 600	22 300	20 900	21 300
États-Unis	12 540	12 850	12 560	12 250	12 400	12 900
Russie	3 945	4 280	4 300	4 520	4 720	4 890
Brésil	3 980	4 130	4 365	4 350	4 500	4 700
Vietnam	3 000	2 930	3 100	3 300	3 550	3 700
Canada	2 000	2 120	2 100	2 080	2 100	2 120
Japon	1 280	1 310	1 320	1 300	1 290	1 320
Principaux exportateurs						
UE à 27	4 300	5 170	4 990	4 200	3 100	3 100
États-Unis	2 867	3 302	3 190	2 900	2 950	3 050
Brésil	860	1 200	1 320	1 320	1 410	1 490
Canada	1 290	1 544	1 480	1 420	1 330	1 450
Mexique	230	340	320	290	260	300
Chine	100	100	100	100	90	100
Principaux importateurs						
Chine	2 800	5 600	4 800	2 500	2 300	1 800
Mexique	990	945	1 200	1 300	1 350	1 440
Japon	1 490	1 410	1 420	1 520	1 430	1 430
Royaume-Uni	990	936	830	900	920	930
Corée du Sud	700	560	580	720	680	800
États-Unis	429	414	535	610	520	550
Philippines	222	168	460	500	450	510
Hong Kong	330	380	360	250	260	280
UE à 27	160	160	160	130	110	100
Russie	130	30	40	50	20	10

(e) estimations

(Sources : FAO, UE, USDA)

duction poursuit sa croissance, forte d'une alimentation animale très compétitive.

Le commerce mondial de viande porcine a seulement augmenté de 2 % en 2024 après deux années de baisse, du fait de moindres achats chinois. Après la forte progression de 2018-2021, les achats de la Chine diminuent depuis quatre ans et reviennent à 1,8 Mt, contre 5,6 Mt en 2020 au pic de l'épidémie de PPA (– 68 %, soit presque – 4 Mt). La Chine ne représente plus que 18 % des achats mondiaux contre 40 % les années précédentes. Le gouvernement chinois a changé de stratégie sous l'effet de la remontée de la production et de la baisse des prix : libération des stocks congelés d'État et forte baisse des importations. Cela a fortement pesé sur les prix mondiaux. La Chine, après avoir fait le marché mondial à la hausse en 2020, le fait à la baisse depuis. Mais elle accuse toujours un déficit de 1 Mt, sachant que le 1,8 Mt importé en 2024 représente seulement 3 % de la consommation chinoise, ou seulement deux semaines de consommation ! Désormais les achats de coproduits (abats et graisses) dominent, avec 52 % des volumes devant les achats de viande fraîche et congelée.

Évolution du prix du porc dans l'UE à 28 et en France

(en euros/kg)

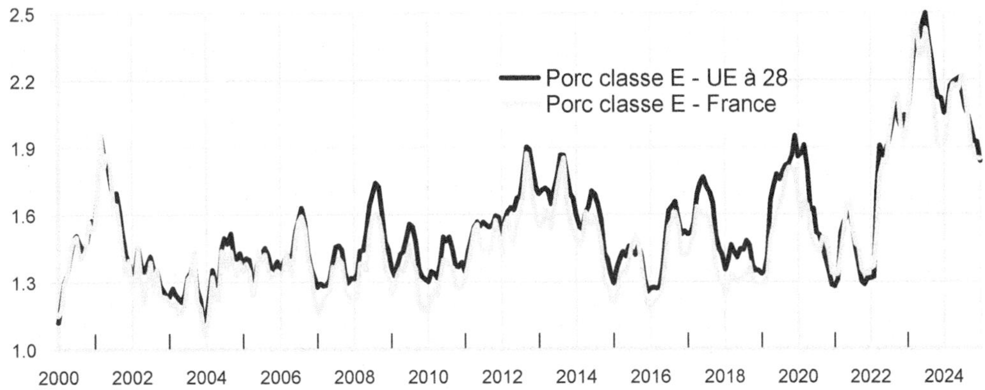

(Source : Eurostat)

C'est l'Europe qui subit le plus le recul de la Chine dont elle reste le premier fournisseur : environ 900000 tonnes vendues, soit 51 % des achats chinois, mais – 70 % par rapport à 2020. Depuis l'épidémie de PPA en 2020, l'Allemagne a disparu du marché chinois. C'est désormais l'Espagne qui est le premier fournisseur européen et mondial de la Chine. Elle fournit à elle seule un quart des achats chinois (450000 tonnes), devant les États-Unis, le Brésil, les Pays-Bas, et loin devant la France (140000 tonnes).

Le Brésil, troisième fournisseur de la Chine, devient un acteur mondial de la viande porcine (cinquième producteur et troisième exportateur mondial), avec des coûts de production inférieurs de 25 % aux Européens, fort d'importantes ressources en maïs et soja, d'un réal dévalué et du développement de la consommation intérieure d'une viande moins chère que celle de bœuf. Ses ventes ont atteint un nouveau record en 2024. Son premier client sont les Philippines, dont les achats croissent faute de production intérieure amoindrie par la PPA, si bien qu'elle a prolongé sa réduction de droits de douane actée en juin 2024 jusqu'en 2028. Le deuxième client est la Chine.

Les ventes de l'Union européenne se sont stabilisées en 2024 après une chute d'un tiers entre 2020 et 2023, avec la baisse des achats chinois, partiellement compensée par une progression vers d'autres pays asiatiques : le Japon, la Corée du Sud, le Vietnam et les Philippines. La baisse de production et les prix entravent la compétitivité européenne, face à des concurrents américains et brésiliens moins chers. L'Europe recule fortement et pourrait bientôt être doublée par les États-Unis. Elle reste encore le premier exportateur mondial et pèse 29 % des échanges mondiaux contre 28 % pour les États-Unis. La viande porcine est ainsi la seule viande pour laquelle l'Europe joue encore dans la compétition internationale.

Malgré l'embargo sanitaire de la Chine, vis-à-vis de plusieurs pays européens et notamment l'Allemagne depuis septembre 2020, l'UE à 27 reste le premier fournisseur de l'empire du Milieu. L'application du principe de « régionalisation » de la peste porcine favorise la reprise des flux en provenance des pays non touchés (accord France/Chine, Belgique). Dans un contexte de prolongement de l'embargo russe (initié en août 2014), l'envolée de la demande chinoise a littéralement sauvé le marché porcin européen. Sur le plan européen, l'Espagne est le premier fournisseur de la Chine, devant les Pays-Bas, le Danemark et la France.

Si la Chine est la première destination en volume pour la viande porcine européenne, le Royaume-Uni est la première destination en valeur (près de € 4 milliards) et la deuxième en volume (860000 tonnes, 20 % des ventes), notamment de bacon en provenance des Pays-Bas et du Danemark.

Les États-Unis voient leur vente augmenter de 4 % pour atteindre un record de 3 Mt, tout juste derrière l'Union européenne. La progression est toujours forte vers le Mexique (+ 6 %), la première destination (38 % des débouchés), mais aussi vers d'autres pays d'Amérique latine (Colombie). En revanche, les ventes vers la Chine, seconde destination, reculent de 10 %. En fin d'année, l'appréciation du dollar a ralenti le rythme des ventes, et cela devrait perdurer en 2025.

La Russie qui n'importe quasiment plus rien (10 000 tonnes en 2024 contre plus d'un million en 2012, avant l'embargo) exporte désormais davantage malgré la guerre (300 000 tonnes, sixième rang mondial). Après plusieurs accords commerciaux, ses ventes vers la Chine se développent pour atteindre 50 000 tonnes en 2024 (17 % de ses ventes).

L'année 2025 verra la Chine encore réduire ses achats, malgré une baisse de sa production. Car, dans un contexte économique morose, la consommation chinoise de viande porcine est atone. Après avoir tiré le marché à la hausse en 2018-2022, elle plombera plutôt le marché. Car la Chine pèse la moitié de la production et de la consommation planétaire et 18 % des importations mondiales.
Selon des chiffres officiels très incertains, la production chinoise baisserait encore de 2 % en 2025 à 56 Mt. Ses achats seraient stables, mais inférieurs de 75 % à ceux de 2020. Mais la Chine est en proie à de nouvelles difficultés sanitaires, notamment de PPA dans le nord-est. Et ses achats pourraient ainsi reprendre faute d'une offre domestique suffisante.
Alors que la production baissera en Chine et stagnera en Europe, elle continuera à progresser aux États-Unis et au Brésil. L'Europe sera moins présente sur les marchés, faute de production et handicapée par une PPA endémique. Les États-Unis, malgré la concurrence croissante du Brésil, resteront très dominateurs au Mexique, et aussi en Corée du Sud.
Le niveau des prix mondiaux en 2025 sera une résultante entre facteurs baissiers (production chinoise, reprise de la production américaine et brésilienne) et facteurs haussiers (demande chinoise et des autres pays asiatiques, baisse de la production en Europe…).
La variable sanitaire sera toujours déterminante. Tout dépendra de l'évolution de la peste porcine africaine (PPA), en Chine, et ailleurs en Asie, mais aussi en Europe ; sans oublier l'évolution de la fièvre aphteuse en Allemagne. Il faudra y ajouter des facteurs géopolitiques, et notamment la future politique commerciale américaine.

Viande de volaille : *la grippe aviaire persiste*

La volaille est la première viande mondiale consommée, produite et échangée sur la planète. C'est la viande du XXIe siècle. C'est une alternative croissante au bœuf, au porc, et au poisson. Ses atouts sont nombreux : facile à produire, prix bas, image de santé, peu d'interdits alimentaires, adaptée à toutes les cultures culinaires... La forte demande en protéines animales dans les grands pays émergents (Chine, Inde, Brésil, Mexique...) continue à stimuler sa consommation mondiale. Elle est ainsi devenue la première viande consommée en France en 2024 (+ 10 % à 32 kg/an/habitant).
En 2024, la production mondiale a été plus dynamique (+ 2 %), forte d'une demande accrue des consommateurs et d'une baisse des prix de l'alimentation animale, malgré la persistance de la grippe aviaire dans plusieurs endroits du monde. En 2024, cette maladie a connu un léger répit : quarante pays ont enregistré des cas d'influenza aviaire hautement pathogène, sur quatre continents ; Europe, Asie, Amérique et, pour la première fois, en Océanie (Australie). L'Europe est toujours touchée (vingt-huit pays, dont quinze dans l'UE à 27). La maladie reste endémique en Asie, foyer initial.
Les échanges ont peu augmenté, faute d'une offre suffisante. Et ainsi, les prix ont notoirement progressé de + 8 %, et sont supérieurs de 40 % à la moyenne 2016-2020.

En 2024, la production mondiale de viande de volaille a atteint 150 Mt (+ 2 %), soit 40 % du total des viandes. Elle dépasse le porc de 26 Mt et cet écart s'accroît. Elle se développe dans les pays émergents « nouveaux consommateurs » de viandes et notamment de religion musulmane (Indonésie, Malaisie...), ainsi que dans les pays industrialisés, au détriment de viandes plus chères (bœuf).

En Chine, la production a augmenté de 4 % en 2024, malgré la remontée concurrentielle de la production de viande porcine, viande la plus populaire en Chine. Après la chute des années 2016-2017 pour cause de grippe aviaire, la volaille a très fortement progressé (+ 10 Mt depuis 2015, soit + 55 %). Elle est portée par une forte demande des consommateurs cherchant une alternative à la viande porcine. La consommation de volaille pèse déjà 47 % de la consommation porcine, viande traditionnelle. Et la Chine dépasse désormais les États-Unis, jusqu'alors premier producteur mondial. Ce rebond spectaculaire a été facilité par l'ouverture du marché chinois à la génétique étrangère importée. L'élevage chinois reste basé sur deux productions : la filière industrielle de poulet blanc à partir de souche occidentale importée (deux tiers de la production) et les « poulets colorés » de la filière traditionnelle (en déclin avec la fermeture progressive des marchés de volailles vivantes). La consommation de viande de volaille atteint 20 kg/an/habitant (porc 43, bœuf 8, ovin 4), soit au total 75 kg de viande/an/ habitant.

Dans le reste de l'Asie, la production se structure et se développe dans de grands pays : en Inde, au Pakistan, en Indonésie, en Malaisie, en Thaïlande. L'Inde est déjà le sixième producteur mondial de volaille, avec une transformation rapide de l'élevage, d'un modèle paysan à industriel (génétique, intégration verticale).

Les États-Unis représentent 16 % de la production mondiale, et sont dépassés par la Chine, depuis 2021. Mais ils dominent toujours largement la production de *broilers* ou poulet de chair, majeurs dans les échanges commerciaux. En 2024, la production a modestement progressé de 1 %, handicapée par la grippe aviaire qui a resurgi fin 2024 dans dix États, notamment en Californie, au Michigan et au Dakota du Sud (160 millions de volailles éliminées depuis 2022). Ainsi, les prix se sont appréciés en fin d'année, dépassant même les prix européens, soit environ € 2 800/tonne contre € 1 250 au Brésil (– 55 %).

Du fait d'une moindre prévalence de la grippe aviaire et d'une réduction du coût de l'alimentation animale, la production de l'Union européenne a progressé de nouveau de + 4 % en 2024.

Mais la grippe aviaire est endémique parmi les oiseaux sauvages et menace toujours les élevages. En février 2025, elle est surtout présente en Europe de l'Est (Pologne, Hongrie).

La France est de nouveau en niveau d'alerte maximum (« risque élevé »), avec la découverte de quinze cas depuis août 2024. La France est pour l'instant le seul pays d'Europe à développer la vaccination contre la grippe aviaire, désormais autorisée par l'Union européenne depuis mars 2023. Ainsi, pour la deuxième année consécutive, plus de 60 millions de canards français ont été vaccinés pendant l'hiver 2024, au risque de fermer certains marchés.

Le Brésil poursuit sa croissance, favorisée par de faibles coûts de production et l'absence de grippe aviaire en élevage commercial. La production est tirée par le développement des exportations. Mais, en juillet 2024, la réapparition de la maladie de *Newcastle* dans un élevage de l'État du Rio Grande do Sul, troisième État producteur, a un peu cassé la dynamique.

Le commerce international a faiblement progressé en 2024 (+ 1 %), faute de disponibilités en Europe et aux États-Unis. Les trois grands exportateurs mondiaux traditionnels font près de 70 %

États-Unis : les vaches laitières contaminées par la grippe aviaire

Depuis l'apparition massive de la grippe aviaire à la fin des années 1990 en Asie, les responsables mondiaux de la santé humaine redoutent son extension générale à l'homme, *via* des animaux mammifères (franchissement de la barrière des espèces). Une première alerte avait eu lieu en 2009 avec la « grippe porcine » au Mexique, mais sans extension. Depuis quelques années, cette crainte se renforce avec la découverte du virus H5N1 parmi une trentaine d'espèces de mammifères sauvages ou domestiques, terrestres ou marins : ours, renard, phoque, otarie, vison, loutre, chien, chat, porc… Et depuis 2024, ce sont les vaches laitières aux États-Unis qui sont touchées. En février 2025, 980 cas ont été recensés depuis le début de l'épidémie dans quinze États, surtout dans l'Ouest américain et notamment en Californie. Compte tenu d'un système vétérinaire beaucoup moins robuste qu'en Europe, l'épidémie reste mal contrôlée. Cela pourrait ne pas s'améliorer avec la décision de Trump de sortir de l'OMS (Organisation mondiale de la santé). Toutefois, sous la menace, avec déjà soixante-sept cas humains de grippe aviaire (dont un mort début 2025), le gouvernement américain a annoncé en janvier 2025 un programme de développement de vaccins à ARN messager, notamment contre la grippe aviaire.

Viande de volaille
(en milliers de tonnes, équivalent poids carcasse)

	2019	2020	2021	2022	2023	2024
Production mondiale	**133 600**	**134 400**	**137 900**	**143 100**	**146 200**	**149 700**
Chine	21 020	22 300	24 600	25 240	26 400	27 500
États-Unis	22 970	23 130	23 190	23 650	23 850	24 100
Brésil	15 890	16 080	15 100	15 500	15 000	15 100
UE à 27	13 550	13 670	13 300	13 100	13 400	13 900
Russie	4 550	4 620	4 630	4 820	5 300	5 400
Inde	3 870	3 900	3 707	3 800	5 100	5 300
Mexique	3 490	3 620	3 800	3 800	3 890	3 980
Principaux exportateurs						
Brésil	4 130	4 080	4 407	4 600	5 000	5 100
États-Unis	3 260	3 380	3 900	3 990	3 900	3 600
UE à 27	2 370	2 270	2 025	2 030	1 970	2 090
Thaïlande	960	940	907	1 020	1 300	1 450
Chine	440	390	460	790	820	980
Ukraine	410	440	460	430	440	460
Principaux importateurs						
Chine	1 410	2 190	1 820	1 630	1 600	1 260
Japon	1 080	1 005	1 077	1 060	1 300	1 400
Royaume-Uni	860	800	840	1 110	1 150	1 190
Mexique	870	840	920	985	1 150	1 130
UE à 27	594	511	522	670	680	670
Arabie saoudite	600	620	615	615	580	610
Émirats arabes unis	340	360	380	360	380	400
Russie	230	230	260	210	240	280

(Sources : FAO, UE, USDA)

des exportations mondiales et dominent le marché : Brésil, États-Unis et Union européenne.

Le Brésil est le premier exportateur mondial et représente aujourd'hui 31 % des ventes planétaires (devant les États-Unis depuis 2004 et le double des ventes européennes). Le tiers de sa production est exporté, principalement à destination du Moyen-Orient et de l'Asie. Après avoir longtemps exporté du poulet entier congelé, le Brésil exporte désormais 70 % du tonnage sous forme de découpe. Le Brésil possède de nombreux atouts, tels ceux présents dans le *Mato Grosso do Sul* : alimentation animale abondante, surface étendue, main-d'œuvre importante, consommation intérieure dynamique au détriment du bœuf…, qui assurent des coûts de production nettement inférieurs à ceux de l'Europe (moins 50 %). Les opérateurs brésiliens ont des marchés diversifiés : découpes de poulet vers le Moyen-Orient et notamment avec des sites industriels spécialisés halal, découpes congelées vers l'Asie, l'Europe et l'Afrique, préparations, conserves, viandes saumurées et salées vers l'Union européenne, *via* des contingents à droit de douane réduit (pour les industriels de la transformation : traiteurs, charcutiers). En 2024, toujours aidées par un réal dévalué, ses ventes ont dépassé le record de 5 Mt ($ 10 milliards). Mais l'épisode isolé de la maladie de *Newcastle* en juillet 2024 a contraint le gouvernement brésilien à interdire les exportations pendant quelques semaines vers quarante-quatre pays, dont la Chine, l'Argentine, l'Union européenne, le Japon et l'Arabie saoudite.

La Chine est le premier importateur mondial, essentiellement du Brésil. Elle achète des produits peu chers, ailes et pattes de poulet (80 % des achats). Avec le rétablissement de sa production de viande porcine, ses achats de volaille ont chuté de – 24 % en 2024. Mais elle est aussi un exportateur non négligeable, déjà à la cinquième place mondiale. En 2024, ses ventes ont augmenté de 20 %, notamment à destination du Japon. Elle exporte des morceaux peu chers, coproduits issus d'une gigantesque transformation intérieure.

Les États-Unis ont enregistré en 2024 une baisse notable de leurs exportations (– 8 %), du fait d'une moindre disponibilité, d'une moindre demande chinoise et surtout d'un dollar en hausse, sans oublier les restrictions chinoises d'importation qui ont perduré en 2024, du fait de la grippe aviaire américaine. Les exportateurs ont essayé de compenser leur perte chinoise par une progression des ventes vers d'autres marchés : Mexique (premier client avec un quart des ventes américaines), Taiwan, Philippines…

La Thaïlande, quatrième exportateur mondial, a augmenté ses ventes de + 12 % en 2024. Elle expédie des volailles brutes vers le Japon et la Malaisie et des produits transformés vers le Royaume-Uni et l'Union européenne.

Les ventes de l'UE à 27 ont progressé de + 6 % en 2024, du fait d'un recul de la grippe aviaire et de la régionalisation sanitaire appliquée par les acheteurs (limitation des embargos aux pays européens touchés), d'une baisse du coût de l'alimentation animale et d'une moindre concurrence de l'Ukraine affaiblie par la guerre. Après plusieurs années de fragilité due à la grippe aviaire, la filière européenne semble repartir. La Pologne reste le premier producteur et exportateur européen (un tiers des ventes), devant l'Espagne et l'Allemagne. La France, longtemps *leader*, a reculé à la quatrième place. La France qui a perdu 10 % de sa production avec la grippe aviaire en 2021 et 2022 retrouve la croissance : abattage en hausse de 13 % en 2024. En janvier 2025, les États-Unis et le Canada ont levé l'embargo sanitaire contre la volaille française (sauf le canard), pour cause de grippe aviaire, décrété en octobre 2023.

Les ventes européennes ont progressé vers les destinations traditionnelles : le Royaume-Uni qui est désormais le premier marché extérieur avec 740 000 tonnes (+ 3 %), l'Arabie saoudite (+ 16 %), les pays africains comme le Congo (+ 13 %), le Ghana, l'Afrique du Sud. En France, la hausse de la production s'accompagne d'une hausse des exportations : + 9 %, surtout vers l'Afrique subsaharienne, mais en recul vers le Moyen-Orient (arrêt des livraisons vers l'Arabie saoudite suite à un cas de grippe aviaire en Bretagne). Ainsi, le déficit français se stabilise, à 455 000 tonnes et € 1,2 milliard.

L'Ukraine reste le deuxième fournisseur de l'Union européenne. Mais, après deux années de forte progression de ses livraisons à l'Union européenne (+ 240 % entre 2022 et 2023), l'année 2024 enregistre un recul de – 17 %, de 242 000 tonnes à 201 000 tonnes (1,6 % de la consommation européenne). Handicapée par la guerre, elle n'a pu remplir son contingent à droits réduits vers l'Union européenne.

Le Brésil reste le premier fournisseur extérieur de l'Union européenne, devant l'Ukraine, le Royaume-Uni et la Thaïlande. Après des années de déclin, provoqué par les accords de l'Uruguay Round en 1994, qui a obligé à une baisse, puis une suppression totale des exportations subventionnées, le solde commercial européen en viande de volaille est de nouveau positif en volume (+ 1,4 Mt en 2024, mais surtout du fait du Royaume-Uni depuis le Brexit, qui achète 900 000 tonnes). Sans le Royaume-Uni, le solde serait réduit à + 540 000 tonnes.

En 2025, la croissance de la production de volaille restera modérée, du fait d'une persistance probable de la grippe aviaire en Europe et aux États-Unis. La Chine restera le premier producteur mondial. Les échanges continueront à être dominés par le Brésil à la conquête des marchés en croissance : Mexique, Arabie saoudite, Émirats arabes unis…

Lait et produits laitiers :

record pour le beurre !

En 2024, les disponibilités laitières ont été soumises à des contraintes climatiques et sanitaires importantes. Dans un contexte de demande divergente entre matière grasse et matière protéique, les prix du beurre et de la poudre ont évolué de manière différente, entre des records historiques d'une part et une stabilité quasi parfaite de l'autre : des évolutions qui ont toutefois permis une certaine embellie des prix du lait. Si les tensions géopolitiques ont déjà quelque peu perturbé les échanges de produits laitiers en 2024, ces derniers devraient s'amplifier en 2025, avec l'arrivée annoncée de perturbations des échanges entre les États-Unis et l'Union européenne, dans un contexte où les productions de ces deux zones sont elles-mêmes soumises à l'évolution d'épizooties.

Des disponibilités laitières en deux temps en 2024

Tout comme 2023, 2024 a été une année marquée par de fortes variations intra-annuelles des disponibilités mondiales. Si, en 2023, celles-ci avaient été en forte hausse, pour refluer brusquement en fin d'année, en 2024, c'est le schéma inverse qui s'est dessiné.

En effet, la tendance baissière de fin 2023 s'est prolongée sur tout le premier semestre 2024. La production mondiale de lait de vache est généralement approchée par l'addition des productions océaniennes, européennes (UE à 27), américaines, et des volumes collectés en Argentine. Parmi ces acteurs du marché mondial, les plus gros contributeurs à ce reflux du premier semestre ont été l'Argentine et les États-Unis. En Argentine, le décrochage de la production avait commencé au deuxième semestre 2023. Début 2024, la chute de production était encore considérable (– 14,3 % au premier trimestre 2024, par rapport à la même période de 2023). La situation économique du pays a compliqué la production, avec une chute du prix du lait et la difficulté pour les éleveurs d'acheter les intrants nécessaires à la production, notamment les aliments. Au premier semestre, l'Argentine a ainsi produit 13 milliards de litres en moins. Plus au nord, aux États-Unis, la production laitière a été en retrait, accusant un retard de 518 000 tonnes sur six mois, en lien avec une contraction de son cheptel laitier. En particulier sur ce début d'année, le Texas (où sont produits environ 7 % du lait américain) a connu un feu de végétation historique à la fin février, dans une zone où sont présentes de grosses exploitations laitières.

La production néo-zélandaise a été aussi en repli sur le premier semestre, affectée par les perturbations météorologiques engendrées par *El Niño*. Historiquement, ce dernier amène des conditions moins favorables à la production laitière en Nouvelle-Zélande, à l'inverse de *La Niña*. Le retour d'*El Niño* est vraisemblablement à l'origine du retrait de quasiment 1 % des volumes sur le premier semestre, par rapport à la même période de 2023. La production néo-zélandaise, essentiellement basée sur le pâturage, la rend très sensible à ces variations climatiques.

Le deuxième semestre a été marqué par l'inversion de la tendance en Nouvelle-Zélande. En fin d'année se sont produites des oscillations atmosphériques laissant envisager le retour de *La Niña*, habituellement plus favorable à la production laitière. Sur les six derniers mois de 2024, les volumes néo-zélandais ont augmenté de 3,2 %. Cependant, la hausse mondiale n'a pas suivi au même rythme. Elle a en effet été limitée par la conjonction de plusieurs évolutions dans les différentes zones. D'une part, les volumes européens ont été pénalisés par la propagation du sérotype 3 de la fièvre catarrhale ovine (FCO 3). En parallèle, aux États-Unis, ce sont également des enjeux sanitaires qui ont limité la production laitière en fin d'année. L'influenza aviaire hautement pathogène (IAHP), détectée dès le début d'année au Texas, a atteint plusieurs États laitiers, comme le Wisconsin et la Californie. Sur la côte Ouest, les tests ont été intensifs et un grand nombre de foyers ont été détectés. En fin d'année, de forts reculs de la production laitière californienne ont été enregistrés, avec une perte de plus de 6 % en moyenne sur le dernier trimestre. La maladie semble bien être la responsable de ces chutes de production, qui ont un impact au niveau national, car la Californie pesait pour 20 % de la production américaine sur les dernières années.

Produits laitiers
(en millions de tonnes)

	2020	2021	2022	2023	2024(e)	2025(p)
Production mondiale						
Fromages	21 525	21 935	21 993	22 302	22 524	22 794
Beurre	11 153	11 252	11 403	11 733	11 967	12 277
Poudre de lait écrémé	4 835	4 780	4 813	4 749	4 712	4 754
Poudre grasse	4 606	4 619	4 337	4 442	4 505	4 535
Principaux exportateurs						
Fromages						
UE à 27	1 402	1 385	1 333	1 385	1 385	1 390
États-Unis	355	402	451	436	510	519
Nouvelle-Zélande	323	361	340	374	365	385
Beurre						
Nouvelle-Zélande	466	439	494	516	465	475
UE à 27	316	265	255	288	275	280
Poudre de lait écrémé						
UE à 27	831	788	707	775	710	710
États-Unis	810	893	833	809	765	757
Nouvelle-Zélande	352	326	357	451	450	425
Poudre grasse						
Nouvelle-Zélande	1516	1624	1328	1366	1410	1450
UE à 27	345	298	234	260	210	200
Argentine	148	145	154	111	125	145

(e) estimations (p) prévisions

(Source : USDA)

Lait de vache
(en millions de tonnes)

	2020	2021	2022	2023	2024(e)	2025(p)
Production mondiale	**539.7**	**545.2**	**545.1**	**551.0**	**554.2**	**558.5**
UE à 27	145.4	144.8	144.4	145.2	145.6	145.3
États-Unis	101.3	102.6	102.7	102.7	102.7	103.4
Nouvelle-Zélande	22.0	22.0	21.1	21.2	21.6	21.8
Argentine	11.4	11.9	11.9	11.7	10.7	11.2
Australie	9.1	9.1	8.5	8.5	8.1	8.8

(e) estimations (p) prévisions *(Source : USDA)*

Un manque de disponibilités au premier semestre... menant à de nouveaux records de prix du beurre

Avec d'une part des disponibilités limitées au premier semestre chez le premier exportateur mondial de beurre, la Nouvelle-Zélande, et d'autre part des volumes en recul chez les principaux exportateurs de beurre européen, les échanges mondiaux de beurre ont souffert du manque de disponibilités, dans un contexte de demande tendue. De février 2024 à août 2024, les volumes exportés par les cinq zones exportatrices de produits laitiers se sont ainsi inscrits quasiment 10 % sous le niveau de 2023 pour la même période. La demande, quant à elle, est restée soutenue. La Chine, qui absorbe plus du quart des envois en partance de la Nouvelle-Zélande, a une demande forte, en lien avec d'une part une production encore faible (mais qui pourrait évoluer) et une tendance marquée, d'après l'USDA, au remplacement des huiles végétales par le beurre, qui serait motivée par les allégations santé. Ce remplacement concernerait notamment le secteur boulangerie-viennoiserie-pâtisserie. Les importations chinoises ont ainsi grossi de 3 % en 2024, alors que la production de lait en Chine a fait plonger la demande sur d'autres produits, comme la poudre grasse ou bien les poudres infantiles. D'autres pays ont aussi contribué à maintenir la tension sur les prix. Les États-Unis ont dû importer plus de beurre en 2024, malgré une production record et mieux optimisée qu'en 2024 afin d'éviter les pénuries de 2023. Le beurre irlandais, en recul au premier semestre, constitue généralement l'essentiel de leurs importations. L'Arabie saoudite a également importé plus de beurre, et elle est fournie, pour la majorité de ses volumes, par la Nouvelle-Zélande.

Dans ce contexte de déficit de l'offre et de demande dynamique, le prix du beurre néo-zélandais a été le premier à réagir. Les volumes de beurre néo-zélandais constituent la majeure partie des volumes déficitaires. Cette baisse des volumes à l'exportation s'est aussi produite en période basse de production en Nouvelle-Zélande, et donc à une période où les exportations mondiales de beurre ne sont pas à leur niveau le plus élevé, exacerbant les effets du déficit de volumes. Le prix a ainsi connu un nouveau record, atteignant $ 7 863/t à la mi-juin 2024. Ce niveau de prix a donc pulvérisé le précédent record, de $ 6 975/t. Ce dernier était plutôt récent, puisqu'il a été atteint début 2022, après une flambée de la demande mondiale en sortie de pandémie du covid-19.

En Europe, le prix du beurre a atteint son pic quelques mois plus tard. En hausse sur tout le début de l'année 2024, et proche du prix néo-zélandais avec un différentiel de prix négatif de la semaine 5 à la semaine 31, il a poursuivi sa progression au-delà de juin, et atteint $ 9 250/t à la mi-septembre. Le prix européen n'a pas fortement chuté après avoir atteint le pic, et a maintenu un différentiel de prix de plus de $ 1 000 au-dessus du prix néo-zélandais. Alors que la production néo-zélandaise commençait à montrer des signaux rassurants, des inquiétudes ont émergé concernant les volumes européens. En effet, pendant l'été de l'hémisphère nord, les conditions ont été propices

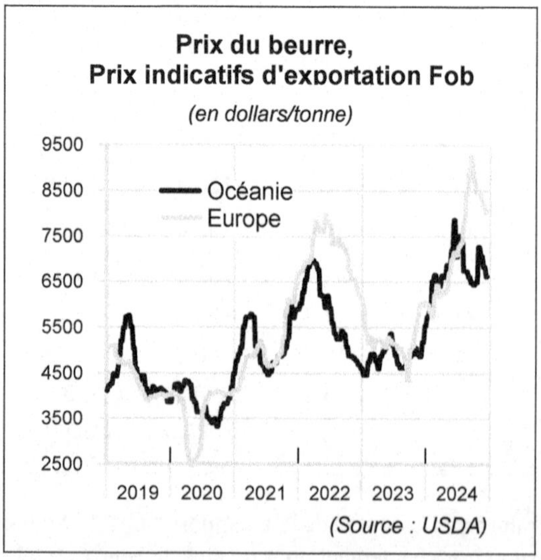

à la propagation de la FCO 3. Le nombre de cas a flambé en Allemagne, puis la maladie a franchi la frontière et les régions françaises limitrophes ont été touchées à partir de la fin de l'été. La maladie, déjà présente aux Pays-Bas depuis 2023, a donc concerné les troupeaux des trois plus gros producteurs de lait de l'Union européenne sur le deuxième semestre 2024. L'expérience néerlandaise de 2023 montre des effets sur la mortalité, la fertilité et la capacité de production des animaux, celle-ci pouvant perdre jusqu'à 1 kg par jour et par animal. Cette flambée de la FCO 3 a contribué à maintenir la tension sur les prix du beurre, *via* les incertitudes sur les capacités de production européenne pour l'hiver 2024-2025, d'autant que l'Allemagne et la France produisent à elles seules plus de 40 % des fabrications européennes de beurre. L'Irlande, troisième producteur européen de beurre et tournée vers l'exportation, n'est pas touchée par la FCO 3 à l'heure de la rédaction de ces lignes, mais la maladie, détectée en Angleterre, pourrait remonter vers l'Irlande avec le printemps et l'arrivée des conditions de développement plus propices aux insectes qui véhiculent la maladie.

Le prix américain du beurre n'a pas réagi de la même manière que celui des autres bassins en 2024 ; même s'il a bien augmenté au premier semestre, sans atteindre son record encore récent de 2023, il a ensuite chuté. Le pays, peu exportateur face à la Nouvelle-Zélande et à l'Union européenne, a renforcé fortement ses fabrications (+ 5,5 % sur l'année), et notamment en août et septembre. Au total, les fabrications américaines ont grossi de plus de 50 000 tonnes, ce qui a contribué à faire baisser la cotation américaine.

Le marché des poudres de lait peu animé par la demande, mais perturbé par les conflits géopolitiques

À l'inverse du marché du beurre, les prix mondiaux de la poudre de lait écrémé sont restés extrêmement stables. En effet, avec une moyenne de $ 2 695/t en Océanie, de $ 2 706/t en Europe et de $ 2 713/t aux États-Unis, les prix ont en moyenne été les mêmes qu'en 2023, la plus forte évolution étant une hausse de 2,4 % du prix américain. Par ailleurs, ces moyennes annuelles ne cachent pas vraiment de variations intra-annuelles. Un autre constat peut être fait : la grande similarité des prix des trois zones d'exportations, qui ne se distinguent alors que par la qualité et l'origine.

La demande mondiale pour la poudre de lait écrémé a été particulièrement morne en 2024, avec la conjonction de plusieurs éléments. D'une part, et globalement, la demande pour le secteur de la chocolaterie a été en retrait, en lien avec les cours élevés du cacao, qui, en se répercutant sur les prix des produits finis, freinent les achats de chocolat. D'autre part, la demande a aussi diminué dans de larges proportions dans d'importants pays acheteurs. C'est le cas en Chine, avec un retrait des achats de l'ordre d'un tiers par rapport à 2023 (– 33 %). La production locale s'y développe, limitant le besoin en produit importé, mais d'après l'USDA, les conditions économiques seraient aussi à l'origine d'une baisse de la demande chinoise pour les produits utilisant de la poudre maigre (crèmes glacées, boissons, produits de snacking). En parallèle, sur le continent américain, un surplus de la production mexicaine a entraîné un moindre besoin en poudre de lait écrémé, et donc une chute des importations (– 44 % sur janvier-novembre par rapport à la même période de 2023). Le Mexique est quasiment intégralement approvisionné par les États-Unis.

À ces situations de baisse de la demande se sont ajoutés les effets des conflits géopolitiques. Le passage *via* le canal de Suez a été rendu difficile par les attaques des rebelles yéménites Houthis en mer Rouge. Le détour qui s'est alors imposé, *via* le cap de Bonne-Espérance, a rallongé les délais de transports, et augmenté les coûts. La situation pénalise les Européens sur les marchés du sud-est asiatique, d'autant que certains affichaient encore une demande plus soutenue. En effet, en Indonésie, les importations ont augmenté de 12 %, une situation qui a surtout profité à l'Océanie (déjà ses fournisseurs principaux) et moins à ses fournisseurs secondaires, comme la Belgique. En Malaisie, la demande a grossi de 15 %, profitant aux Océaniens et aux Américains. Aux Philippines, la hausse des importations (+ 25 %) a profité aux Néo-Zélandais, et marginalement aux Européens au sens large (Biélorussie comprise). Plus spécifiquement, les tensions entre la France et l'Algérie ont pénalisé les exportations françaises de poudre de lait écrémé vers cette destination (– 33 %) : une situation qui n'a pas forcément profité à la Nouvelle-Zélande, mais plutôt à d'autres pays européens, comme la Pologne ou la Belgique.

Face à ces difficultés et aux baisses de la demande, la production de poudre maigre a été adaptée. Si la Nouvelle-Zélande a augmenté ses fabrications en moyenne sur l'année, les États-Unis et l'Union européenne ont moins produit de poudre de lait écrémé, ce qui a permis de ne pas faire baisser les prix.

En parallèle, les prix de la poudre grasse ont augmenté d'un peu plus de 10 % en Océanie comme en Europe de l'Ouest, une hausse qui s'est essentiellement produite en fin d'année. Pourtant, sur l'année, les échanges de poudre grasse n'ont en moyenne pas été plus animés (– 0,4 % sur onze mois), mais la fin d'année a été plus dynamique. En effet, la Chine, principal importateur de poudre grasse, semble être revenue aux achats sur les tout derniers mois de 2024. Si, en moyenne, les importations chinoises ont reculé de 5 % par rapport à 2023, à un niveau désormais équivalent à la moitié de celui de 2021, en toute fin d'année, les arrivées en Chine ont augmenté par rapport à l'année précédente. Si les différentes estimations (USDA et Rabobank) ne s'accordent pas exactement sur la même dynamique en Chine, il semble cependant que la hausse de la production laitière à un rythme effréné telle qu'on a pu la voir entre 2018 et 2023 est bien révolue. Le lait produit, toujours excédentaire, reste majoritairement transformé en poudre grasse. Les importations massives, comme elles

Prix du lait écrémé en poudre,
Prix indicatifs d'exportation Fob

(en dollars/tonne)

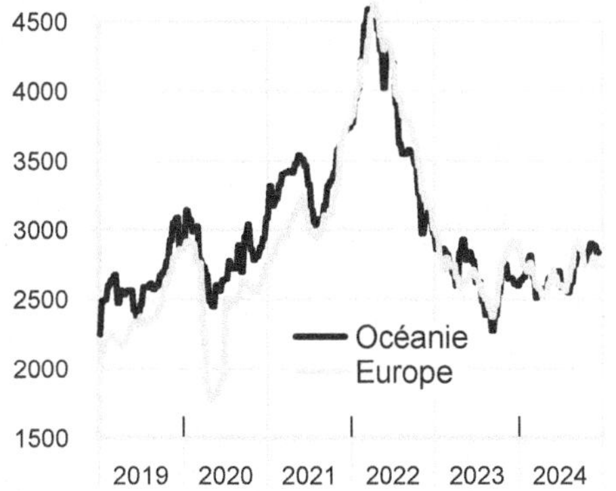

(Source : USDA)

l'étaient en 2021, ne sont plus d'actualité. Cependant, les stocks seraient plutôt bas, et les acheteurs chinois seraient donc revenus aux achats. Par ailleurs la demande algérienne a contribué à maintenir le prix en toute fin d'année, grâce à une adjudication fin novembre avec des livraisons prévues au premier trimestre.

Les prix de la poudre de lactosérum ont retrouvé des niveaux de prix plus élevés en 2024. À $ 1 055/t, la cotation américaine a progressé de 31 % en un an et s'est établie $ 96/t au-dessus de la cotation européenne, elle aussi en hausse, mais de manière plus modérée (+ 13 %). Aux États-Unis, deux effets ont diminué la production. D'une part, l'arrêt momentané d'une usine. D'autre part, il existe une tendance forte de la demande pour les produits plus protéinés, comme les concentrés de protéines sériques, ou des isolats. Ces produits absorbent ainsi une partie du lactosérum, qui devient un peu moins disponible pour le séchage en poudre de lactosérum classique. Cette baisse de la production américaine a permis de redresser les prix, malgré une demande globale moyenne. En effet, les importations de la Chine, premier importateur mondial, se sont inscrites près de 2 % sous leur niveau de 2023, ce qui représente toutefois un volume total plus élevé que celui de 2022. De même, la demande canadienne s'est ralentie (– 10 %), mais cette situation n'a pas pénalisé son principal fournisseur, les États-Unis, qui ont su profiter de la demande émanant de pays d'Asie (hormis la Chine). En effet, l'Indonésie a renforcé ses achats de 24 % par rapport à 2023. Le Japon a également plus importé (+ 16 %/2023), de même que la Malaisie (+ 8 %).

Les prix mondiaux du lait se sont améliorés sur la fin d'année

Les cotations haussières de la matière grasse ont permis, de manière générale, un retour à la hausse des prix du lait au deuxième semestre chez les exportateurs. En premier lieu, en Nouvelle-Zélande, le prix du lait était systématiquement sous son niveau de 2023 au premier semestre, mais est repassé au-dessus dès le mois de juillet. À un équivalent de € 417,2/t en décembre 2024, le prix du lait néo-zélandais se situait presque € 100/t au-dessus de son niveau de décembre 2023. Aux États-Unis, le prix du lait s'est inscrit au-dessus de son niveau de 2023 dès la fin du premier trimestre. Dans l'Union européenne, les prix ont également réagi. Les pays du nord de l'Europe ont encore une fois été plus réactifs, car plus exposés au marché mondial. Ainsi, les prix aux Pays-Bas, en Allemagne, en Belgique ou encore au Danemark affichaient déjà en avril 2024 de nettes progressions de prix par rapport à avril 2023 (de + € 40/t aux Pays-Bas à + € 15/t en Allemagne et en Belgique). En Pologne, le prix a augmenté dès le mois de mars, mais cette hausse n'a pris de l'ampleur qu'à partir de juin. En France, les hausses ont été très mesurées, atteignant au maximum + € 21/t en décembre (par rapport à décembre 2023).

Perspectives 2025

L'année 2025 s'est amorcée sous le spectre des menaces sanitaires sur la production. Avec la FCO-3 en Europe (accompagnée de la maladie hémorragique épizootique dans certaines zones, comme la France), la détection de trois cas de fièvre aphteuse en Allemagne sur des buffles d'eau, et l'IAHP aux États-Unis, les collectes de deux bassins d'importance dans les exportations mondiales pourraient être perturbées, comme elles l'ont été en fin d'année 2024. Et les premières remontées de données vont en effet dans ce sens : en France, les données hebdomadaires de FranceAgriMer indiquent un niveau de production de 2,5 % inférieur sur le début d'année. En Allemagne, d'après ZMB, sur les six premières semaines, le repli des volumes avoisinait les 2 %. Aux États-Unis, la collecte en Californie a de nouveau chuté en janvier 2025 (– 5,7 %). La production californienne est essentielle : l'État produit environ 30 % du beurre américain, 35 % de la poudre maigre, et un peu moins de 20 % des fromages. C'est également un gros bassin d'exportation. La présence de l'IAHP impacte les volumes produits et ainsi les volumes disponibles à l'exportation. Si les exportations américaines de poudre maigre sont déjà en baisse depuis plusieurs années, en lien avec une baisse de la demande, un recul de la production pourrait entraîner un déficit de l'offre.

En parallèle, les acteurs restent dans l'incertitude également en ce qui concerne les guerres commerciales annoncées par le président Trump. Ces dernières pourraient bien affecter le marché mondial des produits laitiers, si les menaces étaient mises à exécution. En effet, les échanges de produits laitiers entre les États-Unis et l'UE à 27 sont assez soutenus. Le solde de ces derniers est d'ailleurs défavorable aux Américains sur les matières grasses et sur le fromage, deux segments à haute valeur ajoutée. Si le solde total des échanges américains de fromages en volume est positif, il est pénalisé par les échanges avec les Européens (à un solde négatif de – 150 000 tonnes en 2024), les principaux fournisseurs européens étant l'Italie, la France, l'Espagne et les Pays-Bas. Concernant les matières grasses laitières (beurre et matière grasse laitière anhydre, MGLA), les États-Unis sont importateurs nets au total, et l'Union européenne représentait quasiment 60 % de leurs importations en 2024. Les Irlandais fournissent l'essentiel de ces volumes, des quantités qui pourraient donc se reporter vers d'autres destinations si le débouché américain devenait moins intéressant suite à des taxes, d'autant que la production laitière irlandaise était repartie à la hausse sur la fin d'année 2024. Cet afflux de volumes non exportés aurait très certainement un effet déstabilisateur sur les marchés.

Enfin, les échanges restent soumis à l'évolution du conflit au Moyen-Orient, dont les développements conditionnent le passage dans le canal de Suez. Début 2025, l'accord de cessez-le-feu dans la bande de Gaza a permis le début d'un allégement de la tension en mer Rouge, qui pourrait à terme se traduire par une reprise du passage des navires. Les échanges mondiaux de 2025 seront donc conditionnés à l'évolution de ces différents éléments.

Pommes de terre : *en progression*

Près de 400 millions de tonnes de production mondiale de pommes de terre, mais des échanges mondiaux par essence limités à du commerce frontalier, si ce n'est sous la forme de produits transformés et bien sûr de frites surgelées qui n'échappent pas aux tensions des guerres commerciales.

D'après les données de la FAO, la récolte mondiale de pommes de terre en 2023 a atteint 386 Mt, soit une hausse de 3 % sur un an. La production mondiale demeure en hausse constante depuis 2018. Parmi les trois principaux pays producteurs, les récoltes progressent en Chine (93,5 Mt ; + 1,2 %), en Inde (60,1 Mt ; + 7,1 %) et en Ukraine (21,4 Mt ; + 2,2 %). Ensemble, les trois pays pèsent pour 45,3 % des volumes mondiaux.

D'après le NEPG (*North-western European Potatoes Group*), la filière européenne de la pomme de terre fait face à des défis structurels et conjoncturels qui modifient les équilibres de production et de marché pour la campagne 2025. Si les rendements 2024 ont été globalement bons, l'excédent de production a pesé sur les prix, incitant les producteurs à réduire les surfaces emblavées, dans un contexte de hausse des coûts et de demande dynamique en produits transformés.

En réponse à la pression sur les prix observée après la campagne 2024, les surfaces cultivées en pommes de terre devraient reculer en 2025 dans les principaux pays producteurs (France, Belgique, Pays-Bas et Allemagne). Cette baisse a pour objectif de rééquilibrer l'offre et la demande afin d'éviter une nouvelle saturation du marché. La hausse des prix des engrais, de l'énergie et de la main-d'œuvre pèse sur la rentabilité des exploitations. La filière appelle à une meilleure contractualisation pour garantir une rémunération plus stable aux producteurs et limiter les effets de la volatilité du marché.

France : indice des prix à la production de la pomme de terre (2020 = 100)

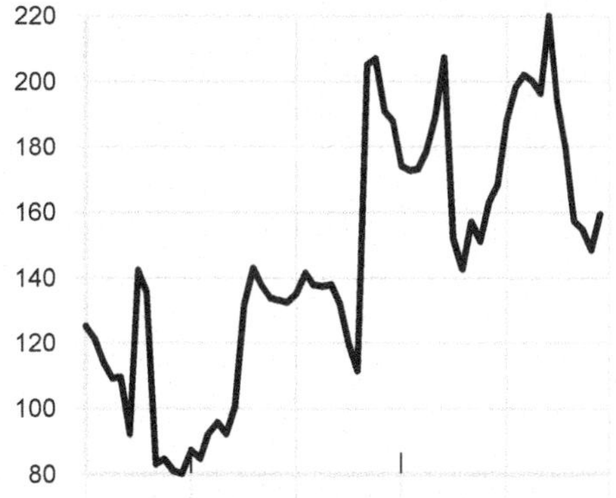

(Source : ministère de l'Agriculture)

Production mondiale de pommes de terre *
(en millions de tonnes)

	2019	2020	2021	2022	2023
Production mondiale	**366.9**	**369.4**	**373.8**	**374.8**	**386.1**
Chine	89.6	92.9	94.4	92.4	93.5
Inde	50.2	48.6	54.2	56.2	60.1
Ukraine	20.3	20.8	21.4	20.9	21.4
Russie	19.3	19.1	18.7	18.2	20.0
États-Unis	22.1	19.6	18.3	18.9	19.4
Allemagne	10.6	11.7	11.3	10.7	11.6
Bangladesh	9.7	9.6	9.9	10.1	10.4
France	8.6	8.8	9.0	8.1	8.6
Pakistan	4.9	4.6	5.9	7.9	8.3
Pays-Bas	5.2	6.8	6.3	7.2	6.9
Autres	193.6	217.5	200.4	126.1	126.0

* *plants y compris* — *(Source : FAO)*

Le marché des produits transformés, notamment des frites surgelées, reste dynamique, porté par la croissance de la consommation en Europe et à l'international. Les industriels cherchent à sécuriser leurs approvisionnements face à la réduction attendue des surfaces cultivées. Cette tension sur l'offre pourrait conduire à une augmentation des prix des pommes de terre destinées à la transformation, renforçant l'attractivité des contrats de production.

Le Canadien McCain reste le numéro un mondial de la frite surgelée. Son usine d'Harnes en France, dans le Pas-de-Calais, est la plus importante d'Europe avec une capacité de 260 000 tonnes qui devrait encore augmenter de 25 % d'ici 2028.

Ukraine : entre guerre et sécheresse, le secteur en difficulté

En 2024, la production de pommes de terre en Ukraine a connu une baisse significative de 18 %, soit une diminution de 4 Mt. Cette situation est attribuée à des défis climatiques majeurs, notamment des périodes de sécheresse prolongées qui ont affecté les rendements. Pour contrer ces difficultés, l'Ukraine a introduit en octobre 2024 douze nouvelles variétés de pommes de terre dans son registre national. Ces variétés, issues de sélectionneurs français, allemands et néerlandais, sont adaptées pour résister aux conditions climatiques changeantes, offrant ainsi aux agriculteurs des outils pour améliorer la résilience et la productivité de leurs cultures.

Parallèlement, le gouvernement ukrainien a adopté le 15 novembre 2024 une nouvelle stratégie pour le développement de l'agriculture et des zones rurales à l'horizon 2030. Cette stratégie vise à réformer en profondeur la politique agricole ukrainienne, en tenant compte des exigences liées à une hypothétique future intégration à l'Union européenne.

Malgré ces initiatives, les pertes indirectes du secteur agricole ukrainien dues à l'invasion russe pourraient atteindre $ 83 milliards d'ici la fin de 2025, selon la *Kyiv School of Economics*. Ces pertes sont principalement liées à la réduction des surfaces ensemencées et aux perturbations des exportations.

Chine : la grande puissance réaffirme sa position de *leader*

En 2024, la Chine a consolidé sa position de premier producteur mondial de pommes de terre, avec une production dépassant 93 Mt. Cette performance s'inscrit dans une tendance à la hausse, la production chinoise ayant déjà atteint plus de 95 Mt en 2022. Cette croissance est attribuée à des investissements massifs dans les technologies agricoles, à l'amélioration des infrastructures et à des conditions climatiques favorables. Des collaborations internationales, notamment avec le Pérou, ont également été initiées pour améliorer la sélection et la culture des pommes de terre.

Par ailleurs, la quatorzième Exposition internationale de la pomme de terre s'est tenue en 2024 à Dingxi, réunissant des entreprises de plus de vingt provinces chinoises et des représentants internationaux. Cet événement a mis en avant les avancées technologiques et les opportunités de coopération dans le secteur de la pomme de terre.

En matière d'exportation, des entreprises chinoises ont renforcé leur présence sur les marchés asiatiques. On peut notamment citer l'entreprise Qingdao Manhing Fruits Co., Ltd. qui a exporté avec succès 30 000 tonnes de pommes de terre en 2024, répondant aux exigences de qualité et de compétitivité des clients asiatiques.

Inde : des importations pour pallier une demande intérieure croissante

En 2024, l'Inde a maintenu sa position de deuxième producteur mondial de pommes de terre, avec une production estimée à 58,99 Mt, soit une diminution de 2 % par rapport aux 60,14 Mt de la campagne précédente. Cette baisse est attribuée à des conditions climatiques défavorables, notamment des températures élevées qui ont affecté les rendements.

Pour pallier ce recul de la production et répondre à la demande croissante, le gouvernement indien a prolongé jusqu'en 2027 l'autorisation d'importations de pommes de terre en provenance du Bhoutan sans exigence de licence. Cette mesure vise à stabiliser les prix et à assurer un approvisionnement suffisant sur le marché intérieur.

Par ailleurs, des initiatives privées ont contribué à améliorer la productivité sur le secteur de la transformation, moteur de la consommation indienne. La société belge Agristo a investi € 80 millions pour étendre son usine située à Bijnor. Cette extension permettra de quintupler la capacité de transformation des pommes de terre et d'y produire des frites surgelées à partir de 2026. La nouvelle ligne de production aura une capacité annuelle de 55 000 tonnes de frites surgelées.

Fruits et légumes tempérés : *attention Trump !*

Les dynamiques mondiales des fruits tempérés pour la campagne 2024-2025 sont marquées par des ajustements de production liés aux conditions climatiques. La Chine continue de dominer les marchés du raisin et de la pomme avec des volumes record, tandis que les États-Unis et l'Union européenne connaissent des difficultés de production. Ces évolutions influencent directement les flux commerciaux, redéfinissant les équilibres entre les grands exportateurs et importateurs mondiaux.

Pommes : une production mondiale en léger recul malgré une hausse en Chine

La production mondiale de pommes pour la campagne 2024-2025 est estimée à 84 Mt, en recul de 350 000 tonnes. La baisse des récoltes dans l'Union européenne, aux États-Unis, en Turquie et en Russie contrebalance la hausse de la production chinoise, qui atteint – de nouveau – un niveau record de 48 Mt. L'augmentation des volumes en Chine est notamment due à des conditions de croissance favorables et à l'introduction de variétés plus productives. Les exportations chinoises devraient croître de 100 000 tonnes pour atteindre 1 Mt, principalement à destination de l'Indonésie, des Philippines et de la Thaïlande.

Au regard des annonces américaines début 2025 portant sur la mise en place de droits de douane importants avec un certain nombre de partenaires, l'élection de Donald Trump pourrait accentuer le protectionnisme américain, entraînant des hausses de coûts commerciaux et des tensions sur les marchés agricoles, notamment avec l'Europe et la Chine, mais aussi avec le Mexique. On pense ainsi aux avocats du Mexique qui pourraient être parmi les premiers touchés.
Ces mesures pourraient entraîner une hausse des prix pour les consommateurs américains et une réduction de la compétitivité des produits étrangers sur le marché américain, avec pour conséquence d'accroître l'incertitude pour les acteurs mondiaux. En 2024, les États-Unis ont exporté pour $ 7,7 milliards de fruits et légumes, en particulier des pommes, mais en ont importé pour $ 33 milliards (avocats, bananes, myrtilles…).

Pommes
(en milliers de tonnes)

	2020-2021	2021-2022	2022-2023	2023-2024	2024-2025
Production mondiale	**81 700**	**82 634**	**82 307**	**84 321**	**83 976**
Chine	44 066	45 973	44 500	46 500	48 000
Union européenne	11 935	12 266	12 728	12 090	11 009
États-Unis	4 511	4 438	4 394	5 030	4 888
Turquie	4 300	4 493	4 968	4 750	4 150
Inde	2 300	2 300	2 400	2 410	2 550
Iran	2 768	1 990	1 990	1 990	1 990
Russie	1 540	1 641	1 742	1 844	1 600
Afrique du Sud	1 164	1 250	1 200	1 300	1 320
Ukraine	1 279	1 129	1 129	1 129	1 129
Brésil	1 297	1 047	1 047	1 047	1 047
Autres	6 540	6 107	6 210	6 231	6 294

(Source : USDA)

En revanche, la production de l'Union européenne est attendue en baisse de 1,1 Mt, atteignant 11 Mt. La Pologne, principal pays producteur, a subi en 2024 de mauvaises conditions de pollinisation et des gelées printanières ayant fortement réduit la récolte. Cette baisse de production entraîne une augmentation des importations européennes de près de 40 %, atteignant 350 000 tonnes, pour compenser le déficit d'offre.

Aux États-Unis, la production de pommes est prévue en léger repli de 150 000 tonnes, atteignant 4,9 Mt, tout en restant au-dessus de la moyenne décennale. Les exportations américaines devraient diminuer de 10 %, se situant à 820 000 tonnes, tandis que les importations resteraient à un niveau historiquement bas, avec seulement 90 000 tonnes.

Raisins de table : une dynamique mondiale portée par la Chine et l'Inde

La production mondiale de raisins de table pour la campagne 2024-2025 est estimée à 28,9 Mt, soit une augmentation de près de 1 Mt, grâce aux hausses enregistrées en Chine, en Inde et aux États-Unis, compensant le recul de la production dans l'Union européenne. La Chine enregistre une production record de 14,2 Mt, bénéficiant de nouvelles variétés et de conditions climatiques de culture favorables. Ses exportations devraient bondir de 100 000 tonnes, atteignant 600 000 tonnes, principalement à destination de l'Asie du Sud-Est.

L'Inde affiche également une production en hausse, atteignant 3,1 Mt, avec des exportations en progression de plus de 20 000 tonnes, principalement vers l'Union européenne, qui connaît une forte baisse de sa propre récolte. La production européenne de raisins de table devrait en effet reculer de 200 000 tonnes, atteignant 1,1 Mt, son plus bas niveau en vingt ans. L'Italie et la Grèce ont été particulièrement touchées par des conditions climatiques extrêmes, réduisant l'offre disponible. Cette baisse devrait entraîner une augmentation des importations de 630 000 tonnes pour compenser le manque d'approvisionnement local.

Aux États-Unis, la production de raisins de table est attendue en forte hausse, avec un rebond de près de 200 000 tonnes, pour atteindre 845 000 tonnes. La Californie, principal bassin de production, bénéficie d'une reprise complète après les pertes causées par l'ouragan *Hilary* en 2023. Grâce à cette augmentation de l'offre, les exportations américaines devraient croître de 35 %, atteignant 245 000 tonnes. En parallèle, les importations devraient reculer de plus de 30 000 tonnes,

Concentré de jus de pommes : en hausse, mais le plafond est proche

Les prix du concentré de jus de pommes montent inexorablement face à la croissance du marché, tandis que la production n'augmente pas en conséquence. Mais, en 2025, il semble que le plafond des prix sera atteint, au moins temporairement.

Le fait est là : les cours du concentré de jus de pommes (CJP) ont poursuivi leur progression en 2024, tendance que janvier 2025 n'a pas démentie. Les cotations relevées par le département américain de l'Agriculture (USDA) en janvier 2024 faisaient apparaître une majorité de transactions conclues à $ 10,70 le gallon (1 gallon = 3,78 litres) pour le CJP en provenance de Chine débarqué dans les ports de la côte ouest des États-Unis. Fin janvier 2025, ce cours s'établissait dans une fourchette de $ 11,40-$ 12,35 le gallon. Les cours du CJP chinois sur les ports d'importation américain font référence, car les États-Unis sont le premier importateur mondial de CJP et la Chine le premier exportateur. Le CJP de provenance turque sur les ports américains de la côte Est est, quant à lui, passé de $ 10,25-$ 10,60 en janvier 2024 à $ 12-$ 12,8.

Chine : beaucoup de pommes pour autre chose que le CJP

Pourquoi une telle progression ? D'une part parce que la récolte de pommes 2024 du numéro un mondial du CJP, la Chine, n'est pas si importante qu'annoncé. Elle s'établirait à 40,1 millions de tonnes (Mt) selon la WAPA (*World Apple and Pear Association* : Association mondiale de la pomme et de la poire), basée à Bruxelles, et non à 48 Mt, comme l'a publié l'USDA en décembre 2024. D'autre part parce que la Chine met plus l'accent maintenant sur l'exportation de pommes destinées au marché du frais que sur l'exportation de CJP, qui est un vestige des investissements massifs lancés par la Chine dans l'euphorie de la mondialisation des années 1990. « La Chine restructure ses vergers de pommiers plus pour satisfaire le marché du frais que pour le marché de la pomme transformée, l'industrie n'étant plus subventionnée », précise Mathias Ebert, consultant en analyse des marchés, basé près de Varsovie, au cœur du bassin de production de la pomme en Pologne. Dans cette logique, Pékin devrait exporter 100 000 tonnes de pommes de plus qu'en 2023-2024, selon l'USDA. Les pommes chinoises de petit calibre sont prisées au Népal, en Indonésie, au Vietnam et en Thaïlande. Ce qui n'empêche pas que, sur le marché intérieur chinois, la demande de pommes sur le marché du frais soit soutenue elle aussi : « Avec l'amélioration des standards de vie et la progression des avertissements de santé ces dernières années, les consommateurs chinois demandent davantage de qualité, des arômes et des propriétés nutritionnelles dans leurs fruits », selon une note de l'USDA de novembre 2024. Et les jus et les fruits séchés « gagnent en popularité » sur le marché chinois aussi, selon cette même note. Au bout du compte, que reste-t-il comme volume de pommes pour alimenter l'industrie du concentré pour le marché mondial ? La partie résiduelle. La production de CJP chinois destinée à l'exportation telle qu'elle était voulue par les autorités dans les années 1990 n'augmente pas assez vite par rapport à la demande mondiale, alors que celle-ci est promise à une expansion au moins jusqu'au début des années 2030.

Production mondiale de concentré de jus de pommes
(en milliers de tonnes)

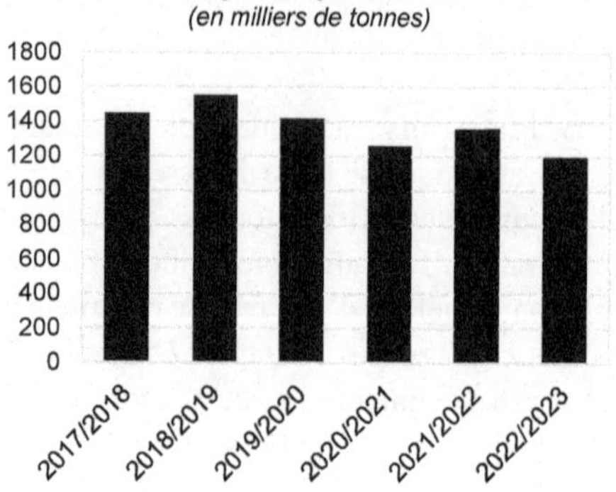

(Source : Mathias Ebert Hartwig)

La récolte de pommes polonaise en chute de 13 %

Tandis que l'équilibre offre/demande de CJP chinois est précaire, avec une offre à peine suffisante, la récolte de pommes polonaise 2024 est en chute de 13 % par rapport à la récolte précédente du fait du gel sur des bourgeons déjà bien formés à la sortie de l'hiver et de tempêtes de grêle au printemps, a commenté en décembre l'office statistique polonais. Cette situation en Pologne amène les transformateurs à rechercher frénétiquement la matière première et contribue significativement à la hausse des prix mondiaux parce que la Pologne est un des principaux exportateurs de CJP sur la planète. Ainsi, le CJP européen (de fait, le CJP polonais) exporté *via* les ports américains de la côte est, qui était coté $ 11-$ 12 en janvier 2024, a atteint $ 13-$ 14,90 fin janvier 2025. Les stocks de pommes en Pologne au 1er janvier ont été évalués par la Wapa à 928 000 tonnes, nettement au-dessous de la moyenne des dix dernières années (1,2 Mt), rapporte Mathias Ebert. « Les usines de transformation en Pologne ont accumulé du retard par rapport aux prévisions : entre le moment de la récolte et le 31 décembre, elles n'ont réceptionné que 220 000 tonnes de pommes au lieu des 230 000-250 000 tonnes prévues durant l'été. Les agriculteurs polonais, au courant de la forte demande de l'industrie, ont su limiter les offres en utilisant leurs magasins de stockage », précise-t-il.

Des taux de transformation très élevés dans cette campagne

Pour néanmoins alimenter l'industrie, le taux de pommes destinées à la transformation passerait des 20-30 % en année normale à 30-40 %, selon le consultant. Et puis, les coûts élevés de l'énergie « peuvent rendre la transformation plus rentable que le stockage en atmosphère contrôlée », a ajouté Stephanie Galbraith, analyste sur le secteur des fruits à l'USDA, dans une série de questions pour Cyclope. Pour autant, l'offre sera serrée. D'autant plus qu'une part conséquente des pommes de transformation devrait être prélevée pour la production de NFC, le *Not for concentrate*, un produit à plus forte valeur ajoutée pour les industriels qui en fabriquent. La production de NFC devrait ainsi absorber 400 000 tonnes de pommes en Pologne, selon Mathias Ebert. Au total, la production polonaise de CJP pourrait se hisser jusqu'à 250 000 tonnes, mais pas au-delà. Certains autres analystes de marché prévoient une production polonaise moindre, ne dépassant pas 220 000 tonnes.

En Ukraine la récolte de pommes 2024 n'a pas été mauvaise. La Wapa l'estime à 1,080 Mt, à peine moins qu'en 2023 (1,086 Mt). Les difficultés de la filière ukrainienne résident au stade de l'industrie, pour des raisons logistiques. L'Ukraine exporte le CJP, soit directement vers ses destinations habituelles, soit aussi *via* la Pologne. Ainsi, les importations polonaises de concentré ukrainien en 2024-2025 ont quasi doublé entre août et novembre par rapport à l'année précédente, passant de 8 500 tonnes à 15 000 tonnes. Cas de figure similaire avec la Moldavie, dont les exportations de CJP vers la Pologne sont passées de 6 000 tonnes à 14 700 tonnes. La forte tension des cours limite maintenant la demande, et donc le « carburant » de la hausse des cours. D'après Mathias Ebert, une détente des cours ne pourra être perceptible qu'à l'approche de la récolte de pommes dans l'hémisphère nord.

Raisins de table
(en milliers de tonnes)

	2020-2021	2021-2022	2022-2023	2023-2024	2024-2025
Production mondiale	**25 471**	**26 467**	**27 673**	**27 904**	**28 867**
Chine	11 450	11 980	12 750	13 500	14 200
Inde	2 300	2 900	2 850	2 950	3 068
Turquie	2 220	1 857	2 220	1 919	1 995
Ouzbékistan	1 695	1 761	1 761	1 761	1 761
Égypte	1 170	1 470	1 560	1 573	1 593
Brésil	1 748	1 451	1 451	1 451	1 451
Union européenne	1 374	1 422	1 543	1 311	1 090
États-Unis	871	826	811	655	845
Pérou	685	713	766	775	790
Chili	665	793	656	683	728
Autres	1 293	1 294	1 305	1 327	1 347

(Source : USDA)

Poires
(en milliers de tonnes)

	2020-2021	2021-2022	2022-2023	2023-2024	2024-2025
Production mondiale	**23 902**	**24 509**	**25 217**	**25 478**	**25 852**
Chine	17 815	18 876	19 260	19 850	20 200
Union européenne	2 373	1 847	2 092	1 807	1 868
Argentine	615	557	654	658	655
Turquie	550	530	571	555	620
Afrique du Sud	461	540	508	530	540
États-Unis	610	601	587	602	470
Inde	308	310	300	313	313
Russie	247	240	235	230	230
Japon	206	223	223	223	223
Chili	233	223	212	202	207
Autres	483	563	575	508	526

(Source : USDA)

se stabilisant à 760 000 tonnes, même si les États-Unis restent le premier importateur mondial de raisins de table.

Dans l'hémisphère sud, la production péruvienne est en hausse de 15 000 tonnes, atteignant 790 000 tonnes, tandis que les exportations devraient progresser de 20 %, frôlant les records de 2022-2023 avec 620 000 tonnes. Le Chili connaît également une production en hausse, atteignant 728 000 tonnes, avec des exportations en progression de 45 000 tonnes, atteignant 570 000 tonnes.

Poires : une production en recul aux États-Unis

La production mondiale de poires pour la campagne 2024-2025 est estimée en hausse de 400 000 tonnes, atteignant 25,9 Mt. Cette progression est principalement portée par la Chine, qui compense largement les pertes observées aux États-Unis. Les échanges mondiaux devraient croître de 60 000 tonnes, atteignant 1,9 Mt, notamment grâce à des exportations plus dynamiques de la Chine et de la Turquie.

Aux États-Unis, la production de poires fraîches est prévue en forte baisse, atteignant son plus bas niveau depuis près de soixante ans, avec un volume estimé à 470 000 tonnes. Les conditions météorologiques défavorables, notamment un gel en janvier et des températures printanières froides, ont impacté les vergers des trois principaux États producteurs : Washington, Oregon et Californie. La production dans l'État de Washington, historiquement le premier producteur, devrait chuter de plus de 30 %, laissant l'Oregon en tête. En conséquence, les exportations américaines de poires fraîches devraient reculer à 85 000 tonnes, leur niveau le plus bas depuis 1988-1989, soit une baisse de plus de 25 000 tonnes par rapport à la campagne précédente.

Traditionnellement, les États-Unis exportent 90 % de leurs poires vers le Canada et le Mexique, marchés sur lesquels ils détiennent respectivement 50 % et 90 % de parts de marché. Toutefois, en raison de la faiblesse de l'offre exportable et des tensions commerciales entre les puissances nord-américaines, ces parts pourraient être contestées en 2024-2025. En parallèle, les importations de poires aux États-Unis ne devraient croître que légèrement, atteignant 80 000 tonnes, les autres grands producteurs mondiaux n'augmentant pas significativement leurs volumes exportables.

Tomates : les volumes chinois en hausse, mais fragilisés par de mauvaises conditions de production

Chine

Pour la saison de transformation 2024, la Chine avait initialement prévu une production de 11 Mt,

Les principaux producteurs de tomate fraiche
(en milliers de tonnes)

	2019	2020	2021	2022	2023
Monde	**181 933**	**185 332**	**189 380**	**186 208**	**192 409**
Chine	62 974	64 741	66 634	68 392	70 215
Inde	19 007	20 550	21 181	20 694	20 425
Turquie	12 842	13 204	13 095	13 000	13 300
États-Unis	10 859	10 939	10 446	10 234	12 370
Égypte	6 814	6 494	6 389	6 368	6 211
Italie	5 778	6 248	6 645	6 136	6 016
Mexique	4 272	4 137	4 149	4 218	4 395
Brésil	3 921	3 757	3 679	3 819	4 166
Autres	55 466	56 566	58 102	53 857	55 312

(Source : FAO)

en hausse de 37 % par rapport aux 8 Mt transformées en 2023. Cette augmentation était liée à une superficie cultivée d'environ 100 000 hectares. Cependant, des conditions météorologiques défavorables, telles que des vagues de chaleur intenses et des pluies intermittentes dans les régions du Xinjiang et de la Mongolie-Intérieure, ont accéléré la maturation des tomates et entraîné des pertes pouvant atteindre 30 % dans certaines zones. En conséquence, la production totale a été révisée à la baisse, avec une estimation maximale de 10,45 Mt, soit une réduction d'au moins 5 % par rapport aux prévisions initiales.

États-Unis

La Californie, principal État producteur de tomates de transformation aux États-Unis, a maintenu une production stable en 2024. Selon le rapport de l'USDA, la récolte s'est clôturée à un niveau en légère hausse par rapport aux années précédentes. Les exportations américaines de produits à base de tomate ont atteint des niveaux remarquables en 2024. La valeur totale des concentrés, conserves et sauces tomates exportées a dépassé $ 933 millions, en hausse de $ 210 millions (+ 29 %) par rapport à la moyenne annuelle de $ 723 millions

Les principaux producteurs de tomates d'industrie
(en milliers de tonnes)

	2020	2021	2022	2023	2024
Monde	**38 402**	**39 184**	**37 257**		
États-Unis	10 721	10 193	9 964	11 920	11 000**(p)**
Chine	5 800	4 800	6 200	8 000	10 450
Italie	5 166	6 059	5 476	5 400	5 272
Espagne	2 650	3 185	2 125	2 600	3 080
Turquie	2 500	2 200	2 350	2 700	2 700
Portugal	1 262	1 596	1 414	1 500	1 500
Iran	1 300	1 300	1 800	2 000	1 400
Brésil	1 421	1 525	1 500	1 650	1 650
Chili	907	1 174	971	1 450	1 300
Tunisie	961	940	689	650	999

(p) prévisions

(Source : World Processing Tomato Council)

enregistrée sur la période 2021-2023. Concernant les importations, les États-Unis continuent d'importer des tomates, notamment en provenance du Mexique. Les États-Unis sont le principal importateur de tomates du Mexique, ce dernier étant l'un des principaux exportateurs mondiaux aux côtés des Pays-Bas et de l'Espagne.

Italie

En 2024, la filière italienne de la tomate d'industrie a rencontré des défis majeurs, influençant à la fois la production et les échanges commerciaux. La campagne 2024 s'est achevée avec une production totale d'environ 5,3 Mt, marquant une baisse de 2,5 % par rapport à 2023 et une déviation notable par rapport aux prévisions initiales. Cette diminution est particulièrement notable dans le nord de l'Italie, malgré une augmentation nationale de 11 % des surfaces cultivées par rapport à l'année précédente. Les conditions climatiques ont joué un rôle crucial dans cette baisse. Dans le nord, des précipitations excessives ont perturbé la récolte, tandis que le sud a souffert d'une grave sécheresse, affectant les rendements et prolongeant la campagne de récolte. Malgré ces défis, les exportations italiennes de concentrés de tomate ont rebondi après trois années de recul, approchant les 800000 tonnes, un niveau proche du record historique de 2019-2020. Cette progression annuelle représente une augmentation de 7 % par rapport à 2022-2023 et de 4 % par rapport à la moyenne des trois années précédentes.

Cette performance souligne la résilience de la filière italienne face aux aléas climatiques et sa capacité à maintenir une présence forte sur le marché international.

Fruits secs à coque : *un marché américain*

Le marché mondial des fruits à coque continue d'être dominé par quelques grands importateurs et exportateurs. La reprise de la production aux États-Unis, notamment pour les amandes et les pistaches, soutient les échanges internationaux. Cependant, les défis climatiques aux États-Unis et en Europe impactent les rendements des noix. L'Iran et la Chine consolident leurs positions, tandis que l'Australie et le Chili renforcent leur présence sur les marchés mondiaux. Ces dynamiques façonneront l'évolution des flux commerciaux et la structuration du marché dans les années à venir.

Des marchés concentrés et une dépendance accrue aux exportations

Les importations mondiales d'amandes, de noix et de pistaches sont largement dominées par quelques marchés clés. En 2023-2024, l'Union européenne représente 29 % des importations mondiales, suivie par la Chine (12 %), l'Inde (11 %), la Turquie (9 %) et les Émirats arabes unis (7 %). Ces cinq marchés concentrent près de 70 % des importations mondiales. L'évolution du commerce mondial repose donc sur la croissance continue de ces grands importateurs et sur l'élargissement de la demande à d'autres marchés, comme le Japon, la Corée du Sud, le Canada et le Royaume-Uni, où les volumes restent stables.

Les producteurs américains d'amandes, de noix et de pistaches dépendent fortement des marchés extérieurs. Entre 2014-2015 et 2023-2024, les exportations ont représenté en moyenne 69 % de la production pour les amandes, 71 % pour les noix et 62 % pour les pistaches. Cette dépendance s'est accentuée pour les amandes, tandis que les exportations de noix ont perdu des parts de marché au profit de la Chine et du Chili. La production américaine de pistaches, en revanche, a consolidé sa position de *leader* à l'exportation, bénéficiant d'une baisse de l'offre de son principal concurrent, l'Iran.

Amandes : rebond de la production mondiale porté par les États-Unis

La production mondiale d'amandes pour 2024-2025 est attendue en hausse de 13 %, atteignant 1,6 Mt (base décortiquée). Cette progression est principalement due à la reprise de la production américaine, qui augmente de 13 % pour atteindre 1,3 Mt. La consommation mondiale est également prévue en hausse de 6 %, atteignant 1,6 Mt. Les exportations mondiales devraient progresser de 3 %, soutenues par une demande accrue de l'Union européenne, de l'Inde et de la Chine.

Aux États-Unis, l'amélioration des rendements par hectare et du nombre de fruits par arbre com-

Production mondiale

(en tonnes)

	2019-2020	2020-2021	2021-2022	2022-2023	2023-2024	2024-2025
• **Amandes (décortiquées)**						
Monde	**1 489 160**	**1 783 640**	**1 687 220**	**1 170 460**	**1 120 370**	**1 270 060**
États-Unis	1 161 160	1 412 940	1 331 220	1 170 460	1 120 370	1 270 060
Australie	114 400	127 000	141 000	109 000	154 000	160 000
Union européenne	139 100	168 000	137 500	105 000	135 000	150 000
Turquie	15 000	16 500	20 000	22 500	24 000	27 000
Chine	45 000	44 000	42 000	52 000	5 000	24 000
Autres	14 500	15 200	15 500	16 775	15 500	15 650
• **Noix (entières)**						
Monde	**2 135 917**	**2 375 696**	**2 313 567**	**2 666 203**	**2 665 911**	**2 694 814**
Chine	1 000 000	1 100 000	1 100 000	1 200 000	1 350 000	1 500 000
États-Unis	596 021	715 769	666 781	685 832	747 520	607 814
Chili	140 400	161 000	175 000	192 000	175 000	195 000
Union européenne	125 411	139 500	146 000	163 000	140 000	150 000
Ukraine	125 900	113 320	85 000	95 000	100 000	100 000
Turquie	65 000	67 000	68 000	67 000	67 000	67 000
Inde	35 000	35 000	36 000	34 000	33 000	34 000
Autres	50 000	43 200	40 600	42 000	43 000	41 000
• **Pistaches (entières)**						
Monde	**679 712**	**1 003 751**	**813 714**	**783 069**	**1 115 853**	
États-Unis	336 112	474 004	523 899	400 069	675 853	
Iran	205 000	190 000	135 000	106 000	180 000	
Turquie	85 000	250 000	87 000	200 000	175 000	
Syrie	32 000	69 000	43 000	45 000	50 000	
Union européenne	21 600	20 747	24 815	32 000	35 000	
• **Noisettes (non décortiquées)**						
	2019	**2020**	**2021**	**2022**	**2023**	
Monde	**1 121 862**	**1 070 990**	**1 077 393**	**1 195 732**	**1 125 221**	
Turquie	776 046	665 000	684 000	765 000	650 000	
Union européenne	132 380	173 980	117 980	133 000	150 860	
Azerbaïdjan	40 820	56 060	70 490	70 310	85 460	
États-Unis	53 793	49 465	67 630	72 105	75 409	
Chili	40 000	37 000	36 773	62 412	65 647	
Géorgie	24 000	32 700	46 000	33 400	36 900	
Chine	24 532	24 740	24 814	24 696	24 750	
Autres	30 386	31 787	31 784	34 808	36 195	
• **Noix de cajou (non décortiquées)**						
	2019	**2020**	**2021**	**2022**	**2023**	
Monde	**3 484 831**	**3 653 594**	**3 826 874**	**3 852 868**	**3 934 839**	
Afrique de l'Ouest	1 432 551	1 551 493	1 719 654	1 872 896	1 886 084	
Inde	743 000	703 000	738 000	752 000	782 000	
Vietnam	286 047	348 504	399 308	328 827	347 634	
Tanzanie	225 106	232 681	210 786	240 158	189 114	
Indonésie	162 510	165 868	166 339	146 417	164 152	
Mozambique	140 000	143 000	143 398	144 823	157 496	
Philippines	242 329	255 915	255 931	123 761	136 264	
Autres	252 430	251 079	251 107	313 398	272 096	

(Sources : FAO/USDA)

pense la baisse du poids des amandes et la stabilité des surfaces cultivées. Grâce à des conditions climatiques globalement favorables, la production retrouve des niveaux élevés. Les exportations américaines devraient représenter plus de 70 % de l'offre, atteignant 925 000 tonnes. La demande accrue de l'Union européenne et de l'Asie contribue à ce rebond, tandis que les stocks de fin de campagne continuent de diminuer pour la troisième année consécutive.

L'Australie enregistre également une hausse de production (+ 4 %), atteignant un niveau record de 160 000 tonnes, principalement grâce à une augmentation des superficies en production. Les exportations australiennes devraient suivre cette tendance, avec une progression de 4 % à 130 000 tonnes.

Dans l'Union européenne, la production d'amandes est attendue en hausse de 11 % à 150 000 tonnes, portée par une forte augmentation des volumes en Espagne, malgré une baisse en Italie. Les importations européennes sont estimées en hausse de 4 % à 280 000 tonnes, soutenues par la demande des industries alimentaires et du *snacking*.

Noix : la production chinoise compense le recul aux États-Unis

La production mondiale de noix pour 2024-2025 est prévue en hausse de 2 % à 2,7 Mt (noix entières). Cette croissance est portée par l'augmentation des volumes en Chine, au Chili et dans l'Union européenne, qui compensent le recul aux États-Unis. La consommation mondiale suit cette tendance, atteignant 2,7 Mt.

Aux États-Unis, la production de noix chute de 19 % à 608 000 tonnes, marquant le premier recul des surfaces cultivées sur deux années consécutives depuis les années 1950. Le faible nombre d'heures de froid hivernales a affecté la floraison, tandis que des températures estivales élevées ont nécessité une irrigation accrue. En conséquence, les exportations américaines devraient diminuer de 13 % à 440 000 tonnes, avec une réduction notable des ventes vers l'Union européenne, le Japon et la Corée du Sud.

En revanche, la production chinoise progresse de 11 %, atteignant un niveau record de 1,5 Mt grâce à des conditions de croissance favorables. Bien que 80 % de cette production soit consommée localement, les exportations vers le Kirghizstan et les Émirats arabes unis continuent de croître.

Le Chili affiche une progression de 11 % de sa production, atteignant un niveau record de 195 000 tonnes. Pratiquement toute cette récolte est destinée à l'exportation, avec une augmentation des ventes vers l'Union européenne et l'Inde.

Pistaches : une production mondiale record

La production mondiale de pistaches pour 2023-2024 atteint un niveau record de 1,1 Mt (noix entières), soit une hausse de plus de 40 % par rapport à l'année précédente. Cette progression est portée par la forte reprise des récoltes aux États-Unis et en Iran, qui compensent la baisse en Turquie.

Aux États-Unis, la production bondit de 70 % à un niveau record de 676 000 tonnes, grâce à une alternance naturelle du cycle de production et à l'extension des surfaces en production. Les exportations américaines progressent de 48 % à 435 000 tonnes, bénéficiant d'une demande soutenue de la Chine, de l'Inde et de l'Union européenne. Malgré une consommation domestique record, les stocks de fin de campagne augmentent à 105 000 tonnes.

L'Iran voit également sa production rebondir de 70 %, atteignant 180 000 tonnes après plusieurs années de faibles rendements dus au gel et au manque de précipitations. Les exportations iraniennes progressent fortement, atteignant 135 000 tonnes, avec des ventes dynamiques vers la Chine, l'Inde et l'Union européenne.

En Turquie, la production recule de 13 % à 175 000 tonnes en raison d'une année de faible rendement dans le cycle de production alternée des pistachiers. Toutefois, la majorité de la récolte est consommée localement, limitant l'impact sur les exportations.

Les importations chinoises de pistaches doublent pour atteindre 170 000 tonnes, principalement en raison de la reprise des expéditions en provenance des États-Unis et, dans une moindre mesure, d'Iran. L'Union européenne suit cette tendance, augmentant ses importations de près de 50 % à 165 000 tonnes, avec les États-Unis comme principal fournisseur.

Noisettes : un marché mondial dominé par la Turquie

La Turquie, premier producteur de noisettes, assure chaque année de 70 à 75 % de la production mondiale. Au cours de la campagne 2024, la filière turque a cependant connu une baisse globale de ses rendements, du fait d'aléas climatiques ayant impacté les vergers. Si les zones en altitude ont connu des rendements stables grâce à des températures modérées, la baisse des précipitations et la hausse des températures ont davantage impacté d'autres régions. Les chiffres de production pour 2024 sont ainsi estimés à 750 000 tonnes. Sur les marchés mondiaux, le prix de la noisette turque est attendu à la hausse sur l'année 2025, du fait de volumes disponibles limités, et de l'augmentation des coûts de production : prix des intrants à la hausse, et élévation du salaire minimum en Turquie au 1er janvier 2024. Les fluctuations de la production turque, dues notamment aux aléas climatiques, ont un impact significatif sur les prix mondiaux et sur les marchés dépendants des importations, comme la France.

Deuxième producteur mondial, l'Italie a subi en 2024 des conditions climatiques contrastées. Après deux années de sécheresse, l'année 2024 a été particulièrement pluvieuse, affectant tant la qualité que la quantité des récoltes. Ainsi, les noisettes premium de la récolte 2024 sont peu disponibles, provoquant une hausse significative des prix de certaines variétés, notamment *Tonde Gentile Trilobata* du Piémont.

Miel : *au péril des tarifs*

En 2023, le marché mondial du miel avait été rythmé par un déséquilibre entre l'offre et la demande, sur fond de guerre en Ukraine, de protectionnisme américain et d'inflation, et on avait pu observer des changements de flux entre les plus gros pays importateurs et exportateurs. Cette nouvelle instabilité des marchés a été accentuée en 2024, avec le retour des droits de douane sur les miels ukrainiens et l'annonce d'une loi *Anti-dumping* des États-Unis plus sévère envers l'Argentine. Par anticipation des importateurs, l'achat de miel sur le marché mondial s'est intensifié, entraînant une hausse rapide et généralisée des cours.

L'Ukraine est le plus gros producteur de miel en Europe, avec en moyenne 80 000 tonnes extraites des ruches chaque année. Étant aux portes de l'Union européenne, dont la production de miel couvre seulement 60 % des besoins de sa population, l'Ukraine est donc un partenaire de choix, qui propose un miel de qualité à un prix compétitif.

En juin 2022, au début de l'invasion russe, l'Union européenne, dans sa volonté de soutenir l'économie ukrainienne, avait alors voté l'exonération de droits de douane sur plusieurs produits, dont le miel. Cette exonération, accompagnée du retrait du quota de 6 000 tonnes, avait eu pour effet de stabiliser le cours du miel de cette origine.

Deux ans plus tard, face à la grogne des agriculteurs européens concernant l'augmentation des importations d'œufs, de volaille et de céréales venant de l'Est, l'Union européenne décida le retour des droits de douane et du quota sur le miel.

Il faut noter que, contrairement aux œufs, par exemple, qui ont vu leurs importations multipliées par 3,5, il n'y a pas eu de « raz de marée » de miel ukrainien sur les étals des supermarchés européens. Le volume importé était de 66 076 tonnes

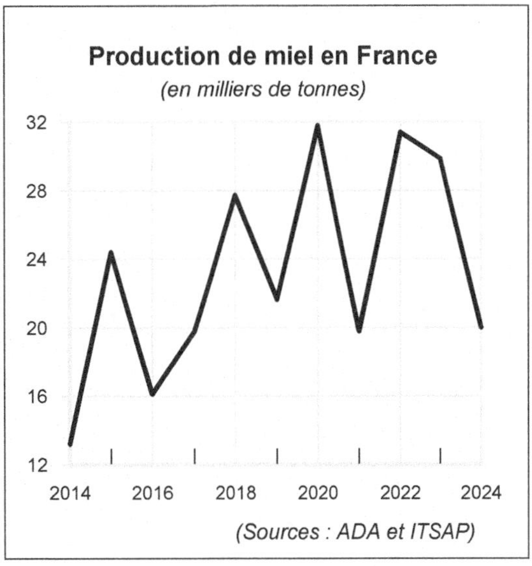

en 2020, 50 660 en 2021, puis 42 879 en 2022 et enfin 51 658 tonnes en 2023.

Pour le miel, ce retour des droits de douane a pris la forme d'un quota de 44 417,56 tonnes sur l'année 2024, qui fut atteint dès le 20 août. Tous les miels dédouanés durant le reste de l'année se sont vus taxés à hauteur de 17,3 %.

Ce retour des droits de douane a aussi été accompagné d'un second quota pour janvier 2025, de 18 507,32 tonnes, qui perturba grandement le marché. En effet, par anticipation, les conditionneurs de miel européens ont pour la plupart acheté une quantité plus importante de miel dès la fin de la récolte. Cette forte et soudaine augmentation de la demande eut un effet immédiat sur le prix du miel qui connut une hausse de 25 % entre septembre et décembre 2024, sans même prendre en compte le retour de la taxe de 17,3 % à venir ! Preuve de l'intensification de la demande, l'Ukraine finit l'année 2024 en battant un record, celui de quantité de miel exportée, avec 85 811 tonnes, dont 71 187 vers l'Union européenne.

Par effet domino, cette augmentation de prix s'est rapidement répercutée dans la zone euro et notamment sur les pays de l'Est, où le prix grimpa de 10 % entre septembre et décembre 2024.

Dans la même logique, les États-Unis ont anticipé l'évolution des droits de douane à venir au printemps 2025, dans le cadre de la loi *Antidumping* sur le miel, notamment depuis l'élection de Donald Trump, qui n'a jamais caché ses velléités protectionnistes.

Toujours en attente de confirmation par le gouvernement des États-Unis en avril 2025, l'annonce la plus marquante concerne le plus grand producteur d'Amérique latine et deuxième fournisseur des États-Unis avec 57 361 tonnes en 2024, l'Argentine.

Les droits de douane, aujourd'hui à 16,92 %, passeraient à 58,34 % courant 2025 ! C'est pro-

Évolution des volumes d'achat et de vente des 12 acteurs les plus importants sur le marché

(en tonnes)

Top 6 Importateurs	2018	2019	2020	2021	2022	2023	2024	Évolution 2023-2024 (%)
États-Unis	187 623	178 948	196 531	220 538	205 156	199 296	254 926	27.91
Allemagne	85 978	82 202	90 136	78 701	75 443	64 469	72 635	12.67
Royaume-Uni	50 599	48 830	52 654	45 852	51 912	50 917	60 302	18.43
Japon	44 521	44 788	49 348	47 132	47 381	41 924	45 416	8.33
Espagne	27 920	26 802	31 690	31 627	37 571	31 005	35 587	14.78
France	32 314	32 842	34 913	29 348	35 538	31 309	33 690	7.60

Top 6 Exportateurs	2018	2019	2020	2021	2022	2023	2024	Évolution 2023-2024 (%)
Chine	123 477	120 845	132 469	145 886	156 002	152 636	169 573	11.10
Inde	58 231	65 351	54 834	70 514	86 183	98 273	93 966	-4.38
Ukraine	49 366	55 683	80 775	57 528	48 372	55 357	85 811	55.01
Argentine	68 787	63 522	68 985	63 934	67 380	68 880	78 094	13.38
Brésil	28 524	29 812	45 728	47 190	36 886	28 555	37 931	32.83
Espagne	23 090	22 471	28 263	28 442	27 867	27 352	27 012	-1.24

Il faut noter que parmi ces six pays importateurs, la France est le pays ayant le moins augmenté ses importations, avec des miels d'Ukraine (9 942 tonnes), d'Espagne (5 987 tonnes) et de Bulgarie (2 136 tonnes).

(Source : données douanières de l'International Trade Center)

bablement pourquoi les Américains ont acheté 12 046 tonnes de miel argentin de plus qu'en 2023.

Cette augmentation de la demande, notamment chez le *leader* mondial, a provoqué une augmentation rapide des prix en Amérique latine de l'ordre de 15 % en cette fin 2024.

Le miel ukrainien, bénéficiant d'une exonération de droits de douane, a aussi vu ses exportations vers le pays de l'oncle Sam passer de 4 075 tonnes en 2023 à 12 311 en 2024.

Même les miels du Vietnam, pourtant taxés à hauteur de 60,03 %, ont vu leur importation doubler, passant de 12 544 à 32 460 tonnes !

Au final, c'est près de 55 000 tonnes supplémentaires que les États-Unis ont importées en plus en 2024 restant le *leader* incontesté du marché mondial, l'Union européenne le suivant avec environ 180 000 tonnes.

Qu'en est-il de la production et de la vente de miel français ?

En France, c'est grâce au travail précieux de l'ADA et de l'ITSAP que l'on a accès à des données pertinentes sur le détail de la production. Bien qu'en dents de scie, à cause des aléas climatiques et de la menace du varroa et du frelon asiatique notamment, force est de constater que la production nationale est en constante progression depuis 2014.

Pour autant, la récolte 2024 s'est achevée sur un constat sans appel : les miellées de printemps ont été mauvaises à cause d'une météo très peu clémente, et beaucoup trop de pluie ! Cela a eu pour effet de tirer le bilan de cette année vers le bas, avec une estimation de l'ADA plaçant la récolte autour de 20 000 tonnes : une année décevante, surtout quand on la compare aux deux années précédentes qui avaient offert des récoltes record.

La consommation de miel des Français, bien qu'en légère baisse depuis les années post-covid, est estimée entre 45 000 et 55 000 tonnes par an, ce qui explique la nécessité d'importer environ 30 000 tonnes chaque année pour répondre aux besoins.

Cependant, la France, tout comme l'Italie, font figure d'exception en Europe, car les importations ne se font pas au détriment de la production nationale. Contrairement aux pays de l'Est, par exemple, la France ne dépend pas de l'exportation pour valoriser sa production.

Celle-ci bénéficie de nombreux circuits de distribution, dont les grandes surfaces et autres magasins spécialisés, qui contribuent au tiers du volume de miel français vendu dans l'hexagone.

Une fois de plus, 2024 aura donc nécessité une bonne capacité d'adaptation de la part des acteurs de toute la filière mondiale du miel face à des dynamiques de plus en plus complexes à décrypter. Loin sont les années où il suffisait de regarder la météo pour prédire les prochaines évolutions du prix. Il faut aujourd'hui prendre en compte les menaces climatiques, les parasites et autres prédateurs, tels que le varroa et le frelon asiatique, les pesticides, la géopolitique et le funambulisme entre protectionnisme et libre-échange… afin de tirer son épingle du jeu.

Avec l'évolution prochaine de la Directive Miel en 2026 et l'affichage obligatoire des origines du miel et des pourcentages de chaque origine en cas de mix, l'année 2025 s'annonce tout aussi passionnante. Est-ce que les conditionneurs vont à nouveau faire preuve d'anticipation cette fois-ci ? Réponse dans un an.

Vin : *temps de crise*

La campagne 2023-2024 a été marquée par une production historiquement très faible, à un niveau inférieur à celui des campagnes de 2017 et de 2023. Les exportations comme les importations mondiales de vin sont en forte baisse en 2024. Après sa chute lors de la crise du covid-19, la reprise attendue de la consommation tarde à se concrétiser et, malgré la faiblesse de la production lors de la dernière campagne, le niveau des stocks reste assez élevé dans de nombreux pays viticoles et maintient une forte pression sur les prix.

Un vignoble mondial en léger recul

Le vignoble mondial reste stable à hauteur de 7,2 millions d'hectares (– 0,5 % sur 2022). La progression chinoise (à 756 000 ha) semble ralentir. Au sein de l'Union européenne, les surfaces viticoles sont en léger recul (3,3 millions d'ha, soit – 0,8 %). Le nouveau système européen d'autorisations de plantation (AdP), opérationnel depuis le 1er janvier 2016, est prolongé jusqu'en 2045.

La France a distribué 52 582 ha d'AdP de 2016 à 2024. Pour 2025, le plafond de 1 % des surfaces (7 894 ha) est loin d'être atteint du fait du manque de perspectives sur le marché. L'appellation Cognac ralentit drastiquement les autorisations de droits, étant donné les prévisions de ventes en baisse et les incertitudes géopolitiques avec la Chine et les États-Unis. Un plan d'arrachage de 27 460 ha doit être mis en œuvre avec un budget de € 120 millions/ha. Les vins rouges sont les principaux concernés. Il suit les plans d'arrachage « sanitaire » définitif, volontaire et cofinancé de Bordeaux (7 164 ha) et de la Gironde (4 000 ha).

Fin 2024, le Sénat français a remonté à 75 % le seuil d'exonération fiscale de la transmission des propriétés viticoles, avec un plafond relevé de € 500 000 à € 20 millions, ce qui facilitera la transmission du patrimoine viticole et le renouvellement générationnel.

Pour 2025, l'Espagne a encore restreint les nouvelles plantations de vignes à 0,1 %, soit un maximum de 914 ha. Depuis 2023, ce niveau dépend de l'évolution des ventes.

En Italie, les surfaces viticoles se sont réduites de – 15 % depuis 2000. Seuls les vignobles du nord-est continuent de s'agrandir. En 2025, les viticulteurs italiens pourront planter 6 858 ha d'AdP. Le Prosecco envisage de planter 6 000 ha sur une période à déterminer. La Toscane et les Pouilles limitent l'expansion des surfaces.

En Australie, un plan d'arrachage massif, principalement des cépages rouges, est en cours pour enrayer la crise de surproduction et faire face à la chute des prix. Une étude de KPMG estime le surplus à 20 000 ha. Pour faire face à ces difficultés, la filière a lancé le *One Grape & Wine Sector Plan* à l'horizon 2050.

Au Chili, les surfaces viticoles continuent de reculer, principalement en rouge (72,8 % des surfaces plantées). En 2023, on recense une baisse de 4471 ha (– 3,3 % sur 2022). La crise des débouchés et la sécheresse ont contribué à la vague d'arrachages depuis 2019. En Argentine, dans la région de Mendoza, des vignes sont remplacées par des légumes !

Les surfaces viticoles (86 543 ha plantées en 2024) se rétrécissent (– 3 500 ha sur 2023) également en Afrique du Sud.

Une très faible production globale

La production mondiale de vin de 2024 (hors jus & moûts) recule de – 2 % à un niveau de 231 millions d'hectolitres, le plus faible des 63 dernières années. Au sein de l'UE à 27, la production de 2023 atteindrait, hors jus et moûts, 146,5 millions d'hectolitres (– 1,5 % sur 2023), niveau inférieur à la moyenne quinquennale 2018-2022.

La production française de 2024 a été estimée à 37 millions d'hl, soit une baisse drastique de – 23 % sur 2023 et de – 17 % par rapport à la moyenne 2019-2023.

La production espagnole a augmenté (+ 9,9 % sur 2023) et se situe à 35,58 millions d'hectolitres (y compris moûts et jus). Malgré cette hausse, la récolte se situe au-dessous de la moyenne quinquennale (– 6,4 %).

Les productions italienne (41 millions d'hl, + 7 % sur 2023), allemande (8,1 millions d'hl, – 6 %), hongroise (2,9 millions d'hl, + 1 %) et grecque (1,8 million d'hl, + 13 %) sont également en hausse. À l'opposé, les productions de vin portugais (6,9 millions d'hectolitres, – 8 %), roumaine (3,6 millions d'hl, – 25 %) et autrichienne (2,1 millions d'hl, – 8 %) sont en baisse. La production de vins bulgare est stable (700 000 hl).

Les États-Unis enregistreraient, avec 2,44 millions de tonnes, une production considérée comme la plus faible des vingt dernières années, et en baisse (– 22,8 % sur 2023). Ceci s'explique par la pression fongique, les nombreux arrachages ainsi que par le choix de ne pas récolter une partie des raisins, faute de débouchés, en particulier dans la Central Valley (– 28 % sur 2023).

Du côté de l'hémisphère sud, les productions du Chili (9,3 millions d'hl, – 1,7 %), de la Nouvelle-Zélande (2,8 millions d'hl, – 0,8 %) et du Brésil (2,7 millions d'hl, – 25 %) ont reculé. À l'opposé, les productions de l'Argentine (10,9 millions d'hl, + 2,1 %), de l'Australie (10,2 millions d'hl, + 0,5 %), de l'Afrique du Sud (8,8 millions d'hl, + 8,8 %) et de l'Uruguay (0,67 million d'hl) sont à la hausse.

Les estimations de récolte 2025 dans l'hémisphère sud

En 2025, après six années de très faibles récoltes, l'INV argentin estime la production à 20,97 millions de quintaux (une hausse de + 9 %/2024), grâce aux bonnes conditions climatiques de ces derniers mois.

Début mars 2025, le Chili anticipait une récolte supérieure à celle de 2024 (+ 15 %) en raison de conditions agroclimatiques et hydriques favorables liées à l'effet *El Niño*. Cette hausse s'accompagne cependant de chutes importantes des rendements (jusqu'à – 30 %) dans certaines vallées.

La récolte de 2025 en Australie se situe dans la moyenne et présente une bonne qualité. Mais, en raison de la sécheresse, la récolte de raisins en Australie du Sud sera l'une des plus faibles des dernières années.

Un peu partout dans le monde, le prix des vignes est en recul. D'après le consultant immobilier Knight Frank, la baisse la plus forte est enregistrée en Nouvelle-Zélande dans la région de Marlborough avec – 33 % en 2024. Dans la Nappa Valley, la baisse serait de 15 % et de 10 % dans la vallée de Barossa en Australie et dans les côtes du Rhône en France.
À l'inverse, le prix des vignes au Royaume-Uni, dans l'Essex, est en hausse de 20 % !

Vin (hors jus et moûts)

(en millions d'hectolitres)

	2020	2021	2022	2023	2024	2025
Production mondiale	**263.0**	**262.0**	**258.0**	**244.0**	**231.0**	
dont Italie	49.1	50.2	49.8	38.3	41.0	
France	46.7	37.6	46.0	47.9	36.9	
Espagne	40.9	35.5	36.0	28.4	33.6	
États-Unis	22.8	24.1	22.4	24.3	23.6	
Argentine	10.8	12.5	11.5	8.8	10.9	12.0
Australie	10.9	14.8	13.1	9.6	10.2	
Allemagne	8.4	8.4	8.9	8.6	8.1	
Afrique du Sud	10.4	10.8	10.3	9.3	8.8	9.6
Chili	10.3	13.4	12.4	11.0	9.3	10.7
Exportations mondiales	**102.80**	**112.30**	**107.00**	**99.50**		
dont Italie	20.80	22.00	21.90	21.60		
France	13.50	14.60	14.00	13.10		
Espagne	19.90	23.60	21.20	20.20		
Australie	7.70	6.30	6.40	6.10		
Chili	8.70	8.70	8.30	6.70		
États-Unis	3.60	3.30	2.80	2.10		
Allemagne	3.70	3.70	3.50	3.30		
Portugal	3.10	3.30	3.30	3.30		
Nouvelle-Zélande	2.90	2.80	3.00	3.00		
Argentine	3.50	3.30	2.70	1.90		
Importations mondiales	**102.70**	**108.30**	**112.60**	**104.40**		
dont Allemagne	14.50	14.60	13.40	13.80		
Royaume-Uni	14.40	13.70	13.00	12.30		
France	6.70	6.00	6.10	6.10		
Chine	4.70	4.40	3.40	2.60		
Russie	3.80	3.80	3.90	3.90		
États-Unis	12.20	13.60	14.40	13.00		
Belgique	3.10	3.60	3.30	3.20		
Canada	4.30	4.30	4.20	3.90		
Pays-Bas	4.60	5.00	4.60	4.40		
Japon	2.70	2.40	2.70	2.40		
Consommation mondiale	**234.00**	**236.00**	**232.00**			

(Sources : OIV – Ubifrance – UE – DGDDI – OEMV – FranceAgriMer)

En Nouvelle-Zélande, la récolte sera au-dessus de la moyenne quinquennale. La récolte sera en hausse significative dans la région de Marlborough, y compris pour le Sauvignon blanc, même si les producteurs ont entrepris des mesures pour limiter les rendements agronomiques.

En Afrique du Sud, la vendange de 2025 devrait être plus conséquente (+ 9 % sur 2024). Malgré des conditions défavorables en début de campagne (inondations et vents forts), la faible pression fongique et la disponibilité en eau devraient favoriser une vendange de qualité et justifier les prévisions.

Des disponibilités stables, des stocks élevés en France, en Italie, au Chili et aux États-Unis

Les principaux marchés internationaux bénéficient de la faible récolte de 2024. Toutefois le niveau élevé des stocks, en particulier en rouge, ne facilite ni la hausse des prix ni l'amélioration des équilibres de marché. Cette situation devrait persister en 2025 et au-delà.

Au sein de l'Union européenne, les stocks de vins en fin de campagne 2023-2024 sont à la baisse (164 millions d'hl, soit – 9,4 %).

En France, les stocks sont assez élevés (30,3 millions d'hl). En raison des difficultés pour écouler la production, la profession viticole demande et met en œuvre des mesures de gestion de crise.

En Espagne, les stocks de vins et moûts en décembre 2025 étaient estimés à 55,9 millions d'hl, niveau quasi stable, soit – 1 % sur 2023 et – 9,8 % par rapport à la moyenne quinquennale. Les stocks de vins blancs ont augmenté significativement (18,6 millions d'hl, soit + 10 % sur 2023) alors que ceux des vins rouges sont en recul (26 millions d'hl, soit – 11 %).

En Italie, fin décembre 2024, les stocks de vins et moûts sont en baisse et représentent 56,9 millions d'hl (– 3,9 % sur 2023), soit près de deux récoltes. Plus de la moitié des stocks de vin (59,6 %) se retrouvent au nord de l'Italie, particulièrement en Veneto (15,6 millions d'hl) dont 5,9 millions d'hl dans l'appellation Prosecco.

À la fin juin 2024, les stocks australiens atteignent 19,6 millions d'hl (– 10 %/2023). Les stocks de vins tranquilles rouges enregistrent la baisse la plus significative au cours des deux dernières années (– 23 %), mais restent encore 15 % au-dessus de la moyenne de la décennie. La faible récolte et la faible reprise des exportations vers la Chine expliquent ces niveaux.

En Afrique du Sud, le secteur a réussi à réduire la part des stocks non contractualisés, la ramenant à l'équilibre. En effet, une partie des raisins est destinée aux boissons sans alcool et aux débouchés alternatifs à l'export (cocktails, vinaigre, alimentation…). Ceci, ajouté à une récolte moyenne prévue en 2025, devrait contribuer à la hausse des prix.

En janvier 2025 les stocks en Argentine sont à la hausse (+ 7,6 % sur 2024), avec 9,1 millions d'hl dont 7,6 dans la province de Mendoza, essentiellement en rouges et rosés (74,4 %). La récolte, plus importante prévue pour 2025, faisait estimer, au mois de juin, le stock technique à cinq à six mois, niveau dans la moyenne.

Au Chili, les stocks de vins en vrac, fin 2024, sont en baisse à 1,29 million d'hl (– 13,92 % sur 2023), principalement pour les vins rouges, dans les régions de Maule (5,7 millions d'hl) et d'O'Higgins (4,38 millions d'hl).

Aux États-Unis, les stocks commerciaux sont assez élevés et leur décroissance se ralentit. Ils se situent à 1,6 fois les ventes annuelles, soit au-dessus du seuil d'équilibre de 1,3 à 1,4 fois ce niveau. Le retour à l'équilibre ne devrait pas intervenir avant 2026.

La consommation reprend dans certains pays, les lieux de consommation se modifient

Le léger déclin de la consommation mondiale a été influencé par les crises économiques et d'austérité. Elle est estimée par l'OIV en 2023 à 221 millions d'hectolitres (– 2,6 % sur 2022). Cette tendance est influencée par la baisse chinoise depuis 2018, la concurrence d'autres boissons alcoolisées et la prise en compte des allégations santé. Depuis son pic en 2007, la consommation mondiale a diminué de 12 %.

La consommation sur le segment « super-premium » est à la hausse. La demande des vins à faible teneur en alcool et des vins sans alcool progresse sous l'effet de la pandémie du covid-19, de la forte inflation, d'une modération de la consommation d'alcool, ainsi que des choix politiques imposés aux consommateurs (taxation et restrictions d'accès).

Le gouvernement britannique a introduit un changement majeur en février 2025 avec la taxation des boissons alcoolisées en fonction du degré d'alcool. La demande s'est contractée à la suite de la hausse des prix pendant l'année 2024. Les ventes de vins sans alcool ont progressé (+ 8 %). En 2024, la production du Royaume-Uni a atteint un nouveau record historique (1,62 million de litres, soit + 72 %) concernant en particulier les vins effervescents.

Au cours de l'année 2024, la demande de vins aux États-Unis a stagné en volume pour la quatrième année consécutive (– 2,4 % sur 2023). Ce ralentissement concerne tous les segments de prix. Le circuit des ventes en ligne continue de perdre des parts de marché. Les jeunes (21 à 29 ans) réduisent leur consommation et s'intéressent davantage aux boissons alternatives. Ces tendances sont associées à des changements intergénérationnels et au vieillissement des *baby boomers*, à la diversification de la consommation de boissons alcoolisées, aux messages publicitaires « anti-alcool » et à l'augmentation des prix dans la restauration.

En France, les ventes de vins en grande distribution ont atteint 7,9 millions d'hectolitres (– 4,4 % sur 2023) et une valeur de 4,4 milliards (– 2,5 %). Le recul est plus significatif pour les vins rouges (– 12,5 %) que pour les vins blancs (– 0,2 %). Tous les segments reculent en volume, y compris les vins étrangers (– 9,1 %). Les ventes de vins effervescents sont en recul (– 2,3 % sur 2023) sauf les étrangers (+ 2,2 %). Les ventes de vins français issus de l'agriculture biologique progressent sauf en grande distribution.

En Espagne, la consommation annuelle apparente de vin remonte pour atteindre 9,88 millions d'hectolitres (+ 2 %), essentiellement grâce aux rouges et rosés (5,83 millions d'hl, + 4,3 %)

En 2024 les ventes de vins tranquilles dans les grandes et moyennes surfaces italiennes ont augmenté en valeur (€ 3,05 milliards, soit + 0,6 % sur 2023), mais reculent en volume (7,3 millions d'hectolitres, – 2 %).

En Allemagne, la consommation de vins recule pour la première fois depuis 2010 (– 4 % sur 2023 en volume et – 5 % en valeur) vu la sensibilité des consommateurs aux prix. Les écarts de prix entre le marché allemand et les marchés étrangers ont favorisé la progression des importations.

Au Canada, le nombre de consommateurs réguliers de vins baisse et les ventes de boissons alcoolisées ont chuté pour la deuxième fois de la décennie malgré une légère progression des vins blancs.

En Australie, la consommation de vins représentant près de 40 % des volumes produits dans le pays est en chute, du fait de la modération de la consommation d'alcool, de la concurrence d'autres boissons alcoolisées et de la baisse du pouvoir d'achat. La tendance est la même en Nouvelle-Zélande.

La consommation chinoise a connu une croissance significative jusqu'en 2017, atteignant 19,3 millions d'hl, puis s'est réduite de 2 millions d'hl depuis 2018. Avec le ralentissement économique et l'augmentation du chômage parmi les jeunes générations, les ventes se sont contractées pour le vin, le cognac et d'autres brandies européens.

Le marché des vins en Inde est en pleine progression, de 12 % d'ici à 2030. Il est estimé à $ 700 millions en 2023. Plusieurs accords de libre-échange, avec l'Australie et l'AELE, dont la Suisse, lui permettent de réduire les droits de douane. Le niveau des taxes sur les importations et la consommation de vin restent élevés.

En Argentine, la consommation de vins sur le marché domestique se rétrécit sous la pression de l'inflation. Le vin et la bière sont en concurrence et les habitudes de consommation de boissons alcoolisées se diversifient.

Les ventes sur le marché domestique brésilien reprennent dans les bars et les restaurants. Les ventes en ligne et les volumes importés progressent. Les principaux consommateurs de vins sont des femmes (53 % du total).

Équilibres de marché et interventions

Compte tenu de la récolte prévue en Argentine pour 2025 (+ 10 % sur 2024), 22 à 23 % seront transformés en moûts concentrés. Par ailleurs, pour la première fois, les régions de Mendoza et San Juan ont décidé de soutenir conjointement les petits et moyens producteurs touchés par les gelées et la grêle, et de favoriser la compétitivité des exportations par une aide spécifique, pour la campagne 2024-2025, de 150 pesos/kg.

En Espagne, malgré une faible pression des stocks, des tensions apparaissent dans quelques régions. Le gouvernement espagnol a intégré dans le plan sectoriel des mesures de distillation (€ 30,3 millions) et de vendange en vert (€ 21,4 millions). Cette dernière sera poursuivie en 2025.

De façon à rétablir les équilibres de marché, la profession bordelaise a demandé et obtenu des aides financières pour l'arrachage dans le vignoble. Le financement (€ 30 millions) est porté conjointement par l'État et par le Conseil interprofessionnel des vins de Bordeaux (CIVB) (€ 19 millions).

À l'automne 2024, la Commission européenne a approuvé jusqu'à € 120 millions d'aides pour la France destinées à l'arrachage et à enrayer la crise de surproduction. Cette aide a été justifiée par la conjoncture géopolitique, la hausse des coûts de production et l'impossibilité d'obtenir suffisamment de bouteilles en verre.

Les Charentes veulent également adapter le potentiel de production et prévoient un arrachage temporaire sans aides de l'État. En 2024, le rendement maximal autorisé pour les vins distillés destinés au cognac baisse à nouveau à 8,64 hl d'alcool pur (– 17 % sur 2023), suivant la baisse de – 10 % des rendements en 2023.

En Italie, un budget de € 323 millions a été défini dans le plan d'aide national en 2025-2026. € 144,1 millions sont destinés à la reconversion et à la restructuration des vignobles, € 4,8 millions à la vendange en vert et € 19,2 millions pour la distillation des sous-produits.

À la fin de la campagne 2024, les stocks de vins disponibles au Portugal étaient élevés et légèrement supérieurs à ceux de 2023 (+ 1 % sur 2024). L'État a donc mis en œuvre une distillation de crise pour 3,5 millions d'hl et € 18,2 millions. Ces déséquilibres proviennent de l'importation de vins étrangers au cours des trois dernières campagnes.

Le ralentissement des importations mondiales

Les données annuelles disponibles pour le moment montrent un recul (France, Allemagne, Portugal) ou une quasi-stabilité des importations (Royaume-Uni) sur les principaux marchés européens et sur les marchés matures (États-Unis, Japon). Les importations de vins continuent de progresser très favorablement sur les marchés émergents (Chine, Inde et Brésil).

Les États-Unis sont le principal pays importateur en valeur avec près de € 6,79 milliards (+ 1,6 % sur 2023) et en volume (+ 12,27 millions d'hl, + 0,1 %). Après leur chute accentuée en 2023, les importations ont lentement repris.

Les importations françaises de vins étrangers se sont ralenties en volume (5,47 millions d'hl, soit – 9 % sur 2023) et en valeur (€ 910 millions, – 8 %). Les importations, majoritairement en vrac, concernent principalement les vins sans indication géographique en provenance d'Espagne (– 11 %). L'ensemble des vins tranquilles importés d'Italie est en baisse, à la différence des vins effervescents (+ 4 %), en raison des bonnes performances du Prosecco.

Les incertitudes liées au Brexit et la baisse de la livre sterling ont continué d'impacter les importations de vins au Royaume-Uni. En 2024, le Royaume-Uni s'est affirmé comme le deuxième pays importateur en volume, derrière les États-Unis et devant l'Allemagne. L'Italie (3,04 millions d'hl, + 3 %/2023), l'Australie (1,86 million d'hl, – 0,8 %) et la France (1,75 million d'hl, + 0,4 %) sont les trois principaux fournisseurs du Royaume-Uni. L'Espagne préserve la troisième place en valeur et la quatrième place en volume (1,35 million d'hl, – 4,4 %).

Les importations de vins étrangers au Portugal restent à des niveaux élevés (2,96 millions d'hl). En moyenne quinquennale, elles ont augmenté de 830 000 d'hl/an, accentuant le niveau déjà élevé des stocks.

En 2024, la Chine a enregistré un rebond pour ses importations en volume (2,83 millions d'hl, soit + 13,7 % sur 2023) et en valeur (€ 1,52 milliard, soit + 39,6 %. Cette reprise s'explique principalement par le retrait des droits de douane de 200 % imposés aux vins australiens.

La Chine poursuit ses investigations *antidumping* sur les brandies européens jusqu'au début d'avril 2025. Le cognac, avec 95 % des volumes importés en Chine, est le premier touché par les mesures douanières temporaires. Suivent les brandies espagnols avec 30 % de leurs débouchés en Chine.

En 2024, les importations japonaises se sont stabilisées en volume (2,4 millions d'hl, soit + 3 % sur 2023) après la chute marquée de 2023. Ce niveau reste encore inférieur à ceux précédant le covid-19, alors entre 2,7 et 2,9 millions d'hl. En valeur, elles continuent de reculer (1,5 milliard, – 8 %) en raison d'une réduction de l'importation de vins effervescents français (– 16 %) et italiens (– 7 %).

Les importations brésiliennes continuent d'augmenter malgré un taux de change défavorable avec une progression annuelle estimée à

+ 15 %. La validation dans un avenir proche de l'accord de libre-échange entre le Mercosur et l'Union européenne devrait abaisser les droits de douane – situés à 27 % – et favoriser leur croissance.

Les importations de vins en Inde continuent de progresser, favorisées par la signature des accords de libre-échange avec l'Australie, et la Suisse au sein de l'AELE. L'accord avec l'Union européenne d'ici la fin de l'année 2025 pourrait avoir le même effet.

À la suite des sanctions imposées par l'Union européenne et les États-Unis à la Russie, les importateurs se sont tournés vers d'autres fournisseurs, tels que la Chine, l'Inde ou le Brésil. Au-delà des difficultés logistiques pour les nouveaux partenaires, des doutes subsistent sur leur capacité à fournir un volume équivalent. En effet, les trois principaux fournisseurs (France, Italie et Espagne) représentaient jusqu'alors près de 60 % de ces importations, dont une partie significative est faite de vins réexportés à partir des pays baltes (Lituanie et Lettonie).

La lente reprise des exportations

En 2024, les exportations mondiales ont enregistré des variations positives dans la plupart des principaux pays exportateurs. Malgré des variations internationales contrastées, les exportations françaises de champagne et de cognac semblent avoir été parmi les plus touchées par la situation géopolitique et les évolutions de la demande internationale.

En 2024 le solde des exportations françaises de vins et spiritueux s'érode, mais reste le troisième excédent commercial du pays. Elles sont en léger repli en volume (12,78 millions d'hl ; + 0,7 % sur 2023) et en valeur (€ 10,95 milliards ; – 3 %).

L'Espagne a augmenté ses exportations en valeur (+ 1,4 % sur 2023), mais celles-ci baissent en volume (19,3 millions de litres, soit – 5 %). La dévaluation de la livre, le Brexit, la hausse des coûts de l'énergie et le conflit en Ukraine ont impacté les expéditions de La Rioja vers le Royaume-Uni. Avec 70 % des expéditions, le Cava est le premier vin exporté par l'Espagne.

Les exportations italiennes ont atteint le record de € 8,1 milliards en 2024 (+ 5,5 % sur 2023) et 21 millions d'hl (+ 3,2 %). Cette progression a été possible en raison des bonnes performances des vins effervescents.

Malgré une conjoncture défavorable, les exportations annuelles de vins portugais ont réussi à progresser en volume et en valeur et se situent à € 965,8 millions (+ 4,46 % sur 2023) pour 3,47 millions d'hl (+ 8,7 %). Hors vins de porto, les exportations en valeur ont réalisé les meilleures performances (€ 661 millions, + 6,6 %).

Sur l'année 2024, les exportations allemandes sont restées stables en raison de bonnes performances au cours du premier semestre et de l'essor du marché chinois, où elles ont progressé de + 47 % en valeur et + 39 % en volume.

Après deux décennies de croissance, la filière argentine avait obtenu son niveau maximum de valeur à l'exportation en 2021, grâce à la dévaluation du peso en 2018 et les niveaux de prix atteints par les vins conditionnés. La tendance s'est infléchie en 2023 et 2024 en raison du taux de change. Le « dollar Malbec » doit stimuler les exportations.

Au Chili, les exportations ont augmenté significativement en volume (+ 15 % sur 2023) et en valeur ($ 1,599 milliard, soit + 5,4 %), principalement les vins sous appellation d'origine. À noter également les bonnes performances des exportations des effervescents en volume (+ 18,2 %) et en valeur (+ 14 %). Les principales destinations ont été le Royaume-Uni, les États-Unis et le Brésil.

Au cours de l'année 2024, les exportations de vins australiens ont augmenté significativement en valeur (A$ 2,55 milliards ; + 34 % sur 2023) et en volume (6,49 millions d'hectolitres, + 7 %), principalement grâce aux vins conditionnés vers la Chine. En dehors de la Chine, les expéditions de vins australiens ont chuté en valeur (A$ 1,64 milliard, – 13 % sur 2023) et en volume (570 000 d'hectolitres, – 7 %).

En Nouvelle-Zélande, après plusieurs années record pour les exportations de vins, celles-ci ont fléchi en valeur avec NZ$ 2,1 milliards (– 11 %/2023) et en volume (– 12,5 %). Cette évolution est due à l'infléchissement des prix moyens à l'exportation, mais qui restent à un niveau élevé depuis 2009 (NZ$ 7,52). Les trois principaux marchés néo-zélandais, représentant plus de 80 % des exportations, sont en baisse : les États-Unis (– 9,97 %), le Royaume-Uni (– 12,9 %) et l'Australie (– 17,6 %). La demande pour le Sauvignon blanc néo-zélandais reste forte (88 % des volumes exportés), bien que son prix moyen soit supérieur de 20 % à ceux de la concurrence (£ 8,09/litre). Ces échanges bénéficient d'un accord de libre-échange avec le Royaume-Uni.

Les exportations sud-africaines représentent 3,06 millions d'hectolitres. Elles se sont stabilisées en volume, mais progressent en valeur ($ 562 millions, soit + 4 % sur 2023). Ces évolutions sont gênées par les difficultés logistiques du port de Cape Town, liées à des mouvements sociaux des travailleurs dans les ports, à la baisse de l'inflation sur le marché domestique et par les tensions sur l'environnement économique international.

L'année 2025 sera marquée par l'influence de l'instabilité géopolitique et logistique ainsi que par l'inflation sur les principaux marchés. Les taxes imposées par le gouvernement chinois aux importations de brandies européens, les conflits entre la Russie et l'Ukraine (impactant accessoirement la Biélorussie) et l'agenda de la nouvelle administration américaine ainsi que l'instabilité des marchés devraient freiner la reprise des échanges internationaux.

Les prix : des situations différenciées par pays, qualités et marchés

La filière vitivinicole mondiale a été touchée par la hausse des prix et la pénurie de certaines matières sèches. Le coût du transport a également augmenté en raison de la hausse du prix du pétrole, des taux d'intérêt et des salaires dans les ports.

La hausse des prix en Italie anticipe les évolutions des consommations prévues en 2025. La hausse des prix moyens à la production (+ 11 %/2023) concerne pratiquement toutes les catégories de vins. À l'exportation, elle est estimée à + 3 % sur 2023, amortie par l'évolution des stocks.

Sur les cinq premiers mois de la campagne 2024-2025, les prix des vins français d'appellation, hors Champagne, sont en très légère baisse (– 0,4 %) à période identique. Les prix restent cependant élevés et supérieurs à la moyenne quinquennale (+ 3,9 %).

En prévision d'une faible récolte pour 2024, l'une des plus faibles des vingt dernières années, les viticulteurs espagnols prévoient une augmen-

Une campagne difficile à Bordeaux

Alors que les « Bordeaux génériques » subissaient une crise d'une ampleur inusitée avec des prix couvrant à peine la moitié des coûts de production (700 à 800 euros le tonneau de 900 litres), le marché des « grands vins » (les crus classés et assimilés) ne se portait guère mieux et la campagne de commercialisation du millésime 2023 a été particulièrement éprouvante.

Bordeaux a l'originalité d'avoir conservé un système de ventes en « primeur ». Au printemps (entre avril et juin), les propriétés présentent leurs vins de la vendange précédente (2023 dans ce cas) qu'achètent le négoce et la distribution et qui seront livrés l'année suivante (en 2025). Quelque quatre cents propriétés (ou « marques ») organisent leurs dégustations et proposent prix et allocations. Tout le monde joue sur l'augmentation du prix du vin lorsque celui-ci sera livré en bouteille. C'est le rôle du négoce. Mais à Bordeaux, depuis déjà plusieurs années, celui-ci est affaibli avec une baisse de chiffre d'affaires de l'ordre de 20 à 30 %. De plus, le traditionnel débouché chinois est en net recul. Enfin, le marché est surchargé de stocks des années précédentes.

Ainsi, malgré des baisses de prix de 30 % en moyenne sur les vins les plus chers et un retour au niveau de la campagne 2019, le taux de sorties réussies (c'est-à-dire de ventes réalisées par les propriétés) ne dépassait pas les 15 % à la fin juin. Paradoxalement, cependant, ce sont les étiquettes les plus chères (au-delà de € 100 la bouteille) qui s'en sortent le mieux. On est là dans l'univers du luxe !

Et Bordeaux doit en 2025 se préparer à l'impact des menaces trumpiennes avec le risque de taxes de 200 % sur le marché américain.

tation des prix de + 10 % en 2025. Dans l'hôtellerie et la restauration, en 2024, les prix moyens annuels ont atteint des valeurs historiques (€ 5,08/litre, + 2 %) en lien avec l'inflation. Début mars 2025, les prix des vins en vrac sont stables à des niveaux élevés. Ceux des vins conditionnés à l'exportation ont atteint € 2,83/litre, soit + 3,9 % sur 2023. Ces variations s'expliquent par le niveau des stocks et l'environnement concurrentiel international.

Au début de l'année 2025, les prix des raisins et des vins en vrac proposés en Californie sont stables. L'année 2024 a été marquée par une faible récolte, mais sans provoquer de hausse des prix, car les stocks élevés maintiennent une offre abondante.

Aux États-Unis, la « premiumisation » de l'offre, tendance dominante, semble se ralentir. Sur ce marché, l'inflation touche les coûts. L'évolution du taux de change euro/dollar pourrait impacter l'évolution des prix, la progression des prix des vins et les difficultés liées à l'environnement socio-économique réduisent la fréquence de la consommation dans la restauration hors domicile.

Les prix des vins allemands à l'exportation ont augmenté pour atteindre € 3,35/litre (+ 4 % sur 2023). Cela s'explique principalement par les augmentations des coûts.

Au premier bimestre de 2025, les prix des vins argentins à l'exportation se sont situés à $ 3,37/litre (+ 1,34 %) avec des évolutions contrastées : vins conditionnés ($ 4,19/litre, + 0,05 %) et vins en vrac ($ 0,98/litre, – 4,6 %). Les prix des moûts concentrés sont également en repli à $ 1 569/tonne (– 3,9 %). Les prix des vins effervescents exportés sont à la hausse (+ 5,1 %).

La faiblesse du taux de change du peso argentin n'a pas permis de faire remonter les exportations, car le secteur doit faire face à une hausse des coûts des matières premières importées et de l'énergie. Par ailleurs, l'inflation sur le marché intérieur est proche des 230 % et crée des incertitudes pour l'écoulement des vins. Le prix des raisins est resté stable malgré le niveau de l'inflation.

En 2024, les prix des vins chiliens avec appellation d'origine à l'export ont été en léger recul ($ 3,19/litre, soit – 3,4 % sur 2023). Début 2025 les prix remontent. La faiblesse de la récolte et la reprise des exportations devraient provoquer le doublement des prix des raisins à 200 pesos/kg et une hausse de $ 0,5/litre des vins exportés. Il est vrai que les prix antérieurs équivalents à 9 cents US/kg couvraient à peine la moitié des coûts de production.

La campagne 2024-2025 a été marquée par une reprise de la viticulture australienne. La valeur de la production de raisins de cuve a augmenté (+ 7 % sur 2023) et devrait atteindre A$ 966 millions en 2025-2026. Cela s'explique par la reprise de la production ainsi que des prix des raisins, en particulier les rouges. Pour la campagne 2025-2026, les prix devront encore augmenter en raison d'une demande soutenue en Chine et de la faiblesse du taux de change.

En Nouvelle-Zélande, il existe encore des disponibilités de Sauvignon blanc de Marlborough de la récolte 2024 et les prix vrac *ex-winery* s'orientent à la baisse (passant de NZ$ 7 à à peine plus de NZ$ 3 le litre). La récolte 2025 devrait continuer de faire baisser les prix.

Début mars 2025, les prix des vins en vrac blancs et rosés sud-africains sont à la hausse ainsi que ceux des vins rouges génériques. Avec la faiblesse des stocks de la récolte 2024, les prix sont relativement élevés. La hausse du taux de change devrait toucher les prix du vrac. Du fait d'un manque de rentabilité, l'arrachage favorisera le retour des équilibres et fera remonter les prix. Pour l'instant, le marché est dominé par les vins d'entrée de gamme et la concurrence sur les prix y est intense.

Un marché en déséquilibre malgré une faible récolte mondiale

Après plusieurs années de récoltes au-dessous de la moyenne et au regard d'une consommation mondiale qui devrait encore décliner en 2025, la faible production de 2024 ne permet pas encore d'équilibrer le marché mondial. Les stocks élevés dans certains pays permettront de maintenir les disponibilités à des niveaux suffisants. Des tensions sur les prix vont se vérifier dans certains pays ou régions, en fonction des disponibilités et le marché international des vins sera marqué par une hausse des prix ainsi que par les tensions géopolitiques.

Coton : *morose*

Qu'il est loin le temps de l'euphorie et le sommet de 172 cents/lb atteint en mai 2022. Depuis la fin de cette année, les prix mesurés par l'indice A de Cotlook ont plutôt évolué autour du dollar la livre dans une ambiance qui s'est faite plus morose en fin d'année.

La relative stabilité des fondamentaux cotonniers depuis la campagne 2022-2023 s'est traduite par une atténuation de la volatilité des prix qui n'en reste pas moins élevée. Au cours de l'année 2024, l'indice A a fluctué entre 78 et 107 cents la livre autour d'une moyenne de 81 cents, soit 11 cents de moins que la moyenne de l'année 2023. Cette baisse de 12 % est inférieure à la prévision Cyclope. Cependant, les cours sont retombés en fin d'année au-dessous de la moyenne quinquennale de 2015 à 2019, soit 80 cents. Le coton se distingue ainsi de la plupart des commodités dont les prix ont reflué après l'inflation post-covid, mais sans redescendre à leur niveau pré-covid.

Campagne 2023-2024 : production en baisse inférieure à la consommation en hausse

Au premier trimestre de l'année 2023, lorsque se prenaient les décisions de mise en culture de la campagne 2023-2024 dans l'hémisphère nord (d'où provient 80 % de la production mondiale de coton), les cours du coton étaient environ 30 % plus bas qu'au début de l'année précédente. Les prix étaient également moins attractifs que ceux des cultures concurrentes, soja et céréales, même s'ils demeuraient au-dessus du seuil de rentabilité pour la plupart des producteurs malgré l'inflation des coûts de production.

En conséquence, selon le CCIC (Comité consultatif international du coton), les surfaces cotonnières ont baissé de 2 %, tombant à 31,3 Mha, et au plus bas depuis la campagne 2016-2017. La moyenne décennale (33 Mha) représente 2 % des quelque 1,6 milliard d'hectares de terres arables dans le monde.

Les surfaces ont baissé de 4 % en Inde (12,5 Mha, soit 40 % du total mondial) et en Chine

Prix du coton, indice A Cotlook

(en US cents/lb)

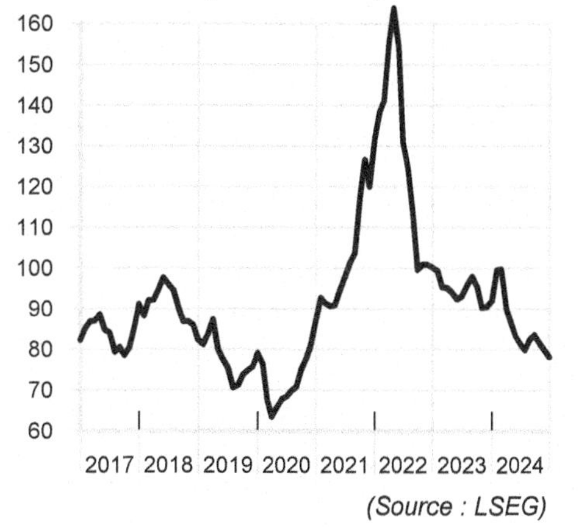

(Source : LSEG)

Offre et utilisation de coton

(en millions de tonnes métriques)

	2019	2020	2021	2022	2023	2024(e)
Stocks mondiaux au 1er août	**17.95**	**20.61**	**19.48**	**18.71**	**19.47**	**18.56**
Chine	9.03	8.88	0.00	8.60	8.44	8.71
États-Unis	1.08	1.62	0.79	1.00	1.01	0.69
Production mondiale	**26.26**	**23.96**	**25.25**	**24.84**	**24.48**	**25.55**
Chine	5.80	5.91	5.73	5.98	5.60	6.15
Inde	6.20	5.99	5.29	5.72	5.38	5.20
Brésil	3.00	2.36	2.55	3.02	3.30	3.70
États-Unis	4.34	3.18	3.82	3.15	2.71	3.14
Pakistan	1.46	0.96	1.27	0.84	1.42	1.20
Australie	0.12	0.61	1.28	1.25	1.02	1.10
Ouzbékistan	0.53	0.70	0.59	0.59	0.59	0.64
Autres	4.82	4.25	4.72	4.29	4.46	4.42
Consommation mondiale	**23.05**	**25.71**	**25.84**	**23.68**	**24.98**	**25.42**
Chine	7.23	8.40	8.31	7.50	8.30	8.30
Inde	4.45	5.70	5.30	5.20	5.39	5.60
Pakistan	2.34	2.15	2.45	1.90	2.30	1.88
Turquie	1.47	1.58	1.89	1.70	1.50	1.65
Bangladesh	1.50	1.64	1.73	1.60	1.60	1.85
Vietnam	1.45	1.52	1.46	1.30	1.42	1.50
Autres	4.61	4.72	4.70	4.48	4.47	4.64
Exportations mondiales	**9.07**	**10.70**	**9.61**	**8.28**	**9.87**	**9.61**
Brésil	1.95	2.42	1.74	1.45	2.70	2.58
États-Unis	3.33	3.49	3.06	2.71	2.56	2.39
Australie	0.30	0.35	0.79	1.36	1.19	1.20
Zone franc	1.07	1.19	1.31	0.88	1.04	1.19
Inde	0.70	1.36	0.87	0.25	0.46	0.30
Autres	3.67	4.31	3.58	3.08	4.62	4.53
Importations mondiales	**8.78**	**10.66**	**9.61**	**8.23**	**9.61**	**9.61**
Chine	1.60	2.84	1.85	1.38	3.00	2.13
Bangladesh	1.50	1.69	1.70	1.40	1.55	1.80
Vietnam	1.41	1.55	1.36	1.35	1.47	1.66
Turquie	1.02	1.19	1.24	0.95	0.64	1.00
Pakistan	0.98	1.21	1.05	1.06	0.87	0.58
Indonésie	0.55	0.55	0.58	0.38	0.50	0.44
Autres	1.72	1.63	1.83	1.71	1.58	2.00
Stocks mondiaux de clôture	**20.61**	**19.48**	**18.71**	**19.47**	**18.56**	**18.69**
Chine	8.88	0.00	8.60	8.44	8.71	8.68
États-Unis	1.62	0.79	1.00	1.01	0.69	1.05
Stocks de clôture/utilisation						
Monde moins Chine (%)	*73*	*58*	*58*	*69*	*59*	*59*
Chine (%)	*125*	*112*	*103*	*112*	*105*	*105*
Indice A Cotlook *(cents/livre)*	**71**	**85**	**132**	**102**	**92**	**81**

(e) estimations

(Source : Comité consultatif international du coton - CCIC)

(2,9 Mha). Elles ont rebondi de 15 % au Pakistan (2,4 Mha) et n'ont varié ni en Afrique (4,9 Mha) ni en Ouzbékistan (1 Mha). Les surfaces récoltées aux États-Unis ont encore diminué de 3 à 2,6 Mha (– 12 %) c'est-à-dire leur plus bas niveau depuis la guerre de Sécession. En effet, le pourcentage des surfaces semées puis abandonnées pour bénéficier du très protecteur régime subventionné d'assurance récolte a encore été particulièrement élevé en raison de la sécheresse persistante au Texas, principal État producteur. Dans l'hémisphère sud, les surfaces ont augmenté de 20 % au Brésil (1,7 Mha) alors qu'elles ont chuté en Australie (0,5 Mha, – 28 %).

En 2023, des variétés génétiquement modifiées pour être résistantes à certains insectes et/ou tolérantes à certains herbicides ont été semées dans la plupart des grands pays producteurs, à l'exception de l'Ouzbékistan, de la Turquie et des pays producteurs la Zone franc (Bénin, Mali, Burkina Faso, Côte d'Ivoire, Cameroun, Tchad, Togo, Sénégal).

Les conditions météorologiques de la campagne ont été influencées par le basculement en juin 2023 de l'oscillation australe d'une phase *La Niña* à une phase *El Niño* qui a pris fin au printemps 2024.

Le rendement mondial moyen s'est élevé de 765 à 770 kg de fibre par hectare, proche des moyennes quinquennale et décennale antérieures. Pour mémoire, le rendement moyen avait chuté à 704 kg/ha en 2015-2016, son plus bas niveau en douze campagnes, et atteint un record de 811 kg/ha lors de la campagne 2017-2018.

La stabilité du rendement moyen mondial masque des évolutions très contrastées selon les pays. Le rendement n'a pas varié en Inde (440 kg/ha en culture irriguée et pluviale) et en Ouzbékistan (590 kg/ha en culture irriguée). Il a rebondi de 50 % au Pakistan (600 kg/ha en culture irriguée) et augmenté au Brésil (1 940 kg/ha en culture pluviale, + 4 %), en Australie (2 140 kg/ha en culture irriguée, + 14 %) et dans les pays africains de la Zone franc (380 kg/ha en culture pluviale, + 10 %). Ces hausses ont été largement effacées par les baisses en Chine (1 950 kg/ha en culture pluviale, – 2 %, aux États-Unis (1 010 kg/ha récoltés en culture irriguée et pluviale, – 6 %) et en Turquie (1 550 kg/ha en culture irriguée, – 37 %).

En raison de la baisse des surfaces, la production mondiale de coton de la campagne 2023-2024 diminue de 300 000 tonnes (– 1 %) par rapport à la campagne précédente, retombant à 24,1 Mt.

La baisse globale de production résulte d'évolutions très disparates selon les pays. Malgré une baisse de sa production de 6 %, à 5,6 Mt (– 400 000 tonnes), la Chine a conservé la place de premier producteur mondial qu'elle avait reprise à l'Inde en 2021-2022 après une interruption pendant deux campagnes. En effet, la production indienne a également baissé de 6 %, revenant à 5,4 Mt (– 300 000 tonnes). La production américaine a chuté de 3,15 à 2,7 Mt, soit – 14 %), la plus mauvaise récolte en quatorze campagnes. Avec une augmentation de 3 Mt à un nouveau record de 3,3 Mt (+ 9 %), le Brésil déloge les États-Unis de la troisième marche du podium des pays producteurs.

La consommation finale de fibres textiles ne cesse d'augmenter, mais la part du coton chute inexorablement : 68 % en 1960, 50 % en 1986, 30 % en 2011 et 22 % en 2024. La consommation de fibre de coton par tête a baissé de 8 % (3,4 kg par an en 1960, 3,1 kg en 2024) tandis que celle des autres fibres, principalement le polyester, a septuplé (1,6 kg par an en 1960, près de 11 kg en 2024).

Les prix de la fibre de polyester sont beaucoup plus bas (moins de 50 cents la livre en Chine) et beaucoup moins volatils que ceux du coton. Le différentiel de prix s'était fortement creusé entre le début de 2020 et le milieu de l'année 2022, passant d'environ 35 à 130 cents la livre avant de retomber en fin d'année. Il était de l'ordre de 55 cents depuis le début de l'année 2023.

Après être tombée à 7,5 Mt en 2022-2023, la consommation chinoise est remontée à 8,3 Mt en 2023-2024 (+ 11 %), soit un tiers de la consommation mondiale contre 41 % en 2007-2008.

La consommation indienne était retombée à 5,2 Mt en 2022-2023. Elle a augmenté de 4 % en 2023-2024, atteignant 5,4 Mt, soit 22 % du total mondial.

Le rebond de la production du Pakistan a permis celui de la consommation qui est remontée de 1,9 Mt (au plus bas depuis vingt ans) à 2,3 Mt (+ 21 %). La consommation a baissé de 12 % en Turquie (1,5 Mt), s'est maintenue à 1,6 Mt au Bangladesh et a augmenté de 9 % au Vietnam (1,4 Mt).

Les échanges internationaux ont rebondi en 2023-2024, à 9,8 Mt (+ 18 %), soit 40 % de la production et 39 % de la consommation mondiale.

Les importations chinoises avaient plongé de 5,3 Mt en 2011-2012 à 1 Mt en 2015-2016, leur part de marché s'effondrant ainsi de 55 % à 13 %. La Chine avait alors été dépassée à la première place du palmarès des importateurs par le Bangladesh et par le Vietnam. Les importations chinoises étaient reparties à la hausse en 2017-2018 et la Chine avait repris la tête en 2018-2019 important 2,8 Mt en 2020-2021. Après avoir chuté de 35 % (– 1 Mt) en 2021-2022, les importations chinoises ont plongé de 1,85 à 1,4 Mt (– 25 %) en 2022-2023, étant ainsi dépassée par le Bangladesh. Les importations chinoises ont ensuite plus que doublé (+ 117 %) s'élevant à 3 Mt, leur part de marché remontant ainsi de 17 % à 31 %. Le Bangladesh a importé 1,55 Mt (+ 11 %) et le Vietnam 1,47 Mt (+ 9 %). Les importations ont chuté au Pakistan (900 000 tonnes ; – 18 %) et en Turquie (650 000 tonnes ; – 33 %). L'Indonésie a importé 0,5 Mt (+ 32 %) et l'Inde 400 000 tonnes (sans changement).

Les exportations américaines ont baissé pour la troisième campagne consécutive en 2023-2024, de 2,7 à 2,55 Mt (– 8 %). La part de marché des États-Unis a ainsi chuté de 33 à 26 %. Les exportations de l'Inde ont rebondi de 250 000 tonnes, au plus bas depuis 2004-2005, à 450 000 tonnes (+ 84 %) et celles des huit pays africains de la Zone franc producteurs de coton de 0,9 Mt à 1 Mt (+ 18 %), en deçà du record de la campagne 2021-2022 (1,3 Mt). Les exportations du Brésil ont fait un bond de 1,45 Mt à un record de 2,7 Mt (+ 88 %), dépassant pour la première fois celles des États-Unis.

La consommation ayant dépassé la consommation en 2023-2024, les stocks de report au 31 juillet 2024 se sont contractés à 18,6 Mt, ce qui représentait moins de trois trimestres de la consommation mondiale prévue pour 2024-2025. La Chine détenait 8,7 Mt, soit plus d'une année de la consommation chinoise et 47 % du total global. Les stocks de report aux États-Unis étaient tombés de 1 Mt à 700 000 tonnes, au plus bas depuis sept ans, ce qui soutenait les prix internationaux.

L'indice A Cotlook *forward* relatif à la récolte 2023-2024 s'élevait à 91 cents la livre lorsqu'il commença à être publié fin mai 2023, quasiment au même niveau 20 cents que l'Indice « courant » relatif à la récolte 2022-2023. Toujours volatile, l'indice atteignait la barre symbolique du dollar la livre début septembre 2023. Après être retombé à 88 cents la livre début novembre, il a culminé à 107 cents fin février 2024, puis s'est rapidement replié, retombant à 89 cents mi-avril et a ensuite oscillé entre 78 et 91 cents, terminant la campagne à 81 cents fin juillet 2024.

La moyenne de l'indicateur de référence des prix internationaux du coton de la campagne 2023-2024 (août 2023 à juillet 2024) s'établit ainsi à 92 cents la livre, 10 cents de moins que la moyenne de la campagne précédente et 40 cents (30 %) de moins qu'en 2021-2022, au-dessus de la moyenne quinquennale 2015-2019 (80 cents), mais très loin du record historique de la campagne 2010-2011 (164 cents)

Campagne 2024-2025 : les cours chutent en dépit des fondamentaux équilibrés

Au début de l'année 2024, les prix du coton étaient à peine plus bas qu'à la même période de l'année précédente et la culture restait rentable pour la majorité des cotonculteurs malgré l'augmentation des coûts de production. Pour les producteurs américains, le prix du coton était plus favorable que ceux des céréales et autant que celui du soja.

Les surfaces cotonnières globales ont à peine augmenté, à 31,5 Mha. Les surfaces ont baissé de 5 % en Inde (11,8 Mha, soit 37 % du total mondial) et n'ont pas changé en Chine (2,9 Mha) ni en Afrique (4,9 Mha). Les surfaces récoltées aux États-Unis ont rebondi de 28 % (3,35 Mha), car le pourcentage des surfaces semées et abandonnées a diminué grâce à l'atténuation de la sécheresse au Texas, principal État producteur. Les surfaces sont retombées à 2 Mha au Pakistan (– 16 %). Dans l'hémisphère sud, les surfaces devraient s'accroître de 18 % au Brésil, frisant les 2 Mha et de 13 % en Australie (0,54 Mha).

L'oscillation australe est entrée depuis mai 2024 dans une phase neutre. Alors que les récoltes sont terminées et l'égrenage bien avancé dans l'hémisphère nord et que les semis sont achevés dans l'hémisphère sud, le rendement moyen mondial est estimé à 812 kg/ha, soit 42 kg/ha (+ 5,5 %) de plus que lors de la campagne précédente, et 1 kg/ha au-dessus du précédent record qui remontait à la campagne 2017-2018. Le rendement s'est

La production de coton plafonne en Afrique

Le coton est produit dans une trentaine de pays africains sur cinquante-quatre et il constitue la principale source de revenus pour des centaines de milliers d'agriculteurs. Le continent est pourtant un acteur mineur sur le marché international du coton avec 7 % de la production mondiale de fibre sur 15 % des surfaces cotonnières globales et 15 % des exportations en 2023-2024. La production de coton en Afrique est fortement dépendante des prix du marché international, car la consommation industrielle est marginale, seulement 1,5 % du total mondial.

Après les indépendances de la plupart des pays, la production du continent atteignit le million de tonnes (Mt) de fibre en 1964-1965. La production a rapidement augmenté à partir de la campagne 1994-1995, se hissant à un record de plus de 2 Mt en 2004-2005 avant de rechuter à 900 000 tonnes en 2009-2010 à cause de la baisse des cours mondiaux. Avec le redressement des cours, la production africaine a rebondi, frisant les 2 Mt en 2021-2022, puis elle s'est effritée au cours des campagnes suivantes.

Les exportations africaines de coton brut avaient culminé à 1,6 Mt en 2005-2006, puis étaient retombées. Elles ont atteint un niveau record proche de 1,8 Mt en 2021-2022. La consommation de fibre par les filatures en Afrique a chuté de 750 000 tonnes en 1992-1993 à moins de 400 000 tonnes depuis 2010-2011.

La répartition de la production africaine entre les sous-régions et les pays a été profondément modifiée. Premier producteur du continent jusqu'en 2004-2005, l'Égypte est tombée au neuvième rang en 2023-2024, mais, comme elle demeure premier consommateur industriel (25 % du total), elle est devenue importatrice nette. La Zone franc a été le principal moteur de l'augmentation de la production en Afrique, car les cotonculteurs bénéficient d'une certaine protection sous la forme d'un prix d'achat minimum garanti avant les semis, ce qui n'est pas le cas dans les autres pays africains où les producteurs sont directement exposés aux fluctuations des prix du marché au moment de la commercialisation. La production des neuf pays producteurs de la Zone franc a culminé à 1,3 Mt en 2021-2022 (par ordre décroissant : Bénin, Mali, Côte d'Ivoire, Cameroun, Burkina Faso, Tchad, Togo, Sénégal, RCA) dont la quasi-totalité est exportée, soit 65 % de la production et presque 75 % des exportations africaines. La production des autres pays d'Afrique subsaharienne a atteint un pic de 650 000 tonnes en 2011-2012, puis elle est retombée à moins de 500 000 tonnes (Tanzanie, Nigeria, Éthiopie, Zimbabwe, Ouganda, Zambie, Mozambique, Malawi, Afrique du Sud).

Le rendement moyen du coton en Afrique (environ 370 kg fibre/ha) est inférieur de moitié à la moyenne mondiale (770 kg/ha), car l'essentiel de la culture y est pluvial et utilise moins d'intrants alors qu'elle est majoritairement irriguée dans le reste du monde. Le différentiel de rendement moyen s'est creusé depuis le début des années 2000, ce qui dégrade la compétitivité de la production cotonnière africaine.

Le principal défi à relever pour assurer la rentabilité des filières cotonnières africaines est d'accroître la productivité tout en améliorant la résilience de la production face aux effets du changement climatique. Le passage nécessaire d'un développement de masse extensif à une stratégie plus sélective devrait réduire le nombre de producteurs et se conjuguer aux effets des dérèglements climatiques pour restreindre les surfaces plantées. Même si la professionnalisation des producteurs devrait se traduire par une amélioration du rendement, on peut s'attendre à ce que la production de coton en Afrique plafonne à 2 Mt de fibre dont la part transformée sur place est appelée à augmenter.

maintenu en Chine (1,95 t/ha), en Inde (440 kg/ha), au Pakistan (600 kg/ha) et en Turquie (1,55 t/ha). Le rendement moyen sur les surfaces récoltées aux États-Unis baisse de 7 % (938 kg/ha). Il devrait remonter de 5 % en Afrique (382 kg/ha et 410 kg/ha dans la Zone franc). Les rendements baisseraient de 2 % au Brésil (1,9 t/ha) et de 5 % en Australie (2 t/ha).

La production mondiale de coton de la campagne 2024-2025 est donc actuellement estimée à 25,5 Mt, en hausse de 1,4 Mt (+ 6 %) par rapport à la récolte de la campagne précédente. La production devrait augmenter de 10 % en Chine (6,15 Mt, au plus haut depuis dix ans) et baisser de 3 % en Inde (5,2 Mt). La production américaine s'est redressée de 2,7 à 3,1 Mt (+ 16 %). La production du Pakistan devrait retomber de 1,4 à 1,2 Mt (– 15 %). Celle de la Turquie va augmenter (0,75 Mt, soit + 7 %) tandis que celle de l'Ouzbékistan se maintiendrait à 0,6 Mt. Le continent africain produirait 1,9 Mt (+ 6 %), dans l'hémisphère sud, on s'attend à une hausse de 12 % de la production brésilienne qui établirait un nouveau record à 3,7 Mt, confortant sa troisième place sur le podium. La production australienne devrait s'élever à 1,1 Mt (+ 8 %).

Le différentiel de prix entre le coton et le polyester chinois demeure défavorable à la fibre naturelle, mais il s'est réduit, de l'ordre de 50 cents début 2024 à 30 cents environ début 2025. Le CCIC prévoit que la consommation de fibre de coton par tête va remonter à 3,2 kg en 2025, mais que la part du coton dans la consommation totale de fibres s'effritera.

En conséquence, le CCIC prévoit que la consommation industrielle va augmenter de 2 % en 2024-2025 (+ 400 000 tonnes), à 25,4 Mt. La consommation se maintiendrait à 8,3 Mt en Chine et augmenterait de 4 % en Inde (5,6 Mt ; + 200 000 tonnes), de 16 % au Bangladesh (1,85 Mt ; + 0,25 Mt), de 10 % en Turquie (1,65 Mt ; + 150 000 tonnes) et de 6 % au Vietnam

(1,5 Mt ; + 100 000 tonnes), mais elle chuterait de 18 % au Pakistan (1,9 Mt ; – 400 000 tonnes).

Les échanges internationaux devraient se maintenir à 9,8 Mt, soit 38 % de la production et de la consommation mondiales. Les importations chinoises sont prévues en baisse de 3 à 2,15 Mt (– 29 %). Le Bangladesh importerait 1,8 Mt (+ 16 %), devançant le Vietnam (1,66 Mt, + 13 %), la Turquie (1 Mt, + 56 %), l'Inde (0,6 Mt, + 54 %), le Pakistan (580 000 tonnes, – 33 %) et l'Indonésie (440 000 tonnes, – 12 %).

Les exportations américaines devraient encore diminuer et tomber à 2,4 Mt (– 150 000 tonnes, soit – 5 %), au plus bas depuis 2015-2016, et leur part de marché reviendrait à 26 %. Les exportations indiennes devraient chuter à 0,3 Mt (– 35 %), tandis que celles en provenance des pays de la Zone franc s'élèveraient à 1,2 Mt (+ 14 %). Dans l'hémisphère sud, les exportations entre le 1er août 2024 et le 31 juillet 2025 (qui portent essentiellement sur les récoltes de la campagne 2023-2024) devraient baisser de 4 %

La guerre commerciale sino-trumpienne affecte le marché du coton

Depuis le XIXe siècle, les États-Unis ont été le premier exportateur de coton brut. La Chine a retrouvé en 2018-2019 la place de premier importateur qu'elle avait occupée de 2002-2003 à 2014-2015 et temporairement cédée au Bangladesh pendant les trois campagnes suivantes. Le Brésil a dépassé les États-Unis en 2024 à la fois comme premier exportateur mondial et comme principal fournisseur de la Chine (1,1 Mt, soit 42 %).

Le 4 mars 2025, en réaction à la décision du président Trump de doubler les taxes sur les importations de produits chinois à hauteur de 20 %, la Chine a imposé des droits de douane de 15 % sur les importations de produits américains, incluant de nombreux produits agricoles et alimentaires, dont le coton, à partir du 10 mars. Le prix du contrat à terme le plus proche a immédiatement transpercé le support fort sur lequel il butait depuis plusieurs mois, 66 cents la livre, tombant à 63 cents. L'indicateur de référence des prix internationaux est ainsi tombé à son plus bas niveau depuis la mi-octobre 2020, 75 cents la livre.

En 2018 et 2019, le marché du coton avait été secoué par des soubresauts au gré des menaces, des vagues de tarifs douaniers ou des gestes d'apaisement des deux protagonistes. En juillet 2018, réagissant aux surtaxes trumpiennes, la Chine avait imposé des droits de douane de 25 % sur les importations de produits américains, dont le coton. Cette surtaxe s'ajoutait au droit de douane (échelle glissante allant de 5 à 40 % en fonction du niveau des prix) perçu sur les importations de coton au-delà du contingent tarifaire négocié lors de l'adhésion de la Chine à l'OMC en 2001 (*Tariff Rate Quota* – TRQ – de 894 000 tonnes passibles d'un droit de 1 %). Le tonnage de coton américain exporté vers la Chine avait baissé de 485 000 tonnes en 2018 à 375 000 t en 2019, alors que les importations chinoises augmentaient.

L'accord commercial difficilement trouvé en janvier 2020 avait mis fin aux craintes d'escalade tarifaire. La Chine s'était engagée à accroître considérablement ses importations de produits agricoles, mais sans engagement spécifique pour le coton. De fait, les exportations de coton américain ont rebondi à près de 1,2 Mt en 2020 et en 2022 (0,7 Mt seulement en 2021 à cause de la pandémie), retombant à moins de 800 000 tonnes en 2023 et 2024, soit en moyenne 30 % du total des exportations américaines sur la période de cinq ans. De 2022 à 2024, la part de marché des États-Unis en Chine a chuté de 59 % à 33 % et la valeur des importations chinoises de coton américain est tombée de $ 9 à $ 5 milliards.

Cette surtaxe à l'importation ne semble pas devoir avoir un impact considérable sur les prix, mais elle devrait accélérer la fin de la domination américaine sur le marché international. Les importations chinoises semblent vouées à diminuer en 2025, car la Chine a rempli ses stocks stratégiques en 2024 en important 2,6 Mt contre moins de 2 Mt chacune des deux années précédentes.

au Brésil (2,6 Mt) et se maintenir à 1,2 Mt en Australie.

La production mondiale de coton serait donc à peine supérieure à la consommation industrielle en 2024-2025. Les stocks de clôtures mondiaux 31 juillet 2025 resteraient ainsi inférieurs à 19 Mt, ce qui équivaudrait à neuf mois de la consommation industrielle mondiale. Les stocks en Chine se maintiendraient à 8,7 Mt, ce qui correspond à douze mois et demi de la consommation intérieure. Les stocks de report aux des États-Unis gonfleraient de plus de 50 %, passant de 700 000 à plus de 1 Mt, ce qui pèsera sur les prix internationaux.

L'indice A Cotlook *forward* relatif à la récolte 2024-2025 frisait les 90 cents la livre lorsqu'il commença à être publié mi-avril 2024, pratiquement au même niveau que l'indice « courant » relatif à la récolte 2023-2024 et il s'est progressivement replié passant sous les 80 cents mi-décembre.

La moyenne de l'indice A de Cotlook sur la première moitié de la campagne 2024-2025 (août 2024-janvier 2025) ressort à 81 cents la livre, soit 13 cents de moins (14 %) que lors de la même période de la campagne précédente (94 cents) qui était elle-même inférieure de 13 cents à la moyenne antérieure (107 cents).

Perspectives pour la campagne 2025-2026 : vers une production inférieure à la consommation ?

Les semis de la campagne 2025 vont débuter dans l'hémisphère nord alors que les prix du coton sont de 20 % plus bas qu'au début de l'année dernière, leur plus bas niveau en début d'année depuis cinq ans.

Le prix du coton est bien moins favorable que ceux des céréales et du soja pour les producteurs américains, alors que la production de coton demeure rentable au Brésil. Les surfaces semées devraient donc chuter aux États-Unis et continuer à augmenter au Brésil. Les surfaces globales ne devraient donc pas dépasser 31 Mha.

Une nouvelle phase *La Niña* devrait succéder à la phase neutre actuelle au printemps 2025. Sur la base du rendement moyen quinquennal, soit 780 kg de fibre à l'hectare, la production mondiale serait de l'ordre de 24 Mt en 2025-2026, mais elle s'élèverait à 25 Mt si le rendement se maintient au niveau record prévisionnel de la campagne 2024-2025.

Le coton continuera à subir la concurrence de la fibre de polyester, mais la baisse des prix du coton devrait stimuler la consommation d'autant que le différentiel avec les prix du polyester chinois s'est réduit. La consommation industrielle pourrait donc s'élever à 26 Mt en 2024-2025 (+ 2 %), sauf en cas de guerre commerciale perturbant les échanges internationaux.

La campagne 2025-2026 semble donc devoir se solder par une réduction des stocks de report. Néanmoins, c'est l'évolution des stocks de coton américain qui orientera le marché à terme, et, partant, les prix du coton sur le marché international.

Depuis la mi-juin 2024, le marché à terme de l'*IntercontinentalExchange* (ICE) de New York bute sur le support à long terme, soit 66 cents la livre pour du coton américain sur le marché intérieur (ce qui correspond à un cours international de référence d'environ 78 cents la livre). Début février 2025, le prix des contrats à terme Cotton no. 2 (CT) à échéance mars 2025 se situait à ce niveau et valait 5 cents de moins que le contrat venant à échéance en juillet 2026. On sait toutefois que la capacité prédictive du marché à terme, qui reflète le consensus des opérateurs, est limitée.

Laine : *le recul se poursuit*

La réduction de l'offre – conséquence des baisses des cheptels ovins dans les principaux pays producteurs – couplée à un manque de dynamisme de la demande n'a pas contribué à redresser significativement les prix sur la campagne 2023-2024. Bien que l'offre mondiale de laine doive de nouveau se rétracter compte tenu des baisses attendues de cheptels ovins, un regain de la demande et une embellie de l'activité sont malgré tout espérés sur la campagne 2024-2025.

L'Australie, dont la production nationale de laine était en hausse depuis 2020, a vu cette tendance s'inverser sur la campagne 2023-2024 par rapport à la campagne précédente (– 3,1 %). Cette chute de la production de laine s'explique par la baisse du cheptel ovin (– 6 % d'animaux) avoisinant les 67,3 millions de têtes. Cependant le poids de laine tondue par animal est resté relativement stable : il s'élève à 4,55 kg par tête. Les conditions météorologiques de sécheresse dans les principales régions productrices ont conduit à un déficit hydrique ne favorisant ainsi pas les pâturages. Pour autant, les experts locaux notent une constance sur la qualité de la laine avec des laines traditionnelles brillantes, blanches et très fines pour lesquelles la valorisation est plus rémunératrice.

En Nouvelle-Zélande et en Afrique du Sud, les productions nationales de laine ont également chuté (respectivement – 1,6 % et – 1,8 % sur la campagne 2023-2024) en raison de cheptels ovins en diminution. Une plus faible production de laine est constatée en Argentine et en Uruguay dont les volumes produits sont en baisse (respectivement – 7,1 % et – 3,5 % sur la campagne 2023-2024). Ces pays d'Amérique du Sud continuent de subir une sécheresse historique générée par le phénomène météorologique *El Niño*

Évolution de l'EMI au cours des dernières campagnes
(en cents $ australien/kg)

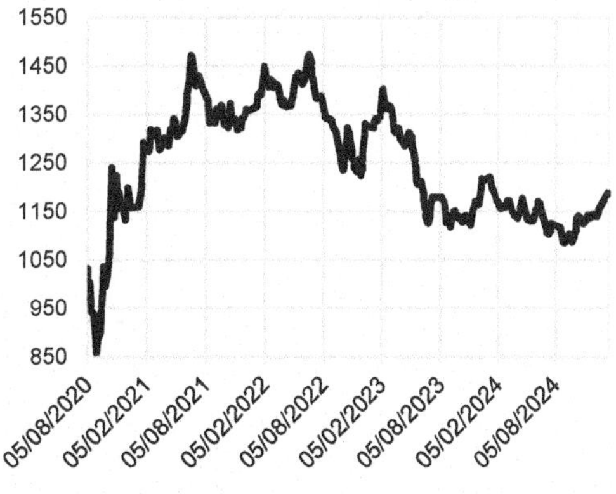

(Source : Australian Wool Innovation Limited)

Prix de la laine en Australie

(en $/kg)

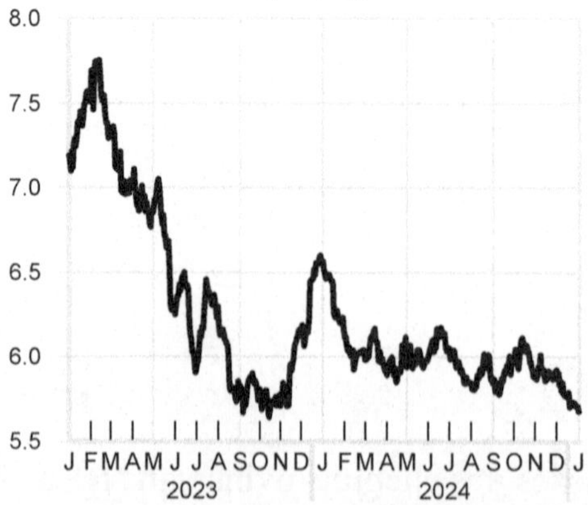

(Source : AWEX Wool Market Indicators)

qui affecte les différentes productions agricoles dans cette partie du monde. En outre, l'assèchement et la détérioration des prairies contribuent drastiquement à la réduction des agnelages et du cheptel ovin.

Tout comme les campagnes précédentes, la majeure partie de la campagne 2023-2024 s'est inscrite dans une baisse tendancielle des prix de la laine australe certes moins marquée par la récession que la campagne 2022-2023, mais qui reste tout de même impactée par une certaine léthargie de la demande mondiale. Les difficultés économiques des différents pays consommateurs en Europe, en Asie, aux Amériques entraînent une régression de la consommation mondiale notamment sur l'habillement et les industries de transformation s'en trouvent directement impactées. Ces dernières, en particulier celles situées en Chine, sont contraintes de réduire radicalement leurs commandes.

L'offre mondiale de laine disponible se rétracte également, ce qui devrait mécaniquement faire repartir les prix ; néanmoins la demande mondiale n'est pas suffisamment forte pour stimuler une amélioration significative des prix. Au tout début du mois de septembre 2024, l'*Eastern Market Indicator* (EMI) de la laine australe a même atteint sa valeur la plus basse depuis la pandémie de 2020, en s'établissant à AUS $ 10,86/kg.

Par ailleurs, les laines de qualité plus fines pour lesquelles la demande de l'industrie de l'habillement est en général soutenue ont connu une dégradation de prix similaire à l'EMI.

La reprise des cours de l'EMI sur la fin de la campagne 2023-2024 s'explique davantage par un tassement de l'offre disponible de laine que par un regain de la demande. En effet, les producteurs préfèrent stocker leurs laines en attendant que les prix remontent à un niveau qui leur assurerait une meilleure rentabilité.

Malgré ce contexte économique mondial peu dynamique, les exportations des producteurs de laine tels que l'Australie (+ 3 %), la Nouvelle-

Production de laine dans les principaux pays producteurs

(en milliers de tonnes)

	2021-2022	2022-2023	2023-2024	Évolution 2023-2024/ 2022-2023 (%)	Prévisions 2024-2025
Australie	324.0	328.2	317.9	-3.1	279.4
Nouvelle-Zélande	127.0	122.0	120.0	-1.6	114.0
Afrique du Sud	47.8	47.2	46.4	-1.8	
Argentine	39.7	36.6	34.0	-7.1	32.0
Uruguay	25.6	24.7	23.8	-3.5	

(Sources : Australian Wool Production Forecasting Committee, Beef & Lamb New Zealand, Cape Wools SA, Federacion Lanera Argentina et Ministerio de Ganaderia, Agricultura y Pesca (Republica Oriental del Uruguay))

Exportations de laine dans les principaux pays producteurs

(en milliers de tonnes)

	2021-2022	2022-2023	2023-2024	Évolution 2023-2024/ 2022-2023 (%)
Australie	308.0	316.7	326.2	3.0
Nouvelle-Zélande	86.8	77.4	91.4	18.1
Afrique du Sud	70.2	55.4	47.5	-14.3
Argentine	31.4	26.3	22.8	-13.6
Uruguay	11.7	11.1	21.5	93.8

(Sources : ABARES, Beef & Lamb New Zealand, Cape Wools SA, Federacion Lanera Argentina, Ministerio de Ganaderia, TDM)

Zélande (+ 18,1 %) et l'Uruguay (+ 93,8 %) s'améliorent sur la campagne 2023-2024, portées entre autres par la demande de l'industrie chinoise. Fait notable, les exportations de l'Uruguay ont explosé en raison d'un partenariat avec la Chine qui a augmenté sa demande tandis que l'Australie dont la laine de meilleure qualité, plus fine qui trouve des débouchés dans l'industrie du luxe, pâtit d'un manque de dynamisme de la demande européenne. L'Afrique du Sud et l'Argentine ne parviennent toujours pas à inverser la baisse de leurs exportations sur ces dernières campagnes.

La production de laine australe devrait continuer de se rétracter sur la campagne 2024-2025 de – 10,1 % par rapport à la campagne 2023-2024 pour avoisiner les 279 000 tonnes. Selon *The Australian Wool Production Forecasting Committee* (AWPFC), il s'agirait du niveau le plus bas enregistré depuis un siècle. En outre, les conditions climatiques très arides dans l'ouest de Victoria, en Tasmanie, en Australie méridionale et en Australie occidentale seraient à l'origine d'une baisse drastique du cheptel ovin : 64,2 millions de têtes en baisse de – 10,3 % par rapport à la campagne 2023-2024.

Les prévisions des experts pour la prochaine campagne restent malgré tout optimistes : une embellie économique et un regain des achats sont espérés en Europe et aux États-Unis. Pour pallier la baisse de consommation de la Chine, les producteurs comptent sur de nouveaux marchés émergents pour trouver des débouchés à la laine mérinos. Des pays tels que l'Inde et dans une moindre mesure le Vietnam commencent à diversifier leurs industries de transformation vers d'autres fibres textiles pour monter en gamme et s'intéressent désormais à la laine.

Lin : *offre satisfaite et fin de surchauffe sur les prix*

Après une succession de quatre années aux résultats décevants, la récolte 2024 s'est caractérisée par des rendements satisfaisants proches de la situation de la prépandémie. En conséquence, les niveaux de production de fibres *Masters of Flax Fibre™*, certification européenne de référence à l'échelle mondiale, seront élevés sur l'année 2025. De quoi dégonfler des prix qui ont atteint des sommets en 2024.

Vers, enfin, une situation harmonieuse entre l'offre et la demande ? Après une succession de récoltes entre 2020 et 2023 où le décevant a succédé au médiocre en termes de rendement de la fibre longue en Europe de l'Ouest, première zone mondiale de production de la fibre, la récolte 2024 arrachée à la fin de l'été a enfin suscité une satisfaction générale pour la filière. Et, signe de la confiance de celle-ci malgré les années tumultueuses avec le point bas atteint en 2023 (0,6 tonne de fibre longue à l'hectare en Europe de l'Ouest), ce rendement qui retrouve des niveaux de prépandémie, soit 1,3 tonne de fibre longue à l'hectare, intervient l'année où les surfaces en France/Belgique/Pays-Bas ont dépassé le niveau record de 185 000 hectares.

Conséquence à court terme : la rapide correction sur les prix moyens de la fibre longue *Masters of Flax Fibre™*, l'appellation certifiant l'origine ouest européen de la fibre. Alors qu'à leur pic à la fin de l'hiver 2024, les prix moyens dépassaient les € 9 – les meilleures qualités s'échangeant même bien au-delà des € 10, ces derniers ont rapidement baissé dès les caractéristiques de la nouvelle récolte confirmées. À la fin de l'année 2024, les prix du marché, où toutes les transactions se font de gré à gré, tournaient autour de € 4 le kilo. Si la baisse s'est poursuivie début 2025, la filière reste confiante : les prix moyens juste avant la crise du covid s'étaient ainsi durablement établis entre € 3,20 et € 3,50 le kilo. La tendance de l'offre à venir reste tributaire de deux variables : d'une part les surfaces emblavées, qui devraient encore battre un record en 2025 et sans doute approcher les 200 000 hectares sur la zone France/Belgique/Pays-Bas, d'autre part, les conditions climatiques sur 2025 et le rendement qui en suivra, qui sont à date inconnus ; une incertitude toujours complexe à gérer pour le marché d'une culture certes rémunératrice, mais particulièrement technique, avec un cycle agricole de seulement une centaine de jours.

Hors de la zone européenne, la concurrence internationale peine à exister, tout en ayant, elle aussi, profité de la hausse des prix. L'Égypte, la Biélorussie et la Russie qui représentent l'essentiel du reste de la production mondiale de fibres, agrègent à peine un quart du marché mondial en volume, et les deux derniers doivent en priorité fournir leur industrie nationale de la filature pour la fibre longue, celle qui sert à produire les fils pur lin majoritairement à destination de l'habillement. De plus, ces concurrents ont des rendements tendanciellement faibles par rapport à l'Europe de l'Ouest, dont l'outil industriel de production de fibres de lin devrait générer entre 16 000 et 18 000 tonnes de fibres chaque mois sur le premier semestre 2025, un montant record et le double de l'année précédente sur la même période.

La fibre de lin, dont 90 % des débouchés sont à des fins textiles (habillement ou décoration/linge de maison), sert à alimenter une industrie de la filature dont l'écrasante majorité de la capacité se trouve en Chine et en Inde, deux pays ne produisant par ailleurs peu ou pas de fibres de lin et reposant donc sur l'importation, majoritairement européenne. Et malgré les années difficiles en termes de prix et d'accès à la matière première, les outils industriels locaux continuent à se développer, marque de la confiance de l'ensemble de la filière sur le désir d'une partie des consommateurs pour une fibre textile naturelle, végétale et traçable.

Le lin reste malgré tout un acteur modeste du textile avec moins de 0,5 % de l'offre mondiale de fibres dans un marché où la place des fibres synthétiques ne cesse d'augmenter, représentant maintenant les deux tiers des volumes annuels disponibles. Mais l'intérêt du marché de la mode et l'effet prix sur l'année 2024 permettent à la filière européenne de dépasser pour la deuxième année consécutive la barre du milliard d'euros de chiffre d'affaires pour la fibre certifiée.

Évolution prix fibre longue européenne (*Master of Flax Fibre*)

(en euros/kg)

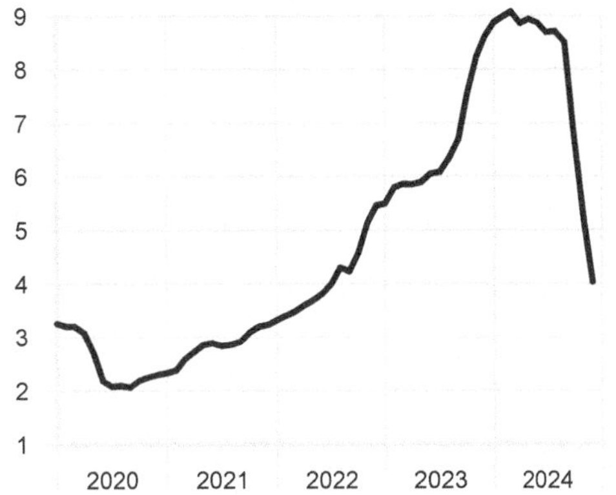

(Source : Alliance du lin et du chanvre européens Observatoire économique)

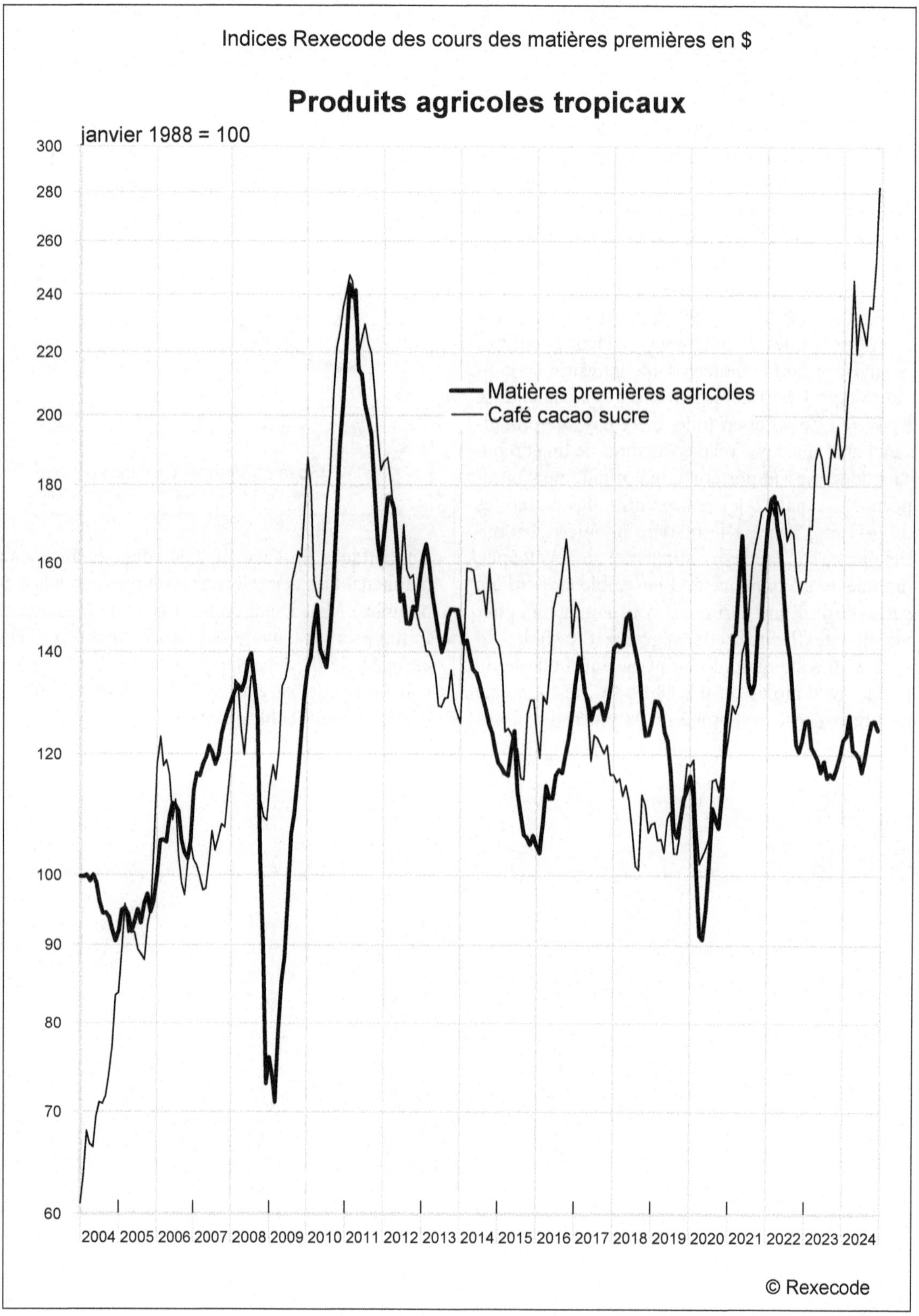
Indices Rexecode des cours des matières premières en $
Produits agricoles tropicaux
janvier 1988 = 100
300
280
260
240
220
200
180
160
140
120
100
90
80
70
60
Matières premières agricoles
Café cacao sucre
2004 2005 2006 2007 2008 2009 2010 2011 2012 2013 2014 2015 2016 2017 2018 2019 2020 2021 2022 2023 2024
© Rexecode

- III -

Produits tropicaux

- Des tropiques euphoriques
- Sucre
- Café
- Cacao
- Thé
- Huile de palme
- Poivre et autres épices
- Vanille
- Bananes
- Ananas
- Agrumes et jus d'orange
- Fruits tropicaux
- Caoutchouc
- Jute
- Sisal et fibres dures

Des tropiques euphoriques

Razzia sur les produits tropicaux. C'est un grand mouvement de hausse qui, à quelques exceptions près, a emporté les marchés de produits tropicaux. Le cacao se distingue, avec un record à plus de € 11 000 la tonne sur le marché de Londres en avril 2024. Corrigé de l'inflation, on est tout près du niveau atteint en 1977. Le mystère tient moins dans l'emballement du marché après une faible récolte de la Côte d'Ivoire, premier producteur et exportateur mondial, que dans l'insensibilité de la demande au prix. Produit « doudou », le chocolat est recherché à tout prix – littéralement. Dans le jargon du marché, on dit que le prix à un certain moment doit « détruire » la demande – c'est là son rôle. À € 11 000 la tonne, il n'a rien détruit du tout. Les acheteurs ont raccourci leur taux de couverture, tiré sur les stocks, raccourci les flux, tandis que les négociants étaient à l'affût des fèves. Le café robusta, lui aussi, régale, avec près de 70 % de hausse, suivi un peu plus tard par l'arabica puis par le caoutchouc, le thé et l'huile de palme. Il y a deux points communs sous-jacents à ce mouvement conjoint des cours des produits tropicaux vers des sommets. La demande est soutenue, bien davantage que ce qui avait été anticipé, sans doute parce qu'elle se répartit aujourd'hui à travers de multiples géographies et n'est plus dépendante d'un seul débouché : les émergents petits et grands sont un moteur puissant et résilient qui ajoute sa vigueur à celle des vieilles économies. L'autre point commun concerne l'offre : la surprise ici va dans l'autre sens, et c'est la faible résilience aux aléas climatiques et aux maladies qui fait varier les niveaux de production et d'exportation bien au-delà de ce qui était observé. La rencontre d'une offre volage et d'une demande obstinée produit, comme dans certains mariages, un résultat explosif.

Chaud le cacao, chaud

Premier producteur, premier exportateur et premier broyeur de cacao, la Côte d'Ivoire a connu sur les deux décennies courant jusqu'à 2023 une seule et même crainte : provoquer par ses surplus et sa position de fournisseur principal du marché une baisse des prix au producteur. En quelques mois d'une année folle, ce passé s'est évanoui. Oubliés les prix bord-champ à 500 ou 700 FCFA le kg. C'est 1 800 FCFA que touche le planteur ivoirien pour la récolte principale 2024-2025 (octobre-mars), et il touchera autant sinon plus lors de la récolte principale 2025-2026, dont le prix sera annoncé le 1er octobre 2025, quelques jours avant l'élection présidentielle. À ce niveau de prix bord-champ, c'est l'équivalent de € 3 milliards qui circulent en brousse pour l'approvisionnement en fèves auprès des coopératives et des collecteurs (les « pisteurs ») durant les pics de production. Un camion de 35 tonnes chargé de fèves vaut aujourd'hui près de € 100 000. Certains seront bientôt accompagnés de gardes armés.

La Côte d'Ivoire, comme son voisin le Ghana, deuxième producteur mondial aujourd'hui au coude à coude avec l'Équateur, régule son marché. L'organe de contrôle de la Côte d'Ivoire, le Conseil Café Cacao (CCC), octroie à des exportateurs et transformateurs agréés une autorisation de vente à l'exportation ou « déblocage », plusieurs mois avant la récolte, avec pour référence le prix à terme de la bourse de Londres (l'ICE). La moyenne des prix de vente par déblocages est calculée en septembre par le CCC. Et après la soustraction des taxes et marges de tous les intermédiaires, depuis le bord-champ jusqu'à la mise au port et au dédouanement selon un barème fixe révisé chaque année, un prix bord-champ représentant entre 60 % et 70 % de la valeur d'exportation CAF moyenne des déblocages est annoncé le 1er octobre par le CCC. C'est ce prix qui a été établi à 1 800 FCFA en octobre 2024, en hausse de 80 % sur un an. Les fèves manquent. Et la liquidité aussi, car les banques ivoiriennes sont dans l'incapacité d'octroyer 80 % de ligne de crédit supplémentaire d'un claquement de doigts. C'est à une crise de liquidité que s'expose la filière cacao si les prix bord-champ annoncés avant l'élection présidentielle de Côte d'Ivoire atteignent 2 000-2 500 FCFA voire au-delà, comme certains l'anticipent. C'est le paradoxe de la rareté. Quand la fève est rare, l'argent devient rare aussi.

La météo, reine des marchés

L'histoire se répète à travers les marchés de produits tropicaux : un stress hydrique ici, des pluies excessives là ont raison de la stabilité de la production. Le phénomène de contamination au *swollen shoot* que l'on a vu en Côte d'Ivoire a été aggravé par les conditions météorologiques et les précipitations abondantes, mais inhabituellement concentrées dans le temps, que l'on a observées les deux années précédentes. La stagnation de la production indonésienne d'huile de palme trouve aussi ses raisons dans la répartition inhabituelle des pluies. Les effets du dérèglement climatique dans le bandeau intertropical, avec la hausse de la fréquence d'événements extrêmes, se découvrent plus qu'ils ne s'anticipent, et affectent le groupe des produits tropicaux comme un seul et même ensemble. Myope, faute d'être chaussé des verres convenables par les sciences de l'agronomie et du climat, le marché surréagit.

Le cas de l'hévéa est symptomatique de cette exposition à des événements autrefois rares, aujourd'hui plus fréquents, mais tout aussi imprévisibles. La Thaïlande, un des quatre plus grands pays producteurs aux côtés de l'Indonésie, de la

Indice du prix nominal des grands groupes de produits tropicaux
(indices mensuels en dollars, 2010 = 100)

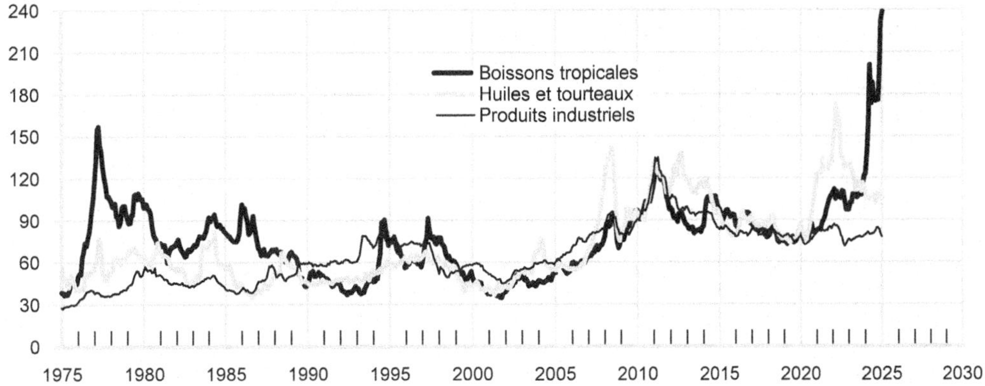

(Source : Banque mondiale)

Chronique d'une année folle, la flambée des cours du cacao

Entre octobre et décembre 2023, on estime que le Conseil Café Cacao ivoirien a vendu par anticipation 800 000 tonnes de cacao. Les spéculateurs (le terme est technique et non péjoratif) ont pris des positions d'achat (ils se sont mis *long*), tandis que les chocolatiers différaient leurs achats, jugeant les prix trop élevés et misant sur une baisse. Les mauvaises prévisions de récolte 2024-2025, la présence de la maladie du *swollen shoot* dans les cacaoyères ivoiriennes ont fait converger les anticipations vers un déficit important. Les chocolatiers sont entrés sur le marché en mars 2024, après avoir réduit de moitié leurs couvertures, à six, voire quatre mois d'approvisionnement. Les spéculateurs ont alors modifié leurs positions en se mettant *short* à vendre ; les chocolatiers continuent d'acheter. Les prix à terme dépassent les € 10 000/t. Aucune vente n'est effectuée par le CCC, mais les prix à terme culminent. Les pluies d'avril et les révisions à la hausse de la récolte 2024-2025 font s'écrouler les prix à terme de près de € 4 000 en 24 h. Le CCC attend d'avoir une estimation plus précise du volume de la récolte : il reprend les ventes par anticipation en juin et juillet 2024 alors que les deux pics sont passés – mais il n'aurait sans doute trouvé aucun acheteur s'il avait souhaité vendre au plus haut de la flambée. La moyenne des prix des ventes par déblocages durant les épisodes 1 et 7 sur le graphique se situe aux alentours de € 4 600/t, ce qui convertis en CFA et une fois déduits les 40 % de marges, frais et taxes de mise à CAF laisse au planteur 60 % de cette valeur, soit 1 800 CFA par kg qui est le prix annoncé le 1er octobre 2024. Par la suite, en fin d'année, le marché a connu un nouvel accès de fièvre.

Prix du cacao
(en euros/tonne)

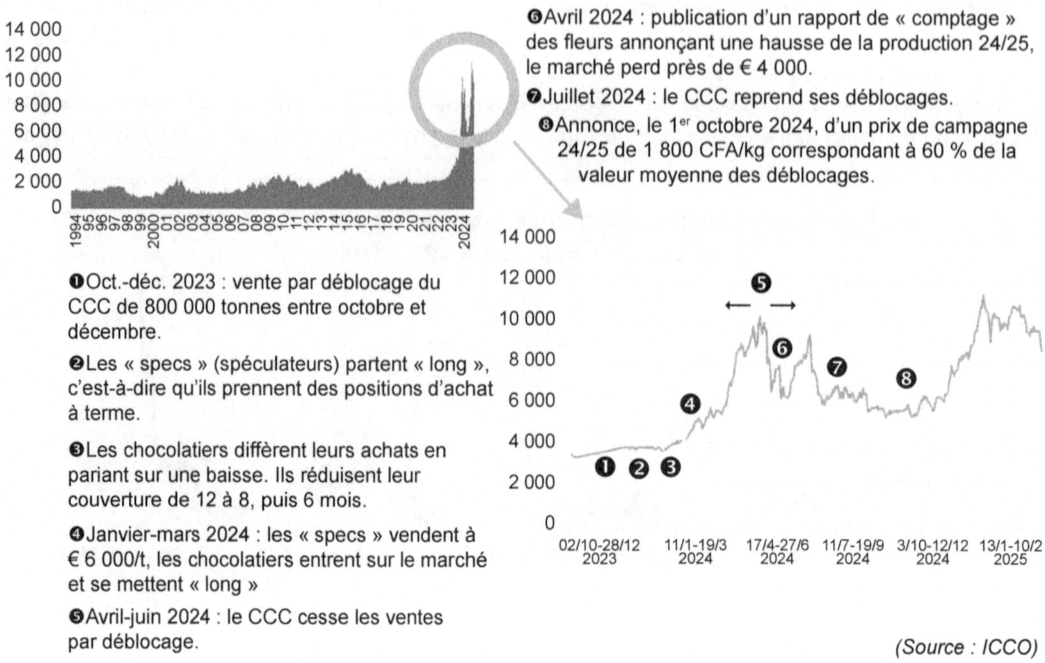

(Source : ICCO)

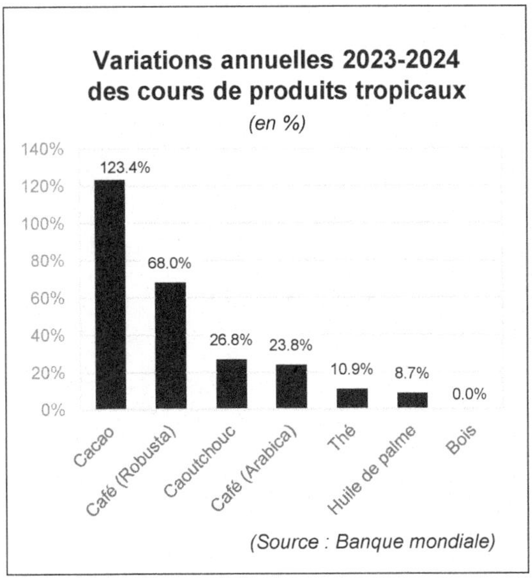

Malaisie et du Vietnam, a connu des vagues de chaleur inhabituelles en début d'année 2024, qui ont eu pour effet de prolonger la période de faible production, qui court en général de février à mai, jusqu'au milieu de l'été. Puis ce sont des inondations ravageuses qui ont frappé la péninsule. L'European Forest Institute estime que les surfaces dédiées à la culture de l'hévéa en Thaïlande ont régressé de près de 5 % entre 2017 et 2022, en premier lieu à cause de températures plus élevées et des catastrophes naturelles, facteurs auxquels il faut ajouter une hausse du prix de la main-d'œuvre et la prolifération de pathogènes après les fortes pluies. Faible résilience du verger aux aléas climatiques et aux pestes, faible investissement dans des espèces hybrides et les replantations, hausse du coût de la main-d'œuvre : tous ces ingrédients composent le cocktail tropical qui amplifie les oscillations de l'offre et la réaction des prix.

Et pendant ce temps, l'Europe se prend les pieds dans le tapis de son règlement sur la déforestation

Sur la pression des entreprises importatrices et de ses partenaires commerciaux, l'Union européenne (UE) a reporté d'un an, à décembre 2025, l'entrée en application de son règlement sur la déforestation – RDUE dans son acronyme français. Le RDUE vise à réduire au minimum la déforestation et la dégradation des forêts associée aux importations dans l'UE de bois, caoutchouc, bovins, café, cacao, soja et huile de palme. La mise sur le marché européen de ces produits n'est possible que si la preuve est apportée que ces produits n'ont pas provoqué de déforestation, sont traçables depuis la parcelle et satisfont aux lois du pays de production. Une déclaration de diligence raisonnée assurant la légalité et l'absence de déforestation des produits mis sur le marché ou exportés doit être fournie par les entreprises soumises au RDUE. Si l'annonce du report d'un an a pu satisfaire de nombreux pays partenaires de l'EU, certains l'ont eu mauvaise, pour avoir investi des sommes considérables dans la géolocalisation des parcelles, dans un système de traçabilité, sans parler de l'escouade de consultants employés à grands frais pour démêler les frontières de la légalité dans des pays où les dernières cartes des domaines forestiers remontent à 1967 comme dans l'exemple du Nigeria.

Ce qui rassemble les défenseurs et les opposants au règlement tenait jusque-là dans un élément : la nécessité de supprimer, au moins dans un premier temps, le classement des pays par niveaux de risques de déforestation. À chaque niveau de risque (élevé, standard, faible) sont en effet associées des exigences particulières de diligence raisonnée par l'UE. Le sujet est hautement politique : qui aimerait voir son pays classé comme « à risque élevé de déforestation » sur la base de cartes et de critères laissés à la discrétion du législateur européen ? L'effet politique peut être dévastateur. Au point que la Commission a d'abord envisagé de renoncer à cette hiérarchie entre pays, et proposé de les placer tous au niveau de risque « moyen », le temps de faire un peu de pédagogie sur sa méthode. Puis elle est revenue sur cette décision. Un classement des pays selon les risques de déforestation devrait être publié par la Commission courant 2025. Qui a poussé à un tel revirement ? Les acteurs économiques européens eux-mêmes. L'UE, en effet, était classée à « faible risque » selon son propre classement. Être rétrogradé en risque « moyen », à l'identique des autres pays, voulait dire plus de paperasserie de diligence raisonnée, et donc plus de frais pour les opérateurs européens. C'est pour économiser ces maigres coûts que la Commission s'apprête à régler une ardoise diplomatique dont le montant s'annonce exorbitant.

SUCDEN
CRÉATEUR
D'OPPORTUNITÉS
FOURNISSEUR DE MATIÈRES PREMIÈRES AGRICOLES, ET BIEN AU-DELÀ.
Créateurs innovants d'opportunités, nous connectons les ressources et les besoins de nos clients dans le temps et l'espace, pour chaque produit, de manière durable.
5 900 EMPLOYÉS
sur 25 sites dans le monde
10 MILLIONS DE TONNES
de sucre, de cacao, de café et d'éthanol transportées chaque année
100 DESTINATIONS
des clients sur chaque continent
SUCDEN est un leader indépendant du négoce de matières premières agricoles, spécialisé dans le sucre, le cacao, le café, l'éthanol et le courtage de contrats futures et d'options. SUCDEN est actif tout au long de la chaîne de valeur, de la production à la transformation et à la logistique.
www.sucden.com
S&D SUCDEN

Sucre : *soutenu*

2024 a été caractérisée par une forte volatilité sur le marché du sucre : un marché à la baisse entre janvier et mi-août 2024 suivi d'une remontée significative en septembre 2024, puis d'une baisse quasi continue jusqu'en janvier 2025, où le cours du sucre à New York a atteint son plus bas niveau depuis trois ans à près de 17 cts/lb. Comme toujours une combinaison de facteurs a expliqué la baisse observée entre septembre 2024 et janvier 2025 : la dynamique des fonds spéculatifs sur le marché du sucre brut à New York et les fondamentaux du marché avec le retour annoncé de l'Inde sur le marché mondial, ainsi que les facteurs macroéconomiques comme la forte dépréciation de la monnaie brésilienne qui a touché un bas à plus de BRL 6 pour $ 1, le renchérissement du dollar et la relative faiblesse des cours du pétrole.

La tendance s'est renversée de nouveau fin janvier 2025, où les cours du brut à New York comme du blanc à Londres sont repartis à la hausse, entraînés par les facteurs climatiques avec des conditions sèches au Brésil, de vastes inondations qui ont touché le nord du Queensland en Australie début février, la position des fonds de nouveaux acheteurs et par un renchérissement (timide) de la monnaie brésilienne. Des révisions à la baisse de production dans plusieurs pays, comme le Brésil, l'Inde, le Pakistan ont également exercé une pression à la hausse. Cette embellie s'est poursuivie jusqu'à ce que le contrat n° 11 atteigne 20 cts/lb à New York à l'expiration du contrat de Mars. Les livraisons record de ce contrat à près de 1,75 Mt physique (dont 1,4 Mt en provenance du Brésil) ont été un clair signal baissier, perçues comme la confirmation de l'absence d'alternatives plus avantageuses pour vendre le sucre. La demande qui semblait robuste semble moins soutenue en ce début d'année de turbulences géopolitiques. Le dollar en baisse, des prévisions concernant le phénomène *La Niña* qui devrait s'affaiblir à partir d'avril 2025 et ne pas affecter la production en Inde, un optimisme qui prévaut pour la production brésilienne qui devrait démarrer en avril 2025 sont autant de facteurs baissiers. Cette baisse a été rapide : dès le 6 mars, le cours du brut à New York était redescendu à 18,13 cts/lb et celui du blanc à Londres à $ 516,9/t.

L'OIS (Organisation internationale du sucre) a adopté une position neutre à haussière pour le court terme, dans l'attente de la prochaine récolte brésilienne et des premières exportations de cette récolte. Sur le court terme, les prévisions en matière de récolte pour 2025-2026 sont plutôt bonnes au Brésil et en Thaïlande. Les perspectives sur les cours pour la suite, si elles restent favorables, ne sont néanmoins pas claires et des turbulences sont encore à prévoir. Tout va dépendre de la météo, des développements géopolitiques et de leurs conséquences sur la volatilité des facteurs macroéconomiques. Les décisions commerciales, par les États-Unis, d'imposer des droits de douane à leurs partenaires du Mexique ou du Brésil, voire d'imposer des droits de douane généralisés, par l'Inde d'imposer des mesures de rétorsion vis-à-vis de ces droits de douane, ou de blocage des importations pour des raisons sanitaires, comme le fait la Chine vis-à-vis de la Thaïlande, sont de nature à créer encore plus de troubles et de volatilité. Dans un tel contexte de « guerre » commerciale, la conclusion par l'Union européenne d'accords bilatéraux de libre-échange incluant de nouvelles concessions d'accès à son marché du sucre apparaît déplacée.

Un déficit mondial plus important que prévu pour 2024-2025

L'Organisation internationale du sucre (OIS) a relevé dans sa troisième prévision de février 2025 ses prévisions de déficit mondial de sucre pour 2024-2025 à – 4,88 Mt, contre – 2,51 Mt dans sa prévision de novembre 2024. C'est le déficit le plus important depuis huit ans. L'OIS a réduit ses prévisions de production mondiale de sucre pour 2024-2025 à 175,5 Mt, contre 179,1 Mt en novembre 2024. La production mondiale de sucre 2024-2025 serait en baisse de 3,2 % par rapport à la campagne précédente : – 4,93 Mt en Inde, – 3,979 Mt au Brésil et – 0,686 Mt au Pakistan. Ces baisses ne couvriraient pas les augmentations prévues en Thaïlande + 1,675 Mt, dans l'Union européenne + 1 Mt ou en Chine + 0,9 Mt. La consommation mondiale atteindrait un record de 180,42 Mt, mais en progression de seulement 0,3 % par rapport à 2023-2024. Fait notable : les volumes échangés seraient aussi en baisse significative. Au final, les stocks mondiaux devraient baisser de plus de 4 % et le ratio stocks/consommation tomber à un bas de 51,88 %.

Bilan mondial du sucre
(en milliers de tonnes)

	2023-2024	2024-2025	Variation 2024-2025/ 2023-2024 en %
Production	181.38	175.54	-3.20
Consommation	179.87	180.42	0.30
Surplus-déficit	1.41	-4.88	0.00
Importations	69.12	63.32	-8.30
Exportations	69.64	62.66	-10.00
Stocks finaux	97.81	93.60	-4.30
Ratio stocks/conso	54.35	51.88	

(Source : OIS février 2025)

Pour S&P Global, le déficit de l'offre et de la demande mondiales en 2024-2025 atteindrait 2,37 Mt (valeur brute), tandis que le déficit en 2025-2026 serait prévu à 1 Mt (valeur brute) dans ses prévisions de février 2025. Pour 2024-2025, les réductions des estimations de la récolte de l'Inde, de l'Australie et du Brésil ont été partiellement compensées par la réduction de la consommation des États-Unis, du Mexique et de l'Inde. Pour 2025-2026, les réductions des estimations de la consommation des États-Unis, du Mexique et de l'Inde devraient contribuer à la diminution annoncée du déficit.

Pour sa part, *Green Pool Commodity Specialists* a estimé également en février 2025 que le marché mondial du sucre passerait d'un déficit de – 3,7 Mt en 2024-2025 à un excédent de + 2,7 Mt au cours de la campagne 2025-2026.

Le contrat n° 11 du sucre brut à New York a perdu 10 % entre septembre 2024, où il a dépassé 23 cts/lb, et janvier 2025, où il est passé sous la barre des 18 cts/lb, poussé par les prévisions de récolte au Brésil et en Thaïlande. L'érosion de la monnaie brésilienne a aussi joué en faveur de cette baisse et a permis aux fabricants brésiliens de couvrir leurs engagements à l'exportation. Les marchés ont débuté l'année 2025 sur une note plus mesurée avec l'annonce le 20 janvier 2025 par le gouvernement indien de l'ouverture des exportations pour la campagne 2024-2025 (octobre/septembre) pour 1 Mt. Les prix du contrat de sucre blanc n° 5 à Londres ont chuté de plus de $ 30/t en février 2025 après avoir atteint les sommets de $ 564/t. Ces sommets étaient proches des niveaux des premières offres d'exportation de produits blancs indiens arrivés sur le marché à cette période.

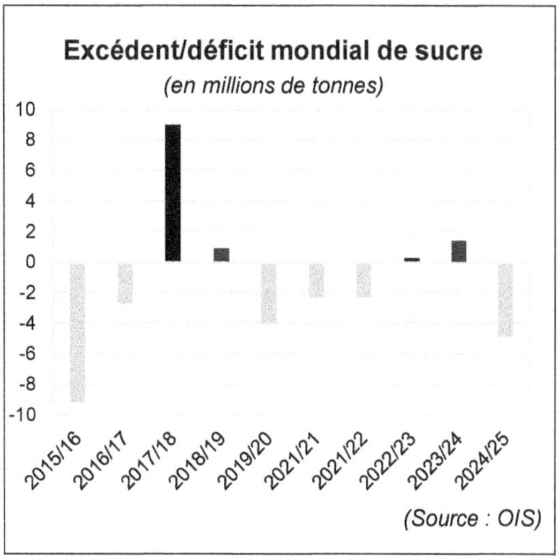

(Source : OIS)

Le déficit pour 2024-2025 et celui anticipé pour 2025-2026 doivent être intégrés par le marché. Les prix du sucre restaient d'ailleurs relativement soutenus au tout début du mois de mars 2025, notamment suite aux annonces selon lesquelles la production indienne de sucre chuterait de 14 %

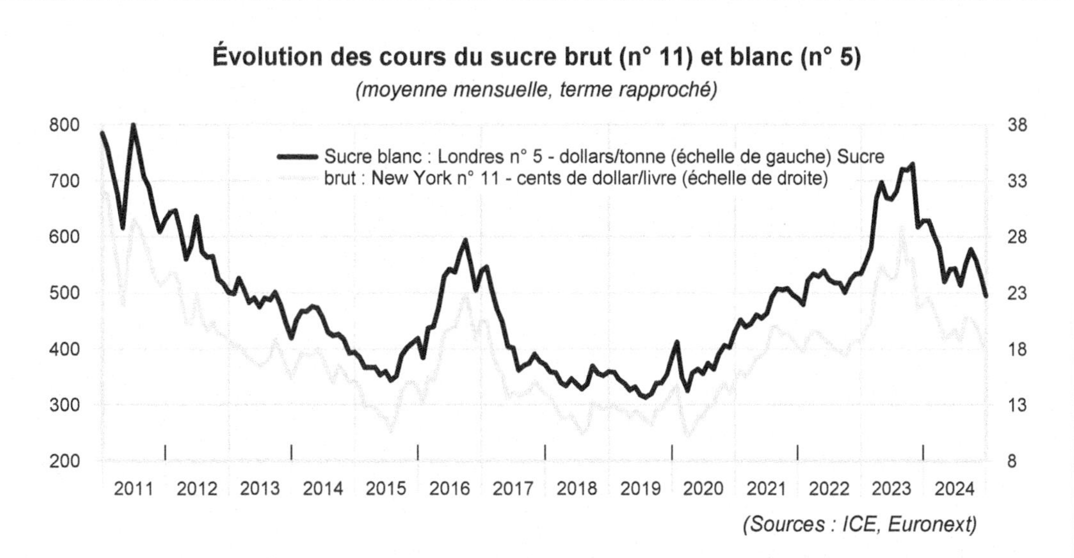

(Sources : ICE, Euronext)

PRODUITS TROPICAUX

Sucre

(en milliers de tonnes)

	2020-2021	2021-2022	2022-2023	2023-2024	2024-2025
Production mondiale	**171 156**	**169 032**	**172 526**	**181 384**	**175 540**
Brésil	39 814	38 716	32 067	46 510	42 531
Inde	27 420	31 105	35 920	32 200	27 270
UE à 27	15 485	14 911	16 661	14 797	15 818
Chine	10 415	10 663	9 560	9 950	10 900
Thaïlande	8 284	7 132	10 134	8 775	10 450
États-Unis	6 801	7 707	7 566	7 695	7 820
Mexique	5 278	5 715	6 185	4 704	4 859
Russie	7 900	5 175	5 700	6 390	6 250
Australie	4 194	4 050	3 809	3 571	3 798
Pakistan	5 190	5 760	7 515	6 841	6 155
Guatemala	2 764	2 565	2 762	2 618	2 597
Philippines	2 146	2 143	1 936	1 923	1 670
Ukraine	1 480	1 020	1 450	1 850	1 800
Turquie	2 536	3 069	2 520	3 340	2 760
Argentine	1 600	1 780	1 550	1 853	1 715
Colombie	2 179	2 098	2 156	1 865	2 000
Afrique du Sud	2 150	1 856	1 842	1 994	1 821
Indonésie	2 100	2 350	2 387	2 460	2 600
Consommation mondiale	**170 274**	**171 326**	**174 773**	**179 972**	**180 421**
Inde	25 098	25 800	26 800	28 500	28 600
UE à 27	15 554	17 331	18 258	15 030	14 882
Chine	15 938	15 805	15 400	15 950	15 750
Brésil	10 134	10 044	10 450	10 600	10 650
États-Unis	10 272	10 237	10 562	10 612	10 333
Russie	5 932	5 900	5 750	5 831	5 840
Indonésie	7 158	7 389	7 300	2 460	7 950
Mexique	4 059	4 420	4 200	4 436	4 583
Pakistan	5 390	5 596	5 859	6 078	6 200
Égypte	3 124	3 232	3 250	2 190	3 600
Japon	2 040	2 017	2 000	600	1 880
Ukraine	1 239	1 170	900	1 400	1 425
Exportations mondiales	**66 554**	**62 754**	**64 372**	**69 635**	**62 661**
Brésil	26 220	30 183	25 540	38 708	32 140
Thaïlande	8 653	4 650	7 986	5 980	7 600
Australie	3 400	2 852	2 567	2 500	2 740
Inde	7 245	7 000	11 058	3 717	2 300
UE à 27	1 083	848	832	1 624	2 000
Guatemala	1 868	1 535	1 742	1 827	1 547
Émirats arabes unis	809	805	1 330	1 810	1 110
Mexique	1 178	1 165	1 794	620	857
Importations mondiales	**66 545**	**62 789**	**63 968**	**69 119**	**63 324**
UE à 27	1 570	2 692	2 662	1 399	950
États-Unis	3 112	2 632	2 876	3 020	2 210
Indonésie	6 060	5 175	5 158	5 200	5 350
Chine	5 846	6 140	5 895	6 350	6 150
Émirats arabes unis	979	1 380	1 594	2 189	1 389
Malaisie	1 941	2 100	2 100	2 160	2 180
Corée du Sud	1 908	1 963	1 900	1 951	1 958
Japon	1 315	1 319	1 355	1 300	1 300
Arabie saoudite	1 883	1 707	1 788	1 630	1 825
Nigeria	1 815	1 770	1 988	1 780	1 830
Iran	1 532	1 590	1 300	1 228	770
Égypte	1 050	815	1 350	2 171	1 275
Canada	1 332	1 161	1 343	1 397	1 220
Bangladesh	1 595	2 500	2 470	2 480	2 530
Algérie	2 489	2 500	2 116	2 138	2 531

(Source : OIS février 2025)

Évolution des cours du sucre brut (n° 11) et blanc (n° 5)

(moyenne mensuelle, terme rapproché)

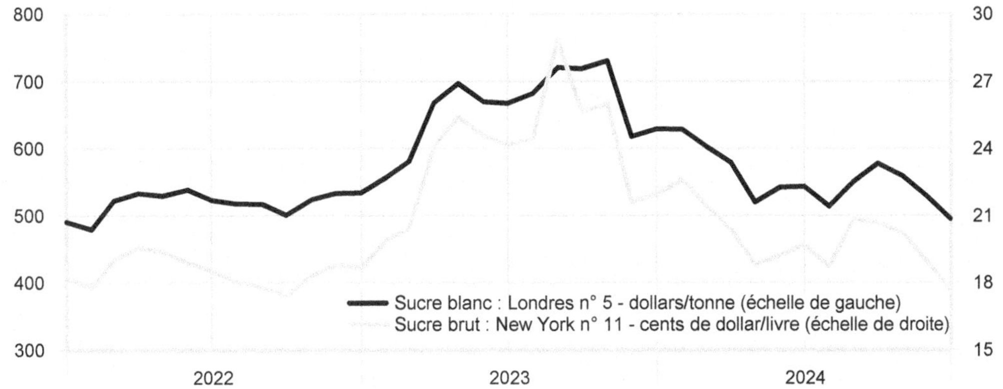

(Sources : ICE, Euronext)

pour atteindre 21,98 Mt au cours de la campagne de commercialisation allant du 1er octobre 2024 au 28 février 2025, d'après l'ISMA (Association indienne des fabricants de sucre et de bioénergie). Les disponibilités en sucre brésilien se réduisent dans l'attente de la nouvelle récolte ainsi que les stocks des pays de l'hémisphère nord. Sur le court terme, le sentiment est plutôt porteur. De même, le marché à terme reste dans une structure de contango jusqu'en mars 2026 : avec des prix des contrats de termes éloignés plus élevés que ceux de termes proches, signifiant que les négociants et les investisseurs anticipent une augmentation des prix pour l'année à venir. Si l'Inde n'arrivait pas à exporter son quota de 1 Mt, la disponibilité sur le marché mondial serait plus restreinte que prévu au deuxième trimestre 2025 et vice-versa…

Enfin il faut noter que, depuis octobre 2024, la prime de blanc (différence entre le cours du blanc et du brut) ne permet pas à de nombreuses raffineries de destination, dont celles du Moyen-Orient, important du brut pour le raffiner en blanc, de couvrir leur coût de raffinage.

Les facteurs économiques pourraient aussi peser sur les marchés : turbulences géopolitiques, dépréciation de la monnaie brésilienne et incertitudes sur certaines décisions commerciales, dont le devenir des exportations de sucre du Mexique vers les États-Unis. Les décisions contradictoires de Donald Trump concernant les droits de douane à imposer aux importations mexicaines de sucre les rendraient non viables et conduiraient les États-Unis à se tourner vers des importations supplémentaires dans le cadre des contingents à droits zéro accordés à de nombreux pays, dont le Guatemala, l'Australie ou le Brésil. Quant aux exportations mexicaines, elles devront dans ce cas se tourner vers d'autres marchés. Mais l'intention de Donald Trump d'introduire également des droits de douane généralisés sur les marchandises entrant aux États-Unis, y compris sur les importations de sucre en provenance de pays bénéficiant d'un accès préférentiel, est potentiellement perturbatrice pour l'ensemble des importations de sucre en provenance de ces pays.

Bref, l'année 2025 s'annonce encore plus volatile que l'année 2024.

Une bonne année pour le Brésil dopée par une monnaie brésilienne dépréciée

La sécheresse et la chaleur excessive entre mai et août 2024 ont provoqué des incendies au Brésil et des dommages aux cultures de canne à sucre dans l'État de São Paulo, principal producteur de sucre du Brésil et du monde. Selon certains experts, 5 Mt de canne à sucre auraient été perdus. Depuis, le cumul des précipitations est revenu proche de la moyenne. Conab, l'agence gouvernementale brésilienne de prévision des récoltes,

a réduit le 21 novembre 2024 ses estimations de production de sucre au Brésil pour 2024-2025 à 44 Mt, contre une prévision précédente record de 46 Mt, en raison de rendements de canne à sucre plus faibles dus à des conditions sèches, à la chaleur excessive et au syndrome du flétrissement de la canne. Ce syndrome du flétrissement de la canne à sucre est apparu ces dernières années comme un défi important et en pleine expansion pour l'industrie de la canne à sucre au Brésil. Les effets de cette maladie vont de la réduction de la productivité, qui peut être supérieure à 25 %, à des changements qualitatifs de la matière première avec une réduction de la teneur en sucre théorique récupérable, en passant par des changements de l'indice Brix (la quantité approximative de sucre dans la canne à sucre). Ce qui rend le problème encore plus préoccupant, c'est qu'il est répandu dans plusieurs variétés de canne à sucre.

Lors de la récolte 2023-2024, ce syndrome du flétrissement de la canne à sucre a atteint des niveaux alarmants dans les principaux États producteurs, avec des rapports faisant état d'une réduction de 50 % de la productivité. Plusieurs études sont menées par des institutions publiques et privées et, à ce jour, les chercheurs et les techniciens s'accordent à dire que ce syndrome est causé par des facteurs biotiques, c'est-à-dire par l'association de champignons pathogènes qui provoquent la réduction du rendement jusqu'à la mort des plantes.

Avec une production de sucre plus rémunératrice que la production d'éthanol, c'est néanmoins une production très élevée de sucre qui se profile au Brésil pour 2024-2025. L'ensemble des analystes s'accorde avec l'agence Conab sur le niveau de production : l'OIS prévoit 45,2 Mt, l'analyste Czarnikow prévoit 43,6 Mt. L'industrie de la canne du centre sud-brésilien (Unica) a rapporté que la production cumulée de sucre 2024-2025 Centre-Sud jusqu'à la mi-février 2025 s'élevait à 39,812 Mt. La faiblesse du pétrole brut en faisant baisser les prix de l'éthanol peut encore inciter les sucreries à consacrer une plus grande partie de la transformation de la canne à sucre à la production de sucre plutôt qu'à celle d'éthanol, ce qui augmenterait l'offre de sucre.

Les précipitations inférieures à la moyenne au Brésil cette année ont néanmoins affecté la canne dans certaines régions, et si les averses restent faibles, la récolte de sucre qui commence en avril 2025 pourrait être retardée. Mais si les conditions climatiques sont bonnes, c'est une récolte record qui s'annonce pour 2025-2026 avec des exportations qui, elles aussi, pourraient atteindre des niveaux très élevés au-dessus de 34 Mt, favorisées par la mise en service de nouvelles capacités portuaires. Le consultant Datagro prévoit 42,5 Mt de sucre pour 2025-2026, soit une hausse de 5,9 % par rapport à sa propre estimation pour 2023-2024. De nouveau, les usines privilégieraient le sucre à 51,5 % par rapport à l'éthanol.

Enfin, le réal brésilien est la monnaie dont le marché des produits dérivés est le plus important au monde parmi les pays émergents, derrière le dollar et l'euro, et très ouvert à la spéculation. Si le dollar s'est apprécié ces derniers mois vis-à-vis de l'ensemble des monnaies, cela a été encore plus marqué vis-à-vis de la monnaie brésilienne sans que cela ne repose forcément sur les résultats de l'économie brésilienne. Ceci pourrait expliquer la faiblesse du réal brésilien qui a culminé à BRL 6,25 pour $ 1 en fin d'année 2024, niveau record, et qui fluctue autour de BRL 5,8 pour $ 1 en ce début d'année 2025. Exporter du sucre en dollars dans ces conditions permet des marges certaines aux opérateurs au Brésil.

Une production en baisse en Inde… mais des exportations autorisées

S&P Global Commodities estimait fin février 2025 que la production de sucre de l'Inde, deuxième producteur mondial, diminuerait à 28,2 Mt en 2024-2025, contre 32,0 Mt en 2023-2024, pour une consommation de plus de 29 Mt. La production serait ainsi inférieure à la demande pour la première fois en huit ans. Les estimations de la production indienne pour la saison 2024-2025 ont été révisées à la baisse en raison de la fermeture anticipée de sucreries dans les États de l'Uttar Pradesh et du Maharashtra, les deux principaux États producteurs de sucre du pays, compte tenu du manque de la canne. Dans l'Uttar Pradesh, le rendement de la canne a chuté de 15 à 20 % en raison des infestations d'insectes foreurs de la canne et de la maladie de la pourriture rouge qui affectent plus particulièrement la variété de canne la plus utilisée. Cette variété très performante, avec un rendement et une richesse élevés, est désormais de plus en plus sujette aux maladies. Cependant, les chercheurs n'ont pas encore introduit d'alternative viable, ce qui fait craindre une crise sur le long terme semblable à celle que traverse le secteur du coton pour lequel l'Inde, auparavant premier producteur mondial, est désormais importateur. D'autres variétés de canne existent bien, mais elles ne font pas consensus parmi les planteurs qui, avec elles, doivent arbitrer entre la teneur en sucre et le rendement de la canne. Dans l'Uttar Pradesh, le taux de sucre extractible ne représente que 9 % cette année, en baisse d'environ 1 % par rapport aux campagnes précédentes, compte tenu du mauvais état de la récolte de canne. Cette situation risque de déclencher une guerre des prix entre sucreries pour s'assurer un approvisionnement suffisant en canne. Parallèlement, dans le Maharashtra et le Karnataka, les cultures de la canne ont subi une phase de floraison prématurée qui non seulement arrête la croissance de la plante, mais aussi réduit son rendement agricole et sa teneur en sucre. Dans le Maharashtra, ce phénomène est attribué à une période de sécheresse prolongée en 2023-2024 suivie de précipitations trop abondantes en octobre.

Le lancement de la campagne 2024-2025 des sucreries du Maharashtra a aussi été retardé par la tenue d'élections locales.

Dans ce contexte, la Fédération nationale des coopératives sucrières a quant à elle également ramené à 27 Mt son estimation de la production indienne de sucre pour 2024-2025. D'autres analystes sont encore plus pessimistes et estiment cette production autour de 26 Mt. La production du Maharashtra chuterait de 11,02 Mt en 2023-2024 à 8,6 Mt en 2024-2025. Celle de l'Uttar Pradesh diminuerait de 10,36 Mt à 9,3 Mt, tandis que la production du Karnataka passerait de 5,3 Mt à 4,1 Mt. Avec un stock de 8 Mt à la fin de la campagne 2023-2024, une consommation intérieure évaluée à 29,5 Mt, et des exportations de la production domestique de 1 Mt de sucre, les stocks de fin de campagne pourraient se limiter à 4,5 Mt.

Ce niveau de production n'a donc pas empêché le gouvernement indien, afin de soutenir les sucreries locales et de stabiliser les prix intérieurs, de décider le 20 janvier 2025 d'autoriser l'exportation d'1 Mt de sucre au titre de la campagne en cours (qui se termine le 30 septembre 2025). Selon l'OIS, environ 600 000 tonnes de sucre indien ont été contractées pour l'exportation au 17 mars 2025. Cette mesure va aider les usines à exporter leurs stocks excédentaires, et soutiendra les quelque 50 millions de planteurs auxquels s'ajoutent des milliers de personnes travaillant dans le secteur (notamment 500 000 employés de sucreries). Concrètement, les sucreries se voient attribuer un quota d'exportation uniforme fixé à 3,174 % de leur production moyenne de sucre des trois dernières campagnes. Elles peuvent exporter directement ou faire appel à des traders. Les usines qui ne souhaitent pas exporter peuvent renoncer à leur quota, ou l'échanger contre des quotas intérieurs d'ici le 31 mars 2025.

Au cours de la campagne 2023-2024, les exportations de sucre étaient restées interdites par crainte de difficultés d'approvisionnement. En Inde, le sucre est un produit contrôlé jugé essentiel selon la classification des produits de base du gouvernement. Dans un contexte d'incertitude commerciale mondiale et d'impact potentiel des droits de douane par l'administration de Donald Trump menaçant des exportations vers les États-Unis, l'Inde pourrait envisager de nouvelles incitations pour ses exportateurs.

Cette décision d'octroi de licences à l'exportation pose question quant au respect des règles de l'OMC et quant à son impact sur les marchés mondiaux. De façon évidente, de telles exportations subventionnées perturbent les échanges et sont un facteur baissier sur les marchés. Cependant, peu de pays ont à ce jour élevé la voix. Il est vrai qu'un précédent panel à l'OMC avait déjà condamné l'Inde sans que cette dernière ne change de politique, mais développe à grande échelle la production de bioéthanol à partir de canne à sucre.

L'Inde est le premier consommateur mondial de sucre, dont 90 % sont destinés à la fabrication de produits alimentaires. Cette année, la récolte de canne devrait dépasser 470 Mt, permettant ainsi de dégager des volumes plus importants pour la production de sucre et la production d'éthanol à incorporer à l'essence. Environ 4,5 Mt de sucre seraient consacrées à la production d'éthanol. Selon le ministre de l'Intérieur et de la Coopération, le pays semble aussi en bonne voie pour atteindre son objectif de 20 % de mélange d'éthanol à l'essence d'ici 2026, plus tôt que l'échéance de 2030 fixée initialement par le Premier ministre Narendra Modi.

Le retour de la Thaïlande sur le marché mondial

Le 29 octobre 2024, l'Office thaïlandais de la canne et du sucre a estimé la production thaïlandaise de sucre pour 2024-2025 en hausse de + 18 % par rapport à 2023-2024 à 10,35 Mt. C'est un peu moins que les 11 Mt anticipés en raison de conditions sèches dans le nord-est du pays. La Thaïlande est le troisième producteur mondial de sucre et le deuxième exportateur.

La production de sucre en Thaïlande devrait continuer d'augmenter pour la campagne 2025-2026, pour atteindre potentiellement son niveau le plus élevé depuis sept ans. Ainsi, selon le fabricant Mitr Phol, la chute des prix du manioc de 37 % a incité les agriculteurs à se tourner de nouveau vers la culture de la canne. La récolte de canne passerait ainsi de 92 Mt en 2024-2025 à 105 Mt en 2025-2026, et la production de sucre passerait de 10,3 Mt à 11,5 Mt. La consommation intérieure de sucre, estimée autour de 2,5-3 Mt, permet un potentiel à l'exportation d'environ 7 Mt pour 2024-2025.

Mais la décision brutale par la Chine fin février 2025 de stopper l'importation du sirop de sucre et de prémélanges de sucre en provenance de Thaïlande est un coup dur. Des inquiétudes concernant l'hygiène des usines ont incité la Chine à suspendre ces importations représentant environ 1,2 Mt. Des sucreries en Thaïlande risquent d'interrompre leurs opérations alors que les négociations menées par les responsables du pays d'Asie du Sud-Est pour lever la mesure n'ont pas porté leurs fruits. Les autorités thaïlandaises ont déclaré que la Chine avait demandé à la Thaïlande d'inspecter des dizaines d'usines avant d'entamer des négociations en vue de lever l'interdiction.

L'Indonésie renonce provisoirement à son projet de suspendre les importations de sucre. Le gouvernement a décidé de reporter le plan annoncé en fin d'année 2024 visant à suspendre temporairement les importations de sucre en 2025 pour encourager l'autosuffisance, en particulier de sucre, afin de soutenir les agriculteurs locaux. Néanmoins, l'augmentation des prix du sucre et la diminution des réserves ont incité le gouvernement à réévaluer sa décision.

Le gouvernement souhaite plutôt privilégier la sécurité alimentaire et l'amélioration des infrastructures agricoles, notamment l'irrigation, pour augmenter la production nationale. Il a été décidé d'interdire les importations de riz, et de ne pas importer de maïs ni de sel. En revanche, les importations de sucre pourront se poursuivre pour prévenir d'éventuelles pénuries et des hausses des prix intérieurs. À la fin de 2024, le gouvernement expliquait que, pour mettre fin aux importations de sucre, la production locale devait atteindre 3,1 Mt par an. En 2024, la production indonésienne a représenté 2,4 Mt, en hausse de 200 000 tonnes par rapport à 2023. Une production de 2,7 Mt est anticipée pour 2025. Avec l'apport des stocks, un tel volume pourrait couvrir la demande intérieure. À l'avenir, le gouvernement entend continuer à adopter des mesures stratégiques pour maximiser la production locale de sucre et d'autres denrées agricoles.

Une année décevante en Europe perturbée par les importations ukrainiennes

À la fin de décembre 2024, la Commission européenne a publié les mises à jour des bilans estimés pour les campagnes 2023-2024 et 2024-2025 (octobre-septembre). Avec des conditions météorologiques difficiles pendant les semis et la croissance, la production de sucre blanc de l'Union européenne pour 2024-2025 est estimée à environ 16,8 Mt, soit une hausse de 8 % par rapport à 2023-2024. Cette augmentation provient d'une augmentation significative de la surface de betteraves à sucre (+ 8 %) tandis que les rendements devraient rester largement inchangés. Après le flux d'importations en provenance d'Ukraine en 2023-2024, les importations de sucre de l'Union européenne devraient diminuer pour atteindre 0,95 Mt en 2024-2025, soit une baisse de 30 % par rapport à 2023-2024. Après avoir doublé en 2023-2024, les exportations de sucre devraient augmenter de près de 0,5 Mt en 2024-2025 pour atteindre 2 Mt.

Les principales maladies de la betterave en Europe en 2024-2025

Le SBR (syndrome de basse richesse) et le RTD (syndrome de la racine pivotante caoutchouteuse) sont en expansion (notamment en Allemagne du Sud, en Suisse, en Autriche, en Roumanie, en République tchèque et en Slovaquie). Ils sont causés par différents pathogènes bactériens (phytoplasmes, protobactéries) transmis par différentes espèces de cicadelles (*Cixiidae*). La maladie de la pourriture de la betterave (*Macrophomina phaseolina*) – une maladie « secondaire » due à un phytoplasme transmis par une cicadelle – sévit en Roumanie, Allemagne du Sud, Slovaquie, Serbie. La betterave stressée, soit par des facteurs biotiques tels que la RDT, soit par des facteurs abiotiques tels qu'une chaleur prolongée, devient sensible à cette maladie.

La jaunisse virale, transmise par les pucerons, reste également présente dans de nombreuses régions, comme en France : sans la protection systémique des traitements de semences néoniques, la jaunisse virale (*Beet Yellows Virus* (BYV), *Beet Mild Yellowing Virus* (BMYV), *Beet Chlorosis Virus* (BChV)) s'est répandue en Europe depuis 2020, avec des pertes de rendement potentielles allant jusqu'à 50-70 %.

La présence de maladies foliaires, en particulier le mildiou et la cercospora, sur la betterave gagne du terrain (la résistance variétale a été brisée dans certaines régions cette année).

PRODUITS TROPICAUX

La chute du prix européen su sucre s'est poursuivie en 2024 avec 35 % de baisse sur l'année. Certes un record avait été atteint en janvier 2024, où le prix moyen européen affichait € 853/t. Mais le niveau atteint en janvier 2025 à € 557/t est bas si on prend en compte des coûts de production en hausse constante depuis la fin de la période covid et le début de la guerre en Ukraine. La fermeture de trois usines, une en France, une en Autriche et une en République tchèque, témoigne des difficultés économiques rencontrées par le secteur européen.

La campagne sucrière en Europe a de nouveau été soumise à des conditions météorologiques compliquées, pas aussi médiocres qu'en 2023-2024, mais presque. C'est une succession de campagnes betteravières avec des conditions météorologiques extrêmes en Europe du Nord-Ouest, en Europe continentale et en Europe du Sud à laquelle les planteurs ont dû faire face. Vagues de chaleur et de sécheresse extrêmes (en été 2023 et 2024, lorsque de grandes parties de l'Europe centrale méridionale et du Sud-Est ont connu plusieurs semaines avec des températures maximales proches de 40 °C) ou des précipitations extrêmes (excès d'eau aux Pays-Bas, dans l'ouest et le sud de l'Allemagne, dans le nord et le centre de la France et dans le nord de l'Italie au cours de l'été 2024). Un élément qui ressort des deux dernières campagnes est la faible teneur en sucre : en 2024-2025, seuls le Danemark, la Suède et le Royaume-Uni prévoient une teneur finale moyenne en sucre proche ou supérieure à 17 %.

Pour faire face à ces conditions et à la multiplication de ravageurs, d'organismes nuisibles et de maladies, la boîte à outils à disposition pour protéger la culture ne fait que diminuer. L'application de plus en plus stricte du règlement européen sur les autorisations de pesticides conduit à ce que les producteurs de betteraves sucrières de l'Union européenne ont perdu plus de trente-cinq substances actives utilisées dans les produits phytopharmaceutiques (PPP) depuis 2018, contre moins de dix nouvelles autorisées. Les autorisations d'urgence pour les substances actives non autorisées ne sont plus possibles pour celles formellement interdites (tels que les néonicotinoïdes). Pour les autres, il existe des différences entre les États membres, ce qui rend la situation encore plus complexe pour les planteurs. Les agriculteurs de l'Union européenne sont de plus en plus privés d'outils efficaces pour protéger la betterave sucrière contre les organismes nuisibles. La gestion des résistances devient un problème et le risque de mauvaises récoltes (avec une perte de rendement pouvant aller jusqu'à 70 %) augmente. En conséquence, la moyenne quinquennale du rendement en sucre par hectare de l'Europe est plus volatile et a commencé à diminuer après deux décennies de croissance constante.

Cependant les pressions liées à la politique commerciale de l'Union européenne restent aussi fortes. L'Union européenne a accordé à l'Ukraine une libéralisation des échanges, en suspendant temporairement les droits d'importation, les quotas et les mesures de défense commerciale pour les importations en provenance d'Ukraine inclus dans l'accord d'association UE-Ukraine de 2014. Il s'agit du règlement relatif aux mesures commerciales autonomes. Ces mesures sont entrées en vigueur pour la première fois le 4 juin 2022 et ont été renouvelées pour les années suivantes, respectivement le 6 juin 2023 et le 6 juin 2024. Les deux premiers règlements de 2022 et de 2023 ont instauré une ouverture complète du marché du sucre aux importations de sucre en provenance d'Ukraine. Cela a créé un véritable appel d'air et ces importations sont passées d'un quota de 20 000 tonnes dans l'accord d'association à plus d'un demi-million de tonnes en 2023-2024 ! Les perturbations, notamment sur les marchés des pays voisins de l'Ukraine, et les pressions sur le marché de l'Union européenne ont été significatives et ont engendré des manifestations importantes d'agriculteurs.

L'augmentation des surfaces betteravières en Ukraine entre 2023 et 2024 de plus de 25 % en réponse à l'attractivité du marché européen ne pouvait pas rester sans réponse et les agriculteurs européens du secteur de la betterave comme d'autres secteurs sensibles ne pouvaient continuer à payer un coût exorbitant. Les opérateurs européens et les institutions européennes se sont accordés pour limiter de nouveau ces importations lors du dernier règlement de juin 2024 en vigueur jusqu'au 5 juin 2025. En vertu de ce règlement et d'un mécanisme automatique de sauvegarde, les importations en provenance d'Ukraine ont été limitées à 262 652,68 tonnes entre janvier et juin 2024 et 109 438,62 tonnes entre janvier 2025 et juin 2025.

Grâce à ces mesures, l'Union européenne souhaitait continuer à soutenir de manière significative le secteur du sucre en Ukraine en contribuant à atténuer la situation difficile à laquelle sont confrontés les producteurs et exportateurs ukrainiens tout en tentant de préserver son propre marché.

L'Association nationale des producteurs ukrainiens de sucre Ukrsugar a indiqué que ses 28 sucreries membres plus une usine non membre ont fabriqué une production totale de 1,8 Mt de sucre en 2024, comme en 2023, à rapprocher d'une consommation intérieure actuellement estimée à 900 000 tonnes par an. Les exportations de 2024 de sucre ont atteint le record de 746 300 tonnes et ont rapporté $ 419 millions. Ce volume est le plus élevé depuis le début de la collecte des statistiques qui remonte à la date de création d'Ukrsugar, en 1997. 40 % de ces exportations ont été livrées à l'Union européenne, et 60 % ont été destinées au marché mondial. En outre, au cours des cinq

L'accord UE-Mercosur pour le sucre et l'éthanol

Cet accord prévoit les concessions suivantes :

Pour le sucre :

- élimination des droits réduits CXL (actuellement à € 98/t) de 180 000 tonnes du quota spécifique au Brésil, concernant le sucre brut à des fins de raffinage ;
- nouveau contingent de 10 000 tonnes de sucre brut à des fins de raffinage, sans droits de douane, du Paraguay exclusivement.

Pour l'éthanol, les concessions seront progressives dans le temps (six étapes annuelles égales) :

- 450 000 tonnes d'éthanol (environ 5,7 Mhl) sans droits de douane, à utilisation exclusivement industrielle ;
- 200 000 tonnes d'éthanol (environ 2,5 Mhl) à droits réduits au tiers de la valeur, pour tout usage, y compris carburant.

premiers mois de la campagne 2024-2025 (septembre 2024-janvier 2025), l'Ukraine a exporté plus de 352 000 tonnes de sucre, soit 17 % de plus que sur la période septembre 2023-janvier 2024. La totalité de ce volume a été affectée au marché mondial, contre seulement 9,5 % sur la période correspondante de 2023-2024. Entre septembre 2024 et janvier 2025, les principales destinations du sucre ukrainien ont été la Turquie (19 % du total), la Libye, la Somalie, le Sri Lanka et la Macédoine du Nord. Au cours des cinq premiers mois de l'année 2025, l'Ukraine a de nouveau la possibilité d'exporter du sucre vers l'Union européenne, à hauteur de 109 438,62 tonnes.

L'accord d'association entre l'Union européenne et l'Ukraine est en cours de négociation et devrait s'appliquer à l'issue du règlement relatif aux mesures commerciales autonomes entrées en vigueur le 6 juin 2024 et qui expire le 5 juin 2025. L'enjeu pour l'Union européenne et l'Ukraine est de trouver un équilibre dans un contexte troublé par la guerre et les tensions géopolitiques en vue de l'accession de l'Ukraine dans l'Union européenne. Les discussions sont en cours en ce début d'année 2025.

Enfin, le secteur du sucre européen avec l'ensemble du secteur agricole s'oppose fermement à l'accord conclu entre l'Union européenne et les pays du Mercosur. Le 6 décembre 2024 à Montevideo, en marge du sommet des pays du Mercosur, la présidente de la Commission Ursula von der Leyen et ses homologues du Mercosur ont finalisé les négociations pour un accord de partenariat. Cet accord, qui contient de nouveaux textes sur la durabilité, l'accord de Paris sur le Climat et la déforestation, est maintenant sur la table du Conseil et du Parlement européen pour approbation. Une minorité de blocage, menée par la France, pourrait se constituer contre l'accord et au Parlement européen les principaux groupes politiques sont divisés.

Pas de changement majeur en Chine

Selon l'USDA, la production de sucre de la Chine pour la campagne 2024-2025 devrait s'élever à 10,4 Mt, les surfaces plantées de canne et de betterave devraient augmenter. Étant donné que les prix du sucre devraient être orientés à la baisse, l'estimation de la consommation de sucre de la Chine pour la campagne 2024-2025 devrait également augmenter pour atteindre 15,7 Mt. L'estimation de la production de sucre de la Chine pour 2023-2024 a été révisée à la baisse à 9,9 Mt en raison de la faible teneur en sucre de la canne cultivée dans le Guangxi.

La production de sucre de canne de la campagne 2024-2025 (octobre-septembre) en Chine devrait atteindre 9,25 Mt, en hausse de 450 000 tonnes par rapport à l'estimation révisée de 2023-2024. L'augmentation prévue suppose que les superficies plantées en canne à sucre augmenteront et que les niveaux de teneur en sucre reviendront à la normale dans la région de Guangxi, la plus grande zone de production de sucre en Chine.

La superficie plantée en canne pour la campagne 2024-2025 devrait atteindre 1,21 million d'hectares, soit une augmentation de 50 000 hectares par rapport à l'estimation révisée pour la campagne 2023-2024, qui était de 1,5 million d'hectares.

La production de sucre de betterave pour la campagne 2024-2025 est prévue à 1,15 Mt, soit une augmentation de 50 000 tonnes par rapport à l'estimation pour la campagne 2023-2024. La production de sucre de betterave pour l'exercice 2023-2024 reste estimée à 1,1 Mt. Cette prévision d'augmentation suppose des conditions météorologiques favorables (en Mongolie intérieure, au Xinjiang) et une augmentation de la superficie des plantations de betteraves. La superficie de plantation de betteraves prévue pour 2024-2025 est de 188 000 hectares, soit une augmentation de 8 000 hectares par rapport à la campagne 2023-2024. Les agriculteurs devraient augmenter les plantations de betteraves à mesure que les cultures concurrentes deviennent moins rentables, notamment le maïs et les pommes de terre.

Les importations de sucre pour la campagne 2024-2025 devraient s'élever à 5 Mt, soit 400 000 tonnes de plus que l'estimation pour la campagne 2022-2023. Bien que la production nationale augmente pour soutenir la reprise de la consommation, la Chine aura toujours besoin d'importations pour combler l'écart entre l'offre et la demande. Si les prix mondiaux du sucre baissent, la Chine devrait augmenter ses importations.

Café : *record battu !*

En 2023-2024, la production de café s'est affichée en hausse. Pourtant, le marché a été marqué par une augmentation et une forte volatilité des prix, une hausse des exportations et des défis logistiques majeurs. Les conditions climatiques défavorables, les tensions géopolitiques, les problèmes logistiques et la demande des consommateurs ont poussé les prix vers de nouveaux records et une moyenne de 354 cents la livre pour l'indicateur ICO en février 2025.

La campagne caféière mondiale 2023-2024 (octobre à septembre) a retrouvé des couleurs. Après une année plutôt déprimante, où la production avait stagné, celle de 2023-2024 a augmenté de 5,8 % par rapport à 2022-2023, où elle était de 168,2 millions de sacs, à 178 millions de sacs de 60 kilos. C'est la plus forte production depuis cinq ans ! La consommation a également augmenté, mais dans une moindre mesure, à 177 ms, contre 173,1 ms en 2022-2023, soit une hausse de 2,2 %, avec des proportions équivalentes pour les pays consommateurs. La campagne serait donc excédentaire d'un million de sacs, selon les dernières prévisions de l'Organisation internationale du café, l'OIC. Mais cet excédent ne peut compenser les déficits cumulés de 13,5 ms des deux campagnes précédentes.

Cours du café

© Rexecode

Les stocks en Europe et aux États-Unis ont augmenté, même s'ils restent faibles : ceux de Robusta à la bourse de Londres ont augmenté, passant de 480 000 sacs de 60 kg en janvier 2024, à 1,01 ms en août 2024, puis baissant à 730 000 sacs en décembre 2024. Les stocks d'Arabica à la bourse de New York ont suivi la même tendance. Ils ont augmenté de 270 000 sacs en janvier 2024 à 1,03 ms en décembre 2024. Les stocks de café avaient grossi durant la période du covid et les opérateurs cherchent à s'en débarrasser avant que la qualité ne s'altère.

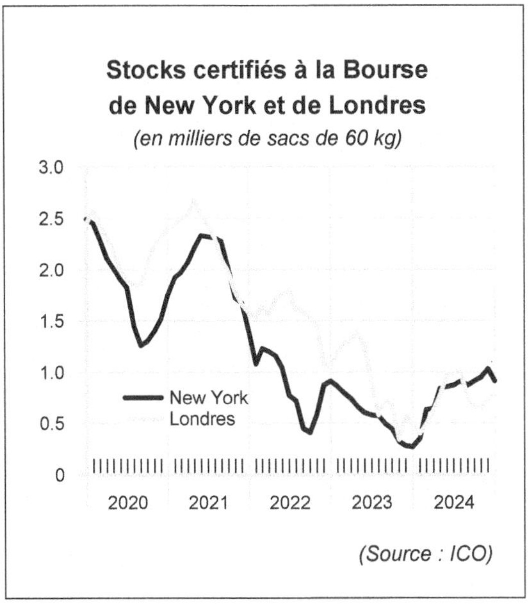

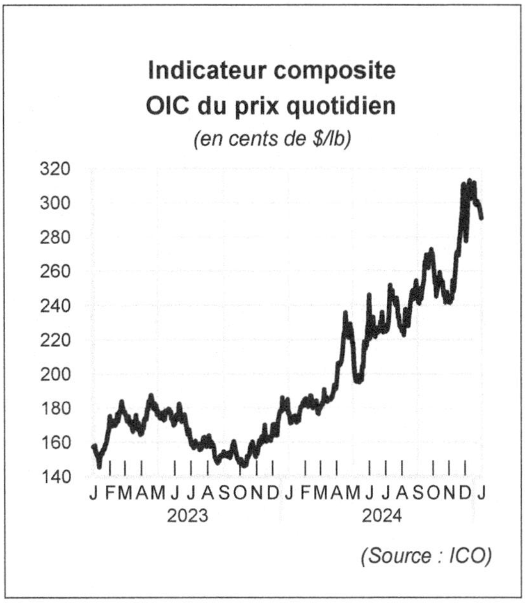

Les prix ont connu une flambée spectaculaire sur tous les marchés, à des niveaux jamais atteints. En décembre 2023, le prix indicatif composé de l'Organisation internationale du café (I-CIP), qui regroupe les différents types de café (Doux Colombie, Arabica et Autres doux, Brésil Nature et Robusta) s'élevait à 175,74 cents US/livre, faisant suite à une période marquée par une relative stabilité des prix. Un an plus tard, en décembre 2024, l'I-CIP a bondi à 299,61 cents, soit une augmentation spectaculaire de 70,5 %. De manière générale, en moyenne annuelle, l'I-CIP a progressé de 40 %, atteignant 229,34 cents en moyenne, le niveau le plus élevé depuis avril 1977. Les prix ont augmenté entre janvier 2024, où ils s'élevaient à 176,41 cents pour aboutir à 299,61 cents en décembre 2024, et à 310,12 cents en janvier 2025, avec même une pointe à 342 cents !

Le marché du café en 2024 a été très volatil

Dans le détail, l'année 2024 a été caractérisée par une forte volatilité des prix du café. Les prix ont augmenté progressivement de janvier à mars, avec une hausse notable en avril. Ils ont connu une légère baisse en mai avant de reprendre leur ascension jusqu'en septembre. Octobre a vu une petite diminution avant une forte reprise en novembre et décembre. Ces fluctuations s'expliquent par des facteurs tels que les conditions climatiques, les tensions géopolitiques, les problèmes logistiques et les changements réglementaires, créant un environnement de marché complexe et dynamique. Les augmentations les plus importantes ont eu lieu entre août et septembre (+ 8,4 %), et entre novembre et décembre (+ 10,7 %). Toutes les variétés de café ont été à la fête.

Les cafés Doux de Colombie ont démarré l'année 2024 à 205,62 cents pour atteindre 341 cents en janvier 2025. Les Naturels brésiliens ont également suivi cette tendance à la hausse. Les prix ont évolué de 179,32 cents en janvier à 339 cents en janvier 2025. Pour les Robustas, la conjoncture a été un peu particulière, l'essentiel de la hausse ayant eu lieu au printemps et durant l'été avant un léger décrochage. Les prix des Robustas sont passés de 148,47 cents en janvier à 245 cents en janvier 2025. Les cours ont atteint 242,08 cents en septembre, la plus forte augmentation parmi tous les groupes de café, avec une hausse de 12,8 %. En octobre, ils ont enregistré une baisse à 221,93 cents. En novembre, le prix a repris avec une légère hausse à 226,11 cents, puis a terminé l'année à 236,73 cents. Le différentiel entre le prix des Robustas et des autres types de café a diminué de manière spectaculaire dans un premier temps, passant du début de 2023 à septembre 2024 de $ 1 la livre à moins de 30 cents. Mais, en fin d'année, le différentiel était revenu à sa moyenne « normales » de l'ordre du dollar la livre.

Toutefois, des analystes prédisent une baisse des cours d'ici à la fin 2025, fondant leurs prévisions sur une demande stagnante en raison des prix élevés. Les industriels tentent de composer avec cette augmentation des prix. Le fabricant néerlandais des marques Jacobs (L'Or, Tassimo et Douwe Egberts) a indiqué qu'il tentera de compenser la hausse des coûts des grains de café par une discipline de prix afin de préserver un café abordable pour les clients. La coopérative brésilienne des producteurs de café du Cerrado (Expocacer) a ouvert en début d'année 2025 un centre logistique à Londres dans le but de renforcer ses liens avec le marché britannique du café de spécialité et raccourcir la chaîne entre le producteur et le consommateur. Le groupe prévoit que les ventes au Royaume-Uni augmenteront de 15 % en un an. Mais, dans un pays comme le Brésil, les prix à la consommation ont augmenté de 15 %.

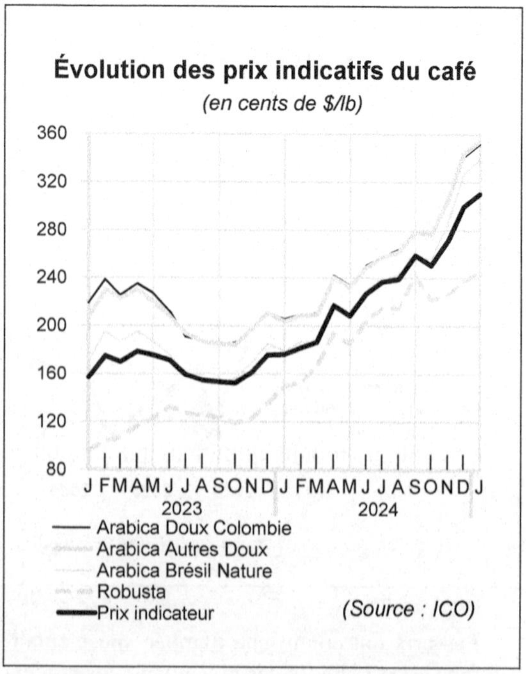

La flambée des prix, entre climat et tension géopolitique

Cette flambée des prix s'explique par plusieurs facteurs interconnectés. Tout d'abord, le renforcement du dollar américain a considérablement alourdi les coûts pour les producteurs des pays exportateurs, notamment au Brésil, en Colombie et au Vietnam. Ces derniers ont dû faire face à une augmentation des charges financières et à une érosion de leur compétitivité sur les marchés internationaux. En parallèle, les chaînes logistiques, déjà mises à rude épreuve en 2023, ont connu de nouvelles perturbations en 2024. Des retards d'expédition au Brésil et des défis logistiques en Colombie, notamment liés à une pénurie de conteneurs, ont également contribué à la pression sur les prix. Les retards d'expédition dans le port de Santos, au Brésil, en raison du manque d'infrastructures portuaires adéquates et de conteneurs disponibles, ont entraîné des pénuries temporaires sur les marchés européens et américains. Ces contraintes ont poussé les prix à la hausse, renforcées par une spéculation accrue sur les marchés à terme.

Par ailleurs, les conditions climatiques ont été particulièrement défavorables en 2024. L'Amérique centrale a été frappée par la tempête tropicale Sara, qui a causé d'importants dégâts au Guatemala et au Panama. Les régions productrices de café touchées par la tempête ont vu les cultures de café souffrir de la chute des feuilles et des fruits, de problèmes racinaires importants, du développement de l'anthracnose, de la faible absorption des nutriments par les plantes, du lessivage des minéraux, ou encore d'une maturation inégale et retardée en raison du faible rayonnement solaire. En Asie, c'est le typhon *Yagi*, qui a non seulement coûté la vie à plusieurs personnes, mais a également endommagé les infrastructures et entraîné des perturbations logistiques et des retards dans les récoltes de café. Le Vietnam a été aussi affecté par une sécheresse marquée en début d'année (ce qui explique la flambée des prix du Robusta au printemps).

Les tensions géopolitiques ont également eu des répercussions lourdes sur les marchés. Alors que les attaques des insurgés ont menacé les routes maritimes commerciales dans le détroit de Bab al-Mandab, les compagnies maritimes ont réorienté leurs opérations à travers le cap de Bonne-Espérance, entraînant fatalement des retards. Les conflits géopolitiques dans la mer Rouge au niveau du canal de Suez et les faibles niveaux d'eau

Production mondiale de café

(en millions de sacs)

	2019-2020	2020-2021	2021-2022	2022-2023	2023-2024(e)
Production mondiale	**168.4**	**170.8**	**168.0**	**168.2**	**178.0**
Arabica	96.4	100.6	92.3	94.0	102.2
Robusta	72.0	70.3	75.7	74.2	75.8
Afrique	18.5	19.2	19.3	17.9	20.1
Asie et Océanie	49.6	48.0	52.2	49.8	49.9
Amérique centrale et Mexique	19.2	19.7	18.9	19.2	18.7
Amérique du Sud	81.1	83.9	77.6	81.3	89.3

(e) estimations

(Source : OIC, rapport de marché, janvier 2025)

causés par des conditions climatiques sèches dans le canal de Panama ont également eu un impact négatif sur les chaînes d'approvisionnement mondiales et sur les délais d'expédition.

Lors du troisième sommet du G25 sur le café en Afrique, qui s'est tenu les 21 et 22 février 2025 à Dar-es-Salaam en Tanzanie, les producteurs se sont accordés sur un objectif ambitieux : transformer au moins la moitié du café africain sur le continent d'ici à 2035 pour l'exportation ou la consommation intérieure. La Tanzanie, par exemple, vise à faire passer la consommation locale de café de 7 % à 15 % d'ici 2030. Ils ont également réaffirmé leur engagement à investir davantage dans la mécanisation, le marketing numérique et les technologies agronomiques durables.

La réglementation européenne sur la déforestation importée a eu un impact négatif sur le marché du café, notamment avec l'annonce du report de l'application du règlement RDUE. Les obligations du règlement seront contraignantes à partir du 30 décembre 2025 pour les grands opérateurs et commerçants, et, à partir du 30 juin 2026, pour les petites entreprises.

Hausse de la production et de la demande

En 2023-2024, la production a augmenté de 5,8 % à 178 millions de sacs de 60 kilos, alors que la consommation a augmenté de 2,2 %, à 177 ms. La production d'Arabica s'élève à

Café : principaux pays producteurs

(en milliers sacs de 60 kg)

	2021-2022	2022-2023	2023-2024	2024-2025*
Brésil	58 100	62 600	66 300	66 400
Vietnam	31 580	28 300	27 500	30 100
Colombie	11 800	10 700	12 760	12 900
Indonésie	10 580	10 700	8 150	10 900
Éthiopie	8 150	7 300	8 600	8 360
Ouganda	6 050	6 565	6 400	6 400
Honduras	5 700	5 867	6 060	6 200
Inde	4 800	5 700	5 000	5 300
Pérou	4 200	3 475	4 000	4 350

* prévisions

(Source : USDA, Coffee Report, décembre 2024)

102,2 ms contre 94 ms en 2022-2023 (+ 8,7 %) et à 75,8 ms pour les Robustas contre 74,2 ms en 2022-2023 (+ 2,2 %). L'Afrique a fortement augmenté sa production, avec 20,10 ms (+ 12,2 %), L'Asie et l'Océanie ont produit 49,9 ms (+ 0,2 %) et 18,7 ms pour le Mexique et l'Amérique centrale (– 3,6 %), et 89,3 ms pour l'Amérique du Sud (+ 9,8 %), selon les prévisions de l'OIC.

À 177 ms, la consommation a nettement rebondi pour marquer un nouveau record.

Des exportations qui augmentent

La campagne caféière 2023-2024 a été marquée par une augmentation notable des exportations mondiales de café vert, atteignant un total de 123,75 ms, contre 110,81 ms de sacs en 2022-2023. Cette performance, en hausse de 11,8 % par rapport à la campagne précédente, a surpassé le précédent record de 1995-1996 avec une augmentation absolue de 13,02 ms. Cette croissance est surtout une reprise après deux années de ralentissement, signalant un retour à une tendance à long terme plus robuste. Les Arabicas, avec une part de 62,4 % dans les exportations totales, ont mené cette croissance. Ces grains « nobles » ont vu leurs exportations grimper de 15,47 %, totalisant 77,17 ms.

Les Doux de Colombie enregistrent une augmentation de 14,3 % et atteignant 12,22 ms, notamment avec un bon dynamisme des exportations depuis la Tanzanie, qui connaît une amélioration de sa production. Pour le Kenya, l'effet lié à l'introduction de la loi sur le café 2023 (*Coffee Bill* 2023) semble expliquer en grande partie l'augmentation de 143,4 % des exportations en décembre 2024. Cette loi a entraîné la fermeture de plusieurs grands moulins en raison des exigences de licence qui obligent les producteurs à faire moudre leur café dans des moulins spécifiques. Le moulinage est désormais réalisé soit par la *New Kenya Planters Cooperative Union* (NKPCU), soit par des moulins des comtés que les coopératives possèdent. Cette situation a provoqué des retards de moulinage sans précédent, se traduisant par un niveau bas d'exportations kényanes au quatrième trimestre 2023 : le Kenya n'a expédié que 82 828 sacs entre octobre et décembre 2023, un record de faiblesse.

Les Autres doux ont également contribué à ce dynamisme avec une hausse de 4,7 %, atteignant 23,05 ms. Les Naturels brésiliens ont connu une progression importante de 22,6 %, avec un volume total de 41,89 ms. Les Robustas enregistrent une augmentation de 6,2 % pour atteindre 46,58 ms, un sommet historique.

L'Amérique du Sud, avec une augmentation impressionnante de 30,7 %, a exporté 66,13 ms, propulsée par les performances exceptionnelles du Brésil et de la Colombie. L'Afrique a également joué un rôle majeur, voyant ses exportations bondir de 17,3 % à 16,02 ms, avec l'Éthiopie en tête, dont les exportations ont augmenté de 63,5 %. L'Asie et l'Océanie ont connu une baisse de 6,7 %, avec des exportations de 40,62 ms, principalement en raison de la diminution des expor-

Café : principaux pays exportateurs

(en milliers sacs de 60 kg)

	2021-2022	2022-2023	2023-2024	2024-2025*
Brésil	35 576	32 200	43 100	40 500
Vietnam	26 110	26 000	22 600	24 400
Colombie	11 000	9 450	10 700	10 900
Ouganda	6 335	6 735	4 285	6 500
Honduras	5 850	6 250	6 300	6 300
Indonésie	4 831	3 910	5 610	5 200
Éthiopie	4 650	5 310	4 700	4 900
Inde	4 937	3 924	4 360	4 400
Pérou	4 065	3 325	3 920	4 200

* prévisions

(Source : USDA, Coffee Report, décembre 2024)

tations du Vietnam, malgré les bons résultats de l'Inde et de l'Indonésie.

Le Mexique et l'Amérique centrale ont vu leurs exportations diminuer de 4,1 %, totalisant 14,51 ms, avec des contrastes entre les baisses du Honduras et du Nicaragua et les augmentations du Guatemala et du Mexique.

Le café soluble a affiché une croissance de 11,6 %, atteignant 12,82 ms, maintenant sa part dans les exportations totales à 9,3 %. Les exportations de grains torréfiés ont diminué légèrement de 0,5 %, avec 710 000 sacs.

La prochaine campagne pourrait être marquée par l'incertitude sur l'économie mondiale. Les décisions de la nouvelle administration américaine en matière de commerce international pourraient affecter l'industrie mondiale du café, certaines des origines principales, comme le Brésil, l'Inde et l'Indonésie, étant concernées par la révision actuellement en cours.

Consommation mondiale de café

(en milliers de sacs de 60 kg)

	2019-2020	2020-2021	2021-2022	2022-2023	2023-2024(e)
Consommation mondiale	**168.6**	**169.9**	**176.6**	**173.1**	**177.0**
Europe	54.0	52.2	55.2	53.1	53.7
Amérique du Nord	30.6	30.2	31.3	29.8	30.9
Amérique du Sud	26.0	26.4	27.0	27.5	28.0
Asie et Océanie	40.1	42.2	44.2	44.5	45.7
Amérique centrale	5.8	5.9	6.0	6.0	6.1
Afrique	12.1	13.0	12.9	12.2	12.5
Pays exportateurs	**52.2**	**53.1**	**54.4**	**55.1**	**56.5**
Pays importateurs	**116.4**	**116.8**	**122.2**	**118.1**	**120.5**

(e) estimations

(Source : OIC, rapport de marché, janvier 2025)

Cacao : *une année de folie*

L'ascension vertigineuse des prix, les défis d'approvisionnement et la baisse de la production, la demande toutefois résiliente, et la transformation des pays producteurs ont contribué à redéfinir les contours de la filière cacaoyère en 2023-2024. La campagne 2024-2025 sera cruciale pour déterminer si les perturbations de l'offre vont se poursuivre ou si le secteur parviendra à retrouver un équilibre durable.

La campagne 2023-2024 aura été particulièrement chahutée pour le marché du cacao. Tout d'abord au niveau des prix. Depuis le début de la campagne, qui a démarré en octobre 2023, les cours mondiaux du cacao n'ont quasiment pas cessé de grimper. Sur l'année calendaire 2024, le cours moyen à Londres s'élève à € 6 858/t, contre € 3 012,9/t en 2023, soit une hausse de 127 % sur un an. À New York, le cours moyen en 2024 s'établit à $ 7 399,4/t contre $ 3 258 t en 2023.

Une hausse des prix inégalée

Sur la campagne 2023-2024, le cours est passé de $ 3 691/t à $ 6 421/t, atteignant un pic, au début de la campagne 2024-2025, en décembre 2024, à $ 10 353/t sous l'effet conjugué des inquiétudes climatiques et de la persistance des problèmes d'offre. Cette ascension, loin d'être linéaire, a été rythmée par des pics et des creux importants. En avril, les marchés ont frôlé l'apothéose, avec des contrats dépassant les € 12 500/t à Londres et les $ 11 800/t à New York, avant de plonger de 15 %. Cette volatilité, amplifiée par une liquidité réduite, a rendu le jeu extrêmement risqué pour les opérateurs. Les marchés à terme ont connu une volatilité inédite, avec des variations quotidiennes de prix de plusieurs centaines, voire milliers de dollars la tonne. Cette inflation des prix, loin de

Évolution des cours du cacao

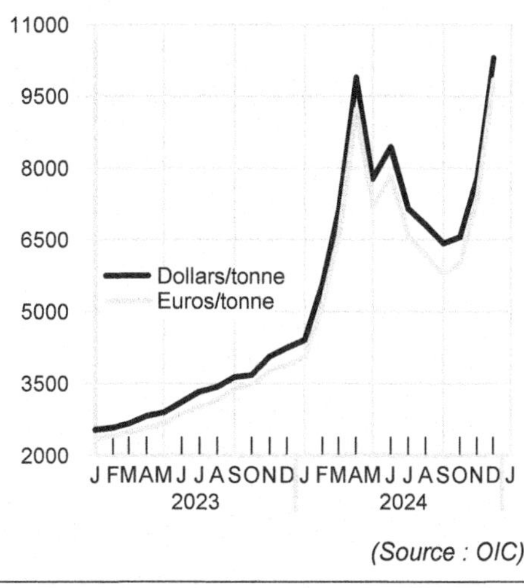

(Source : OIC)

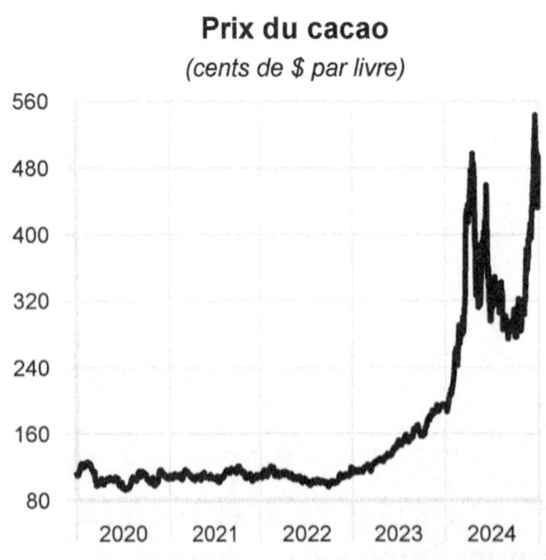

(Source : ICCO)

se limiter aux marchés financiers, s'est répercutée sur le consommateur, se traduisant par des hausses de prix des produits chocolatés. Si le jeu des prévisions est un exercice compliqué, pour le fonds Andurand Capital (qui a fait sa fortune dans le pétrole), la hausse des prix ne va pas s'arrêter là. Il prédit une augmentation des prix du cacao à $ 20000/t, du fait des baisses de production en Côte d'Ivoire et au Ghana et du ratio stocks/broyage faible.

Une consommation qui dépasse l'offre

Cette forte hausse des prix s'explique à la fois par des contraintes agronomiques, météorologiques, environnementales, mais également sociales et politiques dans les pays producteurs. Elles ont entraîné une baisse de la production à 4382000 t en 2023-2024 contre 5044000 t en 2022-2023, soit une réduction de 13,1 % de la production mondiale. La consommation a reculé également, à 4816000 t selon les estimations de l'Organisation internationale du cacao (ICCO), contre 5058000 t un an auparavant, soit une diminution de 4,8 % ; dégageant ainsi un déficit de 478000 tonnes pour le marché mondial. Ainsi, malgré la hausse des prix, la consommation s'est

Offre et demande en fèves de cacao
(en milliers de tonnes)

	Production		Broyages		Excédent /Déficit	Stocks fin de campagne	Ratio stocks/ broyage
	Volumes	Variation en %	Volumes	Variation en %			
2015-2016	3 994	-6.1	4 127	-0.6	-173	1 427	34.6
2016-2017	4 768	19.4	4 394	6.5	326	1 753	39.9
2017-2018	4 647	2.5	4 585	4.3	16	1 769	38.6
2018-2019	4 794	3.2	4 784	4.3	-38	1 731	36.2
2019-2020	4 741	-1.1	4 706	-1.6	-12	1 719	36.5
2020-2021	5 242	10.6	4 949	5.2	209	1 928	38.7
2021-2022	4 826	-8.0	4 994	0.9	-216	1 843	36.9
2022-2023*	4 953	2.6	5 058	1.3	-64	1 778	34.9
2023-2024*	4 382	-11.5	4 816	-4.8	-478	1 300	

* prévisions

(Source : ICCO)

maintenue, à un niveau plus élevé que la production, ce qui a conforté le niveau élevé des cours. Autre conséquence : les stocks statistiques totaux de fèves de cacao ont diminué pour se situer à 1,3 Mt. Les entrepôts de Londres ont vu leurs réserves chuter de 47 % tandis qu'à New York, les stocks ont atteint des niveaux jamais vus depuis 19 ans, selon l'ICCO. Le ratio stocks/broyages s'élève à 27 %, un signe alarmant de la fragilité de l'équilibre entre l'offre et la demande. Toutefois, la forte hausse des prix, influant sur les prix du chocolat et des produits dérivés, pourrait avoir des conséquences sur la demande à court et moyen terme.

Une baisse de production majeure en Afrique de l'Ouest

L'année 2024 n'a pas été qu'une simple envolée des prix. Elle a en effet également mis en lumière une crise profonde de l'offre, notamment en Afrique de l'Ouest. La production africaine a baissé de 16,5 %, passant de 3,714 Mt à 3,103 Mt, avec une production de la Côte d'Ivoire qui a reculé de 22,4 % (1,74 Mt en 2023-2024 contre 2,241 Mt en 2022-2023). Bien que le gouvernement ivoirien ait augmenté le prix au producteur de 20 % pour la campagne 2024-2025 à 1 800 CFA le kilo, soit $ 3 090 la tonne, la campagne a démarré lentement dans un contexte de sentiments mitigés concernant la production de la récolte principale.

Le Ghana, avec 480 000 tonnes en 2023-2024 contre 654 000 tonnes en 2022-2023, enregistre une chute de sa production de 26,6 %. La production prévue par l'ICCO représente le niveau le plus bas depuis 22 ans. La région a été frappée par une combinaison de facteurs dévastateurs. La maladie du *swollen shoot*, véritable fléau pour les plantations, continue de décimer les cacaoyers, affectant jusqu'à 81 % des zones de production au Ghana, et 25 à 30 % des surfaces en Côte d'Ivoire. Les aléas climatiques, avec des pluies torrentielles suivies de périodes de sécheresse intense et le retour du phénomène *El Niño*, ont compromis la floraison et la récolte, réduisant fortement les rendements. Les arrivages de fèves aux ports ivoiriens ont chuté de 36 %, et les exportations ghanéennes ont également diminué. Le volume de cacao classé et scellé entre le début de la campagne, le 8 septembre 2023, et le 23 novembre 2023 a été estimé à 189 470 tonnes, soit un recul de 51 % par rapport aux 383 496 tonnes enregistrées pour la même période de l'année précédente. En conséquence, le Ghana a reporté des livraisons de fèves à la campagne suivante en raison de la faible production de la campagne. Cette situation a conduit le Cocobod, l'organisme de régulation du cacao au Ghana, à reporter la livraison de 350 000 tonnes de cacao initialement prévues pour la campagne 2023-2024 à la saison suivante, 2024-2025. Ce report a entraîné des pertes importantes pour les négociants, en raison des engagements contractuels non honorés, et des fluctuations des prix sur le marché international. Parallèlement, le Cocobod a mis en place un nouveau modèle de financement pour la campagne 2024-2025, exigeant des négociants internationaux qu'ils préfinancent au moins 60 % de leurs contrats à terme en début de saison. Auparavant, le Cocobod contractait des prêts bancaires pour acheter le cacao des agriculteurs, puis vendait les contrats pour la culture à des entreprises internationales. Mais, après avoir été financièrement entravé par la baisse de la production et des décisions de gestion malencontreuses, l'organisme n'a pas obtenu de financement syndiqué pour acheter la récolte de cette saison et a fait appel aux entreprises elles-mêmes. Un rebond de la production est toutefois envisagé au Ghana en 2024-2025 : le gouvernement ghanéen a ouvert la campagne le 11 septembre 2024 avec une augmentation de 45 % du prix au producteur, puis a accordé une nouvelle hausse le 8 novembre 2024.

La production de cacao est également touchée par le changement climatique et la hausse des températures en Afrique de l'Ouest. L'analyse des températures maximales journalières au long de la dernière décennie montre que l'équivalent de trois semaines supplémentaires au-dessus de 32 °C a été observé au cours de la saison de récolte principale du cacao. Or, une chaleur excessive peut également contribuer à réduire la qualité et la quantité des récoltes, augmentant ainsi potentiellement le prix du cacao au niveau international et affectant les économies locales en Afrique de l'Ouest.

Production de fèves de cacao
(en milliers de tonnes)

	2020-2021(e)	2021-2022	2022-2023	%	2023-2024 (p)	%
Afrique	**4 056**	**3 589**	**3 714**	**74.0**	**3 103**	**71.0**
Cameroun	292	295	270		300	
Côte d'Ivoire	2 248	2 121	2 241		1 740	
Ghana	1 047	683	654		480	
Nigeria	290	280	315		300	
Autres	178	210	235		283	
Amérique	**935**	**973**	**1 076**	**21.0**	**1 005**	**23.0**
Brésil	200	220	220		200	
Équateur	365	365	454		420	
Autres	369	388	402		385	
Asie et Océanie	**254**	**265**	**253**	**5.0**	**275**	**6.0**
Indonésie	170	180	160		180	
Papouasie-Nelle Guinée	42	42	43		45	
Autres	42	43	46		50	
Total mondial	**5 245**	**4 826**	**5 044**	**100**	**4 382**	**100**

(e) estimations (p) prévisions *(Source : ICCO)*

La production augmente en Asie-Océanie

En Amérique, si le recul est moins fort, avec 1,005 Mt produit en 2023-2024 contre 1,076 mt en 2022-2023 (– 6,6 %), il témoigne d'une crise de l'offre qui ne se limite pas à l'Afrique. La production équatorienne recule de 7,5 %, à 420 000 tonnes, contre 454 000 t en 2022-2023, une baisse notamment liée aux grandes sécheresses que le pays a connues. Enfin, en Asie et Océanie, la production s'élève à 275 000 t, en hausse de 6,6 %. Cette augmentation suggère une diversification progressive des sources d'approvisionnement. Les efforts déployés par le gouvernement indonésien en amont du secteur cacaoyer semblent donner des résultats positifs : l'Indonésie augmente sa production à 180 000 t contre 160 000 t en 2022-2023, soit une hausse de 12,5 %.

En termes de production mondiale totale, 92 % de la production est réalisée dans 12 pays. L'Afrique représente 71 % de la production mondiale en 2023-2024, contre 74 % en 2022-2023, tandis que les parts des Amériques, de l'Asie et de l'Océanie s'élèvent respectivement à 23 % et 6 %, contre 21 et 5 % un an auparavant.

L'ensemble des pays producteurs a dû faire face à une hausse des coûts de production, avec le renchérissement des intrants et des difficultés financières, qui ont également pu avoir des conséquences sur les rendements. La réglementation européenne sur la déforestation a ajouté une contrainte supplémentaire sur l'offre, obligeant les pays producteurs à prouver la durabilité de leurs approvisionnements et complexifiant les échanges commerciaux. Les flux informels transfrontaliers vers les pays voisins ont également réduit les disponibilités en fèves à l'exportation.

Des activités de broyage confrontées à une matière première limitée

Les activités de broyage, essentielles à la transformation des fèves en produits semi-finis, ont été impactées par la rareté de la matière première. Globalement, les broyages ont diminué de 4,8 %, atteignant 4,816 Mt, ce qui a perturbé les chaînes

Cacao - Broyage
(en milliers de tonnes)

	2020-2021	2021-2022 (e)	2022-2023 (e)	%	2023-2024 (e)	%
Europe	**1 807**	**1 771**	**1 792**	**35.4**	**1 758**	**36.5**
Allemagne	460	440	440		460	
Pays-Bas	610	610	600		590	
Autres	738	721	752		708	
Afrique	**1 050**	**1 135**	**1 191**	**21.7**	**1 008**	**22.8**
Côte d'Ivoire	620	710	793		680	
Ghana	322	295	250		180	
Autres	108	130	148		148	
Amérique	**970**	**935**	**979**	**19.4**	**954**	**19.8**
Brésil	240	223	260		240	
États-Unis	390	380	350		340	
Autres	340	333	369		374	
Asie et Océanie	**1 122**	**1 154**	**1 096**	**23.5**	**1 096**	**20.9**
Indonésie	462	460	402		380	
Malaisie	338	375	364		383	
Autres	322	319	329		334	
Total	**4 949**	**4 994**	**5 058**	**100**	**4 816**	**100**
Broyages dans pays d'origine	**2 230**	**2 337**	**2 377**		**2 182**	

(e) estimations *(Source : ICCO)*

PRODUITS TROPICAUX

d'approvisionnement et a exercé une pression supplémentaire sur les prix.

L'activité de broyage a connu des dynamiques contrastées selon les régions. Toutefois, les activités de transformation ont été meilleures que prévu durant la période 2023-2024, dans un contexte d'insuffisance de l'offre de fèves et de prix élevés du cacao. Sur le plan régional, les broyages ont diminué dans toutes les régions à l'exception de l'Asie et de l'Océanie, où ils se maintiennent à 1,096 million de tonnes. Les broyages devraient diminuer de près de 2 % en Europe pour se situer à 1,758 million de tonnes, de 15,4 % en Afrique pour s'établir à 1,008 mt et de 2,6 % dans les Amériques pour totaliser 954 000 t. Les parts mondiales par région devraient être de 37 % pour l'Europe, 23 % pour l'Asie et l'Océanie, 21 % pour l'Afrique et 20 % pour les Amériques.

Désireux de renforcer leur position en aval de la chaîne d'approvisionnement, les principaux pays exportateurs de cacao ont offert des incitations aux investisseurs pour qu'ils s'engagent dans la transformation du cacao à l'origine. Par conséquent, les broyages des principaux pays exportateurs ont généralement suivi une tendance à la hausse. Toutefois, en raison de l'insuffisance de l'offre, la Côte d'Ivoire et le Ghana n'ont pas suivi cette tendance au cours de la campagne 2023-2024. Les activités de broyage de cacao en Côte d'Ivoire ont diminué de 14 % pour se situer à 680 000 t. Les broyages du Ghana sont estimés à 180 000 t, en baisse de 28 %. En Asie du Sud-Est, les données de la *Cocoa Association of Asia* (CAA) ont suivi une tendance à la hausse, indiquant que les broyages de cacao ont augmenté de 2,6 % pour atteindre 216 998 t au 3e trimestre 2024. Pour la campagne 2023-2024, les broyages de l'Indonésie sont estimés à 380 000 t. En Malaisie, la transformation du cacao a augmenté pour atteindre 383 000 tonnes en 2023-2024.

Les échanges internationaux de cacao ont été fortement influencés par ces turbulences. Au troisième trimestre de la campagne 2023-2024, les expéditions mondiales totales de fèves de cacao et de produits semi-finis de cacao se sont élevées à 1,78 mt en équivalent fèves dont : 753 775 t (42,3 %) de fèves de cacao ; 434 693 t (24,4 %) de poudre et de tourteaux de cacao ; 341 148 t (19,2 %) de beurre de cacao ; et 251 732 t (14,1 %) de pâte de cacao. Les Pays-Bas, l'Allemagne et la Belgique ont été les principales destinations des exportations de cacao sur le marché de l'UE, tandis que la Malaisie et l'Indonésie ont joué le même rôle sur le marché asiatique. Les exportations de cacao de la Côte d'Ivoire sont passées de 429 486 t à 334 898 t, tandis que celles du Ghana ont chuté de 135 706 t à 92 158 t. Du fait de leur rôle de plaque tournante traditionnelle, les Pays-Bas sont paradoxalement le deuxième exportateur mondial !

Les Pays-Bas, l'Allemagne et les États-Unis : les principaux pays importateurs

En ce qui concerne les importations de fèves de cacao et de produits semi-finis de cacao, les Pays-Bas, l'Allemagne et les États-Unis ont été les principales destinations, avec 275 191 tonnes, 187 818 t et 148 449 t respectivement. Ces chiffres contrastent avec les importations de la même période de l'année précédente, à savoir 225 206 t, 197 889 t et 187 424 t respectivement, ce qui représente une augmentation de 22,2 % pour les Pays-Bas, une diminution de 5,1 % pour l'Allemagne et un recul de 20,8 % pour les États-Unis. Les sources des importations néerlandaises ont évolué : alors qu'entre avril et juin 2023 le Ghana figurait parmi les trois premières sources (Côte d'Ivoire, Nigeria et Ghana) des importations néerlandaises, les principales sources ont été la Côte d'Ivoire, le Nigeria et l'Ouganda entre avril et juin 2024. La diminution significative de la production du Ghana peut avoir conduit à cette situation.

Les incertitudes de la campagne 2024-2025

À la mi-mars 2025, le prix du cacao était légèrement repassé en dessous de $ 8 000 la tonne. Pour autant, l'inquiétude demeure avec un sujet de préoccupation majeure qui concerne l'extension de la maladie du *swollen shoot* en Côte d'Ivoire. Dans une région, comme celle de Daloa, au cœur de la ceinture du cacao ivoirienne, la situation est ainsi devenue critique. Pour la « petite récolte » qui commence le 1er avril, on parle d'une diminution de 40 % de la production par rapport à la « normale » (300 000 tonnes au lieu de plus de 500 000 tonnes). Rarement, le marché du cacao aura été confronté à autant d'incertitudes.

Thé : *en hausse plus modérée*

Le marché du thé est reparti à la hausse en 2024 malgré les aléas climatiques ayant impacté les niveaux de production. Une demande mondiale dynamique a permis d'augmenter les exportations malgré les crises géopolitiques.

En 2024, le prix moyen du thé tel que calculé par la FAO sur la base des principaux pays producteurs a augmenté de 7 % par rapport à la moyenne de 2023. Le prix moyen du thé a augmenté tout au long des neuf premiers mois de l'année 2024 après une baisse du prix moyen observée depuis août 2023. Le prix moyen du thé dépasse les $ 3/kg en septembre 2023, niveau de prix qui n'avait plus été atteint depuis un pic en 2022. Au final, les niveaux de prix sont revenus proches de ceux observés en 2018.

Sur l'ensemble de l'année, les prix ont été en moyenne plus élevés qu'en 2023 aux enchères de Colombo (Sri Lanka) avec un prix de 408 cents américains le kilogramme, deuxième prix record d'enchère derrière 2017 (411 cents). Le constat est différent sur les enchères de Mombasa (Afrique, surtout Kenya), où le prix moyen est en légère baisse à 206 cents pour les thés africains utilisés pour l'essentiel dans les mélanges (*blend*) de bases par les grands conditionneurs au premier rang desquels on trouve Lipton. Cette baisse est portée par une moins bonne valorisation du thé kenyan, avec un prix moyen annuel de 219 cents américains en 2024, contre 226 cents en 2023. En Inde, l'évolution des prix semble suivre la tendance à la hausse des prix du thé en 2024, avec notamment un pic à 271 cents en septembre.

En Inde, l'année a ainsi commencé sur des niveaux de prix stables à 192 cents par rapport à ceux de 2023. Le niveau de production a diminué sur les premiers mois de l'année, période de la cueillette des premières feuilles (*first flush*), perturbée par de

Thé, prix composite

(en dollars/kg)

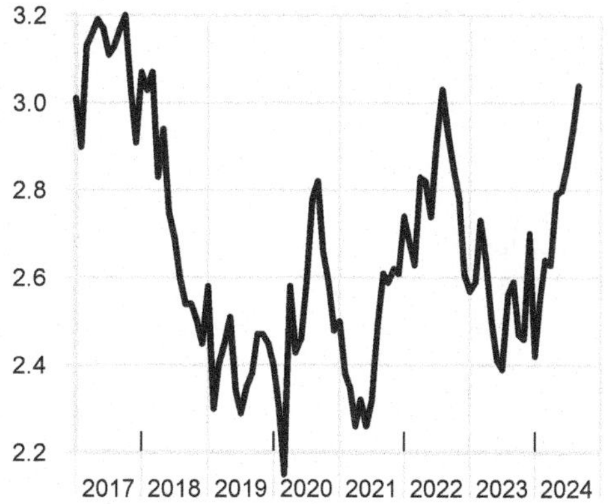

(Source : FAO)

fortes températures suivies d'inondations, impactant le développement des jardins à thé, notamment en Assam. La région de Darjeeling, connue pour sa prestigieuse appellation, observe en 2024 un triste record, avec son plus bas niveau de production suite à une nouvelle diminution de la production en 2024 (– 6 millions de kg, après – 9 millions de kg en 2023). Cela s'explique par des conditions climatiques difficiles, un manque de main-d'œuvre qualifiée et une faible productivité du fait du vieillissement des plantations entraînant une perte de rentabilité. Face à cette situation, l'*Indian Tea Association* a présenté début 2025 un livre blanc recommandant la mise en œuvre d'un programme d'aide financière afin de soutenir l'appellation et d'en assurer la durabilité. Sur le reste de l'année, les prix ont augmenté jusqu'à atteindre 271 cents selon les endroits, avant de baisser légèrement en fin d'année (250 cents). Les niveaux de production pour les *second flush* ont été inférieurs à ceux de 2023, dans le nord (– 16 millions de kg) et dans le sud (– 3 millions de kg) de l'Inde. Les niveaux de prix sont restés à des niveaux élevés (+ 8 % par rapport à 2023), du fait de la baisse de production.

Production mondiale de thé

(en millions de kg)

	2018	2019	2020	2021	2022	2023
Monde	**27 080.4**	**27 722.1**	**29 079.0**	**30 466.4**	**30 889.8**	**32 182.8**
Chine*	11 814.7	12 614.6	13 214.3	14 211.9	15 014.0	16 013.2
Chine, continentale	11 800.0	12 600.0	13 200.0	14 200.0	15 000.0	16 000.0
Inde	5 820.0	6 044.0	5 485.0	6 090.0	6 228.7	6 343.2
Kenya	2 143.0	1 995.0	3 050.0	2 430.9	2 418.2	2 577.8
Sri Lanka	1 500.0	1 490.0	1 500.0	1 800.0	1 400.0	1 433.5
Turquie	1 480.5	1 407.4	1 450.6	1 454.0	1 269.5	1 356.6
Vietnam	1 081.2	1 017.6	1 065.0	1 091.1	1 116.7	1 125.1
Indonésie	610.0	560.0	626.0	663.0	658.0	647.0
Bangladesh	340.0	394.0	412.0	412.0	449.0	406.0
Ouganda	323.0	262.0	390.0	437.0	406.0	390.5
Argentine	360.0	362.0	335.2	336.1	355.1	369.0
Japon	375.0	355.0	328.8	340.0	304.0	303.2
Malawi	220.0	210.0	253.8	242.5	266.5	246.2
Rwanda	135.0	134.4	140.0	149.6	160.4	165.0
Népal	108.0	110.0	119.6	118.3	128.0	129.3
Birmanie	143.6	132.5	112.4	99.2	108.5	118.1
Thaïlande	93.1	96.5	103.4	103.4	106.5	106.3
Tanzanie	148.0	162.0	125.0	140.0	145.0	103.0
Iran	99.2	90.8	94.4	113.9	93.5	82.0
Zimbabwe	68.0	66.0	80.0	74.0	71.0	66.2
Burundi	53.6	54.0	51.0	50.1	63.7	62.9
Éthiopie	74.8	68.9	75.9	44.0	51.7	61.4
Laos	8.1	15.9	14.3	15.0	16.8	16.4
Malaisie	10.8	6.6	9.4	7.2	15.9	15.9
Taïwan	14.7	14.6	14.3	11.9	14.0	13.2
Mozambique	31.0	32.0	4.9	4.9	5.1	6.8
Maurice	8.1	8.3	5.1	5.0	6.4	6.8
Cameroun	5.6	5.7	5.6	5.6	5.6	5.6
Papouasie-Nouvelle-Guinée	5.5	5.5	5.5	5.5	5.5	5.5

** somme de Chine continentale et Taïwan*

(Source : FAOSTAT 2025)

Part dans la production mondiale de thé en 2023
(%)

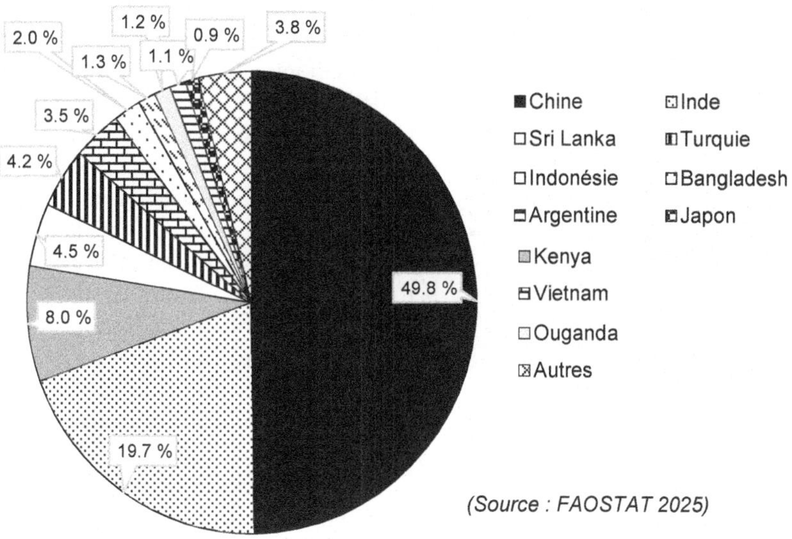

(Source : FAOSTAT 2025)

Au total, d'après le *Tea Board India*, la production a diminué en 2024, avec une baisse de la production de 109 millions de kg pour s'établir à 1 285 millions de kg. La baisse de production s'est observée à la fois dans le sud de l'Inde (– 4 %) et dans le nord de l'Inde (– 9 %). Le nord de l'Inde est resté la principale région productrice de thé avec une production de 1 058 millions de kg, soit 82 % de la production indienne. Certaines régions, dont l'Assam, ont continué à faire face à des hausses de coût de production supérieures à celles des prix faisant craindre une perte de compétitivité.

La Chine est restée le premier producteur mondial de thé, avec près de 50 % de la production. En 2024, la Chine a vu ses exportations légèrement augmenter en volume (+ 1 %), notamment pour le thé vert (+ 3 %) et diminuer en valeur (– 17 %). La consommation domestique est restée dynamique, avec notamment une forte demande sur les thés « pu'er », promus pour leurs effets bénéfiques sur

Le marché du thé fait toujours face à un défi important avec le dérèglement climatique. Le thé est en effet extrêmement vulnérable aux variations climatiques dont les effets impactent fortement les plantations et la qualité du thé. Depuis plusieurs années, l'Inde et la Chine ont fait face à des records de températures et à un manque de pluies, alors qu'au Kenya la pluie a été plus abondante, dynamisant la production. La plupart des pays, tels que la Chine et l'Inde, commencent à mettre en place des politiques d'accompagnement afin de diminuer la dépendance aux engrais chimiques en diversifiant les types de thé à planter, afin de gagner en biodiversité et de gagner en compétitivité face à la demande plus forte de thés de qualité. À ce titre, l'Inde a décidé de bannir vingt pesticides en 2024 et a mis en place des recommandations pour améliorer la santé des sols, créer des réserves d'eau à l'aide de la récupération de l'eau de pluie et améliorer les couvertures ombragées des plantations de thé. Le défi reste également social avec une production mondiale réalisée pour 60 % par des petits producteurs dans des zones rurales dans des pays en développement, d'après des données de la FAO.

Thé, prix composite
(en dollars/kg)

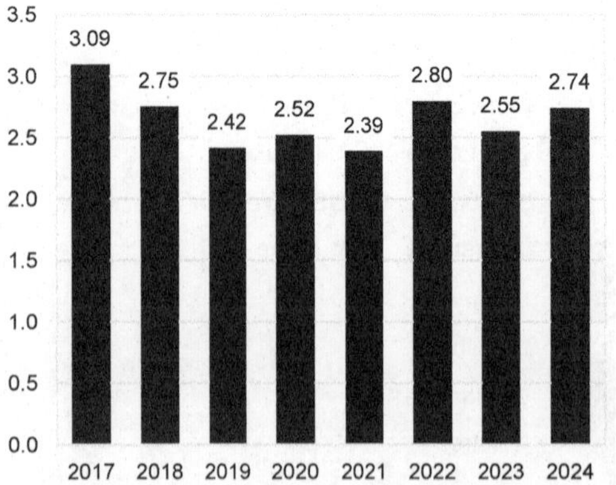

(Source : FAO)

la santé. La Chine a consommé 40 % de la production globale de thé, principalement du thé vert. La culture du thé est aujourd'hui considérée par le gouvernement chinois comme centrale dans la lutte contre la pauvreté rurale.

Au Sri Lanka, la production de feuilles de thé continue son rebond avec une nouvelle hausse en 2024 (+ 2 %). Le niveau de la récolte de feuilles de thé reste cependant inférieur à son niveau de 2021. La production devrait continuer à augmenter en 2025 (jusqu'à + 5 % selon les estimations) sous l'effet de politiques d'investissement visant à améliorer la productivité (mécanisation, intrants de meilleure qualité), malgré des craintes au niveau climatique. En parallèle, les exportations sont reparties légèrement à la hausse (+ 1 % en volume). Les exportations en direction de l'Irak, de la Russie et des Émirats arabes unis ont plus que compensé les baisses vers la Turquie et la Chine. Les exportations en direction de l'Iran ont triplé en raison de l'application de l'accord « du thé pour du pétrole » signé il y a neuf ans suite aux sanctions internationales contre l'Iran. Cet accord autorise l'Iran à importer du thé en paiement de la dette sri-lankaise liée à des achats de pétrole. En Afrique, la récolte de thé du Kenya a continué d'augmenter en raison de conditions climatiques favorables et affiche une croissance de 6 % par rapport à la production de 2023. Bénéficiant de prix plus bas et d'une importante production, les exportations de thés kenyans ont augmenté en 2024 (+ 20 %), bénéficiant d'une demande dynamique au Pakistan et en Égypte. Elles se sont

Part dans les exportations mondiales de thé en 2023
(%)

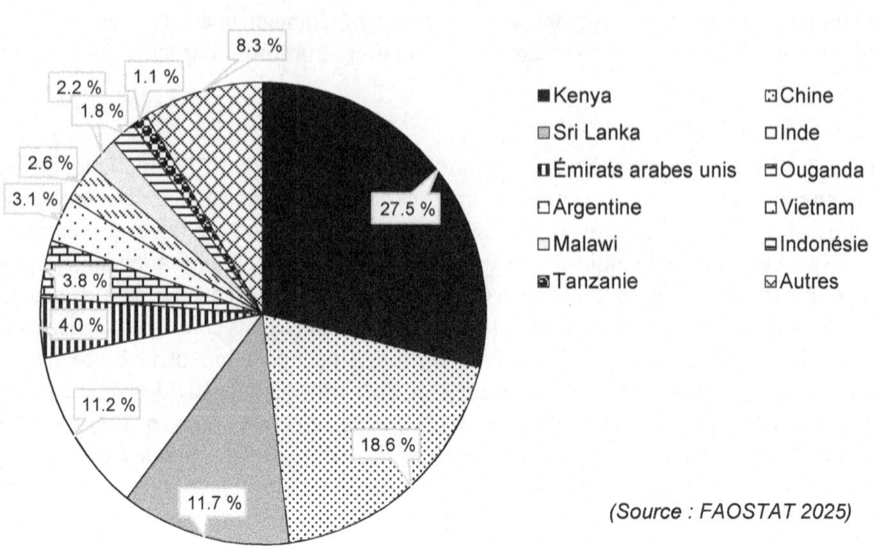

(Source : FAOSTAT 2025)

Exportations mondiales de thé

(en millions de kg)

	2018	2019	2020	2021	2022	2023
Monde	**2 028.1**	**2 170.3**	**2 177.3**	**2 167.8**	**2 135.1**	**2 030.3**
Kenya	500.6	476.0	575.5	556.6	552.0	559.3
Chine*	*380.9*	*385.8*	*361.8*	*384.1*	*386.9*	*376.9*
Chine, continentale	364.8	366.8	348.8	369.4	375.3	367.5
Sri Lanka	164.7	289.6	285.1	283.0	246.8	238.4
Inde	262.4	258.1	210.5	197.2	231.4	226.8
Émirats arabes unis	67.5	65.8	57.7	59.5	76.9	81.7
Ouganda	70.1	69.1	72.5	77.1	76.0	77.7
Argentine	72.6	75.3	66.0	64.2	68.9	62.3
Vietnam	77.2	134.9	126.5	122.1	61.3	53.4
Malawi	47.6	46.9	46.9	36.2	49.4	45.3
Indonésie	49.0	42.0	45.3	42.6	45.0	36.0
Tanzanie	26.9	31.7	24.1	24.2	21.1	22.2
Pays-Bas	13.1	12.3	14.3	15.5	13.6	21.7
Allemagne	23.1	22.7	22.1	22.2	21.9	19.5
Pologne	19.1	22.9	24.3	21.8	22.2	18.3
Rwanda	30.9	31.2	37.0	38.9	33.4	16.9
États-Unis	18.3	17.2	14.3	15.2	15.0	14.1
Népal	17.7	10.7	13.5	9.4	17.3	13.5
Royaume-Uni	18.1	19.2	19.1	16.5	17.0	13.2
Zimbabwe	14.2	14.5	12.1	11.6	12.6	11.4
Belgique	11.2	12.1	9.6	8.7	12.4	8.9
Iran	16.3	10.0	16.2	27.3	34.5	8.5
Japon	5.2	5.2	5.3	6.3	6.4	7.7
Taïwan	8.8	10.3	8.0	9.0	8.0	7.5
Russie	18.9	19.9	20.5	21.9	8.3	7.0

** somme de Chine continentale et Taïwan* *(Source : FAOSTAT 2025)*

également développées sur de nouveaux marchés en Asie et particulièrement en Chine, avec l'ouverture d'un centre de commerce de thé dans la province de Fujian. En parallèle, les exportations de thé indien ont augmenté en volume (+ 11 % par rapport à 2023) et en valeur, passant de $ 677 millions en 2023 à $ 767 millions en 2024 (+ 14 %). Quant à la consommation intérieure, elle a continué à être forte en Inde, comme dans la plupart des pays exportateurs de thé, leur permettant d'être moins dépendants des exportations. En revanche, la Turquie, quatrième producteur et cinquième consommateur mondial, a continué de développer ses importations de thé venant d'Afrique notamment. Parmi les pays importateurs, le Pakistan est resté en tête devant la Russie, puis les États-Unis et le Royaume-Uni, alors que les Turcs sont toujours les plus gros consommateurs *per capita.*

En 2024, le marché du thé a continué à souffrir de la hausse des taux de fret pour les conteneurs qui représentent l'essentiel des flux de thé au niveau mondial. Cette tension a notamment été exacerbée par les attaques de bateaux en mer Rouge et dans le canal de Suez. À titre d'exemple, les coûts d'exportation en partance du port de Mombasa ont quasiment triplé. Les délais de chargement ont été rallongés de plusieurs semaines. Les sanctions américaines contre la Russie ont également impacté ces frais. Le fret en est venu à représenter quelque 20 % du prix du thé.

Thé premium, l'exemple du thé matcha au Japon

Dans un contexte de diminution de la production de thé au Japon, le marché du thé matcha est parallèlement en fort développement. Au niveau mondial, le marché représente près de € 4 milliards et devrait doubler d'ici à 2029, selon Business Research Company. Il répond à une demande de consommateurs plus jeunes, plus connectés et soucieux de leur santé. Le Japon fait face à une réduction de la production de thé en raison d'un difficile renouvellement générationnel des producteurs et du prix des intrants nécessaires à la culture du thé. Ce faisant, le Japon prévoit de mettre en place des subventions afin d'aider les exploitations en 2025. En effet, la culture du thé matcha et plus généralement du thé vert haut de gamme ouvre d'importantes perspectives de développement économique.

Les centres de ventes aux enchères électroniques ou *e-auction centers* ont continué leurs développements. Historiquement, le thé était, avec la laine et quelques autres produits agricoles, la seule matière première à avoir conservé le très ancien système des ventes aux enchères pratiqué autrefois dans les ports européens et surtout à Londres à l'arrivée des navires de la Compagnie des Indes. Longtemps, les enchères de Londres furent l'épicentre du commerce mondial du thé, là où venaient se fournir les grandes maisons élaborant leur propre mélange. Le thé est d'ailleurs l'une des seules matières premières dont le négoce international est pratiquement absent (à l'exception peut-être de la vieille maison de Rotterdam, Van Rees, fondée en 1819 et qui traite à peu près 75 millions de kg par an). Les ventes aux enchères étaient organisées par des brokers jouant le rôle de commissaires-priseurs. Des enchères dans les pays producteurs se développèrent, supplantèrent Londres qui ferma ses portes, mais le système perdura à Colombo, à Mombasa, à Calcutta et dans quelques autres centres. Ces principales places sont aujourd'hui passées au digital et sont gérées par les bureaux de thé sous tutelle des ministères du Commerce. Notons que le groupe Cargill, principal acheteur aux enchères de Mombasa, a annoncé cesser ces activités d'achat de thé fin 2024 pour se recentrer sur ses autres activités. Les volumes de vente de Cargill n'avaient cessé de diminuer ces dernières années depuis que le groupe Unilever avait cédé son activité thé au groupe CVC Capital Partner en 2021. La vente avait concerné 34 marques, dont Lipton.

Les perspectives du marché du thé restent toutefois brillantes. Forte de ses vertus pour la santé et d'un marché en plein essor, la consommation de thé a été de 7300 millions de kg en 2023, faisant du thé la deuxième boisson la plus consommée au monde derrière l'eau. Celle-ci devrait atteindre 8300 millions de kg d'ici 2029. L'analyste Statista estime, au stade de la consommation, le marché mondial à un peu plus de $ 277 milliards en 2024 (contre $ 260 milliards en 2023), et avance des projections de près de $ 362 milliards pour 2029.

Huile de palme :
le défi du biodiesel

Les cours de l'huile de palme sont repartis à la hausse en 2024, portés par une médiocre récolte du producteur principal, l'Indonésie, et par la baisse des volumes disponibles à l'exportation dans l'archipel en raison de la priorité donnée à la production domestique de biodiesel. Sans plus de terres disponibles et plafonnant dans ses rendements, l'Indonésie, tout comme la Malaisie, le deuxième pays producteur et exportateur d'huile de palme, peine aujourd'hui à satisfaire l'appétit des consommateurs pour cette huile historiquement abondante et bon marché. Le fruit du palme reste la source la plus rentable d'huile végétale dans le monde, mais cet avantage agronomique n'exonère pas les producteurs de la nécessité d'innover davantage pour améliorer les rendements et la résilience des plantations aux aléas climatiques, d'arracher et de replanter quand bien même cela coûte, d'accroître les salaires d'une main-d'œuvre désormais moins fidèle et plus exigeante, de dépenser plus pour gagner plus, en somme, de passer de l'épuisement d'une rente à la conquête d'un rendement. Après avoir inauguré l'année à $ 845/t, l'huile de palme a atteint $ 1 200/t en décembre 2024 et semble devoir évoluer au-dessus du seuil de $ 1 000 tout au long de 2025. Soustraire des volumes à l'exportation pour alimenter le marché domestique du biodiesel se promulgue d'un claquement de doigts dans un tempo rapide, améliorer les pratiques culturales et investir dans le rajeunissement des plantations est une tout autre partition.

Le verger indonésien et malaisien en besoin d'investissements

Premier producteur mondial d'huile de palme avec près de 60 % de la production globale, l'Indonésie semble avoir atteint un plateau de production, à 47 Mt d'huile de palme brute produite par an. La rareté des terres disponibles, la concurrence d'autres cultures pérennes, comme l'hévéa, et le plafonnement des rendements d'un verger certes vigoureux, mais vieillissant expliquent l'inertie récente de la production indonésienne. Sur l'autre rive du détroit de Malacca, le voisin malaisien a atteint son plateau de production de 19 Mt il y a maintenant plus de dix ans.

Conscient du vieillissement des plantations, le gouvernement indonésien du président Prabowo Subianto, comme celui de son prédéces-

Huile de palme
(en millions de tonnes)

	2019-2020	2020-2021	2021-2022	2022-2023	2023-2024
Production mondiale	**74.00**	**72.90**	**73.80**	**77.20**	**79.40**
Indonésie	42.50	43.50	43.20	45.50	47.00
Malaisie	19.80	17.80	18.10	18.80	19.00
Thaïlande	3.00	2.80	3.10	3.20	3.40
Colombie	1.68	1.55	1.70	1.80	1.90
Nigeria	1.01	1.20	1.40	1.40	1.50
Autres	6.01	6.05	6.30	6.50	6.60
Principaux exportateurs	**52.50**	**48.00**	**43.80**	**49.50**	**50.30**
Indonésie	29.10	26.90	22.30	28.50	28.20
Malaisie	18.00	15.90	15.50	16.50	16.20
Papouasie Nouvelle-Guinée	0.50	0.60	0.60	0.60	0.80
Guatemala	0.80	0.78	0.81	0.84	0.87
Autres	4.10	3.82	4.59	3.06	4.23
Principaux importateurs	**51.60**	**47.60**	**42.70**	**46.90**	**48.20**
Inde	7.40	8.40	8.00	10.00	9.30
UE	7.50	6.20	5.10	4.50	4.40
Chine	6.70	6.80	4.40	7.20	6.40
Pakistan	3.30	3.40	2.80	3.50	3.80
Égypte	1.10	1.12	1.20	1.20	1.20
Bangladesh	1.70	1.28	1.30	1.50	1.70
États-Unis	1.50	1.57	1.62	1.70	1.90
Autres	22.40	18.83	18.28	17.30	19.50
Consommation intérieure	**72.10**	**73.40**	**71.10**	**76.00**	**77.90**
Inde	8.00	9.00	8.10	8.90	9.60
Indonésie	14.60	15.27	17.80	18.00	20.30
UE	6.90	6.75	5.00	5.30	4.30
Chine	6.40	6.85	5.10	6.90	6.30
Malaisie	3.60	3.37	3.37	3.60	4.10
Pakistan	3.40	3.47	3.10	3.40	3.70
Thaïlande	2.70	2.37	2.50	2.60	2.70
Égypte	1.10	1.20	1.20	1.20	1.10
Nigeria	1.40	1.66	1.76	1.80	1.80
Bangladesh	1.70	1.43	1.41	1.45	1.55
États-Unis	1.50	1.60	1.50	1.70	1.90
Colombie	1.10	1.15	1.20	1.30	1.50
Philippines	1.30	1.21	1.20	1.20	1.20
Autres	18.40	18.07	17.86	18.65	17.85

(Sources : USDA et Oil World)

seur Joko Widodo, a mis en place des programmes de replantation. Mais, aux derniers décomptes, ces programmes accusent du retard. L'objectif, lors de l'inauguration de ces programmes il y a près de dix ans, était de replanter 180 000 hectares chaque année. Depuis 2017, l'Indonésie n'a fourni des fonds que pour replanter 360 000 hectares, soit deux ans de replantation au lieu des sept attendus. On estime que, sans le rajeunissement des palmeraies, la production d'huile de palme brute de l'Indonésie pourrait tomber en dessous de 44 Mt d'ici vingt ans. À l'inverse, si le programme de replantation est mis en œuvre, la production pourrait atteindre environ 83 Mt d'ici à 2045 : ce chiffre représente une hausse de 80 % de la production actuelle de l'Indonésie et dit l'absolue confiance des pays producteurs dans l'inexorable accroissement de la demande.

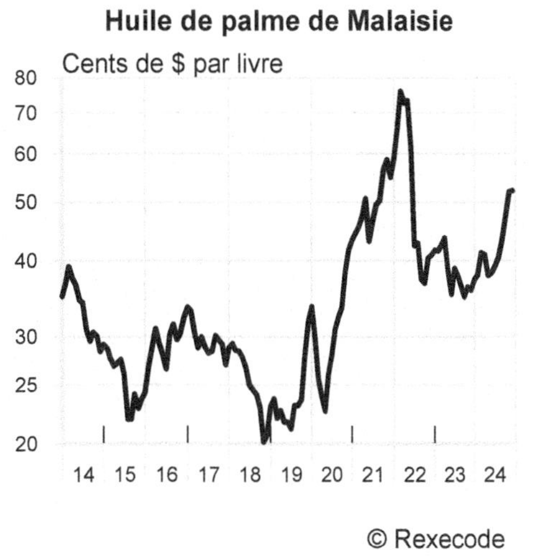

Les pays exportateurs privilégient la consommation domestique en biodiesel

Au-delà des rendements, un des termes entrant dans l'équation de l'offre mondiale d'huile de palme est celui de la consommation domestique des pays producteurs. L'Indonésie impose l'incorporation d'huile de palme dans les biocarburants produits dans l'archipel. Le gouvernement accompagne cette obligation d'une subvention pour la production de biodiesel, financée par une taxe sur l'huile de palme et placée dans un fonds, le *Oil Palm Plantation Fund.* Le fonds, géré par une agence (BPDPKS dans son acronyme indonésien),

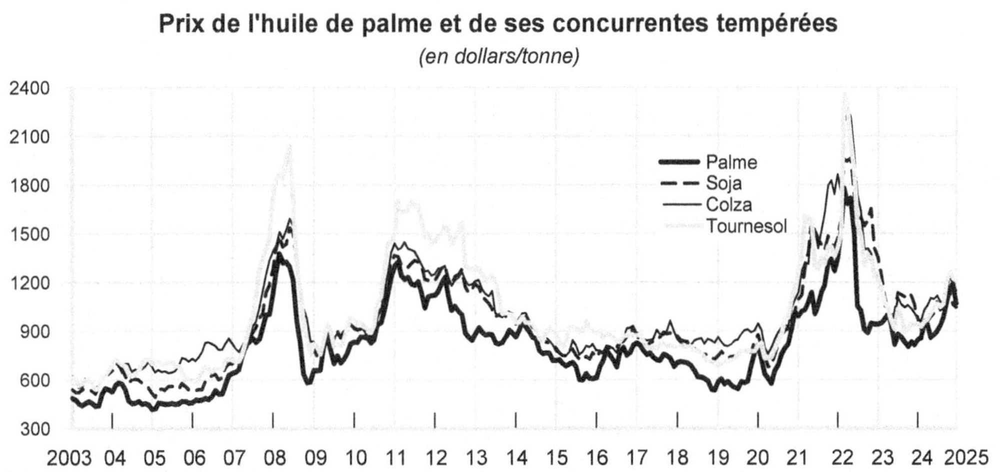

L'huile de palme est historiquement moins chère que ses concurrentes tempérées (soja, colza, tournesol), en partie grâce à de meilleurs rendements agronomiques, et des coûts en capital (terre) et en travail (main-d'œuvre) inférieurs. L'huile de palme brute livrée à Rotterdam s'échangeait en moyenne en 2024 à $ 963/t, contre $ 1 022/t pour l'huile de soja, $ 1 090/t pour l'huile de colza et $ 1 060/t pour l'huile de tournesol.

(Source : Banque mondiale)

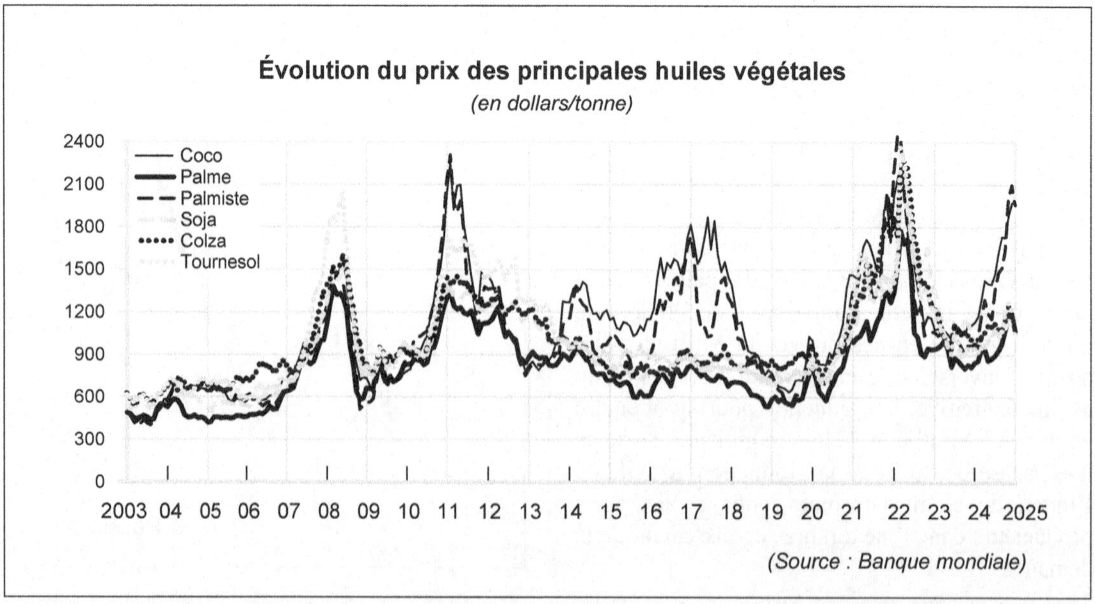

est également en charge de financer les arrachages et replantations de palmiers.

Conçue comme une réponse à la flambée des cours des produits fossiles en 2006-2008 et à la baisse irréversible de la production indonésienne de pétrole, l'obligation de mélange a été établie une première fois à 5 % en 2008 en Indonésie. Elle ne concernait à l'origine que les entreprises publiques. Le taux d'intégration obligatoire s'est accru au cours du temps et le périmètre s'est élargi aux entreprises privées : en 2018, le premier mandat couvrant tous les producteurs du pays a été adopté, au taux de 20 % (B20). Puis ce seront 30 % (B30) en 2020, 35 % (B35) en 2023. Un mélange à 40 % est annoncé comme inéluctable par le gouvernement, soucieux en premier lieu de réduire sa dépendance énergétique. La conjoncture, sur ce point, ne lui portera pas la contradiction. Un projet d'incorporation à 50 % (B50) visant dans un premier temps le secteur minier est à l'étude et pourrait être appliqué dès 2028.

Le marché a vite fait le calcul. Le mélange à 40 % ferait passer l'utilisation de l'huile de palme pour la production de biodiesel de 11 Mt avec l'actuel B35, à 13,9 Mt. L'annonce a été accueillie d'autant plus fraîchement par les acheteurs internationaux d'huile de palme que la production de l'archipel en 2024 a montré des signes d'essoufflement.

Le fonds aurait besoin de 47000 milliards de rupiahs ($ 2,98 milliards) pour les subventions en année pleine, alors que les recettes de 2025 devraient se situer autour de 21000 milliards de rupiahs. Avec des exportations d'huile de palme réduites par le fait que plus d'huile de palme est requise dans l'industrie domestique des biocarburants, l'assiette fiscale de la subvention mécaniquement se résorbe. Des projets de réforme du financement de la subvention sont à l'étude sans qu'aucune décision n'ait été annoncée pour l'instant.

La Colombie, quatrième pays producteur avec près de 2 Mt, s'inscrit dans les pas de l'aîné indonésien. La Colombie exportait 40 % de sa production d'huile de palme en 2018, contre 20 % aujourd'hui. La raison de cette chute ? Le taux de mélange obligatoire d'huile de palme dans le diesel, en hausse constante depuis 2015. Il est aujourd'hui de 12,5 % et de 20 % pour les transports de marchandises.

L'Europe tourne le dos à l'huile de palme

L'Europe a été la destination principale des exportations d'huile de palme aux XVIIIe, XIXe et XXe siècles, depuis le golfe de Guinée et l'Afrique de l'Ouest d'abord, et depuis la Malaisie et l'Indonésie à la fin du XXe siècle ensuite. Au tournant de ce siècle, elle faisait part égale à l'importation avec l'Inde ou la Chine. Cette période est révolue. En frappant l'huile de palme d'inéligibilité dans sa directive sur les énergies renouvelables, l'Union européenne a fermé la porte à l'utilisation de l'huile de palme pour la décarbonation de ses transports. Si la mesure est d'application progressive jusqu'à 2030, les effets s'en font déjà ressentir. Autour de 7 Mt par an il y a dix ans, les importations communautaires atteignent aujourd'hui l'étiage de 4 Mt. Ce qui est consommé en Europe aujourd'hui est du même ordre que ce qui est consommé en Malaisie ou au Pakistan. Est-ce un problème ? En soi non : les produits vont là où on les demande. Mais c'en est un lorsque vous voulez, comme l'Europe, peser sur le cours du monde. Transformer les filières et les parer de toutes les vertus de la durabilité est plus compliqué à distance lorsque les flux d'échanges se tarissent. Pour verdir le commerce, par définition, il faut du commerce, sinon on peint en vert un grand vide.

Poivre et autres épices :
le retour de l'or noir ?

En 2024, le marché mondial du poivre a connu une forte volatilité, avec une hausse spectaculaire des prix au premier semestre (+ 80 % par rapport à décembre 2023), suivie d'une stabilisation autour de $ 7 000 la tonne. Cette flambée s'inscrit dans le prolongement des cours haussiers de 2023, portée par la réduction des surfaces cultivées, le vieillissement des plantations et les aléas climatiques. Pour les autres épices, les cours ont été aussi en général orientés à la hausse.

Des prix pimentés

L'année 2024 prolonge et accélère l'orientation haussière du marché observée en 2023, lorsque les prix du poivre noir avaient rebondi de 20 %. La première moitié de 2024 a en effet été marquée par une envolée des cours de plus de 80 % par rapport à la fin 2023, propulsant les prix composites du poivre au-delà de $ 7 000 la tonne (Source : IPC). Cette situation n'est pas sans rappeler le contexte de 2015, lorsque le poivre noir avait atteint près de $ 9 980 la tonne. Si les niveaux actuels restent en deçà de ces sommets, ils traduisent néanmoins un marché durablement sous tension, pris entre une offre en repli et une demande toujours soutenue.

Plusieurs éléments ont alimenté la pression haussière initiale. Le recul des superficies cultivées au Vietnam et en Indonésie, principaux pays exportateurs, a réduit les capacités de production de la filière depuis quelques années, tandis que les aléas climatiques – exacerbés par l'épisode *El Niño* de 2023 – ont fortement réduit les rendements. Parallèlement, la spéculation s'est intensifiée, notamment en Chine, où certains importateurs ont acheté massivement dans la perspective de voir les prix continuer leur ascension. Dans ce climat, le poivre noir a pu dépasser les $ 7000 la tonne en juin, tandis que le poivre blanc a approché les $ 9400. Bien que la hausse actuelle évoque la frénésie de 2015, les contextes restent radicalement différents. En 2015, la flambée des prix était essentiellement portée par une spéculation intense et une consommation chinoise et indienne en forte expansion, conduisant à une bulle qui s'était brutalement effondrée avec une baisse de 85 % en trois ans. En revanche, la hausse de 2024 a reposé sur des fondamentaux plus solides, résultant d'une véritable contraction de l'offre, dans un contexte de diminution des stocks et de faibles perspectives d'expansion rapide de la production.

Confirmant que la hausse ne relevait pas d'une pure spéculation, le marché a amorcé dès juillet un mouvement de correction, les prix s'installant dans une fourchette relativement stable de $ 6 500 à $ 7 000 la tonne. Cette modération – imputable à un ralentissement de la demande chinoise après une importante phase de constitution de stocks, ainsi qu'à la reprise progressive des exportations brésiliennes et vietnamiennes qui ont desserré l'étau sur l'offre – contraste nettement avec l'euphorie spéculative de 2015. Au final, la retenue actuelle des cours traduit la prudence des opérateurs, confrontés à un contexte macroéconomique et climatique incertain.

Derrière les prix composites venant d'être commentés, de fortes disparités subsistent selon la provenance et la qualité. Les variétés dites « premium » – Kampot (Cambodge), Sarawak (Malaisie), Kerala (Inde) ou Voatsiperifery (Madagascar) – se négocient à des niveaux nettement supérieurs en raison de leur rareté et de leurs qualités organoleptiques. À l'inverse, le poivre brésilien, malgré des rendements en hausse et une compétitivité accrue, subit encore une décote notable, en partie à cause de standards de qualité jugés moins homogènes. Par ailleurs, le poivre blanc, qui représente environ 15 % de la production mondiale, se vend généralement à un prix plus élevé que le poivre noir, en raison de procédés de transformation plus exigeants et d'une disponibilité moins importante. Le tableau des prix Fob illustre bien cette hétérogénéité.

Malgré la correction estivale, les prix demeurent très supérieurs à leur niveau observé en début d'année 2024, et plusieurs éléments laissent présager une poursuite de la volatilité. D'un côté, la demande mondiale est robuste, mais son évolution reste très incertaine. De l'autre, l'offre est particulièrement vulnérable, soumise notamment aux aléas climatiques : un nouvel épisode de sécheresse ou de pluies excessives dans les principales zones de production pourrait provoquer un resserrement brutal de l'offre. À ce jour, le poivre noir évolue entre $ 6 600 et $ 6 900 la tonne, tandis que le poivre blanc se maintient dans une fourchette située entre $ 8 600 et $ 8 900. Dans ce contexte, la question demeure de savoir si le marché amorcera un nouveau cycle haussier en 2025 ou si la stabilisation actuelle se prolongera, avec pour seul mot d'ordre la vigilance face à la météo et aux stratégies d'approvisionnement des principaux importateurs.

Prix composite IPC du poivre blanc et du poivre noir

(en dollars/tonne)

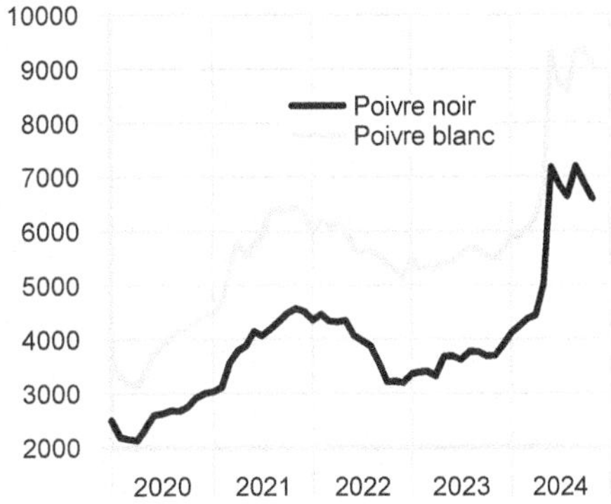

(Source : International Pepper Community)

Prix Fob 2024 des différents types de poivre

($/tonne)

Poivre noir

	Brésil 570 g/l	Malabar	Lampun	Sarawak	Vietnam 570g/l
Plus bas	3 270	6 170	3 863	4 900	4 200
Plus haut	8 500	8 447	7 814	8 900	8 400
Moyenne	5 713	7 486	5 926	6 756	5 914

Poivre blanc

	Brésil	Muntok	Sarawak	Vietnam 630g/l	Chine
Plus bas	6 025	6 049	6 300	5 700	5 860
Plus haut	9 744	11 400	12 000	10 200	5 894
Moyenne	8 519	8 700	8 444	8 215	5 876

(Source : IPC)

PRODUITS TROPICAUX

Production mondiale de poivre
(en milliers de tonnes)

	2018	2019	2020	2021	2022	2023	2024(e)
Production mondiale	**525.5**	**566.9**	**576.0**	**548.1**	**564.0**	**543.0**	**533.0**
Vietnam	205.0	260.0	240.0	195.0	183.0	190.0	170.0
Brésil	72.0	80.0	95.0	98.0	115.0	95.0	105.0
Indonésie	70.0	78.0	77.0	83.3	70.0	65.0	65.0
Inde	64.0	48.0	60.0	65.0	95.0	87.0	88.0
Malaisie	35.0	32.0	33.0	21.6	20.0	20.0	21.0
Chine	20.1	19.4	20.0	26.5	27.0	27.0	27.0
Sri Lanka	23.8	19.0	18.5	25.0	24.0	25.0	27.0
Cambodge	20.6	20.6	16.6	18.0	18.0	19.0	19.0
Équateur	6.0	5.0	5.0	4.0	4.0	4.0	7.0
Thailande	5.0	5.0	5.0	4.5	2.0	2.0	2.0
Madagascar	5.0	4.0	4.5	5.1	5.0	5.0	5.0
Poivre noir	413.7	457.5	467.1	438.6	477.0	457.0	455.0
Poivre blanc	111.8	109.4	108.9	109.5	87.0	86.0	78.0

(e) estimations *(Source : IPC)*

Offre : une pression structurelle

La production mondiale de poivre s'est à nouveau contractée en 2024, poursuivant ainsi une tendance baissière observée depuis plusieurs années. Elle a reculé de 7 %, pour s'établir à 465 000 tonnes, un niveau toujours nettement inférieur à la demande estimée à 529 000 tonnes. Ce déficit a contraint les acteurs du marché à puiser dans les stocks mondiaux, désormais réduits à 428 000 tonnes, soit moins d'une année de consommation. La baisse de production s'explique principalement par les difficultés rencontrées par les deux principaux producteurs mondiaux, le Vietnam et le Brésil.

Le Vietnam a enregistré une chute de 12 % de sa production, ramenée à 168 000 tonnes. Ce recul résulte surtout de la conversion d'importantes surfaces agricoles vers des cultures plus rentables, comme le durian et le café, dans les Hauts plateaux du centre et le delta du Mékong. La hausse persistante des coûts de production et les difficultés d'accès au financement ont aussi ralenti le secteur, confirmant une tendance structurelle observée depuis plusieurs campagnes. À cela s'ajoutent les effets dévastateurs de l'épisode *El Niño* de 2023, caractérisé selon les régions, par de sévères sécheresses ou, à l'opposé, par des pluies diluviennes qui ont fortement affecté les rendements, notamment dans la province de Binh Phuoc, où les précipitations exceptionnelles ont fortement pénalisé la récolte de 2024. Malgré cette offre réduite, le Vietnam a réussi à exporter des volumes conséquents en puisant dans ses réserves et en bénéficiant de l'envolée des prix. Sur les onze premiers mois de 2024, le Vietnam a exporté 235 000 tonnes (– 3,5 %) pour une valeur de $ 1,22 milliard (+ 47 %).

En Inde, la hausse de la production – estimée à environ + 8 000 tonnes en 2024 – a partiellement compensé le repli observé au Vietnam, sans toutefois suffire à stabiliser l'offre mondiale. Bien qu'elle soit le deuxième producteur mondial avec 125 000 tonnes, l'Inde n'a exercé qu'une influence limitée sur les marchés internationaux.

La majeure partie de ce surplus a en effet été absorbée par une consommation intérieure en progression, maintenant inchangée la position nette importatrice du pays.

Après une année 2023 marquée par des intempéries à Lampung, l'Indonésie a enregistré en 2024 un rebond conjoncturel plutôt que structurel. La concurrence des cultures plus rémunératrices, comme le palmier à huile ou le cacao, ainsi que la baisse des rendements causée par le coléoptère *Lophobaris piperis* – contre lequel les producteurs peinent à financer des traitements phytosanitaires efficaces – continuent à inciter les producteurs à abandonner progressivement le poivre. Ainsi, les perspectives pour la production indonésienne restent orientées à la baisse pour 2025.

Contrairement aux pays asiatiques, le Brésil connaissait jusqu'ici une dynamique de croissance, portée par l'expansion des surfaces cultivées et des rendements parmi les plus élevés au monde. Toutefois, la production a nettement reculé en 2024. Après avoir atteint 100 000 tonnes en 2023, la récolte brésilienne a chuté de 30 % à 70 000 tonnes en 2024. En conséquence, les exportations ont diminué, mais dans une moindre mesure, entraînant une réduction des stocks. Cette baisse résulte principalement de conditions météorologiques défavorables, alternant sécheresses et précipitations excessives. Malgré ce recul conjoncturel, le modèle brésilien demeure structurellement robuste et pourrait retrouver une trajectoire ascendante dès 2025, sous réserve d'un climat plus favorable. Son développement repose sur l'expansion continue des surfaces cultivées, particulièrement dans l'État d'Espírito Santo, et sur des investissements massifs dans l'irrigation et l'amélioration génétique des variétés de poivre. Avec un rendement moyen de 3,2 tonnes par hectare, contre 2,2 au Vietnam, le Brésil conserve un avantage compétitif. Cependant, cette dynamique positive fait face à plusieurs défis. Malgré sa compétitivité accrue, le poivre brésilien souffre encore d'une décote importante sur les marchés internationaux en raison de standards de qualité jugés moins homogènes qu'au Vietnam, ainsi que de barrières commerciales, notamment en Amérique du Nord, où il peine à percer malgré une proximité géographique avantageuse.

Chez les producteurs plus modestes, les évolutions en 2024 ont été contrastées. Au Sri Lanka, la production, oscillant entre 25 000 et 27 000 tonnes, a légèrement progressé, soutenue par un climat favorable et une demande croissante pour le poivre noir de Ceylan, apprécié pour sa forte teneur en pipérine. La filière reste néanmoins fragilisée par les fluctuations de production et les infrastructures d'exportation insuffisantes qui freinent son déve-

Répartition de la production mondiale de poivre (blanc et noir) en 2024

(en milliers de tonnes)

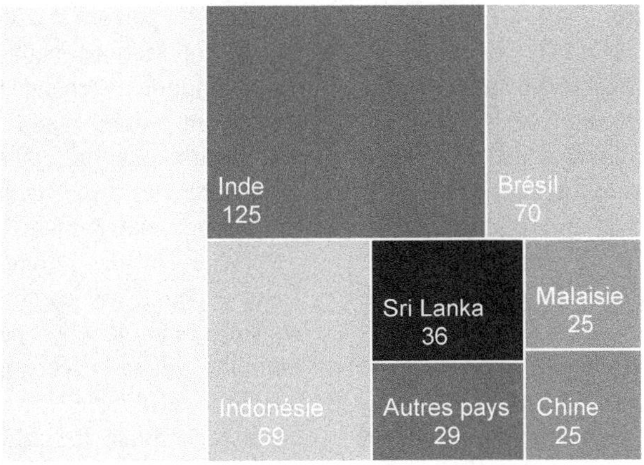

(Source : IPC)

loppement international. En Malaisie, autrefois acteur majeur du marché, la production a chuté à 20 000 tonnes à cause de la conversion massive des terres agricoles en plantations de palmier à huile et de durian. Toutefois, la filière malaisienne tente de se repositionner sur un marché premium avec des produits biologiques et à forte valeur ajoutée, stratégie adoptée avec succès par le Cambodge ces dernières années. Néanmoins, cela n'a pas empêché les effets du changement climatique qui ont durement affecté le poivre cambodgien en 2024. Le poivre de Kampot, bénéficiant d'une Indication géographique protégée (IGP) depuis 2010, a vu sa production s'effondrer de 60 à 70 % à cause d'une sécheresse prolongée, menaçant sa pérennité malgré des prix élevés à l'export ($ 18/kg pour le noir, $ 28/kg pour le rouge et $ 31/kg pour le blanc).

Enfin, des producteurs émergents comme Madagascar, l'Équateur et la Thaïlande cherchent à renforcer leur présence internationale. Madagascar souhaite notamment se positionner sur le segment haut de gamme, mais reste limitée par ses infrastructures d'exportation encore insuffisantes, freinant son expansion à l'international.

Ainsi, la production mondiale de poivre en 2024 a continué à reculer structurellement, aggravée par des événements conjoncturels négatifs. Bien que le Brésil tente de compenser les pertes du Vietnam et de l'Indonésie, les perturbations climatiques, les signaux de prix très volatils et les arbitrages agricoles en faveur d'autres cultures plus rentables limitent durablement les perspectives d'expansion de l'offre.

Une demande robuste

L'Inde et la Chine donnent le ton sur le marché mondial du poivre, influençant aussi bien les flux commerciaux que l'évolution des prix. En 2024, l'Inde a affiché une demande soutenue, portée par une consommation intérieure en croissance, atteignant 131 000 tonnes, soit une hausse de 4 % par rapport à l'année précédente. Largement utilisé dans la cuisine quotidienne, la médecine ayurvédique et l'industrie agroalimentaire, le poivre reste un ingrédient incontournable. Toutefois, cette demande dépasse largement la production nationale, plaçant le pays dans une situation de déficit structurel. Pour pallier ce déséquilibre, l'Inde a renforcé ses importations depuis le Vietnam et le Brésil, en particulier pour répondre aux besoins croissants de l'oléorésine de poivre, un extrait prisé dans les industries agroalimentaire et pharmaceutique. La Chine, avec une consommation intérieure stable autour de 70 000 tonnes, reste, elle aussi, structurellement déficitaire et dépendante des approvisionnements extérieurs. En 2024, après un début d'année marqué par la prudence, les importateurs chinois ont déclenché une vague d'achats en milieu d'année, redoutant une pénurie et un *squeeze* sur les prix. Cette ruée a contribué à maintenir la pression sur les cours avant que Pékin ne ralentisse ses importations, une fois ses stocks sécurisés. Avec des productions locales insuffisantes pour couvrir leurs besoins, ces deux géants restent largement dépendants des exportations vietnamiennes, brésiliennes et indonésiennes. Comme toujours, l'industrie du poivre évolue au rythme des décisions de ces puissances.

L'Europe et les États-Unis demeurent des marchés de premier plan, bien que leurs dynamiques de consommation aient évolué en 2024. Aux États-Unis, la demande est restée solide, soutenue par une consommation annuelle estimée à 65 000 tonnes. L'industrie agroalimentaire, premier débouché du poivre, continue de tirer cette demande à travers les plats préparés, les sauces et les produits carnés transformés. Par ailleurs, l'essor des compléments alimentaires contribue à renforcer l'intérêt pour la pipérine, un composant du poivre noir apprécié pour ses effets sur l'absorption des nutriments et des médicaments. En Europe, la situation est plus contrastée. L'inflation persistante et l'érosion du pouvoir d'achat des ménages ont pesé sur les importations, entraînant une baisse des volumes importés. Cependant, en valeur, les importations ont progressé sous l'effet de la hausse des prix mondiaux et des coûts logistiques. Face à ces contraintes, les distributeurs ont ajusté leur stratégie d'approvisionnement, limitant les volumes tout en privilégiant des poivres de qualité supérieure. Dans ce contexte, certains segments ont mieux résisté, notamment les poivres premium et biologiques, qui séduisent une clientèle en quête de traçabilité et d'excellence. Le poivre de Kampot, bénéficiant d'une Indication géographique protégée (IGP), continue ainsi d'attirer une demande exigeante sur le marché européen.

Le Moyen-Orient confirme enfin son rôle croissant sur le marché mondial du poivre, avec une demande dynamique, portée par la croissance du secteur de la restauration et le positionnement stratégique des Émirats arabes unis comme hub commercial vers l'Afrique.

Au-delà des marchés traditionnels, la diversification des usages du poivre ouvre de nouvelles perspectives, notamment dans les secteurs de la santé et de la cosmétique. L'industrie pharmaceutique et celle des compléments alimentaires s'intéressent de plus en plus à la pipérine, dont les propriétés améliorant la biodisponibilité des nutriments et des médicaments renforcent l'attractivité.

Avec des équilibres régionaux en recomposition et des dynamiques d'approvisionnement toujours sous tension, le marché du poivre reste façonné par une demande en mutation et un jeu d'influences où chaque grand acteur redéfinit les règles du marché.

Cardamome, baisse de la production et hausse des cours

Le marché mondial de la cardamome est marqué par une demande soutenue, notamment pour les produits alimentaires et médicaux, et une forte augmentation des prix en 2024, conséquence de conditions climatiques défavorables et d'une production limitée dans les pays producteurs. La production indienne de cardamome en 2023 a été fortement touchée par une sécheresse prolongée, entraînant une baisse des rendements de 15 %, selon *Ned Spice*. Les volumes sont estimés à environ 30 000 tonnes en 2023 en Inde, bien en deçà des attentes, contre 35 000 tonnes en 2021. Cette situation a provoqué une augmentation des prix domestiques de 10 à 15 %. Face à l'Inde, le Guatemala, autre grand producteur mondial, a maintenu une production relativement stable en 2023, avec un peu moins de 20 000 tonnes exportées, principalement au Moyen-Orient, en Asie du Sud-Est et en Europe. Des marchés sont également ciblés par l'Inde : la rivalité entre ces deux principaux producteurs devrait s'accentuer, notamment sur le segment de la cardamome verte.

Les exportations indiennes de petite cardamome ont diminué, passant de 7352 tonnes en 2022-2023 à 6 168 tonnes en 2023-2024, selon les données provisoires du *Spice Board of India*, soit une baisse de 15,7 %. Elles avaient bondi de 1 850 tonnes en 2019-2020, atteignant 10 577 tonnes en 2021 (+ 471 %), avant de redescendre à 6 168 tonnes en 2023-2024, soit une baisse de 41,65 % par rapport à 2021-2022.

D'après de premières estimations, la récolte 2024-2025 en Inde et au Guatemala devrait fortement chuter, de plus de 40 %, du fait notamment de la présence de *thrips*, endommageant les cultures. En Inde, les conditions climatiques restent une source d'inquiétude, prolongeant la pression sur les prix. Pour renforcer la résilience des cultures face aux changements climatiques, le gouvernement indien a présenté 109 variétés de plantes adaptées à la sécheresse en août 2024, dont deux nouvelles variétés de cardamome développées par l'Institut indien de recherche sur les épices (IISR).

Clou de girofle, les prix en hausse

En 2023, les prix du clou de girofle avaient augmenté de 10 à 15 %, atteignant environ $ 10 000/t, en raison de la réduction de l'offre. Les prévisions pour 2024 indiquent une demande soutenue dans les secteurs alimentaire et pharmaceutique, ce qui a maintenu la pression sur les prix.

Curcuma, une demande accrue

En 2023, les prix du curcuma ont augmenté, atteignant environ $ 3 500/t en novembre en raison de la demande accrue et de la réduction des surfaces cultivées dans les principales zones de production en Inde, selon *Nedspice*. Les prévisions de production indiquent une baisse de 10 % en raison de conditions climatiques défavorables.

En 2023-2024, les exportations de curcuma depuis l'Inde ont connu une forte dynamique, avec une augmentation des volumes et de la valeur. Les exportations ont atteint 66058 tonnes, soit une hausse de 6,2 % par rapport aux 62 212 tonnes de 2022-2023. Cette croissance est attribuée à une demande mondiale accrue, notamment en Europe, aux États-Unis et au Moyen-Orient. Les principaux marchés d'exportation pour le curcuma continuent d'être les États-Unis, l'Europe et les pays du Golfe.

Vanille : *les affres du marché « libre »*

Matière première indissociable de l'île Rouge, la vanille n'a pas pu se libérer des affres dans lesquelles elle était plongée depuis l'échec, en 2023, du système des prix minimums imposé par le gouvernement malgache. Libéralisation du marché, abondance des stocks et essor sans précédent des exportations : les conditions étaient réunies pour que les cours se maintiennent à de faibles niveaux, ce qu'ils firent. L'horizon se dégagera-t-il en 2025 ? Une fraction de la demande de vanille pour 2025 ayant déjà été couverte, il y a, semble-t-il, peu à attendre de l'aval de la filière dans un contexte macroéconomique difficile où la question du pouvoir d'achat restera centrale. Quant à l'offre, les incertitudes persistent. Si la floraison a été bonne, les disponibilités malgaches demeurent toujours largement dépendantes de l'activité cyclonique, par nature imprévisible. Déterminante pour l'avenir d'une île aussi riche que fragile, la filière vanille doit donc toujours trouver sa voie, un chemin de crête entre deux extrêmes : d'un côté, un système de prix minimums trop rigide, de l'autre, une libéralisation excessive pesant tantôt sur l'amont tantôt sur l'aval et renforçant à terme l'instabilité de l'offre.

Une explosion des exportations malgaches et des prix bas

Regroupant deux campagnes, l'année 2024 a vu les exportations malgaches atteindre un record historique, après l'effondrement des volumes observés en 2023. Selon les données de l'Institut national de la statistique malgache, compilées par *Trade Data Monitor*, elles se sont, en effet, élevées à 4400 tonnes, contre seulement 1465 tonnes en 2023. Pour rappel, le Conseil national de la vanille (CNV) avait fixé, entre 2020 et 2023, un prix minimum de vente de l'épice, soit 75000 ariarys – environ $ 17 – par kilogramme (kg) de vanille verte, $ 250/kg pour de la vanille préparée, prête à l'exportation, et de $ 140/kg pour les *cuts*, avec des volumes autorisés pour cette vanille de moindre qualité devant rester en deçà de 10 % du total exporté. Constatant l'échec de ce système, le gouvernement a basculé, le 13 avril 2023, de l'autre côté du spectre de l'action économique : celui de la libéralisation totale du marché. Il ouvrait ainsi les vannes de ces ventes massives dès le début de la campagne d'exportation, en décembre 2023 donc.

Fallait-il voir, dans cette extraordinaire poussée des exportations, une bonne nouvelle pour

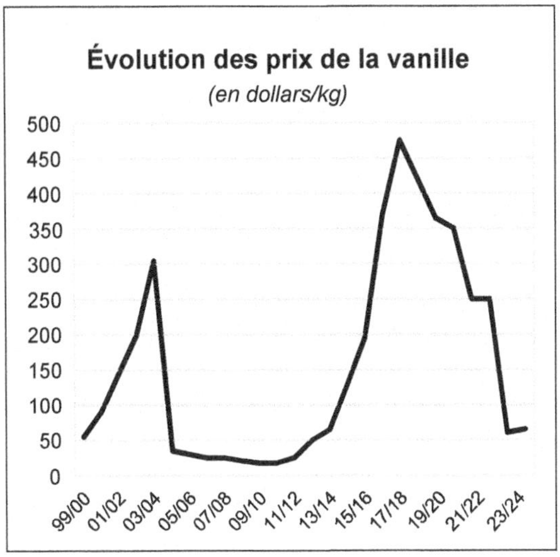

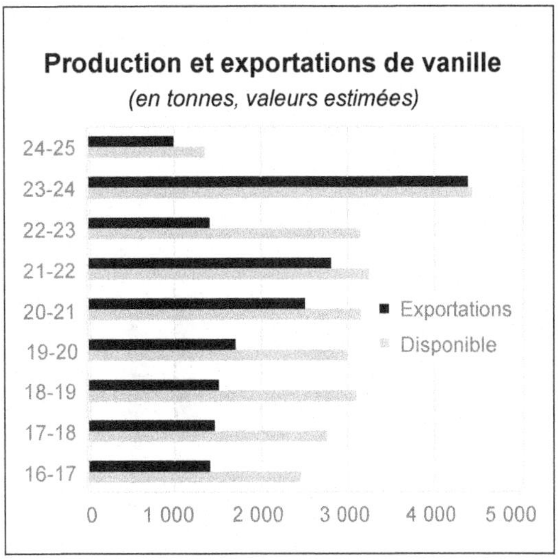

l'île rouge dont l'économie dépend très fortement de la précieuse épice? Assurément non, car elle s'est conjuguée à un très net reflux de ses recettes d'exportation. Elles se sont établies à $ 237,77 millions, soit un niveau plus faible encore que celui – pourtant bien bas – enregistré en 2023, à $ 283,8 millions. Or, elles sont déterminantes pour Madagascar : représentant 9,1 % de la valeur totale des exportations du pays en 2024, la vanille constitue sa deuxième source la plus importante de revenus à l'international, après le nickel. Plus de volume, moins de recettes : la chose était donc entendue. En valeur unitaire (c'est-à-dire le ratio entre la valeur totale des ventes à l'international et leur tonnage), les exportations de la vanille vers la France et les États-Unis, deux marchés essentiels, se sont établies à quelque $ 51/kg en 2024 – toutes qualités confondues, – contre respectivement $ 206/kg et $ 188/kg l'année précédente. Dans ce constat difficile, tout n'était cependant pas uniquement affaire de prix. Une fraction importante de ces exportations a vraisemblablement été stockée (quelque 1 400 tonnes selon le ministère malgache de l'Industrialisation et du Commerce), les industriels couvrant opportunément leurs besoins en vanille de qualité sur un horizon éloigné. La demande pour 2025 pourrait donc en être affectée.

Bien que sensiblement différents des valeurs unitaires susmentionnées, les prix de marché de la vanille se sont également affaissés. Le prix moyen de la vanille verte pour la récolte actuelle se situe entre 15 000 et 20 000 MGA selon les zones de production. À noter qu'au plus haut, 30 000 MGA ont été payés aux producteurs. Les prix à l'export, sensiblement en hausse en ouverture de campagne, se sont progressivement affaissés pour atteindre à ce jour des niveaux Fob Antalaha entre $ 40 et $ 75 le kilo selon les qualités.

Inondant les plantations, le cyclone *Gamane*, qui a frappé Madagascar le 27 mars 2024, avait pourtant laissé présager de prix en forte hausse, conséquence somme toute logique de toute destruction de l'offre. La production 2024-2025 était ainsi attendue, pour les plus pessimistes, autour de 1 000 tonnes, sans perte de qualité, avec une demande comprise entre 2 700 et 3 000 tonnes. Espérée, cette remontée des cours ne survint pourtant pas et deux raisons largement corrélées permettaient de l'expliquer : la première liée à une bonne récolte 2023-2024, notamment à Madagascar, où elle a atteint quelque 2 500 tonnes, et donc à la disponibilité des gousses ; la seconde découlant pour partie des conséquences du « blocage » du marché au cours des années précédentes : l'abondance des stocks de report (*carry-over*). Il était, à cet égard, intéressant de remarquer l'explosion des exportations du premier producteur mondial en juillet 2024, au démarrage des récoltes de vanille verte pour la saison suivante.

En septembre et octobre 2024, une bonne floraison a par ailleurs pu être observée, ce qui laissait présager une récolte satisfaisante pour 2025. À l'instar de l'ensemble des matières premières,

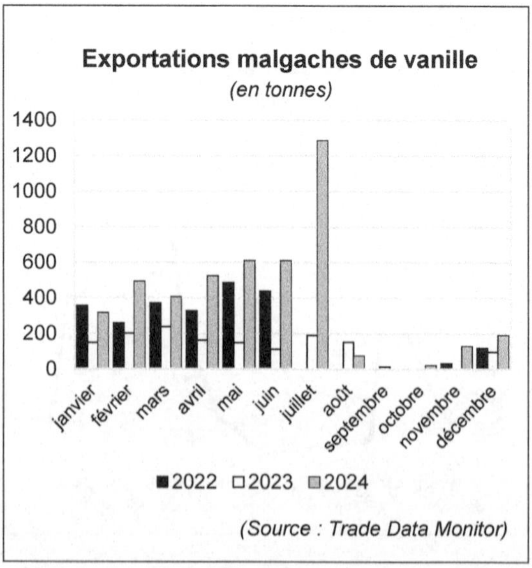

le prix de la vanille intègre une composante anticipative et le risque d'insuffisance de la ressource se réduisant, il était somme toute logique que les cours ne progressent pas. Quant au nombre d'exportateurs agréés pour la campagne d'exportation 2024-2025, il s'inscrivait en nette hausse, soit 123 opérateurs contre 96 pour la période précédente.

L'essor des exportations malgaches fut homogène sur l'ensemble de leurs marchés cibles.

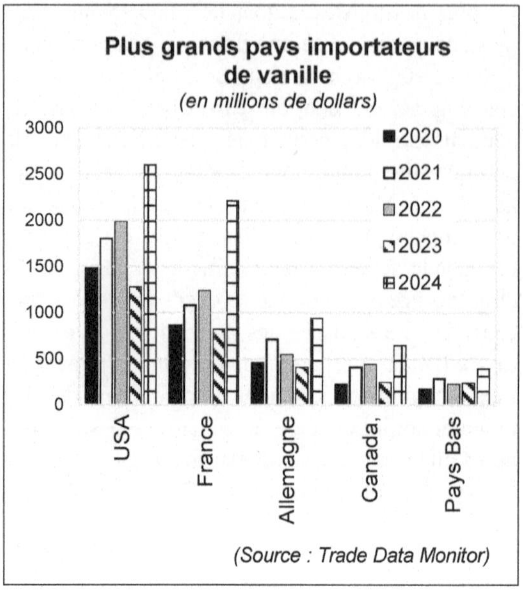

C'était notamment le cas aux États-Unis, premier consommateur mondial de vanille, où elles ont dépassé le seuil de 2 000 tonnes, selon les données douanières du *Census Bureau*, pour un volume total, toutes origines confondues, de 2 600 tonnes. Engouement soudain ou stockage spéculatif? Datant de 2007, le précédent record de 2 260 tonnes enregistré en… 2007 était largement effacé ! L'appétit américain n'a toutefois pas uniquement profité à Madagascar. Poursuivant sa percée, la vanille ougandaise a bénéficié d'une augmentation de plus de 77 % des importations américaines en 2024, à 272 tonnes contre 153 tonnes l'année précédente, un record historique. Bien que moindre, cette progression s'observait également pour l'Indonésie, mais elle faisait suite à une année 2023 particulièrement terne. Atteignant 170 tonnes en 2024, les importations américaines de vanille en provenance de l'archipel étaient, en réalité, bien éloignées de leur sommet atteint en 1998, à 752 tonnes.

En volume, les importations de vanille ont également très fortement progressé dans le reste du monde, notamment en France et en Allemagne. S'élevant à 2 212 tonnes (+ 170 %) et 936 tonnes (+ 129 %), respectivement, cette performance les confirmait parmi les grands marchés de consommation de la vanille et, sans surprise, de celle d'origine malgache tout particulièrement. En valeur et comme évoqué précédemment, la réalité était néanmoins bien différente, les dépenses d'importation américaine, française et allemande chutant lourdement. Pour la première économie mondiale, elles ne s'élevaient qu'à $ 103 millions, soit un plus bas niveau depuis 2014.

Des prix durablement bas ?

Un rebond des cours était attendu pour 2024, en vain. 2025 le verra-t-elle ? Dans l'univers de la vanille, où la production est particulièrement sensible aux événements climatiques, tout est possible. Comme souvent, l'offre guidera en cela le marché, car du côté de la demande plusieurs facteurs baissiers devraient être présents : des besoins industriels déjà satisfaits grâce aux achats anticipés survenus en 2024 et, peut-être, une moindre consommation finale de produits incorporant de la vanille dans les marchés clés américains ou européens en raison d'une inflation peinant à refluer et d'une croissance économique mondiale mise à mal par le protectionnisme délétère de Trump. La question de la qualité sera également cruciale, des ensachages précoces – un problème récurrent – ayant été observés, en 2024, à Madagascar. Entre la qualité « gourmet » logiquement mieux valorisée, mais dont la production est plus longue et plus coûteuse, le positionnement des producteurs devra également être surveillé. Dans l'univers d'incertitudes touchant la vanille, comme la quasi-totalité des matières premières, une réalité semble incontestable : ni la libéralisation débridée de l'offre ni la rigidité d'un mécanisme de prix déconnecté de toutes les réalités du marché ne sont, à terme, une solution.

Banane dessert - Exportations mondiales

(en milliers de tonnes)

	2019	2020	2021	2022	2023
Monde*	**23 133**	**22 999**	**21 544**	**20 706**	
Équateur	6 668	7 040	6 813	6 879	**
Guatemala	2 586	2 514	2 494	2 464	2 799
Costa Rica	2 382	2 624	2 312	2 054	2 244
Philippines	4 484	3 630	2 430	2 302	2 032
Colombie	1 896	2 034	2 103	2 224	1 695
Vietnam	758	688	925	515	545
Honduras	593	542	318	556	538
Inde	174	212	341	362	499
Mexique	578	502	490	482	407
Côte d'Ivoire	411	389	406	381	394
Panama	612	700	583	298	313
Rép. Dominicaine	394	269	358	349	274
Cambodge	112	278	356	342	264
Autres	1 485	1 579	1 614	1 496	

* : réexportations exclues et production européenne exclue

** : en attente de mise à jour

(Source : FAO 2025)

Banane dessert - Importations mondiales

(en milliers de tonnes)

	2020	2021	2022	2023	2024***
Monde*	**19 277**	**19 077**	**18 795**	**18 710**	
États-Unis	4 098	4 068	4 051	4 085	4 165
UE à 27 **	5 797	5 784	5 580	5 718	5 959
Russie	1 513	1 452	1 503	1 541	1 478
Japon	1 068	1 109	1 053	1 033	1 041
Chine	1 764	1 864	1 811	1 768	1 687
Royaume-Uni	1 011	979	916	853	
Canada	592	587	572	587	
Argentine	468	480	470	471	
Corée du Sud	352	352	320	324	
Chili	246	259	236	254	
Ukraine	326	328	195	201	
Algérie	284	202	98	195	
Irak	332	235	281	181	
Autres	1 426	1 378	1 711	1 500	

* Source FAO : réexportations incluses

** Production européene incluse

*** : 2024 estimation

(Sources : Trademap, Eurostat, Cirad-FruiTrop)

Bananes : *le dilemme social et environnemental d'un produit d'appel*

Le marché mondial de la banane dessert évolue dans un contexte favorable en termes de demande, mais cela s'accompagne d'une destruction systématique de valeur ajoutée, alors même que les défis en termes de durabilité sont forts et pressants.

La production de bananes dessert et à cuire atteint, selon les sources, entre 140 et 150 millions de tonnes (Mt). Les deux tiers de la production sont constitués de bananes dessert et seulement un tiers de bananes à cuire, dont la banane de type plantain. Mais il ne faut pas se tromper, la banane est d'abord et avant tout consommée sur les marchés locaux en frais ou en transformé. C'est la base de l'alimentation d'une large frange de la population. Le premier exportateur mondial de bananes, l'Équateur, n'arrive qu'en cinquième position des producteurs mondiaux. L'Inde produit à elle seule le quart de l'offre mondiale et exporte moins de 1,5 % de sa production. On estime les exportations de bananes dessert à environ 20 Mt en 2023. Cinq fournisseurs animent ce marché : Équateur, Guatemala, Costa Rica, Philippines et Colombie. Le marché mondial s'organise autour de quelques pôles d'importation. L'Europe au sens large du terme est la principale zone d'importation avec 34 % du total. Viennent ensuite les États-Unis et le Canada (24 %), l'Asie (Japon et Chine essentiellement), puis la Russie et les pays d'Europe de l'Est hors Union européenne (9 %). Une caractéristique qui structure ce marché est sa très grande uniformité. Il est organisé autour d'un seul groupe variétal (c'est d'ailleurs un cas unique), la Cavendish, et tous les investissements, connaissances et pratiques se sont focalisés sur cette variété depuis les années 1960. La production est menée sur un mode intensif en mobilisant d'importants facteurs de production, comme l'énergie, les fertilisants, les cartons et plastiques, l'eau, l'acier, l'inox et, bien entendu, une large gamme de pesticides de synthèse et leur lot de fortes externalités négatives sur les milieux, les travailleurs et les riverains. C'est un secteur très intensif aussi en main-d'œuvre : entre une et deux personnes à l'hectare selon les zones. Au titre des menaces qui pèsent sur la culture, on citera les maladies, comme la cercosporiose noire du bananier ou la fusariose, les ravageurs, comme les nématodes et charançons et une large gamme de bactéries et de virus.

En 2024, le marché mondial de la banane n'a pas failli à son image, celle d'un secteur où de très nombreuses forces sont à l'œuvre. Et ces forces sont extrêmement diverses. Les facteurs agronomiques ont été importants cette année. L'offre a en effet été impactée par une météo défavorable, et cela dans de nombreuses régions, tant en Amérique latine qu'en Afrique. Des pics de tem-

Banane dessert et à cuire - Production mondiale
(en milliers de tonnes)

	2019	2020	2021	2022	2023
Production totale	**117 342**	**126 451**	**132 332**	**135 505**	**139 278**
Inde	30 460	32 597	33 062	34 528	36 614
Chine	11 656	11 513	11 724	11 777	11 703
Indonésie	7 281	8 183	8 741	9 245	9 335
Nigeria		5 584	7 389	8 016	7 308
Équateur	6 583	6 023	6 717	6 123	7 198
Brésil	6 832	6 593	6 803	6 923	6 826
Philippines	6 050	5 955	5 942	5 900	5 871
Angola	4 037	4 205	4 346	4 589	4 894
Guatemala	3 911	4 055	4 650	4 475	4 391
Tanzanie	3 407	3 427	3 572	3 614	3 674
Kenya	1 716	1 857	1 985	2 053	2 907
Mexique	2 399	2 464	2 406	2 593	2 642
Vietnam	2 194	2 268	2 348	2 493	2 639
Autres	30 817	31 728	32 646	33 176	33 276

(Source : FAO)

pérature élevée beaucoup plus longs qu'à l'accoutumée ont réduit la productivité dans plusieurs pays. Le rendement carton pour un régime a largement baissé en Amérique centrale, en Équateur et en Côte d'Ivoire notamment. Au Mexique et au Guatemala, des pluies fréquentes et une forte nébulosité ont réduit le potentiel de production. Les cycles de production ont été soit accélérés (exemple en Afrique) soit retardés (Mexique ou Guatemala). Des baisses de rendement et un potentiel de conservation réduit ont pesé sur la productivité et le rendement financier. Le changement climatique c'est aussi une fréquence plus importante des cyclones majeurs. Si l'année 2024 a largement épargné la zone Amérique centrale et Caraïbes, on peut quand même noter les effets de l'ouragan *Beryl* en juillet 2024 qui a provoqué des dégâts au Mexique et au Guatemala, important acteur sur le marché mondial, mais aussi à Grenade, à Saint-Vincent, aux Grenadines ou encore en Jamaïque, là pour le coup sans effet sur le commerce international, mais avec une réduction de l'offre pour leurs marchés nationaux. Évoquons aussi la tempête tropicale *Sara* (novembre 2024) qui a touché de plein fouet le Honduras, dont le secteur bananier était déjà à terre depuis les cyclones *Eta* et *Iota* de 2020.

Côté agronomique toujours, le monde a les yeux rivés sur deux maladies causées par des champignons : la fusariose race tropicale 4, un champignon du sol, et la cercosporiose noire du bananier, un champignon foliaire. La fusariose TR4 est depuis quelques années en Amérique latine (Colombie, Pérou et maintenant Venezuela). Le champignon cause un dépérissement foudroyant du bananier par asphyxie et aucune lutte chimique n'est efficace. La prévention est la seule arme dont disposent les producteurs. Les mesures de biosécurité se mettent en place avec plus ou moins d'application selon les pays et les zones de production. Il n'en reste pas moins que les coûts afférents à cette prévention sont importants. Une récente étude menée en Colombie estime le coût de la prévention (désinfection, surveillance, aménagement de piste, etc.) à environ un dollar par carton, soit plus de 15 % du prix stade exportation. Actuellement circonscrite dans quelques plantations situées au nord-est de la Colombie (région de Magdalena), la fusariose est une bombe à retardement. Les modèles de dispersion indiquent que les pertes avoisineraient les $ 180 millions si seulement 25 % de la sole bananière était touchée. Pour le Pérou, on peut considérer qu'elle est hors de contrôle dans un pays où la banane dessert pèse fortement dans l'équilibre alimentaire des populations. La voie de la résistance variétale est actuellement la seule crédible. Quelques laboratoires de biotechnologies et quelques centres de recherche internationaux redoublent d'efforts pour trouver la ou les variétés résistantes par croisement conventionnel, par édition du génome ou en mariant les deux techniques. Pour le champignon foliaire, si les méthodes de lutte chimique sont à l'action et, pour l'instant efficaces, les injonctions de la société et des distributeurs à réduire l'usage des pesticides de synthèse, la possible évolution de la réglementation à l'importation dans l'Union européenne (réduction à zéro de la limite maximale de résidus pour le mancozèbe), mais aussi les impasses techniques actuelles ou à venir (montée des résistances du champignon à certaines classes de fongicides) imposent un changement à court ou moyen terme d'autant que la lutte contre la cercosporiose noire peut représenter jusqu'à 30 % du coût bord champ. Là aussi, la voie du changement ou de la diversification variétale semble être la voie royale. Reste que le peu de variétés résistantes actuellement disponibles sur le marché (notamment proposées par le Cirad, la recherche française) demandent une adaptation du système logistique et de vente construit depuis des décennies autour du standard Cavendish. C'est tout l'enjeu de la dé-commoditisation du marché de la banane dessert. L'autre enjeu est de retrouver des marges de manœuvre en termes de valorisation et d'animation du marché. C'est un cas unique dans le monde que de voir une variété faire 100 % de l'offre mondiale à l'exportation. Si cela fluidifie les échanges, il est bien difficile de se différencier. Le Bio et le Commerce équitable y arrivent. Mais le Bio est en perte de vitesse du fait de la crise économique, notamment en Europe. Sa valorisation s'effondre d'autant que ce segment de marché n'est pas à l'abri d'un scandale, tant les soupçons de fraudes sur le type de fertilisation utilisé sont grands. Plus de diversité variétale rendra à la fois du souffle marketing aux marchés et permettra de renforcer la durabilité environnementale des systèmes de production.

Mais la filière mondiale vit au rythme d'autres contraintes. La période de polycrises que nous traversons est riche en événements qui impactent le fonctionnement des filières. Sur le plan du dérèglement climatique, dont on a vu les effets se matérialiser sur les systèmes de culture, on peut aussi parler de l'assèchement partiel du canal de

Banane - Baromètre UE
Prix à l'importation hebdomadaire
(en euros/carton 18,14 kg)

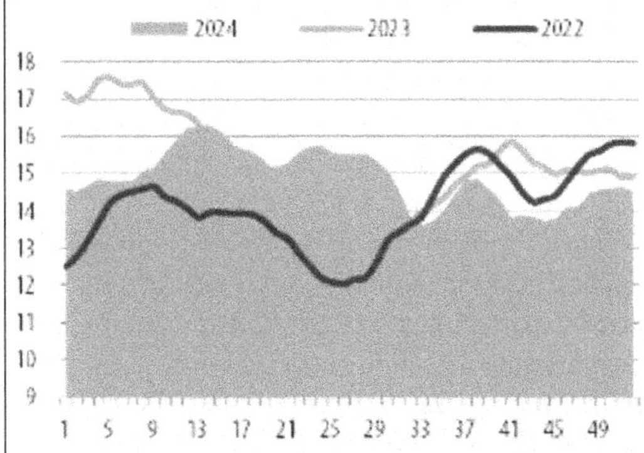

(Source : Cirad-FruitTrop)

Banane - Baromètre UE
prix à l'importation
(en euros/carton 18,14 kg)

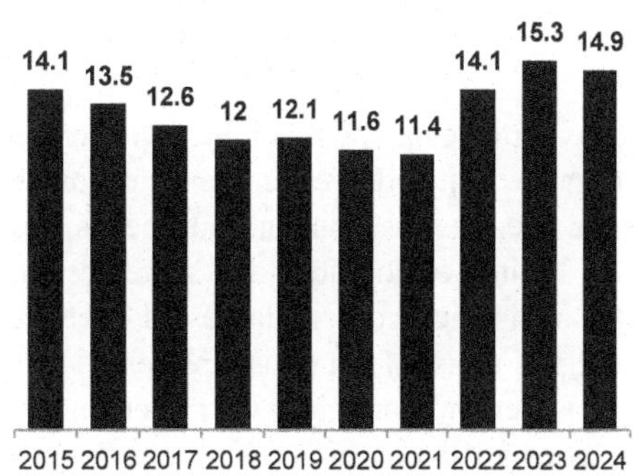

(Source : Cirad-FruitTrop)

Panama qui ralentit et renchérit la route ouest-est. Côté logistique, la réduction à peau de chagrin de la route *via* le canal de Suez, les retards logistiques en tout genre et qui perdurent début 2025, les grèves, notamment celles dans les ports aux États-Unis, la relative faiblesse des capacités maritimes en général (difficulté à repositionner les conteneurs), etc. ont fortement perturbé les flux de bananes.

On a déjà rapidement évoqué le sujet, l'aval met toujours plus de pression sur les chaînes de valeurs. Deux grands sujets émergent depuis quelques années. On parle désormais de salaire décent et de réduction des impacts environnementaux de la culture, du transport et de la commercialisation de la banane. Côté salaire décent, ce sont plutôt les distributeurs anglo-saxons qui mènent le combat pour que les travailleurs touchent un salaire permettant d'atteindre un niveau de vie décent. Les questions de genre, de pénibilité au travail, de liberté syndicale, etc. font aussi partie des discussions entre amont et aval. Côté environnemental, c'est la France qui est en pointe avec l'ambition à la fois d'interdire les molécules prohibées en Europe dans les systèmes de production dans les pays tiers avec un objectif plus global de réduction de l'utilisation des pesticides de synthèse, de réduction des empreintes (carbone, eau), de protection de la biodiversité, etc. Pour les deux thèmes, social et environnemental, les distributeurs sont souvent accusés de pratiquer l'ingérence même si les intentions sont les meilleures du monde. En effet, comment imposer à un pays souverain ses modes de production, ses modes de négociations collectives, ses niveaux de salaires, etc. Il n'en reste pas moins que le sujet de la durabilité sociale et environnementale fait son chemin. Le rythme de transition est dans beaucoup d'endroits trop lent, mais le processus est en marche. S'inscrire dans cette démarche répond à divers enjeux : décrocher le droit à opérer, un sésame pour être référencé chez les distributeurs européens, rester dans les limites écologiques des systèmes (on a parlé de résistances des maladies et ravageurs, par exemple, mais on peut aussi parler de fertilité des sols), et enfin anticiper les réglementations européennes à l'importation qui seront, à plus ou moins long terme, plus restrictives. Tout dépendra du volontarisme des politiques européennes à la fois à Bruxelles et dans les États membres. Les politiques européens sont pris entre la pression de leurs agriculteurs qui souhaitent l'application des clauses miroirs faisant peser de nouvelles contraintes sur les concurrents des pays tiers et l'assouplissement des règles environnementales de production en Europe. Si la *hard law* (autorités) faillit à organiser les transitions agroécologiques, on sent bien que la *soft-law* (les distributeurs et les certificateurs) continuera à faire pression sur les filières. Reste la grande et centrale question de l'accompagnement des transitions. Le concept de « Responsabilité partagée » a récemment émergé, mais force est de constater que les moyens n'y sont pas. L'un des moyens, pas le seul, est d'agir sur les prix d'achat en fléchant ces augmentations de la valeur ajoutée sur les actions prioritaires, qu'elles soient l'augmentation des salaires ou la baisse de l'usage des pesticides de synthèse. Force est de constater que l'amont devra faire plus avec moins. L'évolution du prix européen (baromètre Cirad-FruiTrop) a marqué en effet le pas en 2024. Il perd 40 centimes d'euros du carton (18,14 kg net) pour redescendre en dessous de € 15 à € 14,9 exactement. C'est donc la fin de deux années de forte revalorisation du prix qui était passé de € 11,4 en 2021 à € 15,3 en 2023 ! Le covid-19 et la crise inflationniste expliquaient cette remontée historique du prix en Europe. Profitant d'une détente sur le coût des matières premières et notamment l'énergie, d'une promesse d'un haut potentiel productif, notamment en Amérique latine et de stratégies d'entreprises très agressives, les distributeurs comptent bien continuer à peser à la baisse sur les prix en 2025. On annonce des prix annuels de contrat en 2025 identiques, voire en deçà de ceux négociés en 2024. L'amont souligne que les prix de revient restent marqués par la période inflationniste et que, pour beaucoup d'entre eux, ils ne refluent pas comme c'est le cas des coûts de main-d'œuvre ou de l'emballage. Le dialogue est donc classique entre amont et aval et on a beau chercher, les éléments de durabilité (rapport coût/bénéfice des transitions) n'entrent absolument pas dans les négociations de prix. Il faut dire que la banane est le cheval de bataille pour les enseignes de distribution. Elles n'ont qu'une idée en tête : attirer des clients dans leurs magasins en affichant un prix au détail très bas. Leur but : rendre encore plus compétitif le produit qui est déjà, et de loin, le plus compétitif du rayon fruits et légumes. Résultat des courses, sur la longue période, la valeur ajoutée d'un kg de banane au stade de détail a fondu d'un tiers entre 2001 et 2024 : difficile de parler de durabilité ou de mise en place de mesures de biosécurité contre l'arrivée de la fusariose dans ces conditions.

D'autres facteurs externes impacteront le marché en 2025. On peut citer le taux de change euro-dollar. Au niveau de 2024 et *a fortiori* de 2025, il est assez bas et donc protecteur en termes d'approvisionnement du marché européen. En effet, le retour en dollar de ventes en euro est moins attractif pour les producteurs latino-américains qu'avant 2022. Reste qu'une étude sur le long terme du retour économique en monnaie locale pour les trois principaux fournisseurs du marché européen (Équateur, Colombie et Costa Rica) montre que, dans le cas, par exemple de la Colombie, la dévaluation du peso face à l'euro a donné un net avantage aux producteurs, faisant passer leur prix de vente en peso d'un indice 100 en 2006 à 246 en 2024. Dans le même temps, le Costa Rica n'atteint qu'un indice 140. C'est certes toutes choses égales par ailleurs, mais on voit bien que les situations sont extrêmement complexes selon les chaînes de valeurs étudiées. Côté origines africaines, un taux de change de l'euro aussi bas protège en partie leur marché naturel et unique, même si une partie de leur coût est facturé en dollar.

Alors que ce fut le sujet durant plus de deux décennies, la réglementation européenne à l'importation ne fait plus la une depuis que le droit de douane de € 75/tonne est appliqué aux bananes en provenance des pays tiers hors ACP. Ces dernières origines bénéficient encore d'un droit de douane nul. À noter que la production européenne est soutenue par un programme d'aide (POSEI) au revenu censé compenser l'écart de compétitivité avec les fournisseurs des pays tiers, mais les producteurs européens se sentent à l'étroit dans cette enveloppe face à la progression des coûts de revient et à la baisse de la valorisation.

Côté consommation, le marché mondial est plutôt bien orienté si l'on en croit l'évolution sur les deux plus grandes zones économiques que sont l'UE à 27, les États-Unis et le Canada. Le taux de croissance annuelle dépasse les 3 % avec une pointe pour l'Union européenne (production européenne incluse) de + 4,4 %. Mis à part quelques faux pas, le marché mondial de la banane continue sa progression en termes de volume. La consommation est bien orientée, y compris dans les pays dits à maturité, comme ceux de l'Europe de l'Ouest. On attend désormais que cette filière s'engage plus volontairement sur la voie de la durabilité.

Production mondiale d'ananas frais

(en milliers de tonnes)

	Moyenne 2015-16-17	2021	2022	2023	Parts de marché (%)
Total	**26 370**	**28 884**	**29 570**	**29 633**	**100**
Indonésie	1 641	2 886	3 204	3 157	11
Philippines	2 622	2 860	2 914	2 944	10
Costa Rica	3 004	2 938	2 619	2 938	10
Brésil	2 507	2 323	2 357	2 387	8
Chine	1 411	1 886	2 004	2 094	7
Inde	1 923	1 799	1 851	1 828	6
Thaïlande	2 025	1 751	1 714	1 258	4
Nigeria	1 533	1 605	1 610	1 616	5
Mexique	887	1 272	1 251	1 273	4
Colombie	900	927	920	853	3
Angola	604	663	711	759	3
Vietnam	584	724	706	781	3

(Source : FAO, 2025)

Marché mondial d'ananas frais et transformé

(en milliers de tonnes équivalent fruits frais)

	Moyenne 2015-16-17	2021	2022	2023
Total	**7 472**	**7 406**	**8 782**	**7 996**
dont conserve	**1 898**	**1 391**	**1 767**	**1 561**
Thaïlande	866	496	627	673
Indonésie	268	317	392	383
Philippines	573	389	542	369
dont jus simple	**380**	**306**	**347**	**274**
Costa Rica	270	248	276	191
Philippines	47	0	0	11
Bénin	3	10	11	12
dont jus concentré	**2 280**	**2 497**	**3 602**	**3 202**
Philippines	909	994	1 720	1 612
Thaïlande	637	272	377	443
Costa Rica	290	285	284	423
dont ananas frais	**2 914**	**3 211**	**3 066**	**2 959**
Costa Rica	2 027	2 047	2 069	1 943
Philippines	443	675	546	585
Équateur	75	84	100	109

(Source : FAO, 2025)

Ananas : *en tension*

Une tension sur l'offre mondiale d'ananas pousse au zénith les prix du concentré ou des conserves. Sur le marché du frais, c'est toujours et encore le Costa Rica qui dicte le marché. La production est à la peine et le secteur doit faire face à de nombreux défis. Côté prix, on note une certaine stabilité en Europe malgré une offre contenue.

La production mondiale (FAO, 2025) a tangenté les 30 millions de tonnes (Mt) en 2023. L'offre mondiale stagne entre 27 et 30 Mt depuis 2017. La moitié est détenue par six origines : Indonésie, Philippines, Costa Rica, Brésil, Chine et Inde. L'Asie est fortement représentée dans cette liste. L'autre grande zone de production est l'Amérique centrale et du Sud. En termes d'échanges internationaux, le marché de l'ananas doit être considéré comme pluriel : le marché de l'ananas frais et celui du transformé (conserve et jus). Au total, en équivalent fruits frais, les deux segments sont à égalité avec un léger avantage pour celui du transformé avec 52 % des échanges soit 3,3 Mt en 2023. En 2021, ce pourcentage était monté jusqu'à 65 %.

Sur la trentaine de millions de tonnes produites, environ 30 % se retrouvent sur le marché international, soit 6,3 Mt en 2023 contre une moyenne ces dernières années de 8 Mt. Les échanges mondiaux ont donc fortement décru en 2023 du fait de conditions de production adverses et des effets retards de la pandémie du covid-19. La baisse est uniquement du fait du recul sans précédent de la production asiatique (Thaïlande, Indonésie et Philippines en tête) de conserves et de jus concentré. L'offre en transformé est constituée à 26 % de jus concentré, 20 % de conserves (tranches et morceaux) et 6 % de jus simple.

Sur le marché du frais, l'offre se maintient autour de 3 Mt. La grande caractéristique de ce marché est l'hégémonie du Costa Rica qui représente plus des deux tiers de l'offre mondiale,

Jus d'ananas concentré Thaïlande 60° Brix - Fob Bangkok
(en dollars/tonne)

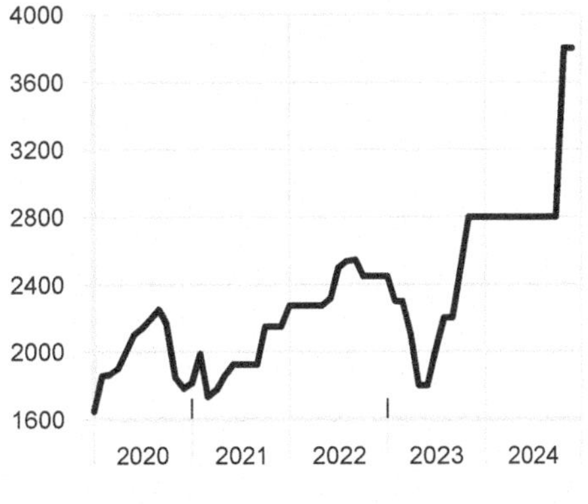

(Source : IHS Markit)

soit un peu plus de 2 Mt. Le Costa Rica exporte autour de 800 000 tonnes vers le marché européen (UE à 27 + Royaume-Uni) et de l'ordre de 1,3 Mt vers les États-Unis. Les Philippines, loin derrière, exportent un demi-million de tonnes vers l'Asie (Chine, Japon, etc.). En termes de niveau de consommation, les écarts sont colossaux. Les États-Unis sont à 3,8 kg *per capita* et par an, l'Union européenne à 1,8 kg et la Russie à moins de 400 grammes. Côté valorisation, le marché de l'ananas frais a repris quelques couleurs sur les grands marchés internationaux. Une offre moins abondante notamment spot, des coûts de production en hausse (énergie, fertilisation et main-d'œuvre), une concurrence au Costa Rica de l'industrie pour l'accès à la matière première, un arbitrage en faveur des exportations vers les États-Unis et une demande qui ne faiblit pas ont permis de confirmer le raffermissement des prix en Europe, tendance constatée depuis désormais trois ans : 2022, 2023 et 2024. En 2024, le prix importation moyen a été de € 9,4/carton (marché allemand variété *Extra-sweet*) mais la fourchette de prix s'est fortement élargie entre € 7 et quasiment € 11 du carton.

Sur le marché de l'ananas transformé, la situation est tendue du côté de l'offre. Les récoltes sont mauvaises en Thaïlande, en Indonésie et aux Philippines, les trois fournisseurs incontournables du marché mondial. On parle d'une chute de 10 % de la production en Thaïlande. Un indicateur très suivi est, pour la Thaïlande, le prix d'achat de la matière première au stade bord-champ payé par les usines de transformation. Il a atteint, fin 2024, le niveau de 14 bahts/kg, niveau comparable et jamais vu depuis la mi-2020. Il a tout simplement doublé en un an. Sur le marché mondial, les prix flambent aussi avec un prix du jus concentré (60° Brix) qui a atteint fin 2024 les $ 3 800/tonne Fob Thaïlande. Il faut remonter une décennie (fin 2015) en arrière pour trouver un cours aussi élevé. Le prix du concentré est orienté à la hausse depuis juin 2023. Côté jus simple (non concentré), c'est la même tendance. Sur ce marché c'est le Costa Rica qui renforce année après année ses positions, créant d'ailleurs, comme évoqué, une tension entre exportation en frais et transformation. Le cours était fin décembre 2024 de l'ordre de $ 1 300/tonne Fob Costa Rica, un niveau jamais atteint et trois fois supérieur à celui relevé à la mi-2023, point bas historique. Enfin, le marché de la conserve subit de même les effets de la faiblesse générale de l'offre qui se combine avec une demande toujours aussi dynamique. Fin 2024, les conserves pour la référence tranches d'ananas en sirop léger s'échangeaient à $ 23,5/carton 6xA10 Fob Thaïlande, prix stable depuis la mi-2021, mais $ 10 de plus qu'en 2019. La tension est un peu retombée pour la référence ananas en morceaux en sirop léger, passant entre mi-2020 et fin 2024, de $ 22 à $ 18/carton 6xA10 Fob Thaïlande.

Conserve d'ananas - Origine Thaïlande Fob Bangkok

(en dollars/carton)

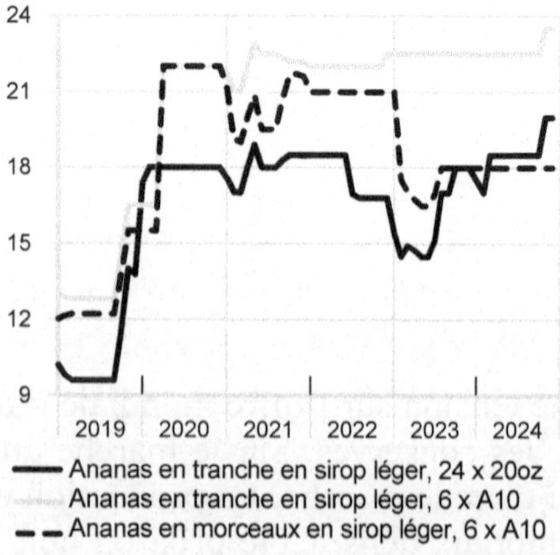

(Source : IHS Markit)

Agrumes et jus d'orange :
le temps des maladies

C'est le grand chambardement sur le marché mondial des agrumes. Le marché du jus est largement sous-approvisionné et les prix explosent. Pour le marché des agrumes frais, c'est la zone méditerranéenne qui doit faire face à une multitude de défis qui pourraient potentiellement redistribuer les cartes.

Les agrumes représentent la première production fruitière mondiale avec 170 millions de tonnes (Mt). Leur zone de production est extrêmement étendue en termes de climats : des zones tropicales, subtropicales et méditerranéennes. La production d'agrumes s'étend entre le quarantième parallèle de latitude nord et le quarantième parallèle de latitude sud. La FAO inventorie une production dans près de cent quarante pays. En une décennie, ce sont 30 Mt de plus qui sont venus s'additionner au volume mondial. Cette croissance est due essentiellement à cinq pays producteurs : la Chine loin devant (plus de 14 Mt), la Turquie, l'Inde, le Mexique et le Brésil.

Le groupe des agrumes est d'une très grande diversité. Quatre groupes sont traditionnellement considérés. Le groupe des oranges domine l'offre avec 41 % du total, viennent ensuite les petits agrumes (31 %), puis les citrons et limes (14 %) et enfin les pomelos et pamplemousses (6 %). On ajoute à ces quatre groupes homogènes un cinquième (8 % de l'offre mondiale) qui réunit une large gamme d'autres agrumes (combava, divers hybrides, etc.). L'offre mondiale en termes variétale est immense. La création d'hybrides est très dynamique et les cibles vont de l'extension des campagnes de production (plus précoce ou plus tardif) à la résistance ou la tolérance au froid, aux maladies ou encore à la salinité.

Pour compléter cette cartographie de la production, on peut souligner que les pays sont relativement spécialisés en termes de types d'agrumes. Par exemple, les petits agrumes représentent 56 % du potentiel de production de la Chine, le premier producteur mondial. Pour le Brésil, le principal agrume produit et de loin (86 %) est l'orange. Pour l'Inde, il y a une répartition un peu plus équilibrée entre les petits agrumes (42 %), les oranges (27 %) et le groupe des citrons et limes (26 %).

Pour les agrumes, deux marchés internationaux coexistent : celui des agrumes frais et celui des agrumes transformés. Les échanges internationaux de fruits frais sont évalués à environ 15 Mt, soit 9 % de la production mondiale. Les oranges (6,1 Mt), les petits agrumes (4,8 Mt) et les citrons (2,3 Mt) constituent l'ossature du marché. Les limes (1 Mt), incorrectement appelés citrons verts, et le groupe pomelo/pamplemousse (600 000 tonnes) complètent l'offre sur le marché international. À ce niveau de volume, on comprendra que les agrumes sont importés par de très nombreux pays. Faute de pouvoir explo-

Agrumes frais - Principaux producteurs en 2023

(en milliers de tonnes)

		Oranges	Tangerines, mandarines, clémentines	Citrons et limes	Pamplemousses et pomélos	Autres agrumes	Total général
Total		**69 846**	**52 557**	**23 644**	**9 935**	**13 407**	**169 389**
dont	Chine	7 630	26 900	2 381	5 200	5 556	**47 668**
	Brésil	17 616	1 052	1 724	85	0	**20 477**
	Inde	3 927	6 178	3 787	0	713	**14 605**
	Mexique	4 943	510	3 249	488	304	**9 495**
	Turquie	2 311	2 953	2 326	285	4	**7 878**
	Espagne	2 715	1 862	1 149	85	2	**5 814**
	Égypte	3 700	1 186	359	7	6	**5 258**
	États-Unis	2 256	881	1 012	297	23	**4 469**
	Nigeria	0	0	0	0	4 229	**4 229**
	Iran	2 247	730	493	88	633	**4 191**
	Afrique du Sud	1 612	710	810	411	12	**3 554**
	Argentine	1 044	370	1 998	101	0	**3 514**

(Source : FAO, 2025)

Campagne d'agrumes d'hiver en France - Prix moyen à l'importation

(en euros/kg)

	2020-2021	2021-2022	2022-2023	2023-2024	2024-2025(p)
Petits agrumes (clémentines d'Espagne)	0.90	0.98	1.31	1.31	1.25
Orange (Espagne/Navel/ Calibre 5-6 conditionnée)	0.58	0.59	0.71	0.96	0.72
Citron d'Espagne	0.97	0.97	1.12	1.01	1.28
Pomelo d'Israël	1.05	1.00	1 .11	1.06	1.07

Note : 2024-2025, données partielles à mi-février 2025

(p) prévisions

(Source : revue FruiTrop – Cirad)

Prix des principaux jus d'agrumes - Janvier 2025
($/tonne)

Citron	
Argentine, jus concentré, trouble, en fût, 400 GPL	1 100 USD/t Fob Argentine
Orange	
Brésil, jus concentré congelé, 65° Brix	6 600 USD/t CFR Rotterdam
Brésil, jus simple	1 200 USD/t CFR Rotterdam
Grapefruit / Pomelo	
États-Unis, jus concentré, variété blanche, 62° Brix	1 500 USD/t EXW États-Unis

(Source : ISH Markit)

rer l'ensemble des marchés, on se focalisera sur celui de l'Europe au sens large du terme (Union européenne, Royaume-Uni, Norvège, Suisse et pays d'Europe de l'Est) qui s'approvisionne en saison hivernale en zone méditerranéenne et en saison estivale dans l'hémisphère sud. Cette zone est très largement dominante sur le marché international des agrumes frais. Elle importe ou produit 53 % des exportations mondiales d'oranges (2023-2024), 63 % des citrons, 59 % des petits agrumes ou encore 65 % des pomelos. En termes d'approvisionnement et de consommation, la zone méditerranéenne est une plaque tournante. On estime la récolte 2023-2024 à 24,8 Mt, soit un bond de 15 % sur un an. À l'inverse, les prévisions pour la récolte 2024-2025 montrent un recul de 9 % à 22,5 Mt. La zone a un potentiel d'exportation de 8 Mt, dont 4,3 Mt rien que pour l'UE à 28 (UE à 27 + Royaume-Uni). Au-delà des chiffres, la zone méditerranéenne fait face à d'innombrables défis. Le Cirad-FruiTrop en fait une analyse précise. On peut citer sans détailler : les effets déjà visibles du changement climatique, un accroissement de la pression phytosanitaire (menace du greening, dégâts de la mouche des fruits), la multiplication des crises politiques locales (conflits russo-ukrainien et israélo-palestinien, perturbations du trafic maritime au passage du canal de Suez), etc.

Le commerce international des agrumes, c'est aussi celui des agrumes transformés : jus, conserve, huile essentielle, écorce, etc. Un peu plus d'un tiers de la production d'orange est destinée à l'industrie de transformation. La production mondiale de jus oscille ces dernières années entre 1,7 Mt de jus concentré 65° Brix (saison 2021-2022) et 1,4 Mt (campagne 2023-2024). Les estimations de début 2025 projettent un niveau de 1,4 Mt. Sur ce marché, le Brésil est quasiment le seul acteur. Il produit et commercialise 70 % du concentré mondial. Autant dire que la situation du secteur productif brésilien (État de Sao Paulo) est scrutée par tous les analystes sachant que le jus d'orange concentré congelé est coté à la bourse de New York. Il fait beaucoup parler de lui puisque son prix a atteint en octobre 2024 un sommet historique à plus de $ 5,50/lb ! Depuis plus de quatre décennies, son cours variait dans un tunnel entre $ 60 et $ 220 cents/lb. Depuis qu'il a franchi en octobre 2022 la barre des $ 2, il n'a quasiment jamais cessé de battre des records pour atteindre les cours actuels. La pression a légèrement baissé en début d'année 2025, mais reste à des niveaux stratosphériques de $ 4,80. Cette baisse est due à des anticipations sur une meilleure récolte 2025-2026 au Brésil sans que cela ne soit dans tous les cas suffisant pour reconstituer les stocks qui sont à un plus bas historique de seulement 160 000 tonnes, soit 11 % du volume de production annuelle. C'est peu, très peu. Rappelons que, pour la saison 2019-2020, le stock était de plus de 500 000 tonnes. Les cours se détendent donc un peu du fait de meilleures conditions climatiques au Brésil (pluies régulières et températures propices à la culture), mais aussi d'une offre plus importante des industriels égyptiens. Sur le marché physique, le concentré d'orange s'échange début 2025 entre $ 6 300 et $ 6 400/tonne 65° Brix caf Rotterdam, soit une baisse d'environ $ 300/tonne par rapport

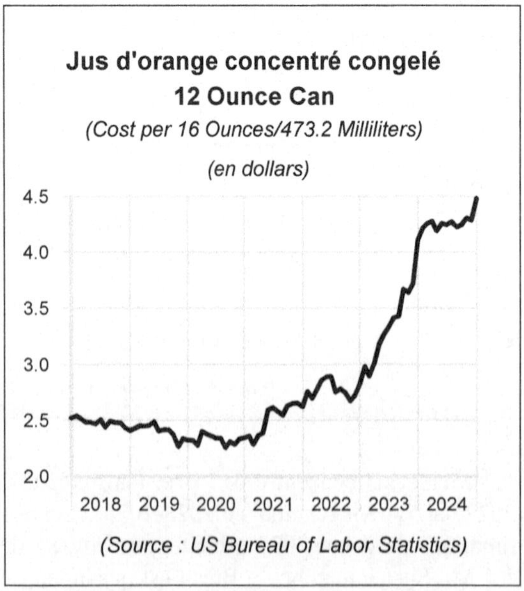

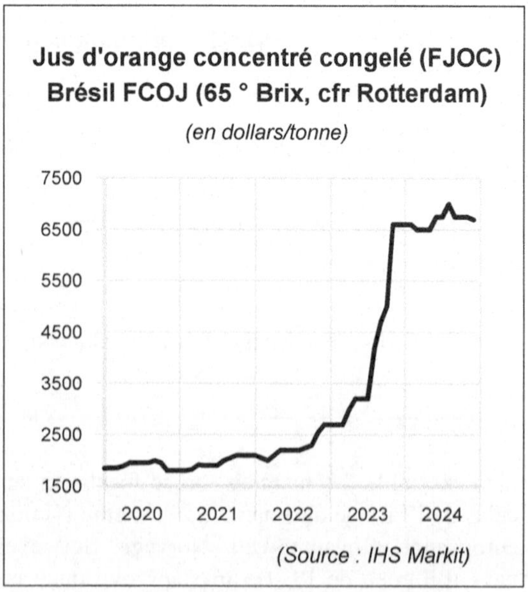

à la fin 2024. Malgré ce léger reflux, le prix du concentré reste sur des sommets : depuis fin 2023, il a toujours navigué au-dessus de $ 6 000 touchant même provisoirement en août 2024 les $ 7 000. Le cours du jus non concentré (NFC – Not from concentrate) montre la même dynamique pour un cours, en janvier 2025, estimé à $ 1 300/tonne caf Rotterdam pour l'origine Brésil. Si la sensibilité du marché aux conditions climatiques de production est logiquement forte, pour l'orange et pour le Brésil, c'est l'avancée régulière de la maladie du greening qui inquiète le marché. Cette bactérie fait des ravages dans les zones de production. C'est notamment elle qui a réduit pratiquement à néant le secteur productif et par voie de conséquence l'industrie de la transformation en Floride. Rappelons que les États-Unis ne produisent plus que 80 à 100 000 tonnes de concentré. C'était quatre fois plus en 2015 et soixante-dix fois plus en 2008 ! Cette bactérie qui est apparue en Asie s'étend peu à peu à toutes les zones de production. Il s'agit donc du *greening* des agrumes aussi appelé Huanglongbin ou HLB. C'est une maladie bactérienne transmise par deux psylles vecteurs de la maladie : le psylle asiatique (*Diaphorina citri*) et le psylle africain (*Trioza erytreae*). On peut combattre le vecteur notamment grâce à la lutte biologique, mais pas la maladie, sauf par la destruction des arbres et vergers atteints. La recherche mondiale se concentre depuis des décennies sur l'obtention de variétés et de porte-greffes résistants. L'Université de Floride a récemment annoncé l'obtention d'une variété résistante aux psylles. Cette variété a été obtenue par la technique d'édition du génome. Reste à combiner cette résistance au vecteur à une résistance à la bactérie elle-même, mais la route est encore très longue. Les premiers tests au champ devraient intervenir en 2025, mais les chercheurs estiment à des décennies le temps de reconversion de toute une zone de production. Outre l'Asie, l'Amérique centrale et du Sud, les Caraïbes ou encore les États-Unis, la maladie est présente dans plusieurs pays africains. Seuls le bassin méditerranéen et l'Australie ne sont pas touchés. Mais le psylle, sans être pour l'instant porteur de la maladie, circule largement en Espagne (2014), mais il a été éradiqué au Portugal. Le psylle asiatique a été lui identifié en Israël en 2021, plus récemment à Chypre (2023). Là aussi le changement climatique pourrait être un accélérateur du mouvement du fait de conditions plus favorables à l'adaptation du redoutable psylle asiatique dans l'ensemble du bassin méditerranéen. Vu les effets destructeurs du *greening* en Floride ou encore au Brésil, cela donne froid dans le dos que de penser que la maladie est aux portes de la zone qui contrôle 60 % des échanges mondiaux d'agrumes frais.

L'Europe des fruits tropicaux : une dynamique en ordre dispersé

Les importations européennes (UE à 27) des fruits tropicaux concernent une très large gamme de produits pour un volume estimé en 2024 (données provisoires) à 7,5 millions de tonnes. Attention toutefois à faire la distinction entre les locomotives du secteur, ce que les distributeurs appellent les BAMA (pour banane, avocat, mangue, ananas) des autres segments. Les BAMA représentent en effet 97 % du total des importations. Il reste 3 % pour les fruits tropicaux que l'on pourrait qualifier de secondaires (plantain, litchi, papaye, noix de coco) et pour les fruits tropicaux mineurs. Ce dernier groupe couvre une très large gamme de produits, comme le durian, le physalis, le ramboutan, le tamarillo, la pitaya, le mangoustan, la carambole, le tamarin ou encore la goyave. Cette liste est bien entendu non exhaustive. On comprend que les volumes en jeu à l'importation sont limités. Tous ces fruits (secondaires ou mineurs) sont présents au sein du rayon des fruits exotiques, mais sont particulièrement mis en avant lors de différentes périodes festives religieuses ou non (fêtes de fin d'année, Nouvel An chinois, etc.) ou font l'objet d'une consommation dite ethnique.
La banane et l'ananas étant déjà abordés dans le détail, focalisons notre analyse sur les autres produits. L'avocat, la très grande star du secteur est en plein développement, mais les effets du changement climatique sur la ressource en eau freinent un peu la dynamique de croissance du potentiel de production. Les échanges mondiaux restent tout de même en croissance pour un volume échangé estimé à 2,8 millions de tonnes. Sur la campagne 2023-2024, l'Europe (UE à 27 + Royaume-Uni) a consommé un volume record d'avocat qui s'élève à 929 000 tonnes. Le tiers de l'approvisionnement vient du Pérou (hémisphère sud). Un peu moins de 100 000 tonnes arrivent d'Israël (hémisphère sud). Signalons que l'avocat risque de se trouver au cœur de la guerre commerciale entre les États-Unis et le Mexique qui est le principal fournisseur du marché américain.

Importations - UE à 27 - Sélection de fruits tropicaux

(en tonnes)

	2021	2022	2023	2024	Variation annuelle (%)
Total des importations, dont	**7 300**	**7 049**	**7 285**	**7 483**	**3**
Banane dessert	5 148	4 997	5 132	5 299	3
Avocat	680	677	759	802	6
Ananas	828	779	783	798	2
Mangue, Goyave, Mangoustan	409	388	394	357	-10
Banane plantain	121	101	109	121	11
Litchi, Fruit de la passion, Pitaya, Carambole, etc.	41	42	41	42	3
Papaye	39	32	32	34	6
Noix de coco	33	31	34	31	-9
Durian	1	1	1	1	-14

(Source : Eurostat, février 2025)

L'Europe (UE à 27) de la mangue, c'est 360 000 tonnes importées du Brésil, du Pérou ou encore de Côte d'Ivoire. Notons une production européenne dans le sud de l'Espagne de l'ordre de 30 000 tonnes. Le litchi est typiquement le fruit dit exotique que l'on consomme en fin d'année. Madagascar et l'Afrique du Sud approvisionnent le marché européen essentiellement *via* du fret maritime. La Réunion et Maurice sont spécialisés sur une offre haut de gamme de fruits transportés par avion. Le marché communautaire est estimé à environ 15 000 tonnes. Le marché européen de la banane plantain est estimé à 120 000 tonnes sans réelle dynamique. C'est un marché extrêmement compétitif en termes de prix. La Colombie et l'Équateur se partagent le marché sur le moyen terme. Le marché européen de la papaye ne donne aucun signe d'un quelconque dynamisme. Le Brésil approvisionne la quasi-totalité des 34 000 tonnes mises en marché. Pour tous les autres fruits, il est difficile d'estimer le marché du fait de codes douaniers qui regroupent sans distinction une large gamme de produits. On peut quand même avancer qu'il s'agit d'un marché non négligeable de plusieurs dizaines de milliers de tonnes à l'échelle communautaire.

Caoutchouc naturel : *un marché sous pression*

Le caoutchouc naturel traverse une période charnière, sous l'effet d'une demande toujours soutenue et d'une offre qui peine à se renouveler au rythme requis. Les plantations historiques d'Asie du Sud-Est, malgré leur position dominante, montrent des signes d'essoufflement, tandis que la montée en puissance de l'Afrique de l'Ouest, portée en premier lieu par la Côte d'Ivoire, rebat progressivement les cartes de l'approvisionnement. Les enjeux environnementaux et la multiplication des aléas climatiques, la nécessité de replanter des hévéas vieillissants, la concurrence d'autres cultures dans les bassins de production traditionnels et la pression exercée par les nouvelles normes de traçabilité contribuent à maintenir un niveau de tension important au sein de la filière. Résultat de ces tensions, les cours ont progressé de manière significative en 2024.

Des prix en hausse

La campagne 2024 a débuté dans un climat d'incertitude, marqué par une hésitation des cours durant les premières semaines. Beaucoup d'opérateurs attendaient de voir si la reprise économique mondiale, et notamment la demande chinoise, allait se confirmer. À cette époque, le TSR20 (*Technically Specified Rubber*), référence pour la plupart des échanges internationaux, oscillait entre $ 1,53 et $ 1,55/kg en janvier et février sur les marchés à terme de Singapour (SGX) et d'Osaka. Ce niveau, légèrement supérieur à celui de fin 2023, traduisait un équilibre encore fragile entre les préoccupations liées aux récoltes asiatiques et l'attentisme des acteurs du marché face aux perspectives de production automobile. Un revirement est intervenu dès la fin du premier trimestre, lorsque plusieurs provinces du sud de la Thaïlande ont annoncé des prévisions de production en baisse de 12 à 15 %, en raison d'un épisode *El Niño* plus marqué que ce que les modèles climatiques avaient anticipé. Des épisodes climatiques irréguliers – alternant sécheresse et pluies mal réparties – ont affaibli les flux de latex. Parallèlement, la maladie *Pestalotiopsis* continuait de se propager en Indonésie, contraignant certains producteurs à abattre préventivement des plantations vieillissantes et peu productives. Ces éléments ont déclenché une remontée rapide des cours, avec un passage au-dessus de $ 1,65/kg en mars, puis au-delà de $ 1,80/kg en avril et en mai. Au début de l'été, les prix ont atteint un seuil de $ 2,00 à $ 2,05/kg, traduisant un basculement des inquiétudes du marché vers l'offre.

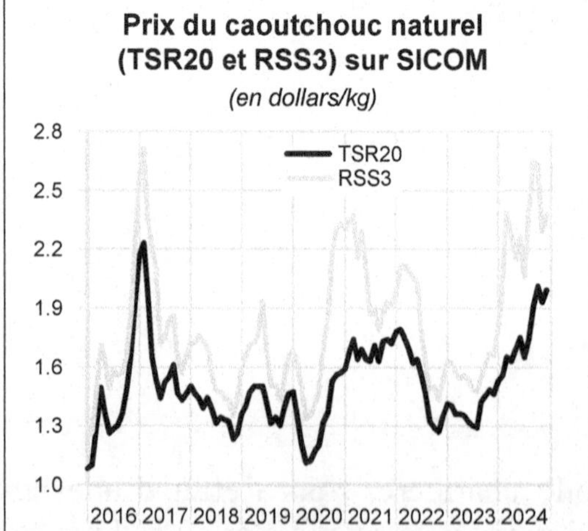

Cette dynamique haussière ne s'est pas limitée aux marchés à terme : sur le marché physique européen, le TSR20 CIF Europe a suivi une trajectoire similaire, passant de € 1,76/kg en janvier à € 2,12/kg en décembre, avec une moyenne annuelle de € 1,92/kg, soit une hausse de plus de 30 % par rapport à 2023. Ce mouvement reflète à la fois la tension sur l'offre mondiale et l'effet des surcoûts logistiques persistants sur les flux vers l'Europe.

Dans le même temps, la demande chinoise, initialement perçue comme hésitante, s'est avérée plus dynamique. Le gouvernement de Pékin a annoncé de nouvelles mesures de soutien à l'industrie automobile. Ces annonces ont conduit certains acteurs chinois à reconstituer leurs stocks stratégiques, déclenchant des vagues d'achats. Ces actions ont renforcé la perception d'un marché en situation de déficit, amplifiant l'impact des perturbations climatiques et des baisses de production en Asie du Sud-Est. À partir du second semestre, chaque alerte sur les conditions météorologiques en Thaïlande et en Indonésie, chaque signal de baisse de récolte de 5 à 10 % dans certaines provinces de Sumatra ou de Kalimantan, se sont accompagnés d'un sursaut des cours. Le pic

Prix du caoutchouc naturel et du butadiène en 2024

	TSR20 SICOM *(en dollars/kg)*	RSS3 SICOM *(en dollars/kg)*	TSR20 CIF Europe *(en euros/kg)*	Butadiène Fob Rotterdam *(en dollars/tonne)*
Janvier	1.53	1.80	1.76	765.00
Février	1.56	2.02	1.86	780.00
Mars	1.65	2.39	1.87	1045.00
Avril	1.63	2.28	1.81	1130.00
Mai	1.69	2.15	1.88	1155.00
Juin	1.75	2.26	1.84	1175.00
Juillet	1.65	2.06	1.77	1185.00
Août	1.74	2.39	1.86	1130.00
Septembre	1.91	2.65	2.11	1125.00
Octobre	2.01	2.63	2.04	1165.00
Novembre	1.93	2.29	2.09	1030.00
Décembre	1.99	2.38	2.12	955.00
Moyenne 2024	1.75	2.28	1.92	1053.33
Moyenne 2023	1.38	1.58	1.47	649.58
Variation annuelle (%)	26.75	44.37	30.49	62.16

(Source : Refinitiv)

de l'année – le plus élevé depuis huit saisons – a été atteint en octobre, avec un TSR20 atteignant $ 2,10 à $ 2,25/kg, avant de refluer légèrement sous l'effet d'un afflux de cargaisons en provenance d'Afrique de l'Ouest.

À en juger par les niveaux atteints sur les marchés à terme en fin d'année, la moyenne annuelle du TSR20 pour 2024 s'établit entre $ 1,95 et $ 2,00/kg, enregistrant ainsi une hausse de plus de 15 % par rapport à 2023. Le RSS3 (*Ribbed Smoked Sheet n°3*) a suivi une évolution comparable, débutant l'année à $ 1,66/kg en janvier avant d'atteindre $ 2,65/kg en octobre, confirmant une tendance haussière encore plus marquée. Cette hausse s'est accompagnée d'une volatilité notable, avec une variance mensuelle dépassant 7 %, symptôme d'un marché particulièrement nerveux. Plusieurs facteurs ont contribué à accentuer cette instabilité. D'une part, le rebond des prix du butadiène, composant essentiel des caoutchoucs synthétiques, a consolidé la compétitivité du caoutchouc naturel, limitant toute pression à la baisse. En Europe, le prix du butadiène (Fob Rotterdam) est passé de $ 765/tonne en janvier à $ 955/tonne en décembre. La moyenne annuelle s'est ainsi établie à $ 1 053/tonne, soit une hausse de plus de 60 % par rapport à 2023. D'autre part, les mouvements spéculatifs ont amplifié les fluctuations des prix, certains négociants anticipant une raréfaction de l'offre et déclenchant des achats en réaction aux prévisions météorologiques défavorables. Par ailleurs, des tensions logistiques globales, notamment sur certaines routes commerciales (mer Rouge, canal de Panama), ont généré ponctuellement des surcoûts d'acheminement et contribué à renforcer les inquiétudes des acheteurs.

Un autre élément structurant du marché a été la réglementation européenne sur la déforestation (EUDR). Bien que son entrée en vigueur ait été reportée à début 2026, elle a déjà commencé à segmenter le marché. Les industriels européens, soucieux de garantir la conformité de leurs approvisionnements, se sont orientés vers des lots certifiés « sans déforestation », acceptant de payer une prime de 5 à 6 % sur ces volumes labellisés.

Dans ce contexte, les prix devraient rester soutenus tant que les aléas climatiques continueront de perturber les récoltes en Asie et que les niveaux élevés du pétrole limiteront la compétitivité des caoutchoucs synthétiques. Certains analystes, qui anticipaient initialement une détente progressive après la reconstitution des stocks, ont récemment revu leurs prévisions à la hausse. Le seuil de $ 1,90 à $ 2,00/kg pourrait désormais faire office de plancher durable, sauf retournement brutal de la conjoncture économique mondiale.

Production et consommation mondiale de caoutchouc naturel

(en millions de tonnes)

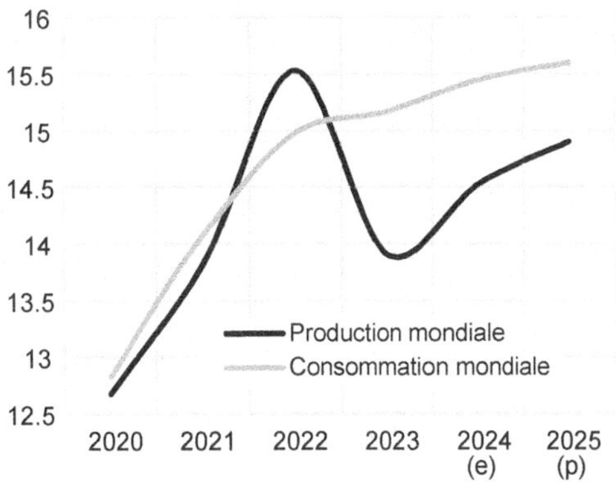

(e) estimations (p) prévisions

(Source : ANRPC)

L'offre : un marché sous pression structurelle, l'Asie cale, l'Afrique de l'Ouest accélère

La production mondiale de caoutchouc naturel, chiffrée à 14,528 Mt pour 2024 par l'ANRC, est en rebond de 4 %, tandis que la demande, estimée à 15,136 Mt, place le marché en déficit. En toile de fond, la nouvelle géographie du caoutchouc naturel s'est confirmée. Celle-ci est caractérisée par un essoufflement du « modèle » sud-asiatique, mis à mal par un faible renouvellement des plantations, la concurrence de cultures plus rémunératrices, la hausse des coûts de main-d'œuvre, sans oublier les conditions climatiques extrêmes et les maladies foliaires qui affectent la productivité. Les projections pour 2025 confirment la persistance de ce déséquilibre, avec une production mondiale attendue autour de 14,9 Mt et une consommation dépassant 15,6 Mt, soit un déficit qui devrait s'amplifier à plus de 700 000 tonnes. Dans ce contexte,

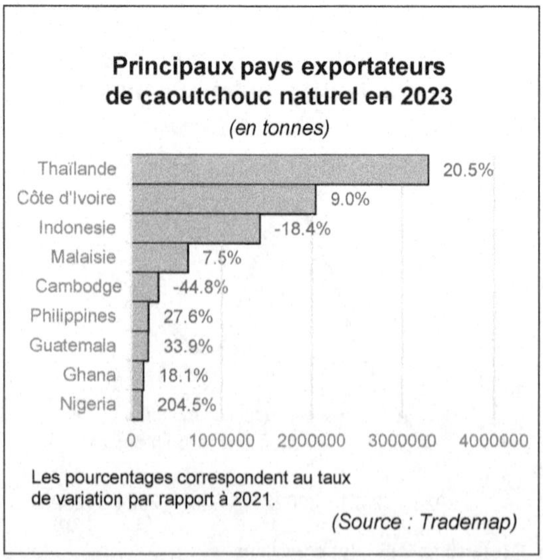

l'Afrique, et plus particulièrement la Côte d'Ivoire, confirme année après année sa place croissante sur le marché. Cette recomposition géographique n'est pas sans faire écho à l'irruption fulgurante de l'hévéa en Asie au début du XXe siècle, lorsque le Brésil, jadis numéro un incontesté, s'est retrouvé relégué au deuxième plan – il ne représente plus aujourd'hui que 2 % de l'offre mondiale.

La trajectoire brésilienne reste très incertaine pour l'Asie, qui demeure incontestablement à ce jour la première zone productrice de caoutchouc naturel. Malgré une production dépassant 4 Mt, la Thaïlande, premier producteur mondial, s'est heurtée à des difficultés de production en 2024, entraînant une baisse marquée des exportations. Cette situation découle à la fois d'un intérêt grandissant pour d'autres cultures perçues comme plus rentables ou moins vulnérables aux aléas climatiques, à l'instar du durian, et d'un déficit structurel de main-d'œuvre : de nombreux travailleurs ruraux ont privilégié des emplois manufacturiers plus stables ou ont migré vers les zones urbaines. Au-delà de ces facteurs, des aléas climatiques – qu'il devient difficile de qualifier de simples phénomènes conjoncturels – ont fortement impacté la récolte 2024. Dans les provinces méridionales, la baisse des précipitations et l'irrégularité des sécheresses ont ainsi provoqué une diminution de la production, estimée entre 8 et 12 %. Les pluies de mousson, parfois excessives, ont également perturbé les opérations de saignée et fragilisé les infrastructures.

En Indonésie, deuxième producteur mondial, l'objectif de 2,3 Mt n'a pas été atteint. La propagation de maladies foliaires, telle la *Pestalotiopsis* à Sumatra, et la rareté d'une main-d'œuvre qualifiée ont freiné l'expansion. De nombreux exploitants se sont tournés vers des cultures jugées plus stables financièrement, comme le palmier à huile. Les conditions climatiques sont elles aussi restées contrastées : après un épisode d'*El Niño* marqué par la sécheresse et une baisse du flux de latex, certaines îles ont subi des pluies torrentielles et des inondations localisées. Pour 2025, les autorités indonésiennes ont déjà revu à la baisse leurs prévisions de récolte, anticipant une chute de près de 10 % si les conditions sanitaires ne s'améliorent pas rapidement.

De son côté, le Vietnam s'est hissé au troisième rang des principaux producteurs asiatiques, en dépassant le seuil du Mt grâce à des unités industrielles performantes. Le pays reste toutefois confronté à la concurrence d'autres cultures et aux aléas du régime de mousson. En Malaisie, la production est tombée sous la barre des 500 000 tonnes. Ancienne puissance dominante dans les années 1980, la Malaisie a recentré son modèle sur la valorisation du latex à des fins médicales (gants, notamment), ce qui lui a conféré un avantage comparatif, mais a réduit son ambition en matière de TSR ou de feuilles fumées. En Chine, la production nationale, estimée à environ 780 000 tonnes, est demeurée nettement inférieure à une demande intérieure dépassant 6 Mt. Des typhons, tels *Yagi*, ont récemment endommagé plusieurs milliers d'hectares dans la province de Hainan, aggravant les difficultés. Pour remédier à cette situation et soutenir l'industrie automobile, Pékin a investi massivement dans la modernisation de la filière et multiplié les partenariats avec les pays du groupe CLMV (Cambodge, Laos, Birmanie, Vietnam), ainsi qu'avec l'Afrique. Des projets pilotes de mécanisation de la saignée sont également en cours, notamment à Hainan, dans le but de réduire la dépendance à une main-d'œuvre devenue rare et coûteuse.

Plus à l'ouest, le cas de l'Inde illustre les difficultés structurelles auxquelles sont confrontés certains grands pays consommateurs, dont les capacités de production domestique sont insuffisantes pour répondre à la demande intérieure. Avec une consommation annuelle estimée à environ 1,5 Mt et une production nationale limitée à un intervalle compris entre 750 000 et 800 000 tonnes, l'Inde demeure fortement dépendante des importations de caoutchoucs naturels. Afin de remédier à cette dépendance chronique, les pouvoirs publics indiens ont engagé des programmes de soutien visant à redynamiser la filière hévéicole nationale, se fixant comme objectif une production domestique de 1 Mt à l'horizon 2030. Toutefois, ces initiatives se heurtent aux limites d'un modèle économique peu compétitif : malgré des droits de douane atteignant parfois 25 %, la filière indienne peine toujours à rivaliser avec les producteurs d'Asie du Sud-Est et d'Afrique de l'Ouest. Le caoutchouc importé conserve ainsi un avantage concurrentiel, freinant les efforts d'autosuffisance et prolongeant la dépendance du pays aux marchés extérieurs.

Alors que les difficultés se multiplient en Asie du Sud-Est, l'Afrique de l'Ouest poursuit quant à elle sa montée en puissance. En Afrique de l'Ouest, la Côte d'Ivoire a enregistré un développement remarquable de sa filière hévéa, contrastant avec la stagnation observée dans plusieurs pays asiatiques. Avec une production excédant 1,8 million de tonnes de caoutchouc naturel, le pays s'est hissé au troisième rang mondial des producteurs, derrière la Thaïlande et l'Indonésie, et occupe désormais la deuxième place parmi les pays exportateurs. Ce succès repose sur un coût de main-d'œuvre compétitif, la disponibilité de terres adaptées et un savoir-faire progressivement consolidé, souvent grâce à des partenariats avec des acteurs asiatiques ou européens. Les autorités ivoiriennes ont également encouragé la valorisation locale en limitant l'exportation de coagulums au profit de la production de TSR, créatrice d'une meilleure valeur ajoutée. De nouveaux projets d'investissement ont ainsi vu le jour pour implanter des usines et former une main-d'œuvre qualifiée, avec l'ambition d'atteindre 2 Mt dans un avenir proche. Le Ghana, le Nigeria et le Liberia ont suivi une trajectoire similaire, bien que leur progression soit plus lente : les volumes initiaux y sont restés modestes, tandis que des infrastructures portuaires et routières insuffisantes et des cadres réglementaires parfois moins aboutis ont freiné l'expansion. Parallèlement, des débats ont émergé quant aux impacts environnementaux liés à l'extension des terres agricoles, en particulier concernant la déforestation et la gestion durable des ressources naturelles. Les États d'Afrique de l'Ouest ont toutefois affirmé leur volonté de concilier croissance de la filière et exigences de traçabilité, s'inspirant notamment de l'expérience acquise dans d'autres secteurs, comme celui du cacao.

Bien que l'hévéa soit originaire d'Amazonie, la culture de cet arbre y demeure marginale depuis son transfert massif en Asie du Sud-Est à la fin du XIXe siècle. Le Brésil et la Colombie, producteurs de moindre envergure, absorbent principalement leur production au niveau national. Les programmes brésiliens visant à combler une demande intérieure élevée n'ont pas, à ce jour, engendré de changement notable : le déficit climatique et la présence endémique de maladies (dont *Microcyclus ulei*) ont continué de freiner toute expansion d'envergure.

Une demande mondiale en léger rebond, creusant un déficit d'offre

Selon l'ANRPC, la consommation mondiale devait atteindre 15,448 Mt en 2024, en hausse de 1,8 % par rapport à 2023, où elle s'élevait à 15,173 Mt.

L'industrie du pneumatique a conservé son rôle central, absorbant entre 70 et 75 % du caoutchouc naturel mondial, soit plus de 11 Mt. La première monte, qui concerne les pneus équipant les véhicules neufs, a poursuivi sa croissance en Chine (+ 3 %), tandis qu'elle a reculé en Europe (– 7 %) et en Amérique du Nord (– 2 %), pénalisée par le ralentissement des ventes de voitures neuves, les taux d'intérêt élevés et une transition plus lente qu'attendu vers les véhicules électriques. À l'inverse, le marché de la seconde monte, qui concerne le remplacement des pneus usés, a suivi une tendance inverse : en Europe (+ 9 %) et en Amérique du Nord (+ 2 %), la demande a progressé, portée par le vieillissement du parc automobile et le report des achats de véhicules neufs au profit de leur entretien. En Chine, en revanche, la demande de remplacement a reculé légèrement (– 1 %), illustrant une stagnation de la mobilité individuelle dans certaines régions. Notons que l'essor des véhicules électriques, plus lourds et géné-

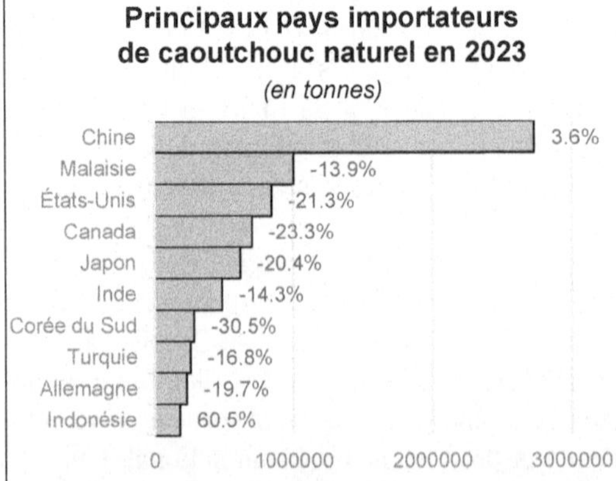

Les pourcentages correspondent au taux de variation par rapport à 2021.

(Source : Trademap)

rant une abrasion plus importante, renforce cette dynamique de remplacement : plusieurs études suggèrent une usure des pneus jusqu'à 30 % supérieure à celle des véhicules thermiques.

Le marché des pneumatiques pour poids lourds – bien plus riches en caoutchouc naturel que ceux des voitures de tourisme – a lui aussi connu des évolutions contrastées. La première monte a chuté de 20 % en Europe et de 11 % en Amérique du Nord, en raison d'une normalisation de la demande après plusieurs années de forte croissance. En revanche, la seconde monte a progressé de 3 % au niveau mondial, avec une hausse marquée en Amérique du Nord (+ 7 %), où les stocks ont été reconstitués en anticipation certainement de barrières commerciales sur les pneus importés.

Hors pneumatique, dans le secteur médical et paramédical d'abord, la demande en gants et en dispositifs en latex demeure supérieure de 30 % à son niveau d'avant-pandémie, de nombreux pays ayant renforcé leurs stocks stratégiques. La Malaisie et la Thaïlande gardent un *leadership* sur ce segment, couvrant ensemble près de 75 % des besoins mondiaux.

Le caoutchouc naturel a en outre d'autres usages pour les chaussures, les équipements antivibratoires et divers biens de consommation. Les innovations technologiques, comme le développement de formulations plus légères ou résistantes, incitent parfois les ingénieurs à accroître la proportion de caoutchouc naturel dans leurs procédés de fabrication, d'autant que les prix des synthétiques n'ont pas baissé autant que prévu. Les projections indiquent une croissance annuelle moyenne de 2 à 3 % sur ce segment, ce qui, ajouté à la progression des autres usages, conforte la perspective d'une demande toujours soutenue sur l'horizon des deux à trois prochaines années.

Au-delà des dynamiques du marché, la réglementation environnementale a profondément modifié les circuits d'approvisionnement du caoutchouc naturel. Le règlement européen sur la déforestation importée (EUDR), dont l'application a été reportée à début 2026, a contraint les industriels à anticiper ses exigences pour garantir la conformité de leurs chaînes d'approvisionnement. Malgré ce délai, Michelin, par exemple, a pris les devants et a annoncé qu'il appliquerait ces nouvelles normes dès janvier 2025, une décision qui s'étend à l'ensemble de ses usines, et non uniquement aux pneumatiques destinés au marché européen.

L'application progressive de l'EUDR a segmenté le marché en deux catégories distinctes. D'un côté, un caoutchouc traçable et certifié, conforme aux exigences des grands manufacturiers occidentaux, a bénéficié d'un prix premium et d'un accès facilité aux marchés européen et nord-américain. De l'autre, un caoutchouc issu de filières plus opaques, sans certification formelle, a trouvé preneur sur des marchés où les contraintes réglementaires sont moindres, notamment en Asie et en Afrique. Cette segmentation a contribué à accentuer la pression sur l'offre de caoutchouc certifié, restreignant les volumes disponibles pour les industriels soumis aux nouvelles normes.

Si la demande mondiale de caoutchouc naturel n'a pas connu le rebond espéré en 2024, elle reste sous forte influence de la conjoncture chinoise. Avec 46 % de la consommation mondiale, la Chine demeure le principal moteur du marché et détermine en grande partie l'évolution des cours. Son économie, marquée par des incertitudes liées à l'immobilier et une reprise industrielle plus lente qu'anticipée, a limité l'accélération de la demande. Malgré une croissance annuelle de 3,3 %, la consommation de caoutchouc naturel a évolué de manière inégale, pénalisée par la faiblesse de la demande intérieure au premier semestre. Le recul de 12 % des importations suggère une mobilisation des stocks et une certaine prudence des acteurs. Le plan de relance annoncé par Pékin fin septembre a néanmoins soutenu la reprise au quatrième trimestre, notamment dans la consommation de pneumatiques. À moyen terme, l'évolution du marché dépendra de la capacité de l'industrie chinoise à absorber les volumes importés et à relancer la demande, dans un contexte de transition énergétique et de mutation économique qui continue de peser sur les matières premières industrielles.

Quelle trajectoire pour 2025 ?

L'année 2024 a été marquée par une intensification des tensions sur le marché du caoutchouc naturel, prolongeant un cycle de hausse notable des cours. Plusieurs facteurs devraient continuer à influencer fortement le marché en 2025. D'une part, les contraintes climatiques persistantes et les fragilités structurelles de l'offre asiatique continueront vraisemblablement de peser sur la production, empêchant une reconstitution rapide des volumes disponibles. Bien que la montée en puissance de l'Afrique de l'Ouest, en particulier de la Côte d'Ivoire, puisse modérer ces tensions, il semble peu probable qu'elle suffise à combler rapidement le déficit asiatique.

Du côté de la demande, l'évolution de la conjoncture chinoise sera déterminante : une reprise économique robuste en Chine renforcerait naturellement la demande en pneumatiques et autres produits dérivés du caoutchouc naturel, amplifiant ainsi le déficit mondial. À l'inverse, un ralentissement prolongé pourrait atténuer cette pression.

Enfin, une incertitude importante demeure quant à l'évolution des normes de traçabilité. Alors que la réglementation européenne sur la déforestation importée (EUDR) a commencé à segmenter le marché en 2024, l'extension de ces exigences à d'autres grands marchés semble désormais peu probable, du moins à court terme. De plus, on ne peut exclure une éventuelle remise en question ou un assouplissement de ces normes en Europe, face aux difficultés opérationnelles et économiques qu'elles engendrent pour certains acteurs industriels. Ces incertitudes pourraient freiner les initiatives d'investissement dans les filières certifiées et perturber les stratégies des entreprises européennes déjà engagées dans des démarches proactives de conformité. Ces facteurs conjugués devraient maintenir un marché sous tension et entretenir une volatilité persistante des cours en 2025.

Jute : *un léger rebond*

Si la production de jute a diminué en 2023-2024, elle conserve un bon niveau moyen, notamment grâce à la production indienne. Le Bangladesh affiche une baisse plus sérieuse des rendements, affectés par les conditions météorologiques. Les cours se redressent légèrement et les exportations de fibre de jute s'affichent en hausse.

La production mondiale de jute, kénaf et fibres apparentées est en baisse en 2023-2024, selon les dernières estimations de l'Organisation des Nations unies pour l'alimentation et l'agriculture, FAO. Avec 3 104 300 tonnes, elle diminuerait de 5,3 % par rapport à la campagne précédente où elle s'élevait à 3 278 200 tonnes, mais enregistrerait une hausse de 6,9 % par rapport à la récolte 2020-2021 où elle était de 2 890 900 tonnes. Sur les cinq dernières campagnes, la moyenne de production s'établit à 3 070 000 tonnes.

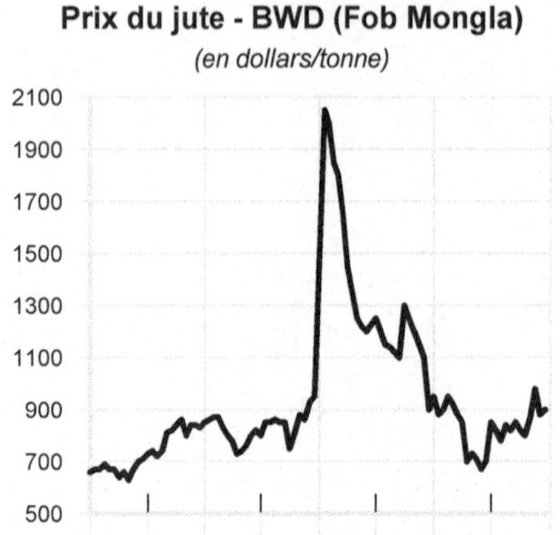

(Source : Bangladesh Jute Mills Corporation - The Public Ledger)

Des prix en légère hausse

Du côté économique, les cours du jute brut Fob Mongola ont légèrement remonté sur un an. Le prix moyen s'établit à $ 850/t en 2024 contre $ 820/t en 2023, $ 1 155/t en 2022 et $ 1 545,4/t en 2021, soit une hausse de 3,6 % sur un an, mais une baisse de 45 % sur trois ans. La diminution de la production, des stocks presque inexistants et la crise du covid-19 avaient en effet provoqué une hausse spectaculaire des prix, de 80 %, entre 2020 et 2021. Ils avaient atteint un sommet en février 2021, avec $ 2 050/t. En 2024, les prix ont fluctué entre $ 800 et $ 980/t, avec un pic à $ 980/t en octobre 2024, avant de redescendre à $ 900/t en décembre 2024. La décision du gouvernement du Bangladesh d'interdire les sacs en polyéthylène dans les supermarchés à partir de novembre 2024 a très probablement contribué à un sursaut des prix, les emballages à base de jute constituant une des alternatives les plus fiables.

La production de l'Inde une nouvelle fois devant celle du Bangladesh

L'Inde affiche une belle récolte en 2024, même si elle recule de 1,1 % par rapport à la campagne 2022-2023, avec 1,620 Mt produites de jute, kénaf et fibres apparentées en 2023-2024, selon les estimations de la FAO. Elle dépasse celle du Bangladesh pour la deuxième année consécutive, laquelle est, en revanche, en net recul à 1,38 Mt, contre 1,533 Mt en 2022-2023, soit une chute de 10 % sur un an. L'Inde a souffert des vagues de chaleur en avril, mais le climat a ensuite été propice pour la culture du jute. Toutefois, les surfaces seraient en légère baisse au profit de cultures vivrières. Elles avaient augmenté en 2022-2023 à 680 000 ha contre 667 300 ha en 2021-2022.

La récolte du Bangladesh accuse une baisse significative de 10 %, passant de 1,533 Mt à 1,38 Mt en 2023-2024. Des chaleurs intenses en avril, qui ont entraîné la fermeture des écoles et une saturation des hôpitaux, ont également retardé les semis de jute et la dessiccation de certaines cultures. Ensuite, le pays a connu un bon équilibre entre l'ensoleillement et les précipitations, qui a

Jute, kénaf et fibres apparentées
(en milliers de tonnes)

		2018-2019	2019-2020	2020-2021	2021-2022	2022-2023	2023-2024(p)
Production mondiale		**2 961.5**	**2 811.6**	**2 890.9**	**3 265.2**	**3 278.2**	**3 104.3**
dont	Inde	1 296.0	1 224.0	1 080.0	1 620.0	1 638.0	1 620.0
	Bangladesh	1 543.0	1 466.0	1 698.0	1 537.0	1 533.0	1 380.0
	Chine	47.2	43.5	40.6	37.4	36.5	34.0
	Vietnam	0.5	0.5	0.3	0.3	0.2	0.2
	Indonésie	3.3	3.3	3.3	3.3	3.3	3.3
	Birmanie	0.3	0.3	0.2	0.1	0.2	0.5
	Autres	1.2	1.2	1.3	1.3	1.3	1.3
	Népal	11.2	10.6	10.2	10.5	10.2	10.2
	Thaïlande	0.3	0.3	0.3	0.3	0.3	0.2
Exportations mondiales		**200.5**	**206.7**	**165.5**	**203.2**	**281.5**	**294.2**
**de fibres*	Bangladesh	150.0	156.4	107.0	145	226	245
**d'articles manufacturés*		889.2	901.0	875.6	794.1	773.3	
dont	Bangladesh	718.7	713.3	700.2	600.0	586.8	
	Inde	74.0	70.2	75.6	94.8	81.5	
Importations mondiales*							
	Fibres	276.2	241.3	213.0	215.6	259.7	
	Produits	835.1	862.9	809.8	734.7	732.1	

* Année civile

(p) prévisions

(Source : International Jute Study Group)

certes conforté les rendements, mais qui n'a pas pu compenser la baisse de la production engendrée par la diminution des semis. Le Bangladesh ne lâche toutefois pas la production de jute : le gouvernement a souligné la nécessité de fournir des semences de jute de qualité aux producteurs et d'accorder une aide pour le renouvellement des machines dans les usines de jute.

Les exportations en hausse

Les exportations totales de fibres de jute poursuivent leur progression en 2023-2024, selon les estimations de la FAO, avec une hausse de 4,2 % à 292 500 tonnes contre 280 600 tonnes en 2022-2023, où elles avaient déjà augmenté de 38,4 % en un an. Elles augmentent donc de 77,9 % par rapport à 2020-2021, qui était le chiffre le plus bas sur dix ans. Le Bangladesh reste le grand exportateur mondial de fibre de jute, avec 83,7 % du total. Ses exportations ont augmenté de 8,4 % en 2023-2024 à 245 000 tonnes contre 226 000 tonnes en 2022-2023. Les tensions en mer Rouge ont provoqué des retards dans les exportations de produits à base de jute et une hausse des coûts, à cause du détournement par le cap de Bonne-Espérance. Par ailleurs, le gouvernement du Bangladesh entend prendre des mesures pour résoudre le problème des exportations de jute brut à bas prix vers l'Inde, par le biais de droits de douane, et pour devenir autosuffisant dans la production de graines de jute, actuellement importées d'Inde. Un centre d'exposition des produits de jute du Bangladesh a été inauguré en juin 2024 à Thimphu au Bhoutan, avec notamment pour ambition de renouer des liens entre le Bhoutan et le Bangladesh.

Sisal et fibres dures :
contrastés

En 2024, alors que le prix du sisal africain diminuait pour la deuxième année consécutive, le sisal brésilien, dont le prix moyen est beaucoup plus faible, progressait de près de 11 % par rapport à 2023. La segmentation du marché, entamée depuis plusieurs années, se poursuit. Les fibres brésiliennes continuent de servir l'industrie chinoise, pour la production de biens manufacturés : principalement cordages et petits objets. Les fibres africaines sont principalement intégrées, en renfort, dans les constructions de certains pays d'Afrique et du Moyen-Orient, bien que les volumes dédiés à ce marché aient baissé en 2023.

En 2024, le prix du sisal brésilien est en hausse tandis que ceux des sisals africains baissent

Après deux années consécutives de forte baisse, le prix du sisal brésilien n° 3 de Bahia, sur le marché international, est en hausse de 11 % en 2024. Il reste toutefois inférieur de 6 % à la moyenne atteinte au cours des cinq dernières années. Le prix du sisal du Brésil s'établit désormais à $ 1 105/t.

Le prix du sisal de grade 3L d'Afrique de l'Est poursuit sa baisse, pour la deuxième année consécutive. Après avoir reculé de 12 % en 2023, son prix diminue de 4 % en 2024. Il est désormais vendu $ 1 930/t en moyenne. Tout comme en 2023, le sisal de grade UG chute dans les mêmes proportions. Il diminue de 3 % en 2024 et atteint $ 1 739/t en moyenne sur l'année.

Alors que les prix des fibres, selon leur provenance et leur usage, se différenciaient très fortement en 2023, leur écart retrouve un niveau plus habituel en 2024, proche de la moyenne quinquennale. Le prix du sisal du grade 3L est désormais

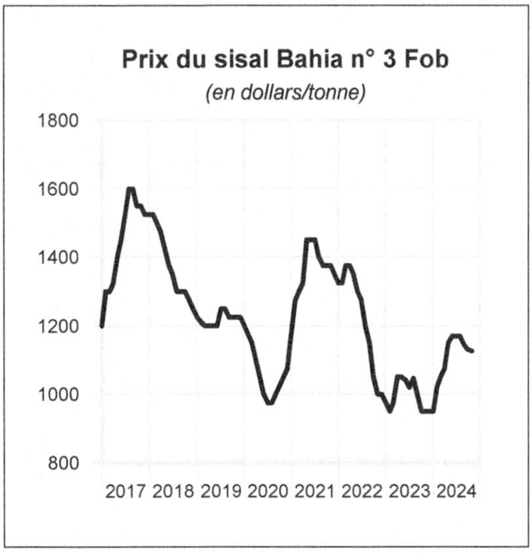

Sisal et henequen

(en milliers de tonnes)

	2019	2020	2021	2022	2023	2024(e)
Production mondiale	**249.9**	**262.7**	**275.0**	**259.0**	**272.5**	
Brésil (sisal)	86.8	86.0	98.4	80.3	87.7	
Chine (sisal)	63.0	63.0	63.5	64.0	64.0	
Tanzanie (sisal)	36.4	36.4	36.2	44.2	56.7	
Kenya (sisal)	25.8	30.3	32.2	32.3	25.6	
Mexique (henequen)	6.8	16.0	13.3	6.7	6.9	
Madagascar (sisal)	6.2	5.8	6.1	6.2	6.2	
Exportations mondiales	**144.3**	**157.7**	**161.4**	**153.9**	**153.1**	
de fibres	**88.1**	**98.8**	**106.0**	**103.5**	**109.8**	
Brésil	36.2	34.4	38.1	35.2	45.3	36.4
Kenya	22.3	28.5	28.9	28.9	22.4	
Tanzanie	22.8	27.6	28.9	32.4	36.3	
Madagascar	5.6	5.6	6.0	5.0	4.0	
de produits	**56.2**	**58.9**	**55.3**	**50.4**	**43.4**	
Brésil	22.4	24.9	21.8	21.0	16.1	
Europe	8.6	7.2	9.3	8.4	0.0	
Chine	5.8	6.4	6.8	5.1	5.6	
Tanzanie	3.7	2.8	2.8	2.8	2.8	

(Source : FAO)

Autres fibres dures

(en milliers de tonnes)

	2019	2020	2021	2022
• Abaca				
Production totale	**82.8**	**75.9**	**83.7**	**76.9**
Philippines	69.8	61.5	67.5	63.6
Équateur	10.5	12.0	13.8	10.9
Autres pays	2.4	2.4	2.4	2.4
• Fibre de coco				
Fibre brune				
Production totale	**875.3**	**938.5**	**932.2**	**936.7**
Inde*	490.3	564.2	577.2	585.0
Sri Lanka*	105.9	126.3	117.1	126.0
Vietnam	119.2	96.1	81.6	82.0
Thaïlande	82.0	70.4	65.4	65.6
Autres pays	77.8	81.5	90.9	78.2
Fibre blanche				
Inde	85.0	90.0	90.8	92.0
• Filés de coco				
Production totale	**463.4**	**458.1**	**469.3**	**475.6**
Inde	449.8	446.0	456.0	461.6
Sri Lanka	11.6	10.1	11.3	12.0
Thaïlande	2.0	2.0	2.0	2.0

* Les données de l'Inde et du Sri Lanka n'incluent pas les volumes de *coir pith*.

(e) estimations

(Source : FAO)

supérieur de 75 % à celui du sisal de Bahia, alors qu'il le dépassait de 102 % en 2023. Le prix du sisal du grade UG est supérieur de 57 % à celui du sisal brésilien, contre 79 % en 2023.

Le sisal du Brésil et ceux d'Afrique continuent de se placer sur des segments qualitatifs différents : le premier est majoritairement destiné à la manufacture de cordage, de petits objets et de papier, les seconds à la construction, en Afrique et au Moyen-Orient. Toutefois, une part des fibres africaines, les moins qualitatives, entre dans la production manufacturée.

En 2023, l'ensemble des utilisateurs de sisal, qu'il s'agisse des filatures, de l'industrie papetière ou de l'industrie de la construction, ont essayé de réduire fortement leurs coûts, notamment de matière première, afin de compenser la hausse des prix de l'énergie. Dans ce contexte, les importateurs chinois ont privilégié le sisal brésilien, participant ainsi à la baisse du prix du sisal africain.

La production mondiale de sisal augmente, entraînée par les hausses des productions brésilienne et tanzanienne

En 2023, la production mondiale de sisal et de henequen s'est établie à 272 500 tonnes, en hausse de 5 % par rapport à 2022, se plaçant ainsi au-dessus de la moyenne quinquennale de 2018-2022 (258 800 tonnes). Elle se rapproche de son niveau de 2021, année record au cours des dix dernières années. Cette progression s'explique par la hausse des volumes brésiliens et surtout tanzaniens, tandis que la production kenyane diminue.

Après avoir reculé de 18 % entre 2021 et 2022, la production brésilienne de sisal a augmenté de 9 % en 2023, pour s'établir à 87 700 tonnes. Elle s'inscrit dans la moyenne quinquennale 2018-2022 (86 900 tonnes). Cette hausse de production a été permise par de bonnes conditions météorologiques. Bien que le dernier trimestre de l'année 2023 ait été moins pluvieux, la croissance des plants aux champs a été bonne. La récolte a toutefois été limitée par des difficultés de recrutement. Les plantations de sisal sont concurrencées par celles de café qui offrent de meilleures conditions de travail. Le Brésil reste donc loin de son record de 2021, année lors de laquelle 98 400 tonnes avaient été arrachées. En 2024, un régime des pluies favorables à la culture du sisal a repris. Les informations sur la production du pays ne sont pas encore disponibles. Mais, comme en 2023, le manque de main-d'œuvre aurait causé des difficultés, entraînant une hausse des prix observés, alors même que la qualité des fibres reste en deçà des standards.

En Afrique de l'Est, l'alternance d'épisodes de sécheresse et de pluviométrie importante a perduré en 2023. Ces conditions ont eu un impact

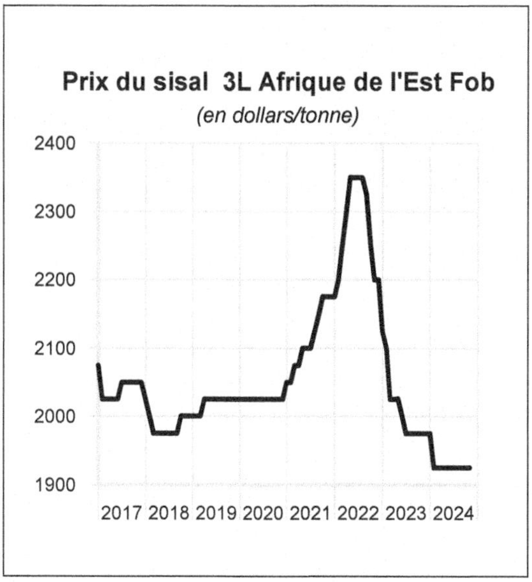

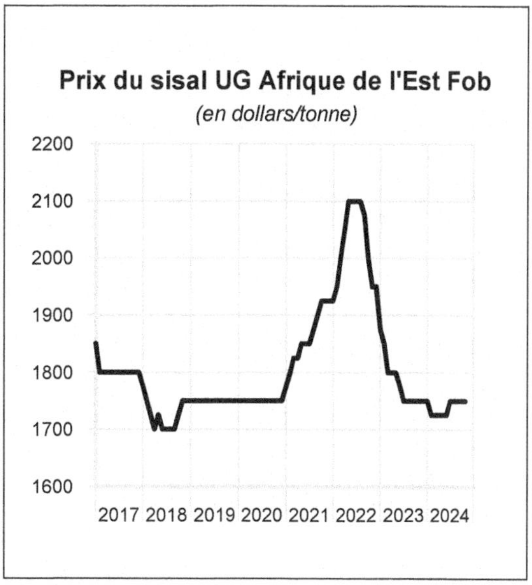

mineur sur le volume de production de sisal en Tanzanie, mais ont fortement affecté la production du Kenya. Dans les deux cas, la qualité des fibres a été impactée et une partie de la production a dû être déclassée. Comme en 2022 (+ 22 %), les volumes produits en Tanzanie évoluent fortement (28 %). Les nombreux efforts engagés au cours des dernières années pour l'entretien des plantations du pays s'observent une fois de plus, puisque 56 700 tonnes ont été récoltées. La situation est bien différente au Kenya. Le pays a souffert plus fortement de la sécheresse et des inondations, et sa situation socio-économique est moins favorable que celle de la Tanzanie, au développement du secteur agricole. La production kenyane de sisal, stable en 2022, baisse de près de 21 % en 2023, et s'élève à 25 600 tonnes. Le pays reste toutefois le quatrième producteur mondial. Peu d'informations sont disponibles sur les volumes de production de sisal en 2024, en Tanzanie et au Kenya. Les deux pays ont été touchés par le cyclone Hidaya, au mois de mai. Et la présence d'*El Niño*, combiné au dipôle de l'océan Indien, a entraîné de fortes précipitations.

Les chiffres transmis à la FAO au sujet de la production malgache semblent stables depuis plusieurs années, avec une production de 6 200 tonnes. Cependant la production de sisal est de plus en plus difficile dans le pays. Des rendements faibles par hectare, dus à la sécheresse, et des coûts de production élevés, combinés à des taux de fret importants, au départ du port d'Ehoala, ne permettent plus au pays d'être compétitif sur le marché international, d'autant que la qualité de la plupart des fibres est faible. Selon des analystes du marché, face à ces conditions difficiles, un producteur majeur aurait arrêté temporairement son activité d'exploitation, à la fin de l'année 2022. Bien que peu d'éléments soient disponibles pour analyser le marché en 2024, la situation semble avoir peu évolué, risquant de pénaliser de plus en plus la production de Madagascar.

Enfin, la récolte de la Chine, deuxième producteur mondial, est estimée à 64 000 tonnes de fibres en 2023, tout comme en 2022. Cependant, peu d'informations sont disponibles sur le développement et l'état des plantations.

La production de henequen au Mexique avait très fortement chuté entre 2021 et 2022 : les volumes récoltés avaient reculé de 49 %. Ils ont très légèrement augmenté en 2023 et atteignent désormais 6 900 tonnes.

La Tanzanie conforte sa position de deuxième exportateur mondial, dans un marché en légère hausse pour les fibres, mais en baisse pour les produits transformés

En 2023, les exportations mondiales de fibres et de produits manufacturés ont été stables. Elles atteignent 153 100 tonnes, juste au-dessus de la moyenne quinquennale (2018-2022). Cependant, cette stabilité masque la progression des exportations sous forme de fibres (+ 6 %), tandis que la vente de cordages et de produits manufacturés diminue fortement (– 14 %). Ainsi, la part des fibres dans les exportations mondiales progresse encore. Elle est de 72 % des volumes, tandis que le reste est commercialisé sous forme de cordages ou d'autres produits manufacturés (28 % des volumes).

Ainsi, les exportations de produits transformés s'établissent désormais à 43 400 tonnes, niveau le plus bas de toute la période observée (2007-2023). Au cours de la même année, les exportations de fibres s'élèvent à 109 800 tonnes, niveau le plus haut observé.

En 2023, les exportations du Brésil ont progressé très fortement, en lien avec la hausse de sa production, mais aussi grâce à l'attrait des importateurs chinois pour ses fibres à moindre prix. Plus de 75 % des exportations du pays leur sont désormais destinées. Le Brésil exporte 45 300 tonnes de fibres en 2023, en hausse de 29 % par rapport à 2022, et 16 100 tonnes de produits transformés, principalement des cordages. Sur le marché mondial, le pays est désormais à l'origine de 41 % des volumes de fibres échangés et de 37 % des volumes de produits transformés, devançant encore un peu plus ses principaux concurrents d'Afrique de l'Est. Une reprise de l'activité encore plus soutenue, en 2024, après le Nouvel An chinois peut laisser espérer, au *leader* mondial, une nouvelle hausse de ses exportations en 2024. Elle devra être confirmée.

Les exportations de fibres de la Tanzanie ont progressé de 12 %, en 2023, suite à une première hausse de 12 % entre 2021 et 2022, poursuivant ainsi une hausse continue depuis 2019. Le pays conforte sa place de deuxième exportateur mondial, avec 36300 tonnes vendues. Le pays exporte aussi 2800 tonnes de produits transformés, le plaçant troisième exportateur mondial dans cette catégorie, avec 6,5 % des volumes, derrière le Brésil et la Chine. La Tanzanie creuse l'écart avec son voisin, et principal concurrent africain, le Kenya qui voit ses exportations baisser de 23 % en 2022. Alors que le pays avait réussi à dépasser les 28500 tonnes entre 2020 et 2022, 22400 tonnes sont désormais commercialisées. La part de marché du Kenya est de 20,4 % pour les fibres. Le pays n'exporte aucun produit manufacturé. Il se classe troisième exportateur mondial.

Des exportations mondiales stables masquent des dynamiques d'importation différenciées

En 2023, le principal importateur de sisal brésilien est la Chine (76,5 % des volumes exportés), suivi du Portugal (5,6 %) et de l'Algérie (4,4 %). Les exportations du Kenya sont beaucoup moins concentrées. Les principaux pays importateurs de fibres kenyanes, en 2023, sont le Nigeria (29 % des volumes exportés par le Kenya), la Chine (12 %) et l'Arabie saoudite (11 %). Le reste des fibres se destine à une multitude de pays, notamment africains : Maroc, Ghana, Sénégal, Côte d'Ivoire, etc. Elles sont principalement utilisées dans le secteur de la construction. La situation est légèrement différente pour les fibres tanzaniennes qui, en 2023, sont acheminées vers la Chine (38,8 % des volumes exportés), le Nigeria (14 %), le Maroc (12,8 %) et le Ghana (9,6 %). La moitié des fibres du pays reste donc destinées aux industries manufacturières pour la production de fil, de tapis, de tissu et comme composant de certains papiers.

L'Afrique de l'Ouest reste un destinataire très important des fibres est-africaines, en 2023. Cependant, l'inflation élevée au Nigeria et la dévaluation que le pays a subie, combinées à une croissance économique moindre dans d'autres pays d'Afrique de l'Ouest et à la difficulté de certains à payer en dollar, ont limité les flux vers cette destination. L'Arabie saoudite a également fortement diminué ses importations. Le Maroc fait exception à cette tendance à la baisse. Les premiers éléments connus pour 2024 indiquent que les importateurs retrouvent une position plus proche de celle de 2022.

Comme chaque année, la production de sisal reste fortement dépendante des conditions météorologiques, parfois extrêmes dans certaines zones de culture. Après une incertitude en 2022, le marché semble retrouver un certain dynamisme qui restera à confirmer au cours des prochaines années, notamment car de très fortes contraintes pèsent sur les utilisateurs de sisal, les amenant à exiger des fibres aux prix modérés.

Madagascar : du sisal pour protéger les sols de l'érosion

Dans le sud de Madagascar, le sable poussé par le vent réduit la surface des terres agricoles cultivables. Les habitants, avec le soutien des Nations unies, cultivent du sisal, résistant à ces conditions difficiles, afin de protéger la couche arable de l'érosion. Il n'est toutefois pas destiné à une exploitation qui permettrait sa commercialisation.

Insérer du sisal dans le béton afin d'améliorer ses qualités en limitant le recours aux microplastiques

En mars 2025, une entreprise fournisseuse de l'industrie du béton annonce développer son offre en proposant une microfibre produite à base de sisal. Elle vise à améliorer les capacités des bétons. Un développement large de son usage pourrait permettre de réduire le recours aux plastiques, dans la construction et les travaux publiés.

Production mondiale de poissons par pays et régions

(en millions de tonnes)

	Capture			Aquaculture		
	2020	**2021**	**2022**	**2020**	**2021**	**2022**
ASIE	**46.8**	**46.8**	**47.1**	**77.4**	**80.3**	**83.4**
Bangladesh	1.9	2.0	2.0	2.6	2.6	2.7
Chine	14.0	13.7	13.7	49.9	51.4	53.3
Hong Kong	0.1	0.1	0.1	0.0	0.0	0.0
Taïwan	0.6	0.7	0.6	0.3	0.3	0.3
Inde	4.6	5.0	5.5	8.6	9.4	10.2
Indonésie	6.9	7.1	7.3	5.2	5.5	5.4
Japon	3.2	3.1	2.9	0.6	0.6	0.6
Corée du Sud	1.4	1.4	1.3	0.6	0.6	0.6
Philippines	1.9	1.8	1.8	0.9	0.9	0.8
Thaïlande	1.6	1.4	1.4	1.0	1.0	1.0
Vietnam	3.5	3.5	3.6	4.7	4.7	5.2
AFRIQUE	**9.8**	**10.4**	**10.6**	**2.3**	**2.3**	**2.3**
Égypte	0.4	0.4	0.4	1.6	1.6	1.6
Mauritanie	0.7	0.8	0.8	0.0	0.0	0.0
Maroc	1.4	1.4	1.6	0.0	0.0	0.0
Namibie	0.3	0.4	0.4	0.0	0.0	0.0
Nigeria	0.8	0.8	0.8	0.3	0.3	0.3
Sénégal	0.5	0.5	0.5	0.0	0.0	0.0
Afrique du Sud	0.6	0.5	0.5	0.0	0.0	0.0
Ouganda	0.6	0.6	0.4	0.1	0.1	0.1
CARAÏBES	**0.1**	**0.1**	**0.1**	**0.0**	**0.0**	**0.0**
AMÉRIQUE CENTRALE	**2.0**	**2.2**	**2.3**	**0.4**	**0.4**	**0.5**
Mexique	1.5	1.6	1.7	0.3	0.2	0.3
Panama	0.2	0.2	0.2	0.0	0.0	0.0
AMÉRIQUE DU SUD	**10.1**	**11.6**	**10.4**	**3.3**	**3.4**	**3.8**
Argentine	0.8	0.9	0.8	0.0	0.0	0.0
Brésil	0.7	0.8	0.8	0.6	0.6	0.7
Chili	1.8	2.0	2.2	1.5	1.4	1.5
Équateur	0.6	0.9	0.7	0.8	0.9	1.1
Pérou	5.6	6.5	5.3	0.1	0.2	0.1
AMÉRIQUE DU NORD	**5.2**	**5.3**	**5.3**	**0.6**	**0.6**	**0.7**
Canada	0.7	0.7	0.7	0.2	0.2	0.2
États-Unis	4.2	4.3	4.3	0.4	0.5	0.5
EUROPE	13.8	13.6	13.7	3.3	3.6	3.5
UE à 27	3.9	3.6	3.6	1.1	1.1	1.1
Royaume-Uni	0.6	0.6	0.6	0.2	0.2	0.2
Islande	1.0	1.1	1.4	0.0	0.0	0.0
Norvège	2.5	2.4	2.4	1.5	1.7	1.6
Russie	5.1	5.2	5.0	0.3	0.3	0.3
OCÉANIE	**1.5**	**1.5**	**1.6**	**0.2**	**0.2**	**0.2**
Australie	0.2	0.2	0.2	0.1	0.1	0.1
Nouvelle-Zélande	0.4	0.3	0.3	0.1	0.1	0.1
MONDE	**90.3**	**91.6**	**91.0**	**87.7**	**91.1**	**94.4**

(Source : FAO FISHSTATJ 2025)

- IV -

Produits aquatiques

Produits aquatiques :
des marchés toujours dynamiques

La production mondiale de la pêche et de l'aquaculture a augmenté de 2,2 % pour atteindre près de 192 millions de tonnes (Mt) en 2024, les volumes de capture sauvage ayant progressé de 1,1 % après une mauvaise année 2023 marquée par l'impact d'*El Niño* sur les stocks d'anchois péruviens. Le quota d'anchois du Pérou pour 2024 a été fixé à plus de 5 Mt, soit un niveau nettement supérieur à celui de l'année précédente. En plus de stimuler la production globale, ces captures ont considérablement amélioré la disponibilité des ingrédients marins pour l'alimentation, bien que les réserves mondiales d'huile de poisson restent faibles.

De même, avec des augmentations notables de la production en Chine, en Inde et au Vietnam, la production mondiale d'aquaculture devrait croître de 3,1 %. Les coûts des aliments pour poissons devraient diminuer en 2025, grâce aux prévisions de meilleures récoltes d'oléagineux et de céréales, ainsi qu'à une amélioration de l'approvisionnement en ingrédients marins pour l'alimentation animale. Malgré une légère hausse de 1 % du volume des échanges mondiaux, la valeur de ces échanges devrait baisser de 1,2 %.

La demande sur les principaux marchés est stagnante, l'Union européenne, la Chine, les États-Unis et le Japon ayant tous enregistré une baisse de la valeur des importations en 2024. La confiance des consommateurs reste fragile et l'incertitude économique a affaibli la consommation de produits alimentaires d'origine aquatique. Avec la baisse des taux d'inflation mondiaux, les banques centrales ont commencé à réduire les taux d'intérêt, marquant probablement la fin d'une période qualifiée par le Fonds monétaire international (FMI) de « grand resserrement », caractérisée par des coûts d'emprunt les plus élevés depuis les années 1970. Malgré ces développements économiques positifs, la consommation de poissons sur les principaux marchés a quelque peu fléchi et devrait continuer à faire face à des défis.

La hausse des prix de certaines espèces et la faible croissance économique ont affaibli la demande globale de produits de la pêche et de l'aquaculture. Les prix ont particulièrement augmenté pour des espèces clés, telles que la morue, le hareng et

les céphalopodes. Cependant, les prix ont baissé pour le thon (en raison de la baisse des prix du carburant en 2024, un facteur de coût important pour la pêche au thon), le saumon (demande en baisse sur les principaux marchés) et la crevette (demande faible, notamment dans l'Union européenne et aux États-Unis).
Le commerce mondial des produits de la pêche en 2024 est estimé à 69,2 Mt, soit une augmentation de 1 % par rapport aux niveaux de 2023. Parallèlement, la valeur des échanges mondiaux de produits aquatiques a diminué pour atteindre $ 181,7 milliards, contre $ 183,7 milliards en 2023 et $ 195 milliards en 2022. Ce déclin est dû à la baisse de la demande et des importations sur tous les marchés clés.

Une production mondiale en hausse

Les volumes de capture sauvage ont connu un redressement rapide après une mauvaise année 2023, atteignant 90,6 Mt (+ 1,1 %). Les captures d'anchois péruviens se sont rétablies après les réductions de quotas en 2023, année où le phénomène *El Niño* avait entraîné une hausse des températures de surface de l'océan au large des côtes péruviennes, limitant la disponibilité des ressources alimentaires et les taux de survie des stocks. En effet, le quota pour 2024 a été fixé à 5 Mt, contre seulement 1,3 Mt l'année précédente. Ce quota plus élevé devrait également améliorer les perspectives d'approvisionnement en ingrédients marins, bien que les stocks mondiaux d'huile de poisson restent extrêmement bas et nécessitent du temps pour se reconstituer. Parallèlement, les recommandations scientifiques concernant les quotas clés de l'Atlantique Nord ont été revues à la baisse, avec un resserrement anticipé de l'approvisionnement en maquereau de l'Atlantique, chinchard et hareng pour 2025.

La production aquacole a augmenté de 3,1 % en 2024, soutenue par une forte demande pour les crevettes, le poisson-chat et la carpe, la croissance de la production étant particulièrement notable en Chine, en Inde et au Vietnam. Les coûts des intrants pour l'alimentation aquacole ont généralement diminué grâce à l'amélioration des récoltes mondiales d'oléagineux et de céréales, malgré des prix des ingrédients marins élevés.

Production mondiale de capture et d'aquaculture

(en millions de tonnes)

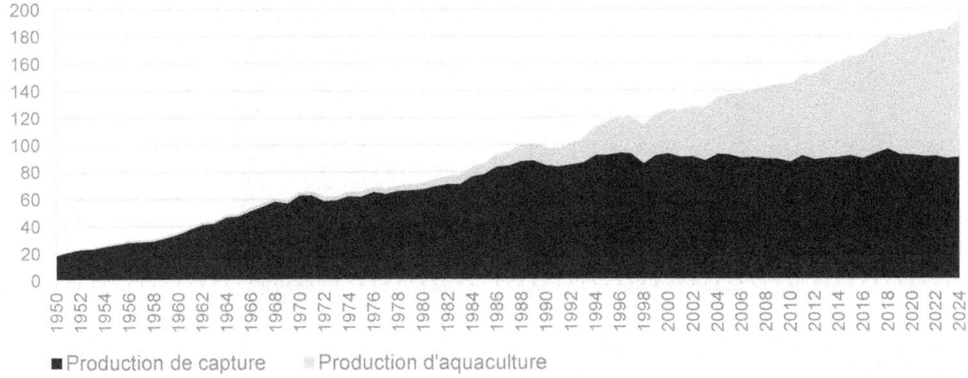

(Sources : FAO FISHSTATJ 2025 et données extraites de Food Outlook 2024)

Les nouveaux tarifs douaniers ont un impact sur le marché des fruits de mer, et ce ne sont pas seulement les nouveaux tarifs américains qui préoccupent le marché. La Chine prévoit d'imposer des droits de douane de 25 % sur les produits de la mer canadiens en réponse à la surtaxe canadienne de 100 % sur tous les véhicules électriques fabriqués en Chine et de 25 % sur l'acier et l'aluminium. Ces droits sont en vigueur depuis le 20 mars 2025, y compris sur le homard, l'un des principaux articles exportés du Canada vers le marché chinois. L'administration Trump a annoncé son intention d'imposer des droits de douane de 25 % sur les importations de produits de la mer en provenance de l'Union européenne dans le cadre de son programme plus large de politique commerciale. Cette décision s'inscrit dans le cadre d'une stratégie visant à lutter contre ce que l'administration considère comme des pratiques commerciales déloyales et à promouvoir des « tarifs réciproques ». L'Union européenne a indiqué qu'elle réagirait fermement à ces mesures, ce qui pourrait aggraver les tensions commerciales. Les exportations totales de produits de la mer de l'Union européenne vers les États-Unis se sont élevées à $ 1,4 milliard en 2024, de sorte que les droits de douane potentiels sont de l'ordre de $ 300 millions, étant donné que certains produits de la mer sont déjà soumis à de faibles droits de douane. Les principaux pays exportateurs de produits de la mer vers le marché américain sont les Pays-Bas, l'Espagne, la Pologne, la Grèce et le Danemark. L'Union européenne importe des produits de la mer des États-Unis pour une valeur d'environ $ 1 milliard par an, de sorte que le déficit commercial des États-Unis est d'environ $ 400 millions.

Il faut dire que les droits de douane appliqués par l'Union européenne sont beaucoup plus élevés que ceux normalement appliqués par les États-Unis. Les droits de douane sur les fruits de mer dans l'Union européenne varient en fonction du produit et de son origine. Certains des tarifs les plus élevés sont appliqués aux produits de la mer transformés, tels que le thon en conserve et les crevettes préparées, qui peuvent être soumis à des droits de douane allant jusqu'à 20 % ou plus. Les droits de douane les plus élevés concernent le thon en conserve, avec 24 %. Les fruits de mer crus ou non transformés, comme le poisson ou les crustacés frais, sont souvent soumis à des droits de douane moins élevés, parfois même nuls, surtout s'ils sont importés dans le cadre d'accords commerciaux préférentiels ou de contingents tarifaires. Le thon congelé utilisé dans l'industrie européenne de transformation peut entrer dans l'Union en franchise de droits.

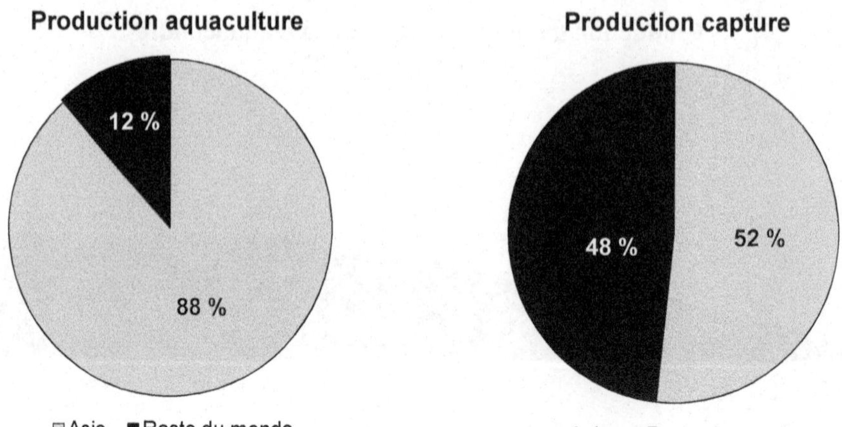

(Source : FAO FISHSTATJ 2025)

Production de poissons par pays
(en millions de tonnes)

	2016	2017	2018	2019	2020	2021	2022
Chine	61.6	62.2	62.2	62.5	62.9	65.2	65.9
Inde	10.9	11.7	12.4	13.2	14.1	14.4	15.7
Indonésie	11.4	12.2	12.6	12.9	12.1	12.7	12.7
Vietnam	6.7	7.1	7.5	7.9	8.0	8.3	8.7
Pérou	3.9	4.3	7.3	5.0	5.7	6.7	5.5
Russie	4.9	5.0	5.3	5.2	5.4	5.5	5.3
Bangladesh	3.9	4.1	4.3	4.4	4.5	4.6	4.8
États-Unis	5.3	5.5	5.2	5.3	4.6	4.7	4.7
Norvège	3.4	3.7	3.8	3.8	4.0	4.1	4.1
Chili	2.5	3.1	3.4	3.4	3.3	3.4	3.7
Japon	3.8	3.8	3.8	3.8	3.8	3.8	3.5
Birmanie	3.1	3.2	3.2	3.2	3.1	2.8	3.1
Philippines	2.8	2.7	2.9	2.9	2.8	2.8	2.6
Thaïlande	2.5	2.4	2.5	2.5	2.7	2.4	2.4
Autres	39.4	41.7	42.3	42.1	41.2	42.4	42.8
Total	**166.1**	**173.0**	**179.0**	**177.5**	**177.5**	**182.8**	**185.4**

(Source : FAO FISHSTATJ 2025)

PRODUITS AQUATIQUES

L'Asie est la principale région productrice de produits de la pêche, représentant près de 70 % de la production totale. Cependant, il existe des différences substantielles entre la production de l'aquaculture et celle de la pêche de capture. En ce qui concerne la production de capture, l'Asie représente 52 % de la production totale, tandis que, pour l'aquaculture, la part atteint le chiffre impressionnant de 90 %.

Les dix principaux producteurs de poissons sont restés les mêmes en 2022, comme les années précédentes. Le Pérou, la Russie et le Japon ont enregistré une production plus faible qu'en 2021,

Production de capture
(en millions de tonnes)

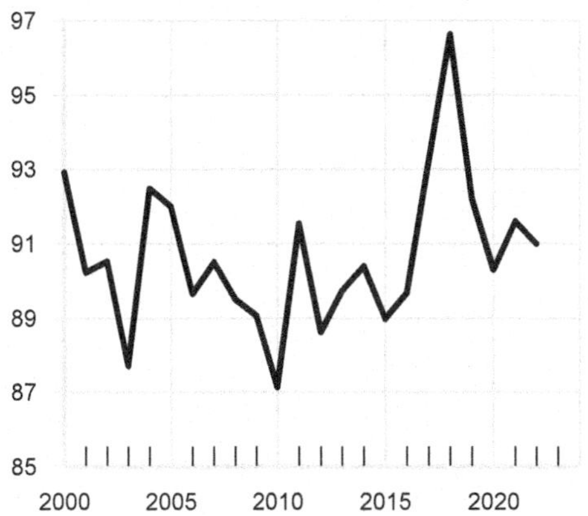

Production d'aquaculture
(en millions de tonnes)

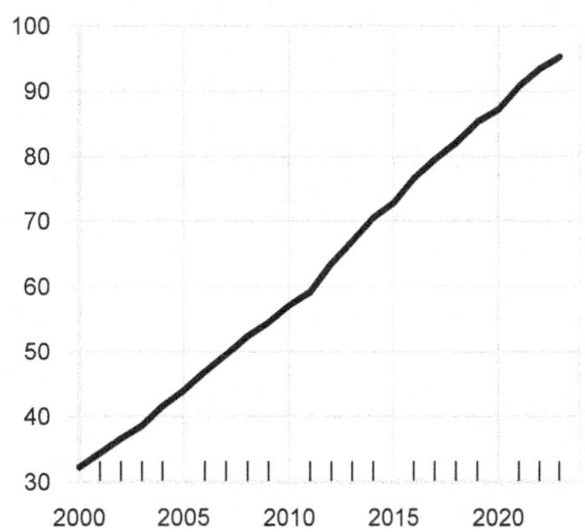

(Source : FISHSTATJ, 2025)

tandis que les sept autres pays ont connu une certaine croissance.

La Chine est de loin le principal producteur mondial, représentant à elle seule 33 % de la production mondiale totale. L'augmentation de la production chinoise est impressionnante, passant de 53,9 Mt en 2012 à 65,9 Mt en 2022. Cependant, il convient de noter que le taux de croissance a ralenti ces dernières années.

L'Inde est le deuxième plus grand producteur de poissons au monde avec 15,7 Mt. La production de crevettes d'élevage est l'un des moteurs de l'expansion de la production de produits de la mer indiens, ainsi que l'augmentation de la production aquacole de poissons d'eau douce.

L'Indonésie a produit environ 12,7 Mt en 2022, soit le même volume que l'année précédente. Contrairement à la Chine et à l'Inde, la pêche de capture représente encore la majeure partie de la production de poissons en Indonésie, avec 57 % de la production totale.

Le Vietnam est le quatrième producteur de poissons avec 8,7 Mt en 2022. Le pays affiche une croissance régulière de sa production halieutique. Le poisson-chat est devenu le principal produit, remplaçant les poissons de fond sauvages dans la production de produits à valeur ajoutée, ces derniers devenant trop coûteux pour le marché. L'aquaculture représente environ deux tiers de la production de poissons du Vietnam.

Le Pérou a enregistré une production plus faible en raison de l'impact du phénomène *El Niño*, avec 5,5 Mt contre 6,7 Mt en 2021.

La Norvège est le seul pays européen, à l'exception de la Russie (dont la majorité de la production provient de la partie asiatique), parmi les producteurs de poissons dépassant les 3 Mt par an. Malgré l'augmentation de la production de saumon, la pêche de capture représente encore les deux tiers de la production halieutique norvégienne.

Le Bangladesh connaît une croissance intéressante, sa production augmentant chaque année d'environ 100 000 tonnes, grâce à l'accroissement de la production aquacole. En 2022, la production totale de poissons du Bangladesh était de 4,8 Mt, dont 65 % provenant de l'aquaculture. Le Bangladesh a réussi à dépasser les États-Unis en 2022 et est désormais le septième producteur de poissons au monde.

La Russie a connu une certaine baisse de sa production halieutique en 2022, en partie due aux embargos sur le poisson russe aux États-Unis et en Europe à la suite du conflit en Ukraine.

La production de poissons de capture a continué de diminuer en 2022 en raison de l'effet d'*El Niño*, avec environ 600 000 tonnes de moins qu'en 2021. La pêche de capture totale s'est élevée à 91 Mt, le niveau le plus bas depuis six ans. Ce résultat est principalement dû à la baisse des captures d'anchois par le Pérou, mais plusieurs autres pays ont également signalé une diminution de leur production de capture.

En revanche, la production aquacole a augmenté dans tous les principaux pays producteurs. En 2024, ce secteur a pour la première fois enregistré une production dépassant les 100 Mt. L'aquaculture avait dépassé pour la première fois la production de la pêche de capture en 2021 : la croissance est continue depuis l'an 2000 et devrait se poursuivre de la même manière dans les années à venir. Cependant, le taux de croissance diminue quelque peu, passant d'environ 5 % par an au début de ce siècle à 2 % actuellement.

La Chine est de loin le principal pays producteur d'espèces aquacoles, représentant 56 % de la production aquacole totale. Ce pays augmente sa production d'environ 1 à 2 Mt chaque année. Même durant l'année du covid-19 en 2020, la production a augmenté de 600 000 tonnes par rapport à 2019. La carpe est de loin l'espèce la plus importante élevée en Chine, destinée au marché intérieur.

L'Inde est le deuxième plus grand producteur de produits aquacoles, mais ne représente que 11 % de la production aquacole mondiale totale. L'Inde se concentre sur des espèces de grande valeur, telles que la crevette. En 2022, la production aquacole indienne a atteint 10,2 Mt. En 2023 et 2024, cependant, la faible demande de crevettes sur le marché mondial a entraîné une baisse de la production de crevettes d'élevage en Inde.

L'Indonésie, le Vietnam et le Bangladesh produisent tous plus de 2 Mt de produits aquacoles par an. Il est intéressant de noter que, parmi les vingt principaux pays producteurs, seuls 8 sont situés en dehors de l'Asie. La Norvège et l'Espagne sont les seuls pays européens de ce groupe. En dehors de ce groupe de grands producteurs, la production de produits aquacoles est très faible, et le reste du monde ne représente que 5 % de la production, sans véritable croissance ces dernières années.

Les espèces d'eau douce sont les principales espèces produites par l'aquaculture, notamment les carpes, le tilapia et le poisson-chat. Ces trois groupes d'espèces représentent environ 42 % de la production aquacole mondiale, une part restée stable au cours des sept dernières années. Les mollusques, principalement les moules, les pétoncles, les huîtres et les palourdes, constituent le deuxième groupe le plus important avec 18 % du total. Les crevettes ont pris de plus en plus d'importance et représentent désormais 9 % de la production aquacole mondiale totale. Il s'agit principalement de *Penaeus vannamei*, une espèce à croissance rapide, résistante aux principales maladies affectant d'autres espèces de crevettes. Cette espèce de crevette exotique est originaire de l'est du Pacifique, mais se trouve désormais introduite dans pratiquement tous les pays du monde.

Baisse du commerce mondial du poisson en 2024

Le commerce des produits de la pêche a diminué en 2024 en raison de divers facteurs, notamment la baisse de la demande dans les prin-

Exportations de produits de la pêche

(en millions de dollars)

	2018	2019	2020	2021	2022	2023	2024
Chine	21 544	20 082	18 487	21 100	22 350	19 800	20 180
Norvège	11 757	11 719	10 770	13 400	15 900	15 980	15 980
Équateur	4 805	5 450	5 359	6 800	8 100	9 000	9 200
Vietnam	8 900	9 200	8 700	9 800	10 000	8 000	8 300
Chili	6 261	6 136	5 318	6 800	7 200	8 800	7 800
Inde	6 786	6 761	5 736	7 300	7 700	7 600	7 200
Canada	5 382	5 644	4 833	6 200	6 600	7 600	6 500
Pays-Bas	5 536	5 571	5 384	6 000	6 500	6 800	5 900
Thaïlande	5 814	5 602	5 426	5 400	5 500	5 200	5 600
Espagne	5 140	4 750	4 497	5 400	5 700	5 900	5 400
Indonésie	4 469	4 493	4 823	5 200	5 500	5 300	5 100
États-Unis	5 634	5 252	4 385	5 300	5 600	5 600	4 900
Russie	4 360	4 733	4 723	5 800	5 300	5 000	4 800
Suède	4 873	4 520	4 385	4 600	5 000	5 700	5 600
Danemark	4 449	4 252	4 111	4 400	4 600	5 000	4 300
Pologne	2 493	2 484	2 644	2 800	2 900	3 400	3 100
Islande	2 042	2 144	2 033	2 600	2 800	2 900	2 900
Maroc	2 118	2 018	2 074	2 800	3 000	3 000	2 600
Royaume-Uni et d'Irlande du Nord	2 387	2 576	2 097	2100	2 100	2 200	2 300
Allemagne	2 707	2 469	2 395	2 400	2 500	2 700	2 100
Autres	32 796	31 390	27 959	45 700	46 200	43 200	41 200
Total	**150 252**	**147 103**	**135 989**	**173 300**	**178 100**	**178 680**	**170 960**

(Sources : Global Trade Tracker 2025 et estimations de l'auteur)

cipaux pays importateurs, tels que les États-Unis et l'Union européenne. La Chine est restée le principal exportateur de produits de la pêche et a réussi à augmenter la valeur de ses exportations à $ 20,2 milliards, soit 2 % de plus qu'en 2023.

La Norvège est le deuxième plus grand exportateur de poissons comestibles, principalement de saumon atlantique d'élevage. Ce pays a enregistré des exportations stables en 2024, atteignant $ 16 milliards. L'Équateur est le troisième pays exportateur de produits de la mer, grâce exclusivement à ses fortes exportations de crevettes. Le pays a réussi à exporter des produits de la mer pour une valeur de $ 9,2 milliards en 2024, soit une hausse de 2 % par rapport à 2023, malgré la baisse des prix des crevettes sur le marché mondial. Le Vietnam, quatrième exportateur majeur, a réussi à augmenter ses exportations de produits de la mer de 4 % en 2024, atteignant $ 8,3 milliards. Les exportateurs suivants ont tous signalé des valeurs d'exportation en baisse en 2024 : le Chili (– 12 %), l'Inde (– 5 %), le Canada (– 14 %) et les Pays-Bas (– 13 %).

Les importations totales ont évidemment reflété les performances des exportations de produits de la mer. La valeur totale est estimée à $ 164 milliards en 2024, soit une baisse d'environ $ 7 milliards par rapport à 2023 et de $ 21 milliards par rapport à 2021. Les États-Unis sont restés le principal pays importateur, mais ont enregistré une baisse de la valeur des importations. La valeur des importations américaines s'est élevée à $ 26,6 milliards en 2024, soit une légère diminution (– $ 0,3 milliard) par rapport à 2023, mais une baisse substantielle (– $ 3,2 milliards) par rapport à 2022. Le marché américain a suivi la tendance de nombreux autres grands pays importateurs, tous achetant moins de produits de la mer.

La Chine est le deuxième plus grand importateur et a également enregistré une baisse de ses importations par rapport aux chiffres de 2023 (– 3 %), avec $ 22,3 milliards. Les importations de crevettes ont légèrement diminué, tout comme celles de colin d'Alaska, dans l'attente que l'interdiction de l'Union européenne sur les produits en provenance

Importations de produits de la pêche
(en millions de dollars)

	2018	2019	2020	2021	2022	2023	2024
États-Unis	22 368	21 909	22 790	29 900	29 800	26 900	26 600
Chine	11 916	17 688	14 388	17 100	23 140	23 000	22 350
Japon	15 038	15 129	13 180	14 030	15 300	13 645	12 900
Espagne	8 833	8 286	7 306	8 830	9 538	9 200	9 400
France	7 012	6 671	6 430	7 800	8 148	7 800	7 700
Italie	7 016	6 620	6 140	6 800	8 000	7 900	8 000
Allemagne	6 175	5 975	6 163	6 200	6 766	6 600	6 200
Suède	5 648	5 276	5 076	5 900	6 100	6 400	6 100
Corée du Sud	5 794	5 431	5 370	5 858	6 650	6 050	5 670
Pays-Bas	4 429	4 390	4 500	4 900	5 500	5 500	5 500
Royaume-Uni et d'Irlande du Nord	4 126	4 227	4 370	4 676	4 870	4 700	4 500
Thaïlande	3 857	3 597	3 640	3 600	4 400	4 000	4 000
Autres	43 596	40 546	47 147	55 206	55 240	49 880	45 000
Total	**145 808**	**145 745**	**146 500**	**170 800**	**185 000**	**171 575**	**163 920**

(Sources : Global Trade Tracker 2025 et estimations de l'auteur)

de Russie puisse être étendue aux pays tiers qui retraitent ces produits. Au total, on remarquera donc que le solde commercial chinois est négatif.

Le Japon, désormais troisième plus grand importateur de poissons, a connu une nouvelle baisse de 5 % de ses importations, atteignant $ 12,9 milliards en 2024. En tant que groupe, l'UE à 27 est le principal importateur de poissons, même si aucun de ses États membres pris individuellement n'atteint les niveaux des États-Unis, de la Chine ou du Japon. L'Union européenne représente environ 35 % de la valeur totale des importations mondiales de poissons. Les principaux importateurs de produits de la pêche de l'Union européenne (Espagne, France et Allemagne) ont tous signalé une baisse des importations en 2024. L'Italie fait exception, avec une légère augmentation des importations grâce à la situation économique globalement favorable du pays.

La production mondiale de crevettes d'élevage se poursuit en 2024

La demande de crevettes est restée faible pendant la majeure partie de l'année 2024. La crevette est généralement considérée comme un bon indicateur de la performance économique d'un pays, ce qui reflète une année difficile pour de nombreuses économies occidentales, mais aussi pour la Chine. Quelques améliorations timides ont été observées durant la période de Noël 2024 en Europe et aux États-Unis, où la demande est soudainement devenue forte. Il reste à voir si la nouvelle administration aux États-Unis favorisera une meilleure croissance économique et, potentiellement, une demande plus soutenue de crevettes.

En 2024, la production mondiale de crevettes d'élevage en milieu marin et en eaux saumâtres a été inférieure à celle de 2023. La crevette *Vannamei* a continué de dominer l'offre, bien que dans une tendance à la baisse. Cette diminution est attribuée à la politique de faible ensemencement de *Vannamei* adoptée dans de nombreux pays producteurs d'Asie (Inde, Indonésie, Vietnam et Birmanie), ainsi qu'à une préférence croissante pour l'élevage de la crevette tigre noire (*Penaeus monodon*), offrant de meilleurs rendements financiers.

En Chine, où la production de *Vannamei* issue du secteur de l'aquaculture en serre a ralenti en 2024, le volume total des récoltes devrait avoisiner 800 000 tonnes, contre 1 Mt produite en 2023.

En novembre 2022, les prix des crevettes sur le marché international ont commencé à baisser et cette tendance s'est poursuivie pendant la majeure partie de 2023 et 2024. Ce n'est qu'à la fin de l'année que des ajustements à la hausse des prix ont été observés, en raison d'une offre réduite dans la plupart des pays, les prix étant inférieurs aux coûts de production.

Production mondiale de crevettes
(en millions de tonnes)

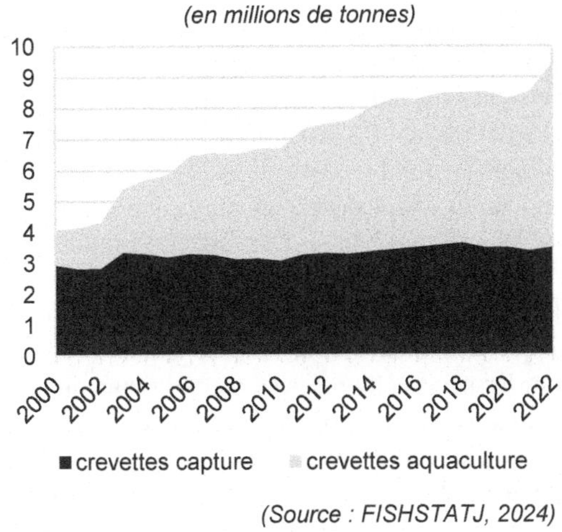

(Source : FISHSTATJ, 2024)

Prix de la crevette argentine
(en euros/kg)

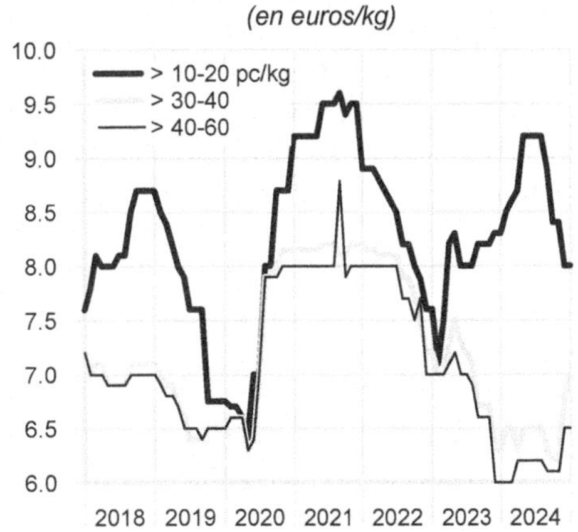

(Source : FAO GLOBEFISH)

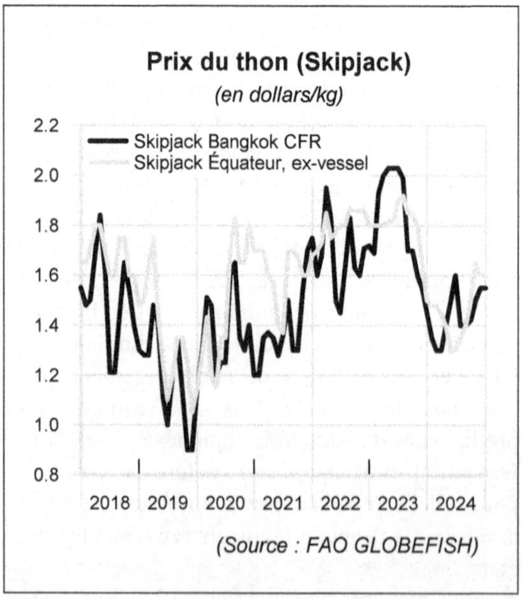

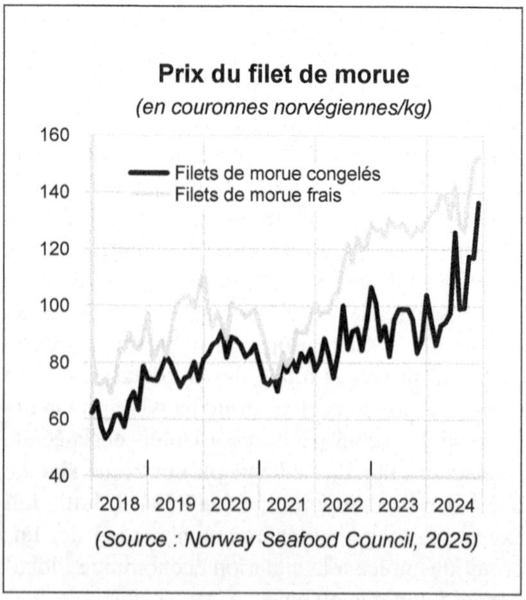

Demande plus faible pour le thon en conserve, mais bonne demande de thon frais

La demande est restée faible pour le thon en conserve, en particulier sur le marché européen, tandis que dans les marchés émergents, c'est-à-dire en Corée du Sud, en Chine, en Thaïlande, en Malaisie, à Singapour et à Hong Kong, la demande de thon de qualité sashimi est en hausse dans le secteur hôtelier, de la restauration et des services de traiteur.

Du côté de l'offre, les captures de thon ont été bonnes en 2024, grâce à la baisse des coûts du carburant. Les prix des matières premières ont commencé à baisser à la mi-2023 et se sont stabilisés au cours de 2024. La faible demande de thon en conserve à la fin de l'année est une caractéristique normale des marchés occidentaux, car, pendant la saison des fêtes (Noël et le Nouvel An), la consommation d'autres protéines de valeur supérieure (thon frais, crevettes, saumon) augmente généralement.

Les prix des matières premières du thon devraient augmenter en 2025, car les prix du carburant pourraient augmenter. En revanche, la demande de thon en conserve devrait rester faible dans les mois à venir, ce qui entraînera des problèmes majeurs pour les conserveurs de thon dans le monde.

Les ressources de morue sont en difficulté

En raison d'une réduction de 20 % des quotas de morue dans la mer de Barents en 2024, les approvisionnements en morue seront très limités, et les prix pourraient encore augmenter. Il est intéressant de noter qu'en raison des prix élevés de la morue sauvage, la morue d'élevage devient soudainement attractive sur le marché, alors que, pendant plusieurs années, les coûts de production étaient trop élevés. La Norvège produit environ 12 000 tonnes de morue d'élevage par an et devrait augmenter sa production dans les années à venir.

Les réductions de quotas ont contribué à la hausse des prix pour les espèces de poissons de fond sauvages importantes. La seule exception a été le merlan d'Alaska, la principale espèce de poisson de fond pêchée dans le monde, dont la production a considérablement augmenté tandis que les prix ont baissé. Cependant, le quota pour le merlan d'Alaska russe devrait être plus bas en 2025, ce qui devrait entraîner une diminution de l'approvisionnement sur le marché, en particulier pour les usines chinoises de reconditionnement.

Les prix des poissons de fond continuent d'augmenter pour les espèces à plus forte valeur ajoutée, telles que la morue et le merlan. Les prix de la morue en Norvège étaient de 136,54 NOK par kg pour les filets congelés et de 152,43 NOK par kg pour les filets frais. Ces prix se comparent respectivement à 88,21 NOK par kg et 126,60 NOK par kg en décembre 2023. En janvier 2025, la morue fraîche CIF Italie se vendait à $ 10,00 par kg, contre $ 7,80 seulement un an plus tôt. Ces hausses de prix considérables rendent l'élevage de morue un secteur rentable après des années de difficultés financières.

Les perspectives pour les poissons de fond sauvages sont difficiles, avec des réductions de quotas pour toutes les principales espèces, y compris le merlu d'Amérique latine et le merlan d'Alaska russe. Les prix continuent d'augmenter, mais la demande continue des consommateurs semble indiquer une acceptation du fait que la qualité du produit sauvage justifie ces prix élevés. Les chaînes de restauration rapide utilisant des poissons de fond ont déjà remplacé le poisson sauvage par d'autres espèces, telles que le poisson-chat, ainsi que le merlan d'Alaska et la morue du Pacifique.

Le commerce des poissons de fond devrait diminuer en 2025, en particulier en ce qui concerne les quantités échangées, tandis que la valeur totale du commerce pourrait même augmenter, en raison des hausses de prix mentionnées ci-dessus. La Russie devrait connaître une baisse de ses exportations de merlan d'Alaska entier congelé en raison des quotas réduits et aussi en raison d'une réorientation de la demande chinoise loin des produits russes.

Réduction des quotas de petits pélagiques et augmentation des prix

Les ressources pélagiques de la mer du Nord ont été surexploitées pendant des années, et les chercheurs appellent désormais à une réduction majeure des quotas. Cependant, comme il n'existe pas d'accords de partage des quotas, il est prévu que les pays côtiers définissent à nouveau leurs quotas unilatéraux, et que la surpêche se poursuive.

Depuis plusieurs années, les États côtiers partageant les ressources pélagiques petites de la mer du Nord n'ont pas pu parvenir à des accords de partage des quotas. Au lieu de cela, ils définissent leurs propres quotas unilatéraux, qui ensemble dépassent le total recommandé par le Conseil international pour l'exploration de la mer (CIEM). Par exemple, en 2023, les captures de maquereaux et de harengs dans la région ont respectivement dépassé les recommandations du CIEM de 35 % et 33 %.

Il est évident que cela ne peut pas continuer. Les stocks de petits pélagiques de la mer du Nord commencent déjà à montrer des signes de danger. Pendant ce temps, le CIEM continue de recommander des réductions.

Le CIEM a recommandé une réduction de 22 % du quota de maquereau de la mer du Nord, passant de 739386 tonnes en 2024 à 576958 tonnes en 2025. Il s'agit de la recommandation de quota la plus basse depuis 2013. Mais, comme mentionné ci-dessus, puisqu'aucun accord international de répartition des quotas n'a été conclu, on peut s'attendre à ce que les captures totales soient beaucoup plus élevées. Le CIEM estime qu'elles pourraient dépasser 954 000 tonnes.

La population reproductrice est maintenant dangereusement basse. D'une estimation de plus de 7 Mt en 2014, on pense que la population reproductrice a chuté à seulement 2,8 Mt en 2024.

Les stocks de maquereau de l'Atlantique au Canada sont également en mauvais état. Selon le ministère des Pêches et des Océans (MPO), il faudrait presque dix ans pour reconstituer les stocks jusqu'à un niveau où ils pourraient être remontés dans la « zone prudente », même si la récolte annuelle reste à zéro, sans aucune pêche commerciale, d'appât ou récréative.

Les indications montrent que le secteur des petits pélagiques de la mer du Nord est en voie de difficulté. Les ressources continuent d'être surexploitées, et il est douteux que les quotas unilatéraux soient même respectés. Ceux de l'industrie se souviennent des années 1970, lorsque la pêche au hareng en mer du Nord a été interdite pendant plusieurs années pendant que les stocks se reconstruisaient. Un épisode similaire est-il en préparation ? Ou bien les observations récentes de grandes quantités de jeunes harengs en mer de Barents sont-elles un signe que la ressource est en train de se redresser ? Il est peut-être trop tôt pour prédire l'état de santé du secteur.

En Amérique du Sud, les perspectives pour le secteur du chinchard au Pérou sont beaucoup plus prometteuses. Bien que la majeure partie du volume soit destinée à la réduction (pour la farine de poisson et l'huile de poisson), la part allouée à la consommation humaine continuera d'augmenter.

Augmentation de l'offre de poulpes en 2025

En décembre 2024, le Maroc a annoncé son quota de poulpe pour 2025. Fixé à 28 800 tonnes, ce quota représente une augmentation de 23,6 % par rapport à 2024, et les perspectives de pêche sont décrites comme étant favorables pour la saison débutant le 1er janvier 2025. En Mauritanie, la saison de pêche au poulpe a commencé le 1er décembre 2024, avec des premières récoltes prometteuses. Néanmoins, les captures lentes pendant la saison estivale ont conduit à un maintien des prix élevés au Maroc et en Mauritanie en raison de l'augmentation des coûts associés à l'approvisionnement en matières premières et à la transformation. Le Maroc et la Mauritanie approvisionnent principalement l'Union européenne et le Royaume-Uni.

La Commission européenne a négocié un nouveau Protocole d'application de l'Accord de Partenariat de Pêche (APP) de l'Union européenne avec la Guinée-Bissau. L'ancien Protocole a expiré le 14 juin 2024. Cela garantit la continuité des activités de pêche de l'Union européenne, car les quotas pour les chalutiers de céphalopodes dans les eaux de la Guinée-Bissau restent les mêmes pour les cinq prochaines années jusqu'en 2029.

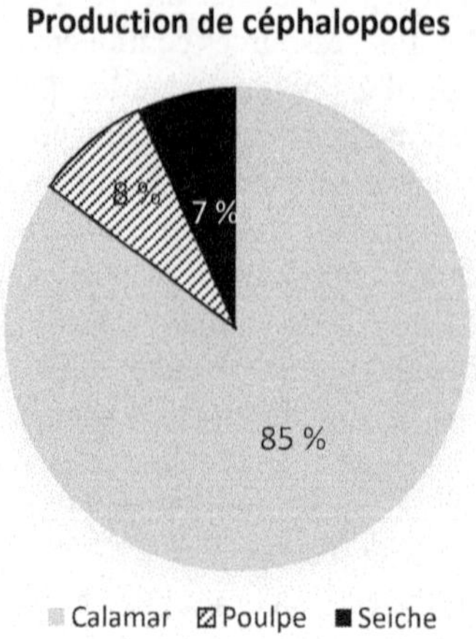

(Source : FISHSTATJ, 2025)

Le quota de pêche au calmar du Japon pour 2025 a été réduit à 19 200 tonnes, reflétant la nécessité de pratiques de pêche durables, comme l'a souligné un récent rapport d'évaluation.

Le Pérou lutte contre les conséquences des pratiques de pêche illégale, non déclarée et non réglementée (INN) par des navires étrangers, qui auraient entraîné une chute estimée à 40-50 % des valeurs et une baisse encore plus marquée des volumes de captures de calmars. L'administration péruvienne propose de déployer de nouvelles réglementations par le biais d'un décret d'urgence afin de renforcer le contrôle et la supervision des activités de pêche pour lutter contre la pêche INN. La production de calmar en Argentine a été forte en 2025, après plusieurs années difficiles. Les prix globaux des calamars ont commencé à baisser à la mi-2024 et ont continué depuis.

Le commerce international pourrait redémarrer en 2025 à mesure que les opérations de pêche reprennent tant pour les calmars que pour les poulpes. Le marché mondial du calmar pourrait connaître des fluctuations continues des prix, influencées par des facteurs dynamiques d'offre et de demande. En même temps, l'augmentation des coûts des matières premières et du transport pourrait entraîner des hausses de prix pour les calmars et les poulpes. Un plus grand accent sur la gestion des stocks et la durabilité, couplé à des actions réglementaires, devrait affecter leur production et leur commerce au cours de la période à venir. À mesure que l'approvisionnement mondial en calmars se redresse, en particulier avec la reprise de la pêche dans le Pacifique Sud-Est et les captures continues et fortes dans l'Atlantique Sud-Ouest, les conditions de marché tendues pourraient se relâcher, ce qui pourrait entraîner une baisse des prix après le Nouvel An chinois (Fête du Printemps) en 2025.

La production de saumon augmente en 2024 en raison d'une bonne demande

Le marché du saumon en 2024 a connu une croissance robuste, la taille du marché devant passer de $ 26,81 milliards en 2023 à $ 28,6 milliards en 2024. Cette croissance a été stimulée par plusieurs facteurs, notamment la demande croissante de régimes riches en protéines, les progrès de la

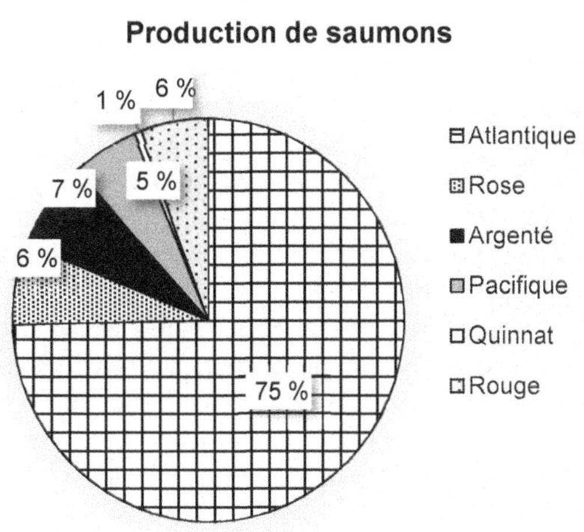

(Source : FISHSTATJ, 2025)

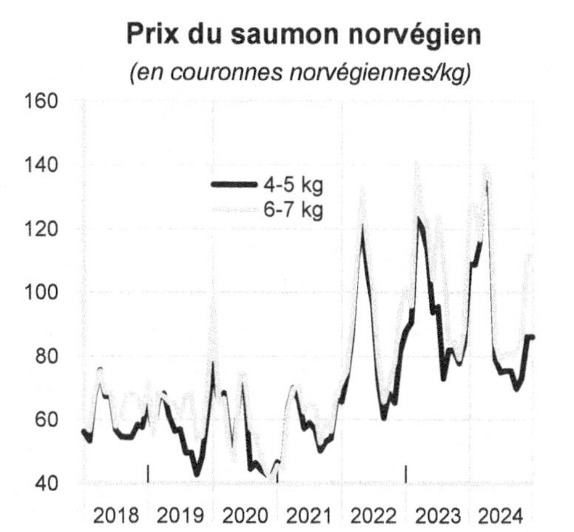

(Source : FAO GLOBEFISH)

technologie aquacole, la popularité croissante des sushis et la consommation mondiale de fruits de mer ainsi que l'expansion des plates-formes de commerce en ligne pour les fruits de mer.

À l'avenir, le marché du saumon devrait poursuivre sa forte trajectoire de croissance, atteignant $ 37,17 milliards d'ici 2028, avec un taux de croissance annuel moyen de 6,8 %. Les principales tendances sont l'adoption de pratiques d'aquaculture durables, de sources d'alimentation alternatives, de programmes de sélection génétique avancés et de technologies d'aquaculture de précision.

La Norvège est le principal acteur de la production de saumon d'élevage. En 2024, la Norvège a produit environ 1,3 Mt de saumon d'élevage. Il s'agit d'une augmentation significative par rapport aux années précédentes, due à des conditions biologiques favorables, à l'amélioration de l'efficacité de l'alimentation et à une forte demande mondiale.

La production de saumon atlantique au Chili – deuxième producteur mondial – a diminué de 5 %, passant de 765 000 tonnes en 2023 à 727 000 tonnes en 2024. Selon les prévisions, la production devrait encore se contracter en 2025, de 1,5 %, pour atteindre 716 000 tonnes, avant de remonter à 730 000 tonnes l'année suivante. En 2024, le Chili a produit environ 62 000 tonnes de saumon coho. Il s'agit d'une baisse par rapport aux années précédentes, principalement due à une augmentation de la mortalité des poissons et à des problèmes biologiques.

En 2024, la production de saumon de l'Alaska a connu un déclin important. La pêche commerciale totale de saumon était d'environ 101,2 millions de poissons, soit une baisse de 56 % par rapport à la récolte de l'année précédente, qui s'élevait à 232,2 millions de poissons. La valeur de la récolte de 2024 a été d'environ $ 304 millions, contre $ 398 millions en 2023. La production de saumon rouge s'est élevée à 42 millions de poissons, représentant 68 % de la valeur totale, soit $ 206,7 millions. La production de saumon rose s'est élevée à 40 millions de poissons, soit 9 % de la valeur totale ($ 28,2 millions). Les conditions du marché ont eu un impact significatif sur le prix et la valeur globale de la récolte de saumon. La baisse des volumes récoltés et la taille réduite des poissons ont contribué à la diminution de la production.

L'Italie reste le principal marché pour le bar et la dorade

L'Italie est le plus grand marché du monde pour le bar et la dorade. En 2024, les importations de ces deux espèces sont restées stables à 75 000 tonnes. La dorade est la principale espèce importée, avec environ 60 % du commerce total. La Grèce et la Turquie sont les principaux pays exportateurs vers le marché italien. La Grèce représente 50 % des importations italiennes des deux espèces, tandis que la Turquie exporte environ la moitié des exportations grecques.

L'écart de prix entre le poisson d'élevage turc et le poisson d'autres origines reste important et a largement contribué à sa popularité continue et croissante sur les marchés européens. En revanche, les consommateurs italiens paient un prix plus élevé pour le bar et la dorade provenant d'Italie. Les espèces de qualité supérieure provenant d'Orbetello se vendent à un prix environ deux fois supérieur à celui du bar et de la dorade importés.

Les prix sont restés stables au cours de l'année 2024, après les hausses de prix enregistrées au milieu de l'année 2023. Il est intéressant de noter que le prix à l'importation de la daurade est plus élevé que celui du bar, mais que, dans les magasins de détail, le bar se vend environ € 1 par kg de plus que la dorade.

La demande de bivalves est excellente en 2024

Les mois d'été 2024 ont connu d'excellentes conditions de marché pour les bivalves. En Italie, l'offre de palourdes est faible et le pays doit importer d'énormes quantités, principalement du Portugal. La production de moules a été bonne en France en 2024. Cependant, les alertes sanitaires au norovirus dans les huîtres en France et aux États-Unis ont suscité la résistance des consommateurs, précisément au moment où la période de consommation est normalement la plus élevée. Le marché de la coquille Saint-Jacques a été affecté par l'interdiction chinoise d'importer des produits de la mer en provenance du Japon, ce qui a entraîné une baisse des prix de ce produit.

Le commerce mondial de moules en 2024 a été à peu près stable par rapport aux niveaux de 2023, avec environ 400 000 tonnes. Le Chili est de loin le principal exportateur de moules et vend surtout à l'Espagne pour l'industrie de la conserve de ce pays. Du côté des importateurs, la France et l'Italie sont les principaux pays importateurs, suivis par les États-Unis. La saison des moules bouchot en France (appelées ainsi parce qu'elles sont cultivées sur des pieux en bois appelés « bouchots », qui sont enfoncés dans le sable) varie d'une année à l'autre, mais elle s'étend généralement de juillet à février. Ensuite, c'est la période de reproduction. En janvier 2025, il y avait encore beaucoup de moules sur le marché, car les ventes ont été retardées en 2024 et la consommation n'a pas été tout à fait à la hauteur des attentes. Ainsi, même si le rendement a été bon et la qualité optimale, il y a encore du stock à vendre. Cela aura un impact sur la prochaine campagne, car cela implique un retard

(Source : FAO GLOBEFISH)

(Source : FAO GLOBEFISH)

dans le réensemencement. La Normandie est le premier producteur de moules de bouchot, notamment le département de la Manche où l'on compte plus de 280 km de bouchots, ce qui représente une production d'environ 16 000 tonnes par an.

L'Espagne a connu une année de production de moules positive en 2024, après plusieurs années de baisse de la production. En outre, la qualité des moules collectées a été meilleure que les années précédentes, probablement en raison de conditions météorologiques plus favorables à la croissance des moules que les conditions extrêmes rencontrées en 2022 et 2023. Néanmoins, 2024 a été la troisième année la plus chaude depuis plus de soixante ans en Galice, avec des températures moyennes de 14,7 °C, soit 1,1 °C de plus que la moyenne attendue. L'année a également connu une augmentation de 14 % des précipitations, avec plusieurs mois de très fortes précipitations. Le secteur des moules envisage l'avenir avec optimisme, la demande étant apparemment très forte.

La France est le principal pays producteur d'huîtres en Europe. Comme en décembre 2023, une épidémie de norovirus a été signalée un an plus tard, en décembre 2024. Cette épidémie a entraîné une interdiction temporaire de la vente des huîtres du bassin d'Arcachon et d'autres régions, provoquant une baisse significative des ventes. Aux États-Unis également, des cas de contamination d'huîtres par des norovirus ont été signalés et la vente d'huîtres a été interdite dans plusieurs régions.

Selon le Comité national français de la conchyliculture, environ 70 % des 130 000 tonnes d'huîtres consommées annuellement en France le sont à l'occasion des fêtes de fin d'année, notamment à Noël. L'annonce, deux années de suite, d'interdictions locales de consommation a entraîné une baisse substantielle de la demande des consommateurs dans une période qui est normalement celle des meilleures ventes. En conséquence, les trois premiers trimestres de l'année 2024 ont été marqués par une consommation limitée d'huîtres, même si moins de 10 % de la production française a été potentiellement impactée.

Les exportations japonaises de coquilles Saint-Jacques ont été gravement affectées par l'interdiction chinoise d'importer des produits de la mer en provenance du Japon à la suite de la décision de ce dernier de rejeter en mer, en août 2023, des eaux usées radioactives traitées provenant de la centrale nucléaire endommagée de Fukushima Daiichi. En conséquence, les exportations japonaises de coquilles Saint-Jacques en 2024 ont diminué de 20 000 tonnes, mais le Japon est resté cette année-là le plus grand exportateur de coquilles Saint-Jacques au monde. En janvier 2025, les autorités japonaises ont de nouveau demandé la levée de l'interdiction. En 2024, le Vietnam est devenu le premier importateur de coquilles Saint-Jacques en provenance du Japon, dépassant les États-Unis. Il est probable qu'une partie de ces coquilles Saint-Jacques se soit retrouvée sur le marché chinois.

L'impact du crabe bleu sur la production de palourdes en Italie a été très important. Depuis le printemps 2023 et jusqu'à aujourd'hui, la production de palourdes a été pratiquement nulle en Vénétie et en Émilie. En outre, la population indigène de palourdes sauvages (*Venus verrucose*), qui avait survécu jusqu'à récemment, a été décimée par la vague de mucilage qui a frappé toute la bande côtière de l'Adriatique durant l'été 2024.

La production de farine de poisson est forte en 2024

En 2024, la production mondiale de farine de poisson a connu une tendance positive, avec une augmentation de près de 23 % de la production cumulée par rapport à 2023. Cette croissance a été principalement tirée par les fortes saisons d'anchois du Pérou, qui ont atteint un niveau record en raison de la fin du phénomène *El Niño*. Les deux quotas de capture annuels dans la région cruciale du centre nord du Pérou ont été fixés à près de 5 Mt, ce qui représente une augmentation substantielle par rapport au 1,3 Mt récolté en 2023. Cependant, malgré la disponibilité accrue de matières premières pour la réduction, les rendements en huile de poisson des captures péruviennes sont restés faibles. Les réserves d'huile de poisson existantes ont été largement épuisées, ce qui a entraîné une tension continue sur le marché.

Cependant, toutes les régions n'ont pas connu de croissance. Par exemple, la production de farine de poisson en Chine est restée faible en raison de la diminution des captures sauvages et de

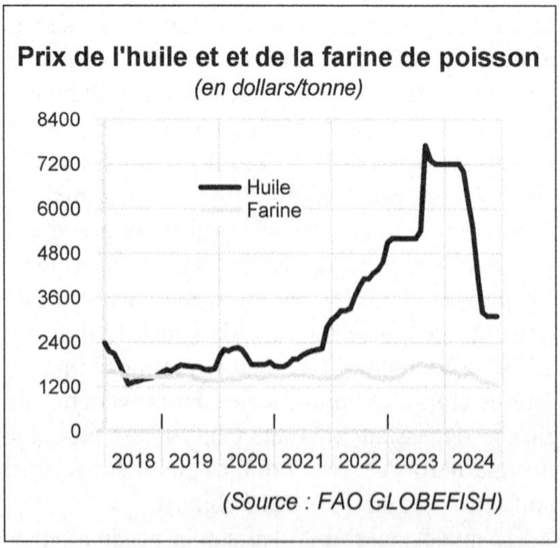

l'interdiction de pêche imposée de mai à septembre.

Dans l'ensemble, les perspectives de la production mondiale de farine de poisson en 2024 étaient positives, grâce à la contribution significative du Pérou.

Les fortes captures au Pérou ont entraîné une augmentation des échanges en 2024. Environ 200 000 tonnes supplémentaires de farine de poisson sont entrées dans le commerce international en 2024. Les exportations d'huile de poisson ont également connu un léger rebond. La Chine reste le principal marché pour la farine de poisson péruvienne, absorbant 90 % des exportations.

Le Chili, deuxième exportateur de farine de poisson, a vu ses exportations augmenter de 5 % en 2024. La Norvège, premier importateur d'huile de poisson et deuxième imprtateur de farine de poisson, a connu une baisse régulière de ses importations, en raison du remplacement de ces produits dans l'industrie de l'élevage du saumon. L'Islande a dépassé le Danemark en tant que premier fournisseur de farine de poisson à la Norvège, bien que le Danemark reste la première source d'huile de poisson.

Les prix des farines de poisson ont baissé au cours de l'année 2024, pour atteindre $ 1 250 la tonne en décembre 2024, soit $ 500 la tonne de moins qu'un an plus tôt. Les prix de l'huile de poisson, qui avaient atteint le niveau record de $ 7 700 la tonne en septembre 2023, ont baissé à $ 3 100 la tonne en décembre 2024.

- V -

Produits forestiers

- Bois tempérés
- Bois tropicaux
- Pâtes et papier-carton
- Papiers et cartons à recycler

PAPREC
Photo©Edouard Mazaré
LES QUALITÉS DES MATIÈRES RECYCLÉES PAPREC
SONT RECONNUES DANS 65 PAYS
PAPREC
RECYCLAGE

Bois tempérés : *ces barrières qu'on élève*

Comment encore oser la stratégie par des temps incertains, fragmentés et violentés par tant d'à-coups ? C'est la question que se sont posée les dirigeants du secteur forêt-bois en 2024. Le produit bois, brinquebalé, entre le « grand jeu » géopolitique et les autres tempos spéculatifs est, comme bien d'autres matières premières, victime de l'improbabilité des temps traversés. Il y a peu encore, la « main invisible du marché » combinait croissance chinoise, indice de confiance européen, mises en logements aux États-Unis, puis, taux de change. Coûts des soutes et des containers venaient également se mêler pour donner sinon des certitudes du moins une tendance. À partir de ces éléments, il y avait alors moyen de dessiner une ligne ou au moins une approche qui intégrait le complexe. Puis, des temps historiques confus sont venus balayer cet édifice précaire. Ces temps, à la fois d'affrontements et d'élévations de barrières, sont devenus la nouvelle norme. Durant 2024, l'industrie mondiale du bois a été confrontée à de nombreux défis dans un contexte de faible croissance dans des régions clés que sont la Chine, les États-Unis et l'Europe. La guerre russe en Ukraine, le retour de Trump au pouvoir, les bruits de bottes et les règnes des dictateurs mafieux, tous ces éléments perpétuent cet assombrissement du marché dans un monde scindé et fracassé. Les taux d'intérêt élevés, l'offre excédentaire et un secteur de la construction en difficulté ont été les principaux facteurs à l'origine de ce ralentissement, entraînant des fermetures de scieries et de sombres prévisions de marché.

Alors que le réchauffement climatique fragilise la ressource forestière, alors qu'il est de plus en plus malaisé de recruter des personnels prêts à travailler en forêt, dans les usines et la logistique, alors que les indices de construction sont au rouge dans la plupart des pays, le matériau bois reste celui de la décarbonation. Tôt ou tard il faudra mobiliser le noble matériau, que ce soit en 2025 ou 2026. À ce moment-là, un manque criant de disponibilité se fera sentir.

Évolution de l'index de fret mondial Drewry WCI sur 10 ans

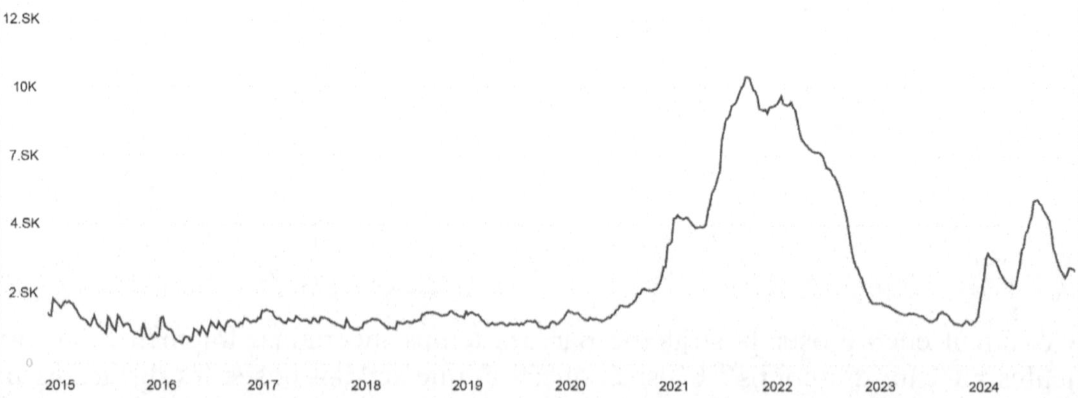

(Source : MacroMicro)

Logistique

Pendant la pandémie, les tarifs des conteneurs avaient grimpé en flèche, passant d'environ $ 1 000 par 40 pieds (de l'Asie à l'Europe) à $ 15 000. Après la pandémie, les tarifs ont baissé rapidement, laissant de nombreux importateurs avec des stocks surévalués, d'autant plus que les volumes de ventes ont décru et que les prix du bois d'œuvre ont chuté en même temps. Cela a entraîné des dépréciations importantes et des résultats d'exploitation, à tout le moins, décevants.

Après la chute extrême de ces frets, il était bien délicat d'envisager que les taux augmenteraient à nouveau fortement. En raison des problèmes du canal de Suez, qui ont forcé presque tous les porte-conteneurs à passer par le cap de Bonne-Espérance, les tarifs des « boîtes » étaient légèrement plus élevés à un niveau d'environ $ 3 000, ce qui était compréhensible. L'anticipation des règles antidumping américaines sur les véhicules chinois ainsi que des approvisionnements de Noël traités plus tôt dans la saison se sont combinés pour amplifier le mouvement haussier.

À la fin de l'année 2024, l'index composite WCI de Drewry a retrouvé son niveau médian enregistré sur les cinq dernières années.

Canada, à l'Ouest rien ne va plus

Le Canada, le plus grand producteur de bois d'œuvre au monde, a été durement impacté par un fort ralentissement qui a entraîné de nombreuses fermetures de scieries ou des réductions de production. Cette situation provient d'une combinaison de facteurs : accès limité à la ressource, coûts élevés, marchés du bois d'œuvre faibles et réglementations gouvernementales complexes.

De plus, en 2024, les États-Unis ont presque doublé les droits de douane sur le bois d'œuvre canadien, les faisant passer de 8,05 % à 14,54 %. À ce propos, le syndicat des producteurs américains, l'US Lumber Coalition, utilise l'argument que les provinces productrices canadiennes subventionnent délibérément leur industrie en fixant le niveau des droits de coupe alors qu'aux États-Unis c'est le marché qui décide. Pour mémoire, ce ne sont pas moins de $ 3 milliards de bois d'œuvre résineux qui sont annuellement échangés entre le Canada et les États-Unis, soit environ 85 % des importations américaines de sciages de résineux.

Depuis 2013, la récolte réelle de bois de la Colombie-Britannique a connu une baisse constante, passant de 75 millions de m^3 à 39 millions de m^3 en 2023. De façon globale, l'Amérique

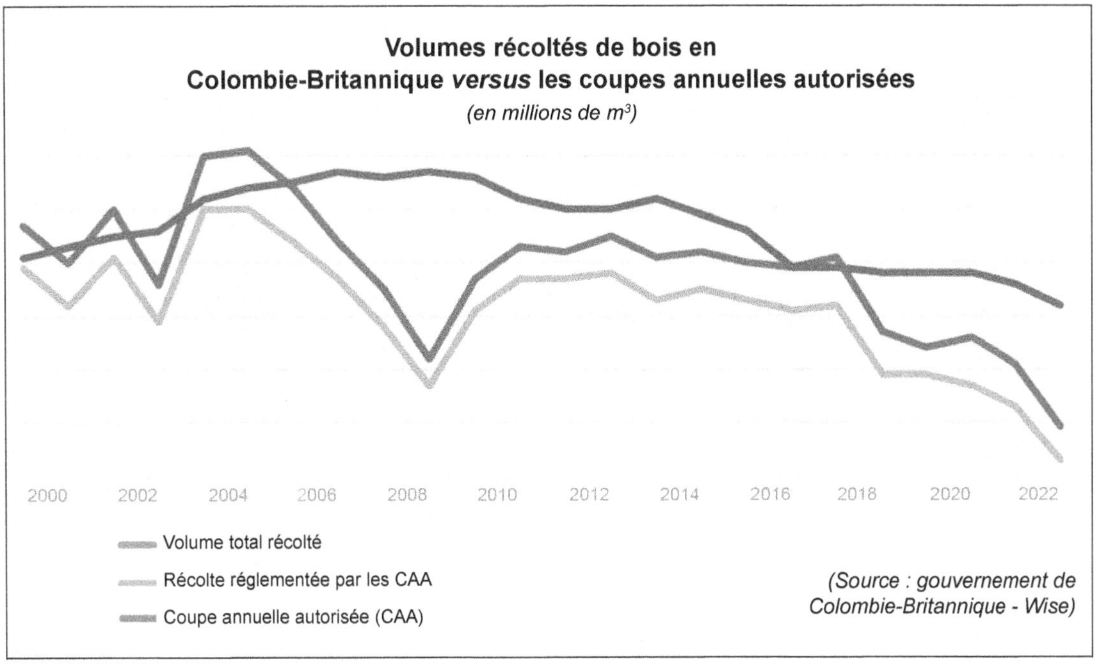

du Nord a perdu 4 % de sa capacité de sciage en une année seulement. Canfor a annoncé la fermeture de deux scieries en Colombie-Britannique ainsi qu'une dépréciation de 100 millions CAD. Quant à West Fraser Timber, le plus grand producteur de bois d'œuvre au monde, et ses confrères plus petits, tels qu'Interfor et Western Forest Products, ils ont également suspendu ou fermé des unités dans l'Ouest canadien.

Don Kayne, président de Canfor, a fait la déclaration suivante : « La capacité d'accéder de manière fiable à suffisamment de bois économique pour faire fonctionner nos installations de fabrication est essentielle pour notre entreprise. Malheureusement, bien que notre province dispose d'un approvisionnement suffisant en bois disponible pour la récolte, comme le confirme la possibilité annuelle de coupe établie par le forestier en chef de la Colombie-Britannique, le niveau de récolte réel a considérablement diminué au cours des dernières années. En 2023, la récolte réelle était inférieure de 42 % à la coupe autorisée, un niveau jamais vu depuis les années 1960. »

Don Kayne a indiqué à ce sujet : « Bien que ce déclin soit en partie le résultat de perturbations naturelles – en particulier les infestations de coléoptères et les incendies de forêt –, il est également le résultat de l'impact cumulatif des changements de politique et de la complexité accrue de la réglementation. »

À Toronto, la ministre du Commerce canadienne, Mme Ng, a promis de contester la décision des États-Unis en intentant des poursuites en vertu de l'Accord de libre-échange nord-américain (ALENA) et de l'Accord Canada–États-Unis–Mexique (ACEUM) devant le Tribunal du commerce international des États-Unis et l'Organisation mondiale du commerce.

Bien qu'il semble que le gouvernement américain veuille protéger sa propre industrie du bois d'œuvre, il n'est pas certain que les États-Unis puissent compenser la perte d'approvisionnement en bois d'œuvre en raison de ces fermetures d'usines canadiennes.

Cela pourrait également avoir une incidence sur les prix du bois d'œuvre à l'extérieur des États-Unis, car les États-Unis dépendent non seulement du Canada, mais aussi de l'Amérique du Sud et de l'Europe pour le bois d'œuvre.

États-Unis

Les prix du bois d'œuvre aux États-Unis, qui ont déjà augmenté au cours des derniers mois en

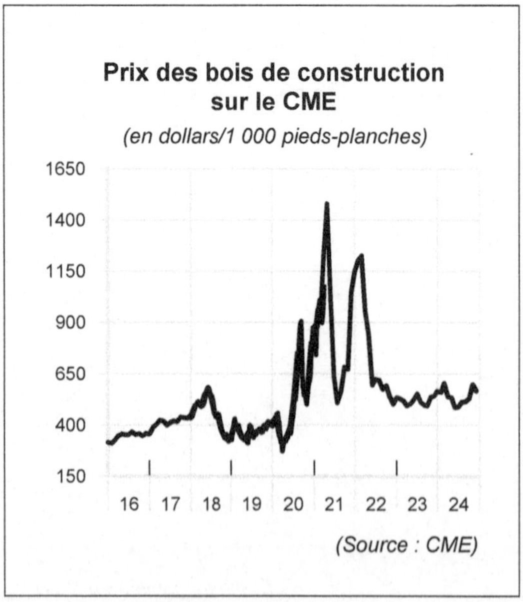

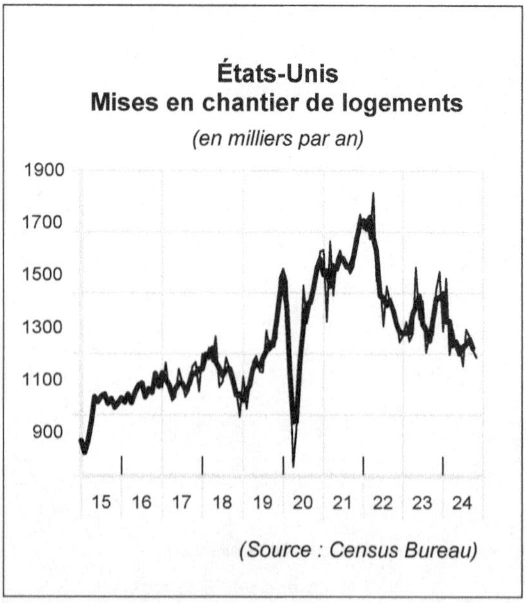

raison de la baisse de la production au Canada, pourraient connaître de nouveaux gains après les tarifs proposés par le président Trump sur le commerce au nord de la frontière.

En fin d'année 2024, le président élu a poursuivi dans la surenchère en annonçant sur les médias sociaux que ces droits de douane seraient de 25 % sur tous les produits en provenance du Canada et du Mexique. Alors que le Canada est le plus grand fournisseur étranger de bois d'œuvre des États-Unis, il y a fort à parier que ces ajouts de droits de douane menaceront davantage encore l'approvisionnement en bois d'œuvre américain alors que le pays cherche à se reconstruire dans les zones touchées par les ouragans. L'ouragan Helene a endommagé en septembre 2024 environ 6 % des forêts de Géorgie, ce qui équivaut à environ 600 000 hectares et $ 1,28 milliard de pertes. Après les ouragans *Helene* et *Milton*, la construction de logements dans le Sud a chuté en octobre alors que les constructeurs ont reporté des projets, bien que les autorisations de permis de maisons individuelles – un signe de construction future – aient atteint leur rythme le plus rapide depuis avril. Les tarifs douaniers « exacerberont davantage la crise actuelle d'accès au logement dans notre pays », a déclaré Jim Tobin, président de la National Association of Home Builders. L'association s'attend déjà à des flambées des prix au cours de l'année 2025 à mesure que la demande de logements augmentera.

Les mises en chantier aux États-Unis se sont maintenues au niveau de 1,3 million d'unités en 2024. Globalement, contrairement à ce qui s'est passé en Europe en 2024, l'économie nord-américaine s'est bien portée, grâce à une forte immigration et à une population plus jeune. La demande de bois d'œuvre devrait d'ailleurs augmenter, surtout à mesure que les besoins en matière de logement augmentent. Dans ce contexte d'approvisionnement contraint, de fortes hausses pourraient être envisagées en 2026.

SPF *versus* SYP

Le SYP (pin jaune ou pin de Caroline ou *Southern Yellow Pine*) du sud-ouest des États-Unis se substitue au SPF (*Spruce Pine Fir* – Epicéa Pin Sapin) du nord-ouest du pays et de l'Ouest canadien. Disponible, issu de plantations, moins exposé aux incendies et aux contraintes réglementaires, disposant d'une main-d'œuvre, sans doute moins coûteuse que celle des États de la côte Pacifique, la migration de l'industrie des résineux se poursuit du nord-ouest du pays vers le sud-est.

Pour la première fois depuis 1970, le sud des États-Unis dépassera le Canada et deviendra le

Les 20 premiers exportateurs de bois feuillus

(en millions de dollars)

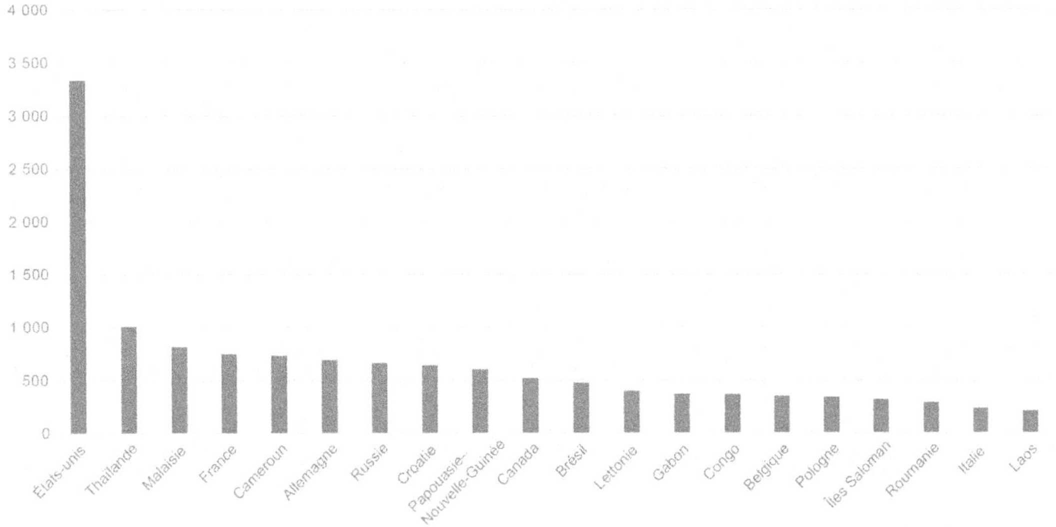

(Source : Wale selon Economica.eu)

principal producteur de bois d'œuvre en Amérique du Nord. Cela survient alors que des décennies de domination canadienne ont pris fin avec des restrictions commerciales, des feux de forêt, des infestations d'insectes et des réglementations sur l'utilisation des terres. Cela s'inscrit-il dans la durée à moins que des ouragans viennent perturber cette évolution ?

Les bois feuillus de l'est des États-Unis, une irrémédiable chute ?

À l'est des États-Unis, selon la *Revue Random Lengths*, la production totale de bois de feuillus devait être en 2024, simplement la plus faible depuis 65 ans, avec une nouvelle baisse de 9,6 % sur un an glissant, à fin septembre 2024. La revue précise que « les scieries indiquent que les clients adoptent une approche attentiste en matière d'achats. Certains achètent pour couvrir uniquement des besoins immédiats. En réponse, les scieries se couvrent moins de grumes et de bois d'œuvre jusqu'à ce qu'elles aient plus confiance dans l'orientation du marché. Cette tendance fait craindre que toute augmentation de la demande n'entraîne des pénuries. Les exportations américaines de bois d'œuvre de feuillus ont légèrement augmenté de 5 % sur l'année jusqu'en septembre. Les expéditions vers la Chine sont à leur plus bas niveau depuis 14 ans, mais le Canada, le Vietnam et le Royaume-Uni ont enregistré de solides gains. La croissance des exportations de grumes de feuillus (+ 10 %) alimente les inquiétudes quant à la viabilité de certaines scieries américaines. Les analystes indiquent que cette trajectoire n'est pas uniquement conjoncturelle, mais s'inscrit finalement dans une tendance structurelle du fait de l'usage de plus en plus fréquent de substituts des bois feuillus. Panneaux MDF, aluminium, revêtements plastiques ou bois résineux remplacent peu à peu les chênes blancs et autres feuillus devenus chers dans l'aménagement. Il est observé une décorrélation entre les indices de la construction aux États-Unis, de ceux des productions de bois durs. À cela, il faut ajouter que le vieillissement des dirigeants de scieries, les difficultés à recruter dans ce secteur d'activité, le non-investissement, le déplacement des activités de sciage de feuillus, peu rémunératrices, vers celui des résineux plus profitables expliquent cette chute de 339 millions de m^3 en 1999 à seulement 141 millions de m^3 en 2024.

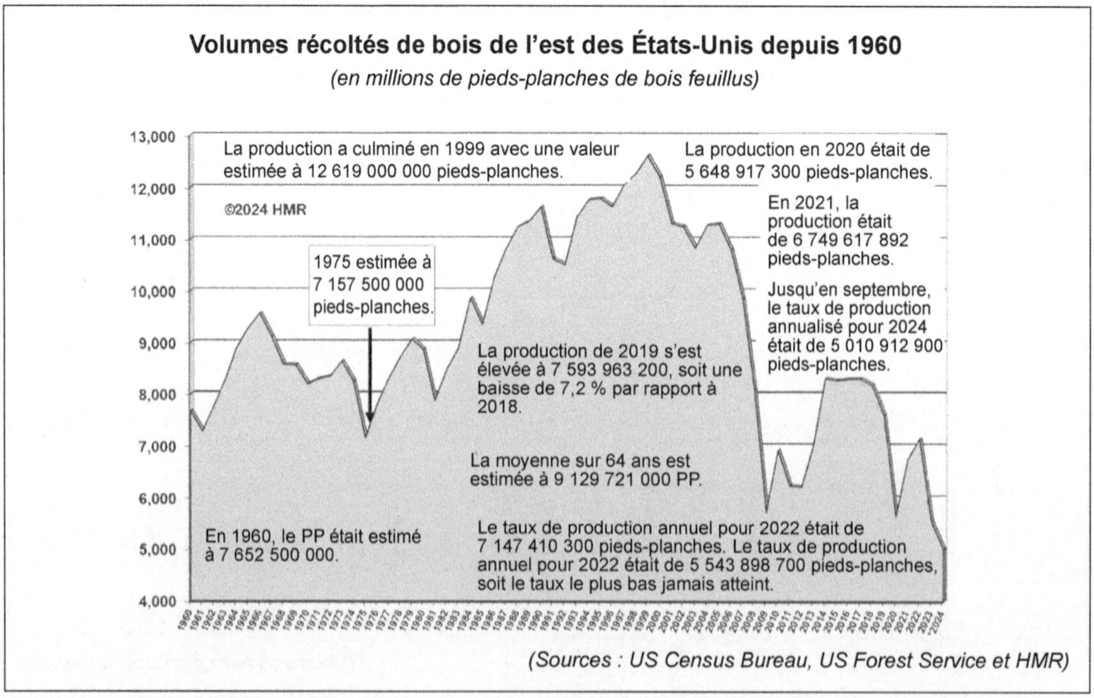

Russie

Selon LCB (Le Commerce du Bois), « Depuis la mi-2022, les importations de bois résineux de Russie vers l'Europe ont drastiquement chuté, atteignant zéro en juillet 2024, comme le confirment les données de Eurostat et UK Trade Info. Cette baisse s'explique par les sanctions imposées suite à l'invasion de l'Ukraine, limitant ainsi l'accès aux ressources en bois russes pour les entreprises européennes. »

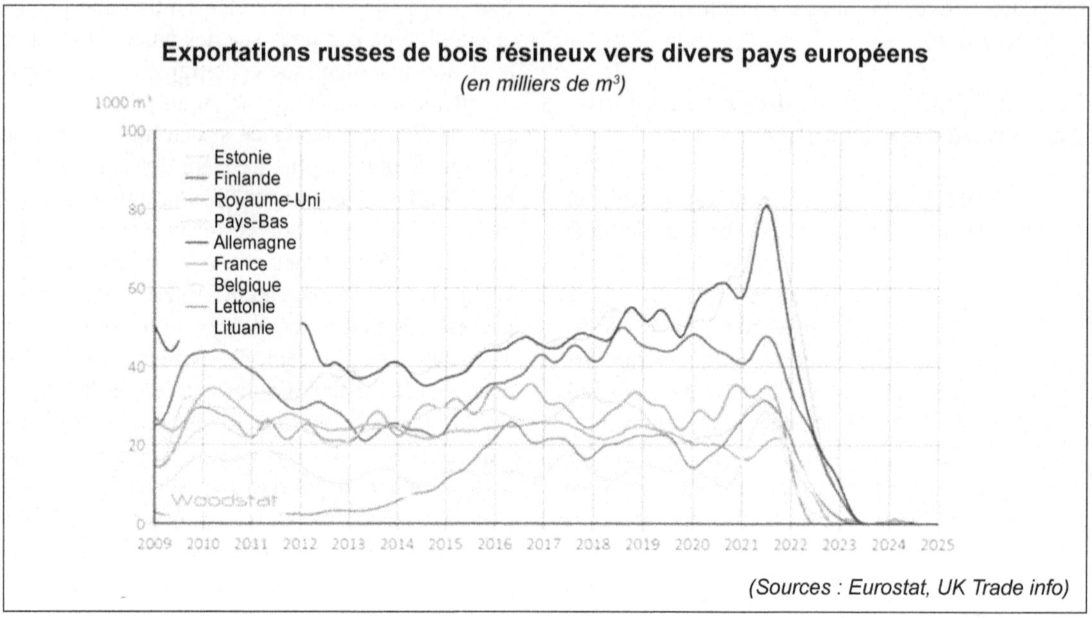

En Ukraine, la forêt comme victime collatérale

Bien entendu, les lignes de front, à travers les tranchées, constructions et casemates sont grandes consommatrices de bois d'œuvre. Il était évalué à la mi-2024 que pas moins de 200000 m^3 avaient été d'ores et déjà absorbés dans ces usages du côté ukrainien. Quant aux Russes, ils exploitaient, selon Wood Central, en Ukraine, 60000 hectares de forêt dont les produits étaient diffusés ensuite vers des pays amis pour $ 369 millions.
Outre cette exploitation, la forêt est aussi une victime collatérale de cette guerre. À ce jour, il est fait mention de 2,9 millions d'hectares de forêts ukrainiennes endommagées par le conflit. En effet, ce champ ou cette « forêt de bataille» renferme dorénavant le plus grand nombre de mines terrestres non explosées au monde, rendant ainsi impropres au prélèvement ces espaces boisés. Les pollutions des sols et des cours d'eau viennent aussi impacter sensiblement la santé des forêts.

Les exportations de bois scié russe vers la Turquie ont, par contre, triplé, depuis le début de l'année 2024. Les experts attribuent cette croissance de l'approvisionnement à la reconstruction des villes turques après le tremblement de terre, mais n'excluent pas les réexportations vers l'UE. Sur ce sujet, plusieurs enquêtes sont diligentées par l'Union européenne.

Russie, la suite ?

La Russie était le cinquième partenaire commercial de l'UE en 2021, exportant pour plus de $ 3 milliards de bois vers le bloc d'Europe de l'Ouest. Selon l'étude « Projected Effects of the Russian Invasion of Ukraine on Global Forest Products Markets», publiée en 2024, dans *Forest Policy and Economics*, il est anticipé que la Russie envisagerait de reconquérir tous les principaux marchés du bois après l'éventuelle fin de la guerre en Ukraine en 2025. Cela prendra sans doute 10 à 30 ans pour rétablir la confiance, les investissements nécessaires et les flux logistiques.

La Chine… absente et pour longtemps ?

L'économie chinoise est à la peine, avec un déclin démographique et une réduction spectaculaire des mises en chantier (en baisse de 70 % depuis 2019). Bien que la consommation de bois d'œuvre résineux ait chuté d'un tiers au cours des trois dernières années, la baisse a quelque peu ralenti ces derniers temps. La Russie est devenue le principal fournisseur de bois d'œuvre résineux de la Chine, et beaucoup s'attendent à ce que les importations chinoises augmentent malgré la baisse continue des prix.

En mai 2024, un vice-gouverneur de la Banque populaire de Chine (PBOC) a déclaré que son institution mettrait en place un budget de 300 milliards de yuans ($ 41,5 milliards) pour faciliter l'accès au logement. Cet argent serait destiné à aider les entreprises publiques locales à acheter des logements invendus. On estime, à ce sujet, que la Chine compte près de quatre millions d'appartements vides et environ 10 millions de maisons déjà vendues, mais non achevées.

Selon l'investisseur américain J. Kyle Bass, fondateur du fonds de gestion d'actifs Hayman Capital Management, interviewé alors par la chaîne de télévision CNBC, la crise de l'immobilier chinois va coûter très cher au pays. D'après lui, les pertes pourraient faire perdre $ 4000 milliards à la Chine, entraînant le secteur bancaire dans sa chute (Business Insider).

« Les dettes des principaux promoteurs immobiliers se sont dégradées et certains ont fait défaut à leurs obligations. Il y aurait suffisamment de logements vides en Chine pour héberger 3 milliards de personnes, d'après un ancien haut responsable chinois (…) ce qui va entraîner d'énormes pertes financières dans le secteur immobilier», analyse Business Insider.

Les investissements dans le marché du logement chinois sont principalement issus des gouvernements locaux, par le biais de véhicules financiers dont la valeur combinée atteint

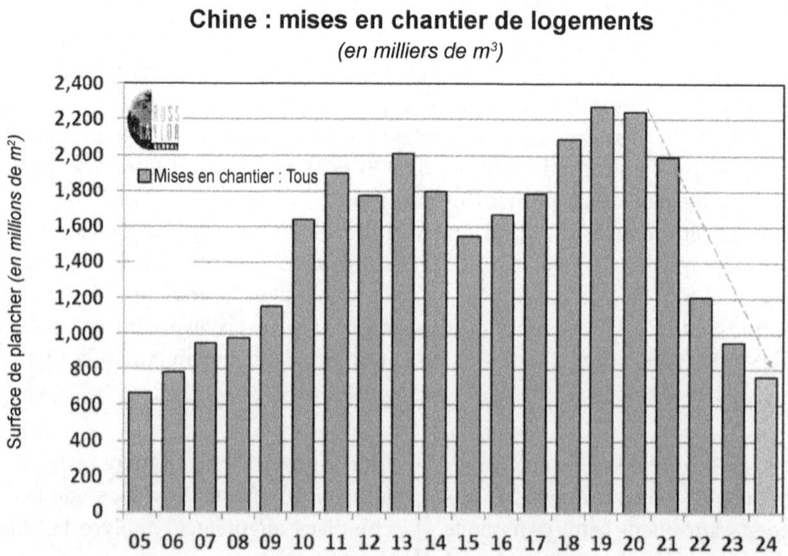

(Sources : NBS - Russ Taylor Global - ISC Taormina 2024)

$ 13 000 milliards et dont une partie a déjà commencé à faire défaut…

C'est dans ce contexte que le volume combiné des importations de bois rond et de bois d'œuvre résineux (en équivalents bois ronds) était inférieur de 33 % en 2023 à celui de 2021. Cela situe cette activité au plus faible niveau en 12 ans.

Japon : entre vieillissement de la population et attractivité du bois

Selon Resource Wise : « Au cours des six dernières années, les importations japonaises de bois d'œuvre résineux en volume ont chuté de 48 %, soit une baisse moyenne de 8 % par an et une

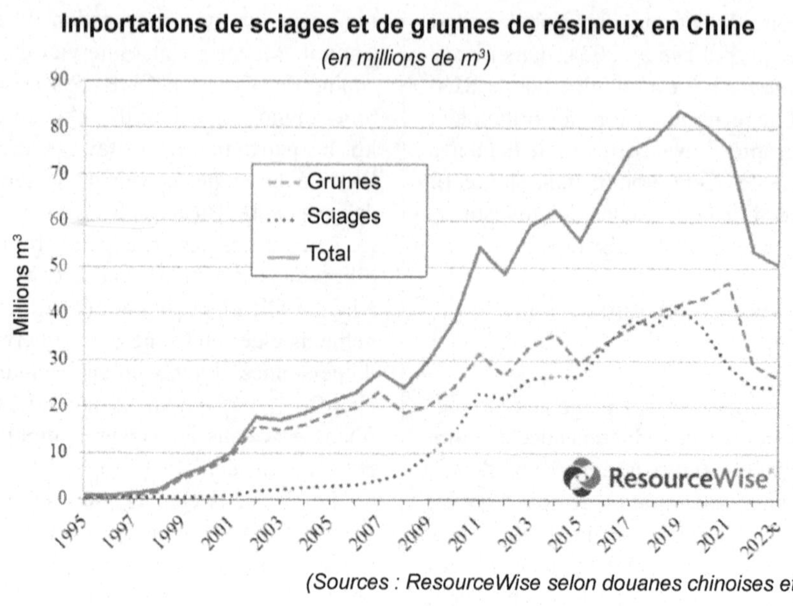

(Sources : ResourceWise selon douanes chinoises et WoodMarket)

Rapport de recherche conjoint de Russ Taylor Global et Margules Groome Consulting

Ce nouveau rapport, *China Forest, Log & Lumber Report : Supply, Demand & Prices to 2030/2035*, montre que la Chine sera à nouveau un marché en croissance pour les bois résineux, en particulier pour le bois d'œuvre.
• La demande de bois d'œuvre résineux de la Chine.
Celle-ci a culminé en 2019 à 61,5 millions de m³ – un niveau qui ne sera plus atteint avant très longtemps. En 2023, la demande était déjà tombée à 42,6 millions de m³ en raison de l'effondrement du marché immobilier et des confinements liés au covid. La demande de bois d'œuvre augmentera lentement, mais seulement d'environ 20 % d'ici 2035.
• Les importations de bois d'œuvre résineux de la Chine.
Le volume d'importations a atteint un pic de 27,5 millions de m³ en 2019, mais s'est effondré à seulement 18,0 millions de m³ en 2023. Le pic de 2019 pourrait être éclipsé vers 2030 et les importations totales pourraient bondir de 50 à 75 % d'ici 2035.
• Importations de grumes de résineux.
Elle a culminé en 2021 à 49,7 millions de m³, puis a plongé à 28,0 millions de m³ en 2023 en raison de réductions dans quatre des cinq principaux pays exportateurs (interdictions d'exportation de grumes en Ukraine et en Russie ; l'interdiction à court terme de l'importation de grumes en Australie ; ralentissement des grumes scolytées (affectées par des coléoptères) d'Europe centrale). La Nouvelle-Zélande, le plus grand exportateur de grumes vers la Chine, verra sa récolte de bois commencer à diminuer au cours de la prochaine décennie, ce qui ralentira ses exportations de grumes vers la Chine. Le résultat net est une pénurie d'importations de grumes de résineux en Chine, avec une baisse totale de plus de 50 % d'ici 2035 par rapport à 2021.
• Le domaine de plantation d'eucalyptus de la Chine s'est développé de manière exponentielle, ce qui le place au même niveau que le Brésil en taille et en fait l'un des plus grands producteurs d'eucalyptus.

hausse de seulement 1 % entre 2021 et 2022. Les importations de bois d'œuvre en 2023 ont chuté de près de 33 % par rapport à 2022 pour s'établir à 3,2 millions de m³. Entre 2017 et 2023, le Canada a représenté près de 27 % des importations totales de bois d'œuvre résineux du Japon, mais les volumes en provenance du Canada ont chuté de 60 % au cours de cette période. En 2023, le bois d'œuvre canadien représentait 758 000 m³, soit une baisse de 19 % d'une année à l'autre». En fait, le marché japonais se rétrécit en raison du déclin de la population.

Toutefois, le matériau principal employé reste le bois : chaque maison individuelle consomme pas moins de 20 m³. La loi sur la promotion de l'utilisation du bois dans les bâtiments pour contribuer à la réalisation d'une société décarbonée est entrée en vigueur en octobre 2021. La révision de cette loi a élargi son champ d'application au-delà des bâtiments publics pour inclure tous les autres types de construction. Les qualités du bois dans les usages en hauteur et, notamment, la capacité de résister aux tremblements de terre sont aussi de plus en plus mises en avant.

La loi encourage également l'utilisation des plantations forestières mises en place après la Seconde Guerre mondiale, et le gouvernement offre des subventions pour les coûts de construction et d'approvisionnement en bois. Même si le Japon dispose de forêts comparables à celle de la Finlande, ses importants besoins sont toujours couverts pour moitié par des bois importés.

Le gouvernement agit également sur ce front, en subventionnant fortement la production nationale de bois, cela a pour effet d'entraîner une baisse des volumes d'importation.

L'Europe est restée, dans ce contexte, un pourvoyeur de premier ordre pour l'archipel nippon en fournissant plus de 2 millions de m³, dont 800 000 m³ de bois lamellé-collé.

En 2025, le Japon accueille à Osaka l'exposition universelle. Le pays du Soleil levant a confié au cabinet d'architecture de Sosuke Fujimoto la conception, sur une île artificielle située dans la baie de la troisième ville du pays, une structure circulaire en bois qui servira d'enveloppe extérieure aux pavillons nationaux. Selon les sources des organisateurs « Une fois terminé, le grand toit aura une surface hors œuvre brute d'environ 60 000 m², une hauteur de 12 m (20 m pour l'extérieur), et un diamètre intérieur d'environ 615 m, soit une construction en bois parmi les plus grandes du monde ». Cet ouvrage symbolique, en bois, alliant l'ultra-modernité japonaise et ses traditions séculaires, viendra à la suite de la restauration de Notre-Dame, relayer un message fort quant à cet écomatériau et correspondra bien au mode d'ordre de l'exposition qui est : « Concevoir la société du futur, imaginer notre vie de demain » (*Cyclope 2024*).

Europe, la construction, quelle construction ?

Le secteur de la construction de la zone euro a continué de se contracter en 2024. Le ralentissement a été entraîné par la baisse des nouvelles commandes dans tous les secteurs. La confiance des entreprises a atteint son plus bas en 2024, avec une réduction de l'emploi et des achats d'intrants. L'Allemagne a connu le déclin le plus rapide, tandis que la France et l'Italie ont enregistré des baisses plus modérées. Le secteur résidentiel a connu les pires performances, tandis que le génie civil a enregistré la plus petite baisse.

Bois résineux, décorrélation entre le prix des grumes et celui des sciages

Le grand point d'interrogation pour les opérateurs du secteur des bois résineux est de savoir si le marché a atteint son point le plus bas et si 2025 peut vraiment être l'année de la reprise.

Après avoir atteint un sommet en 2021, la production de bois d'œuvre résineux a considérablement diminué au cours des dernières années pour s'adapter à la baisse de la demande. Si les prévisions pour 2024 se confirment, à la fin de l'année, la production aura été en 2024 inférieure de 12 % à celle de 2021.

À l'exception de l'Autriche, tous les grands pays producteurs avaient projeté des baisses de production en 2024. À ce stade, ces mêmes pays prévoient une augmentation de la production en 2025 grâce à une éventuelle reprise du marché de la construction.

Indices de la construction en Europe

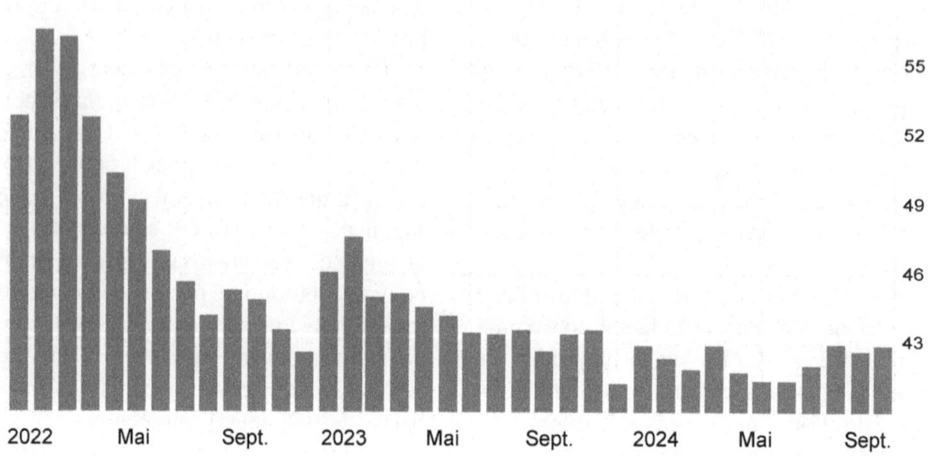

(Source : Tradingeconomics)

Productions de sciages de résineux en Europe
(en millions de m³)

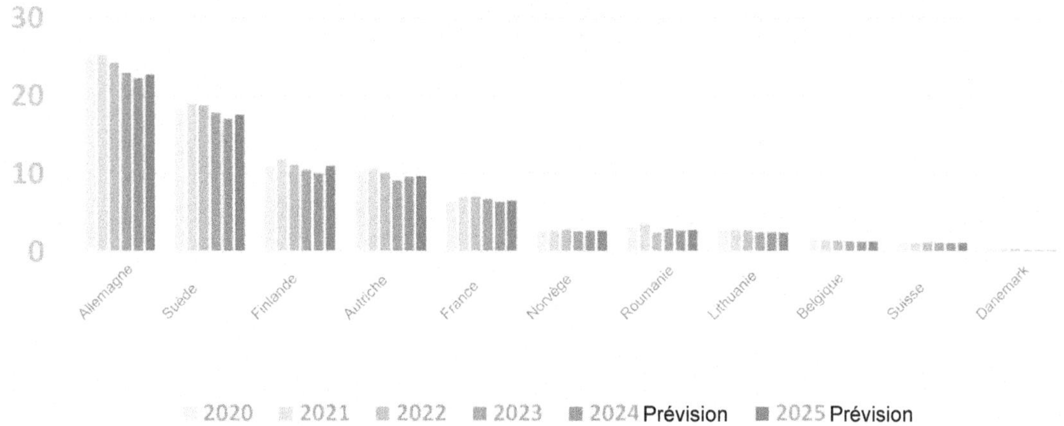

(Source : EOS)

Les transformateurs ont été pris en ciseaux. Ainsi, la production de grumes en Europe est en déclin et du fait de problèmes structurels qui font grimper les prix des grumes, alors que les prix du bois scié baissent. Cette situation a provoqué un redoutable défi de rentabilité pour les scieries.

Il faut dire que les forêts d'épicéas d'Europe ont été gravement touchées par les infestations de coléoptères, les projections indiquant que la production sera inférieure de 50 % d'ici 2030.

La disponibilité des matières premières, comme le montre l'indice EOS, est en baisse dans toute l'Europe. Sur une échelle de 1 à 5, le niveau est désormais évalué à 2,37, le plus bas jamais enregistré par cet indice, note l'organisation des scieries européennes. En 2025 il devrait encore baisser légèrement à 2,35.

Dans les pays nordiques, là aussi, les prix des grumes ont atteint des niveaux record tandis que les prix des sciages ont baissé. En Europe centrale, les prix n'ont pas augmenté, mais restent élevés par rapport à d'autres pays du monde. Lors de la conférence ISC de Taormina, il a été noté : « Prix désynchronisés : au cours des dernières années, nous avons assisté à un découplage croissant entre les prix des grumes et les prix du bois de sciage dans de nombreuses régions d'Europe. L'augmentation des prix des grumes s'est produite dans un contexte de faible demande de bois. Que se passera-t-il lorsque la demande reprendra ? Notre industrie doit-elle se préparer à des prix des matières premières structurellement plus élevés alors que la législation réduit la disponibilité des matières premières et que le changement climatique a un impact sur les forêts ? »

Pays nordiques

Le LCB (Le Commerce du Bois) confirme que, dans ce contexte de diminution des importations russes, la Finlande, un acteur clé de la filière bois en Europe, a vu les prix de ses grumes de pin et d'épicéa atteindre des niveaux exceptionnellement élevés en août 2024. Selon Natural Resources Institute Finland (Luke), le prix des grumes de pin s'est maintenu à 79,82 €/m³, tandis que celui des grumes d'épicéa était à 83,28 €/m³. Cela témoigne d'une forte demande pour les grumes finlandaises.

Les ventes de grumes ont également connu une augmentation notable, avec une croissance de 26 % par rapport à l'année précédente pour atteindre 1,55 million de m³ en août 2024. Cette augmentation est attribuée à une demande accrue pour les bois locaux, en particulier pour les grumes de pin et de bouleau, dont les ventes ont augmenté respectivement de 7 % et 14 % sur les huit premiers mois de l'année.

Prix bord de route de la grume d'épicéa et de pin sylvestre en Finlande

(prix au m³)

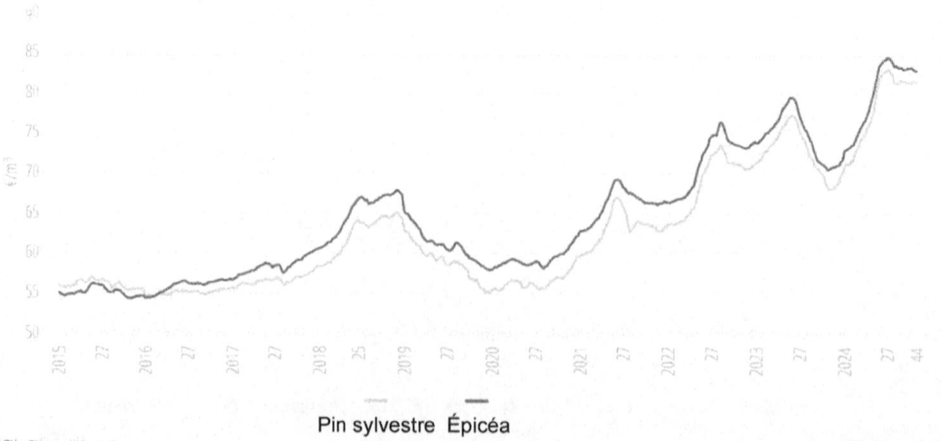

(Source : Luke)

Un prix moyen de la grume aux alentours de 100 €/du m³ deviendrait-il, en quelque sorte, la nouvelle norme ?

Allemagne–Autriche : des indicateurs en délicatesse

L'arrêt des approvisionnements en gaz russe a eu un impact considérable sur les économies de la zone. Comme d'autres régions, celle-ci a stagné en raison de taux d'intérêt élevés et du fait des augmentations des coûts des matériaux. Pourtant, une importante pénurie de logements en Allemagne et dans d'autres pays est susceptible de déclencher un boom de la construction. L'Allemagne, par exemple, a besoin d'environ 400 000 nouveaux logements par an, mais n'en construit actuellement qu'environ 160 000.

Indices des prix des grumes et des sciages d'épicéas

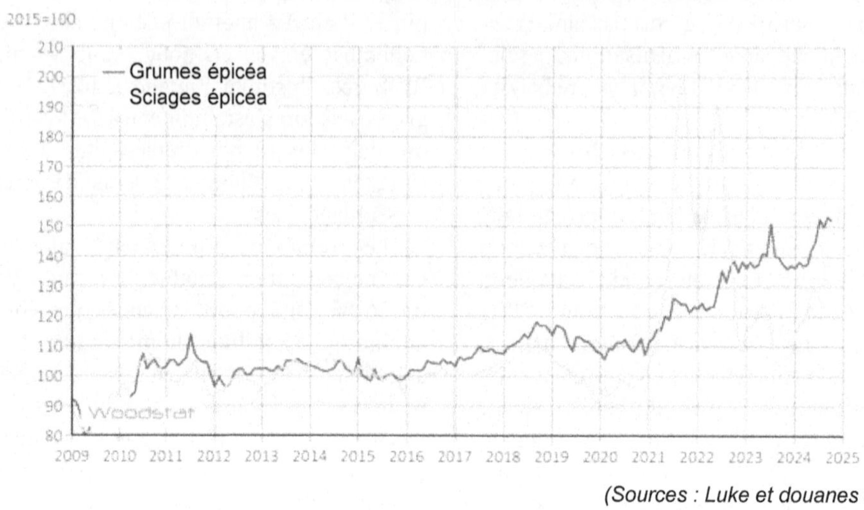

(Sources : Luke et douanes finlandaises)

Les 20 premiers groupes de sciages de résineux en Europe en 2024

Nom	Nationalité	Nombre de scieries	Productions en millions de m^3
1 Binderholz	Autriche	15	4,500
2 Stora Enso	Finlande	14	4,100
3 Pfeifer	Autriche	9	3,000
4 Vida Wood	Suède	12	2,700
5 Moelven Group	Norvège	15	2,198
6 SCA Timber	Suède	5	2,100
7 Rettenmeier Holzindustrie	Allemagne	5	2,050
8 HS Timber Group	Autriche	4	2,050
9 Ziegler Group	Allemagne	4	2,040
10 Mayr-Melnhof Holz	Autriche	5	1,865
11 Ante-Holz	Allemagne	3	1,850
12 Södra Tilber	Suède	8	1,770
13 Holmen Wood	Suède	5	1,520
14 Setra Group	Suède	7	1,500
15 Ilim Timber	Allemagne	2	1,500
16 Fruytier Scierie	Belgique	9	1,400
17 Versowood	Finlande	4	1,400
18 Mercer	Allemagne	2	1,362
19 UPM Timber	Finlande	4	1,350
20 Metsä Fibre	Finlande	2	1,300
			41,595

(Source : Holzkurier)

Pour les scieurs allemands, non seulement le marché domestique pointe aux abonnés absents, mais en plus, la Chine et les États-Unis ne prennent plus de bois.

Le 20 novembre 2024, le dépôt de bilan du groupe Ziegler, fort de 75 ans d'histoire, a envoyé un message trouble au marché. S'agit-il, en l'espèce, d'un révélateur d'une tendance globale ou bien cette faillite est-elle due à l'aspect « hétéroclite » et à son développement agressif multisecteur post-covid ? Quoiqu'il en soit, 3 200 employés en Allemagne, en Suède et en Roumanie sont directement touchés et attendent des cessions par appartement du conglomérat.

Un observateur de la filière de la sous-région de remarquer : « La prétendue résilience des majors va être mise à mal. Les investissements massifs dans des usines de CLT trouveront-ils leurs débouchés ? »

Il est fort probable que, sur l'exercice en cours, les bilans seront négatifs. « Cela ne marche plus chez nos voisins, les scolytes ont décimé les pessières, les épicéas manquent et coûtent 110 €/m^3 en entrée d'usine tandis que la demande intérieure, les exportations et les prix des sciages sont en chute libre. » Pour ce connaisseur, les conséquences du réchauffement climatique posent aussi la question du modèle des mégascieries.

Pendant ce temps, en Europe du Sud, toute la région s'en est mieux sortie en raison d'une moindre dépendance au gaz russe et d'une industrie touristique plus robuste. Le secteur de la construction en

Espagne est en plein essor, contrairement au reste de l'Europe.

Et en France ?

Selon Robert Wood « Les marchés se compliquent pour le sapin et l'épicéa. En cette fin d'année 2024, la crise des scolytes de l'épicéa continue de déverser des flots de bois secs dans les massifs forestiers de l'est alors que la demande et les prix des sciages s'affichent à la baisse. Depuis maintenant deux ans, la dégradation des volumes consommés et des tarifs ne fait que se poursuivre. Beaucoup de scieries françaises spécialisées dans les résineux blancs afficheront très probablement des résultats financiers en chute significative sur 2024. »

Les raisons d'une telle situation restent les mêmes que sous d'autres latitudes : baisse des mises en chantier, secteur de la rénovation qui commence à marquer le pas, crise de confiance. Cela se traduit par des prix baissiers (– 30 %) tels ceux de la charpente actuellement à 220/230 €/m^3 contre 320 précédemment. Avec les bois endommagés par les scolytes, les rendements sont aussi affectés et obligent à produire des gammes inférieures.

Cette relative cherté des bois, la baisse de qualité et celle du rendement à la scie n'arrangent pas les affaires des transformateurs au moment où les marchés des sciages se tendent. « Excepté une légère diminution des taux d'intérêt bancaires, je ne vois aucun signal positif à l'horizon », nous dit un scieur qui s'attend à un début d'année 2025 difficile.

Toujours suivant les observations pointues de Robert Wood, quant au chêne, « l'époque des folies est révolue. » « C'est le constat que font la plupart des professionnels à l'issue des ventes d'automne des forêts domaniales et communales gérées par l'ONF. Moins d'offres, plus d'invendus et des prix en baisse pour la deuxième année consécutive… Les résultats confirment une tendance maintenant bien établie : les deux années euphoriques de 2021 et 2022 sont dans le rétroviseur. L'atonie de la demande dans la construction frappe évidemment les résineux. Mais le chêne, lui aussi, n'échappe plus maintenant au contexte hexagonal et surtout mondial. La Chine, aux abonnés absents, contribue à une détente sur les achats des grumes. Mais cela profite-t-il vraiment aux scieurs hexagonaux ? Pas vraiment pour ceux qui exportent des planches vers les industries chinoises regorgeant actuellement de matière. Si au moins les autres marchés pouvaient compenser la baisse de la demande asiatique. Ce n'est pas véritablement le cas. Le parquet continue de stagner à des niveaux très bas (– 30 % à – 40 % de chiffre d'affaires sur 2 ans), la charpente, les appareils de voies, les traverses paysagères ne sont pas au mieux. Le pouvoir d'achat des consommateurs en baisse n'est plus en phase avec la cherté du chêne et la diminution des commandes publiques assombrit le scénario. »

Mais l'élément nouveau, révélé à la fin d'automne 2024 susceptible de tout faire basculer dans le chêne, vient de la tonnellerie. Le secteur voit la demande fléchir : d'après la Fédération des tonneliers de France (FTF), les ventes de tonneaux de chêne français ont reculé de 6 % en volume sur le dernier exercice. « Ce recul est à imputer à l'export alors que les ventes en France sont restées stables », indique Magdeleine Allaume, la présidente de FTF. Or, les exportations de barriques françaises pèsent pour 67 % du CA total de la branche. Le problème est que les perspectives, pour la nouvelle saison qui s'annonce, ne sont pas particulièrement optimistes.

Aux dernières adjudications publiques de l'automne, les prix du chêne ont reculé en moyenne de 20 % sur 1 an, mais les tarifs demeurent relativement contenus en comparaison de l'état de l'économie. Et ce, pour une raison majeure : la rareté fait le prix.

Deux éléments expliquent ce phénomène. D'une part, la météo défavorable ne facilite pas les exploitations. « Les épisodes pluvieux tout au long de l'année 2024 ont grandement perturbé la sortie des bois en forêt. Le manque de matière est général, ce qui oblige les acheteurs démunis de stocks de précautions à sécuriser leurs approvisionnements en achetant à des prix décalés par rapport à la réalité des marchés. » David Roy, directeur de DSHWood France, estime cependant que la clé des affaires sera, dans les mois qui viennent, les ventes et non les achats.

D'autre part, et d'après les transformateurs, le très haut niveau des prix de retrait en ventes publiques maintient artificiellement des cours sans aucun rapport avec la réalité des marchés. « Ainsi,

Évolution des cours du chêne

(prix en €/m³ sur pied de futaie affouagère - ventes publiques ONF de Bourgogne)

Volume Unitaire	3T 2018	3T 2020	3T 2021	3T 2022	3T 2023	3T 2024	Evolution sur 1 an	Évolution sur 2 ans
1,5 m3	150	102	136	200	158	190	+20%	-5%
2 m3	204	151	310	272	232	218	-6%	-19,6%
2,5 m3	245	188	261	332	289	250	-13,5%	-24,7%
3 m3	279	218	304	380	336	287	-14,6%	-24,5%
3,5 m3	308	243	343	415	378	329	-13%	-20,7%
4 m3	334	266	376	450	409	377	-7,8%	-16,2%
4,5 m3	356	286	403	480	439	433	-1,4%	-9,8%

(Source : Robert Wood)

déplore Jean-Luc Sylvain, à la vente de Cérilly du 15 octobre 2024, l'ONF a retiré un tiers des lots figurant au catalogue, dont une bonne partie à une valeur double du mieux-disant. » Cette stratégie de rétention des vendeurs ne pourra durer qu'un temps ; il faut donc s'attendre, dans les mois qui viennent, à une diminution plus significative des prix du chêne en forêt.

En ce qui concerne le hêtre, les exportations françaises de sciages ont baissé de 8 % en 2023. La Chine, la Belgique et l'Espagne étaient notamment en chute tandis que les pays d'Afrique du Nord sont en progression depuis trois ans. Les exportateurs ont signalé une reprise du marché au Vietnam, même si les volumes n'atteignent pas encore ceux expédiés à destination de la Chine.

« Sur le marché chinois, il est noté une forte disparité entre les différents marchés du pays. Ainsi, au sud, les niveaux de stock sont très élevés, le marché est peu dynamique et les industriels privilégient les grumes importées et sciées localement. Au nord, le marché est beaucoup plus dynamique malgré les difficultés sur les marchés de la construction et de l'aménagement intérieur. Les belles qualités sont toujours demandées et les prix se maintiennent, mais la situation est plus mitigée pour les choix B et C avec une demande moindre et des prix à la baisse ; on note enfin toujours une forte concurrence des produits roumains et croates. »

Il faut noter que, pour les voisins d'outre-Rhin, la situation du hêtre a été difficile toute l'année 2024. De grandes tensions ont été enregistrées tant au niveau du prix des grumes que de la logistique qui a été rendue difficile du fait des intempéries. La visibilité pour 2025 est une « navigation vers l'inconnu ».

Le grand point d'interrogation pour les opérateurs du secteur est de savoir si le marché a atteint son point le plus bas et si 2025 peut vraiment être l'année de la reprise.

Faire mieux avec moins

Les observateurs s'interrogent : « Sommes-nous en train de manquer de bois ? » ou plus précisément… « de bois à bon marché ». Ces dernières années, que ce soit du fait du dendroctone du pin ponderosa en Colombie-Britannique ou bien à la suite des infestations de scolytes dans les pays européens, des quantités importantes de rondins à faibles coûts ont été mis à la disposition des marchés. À cette situation sanitaire regrettable, il faut ajouter la privation des bois russes ainsi que la mise en place de politiques de protection de nouvelles aires de conservation de forêts anciennes ou dédiées à la gestion du carbone. Une récente étude, intitulée *Preliminary Evidence of Softwood Shortage and Hardwood Availability in EU Regions* a mis en lumière d'importants déséquilibres de l'offre au sein de la bioéconomie forestière européenne. Des chercheurs de l'université de Wageningen, du Centre commun de recherche de la Commission européenne et d'autres institutions ont analysé les chiffres de la base de données européenne sur l'industrie forestière (EUFID), révélant des inadéquations critiques entre les ressources en bois et les capacités de transformation dans les pays européens. Les résultats de l'étude suggèrent que si l'infrastructure forestière de l'Europe est vaste, elle n'est peut-être pas entièrement adaptée à la demande actuelle et future de bois. « La production pourrait augmenter de 6 à 32 % entre 2022 et 2050 (avec une nette augmentation de l'incertitude sur une période plus longue). »

Trois produits forestiers de substitution à d'autres matériaux ou énergies vont entraîner le mouvement :

– bois massif/bois lamellé-croisé (CLT) pour la construction ;

– fibres cellulosiques artificielles issues de la dissolution de la pâte de bois, principalement utilisées dans l'industrie textile et ;

– bois de feu pour la bioénergie.

L'industrie du secteur forêt-bois sait qu'il faudra mieux faire avec moins. La stratégie combinera alors la prise en compte de la réduction de l'offre en forêt et tendra, par les innovations, à améliorer les rendements et offrir des produits satisfaisant les attentes des clients en combinant, entre autres, la facilité de mise en œuvre, la disponibilité et la soutenabilité.

Cela s'inscrit dans un contexte où les forêts et le bois auront à jouer, à l'avenir, un rôle plus important sachant que le bois est essentiel pour répondre aux efforts de décarbonisation.

Par des temps géopolitiques incertains (Russie, Ukraine, Taïwan, Moyen-Orient), du fait de profondes crises de confiance des citoyens, alors que les tendances sont au renfermement et que la ressource ligneuse abordable devient rare, plus encore qu'hier des stratégies d'optimisation et de valorisation des produits bois seront certainement mises en œuvre par les professionnels.

Un chaos « tarifaire » dans le domaine du bois

Il est fondamental d'observer, dans le cadre des échanges mondiaux de produits bois, les impacts potentiels des récentes mesures tarifaires américaines ou de leurs atermoiements sur le secteur du bois d'œuvre, en particulier les effets des droits de douane imposés par l'administration Trump sur les importations canadiennes, mexicaines et chinoises. La dispute tarifaire entre les États-Unis et le Canada ne date pas d'hier, puisqu'elle remonte aux années quatre-vingt, avec une succession d'accords et de conflits commerciaux concernant le bois d'œuvre. C'est l'extension tous azimuts de ces décisions et rétorsions qui interpellent les professionnels du bois. À ce stade, il est possible d'entrevoir que ces nouvelles mesures provoqueraient une hausse des prix du bois et, par conséquent, des coûts de construction aux États-Unis.

1. Hausse des tarifs douaniers et conséquences immédiates

- Des droits de douane de 25 % sur les importations de bois d'œuvre du Canada et du Mexique, et de 20 % pour la Chine. Pour le Canada, les États-Unis appliquent déjà des droits antidumping, et ceux-ci sont prévus de passer de 7,66 % à 20,07 % auxquels s'ajouteront des droits compensateurs de 6,74 %.
- Impact direct : augmentation des prix du bois d'œuvre, atteignant $ 682 par millier de pieds-planches (Mbft) – un sommet depuis la pandémie.
- Conséquences : hausse des coûts de construction aux États-Unis, avec une possible augmentation de $ 10 000 à $ 45 000 du prix des maisons neuves, puisque la construction des maisons individuelles aux États-Unis est majoritairement en bois.

2. Réactions des différents acteurs

- Canada : envisage de réorienter ses exportations vers l'Asie (Chine, Japon, Corée du Sud) pour compenser les pertes sur le marché américain. En 2024, le Canada représentait 84 % des importations de bois d'œuvre aux États-Unis.

- Union européenne : bien qu'aucune mesure concrète n'ait encore été annoncée, le président Trump a évoqué la possibilité de tarifs de 25 % sur les importations européennes, ce qui ajoute à l'incertitude économique mondiale.
- Europe et Amérique latine : l'Allemagne (5,9 %), la Suède (2,7 %), le Brésil (1,5 %) et le Chili (1,2 %) pourraient en bénéficier à court terme en renforçant leur part de marché aux États-Unis, ce, tant que lesdites taxes ne sont pas confirmées.
- Chine : en représailles aux tarifs américains, la Chine a imposé des droits de douane sur plusieurs produits agricoles américains et annoncé une interdiction des importations de grumes américaines, invoquant des préoccupations sanitaires liées aux ravageurs forestiers.
- Russie : contrairement à l'Europe, les États-Unis n'ont pas suspendu les importations de produits forestiers russes, mais les soumettent à des droits allant de 40 à 50 %. Cela pourrait changer dans les mois à venir.
- Les barrières non tarifaires (réglementations, types de produits, traitements des bois, contrôles phytosanitaires, quotas, normes ou encore certifications) peuvent être activées par les uns et les autres.

3. Conséquences économiques et politiques

- Risque de représailles commerciales du Canada, incluant un droit de douane de 25 % sur le bois et les produits américains.
- L'industrie américaine du bois reste divisée : certains soutiennent les mesures protectionnistes pour protéger la production nationale, tandis que d'autres s'inquiètent de leurs effets inflationnistes.

4. Perspectives et incertitudes

- Possibilité pour le Canada de renforcer sa position sur le marché chinois, dominé par la Russie (68 % des importations chinoises contre 7,5 % pour le Canada).
- Enquête ouverte par le secrétaire américain au Commerce pour déterminer si les importations de bois menacent la sécurité nationale.

Le « chaos tarifaire » illustre une escalade des tensions commerciales internationales avec des répercussions directes sur l'industrie du bois, le secteur immobilier et les relations diplomatiques. Si le Canada explore de nouveaux marchés, les États-Unis tentent de protéger leur production nationale, mais risquent de fragiliser leur économie intérieure par l'augmentation des coûts de construction. L'administration Trump justifie ces mesures en considérant le bois comme un élément clé de la sécurité nationale, rappelant que l'armée américaine dépense chaque année 10 milliards de dollars dans la construction. Cette situation complexe reste en évolution, marquée par l'incertitude et les réactions rapides des différents acteurs. Le principe même du chaos, c'est que tout peut être fait ou défait et emporté comme cela était venu.

Il semble que le bois d'œuvre ait échappé à la furie trumpienne du *Liberation Day*. Mais le Canada reste menacé. Et, de son côté, la Chine a décrété un embargo sur les bois et les produits du bois américain pour des raisons officielles de contamination !

Bois tropicaux : *un marché en repli*

L'année 2024 a fait apparaître des changements dans les prix relatifs des bois tropicaux, et a été marquée par une contraction des exportations liée notamment au ralentissement de la demande chinoise. Les prix des contreplaqués indonésiens se sont légèrement effrités tout au long de l'année, mais les prix des sciages ont, dans l'ensemble, progressé.
Une tendance nouvelle se fait jour concernant les grumes africaines : leurs prix s'effritent, tandis que ceux des sciages tendent à augmenter. Cette évolution contraste avec la situation de ces dernières années, durant laquelle les prix des grumes africaines étaient relativement élevés du fait de leur disponibilité réduite sur les marchés internationaux. Mais les mesures de restriction à l'exportation des grumes prises par un nombre croissant de pays ont conduit de nombreuses unités de transformation du bois en Europe à cesser leurs activités ou à se reconvertir. La demande de grumes se réduit d'autant, tandis que celle de sciages et de placages augmente, et les prix s'ajustent. Cette tendance sera néanmoins à confirmer dans les années qui viennent, car la demande de grumes tropicales par la Chine, bien qu'en baisse depuis une décennie (5,7 millions de m³ importés en 2023 contre 13,2 millions en 2014), reste importante face à une offre qui se réduit rapidement. Et la demande indienne en grumes devrait, elle, s'accroître.

L'évolution du marché des bois tropicaux ces trois dernières décennies

Le marché international des bois tropicaux représente environ $ 25 milliards par an. La production de bois rond tropical industriel est restée stable au cours des trente dernières années, se situant entre 150 et 160 millions de m³. Toutefois, la production des plantations a triplé, ce qui donne une production totale de bois rond tropical d'environ 350 millions de m³. En 2021, les plantations représentaient 81 % de la production en Amérique latine, 66 % en Asie du Sud-Est et 30 % en Afrique.

Le commerce mondial de grumes tropicales, estimé à 11 millions de m³ en 2023, a été divisé par deux depuis 2014 avec le pic de 22,7 millions de m³ exportés cette année-là. Cela est dû aux restrictions commerciales imposées par les pays exporta-

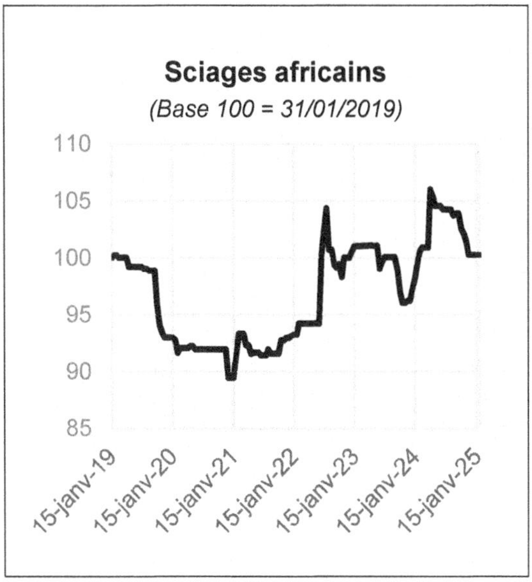

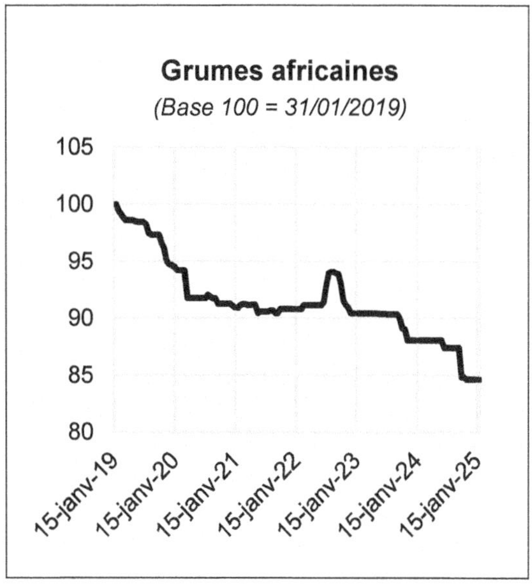

teurs afin de développer la transformation locale. Depuis 2000, les exportations de sciages tropicaux, à 12,1 millions de m³ en 2023, n'ont pas significativement progressé, et sont même en recul de plus d'un million de m³ par rapport au pic de 2004. La production de contreplaqué tropical est restée stable à environ 20 millions de m³ entre 1990 et 2008, mais elle est passée depuis à 51 millions de m³, en raison de l'augmentation de la production chinoise, de 4 millions à 27 millions de m³ et de celle de l'Inde de 2 millions à 12 millions de m³.

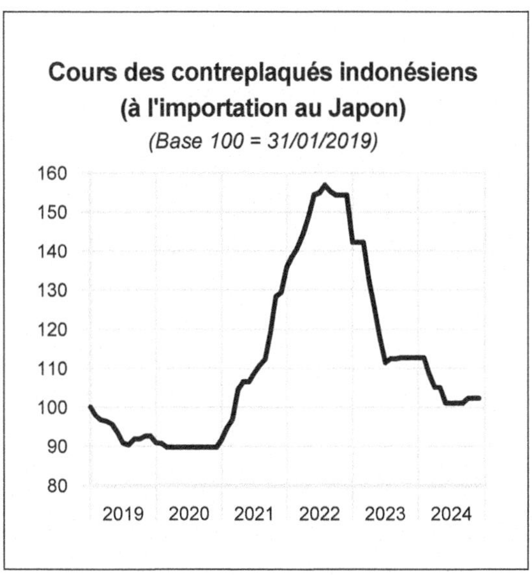

Le Japon, qui était il y a une trentaine d'années un des acteurs majeurs du marché des bois tropicaux, ne joue plus qu'un rôle secondaire. En revanche, les importations américaines ont triplé entre 2017 et 2023. La Chine est le centre névralgique du commerce mondial de bois tropicaux, mais les surinvestissements dans la construction de logements (il y aurait 10 millions de logements neufs inoccupés) freinent la croissance de la consommation de bois, même si les bois tropicaux ont été moins affectés que les autres bois, du fait de la croissance de l'industrie chinoise du meuble. Les importations de grumes tropicales de la Chine ont diminué de 5 % pour atteindre 5,9 millions de m³ en 2024, tandis que les importations de sciages tropicaux ont augmenté de 7 % pour atteindre 7,4 millions de m³, et celles de placages de 16 % pour atteindre 2,4 millions de m³. Si le moteur chinois a tendance à ralentir, on s'attend à un bond de près de 70 % de la demande en bois ronds en Inde au cours de la présente décennie. De 57 millions de m³ en 2020, la demande devrait passer à 98 millions de m³ en 2030, et le pays devrait donc accroître fortement ses importations, car ses ressources productives boisées sont insuffisantes.

En ce qui concerne l'Union européenne, les importations de bois ronds tropicaux devraient baisser de 4 % à 995 000 m³, les sciages de 18 % à 730 000 m³, les placages de 20 % à 202 000 m³ et le contreplaqué de 6 % à 572 000 m³.

Une année 2024 morose pour les exportations

Le moteur du marché, la Chine, n'a pas soutenu la demande comme lors des années précédentes, et les ports chinois avaient des stocks importants en 2024. Les Philippines ont importé des quantités importantes de sciages d'Afrique, notamment de l'okoumé du Gabon, et le Vietnam a maintenu sa demande pour certaines essences, comme le tali que lui fournit surtout le Cameroun.

En Afrique centrale, les restrictions à l'exportation des grumes sont de plus en plus marquées. Si le Gabon a interdit l'exportation de bois non transformé depuis 2010, le Congo a pris une mesure similaire en 2023 et le Cameroun a interdit l'exportation en grumes de très nombreuses essences, tout en appliquant une fiscalité dissuasive à l'exportation. Néanmoins, des quotas d'exportation ont été distribués à différents opérateurs pour écouler des stocks ou pour d'autres raisons. Seules la RCA, la Guinée équatoriale et la RDC continuent à exporter des grumes. Conséquence de ces fortes restrictions sur les exportations de grumes, mais aussi de contrôles accrus des autorités sur les concessions forestières, les exportations de bois du Cameroun ont significativement chuté en 2024.

Les pays d'Afrique centrale ont fait le choix de développer les capacités industrielles de transformation du bois dans des zones économiques spéciales, attirant de nombreux investisseurs chinois et indiens grâce à des avantages fiscaux et des garanties d'approvisionnement en bois brut. Si le Gabon a ouvert la voie avec la ZES de Nkok, le Cameroun, le Congo et la RDC ont prévu d'en ouvrir prochainement, le projet du Cameroun étant le plus avancé. La firme ARISE, issue du conglomérat OLAM, mais basée à Dubaï, s'est spécialisée dans la construction et la gestion de ces ZES dans les pays africains, afin de promouvoir l'industrialisation des filières, notamment la filière bois. Cette stratégie a conduit à une hausse spec-

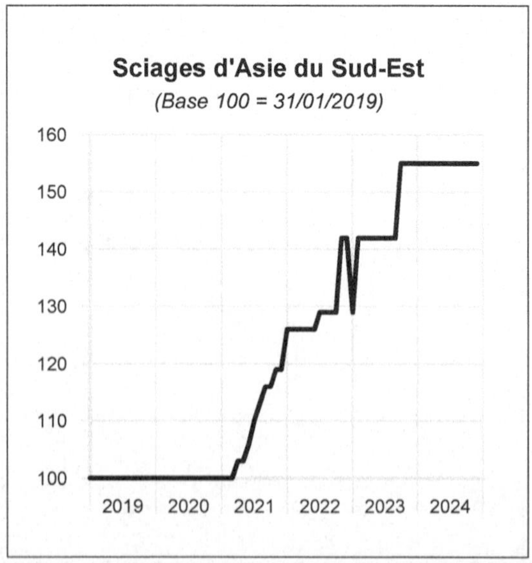

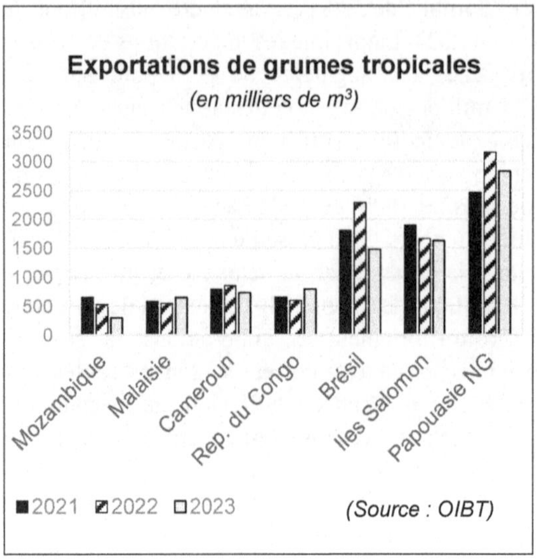

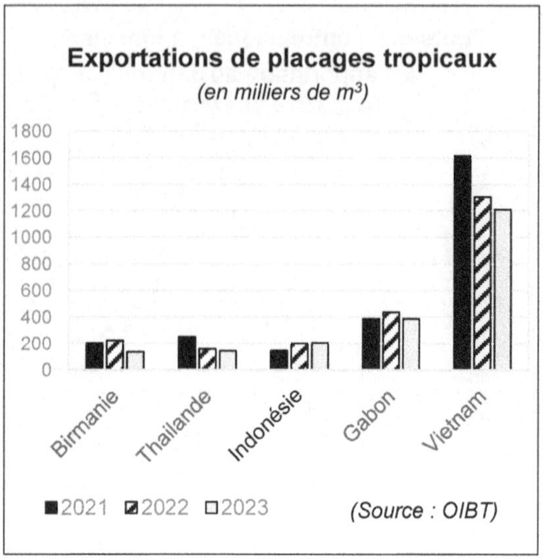

taculaire de la production et des exportations de sciages gabonais, essentiellement vers la Chine. Le Gabon est devenu le deuxième fournisseur de sciages tropicaux de la Chine, derrière la Thaïlande. Et, pour répondre à la demande des usines, le pays n'a jamais prélevé autant de bois dans ses forêts naturelles, avec une production estimée à 4,3 millions de m³ en 2022. Ce qui dément l'idée reçue selon laquelle l'interdiction d'exporter des grumes diminuerait la pression sur les ressources forestières… Néanmoins, les volumes exportés se sont contractés en 2024, au Gabon comme dans les autres pays d'Afrique centrale.

La Malaisie a connu une baisse notable de ses exportations, et l'Indonésie dans une moindre mesure. L'appréciation du ringgit malaisien et de la roupie indonésienne par rapport au dollar a handicapé les exportateurs. Si la Malaisie souffre toujours de pénuries de main-d'œuvre pour son industrie du bois, en Indonésie c'est l'absence de modernisation de nombreuses unités de transformation qui est devenue un sujet de préoccupation. Dans ces deux pays, des projets de conversion à grande échelle de « forêts dégradées » en plantations, généralement d'acacias et d'hévéas, sont mis en chantier pour répondre au manque de bois, mais aussi pour développer des cultures pérennes en agroforesterie. L'Indonésie prévoit de telles opérations sur 20 millions d'hectares, ce qui ne manque pas d'inquiéter de nombreuses ONG nationales comme internationales.

La « bioénergie » et le carbone, une concurrence pour les ressources forestières

En Asie du Sud-Est, les projets de bioéthanol et de biodiesel se multiplient et entrent en concurrence avec la production de bois dans les forêts naturelles. En Indonésie, deux millions d'hectares vont être dédiés à la production de bioéthanol avec des plantations de « palmier à sucre » qui viendraient prendre la place de forêts déclarées « dégradées ». Le nouveau président indonésien a, par ailleurs, appelé à relancer les plantations de palmier à huile, notamment pour produire du biodiesel, et de ne pas se soucier de la déforestation supplémentaire qui en découlerait.

À cette concurrence sur le foncier pour l'énergie, il faut ajouter la fabrication de pellets, qui prend une importance croissante en Asie et qui détourne de nombreuses plantations d'arbres de leur vocation à fournir du bois d'œuvre. Par ailleurs, un nombre croissant de zones d'exploitation forestière en Afrique et en Amérique latine est converti en « puits de carbone » afin de commercialiser des crédits compensatoires de CO_2. La création ou l'annonce de marchés du carbone en Malaisie, en Indonésie, ainsi qu'en Côte d'Ivoire et au Gabon, devrait accentuer cette tendance.

Ces différentes évolutions affectent moins la production de bois que les mégafeux qui se déclenchent dans un nombre grandissant de forêts de

Exportations de sciages tropicaux
(en milliers de m³)

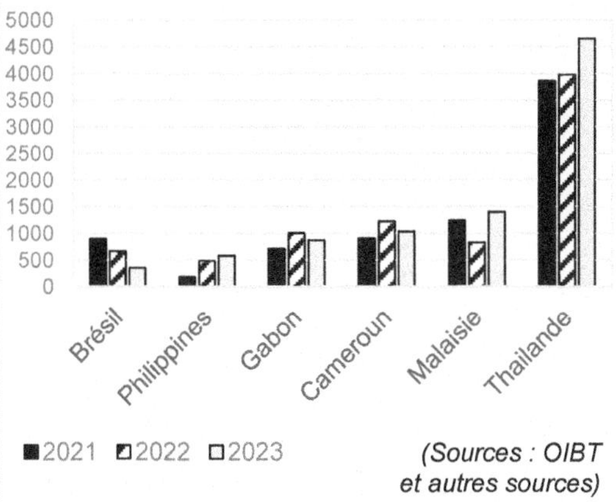

(Sources : OIBT et autres sources)

Exportations de contreplaqué tropical
(en milliers de m³)

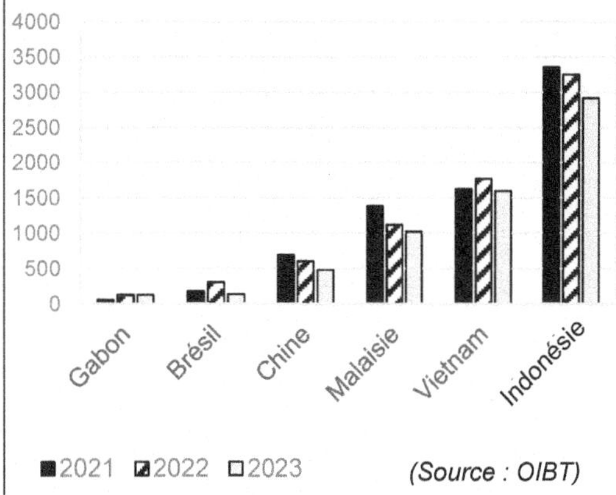

(Source : OIBT)

la planète, mais elles pourraient se refléter dans les statistiques internationales d'ici quelques années.

Le Règlement européen sur la déforestation, sous le feu des critiques, repoussé d'un an

L'entrée en vigueur du Règlement sur la déforestation (RDUE) est repoussée d'un an au début 2026, sauf nouveau rebondissement. Ceci découle de la levée de boucliers de grands partenaires commerciaux de l'Union européenne (Brésil, Indonésie, États-Unis...), mais aussi du retard pris dans le système d'information et dans le classement des pays selon leur niveau de risque (risque élevé, standard, faible) qui devait être publié six mois avant l'entrée en vigueur du RDUE.

Par ailleurs, de nombreux États membres de l'Union européenne ont réalisé qu'il ne s'agissait pas d'un règlement sur la déforestation « importée », mais sur la déforestation, et que les productions ciblées par le RDUE (le bois, ainsi que le bœuf et le soja produits en Europe) étaient soumises aux mêmes contraintes, notamment la traçabilité à la parcelle (même si c'est une traçabilité agrégée, dans laquelle toutes les parcelles sont déclarées, mais un produit n'est pas attribué à une zone spécifique). Au Parlement européen, un amendement visant à introduire une catégorie « zéro risque » a été voté, mais a ensuite été retiré. Cela aurait permis aux pays classés dans cette catégorie d'alléger significativement l'obligation de « diligence raisonnée » avant la mise en marché (dont la traçabilité à la parcelle). Les pays européens auraient bénéficié de cette disposition, mais possiblement aussi d'autres pays (la Chine a été évoquée) par lesquels des marchandises ne respectant pas les critères du RDUE auraient pu transiter. Dans le contexte de pressions tous azimuts pour réduire les contraintes du Pacte vert de l'Union européenne, il faut sans doute s'attendre à des assouplissements du RDUE dans différents domaines.

Pâtes et papier-carton : *la consommation mondiale rebondit*

La consommation mondiale de papier-carton s'est accrue de 3,5 % en 2024, effaçant l'érosion enregistrée au cours des deux années précédentes. 2024 a été une année charnière pour l'industrie de la pâte et du papier-carton, qui doit s'adapter à un environnement économique et réglementaire en constante évolution ainsi qu'à de nombreuses incertitudes géopolitiques.

La consommation mondiale de papier-carton s'est accrue de 3,5 % en 2024, effaçant l'érosion enregistrée au cours des deux années précédentes

La consommation mondiale de papier-carton s'est accrue de 3,5 % en 2024, d'après les premières estimations. Cette augmentation efface l'érosion enregistrée les deux années précédentes (– 3,5 % entre 2021 et 2023) et ramène la consommation mondiale de papier-carton à un niveau proche de son record enregistré en 2021 – 424,1 Mt – d'après le consultant *Fastmarkets*. Ce rebond a été soutenu par la bonne tenue de la croissance économique globale, mais aussi et surtout par un relatif retour « à la normale » des marchés papetiers, marqués par de nombreuses perturbations et notamment un mouvement massif de déstockage observé en 2023.

Le retour à des niveaux d'inflation plus raisonnables devrait favoriser la consommation et donc l'utilisation de papier-carton. Les incertitudes politiques et économiques – notamment l'annonce de tarifs douaniers par les États-Unis, pourraient cependant perturber les marchés mondiaux en profondeur. La production de papier-carton des États-Unis compte pour 15 % de la production mondiale et celle de pâte pour 21 %. C'est le Canada, et non la Chine, qui est le principal partenaire commercial des États-Unis – il représente 56 % des importations américaines de papier-carton et 46 % des importations de pâte.

Quant à l'Union européenne, elle est un partenaire commercial très important des États-Unis pour la pâte à papier et le papier-carton. L'Union européenne exporte 1,6 Mt de papier-carton vers les États-Unis, mais n'en importe que 600 000 tonnes. En revanche, l'Union européenne importe 900 000 tonnes de pâte à papier des États-Unis et en exporte 300 000 tonnes. Depuis janvier 2004, il n'existe plus de droits de douane à l'importation des deux côtés de l'Atlantique, ce qui a facilité une très grande intégration des marchés européen et américain. De nombreuses entreprises possèdent des usines à la fois au sein de l'Union européenne et aux États-Unis. L'imposition de

Pâte à papier

(en milllions de tonnes)

	2010	2015	2020	2022	2023	2024*
Production mondiale	**182.9**	**178.8**	**177.9**	**181.8**	**175.0**	**182.0**
dont États-Unis	49.3	47.8	43.4	41.0	37.9	38.1
UE à 27	37.0	34.8	35.3	35.1	32.1	33.0
Chine	19.0	16.4	20.3	25.7	27.7	30.7
Brésil	14.2	17.4	21.0	24.5	24.0	26.0
Canada	18.5	16.6	14.4	13.4	12.3	12.5
Suède	11.8	11.6	11.7	11.8	10.9	11.2
Indonésie	6.5	6.9	8.3	8.4	8.4	9.5
Finlande	10.5	10.3	10.3	9.9	9.1	9.1
Russie	7.4	7.7	8.6	7.6	7.5	7.5
Japon	9.4	8.7	7.1	7.6	7.1	7.1
Chili	4.1	5.2	4.9	4.4	5.8	7.0
Uruguay	1.1	2.2	2.6	2.6	3.6	5.0
Inde	3.9	4.2	4.1	4.2	4.3	4.3
Portugal	2.6	2.7	2.6	2.8	2.6	2.7
Allemagne	2.8	2.6	2.3	2.2	1.9	1.7
Espagne	1.9	1.6	1.7	1.5	1.6	1.7
Thaïlande	1.1	1.2	1.1	1.2	1.3	1.4
France	1.9	1.7	1.6	1.6	1.3	1.4
Autriche	1.7	1.4	1.6	1.6	1.3	1.4
Pologne	1.1	1.1	1.3	1.2	1.0	1.1

Ces chiffres comprennent la pâte à papier fabriquée à partir de bois (très largement majoritaire) ou de toute autre matière première fibreuse riche en cellulose, telle que la paille, le bambou ou la bagasse.

La production de pâte inclut la pâte intégrée à la production de papier-carton ainsi que la pâte dite marchande.

* estimations

(Sources : Fastmarkets RISI/Cepi/Eurostat/JPA/FPAC/BRACELPA/AF&PA/KPMA)

Évolution du prix des papiers-cartons en Europe

(Index, 2021 = 100)

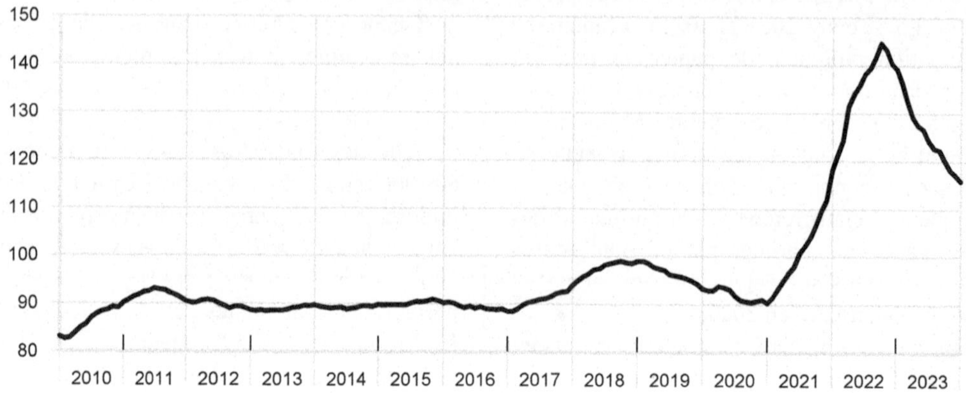

(Source : Eurostat)

Consommation mondiale de papiers-cartons par grandes sortes en 2023

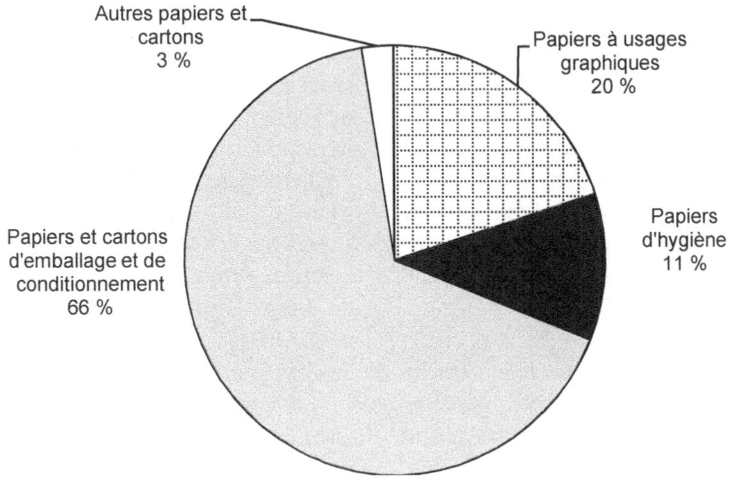

(Sources : RISI, AWA, CEPI)

droits de douane unilatéraux par les États-Unis et les mesures de rétorsion inévitables ne manqueraient pas d'avoir un impact significatif sur le commerce mondial.

La demande de papier pour ondulé – 45 % de la consommation mondiale de papier-carton – a augmenté de 25,5 % en 2024, après la baisse observée en 2023 (– 0,6 %), bénéficiant notamment de la reconstitution des stocks. L'offre excédentaire, existante dans la plupart des régions, mais surtout en Asie, a cependant perturbé les marchés. Dans les années 1990, l'Asie ne représentait que 30 % du marché mondial ; aujourd'hui, elle en représente 50 %. La montée en puissance de « l'e-commerce », qui devrait se poursuivre dans les années à venir, a dopé la demande de boîtes en carton ondulé en Chine grâce aussi au phénomène de substitution du plastique pour les emballages. Le groupe Amazon supprime progressivement les coussins d'air en plastique utilisés pour protéger les produits dans ses emballages dans le monde pour les remplacer par du papier-carton. La croissance de l'Asie a certes légèrement ralenti, mais elle continuera de progresser plus rapidement que celle de l'Europe et de l'Amérique du Nord. Un taux de croissance annuel moyen de 3,3 %, essentiellement tiré par la Chine, est attendu en 2025-2026 d'après le consultant *Fastmarkets*.

Le papier à usage sanitaire et domestique a enregistré en 2024 un fort taux de croissance de sa consommation, + 4,2 %, reflétant les besoins d'hygiène accrus des individus. Dans les années à venir, la croissance de la consommation devrait être d'environ 3,5 % en moyenne, selon *Fastmarkets*.

Les papiers graphiques sont en déclin structurel depuis 2008. Leur demande s'est contractée de 2 % environ en 2024. La consommation de ces sortes de papier par habitant se réduit dans toutes les régions du monde, mais reste cependant supérieure en Europe. Si la demande de livres se porte plutôt bien, les catalogues et les brochures commerciales sont en net repli, en raison notamment de l'augmentation des frais postaux. Le groupe Carrefour a récemment décidé de mettre fin à la distribution de ses catalogues papier et d'opter pour des versions digitales. De nombreuses réductions de capacité de production ont lieu pour s'adapter à une demande toujours plus faible.

En Europe, la consommation de papier-carton a augmenté de 7,5 % en 2024 d'après Cepi. Ce taux de croissance particulièrement élevé intervient après une année 2023 négative pour la consommation de papier-carton, touchée plus durement que pendant la pandémie du covid-19. Le premier semestre a été marqué par un mouvement de reconstitution des stocks, laissant la place à un second semestre plus faible, en dépit des événements sportifs (Jeux olympiques et Championnat d'Europe de football) qui ont traditionnellement un impact positif sur la consommation de papier-carton. La demande de papier-carton d'emballage a augmenté de 8,6 % en 2024, dépassant la croissance de la demande de papier graphique et de papier sanitaire et domestique, qui ont augmenté respectivement de 5,2 % et 5,8 %.

Après une grande volatilité en 2022 et 2023, 2024 s'est avérée être une année relativement stable en Europe pour les prix des papiers-cartons. Les prix de la majeure partie des sortes de papier-carton ont légèrement augmenté jusqu'à l'été 2024, avant qu'une relative érosion survienne au second semestre.

La production mondiale de papier-carton rebondit en 2024

Selon les toutes premières estimations, la production mondiale de papier-carton a augmenté de 3,5 % en 2024, récupérant pleinement du déclin enregistré en 2023 (– 3,3 %). Une augmentation de la production a été observée dans la plupart des pays producteurs de papier-carton, à l'exception du Japon, en 2024. Les États-Unis, le Brésil, le Canada, la Chine, l'Inde et la Corée du Sud ont enregistré des augmentations de leur production comprises entre 1,5 % et 5,5 %. Dans un contexte de guerre, la Russie a vu sa production s'accroître de 4,3 % et l'Ukraine, producteur beaucoup plus modeste, de 3,1 %.

La production européenne de papier-carton a augmenté de 5,2 % en 2024 par rapport à l'année précédente. Ce rebond intervient après la forte baisse enregistrée en 2023 et 2022, respectivement de – 12,9 % et – 6,2 %. La baisse de 2023

Papiers et cartons

(en millions de tonnes)

	2010	2015	2020	2022	2023	2024*
Production mondiale	**394.0**	**407.6**	**405.0**	**422.7**	**408.8**	**423.0**
dont Chine	92.7	109.9	109.9	117.9	121.2	124.9
UE à 27	90.1	87.0	81.9	81.6	71.1	74.7
États-Unis	75.9	72.6	67.9	66.9	61.8	64.1
Japon	27.3	26.2	22.9	23.7	22.0	21.6
Inde	9.2	15.0	17.1	19.6	20.0	21.1
Allemagne	23.1	22.6	21.3	21.6	18.6	19.2
Indonésie	9.9	10.9	13.0	12.6	13.1	13.5
Brésil	10.0	10.5	10.3	11.1	10.8	11.3
Corée du Sud	11.1	11.6	11.3	11.4	10.7	10.8
Russie	7.6	8.1	9.5	9.5	9.2	9.8
Canada	12.8	10.3	8.6	8.7	8.2	8.4
Suède	11.4	10.2	9.3	8.5	7.5	8.1
Italie	9.1	9.0	8.6	8.7	7.5	8.0
Finlande	11.8	10.3	8.2	7.2	6.3	6.7
Espagne	6.2	6.2	6.3	6.4	6.0	6.6
France	8.8	8.0	6.9	7.1	6.1	6.5
Vietnam	1.5	2.3	4.7	5.1	6.1	6.4
Mexique	4.7	5.4	6.0	6.7	6.3	6.4
Turquie	2.5	3.7	4.9	5.4	5.2	5.5
Thaïlande	4.4	4.9	5.0	4.9	5.1	4.9

* estimations

(Sources : RISI/CEPI/Eurostat/JPA/FPAC/BRACELPA/AF&PA/KPMA)

avait été provoquée par une combinaison de tendances macroéconomiques défavorables, par un déstockage durable le long de la chaîne d'approvisionnement et par le lourd impact sur l'industrie des coûts élevés de l'énergie et de la fabrication. La production reste à des niveaux bien inférieurs à ceux d'avant la pandémie du covid et les prix de l'énergie demeurent deux fois plus élevés qu'avant cette période.

En Europe, la production de papier-carton d'emballage a augmenté de 6,5 % par rapport à 2023 pour représenter désormais 63,0 % de la production totale de papier-carton. Toutes les sortes de papier-carton d'emballage ont enregistré des hausses : + 4,3 % pour le papier pour ondulé – principalement utilisé pour les emballages de transport et les boîtes en carton ondulé, + 9,9 % pour le carton – utilisé pour les emballages de vente au détail – et + 14,4 % pour les papiers d'emballage souple – utilisés pour la production de sacs en papier. La production de papier sanitaire et domestique a augmenté de 3,5 % et la production de papier graphique de 2,2 %. La production de papier journal a diminué de 1,3 % tandis que la production de papier d'impression et d'écriture – utilisés pour les magazines et les catalogues, le publipostage, les annuaires, etc. – a augmenté de 2,9 %. La production des autres catégories de papier-carton – principalement destinées à des fins industrielles et spéciales – a augmenté de 5,7 %.

À l'issue des neuf premiers mois de 2024, les livraisons européennes de papier-carton pour l'année affichent une augmentation de 6,0 % par rapport à 2023, les livraisons internes augmentant de 5,7 % et les exportations de 7,2 %, enregistrant une augmentation significative dans presque toutes les régions. Les exportations ont représenté 21 % de la production de papier-carton en 2024. Les importations européennes de papier-carton devraient avoir augmenté d'environ 25 % par rapport à 2023, après une baisse de 17 % l'année précédente, représentant 8 % de la consommation européenne en 2024. Les conflits en mer Rouge ont affecté le transport maritime en obligeant les containers à transiter par le cap de Bonne-Espérance, ajoutant dix à quinze jours de voyage entre l'Europe et l'Asie. Le coût du fret a néanmoins peu augmenté pour le papier-carton en raison des surcapacités existantes en termes de transport.

La production et la consommation mondiale de pâte à papier continuent de croître, sous l'influence de la Chine

La production mondiale de pâte à papier (intégrée à la production de papier-carton et celle dite marchande) s'est accrue de 4 % en 2024, effaçant la contraction enregistrée l'année précédente (– 3,7 %). Les États-Unis, l'Europe, la Chine, le Brésil, le Canada et l'Indonésie ont connu des progressions allant de 0,7 % à 13,0 % d'après les estimations les plus récentes. Le Japon a enregistré une très légère baisse, tandis que l'Uruguay et le Chili, pays aux capacités plus modestes, ont vu leur production s'accroître de manière spectaculaire grâce à des investissements massifs.

La croissance de la production de pâte en Chine se poursuit et même s'accélère : + 10,8 % en 2024. Bien que la majeure partie de la production de pâte à papier chinoise soit intégrée, certaines lignes sont équipées de sécheries, permettant aux usines de vendre de la pâte à papier suivant la demande de papier-carton et les prix de la pâte. La capacité de production de pâte à papier chinoise a augmenté de plus de 2 Mt en moyenne par an entre 2020 et 2024, grâce à de nouveaux investissements (Chenming Shouguang, Sun Paper Beihai et Nanning notamment). Sur la période 2024-2026, 7 Mt de capacités supplémentaires de pâte à papier sont prévues. Une variable clé est le prix du bois, qui, jusqu'à présent, reste relativement bas en Chine, ce qui incite les usines de pâte chinoises à tourner à plein régime.

La consommation chinoise de pâte à papier continue de croître également. De 2010 à 2020, la consommation de pâte à papier a augmenté de 2 Mt en moyenne chaque année, la majeure partie étant importée. Depuis 2020, la croissance de la consommation de pâte à papier s'est même accélérée.

En Europe, la production européenne de pâte marchande a légèrement diminué (– 1,0 %) en 2024, après + 2,3 % en 2023, impactée par des arrêts de machine et des grèves dans certains ports. Elle reste néanmoins à un niveau relativement stable depuis 2020. La production totale de pâte – marchande et intégrée – a quant à elle augmenté de 3,0 %, avec une production totale d'environ 33,6 Mt. La production de pâte marchande joue un rôle central dans le développement des bioraffine-

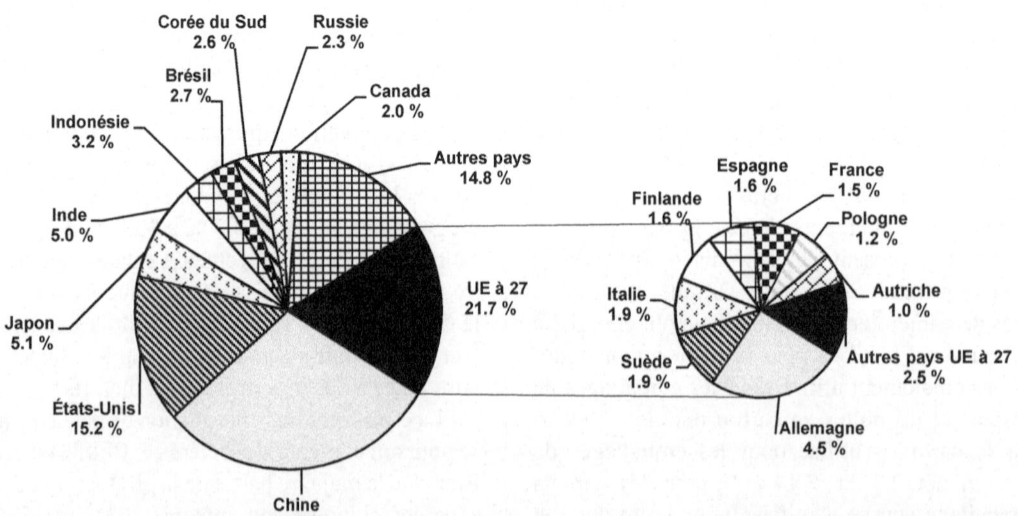

(Sources : CEPI, RISI, industrie)

ries, comme décrit dans une étude récente réalisée par le consultant *Nova Institut*. Partie prenante de la bioéconomie, ces usines explorent les opportunités qu'offrent les différentes composantes du bois – lignine, cellulose et hémicellulose – pour produire des substances et des produits à haute valeur ajoutée, utilisables dans des secteurs aussi divers que l'automobile, les carburants, l'agroalimentaire, les cosmétiques ou encore le textile ; ceci en complète autonomie d'un point de vue énergétique.

Entre 2020 et 2022, les prix en Europe de la pâte de résineux NBSK avaient bondi de 64 % et ceux de la pâte d'eucalyptus BEK de 91 %. Après des baisses sensibles au cours du premier semestre 2023, de l'ordre de 20 % pour la pâte NBSK et de 40 % pour la pâte BEK, les prix de la pâte marchande ont connu un cycle d'expansion (second semestre 2023 et premier trimestre 2024) et de récession (jusqu'au dernier trimestre de 2024) relativement court. À la fin de l'année 2024, les prix s'établissaient à $ 1 500 la tonne pour la pâte NBSK et $ 1 100 la tonne pour la pâte BEK. En 2024, la demande a rebondi en Europe (+ 2,0 %), alors qu'elle se contractait en Chine (– 3,0 %) avec des importations en recul de 6,4 %. Les stocks des producteurs sont remontés à des niveaux assez élevés à la mi-2024. Les conditions de marché changent néanmoins assez rapidement. En raison d'une dette hors de contrôle, le groupe chinois Shandong Chenming, acteur majeur de la production de papier graphique et de carton (7 Mt cumulées) et grand acheteur de pâte, a été contraint de mettre à l'arrêt ses usines, pesant lourd sur l'équilibre des marchés.

Le différentiel de prix entre la pâte NBSK et la pâte BEK a atteint des sommets – jusqu'à $ 300 la tonne – à la fin de l'année 2024, en raison de la relative abondance de la pâte de feuillus sur les marchés mondiaux, contrastant avec la faiblesse de l'offre de pâte de résineux. Ce différentiel pourrait même s'accroître sous l'effet des droits de douane américains. La possibilité de substituer la pâte de résineux par de la pâte de feuillus, envisagée par les papetiers, demeure cependant complexe et présente de nombreux défis.

Fin 2024, la capacité mondiale de pâte marchande s'est élevée à 80,5 Mt, dont 72,8 Mt de pâte chimique blanchie (27,5 millions de BSKP et 45 millions de BHKP), selon le consultant Hawkins Wright. La pâte de feuillus représente près de 70 % du total et celle de résineux 30 %.

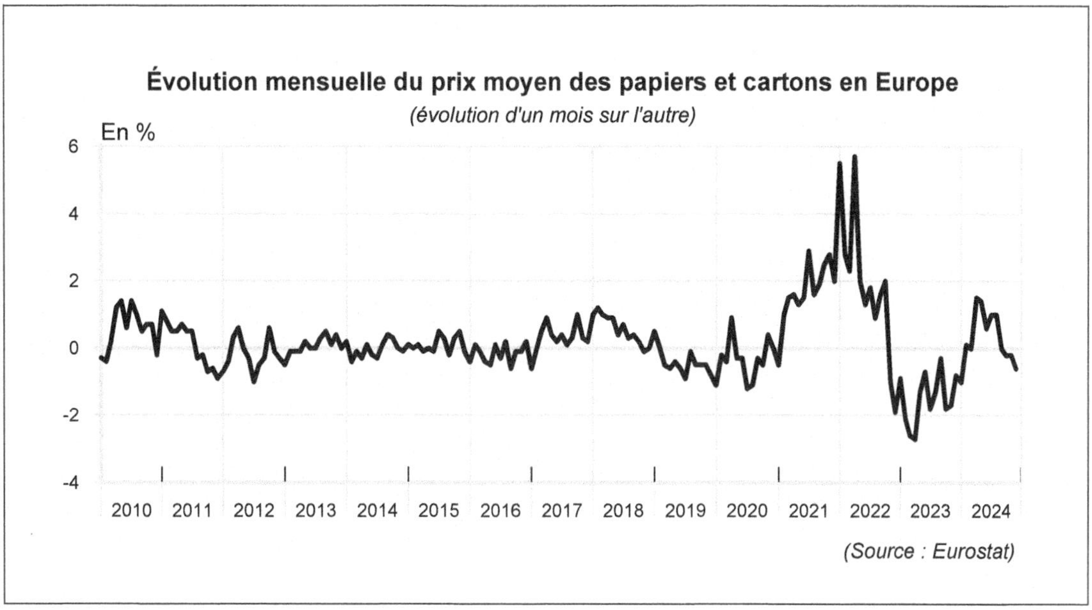

Les capacités totales ont augmenté d'environ 1 Mt, soutenues essentiellement par le démarrage de l'usine Ribas de Suzano au Brésil en juillet, et la montée en puissance continue des projets réalisés en 2023 par Metsa Fibre, Arauco et UPM. Suzano a mis sur le marché la plus grande ligne de production de pâte marchande – 2,55 Mt de pâte d'eucalyptus annuelles pour un investissement de $ 4,3 milliards. La croissance due à ces projets a été en partie compensée par des fermetures, mais également par une intégration accrue avec des capacités de papier-carton. La réorientation de certaines unités de production vers la pâte à dissoudre – utilisée principalement pour le textile et non le papier-carton, en particulier en Chine – en Indonésie et au Brésil a également un impact sur l'offre.

La croissance des capacités se traduit rarement par une croissance équivalente de la production,

PRODUITS FORESTIERS

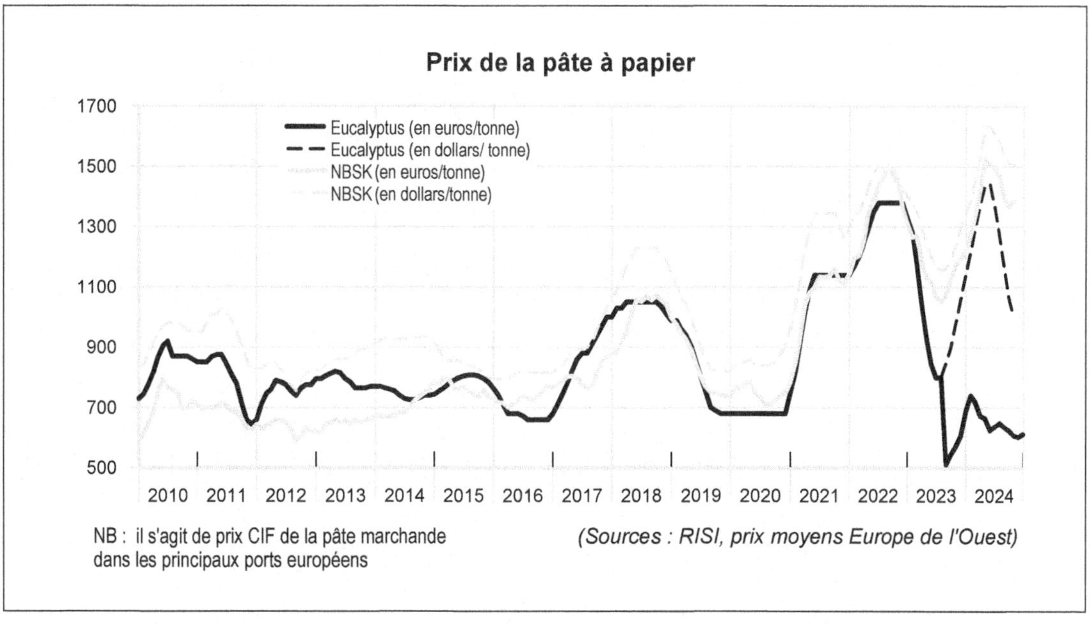

en raison des arrêts de machine pour maintenance, des éventuelles pénuries de fibres, des événements météorologiques extrêmes et des contraintes logistiques. Au Brésil, le rythme soutenu de croissance des capacités de production exige des investissements substantiels en termes d'infrastructure : le port de Santos a dû accroître ses capacités de manière significative et de nouveaux investissements dans les axes routiers s'avèrent nécessaires pour acheminer des usines aux ports des volumes de pâte toujours croissants.

En 2025, la capacité mondiale de production de pâte commerciale devrait augmenter de 1,4 Mt d'après Hawkins Wright. Il ne faut cependant pas exclure la probable fermeture d'usines plus anciennes et moins compétitives au cours de l'année à venir.

Pour la période 2026-2027, une croissance modeste des capacités de pâte marchande, de l'ordre de 600 000 tonnes, est anticipée. Au-delà de 2027, un nouveau cycle d'investissement pourrait débuter, avec des capacités supplémentaires d'environ 3,3 Mt en 2028-2029, pour l'essentiel de la pâte d'eucalyptus en Amérique du Sud. Les projets liés à la pâte de résineux demeurent en comparaison beaucoup plus rares, ce qui pourrait, combiné au sous-investissement dans les capacités existantes, réduire l'offre à long terme. En raison du manque de surfaces disponibles pour de nouvelles plantations, les producteurs de pâte portent leurs efforts sur l'amélioration de la productivité et certaines sociétés explorent l'utilisation du bambou, voire même, de manière plus anecdotique, de feuilles d'arbre pour produire de la pâte !

Le règlement européen contre la déforestation et la dégradation des forêts (RDUnion européenne) pourrait, une fois appliqué, impacter significativement les marchés mondiaux de la pâte et du papier-carton

Ce règlement est un élément clé du Pacte vert pour l'Europe et de la lutte contre le changement climatique et la perte de biodiversité. Entré en vigueur le 29 juin 2023, son objectif est de minimiser le risque que des produits issus de chaînes d'approvisionnement associées à la déforestation ou à la dégradation des forêts soient commercialisés. Les produits couverts par le règlement sont le bois, le caoutchouc, les bovins, le café, le cacao, l'huile de palme et le soja ainsi que les produits les utilisant dans leur fabrication. Ainsi, tout opérateur ou négociant qui met ces produits sur le marché de l'Union européenne ou en exporte doit prouver qu'ils ne proviennent pas de terres récemment déboisées ou dégradées du fait de leur fabrication.

En ce qui concerne les produits dérivés du bois, sont aussi dans le champ du RDUnion européenne toutes les pâtes de cellulose, tous les papiers-cartons contenant des fibres vierges (les papiers recyclés ne sont pas concernés), ainsi que les biens issus de la transformation de ces papiers-cartons (sacs, caisses en carton, cahiers, essuie-tout, étiquettes, journaux, magazines, livres…). Pour démontrer que ces produits sont « zéro déforestation » – c'est-à-dire qu'ils n'ont contribué ni au défrichage de la forêt ni à sa dégradation (conversion par exemple d'une forêt primaire en plantation) –, il s'agit de mettre en place une traçabilité complète. Pour tout produit concerné par le règlement, il doit être possible de « remonter » la chaîne de valeur jusqu'au produit de base afin de constater que la forêt d'où provient le bois n'a pas été défrichée. Dans le cas contraire, le produit serait illégal et ne pourrait être mis sur le marché, sous peine de sanctions.

L'objectif de lutte contre la déforestation mondiale, dont l'expansion des terres cultivées et des pâturages est responsable à près de 90 % selon la FAO, est soutenu par l'industrie papetière. Il faut rappeler que les produits en bois et dérivés du bois, à la différence des produits agricoles, s'inscrivaient depuis 2013 dans un règlement « bois » (RBUnion européenne) qui reposait sur une approche rigoureuse (le produit devait montrer sa conformité une seule fois, lors de sa mise sur le marché européen, et non à chaque étape de transformation).

Toutefois, le Parlement européen et le Conseil ont adopté fin 2024 la proposition de la Commission de retarder son application d'un an – 30 décembre 2025 au lieu du 30 décembre 2024 – afin de donner aux entreprises et aux autorités plus de temps pour mieux se préparer à sa mise en œuvre. Les entreprises de taille modeste et les microentreprises devront l'appliquer à partir du 30 juin 2026.

Les géants mondiaux de la pâte et du papier (2023)

(en milliers de tonnes)

	Société	Pays	Production pâte marchande + papier-carton
1	Nine Dragons Paper	Chine	20 920
2	International Paper	États-Unis	17 371
3	WestRock	États-Unis	13 220
4	Oji Holdings Corporation	Japon	12 844
5	Suzano Papel e Celulose	Brésil	11 100
6	Smurfit-Kappa Group	Irlande	8 400
7	UPM	Finlande	7 835
8	Shandong Sun Paper Ind. JS. Co. Ltd.	Chine	7 686
9	Stora Enso	Finlande	7 219
10	Shanying International	Chine	6 784
11	SCG Packaging Public Co. Ltd.	Thaïlande	6 425
12	Lee & Man Paper Manufacturing	Chine	6 004
13	Empresas CMPC	Chili	5 550
14	Shandong Chenming Paper Holdings	Chine	4 780
15	Sappi	Afrique du Sud	4 725
16	Packaging Corporation of America	États-Unis	4 536
17	Klabin	Brésil	4 512
18	Nippon Paper Industries Co. Ltd.	Japon	4 268
19	Mondi	Afrique du Sud	4 252
20	Metsa Group	Finlande	4 159
21	DS Smith	Royaume-Uni	4 050
22	Daio Paper	Japon	4 036
23	Arauco	Chili	3 762
24	Long Chen Paper & Packaging Co. Ltd.	Taïwan	3 600
25	Billerud	Suède	3 536

Certaines sociétés comme APP, April, Georgia Pacific, Saica et Kimberly Clark ne figurent pas dans cette liste en raison du manque de données disponibles concernant leur production.

(Sources : Tappi, Fastmarkets RISI, Hawkins Wright, Cepi)

Le système d'information mis en place par l'Union européenne pour assurer le suivi des matériaux et des matières premières ainsi qu'un système d'évaluation comparative évaluant le niveau de risque par pays restent à finaliser.

De nombreux pays producteurs de pâte et de papier-carton ont fait part de leur grande inquiétude quant à la mise en place de la RDUnion européenne, sa complexité, sa lourdeur administrative et son coût – en lien avec la masse considérable des données à traiter ; certains pays la qualifient même de barrière non tarifaire. Sans un cadre de mise en œuvre progressive adéquat, le nouveau règlement risque d'entraîner des perturbations considérables de la chaîne de production, sans impact tangible sur les causes profondes de la déforestation. Pour permettre la traçabilité du bois, de la forêt jusqu'au produit fini, il est en effet nécessaire pour les entreprises situées en amont de la chaîne de valeur (les exploitants forestiers, les scieurs – très souvent des PME disposant de peu de moyens) de collecter les coordonnées géographiques des parcelles (latitude et longitude), ainsi que la date de la récolte du bois. Dans la mesure où une usine de pâte à papier, du fait de son process, mélange des bois provenant de nombreuses parcelles, une balle de pâte à papier (250 kg) est associée à plusieurs centaines, voire plusieurs milliers de parcelles. Le maillon suivant (la fabrication de papier), à son tour, repose fréquemment sur le mélange de balles de pâte provenant de plusieurs fournisseurs… Il semble à ce stade difficile de prévoir l'impact de la RDUnion européenne sur les chaînes de production et les échanges commerciaux à long terme.

L'activité de fusions et d'acquisitions dans le secteur du papier-carton est restée très soutenue en 2024, avec des transactions de très grande envergure dans l'emballage

C'est dans le secteur de l'emballage que deux des plus grosses transactions ont eu lieu : la méga-fusion du groupe irlandais Smurfit Kappa Group et du groupe américain WestRock, et l'acquisition de DS Smith (DSS) par le géant américain International Paper (IP), annoncée en avril 2024, et convoité un moment par le groupe sud-africain Mondi.

Smurfit Westrock dispose de 18,4 Mt de capacités annuelles de papier pour ondulé avec 67 usines et plus de 500 usines de transformation dans le monde entier, avec des ventes avoisinant € 21,1 milliards en 2024. Le nouveau groupe composé d'IP et de DSS devrait quant à lui disposer de 17,6 Mt de capacité au niveau mondial. Ces opérations devraient laisser au groupe chinois Nine Dragons – 18,7 Mt de papier pour ondulé – la première place mondiale en termes de production de pâte et de papier-carton ; d'autant plus que Nine Dragons a annoncé 3,85 Mt supplémentaires à la mi-2025. Les investissements récents dans la pâte ou le papier-carton en Chine propulsent les sociétés chinoises, toujours plus nombreuses, dans le haut du classement des géants mondiaux.

L'année dernière, le groupe d'origine espagnol Saica s'est développé en Pologne, avec l'achat des actifs de Schumacher ; les autres actifs de Schumacher situés en Allemagne, au Royaume-Uni et aux Pays-Bas devant être repris par le géant de l'emballage Mondi.

Du côté des papiers à usage sanitaire et domestique, le groupe italien Sofidel a acquis l'activité américaine de Clearwater Paper. Essity a vendu ses parts dans la société asiatique Vinda International au groupe indonésien APRIL.

L'année 2024 a également vu l'expansion de l'italien Fedrigoni sur le marché des papiers spéciaux pour l'emballage et la communication, avec l'acquisition de Mohawk Fine Paper et de Poli-Tape. Le group chinois Shanying International a vendu sa filiale européenne Nordic Paper. En Russie, le groupe spécialisé dans le bois Seveza a fait l'acquisition de Kama Pulp and Paper Mill – producteur de papier d'emballage et de papiers graphiques, diversifiant ainsi son activité.

Le géant mondial brésilien Suzano, *leader* de la pâte marchande, a pris une part dans le capital du producteur européen de fibres cellulosiques pour le textile Lenzing, a acquis des usines du groupe Pactiv Evergreen aux États-Unis après que des rumeurs ont fait état du rapprochement avec le groupe IP et l'acquisition du groupe américain Clearwater Paper.

Dans la distribution, les actifs français et allemands d'Inapa, en faillite, ont été rachetés par Japan Pulp & Paper et rebaptisés Ovol. Antalis, autre géant de la distribution en Europe, a également réalisé un certain nombre d'acquisitions, notamment les entreprises d'emballage Pakella, 100 metros, et Plaesa, Poitoo Adhésifs et l'activité de distribution de papier EMEA de Xerox.

Les entreprises papetières cherchent à réaliser des gains de productivité. En raison de marchés papetiers atones et de capacités de production excédentaires dans de nombreux segments de l'industrie, notamment en Europe et en Asie, les fusions et acquisitions horizontales ou verticales devraient continuer à être la solution privilégiée par de nombreuses entreprises.

Papiers et cartons à recycler : *la demande asiatique en net repli*

L'Asie est un acteur clé du marché mondial des papiers et cartons à recycler (PCR). La réduction des importations de PCR en Asie du Sud-Est a contribué à rééquilibrer les marchés en Europe et en Amérique en 2024. La demande de fibres recyclées devrait continuer à croître dans les années à venir du fait d'une demande accrue, soutenue par les réglementations nationales en faveur du recyclage.

Dans un contexte d'incertitude persistante, une relative stabilisation a été observée sur la plupart des marchés en 2024

Après les hausses vertigineuses enregistrées en 2021, les baisses brutales observées en 2022 – essentiellement en Europe et aux États-Unis (prix divisés par deux, voire trois), puis le raffermissement de 2023, les prix des cartons ondulés récupérés, sorte de référence, ont connu une certaine érosion en Europe et aux États-Unis vers la fin de l'année 2024, pour atteindre près de € 130 et $ 75 la tonne. Les prix chinois sont demeurés relativement stables depuis le début de l'année 2023 et la majeure partie de 2024, aux alentours de 1 700 yuans.

Les cartons ondulés récupérés représentent plus de 60 % de l'utilisation mondiale totale de PCR. Leur utilisation ne cesse de s'accroître au fil des années, à l'inverse des vieux journaux et magazines dont les volumes souffrent du déclin de la presse papier.

L'offre de PCR sur le marché américain s'est stabilisée au cours de l'année 2024, tandis que la demande intérieure montrait des signes d'amélioration. La consommation de cartons ondulés récupérés aux États-Unis a augmenté de 6,3 % en 2024 en dépit d'un certain ralentissement au second semestre de l'année. Le niveau des stocks de cartons ondulés récupérés aux États-Unis a chuté au fil des ans, passant de huit jours en 2014 à un peu moins de sept jours en 2024, contribuant à la volatilité des marchés des PCR.

En Europe, la demande intérieure de PCR a augmenté de 4,1 % en 2024 d'après Cepi, atteignant 45 Mt. La consommation de cartons ondulés récupérés a augmenté de 6,9 %. Cette augmentation reflète l'évolution positive de la production de papier-carton en 2024 et intervient après deux années successives de baisse. La production européenne de papier pour ondulé, qui utilise plus de 60 % du total des PCR en Europe, a rebondi en 2024, progressant de 4,3 %. L'utilisation de sortes mêlées est restée stable en 2024 en Europe, mais celle de vieux journaux et magazines a diminué de 7,7 %.

La demande chinoise et asiatique en fibres recyclées est en revanche apparue relativement faible. Dans les mois qui viennent, elle pourrait

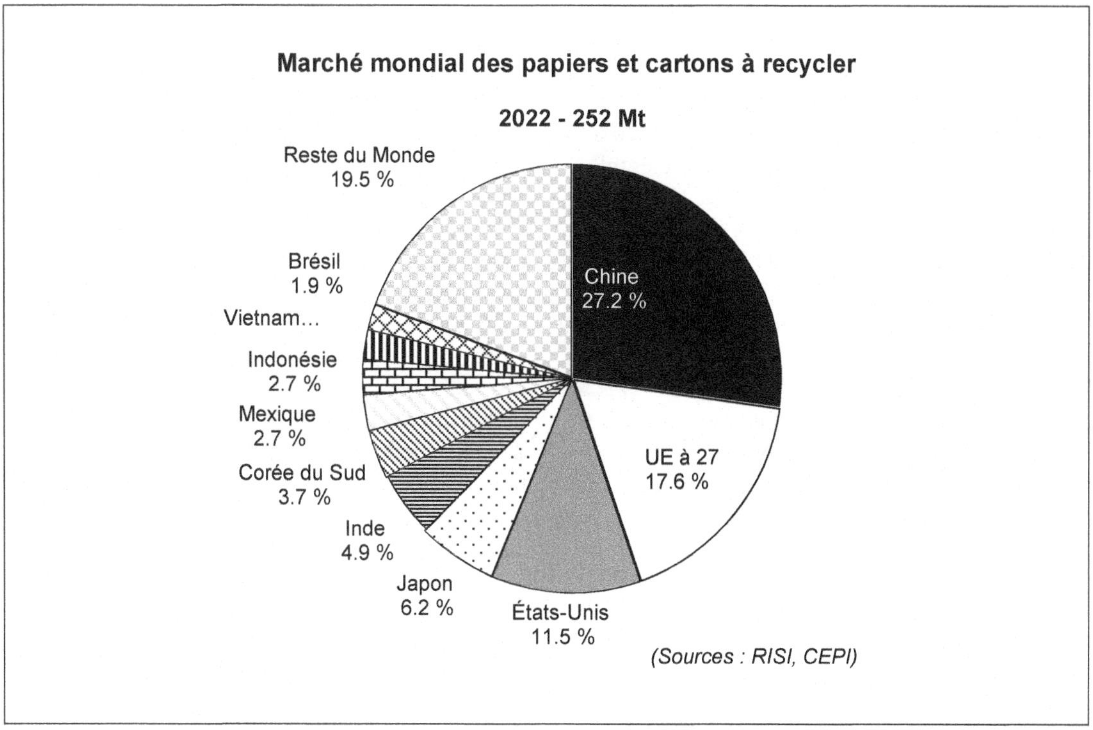

être particulièrement affectée par le ralentissement de sa croissance économique et par la demande d'emballages en papier-carton qui en découle.

L'utilisation de PCR dans la production mondiale de papier-carton devrait continuer à augmenter sous l'effet de réglementations promouvant le recyclage et la substitution des emballages plastiques par des emballages en papier-carton.

Le papier pour ondulé restera le principal moteur de la croissance de la demande de PCR à l'avenir. Ses capacités mondiales de production sont passées de 150 Mt en 2018 à plus de 200 Mt en 2024. D'après *Fastmarkets*, la part du papier pour ondulé fabriqué à partir de PCR est passée de 50 % en 1995 à 82 % en 2024.

La demande asiatique influence de manière prédominante les flux mondiaux de PCR

Les importations asiatiques de PCR ont chuté de 15,0 % en 2024, car la croissance de la demande a ralenti et le recours à l'offre domestique a augmenté. La plupart des acheteurs asiatiques ont réduit leurs importations de PCR en 2024, à l'exception de la Malaisie (+ 17,8 %) qui est un des principaux pays exportateurs de pâte recyclée vers la Chine. En Chine, la demande de papier-carton d'emballage et de pâte recyclée est apparue relativement faible, ce qui s'est traduit

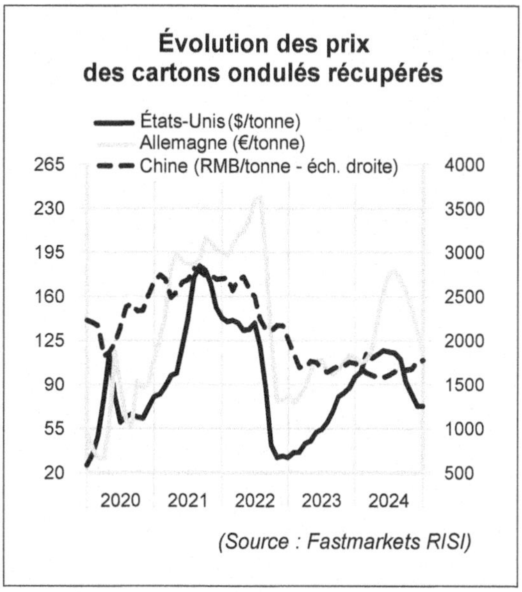

par une demande de PCR en berne de la part des usines chinoises productrices de papier-carton.

En Europe, la part des exportations – 5,5 Mt – dans la collecte totale de PCR a fortement augmenté, passant de 8 % en 2000 à 18 % en 2016. La part des exportations a ensuite considérablement diminué au cours de la période 2017-2021 en raison de l'interdiction d'importation de PCR par la Chine pour atteindre 12,5 % en 2021. Les exportations européennes de PCR ont rebondi en 2022-2023 (18 % de la collecte), en raison notamment de la faible demande intérieure, avant de diminuer à nouveau en 2024 (– 21,6 %), à cause de la reprise de la demande en Europe et d'une demande plus faible en Asie. Les exportations vers l'Inde (près d'un quart des exportations européennes) ont baissé de 41,6 %, celles vers le Vietnam (17 % des exportations totales) ont baissé de 5,3 % et celles vers l'Indonésie (15,5 %) de 28 %. Les exportations européennes vers la Turquie ont en revanche progressé de 39,3 % en 2024 pour satisfaire une demande accrue de PCR. Les exportations du Royaume-Uni se sont contractées de 4,3 %.

12 Mt de PCR ont été exportées par les États-Unis en 2024, le volume le plus faible depuis le niveau record atteint en 2011 (un peu plus de 20 Mt), en baisse de 6,9 %. 71 % des PCR exportés par les États-Unis sont destinés à l'Asie, l'Inde comptant pour 17 % de ces volumes, le Mexique 15 % et le Canada 8 %. Les exportations vers l'Asie ont diminué de 15,8 %, contrastant avec les exportations vers le Canada et le Mexique qui ont augmenté respectivement de 50,1 % et de 82,8 % en 2024. Les exportations américaines d'OCC ont chuté de 13 % en 2023 en raison de leur faible disponibilité, puis de 4,9 % en 2024 selon le département américain au Commerce, du fait d'une demande intérieure plus vigoureuse. Les exportations de fibres récupérées américaines ont été affectées par la grève dans certains ports américains en octobre 2024 ainsi que par des congestions dans les ports en Inde, en Chine et en Asie du Sud-Est. La menace d'imposition de droits de douane brandie par les États-Unis sur les importations en provenance notamment du Mexique, du Canada et de Chine a suscité l'inquiétude des acheteurs en fin d'année. Ces droits de douane

Flux mondiaux de papiers et cartons récupérés en 2023

(Millions de tonnes)

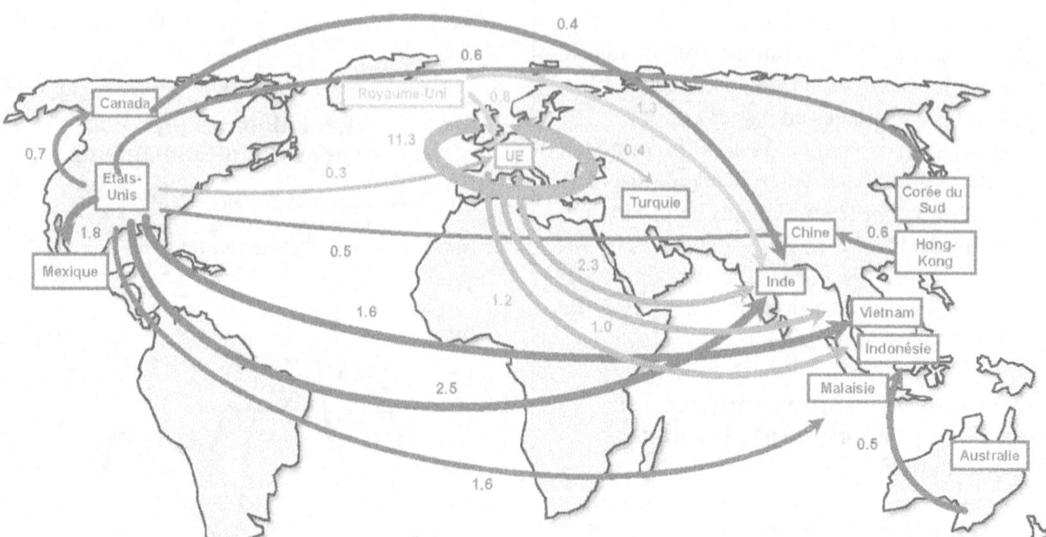

(Sources : Trade Data Monitor, Fastmarkets RISI, Eurostat, Cepi)

Utilisation, commerce net de papiers et cartons à recycler et taux de recyclage en Europe

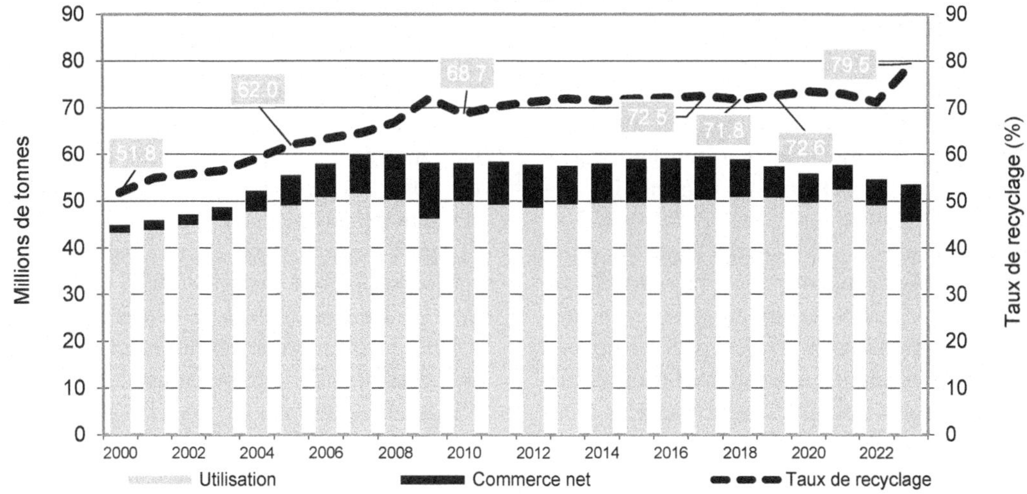

(Source : CEPI)

pourraient créer d'importantes turbulences sur le marché mondial des PCR.

Les importations chinoises de pâte recyclée ont affiché une baisse de 8,9 % en 2024

La pâte recyclée s'est affirmée au fil des ans comme un nouveau moyen pour la Chine d'obtenir, sous une forme transformée, des PCR. Cette pâte recyclée de couleur brune est composée principalement de cartons ondulés récupérés, d'emballages commerciaux et de sortes mêlées. Elle peut être vendue sous une « forme » humide ou sèche. La pâte recyclée humide a généralement une teneur en humidité d'environ 50 %, tandis que celle de la pâte recyclée sèche est de l'ordre de 7 %. La pâte recyclée sèche convient au transport de longue distance, mais son coût de production est beaucoup plus élevé en raison de l'énergie nécessaire au séchage.

Certains pays d'Asie du Sud-Est – au premier rang desquels on trouve la Thaïlande, la Malaisie et Taïwan – ainsi que les États-Unis se sont affirmés au fil des années comme les principaux fournisseurs de la Chine. Les importations chinoises de pâte recyclée ont cependant diminué de 8,9 % en 2024 avec un second semestre particulièrement faible. Les importations chinoises en provenance des États-Unis ont chuté de 46 % en 2023 et de 80 % en 2024. La demande chinoise d'emballages en papier-carton de qualité supérieure s'accroît, requérant l'utilisation de fibres vierges (bois ou pâte à papier) aux dépens des PCR.

Le marché mondial des PCR est de plus en plus façonné par les dispositifs réglementaires, particulièrement en Europe

Les taux de recyclage ont tendance à augmenter dans la plupart des pays, 79,3 % en Europe et près de 70 % aux États-Unis en 2023, et ceci malgré les difficultés à recycler des emballages souvent complexes de par leur composition (papier-carton, aluminium et plastique).

En Europe, des tests de recyclabilité sont développés et perfectionnés pour les emballages à base de papier-carton, dont le taux de recyclage a atteint 83,2 % en 2022 selon Eurostat, avec un objectif fixé par l'industrie de 90 % d'ici 2030. Ces tests doivent permettre aux concepteurs de nouveaux types d'emballage à base de papier-carton de vérifier la compatibilité avec les *process* de recyclage des usines papetières, tout en répondant aux besoins en constante évolution des consommateurs. Il s'agit d'un élément essentiel pour les marques qui souhaitent améliorer les performances de leurs produits en termes de recyclabilité et de durabilité.

Les réglementations nationales pèsent sur l'évolution et la structuration du marché mondial des PCR. Certains pays asiatiques ont fortement réduit leurs importations de PCR mélangés par le passé suite à des législations de plus en plus restrictives.

Au Royaume-Uni, il a été décidé de modifier la manière avec laquelle le tri et la collecte sont effectués. Les ménages et les entreprises seront tenus de trier les déchets de manière plus rigoureuse, déchets résiduels (non recyclables), déchets alimentaires, papier-carton, et autres matières recyclables sèches (plastique, métal et verre) pour promouvoir la collecte séparée. L'industrie papetière britannique a salué cette initiative, qui, selon elle, constitue une avancée significative dans l'amélioration de la qualité des PCR destinés au recyclage. Cette mesure devrait contribuer non seulement à un recyclage de meilleure qualité, mais aussi à une augmentation des taux de recyclage.

En Europe, le règlement sur les transferts de déchets, entré en vigueur le 20 mai 2024, pourrait impacter durablement les exportations européennes de PCR et indirectement promouvoir l'utilisation accrue de PCR d'origine domestique. Dans les pays importateurs nets de PCR, cette mesure pourrait encourager les efforts en termes de collecte et ainsi réduire la dépendance aux importations.

Le règlement s'applique aux transferts de déchets entre les États membres, transitant ou non par des pays tiers, aux transferts de déchets importés dans l'Union en provenance de pays tiers, aux transferts de déchets exportés depuis l'Union vers des pays tiers et aux transferts de déchets transitant par l'Union au départ et à destination de pays tiers. Le règlement vise à ce que l'Union européenne n'exporte pas ses déchets vers des pays tiers. Il vise également à renforcer l'application de la loi pour empêcher les transferts illégaux de déchets au sein de l'Union européenne, ainsi que de l'Union européenne vers des pays tiers et à accroître la traçabilité des transferts de déchets au sein de l'Union européenne pour faciliter le recyclage et la réutilisation. La plupart des dispositions du règlement s'appliqueront à partir du 21 mai 2026 et les règles d'exportation s'appliqueront à partir du 21 mai 2027. Jusqu'à cette date, les dispositions du règlement sur les transferts de déchets dans sa version actuelle continuent de s'appliquer.

À partir du 21 mai 2027, l'interdiction d'exporter des déchets de produits en papier-carton vers les pays non membres de l'OCDE s'applique, sauf si le pays de destination figure sur la liste des pays vers lesquels les exportations de déchets non dan-

Importations de papiers et cartons à recycler

(en millions de tonnes)

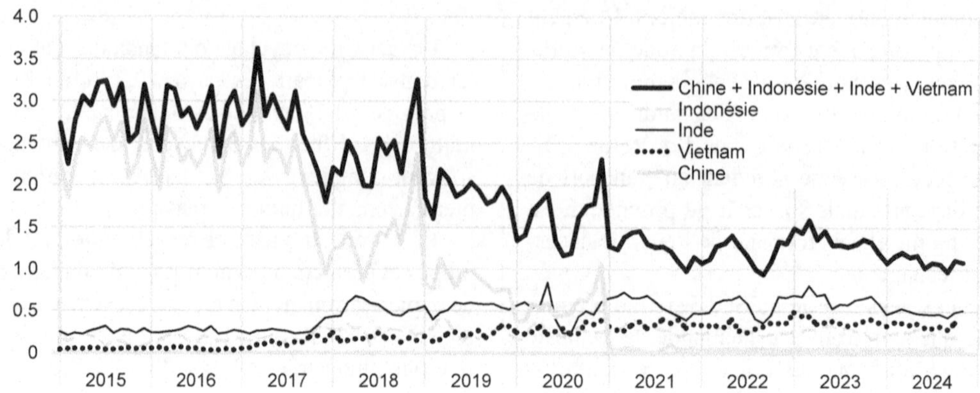

(Sources : Trade Data Monitor, CEPI)

gereux de l'Union européenne en vue de leur valorisation sont autorisées. Les pays non membres de l'OCDE souhaitant continuer à importer des déchets de l'Union européenne devaient soumettre leur demande à la Commission avant le 21 février 2025. Le notifiant ou la personne qui organise le transfert ne peut exporter des déchets depuis l'Union européenne que s'il peut démontrer que les installations qui doivent recevoir les déchets dans le pays de destination les géreront d'une manière respectueuse de l'environnement. Une première liste de pays autorisés sera établie d'ici le 21 novembre 2026 et les exportations vers les pays non membres de l'OCDE ne figurant pas sur la liste seront interdites. Cette liste sera mise à jour régulièrement et au moins tous les deux ans.

À ce jour, des demandes d'inscription sur la liste des pays autorisés à importer des déchets non dangereux en provenance de l'Union européenne ont été reçues du Bangladesh, de la Bosnie-Herzégovine, de l'Égypte, du Salvador, de l'Inde, de l'Indonésie, du Kazakhstan, de la Malaisie, de la Moldavie, de Monaco, du Maroc, du Nigeria, de la Macédoine du Nord, du Pakistan, des Philippines, de l'Arabie saoudite, de la Serbie, de Singapour, de Taïwan, de la Thaïlande, du Togo, de la Tunisie, de l'Ukraine et du Vietnam. Ces demandes seront examinées par la Commission européenne.

Les représentants de l'industrie de la collecte, du tri et du commerce de PCR et des autres déchets, comme le plastique et les métaux, ont appelé à une prolongation immédiate des délais d'application du règlement sur le transfert des déchets afin de donner aux pays non membres de l'OCDE plus de temps pour se conformer. Ils ont attiré l'attention des législateurs européens sur le fait que beaucoup de pays ne sont pas préparés à ces nouvelles règles complexes, qui pourraient nuire au commerce et conduire à une augmentation de la quantité de déchets mis en décharge.

Si la possible interdiction des exportations de PCR vers les pays non membres de l'OCDE suscite des inquiétudes dans le secteur, il faut rappeler que près de 90 % des PCR collectés en Europe sont utilisés par les usines produisant du papier-carton en Europe. Sur les 47,2 Mt collectées au total en Europe, seules 4,5 Mt ont été exportées vers des pays non membres de l'OCDE en 2024. Ainsi, selon les estimations de Cepi, seulement 9,6 % des volumes collectés en Europe sont exportés vers des pays où l'interdiction s'appliquera. Par ailleurs, en Europe, de nouvelles capacités de production de papier-carton à base de fibres recyclées – notamment dans l'emballage – devraient permettre d'absorber des volumes croissants de PCR à l'avenir.

RÉPUBLIQUE FRANÇAISE
Liberté
Égalité
Fraternité

Géosciences pour une Terre durable
brgm

OFREMI
OBSERVATOIRE FRANÇAIS DES RESSOURCES MINÉRALES POUR LES FILIÈRES INDUSTRIELLES

Comme en témoigne le récent Critical Raw Materials Act de la commission Européenne, la sécurisation des approvisionnements en ressources minérales constitue un enjeu stratégique majeur pour l'industrie française et européenne. C'est pourquoi le BRGM mobilise ses compétences pour contribuer à une gestion responsable des matières minérales. Il mène, notamment en lien avec l'Ofremi (l'Observatoire français des ressources minérales pour les filières industrielles), des travaux d'intelligence économique et d'analyse de risques et de vulnérabilités en appui aux politiques publiques, à la diplomatie des ressources et aux industriels.

Analyses de criticité

Au sein de l'Ofremi, le BRGM réalise des études pour évaluer les risques d'approvisionnements de la France en substances minérales, au regard de leur importance économique ou stratégique pour l'industrie. Le BRGM partage également sa vision sur ces sujets en contribuant aux réflexions européennes et aux travaux du World Materials Forum.

Suivi et analyse des marchés mondiaux des métaux

Le BRGM assure un suivi des marchés des métaux et publie régulièrement des analyses couvrant les acteurs, l'environnement socio-politique des marchés, et l'évolution du prix des métaux. Il étudie par ailleurs les perspectives d'évolution de ces thèmes à court et moyen termes.

Analyses des filières industrielles

En collaboration avec ses partenaires de l'Ofremi, le BRGM met à disposition une veille stratégique, économique et technique des chaines mondiales d'approvisionnement et des besoins actuels et futurs des secteurs industriels. Il analyse également les risques économiques, sociaux, géopolitiques et environnementaux liés aux chaines de valeur industrielles consommatrices de métaux et matériaux.

Approvisionnements et mines responsables

En intégrant notamment des approches d'analyse du cycle de vie et de prise en compte des impacts environnementaux, le BRGM contribue aux travaux en cours autour des préoccupations ESG (Environnement social et de bonne gouvernance) associées aux activités extractives et aux filières avals.

Publications

Retrouvez les travaux d'intelligence minérale du BRGM sur www.mineralinfo.fr.

- VI -

Minerais et métaux

- Le chant voilé des buccins

Fer et acier

- Minerai de fer
- Ferrailles
- Charbon à coke
- Acier

Les grands métaux non ferreux

- Aluminium
- Cuivre
- Étain
- Nickel
- Plomb
- Zinc

Métaux « électriques »

- Cobalt
- Graphite naturel et synthétique
- Lithium
- Manganèse

Petits métaux

- Antimoine
- Béryllium
- Bismuth
- Cadmium
- Chrome
- Gallium
- Germanium
- Hafnium
- Indium
- Magnésium
- Molybdène
- Niobium
- Rhénium
- Scandium
- Sélénium
- Silicium métal
- Tantale
- Tellure
- Terres rares
- Titane
- Tungstène
- Vanadium
- Zirconium

Métaux précieux

- Argent
- Or
- Platinoïdes
- Diamants

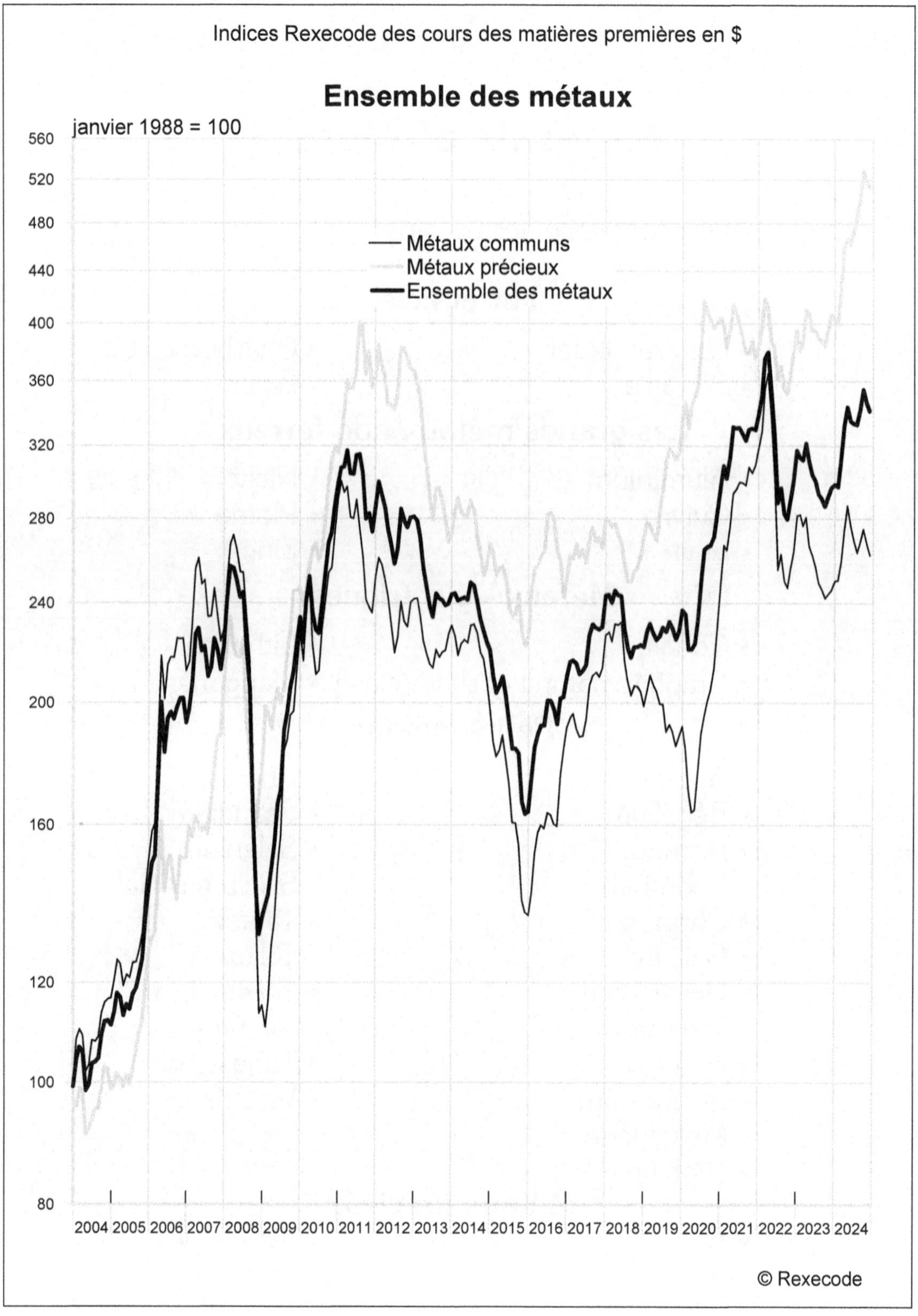
Indices Rexecode des cours des matières premières en $
Ensemble des métaux
janvier 1988 = 100
560
520
480
440
400
360
320
280
240
200
160
120
100
80
Métaux communs
Métaux précieux
Ensemble des métaux
2004 2005 2006 2007 2008 2009 2010 2011 2012 2013 2014 2015 2016 2017 2018 2019 2020 2021 2022 2023 2024
© Rexecode

Le chant voilé des buccins

En 2024 comme aux premières heures de 2025, les marchés internationaux des métaux résonnèrent assurément au bruissement du piétinement sourd des légions en marche. Des conflits armés, en Ukraine comme au Moyen-Orient, à la guerre commerciale voulue par le président Trump, nul ne pouvait ignorer les grondements d'un monde fragilisé, avançant à tâtons, tels les fantassins romains traversant la Trébie. À l'image des buccinateurs d'Heredia, la macroéconomie joua aussi sa partition, comme toujours. Si les États-Unis rassurèrent quelque peu, la Chine, malgré ses plans de relance, ne semblait pas pouvoir s'extirper totalement du piège dans lequel le secteur de l'immobilier et de la construction l'a plongée.

Qui d'Hannibal ou de Scipion? Évoluant en cohortes dispersées, les métaux ferreux et non ferreux ont affiché des performances variées en 2024. Les cours du cuivre, du zinc, de l'étain et de l'aluminium ont modestement progressé ; ceux des aciers, du plomb, du nickel ou du fer se sont à l'inverse repliés, pris en tenaille entre une offre abondante et une demande somme toute atone. Naguère promis au plus bel avenir, le métal du diable s'est ainsi lourdement affaissé, noyé par le raz de marée des tonnages indonésiens. Marqués par l'essor des exportations chinoises et par des marchés aujourd'hui surcapacitaires, lithium et aciers, pourtant si différents, offraient pareil constat. Quant au cuivre, s'était-il enivré au pinacle de mai 2024, à près de $ 11 000/t, pour trébucher aussi lourdement sur le reste de l'année et, une nouvelle fois, décevoir? Au carrefour de tous les chantiers de la transition énergétique – celui de l'électromobilité, des énergies renouvelables, et celui des infrastructures de transport et de stockage de l'électricité – le métal rouge verra son offre minière connaître d'importantes tensions dans la décennie à venir. L'élévation structurelle de ses cours est donc indispensable, tant pour stimuler les investissements exploratoires et l'expansion des capacités de production que pour soutenir les activités de recyclage et la sobriété des usages. Ce ne fut pas le cas en 2024. L'avenir attendra !

Rappelant immédiatement d'autres vers du poète parnassien, ceux du « fabuleux métal que Cipango mûrit dans ses mines lointaines », l'or et l'argent furent, eux, les grands vainqueurs de 2024 et des premiers mois de 2025. Spectateur d'un monde qui se délite, le premier a vu l'once dépasser le seuil de $ 3 000 en mars dernier, un record historique que certains pensaient inatteignable. Portés par l'exacerbation des tensions géopolitiques et du conflit au Moyen-Orient, nourris par l'assouplissement de la politique monétaire américaine et, plus récemment, par l'affirmation d'un protectionnisme rageur faisant peser le risque d'une guerre commerciale de grande ampleur, ils ont pleinement joué leur rôle de valeurs refuges. On ne pouvait en être surpris, tant il s'agit là d'une constante historique.

Quels enseignements faut-il, dès lors, tirer de cette année 2024 ? José Maria de Heredia nous donne ici quelques pistes. Les métaux ne cesseront, en premier lieu, d'être un territoire de conquête et, partant, le symbole de la puissance industrielle des nations et de leur souveraineté. C'est tout particulièrement le cas pour les emblématiques secteurs de la sidérurgie et de l'aluminium, mais également ceux des métaux « stratégiques », indispensables pour engager la décarbonation de nos économies et remporter le défi de la révolution numérique. Mesures défensives – celles des droits de douane et des barrières non tarifaires – et actions offensives visant à renforcer la compétitivité des industries clés sont, en cela, parfaitement légitimes pour lutter contre une concurrence déloyale, mais le protectionnisme sans borne ne peut être érigé en voie de raison. Jamais, en effet, le repli du monde ne sera une solution et agir en faveur d'un multilatéralisme pourtant aujourd'hui largement éprouvé demeure essentiel.

Les marchés mondiaux ne cesseront, en deuxième lieu, d'être instables et, dans le panel de ces mesures, la réactivité et la résilience ne peuvent être négligées au profit des seules politiques structurelles. Les éléphants d'Hannibal, ceux symbolisés dans la couverture de ce rapport CyclOpe, ont-ils, à eux seuls, permis la victoire carthaginoise ? En cela, construire des certitudes, celles de Sempronius hier ou de ceux qui, aujourd'hui, affirmeraient que la transition énergétique ne peut être qu'irréversible et linéaire tant elle est légitime, est une approche hasardeuse. Marquée par la faillite de Northvolt ou par l'affaissement du prix des ressources minérales telles que le lithium, la fragilisation récente de la chaîne de valeur européenne des batteries Lithium-ion en témoigne. Bien qu'il soit peu évoqué, le risque de « prise en tenaille » auquel les légions romaines ont dû faire face ne peut, en troisième lieu, être négligé. Sous sanctions européennes, les producteurs russes et biélorusses de potasse ou d'urée ont, par exemple, bénéficié de l'abondance locale de gaz naturel liée à la cessation des livraisons pour l'Europe. Elle leur permettait de gagner en compétitivité, au détriment donc des producteurs de l'Union exposés au double impact de cette concurrence renforcée et de l'élévation des prix de l'énergie. On ne peut oublier qu'une bataille est un théâtre d'opération complexe où le jeu des alliances – des cavaliers numides aux soldats gaulois œuvrant pour les Carthaginois – est évidemment déterminant. Qu'il s'agisse des engrais, de la bauxite, de l'aluminium ou du nickel, 2024 a ainsi vu un net renforcement des stratégies partenariales entre pays membres des BRICS+, notamment entre la Chine et la Russie.

Certains signaux, tantôt discrets, tantôt criants, ne pouvaient enfin être ignorés tant ils étaient annonciateurs des tensions et dangers à venir. En 2024, les *Treatments charges/Refining Charges* (TC/RC) – les sommes dues aux fondeurs par les mineurs pour la transformation des concentrés en métal brut – se sont effondrées pour le cuivre, le plomb et le zinc, tandis qu'une moindre disponibilité de bauxite et d'alumine a porté les cours de l'aluminium. Argument abstrus ? Non : il signalait au monde un changement des rapports de force au sein des filières, réaffirmant considérablement les enjeux géostratégiques de l'amont extractif et redonnant aux « territoires » un sens que l'on avait trop vite oublié, celui d'un retour de l'Histoire. Car si, du *Critical Raw Materials Act* européen à la politique industrielle indonésienne, nombre de gouvernements se sont engagés à mieux valoriser leurs ressources minérales, d'autres lorgnent désormais sans ambages sur les sous-sols voisins. À l'image du *deal* prédateur que tente d'imposer l'administration Trump à une Ukraine fragilisée et/ou de ses velléités expansionnistes sur le Groenland, les tabous sont tombés. Dans ce monde en recomposition, n'en doutons pas : les métaux sont, pour certains, autant de forces profondes, celles des combats antiques où se jouait, déjà, le sort des empires.

Fer et acier

Minerai de fer : *un repli défensif*

Comptant parmi les baromètres les plus précis de la santé économique chinoise, les cours du fer se sont repliés entre 2023 et 2024. En dépit d'un secteur immobilier toujours fragilisé et d'une production d'acier en repli, la demande d'importation de ce minerai fut pourtant dynamique, et il fallait trouver dans l'abondance des exportations australiennes et brésiliennes une des raisons de cet affaissement des prix. Comme souvent sur les marchés mondiaux de matières premières, les anticipations ont également eu une influence majeure, ciblant fort logiquement les différents plans de relance de la Chine. Décevants, ils n'aidèrent pourtant guère. Face aux multiples incertitudes créées par l'affirmation d'un protectionnisme sans retenue par la nouvelle administration Trump, la volatilité des cours du minerai de fer devrait être exacerbée en 2025, sans réelle perspective de rebond, bien au contraire.

Une nouvelle baisse des cours

Si les prix du fer ont, en 2024, quelque peu échappé à la grande volatilité des années passées, ils ont en revanche emprunté un chemin fortement baissier sur une majeure partie de l'année. Aux premiers jours de janvier, le cours de référence, celui du minerai australien à 62 % de teneur (62 % Fe) – en référence « Coût, assurance, fret » (Caf) – dans les ports chinois, s'affichait pourtant à plus de $ 140/t à la faveur du rebond dont il avait bénéficié au dernier trimestre 2023. Les sommets passés étaient certes bien lointains, mais il s'agissait là d'une valorisation confortable. Cet « état de grâce » ne dura pourtant pas, le minerai enregistrant immédiatement une première et forte baisse ramenant son prix juste au-dessus du seuil psychologique de $ 100/t entre la fin mars et le début avril. Il accusait alors une perte de plus de 28 % par rapport au début de l'année. Un rebond s'ensuivit, ce qui lui permettait de repasser brièvement au-dessus de $ 120/t au cours du mois de mars. Cette embellie fut cependant, à nouveau, de courte durée. Le minerai a, en effet, alors connu une seconde baisse qui allait le mener à son plus bas niveau de l'année, soit $ 88/t le 18 septembre 2024, toujours selon la référence australienne à 62 % Fe.

Fin septembre, un important sursaut lui permit néanmoins de revenir aux frontières de $ 110/t. Un vent d'optimisme soufflait sur le marché, à la faveur des mesures de relance engagées par Pékin et devant indirectement favoriser la sidérurgie du

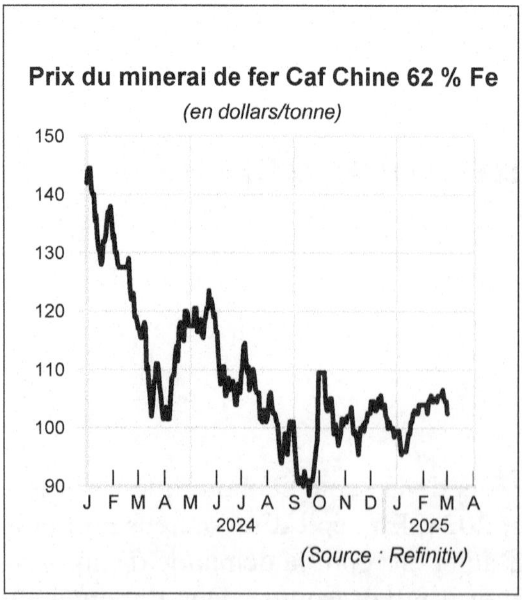

pays. À cette même période, la Banque populaire de Chine a, en effet, de nouveau abaissé le taux « repo » inversé à sept jours et réduit les taux de réserve obligatoire des banques. Un mois plus tard, elle diminuait également le taux préférentiel à un an (LPR), ainsi que les taux hypothécaires. En novembre, porté par un programme d'émission « obligations spéciales », un vaste plan de soutien financier aux gouvernements locaux était, par ailleurs, mis en œuvre afin de lutter contre leurs « dettes cachées ».

Apaisés sans être totalement rassurés, les opérateurs du marché ont vu les cours entrer dans une phase de relative stabilisation entre le dernier trimestre 2024 et les premiers mois de 2025, oscillant sans tendance autour d'une valeur pivot proche de $ 100/t. Ils achevaient 2024 juste en deçà, à $ 99/t. En définitive, les cours du minerai se sont repliés de près de 30 % sur l'année, mais de « seulement » 8 %, en moyenne annuelle, entre 2023 et 2024. Bien que représentatifs de qualités et d'origines géographiques différentes (incluant donc, en port de destination, la variabilité du coût du fret maritime), les autres références de prix ont fort logiquement connu des évolutions similaires, signe d'un marché parfaitement mondialisé. S'affaiblissant au cours du deuxième semestre, la décote sur le minerai de fer à 58 % Fe a ainsi évolué entre $ 20/t et $ 30/t durant l'année, tandis que la prime payée sur le minerai à 65 % Fe dans les ports chinois en provenance du Brésil s'est contractée par rapport à 2023, pour s'afficher entre $ 10/t et $ 15/t.

Une demande en léger repli

Dépendant quasi uniquement des besoins exprimés par le secteur sidérurgique, et notamment celui de la Chine qui l'utilise dans le cadre de la filière « fonte » (par opposition à la filière dite « électrique » recourant à la ferraille), le minerai de fer a vu la production mondiale d'acier se contracter modestement en 2024 après une stagnation en 2023. Selon les statistiques de l'association *WorldSteel* regroupant 98 % de l'offre totale, elle s'est en effet affichée à 1 882,6 millions de tonnes (Mt) en 2024 contre 1 897,9 Mt en 2023, soit une inflexion de 0,8 % sur la période. Avec une baisse de 1,7 %, le repli des tonnages chinois fut plus conséquent, l'offre du premier producteur mondial d'acier passant de 1 022,5 Mt en 2023 à 1 005,1 Mt en 2024. L'Inde a, elle, fait montre d'un grand dynamisme, à l'instar des années précédentes. Ses volumes se sont affichés à près de 150 Mt, en hausse de 6,3 % par rapport à 2023 et de 26 % sur les trois dernières années. La vigueur de la croissance économique du pays, estimée à 6,5 % pour 2024 par le Fonds monétaire international (FMI), et les besoins en acier qui en découlent l'expliquait amplement. Troisième producteur mondial, le Japon a, quant à lui, vu son offre poursuivre son déclin quasi structurel, à 84 Mt contre 87 Mt en 2023 et près de 100 Mt il y a cinq ans.

Couplée à un reflux généralisé des prix des aciers (bandes laminées à chaud et à froid, ronds à béton, etc.), cette atonie de l'offre sidérurgique chinoise, marquée par d'importantes surcapacités, ne s'est pourtant pas reflétée dans la demande d'importation de fer du pays. Elle s'est en effet inscrite en hausse en 2024, à 1 236 Mt (+ 5 %), selon les statistiques douanières nationales compilées par *Trade Data Monitor*. Ceci s'est vérifié tout au long de l'année, les volumes importés étant chaque mois de 2024 supérieurs à ceux de 2023 et 2022.

Cette vigueur des achats chinois avait pour première explication la contraction de la production nationale. Selon les données encore préliminaires de l'*United States Geological Survey* (USGS), elle était estimée à 170 Mt (mesurées en fer contenu) en 2024, contre 174 Mt l'année précédente. Profitant des prix modérés, les acheteurs nationaux s'étaient par ailleurs engagés dans une stratégie de stockage du minerai, les inventaires dans les ports chinois étant reportés en hausse de 16 %, en moyenne annuelle, entre 2023 et 2024, d'après l'agence d'information GMK Center. Les volumes d'achat à l'international du Japon et de l'Allemagne – respectivement deuxième et quatrième plus grands pays importateurs – ont, eux, diminué (ceux de la Corée du Sud, troisième de ce classement, ayant légèrement progressé). Cependant, cette dynamique ne pouvait, à elle seule, expliquer le repli des cours en raison de la faiblesse des tonnages concernés, en comparaison de la Chine.

C'était donc du côté de l'offre internationale qu'il fallait trouver quelques raisons à l'affaissement des prix et celle-ci était largement dominée par deux pays : l'Australie et le Brésil.

Importations chinoises mensuelles de minerai de fer
(en millions de tonnes)

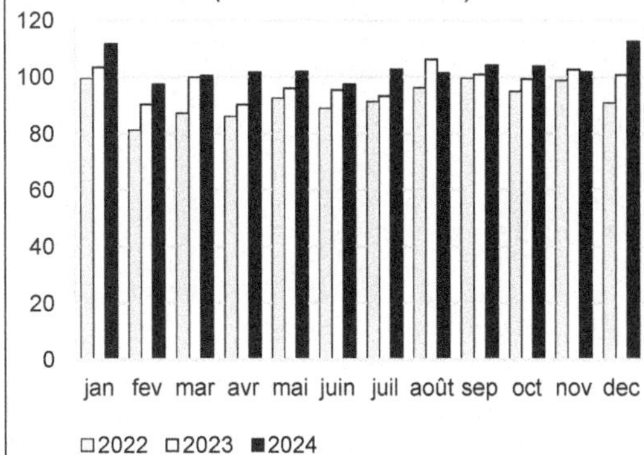

(Source : Trade Data Monitor & China CustomsStatistics)

Des exportations australiennes et brésiliennes soutenues

Plus grand producteur et exportateur mondial, le géant océanien a, lui aussi, vu sa production nationale décroître, à 580 Mt en 2024 contre 589 Mt en 2023. Ses exportations ont, en revanche, été particulièrement vigoureuses. Selon les données de l'*Australian Bureau of Statistics*, elles se sont élevées à 902 Mt, un record absolu. Derrière cette performance, celles des géants miniers du pays, au premier rang desquels Rio Tinto, BHP et Fortescue (FMG), témoignaient également du dynamisme de l'offre australienne, de manière plus nuancée toutefois. Le premier a extrait 328 Mt de ses mines de Pilbara, pour des ventes à peine supérieures, à 328,6 Mt, ces deux résultats s'inscrivant en retrait de 1 % par rapport à 2023. BHP, son dauphin, a en revanche vu ses tonnages s'accroître sensiblement, passant de 254 Mt en 2023 (correspondant, en Australie, au deuxième semestre de l'année fiscale 2023 et au premier semestre de celle de 2024)

Les cinq plus grands importateurs mondiaux de minerai de fer
(en milliards de dollars)

	2020	2021	2022	2023	2024
Chine	123.73	182.29	127.67	135.61	132.13
Japon	9.66	17.82	13.85	11.55	11.22
Corée du Sud	6.93	12.07	8.92	8.08	8.25
Allemagne	3.65	6.97	4.99	4.36	4.16
Pays-Bas	2.54	4.89	3.34	2.98	3.29

(Source : Trade Data Monitor)

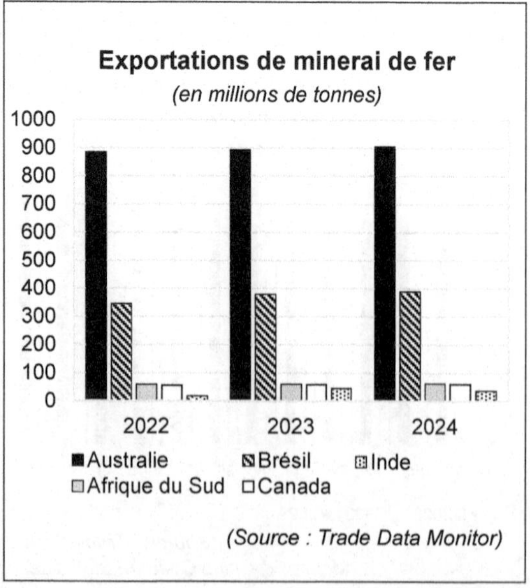

à 261,5 Mt en 2024, soit une croissance d'environ 3 % en 2023 où ils avaient atteint 254 Mt. Cette progression s'est aussi observée pour la troisième entreprise australienne des *Big Four* (incluant également le groupe brésilien Vale). Les volumes extraits par le groupe Fortescue se sont, en effet, affichés à 224,6 Mt en 2024 et ceux expédiés à 194,1 Mt à cette même période, contre 214,6 Mt et 189,8 Mt en 2023, respectivement.

Outre-Atlantique, le Brésil et le Groupe Vale ont également offert de solides résultats. Les exportations du pays se sont élevées à 388,7 Mt en 2024, ce qui leur permettrait de croître de 2,8 % sur un an et de plus de 10 % sur cinq ans. Ses poursuivants, l'Afrique du Sud et le Canada ont, eux aussi, rehaussé leurs tonnages. Alors que la première, remontant la pente depuis le point bas de 2022, a vu ses ventes atteindre 61,81 Mt en 2024, le second enregistrait un nouveau record pour ses volumes d'exportation, à 60,72 Mt. Cinquième de ce classement, l'Inde les a, au contraire, nettement réduits. En définitive, les cinq plus grands pays exportateurs ont enregistré des ventes cumulées de 1 449,5 Mt contre 1 431,5 Mt l'année précédente, soit une hausse de 1,3 %. Il fallait également remarquer la singulière progression d'autres producteurs qui, bien que marginaux en comparaison des géants du fer que sont l'Australie et le Brésil, ont, eux aussi, contribué à bien approvisionner les marchés mondiaux. C'était tout particulièrement le cas pour l'Ukraine, dont les exportations ont presque doublé entre 2023 et 2024, à 33,7 Mt, l'Iran (21 Mt, + 20,8 %), ainsi que la Chine (24,6 Mt, + 14,8 %).

Le resserrement indien

Alors que ses exportations de minerai de fer avaient explosé entre 2022 et 2023 et que nombre de sidérurgistes nationaux avaient appelé à leur imposer des restrictions, voire les interdire, l'Inde les a, comme évoqué précédemment, fortement réduites. Selon les statistiques douanières du ministère indien du Commerce et de l'Industrie, elles sont en effet passées de 43,85 Mt en 2023 à 33,88 Mt en 2024, soit un recul de près de 23 %. Les importations du pays ont, pour leur part, augmenté, allant de 4,7 Mt à 5,2 Mt sur cette même période, dont 3,24 Mt en provenance d'Australie. Toujours excédentaire, la balance commerciale du pays sur ce segment s'est donc légèrement dégradée, mais elle ne représentait que très imparfaitement la structure de l'offre et de la demande de fer de l'Inde.

Avec NMDC et Vedanta Resources comme plus grands producteurs nationaux, le pays exploite majoritairement des minerais à basse teneur et les exporte vers la Chine, dont la demande est forte lorsque les cours du 62 % Fe sont élevés et les marges de sidérurgistes contraintes. Pour rappel, le pays avait porté, en mai 2022 – soit peu après un important rebond du prix du fer, à quelque $ 150/t en avril –, les droits de douane sur les *fines* et *lumps* de moins de 58 % Fe à 50 % (constituant l'essentiel de ses ventes à l'international) et celles sur les pellets à 45 %, avant de les supprimer en novembre de cette année, sans revenir sur ces dispositions depuis. Les exportations de minerai d'une teneur supérieure à 58 % sont, elles, toujours assujetties à une taxe de 30 %, témoignant des importants besoins nationaux en la matière. Selon les statistiques de *WorldSteel*, la production indienne d'acier brut s'est élevée à 149 Mt en 2024, en hausse de 6,1 % par rapport à 2023 et pourrait atteindre 300 Mt d'ici 2030. Accompagnant la croissance économique du pays, l'utilisation d'acier progresse également avec des perspectives, sans surprise, très favorables. Selon ArcelorMittal, la demande indienne pourrait en effet croître de 100 Mt au cours de la décennie à venir. Estimée à 170 Mt en 2024 par l'USGS, l'offre nationale de minerai, elle, n'évoluait guère, voire régressait. Que les exportations domestiques chutent et que les importations augmentent semblait, en cela, somme toute logique.

Un nécessaire verdissement

Devant contribuer à la réduction de l'empreinte carbone de l'industrie sidérurgique, le verdissement de la production et de l'exportation de minerai de fer est impératif au regard des critères environnementaux et sociétaux. Promouvant des technologies plus propres, l'efficacité énergétique et l'intégration croissante des renouvelables dans les processus productifs, les groupes miniers se sont engagés dans cette voie depuis plusieurs années déjà. Plusieurs initiatives ont ainsi pu être remarquées en 2024. Associés à l'entreprise BlueScope, BHP et Rio Tinto collaborent pour construire une usine pilote en Australie-Occidentale visant à produire du fer à faible teneur *via* la technologie DRI-ESF (*Direct Reduced Iron-Electric Steel Furnace*) dans laquelle le fer pur obtenu par réduction directe (reposant initialement sur l'utilisation de gaz naturel, puis d'hydrogène vert) est ensuite fondu dans des fours à arc électrique. Nommé NeoSmelt, ce projet cible une production annuelle de 30 000 tonnes à 40 000 tonnes et devrait être opérationnel en 2028.

Fortescue adoptait, lui aussi, une technologie similaire pour produire du fer « vert » de haute pureté *via* le projet Christmas Creek. En construction depuis août 2024, il devrait connaître ses premiers tonnages en 2025. Un parc solaire de 190 mégawatts (MW) était, par ailleurs, en développement non loin de la mine de Cloudbreak, laquelle a vu l'arrivée d'excavatrices électriques. L'ambition affichée du groupe est d'atteindre, pour ses activités australiennes, la neutralité carbone (*scope* 1 & 2) d'ici à 2030, sans recours aux traditionnels mécanismes de compensation. Fortescue était, du reste, largement impliqué dans des projets de développement d'hydrogène vert, malgré l'apparition début 2025 de quelques doutes sur la conduite d'une telle stratégie. Dépassant le seul minerai de fer, cet engagement prenait notamment la forme d'une joint-venture avec l'OCP, géant marocain des phosphates, visant à créer un *hub* d'approvisionnement en hydrogène, ammoniac, et engrais verts au Maroc. Rio Tinto annonçait, quant à lui, avoir reçu une subvention du gouvernement du Canada, d'un montant de 18,1 millions de dollars canadiens, pour décarboner les activités menées par sa coentreprise IOC (Iron Ore of Canada) dans la province de Terre-Neuve-et-Labrador (Labrador Ouest).

Une année 2025 dans le prolongement de 2024 ?

Face aux problèmes structurels que connaît le secteur de l'immobilier et de la construction en Chine et actant des surcapacités chinoises menant à des exportations massives d'acier, il n'était pas surprenant de voir les cours du minerai de fer se replier en 2024, malgré la bonne tenue des importations de la deuxième économie mondiale. Toujours nerveux, ils auraient pu bondir comme par le passé en raison d'une offre particulièrement concentrée sur le Brésil et l'Australie, où les phénomènes météorologiques extrêmes sont récurrents. Elle fut au contraire dynamique, notamment sur les marchés internationaux et, si les exportations indiennes se sont repliées, elles n'empêchèrent pas la progression des volumes globaux.

À l'instar de l'ensemble des matières premières, le minerai de fer sera, en 2025, pris dans les rets de la guerre commerciale voulue par le président américain Donald Trump. De son intensité et de son impact sur l'économie chinoise, notamment le secteur de la sidérurgie, dépendra l'évolution de ses cours, hors perturbation climatique majeure, bien sûr. Actant cependant de la persistance des freins à la croissance chinoise, la trajectoire de ce minerai devrait être, en moyenne annuelle, baissière pour 2025 tout en gardant le seuil de $ 100/t comme valeur pivot.

Nouveau record pour les dérivés de minerai de fer en 2024

Les volumes de *swaps* financiers de minerai de fer, traités sur le *Singapore Exchange* (SGX), ont augmenté de 31,5 % en 2024 pour atteindre 5 826 millions de tonnes (Mt). Il s'agit d'un nouveau record, pour la sixième année consécutive, alors que les volumes ont été multipliés par 4,4 depuis leur niveau de 2018 (à 1 320 Mt). La croissance annuelle moyenne sur la période 2018-2024 a atteint 29,4 %, en légère hausse par rapport aux 29 % sur la période 2018-2023.

Cette forte croissance des volumes financiers va à l'encontre de fondamentaux beaucoup plus moroses. En effet, la production chinoise d'acier a diminué pour la quatrième année consécutive à 1 001 Mt en 2024, en baisse de 1,8 % par rapport à 2023. La Chine pourrait avoir atteint son *pic steel* en 2020 avec une production de 1 062 Mt.

Cependant, les importations physiques de minerai de fer ont augmenté de 4,9 % à un nouveau record de 1 238 Mt, ce qui a entraîné une augmentation des stocks.

Les robustes volumes de *trading* financier reflètent la part croissante des *hedge funds* sur le marché du minerai de fer, qui est perçu comme un investissement plus large sur la Chine et le marché de l'immobilier.

De plus, et comme cela était déjà le cas en 2022 et 2023, les produits dérivés du minerai de fer ont bénéficié d'une moindre volatilité que les dérivés des produits énergétiques (gaz, électricité, charbon). Paradoxalement, cette moindre volatilité a maintenu les marges initiales nécessaires à l'ouverture de positions sur les bourses à des niveaux acceptables.

Le contrat sur le prochain trimestre délivré nord-est Chine (62 % Fe) a commencé l'année 2024 à $ 140/t avant de chuter pour atteindre un point bas à $ 96/t en avril 2024. À partir de là, le contrat s'est traité dans une fourchette étroite $ 96/t-$ 120/t sur le reste de l'année 2024. Cette fourchette est assez similaire à celle de 2023 : $ 90-$ 140/t.

Les volumes d'activité du minerai de fer restent concentrés sur les *swaps* financiers teneur en fer 62 % qui ont atteint 4 901 Mt en 2024 ou 84 % du total, contre 3 698 Mt en 2023 (83,4 % du total).

Les contrats sont basés sur l'index TSI-Platts, avec comme sous-jacent physique le minerai de fer délivré coût et fret nord-est Chine avec une teneur en fer de 62 %, en $/tonne.

Minerai de fer delivré en Chine, CFR Qingdao 62% Fe
(en dollars/tonne)

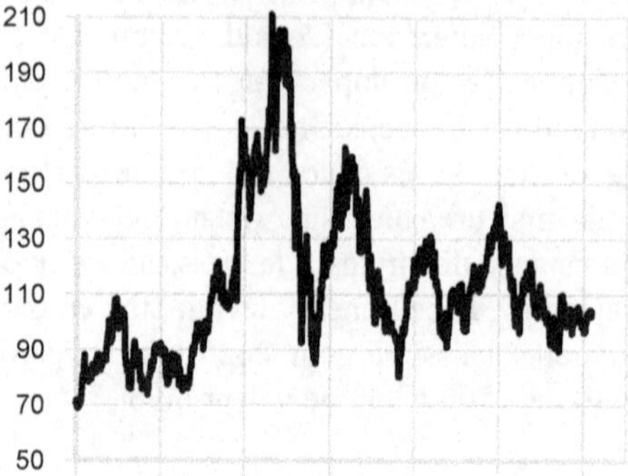

(Source : Perret Associates)

Le *trading* d'options a augmenté également avec un nouveau record à 863 Mt en 2024 (15 % des volumes totaux) contre le précédent record de 689 Mt en 2023.

Les volumes de *swaps* financiers du grade supérieur 65 % Fer ont atteint également un nouveau record à 52 Mt en 2024 contre 37 Mt en 2023.

Par contre, les volumes des contrats *futures* sur les *lumps* ont stagné à 10 Mt en 2024, contre 9 Mt en 2023 et 14 Mt en 2022.

Le SGX demeure la première bourse mondiale pour le trading de minerai de fer financier.

Le marché financier mondial du minerai de fer reste dominé par le chinois *Dalian Exchange* (DCE), qui a référencé un contrat *future* avec livraison physique. Les volumes

sur le DCE ont chuté pour la deuxième année consécutive à 12937 Mt (12,9 milliards de tonnes), en baisse de 35 % par rapport aux 19895 Mt de 2023. Le record reste à 34266 Mt en 2016.
Le gouvernement chinois souhaite restreindre drastiquement la spéculation sur le marché du minerai de fer. Ce même gouvernement avait fortement restreint le *trading* financier de charbon vapeur en 2021-2022, ce qui avait entraîné la disparition du contrat.
SGX est également la première bourse mondiale pour le *trading* financier du charbon à coke (*coking coal*), l'autre ingrédient majeur nécessaire à la production d'acier.
Les volumes ont augmenté pour la troisième année consécutive en 2024, à 15,2 Mt contre 10,6 Mt en 2023. Il s'agit d'un nouveau record après celui de 2020, à 14,8 Mt. Cependant, les volumes de charbon à coke représentent moins de 1 % des volumes de minerai de fer.
L'objectif reste de créer une « aciérie virtuelle » avec des marchés financiers liquides pour le minerai de fer, le charbon à coke, le fret et les produits de l'acier.

(Source : Perret Associates)

Ferrailles : *des vents contraires*

Comptant parmi les stratégies incontournables permettant aux sidérurgistes d'atteindre leurs objectifs de décarbonation, le recyclage de l'acier bénéficie d'un potentiel de développement conséquent répondant à une demande d'acier « vert » et au déploiement des fours à arc électrique (FAE) qui l'accompagne. Marqué par d'importantes différences régionales, il a pourtant dû affronter de solides vents contraires soufflant au gré de la compétitivité-prix des ferrailles, notamment. Des mutations structurelles s'opèrent également. Tout autant signe de l'importance stratégique de l'acier recyclé que d'une forme de crispation du monde dans un contexte de rivalités économiques croissantes, la taille du marché international pourrait en effet se réduire sous l'action conjuguée de demandes nationales plus fortes et de la multiplication des restrictions aux échanges commerciaux de *scraps*.

Une filière en perte de compétitivité relative

En 2023, selon le *Bureau of International Recycling* (BIR), la relative stabilité de l'offre sidérurgique s'est accompagnée d'une baisse de 12 % de l'utilisation des *scraps* (ou aciers recyclés) par rapport à 2022, à 411 Mt. Les contractions les plus fortes ont été observées dans l'Union européenne – UE – (– 5,7 %), en Turquie (– 3,9 %) et au Japon (– 2,9 %). Porté par le dynamisme de la production d'acier du pays, le recours aux ferrailles s'est, en revanche, nettement accéléré en Inde (+ 12 %). Pour le premier semestre 2024, leur utilisation s'est, en moyenne, accrue de 5,4 % dans les pays clés sous revue du BIR, qu'il s'agisse, une nouvelle fois, de l'Inde (+ 14 %), de la Turquie (+ 13,1 %), de l'UE (+ 8,8 %) ou de la Chine (+ 5,4 %). Deux facteurs explicatifs principaux permettent de comprendre ces dynamiques contrastées : l'ampleur de la demande/production d'acier et le type de procédé de production utilisée pour y répondre. Pour rappel, deux filières coexistent :

– celle dite « électrique » transformant les ferrailles et comptant pour 29 % de la production d'acier dans le monde en 2023, une part stable par rapport à 2022. Si la Turquie en est le fer de lance (plus de 70 % de son offre émanant de ce procédé), elle est aussi très présente aux États-Unis, où elle assure 69 % de la production et en Europe (45 %) ;

– la filière dite « fonte », par procédé LD, convertisseur à oxygène pur (COP), mobilisant des hauts-fourneaux et comptant donc pour 71 % de la production mondiale. Assurant plus de la moitié

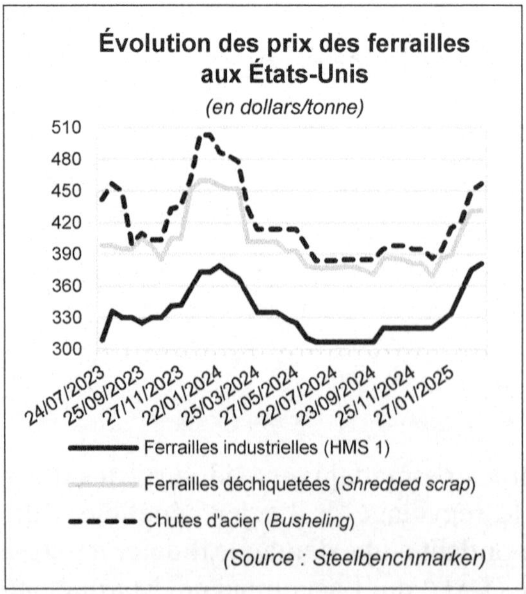

de la production mondiale d'acier (1 005 Mt en 2024), dont 90 % par cette route, la Chine en est, de très loin, le premier acteur.

L'expansion du marché des ferrailles dépend donc, en partie, de l'attractivité des investissements dans les FAE, en remplacement des fours à induction. En dépit de leurs coûts initiaux élevés, ils permettent de considérablement réduire les émissions de gaz polluants et de se complaire aux objectifs de la transition énergétique. Depuis 2022 toutefois, la hausse des coûts de l'électricité a singulièrement enrayé la compétitivité de la filière. Le potentiel du marché n'en demeure pas moins élevé, notamment en Chine, en raison de ses volumes de production. Le pays s'est fixé pour objectif de produire 15 % de son acier *via* des FAE d'ici 2025 et 20 % d'ici 2030. En dépit des investissements engagés pour augmenter ses capacités de production sur cette filière, le saut semble d'autant plus conséquent que la part de la filière électrique chinoise a plafonné à 10 % en 2022 et 2023, et que les premières estimations pour l'année 2024 se maintiennent à ce seuil.

Nouvelle « sous-filière » risquant de mettre à mal la compétitivité du recyclage des ferrailles, les procédés mobilisant l'énergie hydrogène constituent un autre segment permettant d'atteindre les objectifs environnementaux. Le procédé peut être déployé tant dans la production d'aciers « vierges » que dans la transformation des ferrailles, se substituant alors aux FAE. Le nouvel élan dont pourrait bénéficier la filière fonte sur ce segment est pourtant à relativiser, malgré la forte hausse des investissements engagés pour son développement. En effet, l'association professionnelle EuRIC (*EU Confederation of Process Industry*) estime que le procédé mène à un accroissement significatif des coûts de production, en plus de nécessiter des investissements sur le long terme. À l'inverse, la filière FAE est déjà à même de réduire de 90 % à 95 % les émissions de carbone dans la production d'acier, et ce, pour un coût relativement plus faible et un déploiement qui n'est plus à faire.

Les cours des ferrailles en 2024 : stabilité de prix bas

En 2024, les prix de référence des ferrailles échangées dans la zone est du Mississippi, que ce soient les ferrailles industrielles (*Heavy melting steel* n° 1, HMS 1), les ferrailles déchiquetées (*Shredded scrap*) ou les chutes d'acier (*Busheling scrap*), ont partagé des dynamiques très proches, s'inscrivant toutes en repli. Les premières ont commencé l'année à $ 373/t pour la finir à $ 320/t (– 14 %), tandis que les secondes ont vu leur prix passer de $ 460/ à $ 386/t (– 20 %) sur cette période. Ce sont néanmoins les prix des chutes d'acier, ferrailles de qua-

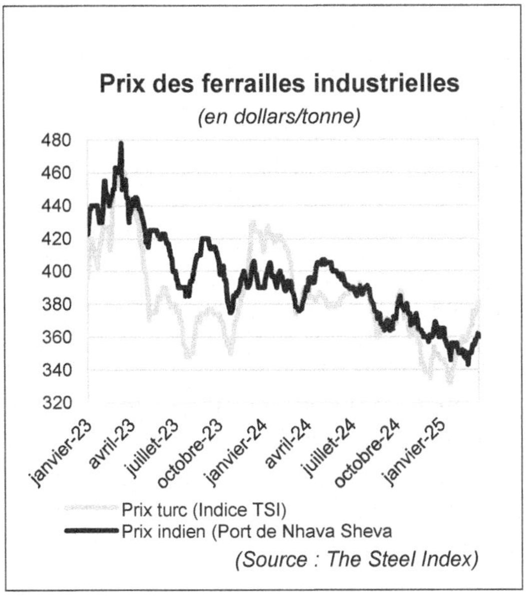

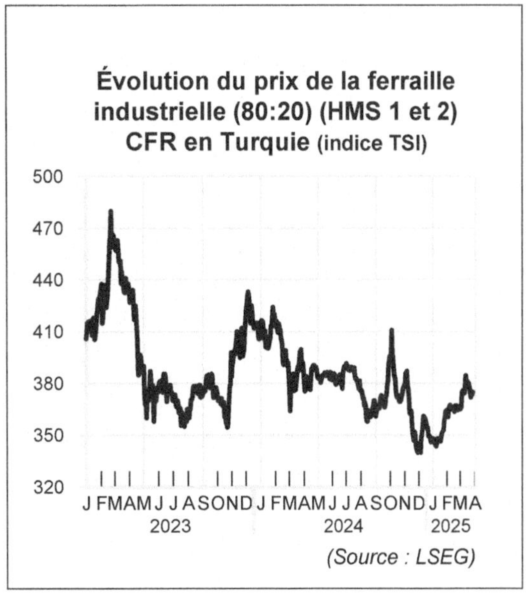

lité supérieure, qui ont connu la plus forte contraction, tombant de $ 503/t à $ 386 (– 23 %). Dès la fin du premier trimestre 2024, les ferrailles ont ainsi effacé la hausse des cours enclenchée sur les dernières semaines de 2023, sous l'élan de la reprise du marché automobile américain et, plus globalement, du raffermissement de la demande des aciéristes nord-américains. La montée des prix en début d'année est structurelle et rend compte d'une saisonnalité liée à la baisse de l'activité des sidérurgistes en hiver et des difficultés d'approvisionnement des

ferrailles en cas d'événements météorologiques. À cette cyclicité est venu s'ajouter un ralentissement de l'activité sur les chantiers navals américains, qui ont accentué la contraction de l'offre locale. Sur le reste de l'année, les incertitudes sur la demande américaine se sont cumulées à celles portant sur la demande chinoise à l'échelle internationale, menant les prix à leur niveau le plus bas depuis 2020 – autour de $ 300/t pour les ferrailles industrielles – entre juin et fin septembre. La saisonnalité des prix des ferrailles américaines s'est encore vérifiée en début d'année 2025, les chutes repassant au-dessus de $ 450/t à la fin février et le HMS 1 s'approchant du seuil de $ 400/t.

La demande relativement faible de ferrailles sur les dernières années a globalement pénalisé les grades de qualité supérieure. La reconstitution de la prime des chutes d'acier sur les ferrailles déchiquetées, évoquée dans la précédente édition de ce rapport, ne s'est ainsi maintenue que sur les premières semaines de l'année 2024, avant de fondre, pour ne plus s'établir qu'entre $ 10 et $ 20.

Les prix des HMS européens et asiatiques : sous pression du prix du fret

Premier importateur mondial, le prix turc de la tonne de ferrailles industrielles HMS 1 et 2 (80:20) calculé par *The Steel Index* (TSI) est la référence incontournable sur ce segment. Sa trajectoire a sensiblement suivi celle des ferrailles américaines. À l'instar de cette dernière, la tonne de ferrailles turques a ainsi commencé l'année aux niveaux auxquels elle avait fini 2023, à quelque $ 420, sous l'élan d'une hausse de la demande et de reconstitutions saisonnières de stocks, notamment en Chine. Le regain de morosité des demandes internes comme internationales, de la Chine en particulier, a ramené les prix à un niveau relativement faible, sur un palier de $ 380. La baisse de l'activité de l'industrie du bâtiment, à la suite de la hausse des taux locaux en plus d'une contraction de la demande d'aciers, a conduit à une nouvelle dégradation des cours pour finir l'année à $ 340/t, suivant ainsi la diminution du prix des produits d'acier. Bien plus, la fin du quatrième trimestre s'est caractérisée par une forte volatilité des prix.

Le prix de la tonne de ferrailles industrielles indiennes a aussi reflué sur l'année, mais en suivant une tendance presque uniquement décroissante. Il est passé de $ 400/t à $ 360/t entre le début et la fin de 2024, en repli de 10 % donc. La baisse s'est toutefois accélérée à partir du deuxième semestre, à la suite de la contraction de la demande interne, marquant un premier accroc dans le grand dynamisme qu'elle avait affiché depuis 2022.

Un repli puis un rebond des importations turques en 2023 et 2024

Selon les dernières statistiques disponibles de l'association *WorldSteel* et de la Fédération alle-

Commerce international de ferrailles
(en milliers de tonnes)

	2022	2023	% de variation
Importations			
Turquie	20 876	18 775	-10.0
Inde	8 376	11 760	40.0
Vietnam	4 302	5 143	20.0
États-Unis	4 720	5 097	8.0
UE à 27	3 901	3 874	-1.0
Corée du Sud	4 689	3 794	-19.0
Taïwan	2 890	3 407	18.0
Mexique	2 940	2 761	-6.0
Égypte		1 945	
Exportations			
UE à 27	17 596	19 219	9.0
Allemagne	7 766	7 516	-3.0
Pays-Bas	6 694	7 073	6.0
États-Unis	17 655	15 729	-11.0
Royaume-Uni	8 241	7 212	-13.0
Japon	6 307	6 927	10.0
Canada	4 664	4 770	2.0
Australie	1 867	2 120	14.0
Brésil	369	1 680	355.0

(Sources : WorldSteel, WV Stahl, Trade Data Monitor)

mande de l'acier (WV Stahl) pour l'année 2023, l'Union européenne est redevenue le premier exportateur de ferrailles dans le monde avec 19,2 Mt, soit une croissance de 9 % sur l'année. Cependant, il convient d'ajouter à ces niveaux les 23,3 Mt échangées entre les membres de l'UE et non comptabilisées ici. Ainsi, l'Allemagne exporte 6,1 Mt dans l'UE, mais seulement 1,6 Mt en dehors. Ce sont les Pays-Bas qui exportent le plus en dehors de la zone, avec 4,6 Mt. À l'inverse, les exportations des États-Unis se sont repliées de près de 11 % entre 2022 et 2023, à 15,73 Mt, et d'environ 5 % entre 2023 et 2024, à 14,88 Mt, selon les statistiques douanières compilées par *Trade Data Monitor*. En 2023, la contraction américaine s'expliquait par la conjonction de deux phénomènes, à savoir la hausse de la consommation locale de ferrailles par les sidérurgistes, mais aussi le ralentissement de l'activité des constructeurs automobiles, à l'automne, une industrie clé de l'offre de ferrailles. Au Royaume-Uni et toujours en 2023, les exportations ont, elles aussi, ralenti (– 13 %), à 7,2 Mt, marquant la plus forte baisse parmi les exportateurs de premier rang. Un rebond a cependant pu être observé en 2024, les portant à 7,63 Mt. Dans le reste du monde, les exportations japonaises ont nettement augmenté en 2023, à 6,93 Mt, mais se sont repliées en 2024, à 6,53 Mt. Enfin, bien que son poids soit modéré à l'échelle internationale, le Brésil a vu ses volumes d'exportations exploser en 2023, atteignant 10 % de sa consommation locale. Le pays qui, jusqu'ici, privilégiait son marché local a tiré profit de la forte hausse de la demande indienne (représentant 50 % de ses exportations, selon le ministère brésilien du Développement, de l'Industrie, du Commerce et des Services) pour compenser le ralentissement de sa production nationale. En 2024, elles se sont pourtant effondrées (– 59 %), demeurant néanmoins au-dessus de leur moyenne historique.

De « l'autre côté du marché », la Turquie a, sans surprise, conservé son rang de premier importateur mondial de ferrailles, malgré une nouvelle baisse de ses tonnages enregistrée en 2023. Ils se sont établis à 18,8 Mt, soit peu ou prou leur niveau de 2019. Pour rappel, les importations turques s'élevaient à près de 25 Mt en 2021. Le pays continue de subir les conséquences du conflit en Ukraine et, notamment, de l'interdiction des importations en provenance de Russie qui a mené à la redirection des billettes d'acier, principal substitut des ferrailles, vers la Turquie et non l'Europe. La hausse structurelle du prix de l'énergie électrique a aussi dégradé la compétitivité du recyclage des ferrailles dans le pays. Selon les statistiques douanières du pays compilées par *Trade Data Monitor*, les importations turques ont cependant repris vigueur en 2024, s'affichant à 20,04 Mt.

En parallèle, l'Inde a renforcé sa place de deuxième importateur mondial à 11,8 Mt en 2023, en hausse de 40 % par rapport à 2022. La production d'acier du pays a fortement augmenté cette année, le pays ayant l'ambition de faire croître ses capacités de 140 Mt en 2023 à 300 Mt en 2030, même si une cible plus réaliste (compte tenu des délais de construction) se situe plutôt autour de 200 Mt, selon S&P Global. Le pays a accueilli une part grandissante des exportations européennes ne trouvant plus preneurs en Turquie. En 2024 cependant, les importations du pays se sont contractées, tombant à 9,39 Mt, malgré une production d'acier toujours vigoureuse. Dans le reste du monde (hors pays de l'UE), le Vietnam est devenu le troisième importateur de ferrailles cette même année. Il passait ainsi devant les États-Unis du fait d'une hausse de 20 % de ses importations (à 5,14 Mt), soit quelques dizaines de milliers de tonnes de plus que celles de la première économie mondiale, en progression pourtant de 8 % en 2023. En 2024, ces dernières se sont à l'inverse contractées, s'affichant à 4,7 Mt. Les importations taïwanaises et sud-coréennes ont, pour leur part, connu des destins croisés en 2023, augmentant et diminuant respectivement dans les mêmes proportions, autour de 18 %. La baisse de la demande sud-coréenne s'est d'ailleurs renforcée en 2024, les volumes de *scraps* entrant dans le pays tombant à 2,16 Mt, contre 3,79 Mt en 2023. Les importations taïwanaises ont-elles aussi reculé en 2024, passant de 3,42 Mt à 3 Mt.

De fortes incertitudes sur le devenir des politiques environnementales et commerciales

La publication au *Journal officiel de l'UE* de la révision de la réglementation européenne du transport de déchets fait planer de nouvelles incertitudes sur le marché international des ferrailles. La principale mesure de la réforme impose des restrictions sur les exportations de déchets en provenance de l'UE vers les pays non membres de l'OCDE, à partir de 2027. Ces pays tiers ont ainsi dû se signaler avant le 21 février 2025 pour continuer à importer, entre autres, des ferrailles européennes et ont jusqu'au 2 mai 2027 pour faire l'objet d'un audit indépendant sur la gestion des déchets dans ces pays. Faute de quoi, les exportations de ferrailles vers ces pays seront interdites. La mesure a pour objectif d'imposer aux importateurs une hausse des standards de recyclage. Cependant, il n'est pas certain que ces nations puissent s'aligner sur les exigences européennes dans le délai imparti, créant dès lors une relative incertitude sur le devenir des exportations européennes. En effet, la part de l'Inde dans celles-ci est croissante sur les dernières années, passant de 8 % à 12 % entre 2022 et 2023, grâce à une hausse de 66 % des exportations vers cette destination. Or, le risque d'un retrait de l'Inde en tant que destination des ferrailles européennes impliquerait de trouver de nouveaux débouchés. Avec 9 % des exportations européennes, l'Égypte pourrait connaître un sort identique. La Turquie, membre de l'Organisation pour la coopération et le développement économiques (OCDE) et comptant pour 56 % des exportations, pourrait, elle, fortement en bénéficier, cette mesure pouvant

Prix des intrants dans la production d'acier
(en dollars/tonne)

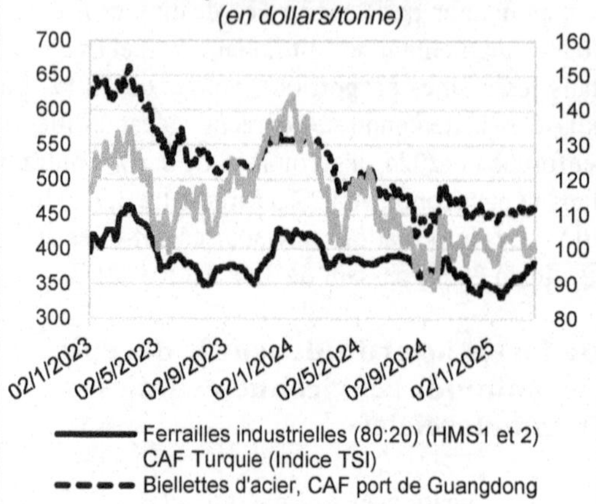

Ferrailles industrielles (80:20) (HMS1 et 2) CAF Turquie (Indice TSI)
Biellettes d'acier, CAF port de Guangdong
Minerai de fer (62 %), CAF Chine origine Australie (axe de droite)

(Source : Refinitiv)

même créer des pressions à la baisse des prix des origines européennes. Mais le ralentissement de sa production d'acier sur les dernières années pourrait contraindre les membres de l'UE à accroître les investissements dans les capacités de production par recyclage de ferrailles locales.

Les tensions commerciales ont, elles aussi, des conséquences incertaines sur le marché des ferrailles. La mise en place de tarifs douaniers de 25 % par les États-Unis sur l'acier semblait exclure les ferrailles. Cependant, cette politique commerciale devrait influer sur la production de nombreux sidérurgistes, notamment turcs, et donc leur demande de ferrailles. Par ailleurs, l'instabilité des décisions reste élevée. L'association américaine *Recycled Materials Association* (ReMA) avait, début février 2025, estimé que les importations d'aciers recyclés ne seraient pas concernées. Or, le président Donald Trump a annoncé, le 17 mars, qu'il n'y aurait aucune exemption sur l'application de ces droits de douane aux importations d'aciers. Enfin, le risque d'escalade des tensions dans cette probable guerre commerciale et la baisse consécutive des échanges internationaux pourraient réduire l'activité et la demande mondiale d'acier, et donc celle des ferrailles, toutes choses égales par ailleurs.

Prix des intrants : une nouvelle baisse de la compétitivité des ferrailles

Comme évoqué précédemment, ferrailles et minerai de fer sont les principaux intrants des deux filières de l'acier : « électrique » et « fonte ». La compétitivité des premières s'évalue donc dans son ratio de prix vis-à-vis du second, prenant alors le minerai à 62 % de teneur en provenance d'Australie et livré dans les ports chinois comme référence. Leurs cours ont été fortement corrélés en 2024, suivant ainsi la faiblesse de la demande mondiale, en particulier chinoise. Les variations de prix ont cependant été plus amples pour le minerai de fer, en baisse de 30 % (la tonne passant de $ 140 à $ 99,5 entre janvier et décembre) que pour les ferrailles turques qui ne se sont repliées « que » de 16 % sur cette période. La compétitivité-prix des ferrailles s'est ainsi globalement détériorée, le ratio étant passé de 2,9 à 3,5 sur l'année. Cette perte de vitesse est d'autant plus marquée qu'elle s'est accompagnée d'une hausse du prix de l'électricité en Turquie en 2024, notamment à partir de l'été, dégradant davantage la production d'acier par FAE que par la filière fonte, par nature moins dépendante des coûts de l'énergie. En conséquence, les marges des sidérurgistes turcs se sont considérablement érodées jusqu'à restreindre la production de certains produits. *The Steel Orbis* estime ainsi que le coût de production des barres d'armature (ronds à béton) par FAE en Turquie équivalait à leur prix de vente à l'été 2024, contraignant le pays à réduire à moins de 50 % les capacités de production sur ce segment.

Les billettes d'acier – semi-produit très fin, facilement exportable et permettant la production de métal par relaminage – constituent un autre intrant vis-à-vis duquel la compétitivité des ferrailles est évaluée. Le marché de référence des billettes d'acier était historiquement celui de la mer Noire, le prix faisant référence étant celui où la Russie et l'Ukraine exportaient. Cependant, le conflit entre les deux pays a redirigé les flux vers la Chine, dont les exportations de billettes, à prix très compétitifs, ont augmenté en direction de la Turquie. Leur cours a, en effet, perdu $ 100/t sur l'année 2024, terminant à $ 450/t. Cependant, cette augmentation des exportations chinoises ne reflétait pas tant une demande mondiale soutenue qu'une faiblesse de la consommation intérieure, ce qui poussait la Chine à écouler ses stocks à l'étranger. D'après les estimations de *SteelOrbis*, la différence entre le coût de relaminage des billettes et celui de la transformation des ferrailles se situe à $ 120/t, pour un taux d'utilisation des capacités de production de 80 %. Par conséquent, les billettes sont compétitives lorsque l'écart entre leur prix et celui des ferrailles est inférieur à ce montant, ce qui était globalement le cas depuis le mois de mars 2024.

Ratio ferrailles (indice TSI)/minerai de fer (62 %)

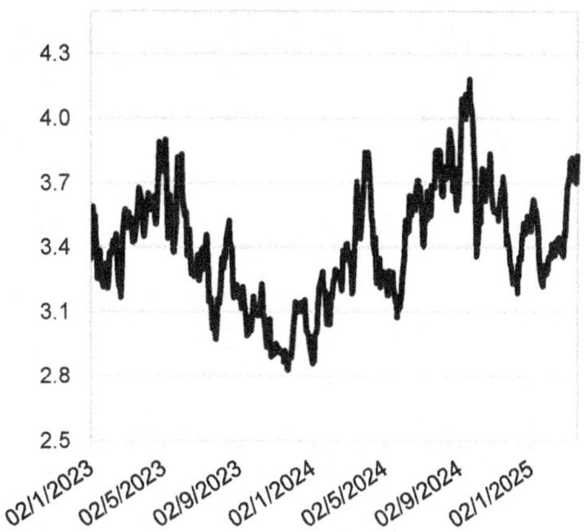

(Source : Refinitiv)

Charbon à coke : *nouvelle baisse des prix dans un contexte d'approvisionnement stable*

Le prix de référence du charbon à coke australien poursuit sa correction après son niveau extrême de 2022 et a enregistré une nouvelle baisse de 18,5 % en 2024. Pourtant, le commerce international du charbon à coke a encore augmenté en 2024, soutenu par la Chine et l'Inde. La Chine représente désormais un tiers des importations mondiales. Mais le marché est resté bien approvisionné et la concurrence entre fournisseurs s'est intensifiée, dans un contexte de détérioration du marché mondial de l'acier et de baisse de la production.

Le prix de référence chute de 18,5 % en moyenne en 2024

En 2022, la redistribution des flux internationaux provoquée par l'embargo sur le charbon russe et les contraintes pesant sur l'offre internationale, en particulier australienne, dues aux effets prolongés de *La Niña*, avaient entraîné des tensions extrêmes sur le marché et poussé les prix du charbon à coke à des niveaux astronomiques. Le prix de référence du charbon à coke australien (*Premium Hard Coking Coal low volatile*, Fob) avait dépassé les $ 600/t en mars 2022. En moyenne annuelle, il s'était établi à $ 363/t. Depuis 2023, le prix du charbon à coke a entamé une correction, qui s'est traduite par deux années de baisse des prix. Après une baisse de 18,4 % en 2023 à $ 296/t en moyenne, le charbon australien a de nouveau perdu 18,5 % de sa valeur en 2024. Son prix s'établit à $ 242/t en moyenne annuelle.

En 2023, la baisse des prix s'était interrompue en septembre et le prix de référence avait rebondi jusqu'à $ 350/t, en raison des perturbations sur l'offre australienne (incidents miniers, cyclones) et d'une demande vigoureuse en Chine et en Inde.

Prix du charbon à coke
Prix *spot* du *Premium Hard Coking Coal low volatile* (Australie, Prix Fob)
(en dollars/tonne)

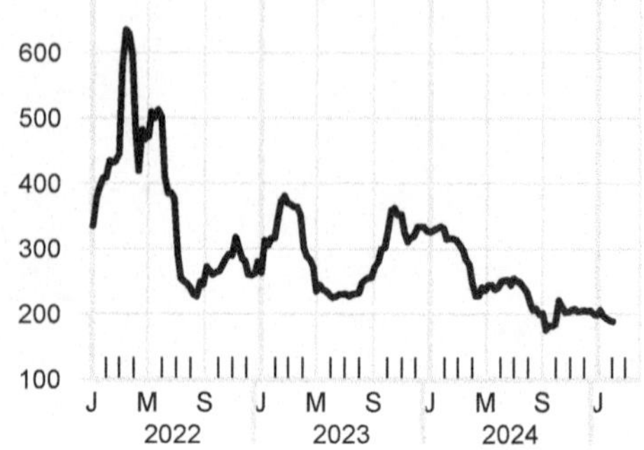

(Source : SGX)

En 2024, le prix australien n'a pas connu une telle volatilité. Le prix a chuté au premier trimestre de 2024, les conditions météorologiques s'étant améliorées. Ainsi, le prix de référence qui s'établissait à $ 330/t début janvier 2024 est tombé à $ 247/t fin mars 2024. Après une stabilisation à $ 240-250/t, le prix a de nouveau chuté en août à $ 200/t, en raison d'une offre abondante, de stocks élevés et d'une demande asiatique limitée. Il s'est ensuite maintenu dans une fourchette de $ 210-220 jusqu'à la fin de l'année, malgré une demande chinoise rigoureuse. Face à la détérioration du marché de l'acier en 2024 et à la contraction de la production mondiale (– 0,9 % en 2024), l'offre de charbon métallurgique a été suffisante. Le marché n'a pas connu de perturbations majeures liées aux conditions météorologiques, comme cela avait été le cas au cours des dernières années (*La Niña*), ni à la réorganisation des flux internationaux provoqués par les événements géopolitiques. La réorganisation des flux internationaux – provoquée en 2022 par les sanctions occidentales à l'encontre de la Russie et, en 2023, par la levée de l'embargo chinois sur le charbon australien – est maintenant bien avancée et n'a pas joué de rôle déterminant en 2024.

Hausse des échanges internationaux de 5,1 % en 2024

Après une hausse de plus de 10 % en 2023, les échanges internationaux (maritimes et terrestres) de charbon métallurgique ont poursuivi leur croissance en 2024, mais à un rythme plus modeste. Les échanges ont augmenté de 5,1 % et atteignent 370 millions de tonnes (Mt). Cette hausse s'explique principalement par l'accroissement des échanges terrestres, principalement de la Mongolie vers la Chine.

Du côté de la demande, l'augmentation des échanges est principalement due à la Chine, qui reste le premier importateur mondial, et représente désormais un tiers des importations mondiales de charbon à coke, suivie par l'Inde (21 %). Face à la stagnation des importations européennes, l'Asie totalise près de 80 % des importations mondiales.

Commerce mondial de charbon à coke
(en millions de tonnes)

Charbon à coke	2022	2023	2024 (e)	2024-2023 en %
Échanges mondiaux	**319.0**	**352.0**	**370.0**	**5.1**
Exportations				
Australie	164.0	151.3	156.3	3.3
Canada	28.0	29.0	28.0	-3.4
États-Unis	42.2	46.3	50.6	9.3
Russie	47.0	50.0	51.5	3.0
Mongolie	27.0	54.0	66.0	22.2
Mozambique	6.0	7.0	6.0	-14.3
Importations				
UE à 27 + Royaume-Uni	39.3	35.1	36.0	2.6
Japon	43.0	41.0	39.0	-4.9
Chine	62.6	101.7	121.7	19.7
Corée du Sud	34.0	34.0	35.0	2.9
Inde	68.7	72.4	76.1	5.1

(e) estimations

(Sources : Agence internationale de l'énergie, Gouvernement australien, Douanes chinoises, ministère du Charbon indien)

L'influence de la Chine sur le marché international et les prix s'est renforcée en 2024

Après une hausse de 62 % en 2023, les importations de la Chine ont encore augmenté de 20 % en 2024 et atteignent 122 Mt. La Mongolie et la Russie demeurent ses principaux fournisseurs. La Mongolie, en particulier, représente plus de la moitié des importations chinoises de charbon métallurgique. Alors que la Chine a réduit ses importations de charbon vapeur russe, celles de charbon à coke ont augmenté de 7,7 %. La Chine a également augmenté ses importations de charbon à coke australien et américain, devenus compétitifs sur le marché chinois. En raison de l'embargo non officiel sur le charbon australien, la Chine n'avait pas importé de charbon australien en 2021 et 2022. La levée de l'embargo fin 2022 avait peu profité au charbon à coke australien en 2023. Mais la Chine a fortement accru ses achats en provenance d'Australie en 2024, profitant de la baisse des prix australiens au second semestre. Par ailleurs, début 2024, le gouvernement chinois avait rétabli les droits de douane sur l'importation du charbon (3 % pour le charbon métallurgique), dont l'Australie est exemptée en vertu d'un accord de libre-échange entre les deux pays.

L'accroissement des achats chinois au comptant a également renforcé l'influence de la Chine sur le prix du charbon australien. Depuis la levée de l'embargo sur le charbon à coke australien, la Chine est redevenue le principal acheteur sur le marché au comptant. La Chine représente désormais 45 % des transactions *spot*, soit une augmentation de plus de dix points de pourcentage par rapport à 2023. Dans le même temps, la part de l'Inde sur le marché au comptant s'est réduite à moins de 30 %. Cette évolution a renforcé le rôle de la Chine en tant que moteur principal de fixation des prix du charbon à coke sur le marché international.

Alors que les importations ont augmenté, la demande chinoise de charbon à coke est restée faible, la production d'acier se réduisant de 1,7 %. Cependant, des mesures strictes d'inspection des mines, en particulier dans le Shanxi, la principale région productrice de charbon à coke, ont réduit la production nationale au cours du premier semestre 2024 et entraîné une augmentation des importations, qui s'est poursuivie au second semestre, favorisée par le prix relativement bas des charbons importés.

En 2025, les importations chinoises devraient diminuer en raison de la baisse attendue de la production d'acier et de stocks élevés. Toutefois, une baisse des importations était déjà escomptée en 2024, mais ne s'est pas concrétisée. Le niveau d'importation dépendra de l'arbitrage prix entre charbon importé et national, ainsi que des politiques d'achat des usines sidérurgiques côtières, et des stratégies en matière de qualité des charbons à coke. Le charbon de meilleure qualité (charbon australien et russe) permet de réduire la consommation par unité produite et donc les émissions de carbone. Le niveau d'importation dépendra également des résultats des mesures de relance annoncées fin septembre 2024, qui pourraient stimuler la demande d'acier, même si ces résultats sont très incertains.

L'Inde est le deuxième producteur d'acier au monde. Sa production d'acier a augmenté de 6,3 % en 2024, alors que le pays connaît normalement des taux de croissance plus élevés. Mais le marché a été inondé d'acier plat chinois exporté à bas prix. L'Inde, dont la capacité de production d'acier brut a atteint 161 Mt/an fin 2023, prévoit de doubler cette capacité pour atteindre 300 Mt/an en 2030. Bien qu'en augmentation, la production nationale de charbon à coke ne suffit pas à couvrir les besoins des aciéries locales, qui augmentent leurs importations de charbon métallurgique. Celles-ci ont augmenté de 5,1 % à 76 Mt en 2024. L'Australie demeure le principal fournisseur de l'Inde (plus de la moitié de l'approvisionnement), mais, face aux prix élevés du charbon australien en 2022 et 2023, l'Inde a diversifié son approvisionnement et importe de plus en plus de charbon russe vendu à des tarifs inférieurs aux prix internationaux. L'Inde a également augmenté ses importations depuis les États-Unis, le Mozambique, l'Indonésie et le Canada.

L'Inde souhaite toutefois réduire ses importations de charbon. Dans le cadre de l'initiative Atmanirbhar Bharat (l'Inde autosuffisante), le ministère du Charbon prévoit d'atteindre une production de 140 Mt/an de charbon à coke d'ici à 2030 (66 Mt en 2024). CIL prévoit de mettre en place de nouvelles laveries afin de fournir environ 15 Mt/an de charbon à coke au secteur sidérurgique, et ainsi limiter les importations. Toutefois, l'accroissement de la production nationale ne suffira pas à couvrir la croissance exponentielle des besoins de l'industrie de l'acier et les importations de charbon à coke devraient continuer d'augmenter.

Les importations de charbon métallurgique de l'Union européenne se sont stabilisées en 2024, après leur déclin en 2023. La production d'acier de l'Union européenne a augmenté de 2,6 %. Mais l'Europe reste confrontée à plusieurs défis économiques, notamment la baisse de la production industrielle, les retombées de la guerre entre la Russie et l'Ukraine, l'augmentation des coûts de production liés aux prix de l'énergie et à l'inflation. La consommation apparente d'acier reste faible et continue de faire l'objet d'incertitudes. Depuis l'embargo sur le charbon russe, les acheteurs européens ont replacé le charbon à coke et le PCI russe par du charbon à coke américain et australien et ont également diversifié leur approvisionnement (Mozambique). Au Japon, les importations de charbon à coke ont diminué face au déclin de la production d'acier. Nippon Steel, qui s'approvisionne déjà à hauteur de 20 % grâce à ses participations dans des mines à l'étranger, continue ses prises de participation à l'étranger afin de garantir un approvisionnement stable à long terme. En 2023, le groupe japonais avait racheté les parts minoritaires du canadien Teck Resources dans la mine de Elk Valley. En 2024, Nippon Steel a conclu un accord avec Whitehaven Coal pour une prise de participation de 20 % dans la mine de Blackwater dans l'État du Queensland, en Australie.

Des changements profonds dans l'offre

Du côté de l'offre, le marché est très concentré. Historiquement, l'Australie assurait 50 à 55 % des volumes échangés par voie maritime et terrestre, suivie par les États-Unis (12 %), le Canada et la Russie avec une part d'environ 10 % chacun. Mais les échanges de charbon à coke se sont modifiés depuis 2022, sous l'impulsion de la montée en puissance de la Mongolie (échanges terrestres vers la Chine) et la redirection et l'accroissement des livraisons russes vers les pays asiatiques (Chine et Inde principalement). Ainsi, en 2024, confrontée à une compétition aiguë, la part de l'Australie dans les échanges internationaux est tombée à 42 %, alors que la Mongolie a consolidé sa place de deuxième exportateur mondial et augmenté sa part à 18 %. La Russie demeure le troisième exportateur avec une part de 14 %, talonnée par les États-Unis, également 14 %.

Après leur déclin en 2023, les exportations australiennes de charbon à coke ont totalisé 156 Mt en 2024, soit une augmentation de 3,3 %, portée par l'accroissement des importations chinoises au second semestre. La Chine avait levé son embargo informel sur le charbon australien début 2023. La fin de cet embargo n'avait que peu profité au charbon métallurgique en 2023 (seulement 7,4 Mt exportés). Mais ce flux s'est accru de 135 % en 2024, à 17,4 Mt. Selon le ministère de l'Industrie, des Sciences et des Ressources, les exportations australiennes devraient atteindre 177 Mt en 2026. Confiants dans l'accroissement de la demande des pays asiatiques émergents, les producteurs australiens continuent de développer de nouvelles mines de charbon à coke et d'accroître la capacité des mines existantes. Australian Pacific Coal a mis en production la mine de Dartbrook en septembre 2024 et vise une production de 2 Mt/an en 2026. Futura Resources a mis en production la mine de Fairhill, après avoir porté la production de la mine de Wilton à plein régime début 2024. En avril 2024, Whitehaven Coal a acquis les mines de charbon métallurgique de Blackwater et Daunia dans le bassin du Bowen, au Queensland, permettant au mineur de se repositionner sur le charbon métallurgique. Si les mineurs sont optimistes dans l'avenir du charbon à coke australien, notons toutefois que l'Agence internationale de l'énergie (AIE) prévoit une baisse du commerce international à partir de 2025, qui entraînerait une baisse des exportations australiennes.

En 2024, une compagnie minière de plus a abandonné le charbon. Anglo American a vendu ses derniers actifs dans le domaine du charbon sidérurgique australien à l'entreprise américaine Peabody Energy pour $ 3,8 milliards.

En 2023, la Mongolie avait doublé ses exportations de charbon (tous charbons confondus), les portant à 70 Mt, entièrement livrés à la Chine. L'amélioration des liaisons de transport entre les deux pays a permis à la Mongolie d'accroître ses exportations totales à 84 Mt en 2024. La Mongolie a achevé la construction d'une ligne ferroviaire d'une capacité de 30 à 50 Mt/an entre Tavan Tolgoi et Gashuun Sukhait, point frontière avec la Chine, qui a été reliée au réseau ferré chinois fin 2023. Une autre liaison ferroviaire relie la Mongolie et la Chine au point frontalier de Shivee Khuren (Ceke) depuis mai 2024. Ces nouvelles liaisons ont modifié la composition du commerce transfrontalier, auparavant dominé par le transport par camion. Environ 75 à 80 % des exportations sont constituées de charbon à coke, vendu à des prix largement inférieurs aux prix internationaux et chinois : le prix moyen du charbon mongol importé en Chine s'est établi à $ 103/t en 2024, soit deux fois moins que celui du charbon australien. Le dépôt minier de Tavan Tolgoi est l'un des plus gros au monde, avec des ressources estimées à 7,4 Gt, dont 6,5 Gt de charbon à coke.

Alors que l'industrie du charbon russe est en pleine crise, le segment du charbon métallurgique résiste mieux. Face aux contraintes logistiques sur le transport intérieur du charbon, la Russie privilégie l'exportation de charbon métallurgique, mieux valorisé sur le marché international que le charbon vapeur. Malgré les sanctions occidentales, la Russie avait réussi à augmenter ses exportations de charbon métallurgique de près de 50 % en 2022 en vendant son charbon à la Chine et à l'Inde à des prix largement inférieurs aux prix internationaux (avec des rabais pouvant atteindre 50 % par rapport au charbon australien). Pratiquant la même politique de rabais, la Russie continue d'accroître ses exportations de charbon métallurgique, principalement à destination de la Chine et de l'Inde. En 2024, la croissance des exportations russes de charbon métallurgique est estimée à 3 % (51,5 Mt exportés).

Les exportations russes en provenance du Kouzbass chutent, contraintes par les congestions sur les chemins de fer publics vers les ports de l'océan Pacifique, mais celles des mines situées à l'est du pays augmentent, en particulier celles de la mine d'Elga, située dans la partie sud-est de la Yakoutie. Le dépôt minier d'Elga est l'un des plus gros au monde avec 2,2 Gt de ressources. Il est relié par voie ferrée aux ports de Posiet et Vanino, d'où le charbon est exporté. Elgaugol, l'opérateur de la mine (soumis aux sanctions américaines depuis 2024), a construit une nouvelle voie ferrée de 600 km qui relie le dépôt minier à la mer d'Okhotsk (territoire de Khabarovsk), où la construction d'un nouveau port (Port Elga) a été achevée fin 2024. Cette nouvelle route devrait permettre d'exporter 30 Mt/an supplémentaires à partir de 2025 et de porter les exportations à 50 Mt/an à partir de 2027. D'après Kpler, une première cargaison a été expédiée vers la Chine en décembre 2024. Le renforcement des sanctions américaines à l'encontre des compagnies minières russes en 2024 et en janvier 2025 pourrait toutefois réduire ces exportations, comme on l'observe pour le charbon vapeur.

Les États-Unis ont augmenté leurs exportations de charbon à coke à 51 Mt en 2024, alors que celles du Canada ont légèrement décliné. Face à la stagnation des exportations vers l'Europe, les États-Unis ont accru leurs exportations vers les marchés asiatiques, portées par les ventes vers l'Inde et la Chine. Mais l'avenir des exportations américaines vers la Chine semble bien compromis depuis l'imposition de droits de douane sur les produits chinois par Donald Trump et la réponse de la Chine.

Au Canada, l'opérateur historique Teck Resources s'est désengagé du charbon métallurgique et a vendu ses parts dans la mine d'Elk Valley à Glencore et Nippon Steel Corporation. Parmi les autres exportateurs, signalons le Mozambique. Ses exportations ont stagné au cours de la dernière décennie malgré des plans ambitieux d'exportation et des ressources gigantesques estimées à plus de 23 Gt, en particulier de charbon à coke de bonne qualité. Sous l'effet des prix élevés, le Mozambique avait quasiment doublé ses exportations de charbon à coke entre 2021 et 2023, mais celles-ci ont décliné en 2024 et restent marginales à l'échelle mondiale.

Nouvelle baisse des prix attendue en 2025

La demande mondiale de charbon métallurgique ne devrait connaître qu'une hausse modeste en 2025, en lien avec la hausse de la demande d'acier de 1,2 % prévue par l'Association mondiale de l'acier. L'AIE prévoit toutefois un déclin du commerce international au cours des années 2025-2027, l'accroissement des importations de l'Inde et des pays d'Asie du Sud-Est ne suffisant pas à compenser la baisse escomptée des importations chinoises. Avec une offre de charbon stable et une demande en charbons importés en légère décroissance, les prix devraient poursuivre leur déclin en 2025. Le prix du charbon à coke australien pourrait s'établir à $ 200/t en moyenne en 2025, soit une nouvelle baisse de 18 %. Ce niveau pourrait varier à la hausse comme à la baisse en fonction du niveau des importations chinoises, qui présente un grand degré d'incertitude. L'effet des sanctions occidentales, et notamment américaines, sur les exportations russes est un deuxième facteur d'incertitude sur le marché en 2025. L'impact des nouveaux droits de douane chinois sur le charbon américain devrait être limité.

Les droits de douane chinois sur le charbon américain auront peu d'impact sur le marché international

La Chine a réagi rapidement à l'imposition par Donald Trump de droits de douane de 10 % sur les produits chinois. Les autorités chinoises ont annoncé l'introduction de droits de douane supplémentaires de 15 % sur le charbon (et le GNL) en provenance des États-Unis, à partir du 10 février 2025. Ainsi, les droits d'importation sur le charbon à coke américain passent à 18 % (3 % auparavant) et à 21 % pour le charbon vapeur (6 % auparavant).

Les contre-mesures de la Chine semblent suivre une stratégie d'exposition asymétrique. Alors que la Chine représentait 11 % des exportations américaines de charbon en 2024, les États-Unis ne fournissaient que 2 % des importations chinoises de charbon. En 2024, les États-Unis, à la recherche de nouveaux débouchés face à une demande européenne en déclin, avaient fortement augmenté leurs exportations vers la Chine, même si celles-ci restaient marginales (11 Mt exportés en 2024, + 75 % sur un an, principalement du charbon à coke, mais en 2024, également du charbon vapeur). Les droits de douane chinois vont principalement toucher les exportateurs américains de charbon à coke. Mais l'impact devrait être limité étant donné les quantités impliquées. L'Inde pourrait augmenter ses importations de charbon à coke américain, comme elle l'a déjà fait au cours des dernières années. La Chine, quant à elle, peut facilement remplacer le charbon américain par du charbon local. Contrairement aux événements géopolitiques précédents, le marché est resté calme. Le prix du charbon à coke australien continue de baisser ($ 186/t début février) sur un marché qui reste excédentaire.

Acier : *des surcapacités chinoises au protectionnisme américain, un marché sous haute tension*

L'acier a toujours symbolisé une ambition et une puissance sans compromis. De ce fait, il n'est guère surprenant que Donald Trump ait fait de ce métal un des étendards de sa politique industrielle et un outil de confrontation avec la Chine, sur un marché largement chahuté. En 2024, les prix mondiaux de l'acier ont en effet poursuivi leur repli marqué, dans un contexte de surcapacités persistantes et d'exportations chinoises massives. Cette pression sur les marchés a fragilisé le tissu sidérurgique des économies développées, suscitant un regain de tensions commerciales et une intensification des politiques protectionnistes. L'affaire du rachat avorté d'U.S. Steel par le groupe japonais Nippon Steel incarne, à elle seule, cette nouvelle guerre industrielle, où la défense de la souveraineté productive s'impose comme une priorité stratégique. Dans ce climat de rivalité géoéconomique croissante, la dynamique de décarbonation du secteur – qui représente environ 7 % des émissions mondiales de CO_2 – a marqué un net ralentissement.

Des prix en fort repli

La moyenne annuelle des prix de l'indice de l'acier SHGSI global, publié par *SteelHome*, a enregistré un recul de 11 % en 2024, après une chute de 19,5 % en 2023. Cette tendance baissière s'est accélérée en cours d'année : si l'on ne considère pas les moyennes annuelles mais les évolutions entre le 1er janvier et le 31 décembre 2024, la chute a atteint 19 %. Cette dynamique met en évidence un marché sidérurgique pris en étau entre une offre excédentaire persistante et une demande qui peine à se stabiliser. Ce phénomène est d'autant plus frappant lorsqu'on le met en perspective avec d'autres matières premières. Selon la Banque mondiale, l'indice des prix des métaux de base a, par exemple, progressé de 10 % sur la même période, suivant une dynamique inverse à celle de l'acier.

Cette divergence s'explique en grande partie par les fondamentaux de l'offre et de la demande. Contrairement aux métaux de base, dont les prix ont été soutenus par une reprise progressive de l'industrie manufacturière mondiale et par des contraintes sur l'offre liées aux difficultés d'approvisionnement et aux tensions géopolitiques, l'acier a souffert d'un excès de production, notamment en Chine, et d'un affaiblissement de la

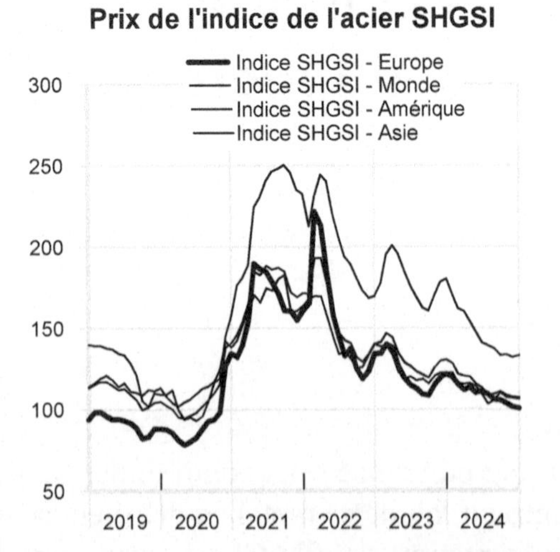

(Source : SteelHome)

demande dans ses principaux débouchés, en particulier la construction et l'automobile.

Les statistiques montrent que cette chute des prix n'est pas uniforme. En Europe, l'indice SHGSI a reflué de 9 % par rapport à 2023, sous l'effet d'une stagnation de la demande industrielle et de difficultés persistantes dans le secteur manufacturier, exacerbées par des coûts énergétiques en hausse et une conjoncture économique morose. Le produit intérieur brut (PIB) de l'Union européenne (UE) a, en effet, progressé de 1,1 % seulement sur l'année, confirmant la quasi-stagnation économique, tandis que les coûts de l'énergie ont pesé lourdement sur la compétitivité des industriels de la zone : les prix de l'électricité pour l'industrie ont été 2,5 fois plus élevés qu'aux États-Unis, et ceux du gaz ont même atteint un niveau cinq fois supérieur, creusant un écart préoccupant avec leurs homologues américains et, dans une moindre mesure, chinois. Cette divergence sur les coûts énergétiques, notamment liée à la crise du gaz de 2021-2022 et à la transition énergétique européenne, a du reste contribué à un renchérissement des coûts de production pour les aciéristes, limitant leur compétitivité sur la scène internationale.

En Amérique du Nord, la correction des prix a été plus brutale, avec un repli de 16 %, reflétant à la fois le ralentissement du marché automobile, dont la production a reculé de 3,3 % en 2024, et la montée en puissance de la concurrence étrangère. Malgré les mesures protectionnistes instaurées sous la première administration Trump, puis partiellement maintenues par celle de Biden, l'industrie sidérurgique américaine n'a pas échappé à la contraction de la demande intérieure, ni à l'afflux croissant d'acier importé, en particulier en provenance de Chine, souvent *via* des pays de transit.

En Asie, la baisse de l'indice des prix SHGSI a été plus modérée, limitée à 10 %, mais demeure très significative après deux années consécutives de repli, témoignant d'une demande intérieure toujours sous pression. Malgré les tentatives du gouvernement chinois pour soutenir l'industrie sidérurgique et stimuler les grands projets d'infrastructure, la crise persistante du secteur immobilier a lourdement pesé sur la consommation domestique d'acier, empêchant toute reprise durable et aggravant la nécessité pour les producteurs d'intensifier leurs exportations.

L'analyse détaillée des produits montre des mouvements spécifiques. Le *Hot-Rolled Band* (HRB), acier laminé à chaud utilisé principalement dans l'industrie et la construction, est souvent considéré comme le baromètre du marché sidérurgique. Aux États-Unis, le prix du HRB – en référence Franco à bord (Fob) usine – est passé de $ 1 142/t en janvier à $ 753/t en décembre 2024, enregistrant ainsi une baisse annuelle de 30 %. Ce recul a été marqué par une chute particulièrement vive entre avril et août, lorsque les prix ont atteint un creux de $ 720/t en juillet, avant de bénéficier d'un léger rebond en fin d'année, stimulé par une amélioration temporaire des commandes industrielles et une relance des investissements en infrastructures. En Europe de l'Ouest, la baisse des prix de l'HRB a été tout aussi importante avec des prix en recul de 26 % sur l'année, finissant 2024 à $ 582/t. En Chine, la contraction a été plus modérée, le prix du HRB passant de $ 484/t en janvier à $ 408/t en décembre (– 15 %). La comparaison avec les États-Unis est édifiante : les prix Fob sont deux fois moins importants dans l'empire du Milieu. Enfin, sur le marché mondial d'exportation, le HRB est passé de $ 606/t en début d'année à $ 490/t en fin d'année, soit une chute de 19 %, largement attribuable à l'ampleur des exportations chinoises à bas coût dans un contexte de saturation du marché mondial.

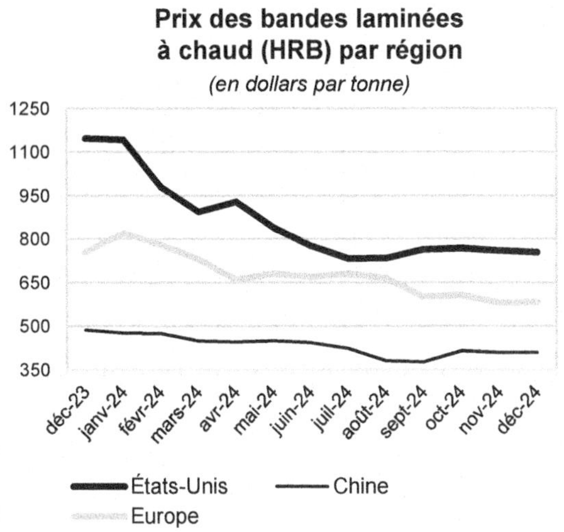

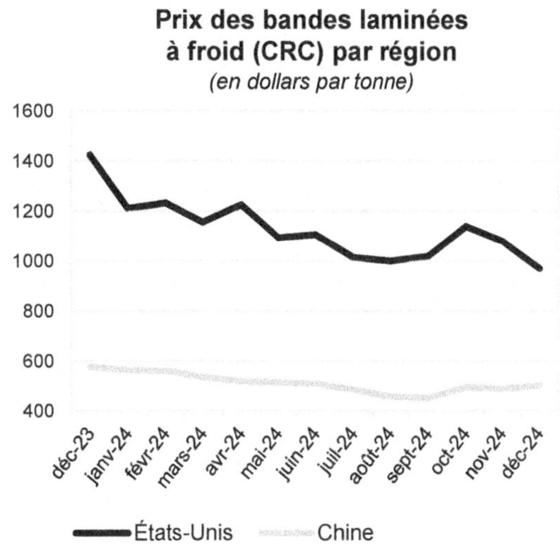

(Source : SteelBenchmarker)

Le *Cold-Rolled Coil* (CRC) – acier laminé à froid, traité pour offrir une meilleure finition de surface – est principalement destiné à la fabrication d'équipements électroménagers, de véhicules automobiles et de composants industriels de haute précision. Aux États-Unis, le CRC est passé de $ 1 363/t en janvier 2024 à $ 970/t en décembre 2024, enregistrant une baisse annuelle de 28 %. En Chine, le CRC a connu une trajectoire plus volatile : il est descendu de $ 572/t en janvier à $ 447/t en septembre, pour rebondir et se stabiliser à $ 501/t en décembre.

Dans l'ensemble, la dynamique des prix en 2024 témoigne d'une déflation généralisée sur l'ensemble des produits sidérurgiques (incluant le *rebar*, les barres d'armatures utilisées dans le béton armé), résultant d'un déséquilibre persistant entre une offre surabondante et une demande en berne.

Une demande en berne

La demande mondiale d'acier a connu une année 2024 difficile, marquée par des disparités régionales profondes et des signes de contraction dans les secteurs clés. La Chine, dont la consommation représentait 48 % de la demande globale en 2024, a enregistré un repli de 5 % sur les onze premiers mois de l'année, prolongeant ainsi le reflux observé en 2023, où la demande avait déjà reculé de 3,5 % par rapport à 2022. Cet affaissement, largement attribuable à la crise persistante du secteur immobilier – pilier historique de la demande d'acier en Chine –, s'est par exemple traduit, en 2024, par une baisse de plus de 20 % des livraisons de bâtiments commerciaux et une diminution de 10 % des investissements immobiliers par rapport à 2023, année déjà marquée par un net recul. Des événements majeurs, tels que la faillite d'Evergrande, placé en liquidation judiciaire en janvier 2024, ainsi que les difficultés prolongées de Country Garden ont intensifié la défiance des investisseurs, et accentué le déséquilibre entre une offre excédentaire et une demande en forte contraction. Cette situation a contribué à une pression déflationniste sur le marché immobilier chinois, amplifiant les incertitudes économiques et pénalisant directement la consommation d'acier du pays. Au-delà du secteur de la construction, cette crise immobilière pèse plus largement sur l'économie chinoise, en érodant la confiance des ménages, en restreignant la demande intérieure et en générant des effets de richesse négatifs qui entravent tant les investissements que la consommation. Deuxième pays consommateur d'acier en Asie, l'Inde a, elle, vu sa demande se stabiliser en 2024. Ses perspectives de consommation ap-

Production d'acier brut
(en milliers de tonnes)

		2019	2020	2021	2022	2023	2024	Var. 2023-2024
Production mondiale		**1 877.1**	**1 881.4**	**1 960.4**	**1 887.6**	**1 888.2**	**1 883.0**	**-0.07**
dont	Chine	995.4	1 064.8	1 034.7	1 018.0	1 022.5	1 005.5	-1.70
	Inde	111.4	100.3	118.2	125.4	140.8	149.6	6.30
	UE à 27	150.8	132.8	153.4	137.4	126.1	129.7	2.90
	Japon	99.3	83.2	96.3	89.2	87.0	84.0	-3.40
	États-Unis	87.8	72.7	85.8	80.5	81.4	79.5	-2.40
	Russie	71.7	71.6	77.0	71.7	76.0	70.7	-7.00
	Corée du Sud	71.4	67.1	70.4	65.8	66.7	63.5	-4.70
	Turquie	33.7	35.8	40.4	35.1	33.7	36.9	9.40
	Brésil	32.6	31.4	36.1	34.1	32.0	33.7	5.30

(Source : WorldSteel)

paraissent toutefois plus prometteuses que celles de la Chine. Selon ArcelorMittal, la demande indienne pourrait croître de 100 millions de tonnes (Mt) au cours de la décennie à venir, soit l'équivalent d'un tiers de l'augmentation attendue hors Chine, estimée à 300 Mt.

En Europe, la situation demeure préoccupante, bien que les estimations varient selon les sources. Alors que le *World Bureau of Metal Statistics* fait état d'une stabilité des volumes de consommation sur les onze premiers mois de 2024, par rapport à 2023, Eurofer, estime que la consommation appa-

Cartographie de la production d'acier brut
(les cercles sont proportionnels à la production)

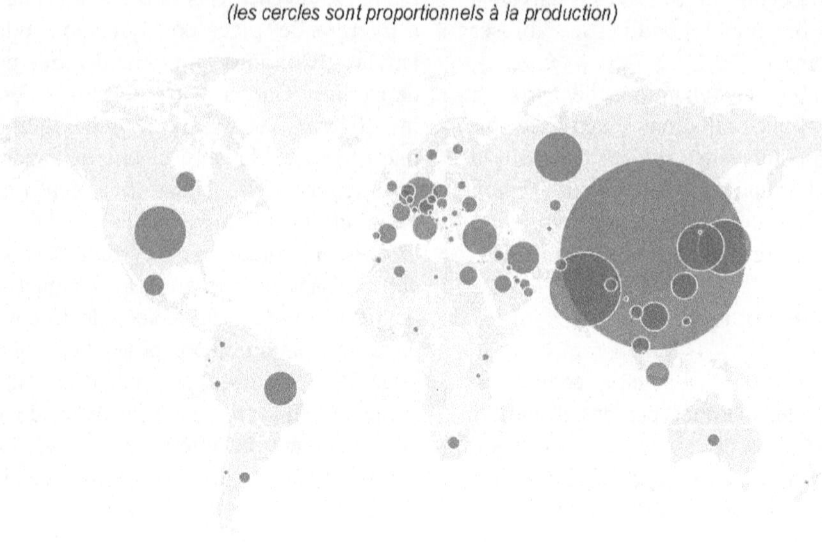

(Source : WorldSteel)

rente a été en repli de 2,3 % en 2024, prolongeant le recul de 6 % en 2023 et de 8 % en 2022. Ces observations soulignent que la poursuite du déclin du secteur manufacturier et de la construction en 2024, confirmée par des indices PMI HCOB inférieurs à cinquante sur l'ensemble de l'année, pèse lourdement sur l'activité sidérurgique. Avec seulement 11 % de la demande mondiale d'acier, l'Europe compte de moins en moins dans l'équilibre du marché global, réduisant ainsi sa capacité à influencer les tendances de prix et les dynamiques d'approvisionnement.

Aux États-Unis, la demande d'acier a montré une résilience relative, soutenue par d'importants investissements en infrastructures dans le cadre du *Bipartisan Infrastructure Law* et de l'*Inflation Reduction Act* (IRA), ce qui a permis à la consommation d'aciers plats de progresser modestement de 1 % à 3 % en 2024. Cependant, cette progression a été partiellement compensée par une contraction de 3,3 % dans le secteur automobile, qui demeure un pilier majeur pour la demande d'acier. Cette dualité – une stabilité portée par les infrastructures face à un déclin dans l'automobile – illustre les disparités qui caractérisent le marché américain.

Les perspectives pour 2025, quant à elles, laissent entrevoir un redressement modeste. Les principaux grands aciéristes anticipent une croissance de la demande mondiale d'acier hors Chine compris entre 2,5 % et 3,5 %, par rapport à 2024. Cette anticipation repose notamment sur le constat que les inventaires en Europe sont très faibles, ce qui pourrait déclencher une phase de reconstitution des stocks et stimuler ainsi une reprise de la demande. Ces projections restent néanmoins fortement conditionnées par la volatilité de l'environnement économique international et par les incertitudes pesant sur la conjoncture mondiale.

Une offre pléthorique

D'après les dernières statistiques de l'association *WorldSteel*, la production mondiale d'acier a atteint 1 883 Mt en 2024, enregistrant un léger recul par rapport aux 1 888 Mt produites en 2023. Toutefois, cette apparente stabilité ne s'est pas manifestée de manière uniforme, révélant des dynamiques contrastées entre les principaux producteurs.

Leader incontesté avec 53 % de la production mondiale d'acier, la Chine façonne les évolutions du marché. En 2024, sa production a reculé de 1,7 %, pour s'établir à 1 005,5 Mt, marquant ainsi sa première contraction depuis 2019. Cela ne laisse pourtant pas présager une réduction des excédents ; bien au contraire, puisque, comme évoqué précédemment, la consommation intérieure a ralenti bien plus fortement (– 5 % en 2024). Les quantités disponibles à l'exportation se sont donc accrues, atteignant désormais environ 110 Mt, soit approximativement la consommation annuelle des États-Unis.

Alors que la Chine continue d'inonder le marché mondial avec ses excédents, un autre acteur gagne en importance : l'Inde. À contre-courant de la stagnation globale, elle poursuit sa croissance à un rythme effréné. Après une hausse de 12 % en 2022 et de 15 % en 2023, la dynamique s'est modérée, tout en restant vigoureuse, avec une croissance de 6,3 % en 2024. L'Inde consolide ainsi sa deuxième place parmi les principaux pays producteurs, acquise en 2023, lorsqu'elle a relégué l'UE au troisième rang. Cette hausse de la production a fait de l'Inde, pour la première fois, un pays autosuffisant en volume global, la production s'alignant désormais sur la consommation. Toutefois, ces données agrégées ne révèlent pas pleinement la réalité de l'autosuffisance, l'acier ne pouvant être considéré comme un produit homogène. Ce bond en avant devrait se maintenir dans les années à venir, stimulé par une demande intérieure en hausse et les mesures protectionnistes qui entravent l'accès des producteurs étrangers au marché indien. L'Inde n'est pas la seule à afficher une croissance de la production significative en 2024. Le Brésil et la Turquie suivent une tendance similaire, même si cela correspond davantage à un rebond, après une année 2023 en fort repli. Les contextes de ces deux industries diffèrent, par ailleurs. En Turquie, la production d'acier repose majoritairement sur la refonte de ferraille dans des fours à arc électrique, un procédé particulièrement exposé à la volatilité des prix de l'énergie. En 2024, le pays a profité à la fois de la stabilisation relative de la livre turque et du recul des prix de l'énergie pour restaurer partielle-

Principaux pays exportateurs de fer et d'acier
(HS Code : 72 - en millions de tonnes)

	2022	2023	2024
Chine	57,0	80,9	103,0
Japon	36,9	37,8	36,5
Allemagne	29,4	29,2	29,0
Corée du Sud	23,9	25,7	26,5
États-Unis	25,9	25,1	23,7
Indonésie	14,9	17,9	21,1
Belgique	19,6	18,6	18,7
France	17,8	16,2	15,8
Pays-Bas	16,3	15,1	15,3
Brésil	16,1	17,3	14,1
Turquie	15,4	10,8	13,7
Italie	13,5	13,6	12,6
Iran	12,2	12,9	12,4
Inde	14,6	12,4	11,6
Malaisie	9,1	9,0	10,6
Canada	11,0	10,9	10,5
Taïwan	9,7	9,3	8,9
Espagne	8,0	7,4	7,7
Pologne	7,0	7,4	7,1
Autriche	6,9	7,1	6,8

(Source : Trade Data Monitor)

ment sa compétitivité sur le marché international. Au Brésil, c'est surtout l'accélération de la croissance économique, annoncée à 3,4 % pour 2024, qui a dopé la demande et permis une relance de la production d'acier, n'effaçant néanmoins pas tout à fait le reflux enregistré en 2023. La Russie, en revanche, se démarque par un recul prononcé de sa production d'acier cette année (– 7 %). Malgré ce repli, son industrie sidérurgique se maintient, portée par les besoins de l'armement et par la difficulté des sanctions occidentales à enrayer ses exportations.

Dans les économies occidentales, la tendance demeure nettement moins favorable qu'en Asie. Aux États-Unis, la production d'acier s'est contractée de 2,4 % en 2024, portant à près de 10 % le recul cumulé depuis 2019. Le Japon et la Corée du Sud affichent des baisses de 3,4 % et 4,7 %, respectivement, traduisant un déclin structurel, largement associé à la persistance d'excédents chinois sur le marché mondial. En apparence, l'UE se distingue avec une hausse de 2,9 % en 2024, atteignant 129,7 Mt. Toutefois, cette légère progression ne saurait masquer une réalité plus sombre : sur la période 2019-2024, la production de l'UE a reculé de 14 %, révélant un affaiblissement de fond. Le rebond actuel relève donc avant tout d'un contexte conjoncturel, caractérisé par la baisse des coûts énergétiques, et ne saurait être interprété comme un signe de redressement durable du secteur sidérurgique européen.

Les surcapacités et le *dumping* chinois

Selon certaines estimations, les surcapacités mondiales d'acier s'élevaient à 551 Mt en 2023, soit près de quatre fois la production annuelle de l'UE. L'Organisation pour la coopération et le développement économiques (OCDE) anticipe, du reste, une aggravation de ce phénomène, avec un surplus pouvant atteindre 157 Mt supplémentaires d'ici 2026, si aucune régulation effective n'est mise en place pour encadrer l'offre mondiale. Ces excédents sont majoritairement imputables à la Chine, dont l'essor industriel a conduit à un accroissement massif des capacités de production.

L'analyse de l'utilisation des capacités de production offre un éclairage sur l'ampleur du déséquilibre actuellement à l'œuvre. Depuis 2022, les taux d'utilisation des capacités chinoises affichent une tendance baissière, bien que cette évolution demeure contrastée selon les segments de produits sidérurgiques. Les plaques d'acier moyennes et l'acier laminé à chaud, soutenus par des investissements dans les infrastructures et par la demande manufacturière, maintiennent des taux élevés (généralement au-delà de 85 %). À l'inverse, les aciers longs destinés à la construction, tels que le *rebar* et le fil machine, sont particulièrement affectés par la crise immobilière chinoise et ont enregistré une chute significative, avec des taux d'utilisation parfois inférieurs à 60 % depuis la fin de l'année 2023. Cette diminution ne traduit pas une contraction de la production, restée globalement stable, mais résulte de la mise en service continue de nouvelles capacités, diluant mécaniquement les taux d'utilisation. Elle s'inscrit ainsi dans une dynamique structurelle, marquée par une stratégie industrielle d'expansion de l'offre dans un contexte de bas prix et de demande atone. Ce choix de renforcer les surcapacités, alimentant ainsi la guerre des prix, s'inscrit dans une stratégie industrielle plus large visant à affaiblir, voire à éliminer progressivement, certains concurrents étrangers moins résilients aux cycles de prix bas et confrontés, pour certains, à une hausse des coûts de l'énergie et à des contraintes environnementales croissantes.

Dans un contexte de surcapacité structurelle, le *dumping* apparaît comme un levier central pour écouler les excédents d'acier et limiter les pertes liées à la sous-utilisation des capacités de production. Afin d'éviter l'arrêt prolongé de leurs hauts fourneaux et d'amortir des coûts fixes élevés, de nombreux sidérurgistes chinois adoptent une stratégie d'exportation agressive, en proposant leur acier à des prix particulièrement bas sur les marchés internationaux. Ce positionnement, souvent perçu comme déloyal, contribue à déséquilibrer durablement les conditions de concurrence. De nombreux États et organisations professionnelles accusent ainsi la Chine de pratiquer un *dumping* systémique, avec des prix à l'exportation parfois inférieurs aux coûts de revient. Cette compétitivité repose en grande partie sur le soutien massif de l'État chinois à son industrie sidérurgique. Un rapport de la Commission européenne, publié en 2024, évalue les aides publiques accordées aux producteurs chinois à un niveau dix fois supérieur à celui observé dans les pays de l'OCDE. Ces soutiens prennent la forme de prêts préférentiels, de subventions sur les intrants (énergie, matières premières), ou encore de restructurations de dettes avantageuses, permettant à des entreprises peu rentables, dans un cadre concurrentiel classique, de poursuivre leurs activités et de saturer le marché mondial avec de l'acier à prix cassé.

La réponse américaine

Le *dumping* chinois a profondément transformé le marché mondial de l'acier, entraînant une érosion progressive des parts de marché de l'industrie sidérurgique dans les pays développés. Confrontés à cette offre abondante et à bas coût, les sidérurgistes américains ont vu leurs marges s'effondrer, les contraignant à se repositionner sur des segments à plus forte valeur ajoutée ou à réduire leurs capacités pour limiter leurs pertes. Cette dynamique a affaibli une industrie autrefois stratégique et accru la dépendance des États-Unis

Taux d'utilisation des capacités de production en Chine

(en %)

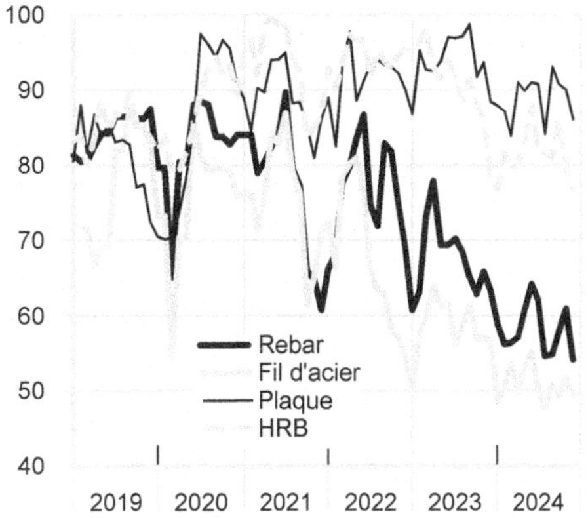

(Source : SteelHome)

Les dix plus grands groupes sidérurgistes mondiaux

(en milliers de tonnes)

		2022	2023
1	China Baowu Group	131.8	130.8
2	ArcelorMittal	68.9	68.5
3	Ansteel Group	55.7	55.9
4	Nippon Steel Corpora	44.4	43.7
5	HBIS Group	41.0	41.3
6	Shagang Group	41.5	40.5
7	POSCO Holdings	38.6	38.4
8	Jianlong Group	36.6	37.0
9	Shougang Group	33.8	33.6
10	Tata Steel Group	30.2	29.5

(Source : WorldSteel)

aux importations, menaçant leur souveraineté industrielle.

Pour tenter d'enrayer ce déclin, l'administration Trump a instauré, en mars 2018, un droit de douane global de 25 % sur l'acier importé. En parallèle, Washington a imposé des droits *anti-dumping* ciblant certains produits sidérurgiques chinois (tubes, tôles, semi-produits), avec des taux suffisamment élevés pour annuler l'avantage des subventions chinoises. Sous l'administration Biden, cette politique protectionniste s'est prolongée. En avril 2024, la Maison-Blanche a annoncé vouloir tripler certains droits de douane sur l'acier chinois et durci sa lutte contre les pratiques de contournement des restrictions. Des enquêtes du département du commerce ont révélé que de l'acier chinois était réexporté vers les États-Unis *via* des pays tiers, notamment le Vietnam et le Mexique. En réponse, Washington a décidé d'étendre ses droits de douane aux aciers transitant par ces pays, illustrant sa volonté de verrouiller les failles juridiques utilisées pour contourner les restrictions. Initialement, l'administration Biden envisageait d'instaurer par ailleurs des barrières non tarifaires, comme des standards d'émission plus rigoureux pour les producteurs étrangers, mais ces projets ont été abandonnés sous la nouvelle administration Trump. Cette réorientation, soutenue par l'*American Iron and Steel Institute* (AISI), reflète un recentrage des priorités : plutôt que d'instaurer des taxes carbone sur les importations, les États-Unis privilégient un allègement des réglementations domestiques couplé à un renforcement des barrières tarifaires, confirmant ainsi que la protection du marché intérieur reste l'objectif central.

Ces mesures américaines ont aussi des répercussions sur d'autres marchés. En fermant progressivement leur territoire aux importations chinoises, les États-Unis forcent la Chine à rediriger ses surplus vers des zones où les restrictions sont moindres, notamment l'Europe. Ce phénomène accentue la pression sur les prix et fragilise les sidérurgistes locaux dans ces nouvelles zones d'exportation. Il soulève également la question d'une coordination internationale face aux surcapacités. À ce sujet, on peut regretter que les initiatives visant à réguler ces déséquilibres à l'échelle mondiale – *via* l'OCDE ou un accord climat comme le *Global Arrangement on Sustainable Steel* envisagé entre l'UE et les États-Unis – aient été progressivement abandonnées au profit d'approches unilatérales, dominées par des mesures protectionnistes et défensives.

Au-delà des barrières commerciales, la volonté des États-Unis de préserver leur souveraineté industrielle s'est également illustrée dans la tentative de rachat d'U.S. Steel par le japonais Nippon Steel. Les deux groupes avaient annoncé, en décembre 2023, un projet d'acquisition de $ 14,9 milliards (€ 14,4 milliards, dette comprise), visant à moderniser les capacités industrielles de U.S. Steel et à renforcer sa compétitivité grâce aux technologies de Nippon Steel. Toutefois, cette opération a rapidement suscité une opposition politique et syndicale aux États-Unis, où U.S. Steel est perçu comme un acteur stratégique de la sidérurgie nationale. Malgré les garanties significatives offertes par Nippon Steel – maintien des emplois, investissements dans les infrastructures, transfert du siège de la filiale à Pittsburgh et droit de veto du gouvernement sur d'éventuelles réductions de capacité –, Joe Biden a opposé son veto au rachat en janvier 2025, suivi de Donald Trump, qui a confirmé cette décision après son retour à la Maison-Blanche. À la suite de ce blocage, une reconfiguration des négociations s'est opérée. Insistant sur la nécessité de préserver le contrôle national de l'entreprise, Donald Trump a affirmé : « Personne ne peut avoir une part majoritaire dans U.S. Steel. C'est possible pour d'autres entreprises, mais pas pour U.S. Steel. » Cette affaire illustre la volonté affirmée des États-Unis de protéger leur industrie sidérurgique, non seulement par l'instauration de barrières commerciales, mais aussi par un contrôle accru des investissements étrangers.

Le déficit criant de compétitivité de l'Europe

L'industrie sidérurgique européenne traverse une crise profonde, largement documentée dans le rapport Draghi, qui met en lumière les faiblesses structurelles jouant négativement sur la compétitivité de l'acier européen. Deux facteurs principaux pèsent sur la compétitivité : des coûts énergétiques très élevés et la nécessité d'investissements massifs pour répondre aux exigences de décarbonation. Le marché européen du carbone accentue cette pression : intégrée au système ETS, la sidérurgie, fortement émettrice, supporte des coûts jusqu'à dix fois supérieurs à la moyenne. Jusqu'à présent, l'octroi de quotas gratuits a permis d'amortir cet impact, mais leur suppression progressive d'ici à 2035 entraînera une augmentation substantielle des charges pesant sur les producteurs d'acier. En 2019, le prix du carbone ne représentait encore que 2 % des coûts totaux de fabrication de l'acier en Europe, mais cette part est appelée à croître fortement dans les années à venir. Dans ce contexte, le Mécanisme d'Ajustement Carbone aux Frontières (MACF) – ou CBAM : *Cross Border Adjustment Mechanism* – a été conçu pour limiter les distorsions de concurrence en imposant une taxe sur les importations d'acier, en fonction de leur empreinte carbone. Son objectif est de compenser l'écart de compétitivité entre l'acier européen, produit sous contrainte environnementale stricte, et celui issu de régions où la réglementation est plus souple. Cependant, son efficacité reste contestée. Eurofer souligne notamment les lacunes persistantes du MACF qui ne couvre pas les exportations, expose les sidérurgistes européens à un coût du carbone non compensé sur les marchés extérieurs et reste vulnérable aux pratiques de contournement. L'exclusion des produits en aval à forte intensité d'acier – tels que les composants automobiles ou les matériaux pour les infrastructures renouvelables – risque, par ailleurs, de favoriser des délocalisations industrielles hors d'Europe.

Les données récentes illustrent concrètement les difficultés structurelles rencontrées par la sidérurgie européenne. En 2024, la production d'acier dans l'UE à 27 s'élevait à environ 129 Mt, marquant un recul significatif par rapport au niveau d'avant la crise sanitaire, où elle dépassait légèrement 160 Mt. Plus préoccupant encore, l'écart entre la consommation et la production d'acier en Europe s'est nettement creusé : alors qu'il était inférieur à 10 Mt en 2018 et même excédentaire en 2015, il a atteint en moyenne 20 Mt depuis 2022. Cette évolution contraint l'Europe à augmenter ses importations, renforçant ainsi sa dépendance vis-à-vis des producteurs étrangers.

Le constat pour l'acier vert, dont l'Europe se veut pionnière, est encore plus sévère : produire un acier décarboné sur le sol européen coûte bien plus cher qu'aux États-Unis ou en Asie. La réduction directe du fer par hydrogène, qui permet une diminution drastique des émissions de CO_2, engendre un surcoût estimé à € 100/t, soit 17 % de plus qu'aux États-Unis ou en Arabie saoudite. L'écart de compétitivité entre l'acier vert européen et l'acier vert américain est ainsi encore plus important que celui qui existe déjà pour l'acier conventionnel, comme le rappelle le rapport Draghi. Ce différentiel s'explique par des prix de l'électricité plus élevés, une absence de soutien public massif à la production d'hydrogène bas carbone et un manque de rentabilité des investissements engagés. De plus, le marché ne valorise pas encore ces produits verts à leur juste prix. Ni l'acier bas carbone ni les matériaux recyclés ne bénéficient aujourd'hui d'une prime suffisante pour compenser ces coûts supplémentaires.

La compétitivité de la sidérurgie européenne est, de surcroît, mise à mal par deux décisions stratégiques prises outre-Atlantique. D'une part, l'IRA, en injectant des subventions massives dans l'industrie bas carbone, a fait des États-Unis un aimant pour les investissements dans l'acier vert. Grâce à des incitations fiscales et des conditions énergétiques plus favorables, de nombreux projets industriels européens ont préféré traverser l'Atlantique, privant le continent d'infrastructures stratégiques nécessaires à sa transition écologique. Dans un contexte où l'Europe peine à financer ses ambitions en matière d'acier décarboné, ce détournement des capitaux représente un défi supplémentaire. D'autre part, comme indiqué précédemment, le relèvement des droits de douane américains sur l'acier a eu pour effet de rediriger les flux commerciaux internationaux vers l'Europe. Cette dernière, déjà contrainte par ses coûts de production plus élevés, se retrouve ainsi inondée d'acier à bas prix, renforçant la pression sur ses propres producteurs.

Ce double effet – fuite des investissements et afflux d'acier importé – affaiblit encore davantage la sidérurgie européenne. Face à cette situation, l'Union européenne a activé son levier commercial, mettant en place quarante mesures de défense, dont dix-huit ciblant la Chine, et lançant quatorze enquêtes supplémentaires fin 2024. L'objectif : endiguer l'arrivée d'acier chinois à bas coût, qui menace directement les producteurs européens. Toutefois, ces dispositifs demeurent insuffisants face aux stratégies d'acteurs contournant les règles de l'Organisation mondiale du commerce (OMC) et les standards environnementaux. Dès lors, une refonte des politiques industrielles et énergétiques européennes s'impose. La réaffectation des revenus du marché carbone pour moderniser la filière, le développement d'une politique énergétique plus compétitive et un renforcement des instruments commerciaux apparaissent comme des leviers incontournables pour restaurer la compétitivité du secteur. Sans une telle riposte, l'Europe risque de voir son industrie sidérurgique s'éroder au profit de pays qui ne respectent ni les règles du commerce international ni les exigences environnementales. Face à ce constat, la Commission européenne a présenté, en février 2025, son *Clean Industrial Deal*, conçu comme un premier volet de la réponse communautaire. S'il fixe des objectifs ambitieux – mobiliser plus de € 100 milliards d'investissements (toutes industries confondues) et créer 500 000 emplois d'ici 2030 –, le plan a été accueilli avec prudence par la filière, qui déplore l'absence de mesures concrètes pour répondre aux urgences de compétitivité.

L'acier vert en difficulté

L'industrie sidérurgique est à la croisée des chemins entre la nécessité de décarbonation et les défis économiques, politiques et technologiques qui entravent sa transformation. Responsable d'environ 7 % des émissions mondiales de CO_2, le secteur est soumis à des pressions croissantes pour réduire son empreinte carbone. Pourtant, les dernières données de *WorldSteel* montrent une stagnation préoccupante de l'intensité carbone et énergétique de l'industrie, contrastant avec les ambitions de neutralité carbone affichées par de nombreux gouvernements et entreprises. L'intensité carbone moyenne de la production d'acier s'est maintenue à 1,92 t de CO_2 par tonne d'acier brut coulé en 2023, un niveau identique à 2022 et légèrement supérieur à celui de 2021 (1,91 tCO_2/t). En parallèle, l'intensité énergétique a modérément augmenté en 2023, atteignant 21,27 gigajoules (GJ) par tonne d'acier brut coulé, contre 21,01 GJ/t en 2022. Cette hausse s'explique non seulement par le ralentissement de la demande en Chine, qui a entraîné une sous-utilisation des hauts fourneaux et détérioré leur efficacité énergétique, mais également par un déploiement encore limité des technologies bas carbone, malgré les efforts engagés.

Face à ces enjeux, l'économie circulaire constitue l'un des leviers les plus immédiats pour limiter l'empreinte carbone de l'acier. Selon l'Agence internationale de l'énergie (AIE), 40 % des réductions d'émissions du secteur, d'ici 2050, pourraient provenir du recyclage, de l'optimisation des procédés et de la sobriété dans les usages. Le recyclage *via* les fours électriques à arc, qui consomme 75 %

d'énergie en moins que la filière des hauts fourneaux, s'impose comme la méthode la plus décarbonée. Toutefois, la disponibilité du *scrap* (acier recyclé) reste limitée : 85 % des ferrailles sont déjà collectées et recyclées, rendant les marges de progression faibles. Cette tension sur la ressource est déjà visible dans plusieurs régions du monde. Le cas de l'Union européenne est à cet égard emblématique : malgré des objectifs ambitieux en matière d'économie circulaire, une part importante des déchets ferreux est exportée vers des pays aux normes environnementales plus souples. Cette concurrence pour l'accès à la ferraille fragilise l'approvisionnement des aciéries européennes. Eurofer appelle ainsi à reconnaître la ferraille comme matière première secondaire stratégique et à mettre en œuvre des mesures ciblées pour en sécuriser la disponibilité à l'échelle continentale.

La réduction directe du fer par hydrogène vert constitue une alternative majeure. Ce procédé repose sur l'utilisation d'hydrogène au lieu du coke pour extraire le fer du minerai, permettant ainsi d'éliminer une grande partie des émissions de CO_2 associées à la production sidérurgique traditionnelle. Si des projets comme HYBRIT en Suède et H2 Green Steel ont montré qu'il est possible de produire de l'acier avec une réduction des émissions de 95 %, son déploiement à grande échelle se heurte encore à des défis considérables. L'hydrogène vert, produit par électrolyse de l'eau, requiert d'énormes quantités d'électricité bas carbone, estimées à 370 térawatts-heures (TWh) rien que pour la production européenne, soit 14 % de la consommation électrique actuelle du continent. Ce besoin énergétique colossal rend la compétitivité de l'acier bas carbone encore dépendante des investissements dans les infrastructures de production d'énergie renouvelable. De plus, le coût de l'hydrogène vert reste prohibitif par rapport aux sources d'énergie fossile, ce qui empêche son adoption rapide par les sidérurgistes.

Le captage et le stockage du carbone (*Carbon Capture, Utilization and Storage* – CCUS) sont souvent considérés comme une solution transitoire pour réduire les émissions des hauts fourneaux existants, en attendant que des solutions de production plus propres, comme l'hydrogène vert, deviennent viables à grande échelle. Pour l'AIE, cette technologie pourrait permettre de capter 6 % des émissions du secteur entre 2020 et 2050, avec un taux atteignant 25 % de capture par an en 2050. Cependant, son déploiement reste encore limité, avec une seule unité commerciale appliquée à la sidérurgie, située aux Émirats arabes unis. Cette technologie repose sur la capture des émissions issues des hauts fourneaux, leur transport vers des sites de stockage géologique et leur injection sous terre pour éviter leur libération dans l'atmosphère. Toutefois, son adoption à grande échelle dépend de plusieurs facteurs : des coûts élevés, estimés entre $ 50/t et $ 100/t de CO_2 capté, une infrastructure de transport et de stockage encore en développement, et un soutien financier important des pouvoirs publics. Face à ces défis, plusieurs pays misent sur le CCUS pour accompagner la transition industrielle. Le Royaume-Uni a accordé, en octobre 2024, vingt et un permis d'exploitation pour stocker du CO_2 dans d'anciens champs pétroliers et gaziers *offshore*. Ces infrastructures, situées notamment au large du Norfolk, d'Aberdeen et de Liverpool, pourraient stocker jusqu'à 30 Mt de CO_2 par an d'ici 2030, soit 10 % des émissions annuelles du pays. Les États-Unis ont annoncé un investissement de $ 1,2 milliard pour développer des projets de captage de CO_2 directement dans l'atmosphère, tandis que TotalEnergies a acquis une participation de 40 % dans un permis de stockage en Norvège. Aux Pays-Bas, un projet majeur de captage en mer du Nord a été approuvé et, en France, le gouvernement envisage la création d'« autoroutes du carbone », un réseau de carboducs destiné à transporter le CO_2 industriel vers des sites de stockage adaptés.

Ces différentes solutions sont extrêmement coûteuses à mettre en œuvre et nécessitent un appui fort des pouvoirs publics. De nombreuses initiatives ont été prises en ce sens aux États-Unis et en Europe. L'*Inflation Reduction Act* adopté sous l'administration Biden, prévoit des subventions massives pour encourager l'investissement dans l'acier bas carbone aux États-Unis, tandis que l'Europe a proposé la mise en œuvre du MACF afin de protéger les producteurs locaux engagés dans la transition.

Toutefois, cette dynamique est aujourd'hui mise en péril, avec plusieurs projets emblématiques qui sont soit suspendus, soit ralentis, faute de conditions de marché favorables et d'un environnement politique incertain. Sur le premier point, la dynamique de l'acier vert est fragilisée par la chute des prix de l'acier conventionnel, qui a réduit l'incitation à investir dans des matériaux bas carbone, tandis que la concurrence de l'acier chinois, produit à bas coût et exporté massivement, a exacerbé la pression sur les producteurs occidentaux. Le surcoût de l'acier vert, qui oscille encore entre 20 % et 50 % selon les technologies utilisées, a rendu difficile son adoption à grande échelle, notamment en l'absence d'une réglementation stricte incitant les industriels à privilégier les produits bas carbone. Sur le second point, le retour de Donald Trump à la Maison-Blanche marque une rupture sans précédent pour la dynamique de l'acier vert. Outre la relance d'une politique protectionniste avec la mise en œuvre de droits de douane sur l'acier importé de 25 %, la nouvelle administration défend une dérégulation massive de l'industrie et un démantèlement de la régulation environnementale. Il est encore trop tôt pour en connaître toutes les orientations, mais les revendications de l'AISI, principal lobby de l'acier aux États-Unis, devraient trouver un écho favorable. L'AISI appelle au retour du *common sense*, preuve s'il en faut de la proximité avec la nouvelle administration, en plaidant pour un assouplissement des normes environnementales et une protection accrue des hauts fourneaux traditionnels.

Dans ce contexte, ArcelorMittal a annoncé, en novembre 2024, qu'il suspendait temporairement son projet de verdissement de son site de Dunkerque, malgré une promesse de € 850 millions d'aide publique. Ce projet prévoyait la construction d'un four à réduction directe (DRI) et de deux fours à arc électrique pour produire de l'acier à partir de minerai de fer sans utiliser de charbon, remplacé par du gaz naturel, puis de l'hydrogène. Cette annonce s'inscrit dans une tendance plus large : Thyssenkrupp a mis en pause son projet d'acier vert à € 3 milliards, à l'automne 2024, après de lourdes pertes financières et ArcelorMittal a indiqué que l'ensemble de ses projets de four à réduction directe en Europe (France, Belgique, Espagne, Allemagne) étaient gelés, jusqu'à nouvel ordre. Les industriels invoquent le manque de visibilité sur les règles du jeu (plan d'action européen attendu, révision des quotas et du MACF en cours) et la faiblesse de la demande d'acier vert. En conséquence, certains projets pilotes sont retardés malgré des progrès technologiques prometteurs. Néanmoins, le mouvement de fond vers la décarbonation se poursuit ailleurs : la Chine investit aussi massivement dans des procédés plus propres, au point d'envisager, dès 2025, des exportations d'acier à empreinte carbone réduite.

Les grands métaux non ferreux

Aluminium : *d'une offre contrainte aux enjeux géopolitiques*

Seul « grand » métal de base à avoir enregistré une progression de ses cours entre 2023 et 2024, l'aluminium a été davantage porté par des contraintes sur l'offre de bauxite et d'alumine que par un réel dynamisme de la demande. Malgré l'appel d'air créé par le plan de relance mis en œuvre par Pékin à l'automne, celle-ci s'est avérée décevante, pénalisée par une croissance économique chinoise atone. Ciblant l'aluminium et l'acier, le protectionnisme tous azimuts du président américain Donald Trump devrait placer l'année 2025 sous une double incertitude : celle associée aux effets de la réorientation des flux de commerce consécutive à ces droits de douane et celle, plus fondamentale encore, des effets macroéconomiques assurément délétères d'une guerre commerciale durable entre la Chine et les États-Unis. À situation géopolitique inchangée, une persistance des tensions est cependant à prévoir pour 2025 si la Chine réduit ses exportations. Le degré d'incertitude demeure toutefois élevé et, dans le contexte de la guerre en Ukraine, l'évolution de la position diplomatique des États-Unis envers la Russie pourrait largement changer la donne.

Des prix de l'aluminium en hausse en 2024

Alors que ses cours s'étaient repliés de 17 %, en moyenne annuelle, entre 2022 et 2023, l'aluminium s'est inscrit sur une trajectoire globalement haussière en 2024. Sur le *London Metal Exchange* (LME), son prix au comptant est ainsi passé de $ 2 336/t le 2 janvier à $ 2 516/t le 31 décembre, soit une progression de 7,7 % sur la période. Après une relative stagnation en janvier et en février, le marché a vu ses cours croître sensiblement entre le début du mois de mars et la fin mai, où ils atteignirent $ 2 695/t le 29 de ce mois, ce qui allait être son plus haut niveau pour 2024.

Plusieurs facteurs ont été à l'origine de cette remontée des prix. Fin février, alors que les stocks dans les ports chinois touchaient un point bas, une grève générale en Guinée a tout d'abord créé les premières tensions sur les cours de l'alumine, à

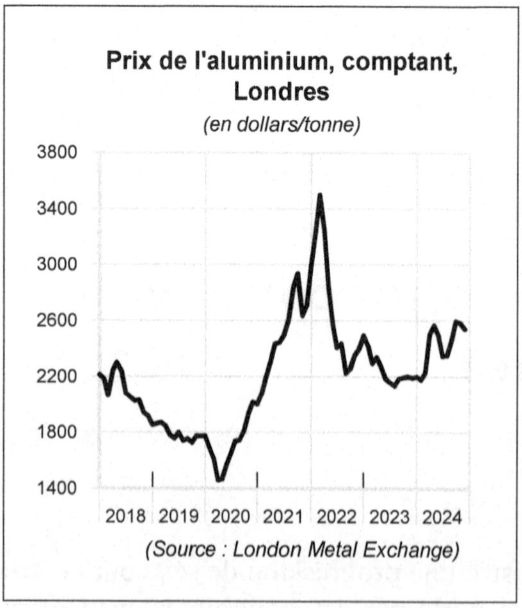

(Source : London Metal Exchange)

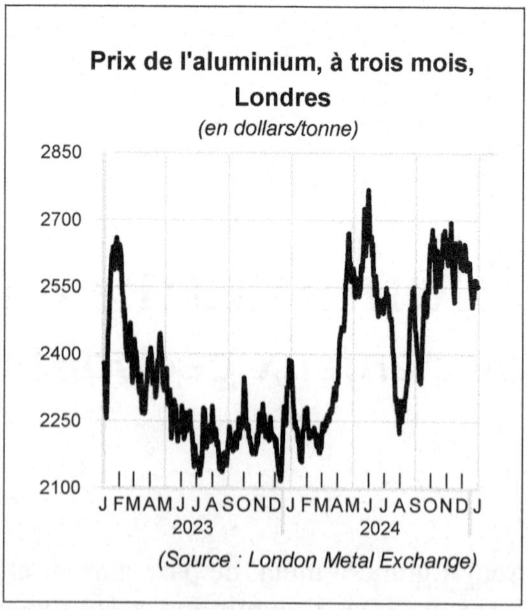

(Source : London Metal Exchange)

Londres comme à Shanghai, l'autre marché de référence pour les métaux de base. En mai, l'utilisation de la clause majeure par Rio Tinto pour ses livraisons au départ de la raffinerie australienne de Queensland eut les mêmes effets. Portés par une reprise de la demande saisonnière et par un regain d'optimisme sur l'évolution de la croissance chinoise et mondiale, les cours ont également bénéficié du repli des stocks en bourse jusqu'en mai, ainsi que de la vigueur des importations chinoises. En mars 2024, elles se sont en effet portées à plus de 345 000 tonnes, soit le double de celles de mars 2023. Une nouvelle sécheresse au Yunnan a, en outre, limité la disponibilité de l'hydroélectricité et donc tout autant réduit l'offre de cette province (dont les capacités de production sont désormais supérieures à 6 Mt) que favorisé anticipations haussières et stratégies spéculatives.

Enfin, les exportations d'aluminium russe – avec le groupe Rusal comme troisième producteur mondial – ont, toujours au printemps, fait l'objet de nouvelles sanctions de la part des États-Unis et du Royaume-Uni. L'*Office of Foreign Assets Control* (OFAC) américain a ainsi interdit non seulement l'importation sur le sol national d'aluminium, de cuivre et de nickel d'origine russe produits à partir du 13 avril 2024, tandis qu'était prohibée l'acquisition sur le LME de tout *warrant* relatif à un métal russe produit après cette même date. Pour l'aluminium russe antérieur à cette date, une distinction était faite entre les *warrants* de type 1, sans contrainte de *trading* ou de livraison, et ceux de type 2, pouvant être utilisés par les entreprises britanniques pour le seul compte de clients étrangers. Cette distinction expliquait en partie, début mai, le bond des volumes de métal dans les stocks officiels de la bourse londonienne, notamment dans les entrepôts malaisiens de Port Klang. Parce qu'une entité livrant du métal peut partager avec l'entreprise d'entreposage les frais imposés aux nouveaux propriétaires et parce que le métal russe sous sanctions relatives avait vocation à rester durablement en entrepôts, des négociants ont retiré de l'aluminium de type 1, facilement mobilisable, pour le réintroduire dans les systèmes du LME en *warrants* de type 2 et ainsi percevoir les revenus associés. Atteignant 1,124 Mt le 24 mai – un plus haut niveau depuis 2021 –, les stocks du LME étaient également alimentés par un afflux d'aluminium en provenance d'Inde, portant sa part dans le total du métal *on-warrant* de 9 % en avril à 50 % en mai.

Cette progression des cours londoniens de 15 % entre le début de l'année et la fin mai fut pourtant largement effacée par une importante correction en juin et juillet. Due pour partie à des prises de bénéfice logiques, mais également à une très forte hausse, en mai et en juin, de la production chinoise, elle conduisit brièvement le prix *cash* en deçà du seuil de $ 2 200/t. Davantage centré sur les ménages et non les dépenses d'infrastructures, le plan de relance chinois participait à cette morosité qui avait gagné le marché du métal blanc. Début août, sous l'effet probable de la baisse des taux directeurs américains engagée le 18 septembre, du nouveau plan de relance chinois, d'exportations de bauxite à nouveau partiellement contraintes en Guinée et, assurément, de stratégies spéculatives haussières visant à en tirer profit, les cours londoniens de l'aluminium ont toutefois repris un chemin ascendant. Ils revenaient ainsi à la mi-octobre vers une valeur pivot de $ 2 600/t avec, à la clé, une réduction du *contango* entre les prix *cash* et à trois mois, voire une brève et modeste *backwardation.*

Par la suite, les prix n'évoluèrent guère jusqu'à la fin de l'année face aux doutes naissants sur la relance chinoise et à l'appréciation de la monnaie américaine, dans une période de faible volatilité peu commune sur les marchés des métaux de base et ceux des matières premières en général. Fin novembre 2024, le gouvernement chinois annonçait ainsi la fin, au 1er décembre, des réductions de TVA sur les exportations de produits en aluminium (ainsi qu'en cuivre), ce qui a immédiatement affecté la valorisation boursière de Chinalco et Hongqiao, les deux plus grands producteurs mondiaux, sans que les cours réagissent substantiellement. Les flux d'exportation ont en revanche bondi en novembre, avant que la mesure ne soit appliquée donc. Tout produit confondu (code douanier : 76) et en lien avec une production chinoise dynamique, ils ont atteint 947 229 tonnes ce mois-ci, en hausse de 10 % par rapport à octobre 2024 et de 27 % par rapport à novembre 2023. Après le recul de 17 % enregistré entre 2022 et 2023, les cours de l'aluminium ont, en définitive, progressé de 7 % entre 2023 et 2024 sur le LME.

Marquées par la décision de l'administration Trump d'introduire à compter du 12 mars de nouveaux droits de douane de 25 % sur toutes les importations américaines d'acier et d'aluminium, les premières semaines de 2025 ont permis aux cours de l'aluminium de franchir, mi-février, le seuil de $ 2 700/t qu'ils avaient tout juste raté en mai 2024. Malgré l'incertitude des conséquences de ces mesures et, plus globalement, de celles d'une guerre commerciale de grande ampleur, la décision de l'Union européenne d'interdire, dans le cadre du seizième paquet de sanctions adopté le 20 février, les importations de métaux russes a aussi participé à ce rebond.

Des exportations de bauxite et d'alumine sous tension

Produit intermédiaire entre la bauxite et l'aluminium, l'alumine a vu ses cours s'envoler en 2024 et il fallait y voir là une des causes impor-

Aluminium : stocks et prix LME 3 mois

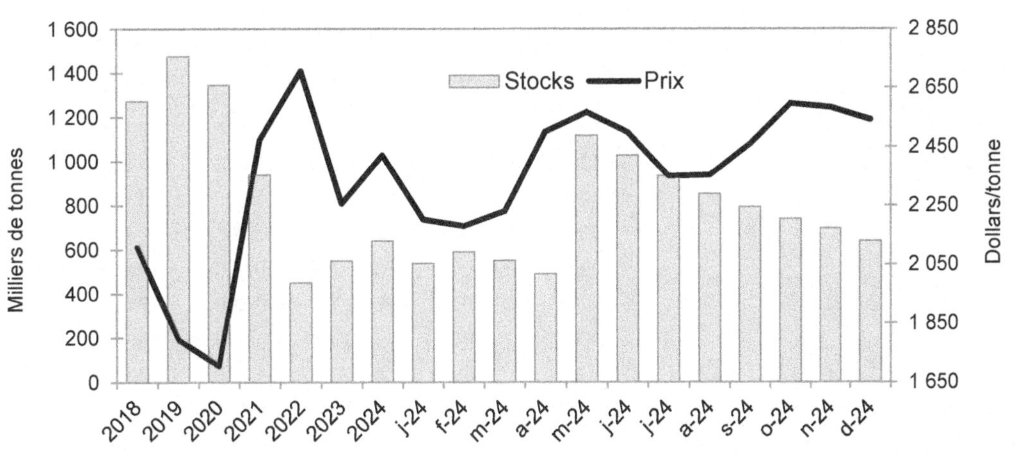

(Source : London Metal Exchange)

tantes de l'augmentation des prix du métal. Ils ont en effet plus que doublé sur le LME, passant d'environ $ 350/t en janvier à plus de $ 800/t début décembre, ce qui représentait alors près de la moitié des coûts de production de l'aluminium primaire. Ils ont ensuite reflué en janvier et février 2025 et se sont affichés en deçà de $ 550/t. Les cours ont logiquement suivi une dynamique similaire sur le *Shanghai Futures Exchange* (SHFE), atteignant 5 055 CNY/t le 30 octobre, soit $ 694/t avec, en toile de fond, le risque d'un *short squeeze* où les investisseurs en position vendeuse rachètent leurs contrats *futures* pour limiter leurs pertes.

L'offre d'alumine et de bauxite a en effet été perturbée, ça et là, tout au long de l'année 2024, ce qui ne pouvait se traduire que par un accroissement de leurs cours et, partant, de ceux de l'aluminium. Le point d'orgue fut atteint en cette fin du mois d'octobre lorsque le gouvernement guinéen a suspendu les exportations de Guinea Aluminium Corporation, filiale d'Emirates Global Aluminium (EGA). La transformation de la bauxite en alumine est un objectif clé pour le pays et le groupe émirati était suspecté de ne pas s'engager suffisamment rapidement dans cette voie, alors qu'il s'agissait là d'une des conditions lui ayant permis d'obtenir la concession minière qu'elle exploite entre Sangarédi et Boké, au nord-ouest du pays. En juin précédent, EGA et le *leader* mondial de l'aluminium Chinalco avaient pourtant signé un accord-cadre prévoyant la construction d'une raffinerie sur le sol guinéen. De l'autre côté de l'océan Atlantique, le port jamaïcain de Rocky Point, opéré par le producteur de bauxite/alumine Jamalco, a par ailleurs été fermé entre juillet et septembre afin de permettre la réparation du système de convoyage qui avait été endommagé par l'ouragan *Beryl*. Dans cette longue suite de perturbations, l'américain Alcoa a, lui, invoqué début novembre la clause de force majeure après la suspension de ses expéditions de bauxite au départ du port brésilien de Juruti, en raison d'un navire bloquant les voies navigables. Au premier semestre 2024, la production chinoise de bauxite fut également contrainte avec des coupes de production importantes dans les mines de la province du Shanxi, conduisant les raffineurs locaux à se tourner vers la bauxite étrangère. Ces différents chocs d'offre avaient, pour toile de fond, le retrait de l'Indonésie sur le marché mondial, conformément à sa stratégie d'industrialisation fondée sur la transformation locale de ses nombreuses ressources minérales, et donc sur l'interdiction d'exportation de minerais et de concentrés.

Sans surprise, les tensions sur l'offre de bauxite se sont transmises à celle de l'alumine, laquelle était également touchée par un certain nombre de perturbations. Annoncée en janvier en raison de sa faible rentabilité, la fermeture de la raffinerie australienne de Kwinana opérée par l'américain

Bauxite

(en milliers de tonnes)

	2019	2020	2021	2022	2023	2024(e)
Production mondiale	**327 000**	**358 000**	**384 000**	**400 000**	**438 000**	**450 000**
Australie	86 400	105 000	103 000	102 000	104 000	100 000
Indonésie	11 000	17 000	21 000	21 000	23 400	25 000
Chine	79 000	67 000	90 000	90 000	91 000	93 000
Brésil	29 000	34 000	33 000	30 000	32 000	33 000
Guinée	57 000	67 000	86 000	100 000	123 000	130 000
Inde	23 000	23 000	17 400	24 000	23 400	25 000
Jamaïque	10 100	9 020	5 950	4 370	6 000	6 100
Russie	5 650	5 570	5 680	5 780	5 800	6 300

(e) estimations

(Source : USGS)

Alumine
(en milliers de tonnes)

	2019	2020	2021	2022	2023	2024(e)
Production mondiale	**131 000**	**131 000**	**133 000**	**139 000**	**141 000**	**142 000**
Chine	72 500	73 000	72 500	75 200	82 400	84 000
Australie	20 400	20 000	20 200	20 400	18 800	18 000
Brésil	8 100	8 900	8 700	12 000	11 000	11 000
Inde	6 430	6 700	6 690	7 000	7 500	7 600
Jamaïque	2 480	2 100	2 170	1 160	1 400	1 500
Indonésie	1 000	1 000	1 000	1 000	1 200	1 300

(e) estimations *(Source : USGS)*

Alcoa – le groupe disposant de deux autres usines dans le pays : Pinjarra et Wagerup – s'est concrétisée en septembre 2024, après soixante années d'activité de l'usine. Elle s'est conjuguée à l'arrêt, pour force majeure, de la raffinerie australienne de Gladstone opérée par Rio Tinto entre mai et fin novembre, en raison de difficultés d'approvisionnement en gaz consécutives à un incendie ayant touché, début mars 2024, le gazoduc du Queensland.

Bien qu'ils aient nourri l'envolée des prix de la bauxite et de l'alumine, ces différents événements ne se sont pas traduits par un repli de l'offre de bauxite, d'alumine ou d'aluminium. Selon les statistiques – provisoires – de l'*United States Geological Survey* (USGS),la production mondiale de bauxite s'est affichée à 450 Mt en 2024, en progression de 2,7 % par rapport à l'année précédente. Elle voyait à sa tête la Guinée, dont l'offre fut particulièrement dynamique, en dépit du bras de fer entre le gouvernement et EGA. Elle passait ainsi de 123 Mt en 2023 à 130 Mt en 2024, représentant près de 29 % des volumes mondiaux. Beaucoup plus modérée, une croissance de la production mondiale d'alumine a également été enregistrée. À la faveur d'une augmentation de l'offre chinoise – premier producteur mondial avec 84 Mt –, elle s'est portée à 142 Mt en 2024, contre 141 Mt en 2023. Conséquence probable

Production d'aluminium primaire
(en milliers de tonnes)

	2021	2022	2023	2024
Afrique	1 590	1 620	1 594	1 577*
Amérique du Nord	3 880	3 743	3 897	3 984*
Amérique du Sud	1 163	1 288	1 466	1 521*
Asie (hors Chine)	4 499	4 591	4 673*	4 812*
ECO	3 329	2 913	2 713	2 828*
Russie et Europe de l'Est	4 139	4 081	4 016	4 167*
Océanie	1 888	1 843	1 884	1 863*
GCC	5 889	6 074	6 217	6 257
Chine	38 837	40 430	41 666	43 379*
Autre	2 029	2 455	2 590	2 370*
Total	**67 092**	**69 038**	**70 716**	**72 758***

* estimations sujettes à révision *(Source : International Aluminium Institute (IAI))*

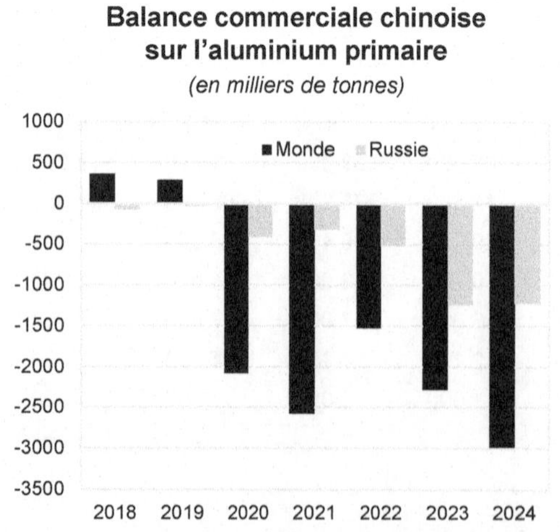

(Source : Trade Data Monitor)

des événements évoqués ci-avant, les productions émiraties et australiennes se sont en revanche légèrement repliées.

Pour l'aluminium primaire enfin, l'offre mondiale a enregistré un nouveau record, à 72,758 Mt, selon les premières statistiques de l'*International Aluminium Institute*. Stagnant ou progressant modestement dans la quasi-totalité des zones de production, elle a, sans surprise, substantiellement crû en Chine pour atteindre 43,38 Mt, soit une hausse de 4,1 % par rapport à 2023. En partie libérée des effets de la crise énergétique qui l'avait lourdement pénalisée en 2022 et 2023, l'offre européenne s'est, elle, légèrement redressée, à 2,828 Mt, ce qui restait toutefois bien inférieur aux niveaux enregistrés en 2021 et avant, à plus de 3 Mt.

Diversification des approvisionnements chinois et montée en gamme indonésienne

En dépit de sa domination sans partage sur la production d'aluminium primaire, la Chine en est importatrice nette depuis 2020. Avec un déficit commercial qui s'est accru de 30 % entre 2023 et 2024 pour s'établir à un record historique de 2,98 Mt (contre 2,28 Mt en 2023), elle a pour principal fournisseur la Russie suivie, en 2024, de la Malaisie et de l'Indonésie. Elle n'en reste pas moins le premier pays exportateur de produits en aluminium avec des exportations ayant atteint $ 39,56 milliards en 2024, selon les statistiques douanières du pays compilées par *Trade Data Monitor*, en progression de plus de 13 % par rapport à 2023.

Dépassant le seul cas de l'aluminium primaire, de profondes modifications ont été engagées par la Chine dans sa politique commerciale de l'aluminium. L'année 2024 en a été la confirmation. La diversification de ses approvisionnements en bauxite est la première d'entre elles. Tandis que les importations venant d'Australie sont restées peu ou prou inchangées (alors même que les besoins

Aluminium
(en milliers de tonnes)

	2019	2020	2021	2022	2023	2024(e)
Production mondiale*	**63 200**	**65 100**	**67 500**	**68 400**	**70 000**	**72 000**
Chine	35 000	37 100	38 900	40 200	41 600	43 000
Inde	3 640	3 560	3 970	4 100	4 100	4 200
Russie	3 640	3 640	3 640	3 720	3 700	3 800
Canada	2 850	3 120	3 140	2 770	3 200	3 300
Australie	1 570	1 580	1 570	1 510	1 560	1 500
Norvège	1 400	1 330	1 400	1 400	1 300	1 300
États-Unis	1 093	1 012	889	861	750	670
Stocks LME fin d'année	**1 475**	**1 346**	**939**	**450**	**549**	**639**

(e) estimations

(Source : WBMS)

totaux de la Chine se sont fortement accrus, passant de quelque 100 Mt en 2019 à plus de 159 Mt en 2024), celles en provenance de Guinée ont considérablement progressé, en lien avec l'essor de la production du pays, s'établissant à 110 Mt en 2024, contre 99 Mt en 2023 et 70 Mt en 2022. Cette stratégie de diversification perdure : fin novembre 2024, la possibilité que Chinalco – plus grand producteur mondial d'aluminium – investisse près de $ 500 millions pour le développement d'une mine de bauxite au Surinam était ainsi évoquée.

Alors qu'elle était également importatrice nette d'alumine depuis 2019 (avec un déficit record de 3,2 Mt en 2021), la Chine a retrouvé une balance commerciale excédentaire sur ce segment en 2024, à 365 657 tonnes. Trouvant son origine dans l'important repli, depuis 2022, des importations en provenance d'Indonésie et, dans une moindre mesure, d'Australie – son principal fournisseur –, cette situation s'expliquait aussi par l'essor des exportations vers la Russie, sous sanction et privée de l'alumine australienne. Elles sont passées de quelques milliers de tonnes en 2021 à 1,1 Mt en 2023 et 1,62 Mt en 2024, selon les statistiques douanières chinoises, représentant plus de 90 % des exportations totales d'alumine du pays. En Guinée, les exportations d'alumine sont restées faibles, alors que le pays ambitionne de longue date de renforcer son positionnement sur ce produit intermédiaire stratégique. À la différence de la bauxite, l'Australie est le premier partenaire commercial de la Chine sur ce segment et le premier exportateur mondial avec 14,73 Mt vendues sur les marchés internationaux en 2024. Cette situation pourrait toutefois évoluer au cours de la prochaine décennie. En janvier 2025, un communiqué de la présidence guinéenne annonçait en effet que le producteur d'électricité chinois State Power Investment commencerait la construction d'une usine de traitement d'alumine en Guinée dès 2025, avec une capacité de 1,2 Mt d'ici la fin de 2027. Elle s'ajouterait alors à celle de Friguia, opérée par Rusal. Le groupe russe, quant à lui, regardait du côté de la Sierra Leone pour développer une nouvelle mine de bauxite et, lui aussi, diversifier ses approvisionnements.

Fournisseur important de la Chine en 2022, l'Indonésie a fortement diminué puis stoppé ses livraisons de bauxite à la Chine, en raison de l'entrée en vigueur, en juin 2023, de l'interdiction d'exportation décrétée par Djakarta pour en favoriser la transformation locale. À l'instar de ce qu'elle a engagé pour le nickel, la Chine a donc logiquement investi sur le sol indonésien dans le raffinage du minerai. Avec une capacité de production estimée à 1,4 Mt, le groupe Tianshan Aluminium a ainsi acquis, en novembre 2024, 100 % des parts de PT Inti Tambang Makmur, ce qui lui permettait d'accéder aux trois mines de bauxite détenues par cette entreprise indonésienne. Une usine de production d'alumine d'une capacité annuelle de 1 Mt devrait par ailleurs voir le jour dans le cadre de cette acquisition. Preuve de l'importance de l'Indonésie dans la stratégie des producteurs chinois, le groupe Nanshan envisageait, lui, l'agrandissement de son usine d'alumine de Galang Batang pour en faire un complexe de fusion d'aluminium d'ici à 2028. Tout ne provenait cependant pas des investissements chinois. En septembre 2024, une raffinerie gérée par la société minière publique Aneka Tambang (Antam) et le producteur d'aluminium public Indonesia Asahan Aluminium (Inalum) était inaugurée par le président Joko Widodo, pour une capacité annuelle de 1 Mt également. Portée par PT Kalimantan Aluminum Industry, la construction d'une fonderie d'une capacité initiale de 250 000 tonnes était par ailleurs engagée, avec une mise en service durant l'année 2025.

Importations chinoises de bauxite
(en millions de tonnes)

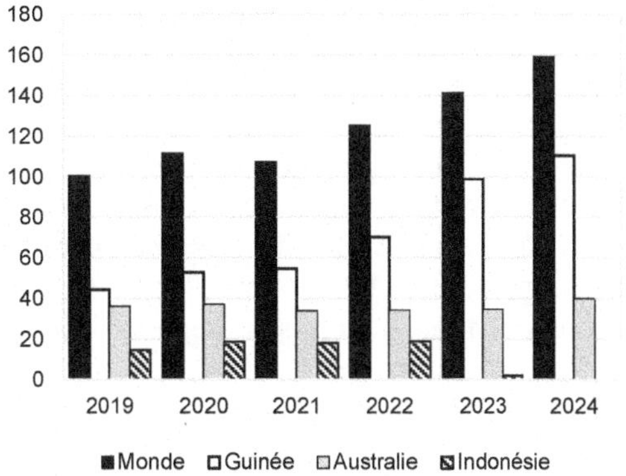

(Sources : Trade Data Monitor & China Customs Statistics)

D'ici 2030, la capacité de production d'alumine prévue en Indonésie devrait atteindre 14,1 Mt, avec un total de sept usines d'alumine en activité. Bien qu'encore modestes, les exportations d'aluminium de l'archipel ont augmenté au cours des dernières années, mais les producteurs indonésiens n'ont pas manqué, eux aussi, de se heurter à la réalité d'un contexte international difficile où les droits de douane sont légion. Privée de ses débouchés aux États-Unis – son premier marché d'exportation – où des tarifs sur les produits en aluminium indonésiens sont imposés depuis la première mandature de Donald Trump (et maintenu par l'administration Biden), l'entreprise PT Alumindo Light Metal Industry, producteur d'aluminium laminé à plat, a notamment annoncé fin octobre 2024 devoir cesser ses activités pour une durée indéterminée.

En Inde, Vedanta – premier producteur national – prévoyait d'investir $ 12,9 milliards pour construire, dans l'État d'Odisha, une raffinerie d'alumine et une fonderie ayant des capacités de production de 6 Mt et 3 Mt, respectivement. Avec une croissance économique particulièrement dynamique, les besoins en métal du pays sont importants. Pour la première fois depuis 2016, l'Inde avait enregistré, en 2023, un déficit de sa balance commerciale sur l'aluminium, à quelque 169 000 tonnes contre un excédent de plus de 576 000 tonnes l'année précédente. Cette situation ne devrait pas changer radicalement : sur les onze premiers mois de l'année 2024, son déficit s'est établi à 212 000 tonnes.

Signe des évolutions structurelles d'un marché porté par l'Asie, l'essor de l'offre chinoise s'est accompagné de contraintes économiques fortes pour les producteurs historiques d'Amérique du Nord et d'Europe. Fin janvier 2024, Magnitude 7, la deuxième plus grande fonderie américaine située dans le Missouri (représentant environ 20 % de la production du pays), fermait ainsi ses portes. Le mois suivant, Alcoa annonçait être en quête d'un repreneur pour ses usines de San Ciprián en Espagne (regroupant une fonderie à l'arrêt et une raffinerie n'opérant qu'à la moitié de ses capacités de production) en raison de coûts de production trop élevés, d'un appareil productif vieillissant et de liquidités insuffisantes. Dans le jeu complexe des repositionnements stratégiques, le groupe américain a revendu les parts minoritaires qu'il détenait dans le capital du groupe saoudien Ma'aden (lequel annonçait en septembre 2024 vouloir racheter 21 % des parts dans l'entreprise Aluminium Bahrain BSC – Alba), mais il a pris le contrôle de l'entreprise australienne Alumina afin de renforcer son emprise sur l'amont de la filière. Ceci lui permettait notamment de signer, en octobre, un contrat d'approvisionnement en alumine sur dix ans, en faveur d'Alba, pour un volume total de 16,5 Mt. En janvier 2025, Ma'aden a, lui, mis fin aux négociations qu'il avait engagées avec l'entreprise bahreïnienne. Elles prévoyaient la vente à Alba de la totalité du capital social de Ma'aden Aluminium et de Ma'aden Bauxite & Alumina, en échange de nouvelles actions d'Alba.

Les enjeux réaffirmés de l'aluminium décarboné

La physionomie du marché de l'aluminium ne dépend cependant pas uniquement de la structure de coûts des fondeurs : le verdissement, par le recours à des énergies renouvelables lors de la première fusion et par le développement du recyclage, est tout aussi déterminant. Cette réalité s'est imposée aux différentes étapes de la chaîne de valeur de l'aluminium durable, des producteurs jusqu'aux utilisateurs finaux. En amont de la filière et de manière non exhaustive, Hydro a ainsi annoncé, en février 2024, un investissement de € 180 millions pour développer une seconde usine de recyclage en Espagne, à Torija. Dans une même stratégie de production d'aluminium « vert », il portait ce montant à $ 1 milliard au Brésil, pays dans lequel le groupe exploite la mine de Paragominas, ainsi que la raffinerie Alunorte et où il détient 51 % des parts d'Albras Alumínio Brasileiro SA, premier producteur national d'aluminium. Pour rappel, le groupe norvégien avait par ailleurs inauguré, en novembre 2023, une unité de recyclage dans le Michigan, d'une capacité de 120 000 tonnes. Outre le rachat, en mai 2024, de l'entreprise allemande Leichtmetall Aluminium Giesserei Hannover GmbH, l'émirati EGA annonçait, en août, sa volonté de prendre une part majoritaire dans Spectro Alloys, une entreprise américaine de recyclage. Du côté de l'électricité verte, Egypt Aluminum Company indiquait, en février 2024, avoir signé un accord avec le producteur d'électricité norvégien Scatec ASA pour déployer une centrale solaire d'une capacité d'un gigawatt (GW) permettant d'alimenter son usine de Nag Hammadi, en Haute-Égypte. Dans une démarche similaire, Novelis, filiale du producteur indien Hindalco, s'est engagé avec Statkraft dans un *purchasing power agreement* (PPA) pour renforcer la part des énergies renouvelables utilisées dans ses unités de production allemande. Hydro en faisait de même avec Skellefteå Kraft pour ses sites norvégiens sur la période 2025-2032. En Australie, le gouvernement instaurait pour sa part, en octobre 2024, un crédit d'impôt record de $ 2 milliards pour permettre aux fonderies du pays de se fournir en électricité renouvelable d'ici à 2036. Pour stimuler l'industrie locale des métaux, un nouveau crédit vert pour la production d'aluminium apportera un soutien ciblé aux fonderies d'aluminium australiennes qui passeront à une électricité fiable et renouvelable avant 2036. À l'aval de la filière, le fabricant de câbles Nexans déclarait, lui, se fournir auprès d'Alcoa en aluminium décarboné issu de la technologie Elysis. En février 2025, enfin, Rio Tinto et Hydro se sont engagés dans un partenariat stratégique de recherche pour créer des technologies avancées de capture du carbone commercialement viables.

Cette affirmation progressive de l'aluminium bas carbone n'a pas échappé à la Chine qui, depuis des années, repositionne son industrie dans les provinces où l'hydroélectricité est abondante, à l'instar du Yunnan (celle-ci demeurant exposée aux épisodes de sécheresse, comme au printemps 2024). En mars 2024, les autorités du pays édictaient en conséquence des normes de collecte des données relatives aux émissions directes et indirectes de CO_2 des producteurs nationaux, première étape vers une inclusion de ce secteur dans son système national d'échange de quotas d'émissions carbone. Début mai, le LME s'engageait dans une démarche semblable en lançant une consultation sur la possibilité d'imposer aux producteurs de marques agréées dans ses entrepôts de communiquer leur bilan carbone d'ici mars 2025. Pour rappel, la bourse londonienne s'était interrogée, dès 2020, sur l'opportunité de mettre à la cote un contrat *future* ayant de l'aluminium bas carbone comme sous-jacent.

De Biden à Trump : les droits de douane au cœur de la stratégie américaine

2024 fut marquée, comme les années précédentes, par une domination de la Chine sur les marchés internationaux et, partant, par l'instauration de nouveaux tarifs *antidumping* visant à protéger les marchés nord-américains, européens, mais également asiatiques, de l'abondance de produits en provenance de l'Empire du Milieu. Le 10 juillet 2024, l'administration Biden avait imposé un droit de douane de 10 % sur l'aluminium mexicain contenant du métal fondu ou coulé en Chine, en Biélorussie, en Iran ou en Russie. C'est pourtant une tout autre partie qui devrait se jouer en 2025 : largement annoncé, le protectionnisme vanté par Donald Trump a de nouveau fait irruption dans l'économie mondiale avec, à la clé, l'imposition de droits de douane de 25 % à compter du 12 mars 2025 sur l'ensemble des importations d'aluminium et d'acier sur le territoire américain. Politique du *deal* chère au président républicain ou véritable stratégie économique : les incertitudes demeuraient élevées.

En 2024, la première économie mondiale a importé pour $ 27,44 milliards de produits en

Importations américaines d'aluminium
(en milliards de dollars)

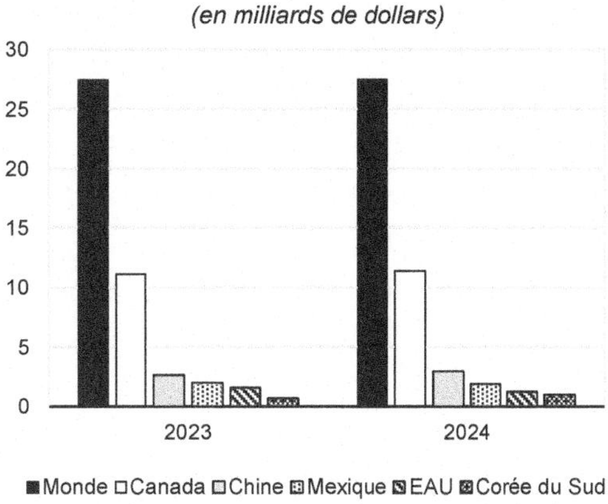

(Sources : Trade Data Monitor & US Census Bureau)

aluminium, dont $ 10,85 milliards d'aluminium primaire, totalisant 3,92 Mt. Sur ces volumes, 2,74 Mt provenaient du Canada pour un montant de $ 7,75 milliards. Sa balance commerciale sur l'aluminium est par ailleurs largement négative, à $ 13 milliards en 2024, combinant un excédent vis-à-vis du Mexique ($ 2,33 milliards), son premier pays d'exportation, et un déficit à hauteur de $ 8,16 milliards envers le Canada. Dès lors, si l'*executive order* américain peut se comprendre d'un point de vue symbolique et politique en raison de la forte résonance industrielle de l'aluminium, sa légitimité économique ne peut qu'être questionnée. Elle porte en effet un sérieux risque d'accroissement, toutes choses égales par ailleurs, du prix du métal aux États-Unis qui favoriserait certes les producteurs nationaux, mais pénaliserait dans le même temps l'ensemble des acteurs situés en aval de la filière, et donc les consommateurs américains. Pour preuve, la prime dite *Midwest duty paid*, proxy du différentiel entre les prix américains et londoniens, proposée par l'agence Platts est passée d'environ $ 400/t en début d'année 2024 à plus de $ 750/t en février 2025. À cette même date, Alcoa déclarait, par la voix de son PDG Bill Oplinger, que les droits de douane voulus par le nouveau président pourraient entraîner plus de 100 000 pertes d'emploi aux États-Unis, dont 20 000 pour la seule industrie américaine de l'aluminium.

Conclusion

L'aluminium est-il entré dans une nouvelle ère où les contraintes sur ses intrants et sa résonance géopolitique sont durablement renforcées ? Cela est d'autant plus probable que l'élévation des prix du cuivre, conjuguée aux besoins forts de la transition énergétique, favorise la substitution, bien qu'imparfaite, du second par le premier. L'année 2024 a par ailleurs vu les *Commodity Trading Advisors* accentuer leurs positions acheteuses sur les contrats *futures* des bourses de Londres et de Chicago, tandis que la spéculation sur le SHFE ne s'est pas démentie.

En 2025, l'incitation à accroître, sous l'effet-prix, la production d'alumine pourrait limiter l'inflation par les coûts qu'ont subie les producteurs d'aluminium, mais une moindre présence de la Chine sur les marchés à l'exportation conjuguée au maintien des sanctions sur les métaux russes pourrait soutenir les cours. Conséquence de la réorientation probable des flux de commerce associés aux droits de douane américains s'ils venaient à être maintenus, une variabilité accrue des primes régionales est toutefois à prévoir. Le degré d'incertitude demeure particulièrement élevé tant au regard de la guerre commerciale sino-américaine que de l'évolution du conflit en Ukraine si le rapprochement engagé entre Washington et Moscou venait à réhabiliter l'aluminium russe.

Cuivre : *Dr Copper est de retour !*

En 2024, le cuivre a repris sa marche en avant, momentanément ralentie en 2023, et a atteint un nouveau record historique, à $ 10 857/t, en mai. Avec une croissance de 2,5 % sur l'année, mais de 7,7 % en valeur moyenne annuelle, et un dollar qui progressait de 6,4 %, le métal rouge a repris sa course de fond, au rythme de la transition énergétique, mais également de l'immobilier chinois. Ce dernier, mal en point depuis fin 2022, voyait la politique chinoise lui venir en aide dès la fin septembre et la stratégie de Pékin en faveur de ce secteur enfin se normaliser. La demande des principaux consommateurs mondiaux restait stable, voire diminuait légèrement, à l'exception de l'Inde, dont l'appétit ne cesse de croître depuis cinq ans avec un immobilier en forte croissance. Le niveau des stocks de cuivre détenus par les marchés a doublé durant l'année, quand ceux détenus par les États producteurs progressaient de près de 14 %. L'ensemble représentait 5,6 % de la demande mondiale en 2024.
À l'exception notable des États-Unis, en repli, et du Pérou, en quasi-stagnation, les pays producteurs de cuivre ont réamorcé une croissance de leur production, tandis que la République démocratique du Congo (RDC) rehaussait, elle, substantiellement ses tonnages pour se placer sur la deuxième marche d'un podium mondial toujours dominé par le Chili. Zijin a, pour sa part, fait remonter en puissance la Chine dans l'offre minière et le pays a mis à jour une nouvelle découverte de son potentiel cuprifère dans le Qinghai-Xizang pendant que l'Indonésie intégrait le top cinq des pays producteurs, malgré un incendie à Grasberg ayant limité ses volumes.
Les opérateurs miniers ont, eux, progressivement focalisé leur attention sur le cuivre. 2024 a ainsi vu l'offre d'achat de BHP, d'un montant de $ 49 milliards, être rejetée par Anglo American, lequel affichait sa volonté de se renforcer sur le métal rouge en se délestant potentiellement du diamant et des platinoïdes, tout en nouant un partenariat stratégique avec Codelco afin accroître la rentabilité de leurs mines voisines. Beaucoup de projets cuprifères et d'investissements étaient annoncés par l'ensemble des miniers, l'enveloppe à investir sur les deux prochaines décennies étant estimée à $ 250 milliards pour faire face à la demande en 2050, alors que la chambre de commerce internationale a remis à 2026 la prochaine étape du dossier Cobre Panamá, laissant First Quantum continuer à voguer sous voilure réduite.

Prix du cuivre, comptant, Londres
(en dollars/tonne)

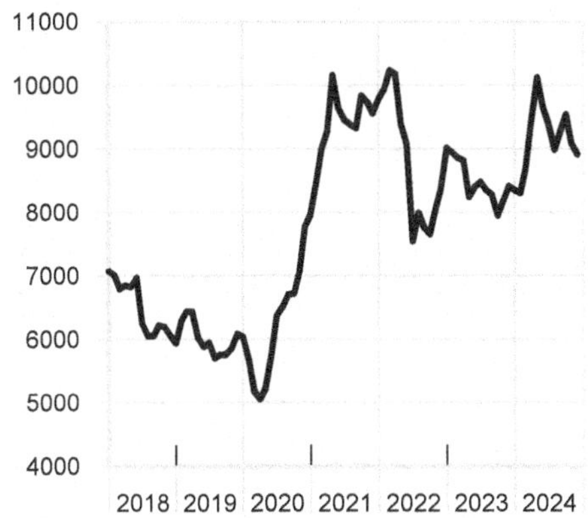

(Source : London Metal Exchange)

Prix du cuivre, comptant, Londres
(en dollars/tonne)

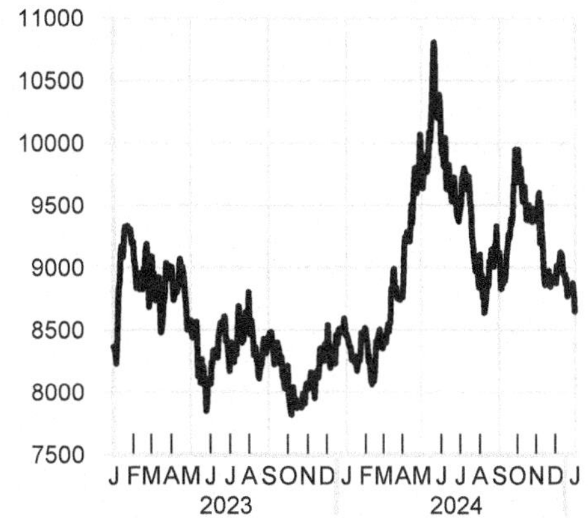

(Source : London Metal Exchange)

Force et patience sur le cours du cuivre en 2024

Affichant une augmentation de ses cours de 2,5 % durant l'année, les menant à « seulement » $ 8 652,5/t sur les derniers jours de décembre 2024, le cuivre n'a pas tenu toutes ses promesses. Avec une demande susceptible de croître de plus de 30 % au cours de la décennie à venir et une offre minière à la peine, le risque d'un déficit structurel du marché est élevé, et les attentes tout autant : il faut, pour investir dans l'extraction du cuivre, des prix rémunérateurs et 2024 n'a que partiellement répondu à cette exigence ; dans un marché à dollar plutôt haussier (+ 6,4 % sur l'USDX), le métal rouge a évolué dans un canal compris entre un plancher de $ 8 085,4/t atteint en février, et un sommet en clôture de $ 10 857 en mai, signant ainsi son record absolu. La valeur moyenne annuelle a augmenté de 7,7 % en 2024 pour atteindre $ 9 147/t, selon l'*International Copper Study Group* (ICSG), proche de son record de $ 9317/t enregistré en 2021. En valeur réelle cependant, la devise américaine a gagné de plus de 10 % sur trois ans : 2024 a donc établi un nouveau record de la valeur moyenne du cuivre. Depuis le début de 2025, il s'est apprécié de 9,67 % sur les deux premiers mois dans un contexte de dollar stable. Signe des tensions pesant sur l'offre extractive et de l'évolution des « rapports de force » au sein de la filière, les charges de traitement et de raffinage (TC/RC : *Treatment Charges/ Refining Charges*) – celles que le minier paie au fondeur pour la transformation des concentrés en métal – se sont, par ailleurs, largement affaissées.

Une demande qui a continué de croître malgré le ralentissement immobilier chinois

Poursuivant sa croissance ininterrompue depuis 2019, la demande de cuivre raffiné a encore augmenté en 2024, s'affichant à 27,3 millions de tonnes (Mt) d'après l'ICSG (+ 2,6 % par rapport à 2023 et + 12,3 % par rapport à 2019). Le premier consommateur mondial a, une nouvelle fois, été la Chine avec 15,99 Mt (+ 3,4 %), à un rythme cependant moins soutenu qu'auparavant, mais qui a tout de même représenté 58,5 % de la demande mondiale (contre 60 % en 2023). L'Union européenne et les États-Unis complétaient toujours le podium de 2024 – avec une légère baisse de la demande pour la première (– 1,2 %) et une faible hausse pour le second (+ 1,5 %) par rapport à 2023 – et représentaient, respectivement, 10,8 % et 5,8 % de la consommation mondiale.

Avec une croissance économique de 5 %, conforme aux objectifs annoncés par les autorités, la Chine a maintenu un rythme d'importation de cuivre soutenu en 2024. Cette dynamique s'est inscrite dans une situation particulière où la demande domestique de métal a davantage été

Cuivre raffiné

(en milliers de tonnes)

	2019	2020	2021	2022	2023	2024
Production mondiale	**24 127**	**24 621**	**24 900**	**25 273**	**26 504**	**27 633**
Chine	9 783	10 031	10 466	10 760	11 954	12 429
Chili	2 269	2 329	2 274	2 150	2 076	1 942
Japon	1 495	1 583	1 510	1 551	1 494	1 567
Rép. démocratique du Congo	1 160	1 317	1 456	1 774	2 174	2 558
États-Unis	1 029	917	971	957	881	903
Russie	1 028	1 042	981	975	993	953
Zambie	264	372	336	276	222	198
Inde	418	334	490	542	509	725
Allemagne	602	643	615	609	596	597
Consommation mondiale	**24 317**	**24 948**	**25 211**	**25 830**	**26 556**	**27 332**
Chine	12 750	14 428	13 864	14 382	15 456	15 990
États-Unis	1 810	1 680	1 750	1 720	1 570	1 593
Allemagne	1 033	1 046	1 009	1 005	980	967
Japon	971	838	929	905	817	815
Corée du Sud	647	640	645	687	653	670
Russie	355	305	390	310	309	315
Italie	525	440	498	508	505	501
Taïwan	371	379	411	372	332	394
Inde	529	425	460	550	582	632
France	180	155	170	170	172	170
Principaux exportateurs (janvier à novembre pour 2023)	**9 564**	**10 258**	**9 623**	**9 711**	**9 108**	**8 592**
Chili	2 380	2 193	2 166	2 048	2 062	1 742
Zambie	318	233	223	192	187	134
Japon	605	757	606	652	709	696
Inde	127	60	128	36	31	38
Australie	357	396	371	383	402	367
Pérou	292	291	253	310	328	256
Pologne	210	292	293	285	303	270
Kazakhstan	387	479	381	438	394	433
Russie	674	743	437	703	616	132
Canada	176	160	144	123	133	126
Principaux importateurs (janvier à novembre pour 2023)	**10 067**	**10 258**	**9 885**	**9 916**	**9 729**	**9 257**
Chine	3 753	4 670	3 627	3 885	3 743	3 634
Allemagne	671	607	545	611	492	411
États-Unis	778	676	919	732	771	813
Italie	554	449	595	624	561	535
Taïwan	487	446	435	429	389	513
Corée du Sud	281	234	325	337	259	248
France	218	187	188	183	194	180
Stock LME fin d'année	**146**	**108**	**89**	**89**	**167**	**271**

(Source : ICSG)

marquée durant l'exercice par un « nettoyage » du marché immobilier que par le développement massif de nouveaux projets. Depuis le début du quatrième trimestre, l'État chinois a lancé un large programme, équivalant à $ 1,4 trillion, visant, en effet, à redynamiser le marché immobilier par des baisses de taux d'intérêt sur les prêts en cours, un allègement sur les taxes et autres conditions financières, ainsi que par une facilitation d'accès au crédit pour les primo-accédants. Il faudra toutefois attendre 2025, voire 2026, pour que ces mesures commencent à porter leurs fruits. La demande de *scraps* du pays a, elle aussi, connu une forte croissance en 2024 (+ 13 % à fin novembre) pour dépasser les deux millions de tonnes. Les autorités ont d'ailleurs incité les acteurs à recycler le plus possible de déchets domestiques pour réduire la dépendance aux produits importés, notamment américains (comptant pour près de 20 % des volumes entrants), et ce, dans un contexte nouveau lié à la multiplication des droits de douane de la présidence Trump. À moyen terme, cette appétence chinoise pourrait cependant se modérer à partir de la fin de la décennie, l'agence de recherche étatique Antaike anticipant un ralentissement progressif de la demande de cuivre à mesure de l'atterrissage de la croissance du pays et de la substitution du cuivre ou de la réduction de son utilisation dans les industries « propres ». Pékin prévoit une croissance économique d'environ 5 %, tandis que la Banque mondiale se montre plus prudente, portant son estimation à 4,5 %, après une première évaluation à 4,1 %.

Du côté de l'Europe, 2024 a ressemblé à 2023 avec une nouvelle légère diminution de la consommation de cuivre, toujours d'après l'ICSG. Le continent est resté, comme l'année précédente, dans un exercice de très faible croissance économique et l'ensemble des principaux pays consommateurs, comme l'Allemagne, l'Italie ou la Pologne, n'ont pas échappé à cette réalité. À 2,95 Mt, la demande européenne de cuivre a pesé pour 10,8 % au niveau mondial en 2024. L'Allemagne, dont les 967 000 tonnes de consommation de cuivre (– 1,3 % par rapport à 2023) représentaient 33 % de la demande européenne en 2024, est restée dans un marché déprimé sur le plan industriel, dans l'automobile et la construction notamment. Une étoile brillait cependant dans ce marché assez terne. Aurubis, le premier acteur de raffinage du métal rouge sur le continent, a en effet maintenu en 2024 le niveau de prime à la tonne facturée à $ 228 par rapport au cours du *London Metal Exchange* (LME), malgré une demande « plate » et l'appréciation du dollar face à l'euro durant l'année. Par ailleurs, le métallurgiste allemand a fait état d'un solide exercice 2024 avec, à la clé, une augmentation de son bénéfice avant taxes, à € 339 millions (contre € 72 millions en 2023). Il a également maintenu son programme d'investissements de € 1,7 milliard durant l'année et a démarré, fin juin, la production de sa nouvelle usine de recyclage d'Augusta, aux États-Unis.

Ce dernier pays, dont l'élection présidentielle a captivé l'attention, a traversé une année 2024 empreinte de fortes incertitudes. Et les perspectives pour 2025 sont tout aussi floues. Lors du premier mandat de Donald Trump, le niveau des stocks de cuivre au *Chicago Mercantile Exchange* (CME) avait été particulièrement élevé (deux à trois fois plus élevé en moyenne que sous la présidence Biden) avec un record à plus de 250 000 tonnes atteint à la mi-2018 avec la crainte renouvelée, fin 2024, d'une hausse des tarifs douaniers. À la mi-février 2025, la tonne de métal rouge était valorisée sur le CME à plus de 110 % de la valeur du LME avec, en outre, une multiplication par cinq de ses stocks pour retrouver les 100 000 tonnes qui avaient été enregistrées dans les derniers mois de 2024. Sur l'année, la consommation de cuivre du pays a augmenté de 1,5 %, d'après l'ICSG, à 1,59 Mt. Les importations ont, quant à elles, été estimées à 813 000 tonnes, dont 35 % et 26 % provenaient respectivement du Chili et du Canada, selon ING. Toujours en 2024, la consommation domestique s'est répartie, selon la *Copper Development Association* (CDA), à 42 % dans la construction, 23 % dans les produits électroniques et le domaine de l'électricité, 18 % dans le secteur des transports, 10 % dans la grande consommation et 7 % dans l'industrie.

L'affirmation de l'Inde dans l'univers cuprifère s'est poursuivie en 2024 avec une hausse de la demande de 8,6 %, à 632 000 tonnes, légèrement derrière le Japon et la Corée du Sud, mais avec le rythme de progression le plus soutenu depuis 2019, tous acteurs confondus (+ 19,5 %). D'après l'*International Copper Association India*, 43 % de celle-ci ont été absorbés par l'immobilier, soutenu

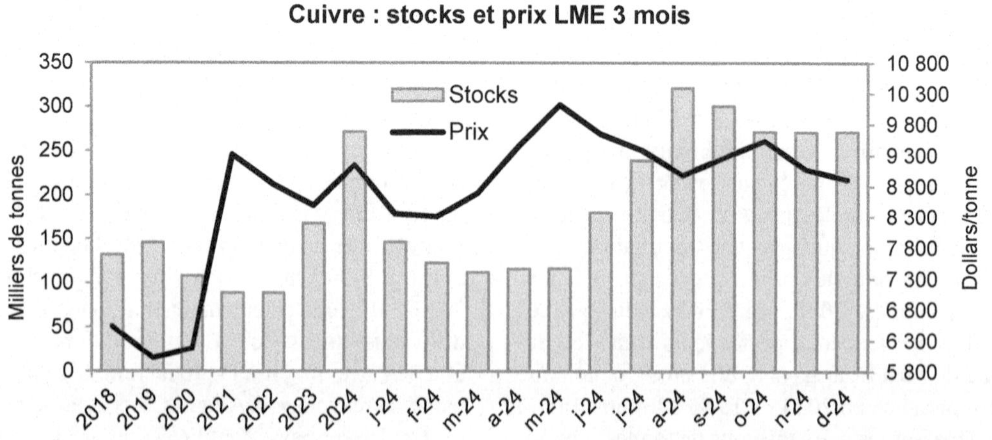

(Source : London Metal Exchange)

par des croissances respectives rapportées à 9,1 % et 6,8 % pour la construction et les infrastructures. En 2024, la production locale était essentiellement issue du recyclage, pour près de 70 %, le reste provenant de « déchets » importés.

Les stocks sur les marchés ont, quant à eux, doublé en 2024 avec un total dépassant les 430 000 tonnes (+ 101 % par rapport à 2023), dont 271 350 tonnes pour le LME (+ 64 %). Au niveau total des stocks nationaux respectifs, 2024 a également atteint un nouveau sommet sur les cinq dernières années avec 1,1 Mt (+ 13,8 %), dont 62 % détenus au Chili.

Une nouvelle progression de l'offre mondiale de cuivre en 2024

L'année 2024 a marqué un nouveau sommet dans l'extraction et la production de cuivre, avec une croissance de 2,4 % de la production minière, poursuivant ainsi une série de records. Les 22,9 Mt produites durant ce dernier exercice se sont divisées en 18,14 Mt de cuivre concentré (+ 1,9 %) et 4,78 Mt de cathodes (+ 4,4 %). Le cuivre raffiné a, pour sa part, progressé de 4,2 % durant l'exercice, à 27,6 Mt.

Au niveau des pays producteurs, quelques changements sont intervenus par rapport à 2023. Si le Chili conserve nettement le haut du podium avec 24 % de la production minière globale (inchangé par rapport à 2023), la RDC est clairement passée devant le Pérou, se situant donc en deuxième position, avec 13,6 % de la production minière, dont 53,3 % de cathodes. Le Pérou, lui, assure désormais 11,8 % de la production totale, surpassant ainsi la Chine (8 %), et devançant l'Indonésie et les États-Unis, tous deux à 4,6 %. Les cinq autres pays producteurs majeurs de cuivre de l'année 2024 ont été la Russie, l'Australie, le Kazakhstan, la Zambie et le Mexique. Le Chili a dominé l'offre de concentré de cuivre avec 51 % du total, et la Chine a été le principal producteur de cuivre raffiné, représentant 45 % de la production mondiale, durant l'année sous revue.

Après cinq années consécutives de diminution de sa production de cuivre, le Chili a donc inversé la tendance en 2024, avec une production minière annuelle de 5,5 Mt, d'après l'ICSG. La *Chilean Copper Commission* (Cochilco) l'avait anticipée en début d'exercice, avec un objectif de production de 5,6 Mt. Le premier producteur de métal rouge a ainsi vu son volume de production croître de 4,9 % après le plancher de 5,25 Mt, touché en 2023. Pour rappel, le sommet de l'offre chilienne avait été atteint en 2018, à 5,83 Mt. Il est à noter que le poids du pays dans la production mondiale a, d'ailleurs, régulièrement diminué durant la décennie : il pesait, en effet, pour 30 % du cuivre minier en 2015. Depuis l'accession au pouvoir du président Boric en mars 2022, le pays est toutefois entré dans une stratégie de réappropriation d'une partie de son patrimoine géologique à travers, notamment, une meilleure captation des revenus qui lui sont associés. La modification de la loi minière débattue pendant plusieurs mois est entrée en vigueur en 2024. Les producteurs de plus de 50 000 tonnes annuelles sont les principaux concernés, avec une taxation maximale de 46,5 %. Dans cette optique, trois fonds ont été créés pour soutenir respectivement le développement et la productivité, l'équité territoriale et les régions. Sur l'aspect du développement, la Cochilco a dû revoir son ambition de croissance de production initiale à la baisse, à 5,54 Mt, à l'échéance 2034. Dans un premier temps, le pays avait affiché sa volonté d'accroître sa production avec un premier objectif, à l'horizon 2026-2027 : franchir les 6 Mt. Selon les estimations de BNamericas, 70 projets pourraient être développés, représentant un investissement de $ 60 milliards avec, à la clé, une production maximale pouvant couvrir plus de 51 % du déficit de 7,7 Mt prévu sur le marché en 2034, comme cela a été présenté lors de la *World Copper Conference* qui s'est tenue à Santiago, en avril.

Avec 906 000 tonnes de cuivre qui sortaient de son sous-sol en 2015, la RDC est le pays qui a réalisé le bond en avant le plus important sur la décennie. En 2024, le deuxième producteur minier de métal rouge a extrait de ses mines 3,13 Mt selon l'ICSG (+ 14,2 % par rapport à 2023 et + 245 % depuis 2015). La progression observée en 2024 a de nouveau été portée par deux projets majeurs dans le pays : Kamoa-Kakula et Tenke Fungurume Mining/Kisanfu Mining. Le premier, mené par le canadien Ivanhoe Mines et le chinois Zijin Mining, a vu, après son démarrage en 2021, sa montée en puissance se poursuivre en 2024 avec 437 000 tonnes de concentré produites (+ 11 %).

Cuivre
(en milliers de tonnes)

	2019	2020	2021	2022	2023	2024
• ***Minerai*** *(en métal contenu)*						
Production mondiale	**20 656**	**20 743**	**21 264**	**21 922**	**22 383**	**22 913**
Chili	5 787	5 733	5 625	5 330	5 250	5 507
Pérou	2 438	2 154	2 330	2 445	2 755	2 736
Rép. démocratique du Congo	1 440	1 595	1 866	2 295	2 737	3 125
Chine	1 684	1 723	1 818	1 899	1 819	1 843
États-Unis	1 285	1 228	1 258	1 259	1 150	1 056
Russie	792	881	897	894	865	881
Indonésie	361	505	752	966	935	1 062
Australie	925	868	801	826	778	774
Zambie	797	840	810	773	712	756
Kazakhstan	701	702	637	758	788	764
• ***Cuivre blister*** **Production**						
mondiale Chine	**19 933**	**20 681**	**20 987**	**21 198**	**22 390**	**23 496**
Japon	9 058	9 354	9 696	10 133	11 412	11 967
Chili	1 507	1 592	1 555	1 586	1 537	1 622
Russie	1 011	1 206	1 207	1 112	1 074	995
Inde	1 041	1 050	991	985	982	982
Allemagne	344	243	363	395	364	588
Pologne	457	515	524	477	515	469
États-Unis	566	562	574	587	608	562
Australie	464	315	360	360	378	444
Canada	401	399	382	390	397	426
	320	320	320	289	315	315

(Source : ICSG)

Cuivre raffiné - Bilan mondial
(en milliers de tonnes)

	2019	2020	2021	2022	2023	2024
• Production minière	20 656	20 743	21 264	21 922	22 383	22 913
• Production raffinée primaire	15 975	16 617	16 738	16 813	17 433	18 277
• Production raffinée secondaire	4 007	3 843	4 149	4 153	4 489	4 581
• Production raffinée totale	**24 127**	**24 621**	**24 900**	**25 273**	**26 504**	**27 633**
• Consommation raffinée	**24 317**	**24 948**	**25 211**	**25 830**	**26 556**	**27 332**
• Bilan raffiné	**-190**	**-327**	**-311**	**-557**	**-52**	**301**

(Source : ICSG)

L'objectif est d'atteindre un rythme de croisière en 2026 avec la mise en opération de sa phase 3, ce qui pourrait porter les volumes à 600 000 tonnes. Le second, mené par le chinois China Molybdenum Company Ltd. (CMOC), et associé à son binôme Kisanfu Mining, avait atteint une production de 476 000 tonnes de cuivre à fin septembre et maintenait son objectif de 600 000 tonnes sur l'ensemble de l'exercice 2024 (niveau attendu précédemment pour 2026). Le million de tonnes de cuivre est à présent visé pour 2028.

Au Pérou, l'année 2024 a ressemblé à 2023 avec une production de cuivre en très légère baisse (– 0,7 %), à 2,736 Mt, toujours d'après les estimations de l'ICSG. Les trois exercices précédents avaient nettement comblé la chute liée à la pandémie de 2020 et le niveau d'avant covid, celui de 2019, a été amplement dépassé depuis 2023. La production pour 2025 est attendue dans le même ordre de grandeur que celle de 2024. Cette stagnation de l'offre nationale a été le résultat de l'assèchement du stock de nouveaux projets, en décalage dans la dernière décennie, et d'une baisse progressive des teneurs sur les sites actuellement en exploitation. Celle-ci s'est notamment observée parmi les principales mines du pays, à Cerro Verde (– 3,7 %), à Antamina (– 0,3 %), à Quellaveco (– 4 %) ou à Antapaccay (– 15,7 %). Seules Southern Copper et Las Bambas, pour ne parler que des grandes mines, ont affiché des progressions respectives de 11 % et 6,4 %. Cependant, une série de nouveaux projets est en gestation dans le pays pour un budget total de $ 40 milliards, selon EY. Parmi les nouveaux investissements, certains concernent des sites existants, comme Antamina, opérée majoritairement par Glencore et BHP, dont la durée de vie sera prolongée de 2028 à 2036, ou Coroccohuayco, dans la veine d'Antapaccay, opérée par Glencore, et dont le $ 1,5 milliard d'investissements permettront une augmentation de 40 % de la production de cuivre et une prolongation de la durée de vie du site jusqu'à 2043. Deux projets *green field* figurent également en tête de la liste des investissements pour 2025 : Zafrana et Tia Maria. Ils permettront, à terme, d'ajouter 250 000 tonnes de cuivre à la production nationale, pour un budget total estimé à $ 3 milliards.

Premier consommateur de cuivre de la planète, la Chine était aussi le quatrième producteur minier de métal rouge en 2024. Avec un volume de cuivre en hausse de 1,3 %, à 1,84 Mt, la production minière a enregistré l'une de ses meilleures performances depuis 2015, proche de son record de 1,9 Mt en 2016. Du côté du cuivre raffiné, le pays a connu un exercice 2024 en croissance de 4 % pour atteindre un nouveau record de production à 12,43 Mt (+ 27 % depuis 2019). La production chinoise est atypique dans le paysage minier mondial, car elle est répartie sur plusieurs centaines de mines de taille moyenne à petite. Les grandes mines excédant 100 000 tonnes de production annuelle sont ainsi peu nombreuses. Les cinq principales mines du pays ont des fins de vie annoncées entre 2036 et 2066 et, à l'exception de Dexing opérée par Jiangxi Copper, les quatre autres sont dans la galaxie Zijin Mining. Après des années de prospection, le pays a découvert 20 Mt de nouvelles réserves de cuivre sur le plateau de Qinghai-Xizang (ou plateau tibétain), grâce aux efforts du service d'études géologiques étatique. En dehors de ses frontières, la Chine a, par ailleurs, poursuivi ses investissements cuprifères en Afrique avec la création d'un nouvel organe de coopération avec la Zambie, dont l'objectif est de mobiliser $ 5 milliards pour soutenir la croissance de la production du pays. D'après Wood Mackenzie, les investissements chinois représentent 80 % de l'offre additionnelle mondiale de cuivre depuis 2019.

Un nouvel acteur de poids (avec une production supérieure à 1 Mt) a émergé dans le monde du cuivre en 2024. Avec une production minière record de 1,06 Mt (+ 13,6 % par rapport à 2023 et + 194 % depuis 2019), l'Indonésie est en effet entrée, en 2024, dans une nouvelle phase de développement de son potentiel cuprifère. L'offre reste toutefois principalement concentrée sur la mine de Grasberg, opérée par Freeport-McMoRan (FMM), et dont le nouveau *smelter* de Manyar, mis en service fin 2024, a subi un incendie majeur retardant la production et les exportations de cathodes. Sa capacité de production de près de 500 000 tonnes annuelles est l'une des plus importantes au monde. En raison de la politique nationale d'interdiction d'exportation des minerais bruts (incluant le cuivre) mise en œuvre pour favoriser la transformation locale et la captation de valeur, FMM a dû réduire sa production à 60 % de sa capacité à Grasberg. Cette adaptation était nécessaire pour aligner le rythme de production avec les travaux de réparation de l'usine de Manyar. Les attentes de production pour 2025 sont donc encore imprécises à ce stade. Un autre gisement, Kucing Liar, situé en Papouasie de l'Ouest (non loin de Grasberg) est en cours de développement par FMM. Les réserves sont estimées à 3,2 Mt de cuivre et la production devrait commencer en 2032, avec des volumes annuels à quelque 250 000 tonnes.

Aux États-Unis enfin, l'année 2024 a vu la production domestique de cuivre de nouveau ralentir, à 1,06 Mt (– 8,2 %) selon l'ICSG. Elle a été en diminution quasi constante depuis 2015 (– 25,6 %). Le cuivre américain a été extrait de vingt-cinq mines, dont dix-sept ont assuré 99 % de la production totale, selon l'*United States Geological Survey* (USGS). Celle-ci s'est répartie sur sept États, dont l'Arizona comptant pour 70 %. Plus de la moitié de la production américaine 2024 a été réalisée par FMM dans ses sept mines réparties sur l'Arizona et le Nouveau-Mexique. Les autres opérateurs dans le pays sont Rio Tinto (RT), Lundin ou KHGM. Les mines du pays étant plutôt proches de leur fin de vie, le démarrage de nouveaux projets devient essentiel pour assurer l'autonomie cuprifère américaine. La nouvelle présidence semble vouloir résoudre ce problème en encourageant la relance de la production domestique, notamment par l'instauration de droits de douane de 25 % sur les importations de cuivre. Essentiellement environnementaux ou sociaux et souvent liés à la présence de communautés indigènes à proximité immédiate de certains projets, les blocages semblent être perçus comme pouvant être rapidement levés. Parmi les multiples projets en cours en Arizona ou en Californie, seul Resolution, situé dans l'est de Phoenix et détenu à 55 %-45 % par RT et BHP, permettrait au pays d'assurer une part conséquente de son autoconsommation. Selon les prévisions de RT, ce gisement devrait entrer en production avant la fin de la décennie et fournir environ 18 Mt de cuivre au cours de ses quarante années d'exploitation, ce qui représenterait environ 25 % de la consommation nationale.

Du cuivre, rien que du cuivre… dans les plans stratégiques des miniers en 2024

Qu'ils soient publics ou privés, les principaux acteurs ont tous progressivement braqué leur boussole sur le cuivre, devenu la matière première phare.

Avec 1,9 Mt de cuivre (– 0,3 % par rapport à 2023) extraite de ses mines américaines, sud-américaines et indonésiennes, FMM a conservé la première marche du podium des producteurs miniers en 2024. Sa production est restée globalement stable depuis 2022 avec, au demeurant, une réduction de ses intérêts dans la mine de Grasberg, en Indonésie, durant la période. Les réserves exploitables de cuivre comptabilisées dans le portefeuille du minier à fin 2024 sont de 44 Mt, dont 28 % imputées à l'Indonésie, 29 % à l'Amérique du Sud et 43 % à l'Amérique du Nord.

Durant l'exercice, FMM a réalisé un chiffre d'affaires de $ 25,5 milliards (+ 11,5 % par rapport à 2023), dont une part attribuable au cuivre de 68 % (identique à 2023), à $ 17,3 milliards. Toujours en 2024, le groupe a enregistré un résultat net de $ 1,9 milliard, en hausse de 2,7 %. Les investissements sont, eux, restés stables, s'élevant à $ 4,8 milliards. Ces derniers concernent principalement la mise en place d'une unité de production électrique à Grasberg vers le gaz naturel avec un abandon du charbon, la poursuite du plan de développement du gisement voisin de Kucing Liar, les travaux d'expansion de la capacité du concentrateur de la mine de Bagdad, en Arizona, ainsi que le projet Atlantic CirCular de recyclage de déchets de produits électriques et électroniques en Espagne. Les perspectives pour 2025 font état d'une légère baisse de la production de cuivre du minier américain, à 1,8 Mt.

Clôturant son exercice annuel au 30 juin, le deuxième producteur de cuivre, BHP, a réalisé une année 2024 en hausse de 9 %, avec 1,87 Mt en consolidé. Son chiffre d'affaires a, lui, progressé de 3,5 % en 2024, atteignant $ 55,7 milliards. Cependant, son résultat net a chuté de 30 % à $ 16 milliards, affecté par des charges : $ 3,9 milliards pour la dépréciation du site de production de nickel Western Australia et $ 2,7 milliards liés à l'accord d'indemnisation de la rupture du barrage de Samarco en 2015, finalisé en octobre. La part du cuivre dans le chiffre d'affaires du groupe minier était de $ 16,4 milliards, avec une marge opérationnelle de 51 %. Le premier semestre 2025, clos au 31 décembre 2024, a poursuivi sur la tendance de 2024 avec une production de cuivre en hausse de 10 %, à époque comparée, à 987 000 tonnes. Cette performance était permise grâce à un nouveau record obtenu à Escondida, la principale mine opérée par le minier au Chili (65 % de la production de cuivre de BHP), et le premier gisement mondial de métal rouge en activité. Le chiffre d'affaires sur la période était en recul de 7,5 %, à $ 25,2 milliards, en raison essentiellement de la baisse des cours du fer et du charbon sidérurgique. Le résultat net du semestre était annoncé à $ 5,1 milliards (– 22,7 % par rapport à la même période de l'année précédente). L'un des événements marquants de l'exercice pour le minier, dans sa stratégie de développement sur le cuivre, a été l'offre publique d'achat rejetée sur Anglo American. L'offre avait été faite en avril à $ 39 milliards, puis revue en mai à $ 49 milliards avec, en point de mire, les actifs cuprifères du minier concurrent. Toutes deux ont néanmoins été rejetées, et les tentatives d'acquisition ont été abandonnées au début de 2025. L'objectif pour 2025 vise une production comprise entre 1,85 Mt et 2,05 Mt. Le plan d'investissement du groupe met également la priorité sur le métal rouge entre les $ 4 milliards alloués en 2024 (sur un total de $ 9 milliards) et les 48 % du budget attendus pour 2026, avec une tendance à moyen terme projetée à 55 %.

En 2024, la Corporación Nacional del Cobre (Codelco) a conservé sa troisième marche sur le podium mondial des producteurs de cuivre avec 1,33 Mt, des tonnages quasiment stables par rapport à 2023 (+ 0,2 %), selon Reuters. Par rapport à 2021, année où la firme nationale chilienne était encore à son rythme de croisière (au-delà de 1,7 Mt), la production a diminué de 23 %. Le dernier trimestre 2023 avait connu un net ralentissement des ventes de produits et, malgré une avance sur 2022 constatée au 30 septembre, l'année 2023 a vu le chiffre d'affaires du minier baisser de 3,7 %, à $ 16,4 milliards, avec une perte de $ 591 millions. Au 30 septembre 2024, son chiffre d'affaires a cependant augmenté de 0,8 % (à époque comparée), par rapport à 2023, à $ 12,32 milliards, selon Codelco. La politique de réduction des coûts mise en place durant l'exercice a néanmoins permis de passer d'une perte sur les neuf premiers mois de l'année de $ 75 millions, en 2023, à un profit de $ 612 millions en 2024. Sur les neuf mines exploitées par le groupe minier, les principaux investissements réalisés durant l'année ont concerné la mine de Chuquicamata et portaient sur l'allongement de sa durée de vie ainsi que sur l'étude d'un nouveau palier de minage. En parallèle, celle souterraine d'Andina a été progressivement convertie en *open pit*, pour un budget de $ 1,4 milliard, ce qui a permis d'augmenter sa capacité de production de 35 % pour une extension de sa durée de vie de 30 ans. À El Teniente, deux des trois sites ont vu leurs nouveaux paliers entrer en production : en fin d'année 2024 pour Andesita et début 2025 pour Andes Norte. Le troisième site, Diamante, n'était proche que de 50 % de son développement au troisième trimestre. La totalité du projet, dont le budget est de $ 3,4 milliards, doit allonger de 50 ans la durée de vie de la mine. Depuis 2021, le minier a continué d'investir entre $ 4 et 5 milliards par an sans parvenir à inverser la tendance de réduction de production. En 2025, Reuters rapporte qu'un budget d'investissement de $ 4,7 milliards a été validé par la direction. La production visée pour cette même année est de 1,39 Mt. Pour y parvenir, Codelco a noué un partenariat concernant son site d'Andina avec l'un de ses voisins, Los Bronces, opéré par AA. Le projet, dont le second détient 50,1 %, consiste à mutualiser la production des deux sites dont les réserves cumulées sont de 60 Mt sur une durée de 21 ans, à partir de 2030. Chacun conservera cependant la liberté de développer individuellement d'autres veines adjacentes. Il devrait permettre une production de 2,7 Mt pour un profit total estimé à $ 5 milliards.

Pendant l'exercice 2024, la marche en avant de Zijin s'est, quant à elle, poursuivie avec une progression de 5,9 % de sa production de cuivre qui a atteint un nouveau record, à 1,07 Mt. Le résultat net annoncé par le minier étatique chinois est de $ 4,5 milliards (+ 51,5 %). Durant cette même année, Zijin a accru son portefeuille de ressources de 14,7 Mt de cuivre sur sa mine chinoise de Julong, portant ainsi celle-ci au premier rang national avec des ressources estimées à 26 Mt. En parallèle, le minier a identifié un nouveau gisement de cuivre et d'or, Malka Golaja, en Serbie, dans la veine de Timok. Zijin, qui opère onze sites cuprifères, dont six en Chine, est présent sur l'ensemble des continents à l'exception de l'Amérique du Nord. Le seul nouveau projet actuellement en développement est celui de Kharmagtai, en Mongolie, estimé à 3,4 Mt, où Zijin est actionnaire à 45,7 %. Pour 2025, le groupe minier a annoncé un objectif de production de cuivre de 1,15 Mt.

En Amérique du Sud, Southern Copper a, pour sa part, réalisé un solide exercice 2024 en matière de production de cuivre, avec un volume de 977 200 tonnes (+ 6,6 % par rapport à 2023). Branche de Grupo Mexico et opérant huit mines réparties entre le Mexique et le Pérou, le groupe a réalisé un chiffre d'affaires de $ 11,4 milliards (+ 15,5 %) pour un résultat net de $ 3,4 milliards (+ 39,2 %). Les principales mines ayant contribué à ce résultat ont été Buenavista au Mexique, avec une production record de 348 960 tonnes (+ 6 %), Toquepala et Cuajone au Pérou, également en nette progression à 225 180 tonnes (+ 12,8 %) et 164 860 tonnes (+ 10,5 %), respectivement. Les investissements planifiés sur la prochaine décennie se montent à $ 15 milliards et portent notamment sur les projets mexicains *greenfield* d'El Arco (Baja California), attendu à 5,3 Mt, et d'El Pilar (Sonora), estimé à 790 000 tonnes ; le développement de ce dernier prospect se justifie par son faible budget, anticipé à $ 310 millions. Du côté péruvien, l'attention se portera sur trois projets, dont deux *greenfield* : Tia Maria (Arequipa), dont le démarrage est prévu en 2027 et qui doit produire annuellement 120 000 tonnes de cathodes pour au moins vingt ans, ainsi que Los Chancas – Apurímac, devant produire 130 000 tonnes de cathodes à partir de 2031, et Michiquillay (Cajamarca), attendu à 225 000 tonnes à partir de 2032, et ce, durant vingt-cinq ans.

Avec un recul de 6 % de sa production de cuivre, Glencore est passé, en 2024, sous la barre du million de tonnes produites, à 951 600 tonnes. La raison de ce reflux est due à une combinaison de facteurs qui ont affecté le premier semestre de l'exercice : une baisse de cadence à Antaccapay et Collahuasi en Amérique du Sud, causée par des problèmes géotechniques à Antaccapay, ainsi qu'une diminution de la teneur du minerai et des opérations de maintenance imprévues à l'usine de Kamoto en RDC. La situation a été résolue durant le second semestre avec une reprise de la production de 6 % par rapport au premier. En 2024, le minier suisse a connu une augmentation de son chiffre d'affaires de 6 % par rapport à 2023, à $ 231 milliards, mais a enregistré une perte de $ 1,6 milliard, contre un profit de $ 4,3 milliards l'année précédente. Celle-ci a notamment été la conséquence de charges exceptionnelles pour dépréciation sur certains actifs, en particulier de son site de production de charbon en Afrique du Sud ou de l'arrêt des opérations sur la mine de nickel de Koniambo, en Nouvelle-Calédonie. La part de la production de cuivre dans le chiffre d'affaires était de $ 19,5 milliards (+ 8 % par rapport à 2023).

2024 a été tumultueuse pour Anglo American, marquée par un refus d'offre d'achat de la part de BHP de près de $ 50 milliards et une réorientation stratégique visant à céder De Beers et Amplats, sa branche dédiée aux platinoïdes. Durant l'exercice, le minier britannique a sorti de ses mines 773 000 tonnes de cuivre, en phase avec ses prévisions de début d'année, et en diminution de 6 % par rapport à 2023. En 2024, le chiffre d'affaires du groupe était de $ 27,3 milliards (– 11 % par rapport à 2023) et l'année s'est soldée par une perte de $ 3 milliards, contre un bénéfice de $ 283 millions l'année précédente. La part du cuivre s'est montée à 26 % du chiffre d'affaires et à $ 1,34 milliard de profit (+ 21,6 % par rapport à 2023). Les réserves de cuivre du minier étaient de l'ordre de 50 Mt à la fin 2024. Les projets en développement concernent notamment la mine de Quellaveco, au Pérou. Celle-ci a démarré en 2022 pour une durée de trente-six ans et la production de cuivre en 2024, de 306 300 tonnes, était en baisse de 4 % par rapport 2023 ; elle vise cependant un objectif compris entre 310 000 et 340 000 tonnes pour 2025. Un nouveau projet européen, Sakatti, en Finlande, a également été lancé et porte sur une prévision de production de 100 000 tonnes de cuivre à partir de 2030. L'objectif du groupe, à terme, est d'atteindre une production de 1 Mt. À plus courte échéance, les perspectives de production de cuivre pour 2025 sont en baisse de 5,3 %, avant de remonter de 9,8 % pour 2026 et 2027.

Avec une production de cuivre de 729 000 tonnes en 2024, KGHM a progressé de 2,6 % par rapport à 2023. Le minier polonais, qui opère sur sept mines réparties entre la Pologne, les États-Unis, le Canada et le Chili, se positionne également en aval de la filière avec deux raffineries et une unité de transformation en produits finis, toutes trois situées en Pologne. Le chiffre d'affaires de KGHM a augmenté de 8,5 %, à $ 7,89 milliards. Les projets en cours de développement sont Glogów-Gleboki en Pologne, ainsi qu'Ajax et Victoria au Canada. Localisé dans la partie sud de la veine cuprifère où se trouvent deux autres mines de KGHM, le premier est annoncé comme le plus important gisement souterrain de métaux non ferreux en Europe. Ses réserves sont estimées à 6,4 Mt de cuivre. Le projet doit arriver à son apogée entre 2028 et 2035 avec une production de l'ordre de 200 000 tonnes par an. Parmi les deux autres projets canadiens, Ajax était censé produire 53 000 tonnes de cuivre annuellement pendant dix-neuf ans, mais les autorités canadiennes refusaient toujours d'accorder les autorisations environnementales, mettant ainsi le projet en suspens.

En 2024, Rio Tinto a, pour sa part, connu une forte accélération de sa production de cuivre, atteignant 697 000 tonnes sur une base consolidée, soit une hausse de 13 % par rapport à 2023, ce qui constituait une nette amélioration par rapport à la croissance de 2 % enregistrée l'année précédente. Cette augmentation s'expliquait par la montée en puissance de la production souterraine de son site d'Oyu Tolgoi, en Mongolie, et de la progression d'Escondida, dont Rio Tinto détient 30 %. L'exercice 2024 du minier australien a vu se dégager un chiffre d'affaires consolidé stable de $ 53,66 milliards (– 0,6 % par rapport à 2023) et un résultat net à $ 11,57 milliards (+ 16,3 %). En 2024, le cuivre a contribué à hauteur de 17,5 % au chiffre d'affaires total et de 7 % au résultat net. Cette dernière donnée était, en large part, la conséquence du quasi-arrêt de la mine américaine de Kennecott, dans l'Utah, pour cause momentanée de passage d'une production d'énergie au charbon vers un *mix* éolien-solaire et d'un projet de développement de la veine souterraine de North Rim Skarn. Le budget total de $ 920 millions intègre $ 498 millions pour la mine proprement dite, $ 300 millions pour le *smelter*, et $ 120 millions de modernisations des infrastructures de raffinage et de traitement du molybdène. La production devrait démarrer début 2025 avec une montée en puissance sur deux ans visant, à terme, un volume de 250 000 tonnes de cuivre durant la prochaine décennie.

Dans le nord du Chili, la production de cuivre d'Antofagasta, répartie sur quatre mines, a augmenté de 1 % en 2024. 664 000 tonnes ont été produites durant l'exercice et le minier a réalisé un chiffre d'affaires de $ 6,6 milliards (+ 5 % par rapport à 2023) pour un résultat net de $ 1 milliard (– 23 %). L'objectif fixé pour l'année était cependant compris entre 670 000 et 710 000 tonnes. Pour 2025, les attentes ont été revues à la baisse avec une cible entre 660 000 et 700 000 tonnes. Antofagasta projette d'investir $ 3,9 milliards dans un second concentrateur de sa mine chilienne de Centinela, permettant d'accroître la production de celle-ci de 170 000 tonnes annuellement (223 800 tonnes produites en 2024), dans l'extension de quinze ans de sa plus grosse mine, Los Pelambres, ainsi que dans le développement de son projet polymétallique de Twin Metals, dans le nord-est du Minnesota. Deux autres projets sont en cours d'exploration au Chili : Cacharro, dont les réserves sont estimées à 3,15 Mt, et Encierro pour une contenance en cuivre projetée à 3,4 Mt.

First Quantum Minerals (FQM) est, quant à lui, resté dans la brume panaméenne en 2024. Le ministère de l'Environnement du pays a diligenté un audit pour évaluer les conditions de sécurité du

Le plateau tibétain ou les plus grandes réserves de cuivre planétaires

L'USGS estime les réserves de cuivre chinoises à 190 Mt, soit près de 20 % du total mondial, les faisant ainsi – et de loin – le plus large potentiel de production contenu dans les sous-sols du principal consommateur de ce métal. À titre comparatif, celles des deux pays suivant la Chine – le Pérou et l'Australie – sont toutes deux évaluées, respectivement, à 100 Mt. Annoncée en début d'année 2025, la découverte de 20 Mt de nouvelles ressources de cuivre sur le gigantesque plateau du Qinghai-Xizang, a replacé cette région, stratégique pour la Chine, sous le feu des projecteurs. Le quatorzième plan quinquennal chinois, lancé en 2021, a déjà ajouté 30 Mt de ressources en cuivre aux 53 Mt alors identifiées au départ. Les ressources totales de la zone sont actuellement estimées à 150 Mt par le *China Geological Survey*, rattaché au ministère des Ressources naturelles, ce qui en fait le plus important gisement de cuivre au monde. La région contiendrait plus des deux tiers des ressources en cuivre du pays et la partie la plus exploitée et prospectée est actuellement la Gangdise Belt, autour de Lhassa. Le potentiel cuprifère y était estimé à 43 Mt, et celui de la zone de prospection à l'est de la capitale tibétaine à 10 Mt. Cependant, le développement de nouvelles mines dans cette région montagneuse et boisée se heurte à d'importants défis environnementaux.

site de Cobre Panamá qui reste jusqu'alors en *preservation and safe management*. 121 000 tonnes de concentrés de cuivre y sont toujours bloquées en attente d'exportation. Durant l'année 2024, le minier canadien a réalisé une production de 431 000 tonnes de cuivre (+ 14,3 % par rapport à 2023), au-delà donc de son objectif de 410 000-420 000 tonnes, depuis ses mines zambiennes de Kansanshi (+ 27 %) et Sentinel (+ 8 %). Le problème « Cobre Panamá » reste central pour FQM et en suspens : la décision de la Chambre de commerce international a, en effet, été reportée à février 2026. Pour rappel, la production en 2022 était de 350 000 tonnes et le blocage de ce projet prive ainsi le minier de 40 % à 45 % de son potentiel de production. Durant l'exercice, FQM a réalisé un chiffre d'affaires de $ 6,76 milliards (+ 1,3 % par rapport à 2023) pour un résultat net à $ 2 millions (contre une perte de $ 954 millions en 2023, en raison du litige avec le gouvernement panaméen survenu lors du dernier trimestre).

Un rôle croissant pour le cuivre recyclé dans l'ajustement « offre-demande »

L'exercice 2025 devrait s'inscrire dans la lignée du précédent. Les réorientations stratégiques des acteurs privés et les offres publiques d'achat (ou tentatives) devraient se poursuivre. Les projections de demande à moyen terme vont soutenir cette tendance. Les compagnies minières, qu'elles soient étatiques ou privées, poussent pour une augmentation des capacités de production dès cette année ou dans les cinq prochaines, le temps que certains projets arrivent à maturité. Cependant, à part Resolution en Arizona, peu de projets de classe mondiale sont sur les rangs, le dernier étant Kamoa-Kakula, en RDC, et ayant mis quinze ans à se mettre en production. L'offre secondaire, issue du recyclage, sera de fait nécessaire pour combler le déficit potentiel. Son rythme annuel de croissance est attendu à 4,2 % par Fastmarkets, soit le double de celle de l'offre minière.

Sur les premiers mois de l'année, partie d'un plancher à $ 8 692, la tonne de cuivre est montée presque sans interruption pour atteindre $ 9 532 le 10 mars, dans un contexte de guerre tarifaire initiée par les États-Unis et d'incitation à la production locale de cuivre à des fins stratégiques particulièrement, le cuivre étant l'un des éléments clés de l'industrie de la défense. Les projections du prix moyen de la tonne de cuivre pour 2025 varient considérablement : de $ 8 800 selon la Royal Bank of Canada à $ 10 160 d'après Goldman Sachs, tandis que CyclOpe estime un prix de $ 9970, soit une hausse de 9 % par rapport à 2024. À plus long terme, BHP prévoit une demande de cuivre de 50 Mt, ce qui nécessiterait des investissements de $ 250 milliards pour assurer cette production, compte tenu de la baisse des teneurs en minerai.

Étain : *une année en trompe-l'œil*

Si la plupart des métaux de base ont connu une année 2024 morose sous l'effet d'une macroéconomie chinoise toujours décevante malgré les plans de relance engagés par Pékin, tel ne fut pas le cas pour l'étain, bien moins exposé à la fragile demande du secteur immobilier. Les cours du métal gris ont en effet logiquement profité de la faiblesse, en début d'année, des exportations indonésiennes et de la persistance des tensions sur l'offre birmane, pour progresser de 16 % entre 2023 et 2024, après leur repli de 18 % entre 2022 et 2023. En raison de l'étroitesse du marché de l'étain, ces contraintes auraient pu conduire à une élévation des cours bien plus forte si une certaine mollesse de la demande ne s'était pas fait ressentir. À long terme, les fondamentaux du marché demeurent favorables avec une demande portée par les soudures et le secteur de l'électronique, mais également celui du photovoltaïque, tandis que l'offre pourrait connaître de substantielles tensions, en République démocratique du Congo notamment.

Un marché sous tension

Dans le sillage de l'important rebond enregistré en fin d'année 2023, les cours de l'étain sur le *London Metal Exchange* (LME) ont débuté l'année 2024 sur un chemin fortement haussier, en dépit de quelques prises de bénéfice et malgré l'accumulation des stocks officiels depuis avril 2023. S'affichant à $ 25 150/t le 2 janvier (selon la référence *cash* du marché londonien), ils ont atteint $ 35 685/t le 19 avril, ce qui sera son record pour l'année et un plus haut niveau depuis juin 2022. Ils progressaient alors de 42 %. Signe que les opérateurs étaient à la recherche d'étain pour une livraison immédiate, cette envolée s'est logiquement accompagnée d'une inversion de la structure de marché dès le 9 avril, avec une *backwardation* – situation où le cours *cash* est supérieur aux prix à terme – ayant atteint $ 455/t le 17 avril. L'effondrement continu des quantités de métal dans les entrepôts du LME – de 7 730 tonnes début janvier à 4 045 tonnes à cette même date – l'expliquait tout autant.

Alimentée par la cessation temporaire des exportations indonésiennes d'étain raffiné en janvier et février et nourrie de pures stratégies spéculatives et de *short covering* – le rachat des positions vendeuses sur contrats *futures* –, cette hausse se mâtinait d'une importante concentration, sur le LME, des positions acheteuses pour l'échéance de mai, laissant craindre l'apparition d'un *squeeze*. Cette situation ne dura pourtant pas, l'étain en-

trant alors dans une période de forte volatilité, sans véritable tendance dans le contexte d'une demande chinoise souvent décevante. Sur ce marché peu liquide en comparaison d'autres métaux de base, il est usuel que les fluctuations de cours soient amples et soudaines, et 2024 n'a pas dérogé à la règle. Entre le 20 mars et le 19 avril, la tonne d'étain a ainsi gagné près de $ 9 000, erré au-dessus de $ 30 000 les semaines d'après, rebondi jusqu'à $ 35 600 le 11 juillet, puis abandonné plus de $ 7 000 sur les quinze jours suivants. Cette grande variabilité a perduré jusqu'en décembre, où un dernier rebond lui a permis de regagner quelque $ 2 000. Elle a ainsi terminé 2024 à $ 28 900, toujours selon le cours *cash*, ce qui lui offrait une progression sur l'année de 15 %. Sur le *Shanghai Futures Exchange* (SHFE), les prix à terme ont connu la même croissance avec un minimum pour 2024 de 203 190 CNY/t et un maximum de 290 520 CNY/t. En moyenne annuelle,

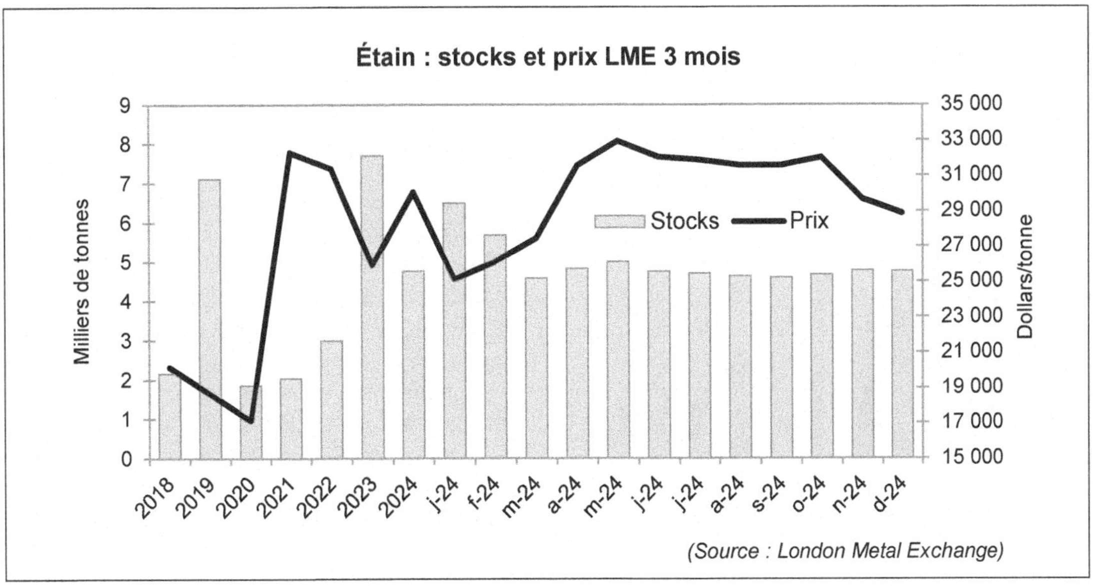

Étain
(en milliers de tonnes)

	2019	2020	2021	2022	2023	2024(e)
Minerai *(en métal contenu)*						
Production mondiale	**296.0**	**264.0**	**305.0**	**307.0**	**305.0**	**300.0**
Chine	84.5	84.0	90.0	71.0	70.0	69.0
Indonésie	77.5	53.0	70.0	70.0	69.0	50.0
Pérou	19.9	20.6	27.0	28.2	26.2	31.0
Birmanie	42.0	29.0	36.9	47.0	34.0	34.0
Bolivie	17.0	14.7	19.6	17.6	18.7	21.0
Australie	7.7	8.1	8.8	9.0	9.9	9.9
Brésil	14.0	16.9	36.9	17.0	29.3	29.0
Vietnam	5.5	5.4	5.4	5.9	7.6	6.7
Rép. démocratique du Congo	12.2	17.3	16.7	18.6	20.0	25.0
Malaisie	3.6	3.0	5.0	5.0	3.7	3.0
Stocks LME (fin d'année)	**7.1**	**1.9**	**2.0**	**3.0**	**7.7**	**4.8**

(e) estimations

(Source : USGS)

les cours ont, eux, crû de 16 % à Londres entre 2023 et 2024, plaçant l'étain en tête des métaux de base qui n'ont, pour leur part, pas connu une année 2024 très favorable. Le début de l'année 2025 a vu le rebond engagé fin novembre 2024 se prolonger et permettre aux cours de repasser au-dessus du seuil de $ 30 000/t en février, avant que l'arrêt de la mine congolaise de Bisie ne vienne enflammer le marché et propulser les cours à plus de $ 35 000/t à la mi-mars, dans un contexte de stocks faibles.

Principaux pays producteurs de minerai/concentrés d'étain
(en tonnes métriques)

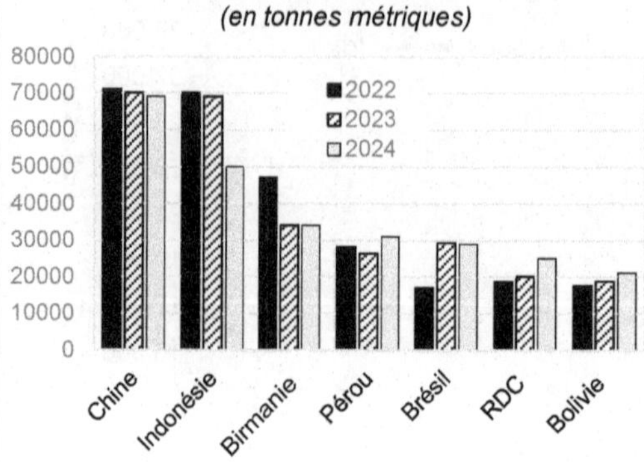

(Source : USGS)

Des fondamentaux de marché en demi-teinte

Selon les statistiques encore provisoires de l'*United States Geological Survey* (USGS) – le service géologique américain –, la production minière mondiale d'étain s'est établie à 305 000 tonnes en 2024, en recul de 1,6 % par rapport à 2023 où elle s'était élevée à 300 000 tonnes, selon les statistiques révisées du service géologique américain.

Derrière cette relative stabilité de l'offre mondiale (les données de l'USGS pour 2024 demeurant toutefois provisoires) se cachent d'importantes variations par pays producteur. Si la Chine, en tête du classement mondial, n'a connu qu'un faible repli de son offre (de 70 000 tonnes en 2023 à 69 000 tonnes en 2024, soit 23 % de la production mondiale), tel ne fut pas le cas pour son dauphin, l'Indonésie. Passant de 69 000 tonnes à 50 000 tonnes, ses volumes ont, en effet, baissé de plus de 27 % entre 2023 et 2024. Redevenue troisième plus grand producteur mondial en 2023, la Birmanie a également enregistré un net repli de ses tonnages en raison de la fermeture, depuis le 1er août 2023, de la mine de Man Maw dans l'État autonome Wa. Pour rappel, le traitement des minerais stockés en surface avait été autorisé en septembre 2024, mais les volumes disponibles furent épuisés dès janvier 2024. À cette date, une reprise des activités minières a certes été approuvée par le Comité central de planification de l'État Wa, mais elle excluait la mine de Man Maw. Fin février 2025, quelques progrès dans la délivrance des licences d'exploitation ont toutefois été signalés par l'*International Tin Association* (ITA), sans que la production reprenne pour le moment.

Ce recul de l'offre des principaux producteurs mondiaux aurait pu conduire à une hausse significative des cours de l'étain sur le LME – pour mémoire, ils avaient très brièvement dépassé le seuil de $ 50 000/t en mars 2022, au lendemain du déclenchement de la guerre en Ukraine –, mais l'accroissement des tonnages péruviens, congolais et boliviens a permis au marché de se rééquilibrer quelque peu. L'offre en provenance de République démocratique du Congo (RDC) est notamment passée de 20 000 tonnes à 25 000 tonnes. Ceci était dû au dynamisme et à l'extension de la mine de Bisie opérée par Alphamin et exploitant les gisements à haute teneur de Mpama Nord et Sud, ce dernier étant entré en production en mai. Avec une production de 17234 tonnes en 2024, en hausse de 38 % par rapport à 2023, elle représente, à elle seule, près de 6 % de l'offre mondiale.

Confrontés aux avancées des rebelles du mouvement du 23 mars (M23), les tonnages d'étain congolais – particulièrement stratégiques, donc – font l'objet de toutes les attentions internationales, à juste titre. En décembre 2023, l'iTSCi (*ITRI Tin Supply Chain Initiative*), un programme de contrôle et de traçabilité des chaînes de valeur des minerais de conflit 3T (*Tin, Tungsten, Tantalum*), avait stoppé ses opérations dans le territoire de Masisi, à la suite de la prise de contrôle par le M23 de la route permettant le transport du minerai jusqu'à Goma. Après l'échec des pourparlers entre la RDC et le Rwanda et la reprise des combats, la capitale du Nord-Kivu est tombée aux mains des rebelles en janvier 2025. Située à moins de 200 km, la mine de Bisie a dès lors été fermée temporairement le 13 mars 2025 par Alphamin pour raison sécuritaire, ce qui expliquait l'envolée des cours sur le LME évoquée précédemment.

Selon les estimations de l'ITA, la production d'étain raffiné s'est étiolée en 2024, reculant de 2,7 % par rapport à 2023, à 371 200 tonnes. Sans surprise, la forte concentration de l'offre ne s'est pas démentie, les cinq premiers groupes assumant près de la moitié des tonnages mondiaux. En tête de ce classement figuraient, par ordre décroissant, le chinois Yunnan Tin et le péruvien Minsur dont les offres ont été particulièrement dynamiques, à 85 000 tonnes (+ 6,2 %) et 36 300 tonnes (+ 14,3 %), respectivement, suivis de Yunnan Chengfeng (21 800 tonnes, + 5,8 %), de PT Timah qui ne démentait pas les ambitions de l'Indonésie sur « l'aval » de la filière avec une production en très nette hausse (18 900 tonnes, + 23,3 %), puis de Malaysia Smelting Corp (16 300 tonnes, – 21,4 %), dont les volumes ont été largement pénalisés par le recul de l'offre minière du pays.

L'emprise de la Chine sur la production d'étain raffiné demeurait ainsi patente, voire progressait, avec quatre groupes de cette nationalité (Yunnan Tin et Yunnan Chengfeng donc, mais aussi Guangxi China Tin et Jiangxi New Nanshan) comptant parmi les dix plus grands producteurs mondiaux pour une offre cumulée de 132 600 tonnes, soit près de 36 % des volumes totaux. Ce n'était pas le cas en Europe où Aurubis, dixième producteur mondial, a accusé une baisse de ses tonnages d'environ 17 %, à 7 700 tonnes. En septembre 2024, l'entreprise inaugurait toutefois sur le site de Beerse, en Belgique, son usine hydrométallurgique de traitement des boues d'anodes issues du raffinage électrolytique du cuivre et basée sur sa propre technologie *Advanced Sludge Processing* (ASPA) permettant une optimisation du processus de récupération de l'étain. Pour des raisons environnementales comme géopolitiques, le recyclage de l'étain devrait, à cet égard, voir son rôle se renforcer sensiblement dans les années à venir. Signe de l'importance stratégique de ce métal et des risques d'approvisionnement à moyen terme, l'Australie a positionné l'étain dans sa liste des métaux critiques en 2023, rejoignant ainsi le Canada ou les États-Unis. Il n'était en cela pas surprenant que l'entreprise américaine Nathan Trotter & Co, producteur secondaire d'étain raffiné, ait obtenu une aide financière de $ 19 millions du département américain de la défense afin d'accroître la capacité de fusion et de raffinage du pays. Pour rappel, les États-Unis n'ont plus exploité de mines d'étain depuis 1993.

Balances commerciales américaine, coréenne, japonaise et chinoise sur l'étain raffiné

(HS Code : 8001, en tonnes)

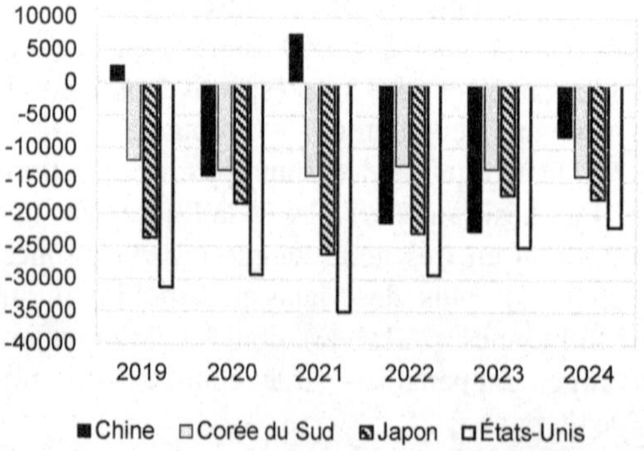

(Source : Trade Data Monitor)

Une réduction du déficit commercial chinois sur l'étain et des retards administratifs indonésiens

Bien que grand pays producteur, la Chine est, au regard des échanges internationaux, importatrice nette d'étain brut, allié ou non allié (HS Code : 8001). Son déficit commercial s'est toutefois considérablement réduit en 2024, passant de 22 588 tonnes en 2023 à « seulement » 8 100 tonnes. En 2024, les États-Unis sont ainsi redevenus le premier importateur net mondial. L'amélioration de la balance commerciale de la Chine était tout autant due à la progression de ses exportations (à 17 393 tonnes en 2024, soit un plus haut niveau depuis… 2007, contre 12 169 tonnes l'année précédente) qu'au net recul de ses importations (– 26 %), celui-ci s'expliquant très majoritairement par l'effondrement des achats en provenance d'Indonésie.

Naguère premier pays exportateur sur ce segment, l'archipel a, une nouvelle fois, enregistré une forte chute de ses ventes à l'étranger, à 45 424 tonnes en 2024, contre 68 427 tonnes en 2023 et 77 560 tonnes en 2022. Il y avait assurément là une des raisons importantes de la progression des cours sur le premier trimestre 2024. Cette situation s'expliquait paradoxalement par la modification du rythme des procédures d'autorisation d'exploitation minière (dites « RKAB »), devenues triennales et non plus annuelles, et sans lesquelles il est impossible d'exporter. Si le but était précisément de réduire les formalités administratives et ainsi de limiter le risque de ruptures d'exportation en début d'année, l'abondance des dossiers à traiter par le ministère des Mines, conjuguée aux élections présidentielles du 14 février, a conduit au résultat inverse. Sur le premier trimestre 2024, seules 3 803 tonnes d'étain raffiné ont ainsi été exportées. Le « scandale de l'étain » impliquant PT Timah n'était probablement pas non plus étranger à ces retards administratifs. Selon une enquête menée par le bureau du procureur général indonésien, l'entreprise publique aurait, en effet, facilité le développement d'activités minières illégales dans la province de Bangka-Belitung entre 2015 et 2022.

En raison de la contre-performance indonésienne, la Malaisie occupait, en 2024, la tête des pays exportateurs d'étain raffiné avec des volumes à 47 154 tonnes, en hausse de 154 % par rapport à 2023, ce qui contrastait avec le net repli de la production du groupe Malaysia Smelting Corp. Une vaste majorité était destinée à la Chine qui poursuivait ainsi sa stratégie de diversification des approvisionnements qu'elle a engagée pour nombre de minerais et métaux. Si l'on excepte l'étain raffiné (code douanier : 8001) ainsi que les barres, profilés et fils en étain (code douanier : 8003), la deuxième économie mondiale a toutefois conservé une balance commerciale excédentaire pour les produits et ouvrages en étain (HS Code : 8007), sans pour autant occuper le podium du classement mondial appartenant, en 2024, en valeur et par ordre décroissant, au Japon, à la Thaïlande et à la France.

Un mouvement haussier qui perdure en 2025 ?

Les fondamentaux du marché de l'étain ne devraient guère se modifier en 2025, ce qui pourrait conduire à une hausse modérée des cours, sans que la valeur pivot de $ 30 000/t soit abandonnée. De toute évidence, les tonnages birmans et congolais seront néanmoins déterminants, rappelant que l'étroitesse du marché, la faiblesse des stocks et la concentration de l'offre peuvent aboutir à une très forte variabilité des prix, avec un exercice prédictif particulièrement difficile.

À plus long terme, le potentiel de hausse subsiste, en raison de l'insuffisance des investissements miniers actuels, d'une part, et d'une demande qui, d'autre part, restera portée par le secteur des soudures et de l'électronique, celui de l'intelligence artificielle, ainsi que par l'interdiction progressive des soudures au plomb en Europe, si elle venait à se généraliser à l'international. Le photovoltaïque devrait aussi favoriser l'étain, dans les soudures comme dans les rubans reliant, avec le cuivre (à la faveur de leur conductivité électrique), les cellules solaires entre elles. Dans les panneaux en pérovskite dont le rendement est supérieur à ceux en silicium, les onéreuses électrodes en oxyde mixte d'étain-indium (ITO – Indium-Tin-Oxide) pourraient être concurrencées par celles en oxyde mixte d'étain antimoine (ATO – Indium-Tin-Oxide) contenant une proportion d'étain bien supérieure. Selon les estimations de l'Agence internationale de l'énergie (AIE), la demande d'étain pour les panneaux solaires pourrait donc passer de 3 195 tonnes en 2025 à un maximum de 5 000 tonnes en 2035, avant de refluer. L'ITA anticipe dès lors un déficit du marché de 13 000 tonnes d'ici à 2030, laissant légitimement présager une hausse structurelle des cours à cet horizon.

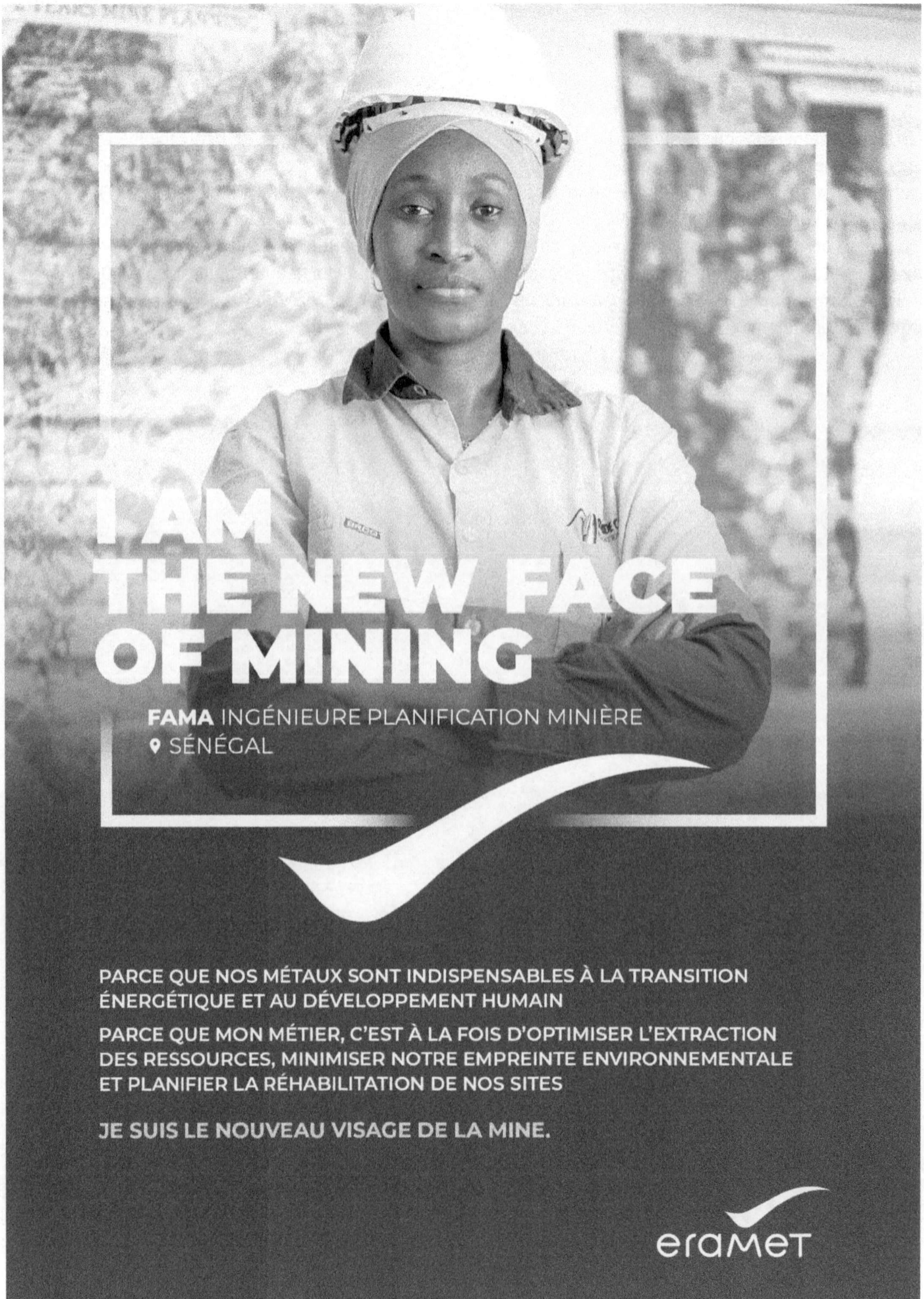
I AM
THE NEW FACE
OF MINING
FAMA INGÉNIEURE PLANIFICATION MINIÈRE
SÉNÉGAL
PARCE QUE NOS MÉTAUX SONT INDISPENSABLES À LA TRANSITION ÉNERGÉTIQUE ET AU DÉVELOPPEMENT HUMAIN
PARCE QUE MON MÉTIER, C'EST À LA FOIS D'OPTIMISER L'EXTRACTION DES RESSOURCES, MINIMISER NOTRE EMPREINTE ENVIRONNEMENTALE ET PLANIFIER LA RÉHABILITATION DE NOS SITES
JE SUIS LE NOUVEAU VISAGE DE LA MINE.
eramet

Nickel *: une crise existentielle qui perdure*

En 2024, la physionomie du marché du nickel n'a guère évolué et ceci ne pouvait que se traduire par un nouveau repli des cours. En recul de 22 % entre 2023 et 2024, après la baisse de 18 % enregistrée lors de la période précédente, ils ont offert au « métal du diable » la plus faible performance des métaux de base.
Le nickel compte pourtant parmi les métaux de la transition énergétique en raison de son utilisation dans les cathodes de certaines batteries Lithium-ion (Li-ion) et devrait donc voir sa demande singulièrement croître au cours de la prochaine décennie. À court terme cependant, l'explosion de la production et des exportations indonésiennes de ferronickel et de nickel raffiné ont non seulement largement pesé sur les cours en raison de l'excédent du marché, mais également conduit, pour nombre de projets d'investissement, à leur report, leur arrêt ou à leur réorientation stratégique vers la production de précurseurs de batteries, plus rentable. Une Indonésie victorieuse ? Dominante assurément, mais elle n'en demeurait pas moins exposée à la raréfaction de ses meilleures ressources en nickel, ce qui l'a conduit à importer des volumes record en provenance des Philippines. L'omniprésence de la Chine dans sa stratégie d'industrialisation était tout aussi patente. Ce furent toutefois les autres zones de production qui souffrirent lourdement, de l'Australie à une Nouvelle-Calédonie déchirée où la sortie de l'impasse semblait encore bien éloignée en 2024 comme aux premiers mois de 2025, dans un contexte politique particulièrement tendu.
Vus tout autant comme une nécessaire cohérence face aux exigences de la transition énergétique que comme un moyen de lutter contre une offre indonésienne dont les conditions d'exploitation étaient souvent dénoncées sur le plan environnemental et social, les appels à la reconnaissance d'un nickel « vert » ou « propre » se sont encore faits nombreux. Toujours exposé à la concurrence grandissante de la bourse de Shanghai, le *London Metal Exchange* (LME) n'y a pas donné suite… pour l'instant.

Prix du nickel, comptant, Londres

(en dollars/tonne)

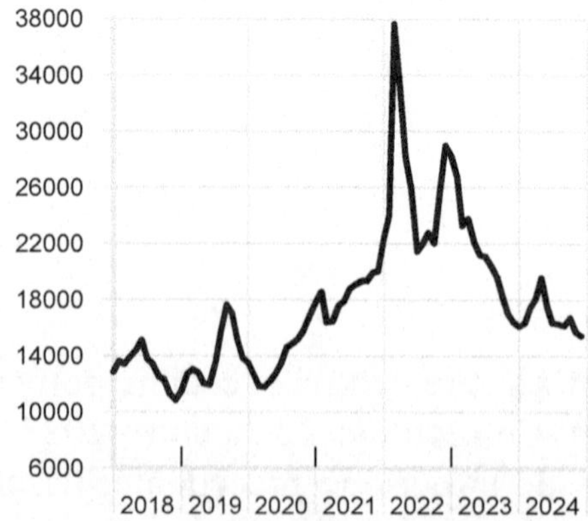

(Source : London Metal Exchange)

Prix du nickel, à trois mois, Londres

(en dollars/tonne)

(Source : London Metal Exchange)

Un nouveau repli des cours

Plombé par une glissade quasi continue engagée dès janvier 2023, le cours *cash* du nickel sur le LME a débuté l'année 2024 à $ 16 600/t, soit une division par deux de sa valeur en une année seulement. Pour rappel, dans le contexte très particulier du déclenchement de la guerre en Ukraine et d'un *short squeeze* consécutif à une vaste opération spéculative, le prix à trois mois avec le « métal du diable » avait atteint, lors de la séance du 8 mars 2022, la valeur stratosphérique de $ 101 365/t, ce qui allait alors lourdement peser sur la crédibilité du marché londonien.

En janvier de l'année 2024, les cours du nickel oscillèrent dans une bande de fluctuation étroite autour d'une valeur pivot de quelque $ 16 000/t avant de connaître un premier rebond le mois suivant lui permettant de repasser, à la mi-mars, au-dessus du seuil de $ 18 000/t. Conduisant à une

Nickel : stocks et prix LME 3 mois

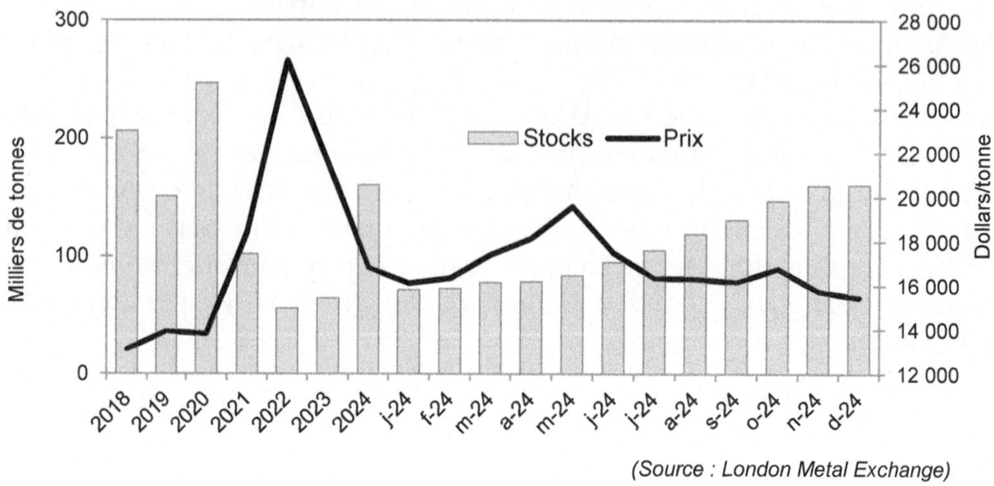

(Source : London Metal Exchange)

Nickel
(en milliers de tonnes)

	2019	2020	2021	2022	2023	2024
Métal						
Production mondiale	**2 368**	**2 488**	**2 611**	**3 061**	**3 361**	**3 528**
Chine	806	750	690	850	970	1 029
Russie	155	154	121	143	126	124
Japon	183	170	166	148	147	148
Canada	124	118	103	121	113	110
Australie	107	116	99	97	92	76
Norvège	92	91	91	82	95	98
Colombie	40	36	38	42	39	41
Finlande	62	63	49	65	56	59
Nouvelle-Calédonie	88	72	57	66	72	38
Royaume-Uni	35	35	36	31	31	34
Afrique du Sud	39	29	40	40	40	44
Cuba	13	13	14	14	14	10
Consommation mondiale	**2 405**	**2 391**	**2 780**	**2 963**	**3 194**	**3 354**
Chine	1 326	1 410	1 540	1 750	2 035	2 122
Japon	169	145	169	171	150	147
États-Unis	132	113	114	117	120	121
Corée du Sud	88	80	91	85	89	91
Allemagne	61	53	59	57	50	50
Italie	54	46	50	51	47	49
Taïwan	46	37	40	35	31	34
Espagne	30	25	29	23	22	17
Afrique du Sud	15	10	8	9	6	7
Inde	64	51	65	69	76	82
Finlande	22	15	20	19	16	17
France	26	21	24	22	24	24
Russie	18	18	21	25	29	25
Suède	29	25	24	22	21	23
Brésil	16	13	14	15	14	16
Belgique	33	32	35	30	29	33
Royaume-Uni	18	14	16	17	19	23
Stocks LME fin d'année	**151**	**247**	**102**	**55**	**64**	**161**

(Source : INSG)

réduction du surplus attendu pour 2024 et jouant favorablement sur des anticipations toujours déterminantes sur les marchés des commodités, une demande alors dynamique émanant de la sidérurgie chinoise et de l'industrie automobile portait aussi les cours. En Indonésie, les retards administratifs enregistrés alors dans l'octroi des autorisations d'exploitation minière – appelées licences RKAB (*Rencana Kerja dan Anggaran Biaya*) et sans lesquelles il est impossible d'exporter – ont également pu favoriser ce sursaut. Il fut pourtant vite effacé dans les jours qui suivirent, les inquiétudes sur l'offre du premier producteur mondial se dissipant alors.

Le nickel reprit toutefois rapidement une trajectoire ascendante qui allait le mener, le 21 mai, à son plus haut niveau de l'année, soit $ 21 275/t, toujours selon la référence *spot* du marché londonien. Deux raisons principales l'expliquaient. Si, en avril, le retour aux achats de la Chine pour la reconstitution de ses stocks stratégiques avait lancé ce mouvement haussier, il fallait, en premier lieu, plutôt y voir les conséquences négatives sur l'offre internationale de nickel de l'explosion de violence qu'a connue la Nouvelle-Calédonie à cette période. Pour rappel, l'île se positionnait au troisième rang mondial des producteurs de minerai de nickel en 2023, selon les statistiques de l'*United States Geological Survey* (USGS), avec 231 000 tonnes (en nickel contenu) extraites alors. En 2024 et toujours d'après les statistiques – provisoires – du service géologique américain, l'offre néo-calédonienne ne serait plus que de 110 000 tonnes. Les métaux russes ont, en second lieu, fait l'objet de nouvelles sanctions de la part des États-Unis et du Royaume-Uni, les deux nations interdisant l'importation de tout nickel, d'aluminium ou du cuivre produits à partir du 13 avril 2024, ainsi que leur négociation sur le LME comme sur les bourses américaines, au premier rang desquelles le *Chicago Mercantile Exchange* (CME). La bourse londonienne a d'ailleurs « délisté », à compter du 3 octobre 2024, le nickel issu de l'usine finlandaise de Harjavalta détenue par Norilsk Nickel (Nornickel), sans toutefois préciser si cette mesure était liée aux sanctions envers la Russie. Sans grande surprise dans ce contexte de fortes tensions géopolitiques et sans qu'il soit réellement possible d'en prendre la pleine mesure, le groupe russe – grand producteur d'un nickel de haute qualité – avait précédemment annoncé ne pas être menacé par ce nouveau train de sanctions occidentales en raison de la faible proportion de négociants internationaux parmi ses clients. À l'instar de ce qui pouvait être observé pour l'aluminium, un renforcement du partenariat géostratégique entre la Russie et la Chine semblait d'ailleurs être à l'œuvre avec, à la clé, un rapprochement entre Nornickel et plusieurs producteurs de batteries électriques chinois, dont CNGR Advanced Material et le géant CATL.

Aux mêmes causes les mêmes effets, le nickel chuta alors très lourdement, perdant jusqu'à la fin juillet près de $ 6000/t. Il s'affichait à $ 14470/t le 25 de ce mois. Signe du surapprovisionnement du marché, le *contango*, c'est-à-dire l'écart positif entre le prix à trois mois et le prix *cash*, a atteint $ 355/t, soit son plus haut niveau de l'année, tandis que les stocks officiels du LME ne cessaient de croître. En dépit d'un sursaut entre le début du mois de septembre et celui d'octobre, les cours du nickel sont restés dans ces limbes, achevant l'année à $ 15100/t. En définitive, ils se sont repliés de 9 % entre début janvier et fin décembre 2024 et, en moyenne annuelle, de 22 % entre 2023 et 2024. Si nombre de mines et d'usines métallurgiques ont enregistré des pertes financières sous l'effet de cette surabondance de l'offre, la suspension temporaire de certaines de leurs activités et autres coupes de production – plusieurs centaines de milliers de tonnes, probablement – n'ont donc pas permis d'enrayer la chute des cours. En mars 2024 et malgré sa politique de quotas miniers, le gouvernement indonésien ne cachait d'ailleurs pas sa volonté de maintenir des prix bas, à l'instar de tout producteur « dominant », bénéficiant de *cash costs* réduits et souhaitant limiter la concurrence internationale.

Plongé dans la profonde incertitude des effets du protectionnisme de Trump sur le commerce international des métaux et, plus fondamentalement, sur la croissance mondiale, les premiers mois de 2025 n'ont pas permis au nickel de reprendre quelque vigueur, ses cours passant à plusieurs reprises, en janvier et février, sous le seuil de $ 15 000/t, plombé par des fondamentaux de marché toujours défavorables et par le rebond du dollar américain. La profusion de nickel n'a évidemment pas cessé et les stocks officiels poursuivaient leur croissance, frôlant les 200 000 tonnes début mars 2025, soit un plus haut niveau depuis septembre 2021.

Philippines et Indonésie : les acteurs dominants de la filière

Constatée depuis plusieurs années, l'offre pléthorique de nickel n'a évidemment pas été sans incidence sur le niveau des cours en 2024, dans un contexte de demande atone. Selon les estimations provisoires de l'USGS, la production mondiale de minerai de nickel s'est pourtant modérément contractée entre 2023 et 2024, à 3,7 millions de tonnes (Mt) – en métal contenu –, contre 3,75 Mt en 2023. En date de février 2025 et encore sujettes à révision, les statistiques de l'*International Nickel Study Group* (INSG) portaient, elles, l'offre totale à un niveau légèrement supérieur, soit 3,776 Mt pour 2024, en hausse de 2,4 % par rapport à 2023. Indépendamment de cette divergence relative, l'essor de l'offre était cependant patent sur un horizon plus long. Pour preuve, la production minière mondiale a progressé de 1 Mt depuis

Nickel
(en milliers de tonnes)

	2019	2020	2021	2022	2023	2024
Minerai *(métal contenu)*						
Production mondiale	**2 518**	**2 433**	**2 708**	**3 209**	**3 689**	**3 776**
Philippines	323	329	386	360	387	395
Russie	223	237	191	220	210	194
Indonésie	853	767	1 069	1 579	2 030	2 328
Australie	159	169	151	155	149	101
Canada	187	158	116	97	122	133
Nouvelle-Calédonie	208	200	186	200	231	115
Chine	105	104	104	109	113	111
Brésil	54	68	76	77	72	72
Cuba	49	50	47	46	41	44
Colombie	45	41	44	46	43	45
Afrique du Sud	43	35	32	29	30	31

(Source : INSG)

2019, et de 1,3 Mt en dix ans. Dû au net repli des volumes néo-calédoniens, le modeste tassement de la production des volumes mondiaux ne pouvait pas faire oublier l'essor des tonnages indonésiens. Ils se sont élevés à 2,2 Mt (données USGS) en 2024, en hausse de 8 % par rapport à 2023, ce qui permettait à l'archipel d'assurer près de 60 % du total des volumes mondiaux.

Selon l'INSG, la production totale de nickel sous forme métallique est, quant à elle, passée de 3,361 Mt en 2023 à 3,528 Mt en 2024, soit une progression de 5 % après celle de 9,8 % enregistrée entre 2022 et 2023. L'Indonésie a, une nouvelle fois, porté cette hausse, son offre s'établissant désormais à 1,608 Mt, contre 1,41 Mt en 2023 (+ 14,1 %). La production de la Chine, son dauphin, a également été dynamique (+ 6,1 %, à 1,029 Mt), ce qui témoignait de l'emprise considérable de l'Asie sur le nickel mondial. Amérique du Nord et du Sud, Europe, Afrique : toutes ces zones géographiques ont, pour leur part, accusé un repli de leur production d'étain raffiné en 2024.

Toujours d'après les statistiques de l'INSG, l'utilisation de nickel primaire a crû au même rythme que sa production, à 3,354 Mt (+ 5 %). Si la Chine domine très largement le classement mondial avec 2,122 Mt utilisées en 2024, ce fut en… Indonésie, son dauphin, qu'elle a le plus fortement progressé, passant de 340 000 tonnes en 2023 à 396 000 tonnes en 2024, soit une hausse de 16,5 %. Ce dynamisme n'a toutefois pas empêché l'excédent du marché d'augmenter pour la troisième année consécutive. Il était estimé à 174 100 tonnes par l'INSG en 2024, en hausse de 4 % par rapport à 2023 après avoir bondi de 70 % entre 2022 et 2023. Mois après mois, le métal stocké dans les entrepôts du LME s'est accumulé, passant d'environ 64 000 tonnes début janvier 2024 à plus de 160 000 tonnes fin décembre. Face à ce déséquilibre grandissant, il était somme toute logique que les cours se replient en 2024.

Dans l'analyse des marchés mondiaux, ce ne sont cependant pas tant les volumes de production que les exportations qu'il convient de considérer. Si l'Indonésie est désormais absente du classement des pays exportateurs de minerai de nickel, c'est qu'elle en a interdit la vente depuis 2020 pour en favoriser la transformation locale. Elle a ainsi laissé aux Philippines le *leadership* mondial. Sur les onze premiers mois de l'année 2024, ce pays a exporté 44,25 Mt de concentrés de nickel (HS Code : 2 604), alors que les volumes pour l'ensemble de l'année 2023 s'étaient établis à 40,22 Mt. Pour mémoire, elles avaient atteint un record historique en 2013, à 47,25 Mt. Il faut rappeler, pour le comprendre, que la force de l'Indonésie sur le marché du nickel se combine à une contrainte importante à laquelle Djakarta doit désormais faire face : l'épuisement programmé de son minerai « de qualité », alors que le pays dispose des plus grandes réserves minières de nickel au monde (soit 55 Mt selon l'USGS, contre 24 Mt pour l'Australie). L'expansion des exportations de nickel transformé de l'archipel s'est, en conséquence, accompagnée d'un solde commercial négatif sur le concentré de nickel avec, sans surprise, les Philippines pour principal fournisseur. Il a explosé en 2024, à 10,473 Mt, contre seulement environ 374 500 tonnes l'année précédente. Il fallait aussi y voir là les conséquences de retards, en début d'année, dans le traitement administratif des licences RKAB qui ont conduit les raffineurs locaux à se tourner davantage vers l'offre étrangère, et philippine en premier lieu. Pour preuve, les importations indonésiennes de minerai de nickel ont atteint 1,96 Mt au premier semestre 2024 (en vaste majorité en provenance de ce pays), contre seulement 53 000 tonnes à la même période de 2023. Désormais accordé sur une base trisannuelle, le quota de production annuel était annoncé en juin, pour 240 Mt annuelles, ce qui allait d'ailleurs contraindre l'activité de nombreux groupes opérant en Indonésie, dont Eramet, en coopération avec le groupe chinois Tshingshan – *leader* mondial de l'acier inoxydable – sur le site de Weda Bay. Toujours dans l'idée de préserver les ressources minérales du pays et d'en tirer la meilleure valorisation, c'est-à-dire de les réserver pour les produits à haute valeur ajoutée – ceux des batteries Li-ion, donc –, le ministère semblait considérer au printemps l'arrêt des autorisations de développement des fours électriques rotatifs (de type R*otary Kiln – Electric Furnace* – RKEF) permettant de transformer le concentré en ferronickel. Cette mesure était confirmée début août par le ministre des Mines et celui de l'Industrie, sans qu'un décret permettant de la préciser soit publié.

Signe supplémentaire de l'emprise du gouvernement indonésien sur les filières des mines et de la métallurgie, les sociétés minières opérant sur le sol national sont désormais tenues de céder leur participation majoritaire dans les mines du pays à des opérateurs nationaux, en échange de la prolongation de leur permis d'exploitation. C'est la raison pour laquelle le géant brésilien Vale a accepté de vendre, pour un montant de $ 271 millions, 14 % de ses parts dans PT Vale Indonesia à Mining Industry Indonesia, une société *holding* publique qui en est ainsi devenue le premier actionnaire. PT Ceria Nugraha Indotama entrait, quant à elle, en négociation avec le géant minier Glencore, en amont d'une introduction en bourse de l'entreprise indonésienne prévue en 2025.

En aval des minerais, les exportations indonésiennes de mattes et de sinters d'oxyde de nickel

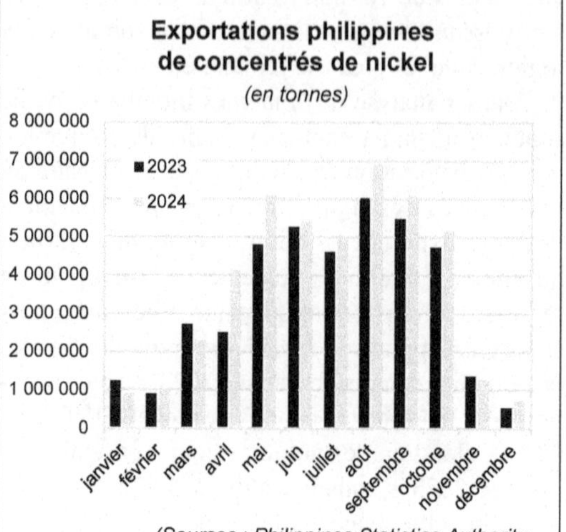

(Sources : Philippines Statistics Authority & Trade Data Monitor)

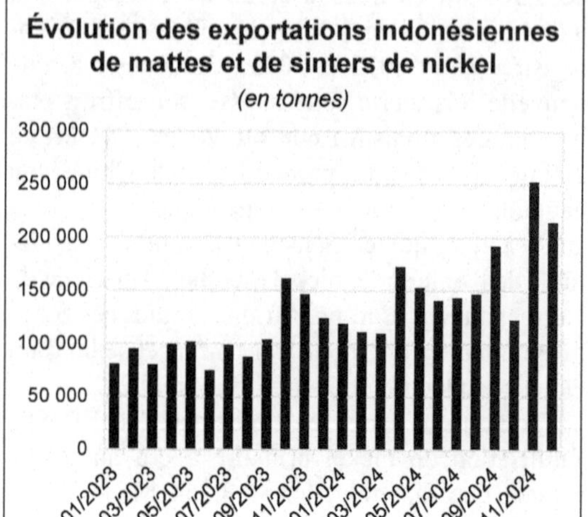

(Sources : Statistics Indonesia & Trade Data Monitor)

(HS Code : 7501) ont connu, à nouveau, une très nette progression, passant de 1,25 Mt en 2023 à 1,88 Mt en 2024. Elles ont ainsi été multipliées par plus de vingt en cinq ans. Ces produits intermédiaires représentaient, en volume et en valeur, la quasi-totalité des ventes de nickel à l'international de l'archipel, lesquelles étaient, en très vaste majorité, destinées au géant chinois. L'Indonésie occupait également la tête, en valeur, du classement mondial des exportations de produits en nickel (HS Code : 75), avec une balance commerciale excédentaire pour $ 7,89 milliards (+ 17,2 % par rapport à 2023), suivie du Canada – les données douanières de la Russie étant toutefois inexistantes – dont l'essentiel des recettes ne provenait cependant pas des exportations de mattes et de sinters, mais de celles de nickel primaire (HS Code : 7502). Elle en était, en 2024, le deuxième exportateur mondial, à 98 309 tonnes, derrière la Chine (123 229 tonnes).

Une part majoritaire des exportations indonésiennes porte toutefois sur le *Nickel Pig Iron* (NPI) et le ferronickel destiné au secteur de la sidérurgie. Entrant dans la catégorie du nickel dit « de classe 2 » d'une teneur en métal inférieure à 99,8 % – par opposition au nickel de classe 1 de haute pureté –, ces produits sont en effet utilisés, dans des proportions variables, pour la fabrication de certains aciers inoxydables, avec le chrome notamment. Le nickel raffiné est traditionnellement privilégié pour les plus exigeantes, mais il peut être concurrencé, pour des qualités inférieures, par des formes moins pures, telles que le ferronickel, contenant entre 20 % et 30 % de nickel, ou le NPI. Présentant une plus grande quantité d'impuretés, il affiche une teneur en métal plus faible encore, comprise entre 4 % et 13 %, mais il bénéficie d'un avantage de coût significatif.

Or, les exportations indonésiennes de ferronickel se sont, elles aussi, envolées, ce qui expliquait également l'intensité des besoins d'importation en minerais de l'archipel. Destinées une nouvelle fois en large part au marché chinois, elles ont été multipliées par six entre 2019 et 2024 pour atteindre désormais 9,67 Mt.

Les ambitions de l'Indonésie sur l'ensemble de la chaîne de valeur du nickel et le partenariat étroit que l'archipel a, à cette fin, développé avec la Chine devraient se matérialiser par la construction de deux entités de transformation du nickel par PT Aneka Tambang (Antam), contrôlé par l'État, et le groupe chinois Ningbo Contemporary Brunp Lygend Co., Ltd. Visant à déployer un « écosystème » pour la production de matériaux utilisés dans les batteries Li-ion, ces entreprises devraient ainsi construire deux usines, une de fours RKEF pour transformer le nickel en métal brut, l'autre de lixiviation acide à haute pression (*High Pressure Acid Leaching* – HPAL). Fin mars 2024, Antam signait également un accord-cadre avec Indonesia Battery Corporation et le groupe coréen LG Energy Solution afin de développer sur le sol national une filière intégrée de production de ces mêmes batteries Li-ion. Principalement positionnés au sein des parcs industriels de Morowali ou de Weda Bay situés sur l'île de Sulawesi, d'autres projets d'usines HPAL ont été annoncés ou avancés en 2024. Certains ont d'ailleurs été inscrits dans la liste des projets stratégiques nationaux bénéficiant d'un soutien de l'État. Ce sont ceux de la société indonésienne Anugrah Neo Energy Materials et de la société chinoise PT Gotion Indonesia Materials, ainsi que ceux de PT Vale Indonesia engagé dans deux projets en partenariat avec Zhejiang Huayou Cobalt Co, l'un à Pomolaa, afin de fournir notamment le constructeur automobile Ford, l'autre à Sorowako. La filiale du géant brésilien considérait également un troisième projet, nommé SOA, avec le fabricant de batteries chinois GEM.

Exportations indonésiennes de ferronickel

(en milliers de tonnes)

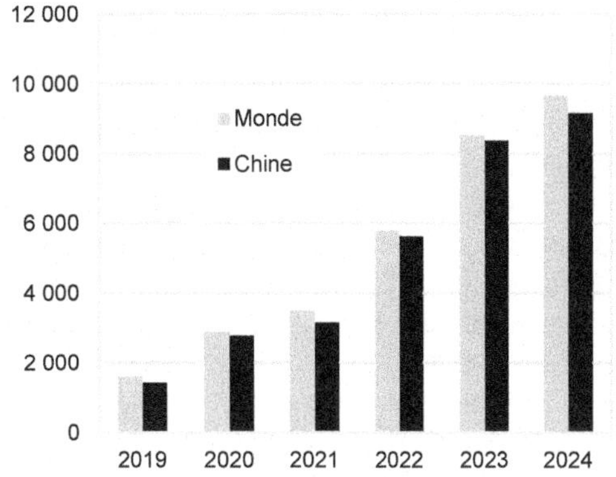

(Source : Trade Data Monitor)

Il n'était toutefois pas impossible que l'Indonésie aspire, à terme, à limiter l'ampleur de ses partenariats avec la Chine afin de pouvoir être éligible aux mesures de déduction fiscale de l'*Inflation Reduction Act* américaine (IRA), lequel exclut de son périmètre, depuis le 1er janvier 2024, les véhicules incorporant des batteries électriques produites par « des entités étrangères problématiques » (*foreign entities of concern*), et notamment la Chine ou toute entreprise contrôlée à plus de 25 % par celle-ci. En janvier 2025, la suspension par la nouvelle administration Trump des financements associés à l'IRA et les incertitudes sur l'avenir de cette mesure-phare complexifiaient assurément les prises de décision stratégique de la filière indonésienne du nickel, comme du monde des métaux dans son ensemble, face au protectionnisme du président américain. Début 2025, un rapport du *Center for Advanced Defense Studies* américain mettait en exergue que la Chine contrôlait 75 % de la capacité de raffinage de nickel en Indonésie.

En Inde, pays en forte croissance économique, mais où le segment des véhicules électriques demeure encore faible, le groupe Vedanta misait également sur le nickel à haute valeur ajoutée et planifiait d'accroître ses capacités de production de sulfate de nickel afin de répondre à la demande croissante locale – le gouvernement ayant lancé un programme de $ 1,3 milliard pour soutenir les automobiles de ce type –, mais également celle des pays asiatiques, notamment au Japon et en Corée du Sud.

La rentabilité des mines et usines HPAL menacée

Si le secteur de la sidérurgie constitue un débouché de taille pour le nickel, celui des batteries Li-ion est, quant à lui, de toute évidence particulièrement stratégique. Selon les dernières simulations de l'Agence internationale de l'énergie (AIE), la demande de nickel pour les seuls véhicules électriques pourrait en effet passer d'environ 299 000 tonnes en 2023 à 2,921 Mt en 2040 (pour une demande totale de nickel supérieure à 6 Mt) si l'ensemble des mesures et politiques permettant d'atteindre la neutralité carbone d'ici 2050 sont adoptées. Même dans le scénario le plus conservateur de l'AIE – appelé *Stated Policy Scenario* –, la consommation de nickel est appelée à croître sensiblement pour se porter, tous secteurs confondus, à 5,518 Mt (dont 2,081 Mt pour l'électromobilité). L'enjeu fondamental pour cette industrie n'est cependant pas tant la sécurisation des approvisionnements en minerai (à la différence du cuivre, par exemple) que l'obtention du sulfate de nickel nécessaire à la fabrication des cathodes de certaines batteries Li-ion. Pour produire ce type de nickel de classe 1, les amas sulfurés présents dans les sous-sols canadien, russe ou australien sont des ressources privilégiées en raison d'un traitement plus facile et moins énergivore. Outre la question de leur localisation géographique, ils sont néanmoins en quantités insuffisantes pour répondre à l'ampleur des besoins. Ceci impose de traiter également les latérites nickélifères, telles que celles présentes en Indonésie. Il faut pour cela des usines hydro-électriques HPAL permettant de produire soit des hydroxydes de nickel-cobalt (*Mixed Hydroxyde Precipitate* – MHP – ou *Nickel Hydroxyde Cake* – NHC), soit des sulfures mixtes de nickel-cobalt (*Mixed Sulphide Precipitate*).

Particulièrement onéreuses, ces entités sont, comme évoqué précédemment, au cœur des enjeux stratégiques du marché du nickel et de la politique industrielle de l'Indonésie, dans un partenariat étroit avec des groupes chinois ayant une maîtrise forte de la technologie complexe associée à ces usines. L'effondrement des cours a cependant lourdement pesé sur la rentabilité des entreprises productrices, minières ou métallurgiques, conduisant à la mise en œuvre de politiques de rationalisation des coûts allant jusqu'à la mise en *care and maintenance* de certaines mines, ainsi qu'au report, voire à l'arrêt, d'un certain nombre de projets d'investissement.

Codétenue par l'entreprise canadienne First Quantum et le groupe coréen Posco, la mine australienne de Ravensthorpe a ainsi vu sa production et sa main-d'œuvre être réduites dès le début de l'année 2024. Un constat similaire s'imposait pour le géant minier BHP qui avait pourtant positionné l'île-continent au cœur de ses ambitions et qui s'interrogeait désormais tant sur les dépréciations d'actifs à comptabiliser à la suite de l'affaissement des cours que sur l'avenir de ses activités en Australie-Occidentale. À partir de juin, il réduisait l'activité de son concentrateur de Kambalda situé en Australie-Occidentale, en raison de la mise en maintenance concomitante des mines avoisinantes détenues par l'entité Wyloo Metals, puis décidait en juillet de suspendre temporairement ses opérations dans cet État d'Australie, dont celles de la raffinerie de Kwinana et de la fonderie de Kalgoorlie, ainsi que la mise en œuvre du projet West Musgrave. Le producteur de batteries IGO en faisait de même avec le projet Cosmos qu'il exploite dans cette même province, tandis que Mallee Resources plaçait, en Tasmanie, la mine d'Avebury en entretien et maintenance dès février. Ce même mois, le gouvernement australien avait cependant placé le nickel dans la liste de ses métaux critiques, ce qui allait permettre aux producteurs nationaux d'accéder, à plus long terme, à des facilités de financement et ainsi de mieux faire face à la concurrence indonésienne. Dans l'archipel indonésien et pour les mêmes raisons, Eramet et BASF ont, pour leur part, décidé d'annuler le coinvestissement (d'un montant de $ 2,6 milliards) qu'ils avaient engagé pour le développement d'une usine HPAL dans le parc industriel de Weda Bay. Le projet de raffinerie dans la ville sud-coréenne de Pohang a aussi été suspendu par ses deux porteurs, CNGR et Posco Holdings.

Le constat n'était guère différent au Zimbabwe, où Trojan, la seule mine de nickel du pays, et son opérateur Bindura Nickel Corporation Limited, ont été mis en restructuration par le gouvernement au début du mois de mai 2024. Subissant la faiblesse des cours et ayant enduré des dégâts matériels lors d'une secousse sismique, la mine avait suspendu ses opérations en 2023. À Madagascar, un plan de restructuration de la dette de l'emblématique Ambatovy – associant Ambatovy Minerals, une entreprise minière, et Dynatec Madagascar pour le raffinage avec, toutes deux, le groupe nippon Sumitomo pour actionnaire principal – était, par ailleurs, déposé fin août auprès d'un tribunal londonien. Bien que fortement limitée, l'activité du site a lentement repris au second semestre (malgré une rupture de canalisation entre la mine et l'usine survenue en septembre), sans que le groupe précise son implication à venir au sein de ce projet. Le potentiel de Madagascar sur le marché du nickel demeure important et l'île rouge pourrait être accompagnée dans sa trajectoire par le Botswana. Fermées en 2016, les mines de Selebi et Selkirk détenues par Premium Resources pourraient en effet rouvrir. En Tanzanie enfin, Lifezone Metals a obtenu au printemps l'autorisation du gouvernement pour développer, à Kahama, une usine de raffinage de nickel, de cuivre et de cobalt, dans le cadre du projet Kabanga.

Sur le continent américain, le constat semblait plus nuancé. Au Brésil, Anglo American engageait ainsi la vente des deux mines (Barro Alto et Codemin) qu'il détenait dans l'État du Goiás, laquelle sera conclue en février 2025 avec MMG, dont l'actionnaire principal est l'entreprise chinoise China Minmetals Corporation (CMC). Toujours en Amérique du Sud, le groupe australien South32 s'interrogeait, lui, sur l'avenir de son projet colombien de Cerro Matoso. À l'inverse, celui de Piauí porté par Brazilian Nickel semblait promis à un meilleur futur, à la faveur d'un soutien potentiel du gouvernement américain. Une fois encore, le changement d'administration à la tête des États-Unis imposait cependant de considérer la stratégie de financement et de soutien étatique du pays en faveur de l'électromobilité et des ressources minérales associées avec une grande prudence. Au nord du continent, en Ontario, l'entreprise Canada Nickel a, elle, reçu l'appui financier du gouvernement fédéral pour le développement de la mine de sulfure de nickel de Crawford, dont les premiers tonnages pourraient être attendus en 2027. En début d'année 2024, Glencore et Vale Base Metals priorisaient, pour leur part, la mise en œuvre de stratégies coopératives pour leurs opérations dans le bassin de Sudbury afin de réduire leurs coûts.

Dans ce basculement en faveur de l'Indonésie et de la Chine, et malgré certains projets prometteurs évoqués précédemment, on ne saurait considérer que tous les groupes métallurgistes nationaux ont pu tirer profit de la politique de Djakarta. PT Gunbuster Nickel Industry, l'un des plus gros fondeurs de l'archipel, semblait ainsi en prise avec d'importantes difficultés financières en lien avec la faillite de son principal actionnaire, le groupe chinois Jiangsu Delong Nickel Industry.

Une profonde crise néo-calédonienne

Si la situation fut difficile pour l'ensemble des pays producteurs en 2024, elle s'est avérée critique en Nouvelle-Calédonie, dans le sillage de l'année 2023. Pour mémoire, l'État français avait proposé le « pacte nickel » en novembre 2023, un vaste plan de sauvetage de la filière doté de plusieurs centaines de millions d'euros en échange d'un certain nombre d'engagements de la part des opérateurs privés, ainsi que des collectivités locales et des provinces. Contesté, voire dénoncé, par certaines parties prenantes sur fond de graves tensions politiques et sociales, il vit l'échéance de sa signature initialement espérée en janvier être repoussée à plusieurs reprises avant d'être progressivement abandonnée. Avec la concurrence indonésienne en toile de fond, c'était la question particulièrement épineuse de la transformation locale du minerai qui était notamment posée. Non rentable à ce jour compte tenu d'un différentiel de coûts énergétiques, elle cristallise les antagonismes en Nouvelle-Calédonie, comme dans de très nombreuses autres régions productrices de minerais où pragmatisme économique et perception politique s'opposent souvent.

Mi-février 2024 et malgré l'aide proposée par l'État français, le groupe Glencore confirmait ainsi sa volonté de vendre ses parts dans l'usine du Nord, celle de Koniambo (KNS), comme il l'avait annoncé en septembre 2023 avec un placement en *care & maintenance* pour une durée de six mois. Cette crise profonde touchait également Eramet et la Société Le Nickel (SLN), sa filiale, ainsi que Prony Resources exploitant l'usine du Sud. Début mars, un accord entre Eramet et le gouvernement français était toutefois acté pour une conversion en quasi-fonds propres de la dette de la SLN – présente dans les états financiers consolidés du groupe minier – envers l'État et le groupe. Avec pour élément déclencheur la réforme constitutionnelle visant notamment à élargir le corps électoral, ce contexte particulièrement difficile s'est mué en une violente crise insurrectionnelle à partir du 13 mai, causant la mort de plusieurs personnes et un blocage des activités de l'île. Fin août 2024, lourdement endetté et sans repreneur, KNS cessait ses activités. En octobre 2024, Eramet recevait néanmoins, outre les précédentes mesures de soutien, une aide de l'État français de € 20 millions pour maintenir partiellement l'activité de la SLN. En novembre et après six mois d'arrêt, Prony Resources redémarrait, quant à lui, ses opérations dans l'attente d'un nouvel actionnaire, en remplacement de Trafigura.

En février 2025, le « pacte nickel » semblait enterré au profit d'un nouveau dispositif en faveur de l'île dépassant l'industrie nickélifère, mais, pour celle-ci, les enjeux demeuraient inchangés autour de trois piliers principaux : l'abaissement du coût de l'énergie, son verdissement, et une contribution accrue à la satisfaction des besoins français et européens en nickel, dans le contexte de l'électromobilité. C'était dans cette logique que le projet d'une raffinerie de nickel – Electro Mobility Materials Europe (Emme) –, porté par l'entreprise suisse KL1 et d'une capacité annuelle de traitement de 20 000 tonnes de nickel, était lancé dans la région bordelaise pour une mise en activité souhaitée en 2028. Toujours en France, le groupe sud-africain Sibanye-Stillwater a, pour sa part, engagé la transformation de son usine de Sandouville, rachetée en 2022, afin de la faire évoluer en une raffinerie dédiée à la fabrication de matériaux actifs précurseurs de cathodes. Il n'excluait d'ailleurs pas de se fournir auprès de Prony, voire de s'affirmer comme un repreneur crédible capable de mettre en œuvre une filière intégrée du nickel répondant aux besoins français et européens de l'électromobilité.

Vers une segmentation du marché en faveur du nickel « propre » ?

Avec l'explosion des exportations indonésiennes de ferronickel et de NPI, les acteurs s'interrogeaient en outre sur les mécanismes de formation des prix du métal. Sur le LME, le nickel pouvant être livré est de classe 1. À l'instar des autres métaux cotés sur le marché londonien, son prix sert ainsi de référence pour la fixation de ceux des autres produits du nickel, sous forme de prime ou de décote, mais l'abondance du NPI combinée aux effets délétères du *short squeeze* de mars 2022 pourrait avoir affaibli, voire inversé, cette corrélation.

Dans le contexte de la baisse durable des cours du nickel, la priorité des groupes miniers et métallurgiques ne pouvait être que de rationaliser leurs coûts, mais également d'affirmer des normes de qualité permettant de s'affranchir pour partie de la concurrence par les prix inhérente aux marchés mondiaux de matières premières, minérales ou non. Andrew Forrest, président du groupe minier australien Fortescue Metals Group n'a d'ailleurs pas hésité, en avril 2024, à recommander aux constructeurs automobiles électriques de se méfier d'un nickel indonésien au coût environnemental conséquent et à encourager la Chine à verdir ses standards de production. C'est la raison pour laquelle nombre d'entreprises appellent depuis plusieurs années, à l'instar de BHP début 2024, à une reconnaissance du nickel « vert » sur le LME, en quête d'une valorisation spécifique, supérieure à celle du nickel « commun » largement dépendant d'une génération électrique très carbonée. Arguant de l'insuffisante liquidité qu'aurait à ce jour un contrat *future* avec un tel sous-jacent et de la difficulté à obtenir un consensus international sur la notion même de nickel propre, le marché londonien a cependant mis un terme, en mars 2024, aux espoirs de ces mêmes producteurs. MetalsHub, une plateforme informatique de courtage des métaux comptant le LME pour partenaire et soutenue dans son initiative par Wyloo Metals (l'un des véhicules d'investissement de Forrest), a toutefois annoncé vouloir compiler les données de prix sur les échanges de nickel bas carbone et lancer un indice représentatif de ce segment particulier. Tout n'était cependant pas affaire de « verdissement », mais également de responsabilité sociale et de sécurité des travailleurs, particulièrement au sein de l'industrie indonésienne, dans le viseur du département américain du Travail sur fond d'allégations de travail des enfants et de travail forcé, pour des immigrés chinois notamment. Dans le même temps, les premières cathodes indonésiennes, produites par PT CNGR Ding Xing New Energy, faisaient acte de candidature, en mars 2024, pour être livrables dans les entrepôts agréés par le LME.

Si la bourse londonienne est au cœur du marché mondial du nickel en raison de l'usage de ses cours comme référence de prix, l'appétit du *Shanghai Futures Exchange* (SHFE) n'en demeurait pas moins grand, notamment depuis l'épisode du *short squeeze* de mars 2022 qui avait lourdement ébranlé la crédibilité de la bourse londonienne. En cela, il n'était guère surprenant que la bourse chinoise annonce, début avril 2024, le lancement d'un plan d'internationalisation de ses contrats à terme sur le nickel. L'initiative n'était d'ailleurs pas nouvelle dans l'univers des matières premières chinoises, un *future* portant sur le brut pétrolier et coté sur le *Shanghai International Energy Exchange* ayant été pour la première fois proposé à des opérateurs étrangers en 2018. Dans la même veine, deux autres projets visant à concurrencer le LME, toutes proportions gardées, avaient vu le jour en 2023 : à Singapour avec la bourse Abaxx ayant communiqué en décembre de cette année sur le lancement prochain d'un contrat à terme sur le sulfate de nickel coté en dollars, ainsi qu'à Londres avec une plateforme de *trading* physique du nickel portée par Global Commodities Holdings, en partenariat avec l'*Intercontinental Exchange* (ICE). Ces projets ont été retardés par le repositionnement de BHP, qui les soutenait, sur ses opérations en Australie-Occidentale, mais ceci n'a pas empêché la mise à la cote du contrat proposé par Abaxx le 10 janvier 2025.

Conclusion

2025 ne devrait pas permettre au marché du nickel de se redresser sensiblement, avant que l'horizon ne s'éclaircisse progressivement à la faveur de l'essor de l'électromobilité. Selon l'INSG, la demande mondiale devrait certes progresser pour s'afficher à 3,51 Mt, soit un taux de croissance (+ 4,7 % par rapport à 2024) plus important que celui de l'offre (+ 3,7 %), à 3,65 Mt, mais les incertitudes macroéconomiques et géopolitiques demeurent particulièrement fortes, principalement nourries par les effets délétères du protectionnisme tous azimuts voulu par Donald Trump. Peu de facteurs haussiers sont présents et – à condition de marchés inchangés où les stocks abondent et le dynamisme indonésien ne se dément pas – un prix plancher à $ 15 000/t ne semble pas être une hypothèse totalement pessimiste pour l'année sous revue.

Offre et demande de plomb

(en milliers de tonnes)

Production minière*	2020	2021	2022	2023	2024	Variation 2024-2023
Europe	473	467	456	449	453	1.0
Mexique	260	272	273	183	198	8.3
Pérou	242	264	255	273	291	6.7
États-Unis	306	294	272	270	302	11.5
Chine	1 942	1 964	1 946	1 960	1 941	-1.0
Inde	206	217	220	226	223	-1.3
Australie	494	488	417	472	502	6.2
Autres	514	586	594	635	645	1.6
Monde hors Chine	2 495	2 588	2 487	2 509	2 614	4.2
Monde	**4 437**	**4 552**	**4 433**	**4 469**	**4 555**	**1.9**
Production de plomb raffiné						
Europe	1 920	2 034	1 780	1 785	1 823	2.1
Canada	189	198	182	191	164	-14.0
Mexique	410	420	419	435	432	-0.6
États-Unis	1 151	975	960	1 009	1 023	1.4
Chine	5 204	5 448	5 471	5 687	5 277	-7.2
Inde	818	923	966	1 038	1 100	6.0
Japon	237	247	295	279	290	4.1
Kazakhstan	133	121	121	114	128	12.6
Corée du Sud	770	790	760	776	797	2.7
Australie	155	164	131	186	200	7.5
Autres	1 559	1 680	1 695	1 741	1 779	2.2
Monde hors Chine	7 341	7 552	7 309	7 554	7 736	2.4
Monde	**12 545**	**13 000**	**12 780**	**13 241**	**13 013**	**-1.7**
Consommation de plomb raffiné						
Europe	1 804	1 853	1 837	1 887	1 825	-3.3
États-Unis	1 516	1 567	1 586	1 515	1 393	-8.1
Chine	5 215	5 309	5 351	5 460	5 390	-1.3
Inde	803	866	908	945	997	5.5
Japon	217	263	305	307	292	-4.7
Corée du Sud	610	674	608	579	662	14.2
Autres	2 228	2 423	2 370	2 395	2 418	1.0
Monde hors Chine	7 178	7 646	7 613	7 628	7 587	-0.5
Monde	**12 392**	**12 956**	**12 964**	**13 088**	**12 977**	**-0.8**
Niveau des stocks rapportés à la fin de l'année						
Producteur	154	152	156	153	151	
Consommateur	110	105	107	104	103	
LME	133	54	25	134	242	
SHFE	46	86	35	53	52	
Total	**445**	**398**	**324**	**445**	**549**	

* Teneur en plomb

(Source : ILZSG)

Plomb : *avis de grand frais*

Après le calme, la tempête ? L'inversion du fameux adage semblait faire sens pour le plomb, car, si ses cours avaient su maintenir une trajectoire étonnement stable en 2023 sur le *London Metal Exchange* (LME), tel ne fut pas le cas en 2024, bien au contraire. Sous l'effet conjugué de fondamentaux dégradés, d'une certaine nervosité des opérateurs et d'une demande amenée à décroître structurellement à moyen et long terme, ils ont connu un repli de près de 5 % sur l'année, mâtiné d'une importante volatilité. Le marché était-il segmenté ? La réalité était, en effet, toute autre sur le *Shanghai Futures Exchange* (SHFE) où les prix du plomb ont, à l'inverse, progressé en raison d'une moindre disponibilité du métal livrable et d'un *short squeeze* survenu durant l'été. Une offre minière solide, sauf en Chine, des surcapacités métallurgiques et une demande globalement en repli dans un contexte de stocks comparativement élevés : les raisons expliquant le déclin des cours du plomb ne surprenaient guère.

Des fondamentaux dégradés

Alors qu'ils avaient affiché une étonnante stabilité en 2023, les cours du plomb sur le LME se sont nettement repliés en 2024. En référence *cash* sur le marché londonien, ils ont débuté l'année à \$ 2 033/t, soit peu ou prou la valeur qu'ils avaient une année auparavant. Ils entrèrent immédiatement dans une période de forte volatilité, touchant un premier point haut quelques jours plus tard, le 29 janvier, à \$ 2 180/t, ce qui leur offrait une progression de plus de 7 % en un mois seulement. L'embellie fut toutefois de courte durée, le prix du plomb repassant sous le seuil de \$ 2 000/t à la fin mars, sous l'effet – notamment – d'une envolée des stocks officiels dans les entrepôts certifiés de la bourse londonienne. Sa grande instabilité n'en était qu'à ses débuts. Il s'est en effet fortement redressé au printemps, frôlant la barre des \$ 2 300/t le 20 mai – les cours à trois mois, eux, la dépassant – avant de chuter lourdement et de s'afficher à \$ 1 905/t le 6 août, ce qui sera son plus bas niveau pour 2024. S'ajoutant aux interrogations sur l'activité économique de la Chine, les doutes qui s'exprimaient alors sur la croissance américaine étaient l'une des raisons principales de cet important trou d'air, au demeurant commun à la quasi-totalité des métaux de base. Au second semestre, cette forte volatilité s'est atténuée, au prix d'un net recul portant le cours du plomb à

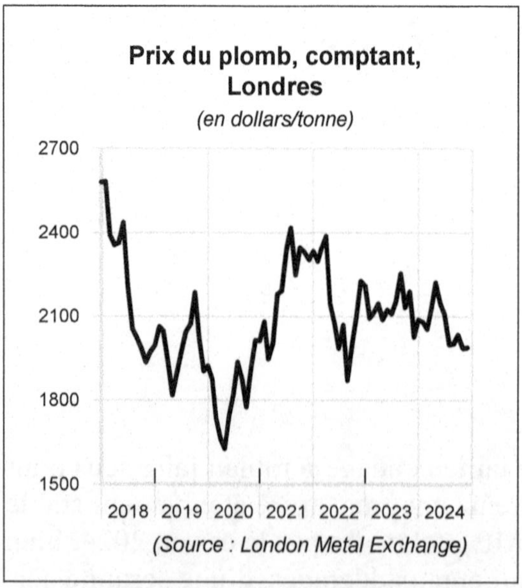

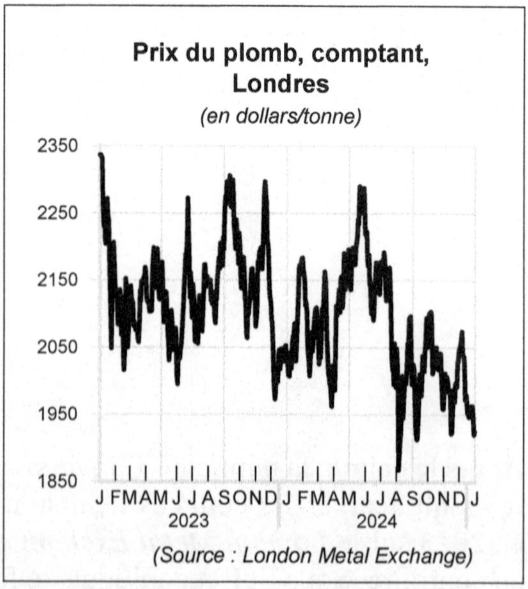

$ 1921/t, toujours selon la référence au comptant du LME. En novembre, les stocks qui avaient nettement diminué depuis le « point haut » d'avril ont de nouveau bondi, tout particulièrement à Singapour, sous l'effet des stratégies de *rent deals*. Menées par certains négociants et groupes miniers, elles visent à partager avec l'entreprise d'entreposage les frais imposés aux nouveaux propriétaires du métal, qu'il s'agisse de plomb, de zinc ou d'aluminium en 2024. Conséquence de ce second semestre baissier, le cours LME du plomb a ainsi perdu 5,5 % sur l'année et 3 %, en moyenne annuelle, entre 2023 et 2024.

Sur le (SHFE), en revanche, les prix ont, comme en 2023, emprunté un chemin légèrement ascendant. Ils débutèrent en effet l'année à 16 263 CNY par tonne en janvier pour l'achever à 17 386 CNY en décembre, ce qui leur offrait une progression de 1,4 % sur la période et de plus de 10 %, en moyenne annuelle, entre 2023 et 2024. On devait y voir là les conséquences d'une production chinoise de plomb raffiné en baisse singulière et plus élevée

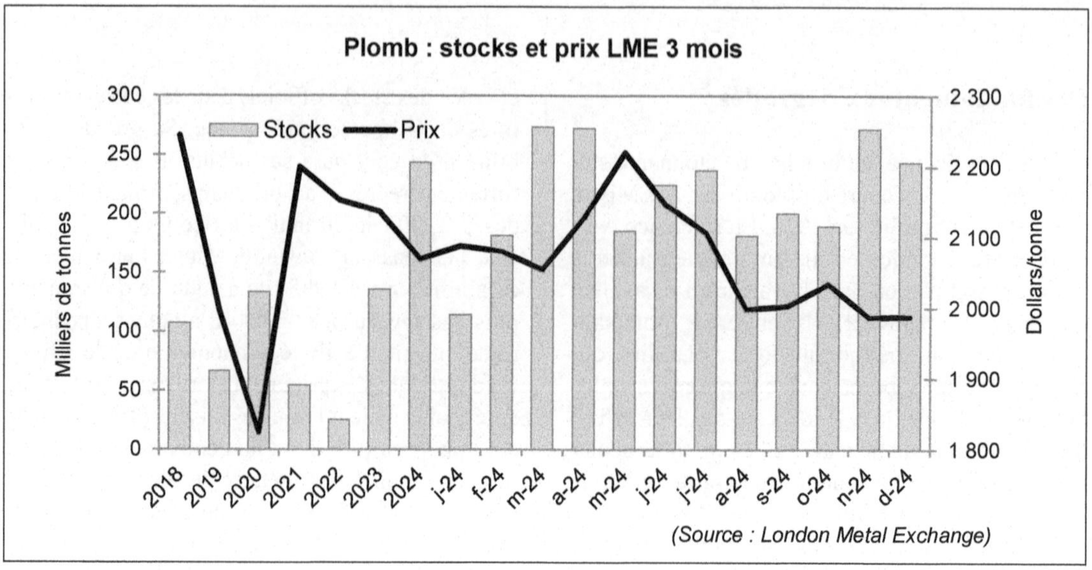

Plomb - Bilan mondial
(en milliers de tonnes)

	2020	2021	2022	2023	2024
• Production minière	4 437	4 552	4 433	4 469	4 555
• Production métal	12 545	13 000	12 780	13 241	13 013
• Utilisation métal	12 392	12 956	12 964	13 088	12 977

(Source : ILZSG)

que celle de la demande avec, à la clé, des exportations réduites pour le premier producteur mondial et l'apparition d'un déficit commercial. Ce dernier s'expliquait aussi par le *short squeeze* survenu en juillet, portant le prix moyen du plomb sur le SHFE à près de 20 000 CNY et plongeant le marché dans une situation de *backwardation* marquée, où les prix des contrats à terme pour les échéances courtes s'élèvent plus que proportionnellement. Il y avait alors une pénurie de plomb disponible et éligible à la livraison sur la place de Shanghai en raison de la baisse de la production chinoise, de stocks réduits et de contraintes réglementaires renforcées (le SHFE ayant abaissé en avril 2024 la teneur en bismuth du plomb livrable, en réponse aux normes d'émission plus strictes imposées aux fabricants chinois de batteries). Ceci a simultanément conduit à des rachats massifs de *futures* de la part des opérateurs en position vendeuse – expliquant l'élévation des cours –, et à une recherche de métal à l'international.

Un repli en trompe-l'œil de la production mondiale de plomb raffiné

Selon les statistiques encore provisoires de l'*International Lead and Zinc Study Group* (ILZSG), l'offre minière de plomb a progressé de près de 2 % entre 2023 et 2024, passant sur cette période, à l'échelle mondiale, de 4,469 millions de tonnes (Mt) – en métal contenu – à 4,555 Mt. En tête des pays producteurs, la Chine a pourtant vu son offre se contracter, à 1,941 Mt en 2024 contre 1,96 Mt. Elle augmentait en revanche chez ses poursuivants avec, par volumes de production décroissants, l'Australie (502 000 tonnes, + 6,3 %), les États-Unis qui ont ravi la troisième place du classement mondial (302 000 tonnes) grâce à une très nette élévation de son offre (+ 11,8 %), le Pérou (291 000 tonnes, + 6,6 %), puis le Mexique (198 000 tonnes, + 8,2 %). Cette dichotomie expliquait notamment pourquoi la Chine a vu son déficit commercial sur le minerai et les concentrés de plomb s'accentuer en 2024, atteignant ainsi 1,246 Mt, contre 1,13 Mt l'année précédente, dont une fraction grandissante en provenance de Russie.

Toujours d'après les statistiques de l'ILZSG, l'offre totale de plomb raffiné a, elle, modestement reflué (– 1,7 %), après l'augmentation de près de 2,8 % enregistrée entre 2022 et 2023. Elle passait ainsi de 13,241 Mt en 2023 à 13,013 Mt en 2024. Dominant, là encore, la production mondiale dont elle assurait environ 40 % des tonnages en 2024, la Chine s'est inscrite à contre-courant des autres grands fournisseurs de plomb. Ses volumes se sont en effet nettement affaissés, tombant à 5,277 Mt en 2024, contre 5,687 Mt l'année précédente, soit un recul de 7,2 %. Ses exportations ont en conséquence chuté et, à l'instar du minerai et des concentrés, sa demande d'importation a, symétriquement, fortement augmenté. Il était donc logique qu'elle enregistre un déficit commercial sur le plomb brut de 188 345 tonnes en 2024, alors qu'elle était en excédent au cours des trois années précédentes. Il fallait aussi y trouver là les conséquences du *short squeeze* survenu sur le SHFE avec, à la clé, un bond des importations en juillet et en août. En effet, celles-ci sont passées de moins de 7 000 tonnes par mois au premier semestre à quelque 32 000 tonnes et 82 400 tonnes sur ces deux mois, respectivement.

Cette faiblesse relative de la production métallurgique chinoise trouvait son explication principale dans un phénomène largement observé

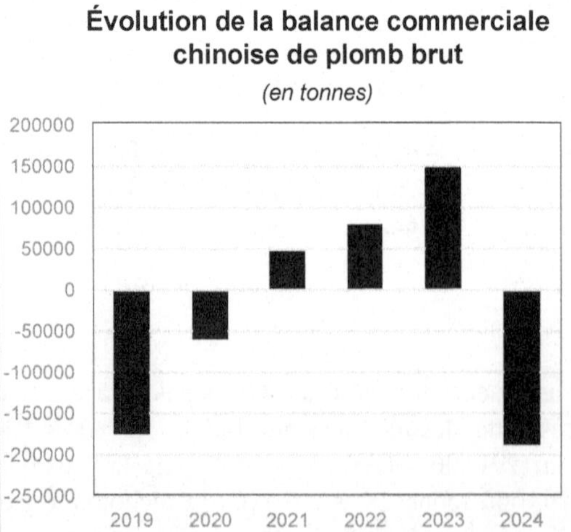

(Sources : China Customs Statistics & Trade Data Monitor)

pour d'autres métaux de base, qu'il s'agisse du cuivre ou, fort logiquement, du zinc : l'abaissement, voire la valeur négative, des charges de traitement et de raffinage (*Treatment Charges/Refining Charges* : TC/RC), à savoir ce que paient les mineurs aux fondeurs pour la transformation des concentrés en métal. Avec des marges bénéficiaires réduites, voire existantes, ces derniers ont logiquement réduit leurs activités. Toujours en Asie, mais loin derrière le *leader* mondial, l'Inde – son dauphin – a, au contraire, fait montre d'un grand dynamisme, sans que cela surprenne vraiment. Estimée à 1,1 Mt en 2024, sa production de plomb raffiné a ainsi progressé de près de 6 % sur un an, et de 19 % sur trois ans. États-Unis, Corée du Sud, Mexique, Allemagne, Japon – leurs poursuivants, par ordre décroissant – : tous ont vu leurs tonnages croître ou, au pire, stagner en 2024.

Un léger repli de la demande

S'établissant à 12,977 Mt en 2024, contre 13,088 Mt l'année précédente, la demande de plomb raffiné s'est elle aussi repliée, mais dans des proportions bien plus faibles (– 0,8 %). Cette réalité aurait pu conduire à une augmentation généralisée des cours de ce métal, mais il fallait assurément distinguer les principales zones de consommation du reste du monde. Or, en Chine, l'offre était inférieure à la demande, et son repli supérieur à celui de son utilisation dans le pays. Il était donc somme toute logique que les importations chinoises progressent et que les cours sur le SHFE s'élèvent. Deuxième plus grand pays consommateur, les États-Unis ont connu une situation quasi opposée, voyant la demande de métal raffiné se réduire substantiellement (– 8 %), tandis que sa production nationale augmentait de 1,4 %, à 1,023 Mt. La physionomie du marché européen n'est guère différente et, couplée à la situation américaine, elle expliquait en large part la divergence des cours entre Londres et Shanghai.

Dans un constat plus général, la demande de plomb n'est évidemment pas dans une dynamique favorable et 2024 en a été l'illustration. Utilisé très majoritairement dans les batteries au plomb-acide (ainsi que dans l'industrie et la construction pour le gainage et les contrepoids), et donc dans le secteur automobile ou le stockage stationnaire, ce métal devrait en effet pâtir de l'essor de l'électromobilité. Si les véhicules hybrides et électriques incorporent bien ce type de batterie (12V), notamment pour alimenter les systèmes auxiliaires, la quantité de plomb utilisé demeure bien plus faible que pour des voitures à moteur thermique traditionnelles.

Une glissade se poursuivant en 2025

Du côté de la demande, hormis l'hypothèse d'un hiver rigoureux qui pourrait soutenir les ventes de batteries en 2025, peu de facteurs haussiers sont à mettre au crédit du plomb. C'est donc principalement la dynamique de l'offre, minière comme métallurgique, qui dictera l'évolution des cours, à Londres comme à Shanghai. Actant d'un possible retour de la Chine sur les marchés d'exportation après le creusement de son déficit commercial en 2024, un nouveau repli – modéré – des prix du plomb semble donc largement probable en 2025.

Zinc : *le repli*

Avec une offre minière et métallurgique en repli, une contraction des exportations de la Corée du Sud comme de l'Espagne, et une augmentation des importations chinoises, le zinc a logiquement vu ses cours progresser en 2024, malgré des stocks officiels comparativement élevés sur le *London Metal Exchange* (LME). Les hésitations – certes communes sur les marchés mondiaux de matières premières – furent pourtant bien nombreuses et la volatilité élevée. Alors que le marché était attendu en excédent, il s'est en effet progressivement inscrit en déficit, dans le contexte d'une demande quasi inchangée et d'une offre en net repli face à une moindre disponibilité des concentrés et à une contraction de la marge des fondeurs, notamment en Chine.

Sur le LME, les cours du zinc ont, comme souvent, connu une forte volatilité en 2024 qui ne les a pas empêchés de progresser de 5 % entre 2023 et 2024. Ils ont pourtant commencé l'année sur un repli, après l'important rebond qu'ils avaient connu sur les derniers jours de 2023. En référence *cash*, ils s'affichaient ainsi à $ 2 607/t le 2 janvier avant de déraper sur les semaines suivantes pour atteindre $ 2285/t le 14 février, ce qui sera leur prix plancher pour l'année, proche de celui atteint au printemps 2023. Dans le contexte d'une forte augmentation des stocks officiels dans les entrepôts agréés par la bourse londonienne, l'accumulation des positions vendeuses – servant probablement davantage des ambitions spéculatives que des stratégies de couverture – l'expliquait assez largement. Utilisé dans la galvanisation de l'acier, le zinc était également exposé aux soubresauts de la demande chinoise, et notamment celle provenant d'un secteur immobilier toujours fragilisé.

Passé la mi-février, les cours reprirent un chemin haussier qui allait les mener à dépasser brièvement le seuil symbolique de $ 3 000/t, à $ 3 060/t le 29 mai, toujours selon la référence londonienne. La faiblesse de la production en était la raison principale. Ce même mois, l'annonce par la Chine d'un nouveau plan de soutien du secteur immobilier alimenta aussi ces vents favorables. Il prenait la forme d'un fonds d'aide aux gouvernements locaux doté de 3 milliards CNY, pour le rachat et la conversion en habitats sociaux des logements invendus, ainsi que d'une baisse du taux de dépôt requis pour l'achat immobilier, de 20 % à 15 % pour une première acquisition. L'instabilité régnant, les cours cédèrent ensuite du terrain jusqu'à l'été,

Offre et demande mondiale de zinc

(en milliers de tonnes)

Production minière*	2020	2021	2022	2023	2024	Variation 2024-2023
Europe	1 099	1 079	1 071	1 005	907	-9.7
Canada	247	230	153	111	76	-31.5
Mexique	688	743	744	584	685	17.4
Pérou	1 335	1 532	1 370	1 468	1 270	-13.5
États-Unis	718	704	761	767	749	-2.4
Chine	4 058	4 136	4 041	4 060	4 000	-1.5
Inde	727	794	836	855	860	0.6
Kazakhstan	341	318	315	353	353	-0.1
Australie	1 312	1 323	1 237	1 094	1 080	-1.3
Autres pays	1 739	1 933	1 962	1 933	1 903	-1.5
Total monde hors Chine	8 206	8 657	8 448	8 170	7 882	-3.5
Monde	**12 264**	**12 793**	**12 489**	**12 230**	**11 882**	**-2.8**
Production de zinc raffiné						
Europe	2 493	2 494	2 211	2 124	2 122	-0.1
Canada	684	643	485	504	479	-5.1
Mexique	368	367	347	363	351	-3.1
Chine	6 342	6 408	6 358	6 850	6 620	-3.4
Inde	710	779	838	836	857	2.5
Japon	501	517	517	485	473	-2.3
Kazakhstan	319	327	266	280	288	2.8
Corée du Sud	904	840	868	862	800	-7.2
Australie	468	463	385	467	455	-2.6
Autres pays	1 066	1 118	1 141	1 139	1 100	-3.4
Total monde hors Chine	7 513	7 548	7 058	7 059	6 925	-1.9
Monde	**13 855**	**13 956**	**13 416**	**13 909**	**13 545**	**-2.6**
Consommation de zinc raffiné						
Europe	2 171	2 362	2 260	2 061	1 977	-4.0
États-Unis	866	920	950	921	848	-7.9
Chine	6 736	6 854	6 515	6 980	6 850	-1.9
Inde	558	643	668	750	823	9.7
Japon	382	431	367	344	346	0.4
Corée du Sud	449	468	416	394	496	26.1
Autres pays	2 182	2 370	2 269	2 150	2 267	5.5
Total monde hors Chine	6 608	7 194	6 930	6 619	6 756	2.1
Monde	**13 345**	**14 048**	**13 446**	**13 599**	**13 607**	**0.1**

(Source : ILZSG)

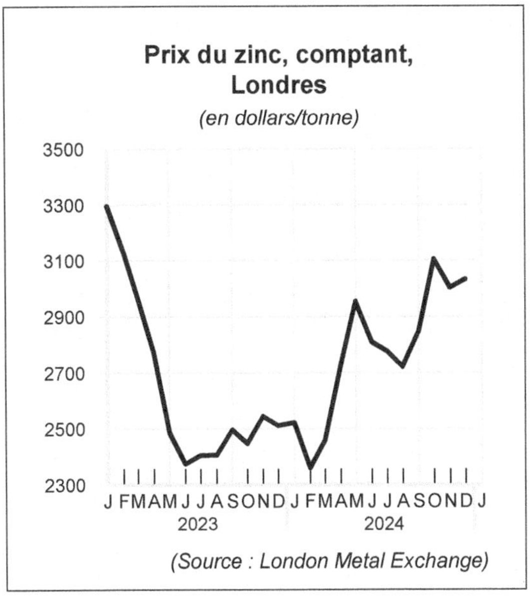

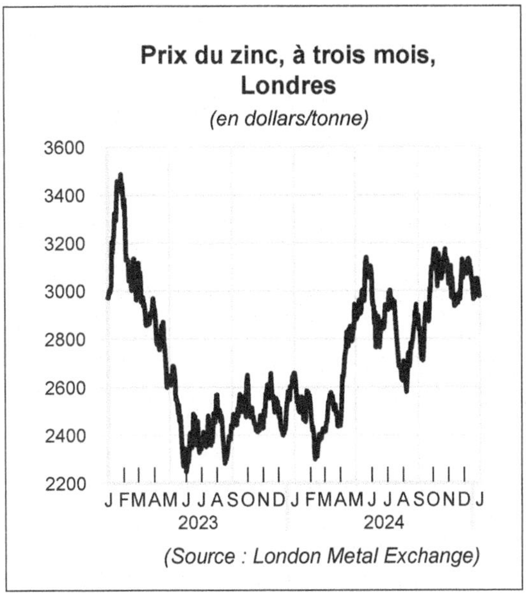

sans toutefois revenir aux bas niveaux de février, ni même franchir la barre des $ 2 500/t.

Refluant ainsi jusqu'à $ 2 516/t le 7 août, ils reprirent leur marche en avant pour atteindre, le 24 octobre, leur plus haut niveau de l'année, à $ 3 237/t, une valorisation qui n'avait plus été observée depuis février 2023. Le *contango* – situation « normale » d'un marché correctement approvisionné, où les prix à terme sont supérieurs au prix *spot* – que l'on imaginait durable s'est progressivement réduit, le contrat zinc du LME basculant même brièvement en *backwardation* à la fin du mois d'octobre, lorsque les tensions qui touchaient la place londonienne furent les plus vives. Ainsi, alors qu'au début de 2024 un excédent du marché était attendu, l'inverse se produisit à partir du second semestre. La question de la disponibilité des concentrés était devenue centrale, pesant mécaniquement sur l'offre métallurgique en raison de la compression de la marge des fondeurs. La fermeture temporaire, en septembre, d'une importante fonderie canadienne – celle de Trail, en Colombie-Britannique, appartenant à Teck Resources – ajoutait au stress du marché. Du côté de la Chine, la baisse, en septembre, des taux de rémunération des prises en pension à sept jours de la Banque populaire de Chine, puis, le mois suivant, celle du taux préférentiel à un an (LPR) offraient par ailleurs un certain soulagement, sans totalement rassurer le marché sur la situation du secteur immobilier du pays. La performance du zinc aurait d'ailleurs pu être bien supérieure s'il n'avait pas connu une nouvelle glissade en novembre. En définitive, les cours ont terminé l'année à $ 2 974/t, ce qui leur permettait d'affi-

Zinc - Bilan mondial

(en milliers de tonnes)

	2020	2021	2022	2023	2024
• Production minière	12 264	12 793	12 489	12 230	11 882
• Production métal	13 855	13 956	13 416	13 909	13 545
• Utilisation métal	13 345	14 048	13 446	13 599	13 607

(Source : ILZSG)

cher une progression de 14 % depuis le 1er janvier. Sur le *Shanghai Futures Exchange* (SHFE), la dynamique des cours fut logiquement proche, avec un prix moyen pour janvier 2024 de 21 209 CNY/t et de 25 670 CNY/t en décembre, soit un essor de 21 % sur la période et de 7,7 %, en moyenne annuelle, entre 2023 et 2024.

Marqués par l'affirmation bravache du protectionnisme de Trump et, conséquemment, par un fort risque d'escalade dans la guerre commerciale entre les États-Unis et le reste du monde, les trois premiers mois de 2025 ont été gagnés par un regain de volatilité sur le zinc, sans véritable tendance. Les incertitudes tant politiques qu'économiques se renforçant, il était somme toute logique qu'il en soit ainsi.

Un reflux de l'offre minière et de la production d'étain raffiné

Repli de la production de concentrés, comme de métal, et contraction de la demande : l'année 2024 fut en réalité bien particulière et il fallait comparer l'amplitude de ces ressacs pour comprendre l'augmentation des cours. Selon les données encore provisoires de l'*International Lead and Zinc Study Group* (ILZSG), l'offre minière de zinc s'est une nouvelle fois affaissée, après les baisses enregistrées en 2022 et 2023. À 11,882 millions de tonnes (Mt) évaluées en contenu métallique, elle s'est en effet contractée de près de 3 % par rapport à 2023. Les estimations de l'*United States Geological Survey* (USGS) – le service géologique américain – actaient, elles, d'un repli plus bien faible (– 0,8 %), positionnant ce total mondial à 12 Mt, contre 12,1 Mt en 2023. Conservant la tête du classement mondial alors qu'elle fournit près du tiers de l'offre planétaire, la Chine a, elle, vu sa production se réduire très légèrement, à 4 Mt en 2024 contre 4,06 Mt en 2023 (selon les données de l'ILZSG comme de l'USGS). Loin derrière, son dauphin – le Pérou – a en revanche connu une importante contraction de ses tonnages, ceux-ci perdant 170 000 tonnes depuis 2023 pour s'afficher à « seulement » 1,3 Mt. Ceci s'expliquait pour partie par la fermeture, en octobre 2023, de la mine de Tajo Norte opérée par le groupe Compañía de Minas Buenaventura, ainsi que par l'arrêt pour un mois de trois mines (San Cristobal, Carahuacra et Ticlio) regroupées dans le projet Yauli et exploitées par Volcan Compañia Minera. Glencore en était l'actionnaire minoritaire, avant la conclusion, en mai de cette même année, de la vente de ses parts au canadien Transition Metals, filiale d'Integra Capital.

Dans ce classement des plus grands pays producteurs, le Mexique a conforté sa sixième place, s'approchant même des États-Unis, positionnés derrière la Chine et le Pérou donc, mais également de l'Australie et de l'Inde, par ordre décroissant. Il faut dire que l'offre mexicaine s'était inscrite

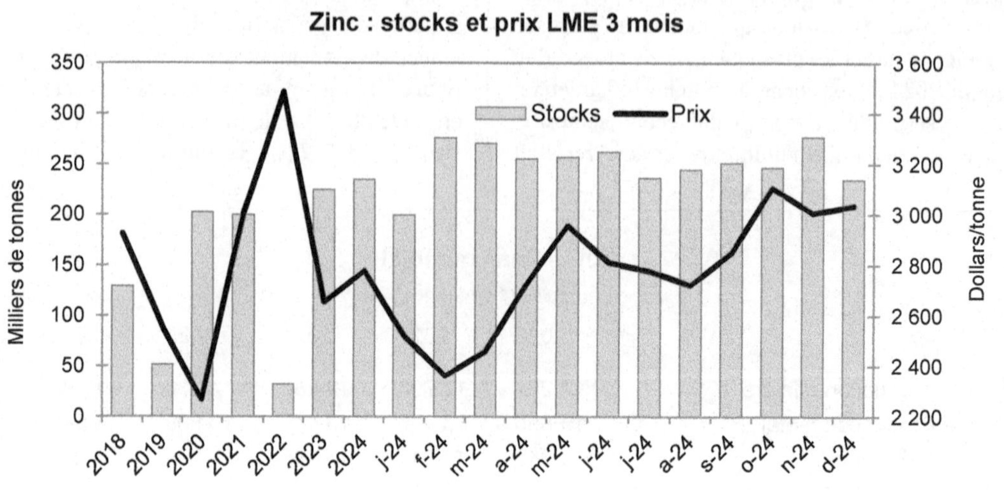

(Source : London Metal Exchange)

en forte baisse entre 2022 et 2023 (– 9,5 %, à 673 000 tonnes) en raison, notamment, de la grève ayant touché, du 7 juin au 17 octobre 2023, la mine de Peñasquito contrôlée par le groupe américain Newmont. Son retour à 700 000 tonnes tenait, en cela, non d'un réel développement de l'activité minière du pays, mais d'une normalisation. Les tonnages australiens, eux, sont restés globalement stables, malgré la cessation temporaire, en mars, des activités du site de McArthur River en raison du cyclone tropical *Megan*, celle du concentrateur de Dugald River en juillet, et malgré la fermeture définitive de l'emblématique mine de Mount Isa (cuivre/argent/plomb/zinc), après soixante années d'existence.

En Europe enfin, l'offre s'est singulièrement contractée (– 9,7 %, toujours selon les données provisoires de ILZSG) sous l'effet de la baisse conjointe des activités en Irlande ainsi qu'au Portugal. Fermée depuis juillet 2023 en raison de la faiblesse des prix, la mine irlandaise de Tara – la plus grande d'Europe – a ainsi certes été réouverte en juin par le groupe suédois Boliden, mais son retour à un rythme plein n'était pas attendu avant janvier 2025. Celle, portugaise, d'Aljustrel était, quant à elle, fermée depuis septembre 2023. Lundin Mining envisageait pour sa part la vente de deux mines, dans le cadre d'une réorientation stratégique de ses activités sur l'Amérique du Sud : Zinkgruvan en Suède et Neves-Corvo en Espagne. Elles seront achetées par Boliden en décembre 2024 pour $ 1,52 milliard, ce qui permettra au groupe suédois de doubler sa capacité de production de concentrés. Avec quelque 59 000 tonnes de minerais extraites en 2024, la République démocratique du Congo ne comptait pas – ou si peu – sur le marché du zinc, mais cette situation pourrait évoluer rapidement grâce à l'ouverture de la mine de Kipushi contrôlée par Ivanhoe Mines, d'une capacité annuelle de 250 000 tonnes.

L'offre mondiale de zinc raffiné s'est, elle aussi, fort logiquement repliée. Selon les estimations de l'ILZSG, elle est ainsi passée de 13,909 Mt en 2023 à 13,545 Mt en 2024, soit une contraction de 2,6 %, mais il fallait assurément distinguer les productions primaires et secondaires. Si les tonnages issus du recyclage ont progressé (+ 2,9 %, à 1,86 Mt), ils n'ont pu compenser le recul de l'offre primaire, en baisse de 3,4 %, plus marqué donc que celle de l'activité minière. Il fallait peut-être y voir là les conséquences d'une réduction des charges de traitement et de raffinage (TC/RC : *Treatment Charges/Refining Charges*), voire leur entrée en territoire négatif. Correspondant au montant payé par les groupes miniers aux fondeurs pour la transformation des concentrés en métal, donc à la rémunération de ces derniers, elles sont représentatives du rapport de force entre l'amont extractif et l'aval. En 2024, il fut, comme pour le cuivre, en faveur des miniers, ce qui a conduit à une compression de la marge des fondeurs, et donc de leur activité. La production chinoise de zinc raffiné a ainsi diminué de 3,3 %, à 6,62 Mt. Cet abaissement des TC/RC devait à cet égard être pris en considération pour comprendre le singulier reflux des importations chinoises de concentrés de zinc qui sont passées de 4,71 Mt en 2023 à 4,09 Mt en 2024 (– 13 %), un « faible » volume qui n'avait pas été observé depuis 2020.

La contraction de l'offre de zinc raffiné fut néanmoins assez homogène parmi les principaux pays producteurs. Outre la Chine, ce fut notamment le cas pour la Corée du Sud (– 7,2 %, à 800 000 tonnes) et l'Espagne (– 0,7 %, à 516 000 tonnes), respectivement troisième et quatrième au classement mondial. Si la crise énergétique qu'ont connue les pays de l'Union à partir de l'été 2021 est aujourd'hui achevée, les producteurs de métaux énergivores, tels que l'aluminium ou le zinc, n'en subissent pas moins un déficit de compétitivité dû à des prix de gros de l'électricité comparativement élevés, en raison de la dépendance européenne au gaz naturel liquéfié américain ou qatari. C'était d'ailleurs la raison invoquée par Nyrstar, filiale de Trafigura, pour la fermeture jusqu'en mai 2024 de la fonderie néerlandaise de Budel, après l'arrêt des aides de l'État néerlandais aux entreprises électro-intensives. L'Allemagne a néanmoins vu ses activités reprendre à la faveur du redémarrage progressif de la fonderie de Nordenham (Glencore) après son arrêt en 2022, pour les mêmes raisons. La Corée du Sud suivait, elle, avec attention l'avenir de Korea Zinc, acteur majeur du marché, et la bataille de rachat dont elle faisait l'objet. Deuxième producteur mondial, l'Inde a, pour sa part, poursuivi sa marche en avant pour inscrire un nouveau record de production, à 857 000 tonnes, soit une progression de 2,5 % par

Évolution de la balance commerciale chinoise de zinc brut
(en milliers de tonnes)

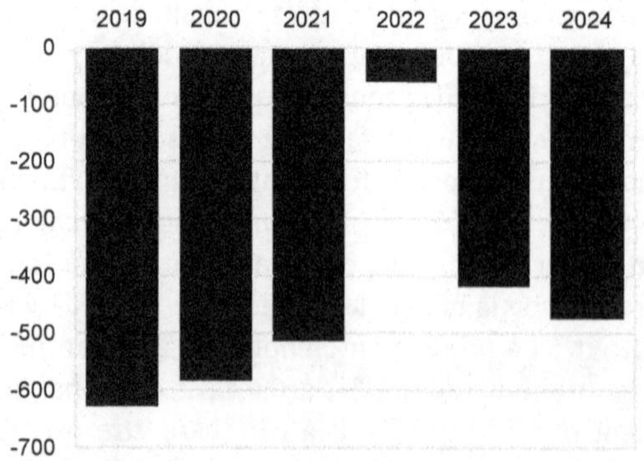

(Sources : China Customs Statistics & Trade Data Monitor)

rapport à 2023 et un essor de plus de 20 %, en cinq années seulement.

Du repli des exportations coréennes et espagnoles à l'essor des importations chinoises

La cause de la modeste augmentation des cours du zinc à Londres devait également être recherchée à l'international. Accompagnant la baisse de la production, un net repli des ventes de zinc brut (HS Code : 7901) a en effet pu être observé chez les deux premiers exportateurs mondiaux : la Corée du Sud et l'Espagne. D'après les statistiques douanières compilées par *Trade Data Monitor*, celles-ci sont en effet passées, entre 2023 et 2024, de 609 145 tonnes à 460 098 tonnes (– 24,4 %), et de 466 709 tonnes à 446 223 tonnes (– 4,3 %), respectivement. Un si faible niveau d'exportations coréennes n'avait pas été observé depuis 2014.

Du côté de la demande internationale, les importations chinoises de zinc brut ont, pour leur part, fortement progressé (passant de 429 430 tonnes en 2023 à 495 291 tonnes en 2024, soit une hausse de plus de 15 %). Il fallait aussi y voir là les conséquences de la réduction des marges des fondeurs qui, confrontés à la contraction des TC/RC, ont restreint leurs activités, tandis que leurs acheteurs se sont tournés vers l'offre étrangère. Alors que les exportations du pays sont restées stables, ceci a mécaniquement conduit à une accentuation du déficit de la balance commerciale de la deuxième économie mondiale de quelque 55 000 tonnes en 2024, pour s'afficher à 473 158 tonnes. Que la Chine, premier producteur mondial de zinc, puisse être importatrice nette de métal brut pourrait surprendre, mais il fallait mettre cela en vis-à-vis de l'importance des usages nationaux notamment et, tout autant, de leur repli plus faible que celui de la production.

Un marché de nouveau en déficit

Selon l'ILZSG, la demande de métal raffiné a quasiment stagné entre 2023 et 2024, passant de 13,599 Mt à 13,607 Mt. Ceci masquait toutefois des dynamiques hétérogènes en Asie, principale zone de consommation de ce métal. Elle refluait ainsi en Chine – premier pays consommateur avec une demande de 6,85 Mt en 2024, soit plus de la moitié du total mondial –, mais dans une ampleur moindre (1,8 %) que celle de la production. Elle progressait fortement, en revanche, en Corée du Sud, ainsi qu'en Inde, dans une moindre mesure. Une demande stable face à une offre de métal en repli : il était donc parfaitement logique de voir le marché s'inscrire en déficit. Faisant suite à un excédent de 311 000 tonnes en 2023, il s'est affiché à 62 000 tonnes en 2024.

Une relative stabilité des prix en 2025

Combinée à l'effet-prix observé en 2024, la montée en puissance de la mine de Kipushi, mais également de celle d'Ozernoye en Russie – l'une des plus grandes au monde –, devrait contribuer à décongestionner l'offre de concentrés de zinc. La demande de zinc raffiné aura, en cela, une influence déterminante sur le niveau des prix du LME et ceux-ci devraient *a priori* conserver $ 3 000/t comme valeur pivot. Les incertitudes sont néanmoins grandes en raison de la très probable guerre commerciale entre les États-Unis et ses partenaires, dont l'impact sur la macroéconomie mondiale pourrait être majeur.

Métaux « électriques » :
une conjoncture difficile mais des enjeux majeurs

Qualifiés d'« électriques » dans une référence peut-être trop simple, les métaux présentés dans ce chapitre – et dans lequel le nickel aurait pu trouver sa place – jouent un rôle majeur dans le stockage d'énergie sous forme d'électricité au sein de batteries rechargeables des technologies appelées « Lithium-ion » (Li-ion). Ils sont, en cela, tout à fait essentiels pour nombre d'industries et d'économies.
Les batteries Li-ion, commercialisées pour la première fois à l'échelle industrielle en 1991 par le groupe japonais Sony, présentent des caractéristiques très intéressantes en matière de capacité d'accumulation d'énergie par unité de masse, par rapport aux technologies précédentes et concurrentes. La réduction de leurs coûts de fabrication a également fortement joué dans leur expansion à grande échelle, d'abord dans les appareils électroniques portables, puis de manière croissante au sein des véhicules électrifiés. Ainsi, pour beaucoup de constructeurs automobiles, les technologies Li-ion semblent aujourd'hui l'un des meilleurs compromis pour les batteries de véhicules électriques en termes de puissance d'énergie embarquée, de légèreté, de fiabilité, de durée de vie et de coût de fabrication.
L'essentiel des batteries Li-ion sur le marché aujourd'hui sont constituées d'un électrolyte liquide à base de lithium, faisant l'interface entre une anode, principalement composée de graphite lithié, et d'une cathode. Or, il existe plusieurs variantes de compositions chimiques pour les matériaux d'anode et de cathode. Le principal impact, à la fois sur les performances, les coûts et les quantités de matières utilisées, a été porté jusqu'ici par le choix des métaux à la cathode. La technologie dite NMC (Nickel-Manganèse-Cobalt), dont la cathode contient lithium, cobalt, nickel et manganèse, a dominé les développements technologiques et industriels dans le monde et en Europe ces dernières années.
D'autres technologies de batteries sont en train de prendre des parts de marché, notamment en Europe, telles que les batteries LFP (Lithium-Fer-Phosphate). D'autres sont encore en phase de développement, mais devraient apparaître dans le paysage industriel du stockage d'énergie à horizon d'une quinzaine d'années, comme les batteries sodium-ion. Leur développement aura, à terme, un impact sur la demande en métaux utilisés jusque-là par le secteur, ainsi que sur les technologies de recyclage à mettre en place.

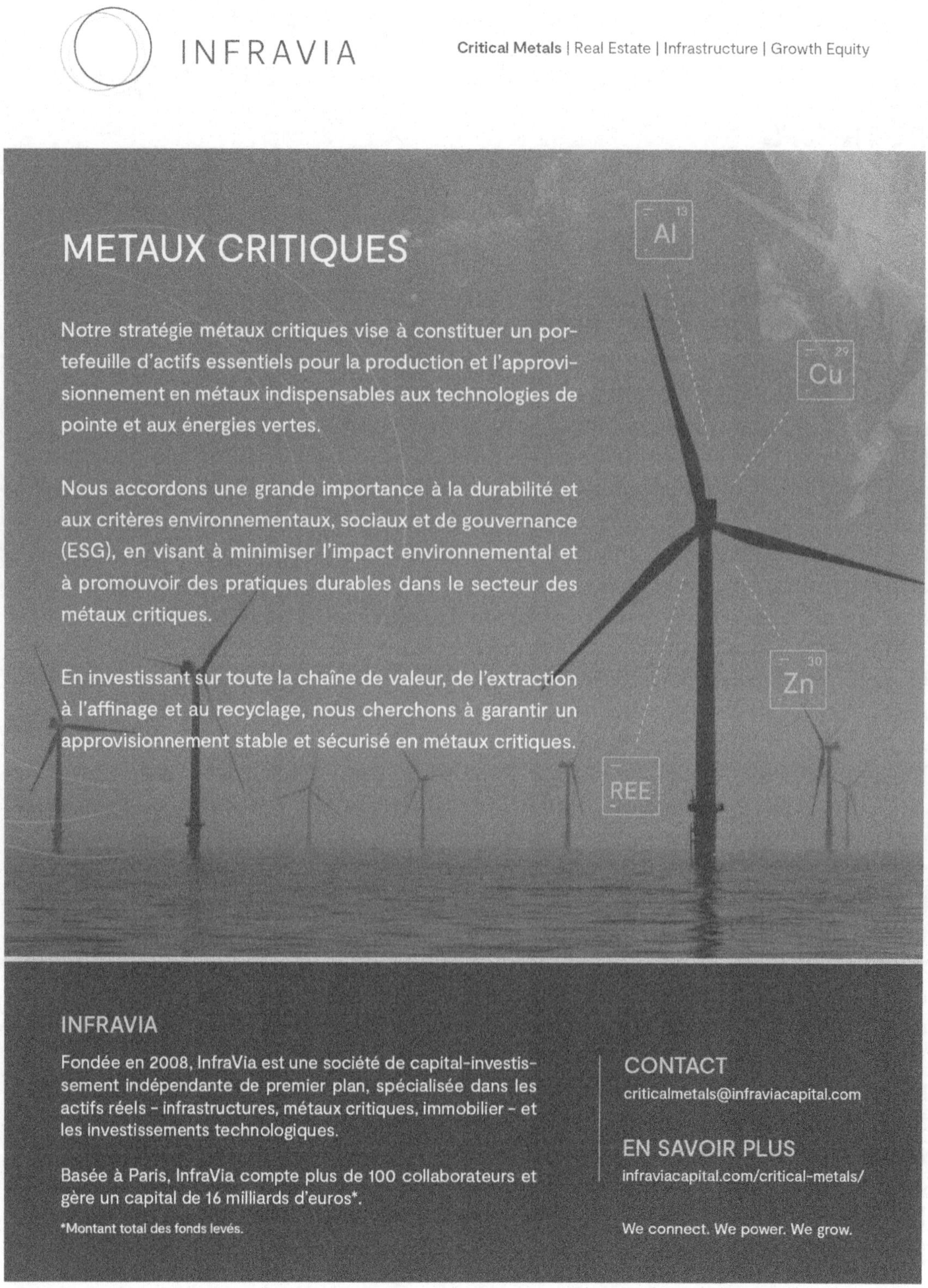
INFRAVIA
Critical Metals | Real Estate | Infrastructure | Growth Equity
METAUX CRITIQUES
Notre stratégie métaux critiques vise à constituer un portefeuille d'actifs essentiels pour la production et l'approvisionnement en métaux indispensables aux technologies de pointe et aux énergies vertes.
Nous accordons une grande importance à la durabilité et aux critères environnementaux, sociaux et de gouvernance (ESG), en visant à minimiser l'impact environnemental et à promouvoir des pratiques durables dans le secteur des métaux critiques.
En investissant sur toute la chaîne de valeur, de l'extraction à l'affinage et au recyclage, nous cherchons à garantir un approvisionnement stable et sécurisé en métaux critiques.
13 Al
29 Cu
30 Zn
REE
INFRAVIA
Fondée en 2008, InfraVia est une société de capital-investissement indépendante de premier plan, spécialisée dans les actifs réels - infrastructures, métaux critiques, immobilier - et les investissements technologiques.
Basée à Paris, InfraVia compte plus de 100 collaborateurs et gère un capital de 16 milliards d'euros*.
*Montant total des fonds levés.
CONTACT
criticalmetals@infraviacapital.com
EN SAVOIR PLUS
infraviacapital.com/critical-metals/
We connect. We power. We grow.

Cobalt (Co)

Le cobalt joue un rôle essentiel dans le stockage de l'énergie et entre dans la composition de trois types de cathodes de batteries Li-ion : Lithium Cobalt Oxyde (LCO), Lithium Nickel Cobalt Aluminium (NCA) et Nickel Manganèse Cobalt (NMC). Son incorporation permet d'accroître la densité énergétique, d'améliorer les performances et d'augmenter la stabilité ainsi que la longévité des batteries.

Selon le *Cobalt Institute*, en 2023, 45 % de la consommation mondiale de cobalt étaient destinés aux batteries rechargeables des véhicules électriques, tandis que 26 % étaient utilisés dans les appareils électroniques du quotidien (téléphones, tablettes, ordinateurs portables), représentant un total de 71 %. Les autres marchés du cobalt sont, par ordre d'importance : les superalliages (9 %), les carbures cémentés (4 %), les pigments (3 %), les catalyseurs au cobalt (3 %). Le cobalt est également utilisé dans diverses autres applications (10 %), notamment les aimants permanents samarium-cobalt, les pneumatiques, ainsi que les agents séchants employés dans l'industrie chimique et les revêtements.

La plupart des experts pronostiquent une forte croissance de la consommation mondiale de cobalt au cours des deux prochaines décennies, estimée entre 7 % et 10 % par an, principalement portée par les besoins des secteurs du stockage de l'énergie et des mobilités électriques. La part du secteur des batteries dans la demande totale de cobalt devrait atteindre 80 % à un proche horizon. Cependant, ces estimations reposent sur l'hypothèse de croissance continue du marché du véhicule électrique (VE) et des batteries Li-ion intégrant du cobalt. Or, du fait du prix élevé du cobalt (le plus cher des métaux de cathodes) et des enjeux liés à son approvisionnement (forte dépendance à l'égard de la République démocratique du Congo), de nombreux constructeurs automobiles – comme Tesla ou le chinois BYD – se sont récemment tournés vers la production à grande échelle de VE intégrant des batteries LFP fonctionnant sans cobalt. De même, le marché des appareils portables est resté sous pression en 2023, enregistrant, selon le *Cobalt Institute*, une deuxième année consécutive de recul. Les prix ont également chuté. À plus long terme et même par à-coups, la croissance du marché des VE et le développement des technologies de réseau 5G devraient se poursuivre, soutenant ainsi l'expansion de la demande en cobalt.

Après être tombé sous les $ 35/kg à la toute fin des années 2010, le prix du cobalt métal sur le marché européen (qualité *alloy grade cut ca-*

Cobalt

(en tonnes de métal contenu dans la production minière)

	2019	2020	2021	2022	2023	2024
Production minière						
	144 000	**142 000**	**165 000**	**197 000**	**238 000**	**290 000**
Australie	5 740	5 630	5 295	5 790	5 220	3 600
Canada	3 340	3 690	4 361	3 060	4 220	4 500
Chine	2 500	2 200	2 200			
Cuba	3 800	3 800	4 000	3 700	3 300	3 500
États-Unis	500	600	650	500	500	300
Indonésie		1 100	2 700	9 600	19 000	28 000
Madagascar	3 400	850	2 800	3 500	4 000	2 600
Maroc	2 300	2 300	2 300			
Nouvelle-Calédonie				2 000	2 570	1 500
Papouasie-Nouv. Guinée	2 910	2 940	2 953	2 990	3 070	2 800
Philippines	5 100	4 500	3 600	3 900	3 800	3 800
Rép. dém. du Congo	100 000	98 000	119 000	144 000	175 000	220 000
Russie	6 300	9 000	8 000	9 200	8 700	8 700
Turquie			2 400	2 100	2 500	2 700
Autres pays	6 320	7 640	4 567	6 600	6 080	6 200

Prix du cobalt
Marché libre européen
(en dollars/kg)

(Source : Mineral Commodity Summaries)

thode 99 %) est reparti à la hausse, début 2021, sous l'effet de la reprise économique post-covid, puis des menaces de pénuries engendrées par le conflit russo-ukrainien (la Russie est un producteur non négligeable de cobalt en sous-produit des platinoïdes et du nickel). Son prix a atteint $ 88/kg en avril 2022, avant de connaître une forte baisse à la suite, notamment, de l'annonce de Tesla sur ses nouvelles orientations stratégiques concernant les batteries LFP, et d'un recul de la demande des industries à forte intensité énergétique. Cette tendance baissière s'est confirmée avec des prix qui sont restés sous les $ 40/kg durant la majeure partie des deux années écoulées. L'offre minière ayant augmenté sensiblement ces dernières années, le prix devrait se maintenir relativement bas à court terme, avant un prochain sursaut.

La production minière mondiale de cobalt en 2024 s'est élevée à 290 000 tonnes, selon les données préliminaires de l'*United States Geological Survey* (USGS), soit une hausse de 21,8 % par rapport à l'année précédente. La très grande majorité de cette offre provient de la récupération de cobalt comme coproduit ou sous-produit de l'extraction du cuivre et du nickel. Les trois-quarts de la production minière mondiale sont issus de la République démocratique du Congo (RDC) et près de 10 % d'Indonésie, dont les volumes extraits sont en forte augmentation depuis deux ans.

La production mondiale de cobalt est, pour l'essentiel, assurée par quelques grands groupes industriels. Plusieurs compagnies chinoises sont ainsi devenues des acteurs incontournables du marché grâce aux importants investissements réalisés ces dernières années, en RDC et en Indonésie. Il s'agit en particulier de Zhejiang Huayou Cobalt (qui fabrique aussi des matériaux actifs de batteries), ainsi que Jinchuan Group Ltd. et, surtout, China Molybdenum Co. Ltd. (CMCO) qui est devenu, en 2023, le premier producteur de cobalt dans le monde (55 500 tonnes). L'entreprise chinoise a renforcé sa position en 2024 en doublant sa production (114 000 tonnes). Cette augmentation significative est principalement attribuée aux performances de ses deux principales mines en RDC. Elle y opère la mine de Tenke Fungurume, qui représente environ un dixième de l'offre primaire de cobalt mondial, et pour laquelle les différends avec le gouvernement congolais qui accusait l'entreprise de sous-estimer les réserves semblent désormais résolus. Elle est également propriétaire du gisement de Kisanfu, qui est entré en production en 2023. Plus généralement, il est estimé que 50 % de la production de cobalt en RDC est liée à des financements chinois. Le cobalt n'est pas transformé sur place. Après un premier traitement hydrométallurgique conjoint à celui du cuivre, il est exporté sous forme d'hydroxydes pour être raffiné en Chine et intégrer le circuit de la production de batteries. La Chine raffine près de 80 % du cobalt mondial, et en est le plus grand consommateur, avec près de 87 % de sa consommation intérieure destinée à l'industrie des batteries Li-ion.

Longtemps principal acteur de ce marché, la multinationale suisse Glencore, spécialisée dans le négoce de matières premières, est toujours très active dans le domaine minier. Selon *S&P Capital IQ*, ses actifs sur le cobalt équivalaient à environ un sixième de l'offre primaire mondiale en 2023, mais les résultats du groupe indiquent un recul de 8 % de la production en 2024, avec 38 200 tonnes produites. En RDC, Glencore contrôle la mine de Kamoto/Katanga et celle de Mutanda, où elle a récemment relancé ses opérations après les avoir suspendues en 2019. À cela s'ajoutent la mine canadienne de Sudbury, qui a été affectée par des arrêts de maintenance en 2024, et la mine australienne de Murrin Murrin.

Ces dernières années, plusieurs projets ont été initiés dans le reste du monde pour trouver des alternatives et soutenir le développement de filières de production de batteries hors Chine. C'est le cas notamment en Indonésie. Le pays, qui ne produisait pas de cobalt en 2019, participe aujourd'hui à près d'un dixième de la production mondiale. Cinq unités de transformation HPAL (*High Pressure Acid Leaching*) – un procédé permettant de produire à la fois du nickel et du cobalt sous forme d'hydroxydes, directement utilisables pour la fabrication de batteries – ont été mises en service par des entreprises chinoises. La société chinoise Ningbo Lygend a également débuté, en 2023, la production de sulfates de cobalt sur l'île d'Obi. Selon le *Cobalt Institute*, la production indonésienne devrait poursuivre son développement pour représenter 16 % de la production mondiale à horizon 2030.

D'autres projets sont aussi lancés ailleurs, comme en Australie avec la compagnie Cobalt Blue et son projet Broken Hill, où seule la construction d'une raffinerie a été conservée dans le projet initial. La mine, qui avait été désignée par le gouvernement comme « projet majeur » et avait reçu une subvention fédérale de 15 millions de dollars australiens, a été mise en veilleuse. En Amérique du Nord, des discussions ont dernièrement eu lieu pour une possible relance d'une raffinerie de cobalt par l'entreprise First Cobalt, et des projets d'exploration sont en cours dans l'Idaho. Plusieurs sources ont également rapporté que les États-Unis envisageaient d'ajouter du cobalt à leurs stocks stratégiques de défense. Par ailleurs, l'armée américaine a récemment annoncé une subvention de $ 20 millions pour soutenir la construction d'une raffinerie de cobalt au Canada. De son côté, la Chilean Cobalt Corp. a indiqué avoir reçu une lettre d'intérêt d'Eximbank (la banque d'import-export des États-Unis), soulignant ainsi l'intérêt croissant de Washington pour sécuriser son approvisionnement en cobalt. La Zambie cherche également à attirer des investissements étrangers afin de revitaliser le secteur du cobalt qu'elle produit en tant que sous-produit du cuivre. En Finlande, la compagnie Terrafame envisagerait également de produire annuellement 5 000 tonnes de cobalt de la mine de Sotkamo (elle a aussi conclu un accord avec Stellantis en janvier 2023 pour l'approvisionnement en sulfates de nickel). Néanmoins, la baisse des prix observée depuis mi-2022 semble avoir freiné les investisseurs, surtout que de nombreux projets de production de nickel de qualité « batterie » sont actuellement en développement en Indonésie et devraient produire d'importantes quantités de cobalt en sous-produit, faisant concurrence aux différents projets cités ci-dessus.

Dans le domaine de l'amélioration de la traçabilité de l'approvisionnement du cobalt de RDC, *via* les filières artisanales, plusieurs initiatives sont en cours, dont le projet *Fair Cobalt Alliance* de Glencore, auquel sont associés Tesla, LG Energy Solution et Northvolt, ou encore le partenariat entre la Gécamines et Trafigura malgré les difficultés rencontrées par les différentes parties pour pérenniser cette initiative, notamment en raison de divergences stratégiques et de préoccupations concernant la gouvernance et la souveraineté minière en RDC.

Graphite naturel et synthétique (C)

Le marché du graphite est opaque et cloisonné, si bien que les données chiffrées concernant l'offre, la demande, ainsi que les échanges commerciaux, restent très approximatives et variables en fonction des sources, en particulier dans le secteur confidentiel du graphite synthétique. La consommation mondiale de graphite est ainsi estimée entre 3,5 millions de tonnes (Mt) et 4 Mt. Celle de graphite synthétique atteindrait environ 2,9 Mt, tandis que celle de graphite naturel approcherait 1,4 Mt. L'Asie consomme environ les deux tiers du graphite produit dans le monde, suivie de l'Europe, de l'Amérique du Nord et de l'Amérique du Sud (environ 10 % chacune).

Il est toutefois difficile de connaître les parts respectives du graphite naturel et synthétique pour chaque application. En 2030, d'après l'Agence internationale de l'énergie (AIE), la demande mondiale de graphite serait de 10,4 Mt et atteindrait 16 Mt en 2040. La demande mondiale de graphite en 2030 doublerait donc par rapport à 2023.

Plus de la moitié de la demande de graphite du secteur des batteries et piles émane de l'Asie où se concentre la production des piles et accumulateurs. Plusieurs types de piles et batteries contiennent de faibles quantités de graphite naturel ou synthétique dans l'électrolyte ou dans le matériau d'électrodes (piles alcalines, plomb-acide, Ni-MH, etc.). Les anodes des batteries Li-ion peuvent, quant à elles, contenir des quantités considérables de graphite qui sont d'ailleurs bien plus importantes que celles de lithium (de 10 à 20 fois suivant la cathode utilisée) : 5 grammes (g) dans une batterie de smartphone, 90 g pour un ordinateur portable, une dizaine de kilogrammes (kg) en moyenne pour une voiture hybride (HEV), ou encore 70 kg dans un véhicule tout électrique. Le marché de la mobilité électrique est donc celui pour lequel les projections de croissance de la demande mondiale en graphite sont les plus optimistes d'ici 2040. En 2024, la part de la consommation du graphite synthétique et naturel par le secteur des batteries est estimée à 33 %. Ce secteur contribuerait à 65 % de la demande mondiale en 2040, toujours selon l'AIE.

Le graphite dit « sphérique » a été développé dans le but d'obtenir une plus grande surface de contact au sein de l'anode des batteries Li-ion. En effet, les particules sphériques favorisent une meilleure conductivité et un meilleur rendement, améliorant la performance de l'anode. La Chine produit 98 % du graphite sphérique non revêtu mondial. Une partie de cette production – qui est concentrée dans la province du Shandong – est consommée dans le pays par les producteurs d'anodes de batteries Li-ion. Le reste est vendu à des fabricants de batteries et des négociants japonais ou sud-coréens qui procèdent ensuite au revêtement des particules qui seront utilisées dans la fabrication des anodes. La production de graphite sphérique revêtu (autrement dit « matériau actif » de l'anode) est réalisée à hauteur de 90 % en Chine, en raison d'une maîtrise technique, d'une main-d'œuvre peu onéreuse et de restrictions environnementales assez souples, du moins jusqu'à récemment. Hors Chine, plusieurs compagnies *juniors* projettent de produire du graphite sphérique (revêtu par une couche de carbone ou non), comme Novonix ou Syrah aux États-Unis ou encore NMG au Canada, afin de ne plus simplement exporter leurs concentrés en Chine.

Selon le consultant Benchmark Minerals Intelligence, si les capacités des usines de fabrication d'anodes étaient de 3,8 Mt en 2023, 4,6 Mt de capacités supplémentaires sont en construction actuellement dans le monde et ces dernières pourraient même atteindre 12,5 Mt en 2030. La demande en graphite pour ce secteur serait ainsi multipliée par dix ou par quinze sur les dix prochaines années.

La sidérurgie demeure toutefois l'usage majoritaire du graphite, en particulier synthétique, avec 60 % destinés à la production d'électrodes pour les fours électriques des installations sidérurgiques. Les électrodes sont utilisées dans de nombreuses industries, dont 60 % pour la fabrication d'acier, 25 % pour celle du silicium, 8 % pour celle du phosphore et 5 % pour d'autres secteurs, comme l'aluminium ou le corindon, selon la société Ark of China. D'ici 2040, la demande en graphite pour le secteur métallurgique est estimée entre 3,4 Mt et 3,8 Mt. La consommation du secteur métallurgique serait ainsi équivalente à la production actuelle de graphite tous secteurs confondus, selon l'AIE. L'industrie des réfractaires absorbe environ 40 % de la production mondiale de graphite naturel. La fabrication de briques de fours et creusets utilise principalement des paillettes de graphite de haute pureté (> 85 % C) et de moyenne à grande taille (150 à 300 µm), dont la morphologie contribue à améliorer la cohésion des briques.

Graphite naturel
(en tonnes de métal raffiné)

	2019	2020	2021	2022	2023	2024
Production mondiale	**1 100 000**	**966 000**	**1 130 000**	**1 680 000**	**1 530 000**	**1 600 000**
Allemagne	800	300	250	250	180	170
Autriche	1 000	500	500	500	500	500
Brésil	96 000	63 600	82 000	72 000	66 300	68 000
Canada	11 000	8 000	12 000	13 000	5 470	20 000
Chine	700 000	762 000	820 000	1 210 000	1 210 000	1 270 000
Corée du Nord	6 000	8 100	8 100	8 100	8 100	8 100
Corée du Sud			10 500	23 800	9 620	9 600
Inde	35 000	6 000	7 000	11 000	25 600	27 800
Madagascar	48 000	20 900	70 000	130 000	63 000	89 000
Mexique	9 000	3 300	2 100	2 000	1 300	900
Mozambique	107 000	28 000	72 000	166 000	98 000	75 000
Norvège	16 000	12 000	6 290	10 380	6 480	7 000
Ouzbékistan	100	100	110			
Russie	25 100	25 000	15 000	16 000	15 000	20 000
Sri Lanka	4 000	4 000	3 000	2 600	3 000	3 300
Tanzanie	150		0	6 120	13 200	25 000
Turquie	2 000	2 500	2 700	2 800	2 800	3 100
Ukraine	20 000	16 000	10 000	1 000	1 670	1 200
Vietnam	5 000	5 000	5 000	500	2 500	2 000

Prix du graphite
Marché libre européen
(en dollars/tonne)

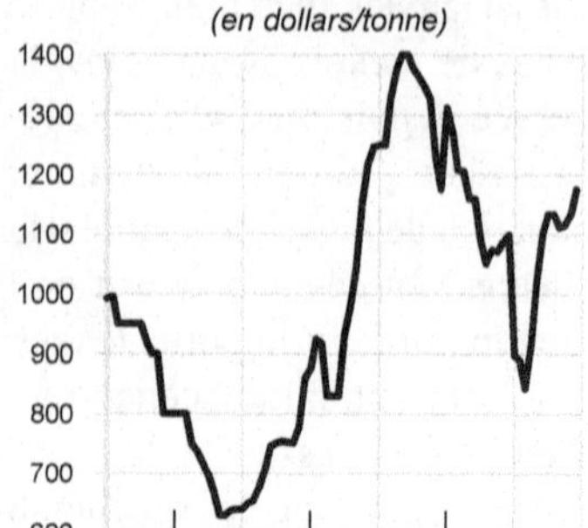

(Source : Mineral Commodity Summaries)

En 2024, la production mondiale de graphite se situerait entre 3,5 Mt et 4 Mt (70 % synthétique, 30 % naturel, bien que suivant les prix, ces parts puissent varier). Le graphite naturel résulte du métamorphisme (haute température et haute pression) de composés carbonés organiques (charbons, bitumes) contenus dans les roches. On en distingue trois types : en paillettes, amorphe (ou microcristallin) et en veine. La Chine est non seulement le plus gros consommateur de graphite, mais également le premier producteur et exportateur mondial de graphite naturel. Le pays possède de nombreuses mines de graphite, situées principalement au nord du territoire, dans les provinces de Heilongjiang, de Shandong et en Mongolie intérieure. Si la production chinoise est très difficile à quantifier avec précision, l'USGS estime une production de 1,27 Mt en 2024, soit 79 % de la production mondiale. Ces volumes seraient bien en deçà des capacités de production du pays qui se situeraient autour de 1,7 Mt. Le deuxième producteur minier, loin derrière la Chine, est Madagascar (89 000 tonnes) ; il est suivi du Mozambique (75 000 tonnes) et du Brésil (68 000 tonnes). Après une année 2020 caractérisée par la pandémie et les fermetures de mines et d'usines, et une année 2022 marquée par la guerre en Ukraine (impactant à la baisse les productions ukrainienne et russe), la production de graphite naturel a connu de fortes variations ces dernières années. Les premières estimations de l'USGS prévoient une hausse de la production de 4,6 % pour l'année 2024, par rapport à 2023, pour atteindre 1,6 Mt, en raison notamment de l'ouverture de deux nouvelles mines, l'une en Tanzanie (Lindi Jumbo), l'autre au Brésil (Santa Cruz). Le secteur des batteries pour véhicules électriques est considéré comme le principal consommateur de graphite à partir de 2030. Pour ses besoins en graphite naturel, si les paillettes de petite taille sont privilégiées, la tension sur la demande pourrait être susceptible d'étendre les besoins en graphite naturel aux paillettes de grande taille, quitte à les broyer, au détriment d'autres applications requérant de grandes paillettes.

Le graphite synthétique est, quant à lui, issu du traitement à haute température d'un précurseur carboné amorphe. Ce précurseur dérive du pétrole, du charbon ou de matières organiques diverses et il s'agit typiquement de coke de pétrole. Le procédé de fabrication mis au point et breveté en 1896 par E.G. Acheson a été amélioré par la suite. À l'issue de sa transformation, le graphique synthétique se présente sous forme d'électrodes, de poudre ou en granulés. La production mondiale est de plus de 2,8 Mt en 2024, et largement dominée par la Chine avec quasiment les trois quarts du total produit, loin devant le Japon et les États-Unis. La production de *needle coke* et de *regular coke*, raffinés à partir de *pet coke* et nécessaires à la production de graphite synthétique de grade « batterie », est centrée en Chine, aux États-Unis et au Royaume-Uni.

Les réserves mondiales de graphite sont d'environ 290 Mt, selon l'USGS, et sont localisées majoritairement en Chine (81 Mt), au Brésil (74 Mt) et à Madagascar (27 Mt). Les trois autres pays ayant des réserves importantes sont le Mozambique (25 Mt), la Tanzanie (18 Mt) et la Russie (14 Mt).

N'ayant pas de cotation sur les marchés boursiers, les prix sont établis par négociation directe de contrats entre producteurs et transformateurs ou utilisateurs. Compte tenu de la grande variété des produits graphiteux échangés, il est difficile de donner un prix de référence. Néanmoins, le prix pour une tonne de paillettes moyennes de graphite naturel, ayant une teneur comprise entre 94 % et 97 % de carbone, a été de $ 1 040/t en 2024, contre $ 1 149/t en 2023 et $ 1 318/t en 2022. Le prix du graphite synthétique oscille toujours dans une fourchette large entre $ 5 000/t et $ 15 000/t, selon les spécificités requises. La compétition entre le graphite naturel et synthétique permet aux utilisateurs de jouer sur les prix. Si les sociétés *juniors* détenant des permis d'exploration ou d'exploitation de graphite naturel jouent généralement sur le fait que celui-ci soit bien moins onéreux pour le consommateur que le graphite synthétique, la réalité est plus complexe. En effet, bien que la production de graphite naturel en paillettes soit assez peu coûteuse, ces paillettes doivent ensuite subir une purification (elles contiennent de nombreuses impuretés) pouvant être très consommatrice d'énergie et donc chère. À l'inverse, la production de graphite synthétique est onéreuse du fait du prix des précurseurs (par exemple le *needle coke*) et des acides, mais le produit est déjà pur. Il s'agit donc toujours d'un compromis pour le client final.

Bien que la Chine continue de dominer la production de graphite naturel et synthétique et reste de loin le premier consommateur mondial, on observe depuis plusieurs années une diversification de l'offre minière et métallurgique. De nombreux projets voient en effet le jour, notamment en Afrique (à Madagascar, au Mozambique, en Namibie, en Tanzanie, mais également au Malawi) et en Australie (projets développés par Quantum Graphite, Renascor Resources, Minerals Commodities ou encore Hexagon Resources), bien soutenus par la demande croissante pour la fabrication de graphite sphérique à destination des batteries Li-ion. Aux États-Unis, plusieurs usines sont aussi en cours de construction : le projet Vidalia, développé par Syrah en Louisiane, qui produira dans un premier temps 11 250 tonnes par an de matériaux actifs d'anodes à partir de la fin de l'année 2023, puis 45 kt à terme ; mais aussi Pyrotek, Urbix Resources, Westwater Resources, Epsilon Advanced Materials, etc. L'Europe manque cruellement de graphite et d'anodes pour batteries, ce qui la rend totalement dépendante de la Chine, à tel point qu'elle ne devrait produire que 1 % de l'offre mondiale d'ici à 2030, même si plusieurs annonces de projets ont été faites récemment (Talga Resources en Suède, Putailai en Suède, Vianode en Norvège, etc.).

Lithium (Li)

Toutes les valeurs de production et réserves données dans cette section le seront sous forme de lithium métal.

Le marché du lithium a connu une croissance fulgurante au cours de la dernière décennie, alimentée par l'essor des technologies vertes et la demande croissante en batteries rechargeables. En raison de ses propriétés chimiques uniques, le lithium s'avère un composant majeur des batteries pour les deux prochaines décennies, en l'absence d'innovation disruptive d'importance. Cette situation est accentuée par les prévisions de développement massif de la mobilité électrique, encouragées par des réglementations internationales incitatives, comme contraignantes.

Ainsi, l'Union européenne (UE) s'est engagée dans une transition énergétique ambitieuse, avec l'interdiction des véhicules essence et diesel à partir de 2035. Cette décision, couplée à d'autres mesures incitatives, devrait générer une demande en lithium métal d'environ 100 000 tonnes en Europe à l'horizon 2030. Or, la production européenne actuelle est quasi inexistante, ce qui soulève des questions d'approvisionnement et de dépendance vis-à-vis des pays étrangers.

Le secteur des batteries devrait ainsi atteindre plus de 95 % des usages du lithium d'ici 2030, sa-

Lithium

(en tonnes de métal contenu dans la production minière)

	2019	2020	2021	2022	2023	2024
Production mondiale						
	86 000	**82 500**	**107 000**	**146 000**	**204 000**	**240 000**
Argentine	6 300	5 900	5 970	6 590	8 630	18 000
Australie	45 000	39 700	55 300	74 700	91 700	88 000
Brésil	2 400	1 420	1 700	2 630	5 260	10 000
Canada	200		0	520	3 240	4 300
Chili	19 300	21 500	28 300	38 000	41 400	49 000
Chine	10 800	13 300	14 000	22 600	35 700	41 000
Namibie					2 700	2 700
Portugal	900	348	900	380	380	380
Zimbabwe	1 200	417	710	1 030	14 900	22 000

Prix du lithium
Grands contrats livrés
Europe ou États-Unis
(en dollars/kg)

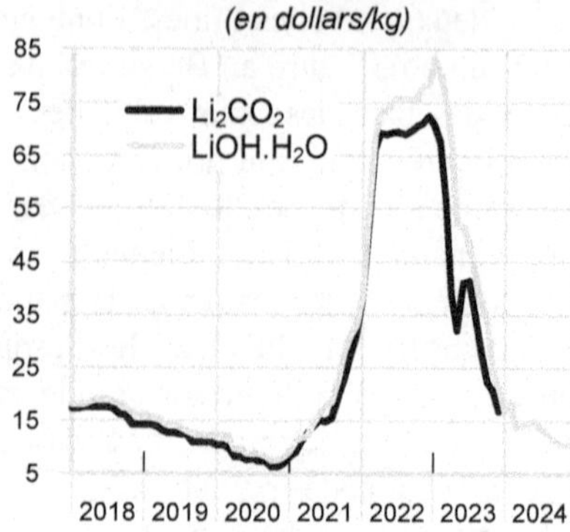

(Source : Mineral Commodity Summaries)

chant qu'en 2024, déjà, 89 % du lithium produit a servi à produire des batteries. Jusqu'ici, les usages « hors batteries » du lithium étaient relativement diversifiés, principalement pour la fabrication de verres et céramiques, de graisses lubrifiantes et pour la métallurgie. La croissance de ces demandes est toutefois négligeable en comparaison des besoins attendus pour les batteries.

Le développement des batteries Li-ion a révolutionné le marché du lithium en requérant des produits de très haute pureté, de qualité « batterie », contrairement aux autres usages moins exigeants sur la pureté du lithium. Le lithium est utilisé sous deux formes principales dans les cathodes des batteries : le carbonate de lithium Li_2CO_3 et l'hydroxyde de lithium LiOH. Le premier est majoritairement utilisé dans les batteries de type LFP (Lithium, Fer, Phosphate) et les batteries NMC (Nickel, Manganèse, Cobalt), moins riches en nickel. Les batteries NMC, plus riches en nickel, recourent plutôt au lithium sous forme d'hydroxyde. Les chimies pouvant changer assez rapidement, notamment avec le développement des batteries LFP aux dépens des NMC, plusieurs installations de transformation permettent de passer d'une forme du lithium à une autre, afin de répondre à la demande du marché à un instant t.

Selon l'USGS, la production minière en 2024 aurait été de 240 000 tonnes de lithium métal. Rappelons qu'en 2023 la production mondiale était de l'ordre de 204 000 tonnes, ce qui correspond à une augmentation d'une année sur l'autre de 18 % environ. Les réserves évaluées à ce jour sont de 30 Mt de lithium métal, toujours d'après l'USGS, principalement localisées au Chili (9,3 Mt) et en Australie (7 Mt). Les ressources mondiales identifiées seraient de l'ordre de 115 Mt. Ces ressources sont principalement situées dans le « triangle du lithium », une région où se trouvent de nombreux salars (23 Mt en Argentine, 23 Mt en Bolivie, 11 Mt au Chili). La transformation et le raffinage du lithium sont, quant à eux, majoritairement réalisés en Chine, notamment alimentée par la production australienne ou sud-américaine. Si le processus de production du lithium à partir des salars permet d'obtenir du carbonate, l'hydroxyde est, quant à lui, produit à partir de concentré de spodumène ou d'une transformation supplémentaire du carbonate.

Ces dernières années, les prix du lithium ont été soumis à d'importantes fluctuations, oscillant entre des fondamentaux solides de la demande à long terme et des événements perturbateurs ponctuels, reflétant ainsi la nature encore peu mature de l'industrie. En 2023, une baisse significative des prix des produits dérivés du lithium a ainsi été observée, principalement due aux craintes d'une offre excédentaire à court terme, à l'expiration du programme de subventions du gouvernement chinois pour l'achat de véhicules électriques après une décennie et à des ventes mondiales de véhicules électriques inférieures aux attentes. Par conséquent, le prix du carbonate de lithium livré aux États-Unis a chuté de 30 % entre 2022 et 2023, tandis que celui de l'hydroxyde de lithium monohydraté a diminué de 37 % sur la même période. Les prix se sont maintenus à un niveau bas en 2024, rendant les projets aux coûts d'exploitations les plus élevés non rentables.

L'année 2023 a, malgré le maintien à un niveau bas du prix du lithium, globalement été propice aux investissements dans l'exploration et l'exploitation du lithium. Le budget mondial dédié à l'exploration de lithium a considérablement augmenté entre 2023 et 2024 en passant d'environ $ 830 millions à $ 1,1 milliard, selon S&P Global.

L'Australie est devenue, dès 2016, la première zone de production en volumes avec, entre autres, la plus grosse mine de lithium mondiale de Greenbushes. Aujourd'hui, une grande partie du lithium australien faiblement transformé (sous forme de concentrés de spodumène) continue d'être exportée et purifiée en Chine. Cependant, des étapes de transformation à haute valeur ajoutée commencent à être implantées sur le territoire australien. Entre 2022 et 2023, c'est en particulier par la construction de deux raffineries destinées à la production d'hydroxyde de lithium de qualité batterie que ce phénomène a pu être visible. Ce sont les raffineries de Kwinana et de Kemerton. En 2024, l'Australie a produit 88 000 tonnes de lithium métal, d'après l'USGS.

Le Chili (49 000 tonnes) et l'Argentine (18 000 tonnes) sont historiquement de grands producteurs mondiaux de lithium, provenant des salars andins. Les principaux exploitants sont Albemarle et SQM au Chili, ainsi que la compagnie Arcadium Lithium en Argentine. Il est à noter l'annonce du rachat d'Arcadium Lithium par le géant minier Rio Tinto, validé en ce début d'année 2025 par le conseil d'administration. Cet accord permettra à Rio Tinto de devenir le troisième acteur mondial du lithium, derrière Albemarle et SQM. D'importants investissements ont été consentis par ces acteurs dans l'objectif d'étendre les capacités de production existantes ou d'augmenter leurs rendements, notamment au niveau du salar d'Atacama. Parallèlement, la prise en compte de l'impact socio-environnemental de ces exploitations, et en particulier l'amélioration de la gestion des ressources en eau dans ces régions désertiques, sont devenues des paramètres cruciaux pour la pérennité de ces projets. Au-delà des extensions des productions existantes, de nombreux projets se développent, notamment en Argentine. Il est à noter que celui de Cauchari-Olaroz, détenu par le géant chinois Ganfeng Lithium, ainsi que par les compagnies Lithium Americas et Jujuy Energia y Mineria, est entré en production en 2023. De plus, le projet Centenario Ratones, développé par le groupe français Eramet, utilise une technologie plus efficace (DLE : *Direct Lithium Extraction*) que l'évaporation traditionnellement pratiquée. Ce dernier projet a produit ses premières quantités de lithium qualité batterie fin 2024.

Un autre acteur majeur du marché du lithium est la Chine. Il s'agit du troisième extracteur mondial, ayant produit l'équivalent de 41 000 tonnes de lithium métal en 2024, toujours selon l'USGS. Cette production est réalisée à la fois à partir de roches dures, notamment du spodumène, mais également à partir de salars localisés principalement dans les hauts plateaux du Qinghai, au centre du pays. Mais la Chine est surtout dominante dans le processus de purification et de transformation du lithium, notamment pour obtenir la qualité batterie. Environ 70 % du lithium qualité batterie dans le monde en 2024 l'est en Chine, tant sous forme de carbonate que d'hydroxyde.

Les autres acteurs mondiaux sont mineurs aujourd'hui mais ont vocation à développer leurs capacités de production. C'est le cas de l'Amérique du Nord avec de nombreux projets d'extraction de roche dure au Canada ou de saumures aux États-Unis. Ces derniers comptent également sur le gisement de Thacker Pass, qui prévoit la production de lithium à partir d'argiles lithinifères. Le Brésil possède aussi des réserves de lithium (1,2 Mt), ainsi que des mines, notamment le projet de Grota de Cirilo en production depuis 2023. Le potentiel africain est également avéré, en particulier au Zimbabwe qui a fortement augmenté son offre depuis 2023 grâce à l'ouverture de plusieurs mines à l'aide de capitaux chinois. L'autre grand acteur africain est le Mali, qui a mis en production deux mines de spodumène (Goulamina et Bougouni) fin 2024-début 2025, là encore grâce à l'apport de capitaux chinois. L'Europe est aujourd'hui quasiment complètement dépendante de l'importation de lithium, mais plusieurs projets sont en développement pour réduire sa dépendance et répondre en partie aux besoins des *gigafactories* qui poussent sur le continent. Les projets européens les plus avancés sont ceux de Keliber en Finlande (extraction de spodumène et transformation en hydroxyde de lithium) et Vulcan Energy en Allemagne (extraction du lithium à partir des saumures géothermales à l'aide de la DLE, puis transformation en hydroxyde). Il existe d'autres projets d'extraction plus ou moins avancés et souvent intégrés (c'est-à-dire que la transformation du lithium est réalisée sur place ou directement à partir de la production de la mine) pour obtenir du lithium de qualité batterie, la plupart du temps sous forme d'hydroxyde (Emili en France, San Jose en Espagne, Cinovec en République tchèque, Zinnwald en Allemagne, Wolfsberg en Autriche). À cela s'ajoute le projet d'extraction au Portugal de Barroso, ainsi que les projets français d'extraction de lithium à partir de saumures géothermales portés par Lithium de France et Eramet/Électricité de Strasbourg. L'Europe compte également plusieurs projets de transformation seule, afin de passer de la forme carbonate à la forme hydroxyde, ou alors permettant d'augmenter la pureté pour d'atteindre la qualité batterie. Enfin, il est à noter la présence du gisement de Jadar en Serbie (143,5 Mt), qui subit une forte opposition locale et dont le gouvernement serbe avait annulé les permis, avant de les réautoriser en 2024.

En parallèle de ces évolutions, les enjeux liés à la disponibilité et aux méthodes durables d'extraction du lithium gagnent en importance dans les stratégies d'approvisionnement des acteurs de l'industrie. De plus, le recours aux sources secondaires pour l'approvisionnement en lithium est appelé à se développer significativement. La mise en place de filières de recyclage du lithium à partir des batteries en fin de vie constitue un axe majeur de recherche et de développement industriel, particulièrement en Europe, dans le cadre des politiques visant à sécuriser les approvisionnements de ce métal crucial. Toutefois, la chute des prix du lithium a mis à mal cette stratégie, incitant certaines compagnies à mettre leur projet de recyclage en pause, comme Eramet en France, par exemple.

Manganèse (Mn)

Lors de son extraction des mines, le manganèse est usuellement scindé en trois catégories, selon sa teneur : les minerais riches (Mn > 44 %), les minerais intermédiaires (30 % < Mn < 44 %) et les minerais pauvres (Mn < 30 %). La qualité dite métallurgique, qui représente la plus grande partie des concentrés miniers, contient généralement un minimum de 35 % de Mn et des teneurs variables en éléments traces (Fe, Al, As, P, etc.) qui vont impacter ses caractéristiques finales. Le manganèse métallurgique est destiné à la fabrication d'alliages (aciers, fonte, etc.) qui représente 90 % des usages de ce métal. Dans la fabrication des alliages, le manganèse joue un double rôle, puisqu'un tiers de la demande dans ce secteur concerne la désulfuration et la désoxydation lors de la fabrication de la fonte et de son affinage. Le manganèse ayant une importante affinité avec le soufre et l'oxygène, son ajout permet d'éviter que le soufre ne s'associe au fer, ce qui fragiliserait l'acier par accumulation de cémentite aux joints de grains. Les deux tiers de la demande restante concernent la fabrication de ferroalliages rentrant dans la composition finale d'un grand nombre d'aciers. Si les teneurs en manganèse dans les aciers sont très variables et peuvent atteindre 14 %, un acier « classique » contient 6 % à 7 % Mn. Les aciers au manganèse sont utilisés essentiellement pour les secteurs du bâtiment et de l'automobile pour leurs propriétés de dureté, d'élasticité, de résistance à l'usure, à la corrosion et à l'abrasion. Les minerais basse teneur (< 30 % Mn) sont ajoutés lors de la production de fonte. En 2024, environ 16,3 Mt de silicomanganèse ont été produits, soit une baisse de 12 % par rapport à 2023. Le principal producteur de silicomanganèse est, de loin, la Chine avec 11 Mt, soit 68 % de la production totale, suivi de l'Inde (14 %) et de la Russie (3 %). En 2024, la production de ferromanganèse (ferromanganèse raffiné et ferromanganèse à haute teneur en carbone) était de 5,4 Mt, dominée principalement par la Chine, suivie de l'Inde, du Japon, de la Russie et de la Norvège. Le conflit russo-ukrainien a entraîné la suspension temporaire de la production de ferroalliages en Ukraine, notamment à l'usine de Nikopol Ferroalloy Plant (NZF) et à Zaporizhzhia depuis novembre 2023, entraînant une baisse d'approvisionnement en alliages pour l'Europe. En conséquence, au début de 2024, les exportations de ferroalliages ont atteint un niveau historiquement bas, frôlant l'arrêt total. En mai 2024, la production a repris de manière très partielle. La production de ferroalliages de manganèse s'est établie à 105 kt en 2024, soit une baisse de 50 % par rapport à 2023.

La qualité batterie affiche des teneurs situées entre 44 % et 54 % de Mn. Les débouchés du manganèse de qualité chimique et de qualité batterie (environ 10 % des usages), soit sous forme métallique ou de composés chimiques manganésifères, sont les alliages spéciaux, le secteur des piles et batteries, et la chimie. Cependant, chaque usage demande une forme et une qualité spécifiques du manganèse. Les composés chimiques de manganèse comprennent plusieurs formes, dont la principale est le dioxyde de manganèse, qui est soit naturel (pyrolusite) soit synthétique (dioxyde de manganèse chimique – CMD – ou électrolytique – EMD). De nombreux autres composés existent, comme le permanganate de potassium, les sulfates, les chlorures de manganèse, qui rentrent dans la composition d'engrais et d'aliments pour animaux, dans l'électronique ou pour le traitement de surface des pigments et métaux, représentant une part minime des usages.

Le dioxyde de manganèse (MnO_2) rentre donc dans la composition des piles sèches (salines ou alcalines), ainsi que de manière croissante pour les technologies de batteries Li-ion. En 2024, la production totale de la Chine était d'environ 195 kt d'EMD, restant relativement stable par rapport à l'année précédente. Le MnO_2 est utilisé comme matériau actif des cathodes de ces batteries pour en augmenter la conductibilité électrique. Il rentre dans la composition des cathodes LMO (Lithium-Oxyde de Manganèse) à hauteur de 65 % en masse, dans certains cas (en fonction du précurseur) dans celle des cathodes NMC (Oxyde de Nickel-Manganèse-Cobalt) de formule chimique Li $(NiMnCo)O_2$), contenant entre 6 % et 19 % de manganèse en masse en fonction de la configuration retenue. Les prévisions de croissance de la demande en Mn pour cet usage sont donc fortes (d'un facteur 10 d'ici 2030), pouvant conduire prochainement à des modifications des filières industrielles, notamment pour produire des sulfates de manganèse purifiés préférés par les fabricants de batteries. Par ailleurs, en septembre 2024, Orano et le groupe chinois XTC New Energy ont créé deux *joint-ventures* dédiées à la production de composants de batteries de véhicules électriques en France. La première usine, détenue majoritairement par XTC New Energy, a vocation à fabriquer des matériaux actifs de cathode (*Cathode Active Materials* – CAM). La seconde, détenue majoritairement par Orano, a vocation à produire des précurseurs de matériaux actifs de cathode (PCAM). Ces fabrications, qui utilisent des métaux comme le cobalt, le nickel, le manganèse (sulfate de manganèse) et le lithium, sont essentielles à la production et à la performance des batteries de véhicules électriques.

En 2024, la production minière de manganèse a été de 20 Mt selon les données préliminaires de l'USGS, contre 19,6 Mt en 2023. Environ 75 % de la production mondiale de manganèse provient de trois pays : l'Afrique du Sud (7,4 Mt – 37 %), le Gabon (4,6 Mt – 23 %) et l'Australie (2,8 Mt – 14 %), suivis par la Chine, le Ghana, l'Inde et le Brésil. Les ressources en Chine étant de médiocre qualité et proches de l'épuisement, le marché est devenu très dépendant de la production sud-africaine, multipliée par plus de six depuis l'année 2000. Cependant, en mars 2024, South 32, premier producteur mondial de minerai de manganèse, a annoncé une suspension de ses opérations jusqu'au premier semestre 2025 face aux dégâts causés par le cyclone tropical *Megan* qui a endommagé les installations de la mine de Groote Eyland en Australie. Cet arrêt a entraîné des perturbations mondiales sur l'approvisionnement en minerai.

Les gisements de manganèse sont, de manière générale, associés aux gisements de fer sédimentaires anciens de type « formations ferrifères rubanées », car leurs modes de formation sont assez similaires. Les minéraux manganésifères (pyro-

Manganèse

(en milliers de tonnes de métal contenu dans la production minière)

	2019	2020	2021	2022	2023	2024
Production mondiale						
	19 600	**18 900**	**20 100**	**19 800**	**19 600**	**20 000**
Afrique du Sud	5 800	6 500	7 200	7 300	7 300	7 400
Australie	3 180	3 330	3 260	3 040	2 860	2 800
Birmanie	430	254	206	207		
Brésil	1 740	494	542	624	580	590
Chine	1 330	1 340	991	743	767	770
Côte d'Ivoire	482	525	362	394	357	360
Gabon	2 510	3 310	4 340	4 670	4 490	4 600
Géorgie	116	186	224	166		
Ghana	1 550	637	940	844	818	820
Inde	801	632	453	721	744	800
Kazakhstan	140	158	90	129		
Malaisie	390	347	356	247	410	410
Mexique	202	198	226	221		
Ukraine	500	578	600	323		
Vietnam	158	121	146	155		
Autres pays	270	260	150	325	1 230	1 300

Prix du manganèse
Marché libre européen
(en dollars/tonne)

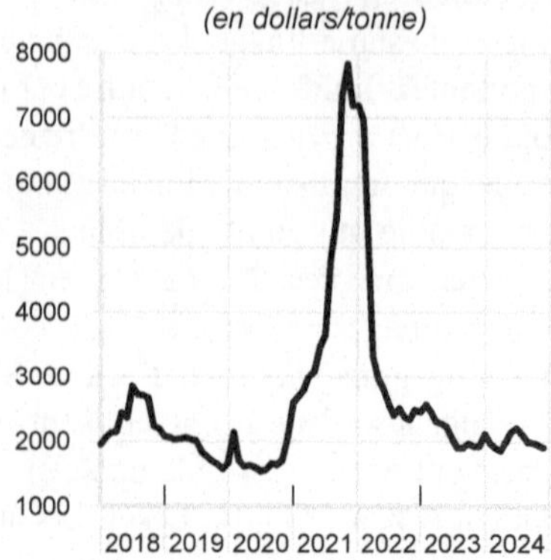

(Source : Mineral Commodity Summaries)

lusite, rhodochrosite, etc.) ont précipité à partir de l'eau de mer pour former des roches sédimentaires stratifiées. L'évaluation des ressources et réserves mondiales est difficile et très imprécise. En 2024, l'USGS indique que les réserves cumulées de l'Afrique du Sud (560 Mt), de la Chine (280 Mt), du Brésil (270 Mt), de l'Australie (500 Mt) représentent 86,8 % des réserves mondiales, estimées à environ 1 700 Mt. De nouvelles occurrences de manganèse de haute pureté ont été découvertes au Timor-Leste en 2024 (pays d'Asie du Sud-Est) lors d'un programme d'exploration réalisé par Estrella Resources. D'autres réserves de manganèse existent dans les fonds marins du globe. Il s'agit des nodules de manganèse de quelques centimètres de diamètre tapissant des plaines abyssales. Les nodules représenteraient quelques milliards de tonnes de manganèse supplémentaires, mais leur coût d'exploitation et le risque d'impacts importants sur l'environnement rendent leur valorisation très peu probable à court et moyen termes.

Par ailleurs, Euro Manganese a pour objectif de retraiter un important gisement de manganèse contenu dans les résidus d'une mine de pyrite (FeS_2) qui a fonctionné entre 1951 et 1975. Le projet Chvaletice Manganese est situé à environ 90 km à l'est de Prague, en République tchèque. Ainsi, le but serait de réduire la dépendance de l'Europe à l'égard des importations de matières premières pour les batteries en fournissant jusqu'à 20 % de la demande européenne de manganèse de haute pureté d'ici 2030. L'entreprise a depuis conclu plusieurs accords d'*offtake* pour la vente de manganèse métallique de haute pureté.

Le manganèse n'est pas substituable dans ses principaux usages (sidérurgie, alliages, etc.). Les aciers, ferrailles et alliages contenant du manganèse sont pour partie recyclés, le plus souvent pour être réutilisés au sein de nouveaux alliages. Le dioxyde de manganèse des piles est en partie recyclé. Actuellement, le manganèse reste très peu récupéré dans les batteries Li-ion. Mais de nombreux projets sont en développement et seront basés sur de nouveaux procédés hydrométallurgiques permettant d'accroître la récupération des métaux des cathodes en général (Mn, Co, Ni, etc.).

Les prix du manganèse sont établis par contrats directs entre producteurs et utilisateurs. Le prix moyen du Mn métal en 2024 a été de $ 2 010/t, en baisse de 6,7 % par rapport à 2023 ($ 2 154/t) et retrouve un ordre de grandeur connu il y a cinq ans.

Le manganèse figure dans la dernière liste des matières premières critiques pour l'UE publiée en mars 2023. Il n'était pas considéré comme étant critique dans les quatre listes précédentes.

La demande future en manganèse sera tirée en grande partie par la croissance de l'urbanisation mondiale, ainsi qu'en moindre mesure par l'électromobilité et le développement des technologies de batteries Li-ion. Cet usage devrait rester minoritaire en volume (au maximum quelques dizaines de milliers de tonnes de manganèse, soit moins de 10 % du marché).

Variations 2023-2024 de la production et des réserves des petits métaux étudiés dans ce chapitre

Élément		Unité de masse	Production exprimée en unité de masse contenue de	Production 2023	Production 2024	Variation de la production 2024-2023 (en %)	Réserves 2023	Réserves 2024	Variation des réserves 2024-2023 (en %)
Antimoine	Sb	t	Sb	106 000	100 000	-5.7%	>2 000 000	>2 000 000	0.0%
Béryllium	Be	t	Be	325	360	10.8%	n.d.	n.d.	-
Bismuth	Bi	t	Bi	16 200	16 000	-1.2%	n.d.	n.d.	-
Cadmium	Cd	t	Cd	24 100	24 000	-0.4%	n.d.	n.d.	-
Chrome	Cr	kt	Chromite	45 200	47 000	4.0%	560 000	1 200 000	114.3%
Cobalt	Co	t	Co	238 000	290 000	21.8%	11 000 000	11 000 000	0.0%
Gallium	Ga	t	Ga	633	760	20.1%	1 100	1 100	-
Germanium	Ge	t	Ge			-	n.d.	n.d.	-
Graphite	C	kt	Graphite	1 530	1 600	4.6%	280 000	290 000	3.6%
Hafnium	Hf	t	Hf			-	n.d.	n.d.	-
Indium	In	t	In	1 020	1 080	5.9%	n.d.	n.d.	-
Lithium	Li	t	Li	204 000	240 000	17.6%	28 000 000	30 000 000	7.1%
Magnésium	Mg	kt	Mg	900	1 000	11.1%	n.d.	n.d.	-
Manganèse	Mn	kt	Mn	19 600	20 000	2.0%	1 900 000	1 700 000	-10.5%
Molybdène	Mo	t	Mo	248 000	260 000	4.8%	15 000 000	15 000 000	0.0%
Niobium	Nb	t	Nb	110 000	110 000	0.0%	>17 000 000	>17 000 000	0.0%
Rhénium	Re	t	Re	63	62	-1.0%	LARGE	LARGE	-
Scandium	Sc	t	Sc			-	n.d.	n.d.	-
Sélénium	Se	t	Se	3 530	3 700	4.8%	95 000	92 000	-3.2%
Silicium	Si	kt	Si	9 470	9 700	2.4%	n.d.	n.d.	-
Tantale	Ta	t	Ta	2 040	2 100	2.9%	n.d.	n.d.	-
Tellure	Te	t	Te	944	980	3.8%	36 000	35 000	-2.8%
Terres rares	TR	t	Oxydes de terres rares	376 000	390 000	3.7%	110 000 000	90 000 000	-18.2%
Titane	Ti	kt	Ti	9 430	9 400	-0.3%	750	560	-25.3%
Tungstène	W	t	W	80 000	81 000	1.3%	4 400 000	4 600 000	4.5%
Vanadium	V	t	V	104 000	100 000	-3.8%	19 000 000	18 000 000	-5.3%
Zirconium	Zr	kt	Concentrés de zircon	1 440	1 500	4.2%	74 000	70 000	-5.4%

a réserves exprimées en équivalent concentrés de chromite de qualité *shipping grade*
b réserves exprimées en ZrO_2

(Source : USGS - Mineral Commodity Summaries)

Données non disponibles

Petits métaux : *des horizons variés, mais globalement porteurs*

Les métaux – ou assimilés – traités dans ce chapitre appartiennent à des groupes différents du tableau périodique des éléments. Pour un certain nombre d'entre eux, le terme de « petits métaux » fait avant tout référence à une taille de marché réduite, c'est-à-dire inférieure au million de tonnes (Mt). Ils se distinguent davantage par des propriétés spécifiques qui, généralement, ne nécessitent un usage qu'en très faibles quantités. Néanmoins, fonctionnant comme des « vitamines » au sein de nombreuses technologies, ils sont indispensables et améliorent grandement les performances atteintes. Ils sont souvent liés aux domaines de l'énergie, des technologies de l'information et de la communication (TIC) ou des transports. Certains grands regroupements peuvent être faits parmi ces petits métaux, où l'on retrouve :

– les éléments semi-conducteurs (notamment Si, Ga, Ge, As, Se, In, Te), à la base de l'électronique moderne et de ses applications, y compris dans le domaine du photovoltaïque ;

– les métaux réfractaires (Nb, Mo, Ta, W, Re), caractérisés par des points de fusion très élevés et une grande résistance à l'usure et à la corrosion. Cela en fait des matériaux de choix pour la conception – notamment – de superalliages, nécessaires à la réalisation de pièces mécaniques primordiales dans les parties chaudes des réacteurs d'avion ou des turbines à gaz ;

– les terres rares (les lanthanides et l'yttrium), dont la structure électronique particulière est à l'origine de nombreuses propriétés uniques, notamment dans les domaines de la luminescence et du magnétisme.

Cependant, ce classement n'est pas exhaustif et cache de plus grandes spécificités. Les statistiques de production présentées ici comportent une première estimation des productions pour l'année 2024, telles que publiées début 2025 par l'*United States Geological Survey* (USGS) – le Service géologique des États-Unis – dans son analyse annuelle de l'industrie minérale mondiale *Mineral Commodity Summaries*. Ces données sont à considérer comme des estimations provisoires, susceptibles de révisions importantes au cours des mois, voire des années à venir. Elles doivent, en conséquence, être appréhendées avec beaucoup de prudence, car les marchés de nombreux petits métaux sont opaques.

Données complémentaires

Matière première	Premier producteur mondial	Part de la production mondiale du premier producteur en 2024	Sous-produit
Antimoine	Chine	58 %	Partiellement : plomb, or, zinc
Bérylium	USA	50 %	Non
Bismuth	Chine	82 %	Essentiellement : plomb, tungstène
Cadmium	Chine	39 %	Essentiellement : zinc
Chromite (minerai de chrome)	Afrique du Sud	45 %	Rarement : platinoïdes
Cobalt (production minière)	République dém. du Congo	76 %	Essentiellement : cuivre, nickel
Gallium	Chine	98 %	Exclusivement : aluminium
Germanium	Chine	n.d.	Exclusivement : zinc, charbon
Graphite naturel	Chine	78 %	Non
Hafnium	France	n.d.	Exclusivement : zirconium
Indium	Chine	71 %	Exclusivement : zinc, cuivre, plomb, étain
Lithium	Australie	37%	Rarement : potasse
Magnésium	Chine	91 %	Non
Manganèse	Afrique du Sud	37 %	Non
Molybdène	Chine	42 %	Partiellement : cuivre
Niobium	Brésil	92 %	Non
Rhénium	Chili	47 %	Exclusivement : molybdène
Scandium	Chine	n.d.	Exclusivement : terres rares, fer, uranium
Sélénium	Chine	49 %	Exclusivement : cuivre, plomb-zinc
Silicium	Chine	76 %	Non
Tantale	République dém. du Congo	42 %	Partiellement : niobium, lithium, étain, terres rares
Tellure	Chine	77 %	Exclusivement : cuivre, plomb-zinc, bismuth
Terres rares	Chine	69 %	Non
Titane (éponge)	Chine	68 %	Non
Tungstène	Chine	82 %	Non
Vanadium	Chine	67 %	Essentiellement : acier, titane
Zirconium	Australie	33 %	Non

(Source : USGS - Mineral Commodity Summaries)

Le tableau de la page 514 permet une vue synthétique des chiffres de production de l'ensemble de ces éléments, de même que ceux des réserves géologiques (lorsqu'ils sont disponibles), ainsi que l'évolution de ces chiffres sur un an, sur la base de la première estimation de 2025 réalisée par l'USGS.
Le tableau de la page 516 synthétise quelques informations complémentaires relatives aux petits métaux de ce chapitre – ainsi que ceux du chapitre « Métaux électriques » de ce rapport CyclOpe –, en particulier la part du premier pays producteur mondial en 2024, ainsi que le caractère de « sous-produit », ou non, de l'élément. En effet, nombre de petits métaux sont considérés comme des « sous-produits », car récupérés uniquement lors de l'extraction métallurgique d'un métal porteur. Il est également important de distinguer le lieu de l'extraction minière de celui de l'extraction métallurgique du ou des métaux contenus, ces derniers pouvant avoir des localisations géographiques très différentes.

Antimoine (Sb)

L'antimoine est utilisé dans les ignifugeants (43 %), les stabilisateurs à la chaleur, les plastiques (6 %), le caoutchouc, les textiles et les peintures. Il est en général sous forme de trioxyde d'antimoine Sb_2O_3 dit « ATO » (à ne pas confondre avec « Antimony-Tin-Oxide » : l'oxyde d'étain-antimoine) combiné à des halogénures (chlorures ou bromures). La consommation d'antimoine a atteint un pic à 192 000 tonnes (t) en 2010. Elle baisse depuis, en raison de la substitution de l'antimoine par des substances à plus faible toxicité.

En alliage avec le plomb, l'antimoine sous sa forme « métal » permet d'augmenter la dureté, la résistance à la fatigue et à la corrosion du plomb (14 %). Son utilisation majeure en tant que métal reste dans les batteries automobiles (32 %). Cet usage subit deux tendances antagonistes : reconnues pour leur fiabilité et leur faible coût, les batteries au plomb-antimoine sont encore utilisées dans les pays en développement. Au contraire, les économies développées tendent à favoriser la substitution, par exemple, avec des alliages au calcium-étain. Le reste de la demande se répartit dans diverses applications, notamment dans les verres ultra-transparents (panneaux photovoltaïques), les émaux et céramiques, mais également les munitions au plomb, le caoutchouc (vulcanisation des caoutchoucs rouges), ainsi que dans la catalyse pour la production de fibres de polyester et du polytéréphtalate d'éthylène (PET), largement utilisé pour la production des bouteilles en plastique. Les applications émergentes sont celles de l'oxyde d'antimoine-étain comme matériau conducteur transparent pour les écrans tactiles et les semi-conducteurs, notamment dans la microélectronique (AsSb, GaSb, et InSb).

En 2020, l'Öko-Institut allemand s'est prononcé en défaveur d'une restriction de l'ATO dans les équipements électriques et électroniques dans le cadre de la directive européenne *Restriction of Hazardous Substances* (RoHS). Pour ces usages, il existe en effet peu de substituts, ou alors ceux-ci posent des problèmes équivalents ou supérieurs. À l'inverse, certains produits antimoniés, comme les retardateurs de flamme, ont été interdits dans d'autres régions du monde, comme en Alaska.

Parmi plus de cent minéraux antimonifères, la stibine (Sb_2S_3) est le minerai principal à partir duquel est extrait l'antimoine. Cependant, la majeure partie de l'antimoine est récupérée en tant que coproduit ou sous-produit du traitement de minerais de plomb-zinc ou d'or, comme en Russie et au Tadjikistan.

Il existe une grande incertitude sur les données de production en raison du dynamisme des échanges à chaque stade de transformation de l'antimoine (concentré, métal, ATO). Les statistiques sont hétérogènes et à fort risque de « double comptage ». Pour illustration, l'USGS a réévalué à la hausse la production 2023 d'antimoine, de 83 000 tonnes à 106 000 tonnes (soit une sous-estimation de 27,6 %). Toujours d'après le service géologique américain, elle serait stable en 2024, avec une légère tendance à la baisse, avec une production d'environ 100 000 tonnes.

En 2024, le premier producteur minier a été la Chine avec 60 000 tonnes d'antimoine contenu (estimation USGS), suivie du Tadjikistan et de la Russie, avec, respectivement, 17 000 tonnes et 13 000 tonnes. Depuis 2010, la Chine fait face à des difficultés sur le plan minier, avec des réserves et des teneurs en baisse, et des impacts environnementaux importants. Le gouvernement a adopté des normes plus strictes dans ce domaine et a arrêté de nombreux sites d'extraction. Ainsi, plusieurs fonderies chinoises ont eu du mal à se fournir en concentrés cette année. Plusieurs fondeurs du plus grand centre (*hub*) de production d'antimoine en Chine ont dû arrêter leur production faute d'approvisionnement. Le pays importe donc de plus en plus de concentrés d'antimoine en provenance du Tadjikistan, de Russie, d'Australie, du Canada et d'Amérique du Sud afin d'assurer sa production d'antimoine métal et d'ATO.

Le Tadjikistan prévoyait, pour 2021, l'ouverture d'un nouveau site de production nommé TALCO Gold project d'une capacité de 16 000 tonnes par an d'antimoine métal par l'entreprise chinoise Huayu Mining, mais elle a été décalée à la fin 2022 en raison du covid. Fin 2023, l'entreprise chinoise a annoncé le passage de la phase de construction à la phase de production. Le projet a atteint son objectif de production de 5 000 tonnes dans l'année et devrait prendre entre douze et dix-huit mois pour atteindre sa pleine capacité.

En décembre 2023, l'entreprise australienne Larvotto Resources a, quant à elle, racheté à Trafigura le projet d'or et d'antimoine Hillgrove, en Nouvelle-Galles du Sud. Ce gisement se classe parmi les dix premiers au monde pour l'antimoine.

En dépit du rééquilibrage géographique qui est à l'œuvre depuis plus de quinze ans, la Chine

Antimoine

(en tonnes de métal contenu dans la production minière)

	2019	2020	2021	2022	2023	2024
Production mondiale						
	162 000	**111 000**	**112 000**	**83 100**	**106 000**	**100 000**
Australie	2 030	3 900	4 000	2 290	1 860	2 000
Birmanie	6 000	2 200	4 600	4 600	4 500	4 500
Bolivie	3 000	2 600	2 600	3 000	3 700	3 700
Canada	1	2	2	2		
Chine	89 000	61 000	61 000	40 000	62 300	60 000
Équateur	1	1				
Guatemala	25	80	80	24	49	50
Iran	500	400	400	500	500	500
Kazakhstan	300	100	100	300	40	40
Kirghizistan			0	40	20	20
Laos	140			220	200	200
Mexique	300	700	750	700	800	800
Pakistan		17	66	79	250	250
Russie	30 000	25 000	20 000	4 300	13 000	13 000
Tadjikistan	28 000	13 000	16 800	21 000	17 000	17 000
Turquie	2 400	1 330	1 300	5 800	1 600	1 600
Vietnam	310	390	310	250	300	300

Prix de l'antimoine
Marché libre européen
(en dollars/tonne)

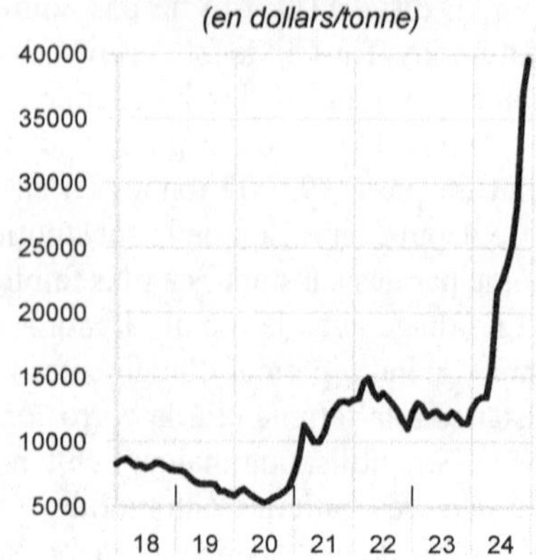

(Source : Mineral Commodity Summaries)

dispose toujours des plus grosses réserves mondiales d'antimoine prouvées à ce jour. L'USGS a réévalué les réserves d'antimoine en 2024 à plus de 2 Mt, stable par rapport à 2023.

En raison de la forte dépendance des États-Unis vis-à-vis de la Chine et du fait que la plupart des pays possédant des gisements d'antimoine sont en opposition aux intérêts politiques, industriels et militaires des États-Unis, le projet de la mine Stibnite Gold Project (Idaho, États-Unis), détenu par Perpetua Resources, a reçu un soutien majeur du gouvernement américain, avec $ 75 millions de subventions du ministère de la Défense et une lettre d'intérêt de $ 1,8 milliard de la banque d'import-export des États-Unis (EXIM). Sur les recommandations du Service des forêts des États-Unis, l'administration Biden a délivré le permis d'exploitation minière, début janvier 2025. Cette mine d'or et d'antimoine pourrait répondre à 35 % des besoins annuels en antimoine des États-Unis et produire environ 450 000 onces d'or par an.

L'antimoine contenu dans les batteries au plomb et autres alliages est recyclé avec le plomb. L'agence d'information Fastmarkets estime qu'en moyenne, un taux de 20 % d'antimoine secondaire est intégré dans la production de nouveaux produits antimoniés. Cela n'est pas le cas pour les autres usages (ignifugeants, verre), qui ont tendance à être dispersifs.

N'ayant pas de cotation sur les marchés boursiers, les prix sont établis par négociation directe de contrats entre producteurs et transformateurs ou utilisateurs. Son prix ne cesse d'augmenter depuis 2020, en particulier depuis mars 2024, et a même fini par dépasser son pic historique de 2011 ($ 17 500/t) en mai 2024, pour atteindre $ 39 637/t en décembre 2024. Cette augmentation spectaculaire est le fruit de multiples facteurs, comme les difficultés de la Chine citées précédemment ainsi que la restriction, par cette dernière, des exportations des produits d'antimoine, couvrant les minerais, les formes métalliques et divers oxydes susceptibles de « double usage » (militaire et civil) invoquant des raisons de sécurité nationale et de non-prolifération (mise en vigueur le 15/09/2024). En décembre 2024, en réponse aux nouvelles restrictions américaines sur les technologies avancées, la Chine a annoncé une interdiction immédiate des exportations de gallium, de germanium et d'antimoine vers les États-Unis, intensifiant les tensions entre ces deux puissances et exacerbant les craintes d'un resserrement de l'offre mondiale. Ces facteurs impactent à la hausse les coûts de production et cela crée de la tension sur l'offre. Le prix moyen annuel de l'antimoine métal a été de $ 22 243/t en 2024, une forte hausse de plus de 83 % par rapport à 2023 ($ 12 138/t).

À court terme, la demande en antimoine devrait stagner, se situant à la croisée de plusieurs tendances antagonistes illustrées par des normes de sécurité incendie plus strictes, une faible substituabilité pour les retardateurs de flamme, la réduction de la quantité d'antimoine dans les produits, l'abandon progressif des batteries au plomb antimonié, et les éventuelles réglementations sanitaires et commerciales à venir. Pour rappel, l'antimoine est un métalloïde toxique et serait cancérigène par inhalation. Cependant, à plus long terme, les propriétés semi-conductrices de l'antimoine pourraient lui offrir de nouveaux débouchés dans le domaine de l'électronique et des batteries, du raffinage électrolytique de métaux rares, ainsi que dans le secteur photovoltaïque. En effet, l'utilisation de l'antimoine, en tant que stabilisant, dans la fabrication de panneaux photovoltaïques continue de croître, en particulier sur le marché chinois. L'antimoine améliore considérablement les performances des panneaux photovoltaïques, ce qui en fait un élément clé de la transition énergétique. D'après l'Agence internationale pour les énergies renouvelables (IRENA), la capacité mondiale d'installation de nouveaux panneaux photovoltaïques a atteint environ 345 gigawatts (GW) en 2023, soit une augmentation de 74 % par rapport à l'année précédente. Le marché chinois représente, à lui seul, plus de 62 % de cette capacité mondiale, avec une hausse impressionnante de 152 % par rapport à 2022. Ce développement rapide va considérablement accroître la demande d'antimoine dans les années à venir.

Béryllium (Be)

Le coût élevé du béryllium et ses difficultés de mises en œuvre industrielles – dues à une forte toxicité – en font un métal réservé à des usages très spécifiques. Ses propriétés uniques comprennent la légèreté, la rigidité, la très forte résistance à

Béryllium
(en tonnes de métal contenu)

	2019	2020	2021	2022	2023	2024
Production mondiale minerai	**250**	**250**	**272**	**313**	**325**	**360**
États-Unis	160	165	175	175	185	180
Brésil	3	3	3	40	40	80
Chine	70	70	71	70	74	77
Madagascar	1	1	1	1	1	1
Mozambique	15	3	13	25	23	24
Nigeria	1	1	1			
Rwanda	1	1	1	1	1	1
Ouganda		7	7	1	1	1

(Source : Mineral Commodity Summaries)

la corrosion, une très bonne transparence aux rayons X, ainsi qu'une bonne réflexion des neutrons. Deux minéraux de béryllium sont exploités industriellement : la bertrandite ($Be_4Si_2O7[OH]_2$) aux États-Unis – avec une teneur en minerai de 0,25 % Be – et le béryl ($Be_3Al_2Si_6O_{18}$), dans des pegmatites granitiques pour les autres pays.

Certaines formes sont privilégiées en fonction des secteurs d'usages. La principale est l'alliage cuivre-béryllium (CuBe) contenant près de 2 % Be, qui représente environ 80 % des quantités consommées. Cet alliage hérite du béryllium sa très grande résistance à l'usure et à l'oxydation. Sa principale application est en connectique, pour des usages nécessitant un très haut niveau de fiabilité, dans des secteurs tels que l'aéronautique, le spatial et la défense (connecteurs et contacteurs électriques pour télescopes, gyroscopes, systèmes de guidage, etc.). Le béryllium est aussi utilisé sous forme métallique pure (15 % des usages), en particulier pour des applications dans les secteurs de la santé (équipements des rayons X, outillage pour l'entretien des installations d'IRM, etc.), du spatial et du nucléaire civil et militaire, où sa capacité de réflexion des neutrons est recherchée. De la même manière, les recherches sur la fusion nucléaire consomment de grandes quantités de béryllium métal ultra pur. Enfin, 5 % de la consommation du béryllium est sous forme d'oxyde et de céramiques, utilisés par exemple dans le secteur de la construction (substrats isolants, blindages, etc.).

L'essor de la demande en alliages CuBe est principalement lié aux besoins en connectique. Les tensions géopolitiques récentes ont largement favorisé les débouchés traditionnels à forte valeur ajoutée du béryllium, notamment dans les secteurs de l'aérospatiale, de la défense et de l'énergie. Grâce à ses propriétés uniques et à l'expansion des industries des télécommunications, de l'aérospatiale et de la défense, la demande mondiale en béryllium devrait ainsi continuer à croître dans les années à venir.

La production mondiale minière de béryllium contenu s'élève à 360 tonnes pour 2024. Les États-Unis demeurent en tête du classement mondial en 2024 avec 180 tonnes, soit la moitié de l'offre minière totale. Ce pays domine le marché depuis de nombreuses années. La production y est aujourd'hui assurée par une seule entreprise : Materion. Ce groupe présente un fort degré d'intégration verticale, ses activités allant de l'exploitation du gisement de bertrandite de Topaz Mountain, dans l'Utah, jusqu'à la production de béryllium ultra pur et de divers alliages. Les autres productions minières se situent en Chine (de l'ordre de 77 tonnes) et au Brésil avec une production estimée à 80 tonnes, soit le double par rapport à 2023. Cette hausse pourrait être la combinaison de plusieurs facteurs, à savoir l'optimisation des opérations minières et l'amélioration des infrastructures. Pour une faible part, le béryl est extrait au Mozambique et en Ouganda (de l'ordre de quelques tonnes), ainsi qu'au Rwanda et à Madagascar. Il faut noter que des gisements de béryl sont également exploités pour les gemmes (l'émeraude, l'aigue-marine et la morganite sont des béryls).

Plusieurs entreprises à l'échelle mondiale contribuent à la production et au raffinage de béryllium, parmi lesquelles Materion aux États-Unis, Ulba Metallurgical Plant (filiale de KazAtomProm) au Kazakhstan, Hunan Shuikoushan Nonferrous Metals Group en Chine, et Xinjiang Xinxin Mining Industry Co. en Chine. Au Kazakhstan, les stocks d'Ulba Metallurgical Plant JSC donnent également lieu à une production importante d'alliages au béryllium avec du cuivre (CuBe), de l'aluminium (AlBe) et du nickel (NiBe). Le producteur américain Materion a ainsi constaté une augmentation record de 29 % de ses ventes de produits à base de béryllium en 2021 et a installé, en 2022, une nouvelle usine dans le Wisconsin afin de répondre à la demande croissante des marchés des semi-conducteurs et des batteries de véhicules électriques. L'acteur japonais NGK Insulators Ltd. est le deuxième producteur mondial d'alliages CuBe et possède, entre autres, une filiale en France installée dans l'agglomération nantaise. En revanche, IBC Advanced Alloys aux États-Unis a annoncé, en avril 2024, arrêter la production d'alliages de béryllium et d'aluminium dans son usine du Massachusetts en raison de l'insuffisance de la demande à long terme pour les produits d'alliages de béryllium et d'aluminium coulé et se concentrer sur sa production d'alliage de cuivre.

En 2024, les ressources mondiales (non normées) sont estimées par l'USGS à plus de 100 000 tonnes de Be contenu, dont 60 % sont situées aux États-Unis dans les régions de Spor Mountain (19 000 tonnes) et Gold Hill dans l'Utah, de McCullough Butte dans le Nevada et de Black Hills dans le Dakota du Sud.

Le béryllium n'est utilisé que dans des applications très spécifiques où il est difficilement substituable sans perte significative de performance ou de fiabilité. Son coût élevé et les risques de toxicité liés à son usinage limitent ses usages aux domaines de la très haute technologie, où il est incontournable. La recherche de substituts est un exercice difficile, étant donné les propriétés uniques de ce métal. Les filières de recyclage sont également peu développées avec, en fin de vie, entre 1 % et 7 % de Be recyclés, en raison de la très faible teneur de Be dans les différentes applications. Néanmoins, l'entreprise Materion a développé une filière de recyclage du Be pur et du CuBe, 40 % de l'alliage produit étant recyclé, selon les données USGS.

N'ayant pas de cotation sur les marchés boursiers, les prix du béryllium sont établis par négociation directe de contrats entre producteurs et transformateurs ou utilisateurs. Il existe donc une certaine opacité sur la variation des prix dans le temps. L'association de producteurs BeST donne des fourchettes de prix en fonction des qualités recherchées. En 2024, le prix moyen du Be métal pur de qualité aérospatiale était de $ 985/kg, soit en légère augmentation de 6 % par rapport à 2023 où le prix était de $ 931/kg.

Le béryllium est inclus depuis 2011 dans la liste des matières premières critiques pour l'économie européenne et, depuis 2018, dans celle établie par les États-Unis. Dans ce cadre, la *Defense Logistics Agency* a pour mission de constituer un stock de défense nationale qui s'élevait en septembre 2022 à 50 tonnes de Be métal, à sept tonnes sous forme de poudre métallique et à une tonne sous forme de minerai (béryl). Depuis peu, l'Inde a identifié 30 minéraux essentiels à sa transition énergétique, dont le béryllium, et cette liste devrait contribuer à l'élaboration d'une stratégie nationale.

En termes d'exploration, peu de projets sont identifiés pour renouveler les ressources déjà connues, hormis aux États-Unis avec le gisement de terres rares de Round Top (Texas), et le projet Beryllium Butte situé dans l'Utah. En octobre 2024, l'entreprise Rockland Resources Ltd. a d'ailleurs reçu des permis de forage pour ce dernier, situé à seulement 30 km de Spor Mountain.

Bismuth (Bi)

Le bismuth est principalement un sous-produit de l'extraction et de la métallurgie du plomb. C'est un métal malléable, semi-conducteur avec une basse température de fusion (271 °C). Ses principaux débouchés concernent deux secteurs bien distincts : d'une part, sous forme d'alliages

Bismuth
(en tonnes de métal raffiné)

	2019	2020	2021	2022	2023	2024
Production mondiale de minerai						
	21 100	**19 000**	**20 000**	**19 000**	**20 000**	**16 000**
Bolivie	15	30	60	0	68	70
Bulgarie	50	50	50	50	46	50
Canada	25	35	50			
Chine	16 000	16 000	16 000	15 500	13 300	13 000
Corée du Sud	930	970	1 000	810	1 000	1 000
Japon	540	570	500	490	500	500
Kazakhstan	270	230	230	190	180	180
Laos	3 000	1 000	2 070	1 940	1 150	1 100
Mexique	300	10	10			

Prix du bismuth
Marché libre européen
(en dollars/lb)

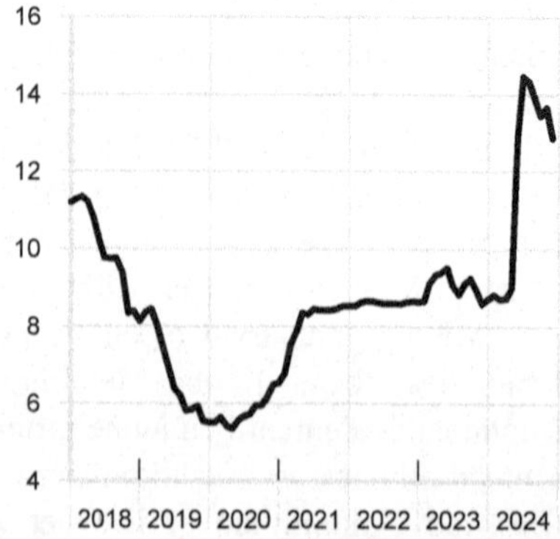

(Source : Mineral Commodity Summaries)

à bas point de fusion (9 % : 11 °C à 300 °C), il est également utilisé en métallurgie et en électronique (7 %) (soudures en remplacement du plomb) ; d'autre part, sous forme chimique (84 %), il a d'importantes applications dans l'industrie pharmaceutique et cosmétique ainsi que pour la dépollution des eaux et la production de pigments.

L'un des principaux avantages du bismuth est sa faible toxicité parmi les métaux lourds, ce qui explique son utilisation dans de nombreux produits, notamment pour ses propriétés antibactériennes.

Dans la croûte terrestre, les concentrations économiques de bismuth sont particulièrement rares, avec peu de gisements connus où ce métal a été exploité en tant que substance principale (le plus connu étant Tazna en Bolivie). De ce fait, la majorité de la production est en lien avec les phases de séparation et purification métallurgique d'autres métaux. Le bismuth est donc majoritairement un sous-produit, voire un coproduit dans quelques cas. Une complexité supplémentaire vient du degré de purification lors du raffinage du bismuth où l'on distingue le *technical grade* à 99,99 % Bi métal, du *pharmaceutical grade* à 99,999 % Bi, spécifiquement destiné à l'usage médical.

En 2024, la production mondiale de Bi raffiné estimée par l'USGS a été de 16000 tonnes, ce qui est comparable à la production de 2023 établie à 16200 tonnes. Selon les chiffres de cette institution américaine, la Chine demeure le premier producteur mondial de bismuth avec plus de 80 % de l'offre. Dans ce pays, la structuration de cette industrie s'est faite à partir de 2007 par le regroupement de six producteurs de la région du Hunan en un seul consortium de taille internationale : Hunan Jinwang Bismuth International. Jinwang dispose du principal centre de recherche sur le bismuth en Chine et a investi massivement dans le financement de cette recherche. Il s'est imposé comme fournisseur important de clients de la chimie, comme DuPont, BASF et 5N Plus. Par la suite, cet acteur s'est étendu en Europe, rachetant par exemple les activités du groupe Orrion Chemicals en France en 2015, en particulier l'usine de la Voulte-sur-Rhône, en Ardèche.

Au Vietnam, la compagnie Masan High-Tech Materials exploite la mine de tungstène de Núi Pháo, produisant également du bismuth en coproduit. Les chiffres de production pour l'année 2024 n'ont pas encore été publiés, mais ils seront probablement bien inférieurs à la capacité de production annuelle de 2000 tonnes de bismuth, entre autres, dû au passage du typhon Yagi et au récent changement de prestataire chargé des opérations de minage. Le bismuth est récupéré en sous-produit du tungstène, initialement sous forme d'un concentré. Il est ensuite extrait par un procédé de mise en solution (lixiviation) et précipitation par cémentation conduisant à la production d'un cément contenant 90 % Bi. Ce dernier est vendu tel quel aux consommateurs, où il sera éventuellement transformé en briquettes métalliques à plus forte valeur ajoutée par des clients tels que 5N Plus.

5N Plus est une compagnie canadienne, *leader* mondial de la purification et de la distribution de produits à base de bismuth, ainsi que de la production et de la vente d'alliages à bas point de fusion, bien que n'exploitant aucune mine. Sa production de bismuth ultrapur, d'alliages et de produits chimiques dérivés du bismuth est réalisée à partir de concentrés, d'oxydes, de pièces ou lingots de bismuth importés, notamment *via* sa filiale belge. La société raffine annuellement environ 3 000 à 3 500 tonnes de bismuth. Le bismuth vendu par 5N Plus est destiné à des applications pharmaceutiques, électroniques et industrielles. L'entreprise est intégrée verticalement et dispose de capacités de recyclage en boucle fermée.

Le groupe chinois Vital Materials est également devenu un acteur important du marché du bismuth raffiné, par le rachat, en novembre 2019, des stocks de bismuth du *Fanya Metal Exchange*, stocks équivalents à plus d'un an de production mondiale (19 228 tonnes), ainsi que par l'acquisition, en février 2019, d'activités sur les sels de bismuth du groupe Orrion Chemicals en Espagne.

En 2024, les prix du bismuth ont considérablement augmenté avec un prix moyen (Bi 99,99 % Europe) à \$ 11,64/kg contre \$ 9,04/kg en 2023, soit une hausse de 28,8 %. D'après l'USGS, cette hausse conséquente des prix du bismuth est à mettre en lien avec les coûts élevés des matières premières en Chine, conséquence directe de la forte compétition entre les fonderies nationales. N'ayant pas de cotation sur les marchés boursiers, ces prix sont établis par négociation directe de contrats entre producteurs et transformateurs ou utilisateurs.

L'USGS a cessé de publier son estimation des réserves mondiales de Bi depuis 2018. Elles étaient auparavant fondées sur les réserves des gisements de plomb contenant du bismuth. Cette absence de référence mondiale sur l'état des réserves s'explique surtout par le manque de données nécessaires à une telle estimation, notamment lié au manque d'information concernant les capacités de production.

Le recyclage du bismuth s'effectue quasi exclusivement en « boucle fermée », à partir de chutes de production d'acteurs comme 5N Plus et Hunan Jinwang Bismuth. À partir des produits en fin de vie, le recyclage est inférieur à 1 %, étant donné le caractère dispersif des principaux usages du bismuth (pigments, produits pharmaceutiques, etc.).

La croissance de la consommation mondiale est portée par plusieurs secteurs. D'une part, celui des pigments. En effet, ceux à base de vanadate de bismuth sont utilisés de manière croissante pour les revêtements en remplacement des formulations à base de plomb et chrome dans de nombreux secteurs. Les acteurs majeurs du secteur (par exemple, BASF, DuPont, DCC Lansco) utilisent déjà largement ces formulations. D'autre part, de futures applications potentielles dans les domaines des semi-conducteurs, de la thermoélectricité ou de la pharmacie pourraient porter le marché.

Les semi-conducteurs à base de bismuth sont développés depuis une dizaine d'années, avec l'existence d'une communauté scientifique active à l'échelle internationale. Cependant, des limitations techniques existent, à ce jour, pour leur applicabilité industrielle à grande échelle.

Du côté de l'exploration minière, un unique projet peut être mentionné : celui de Fortune Minerals, avec le projet NICO situé dans les Territoires du Nord-Ouest, au Canada. La compagnie envisage une mine de cobalt-or-bismuth-cuivre, toujours au stade de la faisabilité, qu'elle souhaiterait d'ailleurs mettre à jour cette année. En 2023, la société a signé un partenariat avec le géant minier Rio Tinto pour des essais d'optimisation concernant la récupération des métaux critiques contenus dans le minerai (c'est-à-dire cobalt et bismuth). Elle a également annoncé son souhait de construire une unité hydrométallurgique en Alberta pour extraire les métaux contenus dans les concentrés de sa future mine. D'après l'étude de faisabilité de 2014, les réserves probables et prouvées du gisement sont de l'ordre de 46 000 tonnes de bismuth, soit 12 % des réserves mondiales lors de sa publication. La société a récemment été la cible de plusieurs investissements étatiques, aussi bien canadiens qu'étatsuniens (*via* le ministère de la Défense) en raison de sa future production de métaux particulièrement stratégiques.

En février 2025, la Chine a annoncé la mise en place immédiate de contrôles aux exportations concernant le bismuth, en plus de ceux relatifs aux biens à doubles usages déjà réglementés par la *Commerce Control List*. Les biens visés par ces nouveaux contrôles sont : le bismuth métal, certains produits à base de bismuth (notamment les matériaux semi-conducteurs, tels que le germanate de bismuth), les précurseurs de ceux-ci (triphénylbismuth) et également les technologies et informations nécessaires à leurs productions.

Cadmium (Cd)

Le cadmium est un métal malléable à basses températures de fusion (321 °C) et d'ébullition (767 °C). C'est un métal toxique pour l'environnement et la santé humaine, ce qui en restreint fortement l'utilisation.

Le principal usage du cadmium est la production d'accumulateurs rechargeables au nickel-cadmium (batteries Ni-Cd). Les batteries Ni-Cd se classent généralement en deux catégories : les batteries grand public et de spécialité. Les premières, longtemps utilisées dans les équipements électriques portables, sont de moins en moins usitées du fait des réglementations sur la toxicité du cadmium (interdiction européenne depuis 2006) et de leur délaissement face au développement des batteries nickel-hydrure métallique (Ni-MH) et lithium-ion (Li-ion), aux performances nettement supérieures, et dont les prix sont en baisse constante. En 2018, les batteries Ni-Cd représentaient moins de 2 % de la capacité du marché mondial des batteries rechargeables (environ 550 gigawatts-heures – GWh). Les batteries Ni-Cd industrielles sont toujours utilisées en tant que batteries de secours, en raison de leur grande fiabilité et de leur résistance aux fortes décharges. Un autre usage important du cadmium – mais lui aussi décroissant – est sous forme de pigments jaunes, orange ou rouges, très utilisés pour le revêtement des engins de chantier, par exemple, car ils protègent l'acier de la corrosion. Un autre usage similaire est le cadmiage, un procédé de galvanoplastique, consistant à déposer un revêtement de cadmium sur certaines pièces métalliques. Il est utilisé dans l'industrie aéronautique, pour certaines pièces nécessitant une forte résistance à la corrosion et un faible coefficient de friction. Datant de février 2017, un amendement du règlement REACH, limitant très fortement la teneur

Cadmium
(en tonnes de métal)

	2019	2020	2021	2022	2023	2024
Production mondiale						
	24 400	**24 000**	**24 700**	**22 600**	**24 100**	**24 000**
Allemagne		450	417	320		170
Australie		348	402	328	900	900
Bulgarie			310	340	310	300
Canada	1 803	1 800	1 800	1 800	1 800	1 700
Chine	8 200	10 000	10 000	8 700	9 300	9 300
Corée du Sud	4 400	3 000	4 000	4 000	4 500	4 500
États-Unis			241	212	375	300
Japon	2 000	1 880	1 900	1 800	1 800	1 700
Kazakhstan	1 500	1 500	1 200	1 000	1 000	1 000
Mexique	1 395	978	859	1 170	1 020	1 200
Norvège		400	350	420	420	350
Ouzbékistan		400	300	220	220	200
Pays-Bas	1 100	880	854	574	726	400
Pérou	772	700	600	460	494	620
Pologne			500	250	250	250
Russie	900	1 000	1 000	1 000	1 000	800
Autres pays	2 320	520				

Prix du cadmium
Marché libre européen
(en dollars/kg)

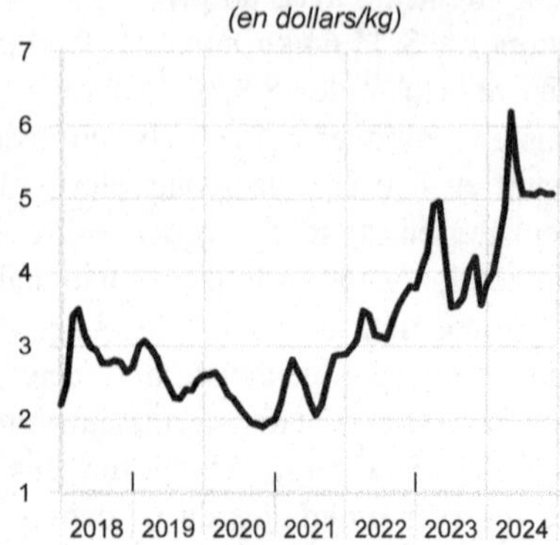

(Source : Mineral Commodity Summaries)

en cadmium des peintures, favorise la substitution des pigments au cadmium par des pigments à base de vanadate de bismuth ou de sulfure de cérium, présentant peu ou pas de toxicité. Hors Europe, le cadmium est parfois encore utilisé pour la stabilisation des plastiques, même si des stabilisants baryum-zinc ou calcium-zinc peuvent remplacer ceux en baryum-cadmium dans les applications de chlorure de polyvinyle (PVC) souple. Les usages restants du cadmium comprennent les alliages à bas point de fusion et les applications dans le domaine de l'énergie et de l'électronique utilisant les propriétés semi-conductrices de plusieurs de ses composés ; le plus populaire étant le tellurure de cadmium (CdTe) pour les cellules photovoltaïques à couches minces, qui nécessitent approximativement 80 kg de cadmium par mégawatt (MW) de capacité électrique installée. Cet usage connaît un développement croissant (5 % de la capacité installée en 2024), bien que la technologie au silicium domine largement le marché des cellules photovoltaïques (voir la section consacrée au tellure).

Selon l'USGS, la production mondiale de cadmium raffiné en 2024 était de 24 000 tonnes, soit une production stable par rapport à 2023 avec 22 100 tonnes. Le cadmium est majoritairement récupéré en sous-produit de la métallurgie du zinc et par le recyclage des batteries Ni-Cd. La Chine, premier métallurgiste sur ce dernier segment, demeure aussi le premier producteur mondial de cadmium avec 39 % de l'offre mondiale, une place qu'elle occupe depuis 2008. Au cours de la période 2007-2017, la croissance annuelle moyenne de la production de cadmium a suivi celle du zinc, à 2 %. À partir de la fin 2019, la production de cadmium s'est infléchie et semble désormais se stabiliser. Les autres producteurs majeurs sont la Corée du Sud, le Japon et le Canada. Début février 2025, le gouvernement chinois a annoncé la mise en place de contrôles à l'exportation concernant, entre autres, les semi-conducteurs à base de tellurure de cadmium et de tellurure de cadmium-zinc.

Il n'existe pas d'estimation des réserves en cadmium, celui-ci n'étant récupéré, comme évoqué précédemment, qu'en sous-produit du zinc. L'USGS indique que les minerais de zinc ont une teneur moyenne de l'ordre de 0,03 % de cadmium. Cette teneur augmente autour de 0,2 à 0,3 % dans les concentrés de minerai, soit une production de 3 kg/t de zinc élaboré. Les teneurs observées dans les gisements de phosphates sédimentaires peuvent atteindre plusieurs centaines de grammes par tonne (ppm). Par conséquent, les gisements de phosphates sédimentaires et de charbon représentent une ressource importante, peu valorisée à ce jour.

Le cadmium peut être substitué dans la plupart des usages. Par exemple, les batteries avec d'autres chimies, en particulier Lithium-ion, peuvent remplacer les batteries Ni-Cd dans de nombreuses applications. Les revêtements d'aluminium, de zinc ou d'alliages de zinc, tels que l'étain-zinc et le zinc-nickel, peuvent remplacer le cadmium dans les applications de placage, sauf lorsque les caractéristiques de surface d'un revêtement sont critiques (par exemple, dans l'industrie aéronautique).

Le cadmium des batteries Ni-Cd est couramment recyclé. La société Cirba Solutions (ex-Retriev Technologies), basée dans l'Ohio (États-Unis), produit des lingots de cadmium secondaire à partir du recyclage des batteries par pyrométallurgie. En revanche, d'après l'USGS, une autre entreprise dans l'Ohio a cessé de recycler les batteries Ni-Cd pour se recentrer sur le marché des batteries lithium. Dans l'Union européenne (UE), le rendement du recyclage des batteries Ni-Cd est supérieur à 80 %, avec 99 % du cadmium récupéré. En France, la société SNAM produit, *via* un procédé de distillation et raffinage, des lingots de cadmium issus du recyclage de ces batteries.

En 2024, le prix annuel moyen européen du cadmium de pureté 99,95 % a augmenté de 21,3 % par rapport à 2023, pour atteindre $ 4,93/kg. En tant que grand consommateur de cadmium, l'Inde est un acteur déterminant de l'évolution de ses prix sur les marchés, marqués par des habitudes d'achat saisonnières. Par ailleurs, l'Inde a ajouté le cadmium sur sa liste des métaux critiques en 2023. En 2024, l'Inde, bien que grand consommateur de cadmium, a été supplantée par la Chine qui est devenue le premier importateur mondial de ce métal.

En 2017, les institutions européennes ont initié la révision de la réglementation européenne relative aux engrais datant de 2003. La réglementation révisée, qui a été adoptée fin 2018, a fixé une teneur maximale en cadmium admissible à 60 mg Cd/kg d'engrais phosphatés (P_2O_5), avec une évolution possible vers 40 mg Cd/kg, puis 20 mg Cd/kg. Cette réglementation – entrée en vigueur en

2022 – pourrait, à terme, pousser les producteurs d'engrais à « décadmier » l'acide phosphorique servant à la production des engrais, ce qui pourrait faire apparaître un stock considérable de cadmium dans les pays producteurs de phosphates. Certains producteurs d'engrais phosphatés à faibles teneurs en cadmium, comme le russe PhosAgro, espèrent bénéficier de cette réglementation pour gagner des parts de marché en Europe, au détriment des producteurs nord-africains. Il faut noter que, hors Europe, les réglementations sont très hétérogènes avec des limites fixées sur les quantités épandues par hectare plutôt que sur la teneur des engrais en cadmium. En outre, en 2021, la réglementation européenne concernant les teneurs en métaux lourds dans l'alimentation a évolué avec un abaissement significatif du seuil de tolérance pour le cadmium.

Le développement du photovoltaïque à couches minces à CdTe, des batteries de spécialité, ainsi que les normes environnementales pourraient ouvrir de nouvelles perspectives dans ce marché potentiellement excédentaire.

Chrome (Cr)

Le chrome est, en volume, le quatrième métal le plus produit et consommé au monde après le fer, l'aluminium et le cuivre. La chromite en est le principal minéral porteur, contenant entre 30 % et 55 % de chrome sous forme d'oxyde de chrome (Cr_2O_3). En vertu de ses caractéristiques de résistance au ternissement et à la corrosion, son usage principal est, de loin, la fabrication des aciers inoxydables. Cet usage ne nécessite pas la production de chrome métal, mais d'un alliage, le ferrochrome, nettement plus facile à produire.

La production minière mondiale de chrome en 2024 est de 47 Mt, d'après l'USGS. Après avoir connu une baisse de près de 18 % en 2020 à la suite de la pandémie de covid, la production est repartie à la hausse dès l'année suivante, pour atteindre son niveau prépandémique en 2023.

Plus de 95 % de la chromite extraite est destinée à la production de ferrochrome, dont les trois quarts servent à la production d'aciers inoxydables pour lesquels le chrome est irremplaçable, et le quart restant pour d'autres aciers et alliages au chrome. Les 5 % de la production de chromite restants sont utilisés sous forme de composés chimiques, de produits réfractaires et pour la confection de moules pour les fonderies. Sous sa forme métal, le chrome ne compte que pour moins de 1 % de la demande en chromite et cette dernière forme est utilisée pour plus de moitié dans les superalliages pour l'aéronautique (parties chaudes des réacteurs d'avion) et pour la production d'énergie (turbines à gaz), selon la société DCX Chrome, filiale de Delachaux.

Chrome
(en milliers de tonnes de chromite)

	2019	2020	2021	2022	2023	2024
Production mondiale	**44 800**	**37 000**	**42 200**	**41 900**	**45 200**	**47 000**
Afrique du Sud	16 395	13 200	18 600	19 100	19 700	21 000
Brésil					1 420	1 400
Finlande	2 415	2 290	2 270	2 000	1 910	1 900
Inde	4 139	2 500	4 250	4 000	4 100	4 100
Kazakhstan	6 700	7 000	6 500	6 000	6 000	6 500
Turquie	10 000	8 000	6 960	5 410	8 160	8 000
Zimbabwe					1 070	1 100
Autres pays	5 110	3 980	3 620	5 380	2 880	2 900

Prix du chrome métal aluminothermique
(en dollars/tonne)

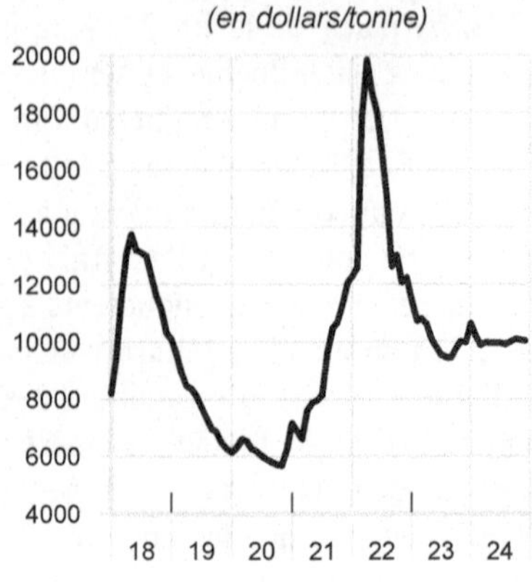

(Source : Mineral Commodity Summaries)

Selon les données de l'USGS, la production de chrome mondiale reste, en 2024, largement dominée par l'Afrique du Sud avec 21 Mt (soit 45 %) uniquement issue du complexe géologique du Bushveld. Cette production a augmenté de 6 % par rapport à 2023 après une baisse par rapport à 2022, en raison de l'inflation et de la forte hausse des prix locaux de l'électricité en 2023. Les autres pays producteurs majeurs sont la Turquie (8 Mt), le Kazakhstan (6,5 Mt) et l'Inde (4,1 Mt). Bien que la plupart de la chromite soit extraite en tant que substance principale, environ 15 % de la production mondiale de chromite est un sous-produit de l'exploitation de platinoïdes. C'est notamment le cas à l'ouest du complexe du Bushveld, en Afrique du Sud (soit le quart de la production sud-africaine). En 2023, l'Organisation des Nations unies (ONU) a identifié au Timor-Leste plusieurs « minéraux stratégiques », dont la chromite. Le pays a lancé un appel d'offres pour l'exploration, plus tôt dans l'année, pour des minéraux métalliques, des pierres ornementales, des pierres précieuses et des terres rares. Ainsi, en novembre 2023, trois compagnies australiennes et une compagnie locale ont obtenu treize zones de concession pour l'exploration minière de ces minéraux, dont la chromite.

Selon les données compilées par l'Élémentarium, environ 15,7 Mt de ferrochrome ont été produites en 2023. Les principaux producteurs de ferrochrome sont, de loin, la Chine (7,7 Mt) et l'Afrique du Sud (3,2 Mt), contre environ 0,5 Mt en 2023 pour l'ensemble de l'Union européenne.

Toujours d'après l'USGS, les capacités de production mondiale de chrome métal (99,996 % Cr) étaient de 117 000 tonnes en 2023 et réparties principalement entre la Chine (52 %), la Russie (23 %), la France (10 %), ainsi que le Royaume-Uni (9 %). Deux types de chrome métal sont commercialisés : le chrome métal aluminothermique qui est produit à partir d'oxydes de chrome et le chrome métal électrolytique qui est fabriqué à partir de ferrochrome ou de l'acide chromique. En France, la production de chrome aluminothermique est assurée par la société DCX Chrome, du groupe Delachaux, sur son site de Marly, situé dans le département du Nord.

L'USGS évalue à plus de 1 200 Mt les réserves mondiales de chromite (45 % Cr_2O_3) en 2024. Si, historiquement, le Kazakhstan et l'Afrique du Sud possèdent des réserves importantes (respectivement, 320 Mt et 200 Mt), l'USGS déclare, depuis 2024, l'existence de réserves de chromites très importantes au Zimbabwe à hauteur de 540 Mt, représentant désormais 47 % des réserves mondiales bien que sa production reste encore modeste (1,1 Mt en 2024). Les ressources en chromite sont considérables, puisqu'elles atteindraient 12 Gt, soit des volumes suffisants pour répondre à la demande actuelle pendant plusieurs siècles. Elles se trouveraient à 95 % au Kazakhstan et en Afrique du Sud.

Du fait de ses qualités et de son abondance géologique, les industriels n'ont pas cherché à remplacer le chrome par un autre élément dans son usage principal, l'acier inoxydable. À noter tout de même que les aciers galvanisés ont aussi une bonne résistance à la corrosion et peuvent, dans certaines applications, remplacer les inox. Les aciers inoxydables sont largement recyclés avec un taux de recyclage en fin de vie (*old scrap*) de 80 % à 90 %. Selon l'Élémentarium, le taux de recyclage du chrome est de 38 %. Les autres alliages et superalliages sont également recyclés pour le même usage si l'alliage est préservé, ou pour alimenter la production de ferrochrome dans le cas contraire. Le chrome métal contenu dans les superalliages n'est pas récupéré en tant que tel, mais ceux-ci sont fortement recyclés pour des usages proches, du fait de leur valeur très élevée.

Les cours du chrome ne sont pas établis sur les marchés boursiers, mais sont issus de négociations entre producteurs et utilisateurs. En raison de la diversité des produits se rapportant au chrome et de la variabilité de leur teneur en métal contenu, une grande diversité de prix peut être observée. Le prix moyen du chrome métal aluminothermique (*in warehouse* EU 99 % Cr) s'est envolé ces dernières années, passant de $ 5 650/t en novembre 2020 à $ 12 750/t en janvier 2022. Il a même temporairement atteint $ 19 838/t au printemps 2022, en contrecoup du conflit russo-ukrainien et de la crainte de possibles pénuries à la suite des sanctions prises envers la Russie. En 2023, les prix sont redescendus à un prix moyen de $ 10 149/t, soit une baisse de 28 % par rapport à 2022. Les prix se sont stabilisés à ce niveau en 2024, avec une moyenne à $ 10 057/t. Les prix du ferrochrome (HC 60 % Cr et 6-8 % C) ont connu une dynamique similaire et sont retombés à un prix moyen, pour 2023, de \$ 2 850/t. Il est à noter que l'augmentation de la production de ferrochrome par la Chine (environ 5-10 %) a entraîné une baisse des prix en fin d'année 2023. Les prix ont remonté légèrement début 2024 au niveau d'avant la surproduction chinoise, pour se maintenir plus ou moins à ce niveau tout au long de l'année.

Le marché du chrome, actuellement dominé par la production sud-africaine, pourrait connaître des évolutions à moyen terme, notamment liées au rôle croissant de l'Indonésie dans la production intégrée de nickel (*Nickel Pig Iron* ou NPI) et d'aciers inoxydables pour répondre à la demande chinoise, ainsi qu'aux manœuvres des trois producteurs miniers majeurs (Afrique du Sud, Kazakhstan et Inde). De plus, l'UE et les Philippines ont relancé les négociations visant à établir un accord de libre-échange et à renforcer la coopération pour les matières premières critiques de la transition énergétique. Par ailleurs, l'Afrique du Sud pourrait imposer une taxe à l'exportation de minerai de chrome pour encourager la production de ferrochrome domestique offrant une meilleure valeur ajoutée. Cependant, l'inflation pourrait impacter les marchés de la construction et entraîner une baisse de la demande d'acier.

Gallium (Ga)

Le gallium est un métal mineur qui revêt, ainsi que ses différents composés, une importance stratégique pour la production de circuits intégrés. Le gallium est principalement employé comme matériau semi-conducteur sous forme d'arséniure de gallium (GaAs) et de nitrure de gallium (GaN). Il est en premier lieu utilisé à l'échelle mondiale dans l'optoélectronique (44 %), pour fabriquer des diodes électroluminescentes (LED), ou encore des radars ; et pour ses fonctions semi-conductrices dans les circuits électroniques intégrés analogiques (36 %) au sein des ordinateurs, smartphones, etc. Les composants analogiques utilisant du gallium pouvant supporter une tension plus élevée et plus performants (à température et fréquence égale) que ceux utilisant uniquement du silicium, ils sont employés à divers usages dans certaines applications, tout particulièrement dans les domaines militaire, aérospatial et des télécommunications. On le retrouve également dans les cellules photovoltaïques (7 %), en couche mince de type CIGS (Cuivre-Indium-Gallium-Sélénium). Plusieurs dizaines de tonnes de gallium sont aussi utilisées ponctuellement pour la recherche en physique des particules et l'élaboration de transistors expérimentaux, ou encore de façon plus continue dans la production d'aimants supraconducteurs, d'écrans plats, etc. Dans un contexte global de mise en place d'une transition énergétique, les marchés de l'électronique de puissance et des LED anticipent des taux de croissance minimums respectivement à 6 % et à 15 % par an, jusqu'en 2029.

Si le gallium primaire (pureté de 99,99 % ou 4N) peut être récupéré en sous-produit du zinc

Gallium

(en tonnes de métal raffiné)

	2019	2020	2021	2022	2023	2024
Production mondiale	**351**	**327**	**434**	**610**	**633**	**760**
Chine	338	317	423	600	621	750
Corée du Sud	2	2	2	2	3	3
Japon	3	3	3	3	3	3
Russie	8	5	5	5	6	6
Ukraine			1			

Prix du gallium
Marché libre européen
(en dollars/kg)

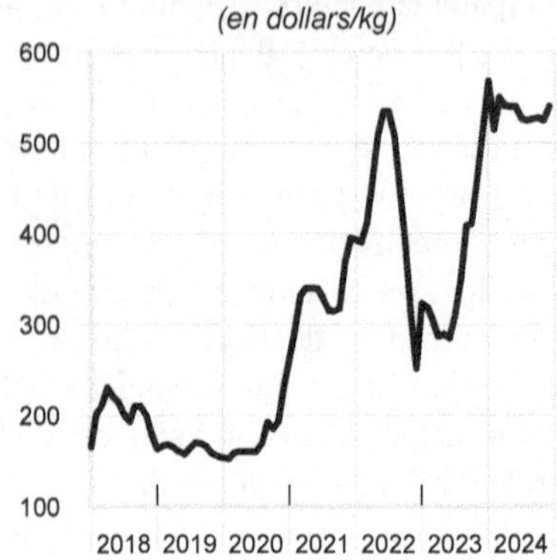

(Source : Mineral Commodity Summaries)

(5 %), il est surtout issu de la production d'alumine (95 %) par le procédé *Bayer*. Lors de ce procédé, 70 % du gallium est lessivé de la bauxite et suit l'alumine dans la solution de soude caustique. La liqueur de soude obtenue est enrichie successivement et le gallium extrait par résine échangeuse d'ions. Par la suite, en fonction des applications, le gallium doit être purifié à une pureté de 99,99999 %, ou 7N. On considère qu'à l'échelle mondiale, moins de 10 % du Ga des bauxites est effectivement récupéré, faute d'investissements dans le domaine.

En 2024, la production estimée par l'USGS est de 760 tonnes de gallium primaire, contre 633 tonnes en 2023, soit une augmentation de près de 20 %. La Chine produit près de 99 % de ce volume à partir de bauxites d'origines diverses. Les capacités totales estimées dans le pays sont de l'ordre de 1 000 tonnes. Toujours d'après l'USGS, les autres producteurs de gallium sont la Russie, le Japon et la Corée du Sud, mais leurs productions restent limitées à quelques tonnes par an seulement.

Les composants électroniques ont besoin de gallium purifié à 6N ou 8N. Seuls quelques pays ont accès à cette technologie à l'échelle industrielle, comme la Chine, le Japon, les États-Unis et la Slovaquie. Ces dernières années, plusieurs pays, tels que l'Allemagne, le Kazakhstan, la Hongrie, le Royaume-Uni, ont arrêté soit la production, soit le raffinage du gallium en raison des surcapacités chroniques et d'une tendance de prix baissière prolongée sur ce marché.

Le gallium étant récupéré comme sous-produit de l'aluminium et du zinc, il n'existe pas d'évaluation normalisée des réserves. Néanmoins, l'USGS estime que les réserves mondiales de bauxite contiennent en moyenne 50 ppm de Ga, représentant plus de 1 Mt de gallium (récupérable à 10 %). À ce chiffre, il faut ajouter les quantités de gallium contenues dans les minerais de zinc et dans certains gisements de phosphates et de charbon.

Le recyclage du gallium a surtout lieu en boucle courte par récupération des déchets (*scraps*) de fabrication du gallium raffiné et des plaquettes/galettes (*wafers*) de GaN ou GaAs. Il y aurait une capacité totale de traitement de 300 tonnes par an, selon l'USGS, la production secondaire ayant lieu essentiellement au Canada, en Chine, en Allemagne, en Belgique, au Japon, en Slovaquie et aux États-Unis.

En électronique de puissance, le carbure de silicium (SiC) est une alternative au GaN pour certaines applications. Les composants SiC sont généralement plus coûteux que ceux utilisant le GaN, mais leurs capacités de fonctionnement à haute tension les rendent bien adaptés aux circuits d'alimentation pour les voitures et autres transports, ainsi qu'au sein des installations électriques, telles que des centrales. Plusieurs applications liées à la défense utilisent des circuits intégrés à base de GaAs en raison de leur couverture haute fréquence et ne peuvent pas à ce jour être substituées par d'autres éléments.

À l'instar de plusieurs métaux mineurs, le gallium n'est pas coté sur les marchés boursiers. Les prix sont établis par négociation directe de contrats entre producteurs et transformateurs ou utilisateurs. En Europe, le marché reste peu actif en raison d'une consommation limitée, bien que les prix soient en hausse : en 2024, le prix *spot* moyen du gallium de pureté 99,99 % livré à Rotterdam s'élevait à $ 535/kg, soit une hausse de 49 % par rapport à l'année précédente ($ 354/kg). Les variations de prix en 2024 sont restées limitées comparées à 2023, année des premières mesures de contrôle à l'exportation. Toutefois, la récente mesure chinoise d'interdiction d'exportation aux États-Unis de la substance (annoncée le 03/12/2024, remplaçant celle de 2023) pourrait affecter plus durement ce marché.

Le marché américain pourrait ainsi observer une hausse de prix des produits de gallium en raison des restrictions du ministère chinois du Commerce (MOFCOM), dont les dernières mesures ont été annoncées le 3 décembre 2024. À cette date, ce dernier a déclaré l'arrêt immédiat de l'exportation vers les États-Unis de plusieurs matériaux présentant un double usage civil et militaire potentiel, incluant – entre autres – le gallium. Cette mesure constitue un renforcement ciblé de la mesure de contrôle des exportations prise en juillet 2023, qui limitait les flux hors de Chine sans pour autant les interrompre. Face à l'éventualité d'une instrumentalisation stratégique de cette ressource par la Chine, les pays dépendants des importations chinoises de gallium cherchent à diversifier leurs sources d'approvisionnement. En Europe, le groupe grec Metlen (comprenant *Mytilineos Energy & Metals*) poursuit sa volonté d'investir dans l'établissement d'un site produisant du gallium à partir du traitement de la bauxite présente à Agios Nikolaos, en Crète. Le 16 janvier 2025, la firme annonçait allouer € 295 millions à ce projet, qui débuterait courant 2026 avec une capacité de production annuelle de 50 tonnes. Au Canada, Rio Tinto a exprimé, fin 2024, son intérêt à produire du gallium à Saguenay-Lac-Saint-Jean, au Québec, et pourrait recevoir jusqu'à $ 7 millions de la part du gouvernement du Québec pour construire une usine de démonstration. Cette dernière pourrait produire jusqu'à 3,5 tonnes de gallium primaire, pour un coût estimé à $ 20 millions.

Germanium (Ge)

Le germanium possède des propriétés semi-conductrices qui sont utilisées pour de nombreuses applications militaires, des technologies de communication, ainsi que dans le secteur des panneaux photovoltaïques. Évalué à quelques centaines de millions de dollars, le marché du germanium est, en tant que tel, un marché de niche. Celui de son composé silicium-germanium (SiGe) est bien plus important et devrait atteindre les $ 4,5 milliards en 2024, tiré par la croissance de la demande de circuits intégrés dédiés aux communications, notamment le déploiement de la 5G.

La répartition des usages du germanium reste stable, l'optoélectronique étant le premier consommateur de germanium. Ainsi, 33 % de la demande mondiale est destinée aux fibres, verres de chalcogénure et circuits intégrés utilisés spécifiquement par la fibre optique. Environ 20 % seraient consacrés aux panneaux photovoltaïques à haut rendement (majoritairement terrestres avec quelques applications aérospatiales). L'industrie de défense constituerait 20 % de la demande pour élaborer des systèmes de vision nocturne, d'optiques infrarouges et d'amplification de signaux. 20 % sont utilisés par la catalyse de polymères (polytéréphtalate d'éthylène « PET » utilisé pour l'embouteillage des boissons gazeuses, les fibres textiles et certains films plastiques) et les 10 % restants sont utilisés pour la recherche et quelques autres applications (poudres luminophores, métallurgie, chimiothérapie et autres applications médicales).

Le germanium est majoritairement un sous-produit de la métallurgie du zinc (75 %) et du charbon (25 %). Pour l'année 2020, la production mondiale de germanium était estimée par l'USGS à 130 tonnes, hors États-Unis. Le *World Mining Data* l'évaluait à 139 tonnes en 2022. Depuis ces dates, les données de production ne sont plus disponibles.

Avec 66 % de la production totale en 2020 (93 % pour le *World Mining Data* en 2022), la Chine est le premier producteur mondial de germanium depuis plus de dix ans. Elle tient cette

Germanium
(en kilogrammes de métal raffiné)

	2019	2020	2021	2022	2023	2024
Production mondiale						
	131 000	140 000				
Chine	85 700	95 000				
Russie	5 000	5 000				
États-Unis	N.C.	N.C.				
Autres pays	40 000	40 000				

Prix du germanium
Marché libre européen
(en dollars/kg)

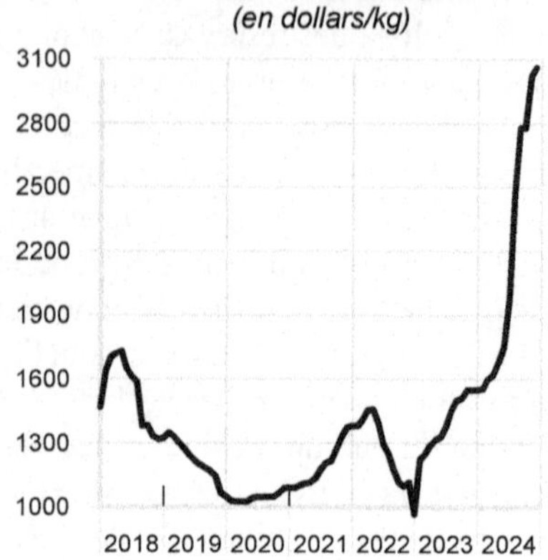

(Source : Mineral Commodity Summaries)

place grâce à sa position dominante dans la métallurgie du zinc et la valorisation des cendres volantes issues de la combustion du charbon (et plus particulièrement du lignite).

Toutefois, depuis 2014, année durant laquelle la production chinoise a atteint 120 tonnes, de nombreux sites de production de petites et moyennes tailles ont fermé en raison de fortes surcapacités de production et de la régulation des impacts environnementaux associés à leurs activités. En ce sens, le gouvernement chinois a entrepris de solidifier cette branche industrielle, en accompagnant la fusion-acquisition de firmes spécialisées par de grands acteurs industriels nationaux, tels que Yunnan Lincang Xinyuan Germanium et le géant Chinalco *via* sa filiale Yunnan Chihong Zinc & Germanium.

Le pays a pu ainsi devenir *leader* de la production de germanium raffiné à 99,999 % de pureté et au-delà, si bien que 30 % du germanium de qualité électronique proviendrait de Chine, devant la Russie et les États-Unis. Il faut également ajouter que, depuis 2015, le Bureau des réserves d'État chinois (*State Reserve Bureau* – SRB –) constituerait des stocks stratégiques de germanium chaque année.

Il n'existe pas d'estimation précise des réserves et des ressources en germanium en raison de son exploitation en tant que sous-produit. L'USGS estime que seulement 3 % du germanium contenu dans les minerais de zinc est récupéré, essentiellement pour des raisons technico-économiques. En effet, la récupération nécessite des investissements spécifiques importants et difficiles à rentabiliser au vu des fluctuations importantes de la demande. Ce dernier est contenu dans les lignites, mais le procédé est souvent difficile et incomplet (de l'ordre de seulement quelques pour cent par tonne).

Dans l'industrie des semi-conducteurs analogiques, l'alliage silicium-germanium (SiGe) peut être substitué par le phosphure d'indium ou par les composés au gallium (nitrure ou arséniure) dans la fabrication de transistors bipolaires à hétérojonction (HBT) destinés aux communications à moyennes et hautes fréquences. Les chutes de fabrication (*new scraps*) sont largement recyclées en boucle courte et représentent environ la moitié de l'apport pour la production de fibre optique, l'électronique et le photovoltaïque. Le recyclage du germanium dans les produits en fin de vie est également pratiqué, notamment aux États-Unis, mais reste marginal. Des substitutions sont possibles dans le domaine de l'optique infrarouge, mais souvent au détriment de la performance. Certaines LED utilisées par les phares automobiles utilisent également du germanium couplé à d'autres composés, comme l'arséniure de gallium, et restent difficilement substituables à court terme. Depuis le 1er août 2023, le ministère chinois du Commerce contrôle les exportations de germanium *via* l'attribution de licences spécifiques. Le 3 décembre 2024, ce même ministère a interdit tout mouvement de germanium, entre autres, ciblant le marché nord-américain.

Ce climat délétère affecte également le prix moyen du contrat européen. Le contrat standard (pureté de 99,999 %, livraison en Europe) s'est établi en moyenne à $ 2 154,46/kg, soit 1,6 fois plus que son niveau de 2023 ($ 1 359,71/kg). Cette année a été la plus instable pour le germanium, avec des variations de prix bien plus marquées qu'en 2011. Les écarts moyens des prix par rapport à la moyenne annuelle ont été 3,5 fois plus importants qu'à cette époque, et le prix maximal atteint a plus que doublé, atteignant $ 3 150/kg, contre $ 1 425/kg en 2011. Enfin, la fin d'année 2024 a connu une flambée des prix : la moyenne du dernier trimestre dépassait de près de $ 1 000/kg la moyenne annuelle.

En mai 2024, Umicore et STL, une filiale de Gécamines, ont signé un accord exclusif et de long terme pour valoriser le germanium extrait des résidus miniers du site Big Hill à Lubumbashi, en RDC. Umicore s'est engagé à apporter son expertise en raffinage et recyclage pour optimiser les nouvelles installations de traitement de STL, et bénéficiera en échange d'un accès exclusif au germanium raffiné pour des applications technologiques avancées (fibre optique, cellules solaires, électronique). Le premier site issu de cette collaboration a été inauguré le 4 octobre 2024 et les premières exportations de germanium du site congolais vers les installations belges d'Umicore ont commencé lors du dernier trimestre 2024.

Hafnium (Hf)

Le hafnium est un métal de transition ductile, résistant à la corrosion et chimiquement proche du zirconium. Il se trouve naturellement dans les minerais de zirconium (zircon et baddeleyite) avec un ratio d'une part d'hafnium pour 30 à 50 parts de zirconium selon la littérature de référence. Le hafnium étant produit à partir des résidus de la purification du tétrachlorure de zirconium, il convient de se référer à la section précédente sur le zirconium pour une analyse plus complète.

Le hafnium est utilisé pour près de moitié dans les superalliages de nickel ou de cobalt comme stabilisateur haute température dans les moteurs d'avion et les moteurs de fusée. Il est également utilisé comme catalyseur dans la production de produits chimiques et pharmaceutiques, ou encore sous forme d'anode dans les torches à plasma. Il est aussi retrouvé en dépôts pour différentes applications optiques ou encore en nanoélectronique. Enfin, ses propriétés d'absorption des neutrons en font un métal particulièrement prisé pour les barres de contrôle dans l'industrie nucléaire (écrans à neutrons permettant d'arrêter au mieux la réaction en cas d'urgence), en particulier dans les sous-marins. Ce dernier usage ne représente cependant que quelques pour cent de la demande mondiale du métal.

Les perspectives de croissance des secteurs aéronautique – qui devrait doubler d'ici 2039 selon l'*International Air Transport Association* (IATA) –, nucléaire et spatial devraient considérablement tirer la croissance de la demande mondiale en hafnium dans un futur proche. De plus, de nombreuses applications en cours de développement dans le domaine médical (traitement de certains cancers), dans le remplacement des systèmes de climatisation grâce à des revêtements extérieurs isolant de la chaleur, mais aussi dans l'optimisation de la production d'énergie thermoélectrique dans l'automobile, notamment, constituent un potentiel d'augmentation de la demande en hafnium dans des proportions encore indéterminées.

La production annuelle moyenne d'éponges d'hafnium est de l'ordre de 70 à 80 tonnes depuis 2010 et provient essentiellement, selon l'*IndustryARC*, de la France (49 %), des États-Unis (44 %), de la Chine (3 %) et de la Russie (3 %). Ces chiffres relativement anciens sous-estiment probablement la part actuelle de la Chine dans la production mondiale. Comme pour le zirconium, c'est la société Framatome, filiale d'EDF, qui produit en France du hafnium de haute pureté à Jarrie (Isère), pour des applications nucléaires, aéronautiques et spatiales essentiellement.

Il n'existe pas de calcul normalisé des ressources et réserves d'hafnium. Néanmoins, l'USGS estime les réserves de zirconium à 70 Mt. Il est alors possible de déterminer de manière très simplifiée les réserves en hafnium en utilisant le ratio Zr/Hf, soit 36 : 1 (chiffres USGS). Cela représenterait environ 2 Mt d'hafnium. Du fait des très faibles quantités utilisées, le recyclage du hafnium est seulement de l'ordre de dix tonnes par an. Dans certains superalliages, le hafnium peut être substitué par le zirconium.

Les prix du hafnium sont établis par négociation directe entre producteurs et utilisateurs. Ils dépendent très fortement de ceux du zirconium. La croissance accélérée des industries aérospatiale et électronique à la suite de la levée des restrictions liées à la pandémie de covid a créé des pénuries sur les marchés qui ont nourri une forte hausse de la demande, face à une offre rigide qui ne peut pas augmenter rapidement. Le prix du hafnium (99 %) a ainsi été multiplié par sept entre janvier 2022 et juillet 2023, passant de $ 950/kg à $ 6950/kg sur la période, avant d'amorcer une décrue continue depuis, terminant l'année 2024 sous les $ 4 000/kg, soit un prix qui reste élevé. Les réserves et ressources en minéraux contenant du hafnium sont certes conséquentes, mais le marché est structurellement limité par l'offre et la production de zirconium. Pour répondre aux besoins croissants, notamment des industries de pointe, Framatome a annoncé, fin 2023, des investissements sur son site de Jarrie qui permettront d'augmenter de façon substantielle sa production d'alliages de haute qualité en hafnium (et zirconium). L'augmentation des investissements dans les technologies nucléaires et aérospatiales, ainsi que les avancées dans la fabrication de semi-conducteurs et d'autres composants électroniques, devraient continuer à stimuler la demande dans les prochaines années.

Indium (In)

Au niveau mondial, la principale utilisation de l'indium est sous forme d'oxyde mixte d'étain-indium (ou *indium-tin-oxide*, dit « ITO »), destiné à l'industrie des écrans plats, couvrant 60 à 70 % de la demande mondiale. Cette dernière serait de

Indium
(en tonnes de métal)

	2019	2020	2021	2022	2023	2024
Production mondiale *(en indium contenu)*	**968**	**960**	**932**	**999**	**1 020**	**1 080**
Belgique	20	20	20	19	19	10
Canada	61	66	60	39	40	35
Chine	535	540	540	670	690	760
Corée du Sud	225	210	190	180	180	180
France	40	38	38	19	21	21
Japon	70	66	66	66	65	60
Ouzbékistan			1	1	1	1
Russie	5	5	5	5	5	10

Prix de l'indium
Marché libre européen
(en dollars/kg)

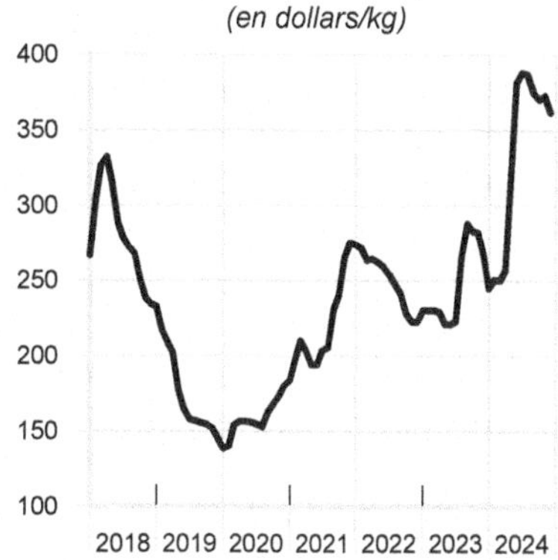

(Source : Mineral Commodity Summaries)

l'ordre de 1 600 tonnes à 1 800 tonnes par an (primaire et secondaire).

L'ITO possède de remarquables capacités de conduction électrique et est suffisamment résistant pour lui permettre d'être utilisé dans des composants électroniques flexibles. Il est transparent sous forme de couche mince (quelques microns), très stable, adhérant parfaitement aux substrats sur lesquels il est déposé (plastiques, verres, etc.). Son utilisation a permis l'adoption des écrans tactiles dans notre quotidien. Il est aujourd'hui présent dans les écrans plats (LCD, plasma ou OLED) et est également utilisé pour la production de matériaux d'interface thermique (verres architecturaux, etc.). Le marché de l'indium est donc corrélé au marché des écrans plats, qui devrait croître annuellement d'environ 5 % à 7 % d'ici à 2030. Par ailleurs, la technologie des transistors IGZO (oxyde mixte, de zinc, gallium et indium) qui permettent une haute définition et un moindre coût énergétique pourrait accélérer les ventes et continuer à tirer la demande d'indium vers le haut, à des coûts financiers élevés cependant.

Les autres utilisations de l'indium se répartissent comme suit : les soudures sans plomb (10 %), les cellules photovoltaïques en couches minces (8 %), les matériaux d'interface thermique (6 %), les piles et batteries (5 %), les alliages et composés (4 %), les semi-conducteurs pour l'optique et LED (3 %) et enfin 8 % dans diverses autres applications, dont la recherche.

Deux technologies de cellules photovoltaïques en couches minces utilisent de l'indium : CIS (cuivre, indium, sélénium) et CIGS (cuivre, indium, gallium et sélénium). Si leurs utilisations sont très largement minoritaires vis-à-vis de cellules photovoltaïques au silicium qui représentent la majorité du marché photovoltaïque mondial, selon les chiffres du *Fraunhofer Institute*, leur part demeure stable, à environ 5 % de la capacité installée.

L'évolution des réseaux de télécommunications a créé une nouvelle demande d'indium, sous forme de phosphure d'indium (InP), notamment dans les lasers et les capteurs optoélectroniques. Les lasers ainsi que les récepteurs InP sont utilisés dans les télécommunications pour les réseaux de fibres optiques reliant les antennes sans fil, notamment de cinquième génération (5G). Cet usage devrait continuer à tirer la demande en indium vers le haut. De même, le développement de l'intelligence artificielle devrait engendrer des besoins croissants en InP *via* la demande en semi-conducteurs des *data centers* et le déploiement de fibre optique à très haut débit.

En 2024, la production mondiale d'indium raffiné s'élevait à 1 080 tonnes, selon les données de l'USGS (contre 1 020 tonnes en 2023). Il n'existe pas de mine d'indium à proprement parler. Il est récupéré uniquement en tant que sous-produit d'autres métaux, comme le zinc (95 %) et, dans une moindre mesure, le cuivre et l'étain (5 %). Il est produit à partir des poussières et résidus des fonderies (principalement de zinc) avec une qualité de 3N (99,9 %) ou 4N (99,99 %) et peut être purifié jusqu'à 6 ou 7 N (99,99999 %) pour certaines applications, comme les semi-conducteurs (optoélectronique). Il existe très peu de sociétés possédant une chaîne de production intégrée de l'extraction de minerai de zinc à la production d'indium. Dans la plupart des cas, l'extraction du minerai et le raffinage du métal ont lieu dans des pays différents, ce qui explique la difficulté à connaître l'origine exacte de l'indium produit. De plus, seulement un tiers des raffineries de zinc sont équipées d'une filière de récupération d'indium.

Selon l'USGS, les principaux producteurs d'indium raffiné sont la Chine avec 760 tonnes (près de 70 % de la production mondiale) et la Corée du Sud avec 180 tonnes (17 %). Les autres pays produisant plus de 30 tonnes sont le Japon (60 tonnes) et le Canada (35 tonnes), ainsi que la France qui produit également de l'indium purifié à 99,998 % depuis 2012 sur le site d'Auby, exploité par Nyrstar (capacité annuelle de production de 72 tonnes). La production française est stable avec 21 tonnes en 2023 et 2024, selon les estimations de l'USGS. D'après ce dernier, la capacité de production cumulée des raffineries mondiales serait de l'ordre de 1 800 tonnes.

L'indium étant récupéré comme sous-produit minoritaire, il n'existe pas d'évaluation standardisée des réserves et ressources mondiales. Néanmoins, les chercheurs Werner, Mudd & Jowitt ont pu, en 2017, estimer les ressources en indium des gisements de zinc, cuivre et étain dont les teneurs en indium étaient documentées ou supposées. Ils ont abouti à des ressources d'environ 380000 tonnes d'indium, soit plus de 500 ans de production au rythme de 2017. Selon cette étude, les principaux pays détenteurs d'indium seraient l'Australie (13 %), le Canada (12 %), la Russie (11 %), la Chine (7 %) et le Pérou (7 %). L'indium, en tant que sous-produit du zinc, est rarement analysé par les compagnies d'exploration minières. Les quelques projets ayant *a priori* un potentiel sont : Mount Pleasant d'Adex Mining (Nouveau-Brunswick, Canada), Ayawilka de Tinka Resources (Pérou), Iska Iska d'Eloro Resources (Bolivie) et West Desert d'American West Metals (Utah, États-Unis). Concernant ce dernier projet, la compagnie australienne American West Metals annonce des ressources géologiques récupérables à ciel ouvert et également par travaux souterrains de l'ordre de 670 tonnes d'indium. L'ensemble des permis nécessaires à la réalisation de la mine à ciel ouvert ainsi qu'au creusement d'un puits d'exploration ont été accordés en juillet 2024. D'après l'USGS, le Kazakhstan prévoit d'ouvrir l'accès à certains de ses gisements contenant, entre autres, de l'indium pour attirer les investissements étrangers.

Comme pour le gallium, au-delà des ressources et réserves en terre, il existe une grande marge de progression pour la production d'indium dans les raffineries, puisqu'actuellement, seulement un tiers d'entre elles sont équipées d'une filière de récupération d'indium. En outre, il est théoriquement possible de récupérer l'indium contenu dans les déchets historiques de certaines raffineries de zinc.

Le prix de l'indium n'est pas coté sur les principales places d'échanges de métaux : il s'agit d'un marché de gré à gré relativement opaque. L'indium à 99,99 % à Rotterdam a connu une tendance clairement à la hausse depuis janvier 2024, où le cours du kilo atteignait $ 245 avant de terminer l'année à $ 362, conduisant à une augmentation de 33,3 % du prix moyen de l'indium entre 2023 et 2024.

Des substitutions à l'indium existent, mais à ce jour, son prix relativement faible ainsi que sa disponibilité actuelle sur le marché réduisent leurs utilisations. De plus, le coût de ces substitutions est souvent prohibitif et des pertes de performances sont notables. Dans les écrans plats, les oxydes étain-indium des conducteurs transparents peuvent être remplacés par des oxydes de zinc et d'étain dopés (AZO et FTO), moins chers, mais moins performants, des nanotubes de carbone ou d'argent (plus chers) ou des conducteurs transparents organiques (PEDOT). Des oxydes d'antimoine et d'étain (ATO) sont également utilisés pour remplacer l'indium dans ce même marché. Les alliages à base de bismuth et d'étain (BiSn) peuvent remplacer ceux contenant de l'indium dans les soudures, en fonction de critères de prix et de performance.

L'essentiel du recyclage est réalisé en boucle courte avec les chutes de fabrication (*new scrap*) récupérées lors du procédé de pulvérisation de couches minces. Lors de ce processus, seulement 30 % de l'indium est déposé sur la cible. Cela laisse donc théoriquement 70 % d'indium récupérable, même si des pertes sont inévitables. En revanche, les teneurs en indium dans les appareils en fin de vie (*old scrap*) sont très faibles. Ces faibles teneurs et les prix bas de l'indium n'encouragent pas la création d'une filière de recyclage pérenne à court et moyen terme. Les pays fournissant la majorité de l'indium recyclé sont la Corée du Sud et le Japon.

En février 2025, la Chine a annoncé la mise en place immédiate de contrôles aux exportations concernant l'indium. Les biens visés par ces nouveaux contrôles sont : le phosphure d'indium, les précurseurs de celui-ci (triméthylindium et triéthylindium), ainsi que les technologies et informations nécessaires à leurs productions. Cette décision fait partie des mesures de rétorsion à l'encontre des États-Unis, notamment en réponse à la restriction sur les semi-conducteurs.

Magnésium (Mg)

Le magnésium est le huitième élément le plus abondant dans la croûte terrestre. Sous forme d'ion, c'est un élément chimique nécessaire à la vie de la quasi-totalité des êtres vivants. Il est utilisé sous différentes formes pour de nombreuses applications : on le retrouve sous forme de carbonates de magnésium, comme la magnésite ou la dolomite, qui peuvent être utilisées directement comme amendement agricole, charge pour peintures et matières plastiques ou en pharmaceutique et en cosmétique ; sous forme de chlorure de magnésium qui peut être utilisé comme sel de déneigement ou comme retardateur de flamme et sous différentes formes raffinées métalliques ou chimiques. C'est sous forme d'alliage métallique qu'il est le plus utilisé. Il apporte légèreté, résistance et usinabilité dans certains alliages, et en particulier l'aluminium. Plus précisément, les usages du magnésium raffiné se répartissent de la manière suivante :

– un peu plus d'un tiers du magnésium produit entre dans la composition des alliages d'aluminium qui contiennent en moyenne 0,8 % Mg. Ces alliages sont utilisés dans les infrastructures, dans l'automobile ou l'aéronautique, principalement pour alléger les équipements. Cet alliage est aussi utilisé dans la fabrication des canettes de boissons ;

– un autre tiers est utilisé pour la production de moulages sous pression, contenant généralement 90 % Mg. Les moulages sont utilisés à 70 % dans le domaine de l'automobile et, dans une moindre proportion, dans la construction spatiale, l'aéronautique et les applications de défense, ainsi que pour la production de châssis d'appareils électro-

Magnésium
(en milliers de tonnes de métal)

	2019	2020	2021	2022	2023	2024
Production mondiale	**1120**	**1000**	**1070**	**1050**	**900**	**1000**
Brésil	22	18	20	22	20	20
Chine	970	886	930	933	805	950
Iran				5	5	5
Israël	21	19	18	22	17	20
Kazakhstan	25	16	16	27	22	20
Malaisie						
Russie	67	48	58	21	18	15
Turquie	7	12	13	14	13	15
Ukraine	8	6	10	2	0	

Prix du magnésium
Marché libre européen
(en dollars/tonne)

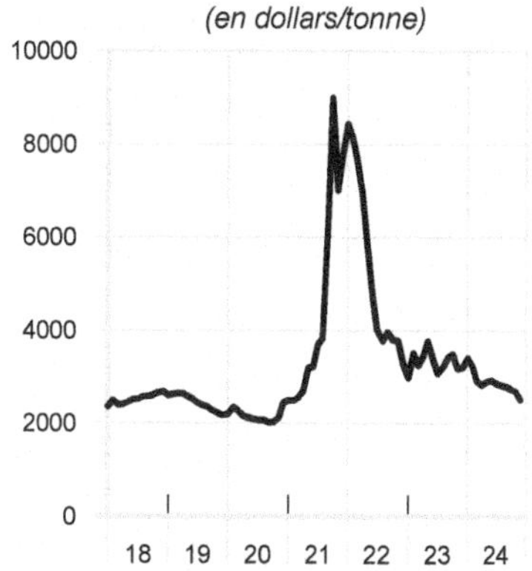

(Source : Mineral Commodity Summaries)

niques haut de gamme (appareils photo, ordinateurs portables, tablettes, etc.) ;

– environ 10 % pour la désulfuration de l'acier (principal débouché de la poudre de magnésium chinoise) ;

– environ 10 % comme réducteur pour la fabrication du titane métal, mais aussi du zirconium, de l'hafnium, du béryllium et de l'uranium, à partir du procédé *Kroll* ;

– une petite partie du magnésium est aussi utilisée pour la production de fonte à graphite sphéroïdal (fonte ductile); ou d'autres usages pharmaceutiques ou comme compléments nutritionnels.

Le principal potentiel de croissance de la demande en magnésium raffiné est pour l'allègement des équipements automobiles et aéronautiques. Les constructeurs automobiles cherchent à réduire le poids des véhicules pour un meilleur rendement énergétique. Les pièces moulées en magnésium remplacent progressivement l'aluminium, le fer et l'acier dans les véhicules entraînant une augmentation de la consommation de magnésium pour cet usage. Les secteurs des alliages d'aluminium et des moulages sous pression connaissent ainsi des taux de croissance allant de 3 % à 5 % par an, selon Roskill. Cependant, une diminution de la consommation de magnésium pour certains moules sous pression a été récemment observée. Le magnésium reste également très utilisé par les principaux producteurs d'éponges de titane pour l'aéronautique, à savoir la Chine, la Russie, le Kazakhstan, le Japon et plus récemment l'Arabie saoudite. Les effets de la pandémie de covid puis de la guerre russo-ukrainienne se sont ainsi fait ressentir sur cette filière. En 2021, la reprise industrielle mondiale post-pandémie a entraîné une nette hausse de la demande mondiale en magnésium, aboutissant à une pénurie qui fut logiquement suivie d'une forte augmentation des prix qui se sont maintenus à un niveau élevé jusqu'au début de l'invasion russe. La reprise du secteur aéronautique n'a pas été si haute que prévu, et les récents déboires de Boeing ont limité la demande. À plus long terme, les batteries magnésium-ion, qui possèdent une capacité et densité d'énergie théoriquement double des lithium-ion (Li-ion), pourraient dynamiser le marché à un horizon supérieur à dix ans, bien qu'aujourd'hui le niveau de développement technologique soit bas.

L'essentiel du marché du magnésium métal se trouve en Chine qui, d'année en année, renforce sa position dominante avec 95 % de la production mondiale en 2024. Dans ce pays, une grande part de la production est toujours réalisée par le procédé *Pidgeon*, très énergivore et polluant. Cependant, le gouvernement chinois a intensifié les mesures environnementales en imposant de nouvelles normes sur les émissions de particules et de CO_2. D'autres procédés permettent d'obtenir du magnésium, comme le procédé *Dow* qui permet d'obtenir du magnésium à partir de l'électrolyse du chlorure de magnésium provenant de saumures ou d'eau de mer. Ce procédé est utilisé par l'israélien Dead Sea Magnésium et l'australien Magontec en Chine (bassin de Qaidam).

En 2024, la production mondiale de magnésium métal est estimée à 1 000 000 de tonnes (hors États-Unis), selon l'USGS, en augmentation de 11 % par rapport à 2023 (considérées s'élever à 900 000 tonnes après révision). Des capacités de production se sont toutefois développées en dehors de la Chine. Aux États-Unis, le magnésium primaire était produit en 2023 par une entreprise de l'Utah dans une fonderie électrolytique qui récupérerait le magnésium en saumures du Grand Lac Salé. L'australien Latrobe Magnesium (LMG) a commencé la construction d'une usine de démonstration en 2020, produisant un magnésium bas carbone à partir du traitement de cendres volantes issues de centrales à charbon. L'entreprise prévoit le démarrage de son unité en 2025, ayant récemment reçu l'accord pour sa demande en électricité. Si le succès est au rendez-vous, LMG planifie de développer une offre commerciale à grande échelle, de plus de 10 000 tonnes par an, dans la vallée de Latrobe. Selon Roskill, le procédé utilisé conduirait à l'émission de douze tonnes de CO_2 par tonne de magnésium, contre vingt-cinq tonnes de CO_2 par tonne de magnésium par le procédé *Pidgeon*. LMG a également débuté une étude de préfaisabilité pour une méga-usine internationale de 100 000 tonnes par an traitant des scories de ferronickel. Début 2023, l'entreprise a annoncé avoir choisi la Malaisie pour son usine, et plus précisément le parc industriel de Samalaju. À l'inverse, le canadien Alliance Magnesium, qui avait un projet de construction d'une usine de production de magnésium « vert » à partir d'un nouveau procédé breveté, est, depuis 2024, placé en situation de faillite, ayant récemment reconnu ne pas être en mesure de réunir les conditions nécessaires à la poursuite de son projet. En Europe, plusieurs projets – dont deux en Roumanie et un en Bosnie – pourraient produire du magnésium métal après 2025, selon Reuters.

Il n'existe pas d'estimation précise des réserves de magnésium dans sa globalité. Le magnésium étant un élément commun dans diverses roches courantes (dolomie, basaltes des planchers océaniques) ainsi que dans l'eau de mer, la ressource géologique en magnésium est très abondante. Néanmoins, l'USGS évalue les réserves de magnésite, un des minéraux exploités, à hauteur de 7,7 Mt dans le monde (en MgO contenu) avec environ 29 % en Russie, 15 % en Slovaquie et 9 % en Chine.

Le magnésium est bien recyclé, avec une production secondaire d'environ 200 000 tonnes à 250 000 tonnes, dont la moitié viendrait des États-Unis (75 000 tonnes en boucle courte – *new scrap* – et 25 000 tonnes en boucle longue – *old scrap* –). Ceci s'explique en partie par une filière de recyclage des canettes bien établie dans ce pays. En Chine, de nouvelles normes ont été prescrites en 2019 pour encourager le recyclage des résidus de métallurgie. De même, une partie du magnésium utilisé dans les procédés métallurgiques de production du zirconium ou du titane peut être récupérée et réutilisée. En termes de substitution, l'aluminium et le zinc peuvent remplacer le magnésium, mais au prix d'un gain de poids (moins avantageux). Le carbure de calcium peut être utilisé à la place du magnésium dans la désulfuration du fer et de l'acier.

N'ayant pas de cotation sur les marchés boursiers, les prix sont établis par négociation directe de contrats entre producteurs et transformateurs ou utilisateurs. Le prix *spot* moyen annuel du magnésium métal sur le marché européen a été de $ 2 893/t en 2024 contre $ 3 334/t en 2023, soit une diminution de 13,2 %.

Malgré une offre de plus en plus diversifiée et une demande solide pour les besoins d'allègement des structures, plusieurs freins industriels demeurent pour étendre encore l'utilisation du magnésium, tels que son inflammabilité et sa corrosion rapide à l'air. À plus long terme, les batteries rechargeables au magnésium-ion – qui ont une capacité et une densité d'énergie théoriquement double de celle des batteries Li-ion – pourraient gagner des parts de marché. Mais il reste, là aussi, de nombreux obstacles techniques à surmonter, comme les problèmes de passivation et le poids supplémentaire par rapport au lithium. Par ailleurs, des études sur l'utilisation de poudre métallique de magnésium comme combustible dans les transports sont actuellement menées par le Centre national de la recherche scientifique (CNRS). Même si les perspectives sont encore hypothétiques, les plus optimistes suggèrent que cette technologie puisse, à terme, remplacer les combustibles fossiles. Enfin, le marché chinois du magnésium devrait rapidement évoluer vers des techniques de production moins polluantes au risque de perdre peu à peu des parts de marché.

Molybdène (Mo)

De par sa température de fusion élevée (2 617 °C), le molybdène fait partie du groupe des cinq métaux réfractaires avec le niobium, le rhénium, le tantale et le tungstène. Il possède, en outre, une bonne résistance à la corrosion, un faible coefficient de dilatation thermique et une bonne conductivité thermique et électrique. Ses caractéristiques sont d'importants atouts dans le domaine des ferro-alliages où il est largement utilisé pour renforcer la résistance des aciers.

Selon l'*International Molybdenum Association* (IMOA), la demande mondiale était de 286 440 tonnes de molybdène contenu en 2022. La répartition se décompose comme suit : 82 % pour les alliages, distingués en aciers de construction dits « d'ingénierie » (38 %), aciers inoxydables (25 %) et aciers pour l'outillage (8 %), la production de fonte (8 %) et les superalliages (3 %). Les autres usages du molybdène sont les composés chimiques (13 %) principalement utilisés dans la fabrication de catalyseurs employés par l'industrie pétrolière, les pigments et les peintures et, enfin, le molybdène sous forme métallique (5 %) pour les applications électriques. En se basant sur une progression de la demande mondiale de 2 % par an, sur les dix prochaines années, comparable à celle observée pendant la dernière décennie, le besoin atteindrait 350 000 tonnes, soit une croissance de la demande totale de plus de 63 000 tonnes.

Molybdène

(en tonnes de métal contenu dans la production minière)

	2019	2020	2021	2022	2023	2024
Production mondiale						
	294 000	**298 000**	**255 000**	**253 000**	**248 000**	**260 000**
Arménie	5 000	8 700	7 760	7 800	7 600	8 000
Australie				277	660	1 000
Canada	3 900	2 530	1 390	952	1 150	1 200
Chili	56 000	59 400	49 400	45 600	44 100	38 000
Chine	130 000	120 000	95 300	106 000	96 000	110 000
Corée du Nord				700	400	700
Corée du Sud		411	408	367	339	300
États-Unis	43 600	51 100	41 100	34 600	34 000	33 000
Iran	3 500	1 400	3 100	3 700	2 500	3 000
Kazakhstan					3 730	3 900
Mexique	16 600	16 600	16 300	15 500	17 500	17 000
Mongolie	1 800	2 890	2 970	3 000	3 160	3 100
Ouzbékistan	200	200	1 600	1 700	1 700	1 700
Pérou	30 400	32 200	34 100	31 600	33 500	41 000
Russie	2 800	2 700	1 700	1 700	1 700	1 700
Turquie	400					

Prix du molybdène
Marché libre européen
(en dollars/kg)

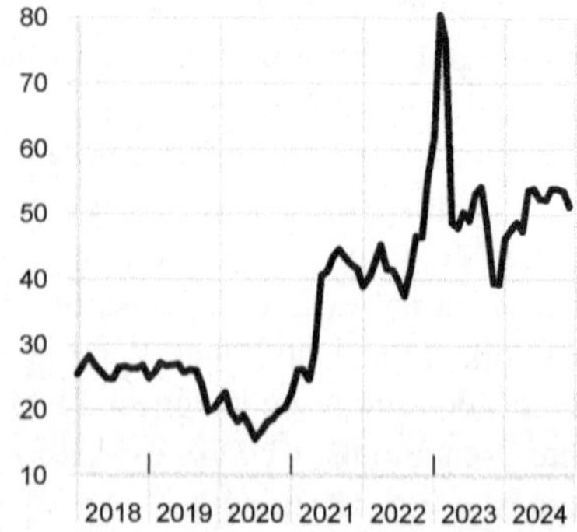

(Source : Mineral Commodity Summaries)

Le rebond des investissements consacrés aux hydrocarbures en 2023 anticipé par l'Agence internationale de l'énergie (AIE) laisse prévoir une hausse de la demande du métal à court terme. À long terme, les perspectives restent toutefois mitigées, selon certains analystes. Les investissements dans le pétrole et le gaz sont en effet appelés à diminuer progressivement, ce qui constitue un risque de détérioration de la demande. L'usage du molybdène dans les technologies bas carbone et, en particulier, dans le secteur énergétique devrait néanmoins la stimuler. Selon un des scénarios de l'AIE, la demande en molybdène dans le secteur des énergies « propres » pourrait ainsi doubler d'ici à 2040 (environ 50 000 tonnes). Il faut compter également sur l'usage croissant d'aciers inoxydables de meilleure qualité, dans les pays émergents en particulier.

L'oxyde de molybdène (MoO_3) de qualité technique contient au minimum 57 % Mo et est obtenu par le grillage des concentrés miniers de sulfure de molybdène (molybdénite). Il peut être utilisé tel quel lors de la production de fonte ou subir divers traitements pour obtenir, entre autres, le ferromolybdène, le molybdène métal et divers composés chimiques. Les domaines d'utilisation des aciers et alliages au Mo sont extrêmement variés, comprenant l'industrie agroalimentaire (cuves, tuyaux résistants à la corrosion), la génération électrique (centrales nucléaires, turbines à vapeur, à gaz), les transports (pièces de trains, de réacteurs d'avion), la construction (tunneliers, fers à béton, ponts, systèmes de ventilation) et la défense. Cette grande diversité des usages est un sérieux atout pour la stabilité du marché, en particulier celui des aciers inoxydables dont la demande est tirée par l'amélioration de la qualité des aciers produits par la Chine et par l'Inde qui y intègrent une teneur croissante en molybdène. La Chine est ainsi passée de 6 kg de molybdène par tonne d'acier en 2005 à 8,6 kg Mo par tonne d'acier en 2016. Elle demeure néanmoins encore loin des standards aux États-Unis (40 kg Mo par tonne d'acier).

La production minière de molybdène est en augmentation par rapport à 2023, alors qu'elle était en diminution depuis 2017. Elle s'élève à 260 000 tonnes en 2024, selon les données préliminaires de l'USGS. La production minière mondiale provient à 92 % de cinq pays : la Chine (110 000 tonnes, soit 42 % du total), le Chili (38 000 tonnes, soit 15 %), le Pérou (41 000 tonnes, soit 16 %), les États-Unis (33 000 tonnes, soit 13 %) et le Mexique (17 000 tonnes, soit 7 %).

Le molybdène provient de gisements porphyriques de cuivre (70 %), où il est exploité en tant que coproduit, et de gisements porphyriques à molybdène dominant, le gisement de Climax aux États-Unis en étant le modèle le plus connu. En Chine, le molybdène est également récupéré comme coproduit du tungstène dans des gisements de type skarn à W-Mo, ainsi que dans des gisements sédimentaires exhalatifs à molybdène et nickel dans des *shales* noirs.

L'USGS évalue les réserves mondiales de molybdène en 2024 à 15 Mt, dont 5,9 Mt pour la Chine (39 % des réserves mondiales), suivie par les États-Unis (3,5 Mt), le Pérou (1,9 Mt) et le Chili (1,4 Mt).

Le molybdène est recyclé à partir des déchets de la catalyse, des aciers et des superalliages, ce qui peut représenter jusqu'à 30 % du molybdène total produit (primaire et secondaire). Comme il n'existe pas de filière de recyclage permettant de séparer le molybdène des autres métaux contenus dans l'acier, la réutilisation des déchets se fait en général pour un même secteur (les aciers automobiles, par exemple) après reconditionnement dans l'objectif d'éviter les pertes de performance.

Le molybdène est peu substitué dans ses usages du fait de ses caractéristiques remarquables et, surtout, d'une offre variée et d'un prix relativement faible. Néanmoins, il pourrait éventuellement être remplacé dans les alliages par le bore, le chrome, le niobium et le vanadium, dans les outils par le tungstène et, dans les matériaux réfractaires, par le graphite, le tantale, ainsi que le tungstène à nouveau.

L'oxyde technique, le ferromolybdène et le métal sont échangés sur la base de contrats directs à plus ou moins long terme, mais également sur le marché *spot* (au comptant). Les prix du molybdène sont enregistrés en $/lb ou en $/kg de Mo contenu. Des fourchettes des prix contractuels constatés sont publiées quotidiennement par des fournisseurs de données comme Argus Media. Le métal a brièvement été coté au *London Metal Exchange* (LME) de 2010 à 2019. Les contrats à terme suffisent généralement à couvrir les besoins des industriels, si bien que les quantités échangées sur le marché au comptant restent faibles.

Le cours moyen du molybdène en 2024 était de $ 51,2/kg, en recul de 5,4 % par rapport à 2023, année où son prix moyen était de $ 54,1/kg.

La consommation mondiale de molybdène devrait continuer à croître au cours de la prochaine décennie en raison de la progression de la demande d'aciers. En termes d'exploration, l'ouverture de nouvelles mines de cuivre à moyen terme, stimulée par la demande croissante pour la mobilité électrique et la distribution d'énergie, devrait induire une hausse de la production mondiale de molybdène en sous-produit de ces mines. Toutefois, certains observateurs pointent, à l'inverse, des investissements encore insuffisants pour soutenir l'émergence de nouveaux projets. Parmi les plus avancés figurent les gisements de type porphyre de Malmbjerg au Groenland qui aurait le potentiel de fournir 25 % de la demande de l'Union européenne, et celui de Kitsault au Canada, où le molybdène en est le produit principal.

De manière générale, l'approvisionnement en molybdène reste instable en raison de sa dépendance au marché du cuivre, car il est en grande partie exploité en tant que coproduit de ce métal. L'offre minière est, de ce fait, corrélée à celle du cuivre qui ne représente pas nécessairement les besoins réels du marché du molybdène. Ce sont donc les rares producteurs de molybdène primaire qui peuvent, dans une certaine limite, ajuster leur production, ce qui entraîne depuis quelques années un regain d'intérêt pour les porphyres à Mo. On peut notamment citer l'exemple de la Chine qui investit massivement, depuis le début des années 2000, dans l'exploration de sources de molybdène primaire sur son territoire. Plusieurs gisements de taille mondiale ont été mis en exploitation, comme le porphyre à Mo géant de Donggou (Jinduicheng Molybdenum) dans le Henan, en 2015. À plus long terme, l'exploitation du gisement de Shapingou dans l'Anhui offre les meilleures perspectives et pourrait suffire à répondre à la croissance de la demande chinoise. La compagnie Zijin, qui a repris le gisement en 2022, a annoncé que la mine produira 27 000 tonnes par an de Mo à pleine capacité sur une période initiale de 57 ans (Zijin, octobre 2022). En comparaison, la mine Jinduicheng (porphyre Mo) a produit 20 000 tonnes en 2022 et celle de Cerro verde au Pérou, 10 000 tonnes. Avec une capacité annuelle de production de 40 000 tonnes, Zijin deviendrait alors le premier producteur de molybdène du pays.

En ce qui concerne les événements de l'année 2024, la société canadienne Centerra Gold a finalisé ses études de faisabilité en vue de rouvrir sa mine de molybdène de Thompson Creek, dans l'Idaho, d'ici à 2027. Elle était en sommeil depuis 2014, en réaction à l'effondrement du cours du molybdène. En Corée du Sud, le producteur de tungstène Almonty, propriétaire de la mine de tungstène-molybdène de Sangdong, a finalisé des accords d'enlèvement (*offtake*) avec la société SeAH (fournisseur de SpaceX). Cette mine de tungstène doit ouvrir courant 2025, mais la production de molybdène ne commencera qu'en 2026. Au Groenland, Greenland Resources a, elle, aussi signé des accords d'enlèvement, en l'occurrence pour son gisement de Malmbjerg, avec l'aciériste finlandais Outokumpu Oyj.

En février 2025, le MOFCOM (ministère chinois du Commerce) a mis en place un contrôle des exportations de molybdène, au motif de régulation des biens à doubles usages (militaire et civil). Il concerne les alliages et le molybdène de haute pureté (≥ 97 %), essentiellement destiné à la fabrication de composants de missile. Ce nouveau contrôle s'applique également aux technologies et informations nécessaires à la production de ces biens.

Niobium (Nb)

Le ferroniobium (FeNb), un alliage qui a une teneur en niobium de 60 % à 70 %, représente entre 85 et 90 % des usages du niobium. Il est utilisé principalement dans les aciers microalliés à haute limite d'élasticité (HLE) et dans certains aciers inoxydables et réfractaires. Le ferroniobium de haute pureté (99 % FeNb) est utilisé dans la production des supraconducteurs, en particulier des accélérateurs de particules et des appareils IRM (Nb_3Sn et NbTi) et les superalliages composant les aubes de turbine des réacteurs d'avion et des turbines à gaz, ainsi que dans les réacteurs nucléaires (par exemple dans la gaine en zircaloy des crayons de combustible). Les superalliages et les supraconducteurs représentent respectivement 9 % et 2 % du marché. Le niobium métal n'est utilisé que de manière très minoritaire pour la catalyse, l'optique, les céramiques et en joaillerie.

De nouveaux usages émergent rapidement, notamment dans le secteur des batteries Lithium-ion (Li-ion). En effet, le remplacement des anodes en graphite par des anodes à base d'oxydes métalliques permettrait d'en prolonger la durée de vie ainsi que la capacité. Dans ce sens, la société suisse Leclanché, spécialisée dans le stockage électrique, a présenté en 2024 un nouveau type de batterie Li-ion à anode à base de niobium pour applications lourdes. Elle est décrite comme possédant une très forte densité électrique, une durée de vie de 10 000 cycles et la capacité de pouvoir endurer le rechargement rapide. Selon CBMM, le *leader* mondial du marché du niobium, interrogé par Fastmarkets, la consommation du niobium dans les batteries pourrait atteindre 25 % de ses revenus annuels, soit une production de 35 000 tonnes d'oxyde de niobium d'ici 2030. Ces prévisions expliquent l'important investissement réalisé, en 2023, par l'entreprise dans une nouvelle usine de production d'oxyde de niobium pour batteries. Un autre marché potentiel de croissance est celui du niobium nanocristallin, actuellement estimé à 1 200 tonnes de niobium contenu.

Pour l'année 2024, la production mondiale du niobium est évaluée à 110 000 tonnes par l'USGS, similaire à 2023 (réévaluation par cette même institution à 110 000 tonnes en 2023, au lieu des 83 000 tonnes initialement annoncées début 2024). Le producteur dominant de ce marché est le Brésil, avec plus de 90 % des tonnages mondiaux, suivi du Canada avec environ 6 %. L'industrie brésilienne du niobium est fortement intégrée, avec pour principal acteur la société CBMM. Sa mine principale est celle d'Araxá, dans l'État du Minas Gerais, avec une capacité de 98 000 tonnes de Nb par an qui pourrait atteindre 118 000 tonnes de Nb par an dans un avenir proche. Des investissements récents ont permis d'augmenter la capacité de production de produits de première transformation pour passer de 100 000 tonnes à 150 000 tonnes de FeNb équivalent par an, anticipant ainsi la demande future et dépassant sa capacité de production primaire. Deuxième source mondiale, la mine de Boa Vista Catalão est également située au Brésil, dans l'État de Goiás. Elle est exploitée depuis 2016 par le groupe China Molybdenum (CMOC), avec une capacité estimée d'environ 9 500 tonnes de Nb par an. Au Canada, Magris Performance Materials Inc. (ex-Magris Resources) exploite la mine Niobec, située au Québec, avec une produc-

Niobium

(en tonnes de métal contenus dans la production minière)

	2019	2020	2021	2022	2023	2024
Production mondiale						
	97 000	**67 700**	**87 600**	**83 700**	**110 000**	**110 000**
Brésil	88 900	59 800	78 700	75 600	102 000	100 000
Canada	6 800	6 500	7 500	6 700	6 700	7 100
Rép. dém. du Congo			580	710	740	700
Rwanda			450	199	200	200
Russie			158	381	353	350
Autres pays	1 250	1 350	170	127	121	120

Prix du ferro-niobium 65 % Nb
Marché libre européen
(en dollars/kg)

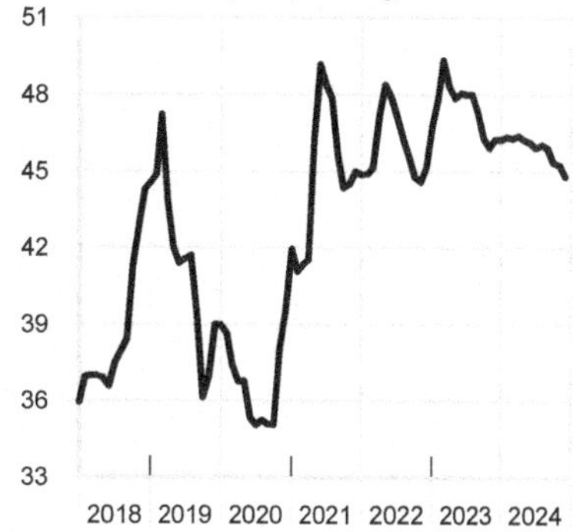

(Source : Mineral Commodity Summaries)

tion évaluée à 7100 tonnes de Nb en 2023, soit 6 % de la production mondiale. Aux États-Unis, la société NioCorp, propriétaire du gisement d'Elk Creek (Nebraska), poursuit l'objectif d'engager la construction des premières infrastructures minières. La production envisagée lors de l'étude de faisabilité de 2022 était de 7450 tonnes par an de FeNb à 65 %, ce qui représenterait la première production de niobium du pays depuis 1959. La société a d'ores et déjà signé des « accords de livraison » (ou contrats d'*offtake*) pour sa future production, notamment 75 % du ferroniobium ainsi que les terres rares avec le constructeur automobile Stellantis ; elle cherche à faire de même sur le titane. Ce projet est stratégique pour les États-Unis, car il permettrait de renforcer la sécurisation des approvisionnements relatifs à une ressource minérale particulièrement critique pour le secteur de la défense et de l'industrie aéronautique. D'autres projets sont également en cours d'exploration, en particulier au Brésil, avec l'acquisition par l'australien St George Mining du projet Araxá adjacent à la mine du même nom et au Canada par les travaux de Nio Métaux Stratégiques (ex-Niocan) sur l'ancienne mine d'Oka. Il convient de noter, tout de même, une petite production minière de niobium en France qui concerne la carrière de kaolin de Beauvoir-Échassières (03) exploitée par Imerys Ceramics France et qui commercialise un concentré à Sn-Ta-Nb. Cette production serait de l'ordre de 80-90 tonnes de concentré par an, ce qui représenterait cinq à six tonnes de niobium.

Le complément de l'offre minière mondiale est majoritairement issu de l'exploitation du « coltan », où le niobium et le tantale sont portés par une association minérale de colombite-tantalite. Le coltan est en particulier exploité artisanalement en République démocratique du Congo (RDC), au Rwanda, ainsi qu'au Mozambique.

Selon l'USGS, les réserves connues de niobium seraient supérieures à 17 Mt. Le plus grand gisement mondial connu est Morro Dos Seis Lagos, dans l'État brésilien d'Amazonas, avec des ressources estimées à environ 75 Mt. À travers le monde, de nombreux gisements de niobium font l'objet d'études avancées. Parmi les plus notables, on trouve le projet Kanyika, porté au Malawi par Globe Metals & Mining, dont la construction devrait débuter en 2025. En Tanzanie, le projet Panda Hill est mené par Panda Hill Mining, tandis qu'en Australie le gisement de Dubbo-Toongi, est développé par Australian Strategic Materials, en Nouvelle-Galles du Sud. Enfin, une découverte récente à haute teneur, Luni-West Arunta, située en Australie-Occidentale, appartient à WA1 Resources.

D'après les données du service géologique américain, les stocks stratégiques de ferroniobium détenus par les États-Unis seraient de 136 tonnes.

N'ayant pas de cotation sur les marchés boursiers, les prix sont établis par négociation directe de contrats entre producteurs et transformateurs ou utilisateurs. Le prix annuel moyen du ferroniobium (65 % Europe) s'établissait à $ 45,92/kg en 2024, en baisse de 3,3 % par rapport à 2023.

Le niobium est substituable par le vanadium et le molybdène dans la fabrication des aciers microalliés HSLE. D'autres métaux pourraient également se substituer au niobium dans certains aciers, comme le tantale, le titane, le tungstène ou encore le molybdène. Les composites à matrice céramique sont aussi envisageables dans les applications de haute température, telles que les superalliages. Néanmoins, la substitution du niobium par d'autres métaux pourrait entraîner une diminution des performances ou une augmentation importante des prix.

Rhénium (Re)

Le rhénium est majoritairement obtenu en sous-produit du molybdène, lui-même en grande partie sous-produit du cuivre dans certains gisements de cuivre. C'est un métal très réfractaire avec une température de fusion de 3 180 °C, la plus élevée des métaux après le tungstène. Les principales applications du rhénium sont de deux types : au sein de superalliages et en catalyse dans l'industrie pétrolière. L'une des particularités de ce marché est la quasi-absence d'acteurs chinois au sein de la chaîne de valeur, fait rare dans le monde des « petits métaux ».

Le perrhénate d'ammonium (APR) est le principal produit intermédiaire. Il est utilisé pour obtenir l'acide perrhénique et le rhénium métal sous forme de poudres, pellets ou briquettes. Le rhénium entre dans la composition des superalliages à base de nickel, notamment pour la fabrication des aubes de turbines pour la partie chaude des réacteurs d'avions civils et militaires. Les superalliages à base de nickel représentent 80 % de la demande mondiale, contenant de l'ordre de 3 % Re en poids. Grâce au rhénium, des températures allant jusqu'à 1 500 °C peuvent être atteintes, augmentant à la fois la poussée des réacteurs ainsi que la longévité de ces pièces, tout en diminuant la consommation en kérosène du réacteur. La consommation de Re est ainsi largement conditionnée par la demande en superalliages de l'industrie aéronautique.

À la suite de la crise du covid, les commandes ont chuté drastiquement en 2020 et 2021 face à l'incertitude de la reprise du trafic aérien. Cependant, l'annonce des prévisions de production pour 2022-2023 des avionneurs a relancé la demande en superalliages dès le deuxième trimestre 2021. En 2022, le trafic aérien a repris progressivement. La guerre en Ukraine a conduit à une augmentation de la demande de l'aviation militaire, et les commandes sont donc globalement reparties à la

Rhénium
(en kilos de métal contenu dans la production minière)

	2019	2020	2021	2022	2023	2024
Production mondiale						
	53 200	**59 300**	**59 500**	**55 100**	**62 600**	**62 000**
Arménie	280	260	260	260	210	200
Chili	30 000	30 000	30 000	29 000	30 000	29 000
Chine	2 500	2 500	2 500	2 500	5 300	5 300
Corée du Sud	2 800	2 800	2 800	2 800	2 800	3 000
États-Unis	8 360	8 830	9 290	8 870	9 410	9 500
Kazakhstan	500	500	500	500	500	500
Ouzbékistan	460	4 900	4 900	4 900	5 000	5 000
Pologne	8 340	9 510	9 290	6 310	9 380	9 400

Prix du rhénium
Marché libre européen
(en dollars/kg)

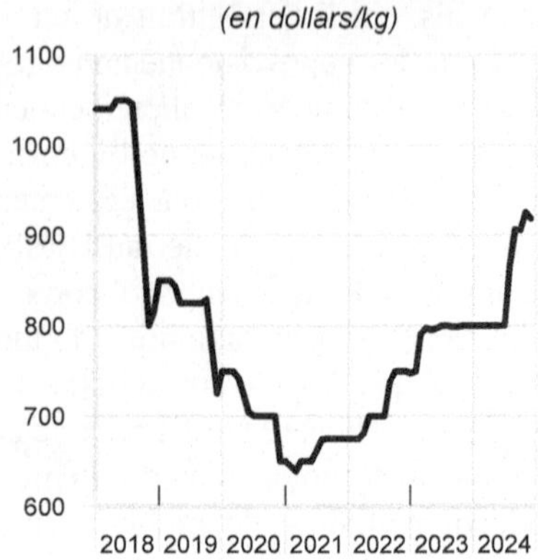

(Source : Mineral Commodity Summaries)

hausse. Cependant, malgré cette croissance notable, l'industrie aéronautique n'a pas retrouvé son niveau d'avant-crise. La plupart des acteurs de l'aéronautique observent, en effet, une contradiction très forte entre un marché désormais porteur et une incapacité de l'offre à servir ce marché. Cela s'explique notamment par un important manque de main-d'œuvre et des tensions au sein des chaînes d'approvisionnement. Néanmoins, conformément aux prévisions, le secteur de l'aéronautique a une nouvelle fois enregistré une croissance de sa production en 2024, notamment illustrée par une augmentation de 4 % du nombre d'avions commerciaux livré par Airbus (766 avions contre 735 en 2023).

Les catalyseurs en pétrochimie arrivent en deuxième position avec environ 15 % des usages. En effet, l'alliage rhénium-platine est l'un des catalyseurs clés dans les réactions de reformage catalytique du pétrole, opération chimique servant à valoriser une fraction du pétrole (le naphta lourd) en essence. La demande de rhénium dans cet usage reste stable, la part des substituts, comme les catalyseurs polymétalliques à base d'iridium ou d'étain, n'ayant pas augmenté significativement.

Les autres applications, comme les alliages Mo-Re et W-Re, représentent 5 % des usages du rhénium.

Il n'existe pas de production minière de rhénium à proprement parler. La production primaire est métallurgique, puisque le rhénium est récupéré lors du traitement des fumées résultant du grillage de la molybdénite (sulfure de molybdène). La production de rhénium primaire récupéré en association avec le cuivre et le molybdène est estimée à 62 tonnes en 2024, selon les données préliminaires de l'USGS. Cela représente une baisse de 1 % comparée aux 62,6 tonnes produites en 2023. L'industrie est fortement concentrée. Les principaux producteurs de rhénium au Chili sont Molymet et Codelco. Le Chili totalise approximativement 29 tonnes de rhénium qui sont récupérées dans les fumées lors du grillage des minerais réalisé dans différentes opérations métallurgiques à travers le monde (incluant également celles de Belgique, du Mexique et du Pérou). En 2024, les États-Unis en auraient produit environ 9,5 tonnes (majoritairement *via* la société Freeport McMoran), suivis par la Pologne avec 9,4 tonnes de rhénium (essentiellement par la société KGHM). Les autres producteurs sont situés en Ouzbékistan, en Corée du Sud et en Chine.

L'USGS évalue avec de grandes incertitudes les réserves mondiales de rhénium comme supérieures à 2 314 tonnes, dont 1 300 tonnes pour le Chili (56 % des réserves mondiales). Les autres pays détenteurs de réserves significatives sont les États-Unis avec 400 tonnes, la Russie avec 310 tonnes et le Kazakhstan avec 190 tonnes.

Les prix du rhénium sont établis par négociation directe entre producteurs et utilisateurs. En Europe, en 2024, le prix moyen du perrhénate d'ammonium (APR) (*basic grade*-69,2 % Re) était de $ 843/kg, en augmentation de 7 % par rapport à 2023 ($ 790/kg).

On estime que les filières de recyclage auraient produit 25 tonnes de rhénium en 2024, ce qui représente désormais près du tiers de l'approvisionnement total. Les principaux producteurs de rhénium secondaire se situent aux États-Unis, en Allemagne, ainsi qu'au Canada, en Estonie, en France, au Japon, en Pologne et en Russie. En France, un acteur est concerné avec l'entreprise Umicore Specialty Powders (ex-Eurotungstène Poudres). Les pièces contenant du rhénium dans des superalliages à base de nickel sont recyclées en boucle courte et en fin de vie. Le recyclage des superalliages concerne donc principalement les turbines d'avions ainsi que les pales et vannes de turbines à gaz, ce qui représente entre 15 tonnes et 20 tonnes de composés de rhénium par an. Seul le recyclage de superalliages fournit du rhénium métal ou du perrhénate d'ammonium (APR) directement disponibles sur le marché.

Cependant, les faibles prix observés ces dernières années ont fragilisé les filières de recyclage. Ainsi, en juin 2020, l'entreprise Umicore a fermé ses activités de recyclage du rhénium dans son usine de Wickliffe dans l'Ohio pour des raisons de rentabilité (capacité de sept tonnes par an). Cette décision s'inscrit dans la lignée des précédents de l'entreprise Hootech en Chine, ainsi que de Nordmet et KLS en Estonie, qui ont également cessé leur production de rhénium secondaire en 2018 (environ trois tonnes par an). Roskill estime que la production de rhénium secondaire a diminué de 40 % entre 2014 et 2019. Cependant, la chute de l'activité de la construction aéronautique et spatiale en 2020 a contribué à resserrer l'offre en métal recyclé. L'effet positif sur les prix observés en 2022-2023 et les perspectives favorables du secteur aéronautique pourraient contribuer à redynamiser ces filières de recyclage.

En outre, depuis 2008, de nombreuses expérimentations ont été réalisées pour substituer le rhénium dans ses applications majeures, notamment en produisant des superalliages appauvris en rhénium (General Electric, par exemple) ou sans rhénium (Safran, par exemple) en le remplaçant par d'autres métaux (W, Mo, Co, etc.) avec des performances relativement similaires. Ces recherches continuent avec un nouveau brevet déposé en janvier 2020 par le producteur de superalliages Cannon-Muskegon, montrant un abaissement de la teneur en rhénium des superalliages monocristallins à 1,4 %-1,6 % Re. Néanmoins, une éventuelle substitution du rhénium dans les superalliages utilisés dans les parties les plus chaudes des turbines à gaz demeure très limitée.

En août 2022, des niveaux significatifs de rhénium ont été identifiés lors de campagnes de forages pour le projet de cuivre et de molybdène de Lana Corina (propriété de Culpeo Minerals) au Chili. L'un des rares projets avancés est le celui de Merlin dans le nord-ouest du Queensland (Australie), développé par Chinova Resources. Les premières infrastructures de la mine, telles que les travaux souterrains d'accès au gisement, ont été partiellement réalisées en 2014, mais la mine a rapidement été mise sous cocon à la suite de l'effondrement du cours du molybdène. Le potentiel serait une production de 7 300 kg par an de Re et 5 100 tonnes par an de Mo. Toujours dans le Queensland, à moins de 100 km du projet Merlin, la société Hammer Metals a annoncé des ressources minérales en Re pour son projet de mine de cuivre Kalman, soit 39,1 Mt de minerai à 2,1 g/t Re (accompagnés d'autres métaux, comme l'or, l'argent et le molybdène).

Du côté des énergies renouvelables et de la production d'hydrogène, des études ont démontré la possibilité de remplacer le platine par du rhénium dans les opérations d'électrolyse de l'eau. Ce métal serait employé dans une technologie innovante de membrane échangeuse d'anions ne nécessitant pas l'utilisation d'éléments du groupe du platine, dont les prix sont très élevés.

Scandium (Sc)

Le scandium est un élément généralement considéré comme faisant partie de la famille des terres rares en raison de ses propriétés similaires aux lanthanides. Il possède pourtant des caractéristiques géologiques et des propriétés industrielles distinctes, parmi lesquelles son très faible rayon ionique, sa faible densité (2,99 g/cm^3, proche de celle de l'aluminium) et son point de fusion élevé (1 541 °C).

Le scandium est utilisé sous deux formes principales : l'oxyde de scandium pour le stockage stationnaire d'énergie au sein des piles à combustible à oxydes solides de haute température (SOFC), et le scandium métal dans les alliages aluminium-scandium (Al-Sc).

En tant qu'oxyde, parfois dénommé « scandia » (Sc_2O_3), il intervient comme dopant stabilisateur de l'électrolyte solide en zircone (oxyde de zirconium : ZrO_2) dans les piles à combustible avec de bonnes performances en conduction ionique.

Sous forme métallique, il donne aux alliages Al-Sc une légèreté et une forte résistance mécanique : des propriétés recherchées dans le secteur du transport (aéronautique civile et militaire, automobile, etc.), ainsi que dans les équipements sportifs de haute qualité (cycles, clubs de golf, battes de baseball, etc.), mais également les équipements militaires. Il permet le moulage de formes complexes, et augmente la résistance à la corrosion et la conductivité thermique des alliages. Son rôle dans les alliages d'aluminium est celui d'agent d'affinage de grain en favorisant la germination de l'aluminium et, par conséquent, en limitant la croissance cristalline. Ainsi, les alliages auront des propriétés mécaniques supérieures permettant, par exemple, d'alléger des structures en substituant des alliages plus lourds (comme les aciers). Les doses utilisées lors de l'adjonction de scandium dans l'aluminium sont faibles, de l'ordre de 0,1-0,2 % de la masse de l'alliage (exceptionnellement 2 % dans certaines applications particulières).

Un usage plus marginal est celui des lampes halogènes où il peut être intégré sous forme d'halogénure de scandium (ScI_3) pour en améliorer le spectre d'émission. On peut aussi mentionner l'utilisation de nitrure de scandium-aluminium à des fins de recherche (ScAlN), comme le développement des semi-conducteurs de puissance fonctionnant à plus haute température et à plus haute fréquence que le nitrure de gallium.

Les faibles concentrations naturelles de scandium dans la croûte terrestre et ses propriétés atomiques sont des freins à la formation de gisements économiquement exploitables. Les ressources de scandium sont donc abondantes, mais peu concentrées, ce qui contraint sa récupération. Ainsi, le scandium peut être récupéré uniquement en tant que coproduit ou sous-produit lors du traitement métallurgique d'autres substances, en particulier par récupération directe ou dans les résidus issus de la fabrication/purification du dioxyde de titane, des terres rares et de l'acier (en Chine), ainsi que dans les filières de transformation de l'uranium, du zirconium, de la bauxite et des phosphates (en Russie). Enfin, il peut être récupéré à partir du traitement hydrométallurgique du nickel et du cobalt issus de gisements latéritiques (Philippines, Australie).

Les chiffres de production sont très incertains. Une quantité de 30 à 40 tonnes aurait été produite mondialement en 2024, principalement sous forme de trioxyde de scandium (Sc_2O_3). La capacité de production mondiale annuelle est estimée à 80 tonnes, la Chine étant de loin le principal producteur mondial.

L'essentiel de la production chinoise est assuré par le consortium Jiaozuo Rongjia Scandium Industry Science & Technology (anciennement Rongjia Scandium Industry) et s'élèverait à 10-12 tonnes par an d'oxyde de scandium (Sc_2O_3), en tenant compte de la production de scandium *via* la récupération dans les résidus issus de la fabrication des oxydes de titane, de terres rares, et de l'acier. Toujours en Chine, dans la province du Hebei, la société Minmetals, filiale de la firme CMC (China Metallurgical Group Corporation), a finalisé, en 2023, la construction de son usine de Tangshan avec une capacité de production de 20 tonnes à partir de minerai importé de Papoua-sie–Nouvelle-Guinée.

Aux Philippines, l'opérateur japonais Sumitomo, exploitant le cobalt et le nickel latéritique de Taganito par un procédé de lixiviation acide à haute pression (*High Pressure Acid Leaching* – HPAL), récupère du scandium avec la production d'un concentré intermédiaire (oxalate de scandium), converti en oxyde à la raffinerie Harima au Japon. Environ onze tonnes d'oxalate de scandium auraient ainsi été produites en 2024.

Le Kazakhstan, l'Ukraine et la Russie produiraient quelques tonnes par an de Sc_2O_3, principalement à partir des résidus miniers d'uranium et lors du traitement de phosphates.

Parmi les projets en cours de développement figure l'usine de Rio Tinto dans le complexe métallurgique de Sorel-Tracy au Québec, avec une capacité de trois tonnes par an d'oxydes de scandium de haute pureté (99,99 %) à partir de ses résidus de production de dioxyde de titane. Sur ce site, Rio Tinto prévoit une importante augmentation de sa capacité de production, à douze tonnes par an à brève échéance. En Russie, les recherches pour la récupération du scandium sont concentrées sur le traitement des boues rouges issues du raffinage de l'alumine, notamment par la compagnie Rusal, l'un des premiers producteurs d'aluminium au monde.

En Australie, bien qu'aucune production minière de scandium n'ait encore débuté, plusieurs projets sont à des stades avancés. Parmi ces derniers, plusieurs se distinguent par leur avancement :

– le projet Sunrise (anciennement Syerston), de la compagnie Clean Teq avec une production projetée de 20 tonnes Sc_2O_3 par an et qui pourrait monter à 150 tonnes par an, en sous-produit du nickel et du cobalt. Les réserves prouvées et probables sont de 6 700 tonnes de Sc contenu, soit la plus grande ressource mondiale en scandium publiquement documentée à ce jour ;

– le projet Nyngan de la compagnie Scandium International Mining Corp qui pourrait produire 38 tonnes par an de Sc_2O_3 pendant vingt ans ;

– le projet Owendale acheté par Rio Tinto mi-2023 à la société Platina Resources et appelé PSP (*Platina's Scandium Project*). Il est prévu de produire jusqu'à 40 t/an Sc_2O_3 sur une période de trente ans en coproduit du cobalt et du nickel par lixiviation acide sous haute pression (HPAL).

– le projet Sconi (société Australian Mines) dans le Queensland devrait produire du scandium en plus du cobalt et du nickel, également par un procédé de type HPAL. Le démarrage théorique de la production est prévu d'ici 2028, avec une capacité de 74 t/an Sc_2O_3.

D'autres découvertes sont en cours, West Cobar Metals ayant révélé, en 2024, d'importantes ressources en scandium dans le gisement Newmont, en Australie-Occidentale, avec des réserves probables dépassant 1 200 tonnes. Australian Mines a réévalué et presque doublé ses ressources en scandium sur le projet de Flemington, en Nouvelle-Galles du Sud. En Europe, certains projets européens de recherche, financés par l'EIT RawMaterials, pourraient également déboucher sur la mise en place d'une filière européenne de production et raffinage du scandium, même si, actuellement, l'approvisionnement européen repose essentiellement sur le secondaire. Il est généralement contenu dans les boues rouges issues du raffinage de la bauxite par le procédé *Bayer*, avec notamment un projet pilote en Grèce. Le projet ScaVanger vise à produire, à un horizon proche, environ 21 tonnes par an d'oxyde de scandium en coproduit du raffinage de l'oxyde de titane, avec une première usine possiblement implantée en France.

Les alliages à haute résistance en titane et en aluminium ainsi que les matériaux en fibre de carbone peuvent se substituer aux applications en alliage de scandium à haute performance, notamment dans les équipements sportifs (vélos, équipements de golf). Une très faible quantité de scandium se retrouve dans l'aluminium recyclé, sans qu'il soit séparé. Le scandium peut être substitué par l'yttrium pour certaines applications, notamment les piles à combustible.

N'ayant pas de cotation sur les marchés organisés, les prix du scandium sont établis par négociation directe de contrats entre producteurs et transformateurs ou utilisateurs. Les prix dépendent beaucoup de la forme et de la qualité recherchée. À titre indicatif, sur le marché des métaux de Shanghai, l'oxyde de scandium à 99,99 % de pureté s'échangeait fin 2024 autour de $ 620/kg et le scandium métal à 99,999 % aux alentours de $ 3 629/kg.

Sélénium (Se)

Le sélénium a des propriétés chimiques voisines de celles du soufre et du tellure. Il est essentiellement extrait en sous-produit du cuivre et est utilisé pour ses propriétés semi-conductrices, photosensibles et photoélectriques, ainsi que comme oligo-élément pour l'alimentation humaine et animale. Les applications métallurgiques constituent la plus grande part de sa consommation (40 %), sous forme de sélénium purifié à 99,5 %. Son uti-

Sélénium
(en tonnes de métal)

	2019	2020	2021	2022	2023	2024
Production mondiale de métal	**2 880**	**3 120**	**3 100**	**3 310**	**3 530**	**3 700**
Afrique du Sud	300	300	300		9	9
Allemagne	300	300	300	300	50	50
Belgique	200	200	200	200	200	200
Canada	57	60	57	110	130	130
Chine	1 100	1 200	1 260	1290	1780	1800
Finlande	115	84	80	130	122	170
Inde		14	14	14	14	14
Japon	740	740	720	710	680	710
Pérou	40	35	36	57	50	50
Pologne	64	74	74	82	74	74
Russie	150	340	300	340	350	340
Serbie					24	60
Suède	19	10	5	10	4	
Turquie	50	50	50	50	50	50
Ouzbékistan					2	2
Autres pays	45	14	21	14		

Prix du sélénium
Marché libre européen
(en dollars/lb)

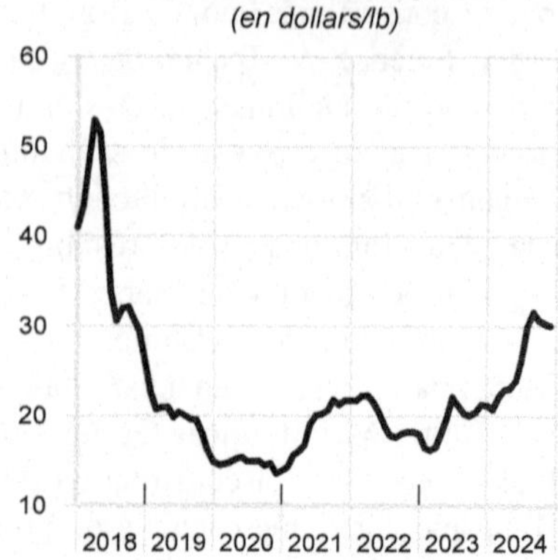

(Source : USGS Mineral Commodity Summaries)

lisation dans les engrais est obligatoire dans certains pays, tels que la Finlande, dont les sols sont très déficitaires en cet oligo-élément indispensable à la santé. Le marché du sélénium est très opaque et les chiffres publiés sont difficilement réconciliables. Les données ci-dessous sont donc indicatives.

La demande mondiale en sélénium serait restée stable dans le temps et se répartit entre les usages suivants : 40 % pour les applications métallurgiques, dont la production électrolytique du manganèse, 20 % pour l'industrie du verre et 20 % pour le dopage de composants optoélectroniques et pour le secteur photovoltaïque. On estime, par ailleurs, que 10 % sont dédiés à l'agriculture et à l'alimentation animale, 5 % pour la chimie et les pigments, et 5 % en usages divers.

La métallurgie du manganèse est le principal secteur d'utilisation du sélénium de pureté 99,5 %, dont la majeure partie a lieu en Chine. Son utilisation sous forme de dioxyde de sélénium permet d'accroître la vitesse de dépôt tout en améliorant le rendement énergétique de la réaction électrolytique. Dans ce domaine, le dioxyde de sélénium peut éventuellement être remplacé par le dioxyde de soufre au détriment des performances énergétiques.

L'autre usage important du sélénium concerne l'industrie du verre. Le sélénium y est utilisé pour décolorer les verres (neutralisation des teintes verdâtres due à des impuretés ferrugineuses), colorer les verres en rouge (feux de signalisation), mais également pour réduire la transmission thermique des vitres dans les voitures ou les bâtiments, marchés en constante augmentation à l'échelle mondiale. Dans certaines de ces applications, le sélénium peut éventuellement être substitué par l'oxyde de cérium (CeO_2).

Le sélénium rentre également dans la composition des cellules photoélectriques et des cellules photovoltaïques en couches minces (CIS – diséléniure de cuivre et d'indium « $CuInSe_2$ » – et CIGS – disulfoséléniure de cuivre, d'indium et de gallium « Cu[In,Ga] Se_2 »). Malgré une production minoritaire des technologies photovoltaïques en couches minces vis-à-vis de cellules photovoltaïques au silicium, ces dernières continuent à être utilisées pour les applications requérant une plus grande flexibilité et un plus haut rendement.

Selon les données préliminaires de l'USGS, la production mondiale de sélénium raffiné a été estimée à 3 700 tonnes en 2024, soit une augmentation de 4,8 % par rapport à 2023 (3 530 tonnes). Les données concernant les États-Unis sont habituellement confidentielles. Les principaux producteurs mondiaux sont la Chine (1 800 tonnes), le Japon (710 tonnes), la Russie (340 tonnes) et la Belgique (200 tonnes). Ces quatre pays représentent plus de 80 % de l'offre mondiale. Du côté des actualités, l'USGS indique que la production suédoise 2024 est nulle à la suite d'un incendie dans la raffinerie de Rönnskär et que la production serbe a récemment augmenté grâce à des travaux d'expansion des installations de Bor. En Indonésie, Amman Mineral et Freeport Indonesia ont inauguré un nouveau complexe de fonderie-raffinerie d'une capacité annuelle de 77 tonnes de sélénium à 99,9 %. Au Kazakhstan, en janvier 2025, la société Kazakhmys a annoncé avoir finalisé les essais de sa raffinerie du complexe de Balkhach permettant de produire environ 100 tonnes de sélénium à 99,5 %.

Le sélénium se concentre préférentiellement dans les sulfures des gisements de cuivre, nickel-cuivre sulfurés et, de façon plus anecdotique, de plomb ou de zinc. Il est récupéré en sous-produit majoritairement lors du traitement des boues anodiques issues du raffinage du cuivre, et minoritairement lors du traitement de minerais de plomb-zinc. Ce phénomène explique la corrélation entre les pays producteurs de sélénium et les fonderies/raffineries de cuivre. La Chine et le Japon sont les acteurs dominants du raffinage du cuivre, certains acteurs européens étant également importants : l'Allemagne (Aurubis-Retorte), la Belgique (Umicore), la Finlande (Boliden), la Pologne (KGHM) et la Suède (Boliden). Les États-Unis produisent également de petites quantités de sélénium non raffiné *via* ASARCO (Texas) et RioTinto-Kennecott (Utah). La production de sélénium pur a été mise en veille en 2021 et, selon l'USGS, la totalité du sélénium produit est désormais raffiné à l'étranger.

L'USGS évalue avec de grandes incertitudes les réserves mondiales de sélénium, les teneurs dans les minerais n'étant que rarement renseignées (0,5-12 ppm). Celles-ci s'établiraient à 92 000 tonnes de Se, dont 26 000 tonnes en Russie (soit plus du quart des réserves mondiales) et 16 000 tonnes au Pérou (soit 17 % des réserves mondiales). Les autres pays détenteurs de réserves significatives sont les États-Unis, le Canada et la Chine avec, respectivement, 11 %, 7 % et 5 % des réserves mondiales. Les charbons contiendraient également des quantités importantes de sélénium, mais, à ce jour, la récupération ne semble pas économiquement viable. La combustion industrielle du charbon est d'ailleurs une des principales sources d'émission de sélénium dans l'environnement. La plupart du sélénium recyclé provient des déchets électroniques, des panneaux photovoltaïques en couches minces et jadis des tambours des anciens photocopieurs. Du fait d'un usage dispersif, le sélénium utilisé en verrerie, en métallurgie, en agriculture, en pigmentation, etc., n'est pas économiquement récupérable. Ainsi, le taux de recyclage du sélénium est insignifiant et estimé à moins de 5 %.

Le prix du sélénium est établi par négociation directe entre producteurs et utilisateurs. Le prix moyen pour le sélénium (teneur de 99,5 %) en 2024 était de $ 26,07/kg contre $ 19,17/kg en 2023, soit une hausse significative de 36 %. Cette importante augmentation des prix est probablement imputable à la surcapacité de production des fonderies de cuivre chinoises ayant entraîné une forte concurrence à l'achat des concentrés de cuivre. Cette concurrence interne a mécaniquement mené à l'accroissement des prix du sélénium, ce métalloïde étant valorisé en tant que sous-produit de l'affinage du cuivre. Il n'y aurait pas de tensions sur l'offre d'après les informations recueillies par les consultants de Fastmarkets. Le marché du sélénium devrait ainsi afficher une tendance stable, évoluant principalement selon le marché du manganèse.

Silicium métal (Si)

Le silicium est le deuxième élément chimique le plus abondant dans l'écorce terrestre, après l'oxygène. À ce titre, il est l'un des éléments les plus extraits du sol, que l'on cherche à le valoriser ou non. Il est utilisé dans de très nombreux domaines, notamment sous forme de silice (SiO_2) dans la construction, mais aussi sous sa forme pure

Silicium
(en milliers de tonnes de métal + ferrosilicium)

	2019	2020	2021	2022	2023	2024
Production mondiale	**8 410**	**8 120**	**9 150**	**9 110**	**9 470**	**9 700**
Afrique du Sud	96				50	45
Allemagne			63	62	59	60
Australie		42	50	48	39	40
Bhoutan	90	67	85	75	82	80
Brésil	340	404	389	391	386	390
Canada	57	47	49	49	52	50
Chine	5 700	5 600	6 400	6 670	7 270	7 400
Espagne	66	55	60	52	49	45
États-Unis	310	277	313			
France	130	112	127	121	113	110
Inde	60	59	59	59	59	60
Islande	88	103	111	128	97	90
Kazakhstan		67	122	101	134	137
Malaisie	150	109	85	91	91	130
Norvège	375	345	362	339	299	300
Pologne		42	49	47	33	30
Russie	610	576	644	626	527	520
Ukraine	63	40	49	28		
Autres pays	278	290	128	223	130	208

Prix du silicium
Marché libre européen
(en dollars/tonne)

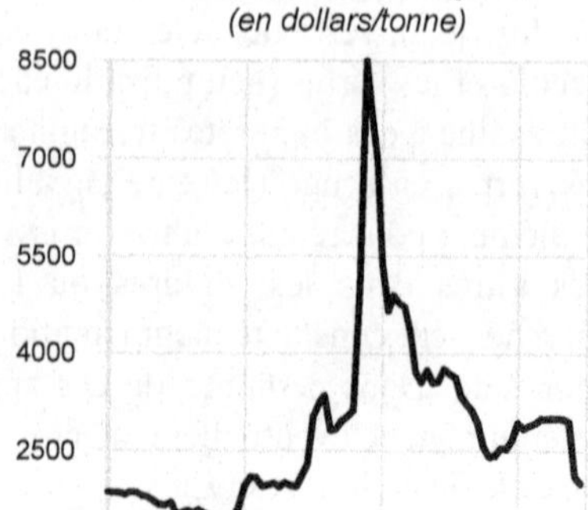

(Source : Mineral Commodity Summaries)

(c'est-à-dire > 98 % Si) dite « silicium métal », qui fait l'objet de ce chapitre.

En 2024, le silicium métal est utilisé dans trois principaux usages, chacun représentant environ un tiers de la consommation. Il s'agit de la fabrication des silicones et silanes, la réalisation d'alliages d'aluminium Al-Si et enfin les cellules photovoltaïques. Il est à noter l'utilisation de silicium métal pour la fabrication des semi-conducteurs, bien que cela ne représente qu'une très faible part du marché (3 à 5 %). Les croissances des deux derniers usages sont amenées à se renforcer au cours des années à venir. Les silicones sont utilisées dans de très nombreux secteurs pour leur inertie chimique, leur grande résistance à la chaleur, et leurs facultés à étanchéifier, coller ou lubrifier. Les alliages Al-Si sont utilisés dans tous les types de véhicules, qu'ils soient terrestres, marins ou aériens, mais également dans le bâtiment, les équipements ménagers, les câbles électriques et les emballages. Allié à l'aluminium, le silicium améliore la coulabilité et réduit le coefficient de dilatation thermique. Dans les cellules photovoltaïques, les propriétés semi-conductrices du silicium purifié combinées au rayonnement solaire permettent l'effet photoélectrique nécessaire à la production d'électricité. Dans la microélectronique, ces mêmes propriétés semi-conductrices sont fondamentales pour le fonctionnement des circuits intégrés, le stockage et la transmission d'informations. La consommation de silicium métal a été en forte hausse dans toutes les filières sur la période 2010-2024 et a dépassé 4,5 Mt en 2024.

Le silicium est produit par la réduction de la silice (SiO_2) dans un four à arc électrique en présence de charbon, de coke et de copeaux de bois. En fonction de la technicité de l'application, le silicium métal doit être affiné à différents niveaux de pureté : 98-99 % pour la qualité métallurgique (MG) et jusqu'à 99,999 999 99 % (9N à 10N) pour les qualités solaire et électronique. Pour la fabrication des silicones, le silicium métal est d'abord transformé en gaz diméthyldichlorosilane, puis hydrolysé pour former des chaînes Si-O. Différentes formulations aboutissent à des polymères ayant une consistance de gel, de résine, ou de gomme. Le silicium purifié pour le solaire et la microélectronique s'obtient à la suite d'une transformation en gaz trichlorosilane ($SiHCl_3$) que l'on distille puis décompose en présence d'hydrogène (procédé *Siemens*). Le silicium métal peut également être obtenu en lit fluidisé et de manière très minoritaire par affinage métallurgique (« qualité métallurgique améliorée »). Le silicium obtenu est sous une forme polycristalline, d'où son appellation « polysilicium ». Il est ensuite refondu puis transformé en lingots mono - ou multicristallins. En 2024, la part de cellules solaires au Si monocristallin est largement dominante sur le multicristallin, en atteignant près de 98 % du marché global, selon l'Agence internationale de l'énergie (AIE).

L'USGS estime une production de silicium métal de 4,6 Mt en 2024. Les premiers producteurs ont été la Chine, le Brésil, la Norvège, les États-Unis et la France. La Chine est responsable de 84 % de la production mondiale et vise l'hégémonie sur le marché du silicium. Elle continue d'installer de nouveaux fours pour produire du silicium métallurgique et du polysilicium en grande quantité, appliquant ainsi une pression baissière sur les prix. Celle-ci est difficile à supporter dans les autres régions du monde où les coûts de production sont plus élevés, notamment en Europe. Début 2024, REC Silicon a arrêté la production de polysilicium solaire sur son site de Butte aux États-Unis en raison du coût de l'électricité. De même, REC Group a arrêté la production de polysilicium en Norvège, dont les sites ont été en partie rachetés par le groupe chinois Bluestar Elkem, début 2024. Le producteur de silicium métal français Ferropem et le producteur de polysilicium Wacker ont également rencontré des difficultés. Ce fut aussi le cas pour les fabricants de plaquettes de silicium norvégiens, dont certains ont annoncé des arrêts de production.

Les ressources en silicium sont considérées comme très importantes en raison de l'omniprésence de la silice et des minéraux silicatés sur Terre. En revanche, seuls quelques gisements fournissent une roche de qualité suffisante pour la fabrication du silicium métal. Les réserves de silicium ne sont généralement pas communiquées par les carriers (exploitants des carrières).

Une partie du polysilicium est recyclée en boucle courte lors de la découpe des lingots et des plaquettes. Dans les produits en fin de vie, le recyclage du silicium n'est en général pas rentable, mais pourrait le devenir avec l'amélioration de la collecte, des techniques de récupération, et les tensions croissantes sur le silicium primaire. La fumée de silice, coproduit de la métallurgie du silicium, sert de charge minérale améliorant les propriétés de certains bétons.

En métallurgie, le manganèse, l'aluminium ou le titane peuvent parfois se substituer au silicium avec une efficacité moindre ou un coût supérieur. Le gallium, le germanium, et le tellurure de cadmium peuvent se substituer au silicium en tant que semi-conducteurs sur des critères de prix et de performance. La grande abondance du silicium dans la nature et son faible coût relatif lui ont permis de devenir majoritaire par rapport à d'autres semi-conducteurs, tels que le germanium, ce dernier étant préféré dans certaines techniques de pointe (le photovoltaïque ou l'aérospatiale, par exemple).

Les prix sont établis par négociation directe de contrats entre producteurs et transformateurs ou utilisateurs. Fin 2022, le *Guangzhou Futures Exchange* a toutefois annoncé qu'il proposait des contrats à terme et des options sur le silicium métal. Après avoir atteint un sommet, fin 2021, à plus de $ 8 500/t, le prix du silicium métal a baissé en 2022, puis 2023. Sur 2024, les prix se sont maintenus aux alentours de $ 2 800/t, sans variation majeure depuis fin 2023.

Tantale (Ta)

Le tantale est un métal réfractaire avec une température de fusion très élevée de 3 017 °C. C'est également un métal particulièrement dense (16,7), très résistant à la corrosion par les acides, et doté d'une permittivité électrique élevée. Cette dernière propriété est recherchée pour la fabrication de condensateurs électroniques robustes de très faibles volumes, principale application mondiale du tantale. Sa dureté et sa résistance à la chaleur sont également prisées pour les superalliages et les outils de coupe (carbures).

La fabrication de condensateurs électroniques mobilise 34 % de la consommation mondiale de tantale. Par ordre décroissant, les autres usages du tantale sont les composés chimiques (20 %), les superalliages des turbines utilisés dans l'aéronautique et les industries énergétiques (18 %), les cibles de pulvérisation, en particulier le dépôt de couches minces de nitrure de tantale pour lutter contre la corrosion (14 %), la métallurgie pour la fabrication de creusets, prothèses ou échangeurs thermiques (9 %) et, enfin, les carbures pour outils de découpe ou revêtement de moules en acier (5 %). Plus marginalement, le tantale sous sa forme d'oxyde (pentoxyde de formule chimique Ta_2O_5) est utilisé dans le domaine optique lors de la fabrication de lentilles de verre

Tantale
(en tonnes de métal contenu dans la production minière)

	2019	2020	2021	2022	2023	2024
Production mondiale	**1 850**	**2 100**	**1 840**	**1 990**	**2 040**	**2 100**
Australie	67	34	44	46	44	52
Bolivie		7	1		1	2
Brésil	430	470	360	370	138	210
Burundi	38	24	39	59	1	2
Chine	76	74	76	78	78	76
Éthiopie	70	69	32		40	40
Mozambique		43	37		51	55
Nigeria	180	260	110	110	390	390
Ouganda		38	38			
Rép. dém. du Congo	580	780	790	890	920	880
Russie		49	39	31	23	29
Rwanda	336	254	269	347	350	350
Autres pays	45			120		

Prix du tantale
Marché libre européen
(en dollars/kg)

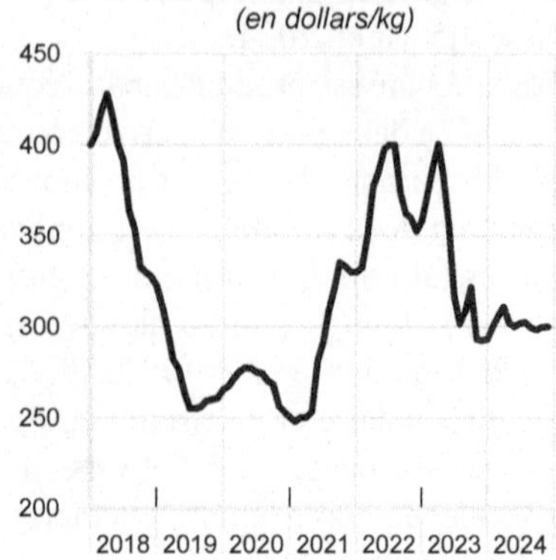

(Source : Mineral Commodity Summaries)

d'appareil photo pour en améliorer leur légèreté et leur luminosité.

La consommation mondiale de tantale est repartie à la hausse en 2024, après une année 2023 morose. Ce rebond s'explique par un rétablissement de la demande concernant les technologies de l'information et de la communication (TIC) comprenant, entre autres, l'électronique portable ou encore les *data centers*. Si les condensateurs multicouches en céramiques (MLCC) continuent de dominer le marché grâce à des coûts moindres et à leur disponibilité, la demande en condensateurs au tantale a augmenté avec l'utilisation des appareils portatifs (téléphones, ordinateurs, tablettes, etc.). Selon le *Tantalum-Niobium International Study Center* (TIC), le déploiement massif des réseaux de communication 5G et l'électrification automobile vont continuer de tirer la demande en tantale vers le haut. D'ici 2030, différents consultants estiment des croissances du marché du tantale comprises entre 5 et 15 % par an, relativement proches des prévisions de vente d'appareils électroniques portatifs avec une progression de la demande de 9 à 12 % par an.

En 2024, la production mondiale était de 2 100 tonnes de Ta métal contenu, selon l'USGS. Cependant, les statistiques concernant l'extraction minière du tantale sont très peu précises. Toujours selon les données de l'USGS, la République démocratique du Congo (RDC), le Nigeria, le Rwanda et le Brésil sont les principaux producteurs de tantale en 2024 avec 87 % de la production mondiale. Une part importante du tantale est issue d'exploitations artisanales et d'exportations de concentrés de colombo-tantalite (aussi appelé coltan) provenant de la région des Grands Lacs africains. Les données estimées sont de 880 tonnes de Ta contenu pour la RDC (42 %) et 390 tonnes pour le Nigeria (19 %). Le Rwanda (17 %) passe troisième producteur mondial, suivi du Brésil (10 %) et de la Chine (4 %). En France, plus précisément dans l'Allier, la production de tantale est estimée à dix tonnes par an en tant que sous-produit de l'exploitation de kaolin de la mine de Beauvoir-Échassière, propriété d'Imerys.

N'ayant pas de cotation sur les marchés boursiers, les prix sont établis par négociation directe entre producteurs et transformateurs ou utilisateurs. En 2024, le prix annuel moyen du tantale métal (Ta 99,8 % EU) s'est établi à $ 301/kg, enregistrant une baisse de 11,7 % par rapport à la moyenne de 2023 ($ 341/kg).

Dans le cas des minerais de type pegmatite (majoritaires en Australie), le tantale est généralement un sous-produit de l'exploitation du lithium. Concernant l'actualité de ces gisements producteurs de lithium et tantale en Australie, on notera que la construction de la mine de Kathleen Valley (Liontown) est finalisée et que celle-ci a produit ses premiers concentrés en milieu d'année. Une autre actualité remarquable est le rachat, en 2023, de la mine de Bald Hill par la société Mineral Resources (également propriétaire de Wodgina et Mt Marion). Cette même mine a d'ailleurs été mise sous cocon en fin d'année 2024 à la suite de la baisse du prix du lithium. Dans le monde, d'autres gisements à lithium-tantale de ce type sont également à l'étude ou en cours de développement, tels que Blesberg en Afrique du Sud, Swanson en Namibie ou encore Manono en RDC. Ce dernier projet est d'ailleurs au cœur d'un conflit politico-financier entre le chinois Zijin Mining et la société australienne AVZ Minerals.

L'offre australienne est devenue particulièrement attractive par rapport à la production de tantale en provenance du Rwanda et de la RDC, car elle échappe au cadre des minerais de conflit. D'un point de vue économique, cependant, ce type de minerai présente un aspect doublement avantageux et risqué, étant étroitement lié à la production de lithium. En effet, d'une part, l'extraction de lithium permet de maintenir des coûts de production relativement faibles, mais, d'autre part, cette dépendance au lithium entraîne des fluctuations des volumes extraits en fonction de l'évolution des prix. Cet effet de levier montre désormais ses limites, particulièrement depuis l'effondrement des cours du lithium en 2023. La mise en sommeil, pour des raisons économiques, de la mine de lithium de Bald Hill, qui produit également du tantale, illustre parfaitement cette dynamique.

Strategic Minerals Europe, le seul producteur de tantale du continent européen, a produit en 2023 un peu plus d'une trentaine de tonnes de concentré de tantalite/colombite, en tant que coproduit de sa production primaire d'étain à Penouta, en Espagne. Toutefois, la société a temporairement suspendu ses activités minières fin 2023 en raison d'un contentieux d'ordre environnemental. Depuis, Strategic Minerals Europe a été rachetée par IberAmerican Lithium, qui reprendra les travaux d'exploitation une fois la transaction finalisée.

Un autre facteur de tension potentielle est le développement accéléré de restrictions sur l'approvisionnement pour les entreprises de produits électroniques, notamment. Ainsi, le gouvernement américain a mis en place une loi sur les « minerais de conflit » obligeant les entreprises américaines à examiner leurs chaînes d'approvisionnement pour connaître et déclarer l'origine de leurs minerais et composés de tantale (ainsi que de tungstène et d'étain) particulièrement en provenance de Chine, d'Iran, de Corée du Nord et de Russie. La reprise des conflits armés à la frontière entre la RDC et le Rwanda pourrait intensifier ces procédures de contrôle.

Le tantale ne peut pas être substitué dans les microcondensateurs sans perte de performances. Les condensateurs MLCC ou au niobium sont cependant des alternatives moins coûteuses. Les superalliages peuvent être recyclés par des entreprises spécialisées, en particulier aux États-Unis et en Europe du fait du poids de l'industrie aéronautique. Il existe également une production secondaire de tantale à partir des déchets en boucle courte (*new scrap*), produits durant la fabrication de produits électroniques et de matériaux utilisant le tantale. À la fin de leur cycle de vie, le recyclage de ces composants devient particulièrement complexe en raison de leur forte dilution et de la taille des composants électroniques. Cependant, cela demeure un axe de développement crucial. De manière générale, le recyclage du tantale compte pour environ 20 % de la consommation mondiale. L'USGS estime même que la part du recyclage pourrait représenter jusqu'à 30 % de la production domestique des États-Unis.

Les réserves mondiales de tantale sont proches des 400 000 tonnes de Ta contenu. Néanmoins, les seules données accessibles et vérifiables concernent l'Australie (110 000 tonnes selon l'USGS) et le Brésil (40 000 tonnes). Les réserves chinoises seraient, quant à elles, de 240 000 tonnes, mais ce chiffre est à prendre avec prudence en raison du manque d'informations précises corroborant cette estimation. Les ressources en terre sont vraisemblablement bien supérieures, notamment au Canada et aux États-Unis.

À l'échelle mondiale, les perspectives pour la demande en tantale sont positives. Celles concernant les condensateurs au tantale sont particulièrement favorables, la demande de nouveaux condensateurs étant en grande partie destinée à des produits à hautes performances, tels que ceux pouvant fonctionner dans les dispositifs de communication 5G ou ceux fonctionnant à des températures élevées dans les véhicules électriques. Les condensateurs sont, et devraient donc rester, le principal marché du tantale. Le développement futur de ces derniers sera axé sur le remplacement de plusieurs MLCC par un seul condensateur au tantale pour un gain de performance et de poids. Les cibles de pulvérisation, les produits chimiques à base de tantale, les superalliages et les produits métallurgiques ont une large gamme d'applications finales et cette diversité offre une mesure de protection contre les fluctuations des différents marchés.

Tellure (Te)

Le tellure est l'un des éléments les plus rares dans l'écorce terrestre (1 à 10 ppb). Il est, pour l'essentiel, extrait en sous-produit de la métallurgie du cuivre. Il est souvent associé au sélénium avec lequel il partage des propriétés chimiques. Le tellure est particulièrement utilisé pour ses propriétés semi-conductrices, photosensibles et photoélectriques.

Le tellure est utilisé en premier lieu dans la fabrication de panneaux photovoltaïques à couches minces au tellurure de cadmium (CdTe) qui représentait, selon l'USGS, 60 % de sa consommation en 2024. Il est aussi utilisé dans les générateurs thermoélectriques (20 %), en métallurgie (15 %) en tant qu'additif pour accroître l'usinabilité de métaux, comme l'acier ou le cuivre, ainsi que dans la fabrication de produits chimiques (5 %). Le tellurure de bismuth a la particularité de pouvoir déplacer la chaleur en présence d'un courant électrique (effet Peltier). Cette propriété est utile dans les systèmes réfrigérants portables (utilisés pour le séquençage de l'ADN, par exemple). Les autres procédés ou produits consommant du tellure incluent la vulcanisation du caoutchouc (2 %), l'imagerie thermique, les capteurs pour l'imagerie spatiale, les détecteurs de rayons X, les

Tellure
(en tonnes de métal raffiné)

	2019	2020	2021	2022	2023	2024
Production mondiale						
	520	**562**	**610**	**584**	**944**	**980**
Afrique du Sud	8	2	4	4	4	4
Bulgarie	4	3	4	3	1	1
Canada	40	44	44	24	27	27
Chine	325	330	330	380	725	750
Japon	50	70	68	68	65	70
Ouzbékistan			48	3	13	13
Russie	52	71	70	70	73	70
Suède	41	42	41	33	36	46

Prix du tellure
Marché libre européen
(en dollars/kg)

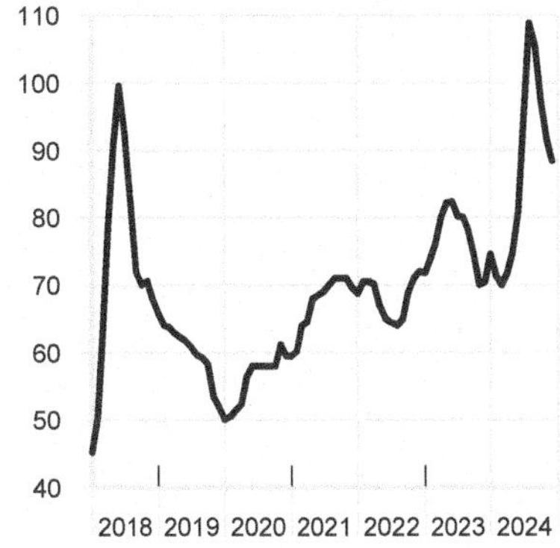

(Source : Mineral Commodity Summaries)

colorants pour l'industrie céramique, les capteurs biologiques, et les biocides.

Selon l'Agence internationale de l'énergie (AIE), la part de marché des technologies de couches minces représentait 2 % de la puissance photovoltaïque fabriquée dans le monde en 2023, soit environ 12,5 gigawatts (GW), dont la majorité était des modules CdTe produits par First Solar (États-Unis). En 2024, First Solar livrait 14,1 GW de modules à couches minces CdTe. Bien qu'il s'agisse d'un marché de niche, le secteur des modules au CdTe n'en demeure pas moins dynamique, comme le prouve le projet de construction d'une usine de production de panneaux CdTe par China National Building Materials (CNBM), qui pourrait avoir une capacité annuelle de plus de 1 GW. Avec seulement 5 % de part de marché du tellure (contre 42 % dans le monde), les panneaux CdTe semblent, en revanche, éprouver des difficultés à trouver leur place en Europe, puisque la seule entreprise européenne du secteur, l'allemand Calyxo, s'est déclarée en faillite en 2020, probablement en raison de la concurrence des panneaux au silicium, bien moins onéreux que ceux utilisant la technologie CdTe. Il faudrait actuellement une quarantaine de tonnes de tellure pour produire 1 GW de modules photovoltaïques CdTe (contre 100 tonnes il y a dix ans). Une fabrication annuelle de 16 GWc – gigawatts « crête » – de modules, comme le prévoyait de le faire l'américain First Solar dès 2024, demanderait donc 640 tonnes de tellure pour le seul secteur solaire (soit l'équivalent de la production mondiale de 2022). Une hausse de la demande pourrait être couverte partiellement ou en totalité grâce à l'expansion des capacités de récupération du tellure dans les résidus de raffinage du cuivre. Le taux de récupération actuel est estimé à 30-50 %, et certains experts avancent la possibilité d'atteindre 80 %.

Le tellure, possédant des propriétés chimiques similaires à celles du soufre, se concentre préférentiellement dans les sulfures des gisements de cuivre, nickel-cuivre ou plomb-zinc. Plus de 90 % du tellure est produit à partir de boues anodiques collectées lors du raffinage électrolytique du cuivre. Le reste provient de l'écumage des raffineries de plomb, ainsi que des poussières et gaz générés lors de la fusion des minerais de bismuth, de cuivre et de plomb-zinc. D'autres sources de tellure comprennent le tellurure de bismuth et certains minerais d'or, comme à Kankberg (Suède), où ont été produites 46 tonnes de Te en 2024.

En 2024, la production mondiale de tellure (hors États-Unis) a été estimée par l'USGS à 980 tonnes, en augmentation de 3,8 % par rapport à 2023 (944 tonnes). Les producteurs de tellure sont principalement les pays producteurs de cuivre raffiné : la Chine (76,5 %), la Russie (7,14 %), le Japon (7,14 %), les États-Unis (non communiqué), la Suède (4,7 %) et le Canada (2,75 %).

Certains projets de récupération du tellure sont en cours. On peut citer, par exemple, le projet indien de raffinerie de cuivre Mundra porté par Adani Enterprises, qui pourrait récupérer annuellement 96 tonnes de tellure, ou encore celui porté par le canadien GGX Gold, Gold Drop (Colombie-Britannique), qui a mesuré de fortes teneurs de tellure (entre 0,6 kg/t et 3,9 kg/t). En 2022, la société Rio Tinto a, de son côté, commencé à produire environ 20 tonnes de tellure par an à partir de sous-produits provenant de sa mine de cuivre de Kennecott, dans l'Utah (États-Unis). Le tellure est raffiné par la société canadienne 5N Plus, un important producteur mondial de semi-conducteurs spécialisés et de matériaux de performance. Le tellure raffiné est principalement fourni à l'entreprise First Solar.

L'USGS évalue avec de très grandes incertitudes les réserves de tellure récupérable à 35 000 tonnes, dont 16,6 % en Russie, 10,9 % aux États-Unis et 8,9 % en Chine. Les chiffres indiqués ne comprennent cependant que le tellure hypothétiquement récupérable et contenu dans les réserves de cuivre.

Au-delà des utilisations dispersives, telles que les pigments, le tellure est recyclable en petites quantités en fin de vie des panneaux solaires ou dans certains photocopieurs. En 2022, la quantité de panneaux solaires disponible pour le recyclage était limitée, mais en augmentation constante. Plusieurs matériaux peuvent remplacer le tellure dans la plupart de ses utilisations, mais généralement avec des pertes d'efficacité ou de qualité. Il est toutefois à noter que le tellure présente un degré de toxicité relativement élevé.

N'ayant pas de cotation sur les marchés boursiers, les prix sont établis par négociation directe de contrats entre producteurs et transformateurs ou utilisateurs. Le prix *spot* du tellure (99,99 % Europe) s'est globalement maintenu autour de $ 85,80/kg tout au long de l'année 2024, après trois années de hausse consécutive et un pic à $ 110/kg en août 2024. L'engouement sur le marché des cellules à CdTe sera le principal moteur de la croissance de consommation du tellure à court terme.

Le 4 février 2025, le MOFCOM (ministère chinois du Commerce) a annoncé de nouvelles mesures de contrôle des exportations sur cinq métaux et leurs composés, dont le tellure, renforçant ainsi son *leadership* sur la production mondiale de celui-ci. Ce contrôle vise principalement les États-Unis, premier importateur de tellurure de cadmium chinois pour la fabrication des panneaux photovoltaïques. Néanmoins, le contrôle n'étant pas une interdiction, les effets pourraient n'être que limités sur le marché.

Terres rares (TR)

Les terres rares (TR) sont un ensemble de seize éléments métalliques : les lanthanides et l'yttrium, en excluant le scandium (voir la section consacrée à cet élément), aux propriétés optiques et magnétiques remarquables. Le marché actuel est toutefois tiré par quatre éléments en particulier, qui portent, à eux seuls, 90 % de la valeur économique de la filière, à savoir : le néodyme (Nd), le praséodyme (Pr), le dysprosium (Dy) et le terbium (Tb). Ces TR dites « magnétiques » sont principalement utilisées sous forme d'alliages pour la production d'aimants permanents de haute performance, en particulier pour la technologie d'aimants néodyme-fer-bore (NdFeB). Les principaux moteurs de cette demande, progressant de près de 10 % par an, suivent l'essor des véhicules électriques, de l'éolien *offshore*, ainsi que celui de l'électronique et de la robotique, utilisant de grandes quantités d'aimants permanents.

En 2024, la production minière mondiale de terres rares est estimée à 390 000 tonnes selon l'USGS (exprimée en Oxydes de Terres Rares ou OTR), contre 376 000 tonnes en 2023. Ce chiffre est en croissance permanente depuis dix ans. Le principal facteur de hausse est l'augmentation des « quotas de production » par région et par producteur en Chine, étant passé à 270 000 tonnes d'OTR en 2024, contre 240 000 tonnes en 2023 et 210 000 tonnes l'année précédente. La Chine représente 69 % de cette production primaire mondiale.

En termes d'opérations minières, les États-Unis sont aujourd'hui le deuxième producteur avec 11,5 % du total mondial. L'année 2024 a été une année record pour l'unique producteur américain à ce jour, l'entreprise MP Materials. La production d'OTR à partir de la mine de Mountain Pass en Californie a atteint 45 000 tonnes. À cela

Terres rares
(en tonnes d'oxydes contenus dans le minerai)

	2019	2020	2021	2022	2023	2024
Production mondiale	**220 000**	**240 000**	**290 000**	**300 000**	**376 000**	**390 000**
Australie	20 000	21 000	24 000	18 000	16 000	13 000
Birmanie	25 000	31 000	35 000	12 000	43 000	31 000
Burundi	200	300	500			
Brésil	710	600	200	80	140	20
Chine	132 000	140 000	168 000	210 000	255 000	270 000
États-Unis	28 000	39 000	42 000	42 000	41 600	45 000
Inde	2 900	2 900	2 900	2 900	2 900	2 900
Madagascar	4 000	2 800	6 800	960	2 100	2 000
Malaisie				80	310	130
Nigeria					7 200	13 000
Russie	2 700	2 700	2 600	2 600	2 500	2 500
Thaïlande	1 900	3 600	8 200	7 100	3 600	13 000
Vietnam	1 300	700	400	1 200	300	300
Autres pays	66	100	60		1 440	1 100

(Source : Mineral Commodity Summaries)

s'ajoute la montée en puissance des deux projets phares de cet acteur :

– se positionner sur l'étape de raffinage, avec la production d'oxyde Nd-Pr, intermédiaire indispensable pour la fabrication d'aimants NdFeB : 1 300 tonnes ont été produites à l'usine Independence, à Fort Worth, au Texas ;

– produire des terres rares métalliques et les précurseurs d'aimants sur le sol américain. Cette étape a également été franchie en 2024, avec les premiers essais d'aimants frittés en NdFeB de qualité automobile et les premiers kilogrammes de métal Nd-Pr. MP Materials compte produire environ 1 000 tonnes d'aimants NdFeB par an, avec une montée en production progressive annoncée pour fin 2025, à destination de clients comme General Motors.

La Birmanie complète le podium, avec près de 8 % de la production minière selon l'USGS (31 000 tonnes). Le pays a émergé comme une source notable de TR lourdes (c'est-à-dire les éléments de TR à plus haut numéro atomique, plus rares naturellement et de plus haute valeur, comme le Dy et le Tb) à partir de 2018. L'essentiel de cette production est identifié comme étant importé par la Chine. Toutefois, le conflit dans l'État Shan, frontalier avec la Chine, a des conséquences directes sur les flux de terres rares entre les deux pays. D'après Argus Media, toutes les exportations ont été stoppées depuis la mi-octobre 2024. Paradoxalement, il n'y a pas eu d'impact sur les prix du Dy et du Tb, illustrant un marché déprimé.

L'Australie demeure très active dans le secteur, même si la production sur le territoire national est en baisse avec 13 000 tonnes OTR. L'activité est principalement portée par la société australienne Lynas, implantée à la fois en Malaisie, en Australie et aux États-Unis. Elle a tiré son épingle du jeu après la crise de 2010 et est rapidement devenue une référence de l'exploitation des terres rares « hors Chine ». L'année 2024 a vu l'amélioration du traitement du concentré de lanthanides dans son usine de Malaisie, ainsi qu'à l'usine de Kalgoorlie en Australie-Occidentale, avec de meilleurs taux de récupération pour le mélange de carbonates de terres rares. Environ un quart de la production de Lynas est sous forme d'oxydes Nd-Pr à haute valeur ajoutée, en grande partie destinée à assurer la production japonaise d'aimants permanents NdFeB. De plus, Lynas a reçu une contribution de $ 258 millions du gouvernement américain pour la construction d'une usine de séparation des terres rares légères au Texas : capacités de 5 000 tonnes par an, dont 1 250 tonnes d'oxydes Nd-Pr. L'installation devrait être opérationnelle au cours de l'année 2026 et les sources de matières premières proviendront de la mine Mt Weld en Australie et de l'installation de traitement de Kalgoorlie.

On évoquera ici quelques exemples de projets australiens avancés dans le domaine de la production minière et raffinée de TR :

– la raffinerie de terres rares d'Eneabba, de la compagnie Iluka Resources, a finalisé son financement en décembre 2024 (prêt du gouvernement australien de $ 1,65 milliard et contribution de $ 414 millions d'Iluka).

– la société Australian Strategic Materials développe le projet minier Dubbo et a ouvert une usine en Corée du Sud en mai 2022 avec ses partenaires, maîtrisant l'étape stratégique dite de « métallisation ». Ce procédé désigne la technologie de passage des oxydes Nd-Pr aux alliages magnétiques, indispensables pour la fabrication d'aimants permanents. Cette technologie intéresse le département de la Défense américain, souhaitant répliquer de telles usines sur le territoire des États-Unis.

Dans le reste du monde, des productions minières de Thaïlande (environ 13 000 tonnes OTR en 2024, selon l'USGS) et de Russie alimentent également le marché. Comme annoncé début février 2025, Vladimir Poutine considère les terres rares comme une priorité pour « renforcer le potentiel de l'industrie nationale ». Le seul site en Russie qui extrait actuellement du minerai est celui de Lovozerskoye. La société Solikamsk Magnesium Works y produit 2 600 tonnes d'OTR sous forme de concentrés de terres rares. Le 25 février, la société atomique d'État russe Rosatom a révélé des détails sur les volumes de production attendus à l'avenir, et le ministère des Ressources naturelles a publié les chiffres des réserves supérieurs à ceux de l'USGS. Une nouvelle installation d'enrichissement de concentrés est annoncée : elle devrait permettre de doubler la production de Solikamsk à partir de 2027. D'autres productions mineures ont lieu au Brésil, en Inde, ou encore au Vietnam.

Durant l'année 2024, le marché a été marqué par une stagnation importante. Si la production chinoise d'aimants permanents a augmenté, cette hausse a été relativement limitée (300 000 tonnes en 2024 d'aimants NdFeB produits, contre 280 000 tonnes en 2023). Une situation de surproduction est ainsi observée, toutes terres rares confondues, que les subventions de soutien aux véhicules électriques n'ont pas suffi à résorber.

Les prix ont reflété cette situation. N'ayant pas de cotation sur les marchés boursiers, les prix des TR sont établis par négociation directe de contrats entre producteurs et transformateurs ou utilisateurs. Ces prix sont à considérer de manière individuelle par élément de TR, une grande disparité existant entre les TR légères très abondantes et à faible valeur (lanthane et cérium en particulier, utilisées comme catalyseurs dans un certain nombre d'industries, dont la chimie de spécialité), et les TR lourdes, réservées à des applications de niche.

En 2024, exprimés sous forme métal 99 % en référence « Franco à bord (Fob) Chine », les prix des TR légères (abondantes) ont été identiques à l'année précédente. Le lanthane s'est ainsi établi à $ 4,95/kg, en moyenne, en 2024, et le cérium à $ 5,3/kg.

Les prix des terres rares magnétiques, après une chute de plus de 50 % en 2023 par rapport à 2022, ont continué sur cette tendance en 2024. Celui du Pr s'est établi, en moyenne, en 2024 à $ 76,3/kg, contre $ 78,4/kg en 2023 et $ 172/kg en 2022. Le constat était similaire pour le prix du Nd, avec une moyenne en 2024 à $ 69,5/kg, contre $ 71,8/kg en 2023 et $ 167/kg en 2022.

Le dysprosium a vu son prix s'établir à $ 325/kg sur l'année 2024, contre $ 384/kg en 2023 et $ 503/kg en 2022. Enfin, le terbium, la plus chère des terres rares, a affiché un prix moyen pour 2024 de $ 1 002,5/kg, contre $ 1 649/kg pour 2023 (après un record au-delà de la barre des $ 3 000/kg atteint en mars 2022).

Ces prix s'avèrent inférieurs à un prix de maintien des mines et usines, même pour les producteurs chinois. Ainsi, début 2025, la Chine a réagi en publiant un projet de régulation plus stricte du secteur. Bloomberg News a rapporté, le 19 février, ce projet de règles publié par le ministère de l'Industrie et des Technologies de l'information (MIIT) proposant, d'une part, d'interdire aux entreprises privées d'exploiter des terres rares dans le pays et, d'autre part, de nouvelles règles de quotas (avec un possible retour des quotas d'exportation). Pour la première fois, ces règles prendraient également en compte toute matière première importée en Chine. Les prochaines déclarations sur les quotas permettront d'évaluer l'effet final de la nouvelle réglementation, qui devrait avoir un impact haussier sur les prix dans les mois à venir.

Ce règlement illustre une volonté de consolidation et de centralisation accrues de l'industrie de transformation des terres rares en Chine. De ce fait, et prolongeant un mouvement précédent, les petits acteurs indépendants seront absorbés à terme par les deux grandes sociétés chinoises de terres rares ayant vocation à s'imposer comme les seuls *leaders* tolérés : China Northern Rare Earth Group Ltd. et China Rare Earth Group Co. Ltd., implanté au sud du pays.

Dans le reste du monde, de nombreux projets, même de tailles modestes, voient le jour tout le long de la chaîne de valeur pour se réapproprier une partie de la production, notamment à partir de sources secondaires. En France, plusieurs projets industriels visent actuellement le recyclage d'aimants permanents à TR :

– celui porté par la société Carester. Un démonstrateur industriel appelé CAREMAG sera implanté à Lacq. L'objectif est de traiter 1 000 tonnes d'aimants NdFeB en fin de vie par an, de tous types, pour produire des oxydes de TR purs, notamment des TR lourdes. À terme, le principal marché ciblé est celui de l'automobile ;

– celui porté par la société MagREEsources, ayant un objectif spécifique de refabrication d'aimants frittés de haute performance, reposant sur des sources d'aimants en fin de vie bien identifiées et de compositions connues et stables, comme, par exemple, les aimants des éoliennes en mer ;

– celui du groupe Solvay, ayant annoncé, en septembre 2022, étendre ses activités sur la chaîne de valeur des aimants permanents Nd-Fe-B, notamment leur recyclage, à La Rochelle ;

– celui piloté par Orano – le projet MAGNOLIA –, ayant pour ambition de structurer un outil industriel de fabrication d'aimants permanents haute-performance.

L'Union européenne se distingue également par un fort accent mis sur la valorisation des ressources secondaires (résidus miniers et recyclage en fin de vie des aimants permanents), avec la création d'un *cluster* dédié au sein de l'ERMA (*European Raw Materials Alliance*) visant à consolider les acteurs du secteur et à faire émerger une ou des filières européennes de production d'aimants permanents NdFeB. Malgré cette note positive, l'une des conditions d'émergence et de survie de ces nouvelles filières est de s'affranchir tant que possible de la fixation chinoise des prix de marchés internationaux des terres rares.

Titane (Ti)

Le titane est un métal léger, abondant dans l'écorce terrestre, aux excellentes propriétés mécaniques, résistant à la corrosion et biocompatible, ce qui en fait un métal de choix pour de nombreuses applications. Près de 90 % du minerai de titane sont utilisés sous la forme de dioxyde de titane (TiO_2) en tant que pigment. Il entre notamment dans la composition de certaines peintures, matières plastiques, papiers et caoutchoucs. Seule une petite partie du minerai est utilisée pour la production du titane métal (de l'ordre de 6 à 7 % de la production mondiale), après avoir été transformée en éponge de titane au préalable par le biais de divers procédés incluant une réduction par réaction avec du sodium ou du magnésium (procédé *Kroll*, le plus courant). En 2023, l'aéronautique commerciale représentait environ 28 % du marché du titane métal, le secteur industriel 47 %, les applications militaires 16 % et les biens de consommation 9 %. La part du secteur aéronautique est plus élevée en Europe et aux États-Unis.

Les réserves de titane sont considérables. Elles sont déclarées supérieures à 560 Mt (exprimées en contenu TiO_2) par l'USGS, soit environ soixante ans de production au rythme actuel. Les productions mondiales d'ilménite ($FeTiO_3$) et de rutile (TiO_2), les deux principaux minerais de titane, atteignaient, respectivement, 8,9 Mt et 45 Mt en 2024, toujours selon le service géologique américain.

La production de dioxyde de titane découle principalement de ces deux minéraux, ainsi que – dans une bien moindre proportion – de celles de rutiles synthétiques. Les capacités de production

MINERAIS ET MÉTAUX

Titane
(en milliers de tonnes)

	2019	2020	2021	2022	2023	2024
Production mondiale d'ilménite						
	7 700	**8 000**	**8 900**	**8 800**	**8 840**	**8 900**
Afrique du Sud	1 100	1 020	900	1 100	1 260	1 300
Australie	840	480	600	400	400	400
Brésil	25	34	33	28		
Canada	680	595	430	520	350	350
Chine	2 300	2 800	3400	3140	3 250	3 300
États-Unis	100	100	100	200	100	100
Inde	162	174	204	210	210	210
Kenya	210	201	181	190		
Madagascar	280	254	414	320	300	240
Mozambique	590	965	1100	1 400	1 860	1 900
Norvège	400	444	468	410	360	360
Sénégal	310	300	482	410	260	300
Ukraine	490	464	316	190	130	120
Vietnam	160	138	122	170		
Autres pays	74	67	137	110	360	330
Production mondiale de rutile						
	654	**605**	**618**	**640**	**590**	**450**
Afrique du Sud	110	86	95	100	100	100
Australie	200	190	190	200	200	200
Inde	11	11	12	13	12	12
Kenya	74	73	72	73	47	40
Madagascar		8	0	0		
Mozambique	6	6	8	8	8	8
Sénégal	9	9	9	9		
Sierra Leone	129	114	123	130	110	60
Ukraine	94	95	95	95	95	10
Autres pays	21	13	14	10	20	20
Production mondiale d'éponge de titane métal						
	200	**230**	**240**	**270**	**320**	**320**
Arabie saoudite	0	3	6	10	11	15
Chine	85	123	140	180	220	220
Inde	0	0	0	0	0	0
Japon	49	49	49	47	57	55
Kazakhstan	16	15	15	15	14	14
Russie	44	31	27	20	20	20
Ukraine	8	5	6	1	0	0

Prix de l'éponge de titane métal
Marché libre européen
(en dollars/kg)

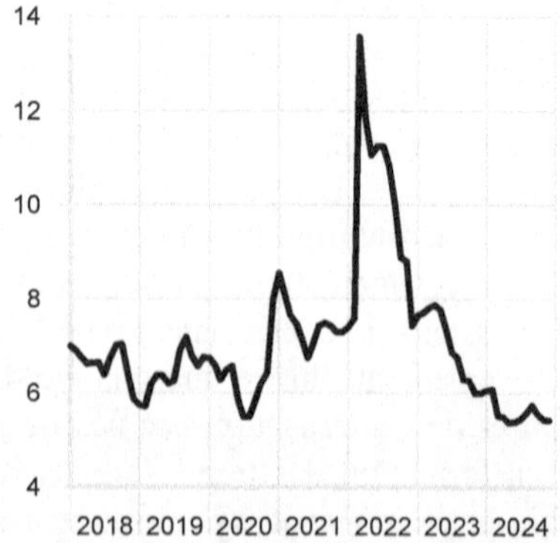

(Source : Mineral Commodity Summaries)

de pigments de dioxyde de titane sont évaluées en 2024 par l'USGS à 9,8 Mt. Concernant les éponges de titane, si les capacités sont estimées à 410 000 tonnes, la production mondiale n'est, quant à elle, estimée qu'à 320 000 tonnes.

La Chine accroît progressivement sa domination sur le marché. Sa production d'éponges de titane est en effet passée de 85 000 tonnes en 2019 à 220 000 tonnes en 2024, soit 69 % de la production mondiale, toujours d'après les estimations de l'USGS. Néanmoins, aucun producteur chinois n'est pour l'instant certifié pour la fabrication des pièces aéronautiques les plus critiques, qui représentent pourtant une importante part de la demande mondiale de titane métal. La situation pourrait cependant évoluer prochainement. Derrière la Chine, le Japon (17 % de la production), la Russie (6 %) et le Kazakhstan (4 %) constituent les autres principaux producteurs d'éponges qui sont, elles, toutes certifiées de qualité aéronautique, tout comme celles produites par l'Arabie saoudite, dont la nouvelle usine installée en 2019 a produit 15 000 tonnes d'éponges en 2024, soit 4,5 % du total mondial. La production ukrainienne d'éponges, qui atteignait 6 100 tonnes en 2021, est désormais nulle et ne pourra pas être relancée à court terme compte tenu de l'état des installations qui se trouvent à proximité de la ligne de front. Les capacités de production d'éponges dans le monde sont supérieures à la consommation actuelle. Cependant, leur répartition entre un nombre restreint de pays et le faible nombre d'usines qualifiées pour les usages les plus stratégiques entraîne régulièrement des tensions sur ce marché.

N'ayant pas de cotation sur les marchés boursiers, les prix sont établis par négociation directe de contrats entre producteurs et transformateurs ou utilisateurs. Depuis 2017, le prix moyen de l'éponge de titane de qualité TG-Tv, contenant au minimum 97,75 % de titane, fluctuait entre $ 5,5/kg et $ 8,5/kg sur le marché *spot*. Il s'est brusquement envolé à $ 17,25/kg en mars 2022 en raison des soudaines tensions sur les marchés dans le sillage du conflit opposant la Russie à l'Ukraine, deux importants producteurs d'éponges de titane. Les prix sont progressivement redescendus à leur niveau d'origine au cours de l'année 2022, terminant à $ 7/kg. Cette tendance à la baisse se maintient depuis pour atteindre $ 5,4/kg en décembre 2024. Les prix du titane certifié aéronautique, probablement beaucoup plus élevés, ne sont pas disponibles et dépendent des contrats passés entre les acteurs. Le marché des *scraps* (déchets et copeaux), qui représentent des sources importantes de matières premières dans la transformation d'éponges de titane en lingots, était toujours sous tension fin 2023, tout particulièrement en Europe.

La croissance de l'aéronautique civile et de l'industrie militaire, ainsi que, dans une moindre mesure, celle du secteur énergétique (nucléaire, hydrogène, géothermie), devrait continuer de soutenir la demande en titane métal dans les prochaines années. Le secteur de l'aéronautique a connu plusieurs crises récentes : d'abord entre 2019 et 2022 avec la crise du covid, puis avec les déboires de Boeing sur son modèle 777 et les grèves qui ont impacté l'entreprise en 2024. Ces événements ont provoqué une chute brutale de la demande en titane en 2020, suivie d'une reprise plus lente que prévu. Néanmoins, le développement du secteur devrait continuer à tirer la demande vers le haut compte tenu de l'usage du titane dans les différents programmes aéronautiques. En 1960, le Boeing 727 contenait à peine 1 % en poids de titane. Aujourd'hui, le Boeing 787 Dreamliner en contient 14 %, l'Airbus 350 13 % et le futur Boeing 777X en contiendra 15 %. Les tensions entre l'offre de titane de qualité aéronautique et la croissance soutenue de la demande pourraient, à terme, mettre à l'épreuve les filières d'approvisionnement de titane, notamment celles à destination de l'Europe dans un contexte marqué par une diminution des approvisionnements russes.

Les alliages aluminium-scandium et les matériaux composites semblent constituer de bonnes solutions de substitution. Toutefois, leur adoption dépendra de la qualification des nouveaux matériaux, d'une production à un prix abordable et de l'accès à du scandium en quantité suffisante (voir la section consacrée au scandium). Le cas échéant, ils pourraient contribuer à limiter la demande en titane. Les techniques d'usinage classiques génèrent des chutes de production pouvant atteindre jusqu'à 70 % de la masse de titane à mettre en œuvre pour obtenir une pièce déterminée. La fabrication additive, en plein développement aujourd'hui, est une technique qui permettra de consommer beaucoup moins de matière que les méthodes classiques et limitera donc aussi les besoins. Le recyclage des *scraps* d'usinage fait par ailleurs l'objet d'un intérêt croissant de la part des industriels. En avril 2023, Airbus, Safran et Tikehau Capital ont acquis la société Aubert & Duval qui comprend l'usine de recyclage du titane Ecotitanium, située à Saint-Georges de Mons dans le Puy-de-Dôme. Ce rachat dote l'industrie aéronautique d'une capacité autonome de production en développant des alliages de titane TA_6V à partir de chutes et de copeaux issus du façonnage des pièces par les constructeurs et sous-traitants du secteur.

Concernant les pigments, principal débouché des minéraux titanifères, le marché fait face à une surcapacité de production, principalement en Chine, couplée à une demande en recul. Pas moins de sept acteurs chinois ont mis en route de nouvelles lignes de production en 2024, renforçant ainsi la domination du pays avec plus de 50 % des capacités mondiales. Le dioxyde de titane est principalement utilisé dans l'industrie de la peinture, en particulier pour les revêtements architecturaux, des applications étroitement liées au secteur de l'immobilier. Or, ce dernier est en crise en Chine depuis 2022, entraînant indirectement une baisse de la demande en dioxyde de titane. Par ailleurs, l'UE a décidé d'imposer des droits de douane sur les importations de dioxyde de titane chinois en fin d'année 2024, pour une durée de cinq ans. Des mesures *antidumping* sont aussi envisagées par d'autres pays. Ces décisions pourraient favoriser les producteurs européens et américains et peser fortement sur les industriels chinois.

L'entreprise métallurgiste et minière française Eramet exploite toujours le gisement Grande Côte Opérations (GCO) au Sénégal. En revanche, l'entreprise a vendu, en septembre 2023, sa filiale norvégienne ETI et l'usine de transformation d'ilménite en laitier de dioxyde de titane au groupe britannique Ineos Enterprises.

Tungstène (W)

Le tungstène se caractérise par le plus haut point de fusion connu (3 422 °C), par sa dureté exceptionnelle et sa forte densité (19,25) équivalente à celle de l'or. Les carbures cémentés sont l'usage le plus courant représentant (entre 59 et 66 % de la demande, selon les sources). Les carbures cémentés (le carbure de tungstène-cobalt, par exemple) sont des matériaux très durs, résistants et réfractaires. Ils sont indispensables à la production d'outils de découpe ou de forage, notamment lorsque les matériaux à usiner sont résistants (aéronautique, automobile, industrie minière et pétrolière) ou lorsque les outils sont de très petite taille (électronique). Les aciers et alliages au tungstène représentent entre 13 % et 20 % de la demande mondiale, également du fait de ses propriétés de résistance à la chaleur, à la corrosion et à la fatigue. Les applications représentent, par exemple, les installations *offshore*, celles de traitement des eaux usées, les systèmes de désalinisation de l'eau de mer, etc. Le tungstène est également employé dans les superalliages pour les parties chaudes des turboréacteurs en aéronautique et applications aérospatiales ou pour les turbines à gaz dans la production d'électricité, par exemple. Environ 12 % de la demande en tungstène est sous forme de métal pur, dont une application phare a été les filaments des ampoules à incandescence. Cet usage ne représente désormais plus qu'une part minime de la consommation mondiale au profit des diodes électroluminescentes, dites « LED ». Les autres usages de tungstène métal comprennent les électrodes des lampes à décharge luminescente haute et basse pression, certains contacts électriques et électroniques, les anodes des tubes à rayons X

Tungstène
(en tonnes de métal contenu dans la production minière)

	2019	2020	2021	2022	2023	2024
Production mondiale (arrondi)						
	83 800	**78 400**	**83 800**	**79 800**	**79 500**	**81 000**
Australie				200	430	1 000
Autriche	892	890	900	910	850	800
Bolivie	1 060	1 350	1 563	1 360	1 500	1 600
Chine	69 000	66 000	71 000	66 000	66 000	67 000
Corée du Nord	1 130	410		1 520	1 600	1 700
Espagne	603	500	400	800	650	700
Portugal	518	550	502	500	450	500
Russie	2 200	2 400	2 300	2 000	2 000	2 000
Rwanda	900	860	1 340	1 400	1 200	1 200
Vietnam	4 500	4 500	4 800	4 000	3 500	3 400
Autres pays	1 070	960	973	1 080	1 320	1 500

Prix du tungstène
Marché libre européen
(en dollars/kg)

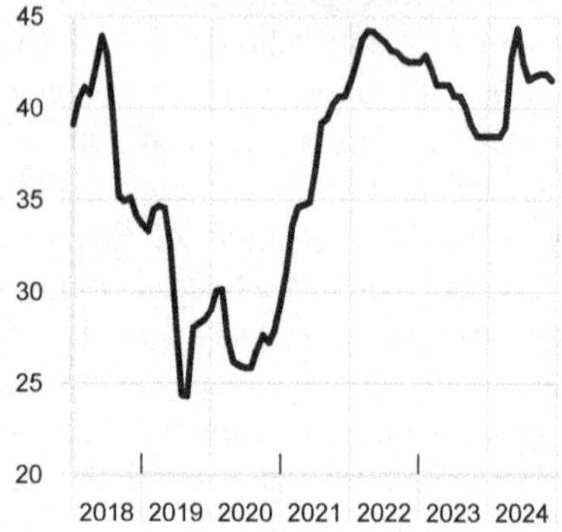

(Source : Mineral Commodity Summaries)

employés dans l'imagerie médicale et de sécurité, telle que déployée au sein des aéroports, les résistances chauffantes de fours industriels de haute température, ainsi que la recherche dans la fusion thermonucléaire civile. Le projet ITER prévoit ainsi d'utiliser du tungstène dans la composition du *divertor* qui constitue le « plancher » du réacteur. Les 9 % restants de la consommation de tungstène à l'échelle mondiale sont présents sous forme de composés chimiques, que l'on retrouve essentiellement dans les catalyseurs et pigments.

En 2024, la production mondiale de tungstène était de 81 000 tonnes (en W contenu). Elle a faiblement augmenté par rapport à 2023, selon les chiffres de l'USGS. La Chine détient plus de 80 % de la production mondiale, principalement par le producteur étatique China MinMetals. À l'instar d'autres productions minières, comme celle des terres rares, la production chinoise de tungstène est réglementée depuis 2015 par le gouvernement central sous forme de quotas d'extraction. Pour 2024, ils étaient de 114 000 tonnes (exprimées en concentrés contenant 65 % WO_3) pour l'extraction primaire, en faible augmentation par rapport à 2023. Toujours d'après l'USGS, le Vietnam, deuxième producteur mondial, concentre plus que 4 % de la production, soit environ 3 400 tonnes, majoritairement *via* la mine de Nui Phao exploitée par la compagnie australienne Masan High-Tech Materials.

À l'instar de nombreux autres petits métaux, les prix du tungstène ne sont pas déterminés sur les marchés boursiers. Ils sont établis après négociations entre producteurs et utilisateurs en fonction du produit et de sa qualité. Le principal produit internationalement commercialisé est le paratungstate d'ammonium (APT), précurseur de la production de poudre de tungstène, l'essentiel de la mise en œuvre de ce métal à l'échelle industrielle se faisant par métallurgie des poudres. Les prix de l'APT sont restés assez stables en 2024, augmentant de moins de 1 % sur l'année, passant d'une moyenne de $ 40,74 kg WO_3 en 2023 à $ 41,08 kg WO_3.

Les réserves minières de tungstène sont estimées par l'USGS à 4,4 Mt, dont 52 % en Chine. Un certain dynamisme est à noter quant à leur renouvellement. Le consultant Roskill identifie ainsi quatorze projets au stade de développement à l'horizon 2028. Concernant la construction de la mine de Sangdong en Corée du Sud, Almonty estime un lancement de la production pour le premier trimestre 2025. La société australienne EQ Resources a annoncé, courant 2024, un projet d'expansion en souterrain de la mine de Mount Carbine (Queensland-Australie). De plus, elle annonce le redéveloppement de la mine de Wolfram Camp localisée à une centaine de kilomètres de Mount Carbine. D'autres gisements de grande taille sont toujours à l'étude ou mis provisoirement « sous cocon » en 2024, essentiellement en Chine ainsi qu'en Australie – tels Molyhil de Thor Energy et Mount Mulgine de Tungsten Mining – et au Canada avec Mactung de Fireweed Metals. Concernant le gisement de tungstène Bakuta au Kazakhstan, l'un des plus importants au monde, la production semble avoir commencé fin 2024. En Europe, l'arrêt de la mine de La Parilla en Espagne semble maintenu, la cause probable étant les difficultés économiques de la société W Resources – Iberian Resources. Toujours en Espagne, à la suite du rachat de Saloro-Barruecopardo par l'entreprise australienne EQ Resources en 2023, la production augmente rapidement et a atteint en 2024 un niveau record d'un peu plus de 1 000 t/WO_3. Le développement de la mine de Santa Comba (société Pivotal Metals, ex-Rafaella Resources) semble, lui, à l'arrêt complet à la suite de l'annulation de sa concession minière courant 2023. D'autres projets sont toujours à l'étude, dont la mine d'Hemerdon (ex-Drakelands) au Royaume-Uni, pour laquelle la société Tungsten West poursuit ses investissements et dont la réouverture a été repoussée à 2026. Malgré des difficultés financières, elle aurait obtenu le permis nécessaire au fonctionnement de son usine de séparation minérale.

Les États-Unis ont appliqué, en 2024, des tarifs douaniers de 25 % sur les importations depuis la Chine des principaux composés de tungstène. Le gouvernement chinois a répliqué en février 2025 par la mise en place de mesures de contrôle sur les exportations de tungstène, certains composés et biens associés et des technologies de production.

Le recyclage du tungstène dépend des filières, certaines étant particulièrement efficaces (pour certains carbures de tungstène et superalliages en fin de vie). La substitution du tungstène est généralement possible dans ces deux principaux usages, notamment par des carbures au titane (TiC) ou au tantale (TaC), sur des critères de performance et de prix.

Les perspectives de croissance de la demande à moyen terme sont fortement corrélées aux dynamiques industrielles mondiales, en particulier des secteurs minier, pétrolier, aéronautique et aérospatial, étant donné l'importance des carbures de tungstène dans les outils de découpe et de forage. Roskill anticipe ainsi une croissance annuelle moyenne de 1,2 % d'ici à 2030. Toutefois, la substitution des superalliages par l'aluminure de titane en aéronautique et, à terme, par les céramiques à matrice composite pourrait conduire à une réduction progressive de la demande provenant de ce secteur. Certains consultants envisagent même une diminution de la consommation de tungstène dans l'industrie automobile, grâce à la simplification du groupe motopropulseur en lien avec la transition des véhicules thermiques vers les véhicules électriques. En revanche, les travaux de R&D de la société Nyobolt permettent d'entrevoir l'utilisation d'alliages de tungstène dans la composition des anodes des batteries au lithium, avec l'objectif d'en améliorer la vitesse de charge et la durabilité.

Vanadium (V)

Le vanadium est un métal ductile, à point de fusion élevé (1 910 °C) et possédant quatre états d'oxydation, ce qui lui confère des propriétés très intéressantes dans plusieurs de ses applications. La principale utilisation du vanadium est dans la production d'aciers microalliés à haute limite d'élasticité (aciers HSLA – *High Strength Low Alloyed*). Les applications dans la production de divers types d'aciers représentent environ 90 % de la consommation mondiale, dont environ 45 % pour les aciers HSLA. Dans les applications hors industrie sidérurgique, on trouve la fabrication d'alliages de titane et d'aluminium (4,5 %), la chimie (3,5 %) avec la fabrication d'acide sulfurique, d'anhydride maléique et de caoutchouc synthétique, et enfin les batteries à flux redox (1 %).

Le vanadium est commercialisé sous deux formes principales : d'une part, le ferrovanadium, un alliage utilisé pour la production d'aciers spéciaux, tels que les aciers inoxydables durs et résistants pour les couteaux ou les instruments chirurgicaux, les essieux, les engrenages pour voitures, les pièces de moteurs à réaction, ou encore des tubes spéciaux pour l'industrie chimique ; d'autre part, sous forme de pentoxyde de vanadium (V_2O_5), utilisé comme précurseur pour le ferrovanadium, mais également comme pigment jaune pour les céramiques et le verre, comme catalyseur dans certaines réactions chimiques, dont la production de l'acide sulfurique, et dans la fabrication d'aimants supraconducteurs, ainsi que pour l'électrolyte des batteries à flux redox (aussi appelées VRB).

Les batteries VRB présentent des caractéristiques prometteuses pour le stockage stationnaire

Vanadium
(en tonnes de métal contenu dans la production minière)

	2019	2020	2021	2022	2023	2024
Production minière						
	86 800	**105 000**	**105 000**	**102 000**	**104 000**	**100 000**
Afrique du Sud	8 030	8 580	8 800	8 870	8 670	8 000
Brésil	5 940	6 620	5 780	5 840	5 420	5 000
Chine	54 000	70 000	70 300	66 900	70 000	70 000
États-Unis	460	17				
Russie	18 400	19 500	20 100	20 000	20 000	21 000

Prix du vanadium pentoxide Caf Europe
(en dollars/kg)

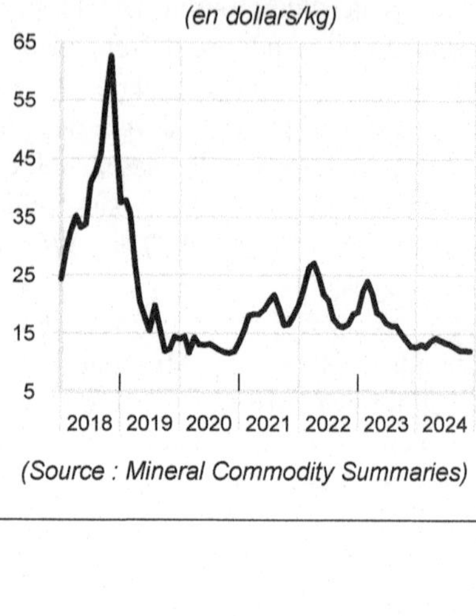

(Source : Mineral Commodity Summaries)

d'énergie (notamment issue de sources intermittentes, éoliennes ou solaires), bien que ne représentant que 2 % de la demande ces dernières années. Leur fonctionnement utiliserait environ 7 kg de pentoxyde de vanadium par kilowatt-heure d'énergie stockée. Elles fonctionnent par oxydoréduction, mettant à profit les quatre différents degrés d'oxydation du vanadium au sein de l'électrolyte. Or, la technologie VRB a connu des revers ces dernières années, notamment du fait du trop fort impact de la volatilité des prix du vanadium sur la rentabilité des projets. L'un des principaux projets à grande échelle en Chine, Rongke Power, a ainsi connu des difficultés liées au coût élevé de l'électrolyte au vanadium. Malgré ces obstacles, la mise en service de cette batterie « géante » a finalement été achevée en 2022, avec son raccordement au réseau électrique de la ville de Dalian. Les progrès en termes de recyclage et les réflexions sur les chaînes d'approvisionnement intégrées devraient permettre d'améliorer l'économie et la durabilité de cette forme de stockage.

Sous forme de ferrovanadium, le vanadium est l'un des additifs les plus rentables dans les alliages d'acier en raison des très faibles quantités nécessaires pour augmenter considérablement la limite élastique et la résistance à la traction. Il suffit, en effet, de l'ajout de 0,1 % de vanadium dans un acier pour doubler sa résistance. Le principal débouché est donc les aciers HLE (haute limite d'élasticité), particulièrement utilisés pour des aciers résistants aux chocs et aux vibrations. Le développement de ces aciers a permis, entre autres, la mise en œuvre de normes de construction plus strictes en Chine (changement des standards pour les constructions antisismiques, les fers à béton devant dorénavant être en acier HLE au vanadium).

La production mondiale de vanadium s'est élevée à 100 000 tonnes de vanadium en 2024 (environ 4 % de moins qu'en 2023), selon l'USGS. Elle émane de trois sources : la production primaire, la coproduction (désignant ici la récupération de vanadium à partir de laitiers d'aciérie) et la production secondaire. Celle à partir de sources primaires ne représente que 18 % du vanadium produit. Elle est issue principalement de titanomagnétites vanadifères avec des minerais dont la teneur en oxyde de vanadium est comprise entre 1 % et 3 %. La coproduction de vanadium à partir de laitiers d'aciérie constitue 70 % de la production mondiale, tandis que les 12 % restants proviennent d'une production secondaire issue du traitement de cendres volantes, de résidus pétroliers, de scories de fonte et de catalyseurs usagés riches en vanadium. Le vanadium est caractérisé par sa forte affinité avec le carbone, ce qui explique sa concentration naturelle dans certains gisements pétroliers, de charbon, de sables bitumineux ou dans des schistes noirs riches en matière organique, ainsi que dans les résidus industriels (laitiers d'aciérie, cendres volantes, résidus pétroliers).

Trois pays représentent plus de 95 % de la production mondiale de vanadium en 2024 : la Chine (70 %), la Russie (21 %) et l'Afrique du Sud (8 %). Le Brésil complète le tableau avec près de 5 000 tonnes provenant de la mine de magnétite de haute qualité de Maracas, dans l'État de Bahia, exploitée par la compagnie canadienne Largo Resources.

L'industrie du vanadium chinoise est concentrée entre quelques grands groupes sidérurgiques, dont Pangang Group Vanadium Titanium & Resources Co. (17 % de la production mondiale). La production primaire issue de la magnétite se développe également avec des groupes tels que Xining Special Steel Co. et China Vanadium Titano-Magnetite Mining Company. En Russie, le numéro deux mondial est Evraz PLC avec 14 % de la production mondiale en 2021 (d'après la compagnie). En Afrique du Sud, le complexe du Bushveld est le siège de l'essentiel de la production du pays, désormais assurée par deux producteurs : Glencore, d'une part, avec la mine Rhovan et, d'autre part, la compagnie Bushveld Minerals qui a acquis, en 2016, Vametco, la filiale d'Evraz.

Selon S&P Global, le cumul des ressources et des réserves conformes aux standards internationaux atteindrait 107 Mt de vanadium. En tête de file des pays attractifs se trouve l'Australie, qui compte 22 projets actifs portant sur le vanadium et substances connexes, dont celui très avancé de Mount Peake développé par la compagnie TNG ou encore le gros projet Speewah Dome mené par la société King River Resources. De plus, Australian Vanadium Ltd. et Technology Metals Australia Ltd. ont annoncé leur fusion dans une déclaration conjointe en septembre 2023. Cette opération consolidera le gisement de Gabanintha et son satellite Yarrabubba en un unique projet Australian Vanadium Project, devenant ainsi l'un des dix premiers gisements mondiaux, selon les données de S&P.

Comme de nombreux autres petits métaux, il n'y a pas de cotation publique du vanadium. Le prix est établi directement entre producteurs et utilisateurs. En 2024, les prix moyens mondiaux du vanadium et du ferrovanadium ont globalement diminué. Par exemple, le prix de fermeture moyen du ferrovanadium européen (pureté 78-82 %) a été de $ 32,7/kg en 2023 contre $ 26,9/kg en 2024, soit une baisse de 18 %. Le prix annuel du pentoxyde de vanadium européen (pureté 98 %) a, lui aussi, largement diminué, passant de $ 17,69/kg en 2023 à $ 12,91/kg en 2024, soit une baisse de 27 %. De plus, l'inflation a impacté les marchés de la construction et de la production d'acier, entraînant une baisse des prix du vanadium. Seul le secteur des batteries VRB a été relativement épargné.

Les conséquences à long terme des sanctions financières imposées à la Russie ne sont pas encore totalement tangibles, mais c'est un très bon signe pour le vanadium occidental qui est, de fait, plus prisé des acheteurs et des investisseurs. Par exemple, il est attendu que les États-Unis (grand importateur de ce métal critique) et certainement la Corée du Sud (un des principaux convertisseurs de pentoxyde de vanadium en ferrovanadium) constituent des stocks stratégiques face à la diminution de l'offre en vanadium et qu'ils chercheront des approvisionnements supplémentaires en dehors de la Russie. Les fabricants européens d'acier et d'électrolytes pour batteries ont, par ailleurs, manifesté un vif intérêt pour le projet de récupération du vanadium de Neometals en Finlande. L'opération permettra de récupérer du pentoxyde de vanadium de haute pureté à partir de scories issues de la sidérurgie de SSAB en Scandinavie. Toujours en Europe, Norge Mining a obtenu, en juin 2024, les droits d'extraction de vanadium, de titane et de minerai de fer sur une partie de ses licences d'exploration dans le sud-ouest de la Norvège.

Le marché devrait continuer à se diversifier avec l'hypothétique mise en production des projets australiens. Environ 90 % du vanadium est actuellement utilisé comme agent de renforcement dans l'acier, mais la demande de batteries à flux redox au vanadium (VRFB) devrait être multipliée par huit d'ici 2030, par rapport à 2022, selon le cabinet de conseil américain en vanadium. Par exemple, en juillet 2024, Pure Lithium a remporté le prix « Coup de cœur » de la *start-up* au Forum mondial des matériaux pour son électrode au lithium métal prête à être utilisée pour les batteries. Cette technologie associe une anode en lithium métal à une cathode en oxyde de vanadium.

Les sources secondaires – en particulier par récupération du vanadium contenu dans les aciers rapides, les superalliages et les catalyseurs usés de l'industrie du pétrole – représentent des voies très intéressantes de diversification des approvisionnements pour les pays consommateurs. Ce recyclage représente aujourd'hui environ 10 % de la consommation, mais l'on peut s'attendre à une augmentation progressive de ces capacités de récupération, notamment aux États-Unis ou encore en Arabie saoudite.

Zirconium (Zr)

Le zirconium est un élément relativement abondant dans la croûte terrestre avec une concentration moyenne de 0,03 %, deux fois plus importante que celle du zinc et quatre fois plus importante que celle du cuivre. Le zirconium est principalement issu du minéral zircon, un silicate de zirconium ($ZrSiO_4$), qui est le plus souvent utilisé sous forme broyée.

La demande mondiale en zircon s'élève à plus de 1 Mt par an. Selon les données de la *Zircon Industry Association* et l'entreprise spécialisée en intelligence économique *Global Growth Insights*, les principaux usages du zircon sont pour la production de céramiques (environ 55 %), de matériaux réfractaires (20 %), de sables de fonderies (15 %) de produits chimiques et notamment de zircone (9 %), et pour celle d'éponges de zirconium métal (1 %). La zircone (*zirconia* en anglo-saxon) est un oxyde de zirconium (ZrO_2). Elle est utilisée dans de nombreuses applications, comme les réfractaires, les abrasifs et les supports de catalyseurs, ainsi que pour la joaillerie, les cristaux transparents de zircone pouvant être taillés de manière à évoquer le diamant, dont les propriétés optiques remarquables s'en rapprochent.

Zirconium
(en milliers de tonnes de concentrés)

	2019	2020	2021	2022	2023	2024
Production mondiale (arrondi)						
	1 420	**1 200**	**1 300**	**1 440**	**1 440**	**1 500**
Afrique du Sud	370	280	320	300	289	300
Australie	470	400	500	500	500	500
Chine	140	140	140	140	100	100
États-Unis	100	30	<100	100	100	100
Indonésie		64	55	97	95	95
Kenya	29	29		27	20	20
Madagascar				27	34	30
Mozambique	100	110	100	104	144	160
Sénégal	65	60	64	57	48	60
Sierra Leone				34	28	20
Autres pays	112	117	150	57	86	110

Prix de l'éponge de zirconium + Hafnium métal
(en yuans/kg)

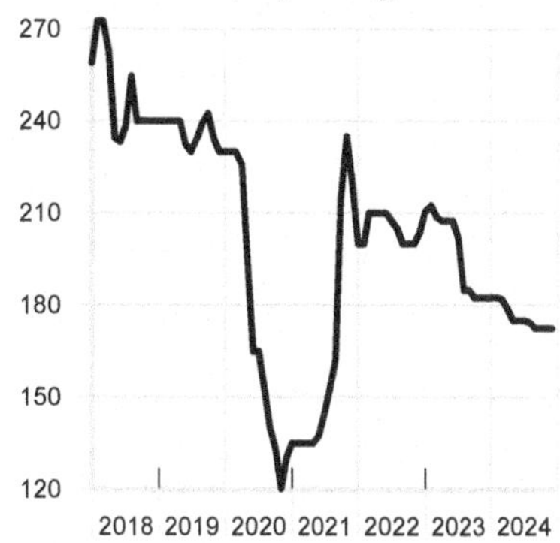

(Source : Mineral Commodity Summaries)

L'élaboration du zirconium métal à partir du zircon ou de la zircone ne représente donc qu'environ 1 % de la consommation mondiale de zircon ; c'est cependant un secteur à haute valeur ajoutée. Le zirconium métal est utilisé en majorité dans l'industrie nucléaire, vu son excellente transparence aux neutrons. Il peut être utilisé sous forme d'alliages *Zircalloy 1*, *Zircalloy 2* ou *Zircalloy 4*. Ces derniers servent de gaines isolantes autour de l'uranium enrichi dans les réacteurs nucléaires. Ces alliages contiennent différents métaux, incluant le hafnium, dont il faut limiter les quantités, car celui-ci a des propriétés inverses au zirconium quant à l'absorption des neutrons. En plus du secteur nucléaire, le zirconium métal est utilisé sous forme d'alliages et superalliages pour l'industrie chimique et l'aéronautique.

Selon TZMI (*Titanium Zirconium Minerals International*), la demande en zircon devrait afficher une hausse d'environ 3 % par an d'ici 2030. Celle-ci est portée principalement par la consommation du secteur de la céramique pour les produits sanitaires. La croissance économique des pays émergents devrait également stimuler la consommation de zircon. Concernant la demande pour le zirconium métal, elle est corrélée à l'industrie du nucléaire. Selon l'Agence internationale de l'énergie atomique (AIEA), le parc nucléaire mondial comptait, en 2023, plus de quatre cents réacteurs répartis dans une trentaine de pays. Plusieurs centrales sont actuellement en construction (environ une soixantaine), notamment en Chine, et de nombreux pays européens ont récemment annoncé la relance de leurs investissements dans la filière, dont la France, la Suède, la Pologne ou encore la Slovénie, augurant ainsi d'une croissance soutenue de la demande à un proche horizon.

Selon les données préliminaires de l'USGS, la production de concentrés de zircon est estimée à 1,5 Mt en 2024, un chiffre légèrement supérieur aux dernières années écoulées. Cinq pays représentent plus des trois quarts de la production de zircon, à savoir : l'Australie avec 33 % de la production mondiale (500 000 tonnes), l'Afrique du Sud, 20 % (300 000 tonnes, en baisse), le Mozambique, 11 % (160 000 tonnes, en hausse), ainsi que la Chine et les États-Unis avec 7 % (100 000 tonnes chacun). L'USGS évaluait à plus de 70 Mt les réserves mondiales d'oxyde de zirconium en 2023, dont 78 % en Australie et 8 % en Afrique du Sud.

En raison de sa forte densité (entre 3,9 et 4,8 g/cm^3), le zircon se concentre dans des sables de type placers. Il est souvent associé à d'autres minéraux lourds, comme le rutile, le leucoxène et l'ilménite (minerais de titane), la magnétite (minerai de fer) ou la monazite (minerai de terres rares). La plupart des compagnies exploitent et produisent sur place un concentré sableux riche en oxyde de zirconium. Ce concentré est soit utilisé directement dans certains usages, soit transformé en zircone ou en composés chimiques pour d'autres usages.

Le zirconium métal est élaboré par une série d'étapes comprenant la carbochloration à partir soit de zircone, soit du zircon, puis par réduction des chlorures *via* le procédé *Kroll*, similaire à celui utilisé pour la production d'éponges de titane. Les éponges de zirconium métal obtenues contiennent jusqu'à 5 % de hafnium. Dans le cas où le métal est utilisé pour l'industrie nucléaire, d'autres traitements complexes et très coûteux doivent avoir lieu pour séparer le zirconium du hafnium.

Du fait de l'opacité du marché, il est très difficile de trouver des chiffres fiables et récents. Selon la *Minor Metals Trade Association* (MMTA), la production de zirconium métal était estimée en 2012 à environ 7000 tonnes, dont 3000 tonnes pour les États-Unis, 1800 tonnes pour la France, 1000 tonnes pour la Russie, 800 tonnes pour la Chine et 400 tonnes pour l'Inde. En France, les éponges de zirconium sont produites à partir de zircone sur le site de Jarrie situé à proximité de Grenoble (Isère), par la société Framatome, filiale d'EDF. Ces éponges sont ensuite livrées à l'usine d'Ugine pour y être transformées en alliages sous différentes formes utilisées dans différents secteurs, dont l'industrie nucléaire.

Le zirconium métal est recyclé à travers les déchets issus de la fabrication des éponges de zirconium. Dans les autres usages, en raison de leur nature dispersive, le zirconium n'est presque pas recyclé.

Du fait de son prix relativement élevé, les industriels ont développé des substituts à l'usage du zirconium, entraînant toutefois souvent des baisses de performance. Le zircon peut être remplacé par de la chromite ou de l'olivine dans les fonderies, du spinelle et de la dolomite dans les réfractaires, du niobium, du tantale et de l'acier inoxydable dans l'industrie nucléaire.

Les prix du zirconium sont établis par négociation entre producteurs et utilisateurs. Le prix moyen de l'éponge de zirconium (teneur de 99,4 % et contenant du hafnium) a poursuivi sa baisse au cours de l'année 2024, passant de $ 25,5/kg à $ 23,8/kg entre janvier et décembre.

Après l'augmentation des prix engendrée par la reprise économique post-pandémie et une utilisation croissante du zirconium dans les applications technologiques, le marché semble avoir retrouvé un certain équilibre. La pression de la demande devrait néanmoins se poursuivre au cours des prochaines années, tirée notamment par la Chine et la relance nucléaire en cours dans plusieurs pays. Les capacités de production du zirconium métal dans le monde étant mal connues, il est difficile d'estimer précisément si l'offre pourra répondre à cette augmentation des besoins. Il est, en revanche, peu probable que l'approvisionnement en minerai soit le point bloquant : la production de zirconium métal ne représentant qu'une part minime des usages du minerai, une faible réorientation des flux de minerai vers la production métal impacterait relativement peu les autres usages (on pourrait multiplier par deux la production de zirconium métal, en ne consommant qu'un faible pourcentage de minerai supplémentaire). Cela étant, pour le marché global, l'offre en minerai pourrait stagner en raison du faible nombre de projets miniers en cours de développement et ainsi impacter les autres usages. Les projets australiens les plus avancés de Coburn mineral sands (Australie-Occidentale) et de Dubbo Ziconia (Nouvelle-Galles du Sud), lesquels sont toutefois en suspens en raison des enjeux liés à la valorisation industrielle des terres rares associées dans le gisement, pourraient permettre de produire plus de 20000 tonnes de zircon par an. Ces volumes non négligeables seront toutefois loin d'être suffisants pour couvrir l'ensemble des besoins mondiaux, surtout qu'en parallèle, plusieurs mines voient actuellement la qualité des zircons récupérés baisser en quantité et en qualité. Ce plafonnement de l'offre pourrait ainsi amener à un déficit important sur le marché du zircon dès 2030.

Métaux précieux

Argent : *la revanche*

Avec une performance proche de celle de l'or, l'argent a connu une année 2024 particulièrement fructueuse. Portée par le dynamisme renouvelé de la demande industrielle, nourrie par l'accroissement des tensions géopolitiques et par l'investissement retrouvé des fonds indiciels ainsi que par la baisse des taux américains, l'once a su profiter d'un déficit du marché en nette hausse. Elle progressait ainsi, en moyenne annuelle, de 21 % entre 2023 et 2024. À la faveur d'un ratio or/argent qui lui est désormais très favorable, d'un déficit persistant du marché et de conditions géopolitiques toujours dégradées, l'once devrait maintenir sa trajectoire haussière en 2025.

Des cours en forte hausse

Au *fixing* de l'après-midi sur le marché londonien, l'once d'argent a débuté l'année 2024 à $ 23,945 pour l'achever à $ 28,905, ce qui lui offrait une progression de près de 21 % sur la période, identique à celle qu'elle enregistrait, en moyenne annuelle, entre 2023 et 2024. Marqué, comme toujours, par une forte volatilité commune à l'ensemble des matières premières, le cours de l'argent a connu, au cours de l'année sous revue, deux périodes principales de hausse entrecoupées, au printemps et en fin d'année, d'épisodes de repli, signes non seulement des prises de bénéfice des acteurs financiers, mais également d'un renforcement des incertitudes sur le marché.

Après avoir stagné en janvier, l'once a ainsi emprunté, dès le mois suivant, un chemin nettement haussier qui allait lui permettre de dépasser le seuil symbolique de $ 30 à la mi-mai, puis d'atteindre brièvement $ 32 quelques jours plus tard.

Cours de l'argent

(en dollars/once troy)

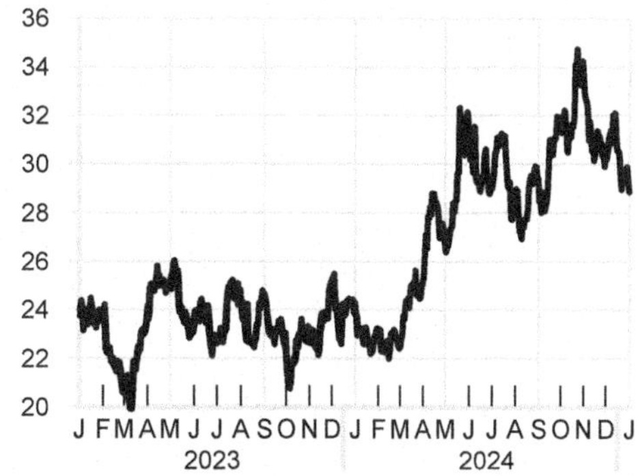

(Source : LBMA)

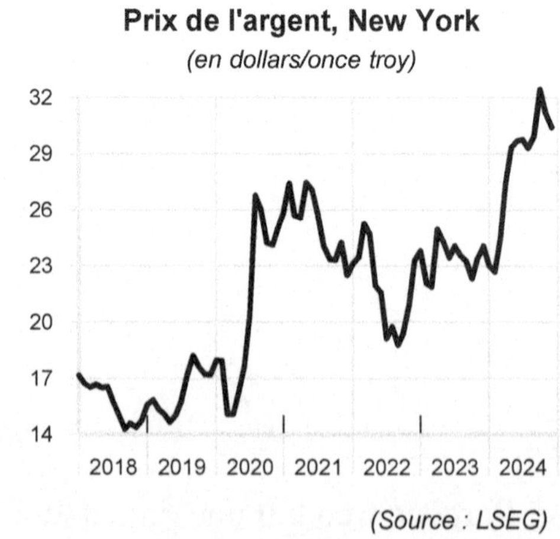

Les cours de l'argent progressaient alors de près de 25 % sur les cinq premiers mois de l'année, contre « seulement » 14 % pour l'or. À l'instar de ce dernier, le marché était, par ailleurs, en attente de messages clairs de la part de la Réserve fédérale (Fed) au regard de la baisse attendue de ses taux directeurs et, passé le premier trimestre, des signaux d'un ralentissement de la première économie mondiale et de l'inflation américaine ont laissé à penser qu'elle serait proche. Elle est survenue en septembre, avant d'être renouvelée en novembre et en décembre 2024. Le renforcement des tensions au Moyen-Orient, notamment en avril où des frappes iraniennes ont frappé Israël, ont également soutenu les cours dans ce rôle bien connu de valeur refuge et de rempart contre l'incertitude qu'assument depuis toujours l'or et l'argent.

Le métal précieux est ensuite entré dans une brève période d'incertitude, logiquement marquée par une importante volatilité et un repli des prix, qui allait le faire repasser en deçà de $ 28 l'once en juillet. Il ne s'agissait pourtant là que d'une pause dans la course en avant de l'argent. Il a en effet repris sa trajectoire haussière, aidé par la baisse des taux de la Fed en septembre, pour approcher $ 35 l'once à la fin du mois d'octobre, dans le contexte du résultat alors incertain des élections présidentielles américaines du 5 novembre, mais également d'un très net regain des tensions militaires au Moyen-Orient, entre Iran et Israël. Cela

Offre et demande d'argent
(en millions d'onces)

	2021	2022	2023	2024
Offre physique				
Production minière	831	839	829	837
Recyclage	174	177	179	187
Hedging net (vente)	0	0	0	0
Ventes officielles	2	2	2	1
Offre totale	**1 006**	**1 018**	**1 009**	**1 026**
Demande physique				
Fabrication industrielle	561	588	655	702
Photographie	28	27	27	26
Bijouterie	182	235	203	212
Argenterie	41	74	55	58
Investissement physique net	284	337	243	208
Hedging net (achat)	4	18	12	4
Demande totale	**1 100**	**1 279**	**1 198**	**1 208**
Investissement net ETP	**65**	**-126**	**-42**	**100**

(Source : Silver Institute (Metals Focus))

sera son record pour 2024 et un plus haut niveau depuis octobre 2012, le reste de l'année étant caractérisé par un second recul – malgré les deux nouvelles baisses des taux directeurs américains – qui n'empêchait pas le maintien des cours à des niveaux historiquement élevés. Il fallait aussi y voir là les conséquences d'un marché mondial dont le déficit physique s'est accru entre 2023 et 2024, en raison d'un léger repli de l'offre minière et, plus encore, du dynamisme de la demande industrielle d'argent, largement soutenue par le secteur du photovoltaïque.

Une demande industrielle dynamique et un déficit du marché grandissant

D'après les statistiques préliminaires de l'*United States Geological Survey* (USGS) – le service géologique américain –, l'offre minière d'argent se serait établie à 25 000 tonnes en 2024 (soit environ 803,7 millions d'onces) à l'échelle planétaire, en baisse de près de 2 % par rapport à 2023. La très relative hausse des volumes du Mexique, premier producteur mondial avec 6 300 tonnes extraites en 2024 (soit près de 202,5 millions d'onces), a en effet été plus que compensée par un repli de la production de ses poursuivants, la Chine et le Pérou, dont les offres se sont respectivement établies à 3 300 tonnes (– 2,9 %) et 3 100 tonnes (– 3,1 %).

Publiées en novembre 2024, les premières statistiques de Metals Focus par le *Silver Institute* offraient une lecture du marché différente, avec une estimation de croissance des volumes miniers d'à peine 1 % entre 2023 et 2024, à 837 millions d'onces, contre 829 millions d'onces un an auparavant. L'offre secondaire, issue du recyclage, affichait, elle, un grand dynamisme, passant de 179 millions d'onces en 2023 à 187 millions d'onces en 2024, soit un essor de 4,5 %. En définitive, l'offre totale d'argent (production minière et recyclage) était estimée à 1 026 millions d'onces en 2024, en hausse de 1,7 % par rapport à 2023.

Alors que la demande physique d'argent s'était étiolée entre 2022 et 2023, tel ne fut pas le cas en 2024. S'établissant à 1 208 millions d'onces cette année, toujours selon les premières estimations du *Silver Institute*, elle a progressé de 0,8 % par rapport à 2023. Ceci cachait cependant des dynamiques antagonistes : d'une part, un net recul de l'investissement physique, à quelque 208 millions d'onces (– 14 %) qui le faisait revenir au bas niveau de 2020 et, d'autre part, un fort appétit exprimé, une nouvelle fois, par les secteurs industriels. Leur demande est en effet estimée à 702 millions d'onces pour 2024, soit un essor de plus de 7 % par rapport à 2023. Une progression de la demande plus faible que celle de l'offre aurait pu conduire à une moindre hausse, voire un infléchissement des cours, mais l'on ne pouvait ignorer le quasi-doublement du déficit du marché, passant de 147 millions d'onces en 2023 à 282 millions d'onces en 2024, en y incluant les achats des fonds indiciels.

Bien que l'argent ne soit traditionnellement pas inclus dans la liste des ressources minérales stratégiques, notamment celle de l'Union européenne, il s'affirme comme l'un des métaux incontournables de la transition énergétique et de l'économie verte. En effet, la demande industrielle d'argent est, depuis plusieurs années, portée par le secteur photovoltaïque qui l'utilise sous forme de poudre et de câbles. Triplée en moins de dix ans, sa demande était estimée, en 2023, à 161,1 millions d'onces par le Silver Institute et, pour les *cleantechs*, à 6 500 tonnes par l'Agence internationale de l'énergie (AIE). Formulant différents scénarii sur l'ampleur des politiques de décarbonation susceptibles d'être mises en œuvre, l'organisation internationale estimait qu'elle pourrait atteindre un pic en

Demande d'argent pour les *cleantechs*
(en milliers de tonnes)

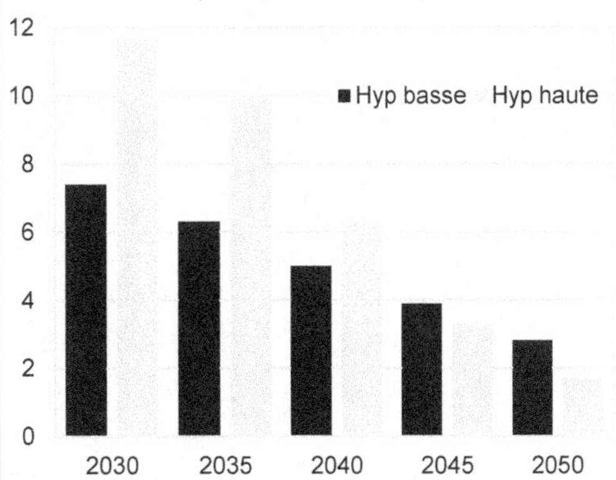

(Source : Agence internationale de l'énergie)

2030, allant de 7400 tonnes sous l'hypothèse la plus conservatrice, à 11700 tonnes si l'ensemble des mesures permettant de satisfaire l'objectif de nullité des émissions nettes de CO_2 d'ici à 2050 venaient à être instaurées. Au sein des panneaux solaires, le remplacement progressif de la technologie PERC (*Passivated Emitter and Rear Contact*) par celles dites « TOPCon » (*Tunnel Oxide Passivated Contact*) ou par les cellules solaires à hétérojonction (HJC) pourrait aussi lui être favorable, cette dernière incorporant, en moyenne, plus d'argent par watt que la précédente. Une grande prudence s'impose toutefois dans ce domaine, le coût croissant de l'argent induisant des efforts conséquents de recherche et développement pour le substituer, sans perte de rendement. En raison de sa conductivité et de sa ductilité élevées, l'argent pouvait en outre compter sur la demande de l'industrie automobile et l'essor programmé des véhicules électriques qui l'utilisent notamment pour les connexions électriques entre les batteries et les autres composants de la voiture, qu'il s'agisse de dispositifs de sécurité tels que les airbags ou les systèmes de freinage automatique, de manière non exhaustive. On estime ainsi qu'une voiture à moteur thermique incorpore généralement entre 15 et 28 grammes d'argent, une voiture hybride entre 18 et 34 grammes et jusqu'à 25 à 50 grammes pour un véhicule électrique léger.

Importations indiennes d'argent
(en tonnes)

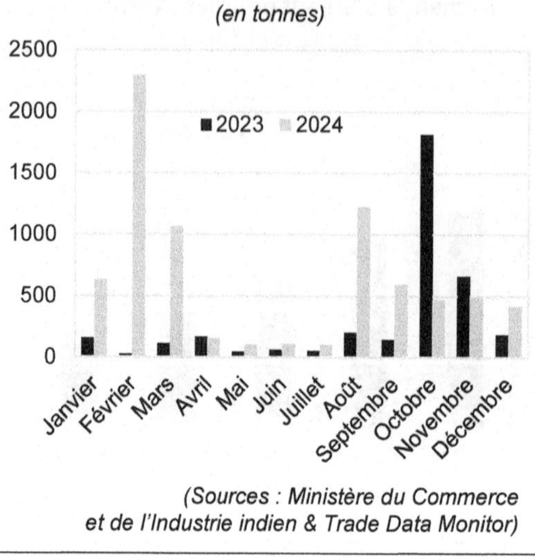

(Sources : Ministère du Commerce et de l'Industrie indien & Trade Data Monitor)

Si les secteurs « anciens » – ceux de la photographie et l'argenterie – ont peu ou prou maintenu leur consommation, la demande émanant de la bijouterie a, quant à elle, repris de la vigueur en 2024, après le net repli observé entre 2022 et 2023 (– 13,6 %), toujours selon les statistiques du *Silver Institute*. En hausse de 4,4 % par rapport à 2023, elle était estimée à 212 millions d'onces, ce qui ne lui permettait certes pas d'atteindre le niveau de 2022 (235 millions), mais demeurait particulièrement solide. La baisse enregistrée en 2023 s'expliquait en partie par l'effondrement de la demande d'importation de l'Inde (HS Code 7106 : à savoir l'argent – y compris l'argent plaqué or ou platine –, sous forme brute, semi-manufacturée ou en poudre). Particulièrement dynamique en début d'année, elle s'est fortement redressée en 2024, s'établissant à 7669 tonnes, contre 3625 tonnes l'année précédente, ce qui représentait une hausse de plus de 110 %. Il y avait une raison évidente à cela : le 23 juillet, le gouvernement indien a décidé d'abaisser les droits de douane sur l'or et l'argent de 15 % à 6 % (ainsi que sur le platine) et de supprimer les accords préférentiels avec les Émirats arabes unis (en vertu de l'accord CEPA – *Comprehensive Economic Partnership Agreement* – conclu entre les deux pays, les droits de douane sur l'argent étaient en effet de 8 %), dans le but de lutter contre la contrebande et de favoriser l'industrie locale. Conjugué à une appréciation, en septembre, de la roupie par rapport au dollar américain, ceci ne pouvait que stimuler la demande indienne. Ce fut tout particulièrement le cas en octobre où débute la saison des mariages et se célèbre Dhanteras, premier jour de Diwali – fête importante en Inde – où se concentrent les achats de métaux précieux. En raison de l'explosion du cours de l'or, l'argent fut privilégié, conduisant à une augmentation des ventes à cette période de près de 30 % et à une nette progression de son prix en monnaie locale.

L'importance de la demande indienne ne pouvait faire oublier l'explosion des importations malaisiennes en 2024, offrant à ce pays le premier rang mondial dans ce domaine. Selon les données douanières compilées par *Trade Data Monitor*, elles sont en effet passées de 6620 tonnes en 2023 à 18325 tonnes en 2024, une vaste majorité provenant de Chine. Cette performance s'inscrivait cependant en trompe-l'œil, le montant de ces importations, soit $ 104,5 millions, reléguant la Malaisie loin derrière l'Inde, les États-Unis et la Chine (incluant Hong Kong) positionnés, par ordre décroissant, en tête du classement mondial en valeur. Si les volumes importés par la première économie mondiale se sont, eux, contractés – de 7 795 tonnes en 2023 à 5 813 tonnes en 2024 –, ceux de la Chine ont singulièrement crû. Ils se sont élevés à 8 426 tonnes, contre 7 324 tonnes en 2023, ce qui lui permettait – en excluant la Malaisie, pour la raison évoquée précédemment – de prendre la tête du classement mondial des pays importateurs d'argent. Ceci était également vrai pour les importations mondiales de minerai et de concentrés d'argent (HS Code : 261610), dominées par la Chine avec des achats totalisant 1,681 million de tonnes (Mt) en 2024, contre 1,615 Mt en 2023. Du côté de l'offre, le Pérou a renforcé sa place de premier exportateur mondial de concentrés, à près de 650 000 tonnes en 2024, tandis que les exportations d'argent brut (Code douanier : 760191) étaient, pour leur part, dominées par la Chine, le Royaume-Uni et le Mexique.

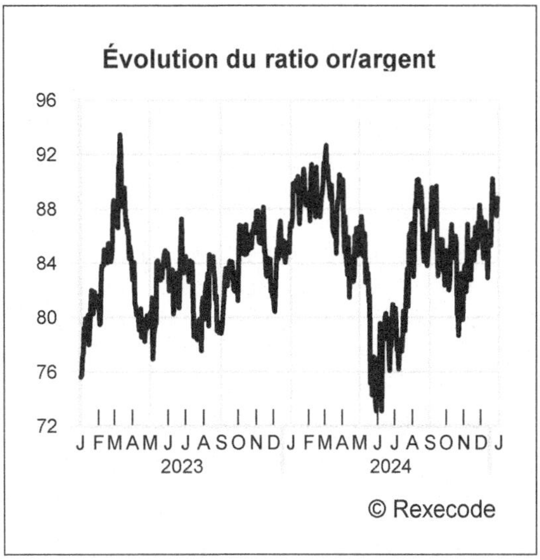

Des performances en demi-teinte du côté des entreprises productrices

La relative stabilité de l'offre mexicaine faisait fort logiquement écho à celle de l'entreprise nationale Fresnillo (filiale du conglomérat Industrias Peñoles), premier producteur mondial. Son offre fut en effet quasiment inchangée en 2024, à 56,307 millions d'onces, contre 56,282 l'année précédente. L'augmentation de la teneur et des volumes extraits de la veine de San Julián et de Saucito et la contribution accrue de la mine de Juanicipio – dont elle détient 56 % du capital (le reste appartenant à MAG Silver Corp.) – furent en effet compensées par de moindres volumes issus de San Julián pour l'argent disséminé, de Fresnillo, ainsi que de la mine de Sabinas (dans le cadre de Silverstream existant entre Fresnillo et Peñoles). Son dauphin, le polonais KGHM, a, pour sa part, vu ses tonnages se replier en 2024. Ils s'affichaient, selon les résultats encore préliminaires, à 1 340,7 tonnes (soit environ 43,1 millions d'onces), contre 1 428,3 tonnes (45,92 millions d'onces) en 2023. Newmont, lui, a repris la troisième place de ce classement avec 33 millions d'onces produites, soit le double de l'année précédente. Ce bond considérable était, en réalité, une forme de retour à la normale : 2023 avait en effet été marquée par un effondrement de la production de l'entreprise américaine dû, en large part, à l'importante grève ayant touché, du 7 juin au 17 octobre, la mine mexicaine de Peñasquito qu'elle détient. En quatrième et cinquième place de ce classement figurait le canadien Pan American Silver (21,1 millions d'onces), suivi du géant minier Glencore qui a accusé une nouvelle contraction de sa production d'argent, à 19,286 millions d'onces, alors qu'elle s'était établie à 20,011 millions en 2023.

Le retour logique des investisseurs

Si la demande d'argent provenant de l'industrie ou de la bijouterie a, de toute évidence, une influence déterminante sur le niveau des cours du métal précieux, tel est également le cas pour celle des investisseurs « papiers », c'est-à-dire, achetant or ou argent au travers de produits financiers tels que les *Exchange Traded Products* (ETP).

Avec la conjonction de l'attente, en début 2024, d'une baisse des taux directeurs de la Fed dans le contexte d'une croissance économique américaine décevante au premier trimestre

(1,6 %, bien en deçà des anticipations à 2,4 %), d'une inflation autour de 3 %, d'une réduction effective, à trois reprises, de ces mêmes taux à partir de septembre et d'une très forte crispation géopolitique au Moyen-Orient, il était parfaitement logique que les investisseurs parient sur l'argent dans sa fonction de rempart contre l'incertitude. Ceci était d'autant plus vrai que les cours de l'or étaient élevés, tout comme le ratio or/argent qui est considéré comme une mesure de la sur ou de la sous-évaluation de l'argent. S'affichant au-dessus du seuil de 85 une majeure partie de l'année (alors que sa moyenne historique se situe entre 50 et 70), il incitait donc aux achats. Il était en conséquence logique que la demande nette de ces ETP redevienne positive, ce qu'elle fit. En effet, elle s'est établie à 100 millions d'onces en 2024, contre un désinvestissement de 42 millions d'onces en 2023. Ceci expliquait en large part le doublement du déficit du marché de 282 millions d'onces, comme mentionné précédemment.

Une nouvelle hausse des cours en 2025 ?

En 2025, la demande industrielle pour l'argent devrait continuer à soutenir les cours. De la même façon, les perspectives d'une intense guerre commerciale – synonyme de lourdes incertitudes macroéconomiques –, déclenchée par le protectionnisme tous azimuts de Donald Trump, devraient lui être favorables. Coproduit du cuivre, du zinc et du plomb, l'argent pourrait, par ailleurs, voir son offre se stabiliser, voire se contracter, sous l'effet d'une moindre demande industrielle et, en symétrie, d'une réduction de l'activité extractive pour ces métaux de base. Les forces contraires demeurent cependant présentes pour 2025, au premier rang desquelles la persistance de l'inflation aux États-Unis atténuant le nombre ou l'ampleur de nouvelles baisses des taux de la Fed, et donc *ceteris paribus* l'appétit des investisseurs comme celui des acheteurs non américains en cas d'appréciation du dollar.

Or : *la valeur refuge ultime*

L'or a établi une série de nouveaux records historiques en 2024 et au début de 2025, porté par les tensions géopolitiques, l'appétit des banques centrales, notamment émergentes pour le métal jaune, ainsi que par les perspectives de baisses des taux directeurs de la Réserve fédérale américaine, bien que ces dernières aient été régulièrement révisées. Ces sommets confirment le statut de valeur refuge ultime pour l'or.

Sur l'année 2024, l'or a battu quarante records et s'est traité en moyenne au niveau historique de $ 2 386 selon les données du Conseil mondial de l'or, en hausse de 23 % par rapport à 2023, une performance comparable à celle qu'a enregistrée le métal entre le 1er janvier et le 31 décembre, puisqu'il a progressé de 27 %, la plus forte hausse depuis 2014. Le plus haut de l'année a été enregistré le 30 octobre à $ 2 777,8 l'once, selon les données de la LBMA. Ce sommet n'a pas été dépassé par la suite, car l'élection de Donald Trump début novembre a dissipé quelques incertitudes entraînant un moindre engouement pour l'or et donc un repli du prix. Les tensions géopolitiques, les achats massifs des banques centrales et les anticipations de la politique monétaire américaine ont été les trois moteurs de la hausse des cours en 2024.

Prix de l'or, Londres

(en dollars/once troy)

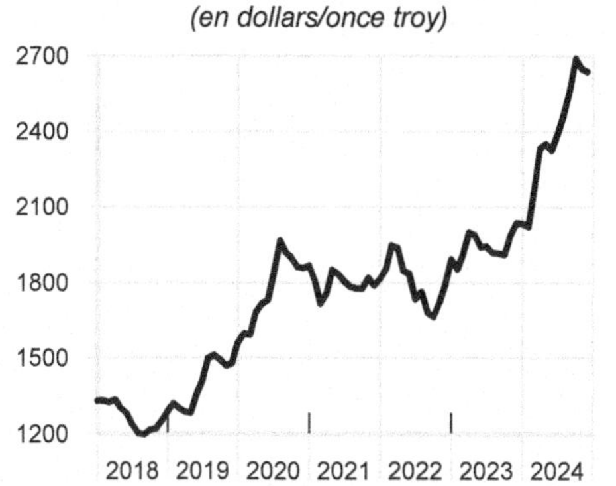

(Source : LSEG)

Il s'agit d'un invariant des marchés financiers : quand le bruit des bottes se fait entendre, l'or a tendance à prendre de la hauteur. 2024 ne fait pas exception à la règle qui avait déjà été confirmée en 2022 et en 2023. Entre la guerre en Ukraine, le conflit entre Israël et le Hamas se sont ajoutées en 2024 les instabilités du nouvel ordre mondial et les risques de guerre commerciale avec le retour de l'imprévisible Donald Trump à la Maison-Blanche. Si la possibilité d'un cessez-le-feu entre la Russie et l'Ukraine gagne en crédibilité actuellement, ce n'était pas du tout le cas durant les premiers mois de 2024, du moins jusqu'à ce qu'une victoire de Donald Trump apparaisse comme le scénario le plus probable.

Mais un autre conflit a attisé la nervosité des marchés, celui qui oppose Israël au Hamas à Gaza, au Hezbollah au Liban et à l'Iran, dont les deux groupes précédents ne sont que des *proxys*. Tandis que l'armée israélienne a continué de méthodiquement bombarder Gaza, les services secrets israéliens ont réussi à éliminer la plupart des dirigeants du Hamas tout en frappant des infrastructures iraniennes. Dans la foulée de ces attaques ciblées, la crainte d'une riposte de Téhéran entraînant la région dans un conflit généralisé a fait grimper les cours de l'or. Il en est allé de même lors des multiples opérations au Liban, notamment en mettant hors d'état de combattre des centaines de combattants du Hezbollah en faisant exploser à distance leurs *bipers* et *talkies-walkies* qui avaient été, au préalable, piégés.

Plus globalement, le covid et la guerre en Ukraine ont marqué une profonde rupture dans l'ordre mondial qui justifie une importante prime géopolitique attribuée au métal précieux, quelle que soit l'intensité des conflits armés. Alors que le monde était dominé par les États-Unis, plutôt pacifiques, où le libre-échange et la mondialisation permettaient un accès facile aux ressources, la pandémie puis l'invasion de l'Ukraine ont entraîné un mouvement de repli des grandes régions sur elles-mêmes, défié la domination américaine et exacerbé la compétition entre grandes puissances.

Le deuxième grand facteur de hausse des cours de l'or est l'appétit d'ogre des banques centrales pour le métal jaune. Les instituts d'émission ont acheté 1 044,6 tonnes, soit la troisième année consécutive où leurs achats dépassent la barre symbolique des 1 000 tonnes. À titre de comparaison, elles n'en achetaient en moyenne que 473 tonnes par an entre 2010 et 2021.

La Pologne a été la plus gourmande en 2024. Elle a acheté 90 tonnes d'or, ce qui porte ses réserves à 448 tonnes. Le métal jaune représente 17 % de ses réserves internationales et le président de l'institution est prêt à faire grimper cette part à 20 %. En Europe de l'Est, la Banque nationale tchèque a acheté 20 tonnes en 2024 et la banque de Hongrie 16 tonnes.

En dehors de la Pologne, les banques centrales les plus friandes de lingots sont situées dans des pays émergents. Ces institutions ont accéléré la dédollarisation de leurs réserves à partir de 2022 et l'invasion de l'Ukraine par la Russie. Comme l'or n'est la dette de personne, il n'existe aucun risque de contrepartie et il est impossible de geler ces actifs, comme ce fut le cas pour une partie des réserves de la Banque de Russie après l'invasion de l'Ukraine. La Chine a, par exemple, acheté 44 tonnes en 2024 et détient dans ses coffres 2,280 tonnes d'or, soit 5 % de ses réserves.

La banque centrale de Turquie a acheté 75 tonnes pendant l'année. La *Reserve Bank of India* (RBI) a ajouté 73 tonnes à ses réserves, quatre fois plus qu'en 2023. Preuve que les pays émergents sont de plus en plus méfiants à l'égard du système financier occidental, la RBI a rapatrié 100 tonnes stockées jusqu'à présent dans les coffres de la Banque d'Angleterre. Le Nigeria a lui aussi rapatrié du métal précieux sur son sol. L'explosion de la dette américaine sur fond de déficit public record inquiète également ces établissements internationaux qui préfèrent la stabilité de l'or. Le fonds souverain d'Azerbaïdjan (*State Oil Fund of Azerbaijan*) a repris les achats qu'il avait arrêtés en 2020 et ajouté 25 tonnes à son portefeuille qui est investi à près de 18 % en métal jaune.

Est-ce que la tendance est durable ? Comme les banques centrales ont créé la surprise trois années de suite en achetant plus de 1 000 tonnes, une nou-

Or - Bilan mondial
(en tonnes)

	2019	2020	2021	2022	2023	2024
Offre						
Production minière	3 594.5	3 472.4	3 568.9	3 624.8	3 644.1	3 661.2
Recyclage	1 275.7	1 293.1	1 136.2	1 140.1	1 234.4	1 370.0
Offre totale	**4 876.3**	**4 726.4**	**4 682.4**	**4 751.9**	**4 945.9**	**4 974.5**
Demande						
Fabrication totale	**2 478.0**	**1 626.7**	**2 560.8**	**2 195.4**	**2 191.0**	**2 003.5**
dont Bijouterie	**2 152.1**	**1 324.0**	**2 230.6**	**2 088.9**	**2 110.6**	**1 877.1**
Applications industrielles	326.0	302.8	330.2	308.7	305.2	326.1
Pièces et lingots	870.9	903.8	1 190.9	1 222.6	1 189.8	1 186.3
Autres investissements	400.2	892.4	-189.0	-109.5	-244.2	-6.8
Demande totale	**4 876.3**	**4 726.4**	**4 682.4**	**4 751.9**	**4 945.9**	**4 974.5**

(Source : World Gold Council)

velle année au-dessus de cette barre n'est pas impossible, d'autant que les tensions commerciales devraient prendre le relais des conflits armés pour pousser les banques centrales à acheter de l'or.

Le dernier moteur de la demande en or a été la perspective d'une baisse des taux directeurs de la Réserve fédérale américaine. Comme l'or ne rapporte ni intérêt ni dividende, il a tendance à évoluer en fonction des taux réels, c'est-à-dire du rendement des emprunts d'État retranché de l'inflation. Quand les taux réels baissent ou quand les investisseurs anticipent leur baisse, ils ont tendance à acheter davantage d'or.

Pendant une bonne partie de l'année, les marchés ont anticipé une série de baisses des taux aux États-Unis et, en raison de la vigueur de l'inflation et de la bonne santé de l'économie américaine, le comité de politique monétaire de la Fed a décidé de baisser de 100 points de base en trois fois ses taux directeurs pour les ramener à 4,5 % seulement. La suite est encore plus incertaine et les marchés ont passé la fin de l'année à revoir à

Une percée dans les portefeuilles

L'or fait une percée dans les portefeuilles des investisseurs et les grandes institutions financières incitent leurs clients à revoir leur allocation d'actifs. Au traditionnel 60/40, constitué de 60 % d'actions et de 40 % d'obligations, les grands gérants poussent pour un nouveau modèle de portefeuille avec l'allocation suivante : 50 % d'actions, 30 % d'obligations et 20 % d'actifs alternatifs. Cette dernière poche est avant tout constituée d'actifs privés (dette et actions) mais aussi d'or. Ce changement s'explique par le régime de marché actuel où le 60/40 fonctionne moins bien pour amortir les chocs de marché. En temps normal, les obligations permettent de réduire la volatilité des actions, mais, avec la récente hausse brutale des taux, ces deux classes d'actifs se sont nettement dépréciées. Il existe cependant des différences culturelles colossales entre pays. En Allemagne ou en Suisse, l'allocation en or a toujours été bien plus significative qu'en France ou aux États-Unis. Mais partout on observe une hausse de l'allocation en or. Dans les banques privées suisses ou allemandes, le métal jaune peut passer de 8 % à 11 %, voire à 12 % du portefeuille, quand il va passer de 2 % à 4 % en France, par exemple.

la baisse l'ampleur de l'assouplissement monétaire attendu. Quoiqu'improbable, une hausse des taux est redevenue possible. À défaut de soutenir la demande en or, ces perspectives ont au moins stabilisé la demande en ETF-or. Pour la première fois depuis 2020, les fonds indiciels adossés à l'or (ETF-or) ont cessé d'enregistrer des flux sortants. Ces instruments sont les plus sensibles à la politique monétaire américaine.

Dans le monde, la demande en or à des fins d'investissement a progressé de 25 % à 1 179,5 tonnes, soutenue par l'Inde (+ 2 %) et surtout par la Chine (+ 20 %) où le métal précieux fait office de valeur refuge par excellence dans un contexte de chute de la Bourse et de crise immobilière.

Au total, la demande en or s'est élevée à 4974,5 tonnes en 2024, en hausse de 1 % sur un an, malgré un recul de 9 % de la consommation à destination de la joaillerie à 2003,5 tonnes. Ce reflux s'explique principalement par la hausse des prix et du dollar qui ont pénalisé la demande dans les deux principaux marchés, la Chine et l'Inde. Dans l'ex-Empire du Milieu, la consommation a reculé de 24 % passant de 630,2 tonnes à 479,3 tonnes.

L'offre d'or a progressé de 1 % en 2024 pour s'établir à 4974,5 tonnes. La production minière est restée stable à 3661,2 tonnes malgré une hausse de 9 % des coûts de production ($ 1456 par once). L'offre issue du recyclage a bondi de 11 % à 1370 tonnes, soutenue par la flambée des prix.

Jusqu'où ira l'or en 2025 ? Sans doute encore un plus haut et le métal précieux a déjà établi de nouveaux records historiques début 2025. Après quelques semaines de doute, le marché de l'or a en effet repris son ascension en grande partie grâce à Donald Trump et au climat d'incertitude généré par le *Liberation Day*. Le marché a franchi le seuil des $ 3 000 l'once dès le début mars dans la crainte de la mise en place de tarifs à l'importation d'or. Finalement, l'or est passé au travers des gouttes, mais cela ne l'a pas empêché de poursuivre sa progression au-delà de $ 3 100.

Platinoïdes : *le plancher automobile ?*

L'univers des platinoïdes a poursuivi en 2024 sa transition entamée en 2023 avec de nouvelles baisses des cours des principaux métaux de la famille, le platine et le palladium. Ils ont ainsi enregistré des baisses de 9 % et 15,5 %, respectivement. Dans un exercice à dollar constant, seul le cours du rhodium s'est légèrement redressé, en raison – principalement – d'une offre et d'une demande faible, stable et difficilement substituable, à + 4 %. Si ces trois marchés sont demeurés en déficit en 2024, un rééquilibrage progressif tend à s'opérer et le retour à l'excédent apparaît comme une menace certaine dans un proche avenir. Sur vingt-quatre mois, l'effondrement de 50 % de la valeur du palladium témoigne de la fragilité que peut avoir une matière première quasi dépendante d'un seul marché. Le monde catalytique évolue structurellement par l'électrification du parc automobile mondial, et conjoncturellement par son potentiel de substitution qui tourne actuellement, encore, à l'avantage du platine.

Les groupes miniers privés, principalement sud-africains, ont progressivement ajusté leurs opérations et ont réduit leurs offres. Après les répercussions sur le tissu économique d'Afrique du Sud – qui reste le premier pays producteur de platinoïdes avec 53 % de l'offre mondiale –, l'Amérique du Nord, aux États-Unis comme au Canada, pourrait elle aussi subir des restructurations. L'inconnue principale porte toutefois sur le comportement à venir du russe Norilsk Nickel, premier producteur de palladium, également lourdement touché sur l'ensemble de ses marchés durant la période. Plusieurs projets miniers sont en cours de développement, tant en Afrique subsaharienne que dans le nord de la Russie. Certains d'entre eux, déjà reportés en 2023, pourraient rester à l'état de projet en 2025, comme celui de Karo au Zimbabwe. Les investissements prévus sur les mines existantes sont déjà en révision à la baisse tant que les cours n'auront pas repris le chemin de la hausse.

Sur le plan comptable, l'année 2024 a été, en conséquence, fort logiquement difficile pour les principaux groupes miniers qui ont enregistré des baisses conséquentes de leurs résultats nets. Avec des chiffres d'affaires diminuant (de plus de 18 % dans les cas extrêmes) et pesant lourdement sur les profits, plusieurs miniers sont restés ou entrés en perte en 2024. Des ajustements de production minière ont donc été opérés ou annoncés, ce qui devrait conduire à une réduction de l'offre primaire, mais un maintien de l'équilibre du marché par l'activité de recyclage.

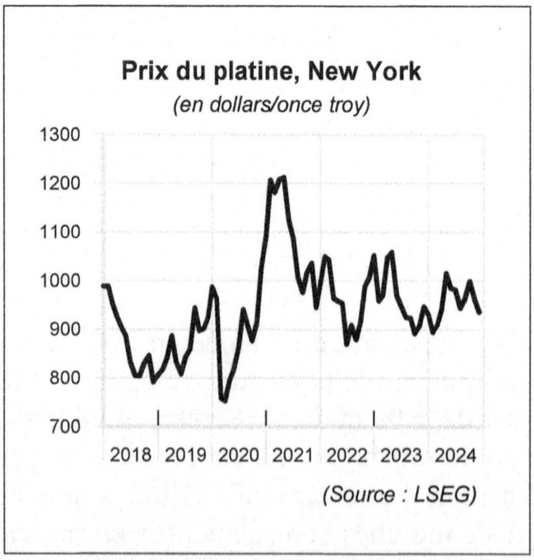

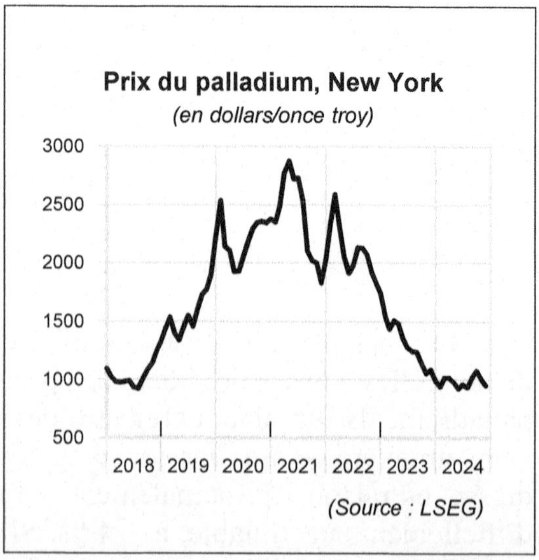

Des cours en berne sur 2024 pour la plupart des platinoïdes

La famille des platinoïdes a poursuivi sa descente en 2024. Après les lourdes chutes du palladium (– 35 %), du rhodium (– 65 %) et la baisse de 6,5 % du platine en 2023, 2024 a vu la tendance se prolonger de manière plus relative pour les deux principaux métaux du groupe, tandis que le rhodium semblait se préparer pour un probable atterrissage. Dans un contexte de dollar relativement stable (l'indice dollar ayant gagné 6,43 % sur l'exercice), le cours de l'once de platine s'est inscrit en baisse de 9 % sur 2024, celui du palladium de 15,5 %, tandis que le rhodium a légèrement rebondi de 4 %. Sur l'année, le platine s'est maintenu dans une fourchette relativement serrée entre un plus bas niveau à $ 880 l'once enregistré en février et un maximum de $ 1 056 atteint en mai, sur une moyenne annuelle de $ 925, ce qui s'avérait être dans la norme des huit dernières années.

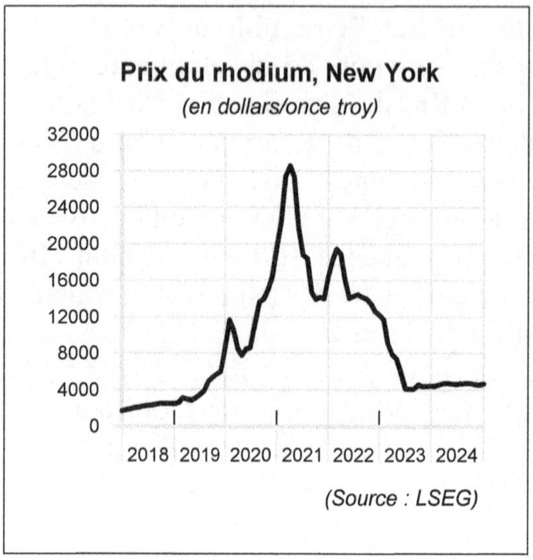

Pour sa part, le palladium a laissé derrière lui la phase d'euphorie entamée le 15 août 2018, où l'once s'était durablement maintenue au-delà des $ 1 500, avec un prix moyen pour 2024 de $ 924 l'once. Durant l'année, le « deuxième » des platinoïdes a évolué entre les bornes des $ 853 et $ 1 217 atteintes en février et août, respectivement. Dans un marché bien plus réduit, un peu d'optimisme est apparu pour le rhodium qui semblait enfin marquer une inflexion sur cette pente vertigineuse amorcée au printemps 2021, et les $ 29 500 atteints à cette période. Le prix de l'once a ainsi connu une légère reprise sur l'année avec un prix moyen de $ 4 636 pour un maximum de $ 4 800 enregistré en septembre et un plancher de $ 4 350 touché en février.

Une demande pourtant soutenue dans l'ensemble…

Avec un déficit qui s'accroît en 2024, à près de 600 000 onces (+ 15 %) selon Johnson Matthey (JM) et proche des 700 000 pour le *World*

Platinum Investment Council (WPIC), la demande de platine est restée robuste malgré de légères baisses respectives dans ses différents créneaux par rapport à 2023. En effet, qu'il s'agisse du monde catalytique (61 %) ou de la bijouterie (17,8 %), l'appétit des acheteurs a légèrement diminué (– 1,3 %), demeurant fort pour le premier par rapport à la moyenne des six dernières années et diminuant légèrement, mais tendanciellement pour le second.

Par rapport à 2018, la demande en platine a augmenté dans l'industrie en général (+ 9 %) et dans l'automobile en particulier (+ 27 %). Cet accroissement s'explique par l'entrée en vigueur des nouvelles normes antipollution dans le secteur des transports de la plupart des économies de l'hémisphère nord. Ces réglementations se sont en effet étendues à la Chine, après l'Europe et l'Amérique du Nord. Dans cette dernière zone, la montée en puissance de la technologie du gaz naturel comprimé, qui repose sur le même système catalytique que la motorisation à essence, dans la flotte de véhicules lourds, est un nouveau relais de croissance pour la demande en platinoïdes dans le domaine des transports. Au niveau global, l'Amérique du Nord représente 17,5 % de la demande mondiale de platine et demeure la région la moins dynamique dans l'électrification de sa flotte automobile (+ 9 % en 2024, contre + 40 % en Chine et + 26 % au niveau mondial). La demande joaillière, quant à elle, a poursuivi son lent déclin au fil des années et 2024 est venue confirmer cette tendance. Si elle continue de peser pour 17,6 % du total, son érosion (– 35 % depuis 2018) est continue sur les six dernières années malgré l'attractivité de son coût comparé à l'or, son principal concurrent sur ce marché.

Avec une baisse attendue de 7 % de la demande d'après JM, le palladium a connu une année 2024 bien terne avec, à la clé, son plus

Platine
(en milliers d'onces)

	2019	2020	2021	2022	2023	2024(e)
• Offre						
Afrique du Sud	4 344	3 243	4 609	3 965	4 001	3 979
Russie	721	699	638	450	780	660
Amérique du Nord	367	334	279	280	288	303
Zimbabwe	451	482	465	488	515	530
Autres pays	154	205	222	203	207	209
Recyclage	*2 092*	*1 700*	*1 646*	*1 517*	*1 300*	*1 335*
Offre totale	**8 129**	**6 663**	**7 859**	**6 903**	**7 091**	**7 016**
• Demande						
Chine	2 230	2 245	2 318	2 136	2 237	2 124
Europe	2 389	1 655	1 454	1 178	1 588	1 681
Japon	827	1 044	683	559	741	687
Amérique du Nord	1 118	1 387	1 109	1 066	1 242	1 336
Reste du Monde	1 845	874	1 160	1 492	1 801	1 786
Demande totale	**8 409**	**7 205**	**6 724**	**6 431**	**7 609**	**7 614**
Variation de stocks	**-280**	**-542**	**1135**	**472**	**-518**	**-598**
- Demande par branches :						
Industrie catalytique	2 589	2 024	2 410	2 747	3 342	3 299
Bijouterie	2 073	1 657	1 468	1 391	1 361	1 343
Industrie (autre)	2 616	2 502	2 874	2 858	2 860	2 852
Investissement	1 131	1 022	-28	-565	46	120

(e) estimations

(Source : Johnson Matthey)

Palladium
(en milliers d'onces)

	2020	2021	2022	2023	2024(e)
• Offre	**9 323**	**10 184**	**9 219**	**9 354**	**9 373**
Afrique du Sud	1 975	2 645	2 276	2 347	2 305
Russie	2 636	2 689	2 300	2 700	2 600
Autres	1 585	1 512	1 450	1 500	1 549
Recyclage	3 127	3 338	3 193	2 807	2 919
• Demande	**10 005**	**10 268**	**9 975**	**10 471**	**9 731**
Chine	3 115	2 777	2 330	2 339	1 890
Europe	1 995	2 099	2 140	2 258	2 043
Japon	1 107	1 055	982	1 086	994
Amérique du Nord	1 919	2 054	2 073	2 181	2 205
Autres pays	1 869	2 283	2 450	2 607	2 599
• Demande par branche					
Industrie catalytique	8 570	8 501	8 460	8 745	8 145
Bijouterie	85	88	88	86	85
Autres industries	1 540	1 662	1 536	1 579	1 472
Investissement	-190	17	-109	61	29
Mouvements de stocks	**-682**	**-84**	**-756**	**-1 117**	**-358**

(e) estimations *(Source : Johnson Matthey)*

faible déficit depuis 2018 (hors épisode covid), soit 358 000 onces selon les estimations de l'industriel. Avec près de 84 % de débouchés dans l'automobile, le palladium reste tributaire de ce marché, dont la reprise de son niveau pré-covid est encore attendue. La demande de l'industrie catalytique est anticipée en diminution de 6,9 %, à 8,1 millions d'onces, soit son plus bas niveau depuis 2018. Par ailleurs, l'arbitrage avec le platine pèse aussi dans le *mix* catalytique, celui-ci étant estimé pour 2024 à 700 000 onces par le WPIC. Ce phénomène s'étend sur plusieurs années, entrant dans la composition des nouveaux modèles de véhicules, et une substitution inverse est attendue à partir de 2025. Elle devrait contribuer à la demande à compter de 2027, pour des besoins additionnels de palladium estimés à 366 000 onces. Pour le reste de l'industrie, les besoins en palladium sont également attendus en baisse par JM en 2024, à 1, 472 million d'onces (– 6,8 %), avec une contraction quasi continue depuis 2018 (– 17 %).

2024 fut une année bien commune pour le rhodium avec une demande globale dans la moyenne des années précédentes. À 1,06 million d'onces (– 4,2 %) et un déficit qui se réduit à 65 000 onces (– 48 %), le marché est resté adéquatement approvisionné, avec une industrie catalytique pesant pour près de 88 % de la demande en 2024. Le « troisième » des platinoïdes voit ses besoins être principalement liés à la santé du secteur des véhicules thermiques, particulièrement à essence, dont l'évolution sur l'année 2024 devrait décroître légèrement (– 4 %) en raison du repositionnement stratégique, face à la Chine, de l'Europe et de l'Amérique du Nord dans la guerre du tout électrique dans le secteur automobile. Le diesel devrait, pour sa part, accuser une baisse de plus de 10 % au niveau mondial.

Rhodium
(en milliers d'onces)

	2020	2021	2022	2023	2024(e)
• Offre	**950**	**1 124**	**1 027**	**986**	**999**
Afrique du Sud	483	645	570	559	574
Russie	58	53	54	70	59
Autres	71	65	69	72	71
Recyclage	338	361	334	285	295
• Demande	**1 035**	**1 025**	**1 010**	**1 111**	**1 064**
Industrie catalytique	961	956	946	989	931
Autres	74	69	64	122	133
Mouvements de stocks	**-69**	**-89**	**100**	**35**	**14**

(e) estimations *(Source : Johnson Matthey)*

Une offre minière s'ajustant progressivement et un recyclage amortissant les écarts

JM anticipe, en 2024, des productions minières en repli de 1,9 % pour le platine, à 5,68 millions d'onces, et de 1,4 % pour le palladium, à 6,45 millions d'onces. L'offre primaire du rhodium devrait être stable, à 704 000 onces. Le recyclage est, quant à lui, en légère hausse pour l'ensemble des trois platinoïdes (entre 2,7 % pour le platine et 3,9 % pour le palladium). Cette offre secondaire des trois métaux reste cependant bien inférieure à ce qu'elle était dans le monde d'avant covid. Au total, la production est presque stable pour les platinoïdes, allant jusqu'à une légère progression de 1,3 % pour le rhodium.

L'Afrique du Sud conserve la part majoritaire de la production minière de platine et de rhodium (70 % et 82 %, respectivement) et 36 % de celle du palladium, dont la Russie produit 40 % de l'offre mondiale. Selon le département national des statistiques sud-africain, le pays a connu une année 2024 plutôt calme avec une hausse de 1,1 % de ses ventes totales de minerais à 803 ZAR milliards ($ 47 milliards), après une chute de 10 % enregistrée en 2023. Les platinoïdes ont représenté 21,5 % des recettes d'exportations, soit autant qu'en 2023, en deuxième position derrière le charbon, et ce, malgré une baisse de la production de 7,1 % durant l'exercice. À plus long terme, l'Afrique du Sud continue son développement minier en platinoïdes à l'image des projets Platreef ou Waterberg situés respectivement au sud et au nord de la veine minérale du Bushveld, dans le nord du pays. Le premier, conduit par le groupe canadien Ivanhoe Mines (64 %), présente des réserves de 56 millions d'onces de platine et prévoit un démarrage de la production au dernier trimestre 2025 pour sa première phase. Sa production de platinoïdes 3E + or devrait dépasser les 400 000 onces. Le second, dont le consortium est mené par le minier sud-africain Platinum Group Metals (50 %), fait état de réserves estimées à plus de 23 millions d'onces, ainsi que d'une production annuelle moyenne qui devrait atteindre 353 000 onces de platinoïdes 4E, à compter de la fin 2030.

Du côté russe, la production de platinoïdes, toujours selon les estimations de JM, reste dans la tranche basse des dernières années. Le platine sorti du pays représente 11,4 % de l'offre minière totale, le palladium 40 %, et le rhodium 8,4 %. Le poids du pays se situe de fait sur le second du groupe, qui n'a logiquement pas figuré sur la liste des sanctions internationales. La production annuelle 2024 est attendue à 2,6 millions d'onces (– 3,7 % par rapport à 2023). Le palladium russe provient des régions de Kondyor et de Koryak ainsi que de l'Oural, mais la majeure partie, tant au niveau national que mondial, est un coproduit du nickel sorti des usines de Norilsk Nickel. Concernant le développement minier du pays, le projet de Fedorova Tundra, dans la région de Mourmansk, devrait entrer dans une phase de production en 2027. Pour ce gisement, les quantités de platinoïdes sont estimées à 12 millions d'onces.

La troisième marche du podium 2024 des nations productrices de platinoïdes est toujours occupée par le Zimbabwe. La production annuelle de platine de ce pays d'Afrique australe est attendue par JM à 510000 onces, soit 9,15 % de l'offre minière (+ 2,9 % par rapport à 2023) quand celle de palladium était anticipée à 511 000 onces (+ 5,8 %) par la Chambre des mines du pays. Le principal projet en cours de développement dans le pays est celui de Karo, dans le bassin minier du Great Dyke, porté par le minier sud-africain Tharisa, mais celui-ci, après un report de mise en production pour cause de baisse des cours des platinoïdes, fait à présent face à un manque de financement de la part de son opérateur.

Après un exercice 2023 catastrophique, une année 2024 difficile pour les acteurs privés

Anglo American Platinum (Amplats) a enregistré un second exercice décevant avec une baisse de son chiffre d'affaires de 12 % en 2024 (après celle de 13 % en 2023) à $ 28,6 milliards, dont la part attribuable aux platinoïdes est de $ 5,96 milliards (– 11,4 %). Le groupe a accusé une nouvelle baisse de son résultat net de 33 %, après un effondrement de 73 % en 2023, à $ 654 millions. La production du groupe minier pour les trois principaux platinoïdes a cependant augmenté de 3 % en 2024, à 3,343 millions d'onces, tandis que le résultat opérationnel de la branche s'est légèrement amélioré. Les projets en cours pour les platinoïdes concernent essentiellement la mine de Mototolo et son extension dans le gisement Der Brochen pour allonger la durée de vie du site jusqu'en 2074.

Impala Platinum (Implats), le deuxième grand producteur minier, a lui aussi connu une difficile année 2024, clôturée au 30 juin. Le chiffre d'affaires s'est affiché à $ 4,7 milliards (– 18,4 %) et, après un effondrement du résultat net 2023 à $ 335 millions, 2024 a vu apparaître une perte de $ 936 millions. Sur le plan opérationnel, le groupe a enregistré une hausse de 21 % de sa production de 6E en 2024, à 2,92 millions d'onces. Cependant, la baisse des cours des platinoïdes a plongé Implats dans une situation délicate, car la majeure partie de son activité (78 %) dépend de la production et de la commercialisation du platine, du palladium et du rhodium, contrairement à Amplats où ils n'arrivent qu'en troisième position après le cuivre et l'acier. Sur les six premiers mois de l'année fiscale 2025, close au 31 décembre 2024, la production du minier a augmenté de 18 %, à 1,9 million d'onces pour les 6E. Cependant, la baisse des cours des platinoïdes s'est poursuivie sur cette période et, conjuguée à une dépréciation du rand sud-africain, la tendance de l'exercice 2024 s'est prolongée. Amplats a ainsi enregistré une nouvelle baisse de son chiffre d'affaires de 37 % (à période comparable), à $ 1,38 milliard, et un résultat net à $ 85 millions (– 89 %). De l'autre côté de l'équateur, Norilsk Nickel (Nornickel) a également subi ces vents contraires, avec une baisse de son chiffre d'affaires de 13 % en 2024, à $ 12,5 milliards. Le premier producteur de palladium, en coproduit du nickel, a vu son résultat net plonger de 37 %, à $ 1,82 milliard (– 68 % par rapport à 2022). La production sortie des mines de Nornickel a respectivement augmenté de 3 % pour le palladium et de 1 % pour le platine, à 2,76 millions et à 667000 onces, respectivement. Les attentes du minier russe pour 2025 vont de 2,7 à 2,76 millions d'onces de palladium pour un volume de platine similaire à celui de 2024.

En Afrique du Sud, Sibanye-Stillwater a, pour sa part, vécu un exercice 2024 proche de celui de 2023 avec un chiffre d'affaires de $ 6,12 milliards (– 0,8 % en 2023), dont les platinoïdes représentent 66 % (contre 59 % en 2023 et 77 % en 2022). Après des dépréciations d'actifs record en 2023, le minier a pu « réduire » ses pertes pour 2024 à $ 311 millions (contre plus de $ 2 milliards l'année précédente). Pour cette même année, sa production de platinoïdes issus des mines sud-africaines et nord-américaines a été de 1,19 million d'onces de platine (+ 3 %), 878000 onces de palladium (+ 2,6 %) et 166000 onces de rhodium (+ 5 %). Cette augmentation est notamment due à l'intégration, fin 2023, des 50 % de la mine de Kroondal, détenus jusqu'alors par Amplats. En 2025, le minier projette de réduire ses investissements de 25 %, à $ 971 millions, avec près de 50 % dédiés aux platinoïdes, dont la production totale est attendue entre 2,3 et 2,5 millions d'onces, incluant les activités de recyclage contribuant à hauteur de 13,5 % à l'offre du groupe.

Un paysage 2025 à nouveau terne pour les platinoïdes

Avec un bilan inquiétant pour les deux derniers exercices, le marché du platine devrait rester déficitaire en 2025 de l'ordre d'un demi-million d'onces, d'après le WPIC, ce qui représenterait 7 % de la demande estimée. Cette dernière est en effet attendue en baisse, le léger rebond prévu dans le secteur automobile ne compensant pas le manque d'appétit du reste de l'industrie. Les restructurations en cours en Afrique du Sud et en Amérique du Nord devraient en parallèle réduire l'offre minière. Sibanye-Stillwater a en effet décidé de renoncer à son projet lithium de Rhyolite-Ridge dans le Nevada en raison de la baisse des prix et envisage de restructurer ses mines de platinoïdes du Montana, ce qui pourrait entraîner une baisse de 45 % de sa production de platine et de palladium. De plus, Implats a remis en question la poursuite à long terme des activités dc sa mine canadienne du lac des Îles, qui est une source importante de palladium. Ces mesures de réorganisation suivent celles lancées en 2024 par Amplats, principalement sur son site sud-africain d'Amandelbult. Dès lors, de nouvelles réductions massives d'emplois sont à redouter dans le secteur.

En ce qui concerne les cours des platinoïdes, la tendance est plutôt à la stagnation, voire à la baisse. Les analystes d'Heraeus positionnent ainsi l'once de platine dans une bande de fluctuation allant de $ 850 à $ 1 220. Le retour progressif de la Russie à son niveau d'avant-guerre est également probable pour le palladium, dont l'once est attendue entre $ 800 et $ 1 200. CyclOpe anticipe, pour sa part, une progression de 5 % du platine entre 2024 et 2025 et un repli du palladium de 3 % sur ce même intervalle, sous l'hypothèse probable d'absence de sanctions sur le métal russe. L'industrie catalytique reste au centre de la demande des deux premiers platinoïdes, spécialement du second, et le retour en grâce des véhicules hybrides dans le parc automobile occidental pourrait constituer un parachute ou un relais de croissance face à la tendance structurelle d'un effacement de la demande liée à la transition vers l'automobile électrique.

Diamants : *une année terne*

L'horizon du diamant s'est singulièrement assombri. Ce qui, en 2023, ne devait être qu'un trou d'air fut, en effet, un véritable décrochage qui s'est prolongé en 2024. Et il n'est pas certain que les perspectives à moyen terme lui soient plus favorables : le marché s'est contracté, qu'il s'agisse des consommateurs ou des producteurs, et va continuer de le faire durant les prochaines années. Avec des productions fortement réduites pour Alrosa et De Beers, des mines du Nord canadien qui vont s'arrêter dans la décennie et des pertes financières sur le segment « diamant » pour l'ensemble des groupes miniers de premier plan, 2024 n'a, en définitive, que confirmé la trajectoire entamée en 2023.
Le carat brut a ainsi poursuivi sa chute enclenchée l'année précédente avec une nouvelle baisse des cours de 14 % et des stocks de pierres qui ont eu peine à s'écouler. Un phénomène parallèle a frappé le diamant de synthèse, dont la part de marché s'est portée à près de 20 %, mais qui, lui aussi, a dû faire face à l'effondrement des prix. À l'instar de De Beers, certains acteurs ont décidé d'en rester là et de se repositionner, dans une stratégie à long terme, sur la pierre naturelle. Le minier, dont le nombre de cycles de ventes a été divisé par deux en 2024, et son principal concurrent, Alrosa, ont, par ailleurs, annoncé de substantielles réductions de production pour 2025.
À l'image du Botswana ou de la Namibie, les pays producteurs ont, eux aussi, dû s'adapter au contexte et accepter une baisse des tonnages afin de soutenir la stratégie de De Beers. La filiale d'Anglo American et son partenaire botswanais se sont, par ailleurs, accordés à long terme sur une prolongation des concessions pour le minier jusqu'en 2054, et sur une part grandissante des profits pour l'État hôte. L'Angola voyait, pour sa part, le sultanat d'Oman entrer dans son industrie diamantaire en remplacement d'Alrosa qui a vu les sanctions imposées par le G7 s'étendre durant l'année. Les résultats du minier russe se sont logiquement effondrés, un certain nombre d'autres acteurs du secteur, qu'ils soient concurrents ou partenaires, ayant implémenté des mesures pour contribuer à l'application de ces mesures de rétorsion.

Nouvel avis de tempête sur le cours du diamant en 2024

Après un exercice 2023 fort déprimé dans le monde du diamant, 2024 a amplifié le phénomène. Le manque d'appétit pour la pierre précieuse a ainsi entraîné une nouvelle baisse de plus de 14 % de la valeur du carat brut, selon l'indice Paul Zimnisky. Amorcée depuis 2022 où le sommet historique de l'indice à 200 avait été atteint, cette importante glissade s'est poursuivie de façon presque continue, avec une accélération en 2024 positionnant ce même indice en deçà des 140. Durant la décennie, le carat brut a ainsi diminué de près de 20 % et le cours de la pierre taillée de joaillerie aurait globalement reculé de 40 % sur les deux dernières années, d'après Bank of America.

Avec $ 152 de prix moyen au carat en 2024, De Beers a certes légèrement rehaussé le prix de ses pierres brutes (+ 3,4 %), dans le contexte d'un renforcement de la monnaie américaine de 6,4 %. Le volume de ses ventes s'est, en revanche, effondré de 28 % durant l'exercice. Les $ 197 de 2022 (dans un marché bien plus large) n'étaient plus qu'un lointain souvenir ! Signe de perspectives maussades, la hausse, en moyenne annuelle, du cours du carat s'est par ailleurs conjuguée avec une réduction des prix du minier de l'ordre de 10 % à 15 % durant le mois de décembre, et ce, pour relancer la demande. De Beers n'a pas encore opéré de cycle de vente en 2025, mais il en avait réduit le nombre à cinq en 2024, soit moitié moins qu'en 2023. Pour le deuxième grand groupe producteur qu'est le russe Alrosa, le contexte du conflit russo-ukrainien a, une nouvelle fois, amené le minier à ne pas publier de chiffres exhaustifs sur son exercice 2024. D'après Rapaport cependant, le principal concurrent de De Beers a également engagé une baisse de ses prix de diamants bruts en fin d'année de l'ordre de 10 %, et de 7 % à 8 % en janvier 2025.

Une demande en berne et une concurrence de l'usine probablement à son sommet

Durant toute l'année, les mauvaises nouvelles se sont succédé concernant la demande de diamants naturels, et ce, à tous les niveaux. La saison

Ventes de diamants bruts de De Beers
(en milliards de dollars)

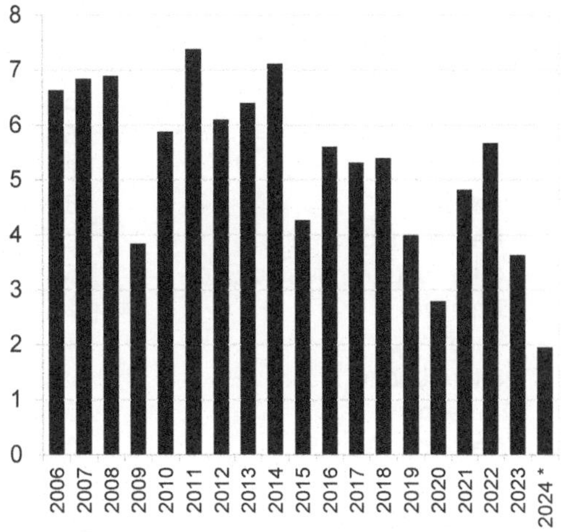

** estimation*

du diamant démarre habituellement après le Nouvel An chinois et le « Hong Kong Show ». Celui de 2024 voyait déjà une baisse des ventes joaillières, des montres haut de gamme et du luxe décliner de 18 % par rapport à 2023. En mai, c'était autour de De Beers de réduire ses prix sur ses pierres de synthèse *Lightbox* de 25 % à 40 %, selon les niveaux de qualité. On pouvait anticiper qu'avec les sanctions imposées par le G7 sur les diamants russes, une appréciation des pierres naturelles aurait logiquement dû se produire avec la réduction des volumes disponibles sur le marché. Comme en 2023, c'est pourtant l'inverse qui s'est produit.

Pesant pour environ la moitié de la demande mondiale de diamants, le marché américain a connu, en 2024, une progression de 1,4 % de sa demande joaillière en valeur, contre une baisse équivalente en volume, selon Tenoris. La part consacrée à la pierre de synthèse était estimée à 14 %. Sur les ventes de pierres polies (hors bijoux), le montant était, en revanche, en baisse de 4,3 %, et de 6,2 % en volume, avec un carat moyen vendu à $ 7 274 (– 4,5 % par rapport à 2023). Favorisés par le reflux des cours, les diamants de plus de deux carats, eux, ont vu leur demande croître de 10 % (contre 8,5 % en 2023). Les festivités de fin d'année, l'un des ressorts majeurs de la consommation, ont également connu une nouvelle baisse des ventes de 4 %, tou-

Production minière mondiale de diamants
(en millions de carats)

	2019	2020	2021	2022	2023	2024(e)
Botswana	16.6	11.9	16.0	17.1	17.6	18.0
Russie	25.4	17.5	21.9	23.5	20.9	21.0
Canada	18.6	13.1	17.6	16.2	16.0	16.0
Angola	8.2	6.9	7.9	7.9	8.8	8.8
Rép. dém. du Congo	2.7	2.6	2.8	2.0	1.7	1.7
(Kinshasa) Afrique du Sud	5.7	6.8	3.9	3.9	2.4	2.4
Namibie	2.0	1.6	1.8	2.1	2.4	2.4
Lesoto	1.1	0.5	0.3	0.7	0.5	0.5
Sierra Leone	0.6	0.5	0.7	0.6	0.4	0.4
Zimbabwe	0.2	0.3	0.4	0.4	0.5	0.5
Reste de l'Afrique	0.5	0.2	0.4	0.4	0.5	0.5
Autres	0.7	0.5	0.3	0.3	0.3	0.3
Total	**82.3**	**62.2**	**73.9**	**75.0**	**71.8**	**72.4**

(e) estimations

(Source : USGS Mineral Yearbook)

jours en 2024. Ces difficultés se sont notamment fait ressentir pour la branche « Montres et Joaillerie » de LVMH (incluant Tiffany) qui a accusé un recul des ventes de 3 %, malgré un dernier trimestre encourageant (+ 3 % par rapport au précédent). Le chiffre d'affaires de la branche était de $ 10,6 milliards, avec une marge opérationnelle de 14,6 % (– 26,2 % par rapport à 2023).

L'appétit chinois pour le diamant a également été fortement limité en 2024. Dans le deuxième ou le troisième (selon les sources) marché mondial pour la pierre précieuse naturelle (12 % de la demande globale en 2022), Paul Zimnisky estimait ce recul à – au moins – 50 % par rapport au niveau de consommation « normal » du pays, c'est-à-dire avant le covid. Le monde de la joaillerie (au sens large) a, pour sa part, connu une diminution de la demande de 7,8 % à fin septembre 2024, en année glissante. Le ralentissement économique du pays et le taux de chômage des jeunes en étaient les deux principales causes, tandis que la transition vers des pierres synthétiques, moins onéreuses, s'est *de facto* renforcée. En cela, 2024 pourrait s'affirmer, selon De Beers, comme une année charnière où la consommation indienne de diamants est devenue supérieure à celle de la Chine, en excluant celles de Macao, Taïwan et Hong Kong.

Premier *hub* de polissage de diamants, la valeur du marché était attendue à $ 8,7 milliards (hors importations pour transformation), soit 11 % du marché mondial, d'après l'indien *Gem & Jewellery Export Promotion Council* (GJEPC). L'organisme a annoncé le lancement, avec De Beers, de l'*Indian Natural Diamond Retailer Alliance* (INDRA) afin de promouvoir de manière adaptée le diamant naturel dans le pays. Le potentiel de croissance est, en effet, important : le marché domestique devrait atteindre $ 17 milliards à l'horizon 2030, dans une industrie globale de la joaillerie où 90 % des pierres mondiales sont transformées. Celle-ci a cependant vu une diminution de 8,3 %, en valeur, de ses exportations en 2024, à $ 9,76 milliards. Durant l'année, l'Inde a nettement réorienté ses approvisionnements en pierres brutes au détriment des carats venus de Russie : selon l'agence russe Interfax, ils se sont contractés en septembre de 98,7 %, en comparaison de 2023. Dans le même temps, les volumes d'importations de diamants depuis Anvers, Hong Kong ou les Émirats arabes unis étaient amplement supérieurs à ceux venus habituellement de Russie.

Une offre contrainte de s'ajuster à la nouvelle demande et à la gestion des stocks

2024 fut le deuxième exercice consécutif de « recalibrage » du marché du diamant. Les voyants étaient au rouge dans l'ensemble des pays producteurs, comme chez les acteurs miniers. Évoluant dans un contexte de sanctions commerciales depuis près de trois ans, la Russie a ainsi subi une double peine dans le secteur du diamant. Vu d'un autre angle et sous l'hypothèse d'un marché subissant un simple trou d'air et non une mutation à plus long terme, les sanctions du G7 sur le diamant russe sont tombées presque « au moins mauvais » moment (celui d'une demande en repli imposant des réductions de production), leur effet demeurant en effet marginal dans le secteur de la pierre précieuse. Au premier mars 2024, l'embargo sur le diamant a toutefois été étendu à l'ensemble des pierres coupées et taillées dans les pays tiers avec un processus de traçabilité à implémenter, à compter de septembre. Les restrictions devaient de fait s'étendre aux pierres de 0,5 à 1 carat. En parallèle, le Botswana a mis en place une certification de traçabilité sur les pierres produites dans le pays afin de satisfaire aux critères du G7. Paul Zimniski estimait qu'à cette date, environ 40 % des diamants nationaux circulaient encore dans les circuits mondiaux de transformation. Si les estimations provisoires de l'*United States Geological Survey* (USGS) – le service géologique américain – faisaient état d'une production russe de 21 millions de carats (+ 0,5 % par rapport à 2023), l'offre du pays s'est affaissée durant l'année. Principal producteur, Alrosa a, lui, fait part d'une baisse de ses volumes, à 33 millions de carats (– 4,6 % par rapport à 2023).

Le Botswana, deuxième pays producteur en volume, mais premier en valeur, a également connu une année 2024 en légère progression, toujours selon l'USGS, à 18 millions de carats. À fin septembre 2024 pourtant, les statistiques nationales faisaient état d'une production en recul de 25,8 % par rapport à 2023, avec 14 millions de carats produits. Alors qu'elles constituent les premières recettes du pays, les exportations de diamants se sont affaissées de 46 % en 2024, à $ 1,8 milliard, conduisant à un creusement du déficit budgétaire – à 6,75 % du produit intérieur brut (PIB) sur l'année fiscale 2024-2025 – et à une contraction du PIB de 3,1 %, selon le ministre des Finances du pays, alors qu'une croissance économique était attendue. 2024 ne fut toutefois pas en tout point négative, bien au contraire : le deuxième plus gros diamant de l'histoire a ainsi été découvert dans la mine de Karowe, opérée par le canadien Lucara Diamond. Après le *Cullinan* d'Afrique du Sud et ses 3 106 carats, le *Motswedi* (eau de printemps, en langage setswana) a en effet été extrait en août avec un poids de 2 488 carats, avant d'être suivi, le mois suivant, par le *Seriti* de 1 094 carats, également trouvé à Karowe. L'année 2025-2026 est attendue en croissance de 3,3 % avec un déficit se réduisant à 3,5 %, toujours selon le ministre des Finances botswanais.

Le Canada a, pour sa part, conservé la troisième marche du podium 2024 des pays producteurs de diamants. Avec 16 millions de carats produits d'après l'USGS, l'exercice a été similaire à 2023 et aura été l'un des plus faibles depuis 2020 et le contexte pandémique. La quasi-intégralité des sites miniers du pays a été concernée par des réductions de production durant l'année, depuis Gahcho Kue jusqu'à Diavik. L'entreprise minière australienne Winsome Ressources cherchait, elle, à reprendre l'usine de production de la mine de diamants québécoise Renard afin de la convertir à la production du lithium provenant du gisement d'Adina, situé à 60 km au nord.

L'Angola, en pleine croissance depuis plusieurs années, a maintenu cette dynamique en 2024. Alors que l'USGS estimait à 8,8 millions de carats l'offre nationale – un volume similaire à celui de 2023 –, elle s'est portée à 12 millions, selon les déclarations du ministre angolais des Ressources minérales, du Pétrole et du Gaz, pour un objectif annoncé en début d'année de 14,6 millions de carats. Ce chiffre représenterait de fait une croissance de 36,4 % de la production de diamants pour le pays. Les revenus générés par les exportations de pierres ont cependant été divisés par deux par rapport à 2023, les recettes d'exportations 2024 s'élevant à $ 1,4 milliard, contre $ 2,9 milliards l'année précédente. Le pays a aussi dû faire face aux sanctions touchant la Russie, et Alrosa en particulier, qui est fortement investi dans le paysage minier national. Afin de ne pas pénaliser l'Angola, le groupe russe a cependant cédé ses parts, en fin d'année, dans les mines de Catoca et Luele au fonds d'investissement omanais Maaden International. L'objectif des revenus du diamant pour le pays est espéré au-delà de $ 2 milliards en 2025 et, à moyen terme, la production visée pour 2027 est de l'ordre de 17,5 millions de carats.

En descendant le long de la côte Atlantique, le voisin namibien a accusé une légère réduction de sa production de diamants, toujours en 2024, à 2,23 millions de carats (– 4 % par rapport à 2023). Namdeb, la société commune entre l'État namibien et De Beers, a annoncé une hausse de la production de 30 % à 609000 carats, mais Debmarine, qui exploite les gisements diamantifères sous-marins, faisait part de volumes en baisse de 13 %, à 1,63 million de carats. La contraction de l'offre a été alignée entre le groupe minier et le pays pour s'ajuster à une demande de diamants en recul sur le marché mondial. Les fonds marins représentent 80 % de la ressource identifiée dans ce pays avec une réserve estimée à 75 millions de carats sur une surface d'un million de kilomètres carrés.

À l'extrême sud du continent, la production sud-africaine aurait, quant à elle, diminué de 0,9 % entre 2023 et 2024, selon le *Minerals Council South Africa*, qui regroupe la majorité des compagnies minières actives dans le pays, et qui l'a évaluée à 5,8 millions de carats. Les deux principales compagnies opérantes sont De Beers et Petra Diamonds. La production était principalement concentrée sur trois mines en 2024, Venetia, Cullinan et Finsch, qui ont cumulé 3,57 millions de carats.

La stratégie des groupes miniers : réduire les volumes pour favoriser la rareté

Avec 33 millions de carats produits en 2024, Alrosa a annoncé des profits en chute de 77 %, à $ 215 millions. Au-delà des sanctions progressivement imposées et mises en place par le G7, le groupe russe a presque réduit à zéro les bénéfices de sa production diamantaire. Son chiffre d'affaires a, lui, diminué de 26 % sur l'année, à $ 2,67 milliards, et une charge de dépréciations sur ses actifs a été passée pour $ 55,6 millions. À la fin de l'année, la dette nette du minier s'élevait à $ 1,21 milliard (+ 200 % par rapport à fin 2023), tandis que son stock de pierres brutes était valorisé à hauteur de $ 1,5 milliard (+ 54 %). Sans que cela puisse surprendre, il annonçait, fin 2024, son intention de réduire son personnel – environ 35000 salariés – de 10 % en 2025. La situation aurait pourtant pu être plus difficile encore, si le marché national des métaux précieux et des pierres n'avait pas été partiellement soutenu par les achats réalisés par la société stratégique étatique, Gokhran, dont le budget est de $ 1,55 milliard pour la période 2025-2027. Le volume de production pour 2025 est attendu en baisse significative, en attendant que le marché retrouve son éclat.

Réparti entre quatre pays, du Canada à l'Afrique du Sud, De Beers a également connu un exercice 2024 placé sous le signe des ajustements. La branche « diamants » d'Anglo American a vu sa production chuter à 24,7 millions de carats (– 9,6 % par rapport à 2023 et – 5,7 % par rapport à 2020) pour revenir juste au-dessus de son plancher des 24,6 millions de carats touchés en 2009, au lendemain de la crise financière. Les ventes de diamants bruts sont, elles, tombées bien en deçà du plus bas niveau des vingt-cinq dernières années qui avait été atteint en 2020, à $ 2,79 milliards. Elles ont en effet été enregistrées à $ 1,95 milliard, soit un plongeon de – 46 % par rapport à 2023 et de – 65 % par rapport à 2022. Passé de dix cycles de ventes en 2023 à cinq en 2024, le volume des pierres commercialisées a de nouveau été en forte baisse (– 53 %), à 12,83 millions de carats.

Si l'on excepte Venetia et Namdeb, l'ensemble des actifs du groupe minier a nettement réduit ses volumes durant l'exercice. La hausse de 8 % de Venetia était d'ailleurs à relativiser, étant donné la chute de 64 % de sa production en 2023, en raison de l'arrêt des opérations lié à la transition de la mine de l'*open pit* vers l'exploitation souterraine. L'Afrique du Sud, pays historique de De Beers, est devenu depuis deux ans son plus faible contributeur (8,8 % en 2024). Malgré un accroissement de sa production de 30 % en 2024, Namdeb a une incidence limitée sur le volume de pierres extraites en Namibie (2,23 millions de carats). C'est Debmarine qui a dû, en conséquence, fournir « l'effort de guerre » de réduction de l'offre de production dans le pays (– 13 %) pour 1,6 million de carats.

Première mine contributrice au diamant canadien, Gahcho Kué – codétenue par De Beers (51 %) et la minière canadienne Mountain Province Diamonds (49 %) – a produit 4,66 millions de carats en 2024, dont 2,38 attribuables à De Beers (– 16 % par rapport à 2023). Sa durée de vie a été prolongée d'un an, à 2031, tandis que ses réserves ont été réévaluées pour un volume restant à produire, au début de 2024, de 36,3 millions de carats (+ 18 % par rapport au précédent audit de 2022). Le Botswana, enfin, qui représente la majorité de la production de diamants du minier (73 %), a diminué son nombre de carats produits de 27 %. La principale réduction est venue de Jwaneng (– 49 %) à 6,78 millions de carats.

Dans le prolongement de celui scellé en 2023, le Botswana et De Beers ont signé un nouvel accord, prolongeant les licences d'exploitation, par ce dernier, des mines nationales pour une durée de vingt-cinq ans, jusqu'en 2054 donc. Le partenariat intégrait aussi une prise de participation progressive d'Okavango Diamond Company (ODC), l'entreprise d'État, dans la vente des pierres, de 10 % tous les cinq ans en démarrant à 30 %. Sur le plan financier, De Beers a réalisé un chiffre d'affaires de $ 3,3 milliards (– 23,3 % par rapport à 2023) et a enregistré, pour la deuxième année consécutive, une perte nette de $ 349 millions (– 38 %). Pour rappel, les profits du groupe s'étaient élevés à près de $ 1 milliard en 2022. Les attentes pour 2025 ont, elles, été nettement revues à la baisse dans l'anticipation d'une demande toujours en berne. L'objectif de production est de 20 à 23 millions de carats (contre 30 à 33 millions de carats prévus initialement) et, à nouveau, en déclin (– 8,9 %) par rapport à 2024. Le stock de pierres du minier était évalué en février 2025 à $ 2 milliards, soit son niveau le plus élevé depuis la crise de 2008.

Avec 2,76 millions de carats produits à Diavik, ce fut une réduction de production de 17 % que Rio Tinto a subi en 2024. Le groupe anglo-australien a toutefois bouclé un quatrième trimestre en nette augmentation (+ 18 %) par rapport à 2023, à 775 000 carats, à la suite de la mise en exploitation de la veine souterraine A21. La branche diamants du groupe a généré un chiffre d'affaires de $ 279 millions (– 37,2 %) pour une perte de $ 127 millions (contre un maigre profit de $ 26 millions en 2023). À un an de la fin programmée du site et dans un marché du diamant bien terne, l'aventure dans le Grand Nord canadien pourrait potentiellement s'achever dès l'exercice 2025.

Toujours dans la province canadienne des Territoires du Nord-Ouest, la mine d'Ekati, opérée par Burgundy Diamond Mines (BDM), a permis à l'entreprise australienne de produire 4,6 millions de carats (– 10,9 % par rapport à 2023), pour un objectif compris entre 4,7 et 5 millions. Avec l'acquisition de l'Arctic Canadian Diamond Company Ltd. (ACDC) en 2023, le périmètre de BDM s'est élargi en 2024 avec un chiffre d'affaires de $ 442 millions (contre $ 257 millions en 2023) et une perte de $ 94,7 millions. L'entreprise a dû faire face à une dépréciation sur certains actifs, notamment due à la forte correction sur le prix du carat. En l'état, la mine, qui a débuté ses opérations en 1998, devrait être fermée en 2028, mais un programme d'extension a été engagé afin de porter sa durée de vie restante à une décennie.

Le cinquième des producteurs miniers, Pétra Diamonds, a connu un exercice 2024 clôturé au 30 juin presque identique à 2023, avec une production de 2,73 millions de carats (+ 1,1 %) et un premier semestre 2025 relativement stable, à 1,4 million de carats (– 2 %). Le groupe a vu son chiffre d'affaires progresser durant l'exercice et atteindre $ 366 millions, mais a enregistré une nouvelle perte de $ 107 millions (après celle de $ 104 millions de 2023). Petra Diamonds opère trois mines réparties entre l'Afrique du Sud et la Tanzanie et a réalisé un premier semestre 2025 en nette baisse, avec un chiffre d'affaires à $ 115 millions (– 30 % comparé à 2024) et un prix moyen du carat qui est resté bas, à $ 103.

Des perspectives à court et moyen terme qui restent très conservatrices malgré une pointe d'optimisme

Le pic qu'a connu le marché mondial du diamant semble désormais être une histoire ancienne. En conséquence, certains groupes miniers vont, ou souhaitent, progressivement sortir de ce secteur, à l'image de Rio Tinto ou d'Anglo American pour ne parler que des plus importants. Cette stratégie accompagne les fermetures progressives de mines à l'image de l'Afrique du Sud ou du Canada, dont les productions se sont réduites régulièrement sur

Le diamant de synthèse est-il arrivé au bout de son cycle ?

Émergeant durant la dernière décennie, la pierre de synthèse a, tout comme le diamant naturel, subi un effondrement de son prix. Entre les 10 % d'économies par rapport aux pierres naturelles qu'il permettait de réaliser en 2015 et les 90 % aujourd'hui, le diamant synthétique paraissait pourtant avoir un avenir tout tracé dans le monde de la joaillerie. Il semble que l'effet inverse soit en train de se produire. Fin d'une mode, produit victime de son succès et devenu relativement banal ? Plusieurs explications peuvent être avancées. Si sa part de marché est passée d'environ 1 % en 2015 à 20-25 % en 2024, les anticipations pour les prochaines années sont pessimistes, avec une demande amenée à décroître significativement. Un diamant, aussi grand soit-il, peut devenir banal et perdre de son intérêt ! De Beers, qui avait lancé *Lightbox* aux États-Unis en 2018, a décidé d'arrêter la production de pierres de synthèse destinées à la joaillerie pour éviter d'être devancé par le marché et pour se concentrer sur les pierres naturelles, malgré une conjoncture difficile depuis deux ans. La rareté, le prix et la marge unitaire restent les fondamentaux de l'univers diamantaire !

les dernières années et d'où ne sortent plus de nouveaux projets. La problématique est d'autant plus marquée pour les États producteurs, comme la Namibie ou le Botswana, dont la diversification économique devient primordiale.

Les volumes de diamants vont continuer à se réduire en 2025, comme l'indiquent les deux principaux groupes miniers. Les stocks vont devoir s'éliminer et la demande repartir, notamment aux États-Unis, pour que la fameuse pierre précieuse puisse se ressaisir. À cet égard, de premiers signaux ont pu être observés. L'appétit asiatique est timidement revenu lors du « Hong Kong Show » de février 2025, tandis que le cours de la pierre brute reprenait 5 % lors des premiers cycles de vente à Anvers ou Dubaï. L'effet du programme de relance économique de Pékin sera l'un des principaux supports de consommation, tout comme les conséquences de la politique de la nouvelle administration américaine, tant au niveau domestique que mondial, et des craintes de potentielle récession qu'elle suscite.

En revanche, l'impact de la levée des sanctions du G7 sur les diamants d'Alrosa, si celle-ci devait se produire durant l'année 2025, resterait relativement marginal. En effet, le groupe russe a déjà intégré la nécessité de réduire sa production, indépendamment des contraintes internationales auxquelles il était confronté. De plus, bien que la demande de diamants synthétiques progresse, elle semble de plus en plus cantonnée à la bijouterie « entrée de gamme » et ne représente pas, ou peu, une véritable alternative à la symbolique de la pierre éternelle.

- VII -

Énergie

- *Make energy grey again?*
- Pétrole
- Produits pétroliers
- Gaz naturel et GNL
- Charbon vapeur
- Électricité
- Nucléaire
- Uranium
- Bioéthanol
- Biocarburants
- Le marché du carbone

Make energy grey again?

Au-delà d'une conjoncture énergétique presque « stable » malgré toutes les tensions géopolitiques à l'œuvre, de l'Ukraine à l'Iran, le choc externe majeur de 2025 est bien le virage amorcé par la politique énergétique américaine dès les premiers jours du deuxième mandat de Donald Trump. Même s'il est difficile d'en mesurer sitôt les conséquences ultimes ; on peut déjà en souligner maintes contradictions qui risquent de placer les États-Unis face à une « malédiction du pétrole » inédite !

La politique énergétique de Donald Trump pour son second mandat présidentiel marque un virage serré par rapport aux orientations prises par l'administration Biden. Trump 2 ambitionne de recentrer la stratégie énergétique américaine sur les combustibles fossiles, remettant en question les efforts de transition vers les filières décarbonées. Cette vision s'inscrit tant dans les fractures ouvertes par la guerre en Ukraine que dans les rivalités sino-américaines. Et, sans plus d'inhibitions, elle s'accompagne d'un retrait des États-Unis de l'Accord de Paris sur le climat et du démantèlement de nombreuses politiques environnementales.

Alors que les énergies renouvelables représentent désormais 81 % des nouvelles capacités électriques installées aux États-Unis, l'arrivée de l'administration Trump en janvier 2025 introduit des tensions structurelles entre logique de marché et volontarisme politique qui rendent les effets du MEGA (*Make Energy Grey Again*) aussi incertains que celui du MAGA…

Contexte géopolitique et fondements idéologiques de la nouvelle politique énergétique américaine

L'ambition affichée de renforcer la position des États-Unis comme acteur énergétique dominant s'inscrit dans une logique où l'énergie est appréhendée comme un instrument de puissance et d'influence sur la scène internationale. Les décisions prises dès l'intronisation de Donald trump en janvier 2025, notamment l'accélération des permis de forage sur les terres fédérales, affichent cette volonté de maximiser la production intérieure.

Cette vision s'appuie sur les documents programmatiques du *Project 2025*, qui priorisent explicitement la production nationale d'hydrocarbures comme socle de la sécurité énergétique américaine (*Project 2025*, *Comprehensive Policy Guide, Mandate for Leadership: The Conservative Promise, 2023*). Cet *America First* vise à reconfigurer l'ordre mondial, avec une détermination renforcée à utiliser les ressources énergétiques comme armes dans des négociations internationales sur des fronts multiples (également commerciaux et militaires).

L'administration Trump justifie cette orientation par des impératifs de sécurité nationale. Le décret présidentiel 14 089, intitulé *Declaring a National Energy Emergency*, illustre cette rhétorique en qualifiant la situation énergétique d'urgence nationale nécessitant une mobilisation exceptionnelle des ressources extractives. La nomination de personnalités alignées avec cette vision à des postes stratégiques, comme Lee Zeldin à la tête de l'*Environmental Protection Agency* (EPA), confirme la cohérence institutionnelle de cette politique.

Pétrole : vers un nouvel âge d'or… noir ?

Dès son retour à la présidence, Donald Trump a signé des décrets exécutifs visant à encore accroître la production nationale avec l'accélération des permis de forage sur les terres fédérales, y compris en Alaska, et la construction d'infrastructures pétrolières. Le décret intitulé *Unleashing American Energy* (Libérer l'énergie américaine) a été conçu pour donner le ton de son second mandat, favorisant la déréglementation et la dérégulation. Le slogan *Drill, baby, drill* (Fore, chéri, Fore), martelé de sa campagne jusqu'à son discours d'investiture, témoigne de cette vision centrée sur l'extraction pétrolière comme promesse d'un nouvel âge d'or (noir…).

Cependant, des réalités économiques complexes s'annoncent face aux ambitions présidentielles. Les producteurs américains, qui atteignent déjà des niveaux historiques de production, ne sacrifieront pas leur rentabilité à l'augmentation des volumes : la perspective d'un prix du baril maintenu à des niveaux substantiels (d'environ $ 80) conditionnera une augmentation significative de la production. Mais, contradiction majeure, Donald Trump exerce également une pression sur l'Arabie saoudite et ses alliés pour augmenter leur production, afin de tirer les prix à la pompe vers le bas, promesse faite à sa base électorale, mais repoussoir pour les investisseurs dans l'extraction aux États-Unis. Et, de fait, le cours du pétrole s'est érodé au premier trimestre 2025, passant de $ 80 à $ 70, notamment sous l'effet des incertitudes induites par les premières décisions de l'administration Trump (conséquences du yoyo des droits de douane).

La capacité de l'administration Trump à augmenter substantiellement la production pétrolière américaine reste incertaine, confrontée aux forces du marché, aux contraintes techniques et à la vigilance des producteurs locaux. Une réalité que résume parfaitement le titre d'un article du *New York Times* publié en janvier 2025 : « Les compagnies pétrolières embrassent Trump, mais pas le *Drill, Baby, Drill* ».

Gaz : des exportations accrues menaçant de mettre sous tension les prix internes aux États-Unis

La stratégie gazière de Trump s'articule autour du GNL comme levier géopolitique majeur, les États-Unis étant devenus le premier exportateur mondial avec des volumes décuplés depuis le milieu des années 2010. Parmi les décisions du *Day 1*, Trump a ordonné au département de l'Énergie de reprendre l'examen des permis d'exportation de gaz, que l'administration Biden avait suspendus dans l'attente d'un audit sur l'impact environnemental et économique de ce secteur.

Cette transformation inédite gagnera encore en rythme sous la présidence Trump, l'administration tablant sur un doublement des exportations de GNL d'ici 2035. Les États-Unis possèdent actuellement huit unités de liquéfaction opérationnelles pour exporter du GNL, pour une capacité totale d'environ 124 milliards de m^3 annuelle, avec sept nouveaux projets ou extensions en cours de construction. L'inauguration récente de l'extension du terminal de Plaquemines en Louisiane (par l'opérateur Venture Global) représentant un investissement supplémentaire de $ 18 milliards illustre cette dynamique.

La rivalité sino-américaine se transpose également sur le terrain gazier. Alors que la Chine dépend à 40 % des importations de GNL pour ses besoins industriels, les réorientations de cargaisons vers l'Europe – motivées par des prix plus attractifs – exacerbent les tensions commerciales. Un quart des méthaniers initialement destinés à l'Asie ont dévié vers l'Atlantique Nord au premier trimestre 2025, créant des pénuries localisées en Inde et en Asie du Sud-Est.

Mais cette politique d'expansion des exportations de GNL produit aussi des tensions sur le marché intérieur, leur augmentation contribuant mécaniquement à la hausse des prix pour les consommateurs américains. Cette situation place l'administration Trump face à un dilemme : poursuivre l'objectif de domination énergétique *via* l'arme du gaz, tout en maintenant des prix abordables sur le marché domestique, promesse phare de sa campagne électorale.

La poussée des prix du Henry Hub, anticipée à + 44 % en 2025 par EIA (et même à 55 % par CyclOpe), reflète ce hiatus entre demande domestique et ambitions d'exportation. Les centrales électriques américaines, qui absorbent près de 40 % de la production nationale, pourraient voir leur compétitivité érodée par ces hausses, risquant de ralentir la transition du charbon vers le gaz. Et, au-delà de ces considérations internes, il importe de garder à l'esprit l'équilibre extraordinairement fragile du marché gazier, en cas de crise majeure au Moyen-Orient, où 35 % des exportations globales transitent par des zones de tension (dont le détroit d'Ormuz pour le gaz qatari).

Le *Project 2025* préconise la rationalisation des processus d'autorisation pour stimuler à la fois la production et les exportations, et recommande également des investissements dans les infrastructures. La construction de nouveaux gazoducs reste toutefois ardue, particulièrement dans le nord-est où les projets se heurtent à des obstacles juridiques et à l'opposition d'autorités locales. Plusieurs projets d'exportation dans le golfe du Mexique sont, en outre, retardés par des recours juridiques.

Décarbonation : un « ordre des mérites » rebattu entre les technologies à promouvoir

Au-delà de l'extraction d'hydrocarbures, la politique énergétique de Trump s'articule autour d'une approche sélective des technologies de décarbonation. Le captage et le stockage du carbone (CCS) émergent comme une technologie prioritaire, bénéficiant d'un soutien bipartisan. Cette approche est renforcée par la nomination de Lee Zeldin, qui a historiquement soutenu le développement du CCS, à la tête de l'EPA.

L'industrie du CCS aux États-Unis, encore émergente, adapte son discours pour s'aligner sur les priorités économiques de l'administration Trump. Selon le Bureau du budget au Congrès (CBO), seuls 15 sites étaient opérationnels fin 2023, traitant moins de 0,5 % des émissions nationales, mais près de 300 projets ont été annoncés. Confrontée à l'incertitude entourant la pérennité des aides fiscales mises en place sous l'administration Biden – notamment un crédit d'impôt allant jusqu'à $ 85 par tonne de CO_2 captée –, la Carbon Capture Coalition a recentré son message sur la compétitivité économique et le *leadership* américain plutôt que sur les bénéfices environnementaux.

Les partisans du captage soulignent les atouts des États-Unis dans ce domaine : de vastes terrains favorables au stockage et un réseau de gazoducs dédié au CO_2 de plus de 8 000 kilomètres, initialement construit pour la récupération assistée du pétrole. Cette infrastructure existante offre une base pour le développement du CCS, permettant d'optimiser l'extraction des hydrocarbures tout en réduisant potentiellement les émissions de CO_2.

La fusion nucléaire constitue un autre axe majeur de développement technologique privilégié par l'administration Trump, avec la mise en place du programme *Fusion Innovation Research Engine* et la publication attendue d'une feuille de route en 2025. Cette orientation s'inscrit dans une volonté plus large de maintenir la compétitivité américaine face à la Chine dans les technologies énergétiques avancées.

Paradoxalement, certaines mesures de dérégulation visant initialement le secteur pétrolier pourraient bénéficier aux énergies renouvelables. La réforme du *National Environmental Policy Act* (NEPA) et la simplification des procédures d'autorisation environnementale pourraient également accélérer le développement de projets d'énergies propres. Cette conséquence, non intentionnelle, illustre la complexité des interactions entre politique énergétique et développement technologique.

Néanmoins, l'administration Trump a clairement manifesté son opposition à l'éolien offshore, annonçant son intention de mettre fin aux nouveaux projets. Dès son entrée en fonction, le président a signé un moratoire sur les projets d'éolien offshore, qualifiés de « désastre ». Cette décision, combinée à une réduction des subventions aux véhicules électriques, traduit une volonté de ralentir certaines dimensions clés des orientations de l'administration Biden.

Cette approche sélective de la décarbonation reflète une vision opportuniste où les technologies sont évaluées principalement en fonction de leur potentiel économique et géopolitique plutôt que de leur impact environnemental. La question demeure de savoir si cette stratégie permettra aux États-Unis de maintenir leur *leadership* technologique dans un contexte mondial où de nombreux pays maintiennent leurs investissements dans l'ensemble des technologies bas-carbone (Chine en tête).

La course à l'IA entre en jeu dans les choix énergétiques

Une dimension nouvelle et particulièrement significative de la politique énergétique de D.Trump émerge dans son approche des technologies avancées, notamment l'intelligence artificielle. En février 2025, le président américain a signé un décret créant un « Conseil national pour la domination énergétique », explicitement destiné à accroître la production d'électricité américaine afin de distancer la Chine dans la course à l'IA.

« Nous serons les plus gros producteurs d'énergie au monde, sans parler de toute l'électricité que nous allons produire pour tous les sites dédiés à l'IA », a déclaré D. Trump lors de la signature du décret. Cette initiative répond à l'essor de la demande énergétique liée aux centres de données, essentiels au développement de l'IA générative. En 2023, ces infrastructures représentaient déjà 4,4 % de la consommation d'électricité des États-Unis, un chiffre qui pourrait atteindre 12 % d'ici 2028, selon le gouvernement fédéral.

Le secrétaire à l'Intérieur, Doug Burgum, a explicitement présenté cet enjeu comme une compétition stratégique : « Les États-Unis sont engagés dans une course à l'armement en matière d'IA avec la Chine. La seule façon de gagner est d'avoir plus d'électricité ». Cette orientation s'inscrit directement dans un contexte de rivalité technologique accrue avec la Chine, dont l'entreprise DeepSeek a récemment bousculé les *leaders* américains du secteur en proposant des solutions d'IA à moindre coût. Cette perspective établit un lien direct entre la production énergétique et la sécurité nationale, élargissant considérablement la notion de « domination énergétique » au-delà de son acception traditionnelle.

Selon les directives présidentielles, ce Conseil national coordonnera la politique énergétique et simplifiera l'octroi des permis, la production et la distribution des différentes ressources énergétiques. L'objectif est d'accroître rapidement la capacité de production électrique américaine pour soutenir le développement des technologies d'IA, considérées comme cruciales pour la compétitivité nationale à long terme.

L'une des particularités de cette stratégie est qu'elle transcende les clivages traditionnels entre énergies fossiles et renouvelables. Bien que l'administration Trump privilégie les premières, l'impératif de maximisation de la production électrique pourrait également bénéficier au développement des énergies renouvelables. Cette dimension technologique de la politique énergétique de Trump introduit une complexité supplémentaire dans l'analyse de ses impacts potentiels. Si l'objectif premier reste l'augmentation de la production d'électricité, indépendamment de sa source, il pourrait paradoxalement contribuer à la diversification du mix énergétique américain, y compris vers des sources bas-carbone, pour des raisons de sécurité nationale plutôt que d'engagement environnemental (et compte tenu d'une disponibilité du foncier bien plus large qu'en Europe).

Un défi stratégique des minéraux critiques qui vire à l'obsession

En matière de minerais critiques, l'administration Trump a radicalisé son approche *via* l'*Executive Order* du 20 mars 2025, visant à accélérer la production nationale. Ce texte élargit la liste des matériaux stratégiques pour inclure le cuivre, l'uranium et l'or, tout en mobilisant le *Defense Production Act* pour financer des projets miniers. L'objectif affiché est de réduire la dépendance à la Chine, qui fournit 70 % des terres rares américaines et contrôle 60 % des capacités mondiales de raffinage. Le Conseil national pour la domination énergétique est chargé de coordonner cette stratégie, avec un focus sur l'accélération des permis d'exploitation.

La stratégie américaine repose sur un double mouvement : sécuriser l'accès aux ressources domestiques et internationales. L'invocation du *Defense Production Act* permet de mobiliser l'*International Development Finance Corporation* (DFC) pour financer des projets miniers à l'étranger, notamment en Afrique et en Amérique latine, traditionnellement chasses gardées chinoises. Cette approche vise explicitement à contrer l'avance de Pékin, qui contrôle 80 % des investissements miniers en RDC pour le cobalt. Et les visées sur les ressources ukrainiennes ou groenlandaises s'inscrivent dans cette même logique.

L'enjeu est de juguler les tensions sur les coûts : le prix du cuivre, essentiel pour les énergies renouvelables et l'IA, a bondi de 30 % depuis 2024, alimentant l'inflation des coûts industriels. Parallèlement, la baisse des crédits d'impôt pour véhicules électriques sous l'administration Trump décourage les investissements dans les usines de batteries, réduisant la demande prévisible de lithium et de cobalt.

Accord de Paris : la banalisation du *stop & go*

Le 20 janvier 2025, Donald Trump officialisait pour la seconde fois le retrait des États-Unis de l'Accord de Paris sur le climat. Les premières analyses suggèrent que, d'ici 2030, les politiques de l'administration Trump pourraient augmenter les émissions cumulées américaines de 2 à 4 milliards de tonnes de CO_2 par rapport à leur trajectoire actuelle (J. Tollefson, « Drill, baby, drill? Trump policies will hurt climate – but US green transition is under way », Nature, 4 February 2025).

La nouvelle administration a déjà commencé à démanteler l'appareil scientifique fédéral lié au climat. Trump a notamment révoqué le mémorandum de Biden sur l'intégrité scientifique, qui obligeait toutes les agences fédérales à établir ou mettre à jour leurs politiques dans ce domaine. Il a également dissous le groupe de travail interagences sur le coût social des gaz à effet de serre, qualifiant leurs calculs de « déficients sur le plan logique » et « mal fondés sur le plan scientifique empirique ». Ces actions témoignent d'une volonté de réduire la capacité des institutions fédérales à évaluer et à communiquer sur les risques climatiques (C. Zhang, « Trump Reverses Climate Policies on First Day in Office », *FYI Science Policy News, American Institute of Physics*, January 2025). Ainsi, à l'évidence, la contraction de la *National Oceanic and Atmospheric Administration*, y compris du *National Hurricane Center*, menace de rendre les États-Unis plus vulnérables encore aux conditions météorologiques extrêmes. Cette décision paradoxale intervient alors même que les événements climatiques extrêmes se multiplient et s'intensifient, générant des coûts économiques et humains considérables pour les États-Unis.

Ce revirement politique secoue la coopération internationale et, venant du deuxième plus grand émetteur mondial de gaz à effet de serre, le retrait américain affaiblit l'ambition collective de réduction des émissions. Cette décision risque de démotiver d'autres pays et de créer un dangereux précédent pour minimiser les engagements climatiques. Mais, ce vide de *leadership* pourrait être comblé par d'autres acteurs, notamment la Chine et l'Union européenne.

Les conséquences financières sont également considérables. La fin des contributions américaines au Fonds vert pour le climat laisse un trou béant dans le financement de l'adaptation et de l'atténuation du changement climatique dans les pays en développement. Cela menace également la réalisation de l'objectif de $ 1,3 trillion par an d'ici 2035 fixé lors de la COP29 à Bakou. L'impact se fera sentir au-delà des niveaux d'aide financière, affectant également l'assistance technique et le renforcement des capacités, particulièrement cruciaux pour les pays les moins avancés et les petits États insulaires en développement.

Notons enfin que, malgré ce retrait fédéral, de nombreux acteurs infranationaux et du secteur privé aux États-Unis restent engagés dans l'action climatique. Vingt-quatre États américains, représentés par l'*US Climate Alliance*, ont réaffirmé leur engagement envers les objectifs de l'Accord de Paris. Ces initiatives locales et privées, bien que significatives, ne peuvent toutefois pas compenser entièrement l'absence de *leadership* fédéral.

Conclusion : gare à la malédiction du pétrole !

La « malédiction du pétrole et plus largement des matières premières » décrit une situation paradoxale où les pays riches en ressources naturelles connaissent une sous-performance économique et des problèmes de développement, comme l'explique, entre autres, Jeffrey D. Sachs (*The Resource Curse Revisited*, Project Syndicate, 2021). Les États-Unis, en tant qu'économie diversifiée et développée, ne sont pas directement vulnérables à ce phénomène dans sa forme classique. Cependant, certains aspects de la politique énergétique de l'administration Trump ouvrent sur des risques apparentés, la maximisation de la production d'hydrocarbures pouvant conduire à une concentration excessive sur ce secteur. La dérégulation environnementale conduira également à des conséquences négatives durables sur l'environnement et la santé publique, avec une approche court-termiste qui rappelle certains aspects de la malédiction des ressources, où les gains immédiats sont privilégiés au détriment de la durabilité.

Une étude récente du *Peterson Institute for International Economics* (*US Energy Policy: Balancing Growth and Sustainability*, 2025) souligne qu'une focalisation excessive sur le secteur pétrolier et gazier pourrait rendre l'économie américaine plus vulnérable aux chocs exogènes, un trait caractéristique de la malédiction des ressources. Certes, les États-Unis disposent d'atouts importants qui les protègent en partie de la malédiction des ressources classiques, à savoir des institutions solides. Mais pour combien de temps ?

Pétrole : *la tornade Trump bouscule les marchés pétroliers*

Le début de l'année 2025 a été marqué par la tornade Donald Trump. L'énergie figure parmi les priorités du quarante-septième président des États-Unis et, dès son entrée à la Maison-Blanche le 20 janvier, il a signé quelques dizaines de décrets, dont cinq portent sur l'énergie. Leurs titres sont très évocateurs : mettre l'Amérique en premier dans les accords internationaux sur l'environnement ; déclarer une urgence énergétique nationale ; libérer l'énergie américaine ; libérer le potentiel extraordinaire de l'Alaska en matière de ressources ; retrait de toutes les zones du plateau continental pour l'attribution de permis pour l'éolien offshore.
Les grandes orientations énergétiques de Donald Trump, qui n'ont quasiment pas changé depuis 2016, ont commencé à être mises en œuvre dès son premier jour en tant que président au travers des décrets présidentiels (*executive orders*). Et le pétrole est au cœur des politiques énergétiques que le locataire de la Maison-Blanche entend conduire pendant quatre ans. Lors de sa campagne pour l'élection présidentielle en 2024, l'un de ses slogans favoris était *Drill baby, drill*, ce qui s'applique aux hydrocarbures (pétrole et gaz naturel), mais surtout au pétrole, cet « or liquide » que Donald Trump considère comme un enjeu fondamental pour la réussite de son second (et dernier) mandat. Les États-Unis sont déjà le premier producteur et consommateur mondial de pétrole et ce pays, quel que soit son président, pèse lourdement sur les évolutions du marché pétrolier et des prix du pétrole. Mais, avec le retour de Donald Trump, qui soutient toutes les énergies fossiles (pétrole, charbon, gaz naturel), cette influence pourrait être encore plus importante.

Les objectifs pétroliers très ambitieux de l'administration Trump

La volonté de Donald Trump d'augmenter la production d'énergies fossiles, notamment de pétrole, s'explique principalement par le raisonnement suivant : plus de production d'énergie sur le territoire des États-Unis fera baisser les prix de l'énergie, ce qui sera bon pour le consommateur américain ainsi que pour l'industrie et l'économie américaines qui ont besoin d'un approvisionnement en énergie fiable, abondant et bon marché.

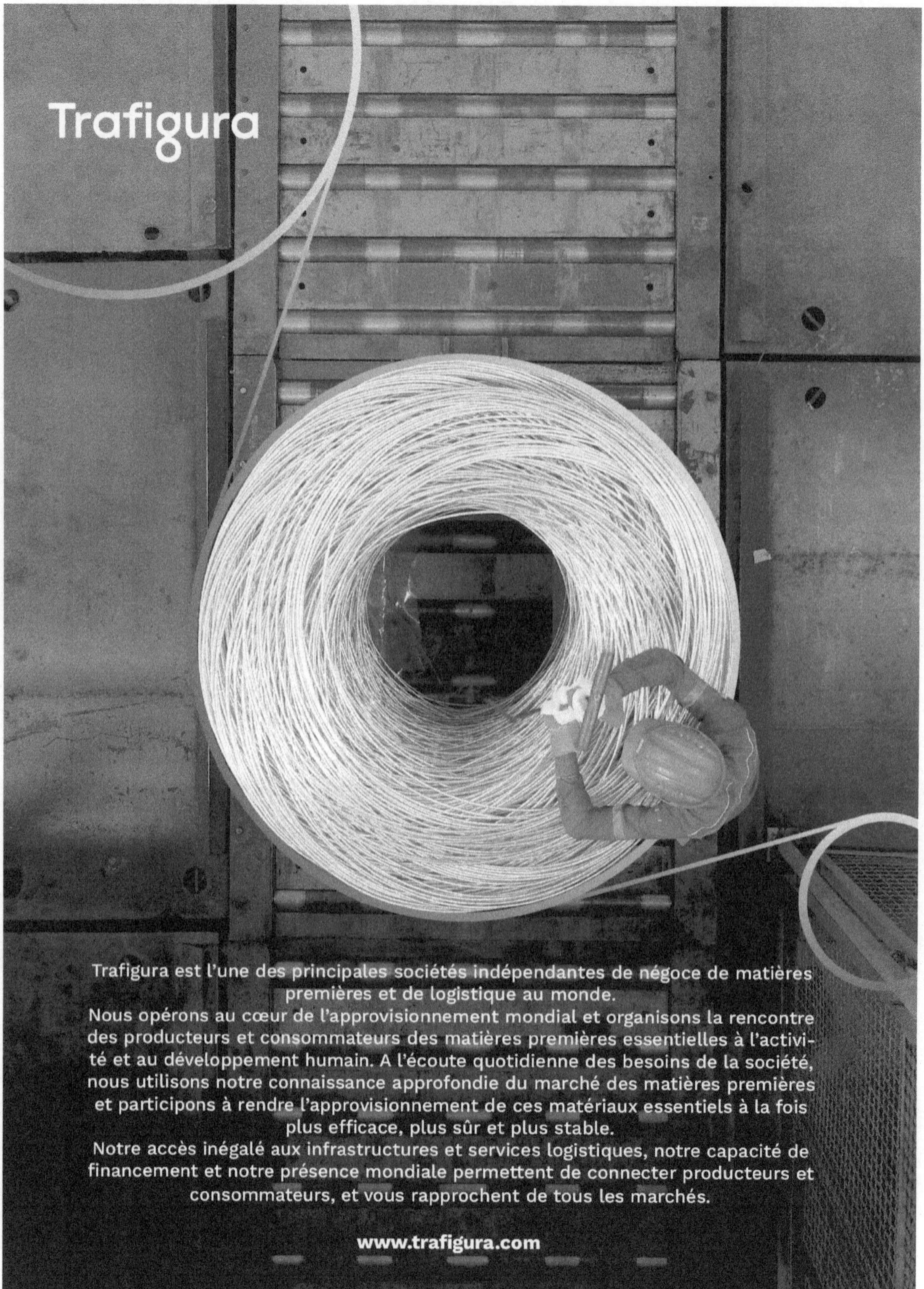
Trafigura
Trafigura est l'une des principales sociétés indépendantes de négoce de matières premières et de logistique au monde.
Nous opérons au cœur de l'approvisionnement mondial et organisons la rencontre des producteurs et consommateurs des matières premières essentielles à l'activité et au développement humain. A l'écoute quotidienne des besoins de la société, nous utilisons notre connaissance approfondie du marché des matières premières et participons à rendre l'approvisionnement de ces matériaux essentiels à la fois plus efficace, plus sûr et plus stable.
Notre accès inégalé aux infrastructures et services logistiques, notre capacité de financement et notre présence mondiale permettent de connecter producteurs et consommateurs, et vous rapprochent de tous les marchés.
www.trafigura.com

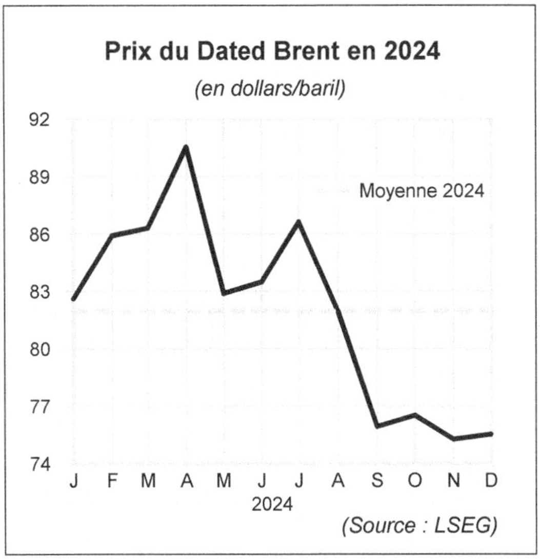

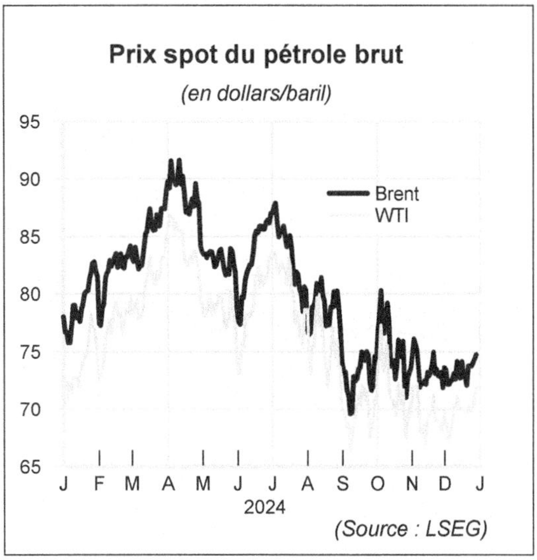

De plus, la hausse de la production accroîtra l'activité pour les entreprises américaines et donnera plus de travail aux salariés américains. Donald Trump entend progresser vers deux objectifs clés, d'abord l'indépendance énergétique, puis la domination énergétique. Pour le pétrole, son secrétaire au Trésor, Scott Bessent, a fixé un objectif à moyen terme : + 3 millions de barils par jour (Mb/j). Les États-Unis produisent actuellement 13,5 Mb/j environ (début 2025). L'objectif est donc très ambitieux, sans doute trop d'ailleurs. Les géants pétroliers américains ExxonMobil et Chevron ont souligné qu'il ne fallait surtout pas penser qu'un tel résultat était acquis. L'industrie pétrolière américaine étant totalement privée, sa priorité n'est pas de maximiser la production, mais de maximiser sa rentabilité, ce qui n'est pas la même chose. Dit autrement, si la hausse de la production devait entraîner une forte baisse des prix, ce ne serait pas forcément une bonne nouvelle pour les milieux pétroliers. Par ailleurs, il n'est pas simple d'aller beaucoup plus haut quand on est déjà le *leader* mondial et que l'on produit à un niveau jamais atteint dans l'histoire du pays et dans l'histoire mondiale. Selon l'*US Energy Information Administration* (EIA), qui fait partie du département de l'Énergie des États-Unis (*US DOE*), la production de brut du pays était de 13,42 Mb/j au cours du quatrième trimestre 2024 et elle pourrait atteindre 13,59 Mb/j en 2025 et 13,73 Mb/j en 2026 (moyennes annuelles), contre 13,21 Mb/j en 2024. Par comparaison, en janvier 2025, la production de brut de la Russie et de l'Arabie saoudite était respectivement de 9,2 Mb/j et de 9 Mb/j, selon l'Agence internationale de l'énergie (AIE), l'Arabie saoudite produit largement en dessous de

Prix spot du pétrole en 2024

(en dollars/baril)

	1T2024	2T2024	3T2024	4T2024	2024
WTI	77.50	81.77	76.43	70.74	**76.60**
Brent	82.96	84.72	80.03	74.65	**80.56**

(Source : US Energy Information Administration, février 2025)

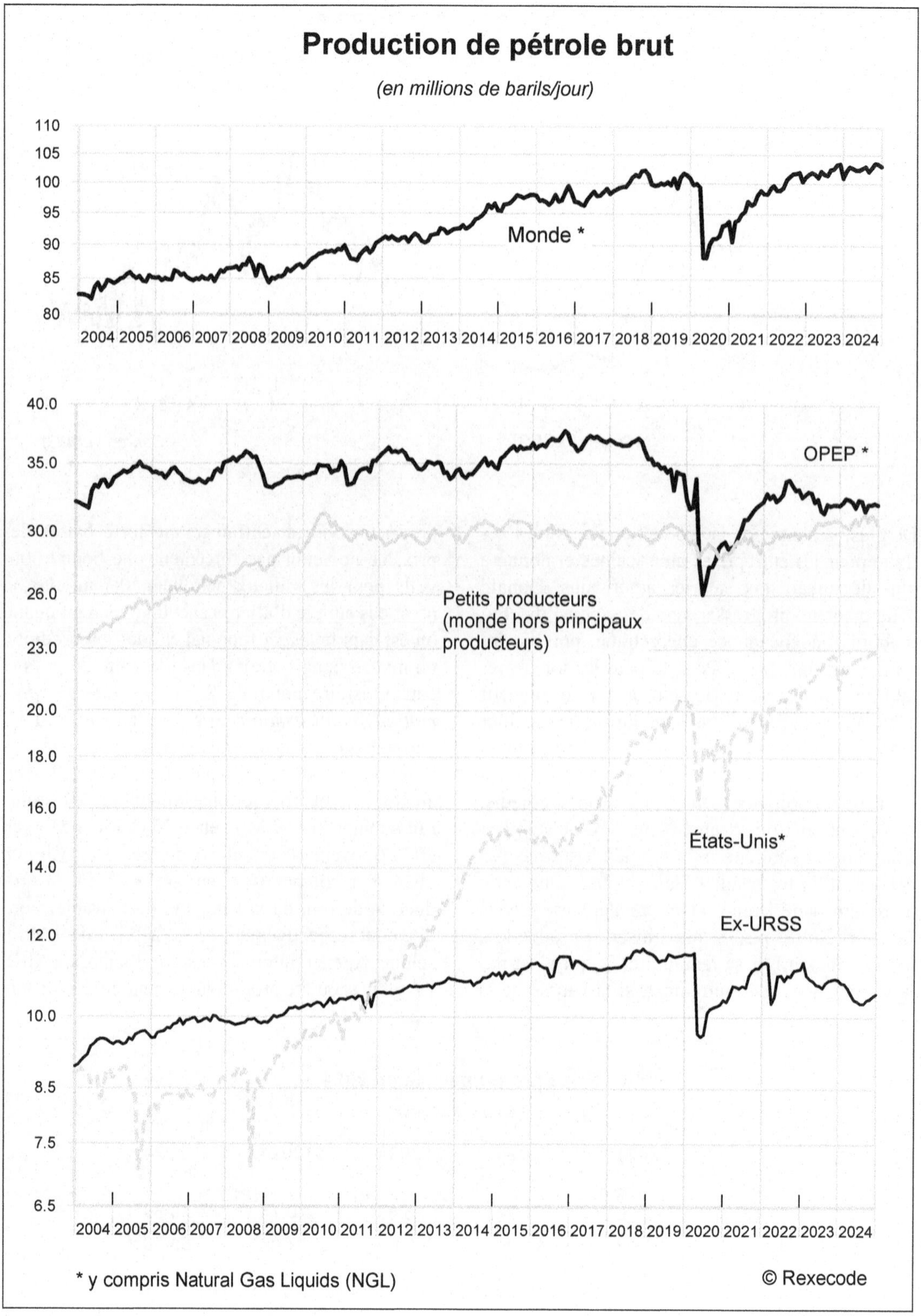
Production de pétrole brut
(en millions de barils/jour)
110
105
100
95
90
85
80
Monde *
2004 2005 2006 2007 2008 2009 2010 2011 2012 2013 2014 2015 2016 2017 2018 2019 2020 2021 2022 2023 2024
40.0
35.0
30.0
26.0
23.0
20.0
18.0
16.0
14.0
12.0
10.0
8.5
7.5
6.5
OPEP *
Petits producteurs
(monde hors principaux
producteurs)
États-Unis*
Ex-URSS
2004 2005 2006 2007 2008 2009 2010 2011 2012 2013 2014 2015 2016 2017 2018 2019 2020 2021 2022 2023 2024
* y compris Natural Gas Liquids (NGL)
© Rexecode

Production totale de pétrole brut

(en millions de barils/jour)

	2020	2021	2022	2023	2024
Total mondial	**71.34**	**72.30**	**75.78**	**76.53**	**76.24**
États-Unis	11.32	11.31	11.99	12.93	13.22
Non-OPEC+ hors États-Unis	23.64	24.94	25.38	26.52	27.34
Total OPEP	**24.35**	**25.17**	**27.52**	**26.90**	**26.74**
Algérie	0.90	0.90	1.00	0.97	0.91
Congo (Brazzaville)	0.28	0.26	0.27	0.26	0.24
Guinée équatoriale	0.11	0.10	0.09	0.06	0.06
Gabon	0.17	0.18	0.20	0.20	0.22
Iran	1.96	2.39	2.54	2.87	3.31
Irak	4.06	4.06	4.45	4.33	4.40
Koweït	2.44	2.42	2.71	2.59	2.46
Libye	0.36	1.16	0.98	1.15	1.09
Nigeria	1.54	1.30	1.10	1.24	1.28
Arabie saoudite	9.21	9.11	10.43	9.53	9.02
Émirats arabes unis	2.81	2.72	3.06	2.95	2.93
Venezuela	0.50	0.56	0.69	0.74	0.83
Azerbaïdjan	0.61	0.59	0.56	0.50	0.48
Bahrain	0.17	0.18	0.19	0.18	0.17
Brunei	0.08	0.08	0.07	0.07	0.08
Kazakhstan	1.46	1.48	1.45	1.56	1.50
Malaisie	0.46	0.42	0.40	0.37	0.34
Mexique	1.66	1.66	1.62	1.65	1.55
Oman	0.76	0.75	0.85	0.81	0.76
Russie	9.42	9.62	9.75	9.58	9.16
Soudan du Sud	0.16	0.16	0.16	0.15	0.08
Soudan	0.06	0.06	0.06	0.07	0.04

(Source : US Energy Information Administration)

sa capacité, mais ne pourrait de toute façon pas rattraper les États-Unis.

Les cinq décrets présidentiels signés le 20 janvier portent notamment sur les éléments suivants (nous n'évoquons ici que ceux qui sont liés, directement ou indirectement, au pétrole) : se retirer (à nouveau) de l'Accord de Paris (COP21, décembre 2015) ; réexaminer toutes les réglementations qui imposent un fardeau indu sur la production ou l'utilisation des ressources énergétiques domestiques ; encourager l'exploration sur les terres fédérales et dans l'*offshore* ; exploiter le potentiel de l'Alaska ; remplir les stocks stratégiques pétroliers ; augmenter les exportations d'hydrocarbures ; et laisser le libre choix aux automobilistes entre véhicules à moteur thermique (essentiellement essence aux États-Unis) et véhicules électriques. Ces grandes orientations ont vocation à être développées et mises en musique au cours des prochains mois par les ministères et agences fédérales concernés. Mais il y aura plusieurs obstacles sur cette route, dont des actions en justice contre plusieurs des dispositions de ces décrets. Il faudra donc un peu de recul pour analyser les impacts des dispositions

Production et consommation pétrolière mondiale

(en millions de barils/jour)

	2023	2024	2025(p)	2026(p)
Consommation OCDE	45.7	45.7	45.9	45.9
Consommation non-OCDE	56.2	57.1	58.2	59.3
Production OPEP	32.21	32.21	32.61	33.14
Dont brut OPEP	26.9	26.74	26.88	27.33
Production mondiale de liquides	**102.06**	**102.6**	**104.36**	**105.89**
Dont non-OPEP	69.85	70.39	71.75	72.75

(p) projections

(Source : US Energy Information Administration, février 2025)

qui pourront effectivement être mises en œuvre. Au début février, le président américain a ajouté un point majeur : imposer (à nouveau) des sanctions économiques très dures contre l'Iran en vue de réduire à zéro les exportations pétrolières de ce pays.

Donald Trump, le retour : quels impacts sur les prix du pétrole ?

Le retour de Donald Trump à la Maison-Blanche aura forcément des impacts sur les prix du pétrole, mais il reste à voir si ceux-ci seront plutôt haussiers ou baissiers. Le président entend relancer l'économie américaine grâce à des baisses d'impôt, ce qui pourrait faire monter les prix du brut. L'alourdissement des sanctions contre l'Iran, et sans doute contre le Venezuela, aurait aussi un impact haussier. Et il n'est pas impossible que les États-Unis et/ou Israël frappent militairement l'Iran en raison du programme nucléaire de ce pays. Là aussi, les prix du brut seraient orientés à la hausse. Mais, à l'inverse, si le retour de Trump donnait des couleurs au dollar, le prix du pétrole pourrait baisser (il y a souvent une relation inverse entre le cours du dollar et le prix de l'or noir). La forte augmentation de la production pétrolière américaine souhaitée par le président aurait un impact baissier, de même que les pressions sur l'OPEP et l'OPEP+, dont l'Arabie saoudite, pour que celles-ci produisent plus de pétrole. Et ces pressions ont commencé dès la fin janvier 2025 lors de l'intervention de Donald Trump au Forum de Davos. Enfin, l'amour du président américain pour les droits de douane, notamment contre la Chine, pourrait déboucher sur une guerre commerciale entre les deux plus grandes puissances économiques mondiales, ce qui générerait un ralentissement économique mondial et ferait chuter les prix du pétrole.

Production, consommation et prix pétroliers aux États-Unis

	2023	2024	2025(p)	2026(p)
Production de pétrole brut (Mb/j)	12.93	13.21	13.55	13.62
Consommation de liquides (Mb/j)	20.28	20.33	20.54	20.55
Prix du WTI ($ par baril)	77.58	76.60	70.31	62.46

(p) projections

(Source : US Energy Information Administration, février 2025)

Le prix du Brent à la mi-mars 2025 était inférieur de près de $ 20/b à la moyenne d'avril 2024

Le vendredi 14 mars 2025, en fin de journée, le prix du Brent pour le contrat de mai 2025 sur ICE Futures était de $ 70,60/b par baril environ, contre $ 80,52/b en moyenne pour l'année 2024 (la rédaction de ce chapitre a été achevée à la mi-mars 2025). En fait, ce prix est en forte chute depuis le début 2025 ($ 79,27/b pour le mois de janvier). Ce même jour, le prix du West Texas Intermediate (WTI) pour le contrat d'avril 2025 sur le Nymex était de $ 67/b environ. Les cours du pétrole ont baissé pour plusieurs raisons : un excédent de l'offre pétrolière mondiale sur la demande en 2025, que l'AIE estimait à 900 000 b/j dans son *Oil Market Report* (OMR) de décembre 2024 ; les annonces de Donald Trump sur la fin de la guerre en Ukraine cette année (en un jour, en six mois ou en cent jours, selon les déclarations présidentielles successives), qu'il faut évidemment prendre avec une pincée de sel ; une certaine détente au Moyen-Orient avec des trêves au Liban et à Gaza, même si celles-ci sont fragiles ; le retour de Donald Trump, qui entend pousser à la hausse la production de pétrole des États-Unis ; les incertitudes sur l'économie mondiale ; et les inquiétudes sur les conséquences de la guerre commerciale lancée par l'administration Trump contre le Canada, le Mexique, la Chine, l'Union européenne et, pour certains produits (acier et aluminium), le monde entier.

La moyenne des prix du Brent en 2024 a été de $ 80,52/b, en léger recul (– 2,4 %) par rapport à la moyenne 2023 ($ 82,48/b), mais un peu au-dessus de la moyenne annuelle sur les quinze dernières années (depuis 2010) qui est de $ 78,1/b. Sur ces quinze ans, la moyenne 2024 pour le Brent a été la septième la plus élevée. Pendant les huit premiers mois de l'an dernier, le prix était supérieur à $ 80/b avec une pointe en avril à presque $ 90 ($ 89,94/b) et une moyenne sur cette période de $ 83,5/b. Au cours des quatre derniers mois de 2024, le prix a été compris entre $ 73,8/b et $ 75,6/b environ avec une moyenne de $ 74,4/b. Sur l'ensemble de l'année, l'amplitude mensuelle fut de $ 16 (entre $ 74 en septembre et quasiment $ 90 en avril). Les cours ont augmenté sur les quatre premiers mois de 2024 avec un gain de près de $ 10 avant de chuter brutalement en mai ($ 81,75/b) et de repartir à la hausse au cours des deux mois suivants. Le prix du Brent allait ensuite décrocher en août et septembre avec une baisse d'un peu plus de $ 11 sur ces deux mois et de se stabiliser jusqu'à la fin de l'année. En janvier 2025, une remontée de plus de $ 5 a été enregistrée avant un nouveau déclin de moins de $ 4. En février, la moyenne était de $ 75,44/b. Entre le mois d'avril 2024 et la mi-mars 2025, le déclin est de près de $ 20/b.

Plusieurs pays de l'OPEP+ confirment qu'ils augmenteront leur production à partir d'avril 2025

Le 3 mars 2025, huit pays de l'OPEP+ ont annoncé qu'ils « réaffirmaient » leur décision du 5 décembre 2024 portant sur une hausse progressive de leur production pétrolière à partir du

Production et capacités OPEP

(en millions de barils/jour)

	1T2024	2T2024	3T2024	4T2024	2024
Production brut OPEP	26.77	26.82	26.67	26.7	**26.74**
Production autres liquides	5.45	5.31	5.45	5.67	**5.47**
Production totale OPEP	**32.22**	**32.13**	**32.12**	**32.37**	**32.21**
Capacité de production de brut	31.16	31.3	31.18	31.47	**31.28**

(Source : US Energy Information Administration, février 2025)

Saudi Aramco a gagné « seulement » $ 106 milliards en 2024

Comme pour d'autres grands groupes pétroliers, les profits de Saudi Aramco (Aramco) ont baissé en 2024. Le bénéfice net du géant pétrolier mondial s'est établi à $ 106,25 milliards en 2024, contre $ 121,27 milliards en 2023, soit un recul de 12,4 % qui s'explique principalement par la diminution des prix du brut en 2024. En 2022, le bénéfice net de la compagnie nationale saoudienne avait crevé tous les plafonds pour atteindre $ 161 milliards, mais il s'agissait d'une année exceptionnelle pour l'industrie du fait du début de la guerre en Ukraine qui avait fait flamber les prix des hydrocarbures (pétrole et gaz naturel) et, donc, les bénéfices de l'industrie. Il y a traditionnellement une relation très étroite entre le niveau des prix des hydrocarbures, en particulier celui du pétrole, et les profits des pétroliers, que ceux-ci soient des entreprises privées ou étatiques, comme Aramco.

1er avril 2025. Cette augmentation, qui sera étalée sur 18 mois, donc jusqu'en septembre 2026, sera au total de 2,2 Mb/j environ. Ces pays sont l'Arabie saoudite, la Russie, l'Irak, les Émirats arabes unis, le Koweït, le Kazakhstan, l'Algérie et Oman. Cette liste comprend cinq pays membres de l'OPEP et trois pays non-OPEP faisant partie de la coalition OPEP+ (Russie, Kazakhstan et Oman), qui regroupe vingt-deux pays (dont les douze États membres de l'OPEP). Trois d'entre eux, la Russie, l'Arabie saoudite et l'Irak, figurent parmi les cinq plus grands producteurs mondiaux de pétrole.

Ces huit pays avaient annoncé en novembre 2023 de nouvelles réductions volontaires (ce qui signifie en plus de celles décidées collectivement par l'OPEP+) de 2,2 Mb/j. Ces volumes devaient commencer à être remis sur le marché à partir d'octobre 2024, mais, le 5 septembre dernier, la date avait été reportée de deux mois, donc au début décembre 2024. Puis, en novembre, ces huit exportateurs avaient indiqué que ces réductions de production seraient maintenues jusqu'à la fin décembre 2024. Enfin, le 5 décembre, le calendrier avait une nouvelle fois été modifié et le début de l'accroissement de la production de ces pays est

Le Guyana poursuit son impressionnante montée en puissance

Sur le permis *offshore* de Stabroek au Guyana, au nord de l'Amérique du Sud, ExxonMobil et ses partenaires (Hess et la CNOOC) préparent un nouveau projet de développement pétrolier, le septième sur ce bloc. Son nom est Hammerhead. Ce projet devrait avoir une capacité comprise entre 120 000 et 180 000 b/j de brut. La mise en production pourrait intervenir en 2029 si toutes les autorisations requises étaient accordées prochainement. ExxonMobil a réalisé à ce jour 39 découvertes sur ce permis, ce qui est exceptionnel, et a achevé trois développements pétroliers, par ordre chronologique, la Phase 1 de Liza (Liza est la première découverte réalisée par ExxonMobil sur Stabroek. Elle remonte à 2015), la Phase 2 de Liza et Payara (mise en production en novembre 2023 pour ce dernier projet). Ces trois projets représentent une production pétrolière actuelle de 750 000 b/j environ, soit la totalité de la production du Guyana. Le consortium développe par ailleurs trois autres projets pétroliers, Yellowtail (développement lancé en avril 2022), Uaru (avril 2023) et Whiptail (avril 2024). Le coût d'investissement du premier de ces trois projets est estimé à $ 10 milliards et celui de chacun des deux autres est évalué à $ 12,7 milliards, soit un peu plus de $ 35 milliards au total. Chacun d'entre eux aura une capacité de 250 000 b/j. Ces trois projets en cours de développement devraient permettre au Guyana de porter sa production pétrolière à 1,3 Mb/j de brut vers la fin 2027.

maintenant fixé à avril 2025, ce qui a été confirmé trois mois après, le 3 mars 2025. Toujours le 5 décembre, ils avaient décidé d'étaler davantage ces hausses (sur une période de dix-huit mois, contre douze mois prévus précédemment). L'annonce faite le 3 mars 2025 est donc exactement la même que celle du 5 décembre 2024.

Pour faire baisser les prix du pétrole, Trump veut plus de production des États-Unis, mais aussi de l'OPEP/OPEP+

Cependant, durant cette période de trois mois, il s'est passé quelque chose de très important qui est l'arrivée de Donald Trump à la Maison-Blanche. Le président américain entend faire baisser les prix du pétrole. Pour arriver à cet objectif, il veut que la production pétrolière de son pays augmente et il a également commencé à faire pression sur l'OPEP. Lors de son intervention en visioconférence au Forum de Davos, à la fin janvier, Donald Trump avait évoqué ce sujet en trois phrases dans son style inimitable : je vais demander à l'OPEP et à l'Arabie saoudite de faire baisser les prix du pétrole (le président américain ne parle pas de l'OPEP+, mais l'administration Trump l'inclut évidemment dans cette exigence) ; je m'étonne qu'ils ne l'aient pas déjà fait avant mon élection ; ce n'est pas une preuve d'amour. Et il avait ajouté que la chute des prix du pétrole aurait un impact fort sur la Russie et que cela contribuerait à mettre fin à la guerre en Ukraine.

Il est difficile de ne pas établir un lien direct entre ces pressions de Donald Trump et l'annonce du 3 mars 2025 par ces huit pays. Il va de soi qu'aucun d'entre eux ne reconnaîtra ce lien, car aucun État ne veut avouer qu'il a agi sous la pression de qui que ce soit, y compris de la première puissance mondiale. Au sein de ces huit pays, nous avons quatre pays arabes du Golfe, l'Arabie saoudite, les Émirats arabes unis, le Koweït et Oman, qui sont très proches des États-Unis et qui souhaitent vivement conserver la protection américaine, alors que certains éléments de l'administration Trump sont très isolationnistes ou très tournés vers la menace chinoise et, donc, peu soucieux de leurs alliés en Europe et au Moyen-Orient (en dehors d'Israël, bien sûr). Dans un tel rapport de forces, il est important de donner des gages au locataire de la Maison-Blanche. Quant à la Russie, elle reçoit tellement de cadeaux de Donald Trump dans le contexte de la guerre en Ukraine qu'il faudrait être vraiment le dernier des ingrats pour ne pas renvoyer (un peu) l'ascenseur. Le président américain voulait voir les prix du pétrole baisser et il obtient pour l'instant satisfaction à l'extérieur.

L'avenir étant très incertain, il convient de rester prudent et les huit pays de l'OPEP+ ont ajouté le 3 mars 2025 que leur décision restait « adaptable » en fonction des conditions. Et, comme ils l'avaient indiqué précédemment, l'augmentation progressive prévue pourrait être mise en pause ou inversée en fonction de la situation du marché pétrolier mondial. Cela signifie en clair qu'il ne faut quand même pas que les prix du pétrole baissent de façon trop importante.

En 2024, les exportations pétrolières russes ont été inférieures à leur volume moyen des dernières années

Grand exportateur de pétrole, la Russie a été affectée négativement par la guerre qu'elle a lancée en février 2022 contre l'Ukraine et cela vaut aussi pour le secteur pétrolier. En 2024, les exportations pétrolières (brut et produits raffinés) de ce pays étaient inférieures en volume à leur niveau des dernières années. Elles ont oscillé l'an dernier entre 7 et 8 Mb/j pour terminer l'année autour de 7,3-7,4 Mb/j (7,9 Mb/j en moyenne annuelle entre 2021 et 2023), dont 4,9-5 Mb/j de brut, ce qui a généré des revenus de l'ordre de $ 14,6 milliards à $ 15,7 milliards par mois au cours du dernier trimestre de 2024 ($ 16 milliards par mois environ sur l'ensemble de l'année), dont $ 9,6-10,4 milliards par mois pour les exportations de brut, selon l'OMR. En dépit d'une baisse des volumes, la valeur des exportations pétrolières de la Russie a été assez stable entre 2023 et 2024.

Pour continuer à écouler beaucoup de brut vers les pays non occidentaux, puisque ceux-ci ont mis en place des mesures d'embargo, la Russie casse les prix. Ses acheteurs asiatiques, en particulier la Chine et l'Inde, en sont les grands bénéficiaires. Sur les derniers mois de 2024, le prix du brut de qualité Oural (Fob Primorsk ou Novorossisk) était de l'ordre de $ 61-63//b, soit un différentiel de près de $ 12-13 par rapport au Dated Brent. Pour les

L'administration Biden a renforcé *in extremis* les sanctions contre la Russie, mais que fera Trump ?

Le 10 janvier 2025, l'administration Biden a pris, pour la dernière fois, de nouvelles sanctions contre la Russie. Et, pour son chant du cygne, elle n'y est pas allée de main morte. Les sanctions proviennent du département d'État et du département du Trésor, ce dernier en ayant d'ailleurs ajouté le 15 janvier avec la désignation d'une liste de 20 entités opérant dans le secteur russe de l'énergie, dont Arctic LNG 2.

Le département d'État a décidé de sanctionner presque 80 personnalités et entités dans le secteur russe de l'énergie. Le but est de faire baisser les revenus pétroliers et gaziers de la Russie en ciblant des opérateurs importants de projets pétroliers et de projets de gaz naturel liquéfié (GNL). Les sanctions imposées le 10 janvier par le département du Trésor sont encore plus importantes, car la liste des personnes et entités ciblées est nettement plus longue. On y trouve deux entreprises clés pour le pétrole, Gazprom Neft et Surgutneftegas, près d'une trentaine de leurs filiales et pas moins de 183 navires. Ce sont essentiellement des tankers, dont beaucoup font partie de ce que l'on appelle souvent la « flotte fantôme » mise en place pour tenter de contourner les sanctions occidentales contre le pétrole russe imposées depuis 2022 dans le contexte de la guerre en Ukraine. La fourniture par des firmes américaines de services pétroliers à des entités situées en Russie a été par ailleurs prohibée à compter du 27 février 2025.

bruts ESPO (Eastern Siberia Pacific Ocean, Fob Kozmino) et Oural (DAP – delivered at place – West Coast India), les différentiels par rapport au brut Moyen-Orient Dubaï M1 étaient respectivement de $ 2,5-4,7/b et de $ 2,20-3,30/lb vers la fin 2024. Les prix de l'ESPO étaient compris entre $ 68 et $ 71/b à la même période.

Nouveau record technologique mondial pour l'industrie pétrolière

En août 2024, Chevron (opérateur) et TotalEnergies ont mis en production Anchor, un projet pétrolier dans le golfe du Mexique (que Donald Trump a rebaptisé en golfe de l'Amérique). Il est situé à environ 225 kilomètres de la côte de la Louisiane par une profondeur d'eau de 1 520 mètres environ. Dans la Phase 1, la production de brut sera de 75 000 b/j (il y a aussi du gaz naturel) grâce à une unité flottante de production (FPU). Le coût de la Phase 1 est estimé par l'opérateur à $ 5,7 milliards. La durée de production est évaluée à une trentaine d'années.

Le plus important dans ce projet n'est pas ce qui précède. C'est la profondeur du réservoir : jusqu'à 34 000 pieds (10 363 mètres) au-dessous du niveau de la mer. Or, la plupart des découvertes pétrolières dans le monde ont été réalisées à des profondeurs comprises entre 2 et 5 kilomètres. Pour le développement d'Anchor, il a donc fallu concevoir et mettre au point des équipements capables de résister à des pressions très élevées. Anchor est une première sur le plan technologique, « une percée pour l'industrie de l'énergie », selon Nigel Hearne, vice-président

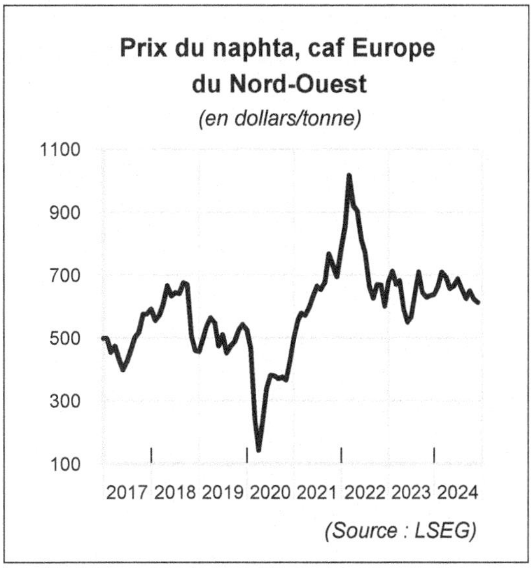

ÉNERGIE

Les trois plus grands producteurs mondiaux de liquides(a)

(en millions de barils/jour)

	2023	2024	2025(p)	2026(p)
États-Unis	21.91	22.66	23.14	23.48
Russie	10.75	10.53	10.47	10.61
Arabie saoudite	11.13	10.67		

(p) projections

(a) Pétrole brut et autres liquides. Brut seulement pour l'Arabie saoudite.

(Source : US Energy Information Administration, février 2025)

exécutif de Chevron Oil, Products & Gas. La compagnie souligne que cette avancée ouvre une « nouvelle frontière » dans le développement de projets en mer profonde, ce qui permettra d'extraire des ressources d'hydrocarbures actuellement inaccessibles.

Le Sénégal, un nouveau producteur de pétrole

Au large du Sénégal, le champ de Sangomar est entré en production en juin 2024. Le projet a pris un peu de retard puisque le début de la production pétrolière avait été annoncé pour 2023 il y a quelques années. Le débit du gisement a augmenté progressivement au cours du second semestre 2024. La capacité de la Phase 1 (*Sangomar Field Development Phase 1*) est de 100 000 b/j de brut grâce au FPSO (unité flottante de production, de stockage et de déchargement) Léopold Sédar Senghor, appelé ainsi en hommage au premier président de la République du Sénégal qui est un pays indépendant depuis 1960. L'opérateur du projet est la firme australienne Woodside Energy et son partenaire est la Société des Pétroles du Sénégal (Petrosen). Woodside, qui détient une participation de 82 % dans la zone d'exploitation, a indiqué que le coût de la Phase 1 restait dans la fourchette prévue de $ 4,9-5,2 milliards.

Les premières découvertes de pétrole au large du Sénégal remontent à 2014 et elles ont été le fait de Cairn Energy, qui s'est depuis retirée du projet. La décision finale d'investissement pour la Phase 1 de Sangomar avait été prise en janvier 2020 et la campagne de forages avait débuté en juillet 2021. Dix ans se sont donc écoulés entre la découverte de pétrole et le début de la production. Le Sénégal est par ailleurs devenu un pays produc-

Consommation mondiale de liquides(a)

(en millions de barils/jour)

	2023	2024	2025(p)	2026(p)
Pays OCDE	45.68	45.70	45.90	45.87
Pays non-OCDE	56.16	57.07	58.19	59.28
Total mondial	**101.84**	**102.77**	**104.1**	**105.15**

(p) projections

(a) Pétrole brut et autres liquides.

(Source : US Energy Information Administration, février 2025)

La Namibie pourrait devenir un pays producteur et exportateur de pétrole vers 2030

Depuis le début 2022, la Namibie a fait naître de grands espoirs en matière d'exploration pétrolière avec des découvertes très importantes par trois opérateurs, Shell, TotalEnergies et Galp (Portugal), sur trois permis *offshore* dans le bassin d'Orange. Par contre, dans les dernières semaines, des nouvelles décevantes ont été annoncées, en particulier de la part de Shell. L'attention se porte à présent sur TotalEnergies, l'opérateur du bloc 2913B, sur lequel le groupe français entend faire porter une bonne partie de ses efforts en vue du lancement d'un premier développement pétrolier offshore, Venus, dans ce pays. Le plateau de production serait de 150 000 b/j de brut.

Les défis techniques sont importants, notamment une faible perméabilité et un ratio gaz/pétrole élevé, mais le groupe français estime que des solutions sont à sa portée. La décision finale d'investissement n'a pas été prise, mais elle pourrait intervenir à la fin 2025 ou au début 2026. La production pourrait débuter vers 2030.

teur de gaz dans les derniers jours de 2024 grâce à un projet offshore partagé avec la Mauritanie.

Les grandes manœuvres continuent dans l'industrie pétrolière américaine

Le 29 mai 2024, ConocoPhillips et Marathon Oil Corporation ont annoncé que la première de ces entreprises allait acquérir la seconde. La valeur de cette opération, qui sera effectuée totalement grâce à un échange d'actions, est de $ 22,5 milliards, dont $ 5,4 milliards de dette nette. ConocoPhillips est d'ailleurs le résultat d'une fusion, qui remonte à août 2002, entre Conoco et Phillips Petroleum, ce qui avait conduit à la création de la troisième plus importante société pétrolière aux États-Unis après ExxonMobil (résultat d'une fusion entre Exxon et Mobil en 1999) et Chevron (qui avait acquis Gulf en 1984 et Texaco en 2001). Les fusions et acquisitions ont donc joué un rôle clé dans l'évolution de l'industrie pétrolière américaine depuis des dizaines d'années et ce n'est pas fini.

Dans la période récente, depuis l'automne 2023, on peut observer une nouvelle vague de fusions/acquisitions dans l'industrie pétrolière. Le 11 octobre 2023, ExxonMobil et Pioneer Natural Resources ont décidé de fusionner. Il en a été de même pour Chevron et Hess le 23 octobre. Le 12 février 2024, c'était le tour de Diamondback Energy et d'Endeavor Energy Resources.

Ces opérations récentes présentent plusieurs caractéristiques communes : les sociétés concernées sont basées aux États-Unis ; les cibles de ces acquisitions sont actives dans l'exploration-production d'hydrocarbures (amont) et pas dans l'aval ; l'enjeu clé de ces opérations pour les acquéreurs est l'accroissement des réserves et de la production d'hydrocarbures non conventionnels aux États-Unis ; et ces compagnies estiment manifestement que le pétrole et le gaz naturel ont encore un bel avenir devant eux.

Poursuite du duel AIE/OPEP sur l'évolution de la demande pétrolière mondiale à moyen terme et à long terme

Le duel entre l'AIE (Paris) et l'Organisation des pays exportateurs de pétrole (OPEP, Vienne) s'est poursuivi à travers diverses publications. Dans son rapport mensuel sur le marché pétrolier portant sur septembre 2024 (*Oil Market Report*), l'AIE a expliqué que le ralentissement de la croissance de la consommation pétrolière de la Chine renforçait sa conviction que la demande mondiale atteindrait un plateau d'ici la fin de cette décennie. L'agence estime que la consommation chinoise de carburants (essence, gazole et carburateur/kérosène) a légèrement baissé en 2024 à 8,1 Mb/j, un niveau inférieur de 2,5 % à celui de 2021. L'AIE explique cette évolution par le fait que l'économie chinoise serait en train de basculer d'une économie de production industrielle à une économie de services, une appréciation quelque peu contestable, par le développement des véhicules électriques, par l'utilisation du gaz naturel comprimé (GNC) et du gaz naturel liquéfié (GNL) dans le secteur des transports, par l'extension du réseau ferroviaire à grande vitesse et de celui des métros dans les zones urbaines. Selon l'AIE, la demande globale de carburants pétroliers dans la deuxième économie mondiale a déjà atteint un plateau, malgré une augmentation de la consommation de carburants aériens, et le potentiel de croissance future pourrait être très limité, une phrase un peu contradictoire. Cependant, ajoute l'AIE, la demande pétrolière totale de la Chine continue à progresser, car elle est tirée à la hausse par l'utilisation du pétrole comme ressource (*feedstock*) pour l'industrie pétrochimique. Cette tendance devrait se poursuivre pendant quelques années encore, mais la demande totale devrait plafonner ver la fin de cette décennie. Par contre, dans son *World Oil Outlook 2024*, qui porte sur la période allant jusqu'à 2050, l'OPEP a, une fois de plus, contesté cette thèse. « Il n'y a pas de pic de la demande pétrolière à l'horizon », selon le secrétaire général de cette organisation, Haitham Al Ghais. La demande pétrolière atteindrait environ 120 Mb/j en 2050, selon le *WOO 2024*. Et il y a un potentiel pour que la réalité soit plus élevée que cette projection, a ajouté le secrétaire général. Cette croissance s'expliquerait uniquement par le dynamisme des pays émergents et en développement (non OCDE), puisque leur demande pétrolière bondirait de 28 Mb/j alors que celle des pays OCDE déclinerait. Sur ces 28 Mb/j supplémentaires d'ici 2050, 22 Mb/j proviendraient de l'Inde, du reste de l'Asie non OCDE, de l'Afrique et du Moyen-Orient. Ces chiffres sont liés au scénario de référence de l'OPEP.

À l'horizon 2050, selon l'OPEP, les hydrocarbures resteraient dominants avec plus de 53 % de la demande mondiale d'énergie primaire, dont 29,3 % pour le pétrole et 24 % pour le gaz naturel. Leur part combinée ne baisserait que de moins d'un point, mais celle des énergies fossiles diminuerait de plus de 13 points (66,4 % en 2050, contre 79,8 % en 2023) du fait du recul attendu pour le charbon. Il faudra donc, selon le *WOO2024*, continuer à investir des sommes très importantes pour faire face à l'augmentation future des besoins mondiaux en hydrocarbures. Pour le pétrole, l'OPEP évalue les investissements requis entre 2024 et 2050 à $ 17400 milliards, soit environ $ 640 milliards par an (le tout en dollars 2024). Pour cette organisation, la fin du pétrole n'est ni pour demain ni pour après-demain.

Certes, l'énergie a échappé aux tarifs annoncés par Donald Trump durant le *Liberation Day*. Cela n'a pas empêché les marchés du pétrole d'enregistrer de fortes baisses à moins de $ 65 le baril pour le Brent et de $ 60 pour le WTI. En tenant compte des hausses de prix de l'acier et de l'aluminium pour le matériel de forage, cela signifie que l'on est proche des niveaux des coûts de production des pétroles de schiste américains. Le *Drill baby drill* s'éloigne un peu plus ! Certains analystes anticipent déjà, à la suite du ralentissement économique mondial, une baisse de la consommation mondiale en 2025 !

Produits pétroliers :
l'industrie du raffinage en 2024 : volumes traités en hausse, marges en baisse

Partout dans le monde, les marges de raffinage se sont affichées en baisse en 2024, malgré les conflits et sanctions en cours, on a assisté là à un retour à la normale que confirme la poursuite du retrait des majors des activités les moins stratégiques.

Une marge de raffinage en Europe élevée au premier trimestre 2024 et en forte baisse depuis

Les marges de raffinage en Europe, calculées sur le Brent par la direction générale Énergie et Climat (DGEC, France), sont en forte baisse depuis 2022. Cette marge est en effet passée de € 101 par tonne en 2022 à € 71/t en 2023 et à € 44/t en 2024, mais cette évolution n'est pas surprenante, car l'année 2022 était une année exceptionnelle du fait du début de la guerre en Ukraine qui a eu des impacts très forts sur les marchés pétroliers. Si l'on prend un peu plus de recul, 2024 a été un assez bon millésime. La moyenne des marges annuelles de raffinage depuis 2015, soit sur une période de dix ans, est en effet de € 40/t, soit quatre euros de moins qu'en 2024. Sur ces dix années, la marge de 2024 est la quatrième plus élevée après 2022, 2023 et 2015 par ordre décroissant. Le niveau de 2024 est très proche de celui de 2015 (€ 46/t).

Les marges de raffinage sont traditionnellement très volatiles. C'est l'une des caractéristiques clés de cette industrie. Sur les dix dernières années, l'amplitude est énorme, puisqu'elles sont comprises entre € 11 et € 101/t, soit un écart de un à plus de neuf. Il est vrai cependant que cette période est peu commune avec des prix du pétrole très bas en 2015-2016, la pandémie de covid-19 en 2020 et le début de la seconde guerre en Ukraine en 2022.

Cette volatilité se vérifie aussi sur une année. En 2024, la marge a évolué entre un creux de € 25/t en août et un pic de € 82/t en février, soit un écart de un à plus de trois. Au cours du premier trimestre, la moyenne était de € 73/t. Elle a

Prix du naphta, caf Europe du Nord-Ouest
(en dollars/tonne)

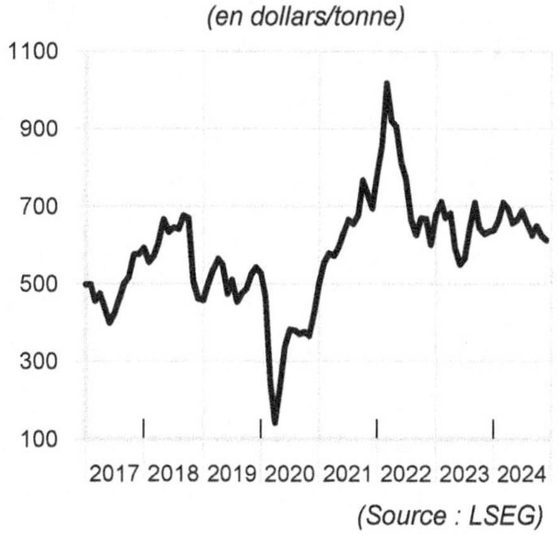

(Source : LSEG)

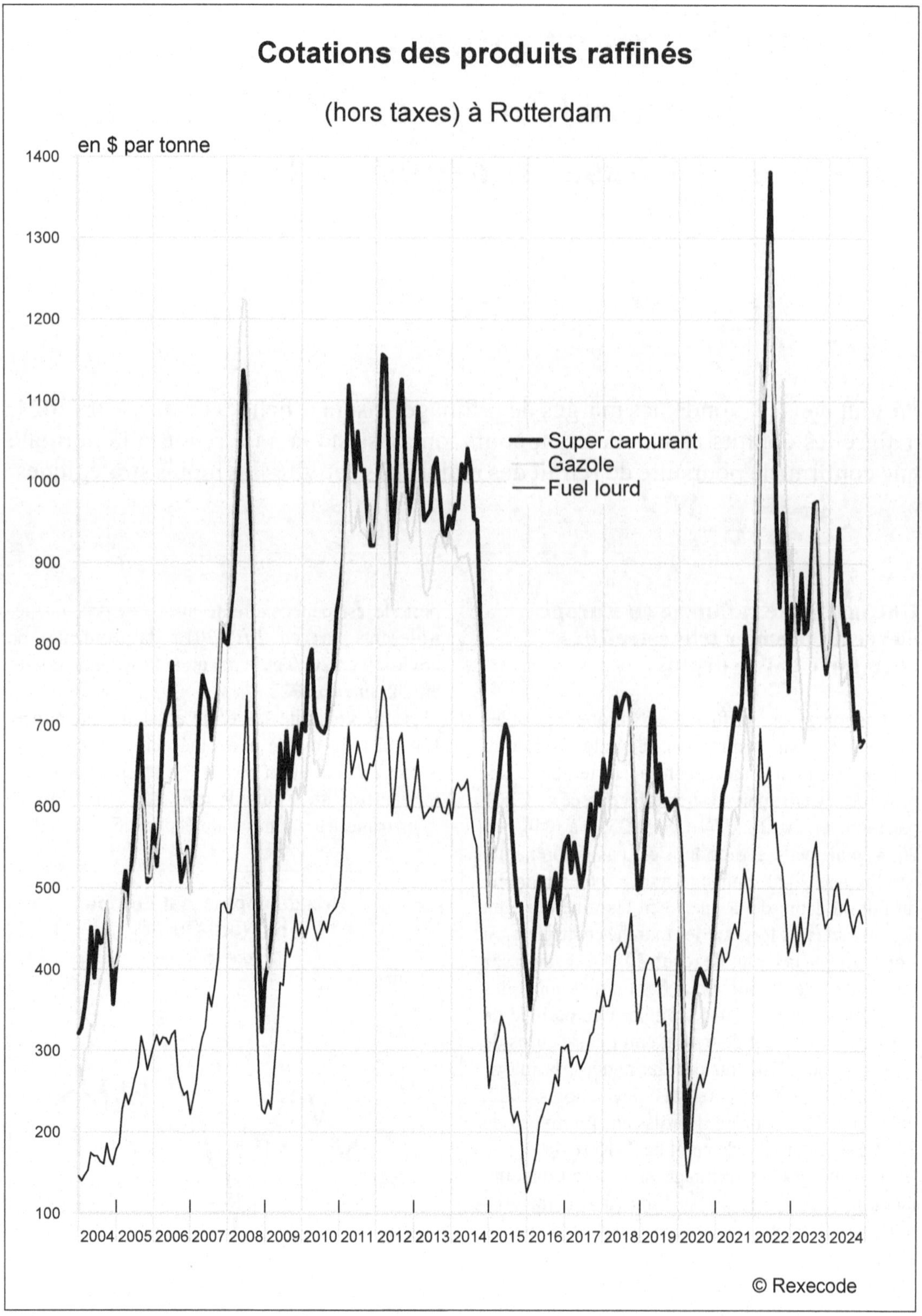
Cotations des produits raffinés
(hors taxes) à Rotterdam
en $ par tonne
1400
1300
1200
1100
1000
900
800
700
600
500
400
300
200
100
Super carburant
Gazole
Fuel lourd
2004 2005 2006 2007 2008 2009 2010 2011 2012 2013 2014 2015 2016 2017 2018 2019 2020 2021 2022 2023 2024
© Rexecode

Consommation mondiale de liquides
(en millions de barils/jour)

	2024	2025	2026
États-Unis	20.30	20.55	20.58
Chine	16.27	16.52	16.71
Total mondial	**102.77**	**104.14**	**105.18**

(Source : US EIA « Short-Term Energy Outlook ». Février 2025)

chuté à € 44/t au deuxième trimestre, puis à € 29/t au troisième trimestre juste avant de remonter très timidement à € 32/t au dernier trimestre. Le bon résultat moyen en 2024 est donc dû seulement au premier semestre. Le mois de janvier 2025 s'est inscrit dans la ligne du second semestre 2024 avec une marge de € 33/t. Par contre, cette marge a fortement augmenté en février (€ 55/t).

Le groupe français TotalEnergies calcule de son côté un indicateur de marge de raffinage européen qui était de $ 39,5/t en 2024, contre $ 71/t en 2023 (– 44 %). Une variation de plus ou moins 10 % de cette marge entraîne une hausse ou une baisse de $ 400 millions du résultat net opérationnel ajusté de la compagnie. Les chiffres sont différents selon les sources, mais la tendance est la même. Selon BP, sa marge moyenne de raffinage (*average refining marker margin*), qui ne porte pas que sur l'Europe, est passée de $ 25,8 par baril en 2023 à $ 17,7/b en 2024.

Une baisse des marges de raffinage à l'échelle mondiale

La baisse des marges de raffinage en 2024 n'a pas seulement été européenne, elle a été mondiale, comme le montrent les données collectées par l'Agence internationale de l'énergie (AIE, Paris) dans son rapport mensuel *Oil Market Report* (OMR). Et cette tendance était la même pour les marges sur des bruts légers, moyens et lourds. Pour les bruts légers, avec opération de craquage (*cracking*) dans les raffineries, les marges dans la région méditerranéenne sont passées de $ 8,12/b en 2023 à $ 7,33/b, $ 5,17/b et $ 1,26/b au cours des trois premiers trimestres de 2024. Pour la zone du golfe du Mexique (rebaptisé golfe de l'Amérique par Donald Trump) aux États-Unis (toujours bruts légers et craquage), ces marges étaient de $ 15,41/b, $ 10,86/b et $ 9,29/b au cours de ces trois trimestres, contre $ 16,82/b en 2023. Toujours aux États-Unis, pour le Midwest, les marges étaient respectivement de $ 14,68/b, $ 14,27/b et $ 15,24/b ($ 16,75/b en 2023). Et, pour Singapour, les chiffres correspondants étaient de $ 5,59/b, $ 0,69/b et $ 0,27/b ($ 5,44/b). Selon BP, les marges de raffinage en 2025 seraient stables par rapport à 2024.

Cette baisse des marges en 2024 a entraîné une diminution des bénéfices aval de plusieurs compagnies pétrolières. Le recul a été parfois très spectaculaire. Pour ExxonMobil, les gains du secteur Produits énergétiques (*Energy Products*) ont ainsi été divisés par trois à $ 4 milliards en 2024, contre $ 12 milliards en 2023.

Les volumes traités dans les raffineries continuent à progresser

Les volumes de brut traités dans les raffineries ont rebondi après 2020, ce qui n'est évidemment pas surprenant, mais la hausse se poursuit et, selon l'AIE, ce sera encore le cas en 2025. Ces volumes étaient de 75 millions de barils par jour (Mb/j) dans le monde en 2020 et la progression a été constante depuis lors avec 82,7 Mb/j en 2024. La projection de l'AIE pour 2025 est de 83,3 Mb/j. Sur ce total, la part des pays non OCDE était de 46,7 Mb/j en 2024, soit 56,5 %. Elle atteindrait 47,7 Mb/j en 2025, contre 41,9 Mb/j en 2020. Pour les pays OCDE, les volumes étaient de 36,1 Mb/j en 2024. Mais, à la différence des pays non OCDE, pour lesquels les volumes de brut raffinés n'ont fait que

Coût du raffinage en Europe

(en euros par tonne)

2015	2016	2017	2018	2019	2020	2021	2022	2023	2024
45.2	25.3	34.0	28.0	29.0	11.0	14.0	101.0	71.0	44.9

(Sources : Union Française des Industries Pétrolières (UFIP). CPDP. Refinitiv. méthodologie Direction générale de l'Énergie et du Climat (DGEC. France))

croître, ceux-ci sont stables depuis 2022 dans les pays OCDE.

Les volumes de brut traités dans les pays américains membres de l'OCDE (Amérique du Nord plus Costa Rica, Chili et Colombie) étaient de 19,1 Mb/j en 2024, contre 16,6 Mb/j en 2020, mais l'AIE prévoit un recul à 18,9 Mb/j pour 2025. Pour la Chine, les chiffres étaient de 13,8 Mb/j en 2020 et de 14,6 Mb/j en 2024 et la projection est de 14,9 Mb/j en 2025.

La demande pétrolière mondiale est estimée par l'AIE à 102,8 Mb/j en 2024, ce qui constitue un nouveau record mondial, et elle pourrait frôler les 104 Mb/j en 2025. Elle a progressé de 5,5 % entre 2021 (97,4 Mb/j) et 2024. Avec 57,1 Mb/j, les pays non OCDE représentaient 55,5 % de la demande mondiale en 2024 (53 Mb/j en 2021) et leur consommation serait de 58,3 Mb/j en 2025. La demande non OCDE a augmenté de 7,7 % entre 2021 et 2024. La demande OCDE (45,6 Mb/j en 2024) est stable depuis 2022. La demande mondiale est donc totalement tirée à la hausse par les pays non OCDE.

Les grandes compagnies pétrolières continuent à réduire la voilure dans le raffinage

En décembre 2024, BP a achevé la cession de sa participation de 50 % dans la raffinerie de SAPREF (Afrique du Sud). L'acheteur est l'entité étatique sud-africaine Central Energy Fund SOC Ltd. Deux mois plus tard, le groupe britannique annonçait son intention de vendre sa raffinerie de Gelsenkirchen en Allemagne. En décembre 2023, TotalEnergies avait signé avec le groupe Prax un accord prévoyant la cession de la participation minoritaire de 36,36 % détenue par TotalEnergies Marketing South Africa, dans la raffinerie Natref (*National Petroleum Refiners of South Africa – Sasolburg*), dont la capacité est de 108 500 barils par jour. Sasol détient un intérêt de 63,64 % dans Natref. Le groupe français avait souligné que cette transaction reflétait sa volonté de céder ses actifs non stratégiques pour se concentrer sur ses grandes plateformes intégrées de raffinage-pétrochimie. En février 2025, la compagnie se retirait du capital de la Société ivoirienne de raffinage (SIR) en vendant sa participation à Sahara Energy.

Depuis de nombreuses années, les grandes compagnies pétrolières privées (*Majors*) réduisent la voilure dans le raffinage, mais, à ce jour, aucune d'entre elles n'entend abandonner ce secteur d'activité. Pour les *Majors*, en effet, le modèle intégré sur toute la chaîne de valeur du pétrole (exploration, développement, production de pétrole et de gaz naturel, transport, raffinage et distribution de produits raffinés) reste le bon. Ces sociétés veulent cependant se concentrer sur certains actifs privilégiés. Pour Chevron, par exemple, l'un de ces actifs est la raffinerie de Pasadena au Texas. L'entreprise, qui est le deuxième plus important pétrolier américain après ExxonMobil, a achevé vers la fin 2024 des travaux visant à accroître la capacité de production et la flexibilité de cette usine. La capacité de traitement de bruts légers a été accrue de 15 % pour atteindre 125 000 b/j.

Comme les *Majors* conservent le raffinage dans leur portefeuille, il faut continuer à investir dans cette activité, mais de façon raisonnée. En 2024, les investissements d'ExxonMobil dans le secteur Produits énergétiques (raffinage et distribution de produits pétroliers à l'exclusion de la chimie/pétrochimie et des produits de spécialités) étaient de $ 2,37 milliards, en baisse par rapport à 2023 ($ 2,77 milliards). Cela ne représentait que 8,6 % des investissements mondiaux du groupe américain qui étaient de $ 27,55 milliards. La part du lion des investissements d'ExxonMobil était,

Capacités de raffinage et taux d'utilisation aux États-Unis

(en millions de barils/jour)

	2024	2025	2026
Inputs pour les raffineries (distillation)	16.62	16.38	16.37
Capacités de distillation exploitables	18.35	18.1	17.94
Taux d'utilisation des capacités de distillation (%)	0.906	0.905	0.912

(Source : US EIA « Short-Term Energy Outlook ». Février 2025)

sans surprise, consacrée à l'amont ($ 21,85 milliards), c'est-à-dire l'exploration, le développement et la production des hydrocarbures.

L'aval reste capital dans la stratégie de Saudi Aramco

Pour le premier acteur pétrolier mondial, Saudi Aramco, l'aval demeure un secteur crucial. Il inclut pour le groupe saoudien le raffinage, la chimie, le négoce (*trading*), la distribution de produits raffinés, les produits de spécialités et la production d'électricité, mais les deux éléments les plus importants dans cet ensemble sont le raffinage et la chimie. L'aval permet à Saudi Aramco de diversifier ses revenus, d'optimiser la valeur le long de la chaîne des hydrocarbures, de soutenir la demande pétrolière et gazière, de faciliter le placement de son pétrole, dont l'Arabie saoudite est le premier exportateur mondial, et de satisfaire les besoins de ses clients en produits raffinés. En 2024, un seuil très important a été franchi puisque l'aval du groupe a absorbé 53 % de sa production de brut, contre 47 % en 2023.

Bien que contrôlant déjà une très grosse capacité de raffinage (7,7 Mb/j de capacité brute et 4,1 Mb/j de capacité nette au 31 décembre 2024), Saudi Aramco n'a pas l'intention de se reposer sur ses lauriers. La compagnie souligne qu'elle entend accroître cette capacité dans des zones « stratégiques », notamment la Chine, l'Inde et l'Asie du Sud-Est, tout en conservant ses intérêts dans des pays développés qui demeurent de gros consommateurs de pétrole (États-Unis, Europe, Japon et Corée du Sud). En 2020, sa capacité nette de raffinage était de 3,6 Mb/j et elle a donc augmenté de 500 000 b/j au cours des quatre dernières années. Le groupe détient des participations dans neuf raffineries dans le royaume saoudien, dont cinq détenues à 100 %, et les quatre autres en association avec de grands acteurs étrangers. Ces raffineries représentaient 62 % de sa capacité nette mondiale l'an dernier. Dans le cadre de contrats à long terme, Saudi Aramco a le droit de fournir tout le brut traité dans ces raffineries, ce qui contribue à sécuriser ses débouchés. Pour ses raffineries à l'étranger (capacité nette de 1,6 Mb/j), la participation moyenne pondérée du géant saoudien était de 35 % en 2024, mais elle a fourni 53 % du brut qu'elles ont utilisé. Ces raffineries sont basées aux États-Unis, en Chine, au Japon, en Corée du Sud, en Malaisie et en Pologne.

En association avec le géant chinois Sinopec et la Fujian Petrochemical Company Limited, Saudi Aramco (25 %) développe un nouveau complexe intégré de raffinage et de pétrochimie dans la province de Fujian en Chine. Il comprendra une raffinerie d'une capacité de 320 000 b/j. Le complexe devrait être opérationnel vers la fin 2030.

Gaz naturel et GNL :

un difficile « retour à la normale »

Le marché mondial du gaz naturel est d'une rare complexité écartelée qu'il est entre le gaz « gazeux » en Amérique du Nord et en Europe, et le GNL qui peut circuler sur l'ensemble de la planète. La dimension géopolitique y est essentielle avec le devenir des exportations russes, qu'il s'agisse de gaz ou de GNL, mais aussi la situation de pays comme Israël ou l'Algérie. Enfin, le prix du gaz est aussi conditionné par la concurrence des énergies renouvelables, ainsi que des autres énergies fossiles et au premier chef du charbon pour des pays comme la Chine et l'Inde.
Le résultat en a été en 2024 une remontée progressive des prix sur l'ensemble des marchés que ce soit aux États-Unis, en Europe et pour le GNL pour lequel s'affrontent les appétits tant asiatiques qu'européens. C'est en Europe que la situation reste la plus difficile, mais l'évolution du marché en 2025 est suspendue à celle du conflit russo-ukrainien.

Les prix du gaz ont confirmé en 2024 leur retour à la « normale », les prix *month-ahead* sur le principal marché de référence en Europe (le TTF néerlandais) s'établissant en moyenne à € 34,61/MWh en 2024, contre € 41,43/MWh en 2023 et € 132,10/MWh en 2022.

Cette moyenne masque cependant une année contrastée, les prix ayant atteint un minimum de € 22,32/MWh en février et un maximum de € 50,57/MWh en décembre.

Les prix ont franchi un nouveau palier en février 2025 en grimpant jusqu'à € 59,39/MWh, avant de chuter.

Devenu encore plus dépendant du GNL avec l'arrêt des flux de gaz russe *via* l'Ukraine, le marché européen se trouve plus que jamais dans une situation d'équilibre instable.

En légère hausse en 2024, les exportations de gaz russe *via* l'Ukraine se sont arrêtées au 1er janvier 2025

Sur l'ensemble de l'année 2024, la Russie a exporté 31 milliards de mètres cubes (Bcm) de gaz par gazoducs vers les pays de l'Union européenne (contre 26 Bcm en 2023 et 64 Bcm en 2022) : 15 Bcm *via* l'Ukraine (contre 13 Bcm en 2023) et 16 Bcm *via* la Bulgarie par le gazoduc TurkStream 2 (contre 13 Bcm en 2023).

Malgré la guerre et les attaques sur les infrastructures énergétiques, les exportations de gaz russe *via* l'Ukraine se sont donc poursuivies en 2024.

Mais, le 1er janvier 2025, comme prévu, les flux de gaz russe *via* l'Ukraine ont été com-

Production de gaz naturel

(en milliards de m³)

	2019	2020	2021	2022	2023	Taux de croissance annuel (en %) 2023	2013-23	Échanges (%) 2023
Canada	118.7	115.3	118.6	123.8	120.7	-2.5	1.4	3.0
Mexique	93.4	92.2	91.6	90.9	97.6	7.3	2.3	2.4
États-Unis	851.0	834.5	836.4	879.6	886.5	0.8	2.3	22.1
Total Amérique du Nord	**1 063.0**	**1 042.1**	**1 046.7**	**1 094.3**	**1 104.8**	**1.0**	**2.2**	**27.5**
Argentine	46.6	43.9	45.9	45.9	44.9	-2.0	-0.2	1.1
Brésil	35.7	31.4	40.4	32.0	30.0	-6.3	-2.4	0.7
Chili	6.5	6.2	6.8	7.3	7.0	-3.5	2.8	0.2
Colombie	12.9	13.1	12.6	12.6	13.1	3.7	2.2	0.3
Équateur	0.7	0.6	0.6	0.5	0.5	-7.9	-5.3	0.0
Pérou	8.2	8.2	8.9	9.8	10.1	2.8	4.2	0.3
Trinité et Tobago	17.5	15.2	15.6	15.5	14.5	-6.2	-3.3	0.4
Venezuela	25.6	21.6	28.1	29.1	29.7	2.2	-0.8	0.7
Amérique centrale	0.5	0.4	0.3	0.6	1.2	83.6		0.0
Autres Caraïbes	4.5	4.6	5.5	5.3	6.4	20.8	5.9	0.2
Autres Amérique du Sud	3.9	3.4	3.7	4.0	4.4	11.1	2.9	0.1
Total Amérique centrale et du Sud	**162.5**	**148.6**	**168.5**	**162.4**	**161.7**	**-0.5**	**-0.3**	**4.0**
Autriche	8.9	8.5	9.0	7.9	6.9	-13.0	-1.7	0.2
Belgique	17.4	17.0	17.0	14.6	13.7	-5.8	-1.9	0.3
Bulgarie	2.8	2.9	3.3	2.7	2.5	-6.6	-0.9	0.1
Croatie	2.8	2.9	2.8	2.5	2.5	0.8	-0.6	0.1
République tchèque	8.3	8.5	9.1	7.4	6.7	-9.2	-1.9	0.2
Danemark	2.9	2.3	2.4	1.7	1.6	-3.7	-8.2	0.0
Estonie	0.5	0.4	0.5	0.4	0.4	-8.4	-5.4	0.0
Finlande	2.0	2.1	2.1	1.1	1.2	6.2	-8.7	0.0
France	43.7	40.6	43.0	38.4	33.9	-11.7	-2.8	0.8
Allemagne	89.3	87.1	91.7	77.5	75.7	-2.4	-1.2	1.9
Grèce	5.8	6.3	7.0	6.2	5.4	-13.1	2.6	0.1
Hongrie	9.8	10.2	10.8	9.2	8.2	-10.9	-1.0	0.2
Irlande	5.3	5.3	5.1	5.2	4.8	-7.2	0.8	0.1
Italie	70.8	67.6	72.4	65.2	58.6	-10.1	-1.3	1.5
Lettonie	1.3	1.1	1.2	0.8	0.8	-5.3	-5.9	0.0
Lituanie	2.2	2.4	2.2	1.6	1.6	-2.6	-4.6	0.0
Luxembourg	0.8	0.7	0.8	0.6	0.6	-6.3	-5.7	0.0
Pays-Bas	37.2	36.1	34.8	27.5	25.8	-6.4	-4.1	0.6
Macédoine du Nord	0.3	0.3	0.4	0.3	0.4	26.6	8.9	0.0
Norvège	4.6	4.5	4.3	3.9	3.8	-3.4	-0.6	0.1
Pologne	20.9	21.1	22.4	18.6	19.6	5.3	1.2	0.5
Portugal	6.1	6.0	5.8	5.6	4.5	-19.8	0.4	0.1
Roumanie	10.8	11.3	11.6	9.7	9.1	-6.4	-2.3	0.2
Slovaquie	4.8	4.8	5.3	4.4	4.2	-4.8	-2.3	0.1
Slovénie	0.9	0.9	0.9	0.8	0.8	-3.5	-0.6	0.0
Espagne	36.0	32.5	34.3	33.0	29.3	-11.1	-0.3	0.7
Suède	1.0	1.0	1.1	0.8	0.7	-10.4	-3.5	0.0
Suisse	3.4	3.3	3.6	3.0	2.7	-7.4	-2.6	0.1
Turquie	43.4	46.2	57.3	51.2	48.4	-5.5	1.0	1.2
Ukraine	28.3	29.3	27.3	18.3	18.7	2.6	-8.9	0.5
Royaume-Uni	77.9	73.1	76.9	70.9	63.5	-10.4	-1.8	1.6
Autre Europe	5.5	5.5	6.2	6.7	7.0	4.3	5.2	0.2
Total Europe	**555.4**	**541.8**	**572.5**	**497.7**	**463.4**	**-6.9**	**-1.8**	**11.6**
Azerbaïdjan	11.8	12.4	12.8	13.6	15.1	11.1	4.8	0.4
Biélorussie	19.2	17.8	18.8	18.5	16.8	-9.1	-1.4	0.4
Kazakhstan	19.7	17.7	21.6	21.3	21.4	0.7	6.7	0.5
Russie	444.3	423.5	431.5	448.4	453.4	1.1	0.7	11.3

Turkménistan	27.7	34.3	36.8	37.5	36.8	-2.1	6.6	0.9
Ouzbékistan	44.6	43.6	46.5	48.3	46.6	-3.6	0.1	1.2
Autres SIC	5.6	5.9	5.8	5.5	6.0	8.7	2.3	0.1
Total SIC	**572.9**	**555.0**	**573.8**	**593.1**	**596.0**	**0.5**	**1.1**	**14.9**
Iran	218.4	236.8	229.5	239.4	245.6	2.6	4.8	6.1
Irak	19.5	18.5	16.4	18.4	18.7	1.9	10.2	0.5
Israël	10.7	11.3	11.7	12.1	12.6	3.5	6.7	0.3
Koweït	18.4	17.9	19.8	21.7	22.5	3.7	2.4	0.6
Oman	25.0	25.9	28.0	28.5	29.5	3.4	3.1	0.7
Qatar	41.4	38.4	40.1	40.3	44.2	9.6	2.3	1.1
Arabie saoudite	111.2	113.1	114.5	116.7	114.1	-2.2	1.8	2.8
Émirats arabes unis	67.2	67.9	65.5	66.1	66.9	1.1	0.3	1.7
Autres Moyen-Orient	23.2	23.2	23.6	22.8	23.7	4.1	1.1	0.6
Total Moyen-Orient	**534.8**	**552.9**	**549.1**	**566.1**	**577.7**	**2.0**	**3.2**	**14.4**
Algérie	45.1	43.4	48.2	50.3	46.3	-8.0	3.7	1.2
Égypte	59.0	58.3	62.1	60.6	60.0	-0.9	1.9	1.5
Maroc	1.0	0.8	0.8	0.2	0.9	298.8	-3.1	
Afrique du Sud	4.3	4.0	4.2	4.3	4.7	11.2	1.6	0.1
Afrique de l'Est	2.4	2.3	2.7	2.9	2.9	3.0	9.9	0.1
Afrique centrale	5.0	5.4	6.0	5.7	4.9	-13.3	2.1	0.1
Afrique occidentale	24.3	26.0	34.5	33.0	32.0	-3.1	9.7	0.8
Autres Afrique du Nord	16.6	14.1	18.1	17.7	19.4	9.3	4.6	0.5
Total Afrique	**157.7**	**154.2**	**176.6**	**174.7**	**171.2**	**-2.0**	**3.9**	**4.3**
Australie	44.1	42.3	39.6	43.2	40.1	-7.2	1.4	1.0
Bangladesh	30.9	29.9	30.6	28.7	28.1	-2.0	2.5	0.7
Chine	308.4	336.6	380.3	377.6	404.8	7.2	8.9	10.1
Chine Région administrative	3.1	4.9	4.8	4.5	4.8	6.9	6.9	0.1
spéciale Inde	59.2	60.4	62.4	58.3	62.6	7.5	2.5	1.6
Indonésie	45.5	42.6	42.9	44.0	45.4	3.2	0.7	1.1
Japon	108.1	104.1	103.5	100.2	92.4	-7.8	-2.9	2.3
Malaisie	45.2	43.6	51.4	51.9	46.1	-11.3	0.3	1.1
Nouvelle-Zélande	4.8	4.6	3.9	3.6	3.8	5.1	-2.1	0.1
Pakistan	44.5	41.2	44.9	38.2	37.8	-0.9	0.6	0.9
Philippines	4.2	3.8	3.3	3.1	3.2	4.0	-0.5	0.1
Singapour	12.5	12.6	13.4	13.1	12.3	-5.6	2.1	0.3
Corée du Sud	56.0	57.5	62.4	62.4	60.1	-3.7	0.9	1.5
Taïwan	23.3	24.9	27.3	28.1	27.9	-0.4	4.5	0.7
Thaïlande	50.9	46.9	47.0	44.3	47.2	6.4	-0.4	1.2
Vietnam	9.8	8.8	7.2	7.8	7.2	-7.4	-2.6	0.2
Autres Asie-Pacifique	11.4	12.2	11.9	11.2	11.3	1.0	2.8	0.3
Total Asie-Pacifique	**862.1**	**876.9**	**936.7**	**920.3**	**935.4**	**1.6**	**3.2**	**23.3**
Total Monde	**3 908.4**	**3 871.4**	**4 023.9**	**4 008.7**	**4 010.2**		**1.7**	**100.0**
dont : OCDE	1 811.1	1 770.8	1 808.1	1 793.3	1 757.0	-2.0	0.8	43.8
Non-OCDE	2 097.3	2 100.6	2 215.8	2 215.4	2 253.2	1.7	2.5	56.2
Union européenne #	392.6	380.0	397.0	343.9	319.5	-7.1	-1.6	8.0

(Sources : Données provenant de Cedigaz, FGE MENA gas service)

* Excludes natural gas converted to liquid fuels but includes derivatives of coal as well as natural gas consumed in Gas-to-Liquids transformation.
^ Less than 0.05.

♦ Less than 0.05% USSR includes CIS, Georgia, Ukraine and the Baltic States.
Excludes Estonia, Latvia and Lithuania prior to 1985 and Croatia and Slovenia prior to 1990.

Notes: As far as possible, the data above represent standard cubic metres (measured at 15°C and 1013 mbar); as they are derived directly from measures of energycontent been standardized using a Gross Calorific Value (GCV) of 40 MJ/m³, they do not.

The difference between these world consumption figures and the world production statistics is due to variations in stocks at storage facilities and liquefaction plants, together with unavoidable disparities in the definition, measurement or conversion of gas supply and demand data.

plètement arrêtés après la fin de l'accord de transit.

Le gazoduc TurkStream (216 Bcm/an), une branche alimentant le marché intérieur turc et l'autre acheminant du gaz vers la Bulgarie et d'autres pays de l'Union européenne, est désormais le seul gazoduc opérationnel pour l'approvisionnement de l'Europe en gaz russe.

Principales exportations de gaz de la Russie aux pays de l'UE
(en milliards de m^3 par an)

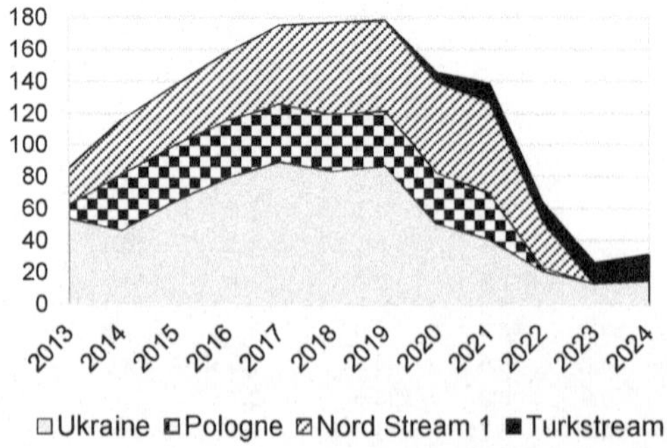

(Sources : Gestionnaires de réseaux de transport & ENGIE Global Markets)

La Russie a continué à compenser (partiellement) la chute des exportations vers l'Europe par une augmentation des exportations vers ses autres clients.

Les exportations vers la Chine (*via* le gazoduc Power of Siberia) sont ainsi passées de 22,7 Bcm en 2023 à 30,0 Bcm en 2024. Depuis le 1er décembre 2024, les livraisons journalières ont atteint la pleine capacité du gazoduc (et la phase plateau des volumes contractuels), soit 38 Bcm/an.

Au final, les exportations de gaz gazeux russe à l'étranger ont atteint 119 Bcm en 2024, en hausse de 15,6 % par rapport à 2023.

Mais la Russie ne compte pas s'en arrêter là. Alors que le projet de gazoduc Power of Siberia 2 vers la Chine (50 Bcm/an) est toujours en discussion, la Russie envisage aussi des exportations vers l'Iran. En effet, le 17 janvier 2025, le président russe Vladimir Poutine a annoncé un projet de construction d'un gazoduc vers l'Iran visant à acheminer à terme jusqu'à 55 Bcm/an. En affichant pour ce gazoduc une capacité qui correspond à peu près au volume que le gazoduc Nord Stream 1 exportait de la Russie vers l'Allemagne, la Russie semble vouloir envoyer un message aux Européens. Remarquons quand même que, depuis le retour de Donald Trump au pouvoir, de discrètes discussions auraient lieu entre les responsables russes de la société qui gère Nord Stream (basée en Suisse) et des investisseurs américains…

L'Europe de plus en plus dépendante du GNL

Avec l'arrêt du transit du gaz russe *via* l'Ukraine, l'Europe perd environ 15 Bcm/an de gaz (4 % de son approvisionnement total), qu'elle devra remplacer en augmentant ses importations de GNL et/ou en réduisant sa demande.

La Commission européenne s'est voulue rassurante, affirmant que l'arrêt était prévu et que l'Union européenne s'y était préparée grâce à la flexibilité des infrastructures gazières européennes qui peuvent fournir du gaz d'origine non russe à l'Europe centrale et orientale *via* des voies alternatives.

L'Autriche, par la force des choses, avait déjà commencé à trouver des solutions alternatives. Le 16 novembre 2024, la Russie a interrompu ses livraisons de gaz à l'Autriche (dont le volume contractuel est de 6 Bcm/an) suite à un différend sur les modalités de paiement. Elle avait continué à envoyer les mêmes volumes vers l'Europe *via* l'Ukraine, car les autres acheteurs ont tout simplement récupéré les volumes devenus disponibles. Mais les pays qui dépendaient encore fortement des exportations russes en fin d'année (notamment la Hongrie et la Slovaquie) sont eux loin d'être rassurés. Notons par ailleurs que, dans le 16e train de sanctions contre la Russie (adopté par le Conseil le 24 février 2025), la Commission européenne n'a pas proposé d'interdire le GNL russe, car les États membres ont exprimé des inquiétudes quant à la nécessité de trouver d'abord des alternatives, notamment du GNL provenant des États-Unis.

Largement attendue, cette décision (de bon sens) n'a pas eu d'impact majeur (baissier) sur le marché, d'autant que, à la suite d'un article du *Financial Times* sur un redémarrage potentiel des flux de gaz russe *via* l'Ukraine dans le cadre des négociations de paix, la Commission européenne a déclaré qu'elle poursuivrait ses projets visant à éliminer totalement les importations de gaz russe par gazoducs du mix énergétique européen d'ici 2027. Cependant, faire transiter du gaz d'un autre pays, l'Azerbaïdjan en l'occurrence, *via* le réseau ukrainien, reste une option.

Le 27 janvier 2025, la Commission européenne a déclaré qu'elle poursuivrait les négociations avec l'Ukraine sur l'approvisionnement en gaz naturel de l'Europe et qu'elle inclurait la Hongrie et la Slovaquie dans ces discussions (les deux pays font pression sur l'Union européenne pour qu'elle intervienne afin de rétablir les flux à travers l'Ukraine).

Le 25 janvier, le président ukrainien Volodymyr Zelensky avait déclaré qu'il était prêt à autoriser le transit de gaz azerbaïdjanais *via* l'Ukraine vers la Slovaquie, rompant ainsi avec sa position précédente selon laquelle tout transit de gaz *via* l'Ukraine devrait être arrêté.

Pour rappel, l'Europe importe déjà du gaz en provenance d'Azerbaïdjan : 14 Bcm en 2024, contre 12 Bcm en 2023. L'Union européenne considère l'Azerbaïdjan comme un partenaire fiable, sur lequel elle compte s'appuyer dans sa stratégie de remplacement du gaz russe. Suite à l'attaque de l'Ukraine par la Russie, l'intérêt pour augmenter la capacité du gazoduc Southern Gas Corridor (par lequel transitent les exportations de l'Azerbaïdjan vers l'Europe) s'était accru, avec comme objectif de porter les exportations à 20 Bcm/an d'ici 2027.

Dans sa quête pour boucler son bilan gazier avec moins de gaz russe, l'Europe peut encore compter sur les importations en provenance d'Afrique du Nord, qui viennent essentiellement d'Algérie (à hauteur de 93 %), la Libye fournissant le reste des volumes. Mais leur tendance est à la baisse : 31 Bcm en 2024, contre 33 Bcm en 2023. En effet, confrontée à la baisse de sa production de gaz et à l'augmentation de sa demande domestique, notamment pendant les mois chauds d'été, l'Algérie voit ses exportations de gaz gazeux et de GNL chuter.

L'Europe a pu compter aussi sur les livraisons de gaz gazeux en provenance de Norvège, qui sont passées de 106 Bcm en 2023 à 114 Bcm en 2024. Ces livraisons élevées (qui ne sont que légèrement inférieures aux 115 Bcm de 2022) ont pu être atteintes, car les infrastructures (gisements, usines de traitement, gazoducs) ont été relativement épargnées par les incidents techniques. Ce n'est pas le cas depuis le début de l'année 2025, une série d'incidents techniques ayant maintenu les flux norvégiens en dessous de leur capacité maximum. Les autorités norvégiennes prévoient une production totale de gaz de 120,4 Bcm en 2025 (en baisse par rapport aux 124 Bcm de 2024) et de 120,1 Bcm en 2026. La production devrait ensuite chuter progressivement pour atteindre 110,8 Bcm en 2029.

Autre composante essentielle du bilan gazier, la production domestique européenne s'est repliée en 2024, atteignant 60 Bcm, contre 66 Bcm en 2023. Cette baisse est principalement due aux Pays-Bas et au Royaume-Uni, en raison de la fermeture du gisement de Groningen et de la poursuite du déclin structurel de la production des gisements vieillissants de la mer du Nord.

Mais, comme en 2023, l'enjeu pour l'Europe en 2024 n'était plus vraiment sur le gaz gazeux, mais plutôt sur le GNL. Et au final, les importations européennes de GNL (Union européenne + Royaume-Uni) ont fortement chuté, passant de 160 Bcm en 2023 à 129 Bcm en 2024. Ces volumes sont certes plus élevés que ceux d'avant crise (95 Bcm en 2021). Mais, avant la crise, l'Europe avait suffisamment de gaz russe. Dans un contexte de forte chute des flux de gaz russe, les 129 Bcm de GNL n'ont pas permis au bilan gazier européen d'être confortable, ce qui a progressivement conduit à un déficit de gaz dans les stockages par rapport aux années précédentes.

Si l'Europe a reçu moins de cargos de GNL, c'est d'abord à cause de la faible augmentation de la capacité mondiale de liquéfaction en 2024 : + 1,8 % y-o-y (+ 10 Bcm), soit son taux de croissance le plus faible depuis 2020. En conséquence, les exportations mondiales de GNL ont très peu augmenté, passant de 560,4 Bcm en 2023 à 565,3 Bcm en 2024.

Les positions des exportateurs sont donc restées figées. Avec 123,4 Bcm exportés en 2024 (contre 122,3 Bcm en 2023), les États-Unis ont confirmé leur place de premier exportateur mondial de GNL, devant l'Australie (111,7 Bcm) et le Qatar (107,1 Bcm).

Alors que la plupart des fournisseurs ont vu leurs exportations de GNL augmenter, les fournisseurs africains ont vu les leurs chuter.

Les exportations de GNL de l'Algérie sont passées de 18,1 Bcm en 2023 à 15,6 Bcm en 2024, et celles de l'Égypte de 4,8 Bcm en 2023 à 0,8 Bcm en 2024.

L'Égypte est victime des mêmes problèmes que l'Algérie. Face à la baisse de la production nationale de gaz et à l'augmentation de la consommation d'électricité, notamment pour les besoins de climatisation durant l'été, le pays est redevenu importa-

Principaux pays exportateurs de GNL en 2024
(en milliards de m^3)

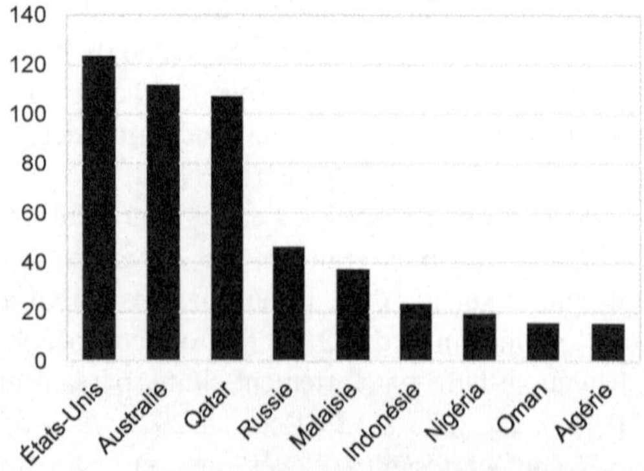

(Sources : Kpler & ENGIE Global Markets)

L'évolution des exportations de GNL
(en Bcm)

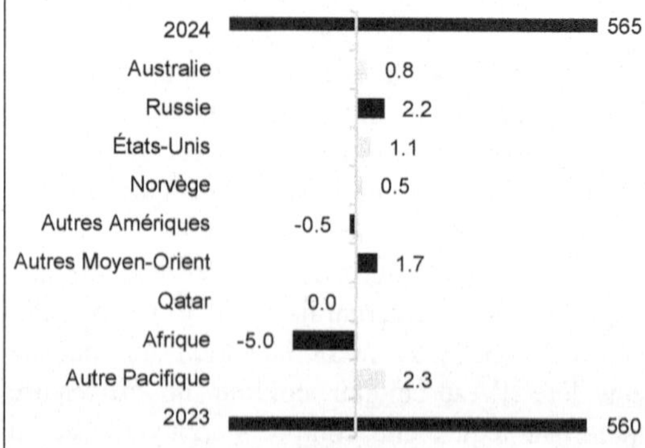

(Sources : Kpler & ENGIE Global Markets)

teur net de GNL. L'Égypte (qui exportait encore 10,2 Bcm de GNL en 2022) a importé un volume net de 2,8 Bcm en 2024. Selon certaines sources, le pays a signé des accords avec deux fournisseurs pour sécuriser 60 cargaisons de GNL (environ 6 Bcm) afin de couvrir sa demande pour 2025.

L'Indonésie n'en est pas encore là, mais l'augmentation des besoins domestiques pourrait quand même réduire la capacité du pays à exporter du GNL. Le pays a exporté 23,5 Bcm en 2024, contre 21,8 Bcm en 2023. En même temps, il consomme (importe en quelque sorte) du GNL, à hauteur de 8,0 Bcm en 2024, contre 7,0 Bcm en 2023. Les exportations devraient se maintenir sur le premier trimestre 2025, mais une incertitude plane sur le reste de l'année, les évaluations réalisées par le gouvernement ayant montré que les besoins domestiques seraient plus élevés que prévu.

S'agissant des perspectives globales, selon l'Agence internationale de l'énergie, l'offre mondiale de GNL devrait augmenter de 30 Bcm en 2025.

Cette augmentation viendra essentiellement des États-Unis. Les autorités américaines prévoient que les exportations américaines de GNL augmentent de 21 Bcm en 2025 pour atteindre 145 Bcm, puis de 21 Bcm supplémentaires en 2026. Cette augmentation structurelle est conforme à la politique énergétique du nouveau président américain Donald Trump, qui devrait stimuler la production pétrolière et gazière du pays, déjà record, et lever les contraintes sur les exportations de GNL.

En l'occurrence, le 14 février 2025, l'administration Trump a accordé une licence d'exportation de GNL au projet Commonwealth LNG en Louisiane, la première approbation pour un projet d'exportation de GNL depuis que l'ancien président Joe Biden avait décrété une pause au début de l'année 2024 (pour se laisser le temps de mieux évaluer les impacts économiques et environnementaux de ces projets). La compagnie Commonwealth LNG (dont le projet a une capacité de 13,10 Bcm/an) prévoit de prendre une décision finale d'investissement en septembre 2025 et de commencer la production au début de 2029.

La vigueur de la production américaine de gaz devrait continuer à favoriser l'augmentation de ces exportations de GNL. On notera cependant que, après des années d'augmentation significative, la production a marqué le pas en 2024, chutant très légèrement à 1 069 Bcm, contre 1 071 Bcm en 2023.

Le tournant est intervenu à la fin du mois de février 2024 lorsque plusieurs producteurs américains de gaz ont annoncé qu'ils allaient réduire leur production en raison de la forte baisse des prix due, selon eux, à un marché du gaz « clairement excédentaire ». À partir de cette date, hormis durant le mois de juillet, la production est ainsi restée en dessous de ses niveaux de 2023.

Selon les prévisions, la production américaine de gaz devrait atteindre 1 080 Bcm en 2025, soit une modeste hausse de 1 % par rapport à 2024.

En attendant de savoir si la politique énergétique du président Trump va permettre à la production de retrouver ses rythmes de croissance annuelle de 4 %-5 % de 2022 et 2023, les consommateurs américains commencent à s'alarmer de l'impact sur les prix domestiques du gaz d'un bilan gazier rendu plus tendu par l'augmentation des exportations de GNL.

En effet, la consommation américaine de gaz reste forte. La consommation totale a progressé de 1,3 % en 2024 pour atteindre 936 Bcm. La consommation a encore une fois fortement progressé dans la production d'électricité : + 4,4 %, à 383 Bcm. À l'inverse, elle a baissé dans le résidentiel (– 3,2 %, à 124 Bcm), dans le tertiaire (– 0,8 %, à 94 Bcm) et dans l'industrie (– 0,2 %, à 242 Bcm).

La part du gaz dans la production centralisée d'électricité a continué à croître pour atteindre 43 % en 2024, contre 42 % en 2023. Encore une fois, c'est le charbon qui en a fait les frais, voyant sa part chuter à 16 % en 2024, contre 17 % en 2023. La production éolienne d'électricité a atteint 450 TWh (+ 7 % par rapport à 2023), sa part dans la production totale d'électricité augmentant très légèrement à 10,8 % (contre 10,4 % en 2023). La production solaire d'électricité a progressé à 216 TWh (+ 31 % par rapport à 2023), sa part dans la production totale d'électricité augmentant à 5,2 % (contre 4,1 % en 2023).

Les États-Unis étant le principal fournisseur de GNL de l'Europe (46 % de part de marché en 2024), les pays européens scrutent désormais attentivement tous les événements susceptibles d'impacter la capacité des États-Unis à exporter du GNL. À ce sujet, les ouragans (dont la saison s'étend du 1er juin au 30 novembre) et les situations de froid extrême constituent des facteurs de risque majeurs, car pouvant conduire à l'arrêt des gisements de pétrole et de gaz et des terminaux de liquéfaction.

Mais si l'Europe a reçu moins de cargos de GNL en 2024, c'est aussi parce que les autres pays en ont importé plus.

Les importations asiatiques sont notamment passées de 361,0 Bcm en 2023 à 387,9 Bcm en 2024, la Chine et l'Inde ayant augmenté leurs importations de manière significative.

Au Moyen-Orient, l'essentiel de la hausse de 5,8 Bcm par rapport à 2023 provient de l'Égypte

La production américaine de gaz naturel

(en milliards de m³ par jour)

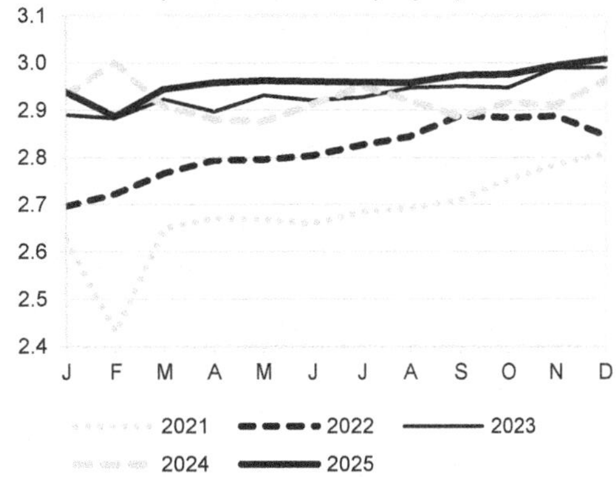

(Source : US Energy Information Administration)

(3,4 Bcm), le Koweït et la Jordanie contribuant chacun pour 1 Bcm.

Les opérateurs gaziers en Égypte et en Jordanie ont été particulièrement attentifs à l'escalade des tensions entre Israël et l'Iran au mois d'octobre 2024 à la suite de la plus grande attaque militaire jamais lancée par l'Iran contre Israël. Le marché s'attendait à des frappes de représailles de la part d'Israël, conduisant à un possible embrasement.

Très rapidement, après l'attaque iranienne, la compagnie Chevron a suspendu la production des gisements gaziers de Tamar et de Léviathan au large d'Israël par mesure de précaution.

Pour rappel, Israël est aujourd'hui un important producteur de gaz, avec une production record de 24,7 Bcm en 2023, dont 11,6 Bcm ont été exportés vers l'Égypte et la Jordanie. Une perte des flux des gazoducs israéliens pourrait pousser ces pays à se tourner davantage vers le GNL.

L'autre préoccupation a été l'impact potentiel sur le détroit d'Ormuz, par lequel transitent les exportations de GNL du Qatar (107 Bcm en 2024) et des Émirats arabes unis (7,7 Bcm en 2024).

Si l'Iran devait bloquer le détroit d'Ormuz en guise de représailles, c'est potentiellement 20 % de l'approvisionnement mondial en GNL qui serait menacé.

Mais, au final, les représailles d'Israël ont été plutôt « modérées », visant uniquement des cibles militaires et contournant les installations pétrolières

L'évolution des importations de GNL
(Bcm)

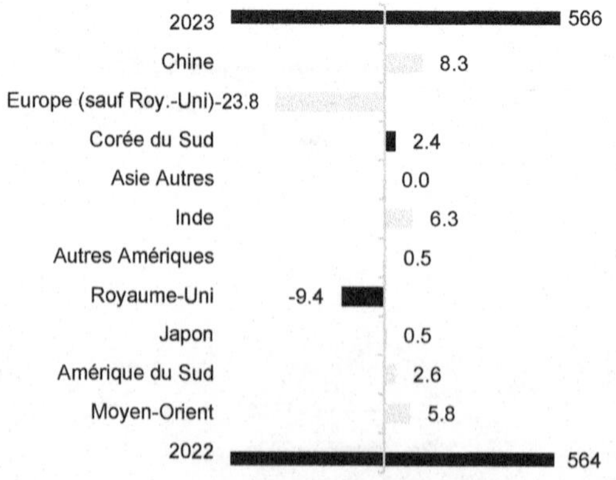

(Sources : Kpler & ENGIE Global Markets)

et nucléaires. La prime de risque que le marché avait placée sur une éventuelle perturbation des exportations de GNL passant par le détroit d'Ormuz a alors chuté. Cependant, les attaques des rebelles houthis ont continué à inciter la plupart des navires à éviter le canal de Suez et à emprunter la route plus longue du cap de Bonne-Espérance, ce qui a contribué à mettre un peu plus l'offre de GNL en tension.

Devenue très dépendante du GNL, l'Europe est désormais à la merci de ces risques géopolitiques, sans avoir beaucoup d'alternatives lui permettant de se soustraire du marché du GNL en cas de tension. Ces alternatives, certains pays asiatiques les ont. Du coup, les importations asiatiques de GNL sont autant un facteur de risque que d'équilibrage pour les importations européennes.

Les importations asiatiques de GNL : facteur de risque… mais aussi d'équilibrage

En 2022, alors que l'Europe avait désespérément besoin de GNL pour compenser la forte baisse des livraisons de gaz russe, la Chine et l'Inde avaient réduit leurs importations de GNL (respectivement de 20 % en glissement annuel à 88 Bcm et de 17 % en glissement annuel à 27 Bcm), ce qui avait permis une baisse progressive des prix.

En Chine, ce résultat avait été obtenu en particulier grâce à une réduction de la production d'électricité à partir de gaz au profit de la production à partir de charbon. Au total, la consommation chinoise de gaz avait baissé de 0,7 % en 2022 (contre une hausse de 13,0 % en 2021)… avant de rebondir de 7,2 % en 2023, ce qui avait déclenché un rebond des importations de GNL de 13 %, à 99 Bcm. La consommation de charbon avait suivi le mouvement inverse grâce notamment à la modulation de la production nationale, qui a augmenté de 10 % en glissement annuel en 2022 (contre + 6 % en 2021) et de 3 % en 2023 à 4 710 millions de tonnes.

Production de gaz naturel en Chine
(en milliards de m³)

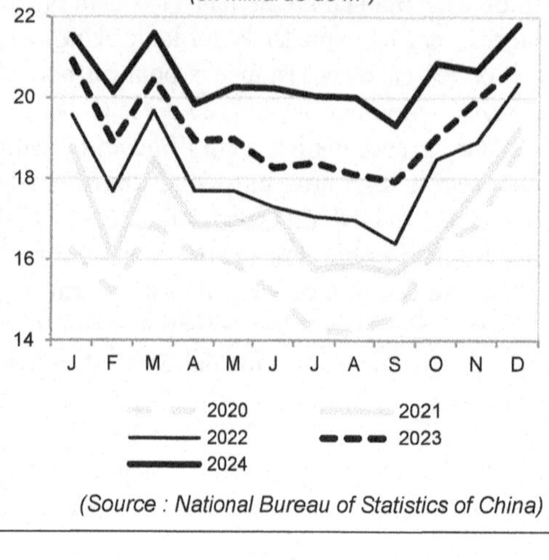

(Source : National Bureau of Statistics of China)

Consommation de gaz naturel en Chine
(en milliards de m³)

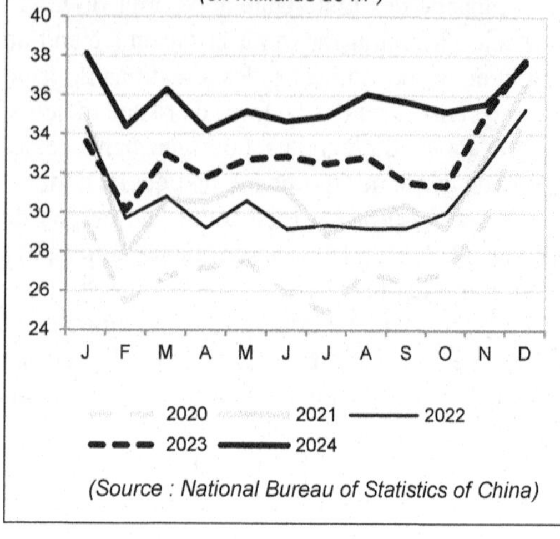

(Source : National Bureau of Statistics of China)

En Inde, la flambée des prix du gaz avait entraîné une baisse de la consommation de gaz de 6,6 % en glissement annuel en 2022 (principalement dans la production d'électricité, le raffinage et la pétrochimie, en raison des substitutions vers le charbon et le pétrole)… avant un rebond de 7,5 % en 2023, qui avait déclenché un rebond des importations de GNL de 11 %, à 30 Bcm. Seule la consommation de gaz pour la production d'engrais avait été épargnée par cette volatilité et avait poursuivi sa progression régulière, atteignant 19,4 Bcm en 2023 (soit 31 % de la demande totale indienne de gaz). Un usage non énergétique, difficilement remplaçable !

Ces évolutions illustrent la sensibilité de la demande chinoise et indienne de GNL aux prix.

L'Agence internationale de l'énergie prévoit que la capacité mondiale de production de GNL passera de 580 Bcm/an actuellement à 850 Bcm/an en 2030, l'offre excédentaire qui en résultera exerçant une pression à la baisse sur les prix. En effet, une telle évolution correspond à une augmentation moyenne de 6,7 % par an. Ce chiffre est bien supérieur à la croissance de la consommation mondiale d'énergie, qui devrait se situer au mieux autour de 3 % par an en moyenne (elle était de 2,0 % par an en 2023). Par conséquent, le GNL ne peut atteindre un taux de croissance de 6,7 % par an que s'il est compétitif en termes de prix ou si les acheteurs de GNL n'ont pas d'autres alternatives.

Précisément, un pays comme la Chine a les moyens d'activer des solutions alternatives si nécessaire. Les importations chinoises de GNL ont fortement augmenté en 2024 (+ 8,3 % en glissement annuel, à 107,4 Bcm), principalement parce que la Chine avait décidé, en début d'année, de limiter sa production de charbon pour répondre aux problèmes de sécurité dans les mines de charbon… et profiter des faibles prix du gaz. Le rythme de progression de la consommation de gaz et des importations de GNL a nettement ralenti sur la fin de l'année… avec la hausse des prix du gaz. Sur la totalité de l'année 2024, la consommation chinoise de gaz a atteint 428 Bcm, en hausse de 8,3 %.

En plus de l'option offerte par la production de charbon, la Chine voit sa production domestique de gaz continuer à augmenter. Elle a atteint 246 Bcm en 2024, en hausse de 6,8 % par rapport à 2023.

De même, les importations par gazoducs ont atteint 74,3 Bcm en 2024 (contre 65,4 Bcm en 2023), dont 30,0 Bcm en provenance de Russie, le reste provenant essentiellement du Turkménistan, le Kazakhstan et l'Ouzbékistan fournissant des volumes plus modestes.

Quant aux importations indiennes de GNL, elles ont augmenté de 21 % en glissement annuel en 2024 pour atteindre 36 Bcm : en fait, l'augmentation a été forte de mai à juillet lorsque l'Inde a été confrontée à de graves vagues de chaleur et qu'elle a eu besoin d'augmenter fortement sa production d'électricité ; le rythme de progression des importations a été beaucoup plus modéré par la suite… car le GNL avait perdu de sa compétitivité en termes de prix.

Cela est particulièrement vrai dans le secteur des transports, qui a consommé 7,23 Bcm de gaz en 2023, soit environ 11,5 % de la consommation totale de gaz de l'Inde (cette part est d'environ 8 % en Chine).

À la fois l'Inde et la Chine ont vu leur consommation de gaz dans le secteur des transports augmenter ces dernières années, les gouvernements soutenant l'utilisation des camions fonctionnant au GNL, au détriment des camions fonctionnant au gasoil, afin de réduire la pollution.

Selon les estimations, les ventes de camions alimentés au GNL en Chine ont bondi au premier semestre 2024 avec la baisse des prix locaux du GNL… avant de chuter à partir du mois d'août avec le rebond des prix du GNL. Si on raisonne à plus long terme, on peut imaginer que les camions alimentés au GNL seront à leur tour remplacés par des camions électriques, en particulier en Chine, à mesure que les avancées technologiques sur les batteries permettront d'augmenter l'autonomie des véhicules.

Deuxième importateur mondial de GNL derrière la Chine, le Japon a importé 91,0 Bcm en 2024, un volume en très modeste hausse par rapport aux 90,4 Bcm de 2024. Après une baisse de 3,2 % en glissement annuel en 2023, la consommation d'électricité au Japon n'a rebondi que très modestement en 2024 (+ 0,6 %). Dans ce contexte, la poursuite du rebond de la production nucléaire (+ 12,7 %, à 85 TWh, un volume certes largement en dessous des 292 TWh atteints en 2010, juste avant l'accident de Fukushima en mars 2011) a réduit le recours aux centrales à gaz.

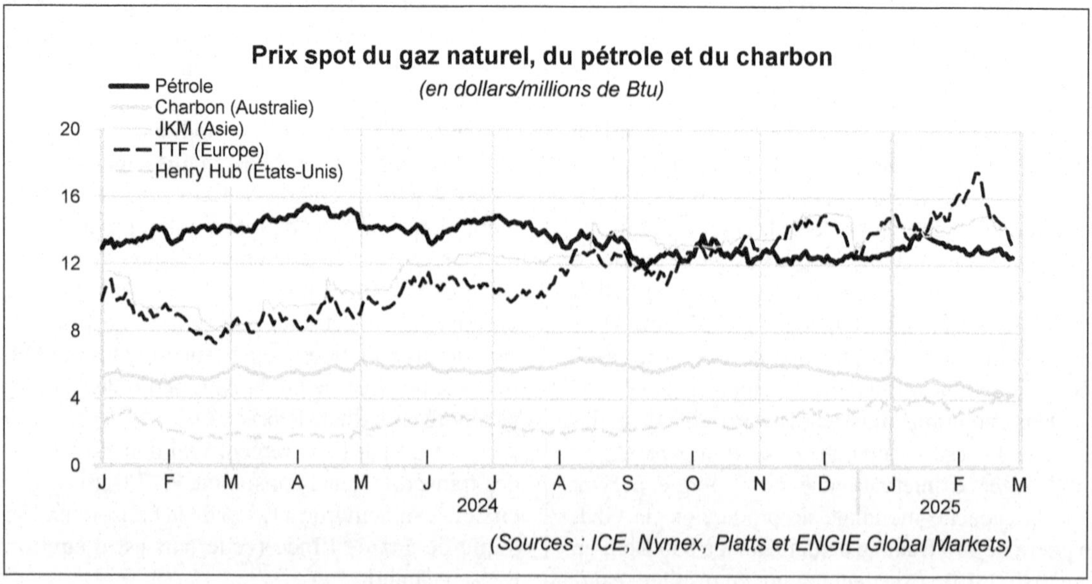

Troisième importateur mondial de GNL, la Corée du Sud a vu ses importations de GNL atteindre 64,2 Bcm en 2024, en progression de 4 % par rapport à 2023. Le gaz profite de la feuille de route pour la transition énergétique définie par les autorités sud-coréennes, qui prévoit des fermetures de centrales à charbon. Mais le répit devrait être temporaire pour le gaz, car cette feuille de route prévoit également une montée en puissance de la production nucléaire et renouvelable dans les années à venir, au détriment de la production thermique dans son ensemble.

Signe qui ne trompe pas : les producteurs d'électricité sud-coréens ne reconduisent pas certains de leurs contrats de long terme d'achat de GNL qui arrivent à expiration, et ils réclament désormais à leurs fournisseurs plus de flexibilité sur ces contrats pour pouvoir revendre les cargos de GNL dont ils n'auraient pas besoin.

Au final, la Chine et l'Inde s'avèrent être les principaux pays asiatiques pour lesquels les importations de GNL semblent avoir un potentiel de hausse structurelle.

C'est un facteur de risque pour les importations européennes de GNL.

Mais en même temps, c'est un facteur d'équilibrage, car, en cas de tension sur le marché du GNL, ces pays ont la possibilité de réduire leurs importations pour se tourner vers des solutions alternatives moins coûteuses.

Le bilan gazier européen s'est fortement détérioré sur la fin de l'année 2024

Durant les trois premiers trimestres de l'année, le bilan gazier européen a été plutôt confortable.

Certes, les importations européennes de GNL étaient en forte baisse par rapport à leurs niveaux de 2023, mais cela n'a pas nourri d'inquiétudes particulières, car la demande européenne de gaz était également en baisse, notamment dans la production d'électricité. La consommation de gaz des centrales électriques européennes a ainsi chuté de 6,4 % en glissement annuel durant le premier trimestre, de 27,2 % durant le deuxième trimestre et de 16,2 % durant le troisième trimestre.

Durant le premier trimestre, le bilan gazier était tellement confortable que les prix *month-ahead* sur le TTF sont tombés à € 22,32/ MWh le 23 février 2024.

Les prix ont rebondi à partir de fin février, soutenus notamment par la hausse des prix du Henry Hub américain, après que plusieurs producteurs américains de gaz ont annoncé qu'ils allaient réduire leur production en raison de la forte baisse des prix.

Pour limiter la fuite des bateaux de GNL vers les pays asiatiques (qui reconstituaient leurs stocks de gaz en prévision du pic estival de demande d'électricité), les prix européens sont restés en tendance haussière jusqu'au mois de septembre.

C'était le prix à payer pour conserver un bilan gazier confortable. En effet, le 19 août, les stocks de gaz de l'Union européenne étaient remplis en moyenne à 90,02 %, atteignant l'objectif de remplissage de 90 % avant la date limite du 1er novembre fixée par la Commission européenne.

À la fin du mois de septembre, le pic estival étant passé en Asie, les importations européennes de GNL ont pu se raffermir sans que les acheteurs européens aient besoin de surenchérir.

Mais le bilan européen s'est nettement dégradé durant le dernier trimestre. Jusque-là en repli, la demande de gaz des centrales électriques a fortement rebondi (+ 17,5 %) suite à la forte baisse de la production renouvelable. En l'occurrence, l'Allemagne, plus gros producteur européen d'électricité renouvelable, a connu plusieurs épisodes d'un phénomène connu sous le nom de *Dunkelflaute*. Le *Dunkelflaute* est un phénomène météorologique qui se caractérise par une période prolongée de conditions défavorables à la production d'électricité solaire et éolienne, avec un ciel très nuageux et des vents faibles ou inexistants.

En même temps, une vague de froid précoce a augmenté la demande de chauffage, alors que l'offre norvégienne était frappée par des incidents techniques à répétition.

Au final, les retraits de stocks se sont intensifiés, et la situation s'est aggravée avec le rebond hivernal des importations asiatiques de GNL qui a limité les importations européennes de GNL jusqu'au début du mois de décembre. Les stocks de l'Union européenne ont ainsi chuté très largement en dessous des niveaux de 2023.

Face au besoin urgent d'augmenter les importations de GNL de la zone, les prix européens ont fortement augmenté en fin d'année, bien au-dessus des prix asiatiques.

Sur l'ensemble de l'année 2024, la demande totale de gaz en Europe a augmenté de 0,5 % en glissement annuel, pour atteindre 374 Bcm, alors qu'elle avait chuté de 7,7 % en 2023 : + 1,7 % dans le secteur résidentiel/tertiaire, à 227 Bcm, + 5,9 % dans l'industrie, à 76 Bcm, – 7,8 % dans la production d'électricité, à 71 Bcm.

Hormis en de rares occasions, durant l'été, les écarts de prix entre les différents marchés européens ont été relativement faibles, reflétant une tendance amorcée en 2023. L'arbitrage sur les flux de GNL a continué à être un puissant levier pour mener à cette convergence des prix, quasiment tous les pays européens qui en ont la possibilité physique étant désormais importateurs de GNL.

Tous les marchés ont ainsi subi la forte hausse des prix de fin janvier-début février 2025, alimentée notamment par la poursuite de l'augmentation de la demande des centrales électriques (+ 11,6 % en janvier en glissement annuel). L'Italie, pays européen le plus dépendant du gaz pour sa production d'électricité, a continué à payer le prix fort.

Dans un contexte où les stocks européens de gaz accusaient déjà un déficit important par rapport aux niveaux des années précédentes, cette hausse de la demande a poussé le marché à anticiper une demande d'injection encore plus importante durant l'été 2025.

Cette anticipation d'une forte demande d'injection durant l'été avait d'ailleurs conduit à une situation aberrante à partir du début du mois de novembre 2024 : les prix de l'été 2025 sur le TTF étaient passés largement au-dessus des prix de l'hiver 2025, ce qui enlevait toute incitation à acheter du gaz durant l'été et à l'injecter en stock en prévision de l'hiver. Inquiet de cette situation, le gestionnaire du marché allemand THE a même proposé de mettre sur le marché un produit de stockage revenant au final à octroyer une subvention aux opérateurs pour faciliter le remplissage des stocks… ce qui a eu pour effet pervers de faire grimper encore plus les prix de l'été 2025.

Face à l'envolée des prix, on a commencé à entendre à nouveau certaines voix s'élever pour réclamer un plafonnement des prix.

Pour rappel, suite à la forte hausse des prix du gaz en 2022 dans la foulée de l'attaque de la Russie contre l'Ukraine, l'Union européenne avait mis en place un mécanisme de correction du prix, qui est entré en vigueur en février 2023, mais qui n'a jamais été activé.

Pour être activé, il fallait que les prix du TTF *month-ahead* dépassent € 180/MWh pendant trois jours ouvrables et qu'ils soient supérieurs de € 35/MWh à un prix de référence du GNL mondial pour la même période. Le mécanisme devait expirer à la fin du mois de janvier 2024, mais il avait été prolongé d'un an et a donc expiré le 1er février 2025. La Commission européenne n'a pas souhaité le reconduire, déclarant qu'elle allait proposer

Prix du gaz naturel en Europe
(en euros/MWh)

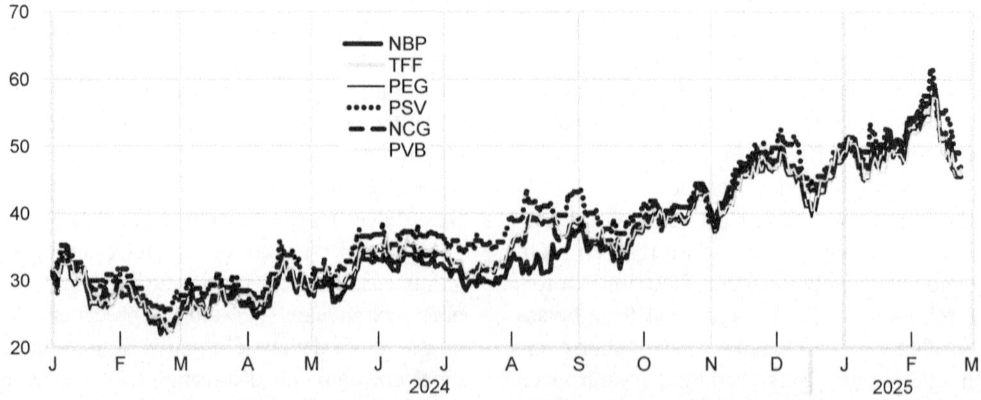

(Sources : Argus et ENGIE Global Markets)

bientôt un plan d'action pour des prix de l'énergie abordables.

Quoi qu'il en soit, il n'y a pas eu besoin d'en arriver à un plafonnement des prix.

Les prix ont chuté tout aussi brutalement à partir du 11 février sur fond de probable relâchement de la contrainte de remplissage des stocks à 90 % au 1er novembre (l'Allemagne poussant dans ce sens), de discussions de paix sur l'Ukraine et de prises de profits par les fonds spéculatifs.

Malgré cette baisse, tous les épisodes de flambée des prix enregistrés en 2024 et au début de l'année 2025 montrent à quel point le bilan gazier européen est devenu vulnérable.

Vulnérable du côté de l'offre compte tenu du poids désormais prépondérant du GNL qui, contrairement au gaz livré par gazoducs, peut plus facilement être détourné vers des marchés plus rémunérateurs.

Vulnérable du côté de la demande, la demande de gaz dans le résidentiel/tertiaire et dans la production d'électricité étant fortement dépendante des aléas climatiques.

Pour apporter une réponse à cette vulnérabilité, il faudra que l'Europe clarifie sa position sur la place du gaz dans son mix énergétique. Une question qui se pose d'ailleurs à la plupart des pays consommateurs de gaz, effrayés à juste titre par l'envolée des prix du gaz au-dessus des prix du pétrole et du charbon.

Quelle place pour le gaz dans le mix énergétique mondial ?

Le rapport *The Energy Institute Statistical Review of World Energy* publié en juin 2024 montre que la consommation mondiale d'énergie primaire a atteint un niveau record en 2023.

Les énergies renouvelables ont continué à augmenter leur part dans le mix énergétique mondial (de 7,4 % en 2022 à 8,2 % en 2023). Le pétrole a consolidé sa position de première source d'énergie, sa part passant de 31,5 % en 2022 à 31,7 % en 2023. La part du charbon a très légèrement diminué, passant de 26,6 % en 2022 à 26,5 % en 2023. C'est la part du gaz qui a le plus baissé, passant de 23,8 % en 2022 à 23,3 % en 2023, poursuivant la tendance amorcée depuis l'invasion de l'Ukraine par la Russie.

La consommation mondiale de gaz était de 4 010,2 Bcm en 2023, en hausse de seulement 0,04 % en glissement annuel, tandis que la consommation de pétrole a augmenté de 2,6 % et la consommation de charbon de 1,6 %.

Cette tendance confirme que les nombreux facteurs de risque sur l'offre et les prix relativement élevés menacent la part du gaz dans le mix énergétique mondial (et dans la transition énergétique).

Relativement modérés durant le premier semestre 2024, ce qui a fait espérer un retour en grâce de la consommation de gaz à l'échelle mondiale, les prix du gaz en Europe et en Asie sont passés au-dessus des prix du pétrole par la suite, entraînant des revirements de stratégie, notamment en Chine et en Inde.

Ni la Chine ni l'Inde ne sont prêtes à payer du gaz (GNL) cher. Toutes deux ont des alternatives moins coûteuses et elles ne se privent pas d'y recourir.

La part du charbon dans la production d'électricité en Chine a fortement diminué ces dernières années, passant de 78 % en 2000 à 61 % en 2023. Au cours de la même période, la part combinée de l'éolien et du solaire est passée de 0,05 % à 16 % et celle du gaz de 0,43 % à 3 %.

En Chine (tout comme en Inde), le développement des énergies renouvelables a permis d'atteindre plusieurs objectifs : réduire les émissions de CO_2, lutter contre la pollution locale (« gagner la bataille du ciel bleu »)… et bénéficier d'une source d'énergie moins chère.

Ce dernier élément est probablement le plus décisif.

En effet, tout comme en Europe ou aux États-Unis, le développement des énergies éolienne et solaire aurait probablement été beaucoup plus lent si leurs coûts n'avaient pas fortement baissé ces dernières années. Dans le même temps, la Chine continue de développer l'électricité nucléaire, le développement de toutes ces sources d'énergie sans carbone contribuant à abaisser la part des énergies fossiles. Mais les autorités chinoises n'abandonnent pas pour autant les centrales électriques au charbon. Loin de là. Bien qu'à un rythme plus lent, la Chine continue de construire des centrales au charbon, qu'elle considère comme l'option la plus viable pour compléter les centrales éoliennes et solaires et répondre aux besoins de flexibilité du réseau électrique.

Au fil du temps, le rôle des centrales électriques au charbon chinoises a changé.

Il y a vingt ans, lorsque l'économie chinoise a commencé à prospérer, les centrales à charbon fonctionnaient à des taux d'utilisation très élevés, en baseload, de l'ordre de 70 % en moyenne sur l'année. Ce chiffre n'a cessé de baisser depuis lors, tombant à 57 % en 2023, ce qui crée une réserve de production d'électricité à partir de charbon qui peut être activée si nécessaire, notamment lorsque les prix du gaz sont trop élevés.

Comparativement à la Chine, l'Inde a moins d'options et, face à la forte augmentation des besoins énergétiques, la part du charbon dans la production d'électricité a même augmenté, passant de 68 % en 2000 à 75 % en 2023. La part de la production éolienne et solaire est passée de 0,28 % en 2000 à 10 % en 2023. Quant à la production d'électricité à partir de gaz, sa part est passée de 10 % en 2000 à 13 % en 2010… avant de chuter à 3 % en 2023, victime de la cherté des prix du gaz.

S'agissant de l'Europe, ayant décidé de sortir du charbon, voire du nucléaire pour certains pays (l'Allemagne notamment), il ne lui reste pas beaucoup d'options. Face au trop lent développement des gaz verts (biométhane, hydrogène), l'Europe devra compter encore longtemps sur le gaz naturel. Consciente du problème, la coalition CDU/CSU, arrivée en tête aux élections fédérales allemandes du 23 février 2025, prévoit dans son programme la construction de cinquante nouvelles centrales à gaz pour servir de complément aux énergies renouvelables. L'approvisionnement d'une telle flotte de centrales à gaz ne peut pas se faire *via* le marché spot. Sécuriser les volumes par des contrats de moyen ou long terme est une nécessité.

Au moment où certains pays asiatiques réduisent leurs engagements contractuels sur le GNL, leur nouvelle dépendance requiert que les pays européens augmentent les leurs. C'est à cette condition que les investissements pourront se poursuivre de manière à assurer un approvisionnement en gaz (GNL) confortable et à des prix raisonnables.

L'enjeu est de taille : dans la lutte contre le réchauffement climatique, il est préférable que le gaz soit l'énergie fossile qui servira de complément aux énergies renouvelables.

Charbon vapeur : *nouvelle détente des marchés malgré le niveau record des importations chinoises*

Les prix du charbon vapeur ont poursuivi leur chute en 2024, en déclin de 9 % à 21 % pour les charbons de référence. Le marché est resté bien approvisionné malgré la hausse du commerce international, portée par la demande asiatique. Contre toute attente, la Chine a encore augmenté ses importations à des niveaux record, limitant la baisse des prix. Le marché charbonnier russe, qui avait résisté aux sanctions occidentales mises en place après l'invasion de l'Ukraine, est maintenant en pleine crise ; la moitié des producteurs sont déficitaires. La contraction des exportations russes en 2024 a contribué à équilibrer le marché mondial. La hausse des prix du gaz naturel en Europe a également soutenu le prix du charbon européen au second semestre de l'année.

Poursuite de la baisse des prix des charbons vapeur

Prix international du charbon vapeur en Europe et en Asie

(en dollars/tonne)

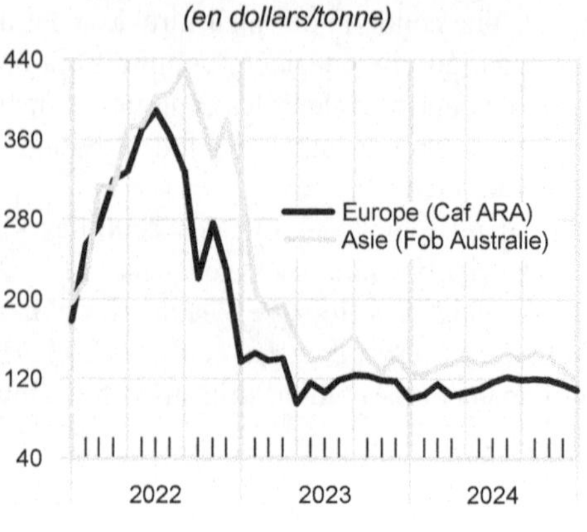

(Sources : Banque mondiale, Globalcoal.com)

Les prix internationaux du charbon vapeur avaient atteint des niveaux extrêmes en 2022, face à une offre tendue suite à l'embargo sur le charbon russe et des contraintes pesant sur l'offre internationale, australienne en particulier. En moyenne annuelle, le prix du charbon vapeur australien (Fob Newcastle, 6000 kcal/kg) s'était établi à $ 345/t en 2022, en hausse de 150 % par rapport à 2021 ; celui du charbon vapeur livré en Europe (prix Caf, zone ARA) avait augmenté de 141 % à $ 249/t. En 2023, les prix avaient chuté, malgré la forte reprise du commerce international et sa réorganisation. En moyenne annuelle, le prix australien avait chuté de 50 % à $ 173/t ; le prix européen avait décroché de 58 % à $ 123/t. En 2024, les importations européennes ont chuté et le prix européen a décliné de 9 % en moyenne à $ 112/t. En Asie, malgré la forte hausse des importations chinoises, le marché est resté excédentaire. Le prix Fob du charbon australien a baissé de 21 % et s'établit à $ 136/t. Le *spread* entre prix asiatiques et européens se resserre ($ 24/t), mais reste élevé, traduisant les fondamentaux de la demande en charbon vapeur sur les deux marchés. Malgré leur baisse, les prix sont près de deux fois supérieurs à leurs niveaux historiques ($ 71/t en Europe et $ 80/t en Asie en moyenne au cours de la période 2015-2019).

La volatilité des prix a été peu marquée en 2024. Le prix européen est resté dans une fourchette de $ 100-110/t au cours du premier semestre 2024 et a augmenté à $ 115-120/t au second semestre, reflétant principalement les incertitudes sur le marché gazier. Le prix australien a oscillé entre $ 125 et $ 145/t tout au long de l'année.

Demande : nouveau record historique

Le pic charbonnier, espéré pour 2024, n'a pas été au rendez-vous. La demande mondiale de charbon (tous charbons confondus) a atteint 8,8 gigas tonnes (Gt) en 2024, un nouveau record historique. Toutefois, la croissance s'essouffle. Elle s'établit à 1,1 % en 2024, contre 3,1 % en 2023 et 5,5 % en 2022. La demande asiatique, en particulier chinoise, ralentit, alors que celle des pays de l'OCDE poursuit son déclin. La demande mondiale de charbon continue de se déplacer vers l'Asie, qui concentre maintenant 83 % des quantités consommées.

La production mondiale d'électricité thermique au charbon, le principal usage du charbon, enregistre une hausse de 1,6 % en 2024. Les fortes baisses enregistrées en Europe et aux États-Unis n'ont que partiellement compensé les hausses observées en Asie, notamment en Chine et en Inde. La part du charbon dans le bilan électrique mondial se stabilise à 35 %, alors que celle des renouvelables la talonne. Le développement rapide de la production d'électricité renouvelable va entraîner une baisse structurelle de la demande de charbon, qui se traduira initialement par un plafonnement de la demande mondiale.

La réorganisation du commerce international se poursuit

Le commerce international (tous charbons confondus, y compris lignite et charbon à coke) a atteint un niveau record en 2024. À plus de 1,5 Gt, les échanges internationaux maritimes et terrestres sont en hausse de 2,6 % par rapport à 2023. Le commerce international de charbon vapeur augmente à 1 178 Mt (+ 1,8 %), celui de charbon à coke à 370 Mt (+ 5,1 %, cf. Acier et sidérurgie). Le commerce mondial s'est encore déplacé vers l'Asie, qui concentre 86 % des importations. La

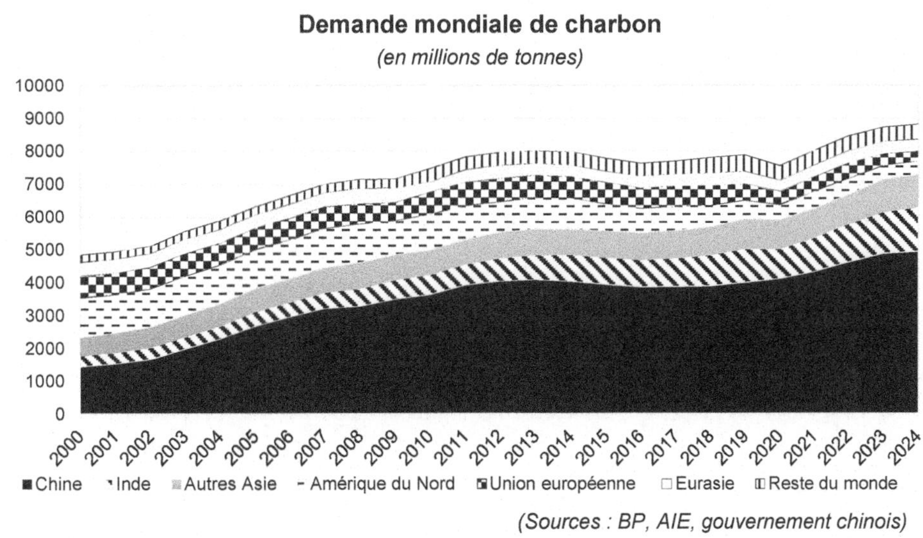

Chine et l'Inde en représentent la moitié. Début 2024, la plupart des experts tablaient sur une baisse des importations chinoises, la Chine ayant rétabli des droits de douane sur le charbon fin 2023 (6 % pour le charbon vapeur et 3 % pour le charbon métallurgique). Mais la Chine a augmenté ses importations de charbon de 14,4 % à 543 Mt en 2024. L'Australie (+ 31 Mt), l'Indonésie (+ 21 Mt) et la Mongolie (+ 13 Mt) ont assuré la majeure partie de cet accroissement, alors que la Chine a réduit ses importations de charbon russe de 7 % en 2024. La Chine, qui représente désormais un tiers des importations mondiales, renforce son influence sur le commerce international et le prix du charbon.

Les flux internationaux n'ont pas connu de nouvelle réorganisation en 2024, comme cela avait été le cas au cours des trois années précédentes – provoquée en 2021 par l'embargo chinois sur le charbon australien, en 2022 par les sanctions occidentales à l'encontre de la Russie et, en 2023, par la levée de l'embargo chinois. Mais les tendances observées en 2023 à la suite de ces réorganisations se sont accentuées. La Russie enregistre une chute de ses exportations de charbon (tous charbons confondus) de 8 % en 2024 à 195 Mt, après la baisse de 4 % en 2023. La Chine a accru ses importations de charbon australien de 59 % à 83 Mt en 2024. La Chine représente maintenant 24 % des exportations australiennes, alors que cette part était tombée à zéro en 2022.

La hausse des échanges de charbon vapeur est principalement portée par la Chine

Les échanges internationaux de charbon vapeur ont été propulsés par l'accroissement des importations asiatiques (+ 4,8 %), notamment chinoises, qui atteignent 421 Mt en 2024, soit une hausse de 13 % et, dans une moindre mesure, celles des pays

Échanges internationaux de charbon vapeur
(en millions de tonnes)

	2022	2023	2024 (e)	2024-2023 en (%)
Monde	**1 055**	**1 157**	**1 178**	**1.8**
Exportations				
Indonésie	465	515	551	7.0
Australie	184	203	208	2.5
Afrique du Sud	71	73	69	-5.3
Colombie	54	55	55	0.4
États-Unis	36	45	47	5.2
Russie	174	163	144	-11.7
Importations				
Chine	231	373	421	13.0
Inde	165	180	180	0.0
Japon	132	129	128	-0.8
Corée du Sud	92	97	93	-4.1
Taïwan	61	52	50	-3.8
Asie du Sud-Est	124	146	155	6.2
UE à 27	87	58	28	-52.4

(e) estimations

(Sources : AIE, Ministère australien de l'Industrie, USDOE, China Customs, Gouvernement indien)

d'Asie du Sud-Est (+ 6,2 %). À l'opposé, les importations des pays de l'OCDE ont chuté de 10 %, avec une chute très marquée en Europe, due à la baisse de la production d'électricité thermique au charbon dans la région. Les importations de charbon vapeur de l'Inde ont stagné en 2024, limitées par l'accroissement de la production domestique. En Asie du Sud-Est, le Vietnam a fortement accru ses importations de charbon vapeur, les portant à 66 Mt en 2024, une hausse de 38 % par rapport à 2023.

Les exportations de charbon vapeur sont dominées par l'Indonésie

Face à l'accroissement de la demande en charbons importés, l'Indonésie renforce son rôle de premier exportateur mondial. Ses exportations de charbon et lignite atteignent 551 Mt en 2024, une hausse de 7 % par rapport à 2023. Ses exportations de charbon vers la Chine se sont accrues de 9 % à 241 Mt. L'Indonésie bénéficie de coûts de fret inférieurs à ceux de ses concurrents, en particulier pour ses expéditions vers la Chine et l'Inde, ce qui fait du charbon indonésien une option privilégiée par les acheteurs asiatiques. La production de charbon du pays a atteint un nouveau record historique en 2024, en augmentation de près de 8 % à 830 Mt. Les ventes sur le marché intérieur ont totalisé 210 Mt en 2024, alors que le gouvernement avait fixé l'obligation de mise sur le marché intérieur (*domestic market obligation* ou DMO) à 220 Mt. En vertu de cette obligation, les producteurs doivent réserver une part de leur production pour le marché intérieur afin de garantir la sécurité de l'approvisionnement national en charbon, en particulier celui des centrales électriques. Face à l'accroissement de la consommation intérieure, les exportations indonésiennes vont se réduire : la DMO a été fixée à 240 Mt pour 2025. Bien que la transition vers les énergies renouvelables soit encouragée, le charbon est toujours une source d'énergie essentielle en Indonésie, représentant 43 % du mix énergétique. Lors du sommet du G20 qui s'est tenu à Rio de Janeiro en novembre 2024, le nouveau président indonésien a proposé de fermer toutes les centrales électriques au charbon au cours des quinze prochaines années et de parvenir à des émissions nulles d'ici 2050, dix ans plus tôt que prévu auparavant. L'objectif est ambitieux. La demande d'électricité du pays, en hausse d'environ 5 %/an, est encore largement dépendante du charbon, qui assure 62 % de la production d'électricité du pays.

L'Australie, le deuxième exportateur mondial de charbon vapeur (et le premier pour le charbon métallurgique), a augmenté ses exportations de charbon vapeur de 2,5 % en 2024 à 208 Mt. Cette augmentation a été permise par de meilleures conditions météorologiques depuis la fin du cycle *La Niña* et par la hausse des importations chinoises. La Chine a augmenté ses importations de charbon vapeur australien de 46 % à 66 Mt. Toutefois, les revenus d'exportation de l'Australie liés au charbon vapeur ont pratiquement été divisés par deux depuis 2022 suite au déclin du prix.

Les États-Unis ont augmenté leurs exportations (tous charbons confondus) de 7,3 % en 2024 à 98 Mt. Les exportations de charbon vapeur ont augmenté de 5,2 % à 47 Mt, malgré la chute des exportations vers l'Europe, qui se sont réduites de moitié par rapport à leur niveau déjà bas de 2023. L'Europe ne représente plus que 11 % des exportations de charbon vapeur américaines. En 2022, cette part était de 35 %. Les États-Unis ont trouvé de nouveaux débouchés en Asie, en particulier en Chine et en Inde, et sur les marchés africains (Maroc et Égypte).

Après un bref rebond en 2022 et 2023, les exportations de l'Afrique du Sud ont décliné et s'établissent à 69 Mt en 2024. Celles de la Colombie ont stagné à 55 Mt.

La Chine représente 56 % de la demande mondiale

Face à une double crise énergétique – la crise énergétique mondiale et au niveau national, les pénuries d'électricité en 2021 –, le charbon est devenu l'élément majeur de la politique de sécurité de l'approvisionnement énergétique chinois. La demande de charbon s'est accrue d'environ 1,1 % à près de 5 Gt en 2024. Cette demande est poussée par la demande des centrales thermiques qui s'est encore accrue de 1,5 %, repoussant les prévisions établies fin 2023, selon lesquelles la production d'électricité à partir de charbon atteignait son maximum. La demande totale d'électricité s'est accrue plus fortement que prévu et a atteint un niveau record, principalement en raison d'une vague de chaleur prolongée dans les provinces côtières de l'est du pays, qui a porté la demande de climatisation à un niveau sans précédent. La croissance pourtant fulgurante des énergies renouvelables (y compris celle d'hydroélectricité qui est repartie à la hausse) n'a pas suffi à couvrir l'augmentation de la demande d'électricité. Le charbon représente toujours plus de 60 % du mix électrique chinois et a assuré 54 % du mix énergétique en 2024.

La Chine, qui concentre 95 % de l'activité mondiale de construction de nouvelles centrales au charbon, a réduit drastiquement les autorisations de nouvelles centrales au charbon en 2024. Après l'autorisation accélérée de plus de 100 GW par an de nouvelles centrales au charbon en 2022 et 2023, les autorisations pour de nouvelles centrales ont chuté de 83 % en glissement annuel à seulement 9 GW au premier semestre 2024. La capacité installée des centrales au charbon ne s'est accrue que de 2,6 % en 2024 à 1 190 GW fin 2024. Elle représente 35,7 % de la capacité installée totale du pays, soit une diminution de 4,2 points de pourcentage en glissement annuel. La capacité installée des nouvelles énergies (éolien, solaire et biomasse) a atteint 1450 GW fin 2024, dépassant pour la première fois la capacité installée thermique du pays.

La production de charbon a de nouveau atteint un record historique en 2024. En hausse de 1,3 %, elle s'établit à 4,76 Gt. Toutefois, la croissance de la production s'essouffle (elle était de 2,7 % en 2023 et de 9 % en 2022). Les problèmes liés à la sécurité dans l'exploitation minière, en particulier dans la région de Shanxi, la plus grande région productrice de charbon en Chine, et les contrôles de sécurité plus stricts qui ont suivi, ont réduit la production chinoise de charbon au cours du premier semestre de 2024. Ces réductions ont entraîné une hausse des importations qui s'est amplifiée au second semestre, quand la baisse des prix sur le marché international a rendu le charbon importé plus compétitif que le charbon national. Au total, l'approvisionnement charbonnier de la Chine approche les 5,5 Gt. Une partie importante de cet approvisionnement a servi à constituer des stocks pour répondre aux préoccupations en matière de sécurité énergétique. Les stocks de charbon, qui étaient supérieurs à 500 Mt mi-2023, ont dépassé les 600 Mt à la mi-2024.

Inde : la production dépasse les 1 Gt

Pour répondre à la croissance économique et démographique du pays et sécuriser son approvisionnement énergétique, l'Inde a également misé sur le charbon, même si le pays accélère le déve-

Production mondiale de charbon (tous charbons confondus)

(en millions de tonnes)

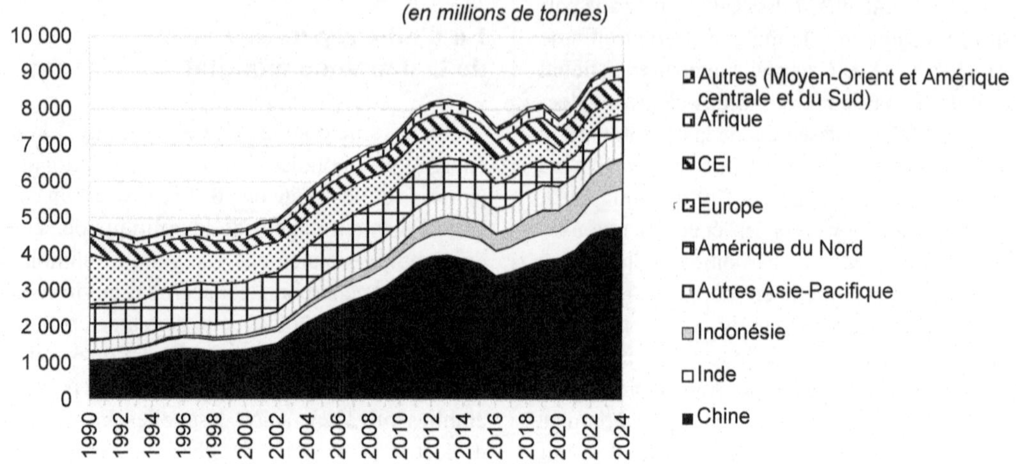

(Source: 2024 Energy Institute Statistical Review of World Energy, International Energy Agency)

loppement des énergies renouvelables. La demande de charbon du pays poursuit sa croissance. Elle est estimée à 1,35 Gt en 2024, une hausse de 6,5 % par rapport à 2023. Le charbon (y compris lignite) assure plus de la moitié des besoins énergétiques du pays et plus des trois quarts de sa production d'électricité. En 2024, sous l'effet du ralentissement de la croissance économique, la croissance de la production d'électricité a atteint son niveau le plus bas depuis la pandémie : + 6 % en glissement annuel. Celle des centrales au charbon a atteint 5,4 %. Pour répondre à l'augmentation prévue de la demande d'électricité d'ici 2031-2032, l'Inde prévoit d'augmenter la capacité de production thermique au charbon d'environ 80 GW, ce qui stimulera la demande de charbon. Mais la croissance de la demande devrait se modérer, face au développement rapide des énergies renouvelables.

En 2024, l'Inde a produit 1,08 Gt (charbon et lignite), une hausse de 7 % en un an, dont 785 Mt pour *Coal of India* (CIL). La hausse de la production des mines captives est également très élevée (187 Mt produites en 2024, soit + 30 %). Cette production record a été permise par un ensemble de mesures prises par le gouvernement depuis la fin du monopole de CIL sur la production commerciale en 2018.

Les importations de charbon (vapeur et métallurgique) de l'Inde ont totalisé 256 Mt, en hausse de 1,4 % seulement par rapport à 2023. La forte croissance de la production a permis de stabiliser les importations de charbon vapeur à 180 Mt en 2024, alors que les importations de charbon métallurgique ont augmenté de 5,1 %. Le gouvernement poursuit sa politique de réduction des importations de charbon et, pour cela, entend porter la production domestique à 1,5 Gt d'ici 2030. Il prévoit de cesser les importations de charbon vapeur dans tous les usages où le charbon importé peut être substitué par du charbon national. Cette politique devrait entraîner une baisse des importations qui pourrait se concrétiser dès 2025.

États-Unis : *King Coal* est vraiment mal en point

Après sa baisse en 2023, la demande de charbon des États-Unis (tous charbons confondus) a poursuivi son déclin en 2024 et baisse de 4 % à 371 Mt. La production d'électricité au charbon recule face à la baisse des prix du gaz et à l'augmentation de la production d'électricité des centrales au gaz. Le charbon n'assure plus que 16 % de la production totale d'électricité, un recul de sept points en trois ans. Ce recul est structurel suite aux nombreuses fermetures de centrales au charbon depuis une décennie et face à la montée des énergies renouvelables dans le mix électrique. L'*Energy Information Administration* (EIA) prévoyait que la capacité électrique au charbon (193 GW fin 2023) se réduirait de moitié d'ici 2030. Avec la nouvelle administration Trump, la fermeture des centrales au charbon pourrait ralentir, mais il faut noter que, contrairement aux élections précédentes, le charbon était un grand absent de la campagne électorale. Son sort semble scellé, bien que son déclin puisse être plus ou moins rapide selon les réglementations mises en place, en particulier pour assurer la stabilité et la sécurité de la production d'électricité.

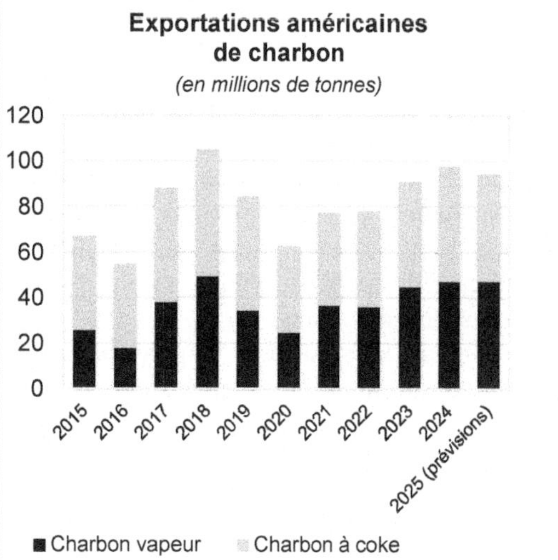

(Sources : EIA, STEO, janvier 2025)

La production de charbon a chuté de 11,5 % en 2024 à 464 Mt. Une demande en berne et des stocks élevés ont pesé sur la production. Le marché américain a été en partie sauvé par les exportations, qui contre toute attente (l'EIA prévoyait une chute de 16 % début 2024) se sont accrues de 7,3 % à 98 Mt (tous charbons confondus). La hausse s'explique principalement par les exportations accrues de charbon métallurgique vers l'Inde et la Chine. Face à la chute des importations européennes, les États-Unis ont toutefois réussi à augmenter également leurs exportations de charbon vapeur (+ 5 % en 2024), en diversifiant leurs marchés. L'Inde reste le débouché principal (30 % des exportations de charbon vapeur américaines), mais ce sont les exportations vers la Chine, le Maroc et l'Égypte, qui ont connu les taux de croissance les plus importants.

En 2025, la production américaine restera contrainte par un niveau de stocks toujours élevé et une demande en baisse, à la fois sur le marché intérieur et extérieur. L'EIA prévoit une baisse de 7 % des exportations de charbon en 2025. L'introduction de droits de douane sur les produits chinois et, en réponse, de droits de douane supplémentaires sur l'importation de charbon américain en Chine, va entraîner une baisse des exportations américaines de charbon vers la Chine (principalement constituées de charbon métallurgique). Mais l'impact des droits de douane sur le marché charbonnier est limité étant donné les quantités impliquées (cf. Acier et sidérurgie).

Europe : accélération du déclin structurel

Après sa reprise en 2021 et 2022, la demande de charbon de l'Union européenne avait chuté de 23 % en 2023, renouant avec son déclin structurel. En 2024, la demande européenne poursuit sa baisse, chutant de 18 %. Cette baisse s'explique par l'essor des énergies renouvelables, solaire en particulier, l'amélioration de la disponibilité des centrales nucléaires françaises et des capacités hydroélectriques européennes. Le charbon n'assure plus que 10 % de la production d'électricité de l'Union européenne (12,4 % en 2023). Il est même dépassé par l'énergie solaire (11 % de la production d'électricité de l'Union européenne). Les importations totales (charbon vapeur et à coke) de la région ont chuté de près de 32 %, en raison principalement d'une réduction de près de 50 % des importations de charbon vapeur, limitées à la fois par la chute de la demande et par les stocks élevés. La production de l'Union européenne poursuit son déclin avec une baisse (en tonnage) de 14 % en 2024.

Évolution de l'approvisionnement en charbon (houille et lignite) de l'UE

(en millions de tonnes)

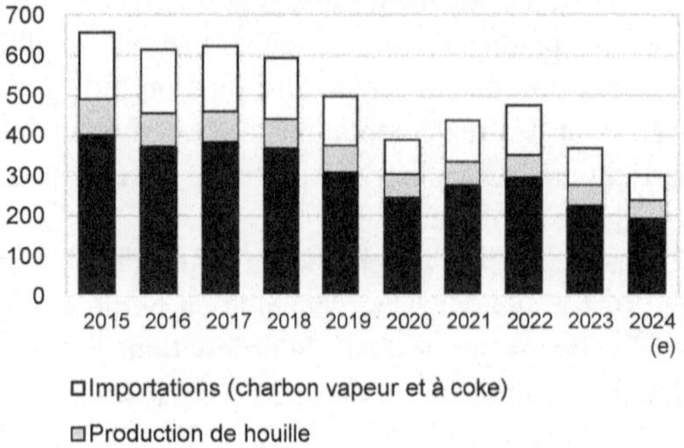

(Source : Eurostat - 2024 estimé à partir des dix premiers mois de l'année)

Depuis la guerre en Ukraine, l'Europe n'importe plus de charbon russe et a compensé ces flux par des importations en provenance des États-Unis, d'Australie, de Colombie et d'Afrique du Sud. Ces fournisseurs, qui avaient fortement augmenté leurs exportations vers l'Union européenne en 2022, ont vu leurs exportations vers l'Europe réduites dues à la moindre demande européenne et se sont tournés vers les marchés asiatiques.

La liste des pays européens qui ont abandonné le charbon pour leur production d'électricité s'allonge : la Suède et l'Autriche en 2020, le Portugal en 2021, la Norvège en 2023, la Slovaquie et le Royaume-Uni en 2024. Au Royaume-Uni, la dernière centrale au charbon a fermé le 30 septembre 2024, marquant un tournant pour le charbon européen. Une nouvelle vague de fermetures de centrales au charbon est imminente : 11 autres pays de l'Union européenne ont annoncé l'élimination complète du charbon de leur production d'électricité d'ici 2030.

Dans les deux grands pays consommateurs de l'Union européenne, l'Allemagne et la Pologne, qui représentent deux tiers de la demande européenne de charbon, le charbon a fortement reculé en 2024. En Allemagne, la production d'électricité au charbon (houille et lignite) a chuté de 17 % en 2024. Le charbon n'assure plus que 23 % de la production d'électricité (26 % en 2023), alors que les renouvelables contribuent maintenant à hauteur de 63 % de cette production. L'Allemagne est en bonne voie pour atteindre son objectif de 80 % d'électricité renouvelable en 2030, mais la variabilité de ces énergies pose un problème croissant. L'Allemagne doit sortir du charbon au plus tard en 2038, et vise une sortie dès 2030.

En Pologne, face au développement des énergies renouvelables et de la production thermique au

L'industrie charbonnière russe confrontée à une crise majeure

La Russie reste le troisième exportateur mondial de charbon, mais le déclin de ses exportations s'accentue. Ses exportations (tous charbons confondus) ont diminué de 8 % en 2024, après leur baisse de 4 % en 2023. Suite aux sanctions occidentales, la Russie avait redirigé ses exportations de charbon vapeur vers la Chine, l'Inde et la Turquie. Mais, en 2024, ses ventes sur ces trois marchés ont chuté et les exportations russes de charbon vapeur se sont réduites de 12 %. Les exportations de charbon à coke résistent mieux (+ 3 %).

Le secteur est confronté à une crise majeure. En 2024, plusieurs facteurs ont aggravé la situation : le renforcement des sanctions américaines, les goulets d'étranglement au niveau de la logistique, les coûts de transport élevés, et la baisse des prix du charbon.

Le renforcement des sanctions américaines à l'encontre de grandes compagnies charbonnières russes a considérablement limité leur capacité à effectuer des transactions internationales et a entraîné des difficultés de paiement, même avec les acheteurs asiatiques. En 2024, 60 % des exportateurs russes de charbon étaient soumis à ces sanctions. Avec l'ajout de nouvelles compagnies charbonnières russes en janvier 2025, ce sont maintenant 80 % des exportateurs russes qui sont touchés par ces sanctions.

La capacité limitée des chemins de fer a également entravé la capacité des exportateurs à transférer leur production, principalement dans l'ouest du pays (région du Kouzbass) vers les ports d'Extrême-Orient, qui sont cruciaux pour les exportations vers l'Asie-Pacifique. Par ailleurs, la hausse des coûts du transport ferroviaire a rendu les exportations non rentables pour de nombreuses entreprises.

Pour faciliter les échanges, les exportateurs russes doivent consentir des rabais élevés par rapport aux prix de référence du charbon. La baisse des prix en 2024 a renforcé la perte de rentabilité des exportations. Celle-ci est également due aux droits d'exportation sur le charbon imposés par le gouvernement russe et à la réintroduction par la Chine de droits de douane sur le charbon à partir de janvier 2024, pénalisant les charbons russes (l'Australie et l'Indonésie en sont exemptées en vertu d'accords de libre-échange avec la Chine).

Tous ces facteurs ont provoqué une chute des exportations de charbon et ont eu un impact extrêmement négatif sur les performances financières de l'industrie. Plus de la moitié des entreprises sont déficitaires. Avec le durcissement des sanctions américaines et la persistance des goulets d'étranglement logistiques, l'avenir des exportations de charbon russe reste très incertain.

Exportations russes de charbon

(en millions de tonnes)

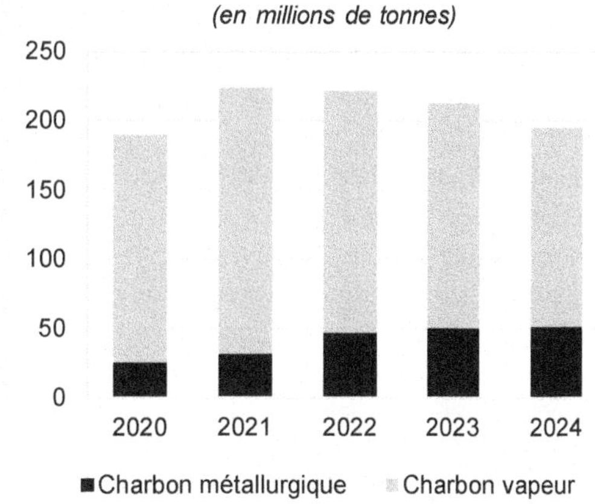

(Sources : Agence internationale de l'énergie, Kepler, CCA)

La Chine accroît son influence sur le marché international

La Chine et l'Inde représentent plus de la moitié des importations mondiales de charbon. En 2024, ces deux pays ont importé près de 800 Mt. La Chine a consolidé son emprise sur le marché international. Les importations chinoises ont atteint le niveau record de 543 Mt, soit plus du double des 256 Mt importées par l'Inde, creusant ainsi l'écart entre les deux pays, qui s'était réduit au cours des quatre années précédant la pandémie.
Le rôle de la Chine sur les prix est déterminant. En 2024, les importations chinoises ont contribué à freiner la chute des prix. Les acheteurs chinois se sont tournés massivement vers le charbon importé en raison de sa compétitivité par rapport au charbon local, alors que la production de charbon en Inde est plus compétitive en raison des faibles coûts de production. L'Inde poursuit également une politique volontariste de réduction des importations de charbon, alors que la Chine a abandonné sa politique de quotas, qui avait limité les importations à environ 300 Mt/an jusqu'en 2022. Depuis, le rôle du charbon dans la sécurité de l'approvisionnement énergétique et électrique est devenu déterminant.
La Chine pourrait réduire ses importations en 2025, provoquant une baisse des prix sur le marché international, plus ou moins prononcée selon l'ampleur du déclin. Toutefois, le niveau des importations pourrait être similaire à celui de 2024 – les charbons importés restant plus compétitifs que le charbon domestique – limitant le déclin des prix internationaux.

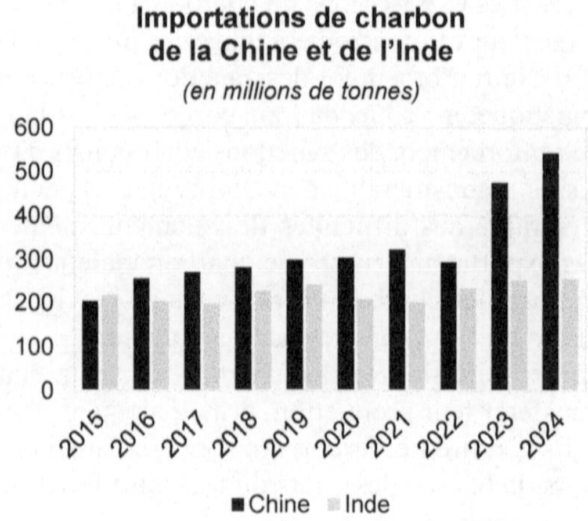

(Sources : Douanes chinoises, ministère du Charbon indien)

gaz, la production d'électricité au charbon a chuté de 8 % en 2024. Le charbon continue d'assurer la majeure partie de la production d'électricité, mais sa contribution est en forte baisse : 54 % en 2024 contre 60 % en 2023. La date butoir pour l'arrêt de la production charbonnière avait été fixée à 2049. Le gouvernement élu en 2023 a promis une transition énergétique plus ambitieuse, mais n'a pas encore fixé de date butoir pour la production d'électricité à partir du charbon. La Pologne prévoit toutefois d'augmenter la part des énergies renouvelables dans sa production d'électricité à 51 % en 2030.

La détente des marchés charbonniers va se poursuivre en 2025

Le commerce international du charbon vapeur devrait décliner en 2025 et au-delà. L'AIE prévoit une baisse des importations mondiales de charbon vapeur à 1 088 Mt en 2025, soit un déclin de 7,6 %. Les importations de la Chine et de l'Inde déclineraient en 2025, et l'Asie du Sud-Est constituerait le seul pôle d'accroissement notable. Dans ces conditions, les prix du charbon vapeur devraient poursuivre leur déclin. En moyenne, les prix pourraient s'établir à $ 107/t en Europe et à $ 120/t en Asie. Le prix du charbon en Europe pourrait être soutenu par la hausse des prix sur le marché gazier (ce que l'on observe depuis le second semestre 2024). Le niveau des importations de charbon en Chine, les relations entre les États-Unis et la Chine et l'effet du renforcement des sanctions américaines à l'encontre des compagnies charbonnières russes constituent les principales incertitudes pour l'évolution du commerce et des prix en 2025.

Dérivés de charbon vapeur

2024 : les volumes des dérivés de charbon progressent de 8 %

L'année 2024 a confirmé l'amélioration constatée fin 2023, puisque les volumes de trading financier du charbon vapeur ont progressé de 8 % à 650 millions de tonnes (Mt).

Cette hausse fait écho aux volumes record d'importations de charbon vapeur physique en 2024 à 1 112 Mt, selon la société de conseil Perret Associates, en hausse de 29 Mt ou 2,6 % par rapport au précédent record de 2023 à 1 083 Mt.

Alors que la consommation chinoise atteignait, elle aussi, des niveaux record de 4 189 Mt en 2024 (+ 3,7 % par rapport à 2023) et que le gouvernement indien décidait une hausse de 255 % des investissements dans les mines de charbon et centrales thermiques, la perspective d'un imminent *peak coal* s'éloigne un peu plus, en tout cas dans la région Inde-Pacifique.

Les fondamentaux ont soutenu la croissance de l'activité trading dérivés, même si les prix furent beaucoup moins volatils en 2024, comparés à l'exubérance de la période 2021-2023.

L'indice phare DES ARA (Délivré Amsterdam/ Rotterdam/Anvers) a oscillé dans une fourchette de prix $ 85-$ 127/t, bien loin du pic à $ 390/t enregistré en août 2022. Cependant, une nouvelle norme semble s'être établie, puisque le niveau de $ 100-$ 110/t qui était un plafond avant 2020 apparaît désormais comme un plancher.

La baisse de la volatilité a permis de diminuer les marges initiales nécessaires au trading sur bourse, ce qui a attiré à nouveau les spéculateurs et les intervenants physiques qui pouvaient mettre en place des positions de plus grande taille.

La société Perret Associates estime les volumes financiers du contrat DES ARA à 504 Mt en 2024, en hausse de 6,1 % par rapport aux 474 Mt de 2023.

Les volumes liés au contrat australien Fob Newcastle ont augmenté de 18 Mt ou 16,4 % en 2024 pour atteindre 125 Mt.

Les volumes du contrat Fob Richards Bay (Afrique du Sud) ont été en légère hausse sur l'année à 17 Mt, contre 15,2 Mt en 2023. Cependant, la liquidité a chuté durant la deuxième moitié 2024, ce qui présage une possible baisse en 2025.

Le *trading* financier du charbon vapeur reste concentré sur des contrats créés en 2000, sur la base d'une valeur calorifique de 6 000 kcal/kg, lorsque les producteurs européens d'électricité étaient encore des importateurs significatifs de charbon de haute qualité. Mais le marché physique du charbon a profondément changé en vingt-cinq ans, avec une explosion des volumes de demande et d'importations et une migration des achats vers la zone Inde-Pacifique qui s'est accompagné d'une baisse de la qualité moyenne entre 3 800 et 5 000 kcal/kg.

Les contrats financiers du charbon vapeur ne reflètent pas pour l'instant cette évolution structurelle du marché physique sous-jacent. Le seul « nouveau » contrat financier Fob Indonésie (le plus gros exportateur mondial) sur la base d'une qualité de 4 200 kcal/kg n'atteint que 2,7 Mt en 2024.

L'ICE Futures (Londres) demeure de loin la première plateforme de *trading* pour les *swaps* financiers de charbon avec 578 Mt traitées en 2024, en hausse de 9,6 % par rapport à 2023 et représentant 89 % des volumes totaux (contre 88 % en 2023).

Les volumes du *Chicago Mercantile Exchange* ont chuté à 2,9 Mt en 2024 contre 11 Mt en 2023.

API2 prompt contract

(en dollars/tonne)

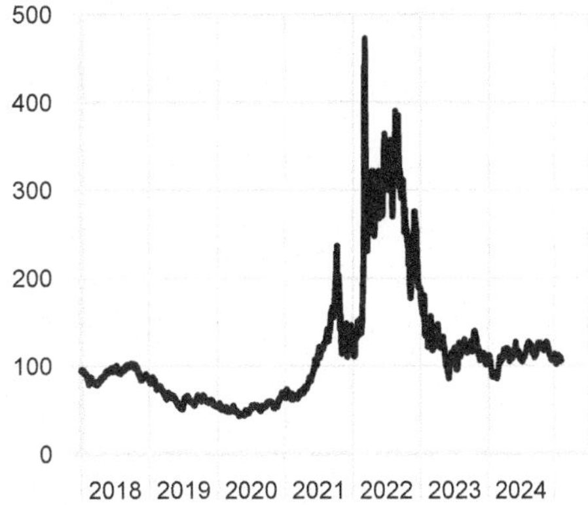

(Source : Perret Associates)

À ce rythme, SGX (Singapour) pourrait supplanter le CME en 2025, puisque les volumes sur SGX étaient de 2,4 Mt en 2024.

Le contrat physique *future* chinois sur le *Zhengzhou Commodity Exchange* n'a plus traité en 2024, tout comme en 2023, comparé au record de 13 milliards de tonnes traitées en 2020. Le gouvernement chinois a décidé de stopper la spéculation sur une source d'énergie aussi critique pour le pays.

Le marché international financier du charbon est toujours à la recherche d'un nouveau produit délivré Asie avec une valeur calorifique en dessous de 6000 kcal/kg pour remplacer le contrat délivré Europe.

Électricité : *à la recherche de la demande*

Les prix de gros de l'électricité ont poursuivi leur baisse en 2024, aux États-Unis comme en Europe, sous l'effet de la chute des prix du gaz, dans un contexte de stagnation de la demande électrique. La baisse des prix a été particulièrement marquée en France qui a bénéficié du redressement de sa production nucléaire, lui permettant d'enregistrer un record historique d'exportation d'électricité. La remontée des prix internationaux du gaz devrait toutefois tirer vers le haut les cours de l'électricité en 2025, mais le phénomène devrait demeurer conjoncturel faute d'une réelle reprise de la consommation. L'électrification des usages énergétiques tarde en effet à se matérialiser et la tentation est grande, dans de nombreux pays, de mettre en pause les politiques de transition énergétique. Les énergies renouvelables continuent néanmoins de se développer à un rythme soutenu, accélérant la sortie des fossiles. En Europe, la production photovoltaïque a dépassé pour la première fois celle du charbon qui se concentre désormais sur une poignée de pays. À l'instar de l'Allemagne, qui représente à elle seule près de 40 % de la production d'électricité à partir de charbon du continent, et dont la stratégie énergétique fait l'objet de vives critiques à l'aune des épisodes de *Dunkelflaute* ou « sécheresse énergétique ». Si la Chine fait de son côté figure de champion incontesté du solaire, avec plus de la moitié des capacités installées au monde, la construction de nouvelles centrales à charbon s'y est poursuivie à un rythme inégalé au cours des dix dernières années. Un choix qui pourrait bien compromettre le respect de ses engagements climatiques.

Vers une hausse conjoncturelle des prix de l'électricité en 2025 ?

Le secteur électrique européen a traversé au cours de la période 2021-2022 une crise sans précédent au cours de laquelle les prix de gros de l'électricité, qui s'établissaient traditionnellement sous la barre des € 50 le mégawattheure (MWh), ont atteint des niveaux historiquement élevés à plusieurs centaines d'euros. Des pics de prix à plusieurs milliers d'euros ont été observés à certaines heures, et le plafond de prix de € 3 000 le MWh a même été atteint le 4 avril 2022 sur le marché de gros français. C'est l'envolée des cours

du gaz naturel, dans le contexte du conflit entre la Russie et l'Ukraine, qui a provoqué celle des prix de l'électricité. Les centrales à gaz, qui étaient encore à l'origine de 20 % de la production d'électricité en 2022, se sont en effet fréquemment retrouvées en situation de déterminer le prix sur les marchés de gros. Rappelons que le prix de l'électricité, qui est déterminé heure par heure sur les marchés *day-ahead* (la veille pour le lendemain), correspond au coût marginal de production (coût en combustible plus coût en CO_2) de la dernière centrale nécessaire pour satisfaire la demande. C'est la logique de l'ordre de mérite qui implique d'empiler les moyens de production par ordre de coût marginal croissant. Cette crise du secteur électrique a du reste été accentuée par l'effondrement de la production hydroélectrique (– 20 %) et nucléaire (– 16 %) au cours de l'année 2022, qui a eu pour effet d'accroître la corrélation entre les prix du gaz et de l'électricité.

La chute des prix du gaz à partir de l'automne 2022 a amorcé un retour progressif à la normale des prix de gros de l'électricité en Europe. Une tendance qui s'est poursuivie globalement en 2024, les prix s'établissant en moyenne sous la barre des € 100 le MWh dans la quasi-totalité des pays, à l'exception de l'Italie où le MWh a atteint € 109 (– 15 % par rapport à 2023). C'est en France que les prix de l'électricité ont le plus fortement chuté, le MWh s'échangeant à € 58 en moyenne en 2024, contre € 97 en 2023, soit une baisse de 40 %. Il faut dire que la hausse des prix de l'électricité avait été particulièrement marquée en France, en raison d'un déficit important de la production d'origine hydraulique et surtout nucléaire. En 2024, les prix sur le marché français ont été inférieurs à ceux de l'ensemble des pays voisins, l'écart de prix par rapport à l'Allemagne s'élevant à plus de € 20/MWh en moyenne. Ce retournement de situation s'explique très largement par le redressement de la production des centrales nucléaires françaises, qui a atteint 361 TWh en 2024, après un plus bas historique de 279 TWh en 2022. Ce niveau, légèrement supérieur à celui de 2021, atteste qu'EDF a définitivement tourné la page des problèmes de corrosion sous contrainte ayant affecté son parc de réacteurs. L'opérateur affiche désormais (janvier 2025) un objectif de production de 350 à 370 TWh pour les années 2025 à 2 027, qui inclut la production de l'EPR de Flamanville

Production d'électricité nucléaire en France (2018-2024)
(en TWh)

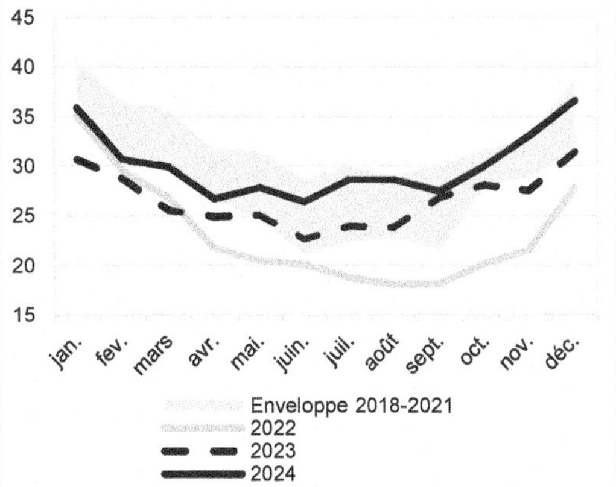

(Source : Auteur, à partir des données de RTE)

connecté au réseau fin 2024. L'amélioration de la disponibilité nucléaire a largement contribué à l'accroissement des exportations d'électricité de la France, qui ont atteint un record historique avec 89 TWh nets exportés en 2024, battant ainsi le précédent record de 77 TWh nets datant de 2002.

Au-delà de la baisse des prix du gaz, le principal facteur ayant contribué au recul des prix de l'électricité est la relative stagnation de la demande européenne, qui a progressé d'à peine 1 % en 2024 après deux années consécutives de baisse. L'envolée des prix de l'électricité en 2022 a en effet induit des efforts de sobriété de la part des consommateurs et des destructions de demande chez les industriels électro-intensifs qui ont fortement pesé sur la demande énergétique. Notons toutefois que la demande reste en retrait d'environ 5 % par rapport à son niveau d'avant crise (2019). Il est par ailleurs difficile d'anticiper si cette tendance se poursuivra ou non en 2025, car les prix de gros de l'électricité sur les marchés spot sont repartis à la hausse depuis mi-2024. S'il faut s'attendre à une augmentation de la demande à moyen terme du fait des politiques de transition énergétique et de l'électrification d'un nombre croissant d'usages énergétiques, les effets sur la consommation tardent à se matérialiser dans de nombreux secteurs et la tendance semble plutôt à la remise en cause des ambitions du *green deal* européen.

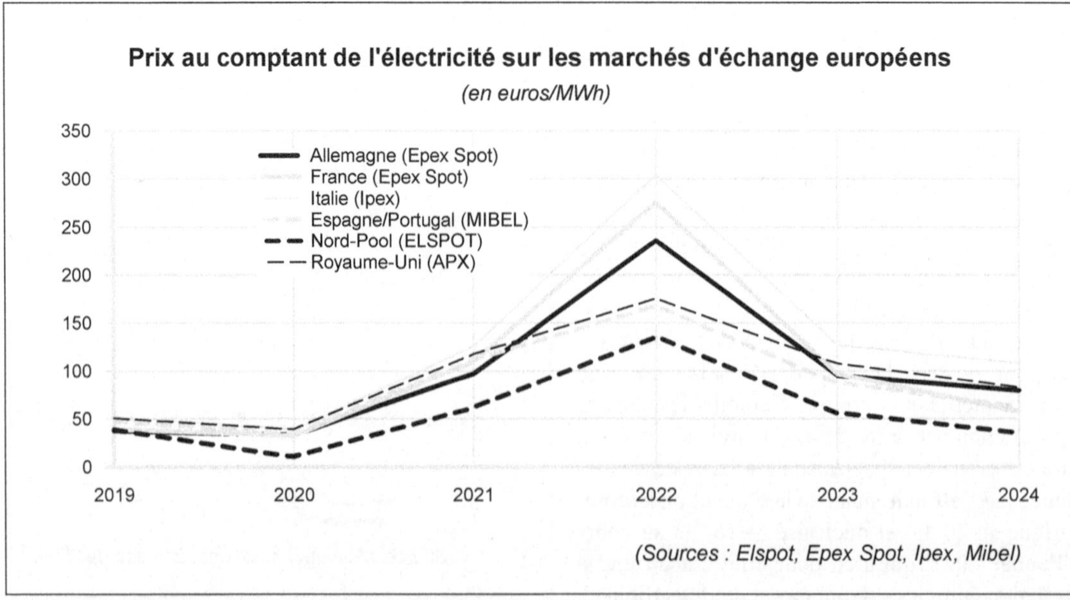

On assiste donc depuis mi-2024 à une hausse régulière des prix de gros de l'électricité sur les marchés spot qui semble se poursuivre début 2025, sous l'effet principalement de la remontée des cours du gaz, dont les niveaux en février 2025, autour de € 50 le MWh, sont près du double de ceux observés début 2024. Cette tendance se confirme globalement au niveau des prix sur les marchés à terme, mais avec des différences significatives selon les pays. Les prix pour livraison 2025 sur le marché français oscillent entre € 70 et € 80 le MWh, contre une fourchette de € 50 à € 60 le MWh pour les livraisons en 2024. Ils redescendent toutefois à un niveau de € 60-70 pour 2027, signe que ces tensions sont perçues comme conjoncturelles par les acteurs de marché. En Allemagne, en revanche, le MWh pour livraison 2025 s'échange à des niveaux nettement plus élevés, € 90 en base et plus de € 100 en pointe. Cette situation reflète les différences de mix électrique entre les deux pays, l'Allemagne demeurant plus dépendante des énergies fossiles (gaz et charbon), dans un contexte de tensions sur les marchés gaziers. En dépit des faibles perspectives de croissance sur le continent européen et des retards dans l'électrification de la demande, les prix pourraient bien repartir à la hausse sur le continent, notamment si les pays ralentissent le rythme de développement des capacités de production décarbonées.

Les enjeux posés par la décarbonation du secteur électrique européen

La production d'électricité solaire a connu une forte augmentation en Europe en 2024 (+ 22 %), dépassant pour la première fois la production des centrales à charbon (269 TWh contre 304 TWh pour l'électricité d'origine solaire). Le photovoltaïque a représenté 11 % de la production d'électricité européenne en 2024. L'électricité d'origine éolienne est restée relativement stable, malgré une augmentation des capacités installées, et cela en raison de conditions météorologiques moins favorables à l'image de l'épisode de *Dunkelflaute* ou « sécheresse énergétique » qu'ont connues les pays d'Europe du Nord en fin d'année et qui se caractérise par un temps à la fois nuageux et sans vent. Le phénomène, qui a duré plus d'une dizaine de jours, a entraîné une chute de la production renouvelable, ce qui a conduit l'Allemagne à accroître ses importations d'électricité : une situation qui a suscité de fortes tensions sur le marché de gros et qui a été dénoncée par la Suède, dont la ministre de l'Énergie a critiqué publiquement la stratégie énergétique allemande reposant sur une sortie du nucléaire.

Le développement de la production décarbonée, conjugué à une stagnation de la demande, a permis d'accélérer le retrait des fossiles dans la production d'électricité en Europe, dont la part a baissé de 9 % en 2024. L'électricité produite à partir des centrales à charbon et au gaz est ainsi passée de 40 % en 2019 à 30 % en 2024, tandis que celle des renouvelables est passée sur la même période de 34 % à 47 %. Au total, 70 % de la production d'électricité des pays européens est désormais décarbonée. C'est la production des centrales à charbon qui a le plus reculé en 2024 (– 16 %) : elle a représenté 10 % de la production de l'Union européenne en 2024. Le recours au charbon dans la production électrique se concentre sur un faible nombre de pays, l'Allemagne (39 %), la Pologne (34 %) et la Tchéquie (10 %) totalisant à eux trois plus de 80 % de l'électricité produite à partir de charbon. À l'automne 2024, le Royaume-Uni a annoncé la fermeture de sa dernière centrale à charbon, située dans la ville de Ratcliffe-on-Soar dans les Midlands de l'Est. Le pays a ainsi mis un terme à plus de cent quarante ans d'histoire du charbon, devenant par là même le premier membre du G7 à abandonner définitivement le charbon. Onze autres pays devraient emprunter le même chemin d'ici à 2030, dans la lignée des objectifs du plan REPowerEU (adopté à la suite du conflit Ukraine-Russie) qui prévoit de porter à 72 % la part des renouvelables dans la production électrique (dont 55 % pour le solaire et l'éolien).

La montée en régime des énergies renouvelables variables dans les mix de production va nécessiter de développer en parallèle les flexibilités du système électrique afin d'assurer la sécurité d'approvisionnement. Des investissements importants seront nécessaires du côté de la production (moyens pilotables) et de la consommation, dans le stockage ainsi que dans les réseaux électriques et interconnexions entre pays. Le manque de flexibilité du système électrique se traduit par une volatilité importante des prix sur les marchés de gros et en particulier des épisodes de prix négatifs dont la fréquence devient de plus en plus importante chaque année (4 % du temps en 2024, contre 2 % en 2023). La Commission de régulation de l'énergie (CRE) française a publié fin 2024 une analyse dans laquelle elle recommande une révision des dispositifs de soutien existants pour certains producteurs renouvelables qui bénéficient de prix garantis avec obligation d'achat, afin de limiter la production de ces centrales en cas de prix négatif. La CRE a également proposé début 2025 de modifier le positionnement d'une partie des heures creuses (de la nuit à l'après-midi) afin d'inciter les consommateurs à déplacer leur consommation lors des périodes de pics de production solaire.

La réforme des marchés européens de l'électricité

La crise énergétique a suscité un intense débat en Europe sur le fonctionnement des marchés de l'électricité et le bien-fondé d'une tarification fondée sur les coûts marginaux de production. La Commission européenne a initié en ce sens début 2023 un projet de réforme des marchés électriques qui a été adopté par le Conseil au mois de mai 2024. Le texte poursuit trois grands objectifs, parfois contradictoires, auxquels il associe un certain nombre de moyens : protéger les consommateurs contre la volatilité du marché, stabiliser les coûts de production et stimuler les investissements dans la production d'électricité décarbonée. La réforme préserve le fonctionnement actuel des marchés de gros tout en favorisant le recours à des mécanismes de contractualisation de long terme pour le développement de la production décarbonée (à la fois renouvelable et nucléaire). Il s'agit d'une part de démocratiser le recours aux accords privés d'achats d'électricité (*Power Purchase Agreement*, PPA), qui sont des contrats de gré à gré passés entre producteurs d'électricité et gros consommateurs ou fournisseurs, en réduisant notamment les risques financiers associés à ces contrats ; et d'autre part, de permettre aux États de signer avec les producteurs des contrats pour différence (*Contract for difference*, Cfd) bilatéraux pour les soutiens publics au financement de la production renouvelable, mais aussi nucléaire. Ces contrats prévoient des prix planchers et des prix plafonds pour l'électricité vendue sur le marché de gros, à partir desquels l'État prélève la rente du producteur lorsque le prix de gros dépasse le prix plafond ou le subventionne lorsque le prix de marché devient inférieur au prix plancher. La rente prélevée par les pouvoirs publics peut ensuite être redistribuée au consommateur final afin de lui permettre de faire face à la hausse des prix de gros.

Le cas français : le mécanisme de versement universel nucléaire (VUN)

En France, le mécanisme soumis à consultation en novembre 2023, à la suite de l'accord passé entre EDF et le gouvernement, est pourtant sensiblement différent. Le mécanisme des contrats pour différences est abandonné pour le nucléaire (mais il subsiste pour les renouvelables). Il est prévu à sa place un mécanisme de prélèvement d'une fraction des revenus du nucléaire lorsque le prix du marché dépasse certains seuils, le produit étant alors reversé au consommateur final. Il n'y a pas en revanche de prix plancher, ce qui signifie que le producteur devra seul faire face au risque marché si les prix de gros sont durablement dépréciés et ne couvrent pas le coût du nucléaire. Il s'agit sans doute là d'une volonté des pouvoirs publics et d'EDF de ne pas prendre le risque de voir la Commission européenne contester le nouveau système de régulation du nucléaire (et d'exiger en retour une réorganisation des activités de l'opérateur). Le projet du gouvernement qui figure à l'article 17 de la loi de budget pour 2025 prévoit de fixer un double barème à partir de 2026 (une fois le mécanisme de l'Accès régulé à l'énergie nucléaire historique, ARENH, abandonné) si le revenu tiré du nucléaire historique par EDF s'envole (50 % pour le premier seuil de « taxation » et 90 % au-delà d'un second seuil d'« écrêtement »). C'est à la CRE que reviendra la charge de fixer ces seuils compte tenu de l'évaluation des coûts complets de production du nucléaire historique. Rappelons que le coût de production du nucléaire a été évalué à € 60,7 (en 2022) par MWh en 2026 par la Commission de régulation de l'énergie et à € 74,8 par EDF à cette même date. Avec le système actuel de l'ARENH, le consommateur final était relativement protégé dans la mesure où la moitié environ des kWh facturés bénéficiait d'un tarif régulé à € 42 le MWh. Le consommateur devrait donc s'attendre à payer plus cher son électricité avec ce nouveau dispositif, mais devrait être mieux protégé en cas d'envolée des prix sur le marché de gros.

L'électricité dans le reste du monde

Aux États-Unis, les prix de gros de l'électricité ont été plus faibles et moins volatils en 2024 sur l'ensemble des places de marché. Ils se sont établis dans l'ensemble sous la barre des $ 40 le MWh. Comme souvent, des pics de prix ont pu être observés ponctuellement sur certains marchés, ce fut le cas notamment dans les États du Nord-Ouest

Capacité photovoltaïque installée des 10 principaux pays

(en mégawatts)

	2018	2019	2020	2021	2022	2023	Variation 2023-2022	% du total 2023
Chine	175 237	205 493	253 418	307 068	393 032	609 921	55.2	43.0
États-Unis	53 184	62 298	73 814	95 391	114 361	139 205	21.7	9.8
Japon	55 500	61 840	69 764	74 191	83 057	87 068	4.8	6.1
Allemagne	45 181	48 962	53 719	59 373	67 479	81 739	21.1	5.8
Inde	27 355	35 060	39 043	49 684	63 390	73 109	15.3	5.2
Brésil	2 435	4 635	8 291	14 197	25 520	37 449	46.7	2.6
Australie	11 305	15 930	17 342	22 870	29 958	33 683	12.4	2.4
Espagne	7 068	11 111	12 440	16 019	25 615	31 016	21.1	2.2
Italie	20 114	20 906	21 650	22 600	24 561	29 795	21.3	2.1
Corée du Sud	7 130	10 505	14 575	18 161	24 078	27 046	12.3	1.9
Monde	**488 741**	**586 421**	**710 281**	**861 537**	**1 073 136**	**1 418 969**	**32.2**	**100.0**
Amérique du Nord	58 839	70 048	82 305	107 192	129 037	155 873	20.8	11.0
Europe	126 663	146 666	167 022	197 804	242 999	299 200	23.1	21.1
Asie-Pacifique	286 040	346 441	425 327	508 652	632 180	873 586	38.2	61.6

(Source : Energy institute, Statistical review of world energy 2024)

début 2024, en raison de vagues de froid qui ont entraîné une augmentation de la consommation de gaz et donc des prix du gaz pour la production d'électricité. Le repli des cours du gaz naturel aux États-Unis est le principal déterminant de la baisse des prix de l'électricité, le gaz étant désormais la principale source de production d'électricité aux États-Unis (à l'origine de plus de 40 % des approvisionnements). Après avoir atteint un niveau historiquement bas en 2020, au plus fort de la crise du covid, les cours du gaz sont progressivement repartis à la hausse aux États-Unis, l'augmentation des exportations de GNL à destination de l'Europe, notamment, ayant eu pour effet d'aligner les prix domestiques du gaz américain sur les prix beaucoup plus élevés du marché international. Alors que les prix sur le Henry Hub de Louisiane ont atteint en 2022 leur plus haut niveau depuis 2008 à $ 6,55 MMBtu en moyenne annuelle, ils ont été divisés par deux en 2023 pour atteindre $ 3,29 MMBtu et ont encore diminué en 2024 à $ 2,21 MMBtu, soit le plus faible niveau corrigé de l'inflation. Les prix du gaz devraient toutefois remonter en 2025 à un niveau proche de ceux observés en 2023, ce qui se traduira par une légère augmentation des prix de gros de l'électricité (de l'ordre de 7 %).

La baisse des prix de l'électricité sur les marchés américains s'explique par ailleurs par la forte progression de la production d'électricité renouvelable, soutenue notamment par le programme du *Green New Deal* de l'administration Biden. Le rythme de développement des centrales solaires a ainsi doublé en 2024 (avec 37 GW de nouvelles capacités installées), se traduisant par une hausse de la production photovoltaïque de 37 % en un an. La part du solaire devrait continuer de croître en 2025 (avec 26 GW supplémentaires installés) et couvrir l'essentiel des nouvelles capacités de production du pays : des prévisions susceptibles toutefois d'être révisées à la baisse en raison des promesses du nouveau président Donald Trump de s'attaquer aux dispositifs de soutien aux renouvelables mis en place par son prédécesseur. Bien qu'il paraisse aujourd'hui difficile de s'opposer à l'essor des énergies renouvelables, qui sont devenues compétitives vis-à-vis des énergies fossiles et qui bénéficient d'un large soutien transpartisan dans de nombreux États, de telles mesures pourraient tout de même avoir pour effet de ralentir le rythme de la transition énergétique.

En Chine, la consommation d'électricité a augmenté de 6,8 % en 2024 pour atteindre 9 850 TWh, un rythme similaire à celui de 2024. La hausse de la consommation a été la plus forte dans le secteur résidentiel (+ 10,6 % en 2024), une première depuis le covid lorsque les épisodes de confinements s'étaient traduits par de faibles progressions de la demande. Le secteur tertiaire enregistre la deuxième plus forte hausse (9,9 %), suivi du secteur primaire (6,3 %) et du secondaire (5,1 %).

La capacité de production électrique installée en Chine a augmenté de plus de 14 % en 2024 pour atteindre 3 350 GW. Le solaire continue de jouer la course en tête, avec 280 GW nouvellement raccordés en 2024 (+ 45,2 %). La Chine concentre désormais à elle seule plus de la moitié des capacités solaires installées dans le monde, avec une puissance cumulée qui atteint près de 900 GW. À noter également la forte progression des capacités éoliennes (+ 18 %), dont la capacité a atteint 520 GW. La Chine a toutefois accéléré en 2024 le développement de centrales à charbon avec la mise en construction de 94,5 GW de nouvelles capacités. Il s'agit d'un record sur les dix dernières années pour la Chine qui concentre la quasi-totalité des projets de centrales à charbon dans le monde : des investissements qui tendent à solidifier la place du charbon dans le mix électrique chinois et risquent de compromettre la réalisation des engagements climatiques du pays.

Nucléaire : *vers de nouveaux sommets ?*

L'élan nouveau dont a bénéficié le nucléaire à l'issue de la crise énergétique de 2022 ne semble pas retomber. Le rythme de mise en chantier de nouveaux réacteurs s'intensifie dans le monde et les projets de construction se multiplient, en particulier en Asie et en Europe. Aux États-Unis, la loi sur les infrastructures de 2021 et l'*Inflation Reduction Act* de 2022 ont permis de débloquer des aides importantes pour la filière, prévenant les fermetures anticipées de réacteurs. Certaines centrales fermées depuis plusieurs années pourraient même rouvrir, parfois dans le cadre de contrats d'achat privés d'électricité (PPA) conclus avec de grands consommateurs. C'est le cas du réacteur numéro un de la centrale de Three Mile Island à l'arrêt depuis cinq ans. En Europe, on assiste à une relance du nucléaire marquée par une remise en cause des stratégies de sortie ou de réduction de la part de l'atome. Du côté français, le projet de nouvelle programmation énergétique a acté le principe de 6 EPR 2 dont le lancement devrait intervenir au plus tard en 2026. Il reste à préciser le calendrier et les modalités financières de ce projet qui suscite des interrogations croissantes dans un contexte de baisse de la demande et des prix de gros.

Le regain du nucléaire dans le monde en 2025

Début 2025, 417 réacteurs nucléaires étaient en service dans le monde, représentant une puissance cumulée nette de 377 GW. Six nouveaux réacteurs ont été raccordés aux réseaux électriques en 2024, pour une capacité de production additionnelle de 6,8 GW. Trois sont situés en Asie (Chine et Inde), les trois autres aux Émirats arabes unis, aux États-Unis et en France. Les Émirats arabes unis ont raccordé en mars 2024 le quatrième et dernier réacteur de la centrale de Barakah, la première centrale nucléaire du monde arabe. Le tant attendu couplage de l'EPR de Flamanville au réseau électrique français a eu lieu le 21 décembre 2024, avec près de douze ans de retard sur le calendrier initial (et une facture de plus de € 23 milliards, selon une estimation récente de la Cour des comptes datant de janvier 2025). Deux réacteurs japonais ont par ailleurs été redémarrés au cours de l'année. Du côté des fermetures, quatre réacteurs d'une puis-

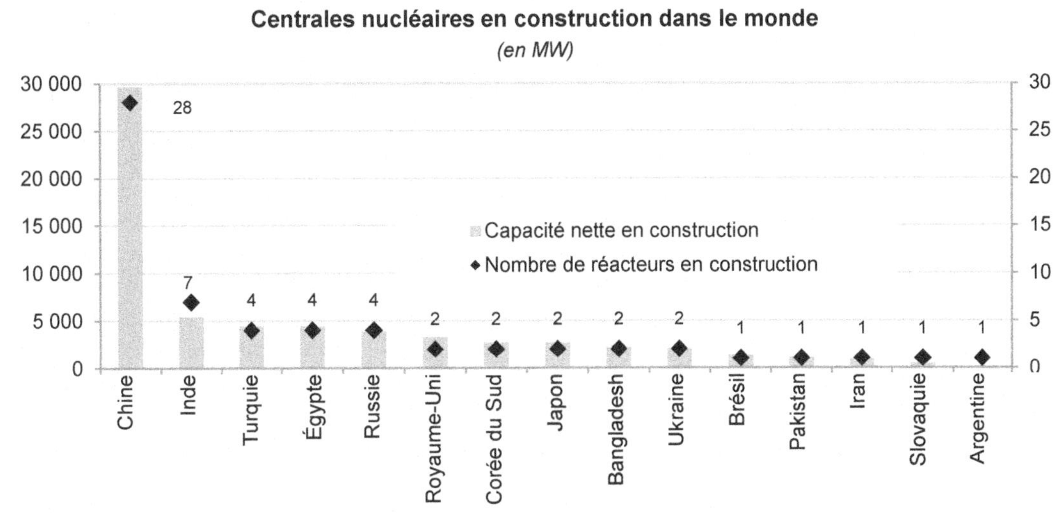

(Source : d'après les données de l'Agence internationale de l'énergie atomique (IAEA))

sance cumulée de 2,9 GW ont été déclassés de manière permanente en 2024, parmi lesquels deux réacteurs canadiens et deux autres situés en Chine et en Russie. Au total, la capacité nucléaire connectée au réseau électrique a progressé de 1,5 % en 2024, après deux années de recul.

Le rythme de mise en chantier des centrales nucléaires est reparti à la hausse dans le monde en 2024, avec neuf nouveaux réacteurs en construction (contre six en 2023). Six sont situés en Chine, les trois autres en Égypte, au Pakistan et en Russie. Le développement de l'énergie nucléaire a marqué le pas dans le monde à la suite de l'accident de la centrale de Fukushima Daiichi au Japon en 2011. Au cours des deux années qui l'ont précédé, près d'une trentaine de nouveaux réacteurs avaient été mis en chantier. Ce ralentissement du rythme de construction des réacteurs, conjugué à la montée en régime des énergies renouvelables, a eu pour effet de réduire la part de l'atome dans le mix électrique mondial, passée de 13 % en 2010 à 10 % en 2019 et 9 % en 2023. On assiste toutefois à un certain regain du nucléaire dans le monde depuis 2021, amplifié par la crise énergétique de 2022, qui a conduit un nombre croissant de pays à reconsidérer la place de l'atome dans leur stratégie énergétique. Cette tendance devrait se poursuivre en 2025 au regard des annonces récentes.

Selon l'Agence internationale de l'énergie atomique (AIEA), 62 réacteurs étaient en construction début 2024, répartis dans quinze pays du monde. La Chine, avec 28 réacteurs en cours de construction, figure toujours en tête du classement et concentre près de la moitié des chantiers existants. Elle est suivie par l'Inde avec 7 réacteurs en construction. Viennent ensuite l'Égypte, la Turquie et la Russie avec 4 réacteurs chacun. En dehors de l'Asie (Chine, Inde, Corée du Sud), qui regroupe près des deux tiers des projets de centrales dans le monde, les perspectives de développement de la filière se situent pour l'essentiel en Europe de l'Est (notamment en Bulgarie, en Pologne, en République tchèque, en Hongrie, en Roumanie), mais également en Afrique (en Égypte et en Afrique du Sud, notamment) ou encore en Amérique latine (en Argentine et au Brésil). Mentionnons en outre l'émergence de l'Arabie saoudite qui ambitionne de bâtir 16 réacteurs à l'horizon 2040 pour une puissance totale de 17,6 GW, soit 10 % de la production électrique du Royaume.

Le Japon confirme le rôle du nucléaire dans sa stratégie énergétique

Quatorze ans après la catastrophe de Fukushima, les perspectives de la filière nucléaire semblent enfin s'éclaircir au Japon. Le gouvernement a dévoilé le 17 décembre 2024 le septième plan énergétique dans lequel il revient sur l'objectif de réduire la dépendance du pays à l'égard du nucléaire et mentionne la possibilité de construire deux nouveaux réacteurs. La part de l'atome dans le mix électrique devrait atteindre 20 % à l'horizon 2040, contre 8,5 % en 2023. Ce nouveau plan énergétique, adopté le 18 février 2025, mise par ailleurs sur une accélération des énergies renouvelables. Leur part dans le mix électrique devrait atteindre 40 à 50 % d'ici à 2030, contre un objectif de 36-38 % à l'horizon 2030 dans le précédent plan. Celle des énergies fossiles (gaz et charbon) devrait être ramenée de 70 % en 2023 à une fourchette de 30 à 40 % à l'horizon 2050.

Deux réacteurs nucléaires ont été redémarrés en 2024, dont le réacteur numéro deux de la centrale d'Onagawa. Il s'agit du premier réacteur situé sur la côte est du Japon et le plus proche de l'épicentre du séisme de 2011 à bénéficier de cette autorisation. Au total, seuls 14 réacteurs sur les 33 encore officiellement exploitables (54 avant 2011) ont redémarré leur activité depuis 2015. On estime qu'il en faudrait une trentaine pour atteindre les objectifs fixés par le gouvernement, un chiffre difficilement compatible avec le rythme de redémarrage actuel. En attendant, le pays qui demeure très fortement dépendant des importations d'énergies fossiles pour sa production d'électricité a vu ses factures énergétiques s'envoler depuis la crise énergétique de 2022.

Le gouvernement doit faire face en premier lieu à la complexité du processus des examens de sûreté conduits par l'autorité de régulation nucléaire (NRA), qui délivre les autorisations de redémarrage au compte-gouttes. Parmi les réacteurs qui ont soumis une demande à la NRA, 14 ont redémarré, 3 autres ont reçu l'autorisation de l'autorité et 10 autres sont toujours en cours d'examen. Le gouvernement doit également composer avec les autorités locales dont l'accord est nécessaire au redémarrage des installations et qui peuvent ordonner la suspension des opérations. La relance du nucléaire se heurte enfin à l'opinion publique qui demeure majoritairement hostile au redémarrage des centrales, même si la situation semble évoluer favorablement.

L'autre difficulté qui est amenée à se présenter dans les prochaines années est celle de la prolongation des centrales au-delà de la limite de 40 ans fixée à la suite de l'accident de Fukushima en 2011 (avec une option pour aller jusqu'à 60 ans sous certaines conditions). L'âge moyen du parc est actuellement d'une trentaine d'années et la moitié environ des réacteurs a plus de 30 ans. La prolongation au-delà de 40 ans nécessitera de nouvelles autorisations qui ne devraient être accordées qu'à titre exceptionnel, a prévenu la NRA. À ce jour, un seul réacteur de plus de 40 ans (sur les 4 dans cette tranche d'âge) a été autorisé à redémarrer au mois de juin 2021. Afin de contrer cette limite, le gouvernement a adopté début 2023 un nouveau plan visant à permettre la prolongation des réacteurs au-delà de 60 ans et leur exploitation sans limitation de durée dans la mesure où ces derniers satisferont aux exigences de sécurité. La possibilité d'étendre la durée de vie des réacteurs pour 20 années supplémentaires a été entérinée dans la loi de transformation verte et de décarbonation du système électrique adoptée au mois de mai 2023. Le gouvernement souhaiterait également la construction de nouveaux réacteurs dont les premiers pourraient voir le jour au cours des années 2030, levant ainsi ce qui était jusqu'alors considéré comme un tabou au Japon.

Les opérations de sauvetage de la filière nucléaire aux États-Unis

Aux États-Unis, la stagnation de la filière nucléaire s'explique notamment par la tendance à la hausse des coûts de production du kWh induit par les nouvelles normes de sécurité et le développement des nouvelles générations de centrales. Le renforcement des normes de sécurité dans le contexte post-Fukushima a eu pour effet d'accroître les coûts de maintenance et de remise à niveau des centrales nucléaires. La perspective des investissements de jouvence nécessaires à la prolongation de la durée de vie des installations nucléaires tend également à peser sur la rentabilité de la filière. De la même manière qu'en Europe, les délais de construction des nouveaux réacteurs s'allongent, pesant sur les coûts de la filière, à l'image du réacteur Vogtle-3 situé dans l'État de Géorgie qui a été raccordé au réseau électrique en juillet 2023, le premier aux États-Unis depuis 2016. Le chantier, qui avait démarré en 2009, a subi d'importants retards et les coûts qui étaient estimés à l'origine à $ 14 milliards ont plus que doublé pour atteindre $ 30 milliards. La seconde unité mise en chantier la même année, Vogtle-4, a été raccordée au réseau électrique en mars 2024.

Le secteur électrique connaît par ailleurs une conversion rapide vers le gaz naturel, dont le cours a fortement baissé grâce au développement à grande échelle des gaz de schiste. On assiste également à un boom des énergies renouvelables, notamment du solaire qui couvre désormais la majorité des nouvelles capacités de production. La compétitivité du nucléaire pour les approvisionnements en base et en semi-base est donc de plus en plus remise en cause par la montée en régime des renouvelables et du gaz naturel dans le mix électrique du pays. Treize réacteurs ont ainsi fermé depuis 2013 aux États-Unis pour des raisons économiques. En témoigne l'arrêt anticipé du réacteur numéro un de la centrale de Three Mile Island en 2019, faute de revenus suffisants. Cinq ans après, l'opérateur Constellation a toutefois annoncé le redémarrage d'ici 2028 du réacteur dans le cadre d'un PPA conclu avec Microsoft pour l'alimentation électrique de ses *data centers*. Le contrat a été signé pour une période de 20 ans et le prix de vente pourrait dépasser les $ 100 le MWh, soit un niveau bien supérieur au coût moyen des renouvelables.

Depuis plusieurs années, les opérateurs de la filière réclament davantage de soutiens financiers pour les centrales nucléaires en activité. Le Congrès américain a adopté en 2021 une loi bipartisane sur les infrastructures prévoyant une enveloppe de $ 6 milliards pour soutenir le nucléaire civil et prévenir la fermeture anticipée de réacteurs. L'*Inflation Reduction Act* de 2022 a par ailleurs introduit un crédit d'impôt visant à soutenir les moyens de production décarbonés, auquel peuvent prétendre les installations nucléaires (à hauteur de $ 15 par MWh). Début 2024, $ 1,1 milliard de crédits fédéraux ont ainsi été alloués par l'administration Biden à la centrale de Diablo Canyon en Californie. Cette aide devrait permettre de prolonger pour 5 ans les deux unités de la centrale qui devaient fermer en 2024 et 2025 respectivement. Les programmes fédéraux de garanties de prêt prévus par l'*Energy Policy Act* de 2005 ont également été renforcés afin de permettre le redémarrage de réacteurs et la construction de nouvelles centrales. Autre exemple, la centrale de Palisades dans le Michigan, fermée depuis 2022, a bénéficié d'un prêt de $ 1,5 milliard pour un redémarrage prévu fin 2025.

L'Europe prend le virage du nucléaire

En Europe, où la moitié des 27 États membres de l'Union ne possède aucun réacteur, les stratégies énergétiques nationales de moyen terme aboutissent à des situations contrastées, entre relance et abandon du nucléaire. Les débats autour de la réforme du marché européen de l'électricité en 2023 ont cristallisé les tensions entre partisans et opposants du nucléaire. À l'initiative de la France, onze pays (principalement d'Europe du Nord, centrale et orientale) défenseurs de l'atome se sont regroupés au sein d'une « Alliance du nucléaire » dont la première réunion a eu lieu en février 2023, en marge du conseil des ministres de l'Énergie. En réaction, la ministre de l'Énergie autrichienne avait convié au mois de mars 2023 les États membres « amis du renouvelable » à participer à un groupe d'échange aux côtés notamment de l'Allemagne, du Danemark, de l'Irlande ou encore du Portugal. Réunion à laquelle la France n'était dans un premier temps pas la bienvenue… Un an plus tard avait lieu le premier sommet de l'Alliance du nucléaire au cours duquel les 14 pays participants ont notamment rappelé l'importance du nucléaire dans l'atteinte des objectifs de neutralité climatique de l'Union.

Plusieurs pays européens ont opté pour une sortie plus ou moins rapide du nucléaire, mais sont contraints de revoir leur stratégie à l'aune de la crise énergétique. C'est le cas de l'Allemagne qui s'est finalement résolue à repousser à avril 2023 la fermeture des trois derniers réacteurs en exploitation du pays, après avoir dans un premier temps maintenu l'horizon de fermeture à la fin 2022. C'est également le cas de la Belgique, dont la sortie du nucléaire prévue pour 2025 a été repoussée de 10 ans. Le gouvernement de coalition a rappelé en septembre 2020 que le calendrier légal de sortie du nucléaire en 2025 serait respecté, tout en laissant une porte ouverte. L'accord de la coalition prévoyait en effet d'autoriser le prolongement de deux réacteurs, sur les sept que compte le pays, en cas d'incertitudes sur la sécurité d'approvisionnement. C'est cette clause qui a finalement été activée par le gouvernement lors de la crise énergétique de 2022, aboutissant à la prolongation des deux réacteurs les plus récents du pays (construits en 1985) pour une période de 10 ans (jusqu'en 2035). Un accord préalable a été conclu début 2023 avec Engie, l'exploitant du parc, lequel prévoit un plafonnement des coûts liés au traitement des déchets. L'accord final signé fin 2023 prévoit par ailleurs une rémunération de la production des deux unités au moyen d'un contrat pour différence conclu à partir de 2025 et jusqu'en 2035. Quelques jours avant la mise à l'arrêt définitif du plus vieux réacteur du pays (Doel 1) le 14 février 2025, le nouveau gouvernement a conclu un accord politique prévoyant de prolonger pour 10 années supplémentaires, soit jusqu'en 2045, les réacteurs Doel 4 et Tihange 3 (déjà prolongés de 10 ans en 2023), ainsi que deux réacteurs supplémentaires devant être arrêtés prochainement. Reste à convaincre l'opérateur Engie qui ne souhaite pas pour l'heure maintenir ses réacteurs en activité au-delà de 2035. Le gouvernement fédéral souhaiterait par ailleurs pouvoir construire 4 GW de capacités supplémentaires, ce qui nécessitera de revenir sur la loi de 2003.

Certains pays, à l'image du Royaume-Uni, de la Suède, des Pays-Bas ou encore de la Tchéquie, ont fait le choix d'une relance du nucléaire. Le Royaume-Uni a donné son feu vert en 2016 au projet de construction de deux réacteurs de type EPR sur le site d'Hinkley Point et a annoncé en 2020 son intention de construire deux réacteurs supplémentaires sur le site de Sizewell. Les deux projets sont portés par EDF, mais le chantier d'Hinkley Point C accuse du retard. La livraison prévue initialement pour 2025 a été reportée à plusieurs reprises et devrait désormais intervenir entre 2029 et 2030. Le coût du projet a dans le même temps été réévalué à £ 31-34 milliards, contre une fourchette de £ 21,5-22,5 milliards prévue initialement. La nouvelle stratégie à 2050 du gouvernement prévoit d'atteindre 24 GW de puissance nucléaire, soit plus du triple de la capacité actuelle, ce qui devrait représenter 25 % de la consommation. Pour y parvenir, le gouvernement britannique a publié début 2024 une feuille de route dans laquelle il prévoit d'obtenir des décisions d'investissement pour fournir 3 à 7 GW de nouvelle énergie nucléaire tous les cinq ans entre 2030 et 2044 et d'élaborer une nouvelle réglementation pour accélérer le déploiement de nouvelles centrales. Il a annoncé dans ce contexte en mai 2024 le lancement d'un troisième projet de mégacentrale sur le site de Wylfa au Pays de Galles.

Les Pays-Bas, qui possèdent un seul réacteur (représentant 3 % environ de la production d'électricité du pays), ont annoncé fin 2022 leur intention de construire deux nouveaux réacteurs dans le sud du pays, devant fournir 13 % des besoins du pays d'ici 2035. Le nouveau gouvernement a également annoncé en 2024 vouloir construire au moins quatre nouveaux réacteurs. En Suède, un programme de sortie du nucléaire avait été adopté en 1980. À la suite de multiples rebondissements, un accord avait été signé en juin 2016 autorisant la construction d'un maximum de 10 nouveaux réacteurs, en remplacement de ceux existants (tout en actant une suppression de la taxe spécifique sur le nucléaire). Le pays dispose actuellement de six réacteurs prévus pour fonctionner pendant 60 ans (l'âge moyen du parc dépasse les 40 ans). Les réacteurs devaient donc fermer à l'horizon 2040, date à laquelle la Suède prévoyait un mix 100 % renouvelable. La situation a toutefois changé avec l'arrivée au pouvoir d'un nouveau gouvernement qui a annoncé en 2022 son intention de construire deux nouveaux réacteurs. Le Parlement a adopté fin 2023 à une courte majorité (152 voix pour, 149 contre) un projet de relance du nucléaire qui prévoit la possibilité de construire de nouveaux réacteurs hors des sites existants. Il supprime surtout la référence à la limite de 10 nouveaux réacteurs qui avait été introduite dans l'accord de 2016. Le gouvernement prévoit ainsi de construire deux nouveaux réacteurs d'ici à 2035 et jusqu'à une dizaine de réacteurs supplémentaires à l'horizon 2045. En République tchèque, un accord a été signé au mois de juillet 2024 avec le Sud-coréen KHNP pour la construction de 2 à 4 unités dès 2028. Mais il a toutefois été gelé par l'autorité de la concurrence tchèque fin 2024.

En Suisse, la construction de nouvelles centrales avait été interdite à la suite d'un référendum en mai 2017. Le pays n'impose cependant pas d'âge limite pour les centrales existantes et les quatre réacteurs encore en fonctionnement, qui fournissent environ un tiers de l'électrici-

Production d'électricité nucléaire dans le monde
(en térawatts-heure)

	2018	2019	2020	2021	2022	2023	Variation (%) 2023-2022	% du total 2023
États-Unis	849.6	852.0	831.5	819.1	812.1	816.2	0.5	29.8
Chine	295.0	348.7	366.2	407.5	417.8	434.7	4.1	15.9
France	413.8	399.0	353.8	379.4	294.7	338.2	14.7	12.4
Russie	204.6	209.0	215.9	222.4	223.7	217.4	-2.8	7.9
Corée du Sud	133.5	145.9	160.2	158.0	176.1	180.5	2.5	6.6
Canada	100.0	100.5	97.5	92.0	86.6	89.0	2.8	3.3
Japon	49.1	65.6	43.0	61.2	51.8	77.5	49.6	2.8
Espagne	55.8	58.3	58.3	56.5	58.6	56.8	-3.0	2.1
Ukraine	84.4	83.0	76.2	86.2	62.1	52.4	-15.6	1.9
Suède	68.5	66.1	49.2	53.1	51.9	48.4	-6.8	1.8
Inde	39.1	45.2	44.6	43.9	46.2	48.2	4.4	1.8
Royaume-Uni	65.1	56.2	50.3	45.9	47.7	40.7	-14.6	1.5
Finlande	23.0	24.1	23.5	23.8	25.3	34.2	35.2	1.3
Belgique	28.6	43.5	34.4	50.6	43.9	32.9	-25.0	1.2
Émirats arabes unis			1.6	10.5	20.1	32.3	60.5	1.2
République tchèque	29.9	30.2	30.0	30.7	31.0	30.4	-2.0	1.1
Suisse	24.4	25.3	23.0	18.5	23.1	23.3	1.0	0.9
Pakistan	9.2	9.2	9.5	15.7	22.2	22.4	0.6	0.8
Taïwan	27.7	32.3	31.4	27.8	23.8	17.8	-25.1	0.7
Allemagne	76.0	75.1	64.4	69.0	34.7	7.2	-79.2	0.3
Monde	**2 700.4**	**2 796.6**	**2 694.0**	**2 800.3**	**2 679.0**	**2 737.7**	**2.2**	**100.0**
Dont : OCDE	1 969.8	1 994.6	1 872.3	1 911.0	1 789.3	1 831.7	2.4	66.9
Non-OCDE	730.6	802.0	821.7	889.2	889.7	906.0	1.8	33.1
UE	827.0	765.5	683.8	732.2	608.6	619.4	1.8	22.6

(Source : Energy Institute, statistical review of world energy 2024)

té du pays, continueront de produire tant que les conditions à la fois économiques et de sécurité le permettront. En décembre 2019, la centrale de Mühleberg a été arrêtée définitivement de façon anticipée en raison de la dégradation des conditions économiques d'exploitation. Les travaux de démantèlement de la centrale ont démarré début 2020 et devraient s'étaler jusqu'en 2034, pour un coût total estimé en 2016 à environ 3 milliards de francs suisses (€ 2,7 milliards en 2016), incluant le coût de gestion des déchets. Début 2024, une alliance de droite regroupant représentants du monde politique et économique a déposé auprès de la chancellerie fédérale une initiative intitulée « stop au *blackout* » militant pour un retour des investissements dans le nucléaire. Le gouvernement fédéral a indiqué fin 2024 son intention de revenir sur le référendum de 2017 et de modifier la loi afin d'autoriser la construction de nouveaux réacteurs.

D'autres pays encore souhaitent accéder à l'atome. C'est le cas de la Pologne, dont la production d'électricité est basée à plus de 70 % sur le charbon. Le projet de politique énergétique à 2040 publié par le gouvernement polonais fin 2018 prévoyait un premier réacteur en 2023 et l'atteinte à terme d'une part de 10 % du nucléaire dans la production électrique. Le pays a manifesté son intérêt début 2021 pour la commande de six réacteurs EPR. C'est finalement vers l'américain Westinghouse et le coréen KHNP que s'est tournée la Pologne qui a autorisé en 2023 la construction de deux réacteurs. Le pays envisage également la construction de six modèles de SMR (*Small Modular Reactors*). Le gouvernement polonais a par ailleurs signé un accord de coopération nucléaire avec le Canada, qui devrait permettre aux entreprises canadiennes de contribuer à la construction des réacteurs polonais.

La réaffirmation de la voie du nucléaire en France

La France a poursuivi ces dernières années une politique de diversification de son mix électrique visant à réduire la part du nucléaire d'environ 70 % à 50 % à l'horizon 2035. Cet objectif a été entériné par la loi Énergie Climat adoptée en novembre 2019 et a constitué la base des travaux de préparation de la Programmation pluriannuelle de l'énergie (PPE) pour la période 2018-2023. Adoptée en avril 2020, la PPE prévoyait la fermeture de 14 réacteurs d'ici à 2035, dont les deux réacteurs de Fessenheim arrêtés en 2020, et 2 à 4 autres réacteurs d'ici 2028. La PPE introduisait néanmoins l'hypothèse d'un renouvellement d'une partie du parc de centrales avec un scénario de six nouveaux réacteurs de type EPR. Mais la décision demeurait en suspens et conditionnée à la mise en service de l'EPR de Flamanville. Le financement de ces nouveaux réacteurs reposait également sur l'avancée des négociations avec la Commission européenne sur deux autres réformes du nucléaire français : la révision des modalités de revente des kWh nucléaires aux fournisseurs alternatifs (mécanisme de l'ARENH) et la réforme du statut d'EDF qui prévoyait de scinder en deux (ou trois) entités distinctes l'opérateur (projet Hercule).

Le calendrier des décisions s'est accéléré en 2021, à la faveur de la crise énergétique, avec de nouvelles perspectives pour la filière nucléaire. Le président Macron a annoncé, à l'occasion d'un déplacement à Belfort en février 2022, la construction d'ici à 2035 de trois paires de réacteurs de type EPR2 (qui seraient plus simples à construire sur le plan industriel que l'EPR de Flamanville) et l'étude de la mise en chantier de huit autres réacteurs d'ici à 2050, soit 14 réacteurs au total (l'option haute des scénarios RTE). Il a indiqué par ailleurs que plus aucun réacteur en état de fonctionner ne serait fermé, ce qui constitue un revirement par rapport à la trajectoire actuelle de fermeture de 12 réacteurs d'ici à 2035, tout en indiquant demander à EDF d'étudier les conditions d'une prolongation de la durée de vie des réacteurs au-delà de 50 ans. Il s'agit là aussi d'un signal important, l'Autorité de sûreté nucléaire (ASN) ayant donné jusqu'à ce jour un accord générique pour une prolongation au-delà de 40 ans des réacteurs.

Ces annonces ont permis de clarifier la stratégie énergétique française et de fixer aux opérateurs de la filière nucléaire un cap indispensable à la préparation des chantiers du nouveau nucléaire. Rappelons que 12 à 14 ans devraient s'écouler entre la prise de décision concernant les EPR2 et la mise en service des réacteurs, soit un démarrage des premières centrales au plus tôt en 2035. Il reste à lever le voile sur les conditions de faisabilité de ces nouveaux réacteurs et surtout à préciser les modalités financières de l'opération et notamment la forme que prendra le soutien de l'État. Une nouvelle étape a été franchie au mois de mars 2023 avec le vote à l'Assemblée nationale du projet de loi d'accélération du nucléaire. L'objectif de 50 % du nucléaire dans la consommation d'électricité a été supprimé, de même que le plafond de capacité de 63,2 GW, actant la fin d'une politique de repli du nucléaire sans toutefois présager des orientations futures de la politique énergétique. Un certain nombre de dispositions ont été prises par ailleurs pour permettre le démarrage anticipé des travaux de terrassement (ce qui permettrait de faire gagner deux années sur la durée totale du chantier), ainsi que pour accélérer la résolution des contentieux concernant les nouvelles installations. Le projet de PPE 3 soumis à consultation fin 2024 a repris les objectifs de développement de la filière nucléaire, avec une première échéance à 2026 pour la mise en construction de 9,9 GW de nouvelles capacités (soit l'équivalent de 6 nouveaux réacteurs de type EPR2) et de 13 GW au-delà (soit 8 réacteurs). Reste à préciser le calendrier ainsi que les modalités financières, qui pourraient prendre la forme d'un contrat pour différence, comme le permet désormais la réforme du marché européen. La décision politique ne devrait cependant pas intervenir avant la fin 2025.

Uranium : *stratégique*

Poussé par la seconde jeunesse de l'industrie nucléaire, le marché de l'uranium est resté en 2024 sur des niveaux soutenus autour de $ 80/lb U_3O_8. La dimension géopolitique a pris une importance nouvelle avec la place de la Russie dans la phase d'enrichissement, la position parfois ambiguë du Kazakhstan et la situation au Niger. Certes abondant, l'uranium reste stratégique.

Le prix de l'uranium représente un tiers du coût de l'assemblage combustible nucléaire chargé dans les réacteurs, la plus grosse partie des coûts étant imputable à l'enrichissement isotopique et à la fabrication des assemblages-combustibles.

Le marché de l'uranium offre une valeur marchande restreinte par rapport aux autres métaux. Il implique un nombre limité de vendeurs et d'acheteurs. Acheteurs et vendeurs concluent directement leurs transactions de gré à gré. Le marché ne bénéficie pas de cotation officielle institutionnalisée. Des consultants américains publient des indicateurs du marché : UxC, basé à Atlanta ; TradeTech (ex-Nuexco) basé à Denver.

Deux marchés coexistent, l'un à terme (LT), l'autre au comptant (*spot*). Par souci de sécurité d'approvisionnement, les compagnies d'électricité s'assurent l'essentiel de leurs achats d'uranium par des contrats de longue durée, c'est-à-dire des contrats multiannuels à long terme (LT) sur dix ans ou plus. Les prix du marché à long terme reflètent la balance entre l'offre et la demande, et l'anticipation de son évolution. Ces contrats comprennent des mécanismes d'ajustement calés sur le marché *spot*.

Le marché pour des transactions au comptant, c'est-à-dire ponctuelles (*spot*) sur une durée allant

Évolution des indices de prix de l'uranium au cours de l'année 2024 sur les marchés *spot* et à long terme

(en dollars/lbU_3O_8)

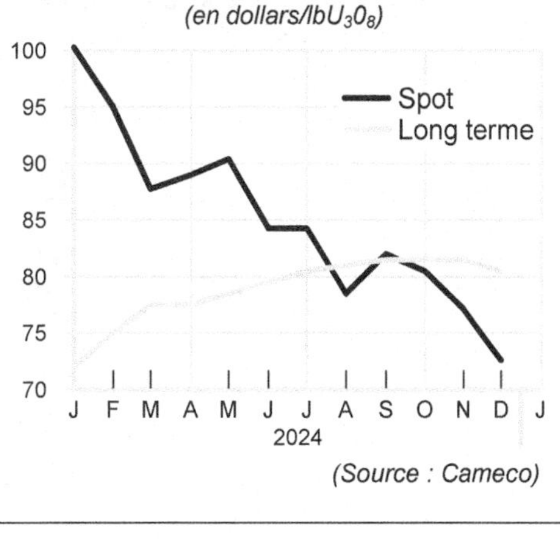

(Source : Cameco)

jusqu'à douze mois maximum, est marginal en volume (de l'ordre de 10 % du total). Ce marché souffre de spéculation de la part de courtiers et de fonds d'investissement. Il constitue cependant un indicateur permanent des tendances du marché et est donc observé de près par les opérateurs du marché. La valeur des indices spot entre souvent dans les formules d'actualisation des contrats à long terme.

De janvier à décembre 2024, les prix de l'uranium au comptant (*spot*) ont évolué de $ 100,25 par livre d'uranium ($/lb U_3O_8) en janvier à $ 72,63 en décembre, accusant une baisse de $ 27,62, soit 27,55 % au cours de l'année.

Durant l'année 2024, les prix à terme (multianuels : à long terme : LT) ont évolué de $ 72 à $ 80,50/lbU_3O_8, marquant une hausse de $ 8,50, soit 11,80 % en un an.

Les besoins en uranium

La production primaire d'uranium, c'est-à-dire issue des exploitations minières, a au cours des dernières années fourni 90 % des besoins des électriciens nucléaires, le solde provenant des sources secondaires du recyclage des matières nucléaires.

En 2024, les quatre cent quarante réacteurs en service dans trente-trois pays ont eu besoin de 67 517 tonnes d'uranium (tU).

La plus grande partie de ces besoins est située dans quatre régions du monde : Union européenne, Europe de l'Est, Amérique du Nord, Extrême-Orient.

Les plus gros consommateurs sont les États-Unis avec 18 137 tU, soit 27 % de la demande mondiale, la Chine avec 13 132 tU, c'est-à-dire 19,4 % du total, la France avec 8 232 tU (12,2 %), la Russie avec 5 434 tU (8 %) et la Corée du Sud avec 4 309 tU (6,4 %).

Les besoins de ces cinq pays totalisent 49 244 tU et représentent à eux seuls près des trois quarts (73 %) du total.

Les besoins totaux des autres pays consommateurs s'élèvent à 18 273 tU, soit 27 % du total.

Ce sont Japon, Ukraine, Royaume-Uni, Canada, Espagne, Inde, Suède, Belgique, Émirats arabes unis, Finlande, Taïwan, Tchéquie, Pakistan, Suisse, Slovaquie, Hongrie, Brésil, Afrique du Sud, Mexique, Argentine, Roumanie, Iran, Biélorussie, Slovénie, Pays-Bas, Arménie.

La géologie de l'uranium

L'uranium est un élément naturel présent dans la croûte terrestre à la teneur moyenne de 2,8 parts par million (ppm).

La plus grande partie des mines d'uranium se trouve dans des secteurs à teneur élevée :

– gisements de discordance, au Canada (Saskatchewan) et en Australie (Territoire du Nord) ;

– gisements de grès lixiviables en place (*in-situ leaching* ISL), au Kazakhstan, aux États-Unis (Texas, Wyoming) et en Australie (Australie du Sud).

Ressources en uranium récupérables à un coût de production estimé inférieur à 50 dollars la livre (< US$ 50/lbU_3O_8)

(en % mondial)

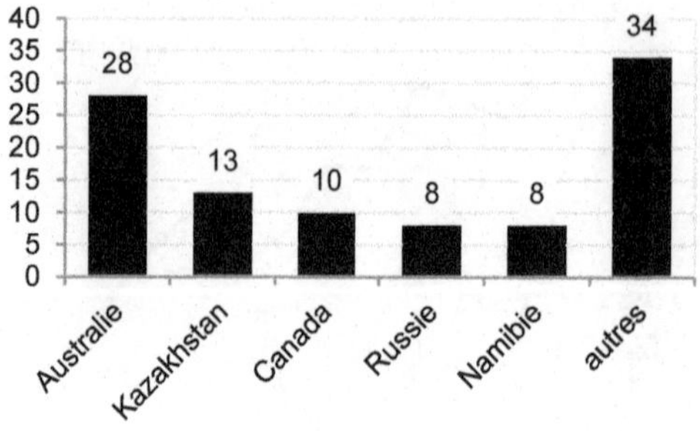

(Sources : OECD-NEA & IAEA)

Ressources en uranium récupérables à coût de production estimé < 50 US/lbU_3O_8$

Pays	Tonnes d'uranium (tU)	% mondial
Australie	1 684 100	28
Kazakhstan	815 200	13
Canada	588 500	10
Russie	480 900	8
Namibie	470 100	8
Autres	2 039 700	34
Total	**6 078 500**	**100**

(Sources : OECD-NEA & IAEA)

Les ressources en uranium

Le total des ressources en uranium connues à des coûts de production future estimés inférieurs à $ 50 millions la livre d'oxyde s'élève à 6 078 500 tonnes d'uranium (tU).

Cette quantité est équivalente à quatre-vingt-treize années des besoins des pays consommateurs durant l'année 2023.

La suffisance des ressources en uranium a été confirmée par l'étude publiée en 2022 conjointement par l'Agence internationale de l'énergie atomique (AIEA) de l'ONU et l'Agence de l'énergie nucléaire (AEN) de l'OCDE. Ces ressources sont suffisantes pour approvisionner à long terme la production d'électricité et de chaleur, le dessalement d'eau de mer et la production d'hydrogène.

Des ressources en uranium sont identifiées dans trente-neuf pays aux caractéristiques géographiques et géopolitiques diverses.

Ceci constitue un facteur important de l'énergie nucléaire en termes de sécurité d'approvisionnement.

Plus des deux tiers (66,4 %), des ressources (4 038 800 tU/6 078 500 tU) sont situées dans cinq pays : Australie, Kazakhstan, Canada, Russie, Namibie.

La production d'uranium

En 2022, près de 83,3 % des besoins mondiaux en uranium ont été fournis par des minerais fraîchement extraits de terre. Le solde de 16,7 % provenait de stocks et du recyclage.

Le Niger et Orano

L'uranium est découvert au Niger en 1957 par le Bureau de recherches géologiques et minières (BRGM). La production minière de l'uranium y est lancée en 1971 par le Commissariat à l'énergie atomique (CEA).

Le Niger devient en 1960 un État indépendant de la France. En 1968 est créée la Somaïr pour exploiter le gisement d'Arlit qui commence à produire, en carrière, en 1971. La Somaïr est détenue à 63 % par Orano.

En 1974 est créée la Cominak pour exploiter, en souterrain, le gisement d'Akouta. La Cominak est détenue à 59 % par Orano. L'exploitation démarre en 1978. En 2022, la production est arrêtée en raison de l'épuisement des réserves.

Le gisement d'Imouraren est détenu à 58 % par Orano. Des travaux partiels sont exécutés à partir de 2008. L'objectif d'Orano est d'y produire annuellement 5 000 tonnes d'uranium (tU) pendant 35 ans.

En 2020, Orano exprime sa volonté de poursuivre pendant 10 ans la production de la Somaïr, les ressources en place d'Arlit étant évaluées à 20 000 tonnes d'uranium (tU).

En ce qui concerne les niveaux de production, en 2021, la Somaïr a produit 1 783 tonnes d'uranium (tU) et la Cominak 1 128 tU.

En juillet 2023, le gouvernement du Niger est renversé par un coup d'État militaire dont les dirigeants révoquent le permis d'exploitations d'Imouraren.

À la Somaïr, Orano fait face dorénavant à de graves difficultés d'approvisionnement en réactifs chimiques et, en outre, d'acheminement des productions d'uranium vers le port de Lomé au Togo.

En 2023, Orano ayant perdu le contrôle de la mine de la Somaïr réussit néanmoins à produire 1 130 tonnes d'uranium (tU), alors que la production de 2022 avait été de 2 020 tU.

Aujourd'hui, Orano ne peut plus importer en France d'uranium depuis la Somaïr, sa mine historique qui avait cumulé depuis l'origine une production de plus de 156 000 tU.

Le 14 mars 2025, Rafael Mariano Grossi, directeur général de l'Agence internationale de l'énergie atomique (AIEA) de l'ONU, a visité en compagnie du Premier ministre du Niger, la mine de la Somaïr et celle de la Cominak arrêtée depuis 2022.

Production d'uranium par pays en 2023
(en tonnes d'uranium (tU))

Pays	Tonnes d'uranium (tU)	% de la production mondiale	Pays	Tonnes d'uranium (tU)	% de la production mondiale
Kazakhstan	22 967	40.8	Ukraine	877	1.6
Australie	7 273	12.9	Inde	472	0.8
Namibie	6 382	11.3	Afrique du Sud	131	0.2
Canada	4 817	8.6	Pakistan	53	0.1
Ouzbékistan	4 127	7.3	Tchéquie	29	< 0.1
Niger	3 527	6.3	Brésil	20	< 0.1
Russie	3 356	6	Allemagne	8	< 0.1
Chine	2 223	4	États-Unis	7	< 0.1
			Total mondial	**56 269**	**100**
			% des besoins	**67 517**	**83 %**

(Source : World Nuclear Association (WNA))

La production minière de 2023 s'est élevée à 56 269 tonnes d'uranium (tU) provenant de seize pays.

Près des trois quarts (73,6 %) de la production mondiale provenait de quatre pays (Kazakhstan, Australie, Namibie et Canada), pour un total de 41 439 tU.

À lui seul le Kazakhstan a produit 40,8 % de l'uranium mondial.

Répartition des productions minières d'uranium par pays en 2023
(en % mondial)

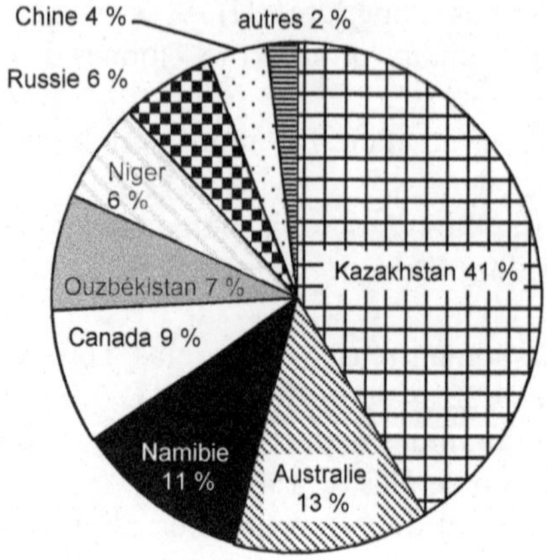

(Source : World Nuclear Association (WNA))

Les opérateurs miniers

La production d'uranium est entre les mains d'un petit nombre d'entreprises minières.

Les dix premiers opérateurs miniers ont concentré à eux seuls la commercialisation de 88 % de la production mondiale :

– le conglomérat industriel national du Kazakhstan KazAtomProm (KAP) ;

– la firme industrielle canadienne Cameco ;

– le groupe nucléaire français Orano ;

– la compagnie chinoise de Shenzhen China General Nuclear Corporation (CGN) ;

– la société canadienne Uranium One, filiale du groupe nucléaire national russe ARMZ ;

– le groupe national d'Ouzbékistan Navoi Mining ;

– la compagnie nationale chinoise de Beijing China National Nuclear Corporation (CNNC) ;

– le conglomérat minier anglo-australien BHP ;

– le groupe nucléaire national russe AtomRedMetZoloto ARMZ ;

– l'industriel américain de San Diego General Atomics (GA).

En 2022, les cinq plus gros groupes miniers mondiaux (KAP, Cameco, Orano, CGN, Uranium One) ont commercialisé ensemble près des deux tiers (64 %) de la production mondiale d'uranium avec 31 648 tU.

Quantités d'uranium commercialisées en 2023 par 10 compagnies

(en tonnes d'uranium tU)

Compagnies	Pays d'origine des compagnies	Tonnes d'uranium	en % mondial
KazAtomProm	Kazakhstan	11 373	23
Cameco	Canada	5 675	12
Orano	France	5 519	11
CGN	Chine	4 627	10
Uranium One	Canada	4 454	9
Navoi	Ouzbékistan	3 300	7
CNNC	Chine	3 247	7
BHP	Australie	2 813	6
ARMZ	Russie	2 508	5
General Atomics	États-Unis	1 740	4
Autres		4 098	9
Total mondial		**48 888**	**100**

(Source : World Nuclear Association (WNA))

Bioéthanol : *au cœur de la complexité des politiques énergétiques*

Les productions de bioéthanol en 2024 ont progressé dans les trois principaux pays producteurs : les États-Unis, le Brésil et l'Inde. Les marchés mondiaux et européens de l'éthanol et des biocarburants traversent une période de changements rapides. Les réglementations gouvernementales (mandat d'incorporation, objectifs de réduction de gaz à effet de serre (GHG), les perturbations en matière d'approvisionnement en matières premières et les conflits commerciaux, notamment ceux engendrés par les États-Unis avec le Brésil sur l'éthanol et avec le Canada, pourraient remodeler l'environnement commercial de nombreux opérateurs. La question des droits de douane pourrait avoir des conséquences significatives sur la redistribution des échanges.
L'adoption de véhicules électriques s'est poursuivie en 2024, tirée par la Chine, mais cette croissance faiblit face au prix, aux manques d'infrastructure et aux restrictions commerciales. L'adoption de véhicules hybrides, avec incorporation de biocarburant, devient une solution de plus en plus pertinente. Les objectifs ambitieux de décarbonisation, notamment dans le transport aérien et maritime, constituent une dynamique de fond prometteuse pour la croissance et l'innovation pour les biocarburants, dont l'éthanol. Mais la décision par la Cour de justice de l'Union européenne de rejeter, sur la forme, un recours introduit par des producteurs européens de biocarburants contre la réglementation ReFuelEU Aviation qu'ils considéraient discriminatoire à l'égard des biocarburants sur base de cultures alimentaires vient néanmoins assombrir cette dynamique en Europe. En rendant inéligibles ces biocarburants pour l'aviation, le règlement ReFuelEU Aviation porte préjudice aux producteurs d'éthanol et de SAF du monde entier en leur refusant l'accès à ce marché émergent de carburant à faible teneur en carbone. L'aviation commerciale étant un marché mondial, la réglementation européenne a des effets extraterritoriaux sur les opérations menées en dehors de l'Europe qu'il restera à évaluer.

Production d'éthanol pour la carburation
(en milliards de litres)

	2020	2021	2022	2023	2024	%
États-Unis	52.77	56.84	58.15	58.98	61.40	52
Brésil	30.66	27.71	28.01	32.06	33.24	28
Union européenne	4.96	5.22	5.38	5.26	4.54	5
Inde	2.01	3.60	4.62	5.72	6.17	5
Chine	3.56	3.41	3.63	4.05	4.54	4
Total monde	**100.24**	**103.38**	**106.82**	**113.30**	**118.14**	

(Source : RFA, Renewable Fuels Association, février 2025)

Une production en progression dans les principaux pays producteurs

Dans l'ensemble, plus de quatre-vingts pays ont des politiques qui soutiennent la demande de biocarburants. Près de 60 % de la demande de biocarburants se situe dans les économies avancées et 40 % dans les économies émergentes. La demande est soutenue par les politiques visant des objectifs de sécurité énergétique et de réduction de gaz à effet de serre.

Selon l'association américaine pour les carburants renouvelables (*Renewable Fuels Association*-RFA), la production mondiale a progressé de 4 % en 2024 par rapport à 2023. Aux États-Unis, la production a augmenté de 4 %, malgré une contraction marginale de la consommation, soutenue par des exportations record. Au Brésil, la production a également augmenté de 4 % ainsi que la consommation d'éthanol carburant qui devrait continuer à augmenter en 2025. En Inde, la progression a été plus forte avec 8 % d'augmentation de la production. L'objectif de l'E15 a presque été atteint cette année. L'objectif E20 pour 2025 devrait être atteint.

La production en Europe est prévue en baisse par la RFA, mais cette statique semble sous-estimée alors que l'analyste S&P Global l'estime autour de 5,5 milliards de litres pour 2024.

La production mondiale estimée de carburants durables pour l'aviation (SAF) a plus que doublé en 2024 pour atteindre 1,3 milliard de litres, contre

Production d'éthanol en 2024
(en milliards de litres)

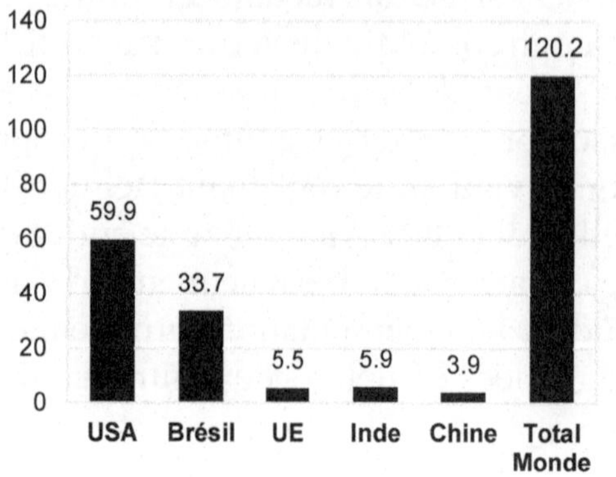

(Source : S&P Global)

Évolution des cours de l'éthanol aux États-Unis (*spot* NY Harbour)
(en dollars/gallon)

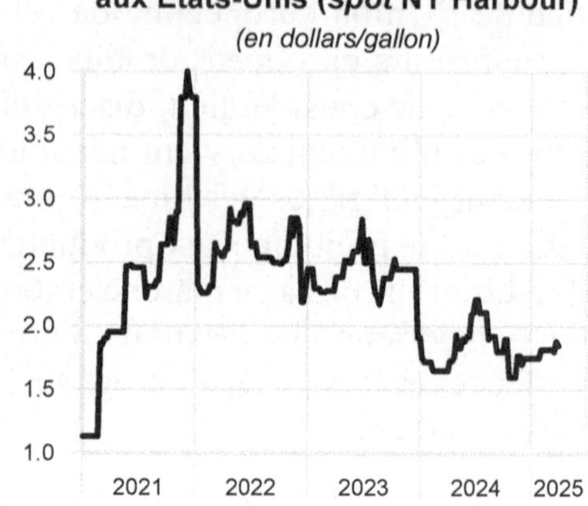

600 000 millions de litres en 2023. Alors que la majeure partie de cette nouvelle production de SAF provenait de matières premières lipidiques (graisses, huiles et lubrifiants), l'usage de l'éthanol progresse.

Un record aux États-Unis, mais des perspectives incertaines

Après avoir atteint un sommet en juin 2024, le cours de l'éthanol aux États-Unis a chuté entre juillet 2024 et novembre 2024 avant de se redresser en début d'année 2025. Mais il reste bas, autour de $ 1,7/gallon, en raison d'une offre abondante, d'une demande incertaine, mais aussi des aléas des changements de politique commerciale, des incertitudes géopolitiques et des évolutions de la production de maïs et de ses cours. Ces derniers ont été en baisse en 2024 du fait d'une production record, mais ils retrouvent quelques couleurs en ce début d'année 2025. En janvier, le ministère américain de l'Agriculture (USDA) a publié un rapport qui a surpris de nombreux acteurs du marché, affirmant que les stocks de maïs étaient moins importants que prévu, et, par conséquent, poussant les prix de l'éthanol à Chicago à leur niveau le plus élevé depuis septembre 2024. Les prix de l'essence se sont également affaiblis au cours de l'année 2024, atteignant environ $ 0,8/litre. Ils ont légèrement augmenté depuis à $ 0,82/litre en février 2025.

Les États-Unis demeurent de loin le premier producteur d'éthanol dans le monde avec une production qui a atteint un record de 16,22 milliards de gallons en 2024. La capacité installée des 198 distilleries représente 18,27 milliards de gallons. Les États-Unis sont donc en surcapacité. Avec 52 % de la production mondiale, ils sont loin devant le Brésil. L'utilisation domestique a augmenté à 14,26 milliards de gallons, le niveau le plus élevé depuis 2019. En conséquence, le taux de mélange (c'est-à-dire la teneur moyenne en éthanol de l'essence au niveau national) a atteint un niveau record de 10,38 %, au-delà donc de 10 %. Cela reflète l'augmentation continue du nombre de stations-service proposant de l'E15 (mélange contenant 15 % d'éthanol) dont le prix est généralement inférieur à celui de l'essence sans plomb ordinaire, ainsi que des dérogations accordées par l'Agence de protection de l'environnement (EPA) permettant de vendre de l'E15 tout au long de l'année.

Avec une offre record, les exportations d'éthanol ont bondi à 1,92 milliard de gallons, un record, soit une augmentation de plus de 500 millions de gallons, ou 37 %, par rapport à 2023. Les exportations vers l'Inde, le Royaume-Uni, la Colombie et le Canada ont représenté 65 % de cette croissance. Les exportations ont notamment dépassé les volumes de 2023 dans 50 pays. Le Canada a représenté plus d'un tiers des exportations américaines d'éthanol, avec une demande de 38 % depuis la mise en œuvre en 2022 de sa réglementation sur les carburants propres. Le Royaume-Uni est devenu le deuxième marché à l'exportation, avec des expéditions en hausse de 65 % par rapport aux niveaux de 2023. L'Union européenne a suivi avec une augmentation de 26 % des importations par rapport à 2023, sous l'impulsion des exigences de la directive RED II. On peut noter que le total des exportations américaines d'éthanol est comparable à la taille du marché de l'Union européenne.

En revanche, les exportations vers le Brésil sont tombées à des niveaux historiquement bas. Le rétablissement par le Brésil de droits de douane de 18 % sur l'éthanol américain, maintenu à la mi-2024, a empêché l'éthanol américain d'accéder à ce marché d'exportation autrefois florissant. Les exportations d'éthanol vers la Chine ont été également limitées en raison de droits de douane prohibitifs à l'accès à ce marché.

L'industrie est enthousiaste à l'idée de travailler avec l'administration Trump pour accroître rapidement la consommation intérieure et continuer à augmenter les exportations vers les marchés internationaux. Le 13 février 2025, le président américain a annoncé la mise en place d'une politique de droits de douane réciproques, citant notamment en exemple le droit de douane brésilien de 18 % sur les exportations d'éthanol des États-Unis, tandis qu'ils imposent un tarif de seulement 2,5 % sur l'éthanol brésilien. Les États-Unis soulignent qu'en 2024 ils ont importé pour plus de $ 200 millions d'éthanol du Brésil, tout en n'exportant du biocarburant qu'à hauteur de $ 52 millions. La *Renewable Fuels Association* (RFA), qui plaide depuis longtemps en faveur de mesures pour remédier à ce déséquilibre, a remercié le président d'envisager cette décision. Le Brésil lui consi-

Volumes réglementaires et volumes proposés par l'EPA

(en milliards de gallons d'équivalent éthanol)

	Carburants cellulosiques	Diesel à base de biomasse	Biocarburants avancés	Total biocarburants
2020	0.51	2.43	4.63	**17.13**
2021	0.56	2.43	5.05	**18.84**
2022	0.63	2.76	5.63	**20.63**
2023	0.84	2.82	5.94	**20.94**
2024	1.09	3.04	6.54	**21.54**
2025	1.38	3.35	7.33	**22.33**

(Source : USDA, Economic Research Service, EPA)

dère que, pour qu'une taxe sur l'éthanol brésilien soit considérée comme équitable, les États-Unis devraient, pour leur part, éliminer les droits de douane sur leurs importations de sucre brésilien. Le Brésil a fait valoir que les États-Unis imposent un droit de douane de $ 360/tonne sur leurs importations de sucre en dehors des quotas préférentiels, ce qui équivaut à une taxe de 81,2 % compte tenu des prix actuels du marché, bien plus élevée que le tarif de 18 % sur l'éthanol du Brésil. Mais, fin février 2025, le journal *O Globo* rapportait que le gouvernement brésilien envisageait de « céder » et de réduire les taxes d'importation sur l'éthanol pour tenter d'apaiser le président américain, en espérant convaincre le gouvernement américain de faire une exception pour le Brésil concernant… le tarif de 25 % récemment annoncé sur les importations américaines d'aluminium et d'acier. Mais cela semble être peine perdue.

D'un autre côté, les exportations américaines vers le Canada pourraient être menacées par les mesures de rétorsion que le Canada mettrait en place à partir d'avril 2025 en rétorsion des droits de douane appliqués aux importations de certains biens en provenance du Canada (acier, aluminium, voitures et pièces détachées). Si tel était le cas, les exportations américaines devraient trouver d'autres destinations et l'Europe est une victime potentielle toute trouvée…

Il y a vingt-cinq ans, sous la présidence de G.W. Bush, la première norme mondiale sur les carburants renouvelables (RFS) était mise en place, exigeant des raffineurs de pétrole qu'ils mélangent chaque année des quantités croissantes de biocarburants, tels que l'éthanol dans les approvisionnements en carburant. L'histoire continue donc de s'écrire. Au début de l'année 2025, la nouvelle administration, proénergie, y compris fossile, et le nouveau Congrès s'installaient alors que le secteur était confronté à de nombreuses questions : quel avenir pour la norme sur les carburants renouvelables, pour la mise en œuvre des crédits d'impôt de la loi sur la réduction de l'inflation, pour la politique commerciale et les véhicules électriques. Force est de constater que les réponses apportées vont pour l'instant dans le bon sens.

Une coalition d'opérateurs a publié le 17 mars 2025 une lettre demandant à l'administrateur de l'Agence pour la protection de l'environnement (EPA) de fixer des volumes plus ambitieux pour le *Renewable Fuel Standard* (RFS) pour 2026 et au-delà. La coalition demande à l'EPA de proposer et de finaliser le volume de diesel à base de biomasse pour 2026 à au moins 5,25 milliards de gallons, avec une augmentation correspondante du volume de biocarburants avancés. Les opérateurs sont dans l'attente : le départ de l'administration Biden a gelé l'*Inflation Reduction Act* (IRA), considérée par le président Trump comme le *Green New Scam*, mais qui offrait des opportunités pour le secteur ainsi que des discussions sur les mandats. Le président Trump aurait néanmoins déclaré que la mission des États-Unis ne se limite pas à l'augmentation de la production d'éthanol, mais que sa mission était d'exporter de l'éthanol partout dans le monde.

Un groupe bipartisan de sénateurs et de membres de la Chambre des représentants a également présenté un projet de loi début mars 2025 afin de rendre le carburant E15 disponible tout au long de l'année à travers l'ensemble des États-Unis. Actuellement, la réglementation limite la vente d'E15 pendant les mois d'été en raison de préoccupations environnementales que l'industrie des biocarburants considère comme infondées. Bien que ses émissions de gaz à effet de serre soient plus faibles que celles de l'E10 et son prix plus bas, l'E15 ne peut être vendu dans une majorité d'États américains durant la période estivale sans l'octroi de dérogations de l'Agence de protection de l'environnement (EPA). Cette loi corrigera l'exemption prévue par la loi sur la qualité de l'air (*Clean Air Act*) qui n'autorise que la vente d'E10 tout au long de l'année, bien que les effets de l'E10 et de l'E15 sur l'environnement soient très similaires. Pour le moment, plus de 3 700 stations-service proposent l'E15 dans 33 États, et sa vente est légale partout, sauf en Californie. Dans cet État le gouverneur a néanmoins ordonné d'accélérer le processus d'examen de l'E15.

Cette vente d'E15 tout au long de l'année est depuis longtemps réclamée par l'industrie des biocarburants et les producteurs de maïs (cette céréale étant la matière première de l'éthanol aux États-Unis). Si elle est accordée, elle élargira leur marché. Les projets de loi sur l'E15 bénéficient d'un large soutien des politiques et des parties prenantes, et sont conformes à l'objectif du président Trump visant à supprimer les formalités administratives et à ouvrir de nouveaux débouchés pour les agriculteurs américains et le secteur de l'énergie. La *Renewable Fuels Association* (RFA) souligne que près de 97 % des véhicules immatriculés aux États-Unis sont homologués par l'EPA pour utiliser l'E15, la plupart d'entre eux étant également approuvés par le fabricant.

Enfin, un groupe bipartisan de membres du Congrès a proposé fin février 2025 la réintroduction à la Chambre des représentants du *Farm to Fly Act*. Ce projet de loi aiderait les carburants durables pour l'aviation (les SAF ou *sustainable aviation fuels*) à créer de nouveaux marchés pour les agriculteurs américains en affirmant une définition commune de ces carburants, afin que les cultures américaines puissent contribuer le plus efficacement possible à ce marché émergent. Avec le développement des SAF, l'*Ethanol-to-jet* a de belles perspectives et pourrait représenter environ 50 % des SAF utilisés aux États-Unis à l'horizon 2050. Le crédit d'impôt de $ 1,25/gallon pour les SAF permettant une réduction de gaz à effet de serre de 50 % a expiré au 31 décembre 2024 avant que l'administration du président Biden ait pu finaliser les dispositions relatives à un nouveau crédit d'impôt ou ait pu décider de sa prolongation pour un minimum d'un an. C'est donc à l'administration Trump de décider, alors qu'elle fait face à des contradictions dans ce domaine et qu'elle semble plus préoccupée par les questions de droit de douane. Dans l'attente, l'État du Minnesota a adopté une loi en février 2025 pour sa prolongation jusqu'en 2030 avec un plafond annuel, toutes les usines membres de la Minnesota Bio-Fuels Association s'étant engagées à produire de l'éthanol « net-zéro » d'ici 2050.

Le Brésil confirme un retour à la production d'éthanol et se projette dans le futur

Les prix brésiliens de l'éthanol hydraté et anhydre ont affiché une trajectoire soutenue jusqu'à la fin de l'année 2024. C'est une rupture par rapport aux tendances saisonnières habituelles, où les prix chutent généralement pendant la saison des récoltes.

En 2024, le Brésil a produit environ 33,9 milliards de litres selon l'UNICA (association de l'in-

Évolution des cours de l'éthanol anhydre et hydrique au Brésil (São Paulo)

(en dollars/litre)

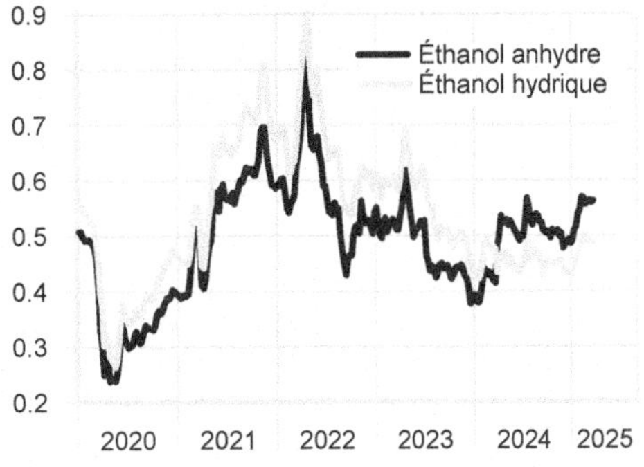

(Source : CEPEA)

La loi sur les carburants du futur

La loi 14 993/24 est entrée en vigueur en octobre 2024. Elle crée les programmes nationaux sur le diesel vert, les carburants durables et le biométhane.
L'objectif de la loi est de remplacer les combustibles fossiles dans les transports terrestres, maritimes et aériens par des combustibles durables. Selon le gouvernement, il s'agit du plus grand programme de décarbonisation de la matrice des transports et de la mobilité de la planète.
Outre les initiatives visant à promouvoir la décarbonisation et la mobilité durable, la loi encourage l'intégration de plusieurs politiques publiques liées au secteur des transports, telles que la politique nationale des biocarburants (*RenovaBio*), le programme de mobilité verte (*Mover*) et le programme de contrôle de la pollution de l'air (*Proconve*).
Le carburant de l'avenir établit également de nouveaux pourcentages minimums et maximums pour le mélange d'éthanol à l'essence et de biodiesel au diesel, vendus aux consommateurs dans les stations du pays.
Le taux de mélange de l'éthanol à l'essence (vendue dans les stations) dépasserait 22 % à 27 %, pour atteindre 35 %. Actuellement, le minimum est de 18 %.
Quant au biodiesel mélangé au diesel d'origine fossile, qui est à un pourcentage de 14 % depuis mars 2024, à partir de 2025 sera ajouté un point de pourcentage de mélange annuellement jusqu'à 20 % en mars 2030.
Il appartiendra au Conseil national de la politique énergétique (CNPE) d'évaluer la faisabilité des objectifs d'augmentation des mélanges.

« La super canne »

Le projet de production de « super canne » de l'entrepreneur Eike Batista, fils de l'ancien ministre brésilien des Mines et de l'Énergie, est sur le point de se matérialiser. Élaboré il y a plus de vingt ans, il a reçu une promesse de financement de $ 500 millions de la part du groupe d'investissements Brasilinvest (ressources émanant des fonds *Abu Dhabi Investment Group*, des Émirats arabes unis et de la société américaine General Finance). BRXe, la société propriétaire du projet, compte développer 70 000 hectares de « super canne ». Cela reste négligeable au regard des 8 millions d'hectares de canne cultivés au Brésil, mais c'est un premier pas. Le projet inclut également une unité de production de carburant durable pour l'aviation. La « canne à cellulose », telle qu'elle est également appelée, a un rendement de 180 tonnes par hectare. La « super canne » présente une différence fondamentale par rapport à la canne conventionnelle. En plus de produire du sucre, elle se concentre sur la production de biomasse. La « super canne » permettrait de produire deux à trois fois plus d'éthanol par hectare, et dix à douze fois plus de biomasses par hectare. Il en existerait environ dix-sept variétés. Selon le PDG de BRX, le projet évoqué devrait commencer à générer des liquidités en 2028 et profiterait d'un marché plus mature, notamment celui des SAF. Une usine de carburant durable pour l'aviation est une usine produisant 500 000 tonnes de carburant. Pour cela, il faut un million de mètres cubes d'éthanol, pour lesquels on a besoin de 12 millions de tonnes de super canne à sucre, soit 70 000 ha.
À noter cependant qu'un tel projet avait déjà été étudié par le groupe Cosan dans le passé, puis abandonné, faute de résultats probants.

Les prix des crédits carbone (Cbios) (chaque Cbio généré par la vente de biocarburant représente 1 tonne de CO_2 évitée) ont fait preuve d'une grande volatilité au cours de l'année 2024. Ils ont chuté à BRL 100 en avril, au début de la campagne 2024-2025. La tendance à la baisse s'est accélérée, atteignant BRL 65 au début du mois de juin. Ils se sont raffermis pour atteindre environ BRL 80-90 en octobre.
Le 31 décembre 2024, le Brésil a promulgué la loi fédérale n° 15 082 (la « Loi »), modifiant la loi sur la politique nationale en matière de biocarburants – RenovaBio (loi n° 13 576/2017) afin d'inclure les producteurs indépendants de matières premières pour biocarburants dans la participation aux revenus générés par la vente de crédits de décarbonisation (Cbios). La loi modifie le cadre existant de RenovaBio, dans lequel seuls les producteurs de biocarburants avaient accès aux revenus générés par la vente des Cbios. La nouvelle formulation établit que ces revenus doivent être partagés avec les producteurs de biomasses utilisées dans la production de biocarburants. Le manque d'accès des producteurs à ces revenus a toujours été un point de désaccord avec RenovaBio, et la promulgation de la loi reflète ces discussions.
La loi définit des parts différentes pour les producteurs de canne à sucre et les producteurs d'autres matières premières destinées à la production de biocarburants. Les producteurs de canne à sucre auront droit à une part d'au moins 60 % des recettes générées par la vente de Cbios, et pourront avoir droit à un montant supplémentaire s'ils fournissent aux producteurs de biocarburants des données supplémentaires permettant au biocarburant d'obtenir une meilleure efficacité énergétique et environnementale. Ce montant supplémentaire correspondra à 85 % de la différence entre la valeur des Cbios générée par les données supplémentaires et la valeur que ces Cbios auraient générée sans les données supplémentaires.
Les producteurs d'autres formes de biomasse auront également droit à une part des recettes provenant de la vente des Cbios. Toutefois, dans ce cas, la part sera négociée entre les producteurs de biocarburant et les producteurs de biomasse, et le montant pourra être transféré sous la forme d'une prime, exonérée d'impôts.
Pour faire appliquer ces dispositions, la loi prévoit que le non-paiement des producteurs de canne à sucre entraînera une amende proportionnelle au montant des Cbios impayés, qui peut aller de BRL 100 000 à BRL 50 millions. La loi ne prévoit pas de sanctions en cas de non-paiement des producteurs d'autres formes de biomasse.
Les modifications introduites par la loi représentent un changement significatif dans la dynamique du programme *RenovaBio*, que ce soit en raison des pourcentages préétablis pour les producteurs de canne à sucre ou de l'accord libre du pourcentage avec les producteurs d'autres biomasses ; dans les deux cas, cela peut avoir des conséquences juridiques qui devront être évaluées au cas par cas.

dustrie de la canne du Centre Sud), soit une hausse de 3,7 % par rapport à 2023. Cette production comprend 21,66 milliards de litres d'éthanol hydraté (pour les véhicules *flex-fuel*), en hausse de 9,79 %, et 12,26 milliards de litres d'éthanol anhydre (pour incorporation dans l'essence), en baisse de 5,54 %. L'éthanol de maïs a représenté 7,46 milliards de litres de production, soit une augmentation de 30,77 % par rapport à la même période de la saison de récolte précédente. La part du maïs est en augmentation et permet de répondre à la demande alors que la canne a été privilégiée pour la production de sucre. Les ventes domestiques représentent 1,71 milliard de litres d'éthanol hydraté, en hausse de 0,64 %, et 996,61 millions de litres d'éthanol anhydre, en hausse de 2,04 %.

Les ventes totales, y compris les exportations, depuis le début de la saison de récolte ont atteint 32,62 milliards de litres, en hausse de 9,54 %. Les ventes comprenaient 20,97 milliards de litres d'éthanol hydraté, en hausse de 15,92 %, et 11,65 milliards de litres d'éthanol anhydre, en baisse de 0,32 %.

Mais les exportations d'éthanol s'élèveraient à un modeste 1,90 milliard de litres en 2024, soit une baisse de 25 % par rapport aux 2,52 milliards de litres expédiés à l'étranger en 2023.

Le déséquilibre entre les exportations brésiliennes vers les États-Unis et les importations brésiliennes des États-Unis est un sujet de contentieux. Jusqu'à présent, les discussions entre les deux administrations se sont en effet concentrées sur l'éthanol, explicitement mentionné dans le *fair and reciprocal plan* sur le commerce publié mi-février 2025 par le président Trump et dans lequel l'éthanol est cité : « Il existe une infinité d'exemples où nos partenaires commerciaux n'accordent pas aux États-Unis un traitement réciproque. Les droits de douane américains sur l'éthanol ne sont que de 2,5 %. Pourtant, le Brésil impose aux exportations américaines d'éthanol un droit de douane de 18 %. Par conséquent, en 2024, les États-Unis ont importé pour plus de 200 millions de dollars d'éthanol du Brésil, alors qu'ils n'ont exporté que 52 millions de dollars d'éthanol vers le Brésil. »

Mais l'administration du Brésil évalue le risque que Donald Trump impose en avril 2025 des droits de douane sur un ensemble de produits brésiliens beaucoup plus important qu'initialement prévu, au-delà de la menace de barrières contre l'éthanol et des droits de douane déjà appliqués sur l'acier et l'aluminium ou les voitures. Une possibilité encore plus extrême est crainte : la possibilité que presque toutes les exportations brésiliennes vers les États-Unis soient taxées.

Le Brésil a besoin de renforcer son propre marché afin de maintenir sa dynamique de croissance. Ainsi, suite à la proposition introduite dans la loi *Combustível do Futuro* (Carburant pour le Futur) des tests ont été menés pour étudier la viabilité d'une augmentation à 30 %, voire 35 % de la proportion d'éthanol anhydre mélangé à l'essence. Ces tests ont été concluants et ont montré des « performances constantes » et des « avantages environnementaux réels », selon le ministre brésilien des Mines et de l'Énergie, Alexandre Silveira. « Avec l'E30, nous deviendrons, une fois pour toutes, indépendants des importations d'essence », a-t-il déclaré.

Objectif atteint en Inde

L'Inde est aujourd'hui le troisième producteur et consommateur d'éthanol au monde, grâce à une production qui a presque triplé au cours des cinq dernières années. La production a atteint le record de plus de 6 milliards de litres en 2024. Le gouvernement s'est fixé pour objectif de mélanger 20 % d'éthanol d'ici à l'année fiscale 2025-2026 et il est probable qu'il y parviendra bientôt.

Dans le cadre de la politique nationale sur les biocarburants de 2018, le gouvernement autorise diverses matières premières, telles que la canne à sucre, le maïs, les céréales alimentaires endommagées, le sorgho sucré, la betterave sucrière, pour la production d'éthanol destiné à être mélangé à l'essence. En raison de la promotion du maïs par

Le retour de Petrobras

La compagnie pétrolière publique Petrobras envisage un retour dans le secteur de l'éthanol, après une pause stratégique. Le groupe a ainsi engagé des négociations avec des acteurs de premier plan du secteur, tels que Raizen, BP et Inpasa pour explorer d'éventuelles joint-ventures sur un marché de l'éthanol en pleine expansion.

Ces différents partenariats permettraient à l'entreprise publique de tirer parti des infrastructures et de l'expertise existantes de ces sociétés, ce qui rendrait possible son retour sur le marché de l'éthanol. Ces acteurs établis du secteur disposent en effet de parts de marché substantielles et d'une expertise opérationnelle. L'annonce de Petrobras marquerait son retour dans le secteur de l'éthanol, alors qu'elle avait annoncé qu'elle ne produirait plus de biocarburants dans son plan stratégique 2017-2021. Le groupe se justifie en expliquant que l'éthanol est le principal concurrent de l'essence, un carburant fossile qui va perdre des parts de marché. Petrobras prévoit d'investir $ 2,2 milliards dans les distilleries d'éthanol au cours des cinq prochaines années. Toutefois, elle n'a pas encore décidé si elle se concentrera sur l'éthanol de canne ou sur l'éthanol de maïs. La canne offre des rendements plus élevés à l'hectare, tandis que le maïs permet une plus grande flexibilité de production. Ces projets d'investissement s'inscrivent dans le cadre des objectifs plus larges de Petrobras visant à diversifier son portefeuille énergétique et à accélérer sa transition vers l'énergie durable. Le groupe a fait ces annonces en présentant plus largement son plan stratégique de $ 111 milliards pour 2025-2029.

le gouvernement pour la production d'éthanol, le maïs a été le principal contributeur à l'éthanol fourni aux sociétés de commercialisation du pétrole. En outre, la part de la production d'éthanol à partir de céréales dépasserait 60 % au cours de l'année 2024-2025. De plus, le gouvernement autorise la vente de riz FCI pour la production d'éthanol lorsque la *Food Corporation of India* (FCI) dispose d'un excédent de riz.

Dans le cadre de ce programme, le gouvernement central a pris diverses mesures pour encourager et soutenir la production d'éthanol, notamment à partir de céréales : subventions, aides à la conversion des usines de canne à sucre existantes en usines d'éthanol sur base de multiples matières premières, fixation de prix rémunérateurs pour l'éthanol produit à partir de différentes matières premières, réduction de la taxe sur les produits et services sur l'éthanol de 18 % à 5 %, promotion du maïs comme matière première principale pour la production d'éthanol dans le cadre du programme *Ethanol Blended with Petrol* (EBP), etc.

Pour l'année d'approvisionnement 2024-2025, 8,37 milliards de litres d'éthanol ont été achetés aux distilleries : 5,25 milliards de litres sur base de céréales et 3,12 milliards de litres provenant des sucreries de canne à sucre.

L'Europe toujours engluée dans sa réglementation et menacée par l'accord Mercosur

L'Europe est le quatrième producteur mondial, mais très loin derrière les États-Unis et le Brésil avec 5 % de la production mondiale. Selon S&P Global la production atteindrait en 2024 5,5 millions de m^3 pour la carburation et 1,65 million de m^3 pour les usages industriels. Les importations d'éthanol sont estimées à 6,9 millions de m^3 pour la carburation. Les importations devraient encore augmenter en 2025 et 2026. Les principaux exportateurs vers l'Union européenne sont les États-Unis, le Royaume-Uni, le Pakistan, le Canada, le Brésil, le Pérou et l'Ukraine. L'Europe a besoin d'importations pour couvrir la demande, mais les conditions de concurrence avec ses concurrents, notamment en matière de coûts de l'énergie, deviennent de moins en moins équitables.

Le cours de l'éthanol en Europe (T2 Rotterdam) en 2024 est resté bas avec une faible volatilité. L'écart de prix entre les États-Unis, le Brésil et l'Europe s'est réduit. Les prix des matières premières restent élevés. La récolte de céréales de l'Union européenne pour 2024-2025 devrait être plus faible et la récolte mondiale de céréales est également prévue en baisse. Les prix du sucre ont baissé significativement après avoir atteint des records.

Actuellement, dix-neuf États membres de l'Union européenne, ainsi que la Norvège et le Royaume-Uni, ont déployé l'E10. L'E10 a été introduit en Pologne et en République tchèque en 2024. Cependant, les ventes d'E10 en Allemagne continuent à stagner à environ 27 %, principalement en raison d'une réglementation nationale obsolète sur les carburants. Seule la France a une dynamique positive en raison du développement de l'E85 (carburant contenant 85 % d'éthanol produit à partir de betterave, de blé ou de maïs) qui a atteint en 2024 près de 890 000 m^3. En janvier 2025, 40 % des stations-service en France proposaient l'E85. Alors que le prix de l'E85 était repassé sous la barre de € 1/l à la pompe fin 2023, la tendance s'est confirmée en 2024 avec un recul de 12 centimes par litre en un an. Au 24 janvier 2025, le prix de l'E85 représentait € 0,78/l en moyenne, soit € 1 de moins que le SP95-E10. Par ailleurs, le parc de véhicules pouvant rouler à l'E85 augmente de 8 %. Il s'élevait à 400 000 véhicules fin 2024.

La nouvelle Directive européenne sur les énergies renouvelables (RED-III) prévoit pour le secteur du transport :

– 29 % d'énergies renouvelables ou 14,5 % d'économies de GES pour les carburants,

– un maximum de 7 % de biocarburants issus de cultures alimentaires,

– un minimum de 5,5 % de biocarburants avancés, issus de résidus et de combustibles liquides et gazeux renouvelables d'origine non biologique, dont au moins 1 % de combustibles liquides et gazeux renouvelables d'origine non biologique,

– un maximum de 1,7 % pour les huiles de cuisson et graisses animales usagées,

– des schémas de comptage multiple pour l'électricité renouvelable, les combustibles liquides et gazeux renouvelables d'origine non biologique, etc.

Évolution des cours de l'éthanol en Europe
(en euros/hl)

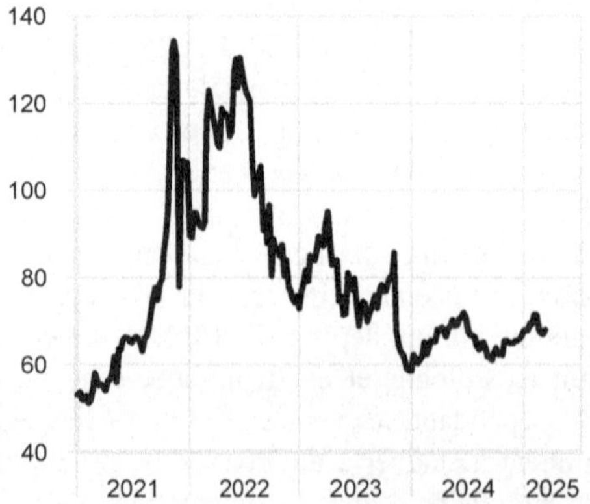

(Source : Barchart)

Au final, en 2023, 30 % de l'énergie renouvelable comptabilisée dans les transports était… virtuelle et résultait des comptages multiples. Même avec ces comptages multiples, les résultats des États membres étaient décevants alors que la mise en œuvre nationale de la RED III est prévue pour le 21 mai 2025 :

– La moyenne de l'Union européenne à 27, de 10,8 % d'énergie renouvelable, n'est que légèrement supérieure à l'objectif de la RED I 2020.

– La moitié des États membres sont encore en dessous de 10 %.

– Seules la Finlande et la Suède dépassent significativement.

– Peu de progrès sont à noter dans de nombreux États membres vers l'objectif 2030 de la RED III.

Les nouveaux cadres pour le secteur du transport maritime et de l'aviation prévoient respectivement : 6 % de renouvelables à l'horizon 2030 et 80 % à l'horizon 2050 pour le maritime et 6 % de renouvelables à l'horizon 2030 et 80 % à l'horizon 2050 pour les SAF. Cependant dans ces deux secteurs, les biocarburants sur base de cultures alimentaires sont exclus. Un recours pour discrimination a été déposé par le secteur du bioéthanol, mais il a été jugé non recevable par la Cour européenne de justice.

La contribution des biocarburants d'origine végétale étant plafonnée aux niveaux de 2020, les progrès en matière d'énergies renouvelables dans le secteur des transports restent donc largement sur le papier, laissant les combustibles fossiles continuer à dominer le marché. L'industrie européenne est confrontée à des désavantages massifs en termes de coûts des matières premières et de l'énergie, en particulier par rapport aux producteurs américains. En raison de l'instabilité des politiques européennes et des surcapacités américaines, le marché de l'Union européenne risque actuellement d'être inondé par les exportations américaines d'éthanol (surtout si le Canada ferme ses frontières à l'éthanol américain). Le secteur européen demande d'inclure l'éthanol dans les mesures de rétorsion vis-à-vis des droits de douane américains. L'entrée en vigueur de l'accord Union européenne-Mercosur exercera aussi une menace supplémentaire sur l'industrie européenne : les 650 000 tonnes d'accès au marché accordées équivalent pratiquement à la totalité du marché de l'Union européenne pour les usages industriels.

Dans le cadre de la future révision du Règlement européen sur les émissions de CO_2 des vé-

L'accord EU-Mercosur et l'éthanol

Pour l'éthanol, les concessions d'accès au marché accordées par l'Union européenne aux pays du Mercosur seront progressives dans le temps (six étapes annuelles égales) :
– 450 000 tonnes d'éthanol (environ 5,7 Mhl) sans droit de douane, à utilisation exclusivement industrielle ;
– 200 000 tonnes d'éthanol (environ 2,5 Mhl) à droits réduits au tiers de la valeur, pour tout usage, y compris carburant.

hicules légers neufs, l'accord politique à ce stade au niveau européen comprend la poursuite de la vente des véhicules neufs équipés de moteurs thermiques après 2035, à condition de les faire fonctionner avec des carburants neutres en CO_2, au nom de la neutralité technologique vis-à-vis des véhicules 100 % électriques. Le secteur du bioéthanol rappelle que la définition des carburants neutres en CO_2 doit inclure tous les carburants renouvelables dont le CO_2 rejeté au pot d'échappement provient de l'air et plaide pour que les 15 à 25 % d'essence d'origine fossile actuellement présente dans l'E85 soit remplacée par un dérivé qui serait 100 % renouvelable. Cette évolution permettrait de justifier auprès de la Commission européenne la présence de l'E85 au-delà de 2035, et permettrait de faire partie de la liste des carburants neutres. Alors qu'un dialogue stratégique sur l'avenir de l'automobile en Europe a commencé le 30 janvier 2025, huit pays plaident déjà pour que l'Europe accepte de conserver une place aux biocarburants après 2035.

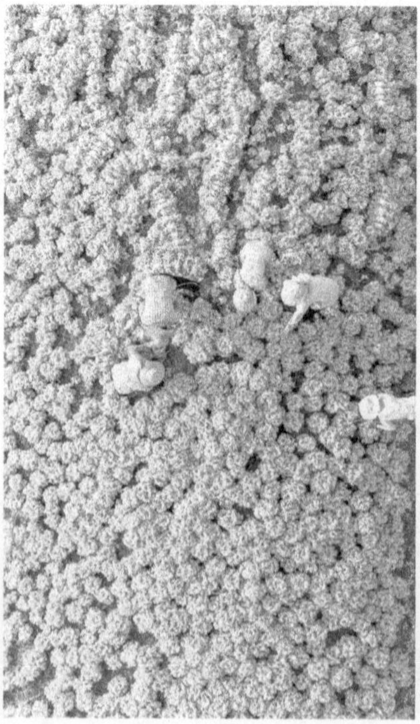

Biocarburants :
très politiques

Les marchés des biocarburants ont leurs propres spécificités selon les régions, mais un point commun a marqué l'année 2024 : la multiplication de textes législatifs pour développer le marché du SAF. Cette dynamique encourageante risque cependant d'être confrontée à un obstacle de taille en 2025 avec l'élection de Donald Trump à la présidence des États-Unis et un possible rétropédalage sur les ambitions de décarbonation portées par les biocarburants. Les marchés du biodiesel, diesel renouvelable et carburant durable d'aviation (SAF en anglais pour *Sustainable Aviation Fuel*) sont compétitifs grâce aux subventions ou crédits qu'ils reçoivent. Dans un contexte politique mondial de plus en plus incertain vis-à-vis des politiques publiques et de moyens alloués pour combattre le changement climatique et promouvoir les énergies propres, les marchés des biocarburants vont vivre une année *crash test* en 2025.

Une année encourageante pour le développement du SAF

Le marché des biocarburants continue d'être tiré par les marchés du diesel renouvelable et du SAF en 2024, tandis que le biodiesel continue de croître principalement en Asie, en Malaisie et Indonésie surtout. Ainsi, les productions mondiales de biodiesel, diesel renouvelable et du SAF ont progressé respectivement de 8 %, 26 % et 69 % en 2024. Le marché du SAF continue d'attirer les investisseurs et d'encourager les gouvernements à des plans ambitieux puisqu'il s'agit de la seule solution pour réduire l'empreinte carbone du secteur de l'aviation à court et moyen terme.

Aux États-Unis, le ministère de l'Énergie a octroyé un prêt de $ 2,9 milliards à plusieurs acteurs de la filière SAF (dont Gevo, BP, Lanzajet) pour accélérer la production aux États-Unis. En Europe, ReFuelEU aviation est le texte européen qui prévoit que les carburants européens contiennent au minimum 2 % de SAF en 2025, 6 % en 2030 et… 70 % en 2050. Les objectifs européens sont les plus ambitieux à l'échelle mondiale et l'année 2024 a été marquée par des discussions quant aux matières premières éligibles pour atteindre ces objectifs.

D'autres pays ont également annoncé en 2024 des intentions de développer le SAF ou ont même inscrit dans leur programme énergétique des objectifs chiffrés et des mandats d'incorporation pour les prochaines décennies : le Royaume-Uni, le Brésil, l'Australie, l'Indonésie, l'Inde, la Malaisie, la Chine et la Corée du Sud.

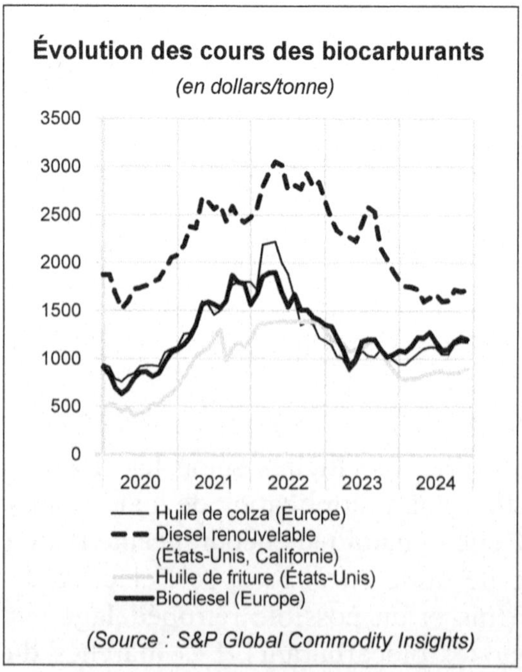

(Source : S&P Global Commodity Insights)

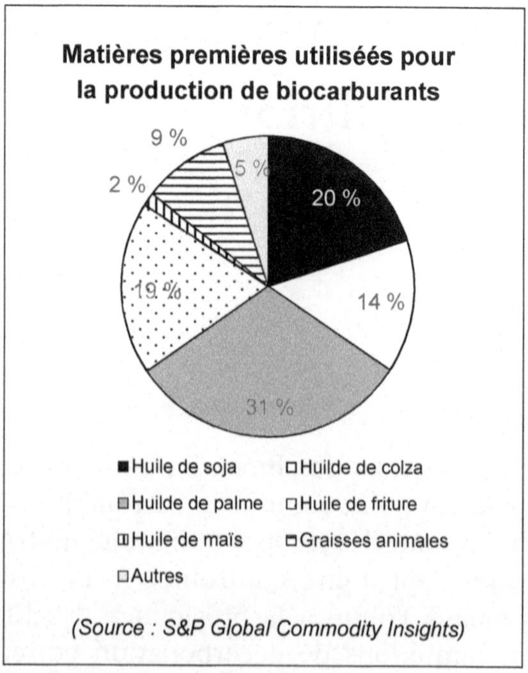

(Source : S&P Global Commodity Insights)

Une année en berne au niveau des prix, marquée par la campagne américaine

L'année 2023 avait subi une baisse des marchés face à la hausse des capacités de trituration de soja aux États-Unis et à la hausse des exportations des matières premières « bas carbone » comme l'huile de friture ou les graisses animales.

Du côté des matières premières pour la fabrication des biocarburants, l'année 2024 fut marquée par l'incertitude des marchés face à la campagne présidentielle américaine et par la baisse des prix des crédits carbone. Le prix du diesel renouvelable a ainsi baissé de 27 % aux États-Unis alors que les prix du biodiesel en Europe ont progressé de 2 %, en ligne avec les cours de l'huile de colza à + 4 %. Les États-Unis étant le principal producteur de diesel renouvelable et de SAF dans le monde, la campagne présidentielle américaine fut suivie de près en 2024. Les annonces du camp Trump en particulier ont impacté les marchés : le risque de guerre commerciale avec la Chine, la possibilité de mise en place de droits de douane avec des fournisseurs clés en matières premières comme le Brésil, le Canada ou la Chine et enfin le détricotage par l'administration Trump de l'*Inflation Reduction Act* loi promulguée en 2022 visant à développer les investissements pour les énergies propres, dont les biocarburants.

L'huile de friture, une matière première convoitée, mais critiquée

En 2024, le marché des huiles végétales fut marqué par l'incertitude sur les politiques publiques des biocarburants aux États-Unis, mais aussi par le statut des importations d'huile de friture. En effet, les producteurs d'huile de soja et colza aux États-Unis ont déposé des amendements pour pénaliser l'utilisation d'huile de friture importée (en grande partie en provenance de Chine) pour la production de biocarburants. Des suspicions de fraude et de mélange avec de l'huile de palme ont été mises en avant. Cette stratégie vise aussi à promouvoir l'utilisation des matières premières fabriquées aux États-Unis dans un contexte politique déjà puissant : l'Amérique d'abord !

L'huile de friture a également fait les gros titres en Asie. La Chine a réduit un avantage fiscal sur les exportations d'huile de friture afin de sécuriser son utilisation domestique. En décembre 2024, l'Indonésie a annoncé l'interdiction d'exportations d'huile de friture, également afin de privilégier les producteurs nationaux. Le

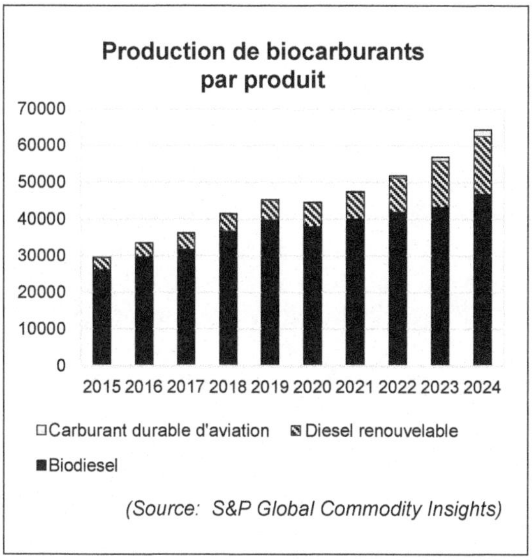

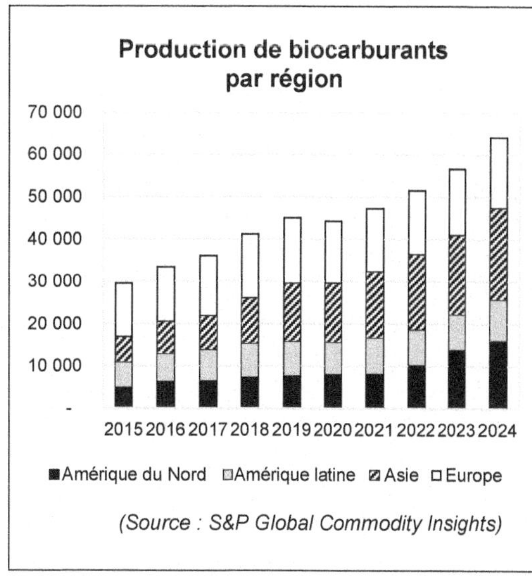

Brésil a annoncé en novembre 2024 la mise en place d'objectif d'incorporation de matières premières « bas carbone » face à l'accélération de volume exporté, notamment aux États-Unis. À Davos, en janvier 2025, Patrick Pouyanné, PDG de TotalEnergies, a appelé l'Europe à protéger son industrie verte, notamment face à l'importation de SAF produite en Chine… à base d'huile de friture principalement. Que ce soit sur le marché des matières premières ou des biocarburants, chaque pays a pris ou appelle à prendre des mesures pour protéger son marché. La mondialisation du marché des biocarburants n'est pas pour 2025.

Certificats de CO_2 2024 : baisse continue de la quantité de CO_2, les prix se consolident dans une fourchette étroite

La Commission européenne a annoncé en avril 2024 une baisse de 216 Mt des émissions de CO_2 de la zone EU en 2023 à 1 097 millions de tonnes. Il s'agit de la plus forte baisse de ces dernières années.

Pour 2024, la société de conseil Volue Insight anticipe des émissions de CO_2 à 1 040 millions de tonnes en baisse de 57 millions de tonnes. Le chiffre officiel devrait être annoncé par la Commission européenne en avril 2025.

Les prix des certificats de CO_2 ont entamé l'année 2024 à un niveau relativement bas de € 50/t (février 2024) qui reflétait une activité économique stagnante. De plus la génération électrique à partir du charbon (*dark-spread*) n'a pas été profitable économiquement durant la première moitié de 2024, ce qui a poussé la consommation de charbon à des niveaux historiquement bas, et limitait les demandes en certificats de CO_2.

Cependant, la tendance est inversée graduellement à partir de mai-juin 2024, suite au début d'une hausse des contrats de gaz TTF qui progressaient de € 30/MWh (mars 2024) à € 51.8/MWh (décembre 2024). Cette hausse est liée à la crainte (justifiée) d'une chute des transits de gaz russe à travers l'Ukraine en 2025 et d'un hiver en Europe plus froid que les deux précédents.

La hausse du prix du gaz a poussé à la hausse les prix de l'électricité sur les principaux marchés européens et a permis au charbon de redevenir compétitif à partir de juillet 2024.

Les prix des certificats de CO_2 ont atteint un point haut de € 80/t en juin, puis ont oscillé dans une fourchette de € 65-€ 75/t jusqu'en décembre 2024.

En Allemagne, la génération électrique à partir du charbon a diminué à 26,8 TWh, un plus bas historique. La génération à partir du lignite a été de 70,95 TWh également un plus bas historique. La génération à partir du gaz a été, à 51,7 TWh, en ligne par rapport à la moyenne sur la période 2016-23 à 51,2 TWh par an.

Pour 2025, les éléments essentiels ayant un impact sur le prix des certificats de CO_2 seront l'activité économique et la progression de la production d'électricité à partir des énergies renouvelables ainsi que les conditions météorologiques.

L'activité économique européenne s'est stabilisée en 2024 avec une production d'acier à 128,5 millions de tonnes légèrement en hausse par rapport à 2023 (126,3 Mt). Cependant, la perspective d'une guerre économique avec les États-Unis et des prix de l'énergie relativement haut début 2025 ne sont pas de bon augure pour une continuation de cette timide embellie.

En Allemagne, les énergies renouvelables (éolien, solaire, hydro + autres) ont atteint un record de 264,1 TWh en 2024, soit 63,4 % de la production totale d'électricité (en hausse de 1,6 % par rapport à 2023). Cette hausse devrait se poursuivre en 2025, mais de manière moins significative que les années précédentes.

Au niveau européen, après une timide augmentation de la demande en électricité en 2024, nous envisageons au mieux une demande stable en 2025, voire une légère baisse.

Le *front loading* mis en place par la Commission européenne pour 250 millions de tonnes de certificats CO_2 sur la période août 2023-août 2026 se poursuit. Ce *front loading* a été mis en place pour pousser le prix des certificats à la baisse, après la flambée des prix suite à l'invasion de l'Ukraine.

De ce fait, nous estimons que le marché demeure en léger excédent structurel sur la base d'une combinaison d'allocations gratuites (*free allocation*) aux industriels et d'enchères (*auctions*).

Sur cette base, la société de conseil Volue Insight anticipe une baisse graduelle des prix des certificats de CO_2 à € 65/t en décembre 2025.

Le marché du carbone :

le creux de la vague

Les marchés du carbone sont des instruments économiques visant à limiter les quantités de gaz à effet de serre générées par nos économies en attribuant à ces émissions tout ou partie du coût des dommages environnementaux qu'elles infligent. À ce jour, il existe une trentaine de marchés du carbone dans le monde, résultant de politiques énergétiques et climatiques mises en place à différentes échelles juridictionnelles – qu'elles soient municipales, régionales, nationales, voire supranationales. Le prix du carbone sur ces marchés reflète le niveau de la contrainte sur les émissions que les autorités sont en mesure d'imposer.

La proportion des émissions mondiales de gaz à effet de serre actuellement couvertes par un marché du carbone est proche de 20 % – soit environ 10 milliards de tonnes de dioxyde de carbone équivalent (tCO_2). Les prix du carbone émergeant de ces différents systèmes, bien que tarifiant un même produit, restent encore aujourd'hui très dispersés – en 2024, dans une fourchette de € 7 à € 100 par tonne de dioxyde de carbone équivalent (tCO_2). À l'échelle mondiale, en 2024, la valeur de marché totale du carbone (transactions x prix) a été de € 810 milliards. Le marché européen représente à lui seul 85 % de cette valeur totale, voire 88 % en incluant le marché britannique. Suivent ensuite les marchés nord-américains avec une part de 11 % – les autres marchés restant relativement marginaux si on les compare à l'aune de cette métrique. En termes d'évolution du prix en 2024, on note une tendance plutôt à la baisse sur le continent européen et relativement stable ailleurs. Plus récemment, le contexte politique et réglementaire est devenu plus instable sur le plan de l'ambition climatique, mais sans effet clair pour l'instant sur la dynamique des prix du carbone.

Les fondamentaux des marchés du carbone

Un marché du carbone fonctionne sur un principe simple expérimenté à grande échelle aux États-Unis dans les années 1990 pour réduire les émissions d'oxydes de soufre et d'azote responsables des pluies acides. Ce principe, dénommé en anglais *cap and trade*, est le suivant : l'autorité publique plafonne les émissions totales autorisées en créant un nombre limité de permis ou quotas d'émissions qui sont distribués ou vendus aux émetteurs (cap) ;

Évolution des émissions couvertes par les principaux marchés carbone

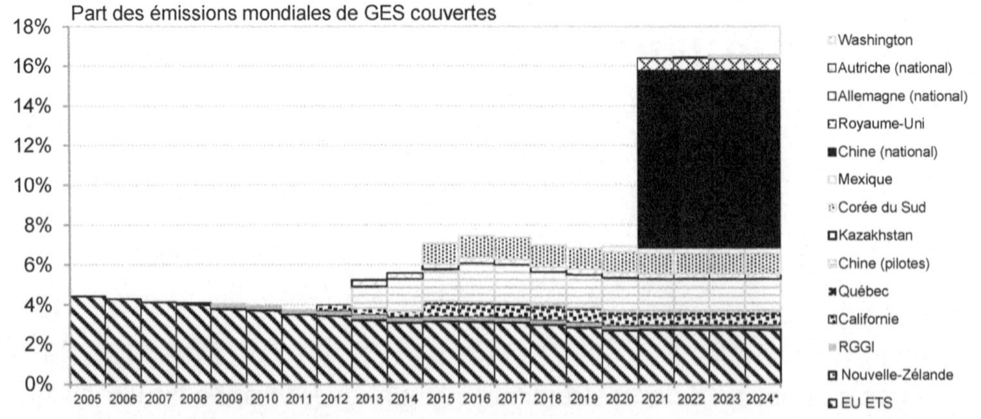

** couverture des émissions telle qu'elle peut être anticipée aujourd'hui.* *(Source : auteurs)*

ces permis sont ensuite échangeables sur le marché (*trade*). La trajectoire du cap global est en principe inférieure à celle des émissions futures anticipées, fixant ainsi un objectif de réduction des émissions dans le temps. Chaque installation couverte reçoit en début d'année, ou achète aux enchères, un certain nombre de quotas. À la fin de l'année, chacune doit restituer à l'autorité un nombre de quotas suffisant pour couvrir ses émissions sur l'année, vérifiées par un auditeur indépendant, sous peine de pénalités non libératoires.

Un quota représente donc le droit d'émettre une tonne et est échangeable sur le marché. Ainsi, si un émetteur peut réduire ses émissions à un coût inférieur au prix de marché, il pourra le faire pour vendre des quotas (ou en acheter moins), réduisant ainsi ses coûts de conformité. À l'inverse, si son coût de réduction des émissions est supérieur au prix de marché, il pourra acheter des quotas sur le marché. On s'attend ainsi à ce que les réductions d'émissions les moins chères soient mises en œuvre en premier – ainsi, la cible globale de réduction est en principe atteinte au moindre coût total.

Pour les installations couvertes, le prix du quota est perçu comme un coût associé à l'émission d'une tonne de CO_2 qui se fixe par la rencontre d'une offre et d'une demande sur le marché. Du côté de l'offre, les principaux facteurs sont l'allocation de quotas aux émetteurs et les moyens de flexibilité associés. La demande de quotas, quant à elle, dépend des besoins d'émissions actuels et futurs, soit des perspectives de croissance économique et de production industrielle, des températures et des précipitations, du coût des technologies de substitution, des prix relatifs du gaz naturel et du charbon, etc. Enfin, si le marché concerne naturellement les émetteurs couverts par le système (acteurs de conformité), il est en général également ouvert à d'autres acteurs non couverts (par exemple des intermédiaires financiers) sous réserve qu'ils puissent ouvrir un compte sur le registre officiel.

Europe : un pilier historique en évolution

Le marché carbone européen (EU ETS)

Le système communautaire d'échange de quotas d'émissions de gaz à effet de serre (EU ETS en anglais) est un des principaux outils de la politique européenne en matière de lutte contre le changement climatique, et fut jusqu'à la mise en place du marché national chinois en 2021 le plus grand marché au monde en termes d'émissions régulées. Il est né d'une directive s'appliquant depuis 2005 à plus de 10 000 installations énergétiques (production d'électricité et de chaleur) et industrielles (métallurgie, chimie, raffinage, etc.) et couvrant environ la moitié des émissions de gaz à effet de serre européennes, mesurées en CO_2 équivalent.

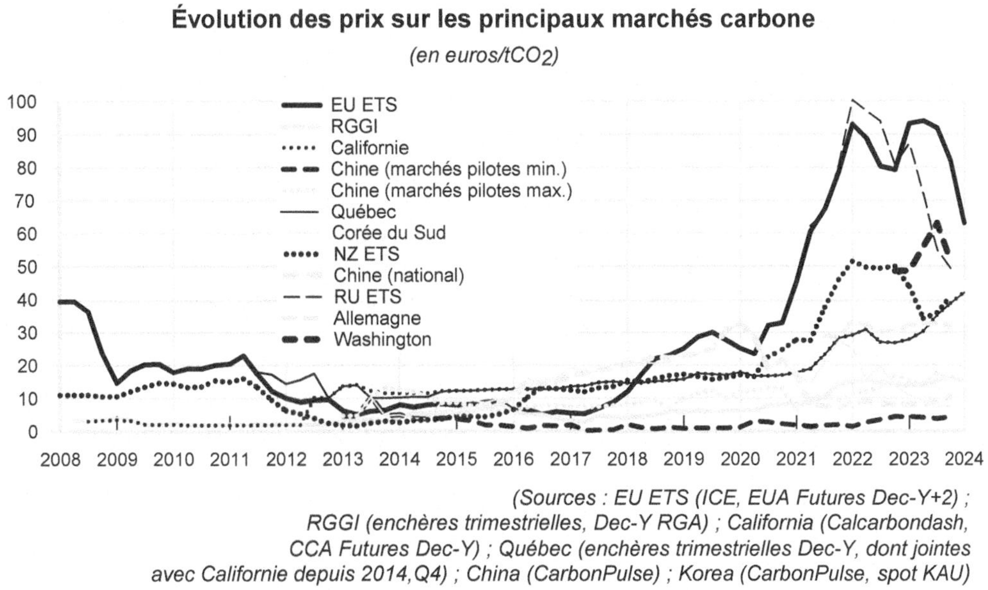

Après un lancement portant le prix du quota à environ € 30 la tonne, le système a connu de mi-2008 à fin 2017 des tumultes qui ont malmené son développement. Cette période a été marquée par des doutes persistants quant au rôle du signal prix carbone, ce dernier fluctuant à des niveaux bas, entre € 5 et € 10/tCO_2. Plusieurs raisons peuvent expliquer ces prix bas : la crise économique de 2008-2009 qui a fortement affecté la production industrielle européenne et provoqué une baisse conjoncturelle des émissions, l'interaction avec les autres politiques énergétiques générant des réductions d'émission indépendamment du prix du carbone (efficacité énergétique, électricité d'origine renouvelable), et l'utilisation de crédits carbone issus du Protocole de Kyoto. L'EU ETS a également souffert d'une image dégradée du fait de différentes fraudes, notamment le carrousel sur la TVA en 2009.

En réaction, la Commission européenne a ouvert en 2012 un débat sur la réforme du système qui, après plusieurs étapes, a débouché sur des modifications substantielles des règles de l'EU ETS en novembre 2017. Ce débat a montré que le *design* du marché devait être modifié afin de mieux contrôler les interactions avec les autres politiques énergétiques, et de mieux gérer son évolution dans le temps au regard des changements, prévus ou non, des trajectoires d'émissions vis-à-vis des objectifs politiques. Une mesure clé fut la création d'une réserve de stabilité (*Market Stability Reserve*), entrée en fonctionnement en 2019, qui pilote et ajuste le volume de quotas mis aux enchères de façon automatique en fonction de la quantité totale de quotas « en circulation » (c'est-à-dire, le nombre de quotas mis sur le marché, cumulés dans le temps, moins le nombre cumulé de quotas restitués pour conformité) : si cette quantité est au-dessus d'un seuil prédéfini, la réserve réduit l'offre future de quotas, et vice versa.

Étant donné l'état initial du système et le paramétrage de cette réserve, cette réforme conduit à une diminution substantielle de l'offre de quotas dans le temps. Ainsi, à la suite de l'adoption de la MSR, le prix du carbone a quitté ses plus bas historiques et dépassé la barre des € 20/tCO_2 courant 2018, ce qui n'était pas arrivé depuis 2011. L'annonce du *Green Deal* européen et de l'objectif de neutralité carbone pour 2050 – et les perspectives associées de réduction de l'offre de quotas – a entraîné une seconde hausse du prix, qui a dépassé € 40/tCO_2 début 2021. Ces mouvements ont créé un regain d'attention sur ce marché historiquement relégué au second plan, ce qui a entraîné une augmentation des volumes échangés et une arrivée notable de nouveaux acteurs (financiers notamment) sur le marché.

En parallèle, l'Union a adopté un nouvel objectif de réduction des émissions de – 55 % par rapport à 1990 d'ici 2030, avec en ligne de mire la neutralité carbone à horizon 2050. Ceci implique une accélération de la vitesse de diminution du plafond de quotas. La Commission a donc lancé un processus de révision du marché carbone afin de l'aligner, pour la partie qui le concerne, sur cet objectif renforcé, portant la cible de réduction des émissions du périmètre couvert à – 61 % en 2030 par rapport à 2005. Ces différents éléments ont porté le prix à des niveaux plus élevés, oscillant entre € 80 et € 100/tCO_2 tout au long de 2022 et 2023. La crise énergétique, et en particulier l'augmentation du prix du gaz naturel, a aussi pesé à la hausse sur le prix du quota de CO_2 européen. Depuis la fin de l'année 2023, la baisse rapide des prix du gaz, ainsi que la faiblesse de la production industrielle européenne, en particulier allemande, a entraîné un reflux du prix du quota. Après avoir flirté avec les € 100/tCO_2 au printemps 2023, il s'établit depuis début 2025 autour de € 70-€80/tCO_2.

Le dispositif d'ajustement carbone aux frontières (MACF)

Le paquet législatif européen *Fit-for-55* entérine également l'introduction d'un mécanisme d'ajustement carbone aux frontières. En effet, lorsqu'un prix du carbone ne s'applique qu'à une seule zone, il défavorise les entreprises locales exposées à la concurrence internationale, impliquant un risque de fuite de carbone (c'est-à-dire, délocalisation des émissions et possiblement augmentation des émissions mondiales). En principe, ce mécanisme vise à inciter les pays exportateurs à adopter des procédés de production bas-carbone ou à introduire un prix du carbone équivalent au prix européen (condition qui permet d'être exempté). Jusqu'à présent, des mécanismes d'attribution de permis gratuits permettaient de compenser l'effet négatif sur la compétitivité des entreprises européennes exposées. Plutôt généreuses à l'origine, ces allocations gratuites ont suivi la tendance à la baisse du plafond total de permis et sont devenues inférieures aux émissions de certains industriels pour la première fois en 2021.

Suite aux réformes récentes, ces allocations vont être progressivement remplacées par le nouveau mécanisme dit d'ajustement carbone à la frontière (MACF ou CBAM, en anglais) qui prévoit que les importateurs européens de certains produits spécifiques s'acquittent d'un prix du carbone fondé sur le contenu en carbone des produits importés. Étant donné la complexité d'un tel calcul, le MACF européen se concentre en réalité sur un nombre très limité de produits peu transformés (seuls 571 codes-produits sont concernés sur les 10 000 de la nomenclature douanière). Il s'agit donc d'inclure le prix du carbone européen dans le prix des importations de ces produits, comme si ceux-ci avaient été produits en Europe.

Le MACF fera l'objet d'une mise en œuvre progressive jusqu'en 2026. Le déploiement débute par une phase de transition qui court jusqu'au 31 décembre 2025, durant laquelle aucun paiement n'est exigé, mais le reporting des produits importés et de leur contenu carbone est obligatoire sur une base trimestrielle. À partir de 2026, les importateurs européens de ces produits à forte intensité carbone seront tenus de payer cet ajustement sous la forme d'achat de certificats dont le prix sera calqué sur le prix des quotas européens. En contrepartie, à mesure que cette disposition à la frontière entrera en vigueur, l'allocation gratuite de quotas, qui était jusque-là la méthode européenne contrôlant le risque de fuite de carbone, sera progressivement supprimée. Plusieurs points seront à surveiller pendant cette entrée en vigueur progressive, comme les effets sur les filières aval, les risques de contournements, ou les conséquences éventuelles liées à l'absence de mécanisme équivalent à l'export.

L'inclusion de nouveaux secteurs dans un mécanisme de tarification du carbone

Notons que la révision des règles du marché carbone européen entérine également la mise en place progressive d'un système parallèle de quotas échangeables pour des secteurs aujourd'hui exclus de l'EU ETS : les bâtiments et le transport routier, *via* les carburants de transports et les combustibles pour les logements. Ce système, appelé ETS2, couvrira les distributeurs de carburants et de combustibles fossiles qui devront dès lors acheter et restituer des quotas en fonction du contenu carbone des combustibles vendus, et faire passer le surcoût associé dans le prix des produits commercialisés. Cette extension portera la couverture des mécanismes de tarification du carbone en Europe à plus de 80 %. Pour faire face aux impacts sociaux de cette extension, la Commission l'accompagnera de la création d'un « Fonds social pour le climat » qui permettra une redistribution ciblée d'une partie des revenus tirés de la vente aux enchères de quotas pour compenser les ménages et entreprises les plus exposés.

Inclusion du transport maritime

Depuis janvier 2024, le transport maritime est progressivement intégré au système d'échange à l'EU ETS. Cette extension vise à couvrir les émissions des navires de plus de 5 000 tonnes opérant au sein de l'Union européenne, avec une mise en conformité progressive : 40 % des émissions couvertes en 2024, 70 % en 2025 et 100 % à partir de 2026. Cette intégration soulève des défis opérationnels et financiers, notamment en matière de répercussion des coûts sur les opérateurs et de suivi des émissions des navires internationaux.

Vers un rapprochement des marchés britannique et européen ?

À la suite du Brexit, le Royaume-Uni exploite son propre marché du carbone (UK ETS), indépendant de l'EU ETS. Cependant, des discussions émergent sur une possible connexion des deux systèmes. Un tel *linking* permettrait de créer une plus grande liquidité et de réduire la volatilité des prix tout en renforçant l'efficacité globale du marché carbone européen. Néanmoins, ces négociations restent à un stade préliminaire et pourraient être affectées par l'évolution des politiques climatiques britanniques.

Aux marges de l'Union européenne : Ukraine et Turquie

L'Ukraine, dans sa volonté d'intégrer progressivement le marché européen, met en place des réglementations de monitoring et de reporting des émissions, avec l'objectif à terme de pouvoir relier son propre système avec le système européen. La mise en œuvre de ce processus reste complexe, notamment en raison du contexte géopolitique et économique. En Turquie, le lancement d'un marché carbone pilote initialement prévu pour 2024 a été repoussé à 2025. Ce retard est principalement lié à des ajustements réglementaires et à la nécessité de stabiliser le cadre économique avant la mise en place d'un système pleinement opérationnel. La Turquie, en tant que partenaire commercial clé de l'Union européenne, suit de près l'évolution du Mécanisme d'ajustement carbone aux frontières (MACF), qui pourrait fortement impacter ses industries exportatrices.

Amériques : initiatives nationales, régionales et fédérales

Aux États-Unis, la mise en place d'un marché carbone fédéral a échoué au Sénat en 2009 et, plus généralement, des procédures juridiques perdurent concernant l'autorité de l'agence fédérale de protection de l'environnement à réguler les émissions de gaz à effet de serre. Dans ce contexte, des approches (inter)étatiques et à l'échelle de certaines métropoles se mettent en place. Le retour de Trump à la Maison-Blanche confirme cette tendance, sans impact clair pour le moment sur les systèmes en place sous l'échelle fédérale. On retrouve une dynamique similaire au Canada, où certaines provinces ont mis en place un système de tarification du carbone et où d'autres contestent la constitutionnalité de l'introduction d'un prix du carbone à l'échelle fédérale. La démission de Trudeau début 2025 marque sûrement la fin de la loi de tarification fédérale initialement proposée en 2018. En Amérique centrale et du Sud, des initiatives nationales émergent (Argentine, Brésil, Chili, Colombie, Mexique).

Regional Greenhouse Gas Initiative (RGGI)

Le RGGI, mis en place en 2009, est le premier marché carbone interétatique aux États-Unis. Cette initiative regroupe une dizaine d'États du nord-est et régule uniquement les émissions du secteur électrique, sous une réglementation commune adoptée et transcrite dans chaque État. Une particularité notable du RGGI tient à sa composition en évolution permanente au gré des entrées et sorties successives de différents États. Par exemple, après avoir quitté le programme en 2012, le New Jersey a fait son retour en 2020. La Virginie et la Pennsylvanie ont rejoint le programme en 2021 et 2022, plus doublant le volume d'émissions régulées par le RGGI, mais en sont tous deux sortis en 2024 à la suite de décisions judiciaires. Cela illustre les difficultés liées à la tarification du carbone dans différentes législations étatiques – et n'est pas sans répercussion sur le cours des quotas.

Autre particularité clé de ce marché : la quasi-totalité des quotas est vendue lors d'enchères conjointes. De 2010 à 2012, du fait d'un cap non contraignant, le prix spot est resté collé au prix de réserve des enchères (~ \$ 2/tCO_2), agissant *de facto* comme un prix plancher. Puis, à la suite d'une première réforme ayant entre autres conduit à une division par deux du cap et donc à une rareté doublée des permis, le prix a augmenté puis fluctué entre \$ 4 et \$ 8/tCO_2. Le prix dépasse pour la première fois la barre des \$ 10/tCO_2 en 2021, puis celle des \$ 20 en 2024. La mise sur le marché de 8,4 millions de permis additionnels suite au dépassement du seuil d'une réserve de limitation de la hausse des prix (*Cost Containment Reserve*) n'a pas suffi à contenir la demande à la hausse.

Lors d'une deuxième réforme du marché en 2017, des ajustements en termes de volume et de seuils d'activation ont été apportés à cette réserve. Une autre réserve (*Emission Containment Reserve*) donnant la possibilité aux États de réduire la quantité de quotas mise aux enchères en cas de prix bas a également été introduite. De plus, le cap a été réduit de 30 % entre 2020 et 2030, ce qui représente une diminution de 65 % par rapport à son niveau initial en 2009. Une troisième réforme a débuté en 2023, et le renforcement de la CCR proposé à l'automne 2024 a entraîné une légère chute du prix de \$ 25 à \$ 20/tCO_2 environ.

Les mécanismes de flexibilité des marchés du carbone

Il y a quatre familles de provisions permettant de donner de la flexibilité aux acteurs de marché participant à des systèmes d'échange de quotas (*emissions trading systems*, ETS, en anglais) :
– la flexibilité spatiale : les permis s'échangeant entre les différentes entités couvertes de façon à réduire les émissions où il est économiquement plus intéressant de le faire, l'atteinte de la cible d'émissions agrégée se fait au moindre coût. C'est le principe économique même d'un ETS, et, par essence, celui qui sous-tend la formation de liaisons (*linkage*) entre ETS ;
– la flexibilité temporelle : optimisation de la distribution de l'effort d'abattement et lissage des chocs de prix dans le temps en stockant des permis pour un usage futur (*banking*) ou en empruntant des permis futurs pour un usage présent (*borrowing*) ;
– les crédits carbone (*offsets*) : des réductions d'émissions ayant lieu en dehors du périmètre d'un ETS (sectoriel ou géographique) peuvent être accréditées puis vendues à des entités couvertes dans cet ETS, ces dernières pouvant les utiliser comme instruments de conformité. L'utilisation de crédits est soumise à des limites qualitatives (types de crédits) et quantitatives (restriction de l'augmentation implicite du cap) ;
– les mécanismes de régulation de l'offre de permis (souvent basés sur les prix) :
  • prix plancher : il s'agit de définir un prix de réserve en dessous duquel les enchères de quotas sont annulées. Le prix de marché pourrait, mais ne devrait *a priori* pas, descendre en dessous. Des prix planchers sont en place dans le RGGI et en Californie-Québec ;
  • prix plafond et réserve activée par les prix : il s'agit de définir un prix au-dessus duquel des volumes supplémentaires de quotas sont vendus aux enchères, ce qui permet de limiter les pics de prix. De tels systèmes sont en place dans le RGGI et en Californie-Québec ;
  • réserve activée par les volumes : il s'agit de définir une bande cible pour la quantité de quotas en circulation (*banking* agrégé). La réserve ajoute ou retire automatiquement des quotas des enchères en fonction de l'écart entre la quantité de quotas en circulation et la bande ciblée. Un tel système est mis en place dans l'EU ETS depuis 2019 (*Market Stability Reserve*).

Le marché relié Californie-Québec : un exemple de coopération à suivre

Après une année test en 2012, les marchés californiens et québécois sont opérationnels depuis 2013. Ces marchés s'illustrent par trois caractéristiques notables. Premièrement, depuis 2015, les secteurs des transports et du bâtiment sont inclus, si bien que 80 % des émissions totales sont couvertes. Deuxièmement, ces marchés servent de garantie à l'atteinte de réductions d'émissions majoritairement stimulées par d'autres outils, souvent de nature réglementaire. Cette interaction avec d'autres politiques climatiques et énergétiques, appréhendée ici comme une combinaison d'outils nécessaires, est partiellement gérée *via* des mécanismes d'ajustement de l'offre de quotas. Troisièmement, ces marchés sont reliés depuis 2014 et réalisent des enchères communes : les quotas sont fongibles sur les deux marchés (leurs prix sont donc égaux) et le Québec est depuis importateur net de quotas.

En 2019, la Californie a voté la création d'une réserve (*Allowance Price Containment Reserve*) qui institue à partir de 2020 un prix plafond (*hard ceiling*, car une quantité illimitée de quotas peut être achetée à ce prix) à $ 65 accompagné de deux paliers intermédiaires. Tous les prix administrés, y compris le prix de réserve des enchères, augmentent de 5 % par an plus inflation. Des discussions techniques ont lieu concernant le niveau et la façon de procéder à la réduction du cap pour aligner le marché avec des objectifs climatiques rehaussés, ainsi que concernant le traitement du « surplus » de permis *via* des mécanismes renforcés de gestion de l'offre de permis (par exemple, une réserve type ECR comme au RGGI). Ce process stagnant, le manque de visibilité réglementaire associé a eu un impact baissier continu sur le prix qui, après une bonne dynamique en 2023, a décru d'environ $ 10/tCO_2 sur l'année 2024.

Les négociations de liaison, conduites sur plusieurs années, sont un exemple à suivre et ont notamment permis d'accélérer l'intégration de l'Ontario au 1er janvier 2018, qui s'est depuis retiré du marché joint à l'issue d'un changement de gouvernement. Un élément essentiel de la réussite de cette coopération est l'appartenance à une initiative commune, la *Western Climate Initiative* (WCI). Celle-ci garantit que les *designs* des différents marchés sont harmonisés *ex ante* et constitue un lieu d'échange et de partage d'expérience. Le marché pourrait s'agrandir avec l'entrée d'autres provinces canadiennes ou États américains. À noter que la Californie est souvent l'instigatrice des changements de *design* qui se répercutent *de facto* à l'ensemble de la WCI. Ainsi, les changements apportés au fonctionnement des réserves en Californie ont été suivis et adoptés, au moins dans les grandes lignes, par le Québec.

Washington : lancement du programme étatique Cap-and-Invest *en 2023*

En votant la mise en place d'un marché du carbone en mai 2021, l'État de Washington est le deuxième État américain après la Californie à réussir à imposer légalement un tel système de tarification. Le marché a ouvert avec la première enchère en février 2023. Son périmètre couvre 70 % des émissions de gaz à effet de serre, régulant les émissions des secteurs de l'électricité, de l'industrie, des transports et des bâtiments (avec un seuil d'inclusion à 25 ktCO_2, 130 entités sont couvertes). Le cap pour 2023 était de 63 MtCO_2 et décroît de 7 % par an jusqu'en 2030.

Alors que le prix des quotas a connu des niveaux plus élevés qu'au RGGI et en Californie la première année ($ 50-$ 70/tCO_2), 2024 fut une année turbulente avec des prix bien plus faibles dus à la possibilité d'une abrogation finalement rejetée à l'automne. Autre impact de cette incertitude réglementaire, le marché a été pour l'instant assez peu liquide. Le périmètre et le *design* de ce marché sont proches de ceux du marché Californie-Québec, dans une perspective claire de liaison avec la WCI. Un accord de liaison pourrait être proposé fin 2025, au plus tôt.

Mexique : un marché entrant en phase opérationnelle en 2024

Premier marché carbone national en Amérique latine, le Mexique a lancé son marché national le 1er janvier 2020 avec deux premières années « pilotes » suivies d'une année « de transition » de son avant lancement opérationnel. Mi-2023, du fait de retards liés à la finalisation des textes réglementaires, le lancement de la phase opérationnelle est repoussé à 2024, et 2023 devient une seconde année de transition. Finalement, le marché a été suspendu en 2024, et la nouvelle administration Sheinbaum aura pour charge de finaliser sa mise en place. Le marché devrait couvrir environ 300 entités émettant plus de 100 ktCO_2 par an pour les secteurs énergétiques et industriels. Initialement, le gouvernement mexicain considérait une liaison – unilatérale au début – avec le marché nord-américain de la WCI.

Brésil : premiers pas vers un marché national

Après plusieurs allers-retours entre le Sénat et la Chambre des Députés, l'administration Lula a obtenu la promulgation d'une loi visant à introduire un marché du carbone national fin 2024. Le rôle de pays hôte pour la COP30 en 2025 en a été un moteur évident. Le marché couvrirait les secteurs énergétiques, de l'industrie lourde et des transports (soit potentiellement 4 000 entreprises), mais notons que l'essentiel des émissions du pays émane des secteurs forestier et agricole. Il faudra encore plusieurs années avant un lancement opérationnel du marché, lequel ne pourrait réalistiquement avoir lieu qu'à la fin de la décennie.

Asie-Pacifique : un *hub* récent et dynamique

Comme en Amérique centrale et du Sud, de nouveaux marchés émergent en Asie, notamment en Asie du Sud-Est, et évoluent aux côtés de systèmes plus matures (Nouvelle-Zélande, Corée du Sud, marchés pilotes chinois). Une caractéristique clé de ces nouveaux marchés est que les cibles de réduction d'émission sont définies en intensité plutôt qu'en volume, afin de ne pas imposer de limites d'émission à des économies en développement et en expansion.

Chine : un marché national opérationnel en 2021 à la suite de marchés pilotes locaux

Courant 2013-2014, la Chine mit en place sept marchés « pilotes » dans cinq municipalités et deux provinces, rejoints par deux autres provinces en 2016. Ces pilotes s'inscrivaient dans une démarche d'apprentissage, avant de transiter vers un marché national, pour éclairer les choix de *design* associés. Initialement prévu pour 2016, ce dernier n'a été officialisé qu'en décembre 2017, avec un démarrage opérationnel en 2021 et une couverture rétroactive des émissions pour 2019 et 2020. Pour l'heure, le marché national ne régule que les émissions de CO_2 issues du secteur électrique, couvrant environ 2 200 entités, soit près de 5 GtCO_2 par an. Les secteurs de production d'acier, de ciment et d'aluminium seront inclus en 2025, ce qui ajoutera 1 500 entreprises de plus, amenant la couverture du marché national à environ 8 GtCO_2 par an. L'aviation pourrait être incluse au marché national d'ici la fin de la décennie.

Bien que le marché national chinois soit de loin le plus important en termes d'émissions couvertes, les volumes d'échange restent pour l'instant très limités par rapport aux autres marchés. Les transactions sont pour l'heure limitées au spot, mais le gouvernement est en faveur de l'introduction de contrats dérivés et de la participation d'acteurs financiers dès que le marché sera bien établi et relativement stable. Il se pourrait néanmoins que certains acteurs financiers et investisseurs institutionnels puissent prochainement être admis dans le marché afin de le fluidifier (*market making*). De même, la majorité des échanges se font toujours de gré à gré, même si les échanges *via* la bourse de Shanghai augmentent au fil des années.

Plusieurs limites du marché chinois sont souvent mises en avant. Premièrement, le secteur électrique reste encore très régulé à l'amont comme à l'aval, ce qui obère l'efficacité du signal prix carbone, notamment sur l'ordre de préséance économique des centrales appelées. Cela étant, la Chine a récemment annoncé la mise en place d'un marché électrique national au cours de cette décennie. Deuxièmement, l'allocation des quotas est définie *ex post*, en intensité d'émission par rapport à des niveaux de références (*benchmarks*), donc proportionnellement aux niveaux de production réalisés. Même si les *benchmarks* deviennent de plus en plus stricts au fil du temps, il existe un surplus de quotas distribués de l'ordre de 300-400 MtCO_2, influant à la baisse sur la formation du prix situé autour de 100 CNY (€ 13) par tCO_2 fin 2024.

Corée du Sud : un marché à la baisse, mais de plus en plus mature

Promulgué en 2011, le marché carbone national coréen n'a vu le jour qu'en 2015 après avoir essuyé une opposition soutenue de la part de l'industrie. Le marché était initialement très contraignant, avec une faible liquidité et peu d'échanges, et les prix ont augmenté de $ 9 au lancement du marché à $ 35 par tCO_2 mi-2019. Face à ce marché tendu où les entreprises préféraient garder leurs excédents de permis plutôt que de les vendre, le gouvernement a mis en place un comité dont le but est de gérer et d'améliorer la stabilité du marché. Ce dernier ajuste au fil de l'eau les règles concernant la validité des permis stockés (*banking*), le volume autorisé de *borrowing*, et le volume d'utilisation d'offsets internationaux. De plus, des permis additionnels ont été mis aux enchères à un prix de réserve et un système de *market making* institutionnel a également été mis en place pour améliorer la liquidité du marché.

À partir de fin 2020, la situation s'inverse : le marché devient suralloué et le prix chute. Cette tendance baissière due en grande partie à la pandémie s'est poursuivie depuis, et le prix des permis ne dépasse pas la barre des 10 $ (15 000 KRW) par tCO_2. Le prix est resté sous les 10 000 KRW pendant presque toute l'année 2024. Le gouvernement est en mesure d'ajuster le volume et les seuils de prix des enchères sur une base mensuelle, en fonction des conditions de marché. Par exemple, en 2023, un prix plancher temporaire a été mis en place à deux reprises pour tenter d'endiguer la baisse du prix. Ceci contribue sûrement à rendre l'environnement de marché difficilement prévisible pour les acteurs, et de jouer négativement sur la liquidité.

Une extension de la couverture pour la Phase 3 (2021-2025) amène le marché à couvrir 685 entités, soit 610 $MtCO_2$ par an (73 % des émissions de CO_2 nationales) et à inclure des secteurs comme le bâtiment et l'aviation. Sur la Phase 3, le cap est resserré (à périmètre constant) avec une augmentation de la proportion d'enchères (au moins 10 %) et un recours majoritaire au benchmarking pour les allocations gratuites. Malgré cela, le marché devrait rester suralloué encore quelques années, du fait d'allocations gratuites toujours généreuses pour certaines entreprises, de la stagnation économique et du surplus (*banking*) des années précédentes. Les grandes lignes pour l'évolution du cap et du *design* du marché pour les périodes 2026-2030 et 2031-2035 ont été publiées fin 2024. À court terme, en 2025, le marché devrait notamment s'ouvrir aux institutions financières et aux produits dérivés, dans le but de le dynamiser, en conjonction avec des limites sur les volumes de *banking* plus sévères.

Nouvelle-Zélande : un marché aux design *et périmètre uniques*

Lancé en 2008, le marché néo-zélandais, bien que petit en volume, se distingue par au moins trois caractéristiques. Premièrement, jusqu'en juin 2015, il était de dimension internationale avec un usage illimité d'offsets issus du Protocole de Kyoto. Par ce biais, il était de fait indirectement lié à l'EU ETS, et la chute du prix du quota européen entre 2011 et 2014 l'a heurté de plein fouet. Les offsets ont ensuite été bannis et le marché néo-zélandais est exclusivement domestique depuis. Deuxièmement, sa couverture sectorielle fut initialement la plus large au monde, le marché couvrant notamment l'aviation domestique, les transports, les déchets, le bâtiment et le secteur forestier. La couverture du secteur agricole (bétail et engrais) représentant la moitié des émissions de gaz à effet de serre nationales est régulièrement retardée. Troisièmement, certaines activités d'absorption peuvent générer des crédits parfaitement fongibles avec les permis et il n'y a pas de limite sur le nombre de crédits. En 2023, par exemple, environ 19 millions de crédits ont été générés, soit une augmentation du cap annuel (initialement de 28 Mt CO_2) effectif de près de 60 % !

Le marché a été renforcé en 2020 en ligne avec le rehaussement des objectifs climatiques du pays. En 2022, pour la première fois, un cap fixé *ex ante* est imposé et sera à l'avenir défini sur des fenêtres roulantes de cinq ans. Auparavant, les acteurs pouvaient s'acquitter de payer une option à prix fixe plutôt que de restituer un quota pour chaque tonne émise, ce qui imposait de fait un prix plafond sans cap ferme. Une transition vers des allocations par enchère s'opère graduellement (la première enchère trimestrielle a eu lieu en mars 2021) conjointement à la mise en place d'un couloir de prix : un prix plancher de réserve (confidentiel) et un prix plafond avec une réserve de permis supplémentaires. Les prix étaient sur une trajectoire haussière depuis 2021 et l'annonce de la fin de l'option à prix fixe, grimpant jusqu'à $ 55 (89 NZ $) courant 2022. Mais, depuis, le prix a connu une forte volatilité, variant entre 45 et 75 NZ $ en 2024, notamment à cause d'une forte incertitude régulatoire et politique. La demande aux enchères et le volume d'échanges ont repris en 2024, après une année 2023 très calme.

Japon : de la mise en place d'un marché volontaire vers un marché de conformité

Ces dernières années, le Japon a développé plusieurs mécanismes de crédits carbone (*J-Credit Scheme*, *GX League*). Ce processus a atteint un point d'étape important avec le lancement sur la bourse de Tokyo d'un marché national d'échange de crédits en octobre 2023. Bien que les acteurs de marché participent pour l'heure sur une base volontaire, le gouvernement vise un glissement vers un marché de conformité obligatoire en avril 2026 qui couvrirait environ 400 entreprises dans les secteurs de l'électricité et l'industrie métallurgique et chimique, soit 60 % des émissions de gaz à effet de serre du pays. Par ailleurs, deux marchés carbone locaux existent depuis 2010 et 2011 dans la municipalité de Tokyo et la préfecture de Saitama.

Inde : vers un marché national en réponse aux MACF européen et britannique

L'Inde travaille à la mise en place d'un marché carbone national, sur la base d'un renforcement des systèmes existants de génération de crédits carbone volontaires et d'échange de certificats d'efficacité énergétique. Le moteur est double. Principalement, il s'agit d'une réaction à la mise en place des mécanismes d'ajustement du prix carbone aux frontières (MACF) de l'Union européenne et du Royaume-Uni, partenaires commerciaux importants vers qui l'Inde exporte beaucoup, afin d'en réduire l'impact économique. Le marché indien ne serait opérationnel qu'à partir de 2026 au plus tôt, date à laquelle lesdits MACF deviendront contraignants, et couvrirait initialement neuf secteurs industriels, mais pas la production d'électricité basée principalement sur des centrales charbon et dont la décarbonation serait coordonnée par d'autres mécanismes. En second lieu, il s'agit également de ne pas faire pâle figure face à la Chine en termes d'actions climatiques. Comme en Chine d'ailleurs, les obligations de couverture d'émissions seraient définies en intensité (système *baseline and credit*) et le cap ne serait donc pas fixe en absolu. Seuls les échanges *via* les bourses de l'énergie seraient autorisés (pas de gré à gré).

Ailleurs en Asie-Pacifique

De nouveaux marchés sont mis en place ou en considération, notamment en Asie du Sud-Est. L'Indonésie a lancé un marché couvrant le secteur électrique, avec des cibles en intensité, en 2023. Le Vietnam lancera un marché en phase pilote à partir de juin 2025, pour mise en place opérationnelle en 2029. Des textes de loi concernant la mise en place de marchés nationaux sont également discutés en Malaisie, aux Philippines et en Thaïlande. Notons également des initiatives plus anciennes en Australie et au Kazakhstan, qui réémergent après des périodes creuses. En Australie, le *Safeguard Mechanism*, instauré en 2016 suite au démantelement du marché du carbone national initialement mis en place, fixe des obligations en intensité aux entreprises. En 2023, une réforme introduit une possibilité de trading dans le mécanisme, le transformant *de facto* en un système *baseline and credit*. Au Kazakhstan, un marché national existe depuis 2013, couvrant la production d'électricité et certaines industries, avec un cap en absolu. Le marché fut suspendu quelques années, mais régule aujourd'hui un peu moins de la moitié des émissions du pays.

- VIII -

Grands marchés industriels

• Le marché automobile

• Engrais

• Textiles et vêtements

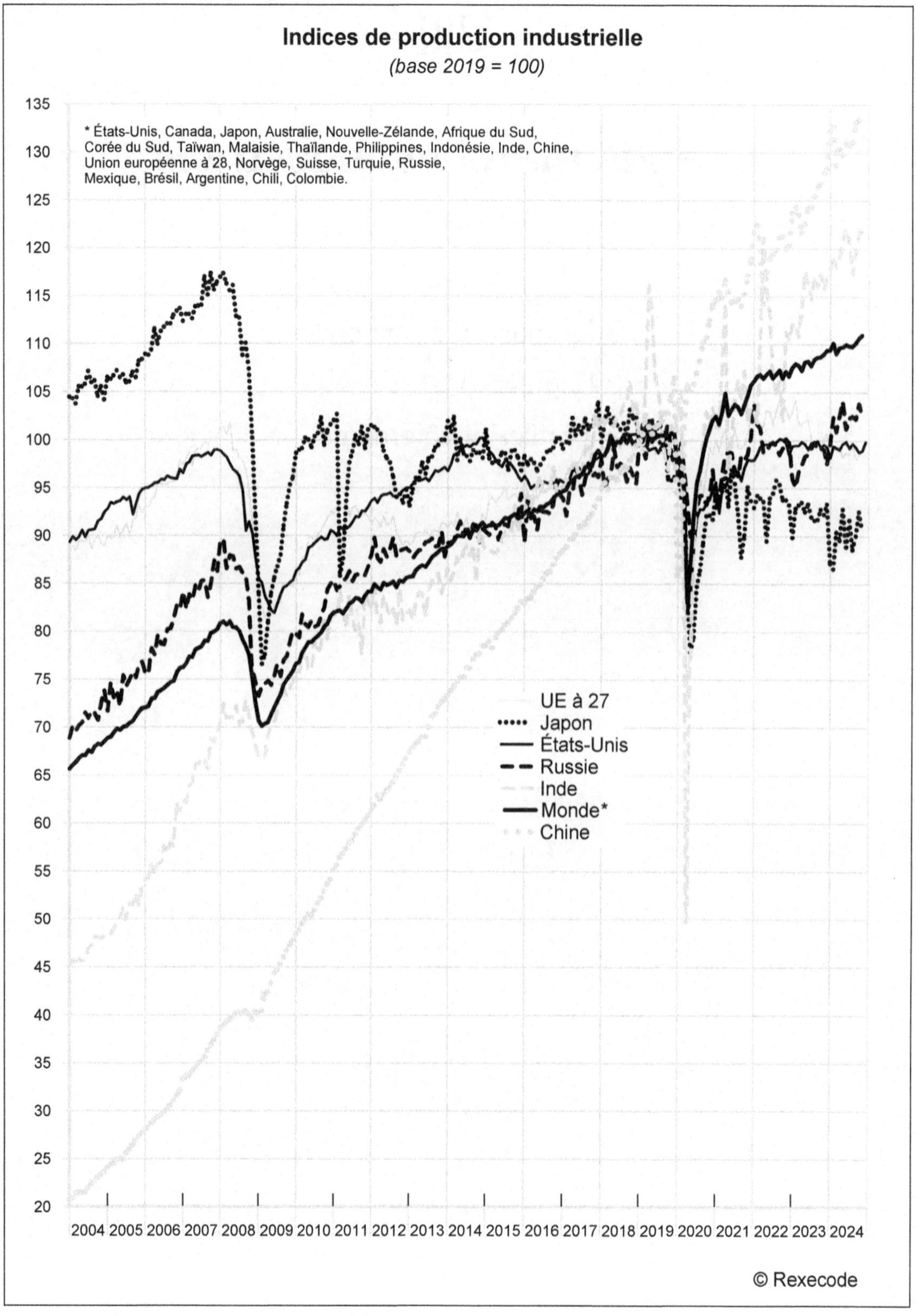
Indices de production industrielle
(base 2019 = 100)
135
130
125
120
115
110
105
100
95
90
85
80
75
70
65
60
55
50
45
40
35
30
25
20
* États-Unis, Canada, Japon, Australie, Nouvelle-Zélande, Afrique du Sud, Corée du Sud, Taïwan, Malaisie, Thaïlande, Philippines, Indonésie, Inde, Chine, Union européenne à 28, Norvège, Suisse, Turquie, Russie, Mexique, Brésil, Argentine, Chili, Colombie.
UE à 27
Japon
États-Unis
Russie
Inde
Monde*
Chine
2004 2005 2006 2007 2008 2009 2010 2011 2012 2013 2014 2015 2016 2017 2018 2019 2020 2021 2022 2023 2024
© Rexecode

Le marché automobile :
la « saison » de tous les dangers

Sur un marché mondial qui retrouve presque ses niveaux d'avant-covid, c'est désormais la Chine qui en est l'épicentre tant en termes de production et d'exportation que d'innovation au-delà même des « simples » véhicules électriques vers des engins connectés carburant à l'intelligence artificielle. Pour les grands groupes mondiaux, la partie qui se joue décidera de leur survie.

En hausse de 2 % par rapport à 2023, le marché automobile mondial a retrouvé en 2024 un niveau d'immatriculations proche de celui de 2019 avec 91 millions de véhicules légers (voitures et utilitaires légers) vendus. Mais il est encore en retrait des records proches de 95 millions d'unités atteints en 2017-2018.

La reprise est inégale selon les régions. L'Europe de l'Ouest est restée stable avec 14,8 millions d'unités en 2024, bien loin des plus de 17 millions de véhicules vendus en 2019. Aux États-Unis, le marché s'est redressé de 2 % pour totaliser 15,8 millions d'immatriculations, plus proche de son maximum historique de 2016 à 17,6 millions. La Chine a quant à elle battu un nouveau record de ventes en atteignant un volume de 30 millions de véhicules (+ 3,5 %).

La Chine s'impose comme acteur central du secteur automobile mondial, à la fois en tant que premier marché, mais aussi en tant que *leader* industriel et technologique. Ses constructeurs ont poursuivi leur percée, notamment dans l'électrique, grâce à une politique volontariste et dirigiste de soutien aux technologies alternatives et aux véhicules dits à énergies nouvelles. En 2024, les ventes de véhicules à énergies nouvelles (hybrides rechargeables, 100 % électriques et à prolongateur d'autonomie où un petit moteur thermique ne sert qu'à alimenter la batterie de propulsion) ont bondi de 40 % pour atteindre 45 % des ventes domes-

Ventes de véhicules légers dans le monde
(en millions)

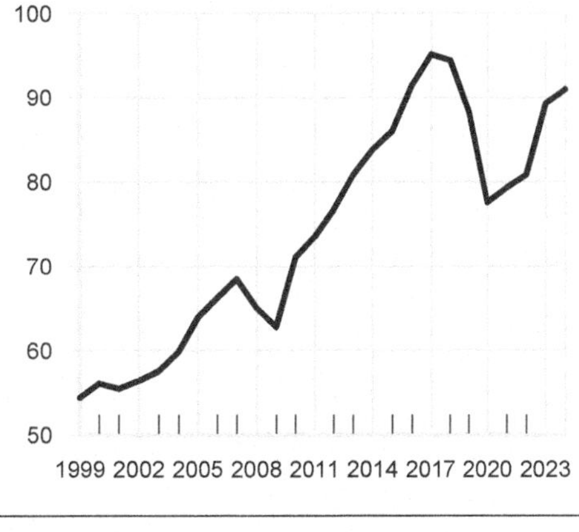

Après avoir vu ses ventes exploser de 62 % en 2023, la marque chinoise BYD (*Build Your Dreams*) a annoncé une progression de 41 % de ses immatriculations en 2024 avec 4,2 millions d'unités, dont 41,5 % en VE et 58 % en hybride rechargeable. Son chiffre d'affaires a progressé de 29 % en dépassant pour la première fois les $ 100 milliards et a atteint $ 107 milliards (777 CNY milliards pour un bénéfice de 40 millions). L'offensive de BYD repose sur une gamme diversifiée, une technologie de pointe et des coûts optimisés grâce à de généreuses subventions qui facilitent une expansion rapide en Europe et en Amérique latine. *Leader* du marché électrique mondial, la part de marché de BYD atteint près de 20 % et dépassera en 2025 celle de Tesla, qui s'est vu contraint de diminuer ses tarifs pour écouler environ 1,79 million de voitures en 2024 (– 1 %). S'il s'est moins vendu avec 1,09 million d'exemplaires (contre 1,23 million en 2023), le Model Y, le fameux SUV de Tesla, a néanmoins conservé son titre de modèle le plus vendu au monde.

tiques. Toutefois, la croissance du marché intérieur chinois ne masque pas un essoufflement de la demande. La crise immobilière persistante, un climat de consommation morose et un fort taux de chômage des jeunes freinent les achats de véhicules neufs. Depuis juillet dernier, le renouvellement des voitures anciennes par des véhicules électrifiés est stimulé par des aides publiques allant jusqu'à 20 000 CNY (€ 2 700). La guerre des prix dans l'électrique pénalise les constructeurs occidentaux. Volkswagen, autrefois largement dominant, a perdu son *leadership* au profit de BYD (*Build Your Dreams*) et d'autres marques locales. Faute de compétitivité, de nombreux acteurs historiques ont dû revoir leurs ambitions ou tout simplement quitter le marché.

La croissance domestique du marché est à l'asymptote et les fortes surcapacités de production chinoises – certains experts parlent d'excès de capacité de 100 % – impliquent une stratégie offensive de conquête des marchés extérieurs. En 2024, la Chine est devenue le premier exportateur mondial d'automobiles, avec 5,9 millions de véhicules expédiés, surpassant le Japon et l'Allemagne. Si une grande partie de ces exportations concerne encore les véhicules thermiques, la part des modèles électrifiés progresse rapidement. Les marques chinoises s'imposent sur des marchés comme la Russie, le Mexique ou l'Asie du Sud-Est, mais elles gagnent aussi du terrain en Europe, malgré l'instauration de barrières tarifaires.

La protection des marchés domestiques s'accentue en effet sous l'effet des tensions commerciales et de stratégies industrielles divergentes. S'appuyant sur les résultats d'une enquête antidumping, la Commission européenne a ainsi adopté fin octobre un règlement instituant des droits de douane supplémentaires allant jusqu'à 30 % sur les voitures électriques importées de Chine, accusées de créer une concurrence déloyale.

Depuis 2022, l'*Inflation Reduction Act* (IRA) renforce aux États-Unis la préférence nationale pour les véhicules assemblés localement avec des composants sourcés sur place. En 2024, les États-Unis et le Canada ont encore durci leur politique commerciale en fixant des tarifs douaniers à 100 % pour les véhicules électriques chinois. Depuis son retour en 2025, Donald Trump a relevé les droits de douane sur l'acier et l'aluminium importés et il menace d'imposer des taxes supplémentaires sur les véhicules étrangers pour favoriser les relocalisations de production automobile.

Tandis que Trump suspend les aides aux voitures électriques, y compris les crédits d'impôt et les financements pour les bornes de recharge, l'Europe cherche à accélérer. Ayant misé sur un *Green Deal* ambitieux et imposé la fin des ventes de moteurs thermiques pour 2035, elle accuse aujourd'hui un retard dans sa transition programmée qui pourrait valoir aux constructeurs n'atteignant pas leur quota de ventes électriques de payer de lourdes amendes ou pire, d'acheter des compensations carbone à leurs concurrents. La voiture électrique progresse, mais la réduction, voire, comme en Allemagne, la suppression des aides publiques et le coût élevé à l'achat des modèles freinent son adoption. Les prix des voitures neuves ont en effet crû d'environ 30 % ces quatre dernières années, en partie en raison de l'électrification.

Les industriels allemands subissent de sérieuses contraintes. La perte de leurs débouchés et de leurs revenus chinois laisse apparaître d'importantes et coûteuses surcapacités. Volkswagen a annoncé un vaste plan de restructuration pour s'adapter à ces nouvelles réalités. Parallèlement, des voix s'élèvent pour assouplir les réglementations environnementales et éviter des sanctions liées aux normes dites CAFE (*Corporate Average Fuel Efficiency*) qui durcissent régulièrement les quotas d'émissions de CO_2 des véhicules vendus. Certes, la faiblesse du marché et la fragilité des acteurs de l'amont industriel – les constructeurs et équipementiers – et de l'aval commercial – les distributeurs – le justifient, mais chaque recul dans la transition vers l'électrique fait perdre un temps précieux dans la course au véhicule zéro émission et compromet la compétitivité européenne face aux constructeurs chinois.

La défense des industries locales ne pourra pas passer par le seul protectionnisme. Si les constructeurs chinois sont si compétitifs, au-delà des coûts salariaux, des prix de l'énergie et des subventions déloyales, c'est aussi parce que d'une part ils intègrent verticalement et maîtrisent la quasi-intégralité de leur chaîne de valeur et d'approvisionnement, des matériaux aux batteries en passant par les puces, et que d'autre part ils bénéficient des indispensables stabilités et visibilités de leur contexte réglementaire et fis-

Ventes mondiales de voitures particulières et de véhicules utilitaires légers neufs

(en millions de véhicules)

	2019	Δ %	2023	Δ %	2024	Δ %	2025(p)	Δ %
Asie et Océanie	**39.7**	**-4.0**	**45.2**	**13.9**	**46.1**	**2.0**	**46.7**	**1.2**
Japon	5.2	-1.5	4.7	-10.1	4.7	1.0	4.8	1.7
Corée du Sud	1.8	-1.8	1.7	-2.9	1.7	1.0	1.8	4.8
Chine	25.5	-4.3	29.0	13.6	30.0	3.5	30.0	-0.1
Inde	3.5	-11.3	4.8	35.4	5.0	4.5	5.2	3.2
Amérique du Nord	**20.3**	**-2.0**	**18.6**	**-8.2**	**19.1**	**2.8**	**19.7**	**2.9**
États-Unis	17.1	-1.4	15.5	-9.1	15.8	1.9	16.5	4.4
Mexique	1.3	-7.3	1.4	3.4	1.4	1.0	1.4	1.8
Canada	1.9	-3.2	1.7	-13.4	1.7	2.0	1.8	3.1
Amérique du Sud et centrale	**4.4**	**-5.0**	**3.9**	**-10.7**	**4.0**	**2.6**	**4.1**	**1.3**
Brésil	2.7	7.4	2.2	-17.8	2.2	3.0	2.3	0.3
Argentine	0.4	-43.0	0.4	-3.8	0.4	2.0	0.4	2.4
Europe de l'Ouest	**17.9**	**1.2**	**14.8**	**-16.9**	**14.8**	**-0.1**	**15.6**	**5.2**
Allemagne	3.9	5.0	3.1	-20.7	3.1	-0.2	3.2	3.3
Royaume-Uni	2.7	-2.1	2.2	-16.0	2.3	2.6	2.3	0.0
France	2.7	2.3	2.1	-20.2	2.1	-2.4	2.1	0.0
Italie	2.1	0.5	1.8	-16.2	1.8	-0.3	1.8	0.0
Espagne	1.5	-4.1	1.1	-25.6	1.2	7.8	1.2	2.4
Russie	1.8	-2.5	0.9	-46.6	1.0	10.0	1.1	1.9
Turquie	0.5	-22.9	1.2	157.3	1.2	0.0	1.2	-2.6
Pologne	0.6	4.1	0.5	-13.2	0.6	5.0	0.6	5.7
Monde	**88.2**	**-4.8**	**89.3**	**1.3**	**91.0**	**1.9**	**92.5**	**1.6**

(p) prévisions *(Sources : fédérations de constructeurs, constructeurs et presse spécialisée)*

Toyota est resté le premier constructeur automobile mondial en 2024 avec 10,8 millions de ventes de véhicules. Le chiffre recule de 3,7 % par rapport à 2023 en raison notamment de l'arrêt de la production de certains modèles à la suite de tests d'homologation truqués qui ont valu au constructeur une baisse de 20 % de ses volumes dans l'archipel. Le constructeur japonais a malgré tout confortablement conservé sa première place pour la cinquième année consécutive devant Volkswagen et ses 9,03 millions de véhicules vendus (– 2,3 %). Le coréen Hyundai Kia complète le podium, avec 7,24 millions d'unités vendues (– 1 %), devant GM à 6,2 millions (– 3 %), Stellantis à 5,41 millions (– 12 %) et Ford à 4,4 millions (+ 1 %).

cal pour planifier et investir à long terme. C'est avec cet avantage compétitif structurel que les constructeurs chinois vont s'implanter en Europe pour échapper aux droits de douane. L'Europe, ses autorités régulatrices et ses acteurs industriels gagneraient beaucoup à s'inspirer de ce modèle d'organisation industrielle de filière qui fut naguère le sien.

Et il est plus que temps. Après ou plutôt conjointement à la transition énergétique survient celle vers le véhicule connecté carburant à l'intelligence artificielle. Dans cette course technologique, une lutte intense oppose la Chine, les États-Unis et l'Europe, chacun cherchant à imposer ses standards et à dominer le marché du *Software Defined Vehicle* (SDV). Ce concept pourrait révolutionner l'industrie en faisant du logiciel le cœur du véhicule, capable d'évoluer grâce aux mises à jour à distance, optimisant ainsi la conduite autonome, l'interface utilisateur, la gestion énergétique et une meilleure résistance des valeurs résiduelles des parcs en circulation.

La Chine, forte de son écosystème numérique et de ses géants de la technologie, investit massivement pour imposer ses solutions, notamment *via* des partenariats avec ses constructeurs locaux. Les États-Unis, avec Tesla et ses Big Tech, misent sur l'IA avancée et le cloud pour rester en tête. L'Europe, quant à elle, tente de rattraper son retard avec des partenariats et le développement des logiciels embarqués de Volkswagen ou de l'alliance entre Renault et Qualcomm. Dans cette bataille, au-delà des performances, les enjeux de souveraineté numérique et de cybersécurité deviennent cruciaux pour éviter une dépendance excessive aux solutions américaines ou chinoises.

Le marché automobile mondial se recompose sous l'effet de tensions concurrentielles accrues et de stratégies de plus en plus protectionnistes. La Chine impose sa domination industrielle, l'Amérique durcit ses politiques de soutien à son industrie locale et l'Europe tente de trouver un équilibre entre ambitions écologiques et réalités industrielles. On ne pourra guère compter sur une croissance des volumes dans les années à venir qui seront déterminantes pour les équilibres du secteur et les positions des différents acteurs sur l'échiquier automobile mondial.

Donald Trump a frappé ! À compter du 3 avril 2025, les importations de voitures aux États-Unis seront taxées à hauteur de 25 %. Les principaux pays touchés sont le Mexique (2,9 millions de véhicules exportés en 2024), la Corée du Sud (1,5 million), le Japon (1,4 million), le Canada (1 million), l'Allemagne (450 000). En 2023, les États-Unis ont été le premier importateur mondial avec $ 377 milliards contre $ 148 milliards d'exportations. À suivre !

Engrais : *un retour à la stabilité*

Après l'envolée des cours observée au lendemain du déclenchement de la guerre en Ukraine, puis l'important reflux qui s'ensuivit au second semestre 2022 et en 2023, les marchés des engrais semblent être désormais entrés dans une phase de stabilisation. Repli modeste ou faible progression : les cours des NPK ont évolué en ordre dispersé en 2024, mais avec une variabilité bien moindre que les années précédentes. Une baisse des exportations chinoises de phosphate diammonique contrebalancée par une hausse des volumes marocains et saoudiens, une appétence soutenue du Brésil pour l'urée tandis que l'Inde tempérait la sienne, et un marché international de la potasse évoluant sans heurts en dépit des sanctions internationales envers la Russie et la Biélorussie : 2024 ressemblait à un vaste jeu d'équilibre. Marquée, d'une part, par le rapprochement engagé entre les États-Unis et la Russie dans la tentative de règlement de la guerre en Ukraine et, d'autre part, par l'affirmation forte du protectionnisme américain de Donald Trump, 2025 devrait prolonger ce mouvement voyant certaines cartes maîtresses du commerce international des engrais être rebattues.

Une relative stabilité des cours en 2024

À la différence d'une vaste majorité de matières premières, les engrais dits « NPK » – sigle issu des éléments chimiques qui les composent dans des proportions variables (N : azote ; P : phosphore ; K : potassium) – ne sont pas cotés en bourse. Les prix de l'urée, du phosphate diammonique (DAP) ou de la potasse, pour ne citer que les plus emblématiques d'entre eux, se forment en effet par une négociation directe entre acheteurs et vendeurs internationaux, sans recours à des « prix à terme » de référence, et sont, en conséquence, peu observables. Bien que ne représentant qu'imparfaitement toutes les dynamiques des marchés auxquels ils se rapportent, des cours indicatifs sont toutefois disponibles, à l'instar de ceux agrégés et publiés, en fréquence mensuelle, par la Banque mondiale ou de ceux communiqués par des agences spécialisées.

Bien qu'ayant évolué en ordre dispersé avec, à la clé, des performances hétérogènes, les marchés des engrais se sont globalement stabilisés en 2024. Tournant le dos à l'impressionnante glissade initiée quelques semaines après le déclenchement, en février 2022, de la guerre en Ukraine, les prix du DAP exprimés en incoterms « Franco à bord » (Fob) dans les ports américains sont certes passés d'une moyenne mensuelle de $ 596/t en janvier 2024 à $ 568/t en décembre de la même année.

NOTRE ENGAGEMENT:
CONTRIBUER À ASSURER
LA SÉCURITÉ ALIMENTAIRE
MONDIALE TOUT EN LUTTANT
CONTRE LE CHANGEMENT
CLIMATIQUE.
OCP

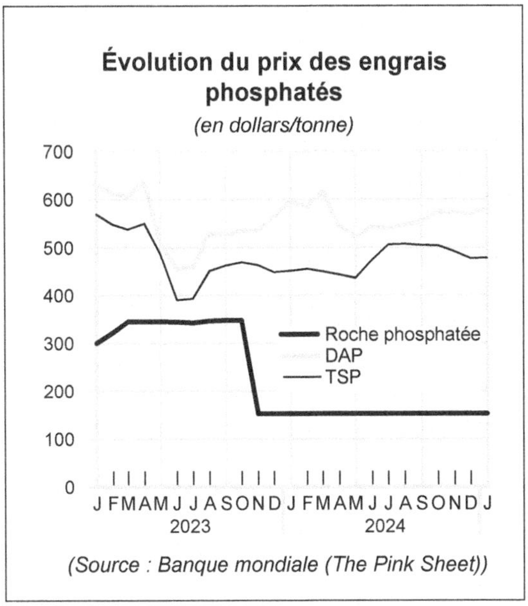

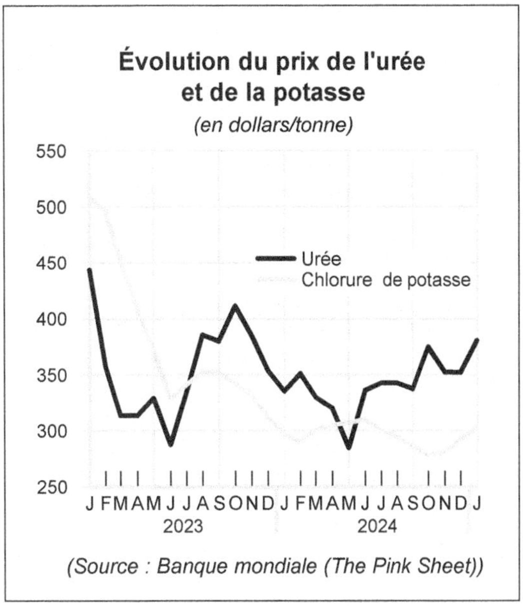

Ils reculaient en conséquence de 4,7 % sur la période, après les baisses de près de 10 % subies en 2022 et 2023. En moyenne annuelle cependant, ils progressaient de 1,8 % entre 2023 et 2024, tandis qu'un raffermissement des cours semblait être à l'œuvre en janvier et février 2025 où ils sont repassés au-dessus du seuil de $ 600/t. À l'inverse, ceux du triple superphosphate (TSP) – en prix d'importation aux États-Unis – se sont repliés sur cette même période (– 1,2 %), mais ont connu une trajectoire légèrement haussière au cours de l'année 2024, s'affichant à $ 477 en décembre contre $ 450 en janvier 2024. Plus faiblement valorisés et bien moins volatils, les cours de la roche phosphatée, selon la référence Fob Maroc, « 68 % – 72 % BPL » se sont positionnés à près de $ 150/t tout au long de l'année 2024, soit une valorisation divisée par plus de deux par rapport aux prix moyens relevés en 2023.

À l'instar de toutes les matières premières, une forte variabilité infra-annuelle a pu également être observée. En mars 2024, le prix du DAP, toujours en référence Fob aux États-Unis, a ainsi connu un bref accès de fièvre qui l'a conduit à atteindre $ 722/t lors de la deuxième quinzaine de ce mois, ce qui lui offrait une progression de 17 % par rapport aux premiers jours de janvier. Il a ensuite lourdement trébuché, perdant près de $ 200/t entre fin mars et début mai. Fléchissement saisonnier de la demande agricole, baisse du prix des intrants, faiblesse de la demande d'importation indienne, reprise des exportations chinoises : les facteurs explicatifs étaient pluriels. Passé cet important trou d'air, les cours de l'engrais phosphaté ont toutefois repris un chemin légèrement haussier, portés par la vigueur retrouvée de la demande automnale indienne et l'érosion des volumes chinois sur les marchés internationaux en décembre. Ceci allait leur permettre de terminer les derniers jours de l'année à près de $ 630/t.

Les prix de l'urée et du chlorure de potasse sont, eux aussi, entrés dans une phase de relative stabilisation en 2024. En référence « Fob Moyen-Orient », les premiers se sont affichés à $ 352/t en décembre contre $ 335/t en janvier précédent, soit une hausse de 5 % qui, dans l'absolu, contrastait avec le repli observé sur cette même période pour le DAP. En moyenne annuelle et malgré cette trajectoire globalement ascendante sur l'année, ils se sont, à l'inverse, repliés entre 2023 et 2024 (– 5,8 %). Aux mêmes causes les mêmes effets : ils ont enregistré un point bas en mai, avec une moyenne de prix de $ 285/t, toujours selon les données de la Banque mondiale. Après avoir connu une impressionnante envolée entamée en mai 2021 et achevée à la fin du premier semestre 2023 (avec un sommet à plus de $ 1 200/t atteint en avril 2022), les prix du chlorure de potassium – ou muriate de potasse (MOP) – en référence « coût et fret » (Cfr) dans les ports brésiliens étaient revenus, fin 2023, au niveau de leur « moyenne » historique, à quelque $ 300/t. 2024 a confirmé cette stabilité : débutant l'année à $ 296/t, et l'achevant à $ 292/t, après un repli à moins de $ 280/t en octobre, ils témoignaient de ce retour à une forme de « normalité », après plus de deux années de forte instabilité.

De la stabilisation des prix gaziers à celle des fondamentaux du marché

Comme grand nombre de matières premières « industrielles », les engrais voient leur cours être, pour partie, dépendants du prix de leurs intrants, au premier rang desquels le gaz naturel. Avec la cessation progressive des exportations russes vers l'Europe en 2022, le report de cette dernière sur l'offre – liquéfiée (GNL) – des États-Unis ou du Qatar, les cours européens (celui néerlandais du *Title Transfer Facility* – TTF) notamment) et américains (celui du Henry Hub) avaient flambé, entraînant à leur suite ceux des NKP. Fort heureusement, ces prix gaziers refluèrent substantiellement en 2023. Le premier ayant évolué durant une majeure partie de 2024 sous le seuil de € 50 par mégawatt-heure (MWh) et le second ayant oscillé jusqu'en novembre autour de $ 2 par million de *British Thermal Unit* (Mbtu), ils expliquaient pour partie la stabilisation du prix

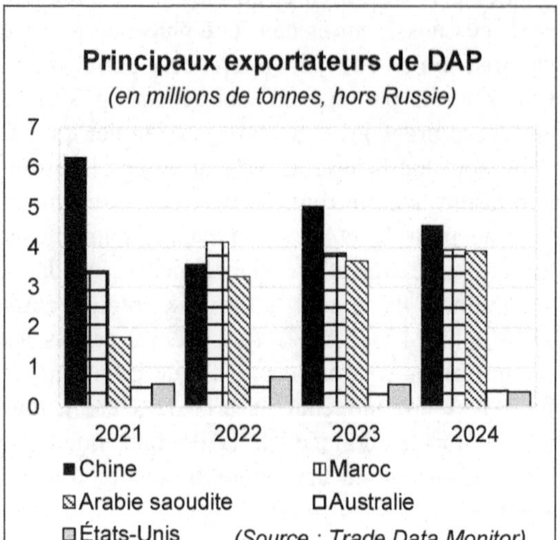

(Source : Trade Data Monitor)

des engrais observée en 2024. En fin d'année cependant, une forte augmentation des prix de l'ammoniac a pu être enregistrée, favorisant ainsi le raffermissement du prix des engrais phosphatés à cette période.

Il fallait également regarder du côté des fondamentaux du marché, et notamment à l'international, pour comprendre la trajectoire des cours des NKP. Premier pays exportateur mondial de DAP (HS Code : 310530), la Chine a vu ses exportations passer de 5,03 Mt en 2023 à 4,56 Mt en 2024, soit une baisse de plus de 9 %. Pour rappel, la Chine a instauré des quotas d'exportation d'engrais, ceux pour le DAP et le phosphate monoammonique (MAP) ayant été respectivement fixés, en 2023 et 2024, à 5 Mt et 2 Mt. Le respect de cette réglementation a, par ailleurs, conduit à un net ralentissement des tonnages exportés en décembre 2024, ceux-ci tombant à 213 000 tonnes, soit le tiers du mois précédent et un recul de 42 % par rapport à décembre 2023. Le raffermissement des cours du DAP à cette période trouvait aussi là une de ses explications principales. La baisse des exportations de la Chine a toutefois été largement compensée par une augmentation des volumes de ses poursuivants directs : le Maroc (3,94 Mt), l'Arabie saoudite (3,9 Mt) et, loin derrière, l'Australie. Cinquième au classement mondial, les États-Unis ont en revanche réduit leurs exportations, ce qui a conduit à une aggravation de leur déficit commercial sur ce segment, à hauteur de quelque 886 000 tonnes. La première économie mondiale est, en réalité, le troisième importateur net de DAP, derrière l'Inde, dont les achats nets se sont portés à 4,55 Mt en 2024, en forte diminution par rapport à 2022 et 2023, où ils avaient atteint 6,78 Mt et 6,38 Mt, respectivement.

Sur l'ensemble des produits phosphatés, le Maroc et le groupe OCP ont confirmé leur *leadership* mondial avec des exportations combinées de DAP et de MAP (HS Code : 310540) s'élevant à 7,7 Mt en 2024 (+ 5,5 % par rapport à 2023), devant la Chine (6,57 Mt, – 7,1 %) et l'Arabie saoudite (5,32 Mt, + 5,6 %) où opère le groupe Ma'aden. Sans surprise, l'Inde et le Brésil en étaient les principaux clients, représentant chacun 14 % des exportations du royaume chérifien. Devenues presque marginales depuis le déclenchement de l'âpre contentieux qui a opposé l'entreprise productrice américaine Mosaic à l'OCP – ainsi que les russes PhosAgro et EuroChem – et l'imposition de droits de douane compensateurs qui s'ensuivit (initialement fixés à 19,97 % en mars 2021, puis réduits à 2,12 % en novembre 2023, avant d'être rehaussés à 16,81 % en novembre 2024 et 16,60 % en décembre suivant), les exportations marocaines de MAP/DAP sur le marché américain ont, elles aussi, progressé en 2024. Elles s'affichaient à 429 000 tonnes environ. Le record atteint en 2018 à 1,78 Mt demeurait donc encore bien lointain ! Cette performance marocaine s'expliquait également par le fléchissement de l'offre américaine. Passant de 7 Mt en 2023 à 6,4 Mt en 2024, la production de phosphates de Mosaic s'est affaissée, notamment pénalisée par l'ouragan *Milton* qui a frappé la Floride où se situe l'usine de Riverview. Incluant les superphosphates, les exportations marocaines d'engrais phosphatés simples (HS Code : 3103) ont par ailleurs explosé, après une année 2023 pourtant déjà très favorable. Elles sont, en effet, passées de 834 639 tonnes de P_2O_5 en 2023 à 1,746 Mt de P_2O_5 en 2024. En amont de la chaîne de valeur et alors qu'elles avaient décru régulièrement depuis le sommet de 2017 (à 11,22 Mt), les exportations marocaines de roche phosphatée (HS Code : 2510) ont, elles aussi, fortement augmenté. À 6,8 Mt en 2024 contre 4,52 Mt l'année précédente, elles étaient, en partie, stimulées par un accroissement de la consommation indienne, à nouveau premier pays de destination des engrais marocains, mais également jordaniens.

L'Inde, premier importateur mondial donc, a porté ses achats internationaux de roche à des niveaux record en 2024, soit 11,12 Mt, laissant son poursuivant direct – les États-Unis – loin derrière (3,39 Mt). Visant à favoriser la production nationale d'engrais, cet essor s'est toutefois accompagné d'une contraction des importations de DAP qui sont tombées à 4,62 Mt, un plus bas niveau depuis 2021. Il fallait notamment y voir là les conséquences, d'une part, de la réduction des subventions gouvernementales accordées aux agriculteurs au titre du programme NBS (*Nutrient-Based Subsidy*) pour la saison Kharif (allant d'avril à septembre) et, d'autre part, du faible écart entre le prix maximum de vente au détail (MRP) autorisé sur le DAP et les prix internationaux de ce dernier, rendant l'activité d'importation peu rentable. Pour la saison Rabi (octobre 2024 à mars 2025), cependant, une aide supplémentaire de 3 500 roupies par tonne a été instaurée. Cette contraction de la demande indienne s'est accompagnée d'une réduction importante des livraisons en provenance de Chine, tandis que celles venant du Maroc et d'Arabie saoudite sont restées constantes.

Des importations brésiliennes d'engrais azotés dynamiques et une demande indienne en repli

Sur le marché international des engrais azotés (HS Code : 3102), les demandes d'importation du Brésil et l'Inde, respectivement premier et deuxième plus grands pays importateurs, ont évolué en sens opposé. Elle a nettement progressé pour le géant sud-américain qui la portait à 16,35 Mt en 2024, un record historique. Donnant sens à la « réaffirmation » des BRICS devenus BRICS+ (Brésil, Russie, Inde, Chine, Afrique du Sud, Iran, Égypte, Émirats arabes unis, Indonésie et Éthiopie), cet essor de la demande a largement profité à la Chine et à la Russie qui ont vu leurs livraisons vers ce pays augmenter de 20 % et de 28 %, respectivement, entre 2023 et 2024. Elles ont été enregistrées à 6,04 Mt pour la première et à 2,63 Mt pour la seconde, permettant à ces deux pays d'assurer, à eux seuls, 53 % des importations du Brésil.

Privée du marché européen et ne pouvant totalement réorienter ses flux commerciaux vers l'Asie, et notamment la Chine, la Russie a vu son excédent gazier croître, ce qui ne pouvait que profiter aux producteurs nationaux d'ammoniac et d'urée. Disposant d'intrants stratégiques en abondance et donc comparativement peu onéreux, ils bénéficient d'une compétitivité-prix forte sur les marchés internationaux qui les « acceptent ». Pour preuve, les importations brésiliennes d'urée russe ont progressé de 78 %, en volume, entre 2023 et 2024 (à 1,51 Mt, selon les statistiques douanières du ministère brésilien du Développement, de l'Industrie et du Commerce), contre 74 % en valeur. Certes bien moindres, celles en provenance du Nigeria ont aussi singulièrement crû. Elles se sont affichées à 1,58 Mt en 2024, représentant un triplement de ces volumes en cinq ans. Troisième plus grand producteur africain de gaz naturel, le pays dispose de solides avantages pour renforcer

Exportations chinoises d'urée
(en milliers de tonnes)

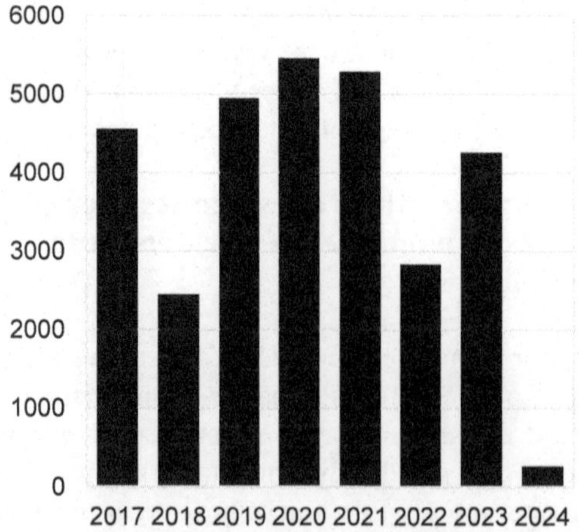

(Source : Trade Data Monitor & China Customs Statistics)

son positionnement sur le marché international des engrais azotés et il n'était, en conséquence, guère surprenant de voir les exportations d'urée du pays être multipliées par près de cinq depuis 2019, dépassant 3 Mt en 2024.

L'Inde, en revanche, a nettement réduit sa demande internationale d'engrais azotés. Elle a en effet été enregistrée à 7,65 Mt en 2024, alors qu'elle avait atteint 9,65 Mt en 2023 et 10,93 Mt l'année précédente. Avec une production nationale d'urée estimée à 31,5 Mt pour la période 2023-2024 par la *Fertilizer Association of India* (en hausse de 10 %) et une consommation quasi inchangée (à 35,78 Mt), le pays a réduit sa dépendance aux importations, ce qui justifiait ce net repli. Premier fournisseur de l'Inde avec 2,57 Mt livrés en 2024, le sultanat d'Oman a noué un partenariat étroit avec le plus grand importateur mondial prenant la forme, en 2022, d'un accord de livraison d'urée sur trois ans, porté par la coentreprise indo-omanaise Oman India Fertilizer Company (Omifco).

De l'autre côté du marché, la Chine – premier producteur d'urée au monde – a fortement réduit ses exportations, à l'image de la politique mise en œuvre pour les engrais phosphatés. Elles sont en effet tombées à 260 500 tonnes en 2024, alors qu'elles avaient atteint 4,25 Mt en 2023 et n'avaient jamais connu des volumes inférieurs à 2 Mt au cours des récentes années passées. Si la priorisation du marché intérieur comptait parmi les raisons pouvant justifier ce repli, la rationalisation de la production et de l'usage sur le sol national des engrais l'expliquait également. L'effondrement des ventes d'urée devait toutefois être mis en vis-à-vis de celles, plus larges, des engrais azotés. Or, les exportations de la Chine se sont maintenues à des niveaux particulièrement élevés sur ce segment en 2024, à 18,26 Mt contre 18,7 Mt l'année précédente. Cette situation trouvait son origine dans l'explosion des ventes de sulfate d'ammonium qui se sont portées à un volume record de 17,24 Mt en 2024, en hausse de près de 25 % par rapport à 2023. Majoritairement issu de la combinaison d'ammoniac et d'acide sulfurique, le sulfate d'ammonium est également un sous-produit de l'acier. Les surcapacités sidérurgiques chinoises et l'absence de réglementation sur ses exportations expliquaient donc, en large part, cette performance.

L'Europe était, elle, assurément malmenée, les producteurs européens étant doublement pénalisés par le renchérissement structurel des prix du gaz naturel importé malgré leur repli, et par la concurrence des exportateurs à bas coûts, dont la Russie. À titre d'exemple, les importations polonaises d'engrais azotés ont atteint 817 000 tonnes d'équivalent azote en 2024, dont 45 % en provenance de Russie, ces dernières ayant doublé en cinq ans, passant de 170 589 tonnes d'équivalent azote en 2019 (elles surpassaient alors de peu celles de l'Allemagne) à 342 566 tonnes d'équivalent azote en 2024. Malgré un repli des volumes pour cette origine en 2024, cette progression de la part de marché des engrais russes s'observait également pour l'Allemagne.

Un marché de la potasse correctement approvisionné, malgré les sanctions

Constaté dès 2023, l'important reflux des prix de la potasse avait de quoi surprendre en raison des sanctions internationales pesant sur la Russie, mais également la Biélorussie, grands pays producteurs. Selon les données préliminaires de l'*United States Geological Survey* (USGS) – le service géologique américain –, les volumes miniers de ces deux na-

Dix premiers producteurs mondiaux de roche phosphatée
(en millions de tonnes P_2O_5)

		2023	2024*
	Total mondial	**233.00**	**240.00**
1	Chine	105.00	110.00
2	Maroc	33.00	30.00
3	États-Unis	19.60	20.00
4	Russie	13.00	14.00
5	Jordanie	11.50	12.00
6	Arabie saoudite	9.90	9.50
7	Brésil	5.28	5.30
8	Égypte	5.00	5.00
9	Pérou	4.70	5.00
10	Tunisie	3.60	3.30

* chiffres provisoires *(Source : USGS)*

tions se sont respectivement établis à 9 Mt et 7 Mt d'oxydes de potassium (K_2O) en 2024, représentant 33 % de l'offre totale. Dynamisme des exportations canadiennes, contournement des sanctions ou réorganisation des flux mondiaux : le marché ne semblait pourtant pas connaître de profonds déséquilibres en 2024. Pour preuve, les importations chinoises d'engrais potassés (HS Code : 3104) ont atteint un nouveau record en volume, à 12,86 Mt (+ 8 % par rapport à 2023). Cependant, ceci a, avant tout, profité à la Russie. Selon les statistiques douanières chinoises, les tonnages russes ayant franchi les frontières du pays se sont en effet élevés à 4,26 Mt en 2024, contre 3,04 Mt et 1,74 Mt en 2023 et 2022, respectivement. Et si les importations de potasse biélorusse ont, elles, diminué, peut-être était-ce là une des conséquences de la réorientation des flux de commerce du pays et de l'en-

Dix premiers producteurs mondiaux de potasse
(en millions de tonnes K_2O)

		2023	2024*
	Total mondial	**43.30**	**48.00**
1	Canada	13.50	15.00
2	Russie	9.00	9.00
3	Chine	6.00	6.30
4	Biélorussie	4.50	7.00
5	Allemagne	2.70	3.00
6	Israël	2.33	2.40
7	Jordanie	1.70	1.80
8	Laos	1.50	1.50
9	Chili	0.60	0.75
10	États-Unis	0.39	0.42

* chiffres provisoires *(Source : USGS)*

treprise nationale Belaruski ? Privée, depuis 2022, des ports lituaniens – celui de Klaipėda, tout particulièrement – en raison des sanctions européennes, cette dernière est désormais dépendante des terminaux russes, notamment ceux d'Oust-Louga et de Bronka. Son rôle n'était pas effacé pour autant. Signe de sa capacité à peser sur les cours mondiaux (ou de sa volonté à le faire), la Biélorussie a ainsi annoncé, en novembre 2024, vouloir réduire sa production et se rapprocher de la Russie à cette fin pour soutenir les prix de la potasse.

Les exportations du Canada, premier producteur mondial, se sont, pour leur part, stabilisées entre 2023 et 2024, demeurant à un niveau historiquement élevé de 22,95 Mt pour cette dernière année. L'offre nationale s'est, elle, avérée particulièrement dynamique, à 15 Mt d'oxydes de potassium (K_2O) en 2024, en hausse de plus de 11 % par rapport à 2023. Représentant près de 53 % de ses volumes vendus à l'international en 2024, les États-Unis sont, de toute évidence, un marché clé pour ce pays et l'imposition des droits de douane de 25 %, tous produits confondus, par l'administration Trump pourrait avoir de profondes implications sur le marché de la potasse, comme pour l'ensemble des engrais. Les marges de manœuvre de Washington semblent toutefois réduites, car le Canada assure plus de 85 % de la demande américaine d'importation de potasse, soit 12,09 Mt sur un total de 14,16 Mt. Les importations en provenance de Russie ont certes fortement augmenté, passant de 1,03 Mt en 2023 à 1,49 Mt à 2024, mais elles demeuraient très insuffisantes pour combler une éventuelle baisse des ventes canadiennes, même sous l'hypothèse d'un rapprochement entre Moscou et Washington dans le cadre des tentatives de règlement du conflit en Ukraine. Il n'était, à cet égard, pas surprenant que le régime de Vladimir Poutine pose, en mars 2025, la levée des sanctions sur les engrais russes comme une des conditions préalables à l'instauration d'une trêve entre Kyiv et Moscou.

Un léger repli des cours en 2025 ?

Intrinsèquement dépendants, en aval, des revenus agricoles des principaux pays importateurs et, en amont, du prix de leurs intrants, les marchés des engrais ont vu les vents contraires de la géopolitique temporairement s'affaiblir et les cours qui s'y forment se stabiliser. Comme souvent sur les marchés mondiaux de matières premières, ce calme retrouvé fut pourtant bien relatif, et les équilibres précaires. Tandis que la Russie ou la Biélorussie ne semblaient guère pénalisées par les sanctions internationales sur un marché de la potasse dominé par le Canada, l'Inde réduisait, elle, ses importations d'urée et de DAP, mais augmentait sa demande de roche. Cette dernière s'adressait principalement au Maroc qui renforçait, pour sa part, son positionnement stratégique de l'amont à l'aval de la chaîne des valeurs des phosphates. Naguère dominante, la Chine, enfin, choisissait de réduire ses ventes d'engrais ternaires, mais voyait ses exportations de sulfate d'ammonium exploser. Derrière la dynamique apaisée du prix des engrais en 2024, des mouvements tectoniques étaient donc bien à l'œuvre, modifiant progressivement les rapports de force entre offreurs et demandeurs.

Et de rapports de force, il en sera évidemment question en 2025, notamment au regard de la guerre commerciale qui oppose les États-Unis et le Canada, pourtant son premier fournisseur de potasse. Droits de douane, restrictions volontaires aux exportations : les barrières tarifaires et non tarifaires continueront à jouer leur rôle dans ces marchés hautement stratégiques des engrais. En leur absence, les marchés mondiaux devraient pourtant être correctement approvisionnés, à la faveur de l'augmentation structurelle des capacités de production au cours des prochaines années, sur les trois segments des NPK. Selon l'*International Fertilizers Association*, elles devraient en effet croître, entre 2023 et 2025, de 5 % pour les engrais azotés, de 2 % pour les phosphates et de 4 % pour la potasse.

Utilisant du phosphate de fer lithié ($LiFePO_4$), les batteries dites « LFP » (Lithium Fer Phosphate) équipant les véhicules électriques – de marque Tesla ou BYD, par exemple – prennent une place grandissante sur le marché automobile, ainsi que pour le stockage d'énergie stationnaire. Les engrais resteront certes le débouché incontournable du phosphate, mais cette demande nouvelle lui offre des perspectives particulièrement intéressantes, notamment pour celui (en quantités limités) permettant de produire de l'acide phosphorique purifié.

Textiles et vêtements :
toujours l'Asie

L'année 2024 a été marquée par une nette modération des pressions inflationnistes, mais les perspectives de croissance de la consommation restent fragiles. L'Asie est plus que jamais le principal fournisseur du reste du monde avec près des trois quarts des exploitations mondiales. Mais la part de la Chine a diminué au profit de « nouveaux » producteurs comme le Bangladesh et le Vietnam.

Fortement impactée par la crise sanitaire ainsi que par la crise du marché immobilier, l'économie chinoise a montré des signes de ralentissement dans la période récente. Dès lors, pour les vêtements et les chaussures, la consommation chinoise ($ 371 milliards en 2024) est au coude à coude avec celle de l'Union européenne (environ $ 370 milliards, soit € 340 milliards) et se trouve désormais distancée par les États-Unis ($ 432 milliards).

En Europe, si l'année 2024 s'est traduite par une modération de l'inflation, il n'en demeure pas moins que, dans un contexte économique difficile, les arbitrages des consommateurs se sont souvent faits au détriment de leurs dépenses de mode. Dans la plupart des grands pays de l'Union européenne, la consommation de 2024 est comparable à celle de 2023.

Ainsi, en France, la consommation d'habillement a connu en 2024 un niveau légèrement supérieur à celui de 2023, mais en recul de 7 % par rapport à la situation pré-covid de 2019.

Les comportements de consommation ont profondément changé ces dernières années. Les consommateurs arbitrent en faveur de la maroquinerie et des chaussures de sport, comme en témoigne l'engouement pour les *sneakers*, au détriment de l'habillement. Par ailleurs, une partie croissante d'entre eux semble réorienter ses achats vers la seconde main et des produits plus conformes aux exigences d'écoresponsabilité.

Dans un contexte où les prix ont augmenté, de nombreux consommateurs restent sensibles à l'offre des enseignes de *fast-fashion* (H&M, Zara, Primark, etc.). Les performances de ce modèle attirent de nouveaux entrants, ce qu'on appelle couramment l'*ultra-fast-fashion*. Il s'agit de plateformes e-commerce chinoises, particulièrement agressives sur les prix (leur moyenne est inférieure à € 10) comme Shein et Temu.

Cette mutation a rendu l'environnement concurrentiel encore moins favorable pour certaines entreprises françaises historiques, notamment dans le segment du milieu de gamme, comme le montrent les nombreuses fermetures d'enseignes depuis trois ans.

Le Royaume-Uni, en revanche, se distingue : en 2024, le marché de l'habillement et de la chaussure s'est élevé à € 71 milliards, en hausse de 4 % par rapport à 2023.

Si la Chine, du fait de son immense marché domestique, offre toujours des perspectives prometteuses pour les marques et enseignes occidentales de vêtements, en particulier dans le haut de gamme et le luxe, la dégradation du climat des affaires et un taux d'épargne élevé pèsent sur la consommation des ménages. Aussi le rééquilibrage si souvent annoncé de la croissance au profit de la demande finale se fait attendre.

D'autres pays en Asie offrent de nouvelles perspectives de croissance, qu'il s'agisse de la Corée du Sud ou des économies dynamiques du sud-est de la région. Quant au marché indien, son potentiel est considérable et sa croissance économique est une des plus fortes de la région.

La production mondiale toujours dominée par l'Asie

Au cours des dix premiers mois de 2024, les importations d'habillement de l'Union européenne ont enregistré en valeur un repli de 1,3 % en euros. En volume, celles-ci ont progressé de 6,1 %, soit un recul d'environ 7 % des prix à l'importation. La période de hausse des prix des importations semble bien révolue avec un retour à la normale après les fortes hausses observées, notamment en 2022. Toutefois, par rapport à la situation précovid de 2019, les importations d'habillement en valeur sont supérieures de 5 %.

Sur longue période, le déplacement du centre de gravité manufacturier vers l'Asie est manifeste. La part de celle-ci dans les importations d'habillement de l'Union européenne s'est élevée à 74 % en 2024. Mais, au sein du monde asiatique, l'origine des importations a évolué. La part des importations d'habillement de l'Union européenne en provenance de Chine est en recul, de 44 % à 28 %, entre 2010 et 2024, au profit de l'Asie hors Chine qui représente 46 % des importations européennes en 2024 (25 % en 2010). Ainsi, le Bangladesh est devenu, dès 2012, le deuxième fournisseur d'habillement de l'Union européenne, devant la Turquie, l'Inde et le Vietnam.

En 2024, les pays du Bassin méditerranéen – Turquie, Maroc, Tunisie – ont été à l'origine de 18 % des importations d'habillement de l'Union européenne en valeur, soit une part légèrement supérieure à celle de 2019 (17 %), mais inférieure à celle de 2010 (20 %). L'acteur majeur de la région est la Turquie : troisième fournisseur d'habillement de l'Union européenne, avec 11 % de ses importations en valeur en 2024. Celle-ci est, avec la Chine, l'un des rares pays à disposer d'une offre textile intégrée, de la filature jusqu'à la confection de produits finis, ce qui lui procure un avantage compétitif sur ses concurrents.

Aux États-Unis, la part de l'Asie dans les approvisionnements d'habillement est légèrement inférieure à celle observée en Europe (72 % en valeur en 2024). Le Mexique est le grand perdant de ces vingt dernières années : il ne représente plus que 3 % des approvisionnements de son grand voisin, contre 15 % en 2000. En revanche, le Vietnam est désormais le deuxième fournisseur des États-Unis avec une part de 18 % dans les importations, juste derrière la Chine (22 %).

Le commerce international de textiles et vêtements

Le commerce mondial de textiles et de vêtements, qui reflète la mondialisation du secteur, n'a fait que croître au cours des vingt dernières années pour s'élever à $ 872 milliards en 2023 (766 milliards en 2013), au bénéfice d'une dizaine de pays dans le monde. En 2022, l'inflation avait contribué à l'augmentation du commerce mondial

Évolution du commerce mondial de textiles et de vêtements
(en milliards de dollars)

Exportations	**2016**	**2017**	**2018**	**2019**	**2020**	**2021**	**2022**	**2023**
Textiles	281	295	312	305	328	353	353	324
Habillement	444	466	494	496	450	545	578	548
Total	**725**	**761**	**807**	**801**	**778**	**898**	**931**	**872**

(Source : OMC)

Part de marché des 10 premiers exportateurs dans le commerce mondial de textiles

(en valeur – en %)

	2000	2023
Chine	10.3	41.5
Extra UE	11.5	7.8
Inde	3.6	5.6
Turquie	2.4	4.1
États-Unis	7.0	3.8
Vietnam	0.2	3.4
Pakistan	2.9	2.5
Corée du Sud	8.1	2.2
Taiwan	7.6	1.9
Japon	4.5	1.8
TOP 10	**58.1**	**74.6**

UE à 15 en 2000. UE à 27 en 2023 *(Source : OMC)*

d'habillement ; cet effet s'est estompé en 2023 et les échanges de textiles et de vêtements se sont repliés de 6,3 % en 2023.

En 2023, la Chine reste de loin le premier exportateur mondial de vêtements et de textiles. Si l'Inde s'est affirmée dans les textiles avec 5,6 % du commerce mondial, son poids demeure encore faible dans les vêtements (2,8 %), le Bangladesh (8,6 %) et le Vietnam (5,7 %) ayant creusé l'écart.

Quant à l'Union européenne, sa part du marché mondial (hors commerce intraeuropéen) s'est élevée à 7,8 % pour les textiles et à 8,0 % pour l'habillement, loin devant les États-Unis et le Japon.

Part de marché des 10 premiers exportateurs du commerce mondial de l'habillement

(en valeur – en %)

	2000	2023
Chine	18.2	30.1
Bangladesh	2.6	8.6
Extra UE	8.1	8.0
Vietnam	0.9	5.7
Turquie	3.3	3.4
Inde	3.0	2.8
Indonésie	2.4	1.5
Pakistan	1.1	1.5
Cambodge	0.5	1.5
États-Unis	4.4	1.3
TOP 10	**44.5**	**64.4**

UE à 15 en 2000. UE à 27 en 2023 *(Source : OMC)*

- IX -

Services

- Tourisme international et transport aérien
- Fret maritime
- Le marché du sport
- Le marché de l'art

et…

- Les matières illicites

Tourisme international et transport aérien : *« croissance, croissance malgré les incertitudes »*

La multiplication des catastrophes climatiques et l'aggravation des conflits régionaux n'ont pas eu d'incidences négatives sur les flux mondiaux de transport aérien et de tourisme international qui poursuivent leur croissance à un rythme soutenu. Les estimations de l'ACI (*Airports Council International*) indiquent une très forte progression mondiale du transport aérien de 10 % en 2024 pour atteindre 9,5 milliards de passagers dans le monde.

Le trafic aérien mondial a récupéré, et même dépassé de + 4 %, le record prépandémique de 2019. Le trafic international s'établit désormais en nombre de passagers à 4,1 milliards (43 % du total) et le trafic domestique à 5,4 milliards (57 %). Cependant, en termes de kilomètres parcourus (Pkt), c'est le transport aérien international qui est dominant, ce qui donne un avantage aux compagnies aériennes spécialisées dans les *hubs* internationaux, telles que Emirates, Qatar ou Singapore.

À l'horizon 2043, l'Iata (Association internationale du transport aérien) prévoit un doublement du nombre de passagers avec une prévision de taux de croissance moyen annuel de 3,6 %. Ce taux de croissance devrait être notablement supérieur sur les deux grands marchés asiatiques avec 7 % pour l'Inde et 6 % pour la Chine en moyenne pendant les deux prochaines décennies.

Parallèlement au transport aérien, le tourisme international a connu une année record en 2024 avec 1,4 milliard de touristes internationaux dans le monde. De ce fait, le secteur du tourisme contribue à accélérer la croissance du transport aérien. Selon ONU Tourisme, le tourisme international a retrouvé son niveau de 2019 avec une croissance en 2024 de 11 % par rapport à 2023, soit 140 millions d'arrivées supplémentaires en seulement une année.

Ce dynamisme du secteur du tourisme et du transport aérien indique que les défis de la transition climatique et les incertitudes géopolitiques ne semblent pas affecter le dynamisme du secteur des voyages internationaux. Cette situation n'est pas seulement la conséquence du désir de vacances et de découverte, elle provient largement d'une adaptation de l'offre.

Adaptation de l'offre de transport aérien avec le développement à grande échelle d'avions de nouvelle génération (Airbus A350 et B787) plus efficiente, notamment du point de vue de la consommation de carburant. De plus, la mise en service en 2024 du nouveau A321XLR permet désormais de développer les liaisons long-courriers entre villes moyennes et de concurrencer la stratégie de *hubs* des compagnies majors.

Adaptation de l'offre d'hébergement avec un renouvellement de l'hôtellerie aux nouvelles exigences environnementales et avec une plus grande diversification des hébergements touristiques non hôteliers.

Il en résulte qu'ONU Tourisme prévoit une poursuite de la croissance de la demande touristique internationale avec à nouveau entre 3 % et 5 % de croissance en 2025.

Selon Zurab Pololikashvili, Secrétaire général d'ONU Tourisme : « La croissance devrait se poursuivre tout au long de 2025, tirée par une forte demande contribuant au développement socioéconomique des destinations matures et émergentes ». En effet, le contexte macroéconomique mondial est favorable avec le recul de l'inflation et un espoir de stabilisation des conflits régionaux.

Évolution des arrivées touristiques internationales dans le monde 2000-2024

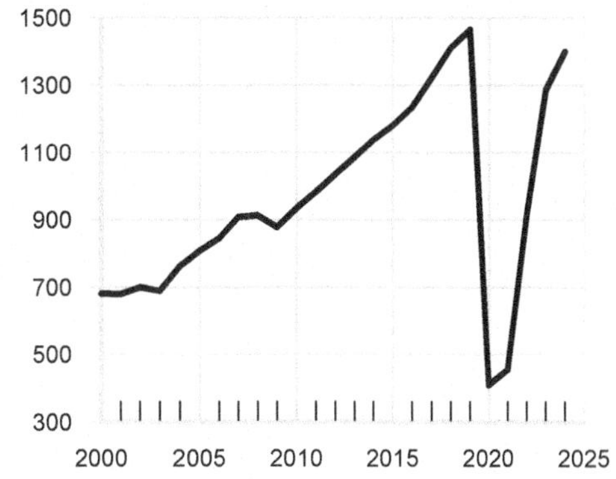

(Source : Organisation mondiale du tourisme, Baromètre du tourisme 2025)

De ce fait, les exportations du tourisme atteignent en 2024 les $ 1 900 milliards et dépassent le record de 2019 de plus de 4 %.

La région Europe demeure la grande gagnante en 2024 avec plus de la moitié des flux touristiques mondiaux (51,8 %) grâce à la forte reprise du tourisme intraeuropéen. L'Asie de l'Est et du Pacifique est la deuxième région touristique mondiale alors que l'Asie du Sud qui regroupe plus de 1,5 milliard d'habitants avec l'Inde, le Pakistan, le Bangladesh, l'Iran, le Népal, le Sri Lanka et les Maldives ne reçoit que 33 millions de touristes internationaux, soit seulement 2,3 % du total mon-

Évolution en 2024 par région des arrivées touristiques internationales (%)

Europe	51.8
Amérique du Nord	14.8
Asie de l'Est et Pacifique	19.6
Asie du Sud	2.3
Moyen-Orient	6.4
Afrique	5.1
Total	100

(Source : UN Tourism, Madrid, Janvier 2025)

dial. En revanche, la région Afrique dépasse désormais les 5 % du total des arrivées touristiques internationales, légèrement en retrait du Moyen-Orient, 6,4 %.

Les pays des régions du Moyen-Orient, d'Europe et d'Afrique ont connu les meilleurs résultats en termes de progression des arrivées touristiques internationales en 2024 par rapport à 2023.

L'Asie et le Pacifique connaissent la plus forte progression avec + 33 % d'arrivées touristiques supplémentaires en 2024 par rapport à 2023, soit 316 millions de touristes internationaux. Ces résultats proviennent principalement des pays d'Asie du Sud-Est avec la Thaïlande, la Malaisie et Singapour. Cependant le niveau demeure inférieur à celui de 2019 et représente 87 % des flux d'avant la pandémie.

La région Europe poursuit sa progression à un rythme de + 5 % supérieur à celui de la moyenne mondiale, soit un total de 747 millions d'arrivées touristiques internationales. Cependant, les pays de la région d'Europe centrale et orientale n'ont pas bénéficié de cette croissance en raison de l'impact du conflit en Ukraine.

La Région Amériques, avec + 7 %, connaît également une progression supérieure à la moyenne mondiale pour atteindre 231 millions d'arrivées touristiques internationales en 2024. Cependant, le tourisme international se situe à un niveau toujours inférieur à celui de 2019 à 97 %.

L'Afrique a rattrapé les niveaux de fréquentation touristique d'avant le covid-19 avec des arrivées touristiques internationales de 74 millions, soit + 7 % par rapport à 2019. De plus la croissance du tourisme international en Afrique est nettement supérieure à celle de l'ensemble du monde avec + 12 % par rapport à 2023.

La région du Moyen-Orient n'a connu qu'une faible progression en 2024 de seulement 1 % par rapport à 2023 avec 95 millions de touristes internationaux. Ceci est la conséquence de l'aggravation du conflit à Gaza qui a eu des répercussions très importantes pour les pays voisins, notamment au Liban, en Jordanie et en Égypte. Malgré cette situation, c'est la région du Moyen-Orient qui affiche la plus forte progression depuis 2019 avec + 32 % grâce notamment au dynamisme des destinations des Émirats arabes unis avec non seulement Dubaï, mais également Abou Dhabi et Sharjah. Ces deux destinations bénéficient de la croissance de leurs compagnies aériennes avec Ethiad et Air Arabia qui concurrencent désormais Emirates.

Le transport aérien, moteur du tourisme international

Le transport aérien joue, plus que jamais, son rôle de moteur du tourisme international. Selon Willie Walsh, directeur général de l'Iata (Association internationale du transport aérien) qui représente 340 compagnies aériennes dans le monde : « En 2025, pour la première fois, le nombre de voyageurs du transport aérien dépassera les 5 à 5,2 milliards et le nombre de vols atteindra les 40 millions ».

Depuis deux ans, la demande de transport aérien connaît une reprise spectaculaire, après la crise du covid-19, et a dépassé en 2024, avec 4,9 milliards de passagers transportés, son record de 2019, qui était de 4,5 milliards. Le coefficient d'occupation a gagné 0,5 point pour s'établir à 83,2 %, ce qui constitue un record depuis 2019.

Les prévisions pour 2025 sont particulièrement optimistes avec un taux de croissance de + 6,5 %. C'est ainsi que l'Iata prévoit d'atteindre 8 milliards de passagers d'ici à vingt ans.

Ces perspectives de croissance sont extrêmement favorables alors que l'environnement du transport aérien subit de plus en plus les effets des tensions géopolitiques, de la hausse du prix du kérosène et des courants d'opinion publique qui remettent en cause le transport aérien pour des raisons écologiques ce qui engendre un sentiment négatif symbolisé par « l'avion bashing ».

Cependant, le désir de voyages aériens demeure d'autant plus que 85 % de la population mondiale n'a jamais pris l'avion et aspire à la mobilité offerte par le transport aérien. Depuis 2019, plus de 7 500 nouvelles liaisons aériennes ont été mises en service et 400 nouveaux aéroports ont été construits. Cet afflux de passagers devrait propulser les revenus des compagnies aériennes à plus de $ 1 000 milliards dès 2025 (exactement $ 1 007 milliards, soit + 4,4 % par rapport à 2024).

De ce fait, le transport aérien joue, aujourd'hui, un rôle de catalyseur d'une chaîne de valeur qui, avec le tourisme, l'hôtellerie et la restauration, représente 86 millions d'emplois, dont 3,3 millions pour le seul transport aérien, soit 4 % du PIB mondial et plus de 10 % avec les activités induites dans les autres secteurs de production. Malgré cette très forte progression de la demande, la situation financière des compagnies aériennes demeure extrêmement précaire avec une rentabilité insuffisante pour assurer leur pérennité.

Menaces sur le futur de la croissance du transport aérien

Avec un gain moyen par passager de $ 6,4 en 2024, les compagnies aériennes au niveau mondial ont obtenu un bénéfice net de $ 31,5 milliards à comparer à un montant total de coûts de $ 940 milliards sans prendre en compte les intérêts et les taxes. Il en résulte que la plupart des compagnies aériennes sont extrêmement vulnérables par rapport à des chocs exogènes d'ordre politique ou économique, tel que la hausse du prix du carburant qui a représenté 28,9 % du coût total d'exploitation en 2024.

De plus, alors que le transport aérien représente 3 % des émissions de CO_2, les compagnies aériennes subissent le coût correspondant aux achats de crédits carbone pour un montant qui devrait atteindre $ 1 milliard en 2025.

Cependant la plus forte menace en 2025 provient du risque de chute de la demande de transport international de fret aérien avec les mesures d'augmentation des droits de douane aux États-Unis prises par l'administration Trump.

Selon l'Iata, la croissance attendue de + 5,8 % de la demande de fret aérien prévue pour 2025 avec 72,5 millions de tonnes transportées est désormais remise en cause et risque de s'accompagner d'une chute de la demande de voyages d'affaires.

À cela s'ajoutent les mesures fiscales, notamment en France, avec l'augmentation de la taxe sur les billets d'avion qui risque de fortement impacter la croissance du transport aérien au départ de France.

Par régions, la croissance du trafic aérien est la plus rapide en Asie-Pacifique, dont la reprise après la pandémie du covid-19 avait pris du retard, avec une progression exceptionnelle de 126 % en 2023 grâce à la reprise du tourisme international, ce qui a permis aux compagnies aériennes de la région d'atteindre un coefficient de remplissage de 83 % sur l'ensemble de l'année 2023.

En Europe, la croissance du trafic est de 22 % en forte progression, mais toutefois inférieure à celle de l'Amérique du Nord (+ 28 %) et surtout du Moyen-Orient (+ 33 %) qui bénéficie de la très forte croissance des compagnies du Golfe avec Emirates, Qatar et Etihad qui poursuivent leur stratégie de *Hub* international avec notamment la mise en service du nouvel aéroport d'Abu Dhabi.

Aéronautique : chute des commandes

Les commandes ont chuté en 2024 à la fois pour Airbus avec 826 commandes nettes (878 ventes et 52 annulations) par rapport à plus de 2 000 ventes en 2023. Boeing continue à subir les conséquences négatives de ses problèmes de production avec seulement 377 commandes nettes, compte tenu de 192 annulations. Ces annulations impactent principalement le programme du B737 avec 173 annulations.

Il en résulte qu'en 2024 la production du Boeing 737 s'est située avec 265 livraisons à un niveau supérieur à celui des nouvelles commandes nettes qui a été seulement de 244.

Cependant, malgré ces résultats très négatifs, le carnet de commandes des B737 s'élève à 4 303 appareils à livrer début 2025, ce qui représente plus de dix ans de production. Le programme du B787 de nouvelle technologie est également impacté par la crise que subit Boeing avec des nouvelles commandes de seulement 48 appareils par rapport à des livraisons s'élevant à 51.

Bonne année pour Airbus, malgré quelques difficultés sur l'A220 produit en Amérique du Nord

Airbus accroît son *leadership* avec des commandes toujours supérieures aux livraisons, soit 826 commandes et 726 livraisons en 2024. Le carnet de commandes d'Airbus début 2025 est considérablement supérieur à celui de Boeing avec 8 658 appareils à livrer par rapport à 5 595 pour Boeing.

Cette suprématie d'Airbus provient du succès des ventes de la famille des A320 qui totalise 7210 commandes cumulées (auquel il convient

Évolution des commandes annuelles pour Airbus et Boeing

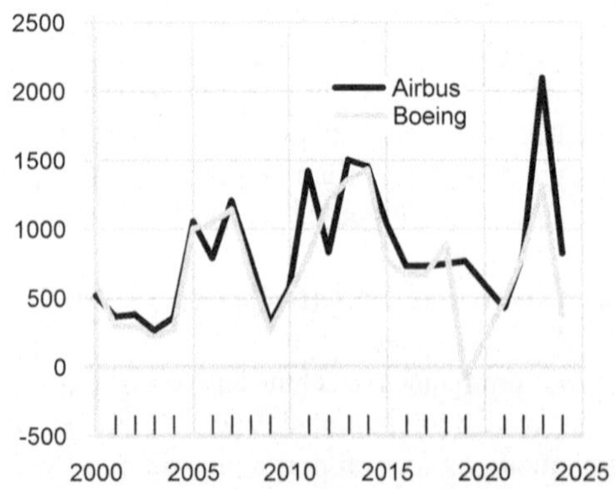

Commandes nettes déduction faite des annulations

(Sources : Airbus et Boeing, janvier 2025)

d'ajouter les 516 commandes d'A220 produit en Amérique du Nord) contre seulement 4403 pour la famille des B737.

La domination d'Airbus sur le marché du moyen-courrier est confortée par le programme de l'A220 produit exclusivement en Amérique du Nord sur les sites de Mirabel au Canada et de Mobile aux États-Unis à partir du programme développé à l'origine par Bombardier. Cependant, malgré le succès commercial de cet appareil d'une capacité de 100 à 150 sièges et avec un carnet de commandes de 516 appareils, Airbus n'a été en capacité de produire que seulement 6 avions par mois en 2024.

De plus, l'exploitation de ces nouveaux avions doit faire face à plusieurs problèmes techniques, dont l'usure prématurée de certaines pièces dans les moteurs qui ont conduit à l'immobilisation de près de 35 % de la flotte en service, avec, par exemple, pour Air France un total de 5 Airbus A220 immobilisé pendant une partie de l'année 2024.

De ce fait, en 2024, Airbus a enregistré plus d'annulations (26) que de nouvelles commandes des compagnies aériennes au nombre de seulement 17.

Ces difficultés devraient être en partie résolues en 2025 avec la perspective de monter en cadence pour atteindre l'objectif de 14 livraisons mensuelles. Il n'en demeure pas moins que cet exemple constitue un avertissement pour Airbus d'autant plus que sa suprématie se limite jusqu'à présent au segment des moyens courriers, alors que Boeing conserve sa place de *leader* dans le long courrier.

Boeing conserve son avance dans le long courrier, malgré une année extrêmement difficile

L'année 2024 aura été une des années les plus difficiles pour Boeing avec une très longue grève des 33 000 ouvriers des sites historiques de Seattle pendant près de deux mois, ce qui a conduit l'avionneur à livrer seulement 265 exemplaires en 2024 à comparer avec le record de 806 livraisons atteint en 2018.

Malgré ces difficultés de production qui ont eu un impact sur des commandes en forte baisse par rapport à 2023, Boeing conserve un avantage sur Airbus dans le long courrier.

C'est ainsi que, pour les appareils de nouvelle génération en matériaux composites, les commandes du B787 sont toujours supérieures (719) à celles de l'A350 (702) et, pour les appareils NEO aux performances améliorées, les commandes du B777 avec un total de 464 sont très largement supérieures à celles de l'A330 qui totalisent seulement 230 commandes. D'autant plus que Boeing doit encore livrer 109 B767, ce qui porte le montant total des longs courriers en commande à 1282 contre 932 pour Airbus.

Il en résulte que le match Airbus Boeing n'est pas terminé avec d'un côté la suprématie d'Airbus pour les moyens courriers et d'un autre côté l'avance de Boeing pour le long courrier.

Pour confirmer sa suprématie, Airbus doit rattraper son retard sur Boeing en complétant son offre de long courrier, ce qui est déjà le cas avec le nouveau A320XR qui a repris à Boeing le marché des longs courriers de faible capacité autrefois occupé par le B757.

Fret maritime : *au cœur des tensions géopolitiques*

Le « retour à la normale » tant espéré ne s'est pas concrétisé pour le transport maritime en 2024. Bien au contraire ! Une fois de plus, le fret conteneurs a défrayé la chronique avec la fermeture de la mer Rouge qui a obligé les porte-conteneurs au détour par le cap de Bonne-Espérance. Le rebond des taux a été spectaculaire alors que, de nouveau, nombre de ports étaient engorgés. Sur le marché des tankers, la question essentielle a été celle du devenir de la « flotte grise » utilisée pour le pétrole russe face aux sanctions américaines. Enfin, les taux de fret des navires de vrac sec ont subi le contrecoup de la diminution à venir des importations chinoises. Mais la situation la plus difficile est, sans conteste, celle des méthaniers confrontés à la surcapacité mondiale de ce type de navires.

Fret sec : déprimés

Les taux des vracs secs sont restés contraints une grande partie de l'année, malgré un passage dans des eaux plus porteuses en fin d'été. Comme toujours, la demande chinoise a été déterminante, sachant que plus de 35 % des volumes de vrac sec lui sont destinés.

Les vracs secs ont démarré 2024 à fond de cale, ou presque. Le *Baltic Dry Index* (BDI), qui fournit une estimation moyenne des tarifs pratiqués sur vingt routes de transport en vrac de matières sèches (minerais, charbon, métaux, céréales, etc.), valait 1 460 points mi-janvier, son plus bas niveau depuis 2008. Le *Baltic Capesize Index* (BCI), qui synthétise les tarifs des minéraliers portant plus de 150 000 tonnes, traînait à 1 970 points, avec un revenu journalier moyen de $ 16 337, tandis que le *Baltic Panamax Index* (BPI), qui fédère les tarifs pour quatre routes (la plupart pour les céréales), valait 1 686 points, avec un revenu moyen de $ 15 175/j.

Un léger remous s'amorçait en février, suscité par une demande de très gros tonnages, notamment en Chine. Le 20 du mois, le BDI se redressait à 1 629 points, le BCI à 2 457 points ($ 20 378/j) ; le BPI était stable à 1 681 points ($ 15 132/j).

Sur les deux premiers mois de l'année, les importations chinoises de charbon s'étaient accrues de 23 %, à 74,52 Mt, contre 60,63 Mt pour ces deux mois un an plus tôt.

BRS
Shipbrokers
Since 1856
New routes, same direction
Assets
Dry Bulk
Tanker
Specialized Tankers
Gas
LNG
Carbon
FFA
Liner
Offshore & Renewables
Ship Finance
Research
Abidjan · Athens · Beijing · Bogota · Copenhagen · Dubai · Geneva · Guangzhou · Hamburg · Ho Chi Minh · Hong Kong
Houston · London · Luxembourg · Madrid · Mumbai · Oslo · Paris · Shanghai · Singapore · Sofia · Stamford · Tunis
www.brsshipbrokers.com

Celles de minerai de fer progressaient de 8,1 %, à 209,45 Mt.

À 2419 points le 18 mars, le BDI retombait le 2 avril à 1 714 points. En cause, une demande plus lâche, sur tous les bassins. La route du minerai de fer Australie-Chine était en fort recul, ainsi que l'activité depuis les côtes brésiliennes. Le BCI valait 2 394 points ($ 19 852/j) et le BPI 1 816 points ($ 16 341/j).

Au fil des jours, un léger mieux se fit sentir pour les frets secs : les ports australiens se montraient actifs, soutenus par les attentes d'une reprise de l'activité de la construction en Chine et par l'espoir de nouvelles mesures de relance au deuxième trimestre ; l'Atlantique profitait de la forte demande de céréales sud-américaines.

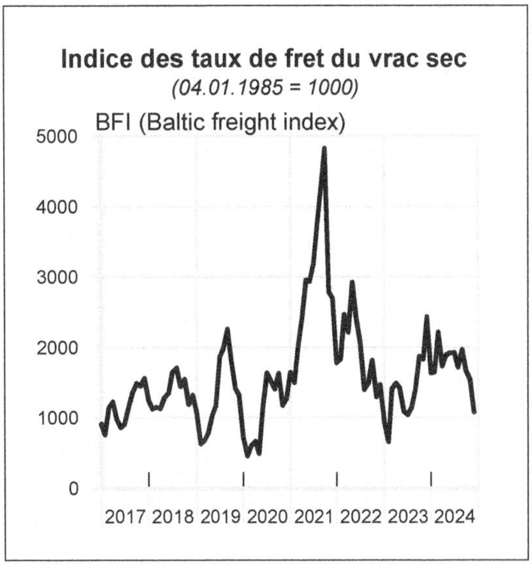

Un optimisme qui tombe à l'eau

Le *Baltic and International Maritime Council* (BIMCO) affichait une certaine confiance pour les mois à venir. Le BDI, disait-il, avait profité d'un regain de la demande de Capesize depuis septembre 2023, à la faveur de volumes de minerai de fer plus élevés transportés par Capesize du Brésil vers la Chine.

Les Panamax tiraient profit du déroutage des navires pour éviter la mer Rouge et le canal de Panama.

Mais ce bel optimisme ne dura guère. La dynamique s'inversa. Les indices Capesize étaient à l'origine de ce changement, avec de faibles volumes de cargaison et des perspectives incertaines, en dépit des fortes importations chinoises de minerai de fer au premier trimestre et des projections stables de production d'acier brut pour l'année ; sans compter l'arrivée de la saison des pluies en Guinée qui perturbait ses exportations de bauxite.

Le 26 avril, le BDI valait 1 721 points, contre 1 919 une semaine plus tôt.

Le BCI valait 2 172 points avec un tarif d'affrètement à temps (TCE) de $ 18 012/j (contre 2 839 points et $ 23 543/j).

Le BPI était à 1 878 points, son TCE moyen à $ 16 900 (1 916 et $ 17 246/j).

Les relations sino-australiennes étaient en nette amélioration : pour la première fois en plus de quatre ans, l'Australie avait livré à la Chine plus de charbon qu'au Japon. L'Inde faisait les frais de ce réchauffement, avec 2,63 Mt de charbon tous types expédiés en avril, contre 3,49 Mt en mars.

Par ailleurs, les eaux basses du canal de Panama affectaient le vrac sec. Les transits et les cargaisons accusaient une chute de 74 % et 25 % respectivement entre janvier et avril.

Mai s'engagea sur un BDI à 1 683 points. Sur la côte est de l'Amérique du Sud, les acteurs du marché s'inquiétaient de la surabondance de tonnages dans le segment des Panamax. Le gouvernement chinois anticipait une forte récolte de blé, mais, surtout, avait décidé de suspendre ses achats de maïs pour soutenir ses fermiers.

Pour les Capesize, l'humeur était plus détendue. Le grand mineur brésilien Vale tablait pour l'année sur des importations chinoises de minerai de fer aussi importantes qu'en 2023. « À court terme, nous envisageons toujours une forte résilience de l'économie chinoise », déclarait son directeur marketing début mai.

Le mois s'acheva sur une note positive pour le BCI, qui valait le 31 mai 2 820 points ($ 23 389/j). Le bassin Pacifique bénéficiait de meilleurs chargements de charbon depuis l'Indonésie et la côte est de l'Australie. Le BPI était tombé à 1 693 points ($ 15 240/j). Le *Baltic Dry Index* terminait à 1 815 points.

Juin se déroula sous de meilleurs auspices. La progression s'amorça dès le début du mois, à la faveur d'une demande accrue dans le bassin At-

lantique. L'activité des Capesize était stimulée par les livraisons de minerais du Brésil et de l'Afrique de l'Ouest. Le Pacifique était moins tonique, le marché australien enregistrant de faibles volumes d'exportation de charbon.

À 1 852 points le 5 juin, le BDI se hissait à 2 050 points le 28 du mois, tiré par une demande de Capesize particulièrement tonique pour le transport du minerai de fer brésilien. Le BCI affichait 3 443 points, avec un TCE moyen de $ 28 557/j. Le BPI restait en retrait, à 1 667 points ($ 15 007/j), en dépit de bonnes exportations céréalières des États-Unis et de l'Amérique du Sud, depuis la côte est.

Forte hausse des échanges de charbon

Le courtier maritime italien Banchero Costa rapportait que le « commerce mondial de charbon (s'était) vraiment accéléré au cours des derniers mois ». En janvier-décembre 2023, rappelait-il, les chargements mondiaux de charbon par voie maritime avaient augmenté de 5,8 %, à 543,2 Mt. En janvier-mai 2024, la tendance positive s'était poursuivie, les chargements mondiaux ayant augmenté de 2,5 %. Il relevait également une hausse de 10,1 % pour la période des importations chinoises de charbon.

Pour sa part, le BIMCO n'excluait pas un tassement des taux de fret à partir du second semestre, considérant notamment la reprise des transits par le canal de Panama, dont les jauges de passage revenaient progressivement à la normale. « Les distances de navigation vont s'écourter », prévenait-il.

À l'entrée de juillet, la vague continuait néanmoins de porter le vrac sec. Le 1er juillet, le BDI valait 2 179 points, tiré par le BCI, qui enregistrait son meilleur résultat depuis mars, à 3 888 points ($ 32 248/j). Le BPI continuait de tirer des bords, à 1 640 points ($ 14 759/j).

Mais bientôt, comme pour confirmer les prévisions du BIMCO, les indices piquèrent du nez, semaine après semaine : 1 940 points le 8 juillet pour le BDI, 1 890 points neuf jours plus tard et 1 834 points le 25 juillet. Le marché était, de nouveau, obéré par la faiblesse du marché de l'acier chinois. Le BDI clôtura le mois à 1 762 points. Le BCI valait 2 499 points ($ 20 729/j). De bonnes exportations de charbon australien vers la Chine (+ 18 % par rapport à juillet 2023) et la reprise de celles de minerai de fer brésilien limitèrent les pertes.

En l'absence de chargements saisonniers de grains dans les ports sud-américains et avec l'abondance de navires dans le golfe des États-Unis, le BPI finit le mois à 1 772 points ($ 15 945/j).

Alors que le mois d'août se caractérise généralement par une stabilité dans les secteurs du vrac sec, le 8 août, le BDI avait glissé à 1 683 points.

Il reprit quelques couleurs le 23 août, à 1 762 points, soutenu de manière significative par la reprise du BCI, qui récupérait de ces pertes. Principale force motrice de cette reprise, la robuste activité au départ de l'Australie, avec le soutien supplémentaire d'une forte demande dans l'Atlantique.

Le BCI valait 2 851 points ($ 23 645/j).

En revanche, le secteur Panamax perdait encore du terrain, à 1 414 points ($ 12 724/j). En cause, un bassin Atlantique surchargé et une activité limitée depuis la côte est de l'Amérique du Sud.

La Chine avait multiplié ses exportations en août, « au rythme le plus rapide en presque dix-huit mois », relevait Xclusiv.

Inversement, si elle achetait un record de 12,14 Mt de soja, ses importations de commodités se repliaient, dont – 4,73 % pour le minerai de fer.

La Russie lui livrait 13 % de charbon en moins, soit 8,7 Mt.

Activité soutenue en septembre

Il fallut attendre les premiers jours de septembre pour voir le BDI engranger des gains. Il prenait 10 % en sept jours le 2 septembre, à 1 919 points. Le BCI glanait 28 % à 3 248 points ($ 26 935/j). Dans le Pacifique, l'activité était robuste, entraînée par les mineurs australiens qui remplissaient tous les tonnages disponibles.

À l'inverse, le BPI perdait 247 points, à 1 305 points ($ 11 748/j). Les taux dans le Pacifique restaient soutenus par les expéditions de céréales du Pacifique Nord et les exportations de charbon indonésien, contrairement à l'Atlantique, qui souffrait de cargaisons sud-américaines de minerai limitées et d'une faible activité céréalière.

De son côté, Moscou étendait la suspension du droit à l'exportation de charbon thermique et d'anthracite jusqu'en décembre, une mesure visant à

Les indices des taux de fret maritime

Si chaque transaction entre un armateur et un affréteur est unique, le marché a, dès les premières années du XXe siècle, vu se développer des indices calculés en général par des courtiers. Ce furent d'abord les frets « secs » qui firent ainsi l'objet de publication par le Baltic Exchange de Londres. C'est le *Baltic Dry Index* que tant d'analyses considèrent encore comme représentatif de l'ensemble du marché maritime mondial. Le BDI fit d'ailleurs l'objet d'un marché à terme à Londres dans les années 1980. Par la suite, le Baltic a publié des indices pour les tankers. Longtemps cartellisé par les conférences maritimes, le marché des conteneurs a vu l'émergence de nombreux indices aux méthodologies variées.
Dans Cyclope, on trouvera :
Pour les conteneurs :

– Le *Freightos Baltic Daily Index* (FBX) fournit une estimation des taux spot Asie-États-Unis (y compris les suppléments de primes). Il est fixé en dollars pour un conteneur Équivalent 40 pieds (40').

– Le XSI de Xeneta donne une indication des mouvements du marché global dans le secteur conteneurisé et est centré sur les contrats à long terme pour les plus grandes régions du monde (Asie, Europe, États-Unis).

– Le Drewry est l'indice estimé sur les tarifs payés par les expéditeurs de fret aux transporteurs. Le *World Container Index* (WCI) établi par Drewry comprend les tarifs de fret conteneurs sur huit routes importantes à destination et au départ des États-Unis, de l'Asie et de l'Europe.

– Le *Shanghai Export Containerized Freight Index* (SCFI) mesure les taux spot (négociés à moins de trente jours) à partir de Shanghai vers une vingtaine de destinations mondiales.

– Le *Ningbo Containerized Freight Index* (NCFI) mesure les tarifs de fret sur 21 routes au départ de Ningbo-Zhoustan.

– L'indice *Harpex* calculé par le courtier Harper Petersen à partir de transactions sur l'ensemble de la planète (il faut prendre garde à ne pas confondre les taux pour les conteneurs de 40 pieds et de 20-EVP).

Pour le vrac sec :

– Le *Baltic Dry Index* et ses deux principales composantes
– Le *Baltic Capesize Index* (essentiellement minéraliers)
– Le *Baltic Panamax Index* (grains et minerais)

Pour le pétrole :

– Le *Baltic Dirty Tanker Index* (pétrole brut et fioul lourd, en général les plus gros pétroliers)
– Le *Baltic Clean Tanker Index* (pour les produits raffinés)

(Pour compliquer, les taux de fret pour les tankers sont calculés en base *Worldscale* (WS) qui tient compte des coûts).

soulager les producteurs russes, mais peu susceptible d'augmenter les exportations.

En dépit d'un léger passage à vide en milieu de mois, avec un BDI qui se rétractait à 1 890 points, les tarifs du vrac sec retrouvaient des eaux plus porteuses.

Le 20 septembre, l'indice Baltic Dry valait 1977 points. Le BCI affichait 3235 points ($ 26826/j) et le BPI 1538 points ($ 13842/j).

Le marché des Capesize était particulièrement actif sur le bassin Pacifique, sur les routes partant du sud du Brésil et d'Afrique de l'Ouest vers la Chine. Sur l'Atlantique Nord, il se montrait plus calme.

Les Panamax bénéficiaient d'une bonne demande sur ce dernier bassin, en particulier depuis le golfe du Mexique pour des minerais et des grains.

À la clôture du mois, le BDI valait 2 084 points, tiré par un BCI à 3 649 points ($ 30 258/j). À la traîne encore une fois, le BPI valait 1 414 points ($12 727/j).

Le repli s'affirma les jours suivants. Le 9 octobre, le BDI chutait à 1 799 points. Il ne valait plus que 1 382 points le 28 suivant, signant une cinquième semaine de baisse, sous la pression d'une offre abondante de tonnage et d'une activité limitée. Le BCI suivait le mouvement à 1 786 points ($ 14 811/j), ainsi que le BPI à 1 190 points ($ 10 711/j). Selon les données de *Clarksons Securities*, les tarifs des Capesize, s'ils n'étaient pas très inférieurs à leur moyenne sur cinq ans, avaient perdu 52 % en octobre, comparé à septembre.

Activité faible en fin d'année

De fait, l'activité des Capesize dans le Pacifique restait faible, et faible aussi la demande dans l'Atlantique. De même, le secteur Panamax enregistrait des résultats médiocres. Malgré quelques nouvelles injections de cargaisons dans l'Atlantique, la surabondance de tonnage absorbait toute hausse potentielle des taux, tandis que l'absence de nouveaux besoins en provenance du Pacifique Nord et de l'Australie exerçait une pression supplémentaire sur les taux.

« Cet affaiblissement des taux spot pour les Capesize a eu un impact négatif sur le sentiment du marché. Depuis le début du mois d'octobre, les taux d'affrètement à temps pour un an ont chuté de 7 % (…) », constatait un analyste du BIMCO.

Les jours s'enchaînaient et aucun souffle ne dégageait le voile posé sur le marché. Le 22 novembre, le BDI n'était plus qu'à 1 537 points. Mêmes causes, mêmes effets : eaux très calmes en départ du sud du Brésil et d'Afrique de l'Ouest vers la Chine.

Décembre s'engageait aussi mal que novembre avait fini. Le 2 décembre, l'indice global dérapait à 1 298 points, un plus bas de quinze mois. Le BCI valait 1 973 points ($ 16 363/j) et le BPI 1 009 points ($ 9 079/j).

La baisse de la demande d'importation chinoise associée à une reprise des transits par le canal de Panama a eu un impact négatif sur les taux. À cela, on pouvait ajouter des perspectives incertaines, avec la promesse du président élu

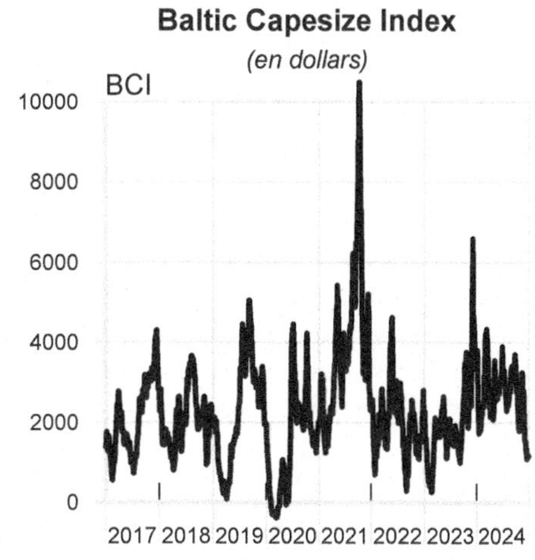

(Source : Baltic Exchange)

Donald Trump d'une hausse tous azimuts des droits de douane.

De surcroît, la croissance de la demande de vrac sec pourrait commencer à ralentir dans les années à venir, alors que les expéditions de charbon atteignent leur pic et que la production d'acier recyclé augmente, ce qui affecte les expéditions de minerai de fer. Sachant que les importations chinoises de ce minerai représentent 74,4 % du total mondial, toute évolution de la demande a un impact énorme sur le marché.

À 990 points le 20 décembre, le BDI s'enfonçait dans la déprime. Le BCI tombait à 1 115 points ($ 9 244/j) et le BPI à 976 points ($ 8 782/j).

C'était peu de dire que l'inquiétude gagnait propriétaires et affréteurs. Certes, il s'agissait d'un repli saisonnier de la demande chinoise, mais rien ne garantissait que l'horizon allait se dégager.

Pour le vrac sec, les perspectives pour 2025 sont mitigées. Certains marchés clés, comme les importations chinoises de minerai de fer et surtout de charbon, devraient s'inscrire en recul. La diminution des achats chinois de céréales pèsera aussi sur les taux des Panamax au moins au premier semestre 2025. Mais deux facteurs devraient aussi jouer : la montée en puissance des réglementations environnementales qui remodèle l'offre des navires et le regain de tensions commerciales entre les États-Unis et la Chine et leurs possibles conséquences agricoles.

Dérivés de fret sec : consolidation en 2023

Après avoir atteint un record en 2023, les volumes des dérivés de fret sec se sont contractés de 7,7 % à 3,3 millions de lots en 2024. Il s'agit néanmoins du deuxième plus haut niveau jamais atteint, bien au-delà des 985 000 t de lots traités en 2019, par exemple.

Un lot équivaut à un jour de transport ou 1 000 tonnes de matière première sèche transportée. Cette baisse des volumes s'explique par un marché physique moribond et une forte tendance baissière durant le quatrième trimestre 2024. L'indice phare Capesize 5 Time Charter publié par le *Baltic Exchange* a démarré à $ 30 000/jour en janvier et atteint un point haut de $ 35 000/jour début mars. Après cela, le contrat s'est consolidé dans une fourchette relativement étroite $ 20 000-$ 30 000/jour jusqu'à mi-novembre, avant de s'effondrer à $ 9 000/jour fin décembre. L'année 2025 a commencé sur la même tendance baissière.

L'indice Panamax 4 TC a baissé durant presque toute l'année 2024. Le contrat a atteint un pic à $ 19 500/jour début mars, mais il n'a cessé de s'effriter par la suite pour terminer à $ 7 300/jour en décembre.

Cette baisse des prix est due à une augmentation massive de la flotte, avec un total de 474 navires délivrés sur le marché (dont 35 Capesize et 100 Panamax). La capacité totale (toutes tailles de bateaux confondues) a augmenté de 31 mdwt, soit 3,2 % pour atteindre un nouveau record à 1 009 mdwt.

Le marché reste en surcapacité, malgré des importations record de charbon vapeur à 1 112 millions de tonnes en 2024, selon la société de conseil Perret Associates. Les importations chinoises de minerai de fer ont atteint elles aussi un plus haut en 2024 à 1 238 millions de tonnes.

De plus certains points de congestion, comme le canal de Panama (forte sécheresse en 2023), qui avaient contribué à augmenter les durées de transport, se résorbaient peu à peu.

L'embargo de la zone EU à 27 + RU pour les importations de charbon russe fut absorbé par le marché et, en fin d'année 2024, la perspective d'une nouvelle administration aux États-Unis laissait présager d'une normalisation du trafic maritime dans la mer Rouge.

Nous attendons une baisse progressive du « tonne-mile » (distance moyenne parcourue pour transporter une tonne de matière première) puisque les flux mondiaux de minerai de fer, charbon et grains, devraient peu à peu retourner à la normale en 2025 et 2026.

Ceci devrait maintenir la tendance baissière sur les prix du fret sec, même s'ils sont déjà relativement bas. Le marché du fret sec semble désormais contraint de devoir toucher les coûts d'opérations, ce qui devrait pousser certains opérateurs à cesser temporairement leurs opérations ou à recycler leurs plus vieux navires.

Le *Singapore Exchange* (SGX) demeure la principale bourse de trading pour les dérivés de fret financiers avec 2,3 millions de lots traités en 2024, soit 68 % du marché total, en légère baisse par rapport aux 2,4 millions de lots traités en 2023 (67 % du total).

L'allemand EEX est la deuxième bourse avec 1 million de lots traités en 2024, soit 32 % du marché.

Prix du swap sur l'indice Capes 4TC/5TC

(en dollars/jour)

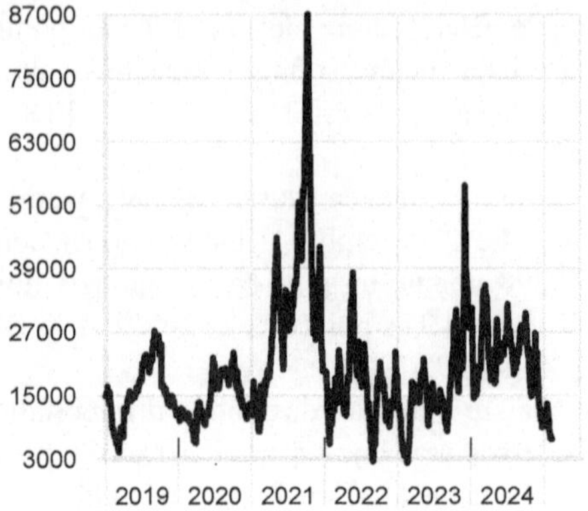

(Source : Perret Associates)

La part des Capesize sur SGX a augmenté à 46 % alors que la part des Panamax s'effritait à 36 % et que celle des Supramax chutait à 12 %.
Étant donné les risques significatifs de crédit et de non-performance, 99 % des volumes de fret financiers sont traités sur des marchés organisés. Cependant le marché du fret reste très spécifique dans la mesure où les bourses sont uniquement utilisées pour leurs fonctions de chambre de compensation, mais pas pour le trading proprement dit. Les transactions se font toujours de gré à gré, la plupart du temps au téléphone et non sur écran.
Le secteur du fret physique est intégré dans le marché des émissions de CO_2 depuis janvier 2023.

(Source : Perret Associates)

....

Fret tankers : à la recherche de la flotte « grise »

L'année 2024 a été mouvementée pour les frets pétroliers, notamment avec la crise au Moyen-Orient, région tête de pont pour le commerce du pétrole.
Depuis la mer Noire et la Baltique, s'échappait aussi une flotte fantôme qui rayonnait sur toutes les mers, en particulier celles menant à l'Inde ou à la Chine, et dont les sanctions ne semblaient pas venir à bout.

Le trafic pétrolier a connu un début d'année pour le moins mouvementé. En particulier dans la mer Rouge, devenue quasi-zone de guerre. À l'exception des navires en lien avec la Russie, qui continuaient « de transiter en masse », comme le relevait le courtier britannique Gibson, les autres devaient passer par le cap de Bonne-Espérance, ce qui rallongeait le voyage, mais, sans conteste, était beaucoup plus sûr.

Les plus affectés étaient les flux de produits pétroliers (les *clean*) partis d'Inde et du Moyen-Orient vers l'Europe, de même que le naphta en direction de l'Asie.

Des tarifs dopés par la crise de la mer Rouge

Loin de couler les tarifs des frets pétroliers, cette crise les dopait. Un VLCC (*Very Large Crude Carrier*) circulant depuis le golfe de Guinée vers l'Asie voyait ses taux augmenter. Le 22 février, l'indice *Worldscale* du marché spot de pétrole brut sur la route de référence TD3C s'établissait à WS68. Le tarif d'affrètement à temps (TCE) était de $ 40 250/j.

La route TD20 Afrique de l'Ouest-Europe (y compris Grande-Bretagne), sur laquelle circulent des Suezmax, valait WS109 avec un TCE de $ 38 250/j.

Un Aframax empruntant la TD25 entre le golfe du Mexique et l'Europe valait WS206 (48 750/j).

Le *Baltic Dirty Tanker Index* (BDTI), moyenne des taux pratiqués sur dix-sept routes de transport de pétrole brut et de fioul lourd, se situait à 1 145 points.

Sur le marché spot des produits pétroliers raffinés, un LR2 (Long Range 2, unité de 105 000 à 115 000 tpl) sur le voyage de référence TC1 golfe Arabo-Persique–Japon valait WS191, pour un revenu journalier de $ 42 750/j.

Le *Baltic Clean Tanker Index* (BCTI), moyenne des prix pratiqués sur six routes de produits pétroliers raffinés (essence, gaz liquéfié, fioul de chauffage, etc.), terminait à 1 014 points.

La Chine a importé 10,74 millions de barils par jour (Mb/j) sur les deux premiers mois de 2024, en hausse de 3,3 % sur ces deux mois de 2023, mais en repli par rapport aux 11,39 Mb/j importés en décembre.

Singapour, premier centre mondial de ravitaillement maritime, tirait profit de l'allongement des trajets maritimes (pour éviter le canal de Suez et celui de Panama, dont les eaux étaient à l'étiage). La flotte mondiale de pétroliers devait désormais parcourir de plus grandes distances pour acheminer brut et carburants.

La Russie, quant à elle, contournait les sanctions occidentales en expédiant en Asie le pétrole auparavant acheminé en Europe.

L'Agence internationale de l'énergie (AIE) relevait ses prévisions de livraisons pour 2024 de 110 000 b/j, dont une majeure partie constituée de mazout : d'autant plus que le réacheminement des navires augmentait les besoins de ravitaillement dans les ports d'Afrique australe, tels Walvis Bay en Namibie, Richards Bay et Durban en Afrique du Sud et Port-Louis à l'île Maurice.

Ces détours ajoutaient jusqu'à trois semaines de temps de navigation à certains itinéraires, accroissant considérablement les coûts de transport (avec une consommation supplémentaire moyenne de 100 000 b/j) et réduisant la disponibilité des navires. De surcroît, « les efforts déployés pour rattraper le temps perdu en naviguant à plus grande vitesse augmentent encore la consommation de carburant », soulignait l'Agence. Et donc les tarifs de fret.

Le 14 mars, le BDTI valait 1 197 points.

Sur la TD3C, un VLCC était à WS72, avec un TCE à $ 45 500/j.

Un Suezmax en route vers l'Europe depuis l'Afrique de l'Ouest sur la TD20 valait WS102 ($ 33 500/j).

Sur la TD25, un Aframax vers la même destination en départ du golfe du Mexique était à WS181 ($ 40 000/j).

Le BCTI valait 1 180 points.

Un LR2 sur la route golfe Arabo-Persique–Japon valait WS278 ; son TCE était de $ 73 750/j.

Ce que l'on voit et ce que l'on cache

En Inde, Reliance Industries, l'opérateur du plus grand complexe de raffinage pétrolier au monde, annonçait arrêter ses achats du pétrole chargé sur les navires de Sovcomflot, que les États-Unis venaient de placer sous sanction. Une mauvaise nouvelle pour les compagnies russes, d'une part parce que l'Inde était leur plus gros acheteur, et de l'autre parce qu'elles avaient déjà du mal à se faire payer leurs exportations de brut en raison de restrictions bancaires.

Voilà pour le devant de la scène. En arrière-plan, les exportations russes touchaient un plus haut de l'année sur la dernière semaine de mars, au cours de laquelle les flux de brut russe avaient augmenté de 270 000 b/j, pour totaliser 3,74 Mb/j. Une grande partie des chargements se trouvait sur des tankers mentionnant comme destination Port-Saïd ou Suez en Égypte, ou devait être transférée d'un navire à un autre au large du port sud-coréen de Yeosu. Ces voyages s'achevaient généralement dans des terminaux chinois ou indiens.

Comme la Russie, le Venezuela voyait ses exportations se hisser à leur plus haut niveau depuis début 2020 ; avec, là encore, la Chine comme première destination.

Le courtier italien Banchero Costa rapportait pour le premier trimestre des « exportations depuis le Golfe (arabo-persique) en recul de 2,3 % en glissement annuel, à 216,5 Mt », soit l'équivalent de 39,1 % du commerce pétrolier maritime.

En sortie des ports russes, la baisse était de 0,2 % à 58,8 Mt (10,6 % du total mondial).

Baisse aussi, depuis l'Afrique de l'Ouest, de 0,4 % à 43,2 Mt.

En revanche, les exportations des États-Unis, d'Amérique du Sud et de l'ASEAN bondissaient de 9,9 % (51,2 Mt), 15,9 % (43,6 Mt) et 33,9 % (35,2 Mt) respectivement.

Les mêmes causes entraînant les mêmes effets, les taux de fret pétroliers – *dirty* et *clean* – étaient attendus en hausse au deuxième trimestre, malgré le placement en maintenance des raffineries, qui devrait limiter les gains.

De fait, le 18 avril, l'indice *Baltic Dirty* valait 1 114 points, sur une demande relativement calme depuis le golfe Arabo-Persique et l'Afrique de l'Ouest.

Le soutien devait venir, comme toujours, de la Chine. Quelque 124 superpétroliers signalaient ses ports comme leur prochaine destination au cours des trois mois suivants, un sommet depuis la fin avril 2023, à la faveur d'une forte demande après le Nouvel An lunaire et de la reconstitution des stocks de carburant par les raffineurs avant la maintenance saisonnière.

Le Baltic Clean descendait à 1 022 points.

Sur la route Moyen-Orient–Japon, un LR2 valait WS207 ($ 48 500/j).

On s'attendait à des tarifs *clean* élevés et volatils pour les mois à venir sur les routes transa-

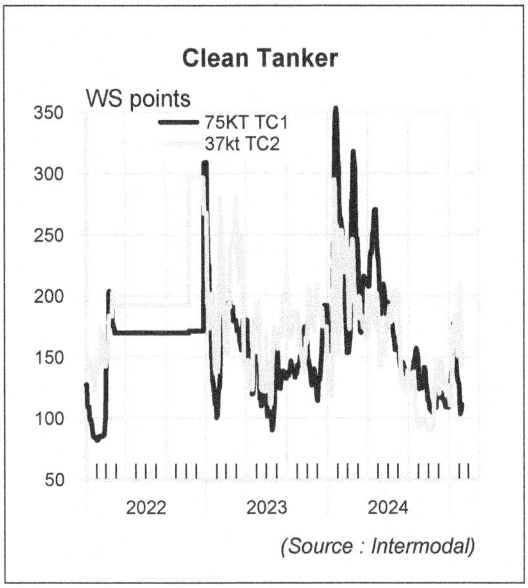

(Source : Intermodal)

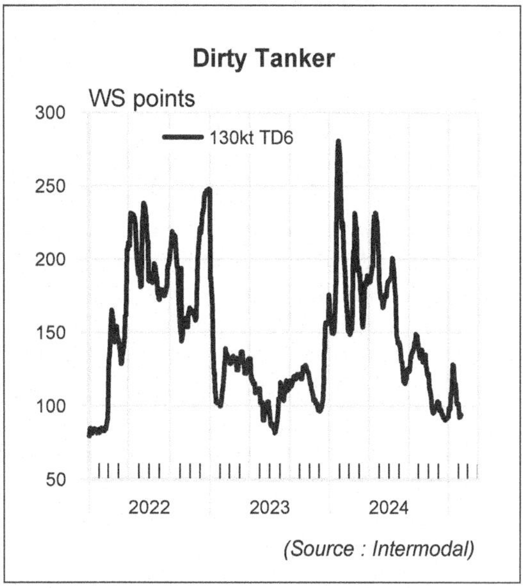

(Source : Intermodal)

tlantiques suivies par les LR2 en départ golfe du Mexique : l'utilisation des raffineries y dépasse généralement 90 % en avril, alors que la période de maintenance commence dans les raffineries européennes. Également à prendre en compte, la hausse progressive des transits par le canal de Panama, qui stimulait l'activité d'exportation tant dans le bassin Atlantique que sur le versant Pacifique.

Croissance en vue

Le marché du brut se portait bien et semblait s'ouvrir sur un bel avenir, à en croire Gibson. Se rapportant aux dernières analyses de l'AIE, qui prévoyait une hausse de 1,1 Mb/j de la demande mondiale en 2025, après 1,2 Mb/j en 2024, le courtier estimait « la croissance prévue de la demande en 2025 (…) raisonnablement robuste, en ligne avec les taux de croissance moyens observés depuis 2011 ».

Pour les produits pétroliers, le tableau divergeait. Suite aux sanctions prises à l'encontre de la Russie, l'Europe s'était tournée vers le Moyen-Orient pour ses besoins en distillats. Mais les volumes depuis l'est de Suez étaient en chute, ce qui avait ouvert la voie aux États-Unis sur le Vieux Continent. Entre janvier et avril, les exportations américaines de *clean* vers l'Europe ont presque triplé, par comparaison à ces quatre mois de 2023, tandis que les volumes en provenance de l'est de Suez perdaient près de 20 %.

Les exportations russes de produits raffinés, sous sanctions occidentales, avaient trouvé de nouveaux acheteurs. Premiers de la liste, la Turquie (29 % de ses importations totales de *clean*) et le Brésil. Lequel, lors des huit derniers mois de 2023, en avait importé 650 000 tonnes. Le volume avait grimpé à 830 000 tonnes lors des quatre premiers mois de 2024.

Début mai, des signes d'amélioration apparaissaient sur la route des VLCC golfe du Moyen-Orient–Chine, contrastant avec le sentiment toujours modéré sur la route suivie par les Aframax vers la Méditerranée.

À long terme, assurait Gibson, « l'augmentation prévue de la production de brut en Amérique, associée à une croissance continue de la demande à l'est de Suez (laissait) présager une croissance structurelle du commerce de brut sur de longues distances ».

L'OPEP appuyait ces prévisions en maintenant ses prévisions de la demande globale à 104,5 Mb/j pour 2024, puis à 106,3 Mb/j en 2025.

Une flotte fantôme très présente

De fait, les incertitudes géopolitiques croissantes entraînaient une appréciation progressive des taux de fret des VLCC. Non seulement les attaques sur la mer Rouge favorisaient l'utilisation de navires plus grands pour les voyages au long cours, mais une partie notable de vieux tankers – 19 % de la flotte totale, selon Gibson – se fondait dans la flotte fantôme dédiée au pétrole sous sanction. Comme l'était le brut iranien dont les exportations se poursuivaient, à la faveur d'un réseau fourni de négociants et d'intermédiaires financiers, par transbordement du pétrole d'un navire à l'autre au large des côtes de la Malaisie.

Cette flotte clandestine transportait le carburant le moins cher disponible et était peu encline à respecter des normes de transport maritime moins polluantes. « La flotte fantôme est sous stéroïdes. Et les pratiques maritimes trompeuses auxquelles elle se livre sont de plus en plus complexes et sophistiquées », s'alarmait une analyste de *Lloyd's List Intelligence*. Elle évaluait à environ 630 le nombre de navires composant cette armada, contre 530 un an plus tôt, soit 14,5 % de la flotte pétrolière globale.

Puis les tarifs des VLCC commencèrent à piquer du nez, faute d'une demande soutenue, avec le risque d'une nouvelle baisse.

À l'inverse, le marché des Suezmax se raffermissait de façon spectaculaire avec une liste serrée de tonnage chargé à Bassorah.

Le transbordement illégal de brut russe ne se déroulait pas seulement dans les eaux malaisiennes. La Méditerranée était également un espace de choix pour les pétroliers « fantômes ». La marine de guerre grecque leur donnait la chasse. Un nouvel emplacement était trouvé, dans les eaux internationales à l'extrémité orientale de la côte marocaine, non loin de l'enclave espagnole de Melilla, rapportaient les données de suivi des navires.

Et le sale devint propre

Un changement de paradigme s'opérait sur le segment des produits pétroliers. Le marché des LR2 était en plein boom, avec un tarif moyen d'affrètement à temps de $ 53 500/j. Le TCE d'un Suezmax tournait autour de $ 46 000/j. Aussi voyait-on des Suezmax se transformer en *clean tankers*, après un nettoyage complet de leurs cuves. Le 10 juillet, 18 VLCC, 48 Suezmax et 85 Aframax avaient ainsi fait leur mue.

Une des raisons principales tenait au nombre insuffisant de livraisons de nouveaux VLCC et Suezmax, qui transportent généralement des distillats moyens (des produits donc), dans le cadre de leur voyage inaugural.

« Notamment, 2024 ne verra qu'une seule livraison de VLCC (qui avait déjà touché l'eau en janvier), le chiffre le plus bas depuis au moins 1990… la situation est similaire pour les Suezmax avec seulement six livraisons prévues d'ici la fin de 2024 », rapportait le courtier BRS.

Le brut iranien se déversait dans le port de Dalian, au nord-est de la Chine. Depuis 2019, les petites raffineries indépendantes (les *teapots*) du Shandong profitaient de cette manne pétrolière moins chère. Mais leur demande déclinait. Dalian avait pris le relais. Selon le consultant Vortexa, qui suit les flux des pétroliers, vingt-trois cargaisons ou l'équivalent de 45 millions de barils de brut iranien ont été déchargés dans le port entre octobre 2023 et juin 2024.

L'Iran avait également trouvé de nouvelles destinations vers lesquelles il acheminait de petites quantités de pétrole : le Bangladesh et Oman.

De son côté, l'Irak augmentait de 300 000 b/j les capacités d'exportation de brut de ses terminaux onshore de Fao et offshore de Bassorah.

Enfin, les exportations russes de brut de qualité Oural s'élevaient en juillet à 3,19 Mb/j, soit – 520 000 b/j par rapport à juin, sur fond de baisse de prix du pétrole, de réduction de la production de l'OPEP+, d'une reprise du raffinage domestique et du repli saisonnier de la demande en Inde (– 390 000 b/j). L'Inde avait importé de Russie 1,6 Mb/j en moyenne, soit une hausse de 1 000 % depuis le début août 2021.

En revanche, les exportations de produits pétroliers progressaient de 6 % d'un mois à l'autre, tirées par la remise en production des raffineries endommagées par des drones ukrainiens en 2023.

À l'entrée d'août, le transport de brut traversait des eaux calmes, sur tous les bassins.

Le BDTI valait 952 points.

Un VLCC sur la route de référence Moyen-Orient–Chine était à WS47, avec un TCE en net recul, à $ 22 250/j.

Entre le golfe de Guinée et l'Europe, un Suezmax affichait WS80 ($ 26 000/j).

Un Aframax en départ golfe du Mexique vers l'Europe valait WS128 ($ 25 500/j).

Le transport de produits se portait à peine mieux.

Le BCTI valait 755 points.

Sur la route golfe Arabo-Persique–Japon, un LR2 valait WS151 ($ 33 750/j).

La Malaisie, nouveau hub pour le pétrole sous sanctions

La Malaisie était désormais un hub majeur pour le transbordement du pétrole provenant d'Iran et du Venezuela, à raison d'un total de 1,77 Mb/j en août. Avec des exportations vers la Chine en hausse de 31 % durant le mois, elle en devenait le deuxième plus grand fournisseur après la Russie (2,21 Mb/j) et reléguait l'Arabie saoudite à la troisième place, avec 1,25 Mb/j.

Londres annonça le 11 septembre de nouvelles sanctions à l'encontre de la flotte fantôme russe. Dans le viseur, dix navires, qui avaient transporté « pour plus de $ 5 milliards de pétrole russe », depuis le début de l'invasion de l'Ukraine par la Russie, en février 2022, assurait le ministre britannique des Affaires étrangères, David Lammy.

Malgré les moyens déployés par sa marine militaire, la Grèce ne venait pas à bout des transbordements illégaux de pétrole russe opérés au large de ses côtes, même si elle les avait largement réduits. Le joliment nommé Sagar Violet transférait 730 000 barils dans les cales du superpétrolier Alma non loin du golfe de Laconie, où des exercices militaires grecs se déroulaient depuis mai.

En juillet, le Snow Lotus déchargeait de l'Oural dans le Narcissus, qui, une fois rempli, avait pris la direction des côtes indiennes.

Le port chinois de Tianjin attendait l'arrivée du Prisma, un Suezmax capable de transporter 1 million de barils de pétrole, et à ce jour le plus grand pétrolier russe à s'aventurer sur la route maritime du Nord *via* l'Arctique.

Le navire avait quitté le port baltique d'Ust-Luga le 10 août, vraisemblablement chargé de brut de l'Oural, et devait effectuer son voyage vers l'Extrême-Orient en 35 jours environ, contre 45 jours par le canal de Suez et 55 jours *via* la pointe sud de l'Afrique.

La dernière semaine de septembre s'acheva sur une meilleure dynamique pour les tarifs des VLCC sur la route golfe Arabo-Persique–Chine, indiquant un renforcement du marché à l'approche de la saison hivernale. Ce facteur saisonnier, combiné à un resserrement de l'approvisionnement en navires, ne pouvait que favoriser les tarifs des grands transporteurs de brut. La Chine continuait de remplir ses stocks tandis que ses raffineries intensifiaient leurs activités.

En septembre, la Turquie et le Brésil sont devenus les premiers importateurs de diesel et gazole russes à faible teneur en soufre, rapportait la société financière LSEG, soit un total de 1,07 Mt.

En revanche, les exportations de diesel russe vers les pays africains ont reculé à 0,44 Mt, contre 0,73 Mt en août. La Libye, la Tunisie, le Sénégal et l'Égypte figuraient parmi ses principaux acheteurs.

Pendant que la Grande-Bretagne resserrait à son tour l'étau autour de la flotte fantôme russe et annonçait le 17 octobre une nouvelle salve de sanctions (la quatrième) contre 18 pétroliers, la Chine annonçait un quota d'importation pour les entreprises privées de 257 Mt (5,14 Mb/j) pour 2025. Il avait été fixé à 243 Mt pour 2024.

Une demande faiblissante à l'automne

Le 25 octobre, le BDTI valait 1 036 points.

Le golfe Arabo-Persique était plus calme que d'ordinaire. Les tarifs des VLCC étaient restés constants, même si, comme le subodorait Gibson, une grande partie de l'activité passait « sous le radar ».

La demande de Suezmax en Afrique de l'Ouest, jusqu'alors plutôt soutenue, tendait à faiblir sur les derniers jours du mois. Elle s'asséchait à l'est de Suez, pour les voyages vers l'Asie.

Les importations indiennes de brut ont touché en octobre un plus bas de 13 mois, en raison de fermetures de raffineries pour maintenance.

La Chine aussi voyait ses importations décliner, de 9 %, pour un sixième mois d'affilée, la fermeture d'une unité de raffinage de 90 000 b/j du complexe de PetroChina à Dalian s'ajoutant à une demande plus faible des raffineurs indépendants.

D'après Vortexa, la Chine avait réduit de 21 % ses achats de pétrole arctique au cours des dix premiers mois de l'année.

À mesure que le mois s'avançait, le marché des VLCC déprimait. Il se repliait sur la TD3C,

faute de demande en Chine. Elle devait progresser de 480 000 b/j en 2024, projetait l'AIE en juin. Cinq mois plus tard, les estimations étaient tombées à 150 000 b/j. Il en résultait un déclin de ses importations de 440 000 b/j en un an.

Le 14 novembre, un superpétrolier circulant sur cette route valait WS54 ($ 33 000/j).

Les Suezmax suivant la TD20 ne brillaient pas non plus, à WS76 ($24 500/j). Pas plus que les Aframax sur la TD25, à WS111 ($ 20 500/j).

Le Baltic Dirty valait 890 points.

Le marché des produits pétroliers n'était pas en meilleure forme. Le *Baltic Clean* terminait à 447 points.

Un LR2 voyageant entre le golfe Arabo-Persique et le Japon plongeait à WS95 ($ 14 750/j).

Des tarifs en berne en fin d'année

L'approche des fêtes de fin d'année n'apportait aucune allégresse au marché des VLCC. Les tarifs de fret continuaient de tourner autour de leurs plus bas annuels. L'activité restait très limitée et les nouvelles de l'OPEP+ n'ont pas amélioré le moral des armateurs. Dans l'espoir de meilleures perspectives dans l'Atlantique, on voyait davantage de navires faire du ballast vers l'ouest.

L'Union européenne adoptait le 11 décembre un quinzième train de sanctions contre la Russie. Dans le collimateur, quarante-huit tankers russes supplémentaires et des entreprises chinoises impliquées dans la fabrication de drones destinés à Moscou.

Une résolution (non contraignante) du Parlement européen demandait pour sa part que les navires de la flotte fantôme soient interdits d'accès aux eaux de l'Union européenne, qu'ils prouvent leur couverture d'assurance et que les cargaisons illégales soient saisies sans compensation.

Prévoyant, l'Aframax Attica, sanctionné par le Royaume-Uni et néanmoins chargé de pétrole russe de la mer Baltique, empruntait une route pour le moins inhabituelle : il longeait les îles Shetland plutôt que de traverser la Manche, car il se dirigeait vraisemblablement vers l'Inde *via* le canal de Suez. Un parcours de 25 % plus long que le trajet entre l'Angleterre et la France.

La morosité des frets pétroliers, lors d'un dernier trimestre habituellement solide, ne laissait pas d'inquiéter. Certes, les attaques des Houthis en mer Rouge pesaient sur les taux, tandis qu'ailleurs des raffineries étaient placées en maintenance. Le réacheminement des navires *via* le cap de Bonne-Espérance avait été favorable aux VLCC, au détriment des Suezmax.

De fait, le déclin des exportations russes de brut et de produits a affecté le marché pétrolier. La chute des volumes a été suscitée par la stratégie de baisse de production de l'OPEP+, une moindre demande saisonnière et des raffineries placées en maintenance.

La fermeture *de facto* de la mer Rouge au transport commercial a été ressentie le plus fortement sur le *clean*, avec les tarifs des LR2 en nette hausse en début d'année. Les taux sont demeurés élevés, mais volatils durant le premier semestre. Ils ont chuté rapidement les mois suivants, alors qu'un nombre sans précédent de Suezmax et de VLCC se transformaient en *clean tankers*.

La faiblesse de la demande chinoise et l'évolution des importations ont pesé lourdement sur les taux au cours du second semestre, tandis que les flux importants de brut en provenance de l'Iran et d'autres fournisseurs sanctionnés faisaient concurrence aux cargaisons provenant de sources conventionnelles.

De même, la mise en service de la raffinerie Dangote a été un événement marquant sur les marchés du raffinage de l'Atlantique.

Nouvelle salve de sanctions

Une onde de choc agita le marché pétrolier le 10 janvier 2025, lorsque les États-Unis sanctionnèrent deux grands assureurs russes, GazpromNeft et Surgutneftegaz, ainsi que cent quatre-vingt-trois navires, dont cent cinquante-six pétroliers (dont six en construction), soit une part importante des capacités d'exportation russes.

L'application par les États-Unis de sanctions plus sévères contre la flotte russe et la demande de navires chargés de pétrole du Moyen-Orient en direction de l'Asie apportaient une bouffée d'air aux tarifs pétroliers.

Le 14 janvier, la compagnie Shell réservait trois VLCC et le raffineur chinois Shenghong Petrochemical deux VLCC fixés à WS70 pour chargement dans le golfe Arabo-Persique début février.

Le 16 janvier, le BDTI valait 912 points.

Sur la TD3C, les tarifs remontaient doucement, à WS77 pour un VLCC ($ 59 500/j).

Sur la TD20, un Suezmax valait WS86 ($ 30 250/j).

Un Aframax circulant sur la TD25 affichait WS136 ($ 27 750/j).

Le BCTI valait 756 points.

Sur le TC1, le tarif d'un Long Range 2 était en hausse à WS174 ($ 41 750/j).

La flotte de *clean tankers* était en passe d'engranger « une augmentation monumentale de capacité », avec des livraisons de l'ordre de 12 millions tpl (tonnes de port en lourd) en 2025 – soit un bond de 256 % comparé aux 3,4 millions tpl de 2024, selon le BIMCO.

« Le faible taux de recyclage au cours des cinq dernières années a créé un excédent de navires plus anciens », expliquait son analyste Niels Rasmussen. « Actuellement, 10 % de la capacité de la flotte est composée de navires de plus de vingt ans ». À cet égard, la croissance à la traîne de la demande globale de produits rime avec baisse de celle de transport et augure mal des mois à venir.

Perspectives brouillées pour les *clean*

Le tableau n'est pas rose pour le marché *clean* en 2025. En cause, l'entrée à pleine production de raffineries dans les principaux pays importateurs. Dangote au Nigeria devrait atteindre sa pleine capacité au premier semestre, et pourrait devenir exportateur net de produits raffinés.

Des raffineries vont fermer en Europe, rendant la région davantage dépendante des importations, mais la demande devrait être trop faible pour avoir un impact sur les taux.

L'utilisation croissante de combustibles moins polluants devrait peser sur la demande de pétrole.

La résolution de la crise de la mer Rouge, une perturbation du transit par le détroit d'Ormuz ou encore la conclusion de la guerre russo-ukrainienne, sont d'autres éléments clés des frets pétroliers en 2025.

....

Conteneurs : des taux plus volatils que jamais

Les taux de fret des conteneurs ont surfé sur le haut de la vague une grande partie de l'année 2024, poussés par la crise du Moyen-Orient. Pour éviter la mer Rouge, il fallait contourner l'Afrique et mobiliser davantage de capacités. Dans un contexte de forte demande, toute la flotte était utilisée et les carnets de commandes sont pleins.

La fin de l'année fut plus incertaine, alors que Donald Trump dévoilait les prémices d'une nouvelle guerre commerciale.

Un temps de transit augmenté de 30 %, voilà ce que coûte l'évitement de la mer Rouge *via* le canal de Suez depuis le 19 novembre 2023, date de la première attaque de la milice Houthi depuis la côte yéménite. Cela représente une réduction de 9 % de la capacité effective de transport mondial conteneurisé.

Aux premiers jours de février 2024, on estimait que les coûts de transport étaient deux fois et demie, voire trois fois plus élevés que début décembre. Les prix des transits par le canal de Suez – en particulier de l'Asie à l'Europe – avaient presque quintuplé. De la Chine aux États-Unis, plus que doublé.

Autre canal, autres difficultés. Les eaux du lac alimentant le canal de Panama restaient désespérément basses, en raison d'une sécheresse historiquement élevée qui sévissait depuis plusieurs mois dans la région. L'Autorité du canal avait limité les passages à vingt-quatre par jour, au lieu des trente-six habituels. Les porte-conteneurs n'avaient d'autre option que de dévier vers d'autres routes, plus longues. En trois mois, les tarifs Chine–États-Unis avaient bondi de 223 %.

Le 15 février, l'indice composite global Drewry (WCI, qui prend en compte huit grandes routes au départ de et vers l'Asie, l'Europe et les États-Unis) était à $ 3 733/EQP (Équivalent Quarante Pieds).

Le WCI Asie-côte ouest des États-Unis (USWC) s'établissait à $ 4 744/EQP, 140 % de plus qu'au début décembre 2023. Les tarifs étaient tirés par la forte demande américaine et des volumes plus importants dans les ports de San Pedro Bay (Los Angeles et Long Beach).

Le WCI Asie-côte est des États-Unis (USEC) était à $ 6 170/EQP (+ 260 %).

Entre Shanghai et Rotterdam et Rotterdam-Shanghai, l'indice valait $ 4 288 et $ 958/ EQP respectivement.

Le *Freightos Baltic Index* (FBX, indice quotidien des frets conteneurisés océaniques) Asie-Mediterranée s'affichait à $ 5 758/EQP.

Une nouvelle « normalité » opérationnelle

En vue de faciliter l'affrètement de navires supplémentaires en raison de la crise de la mer Rouge, les lignes régulières ont imposé un moratoire temporaire sur la vente de conteneurs et leur retour aux bailleurs. Pas question de manquer d'équipement alors que les transits s'installaient dans une « nouvelle normalité » autour du cap de Bonne-Espérance.

Les tarifs transpacifiques restaient élevés. Le *Xeneta Shipping Index* (XSI, indice mensuel qui donne une indication des mouvements à long terme du marché global dans l'industrie du shipping conteneurisé) Asie-USWC se situait le 23 février à $ 4 762/EQP ($ 1 329/EQP un an plus tôt).

Le FBX Asie-USEC tournait autour de $ 6 764/ EQP (plus du double en glissement annuel).

L'indice SFCI (*Shanghai Containerized Freight Index*, qui reflète les prix du transport depuis Shanghai vers les ports d'une vingtaine de destinations) était à $ 2 109,91/EVP (Équivalent Vingt Pieds, taille standard d'un conteneur).

Le WCI Asie-Europe du Nord s'établissait à $ 4 221/EQP et le WCI Asie-Méditerranée à $ 5 042/EQP.

Membres de la plus grande alliance opérationnelle mondiale, OCEAN Alliance, CMA CGM, COSCO SHIPPING, Evergreen et OOCL décidaient de la prolonger de cinq ans supplémentaires, jusqu'au 31 mars 2032. OCEAN Alliance couvre les sept principales routes Est/Ouest, reliant principalement l'Asie à l'Europe du Nord, la Méditerranée, le Moyen-Orient et les côtes est et ouest de l'Amérique du Nord.

Selon Alphaliner, 819 porte-conteneurs étaient en commande, soit une capacité totale de 6,99 millions EVP et presque l'équivalent de 25 % de la capacité de la flotte actuelle. C'est que les besoins sont importants : « le temps de transit supplémentaire de deux semaines par voyage aller-retour sur un service Asie-Europe du Nord nécessite 16 % de tonnage supplémentaire pour maintenir la fréquence des services, et la même chose pour un service Asie-côte est des États-Unis détourné autour du cap de Bonne-Espérance ; alors qu'une réduction de la vitesse de navigation de 1,5-2 nœuds nécessite une augmentation de 5,6 % du tonnage », détaillait le consultant.

Dans la mer Rouge, le MSC Sky II fut touché le 5 mars par un missile balistique antinavire alors qu'il se trouvait à 85 miles au sud-est du port d'Aden. L'incendie qui s'était ensuivi fut vite circonscrit et le navire put heureusement poursuivre sa route vers Djibouti.

Le 15 mars, le WCI global cédait 4 % en une semaine, à $ 3 162/EQP, mais restait de 77 % plus élevé qu'un an auparavant.

Le WCI Asie-USWC se situait à $ 4 082/EQP, l'Asie-USEC à 5 411/EQP. Les transporteurs estimaient pouvoir enrayer la décrue des taux en suspendant des escales, surtout dans un contexte de demande saine.

Les tarifs Shanghai-Rotterdam et Shanghai-Gênes baissaient de 5 %, à $ 3 473 et $ 4 223/ EQP respectivement.

Sur les routes Asie-Europe, la demande faiblissait, même si les tarifs spot restaient deux fois plus hauts qu'à la mi-décembre 2023.

Le XSI Asie-Europe du Nord perdait 5 % en sept jours à $ 3 758/EQP, contre $ 1 462/EQP mi-décembre.

Le XSI Europe du Nord-USEC valait $ 2 013/ EQP.

Le FBX Asie-Méditerranée dérapait de 10 % à $ 4 479/EQP.

Le SCFI baissait à $ 1 772,92/EVP.

Face au déclin des taux Asie-Europe, CMA CGM annonçait de nouveaux taux FAK (freights All Kinds) applicables au 1er avril, à savoir $ 2 100/ EVP et $ 3 800/EQP sur les routes Asie-Europe du Nord.

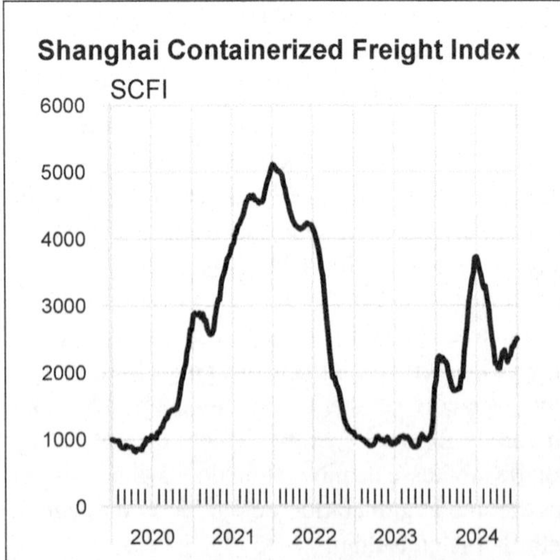

(Source : Shanghai Shipping Exchange)

Hapag-Lloyd en faisait autant, à raison de $ 1 600/EVP et $ 3 000/EQP sur ces routes. Et $ 2 800/EVP et $ 3 500/EQP Asie-ports méditerranéens.

Fin mars à Baltimore, le porte-conteneurs Dali, affrété par Maersk, percutait un pilier du Francis Scott Key Bridge, surplombant le fleuve Patapsco, entraînant son effondrement et l'arrêt de la circulation des navires sur cette route maritime clé pour le trafic Asie-Côte est américaine. Cet accident, qui a coûté la vie à plusieurs personnes, a compliqué encore les échanges maritimes dans le cadre d'un accès contraint par le passage de Panama.

CMA CGM lança début avril une nouvelle salve de hausses de ses taux FAK Asie-Europe du Nord, à valoir à partir du 15 suivant : $ 2 200/EVP et $ 4 000/EQP.

L'allemand Hapag-Lloyd lui emboîtait le pas et appliquait $ 3 700/EQP vers les ports de la Méditerranée occidentale et la mer Noire, tandis que MSC, plus ambitieux, relevait les taux FAK Asie-Méditerranée à $ 4 800/EQP et à $ 5 100 vers les ports de la mer Noire.

Ces hausses étaient en lien avec le coût plus élevé du carburant. Ainsi, la compagnie israélienne Zim introduisait un nouveau Bunker Adjustment Factor (BAF) sur l'Asie-Méditerranée de $ 718/EVP, trois fois plus élevé que sur n'importe laquelle de ses autres routes.

Les trois principaux indices du fret spot – FBX, WCI et XSI – enregistraient des taux Asie-Europe

Le canal de Suez en souffrance

La chute de la fréquentation du canal de Suez a entraîné des pertes en devises considérables pour l'Égypte et les pays d'Afrique de l'Est bordant l'océan Indien. Les volumes de transport maritime *via* Suez ont diminué de 55 % en un an. À l'inverse, ils ont augmenté de 75 % autour de la pointe sud de l'Afrique.

Le corollaire en est une augmentation des escales dans les ports africains de la côte Ouest, ports pas toujours performants en termes de traitement des volumes et de capacité de soutage. S&P Global Market Intelligence notait à cet égard que « seuls les ports de Tanger Med et de Mombasa (avaient) réussi à améliorer leur productivité malgré une augmentation notable des volumes de conteneurs ».

du Nord dans la fourchette $ 3 000/$ 3 500/EQP : le XSI avançait le 5 avril à $ 3 341/EQP, le FBX à $ 3 258/EQP. Le WCI valait $ 3 078/EQP.

Sur le Transpacifique, le XSI Asie-USWC était à $ 3 474/EQP, le WCI à $ 3 704/EQP.

Craintes d'extension de la crise en mer Rouge

Les membres de THE Alliance, qui avaient pensé lever en avril la suspension du service EC4 Asie-USEC, *via* Suez, abandonnaient bientôt l'idée, devant le durcissement de la situation en mer Rouge. Les navires prévus sur cette route furent repositionnés sur les trois autres services Asie-USEC, avec ouverture de nouvelles escales.

Le danger était réel : le porte-conteneurs battant pavillon portugais MSC Aries et détenu par la compagnie israélienne Zodiac Maritime fut arraisonné le 13 avril par une opération militaire héliportée de l'Iran dans le détroit d'Ormuz et redirigé vers les eaux territoriales iraniennes.

Ce 14 300 EVP faisait partie du service Himalaya Express déployé par MSC entre l'Inde et l'Europe du Nord, avec des escales hebdomadaires à Nhava Sheva et Mundra en Inde.

« Du point de vue du transport conteneurisé, il serait très problématique que la crise s'étende au détroit d'Ormuz », s'alarmait Lars Jensen, analyste du *Journal of Commerce*. L'Arabie saoudite, les Émirats arabes unis, Qatar, Bahreïn, le Koweït et l'Irak pouvaient en faire les frais.

Du reste, MSC ne tardait pas à redéployer ses porte-conteneurs en lien avec Israël sur d'autres routes, afin d'éviter Abu Dhabi et Jebel Ali.

Alors que la crise au Moyen-Orient poussait les tarifs à la hausse, les lignes régulières avaient abandonné la tactique du *blank sailing* visant à ajuster leur offre à la demande. La surcapacité structurelle du secteur conteneurisé avait trouvé une solution avec le contournement de l'Afrique par le cap de Bonne-Espérance.

Selon les données de eeSea, sur les cent quatre-vingts traversées annoncées sur l'Asie-USWC pour avril, onze seulement étaient suspendues et onze également sur les cent quatre-vingt-dix voyages annoncés pour mai.

Sur l'Asie-Europe du Nord, seulement cinq traversées sur quatre-vingt-quatre devaient être annulées et pas une seule en mai, sur les quatre-vingt-douze voyages prévus.

La capacité totale des navires déroutés autour du cap de Bonne-Espérance devait atteindre 5 millions EVP avant l'été, affirmait Linerlytica.

Cinquante nouvelles constructions avaient été mises à l'eau en avril, ajoutant 333 000 EVP supplémentaires à la flotte en cours (au total 29,37 millions EVP).

À Baltimore, la situation s'améliorait peu à peu. Quatre canaux avaient ouvert en quelques jours, profonds de 35 pieds et larges de 300 pieds. Le MSC Cargo Passion III, portant 1 000 EVP, était le premier porte-conteneurs à atteindre le Seagirt Terminal depuis l'effondrement du pont, un mois plus tôt.

Reconstruction d'un côté, destruction de l'autre : dans la nuit du 26 avril, le 15 000 EVP MSC Orion, opérant dans l'océan Indien sur le service Himalaya Express entre l'Europe, le Sri Lanka et l'Inde, était touché par un drone tiré par les Houthis, à près de 400 milles au sud-est de la corne de l'Afrique. Sans dommages corporels ni matériels. Néanmoins, cette extension de la zone d'influence de la milice yéménite dans cette zone jusqu'alors épargnée suscitait l'inquiétude, d'autant plus qu'on observait une résurgence de la piraterie le long des côtes de la Somalie.

En dépit de la mise à l'eau d'un grand nombre de nouvelles unités, les services Asie-Europe manquaient de capacités. D'après Alphaliner, avec l'allongement des voyages autour de l'Afrique, il aurait fallu trois cent soixante-seize navires pour maintenir la fréquence des vingt-cinq services en cours. Il en manquait trente-six, en moyenne des 14 150 EVP, sur les voyages vers l'Europe du Nord et la Méditerranée.

Une situation compliquée par les congestions portuaires

S'ajoutaient à cela des ports asiatiques congestionnés – à Singapour, la congestion atteignait un niveau critique, une pénurie de conteneurs de grand volume (*High Cube*) dans les ports chinois, des importations américaines en forte croissance, les risques géopolitiques au Moyen-Orient et une constitution importante de stocks avant la haute saison…

Le SCFI remontait à $ 2 703,43/EVP.

Fin mai, Singapour rouvrait des terminaux à conteneurs désaffectés pour désengorger les files d'attente. Selon la base de données eeSea, quarante-sept porte-conteneurs attendaient un poste d'amarrage et cinquante-trois étaient en cours d'opération. Ils étaient cinquante et un à faire la queue devant Port Klang en Malaisie.

La fiabilité des horaires au niveau mondial était d'un peu plus de 50 %, contre 65 % fin mai 2023.

Maersk annonçait qu'en raison de retards importants dans ses horaires du fait d'une sévère congestion des terminaux portuaires en Méditerranée et en Asie, il allait rétablir des *blanks sailings* dans les semaines à venir.

CMA CGM sautait les escales de Singapour.

Les taux spot enregistraient de nouvelles hausses à deux chiffres, après qu'une série de GRI et autres suppléments furent entrés en vigueur le 1er juin.

L'indice composite Drewry gagnait 14 %, 17 % et 11 % sur les routes respectives Shanghai-Rotterdam, Shanghai-Gênes et Shanghai-Los Angeles.

En réponse à la montée des tarifs, Wan hai (Taïwan) et Cosco (Chine) démarraient de nouveaux services transpacifiques.

Le Fort McHenry Federal Channel de Baltimore était rouvert et redevenait pleinement opérationnel.

Le 20 juin, le WCI composite s'établissait à 5 177/EQP (+ 7 % sur sept jours, mais… + 233 % sur cette date de juin 2023).

Shanghai-Rotterdam était à $ 6 867 (+ 11 %).

Le WCI Shanghai-Los Angeles valait $ 6 441/EQP (+ 7 %) et Shanghai-New York $ 7 552/EQP (+ 3 %).

La congestion portuaire globale était au plus haut en 18 mois, alors que 60 % des navires en attente à l'ancre, soit plus de 2,4 millions EVP, se situaient principalement en Asie. Les ports méditerranéens n'y échappaient pas non plus. Maersk supprimait début juillet deux liaisons vers l'Ouest depuis la Chine et la Corée du Sud.

Tarifs, FAK, PSS… hausses générales

Les taux en départ d'Asie et de Singapour vers l'USEC touchaient un sommet de septembre 2022 et vers l'USWC d'août 2022. La hausse de la demande poussait à l'eau toutes les capacités conteneurisées, à tel point que la flotte désactivée n'avait jamais été aussi faible depuis la pandémie. Selon Alphaliner, au premier semestre 2024, les tonnages inactifs représentaient 0,7 % de la flotte totale.

Avec juillet, arrivait une nouvelle bordée de surcharges et hausses des FAK, relevées de $ 9 000 à $ 9 800/EQP par les trois grandes alliances.

Il était clair que de nombreux transitaires et chargeurs payaient bien plus que les taux indexés proposés : ils étaient contraints de payer des suppléments de garantie d'espace sur au moins une partie de leurs volumes.

À partir de la mi-juillet, les détaillants qui avaient des contrats devaient accepter des hausses de $ 3 000 à $ 4 000 sur au moins une partie de leurs boîtes pour être sûrs de pouvoir les charger.

L'accès de fièvre reprenait, notamment sur les trades Asie-Amérique du Nord.

Le WCI Shanghai-Los Angeles finissait le 4 juillet à $ 7 472/EQP ; le XSI Asie-USWC à $ 7 648/EQP.

Le WCI Shanghai-New York se hissait de 17 % à $ 9 158/EQP tandis que le XSI filait à $ 1 146/EQP.

Alors que le WCI Shanghai-Rotterdam prenait 10 % à $ 8 056/EQP, le XSI Extrême-Orient–Europe du Nord avançait d'autant, à $ 7 897/EQP.

Le 5 juillet, le SCFI valait $ 3 733,8/EVP, son plus haut niveau de l'année.

Perfect storm

La demande globale de fret conteneurisé touchait un niveau record, dépassant même le pic enregistré pendant le covid. Les dernières données de Xeneta et de *Container Trade Statistics* indiquaient que 15,94 millions EVP avaient transité sur les routes océaniques en mai, contre 15,72 millions EVP en mai 2021. De plus en plus de biens étaient transportés par conteneurs, au moment même où les disponibilités étaient mobilisées par le détour par l'Afrique et par une forte congestion portuaire en Asie et en Europe. Un *perfect storm*, très britannique en somme.

Le 15 juillet, le XSI Asie-USEC atteignait $ 10 045/EQP et l'Asie-USWC $ 8 045/EQP.

Les importateurs américains anticipaient la hausse des droits de douane sur les produits chinois annoncée par Donald Trump s'il était réélu. Il était question également d'une grève des dockers dans les ports de la côte est des États-Unis.

Les retombées de la crise de la mer Rouge continuaient de se répercuter à l'échelle mondiale, créant des difficultés importantes pour les chaînes d'approvisionnement.

À en croire Drewry, les prix avaient atteint leur pic. Néanmoins, assurait le courtier, les perturbations traversées par le transport maritime par conteneur « laisseront un plancher sous les taux spot pendant quelque temps ».

Transport dans lequel MSC occupait la première place, avec une part du marché de 19,8 % fin juillet, rapportait Alphaliner. Depuis le début de l'année, la compagnie avait accru sa flotte de 400 000 EVP supplémentaires. Elle avait aussi placé des commandes auprès de chantiers navals chinois, de quoi porter sa flotte à 7,5 millions EVP en 2028.

Les tarifs poursuivirent leur reflux en août. La demande se faisait moins dense. « Il existe une corrélation claire entre les volumes record et l'évolution du marché spot sur les principales routes depuis la Chine vers l'Amérique du Nord et l'Europe du Nord », commentait Peter Sand, analyste en chef chez Xeneta. Du reste, les taux moyens spot Asie-Europe du Nord avaient baissé de 1,6 % depuis le 31 juillet, durant ce qui aurait normalement dû être la haute saison.

La grève menaçait sérieusement les ports de la côte est américaine et du golfe du Mexique. L'Association internationale des dockers (*International Longshoremen's Association*, ILA) et l'*United States Maritime Alliance* (USMX) avaient jusqu'au 30 septembre pour se mettre d'accord sur de nouveaux contrats salariaux. Pour l'heure, les négociations étaient dans l'impasse.

Les tarifs, qui s'effilochaient entre l'Asie et l'Europe, se montraient soutenus sur les lignes transatlantiques.

La composante WCI Asie-USEC gagnait 1 % à $ 8 811/EQP le 22 août.

Le WCI Asie-USWC augmentait de 2 %, à $ 6 401/EQP.

En revanche, sur l'Asie-Europe du Nord, l'indice Drewry perdait 4 % à $ 7 429/EQP. Une baisse bienvenue pour les expéditeurs européens. Un importateur britannique disait « voir enfin la lumière au bout du tunnel ».

Grandes manœuvres dans les grandes alliances

À l'approche des congés de la Golden Week en Chine (le 1er octobre), les armateurs prenaient les devants et annulaient des voyages programmés sur les lignes transpacifiques, Asie-Europe et transatlantiques, soit 10 % au total fin août.

THE Alliance annonçait dix-sept annulations, Ocean Alliance et 2M 12 et 10 annulations pour les cinq semaines à venir. Selon Drewry, 51 % des voyages annulés concernaient le transpacifique, 28 % l'Asie-Europe et 21 % le transatlantique.

Pendant ce temps, la baisse des taux Asie-Europe s'accentuait : – 14 % pour le WCI Asie-Europe du Nord le 4 septembre ; – 12 % vers la Méditerranée.

Le XSI Asie-Europe perdait 10 % et le FBX 12 % sur l'Asie-Méditerranée.

Les grandes alliances maritimes opéraient des changements radicaux dans leurs partenariats opérationnels. MSC dévoilait un nouveau réseau de services est-ouest opéré en solo en même temps qu'un accord de partage de navires (VSA) avec THE Alliance, couvrant neuf services sur la route Asie-Europe.

MSC, toujours, et Maersk démantelaient 2M pour février 2025 tandis que Hapag-Lloyd se rapprochait de Maersk pour former Gemini Cooperation, active également à partir de février 2025.

Dans le même mouvement, Maersk désertait THE Alliance, laissant sur le bord de la route ONE, Yang Ming et HMM, lesquelles reformaient leur coopération au sein de Premier Alliance, avec à la clé un accord de partage de créneau (*slot-sharing*) ainsi qu'un partenariat avec MSC sur ses services Asie-Europe, soit quatre boucles vers l'Europe du Nord et trois vers la Méditerranée,

MSC, enfin, avait également signé un VSA courant sur trois ans avec Zim sur le transpacifique.

Les taux n'en finissaient plus de s'effiler. Sur le Shanghai-New York, le WCI déclinait le 12 septembre de 21 %, à $ 6 661/EQP. Les chargeurs transféraient leurs marchandises de l'USEC vers l'USWC afin d'éviter la grève de l'ILA prévue en octobre, entraînant une baisse de la demande.

Le WCI Shanghai-Los Angeles perdait 7 % à $ 5 627/EQP.

Le FBX Asie-USWC restait stable à $ 6 837/EQP. Le voyage Asie-USEC reculait de 3 % à $ 9 130/EQP.

Plus marqué encore était le repli des tarifs vers l'Europe : – 17 % pour le WCI Shanghai-Rotterdam, à $ 5 152/EQP et – 10 % depuis le port chinois vers Gênes, à $ 5 256/EQP.

Le FBX Asie-Europe du Nord tombait de 13 % à $ 6 787/EQP et l'Asie-Méditerranée de 4 % à $ 6 011/EQP.

Alors que la menace d'un arrêt de travail se précisait aux États-Unis, l'inquiétude gagnait les opérateurs. MSC prévenait du quasi-triplement de ses tarifs FAK à compter du 1er octobre, par le biais d'une Emergency Operations Surcharge.

Par souci de prévoyance, de nouvelles PSS étaient déjà appliquées depuis le 1er septembre : $ 800/EQP pour Hapag Lloyd, $ 1 000/EQP pour MSC, $ 500 pour CMA CGM, $ 1 000 pour Maersk…

La grève est déclarée

Il restait moins de cinq jours avant l'expiration de la date contractuelle de l'ILA. Aucune rencontre n'avait eu lieu entre des membres de l'ILA et de l'USMX depuis juin. Des associations d'expéditeurs s'étaient même adressées à la Maison-Blanche, pour lui demander d'intervenir.

Les hubs à conteneurs prolongeaient leurs heures d'ouverture, les opérateurs ferroviaires multipliaient enlèvements et livraisons. Certains transporteurs n'acceptaient plus de nouvelles réservations à l'exportation, voire mettaient en place des suppléments allant de $ 400 à $ 3 000/EQP pour tous les conteneurs de la côte est et du Golfe pour octobre.

Hapag-Lloyd avait fait savoir que les conteneurs déjà en route vers les ports qui devaient être touchés par la grève ne seraient pas réacheminés.

Bref, l'activité était à son comble et la tension maximale.

Tout était prêt pour la grève. Elle dura trois jours. Assez pour créer un arriéré de conteneurs et de navires dommageable. Pas assez pour provoquer un blocage complet et des mois d'engorgement.

Elle s'est terminée par un accord provisoire pour une hausse salariale et une prolongation contractuelle jusqu'au 15 janvier. Les négociations formelles devraient reprendre à la mi-novembre.

Les jours, les semaines passaient, les taux continuaient de piquer du nez sur les principales routes d'exportation en départ de Chine, pour les voyages transpacifiques et Asie-Europe.

La tendance était inverse sur les lignes transatlantiques, sur lesquelles l'indice Drewry enregistrait le 24 octobre un bond de 28 % en sept jours, à $ 2 663/EQP sur le segment Rotterdam-New York. Le voyage retour se hissait de 4 % à $ 761/EQP (les transitaires affirmaient que les surtaxes liées à la grève récente de la côte est des États-Unis avaient eu un effet inflationniste sur les tarifs).

Le WCI Shanghai-Rotterdam perdait 7 %, à $ 3 123/EQP, le Shanghai-Gênes 4 % à 3 296/EQP.

Une orientation à la baisse désespérante

Comment renverser la vapeur ? En faisant passer une hausse générale des taux (GRI) sur les chargements en départ d'Asie. C'est le moyen qu'avaient trouvé les lignes régulières pour mettre fin à quinze semaines de déclin. Et annuler escales et voyages.

eeSea rapportait que, sur les cent soixante-huit services de ligne prévus pour assurer des liaisons Asie-Europe du Nord et Asie-Méditerranée en octobre, seuls cent quarante-sept avaient effectivement pris la mer, vingt et une liaisons ayant été annulées, soit une réduction de capacité de 300 000 EVP sur le 1,88 million EVP anticipé.

Par ailleurs, MSC notifiait un nouveau taux FAK de $ 5 500/EQP pour les expéditions Asie-Europe du Nord ; Hapag-Lloyd $ 3 500/EQP et $ 3 700 pour la Méditerranée occidentale ; CMA CGM visait $ 5 700/EQP sur cette route ; Maersk, enfin, introduisait un PSS de $ 500 entre l'Asie et l'Europe.

Peter Sand, chez Xeneta, qualifiait ces hausses de « désespérées ». En effet, les négociations pour de nouveaux contrats à long terme étaient déjà en cours pour de nombreux expéditeurs européens, qui pouvaient « être effrayés par la hausse des taux spot moyens sur ces routes début novembre ».

En 2024, Shanghai est devenu le premier port mondial à traiter plus de 50 millions EVP, signe, s'il en était besoin, de l'influence grandissante de la Chine dans les échanges mondiaux. Le port de Shanghai dessert trois cent cinquante routes internationales le connectant à plus de sept cents ports à travers plus de deux cents pays et régions. Dans le cadre d'initiatives écologiques, il est entré en partenariat avec les ports de Los Angeles et de Hambourg, afin de développer des couloirs de navigation respectueux de l'environnement, avec pour ambition de devenir également un centre d'approvisionnement en énergie verte.

Pour lui, il était « clair que l'orientation fondamentale du marché (était) à la baisse ».

La hausse des taux espérée par les armateurs à coup de GRI et autres PSS avait fait long feu. Le 21 novembre, le WCI global rétrogradait de 1 % à $ 3 413/EQP. Au départ de Shanghai et New York vers Rotterdam, le WCI passait à $ 4 071 et $ 793/EQP respectivement.

Le Shanghai-Los Angeles valait $ 4 488/EQP (– 5 %).

« Plus c'est grand, mieux c'est » ! Tel était le motto avant la pandémie. Les 20 000/24 000 EVP étaient prisés. Désormais, un néo-Panamax portant 14 000 à 16 000 EVP est tout à fait suffisant : plus flexible dans son déploiement, mieux à même de faire halte dans davantage de ports autour du monde. Encore mieux, la dernière génération de « néo-Panamax compacts » dispose de moteurs moins importants et de coques plus larges, et donc d'une capacité d'entreposage plus élevée.

Si les tarifs de fret s'érodaient, le marché de l'affrètement était en effervescence. Moins de 1 % de la flotte mondiale était inactive. En Chine, les chantiers navals faisaient le plein : ils avaient engrangé 3,61 millions EVP de commandes en 2024, reléguant loin derrière les chantiers sud-coréens, longtemps dominants, avec 660 000 EVP seulement.

Une fin d'année bien remplie

Sur janvier-novembre 2024, seuls 174 porte-conteneurs ont traversé la mer Rouge, contre 606 en janvier-novembre 2023, soit 544 000 EVP contre 5,9 millions EVP (– 91 %), d'après les données de Linerlytica. Les recettes du canal de Suez ont plongé de 60 % et engendré une perte de $ 7 milliards pour les caisses de l'État égyptien.

Le directeur général de Wan Hai Lines prévenait : les politiques suivies par Donald Trump allaient lourdement affecter les volumes conteneurisés et la chaîne d'approvisionnement, alors que la compagnie taïwanaise se préparait à « une autre année solide ». « Les grands navires sont de plus en plus souvent déployés et ils ont provoqué la congestion des terminaux (...), ce qui allonge les opérations de chargement et de déchargement. Cette année, rien qu'à Singapour, les navires ont dû attendre quatre à cinq jours pour accoster, et nous avons constaté des temps d'attente de trois à quatre jours à Shanghai et d'un à deux jours à Ningbo.

« Les détours autour du Cap ont absorbé la quasi-totalité des navires disponibles, provoquant une pénurie de tonnage qui maintiendra également les taux de fret à un niveau élevé », avait-il ajouté.

Le 27 décembre, le FBX Asie-USWC terminait à $ 4 825/EQP (+ 8 %) et le segment Asie-USEC à $ 6 116/EQP (+ 3 %).

Sur le Transatlantique, l'indice *Freightos* Asie-Europe du Nord valait $ 5 155/EQP (+ 4 %) et Asie-Méditerranée $ 5 471/EQP (– 4 %).

Ocean Network Express (ONE) concluait un VSA transatlantique avec Ocean Alliance (CMA CGM, Cosco/OOCL, Evergreen), opérationnel jusqu'en 2032. Le tout formant un réseau de 353 porte-conteneurs et 4,62 millions EVP.

Le 2 janvier, le WCI valait $ 3 905/EQP. Au départ du premier port chinois vers Los Angeles et New York, l'indice s'établissait à $ 4 929 et $ 6 445/EQP respectivement.

Il était à $ 4 774/EQP vers Rotterdam.

En 2024, 4,4 millions EVP ont été placés en commande dans les chantiers navals (à 46 % pour des navires de 12 000/17 000 EVP et plus), portant le carnet total à 8,3 millions EVP, contre 7,8 millions placés début 2023.
Les livraisons se sont élevées à 2,9 millions EVP.

Le canal de Panama peine à retrouver ses niveaux de transit

En février 2025, les transits de navires par le canal de Panama restaient nettement inférieurs aux moyennes historiques, avec une capacité en baisse de 10 % entre septembre 2024 et janvier 2025 par rapport à la moyenne 2019-2022, selon une analyse du BIMCO.
L'Autorité du canal avait pourtant levé les restrictions de transit mises en œuvre entre juin 2023 et septembre 2024 en raison des faibles niveaux d'eau du lac Gatun, engendrés par le souffle chaud d'*El Niño* en 2023-2024.
En cause, la « nouvelle normalité » adoptée dans certains schémas de navigation : ne pouvant plus transiter par le canal, les navires contournaient le cap de Bonne-Espérance ou le cap Horn. Ou encore, comme dans le secteur du vrac sec, étaient soumis à des changements de pratiques commerciales.
Tel était le cas des exportations céréalières des États-Unis. En 2024, elles se sont accrues de 21 % au départ de la côte ouest vers les ports du Pacifique, tandis que les expéditions vers le golfe Arabo-Persique reculaient de 6 %. Le canal de Panama en faisait les frais.
Le BIMCO estimait les perspectives à moyen terme pour ce secteur peu encourageantes, en raison de la forte concurrence pour les expéditions de céréales entre les États-Unis et le Brésil et des perspectives médiocres de la demande de charbon.
Autre secteur très réticent à revenir, celui du GNL, qui invoquait des problèmes de sécurité et des créneaux de transit limités.
Décidées à « assurer la durabilité du canal » et à « faire face aux événements climatiques extrêmes », les autorités panaméennes débloquaient $ 8,5 milliards de projets courant sur les sept ans à venir.
L'État du Panama envisageait une hausse de ses recettes de près de 20 % lors de l'exercice 2025, soit $ 5,62 milliards et 12 582 transits (c'était très précis).

Le canal de Suez s'agrandit

Un nouveau canal de 10 km près de l'extrémité sud du canal de Suez est désormais opérationnel, en dépit de la chute des revenus provenant de la voie navigable en 2024. Le pays aurait perdu environ $ 7 milliards de recettes pour le canal de Suez en 2024, une baisse de plus de 60 % par rapport à 2023.
Selon l'Autorité du canal de Suez, la nouvelle section du canal dénommée « Secteur Sud » porte la longueur totale de la section bidirectionnelle du canal à 82 km, contre 72 km auparavant. Le canal est long de 193 km au total.
« Cette extension augmentera la capacité du canal de six à huit navires supplémentaires par jour et améliorera sa capacité à gérer les urgences potentielles », a déclaré l'Autorité du canal de Suez dans un communiqué.
Après l'échouage du porte-conteneurs Ever Given en 2021, qui a bloqué la voie d'eau vitale pendant six jours, l'Égypte a accéléré ses projets d'extension du deuxième canal dans la partie sud du canal et d'élargissement du canal existant.

Accords aux États-Unis et sur la mer Rouge… et baisse des taux

L'ILA et l'USMX avaient finalement trouvé un accord, effaçant la crainte d'un nouvel arrêt de travail dans les ports américains de la côte est et du golfe du Mexique. Avec la hausse de la demande précédant les festivités chinoises, les tarifs de fret se maintenaient à de bons niveaux depuis plusieurs semaines.

Dans la foulée d'un accord de cessez-le-feu entre Israël et le Hamas signé le 19 janvier, les Houthis s'engageaient à mettre fin aux attaques contre les navires commerciaux non israéliens. Cette évolution ouvrait la voie à la reprise des transits en mer Rouge, laissant l'industrie trouver comment gérer l'excédent de tonnage de 25 % qui en résulterait, selon les estimations de Drewry. Néanmoins, trouvant la situation dans la région encore trop instable, MSC n'envisageait pas la reprise de ses traversées *via* le canal de Suez. Pas plus que CMA CGM.

Pour l'analyste de Xeneta, la résolution, ou non, de la crise dans la mer Rouge, route maritime clé, sera, comme en 2024, le point focal du transport conteneurisé en 2025.

Les lignes régulières devront également faire face aux conséquences des nouvelles guerres commerciales dans une situation géopolitique mondiale secouée par des forces tectoniques.

L'annonce par Donald Trump de la mise en place de « droits d'escale » pour tous les navires accostant dans un port américain, construits en Chine ou contrôlés par un armateur chinois, a plongé le monde maritime dans la stupeur et l'incrédulité. On parle de droits allant de $ 500 000 à $ 3,5 millions par escale. Selon le BIMCO, en 2024, 37 000 escales auraient été concernées pour un droit unitaire moyen de $ 1,5 million ! Rappelons que la Chine détient 61 % du carnet de commandes mondiales de navires et que les États-Unis n'en construisent pratiquement plus tout comme il n'y a plus d'armateur américain. Autant pour les conteneurs, cela pourrait être supportable ($ 100 par conteneur en moyenne) en réduisant le nombre de ports d'escale aux États-Unis, autant cela serait problématique pour les tankers, les méthaniers et les vraquiers au risque de remettre en cause les capacités américaines d'exportations de pétrole, de gaz et surtout de grains. La mesure est tellement énorme que l'on peine à croire qu'elle puisse être mise en œuvre. Mais avec Trump !

Le marché du sport :
nouveaux pôles de puissance et crise du multilatéralisme ; vers de nouveaux équilibres géopolitiques ?

Les Jeux olympiques et paralympiques de Paris 2024 ont indéniablement constitué un moment majeur de l'année, tant par leur retentissement médiatique que pour leur portée symbolique. Au-delà des seuls enjeux sportifs, ces Jeux, les premiers organisés dans le cadre de l'Agenda 2020 du Comité international olympique (CIO), constituent un jalon important, en étant censés lancer une ère placée sous le signe de la durabilité et de l'héritage. Après avoir dressé rapidement un bilan de Paris 2024, notamment à travers le prisme de l'avenir de la diplomatie sportive française, deux thématiques majeures seront traitées : la confirmation de nouveaux pôles de puissance, venant concurrencer les acteurs traditionnels que sont, par exemple, les États-Unis, la Chine ou la Russie ; l'élection à venir du président du CIO, s'inscrivant dans un contexte de polarisation accrue des relations internationales, et posant des défis importants pour la gouvernance du mouvement olympique et plus largement du sport.

Rapide bilan des Jeux olympiques et paralympiques de Paris

Après avoir passé six ans en Asie (Corée du Sud en 2018, Tokyo en 2021, Pékin en 2022), les Jeux olympiques et paralympiques retrouvaient le territoire européen pour leur trente-troisième édition. Depuis leur origine, les Jeux modernes charrient des enjeux politiques et diplomatiques majeurs : boycotts, démonstration de force, messages politiques portés par des délégations ou des athlètes ont été légion, en dépit du mythe tenace de l'apolitisme du sport.

Dans un contexte géopolitique complexe, évidemment marqué par la guerre en Ukraine, ayant entraîné des sanctions, notamment sportives, contre les équipes russes et biélorusses, cette olympiade s'est déroulée, dans son ensemble, sans confrontation étatique majeure ou conflit ouvert entre différentes délégations.

Si la sécurité des athlètes israéliens a été un sujet important en amont de la compétition, en raison de la guerre actuelle entre Israël et le Hamas et notamment au regard du précédent tragique de Munich 1972, aucun problème majeur n'a pu être relevé. Notons néanmoins l'important scandale autour des boxeuses algérienne Imane Khelif et taïwanaise Lin Yu-ting, qui a éclaté pendant la quinzaine olympique. En effet, toutes deux ont été victimes d'un déferlement de haine, y compris en ligne, en raison de leur genre.

L'affaire Imane Khelif en quelques mots

Au bout de 46 secondes de combat face à Imane Khelif, la boxeuse italienne, Angelina Carini, abandonne, dénonçant le fait que son adversaire du jour lui « ait fait trop mal ». L'affaire ne tarde pas à être reprise par différents médias et les attaques et insultes en ligne se multiplient contre l'Algérienne. Ce cyberharcèlement est relayé et amplifié par différents politiques conservateurs, et notamment par la Première ministre italienne, Georgia Meloni, ou encore Donald Trump, qui considèrent le fait que le combat n'était pas « équitable ».

Quels sont les faits ? Alors qu'elles ont toujours boxé dans la catégorie féminine, y compris lors de compétitions organisées sous l'égide de la fédération internationale de boxe (IBA), Imane Khelif et Lin Yu-ting se voient exclues par cette même fédération à la suite d'un test d'éligibilité réalisé à l'occasion des Mondiaux 2023 de New Delhi. Disposant de peu d'éléments sur ce test, cette exclusion est contestée par la fédération algérienne, mettant également en avant une décision arbitraire et des vices de procédure.

Concomitamment à cela et à un niveau plus politique, après quatre ans de conflit avec le CIO pour des affaires de corruption et de mauvaise gouvernance, l'IBA est finalement exclue du mouvement olympique en juin 2023, laissant donc une unité spéciale en charge de la boxe organiser la compétition de Paris, en reprenant les règles établies pour Tokyo 2020. En se reposant sur ces dernières, l'unité valide la présence des boxeuses pour Paris, sans que cela ne pose réellement de problème jusqu'à ce que le scandale éclate et que les deux athlètes se retrouvent prises sous le feu d'insultes nourri, et de fake news.

L'IBA a, début février 2025, annoncé avoir déposé plainte contre le CIO, confortée par le décret pris par Donald Trump, dès son arrivée au pouvoir et visant à empêcher les sportives transgenres de concourir dans les catégories féminines. Ce que ne sont pourtant pas les deux boxeuses.

Quel avenir pour la diplomatie sportive française après Paris 2024 ?

Après le succès des Jeux de Paris, et une fois passée l'euphorie qu'a pu représenter, pour certains, cette double quinzaine, le quotidien a repris ses droits, et la question de la suite de cette stratégie est devenue plus entêtante. En effet, l'avenir de la diplomatie sportive française post-2024 s'inscrit dans une conjoncture contrastée.

Lancée en 2014 par une initiative conjointe du ministère des Affaires étrangères et des Sports, cette diplomatie sportive française a fait de l'accueil des grands événements sportifs, parmi d'autres priorités, un axe important. Si les Jeux de Paris apparaissaient comme l'acmé de cette stratégie, n'oublions pas que la France continuera d'être au cœur du programme olympique. En effet, les Jeux d'Hiver, après un détour par Milan – Cortina en 2026, reviendront dans les Alpes en 2030.

Cependant, la diminution importante des budgets, dans le cadre des discussions sur la loi de finances, soulève des interrogations sur la pérennité de cette stratégie. Si une mobilisation inédite d'acteurs du monde sportif s'est organisée, rappelant que le sport ne se limite pas à l'accueil des Jeux, mais constitue bien un levier essentiel social, éducatif et sanitaire, ces arguments n'ont pas tous été entendus. Aussi, les mois à venir seront donc décisifs pour déterminer si cette stratégie, pensée et financée, pourra s'adapter et se renforcer à l'aune des défis post-2024, et selon quels contours. La candidature de David Lappartient à la présidence du Comité international olympique (CIO) s'inscrivant dans les objectifs de la diplomatie sportive française, visant à garantir une représentation française à la tête des grandes organisations sportives mondiales, pourra être également un axe de développement. Cette nomination permettrait de placer une voix française à la tête de l'une des organisations les plus puissantes au monde. Réponse au cours du premier semestre 2025. En tout cas, dans la crise politique et morale que connaît la France, le sport constitue l'un des rares domaines tant d'excellence que de consensus national.

L'épineux dossier Alpes 2030

Désignée officiellement comme site hôte pour les Jeux de 2030 en juillet 2024, la candidature française connaît, en dépit des discours rassurants, des difficultés notables, notamment en termes de gouvernance et de validation budgétaire, dans un contexte d'instabilité politique.
Finalisé entre juillet et novembre 2023, autour d'une équipe réunissant les régions Provence-Alpes-Côte d'Azur et Auvergne-Rhône-Alpes, épaulée par le Comité national olympique et sportif français et le Comité paralympique et sportif français, le dossier de candidature promet des « Jeux responsables », reposant sur l'héritage des Jeux d'Albertville 1992 et voulant « surfer » sur la dynamique autour de Paris 2024.
Face à des candidatures solides suisse, suédoise et américaine, le projet français est, un peu à la surprise générale, le seul à entrer en « dialogue ciblé » avec le CIO pour 2030. Les Alpes françaises rentrent donc dans une discussion de fond avec l'instance olympique. Après différentes présentations et visites sur site, l'attribution à la France se confirme tout au long du premier semestre 2024, avant que la dissolution de l'Assemblée nationale ne vienne compliquer le dossier. En effet, des garanties politiques et financières doivent être fournies au CIO pour valider totalement le dossier. Finalement, en juillet 2024, quelques jours avant le début des Jeux de Paris, l'attribution est officialisée, en réinsistant toutefois sur la nécessité de l'engagement de l'État. L'absence de gouvernement repousse le calendrier et ce n'est qu'en octobre 2024 que Michel Barnier, Premier ministre d'alors, signe la lettre d'engagement, garantie financière en cas de déficit et dont les montants doivent être précisés dans le cadre des prochaines lois de finances publiques.
Côté organisation, les choses peinent également à se mettre en place. Pressenti pour prendre la tête du comité d'organisation, Martin Fourcade, champion olympique, investi dans la campagne et par ailleurs membre du CIO, jette finalement l'éponge, considérant que « les désaccords restent trop nombreux pour pouvoir envisager sereinement cette mission : le mode de gouvernance, la vision, l'ancrage territorial ». C'est finalement Edgar Grospiron, ancien champion olympique à Albertville, qui est nommé et qui devra rapidement trouver des réponses aux questions autour des lieux des compétitions, des infrastructures et du modèle de gouvernance plus généralement.

L'émergence de nouvelles puissances non occidentales : le sport comme miroir géopolitique ?

Le paysage sportif mondial est aujourd'hui caractérisé par une multipolarité croissante, marquée par l'affirmation de nouveaux acteurs. Différents États, conscients de l'importance économique, diplomatique et symbolique du sport, investissent désormais massivement ce secteur, rebattant ainsi les cartes, venant talonner et parfois concurrencer les puissances sportives traditionnelles – pensons ici aux États-Unis, à la Chine ou encore à la Russie – qui ont structuré le sport mondial au cours des dernières décennies. En usant de différentes stratégies, ces acteurs étatiques redessinent les équilibres géopolitiques du sport, laissant néanmoins en suspens la question générale de sa gouvernance, ballottée par des intérêts contraires.

La consécration de l'Arabie saoudite reposant sur une compréhension des dynamiques de gouvernance mondiale

Le 11 décembre 2024, la FIFA procédait, lors d'un congrès extraordinaire en ligne, à la désignation, par acclamation, des pays hôte pour les Coupes du monde masculines de 2030 et 2034. Seule candidate en lice, l'Arabie saoudite remportait, sans suspense, l'attribution de l'édition de 2034, marquant un tournant décisif dans la stratégie du Royaume, amorcée à partir de 2015. En effet, depuis plusieurs années, l'Arabie saoudite a multiplié l'accueil d'événements sportifs d'envergure : catch, boxe, golf, sport automobile, tennis et évidemment football figurent parmi les disciplines mises en avant. À cela, ajoutons l'intérêt pour les sports d'hiver, symbolisé par l'accueil des Jeux asiatiques d'hiver en 2029, ou pour l'eSport.

Cependant, plus que de lister les candidatures et organisations d'événements sportifs internationaux, il convient surtout de s'interroger sur ce que cela dit de la gouvernance du sport mondial. Dépassant la seule logique comptable, cela témoigne d'un alignement des objectifs nationaux saoudiens avec les aspirations des grandes organisations sportives internationales. Cette rencontre d'intérêts stratégiques repose sur un double dynamique : d'un côté, le royaume cherche à mettre en action son plan d'action « Vision 2030 » ; de l'autre, les instances sportives voient dans l'Arabie saoudite un partenaire capable de soutenir leur développement.

Un investissement massif autour du sport dans le cadre du plan « Vision 2030 »

Peu impliqué jusqu'alors dans la gouvernance du sport, le Royaume a, depuis une dizaine d'années, massivement investi ce domaine, pour des raisons économiques, diplomatiques et symboliques. S'inscrivant dans le cadre de son plan « Vision 2030 » lancé par le prince héritier, Mohamed Ben Salman, la recherche de l'affirmation de sa puissance dans l'environnement sportif, si elle est indéniable, ne saurait être la seule raison poussant le Royaume à massivement investir ce domaine. En effet, Riyad n'a guère besoin du sport pour être considéré comme une puissance : ses ressources énergétiques, la taille de son territoire, son aura cultuelle ou encore son arsenal militaire lui ouvrent déjà les portes des principales instances de décision. Les raisons de cet investissement massif dans le sport sont donc à chercher ailleurs. Faire coïncider son statut de puissance globale avec sa présence sur la scène sportive ; ne pas laisser ce secteur florissant à d'autres acteurs, et se laisser distancer, y compris par ses voisins émiratis et qataris ; diversifier ses partenariats économiques apparaissent comme des raisons déterminantes. Enfin, et alors que cela est trop souvent oublié, la prise en compte de la politique intérieure saoudienne, comme la volonté de s'adresser à sa jeunesse, apparaît également déterminante. Rappelons que 61,3 % des citoyens saoudiens ont moins de trente ans, 33,5 % ayant même moins de quinze ans.

Une stratégie d'accueil des événements sportifs répondant à l'appétit et aux stratégies des organisations sportives

Inversons la perspective pour ne plus nous situer du point de vue des intérêts saoudiens, mais désormais du point de vue des organisations sportives. Riyad, en accueillant des événements sportifs, participe activement à la dynamique de nombreuses organisations sportives internationales, qui cherchent à développer leurs événements ou à explorer de nouvelles pratiques. Dans ce contexte, l'Arabie saoudite cherche à se présenter comme un partenaire fiable, attractif, doté de ressources

Le Plan Vision 2030 de l'Arabie saoudite

Conscient de sa dépendance aux hydrocarbures, Riyad a pris la mesure des risques encourus lors de la baisse du prix du pétrole entre 2014 et 2016. La diversification de son économie apparaissait donc comme un enjeu vital des prochaines années. Porté par le prince héritier Mohamed Ben Salmane, ce plan repose sur trois piliers : « une économie florissante », « une société dynamique », « une nation ambitieuse », correspondant donc à des objectifs économiques, sociaux et politiques. Dans un rapport publié en 2024 par la direction générale du Trésor français, un bilan à mi-parcours détaillant les indicateurs clés concluait que 105 des 243 indicateurs de performance avaient d'ores et déjà atteint leurs objectifs, tout en notant que la diversification de l'économie était plus lente et difficile que prévu.

« Saudi 2034 » : un vote « verrouillé » en amont par la FIFA

Avec l'Arabie saoudite comme seule candidate en lice, certains ont considéré que la FIFA n'avait eu d'autre choix que de désigner Riyad. En réalité, l'institution zurichoise a ouvert la voie depuis 2017 à cette désignation.
Premier acte : janvier 2017. En actant en janvier 2017 le passage à quarante-huit équipes à partir de la Coupe du monde 2026, la FIFA enclenchait un peu plus la croissance de sa compétition phare, excluant *de facto* des candidatures d'États intéressés par une potentielle organisation, mais découragés par son gigantisme.
Deuxième acte : octobre 2023. Par sa déclaration du 4 octobre 2023, le Conseil de la FIFA annonçait la volonté de désignation des Coupes du monde 2030 et 2034 lors du prochain congrès ; d'autre part, que l'édition de 2030 aurait lieu – sous réserve de vote final par le Congrès – sur trois continents (Amérique, Europe, Afrique) ; qu'enfin, les candidatures pour l'organisation de l'édition de 2034 étaient ouvertes. Cette triple décision est particulièrement importante, car, et cela est explicitement développé, en application du principe de rotation entre les confédérations, seules les fédérations asiatiques et océaniennes pouvaient se porter candidates. En outre, la FIFA ne laissait que jusqu'au 31 octobre 2023 pour faire parvenir une déclaration d'intérêt aux associations intéressées. Répondant au premier critère, les fédérations australienne et indonésienne décidèrent finalement de jeter l'éponge, ne faisant pas le poids face à une candidature saoudienne, déclarée dès le lendemain de l'annonce, et restée donc unique candidate. De plus, en abaissant de sept (dans le document commun présentant les procédures de candidature pour 2030 et 2034) à quatre (dans le document uniquement dédié à 2034) le nombre minimum de stades existants pour un candidat, la FIFA leva toute incertitude quant à la recevabilité de cette proposition.
Troisième acte : en décembre 2024, la FIFA a donc voté, sans discussion, par acclamation, lors d'un Congrès extraordinaire en ligne, pour la seule candidature déposée.
Remarquons au passage que le président de la FIFA, le Suisse Gianni Infantino, était présent à une place d'honneur à l'investiture présidentielle de Donald Trump…

financières importantes, pour ne pas dire illimité et animé par une volonté largement médiatisée de développer ce secteur. Plusieurs exemples illustrent cette dynamique de fond.

L'attribution de la Coupe du Monde 2034 au Royaume, dans un format à quarante-huit équipes et organisé pour la première fois de son histoire sur un seul territoire, témoigne à la fois de l'ambition saoudienne et de l'intérêt de la FIFA pour des hôtes en capacité d'assurer une « stabilité financière et organisationnelle ».

Le tennis est également intéressant au regard du rôle croissant de Riyad dans les circuits ATP et WTA, démontrant une volonté de jouer un rôle plus important dans le tennis mondial et témoignant d'une convergence d'intérêts entre ces acteurs. Les instances du tennis ne le cachent pas, il s'agit d'explorer de nouveaux marchés, au-delà des circuits traditionnels existants, et de diversifier leurs revenus. Cette logique s'imposait d'autant plus depuis la fin 2021 et la décision de ne plus jouer plusieurs tournois en Chine, dans le sillon de la disparition, puis réapparition controversée de la joueuse de tennis chinoise, Peng Shuai. En d'autres termes, le tennis mondial était à la recherche de nouveaux partenaires, susceptibles également de compenser une perte financière et Riyad a, là encore, su opportunément répondre à cette demande.

Enfin, en plus de l'organisation à l'été 2024 de l'*Esports World Cup* avec un *prize money* total record de $ 60 millions pour les participants, la création des Jeux olympiques de l'eSport, lancés par le CIO concomitamment à la signature d'un partenariat de douze ans, au montant inconnu, entre l'instance lausannoise et le Comité national olympique saoudien reflète une volonté commune de se positionner sur des secteurs d'avenir tout en attirant une nouvelle génération de spectateurs, de pratiquants et de sponsors.

Cependant, cette ascension fulgurante suscite critiques et interrogations. Les organisations de défense des droits humains et de l'environnement dénoncent avec vigueur cette stratégie de *sportswashing*, visant à améliorer l'image internationale du Royaume, et cherchant à minimiser les problématiques liées aux droits humains, et notamment des femmes, des questions environnementales et de la liberté d'expression. Cette stratégie soulève également des questions sur la soutenabilité à long terme, notamment en termes d'infrastructures, de compétitions régulières, et de capacité à maintenir un intérêt global face à la concurrence d'autres nations.

Le sport au service du Rwanda : entre ambitions internationales et conflits régionaux

Au cours des dernières années, le Rwanda s'est également affirmé comme un acteur à l'aura croissante dans le sport. La promotion du pays à travers les événements sportifs et les partenariats stratégiques s'inscrit dans une dynamique plus large que Kigali veut placer sous le signe du renouveau et de la résilience, axes omniprésents depuis le génocide de 1994. Cette stratégie s'articule autour de trois axes majeurs : l'organisation d'événements sportifs internationaux, l'intégration institutionnelle dans les instances sportives mondiales, et le développement d'une image de marque attractive par le biais du sponsoring.

Les trois piliers de la diplomatie sportive rwandaise

Premièrement, le Rwanda a démontré un appétit croissant dans l'accueil de compétitions continentales comme mondiales. Un exemple emblématique est la *Basketball Africa League* (BAL), dont l'édition inaugurale de 2021 s'est tenue sous bulle sanitaire à Kigali en raison des restrictions liées à la pandémie du covid-19. Depuis, la Kigali Arena accueille systématiquement les phases finales de cette compétition, renforçant ainsi la position du pays comme un *hub* du basketball africain. De même, le Tour du Rwanda, créé en 1988, a vu son importance croître significativement depuis 2019. Cette montée en puissance franchit une nouvelle étape avec l'organisation des championnats du monde de cyclisme sur route, en septembre 2025, première pour le continent africain.

Deuxièmement, Kigali cherche à gagner une influence croissante au sein des grandes institutions sportives. L'organisation du Congrès de la FIFA en 2023, qui a vu la réélection de Gianni Infantino et l'organisation des prochaines Coupes du Monde masculine à quarante-huit équipes, témoigne de cette volonté d'exister. Dans la même veine, la cérémonie en décembre 2024 de remise des prix de la Fédération internationale de l'Automobile (FIA), illustre également l'ambition du pays de diversifier ses interlocuteurs et de s'imposer dans d'autres disciplines sportives, avec notamment le projet d'accueil d'un Grand Prix de Formule 1 à l'horizon 2026.

Enfin, la stratégie de branding et de sponsoring développée par le Rwanda constitue un levier essentiel de son rayonnement international. À travers le logo « Visit Rwanda » figurant sur les maillots des clubs de football d'Arsenal, du Paris Saint-Germain et, plus récemment, du Bayern Munich, Kigali s'offrait une présence médiatique de premier plan. Ces partenariats incluaient également des collaborations dans le développement d'académies sportives, comme avec la création d'une PSG Academy ouverte à Kigali en 2022, renforçant le partenariat entre le club français et le pays conclu en 2019.

Une stratégie contestée et dénoncée

La stratégie déployée par Kigali repose sur la promotion d'un narratif politique mettant en avant la transformation du Rwanda post-génocide. En 2020, le PSG a notamment publié différentes vidéos, semblant s'adresser à la population rwandaise, en mettant en scène ses joueurs et déclarant, à tour de rôle : « Nous sommes solidaires avec vous pour commémorer le génocide contre les Tutsis. [...] Vous avez fait preuve d'unité, de résilience et d'une transformation exemplaire dont le monde peut apprendre et tirer profit. [...] Nous soutenons les progrès que le Rwanda opère. [...] ». Or, cette stratégie de *soft power* se heurte désormais de

La diplomatie sportive hongroise, ou l'incarnation de la politique de Viktor Orban

Parmi les acteurs de plus en plus influents en termes de diplomatie sportive, n'oublions pas la Hongrie qui renforce sa place au sein du mouvement sportif depuis 2010, notamment sous l'impulsion du parti Fidesz et de son *leader* – et actuel Premier ministre – Viktor Orbán. Grand amateur de football, ce dernier a fait du sport un levier stratégique, favorisant des investissements massifs et instaurant même un dispositif fiscal incitatif permettant aux entreprises de diriger une partie de leurs impôts vers des clubs et des fédérations sportives. Vitrine du pays à l'international, l'organisation de compétitions sportives témoigne de cette stratégie, comme l'illustre la candidature de la capitale hongroise pour les Jeux olympiques et paralympiques de 2024. En dépit de l'abandon sur ce dossier particulier, la Hongrie accueille un nombre croissant d'événements depuis plusieurs années et dans plusieurs sports. Le football est particulièrement emblématique avec l'accueil de plusieurs matchs de l'Euro masculin de football en 2021. Lors de cette édition marquée par la situation sanitaire liée au covid-19, Viktor Orbán avait d'ailleurs proposé, à plusieurs reprises, Budapest comme solution de repli pour accueillir des matchs à enjeux, en cas de défection d'autres villes et notamment de Londres, arguant de la politique beaucoup moins contraignante mise en œuvre dans le pays. Plus récemment, le pays s'est également illustré par la réception des Championnats du monde d'athlétisme en 2023, ainsi que des Championnats du monde de natation en 2017, 2022 et 2027.
Enfin, la Hongrie cherche également à faire sa place sur la scène institutionnelle sportive. À ce titre, Budapest est le siège de la Fédération internationale de judo, récemment rejointe par celle de canoë-kayak et, prochainement, par *World Athletics*. Si la ville ne rivalise pas encore avec Lausanne, ces relocalisations sont révélatrices d'une claire volonté de déplacement du centre stratégique du sport international.

manière brutale à des enjeux géopolitiques régionaux majeurs, notamment en raison de la situation actuelle en République démocratique du Congo (RDC) et, en particulier, dans le Nord-Kivu. En effet, le M23, groupe armé, créé en 2012 et actif depuis fin 2021 dans l'est du Congo, mène une offensive militaire sanglante, parvenant à prendre possession d'importantes parties du territoire congolais, du Nord et Sud Kivu avec l'aide de troupes rwandaises. Depuis plusieurs années déjà, Kinshasa accuse Kigali de financer et d'armer les insurgés afin de récupérer des métaux rares dans le Sud-Kivu et réclame des sanctions de la communauté internationale, sans succès. Face à l'offensive de janvier 2025 et la prise de plusieurs villes stratégiques, dont Goma, les autorités congolaises et différentes associations exhortent désormais les clubs partenaires du Rwanda à mettre fin à leur collaboration, dénonçant ce partenariat et le rôle actif de Kigali dans cette guerre. Si les clubs restent, pour l'instant, silencieux, ce nouvel épisode pourrait fragiliser la stratégie construite par Kigali, illustrant ainsi les limites de l'utilisation du sport comme outil de projection de puissance. L'évolution de ce conflit déterminera dans quelle mesure le sport restera un vecteur durable de *soft power* pour Kigali.

Entre crise du multilatéralisme et continuité au sein du mouvement sportif : l'élection du prochain président du CIO comme tournant ?

L'élection du futur président du Comité international olympique (CIO) en mars 2025 marque un moment important pour l'institution elle-même évidemment, mais également plus globalement pour le mouvement sportif mondial. Après près de onze années à la tête de l'institution lausannoise, Thomas Bach laisse derrière lui un héritage complexe, marqué par des crises géopolitiques, sportives et institutionnelles, mais aussi par des avancées en matière de durabilité et d'inclusion.

Un bilan Bach placé sous le signe d'une forte politisation, pourtant redoutée

Bien que fervent défenseur de l'apolitisme du sport, en raison de son parcours personnel d'athlète ayant connu le boycott des Jeux de Moscou de 1980, et du fait de sa fonction présidentielle, Thomas Bach a pourtant dû faire face à des défis majeurs. Dans le champ sportif, en plus des remises en cause répétées de la part des États-Unis de l'Agence mondiale antidopage, le CIO aura également eu à gérer le scandale du dopage institutionnalisé en Russie, découvert en 2015 ou encore la disparition de la joueuse de tennis chinoise Peng Shuai, à la veille des Jeux olympiques et paralympiques de Pékin de 2022. Outre ces sujets sportifs mêlant déjà des enjeux géopolitiques, Thomas Bach a également dû composer avec une situation internationale ô combien complexe, son mandat étant notamment marqué par une menace terroriste forte, liée à l'émergence de l'État islamique, une situation sanitaire inédite liée à la pandémie du covid-19 ou encore avec l'invasion de l'Ukraine par la Russie et la Biélorussie posant la question de l'exclusion d'un État majeur du mouvement olympique. À cette décennie de mandat déjà chargée, la guerre entre Israël et le Hamas a ajouté une nouvelle couche de complexité, dans un contexte où le CIO a toujours cherché à maintenir une neutralité politique, tout en promouvant les idéaux de paix. Parallèlement, Thomas Bach a également joué un rôle dans l'évolution du modèle olympique. Publié en 2014, l'Agenda 2020, feuille de route stratégique de l'institution, adopté après les Jeux de Sotchi (Russie) souvent décriés pour leur aspect environnemental, a voulu faire des enjeux de durabilité le cœur de son action. L'égalité des genres a également été un axe important de son mandat, aboutissant notamment et pour la première fois de son histoire à la parité des athlètes aux Jeux de Paris 2024. L'engagement de Thomas Bach pour la création d'une équipe olympique de réfugiés à partir des Jeux de 2016 est également notable, dans un contexte où la question migratoire était particulièrement prégnante au sein des discussions internationales, sans que la communauté internationale ne parvienne totalement à avancer sur cet enjeu. Enfin, alors que l'organisation faisait face à une raréfaction importante des candidatures pour l'accueil des Jeux, Thomas Bach quitte la tête du CIO avec la certitude de voir les Jeux assurés jusqu'après 2032 et se targue d'avoir, d'ores et déjà, de nombreuses candidatures pour les éditions postérieures.

Un mandat placé sous le signe des tensions géopolitiques

Si cette élection survient à un moment où l'avenir des Jeux semble assuré, au moins jusqu'en 2034, permettant, en théorie, au CIO d'avancer sur des sujets structurels et stratégiques, le prochain élu(e) aura fort à faire dans un environnement in-

Sept prétendants pour remplacer Thomas Bach

Thomas Bach ayant décidé de ne pas se représenter, sept candidats sont en lice pour lui succéder :

- le Britannique Sebastian Coe, président de World Athletics,
- le Français David Lappartient, président de l'Union cycliste internationale,
- le prince jordanien Feisal Al-Hussein, membre de la commission exécutive du CIO,
- la Zimbabwéenne Kirsty Coventry, vice-présidente du CIO,
- l'Espagnol Juan Antonio Samaranch junior, fils de l'ancien président, et vice-président du CIO,
- le Britannico-Suédois Johan Eliasch, président de la Fédération internationale de ski
- et le Japonais Morinari Watanabe, président de la Fédération internationale de gymnastique.

Un mandat placé sous le signe des tensions géopolitiques.

Finalement, c'est Kirsty Coventry, la ministre des Sports du Zimbabwe qui l'a emporté : femme, africaine… blanche !

ternational marqué par de fortes incertitudes. En tant que président d'une organisation supposément apolitique, mais dont la voix est considérée comme celle d'un chef d'État, le ou la prochain(e) patron(ne) du mouvement olympique devra gérer la question de la réintégration ou non de la Russie et de la Biélorussie au sein du mouvement olympique. Depuis trois ans désormais, Moscou considère son exclusion comme « illégale, injuste et inacceptable » contribuant à la marginaliser diplomatiquement. Nul doute également que l'évolution de la guerre entre Israël et le Hamas occupera grandement l'instance suisse.

La relation avec les États-Unis au cœur des préoccupations du CIO

La relation avec les États-Unis devrait également mobiliser l'instance lausannoise au cours des prochaines années, et ce, sur plusieurs sujets.

Tout d'abord, l'agence américaine antidopage (USADA), en conflit ouvert avec l'Agence mondiale antidopage (AMA), exacerbé par un contentieux autour de nageurs chinois, n'a pas versé sa contribution en 2024 ($ 3,6 millions), pourtant essentielle pour le bon fonctionnement de l'instance financée pour moitié par les gouvernements et pour moitié par le CIO. Ce sujet, qui pourrait sembler marginal, apparaît pourtant au cœur des tractations au regard du calendrier olympique : Los Angeles accueille les Jeux en 2028 et Salt Lake City en 2034. Alors que la désignation des Jeux pour 2034 est intervenue en pleine tension avec Washington, le CIO avait validé l'attribution à Salt Lake City, en prenant soin de rajouter une clause d'annulation « au cas où l'autorité suprême de l'Agence mondiale antidopage ne serait pas pleinement respectée ». Sans attendre 2034, les discussions à l'approche des Jeux de 2028 s'annoncent particulièrement ardues.

À ce dossier, s'ajoutent les derniers décrets signés par le quarante-septième président des États-Unis, dès son retour à la Maison-Blanche, empêchant les athlètes transgenres à concourir dans des compétitions féminines, sujet cher abordé lors de sa campagne. En déclarant que, lors des prochains Jeux, son « administration ne restera pas les bras croisés à regarder des hommes battre des athlètes féminines » en refusant « toutes les demandes de visa faites par des hommes qui tentent d'entrer frauduleusement aux États-Unis tout en s'identifiant comme des athlètes féminines », Donald Trump, en plus de confondre les personnes intersexes et transgenres, de contribuer activement à la transphobie, et de contribuer à renforcer le masculinisme politique au sein de son administration, se heurte également aux règles fixées par le CIO. En effet, l'institution suisse laisse les fédérations internationales établir leurs propres critères pour éviter les éventuels « avantages disproportionnés » sur la performance dont pourraient bénéficier les sportives transgenres, en fonction des particularités de chaque discipline. En dépit des règles strictes encadrant la campagne pour la présidence du CIO, Sebastian Coe a, d'ores et déjà, salué cette décision.

Quelle place pour les enjeux sociaux ?

Alors que la question environnementale est présente et citée avec plus ou moins de force dans le logiciel du CIO depuis 1994 et ses Jeux de Lillehammer, le réchauffement climatique se pose aujourd'hui au monde du sport avec toujours plus d'urgence. Si les Jeux d'hiver sont souvent les plus cités, notamment en raison de la raréfaction des sites naturellement enneigés, il s'agit en réalité d'une problématique qui est bien plus large, embrassant l'ensemble des disciplines et des fédérations. Alors que les thématiques de la durabilité et d'une réflexion sur la réduction de l'empreinte carbone se situaient dans une dynamique globale de prise de conscience, quid de son avenir à l'heure d'un climatoscepticisme présent, y compris au sommet de certains États et alors que les outils et espaces de négociations sont boudés ? En d'autres termes, à l'approche des Jeux de 2028 et de 2034 dans l'Amérique de Trump, quelle suite imaginer alors que Washington a dénoncé les Accords de Paris et s'en est retiré ? Cette réflexion vaut également pour toutes les questions de genre et de diversité au sein du sport, dont le CIO s'est saisi désormais depuis quelques années, poussé notamment par différents scandales très largement médiatisés. Alors que les autorités américaines considèrent les questions de genre comme relevant d'une « idéologie extrémiste », comment les instances sportives vont-elles réagir sur ce sujet ?

Le marché de l'art : *en recul*

Le marché mondial de l'art a été en 2024 à l'image du monde : morose et en net recul malgré le strass et les paillettes des foires et salons. Un peu partout, les ventes aux enchères se sont inscrites en recul. La géographie du marché reste dominée par les États-Unis et la Chine. En Europe, le Royaume-Uni, handicapé par le Brexit, recule en partie au profit de la France.

Le marché mondial de l'art avait connu une certaine euphorie post-covid. Celle-ci est bien retombée et tous les indicateurs disponibles au moment de la rédaction de CyclOpe pointent dans la même direction tant en termes de prix que de volumes avec des chiffres évoqués tournant autour de 20 % de contraction, voire plus. Sur les onze premiers mois de l'année, l'indice All Art Index est en recul de 16 %. Sur le premier semestre, Art Tactic, qui ne suit que les ventes publiques de Christie's, Sotheby's et Phillips, indique un recul de 27 %. Sur l'ensemble de l'année, la baisse est de 26 % (et cela après une chute de 19 % en 2023) d'après les premières estimations d'Art Tactic. Sur l'année, le recul, tous volumes confondus, est de 6 % pour Christie's et de près de 25 % pour Sotheby's. D'après Art price, pour le *fine art* en ventes aux enchères, le produit mondial est de $ 9,9 milliards, en repli de 33,5 % (pour 800 000 transactions enregistrées).

Il a fallu attendre les ventes de novembre à New York pour qu'enfin la barre des $ 100 millions soit franchie par « L'empire des Lumières » de Magritte (il est probable qu'un Kandinsky a été aussi vendu par un marchand au-delà de $ 100 millions). C'est d'ailleurs Magritte qui remporte la palme du « chiffre d'affaires » le plus élevé en 2024 avec $ 312 millions devant l'inusable Picasso ($ 223 millions). Il est vrai qu'il n'y a pas eu, en 2024, de ventes d'œuvres majeures ni de collections marquantes. Les commissaires-priseurs ont un peu raréfié l'offre pour éviter les invendus et nombre de collectionneurs ont aussi préféré les ventes directes plus discrètes (et en progression de 41 % chez Christie's). Les ventes d'automne à New York se sont inscrites en repli de 52 % pour Sotheby's et de 23 % pour Christie's. L'année n'a d'ailleurs été marquée d'aucune enchère « extraordinaire » si ce n'est peut-être la vente pour près de $ 45 millions d'un squelette « reconstitué » de dinosaure ! Les NFT (œuvres digitales) qui avaient fait la une en 2021 ont pratiquement disparu même si les maisons de vente commencent par contre à accepter des paiements en cryptomonnaies. L'une des ventes les plus originales de 2024 a été celle d'une banane collée sur un mur, une pochade de

Maurizio Cattelan qui avait été présentée il y a quelques années à Art Basel Miami (à l'époque, pour $ 250 000 ce qui était déjà beaucoup). Elle a été achetée chez Sotheby's pour $ 6,2 millions par le fondateur d'une plateforme de cryptomonnaies, Justin Sun, qui l'a payée en cryptomonnaie (ether ou bitcoin) avant… de la manger !

Le marché de l'art reste partagé entre la partie visible permettant de fournir des cotes, les ventes aux enchères, et l'univers des marchands et des galeries. C'est au fond la même différence que sur les marchés de commodités entre marchés organisés et OTC (*over the counter*). La géographie du marché des enchères n'a pas changé avec la place majeure des États-Unis et surtout des grandes ventes de printemps et d'automne à New York : ainsi, les ventes de printemps 2024 à New York ont réalisé $ 939 millions (– 22 % par rapport à 2023). Derrière les États-Unis, la Chine enregistre un net repli pour les ventes aux enchères de *fine art* (– 63 %), mais pèse quand même un cinquième du marché mondial, en intégrant bien sûr Hong Kong où les grandes maisons anglo-saxonnes ont à nouveau investi (le marché de l'art ne connaît pas de frontières démocratiques…). En Europe, si le Royaume-Uni conserve sa prééminence, le Brexit continue à affaiblir la position de Londres par rapport à Paris : au premier semestre 2024, les ventes londoniennes ont diminué de 29 % alors qu'elles progressaient de 12 % à Paris (mais Paris ne pèse encore que la moitié de Londres).

Le marché des ventes aux enchères reste dominé par le duopole Christie's – Sotheby's, deux maisons d'origine britannique, toutes deux propriétés de milliardaires français, François Pinault et Patrick Drahi. Toutes deux ont connu en 2023

Les principales ventes de 2024
(en $ millions sauf en € et £ - liste non limitative)

Enchères			
Magritte	*L'empire des lumières (1951)*	$ 121,2	Christie's New York
Rusha	*Standard Station (1964)*	$ 65,5	Christie's New York
Monet	*Nymphéas*	$ 65,5	Sotheby's New York
Basquiat	*Untitled (Elmar-1982)*	$ 46,5	Phillips New York
Klimt	*Fraulein Mieser*	€ 35	Im Kinsky Vienne
Magritte	*L'ami intime*	£ 33,7	Christie's Londres
Warhol	*Flowers (1964)*	€ 30,4	Christie's New York
Chardin	*Le melon entamé*	€ 26,7	Christie's Paris
Foires et marchands			
Kandinsky	*Murnau*	+ 100	Robert Landau
Bacon	*Portrait of George Dyer talking*	50/70	Dominique Levy
Joan Mitchell	*Sunflowers*	20	Zwirner (Art Basel)
Reynolds	*Portrait of Lady Worsley*	£ 25	Christie's privé
Autres enchères			
Stegausorus Apex (dinosaure)		44,6	Sotheby's New York
Diamant rouge Argyle Phœnix *(1,56 ct)*		4,2	Phillip's Genève
Comedian : banane de M. Cattelan		6,2	Sotheby's New York
Vitrail de Tiffany *(1913)*		12,5	Sotheby's New York
Timbre US Benjamin Franklin *(1868)*		4,3	Robert Siegel, NY
Des collections			
Barbier Mueller (art premier)		€ 73,1	Christie's Paris
Bill Gross (timbres)		19,2	Robert Siegel, NY
Pierre Chen (vins)		+ 50	Sotheby's, HK, Paris

L'art au sens le plus large

Le monde des enchères se diversifie vers de nouveaux domaines. Dans l'automobile, Sotheby's a réalisé $ 811 millions avec RM-Sotheby's et Christie's a acheté Gooding ($ 200 millions). Les maisons françaises comme Artcurial et Osenat sont aussi très actives. Plus spécialisé est le monde des chevaux de course (un marché de $ 3,2 milliards en 2023) avec des acteurs spécialisés comme Tattersalls (Royaume-Uni), Goffs (Irlande), Arqana, la société contrôlée par Artcurial et l'Aga Khan ($ 207 millions en 2023).

et 2024 des vents contraires malgré leurs efforts de diversification (ventes de gré à gré, immobilier, solutions financières, luxe au sens large, automobiles…). Christie's, avec $ 5,7 milliards de chiffre d'affaires en 2024 (en 2022, il était de $ 8,4 milliards), est l'acteur le plus dynamique et profite de la solidité de son actionnariat (la famille Pinault). Toute autre est la situation de Sotheby's dont la profitabilité s'est effondrée avec $ 115 millions de pertes au premier semestre, un endettement total de $ 4,3 milliards (dont $ 1,8 milliard de dettes à long terme). Mais Sotheby's souffre aussi des fissures au sein de l'édifice de dettes construit par Patrick Drahi. Celui-ci s'est associé au fonds souverain d'Abu Dhabi (ADQ) pour injecter un milliard de dollars en échange d'une entrée au capital. Sotheby's va d'ailleurs pour la première fois organiser une vente en Arabie saoudite.

Derrière les deux géants, on trouve Philipps, spécialisé dans l'art contemporain, et Bonhams (qui avec Cornette réalise € 129 millions en France et en Belgique). En France, le principal acteur est Artcurial, contrôlé en partie par la famille Dassault (€ 1,7 milliard au total, mais avec immobilier, luxe et chevaux) et puis l'exception Drouot, un lieu de ventes utilisé par les 70 maisons de ventes (€ 335 millions), mais aussi les ventes en ligne de Drouot.com (€ 269 millions) devenue la première place de marché de l'art d'Europe continentale.

Il est plus difficile de mesurer l'activité de l'univers des marchands et des galeries. Leur présence la plus manifeste se matérialise dans les foires qui se sont multipliées au fil de l'année et des continents. Le « marché » des foires est dominé par quelques acteurs : Art Basel, TEFAF et Frieze qui en dehors de leurs implantations historiques (Bâle, Maastricht) ont multiplié leurs franchises en particulier vers l'Asie. Chacune de ces foires réunit en général 200 à 300 galeries (beaucoup plus même si on tient compte des événements parallèles) ce qui permet en fait au « cirque » de l'art de fonctionner en continu avec quand même quelques points de passage obligés comme Maastricht, Bâle, Miami et désormais Paris. Parallèlement, les grands marchands spécialisés dans l'art contemporain multiplient leurs implantations dans le monde à l'image de Gagosian (19 galeries dans le monde), Hauser und Wirth (19 galeries aussi), David Zwirner, Pace et quelques autres.

Le monde de l'art : un tout petit monde quelque peu déconnecté des réalités économiques et géopolitiques, mais qui en subit de plus en plus les aléas !

Le calendrier des foires en 2024
(liste non limitative)

Mars	TEFAF Maastricht (270) Art Basel Hong Kong (242)
Avril	Biennale de Venise (6 mois)
Mai	TEFAF New York
Juin	Art Basel Bâle (288)
Septembre	Frieze Séoul Armory Show New York (235)
Octobre	Frieze Londres (165) Frieze Masters (130) Art Basel Paris (195)
Décembre	Art Basel Miami (226)

Entre parenthèses, le nombre de galeries participantes sans compter les événements parallèles.

Les matières illicites :
la face cachée de la mondialisation

L'économie souterraine représente la face cachée de la mondialisation, plus active que jamais. Les drogues avec leurs matières premières, agricoles ou synthétiques, en sont le meilleur exemple. Leur développement est aussi devenu un sujet de tensions géopolitiques, qu'il s'agisse des conséquences de la réduction drastique de la culture du pavot dans l'Afghanistan des talibans au profit de la Birmanie des généraux ou bien de l'insistance mise par Donald Trump sur la lutte contre la propagation du fentanyl à l'encontre de la Chine, du Canada et du Mexique. En matière de guerre commerciale, le fentanyl et les autres drogues synthétiques, qui ont provoqué plus de 70 000 décès en 2022 aux États-Unis, ne sont pas un simple prétexte.

Depuis 1986, le rapport CyclOpe analyse les marchés mondiaux des matières premières, de l'ananas au zirconium en passant par les textiles, le soja, l'automobile ou même l'art.

Pourtant, comme pour de nombreuses institutions financières, la part « noire » de l'économie n'avait pas encore pu être traitée. Or, selon les estimations des mêmes institutions, le *business* du crime produirait jusqu'à $ 2 700 milliards de chiffre d'affaires, dépassant le produit intérieur brut (PIB) de nombre de pays développés, disposant de dispositifs *offshore* sophistiqués, et gangrénant les États, même les plus puissants.

En 2010, les modalités de mise en place du dispositif d'enregistrement du Système européen des comptes nationaux et régionaux (SEC 2010) a marqué le point d'harmonisation des pratiques statistiques nationales diverses et souvent divergentes en matière de prise en compte des activités économiques illicites ou illégales. Le sujet était l'objet de vives controverses entre représentants des systèmes comptables nationaux depuis le début des années deux-mille. À partir de septembre 2014, tous les États membres de l'Union européenne (UE), même les plus rétifs comme la France, ont progressivement inclus dans leurs comptes nationaux des estimations pour les trois activités essentielles : la prostitution, la vente de stupéfiants, et la contrebande d'alcool et de tabac. On a pu y ajouter, au fil du temps, le trafic d'armes à feu, le recel de marchandises volées, le trafic de migrants, la violation des droits de propriété intellectuelle, la contrefaçon, le piratage, la corruption et les jeux d'argent illégaux.

Pour cette première apparition dans CyclOpe, nous ne traiterons ici que des éléments « matières premières » initiales tout en les mettant en perspective, les statistiques utilisées étant systématiquement les dernières connues (et pas nécessairement celles de 2024, donc).

Les deux plantes dont proviennent les matières premières de toutes les drogues manufacturées couvertes par les conventions internationales de 1925 et 1931 sont le pavot à opium et le cocaïer. Le premier est utilisé pour la fabrication de la morphine, de l'héroïne, de la codéine, de la dionine, etc., tandis que le second est nécessaire pour la fabrication de la cocaïne. Contrairement à l'opium, les feuilles de coca sont peu utilisées sous forme de préparations médicinales. Elles sont, en revanche, largement prisées pour la préparation de boissons non narcotiques. Ainsi, à la fin du XIXe siècle, John Pemberton mélangea cette feuille avec du vin rouge français, inventant par là même l'ancêtre du Coca-Cola, issu du mélange de la feuille de coca et de la noix de kola. Sa maison mère achetait à la Stepan Company quelques centaines de tonnes de feuilles de coca dont l'alcaloïde avait été extrait chaque année pour la confection de la fameuse boisson énergisante.

Surfaces cultivées

La superficie consacrée à la culture de l'opium est estimée à 47 100 hectares en 2023 par l'Office des Nations unies contre la drogue et le crime (ONUDC), contre 40 100 en 2022, tandis que le rendement correspondant est estimé à 1 080 tonnes métriques, soit une augmentation de 36 % par rapport à l'année précédente. Les effets sur l'environnement sont considérables. Ainsi, un kilogramme de fleurs de cannabis séchées produites en intérieur générerait entre 2 300 et 5 200 kg de CO_2. La monoculture illégale et intensive de variétés de cannabis à haut rendement augmente la pression exercée sur des écosystèmes déjà fragiles, nécessite une utilisation importante de pesticides et d'engrais, et contribue aux pénuries d'eau et à des pertes de biodiversité. Un plant de cannabis cultivé en extérieur nécessiterait en effet jusqu'à 22,7 litres d'eau par jour.

En 2022, la production de cocaïne a atteint un niveau record de 2 757 tonnes, soit une augmentation de 20 % par rapport à 2021. La culture illégale de la coca serait la cause directe ou indirecte d'environ la

Culture mondiale du pavot à opium et production d'opium 1998-2023

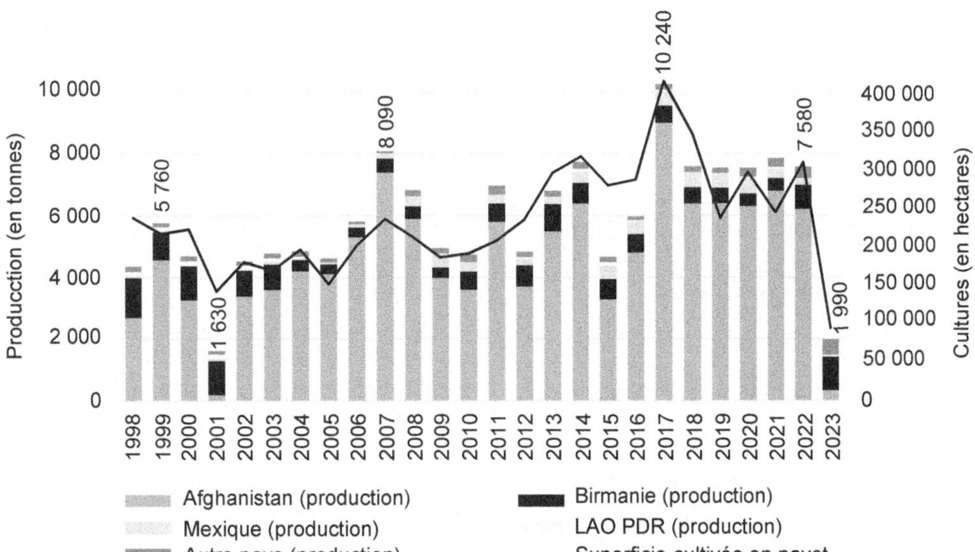

(Sources : calculs de l'ONUDC basés sur les enquêtes de l'ONUDC et des gouvernements nationaux sur l'opium, et réponses de l'ONUDC au questionnaire du rapport annuel)

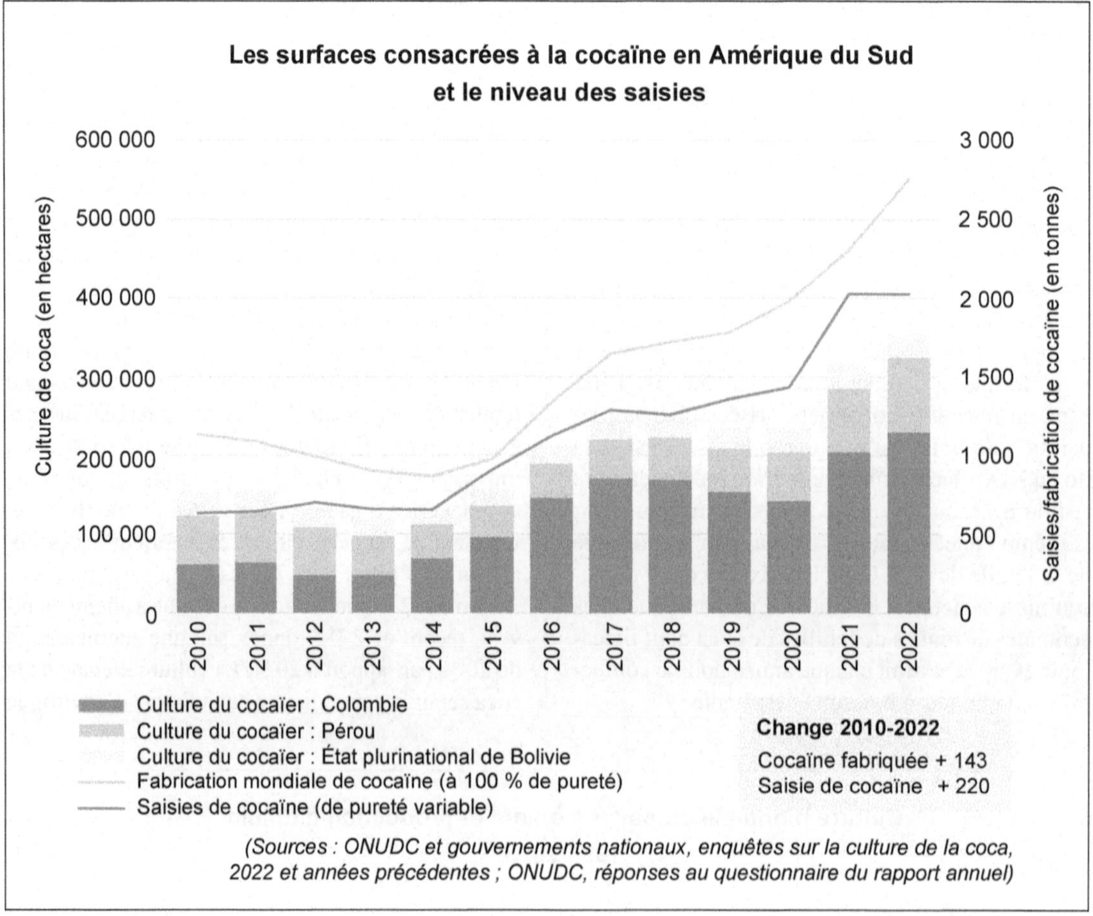

moitié de la déforestation dans certaines régions de Colombie. La production d'un gramme de cocaïne reviendrait à détruire 4 m² de forêt, compte non tenu des effets des substances chimiques nécessaires à la production, rejetées ensuite dans les écosystèmes.

Production : opium, cocaïne et précurseurs

En 1945, pour son premier rapport détaillé d'après-guerre, la Société des Nations (SDN) estimait les productions mondiales d'opium brut et de morphine à 18 504 tonnes et à 137 360 kilogrammes, au cours de la période 1934-1937. En 2023, la Birmanie est devenue le plus grand producteur d'opium au monde. Sa production a dépassé celle de l'Afghanistan, où les talibans ont imposé une interdiction de culture en avril 2022, ce qui a entraîné une chute de 95 % de la culture en 2023, mais une reprise de 30 % en 2024. L'offre de cocaïne a, pour sa part, atteint un niveau record en 2022 avec la fabrication de plus de 2 700 tonnes, soit 20 % de plus que l'année précédente et trois fois plus qu'en 2013 et 2014.

Le nombre de nouvelles substances psychoactives est, lui, resté globalement stable en 2022-2023, avec une légère baisse du nombre de substances nouvellement identifiées dans la catégorie des opioïdes. Toutefois, les nitazènes, un groupe d'opioïdes synthétiques parfois plus puissants que le fentanyl, sont apparus.

La production de drogues illicites nécessite, par ailleurs, l'utilisation de produits chimiques appelés « précurseurs de drogues ». Certains précurseurs sont également utilisés de façon légale pour fabriquer des produits légitimes, tels que des médicaments, des plastiques, des cosmétiques, des engrais et des parfums. C'est pourquoi la législa-

Fabrication, consommation et stocks au niveau mondial 2003-2022

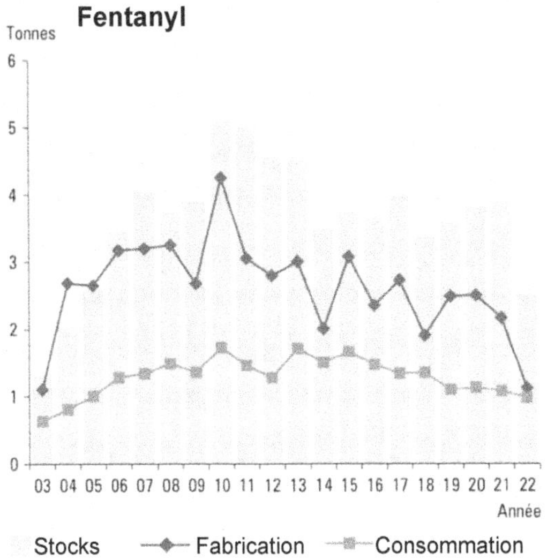

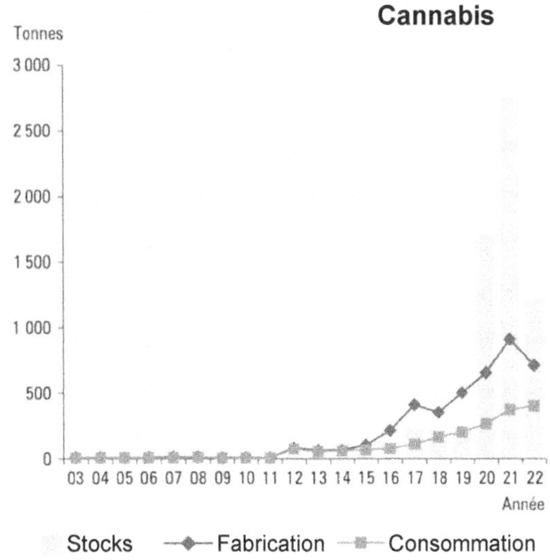

tion sur les précurseurs de drogues était axée, par le passé, sur la surveillance du commerce légal afin d'empêcher leur détournement. Il s'agit notamment de :

– l'anhydride acétique (AA) qui est utilisé dans de nombreux procédés industriels pour la production de plastiques, de textiles, de colorants, d'agents photochimiques, de parfums, d'explosifs et de filtres à cigarettes. Cependant, c'est aussi un agent de réaction important pour la production illicite d'héroïne. Pour produire 1 kg d'héroïne, il faut 1 à 1,5 litre d'AA.

Offre et demande de matières premières opiacées riches...

(en tonnes équivalent morphine 2019-2024)

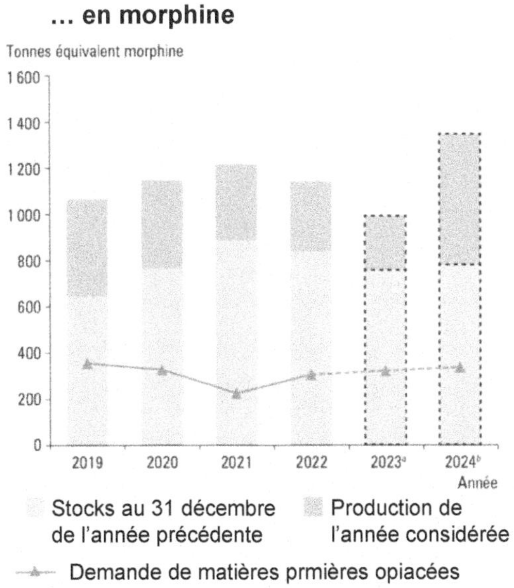

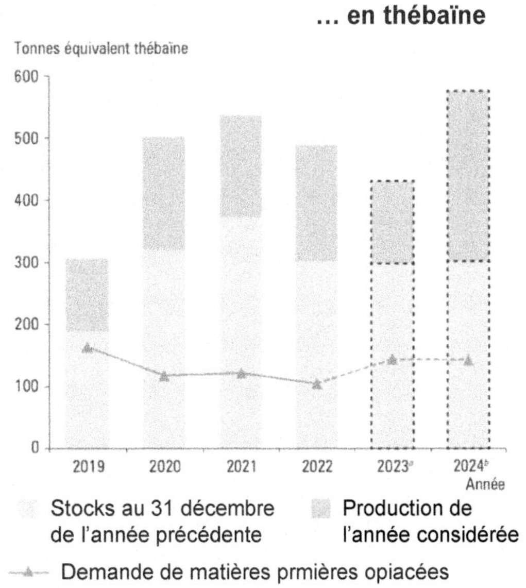

Évolution de la quantité de drogue saisie 2005-2022

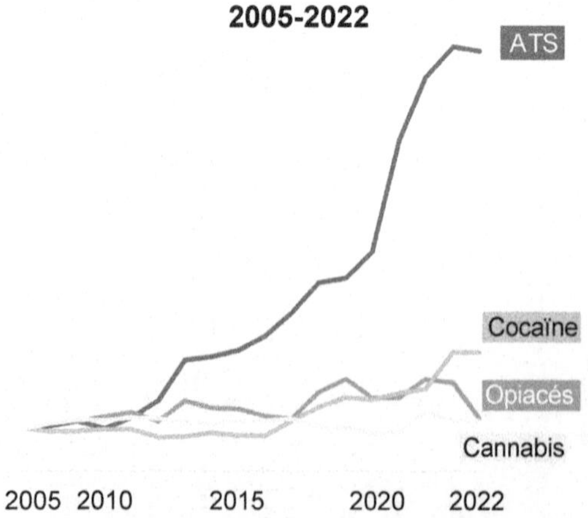

(Source : centres pour le contrôle et la prévention des maladies, système CDC WONDER, causes multiples de décès, 2024)

– L'éphédrine ou la pseudoéphédrine – de puissants décongestionnants nasaux – qui sont utilisées de façon légale pour fabriquer des médicaments contre la grippe ou les allergies, mais qui sont aussi des produits clés utilisés dans la production illicite de méthamphétamine. Il suffit de 1,5 kg d'éphédrine/pseudoéphédrine pour obtenir 1 kg de méthamphétamine.

Compte tenu du large éventail d'utilisations légitimes des précurseurs de drogues, leur commerce ne peut être interdit. Cependant, les producteurs de drogues illégales de l'Union européenne ont de plus en plus recours à des précurseurs dits « de synthèse », produits « parents », fabriqués pour contourner les contrôles, et qui n'ont généralement pas d'usage légitime connu. Parmi les précurseurs de drogue sans usage légal connu figurent :

– l'alpha-phénylacétoacétonitrile (APAAN) qui est fréquemment utilisée dans la production d'amphétamines illicite ;

– les substances utilisées pour produire du fentanyl ou des amphétamines. En 2023, le nouveau règlement délégué (UE) 2023/196 de la Commission européenne ajoutait ainsi cinq précurseurs à la liste des substances classifiées. Il s'agit :

• du tert-butyle 4-anilinopipéridine-1-carboxylate (1-boc-4-AP, CAS 125541-22-2) ;

• de la N-phénylpipéridine-4-amine (4-AP, CAS 23056-29-3) ;

• du diéthyl (phénylacétyl) propanédioate (DEPAPD, CAS 20320-59-6) ;

Décès par surdose attribués aux opioïdes synthétiques aux États-Unis 2010-2022

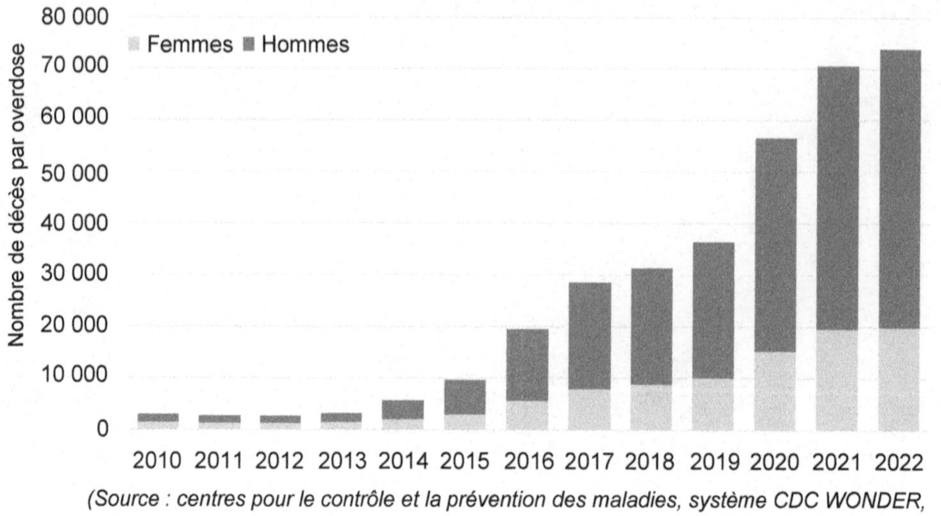

(Source : centres pour le contrôle et la prévention des maladies, système CDC WONDER, Causes multiples de décès, 2024)

• du N-phényl-N-(pipéridine-4-yl)propanamidc (norfentanyl, CAS 1609-66-1) ;

• de l'éthyl 3 – (2 H-1,3-benzodioxol-5-yl) – 2-méthyloxirane-2-carboxylate (éthyl glycidate de PMK, CAS 28578-16-7).

Consommation légale ou illicite

L'usage du cannabis a augmenté avec la légalisation du produit au Canada, en Uruguay et dans vingt-sept États nord-américains, dont une grande partie contenait une forte teneur en THC (delta9-tétrahydrocannabinol), considéré comme le principal ingrédient psychoactif de la drogue.

Selon le rapport de l'ONUDC, le nombre de personnes consommant des drogues illicites est passé à 292 millions en 2022. 228 millions de personnes consommeraient du cannabis, tandis que soixante millions d'individus dans le monde utiliseraient des opioïdes, trente millions des amphétamines, vingt-trois millions de la cocaïne et vingt millions de l'ecstasy.

En outre, l'ONUDC a constaté une augmentation des décès par surdose à la suite de l'émergence des nitazènes – un groupe d'opioïdes synthétiques plus dangereux que le fentanyl – dans plusieurs pays à revenu élevé.

En 2018, selon la première estimation « officielle » en France, cannabis, cocaïne et autres drogues auraient généré une activité économique estimée à € 2,7 milliards par an (€ 1 milliard pour le cannabis et à peine moins, € 800 millions, pour la cocaïne), soit 0,1 point de PIB, selon l'Insee. L'Allemagne a également estimé à 0,1 % la part de l'ensemble des éléments illicites dans son PIB, la Grande-Bretagne à 0,7 %.

Table des matières

Cet ouvrage a été achevé d'imprimer en mai 2025
dans les ateliers de Normandie Roto Impression s.a.s.
61250 Lonrai
N° d'impression : 2502059
Dépôt légal : mai 2025

Imprimé en France